Geographie Oberstufe
Mensch und Raum

Herausgegeben von

Rainer Koch und Jürgen Neumann

Autoren:
Thomas Bartoschek, Dr. Josef Eßer, Peter Fischer,
Niklas Kaeseler, Rainer Koch, Hans-Peter Konopka,
Frank V. Kühnen, Dr. Wolfgang Mittag, Jürgen Neumann,
Dr. Ulrich Theißen, Martin Weller, Engelbert Wührl

in Zusammenarbeit mit der Verlagsredaktion

Dieses Buch gibt es auch auf www.scook.de Es kann dort nach Bestätigung der Allgemeinen Geschäftsbedingungen genutzt werden.

Buchcode: **dazf6-nsx45**

Titelfoto: Helix Bridge und das Marina Bay Sands, Singapur (Foto: mauritius images)

Redaktion: Hans-Ragnar Steininger
Bildredaktion: pixx@work GbR, München

Technische Umsetzung: L101, Berlin
Kartographie: Peter Kast, Ingenieurbüro für Kartographie, Wismar
Grafik: Dr. Volkhard Binder, Telgte; Franz-Josef Domke, Hannover; Dieter Stade, Hemmingen
Umschlaggestaltung: Corinna Babylon, Berlin

Über den Webcode GO645787-002 können Sie einen Vorschlag für ein hausinternes Fachcurriculum herunterladen.

www.cornelsen.de

Die Internetadressen und -dateien, die in diesem Lehrwerk angegeben sind, wurden vor Drucklegung geprüft. Der Verlag übernimmt keine Gewähr für Aktualität und den Inhalt dieser Adressen und Dateien oder solcher, die mit ihnen verlinkt sind.

1. Auflage, 2. Druck 2015

Alle Drucke dieser Auflage sind inhaltlich unverändert und können im Unterricht nebeneinander verwendet werden.

© 2014 Cornelsen Schulverlage GmbH, Berlin

Das Werk und seine Teile sind urheberrechtlich geschützt.
Jede Nutzung in anderen als den gesetzlich zugelassenen Fällen bedarf der vorherigen schriftlichen Einwilligung des Verlages.
Hinweis zu den §§ 46, 52 a UrhG: Weder das Werk noch seine Teile dürfen ohne eine solche Einwilligung eingescannt und in ein Netzwerk eingestellt oder sonst öffentlich zugänglich gemacht werden.
Dies gilt auch für Intranets von Schulen und sonstigen Bildungseinrichtungen.

Druck: Firmengruppe APPL, aprinta Druck, Wemding

ISBN 978-3-06-064578-7

Inhaltsverzeichnis

Tipps zur Arbeit mit dem Buch 6

Naturfaktoren und Menschen prägen Landschaften 8

Ausblick: Naturfaktoren und Menschen prägen Landschaften 10

Leben und Wirtschaften in unterschiedlichen Landschaftszonen 12
1. Naturlandschaften – Kulturlandschaften 12
2. Globale naturgeographische Zonen 14
3. Das Klima – eine natürliche Grundlage von Lebensräumen 16
4. Die Tropen – ein vielfältiger Lebensraum 26
5. Die Subtropen und ihr Nutzungspotenzial 30
6. Die gemäßigten Breiten – eine kontrastreiche Landschaftszone 34
7. Die polare und subpolare Zone – an der Grenze zur Anökumene 37
8. Hochgebirge und Weltmeere als Wirtschaftsräume .. 40

Gefährdung von Lebensräumen 44
1. Naturgefahren – Naturkatastrophen 44
2. Blick in das Erdinnere 46
3. Leben in Risikogebieten 48
4. Die Eifel – ein Hot Spot 54
5. Globaler Klimawandel 58

Leben mit dem Risiko von Wassermangel und Wasserüberschuss 64
1. Lebensgrundlage Wasser 64
2. Gewinnung und Verbrauch 68
3. Trinkwasser – knapp und teuer 70
4. Überschwemmungsgefährdete Gebiete 72
5. Dürre – eine weitere Gefährdung der Lebensgrundlage Boden 78

Ordnen/Anwenden/Üben 82
Prüfen Sie Ihren Zuwachs an Sach-, Methoden- und Urteilskompetenzen 84

Klausur: Nutzbarkeit von extremen Naturräumen – das Beispiel Chile 86

Energieressourcen und deren Nutzung 88

Ausblick: Energieressourcen und deren Nutzung 90

Fossile Energieträger – wirtschaftliche Grundlage für alle Zeit? 92
1. Rohstoffe – Ressourcen und Verbrauch 92
2. Kohle – Rohstoff mit Zukunft? 94
3. Erdöl und Erdgas in der Diskussion 100
4. Verlängert Fracking die fossile Zukunft? 104
5. Nigeria – Erdölexporte um jeden Preis 106
6. Kernenergie – ein Auslaufmodell? 112
7. Braunkohlentagebau – Energiegewinnung mit vielen Auswirkungen 114

Planung einer Exkursion in das Rheinische Braunkohlenrevier 126

Lässt sich der Energiehunger der Welt mit regenerativer Energie stillen? 128
1. Regenerative Energiequellen 128
2. Bioenergie – eine vielfältige erneuerbare Energie 135
3. Handel mit Energierohstoffen 138
4. Weltenergiekonsum – ein Umweltproblem 142

Ordnen/Anwenden/Üben 148
Prüfen Sie Ihren Zuwachs an Sach-, Methoden- und Urteilskompetenz 150

Klausur: Nachhaltige Energie aus Zuckerrohr 152

Geoinformation und GIS 155
1. Geographische Informationssysteme 156
2. WebGIS 158
3. DesktopGIS 160
4. Virtuelle Globen 162

Landwirtschaft in verschiedenen Klima- und Vegetationszonen 164

Ausblick: Landwirtschaft in verschiedenen Klima- und Vegetationszonen 166

Landwirtschaftliche Produktion in den Tropen vor dem Hintergrund weltwirtschaftlicher Prozesse
1. Nahrungsmittel aus aller Welt 168
2. Allgemeine Einflussfaktoren der Landwirtschaft 170
3. Bananen aus Ecuador 172
4. Palmölproduktion im tropischen Regenwald Indonesiens 175
5. Agrarkolonisation in Amazonien 178
6. Shifting Cultivation 182
7. Von der Subsistenzwirtschaft zur Marktorientierung .. 186

Wirtschaften jenseits der agronomischen Trockengrenze
1. Landwirtschaft am Rande der Wüste – Mali 188
2. Der Negev – eine Wüste wird bewässert 196

Agrobusiness in der gemäßigten Zone als nachhaltiger Lösungsansatz? 200
1. Weizenanbau in den Great Plains 200
2. Schweinemast in Dänemark 206
3. Transformationsprozesse in der Landwirtschaft 210
4. Industrialisierte Landwirtschaft 212

Landwirtschaft im Spannungsfeld zwischen Ressourcengefährdung und Nachhaltigkeit
1. Weltbevölkerung zwischen Hunger und Überfluss 216
2. Fisch – ein gefährdetes Nahrungsmittel 218
3. Nachhaltigkeit in der Holz- und Forstwirtschaft 224
4. Wasser und Boden – (Über-)Nutzung durch Landwirtschaft 226
5. Ökologische Landwirtschaft 230

Ordnen/Anwenden/Üben 236
Prüfen Sie Ihren Zuwachs an Sach-, Methoden- und Urteilskompetenzen 238

Zentralabiturklausur: Nachhaltige Entwicklung durch Aquakulturen – Das Beispiel der honduranischen Shrimpsfarmen 240

Standortbewertungen im Wandel – Auswirkungen des Globalisierungsprozesses 242

Ausblick: Standortbewertungen im Wandel – Auswirkungen des Globalisierungsprozesses 244

Entwicklung und Bedeutung der Industrie 246
1. Die Bedeutung des sekundären Wirtschaftssektors 246
2. Ruhrgebiet: Vom „Kohlenpott" zur metropoleruhr ... 250
3. Bedeutung von Logistik und Warentransport 256
4. Globalisierungsstrategie eines mittelständischen Familienunternehmens aus Ostwestfalen 258
5. Automobilindustrie weltweit 262
6. Industrielle Transformationsprozesse in der Slowakei 264
7. Internationale Arbeitsteilung – lokale und globale Produktionsstandorte 266
8. Merkmale der Globalisierung 272
9. Leitbilder nachhaltiger Entwicklung 278

Ordnen/Anwenden/Üben 280
Prüfen Sie Ihren Zuwachs an Sach-, Methoden- und Urteilskompetenzen 282

Zentralabiturklausur: Entwicklungen im Transport- und Logistikwesen als Auslöser räumlicher und struktureller Veränderungen – Das Beispiel Duisburger Hafen 284

Stadtentwicklung und Stadtstrukturen 286

Ausblick: Stadtentwicklung und Stadtstrukturen 288

Stadtentwicklung in Deutschland und Europa 290
1. Entwicklungsphasen der Stadt in Mitteleuropa 290
2. Düsseldorf – innere Differenzierung einer Stadt 298
3. Hamburg: HafenCity – ein innerstädtisches Entwicklungsprojekt 306
4. Stadtumbau in Deutschland 310

Die Stadt als lebenswerter Raum – Leitlinien einer nachhaltiger Stadtentwicklung 316
1. Das Ökosystem Stadt 316
2. Leitbild der nachhaltigen Stadtentwicklung 318
3. Lokale Agenda 21 – Das Beispiel Hannover 320

Städte anderer Kulturkreise 322
1. Eine Stadt in Nordamerika – New York 322
2. Lateinamerika – Metropolisierung am Beispiel von Mexico-City 326
3. Orient – Begegnung von Tradition und Moderne am Beispiel von Damaskus 330
4. Die asiatische Stadt im Model 334
5. Global Cities – auf allen Kontinenten? 338
6. Verstädterung der Erde 344

Stadt-Umland-Beziehungen, Raumordnung 346
1. Berlin – alte und neue Hauptstadt 346
2. Entwicklungen im ländlichen Raum 350
3. Raumordnung und Raumplanung in Deutschland ... 354
4. Raumplanung im Großraum Paris 358

Methode: Facharbeit „Wir untersuchen unsere Stadt" ... 362

Ordnen/Anwenden/Üben 366
Prüfen Sie Ihren Zuwachs an Sach-, Methoden- und Urteilskompetenzen 368

Zentralabiturklausur: Strukturen und Prozesse in Metropolen von Schwellenländern – Das Beispiel Rio de Janeiro 370

Globale Disparitäten als Herausforderung 372

Ausblick: Globale Disparitäten als Herausforderung 374

Leben in der Einen Welt 376
1. Wie viele Menschen erträgt die Erde? 376
2. Räume unterschiedlichen Entwicklungsstandes 382

Länder unterschiedlichen Entwicklungsstandes 388
1. Ghana: Ein Land mit großen regionalen Disparitäten .. 389
2. Bolivien: Verschuldung trotz Rohstoffreichtums 392
3. Indien: Vom Entwicklungsland zum Schwellenland ... 395
4. Australien: Reichtum durch Rohstoffe? 398
5. China: Neue Wirtschaftsmacht zu Beginn des 21. Jahrhunderts 401

Wanderungen als Folge von Disparitäten in der Einen Welt 404
1. Indonesien – staatlich gelenkte Wanderung 404
2. Migration im 21. Jahrhundert 408
3. Entwicklungstheorien und -strategien 412
4. Globale ökologische Probleme 418

Raumentwicklung und Raumordnung in Europa 422
1. Europa und die europäische Integration 422
2. Regionale Strukturförderung als Folge von regionalen Disparitäten 428

Ordnen/Anwenden/Üben 434
Prüfen Sie Ihren Zuwachs an Sach-, Methoden- und Urteilskompetenzen 436

Zentralabiturklausur: Raumentwicklung in Europa – Die Öresund-Verbindung als grenzübergreifender Wachstumsmotor? 438

Die Bedeutung des tertiären Sektors für Wirtschafts- und Beschäftigungsstrukturen 440

Ausblick: Die Bedeutung des tertiären Sektors für Wirtschafts- und Beschäftigungsstrukturen 442

Von der Industrie- zur Dienstleistungsgesellschaft ... 444
1. Zunahme der weltweiten Tertiärisierungsprozesse 444
2. Deutschland – eine reine Dienstleistungsgesellschaft? 446
3. Clusterbildung in Deutschland 448
4. Das Internet: digitale Revolution 450

Zentralabiturklausur: Die Hightech-Branche als Entwicklungsmotor? – Das Beispiel der Region Cambridge, Großbritannien 453

Wirtschaftsfaktor Tourismus 454
1. Tourismusdestination Deutschland 454
2. Tourismus weltweit 456
3. Touristische Nachhaltigkeitskonzepte 460
4. Grenzenloses Wachstum durch Tourismus? – Dubai .. 462
5. Abbau regionaler Disparitäten durch staatliche Tourismusförderung? – Philippinen 468

Ordnen/Anwenden/Üben 472
Prüfen Sie Ihren Zuwachs an Sach-, Methoden- und Urteilskompetenzen 474

Zentralabiturklausur: Tourismus als Baustein einer zukunftsfähigen Entwicklung peripherer Räume? – Das Beispiel Grönland 476

Geo-Bausteine 478
Entstehung der Erde 479
Die letzten „Tage" in der Entwicklungsgeschichte der Erde 480
Klimaklassifikationen 482
Bodenbildung 484
Bodenarten 486
Böden der Erde 488
Pflanzen und ihre natürliche Umwelt 490
Die Thünen'schen Ringe 492
Wirtschaftsordnungen im Vergleich 494
Modelle der Stadtentwicklung 497
Die Europäische Union 498
Regionalfonds der Europäischen Union 500
Ziele der Raumordnung 501
Leitbilder der Raumentwicklung 502

Geographische Arbeitsmethoden 503
Auswertung von Materialien, ... 504
Erstellen und Auswertung von Diagrammen 505
Auswertung von Klimadiagrammen 506
Auswerten von Karten 507
Informationsrecherche im Internet 508
Interpretieren von Modellen 509
Praktische Hinweise für Referate 510
Nutzung einer Präsentationssoftware 511
Hinweise für die Bearbeitung von Klausuren 512
Arbeitsanweisungen verstehen – die Operatoren 515
Tipps für die mündliche Abiturprüfung 516

Register mit Begriffserklärungen 518
Strukturdaten ausgewählter Staaten 526
Quellen-/Bildverzeichnis 528

Tipps zur Arbeit mit dem Buch

Liebe Oberstufenschülerin, lieber Oberstufenschüler,

auf dieser Doppelseite finden Sie Hinweise zur Arbeit mit diesem Oberstufenband, der für die Arbeit in Grund- und in Leistungskursen konzipiert ist. **Geographie Oberstufe** knüpft dabei an Ihre Kompetenzen an, die Sie in der Sekundarstufe I im Fach Erdkunde erworben haben, und führt Sie durch die drei Oberstufenjahre sicher zum Abitur!

Zu jedem Hauptkapitel werden Themen- und Raumbeispiele zur Wahl angeboten – hierdurch ermöglicht das Buch, dass eigene Schwerpunkte gewählt werden können.

Neben Angeboten zur Weiterentwicklung Ihrer sach-, methoden-, urteils- sowie handlungsbezogenen Kenntnisse und Fähigkeiten finden Sie vielfältige Möglichkeiten, den eigenen Kompetenzzuwachs regelmäßig zu überprüfen:

Neben Übersichten und Zusammenfassungen, Methodenseiten, GEO-Bausteinen und Klausuren zu allen Inhaltsfeldern und Schwerpunkten der inhaltlichen Vorgaben des Schulministeriums zum Zentralabitur NRW finden Sie Lern- und Trainingsmaterialien mit Aufgabenstellungen in diesem Oberstufenband.

Das Register mit Begriffserklärungen (Anhang) dient als „kleines Lexikon". Für eigene weiterführende Erarbeitungen stellt der Webcode eine erste Hilfe dar.

Herausgeber und Schulbuchautoren wünschen Ihnen eine erfolgreiche Arbeit auf Ihrem Weg zum Abitur!

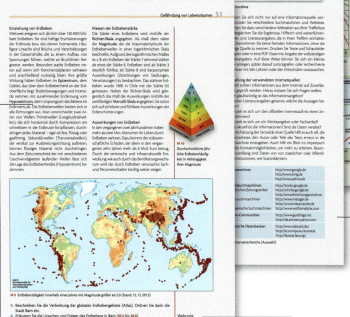

Materialien
sind mit dem Buchstaben **M** und fortlaufenden Nummern je Unterthema gekennzeichnet (z. B. **M 3**). Dies können Karten, Bilder, Grafiken, Tabellen, Modelle, Quellentexte u. a. sein.

Wichtige Fachbegriffe
dienen dazu, geographische Sachverhalte exakt zu benennen. Sie sind fett gedruckt und werden am Ende des Buches im Register mit Begriffserklärungen erläutert oder es wird auf die Seite im Buch verwiesen, wo der Begriff erklärt wird.

Tipps zur Arbeit mit dem Buch 7

Übersichten
am Ende der Großkapitel präsentieren eine mehrseitige Zusammenfassung „Ordnen/Anwenden/Üben", mit deren Hilfe Sie die neu erworbenen Kompetenzen festigen können.

GEO-Bausteine
am Ende des Buches ergänzen die Informationen zu den Fallbeispielen, sie stellen die Sachverhalte zudem modellhaft und abstrakt dar.

Klausuren
am Ende eines jeden Großkapitels spiegeln Ihnen Aufgabenstellungen, Materialumfänge und inhaltliche Schwerpunkte, die den Vorgaben des Zentralabiturs Nordrhein-Westfalen entsprechen. Bei diesen Klausuren handelt es sich um Originalaufgaben aus den Abiturjahren 2012–2014.
Die Seiten der Abiturklausuren in Originalgröße und die entsprechenden Lösungen finden Sie online mithilfe des Webcodes.

Eigene Überprüfungen des Kompetenzzuwachses
können und sollten Sie in den drei Oberstufenjahren ständig vornehmen:
– die Sachkompetenz, indem Sie neue Inhalte und Fachbegriffe beherrschen und sich auf der Erde global topographisch orientieren können.
– die Methodenkompetenz, indem zunehmend komplexe und abstrakte geographische Darstellungen ausgewertet sowie Sachverhalte auf unterschiedliche Weise eigenständig dargestellt werden.
– die Urteilskompetenz, indem vielschichtige geographische Gegebenheiten, Prozesse, Planungsvorhaben u. a. bewertet werden.
– die Handlungskompetenz, indem beispielsweise ökologisch und sozial verantwortungsbewusstes Handeln gelernt wird.

Mithilfe der Seiten „Prüfen Sie Ihren Zuwachs an Sach-, Methoden- und Urteilskompetenz" können Sie eigenständig überprüfen, welche der im jeweiligen Großkapitel vertieft vermittelten Kompetenzen Sie beherrschen. Zur Überprüfung Ihrer Ergebnisse finden Sie online mithilfe des Webcodes die jeweiligen Lösungen.

Geographische Arbeitsmethoden
werden in Ergänzung zu denen aus der Sekundarstufe I vorgestellt. Die grundlegenden Arbeitsschritte sind jeweils zusammengestellt und erlauben eine schnelle Orientierung und Wiederholung. Zudem finden Sie Anwendungsbeispiele für die jeweilige Methode.

Webcodes
weisen Ihnen den Weg zu zusätzlichen Informationen und Materialien im Internet. Die Eingabemaske finden Sie unter www.cornelsen.de.

Aufgaben
stehen als Block meist am Ende jeder Doppelseite. Sie helfen bei der Aneignung, Anwendung und Überprüfung von Kenntnissen und Fähigkeiten. Auf jeder „Ausblick"-Doppelseite finden Sie Aufgaben zur individuellen Bearbeitung.

Naturfaktoren und Menschen prägen Landschaften

Über Millionen von Jahren hinweg sind auf der Erde unterschiedlichste Naturlandschaften entstanden. Seit dem Quartär hat der Mensch seinen Bedürfnissen entsprechend diese in verschiedenartige Kulturlandschaften umgewandelt, ohne dabei immer im notwendigen Maß die Grenzen solcher Veränderungen zu berücksichtigen.

Erweiterung der geographischen Kompetenzen

Inhalte
– Prägung der Landschaftszonen durch Klima und Vegetation
– Beeinflussung der Lebensräume des Menschen durch Naturfaktoren
– Geotektonische und klimaphysikalische Gründe für das Entstehen von Naturkatastrophen
– Einflüsse menschlichen Handelns auf Klimaänderungen
– Wasser als Lebensspender bzw. als Risikofaktor

Medien und Methoden
– Thematische Karten, Grafiken, Modelle, Schemata, Bilder, Quellentexte
– Vergleichende Betrachtung von Klima- und Vegetationszonen
– Auswertung von Regelkreisläufen

Bewertungen
– Eignung von Wirtschafts- und Siedlungsräumen
– Möglichkeiten zur Überwindung natürlicher Grenzen durch den Menschen
– Möglichkeiten zur Begrenzung des globalen Temperaturanstiegs und zum Schutz vor Hochwassergefahren

Aktionen und Handlungserwartungen
– Bewussteres Konsumverhalten
– Bewusste Entscheidung bzgl. eigener künftiger Standortentscheidungen
– Mitübernahme von Klimaverantwortung

Foto: Eschenlohe an der Loisach in Oberbayern. Blick auf das Zugspitzmassiv, Wettersteingebirge

Ausblick: Naturfaktoren und Menschen prägen Landschaften

Großräumige Bereiche gleichen Aussehens und gleicher Eigenschaften der geographischen Hülle der Erde bezeichnet man als **Geozonen**. Dies sind Landschaftszonen, die sich weitgehend aus dem Zusammenwirken von Klima, Boden und Vegetation ergeben, wobei dem Klima eine bestimmende Rolle zukommt. Vom Äquator zu beiden Polen hin verändern sie ihren Charakter, folgen dabei bestimmten Gesetzmäßigkeiten.

Die Anordnung dieser Zonen erfolgt zwar bandartig, aber nicht genau breitenkreisparallel, da sowohl die Form der Kontinente und Ozeane als auch Höhe und Verlauf von Gebirgszügen Abweichungen bedingen.

Neben diesen exogenen Einflussfaktoren nehmen auch endogene Kräfte Einfluss auf die Landschaftsgestaltung. Hierzu zählen Verschiebungen der Erdplatten, Erdbeben oder Vulkanismus.

Der Mensch hat seit seinem Erscheinen im Holozän versucht, sich zunächst an die natürlichen Gegebenheiten anzupassen und diese beim Siedeln und bei der Nahrungsversorgung zu nutzen. Dabei wurden nach und nach Möglichkeiten und Grenzen einer solchen Nutzung erkennbar, es bildeten sich schon früh Gunst- und Ungunsträume menschlicher Siedlungen.

Mit Zunahme der Bevölkerung in einzelnen Regionen und Staaten wurde versucht, auf unterschiedliche Art und Weise die natürlichen Begrenzungsfaktoren außer Kraft zu setzen und z.B.

M2 Satellitenbild aus 36 000 km Höhe

durch künstliche Bewässerung ein Defizit an Niederschlägen auszugleichen. Damit wurde es möglich, in Randbereichen einzelner Geozonen landwirtschaftlichen Anbau zu ermöglichen.

Doch diese Ausweitungen bergen Risiken, die der handelnde Mensch nicht immer hinreichend mit bedacht hat. Folge hiervon sind Störungen der natürlichen Kreisläufe, z.B. beim Wasser, oder langfristige Schädigungen der Bodenfruchtbarkeit. Einige der durch Menschen verursachten Negativfolgen wirken sich sogar global aus. Hierzu zählt z.B. die Beeinflussung der weltweiten klimatischen Verhältnisse. Hier ist der Mensch gefordert, nach Lösungen zu suchen.

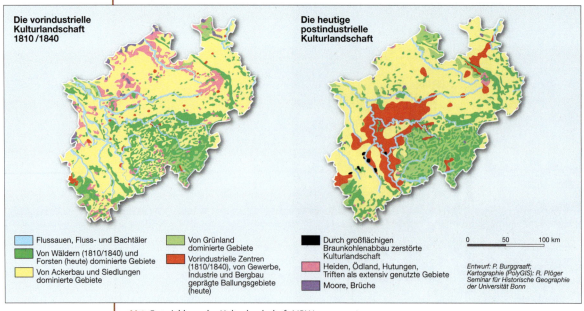

M1 Entwicklung der Kulturlandschaft NRW

Ausblick: Naturfaktoren und Menschen prägen Landschaften

Grundbegriffe aus der Sekundarstufe I

Die Zusammenstellung enthält einige grundlegende Begriffe, die Sie aus früheren Jahrgangsstufen kennen sollten und die Sie in diesem Kapitel benötigen.

Aridität / Humidität

Bodenart

Bodenfruchtbarkeit

Desertifikation

Endogene / Exogene Kräfte: Vorgänge im Erdinneren (endogen) und die durch sie ausgelösten Erscheinungen an der Erdoberfläche (z. B. Erdbeben, Vulkanismus) bzw. die Kräfte, die die Erdoberfläche von außen (exogen) verändern (z. B. Verwitterung, Sedimentation).

Erdzeitalter: Man unterscheidet Erdaltertum, Erdmittelalter und Erdneuzeit. Diese werden weiter in Systeme aufgegliedert, die an klimatische und biologische Aspekte gebunden sind und während des jeweiligen Zeitabschnitts prägend waren.

Erosion

Innertropische Konvergenzzone (ITC)

Jahres- / Tageszeitenklima

Kältegrenze: Sie begrenzt Gebiete, die aufgrund zu niedriger Temperaturen oder einer zu kurzen Vegetationsperiode für die agrarische Nutzung nicht geeignet sind.

Klimazonen: Sie beschreiben Regionen, in denen die Klimaelemente in wesentlichen Zügen übereinstimmen. Sie sind annähernd breitenkreisparallel, erfahren aber Modifizierungen durch die Verteilung der Kontinente und der Landhöhen.

Kontinentales / ozeanisches Klima

Landschaftsgürtel

Plattentektonik: Die Erdkruste besteht aus großen und kleinen Erdplatten, die auf dem Erdmantel „schwimmen". Aus geophysikalischen Untersuchungen weiß man, dass sie sich durch Magmaströme angetrieben auf dem Erdmantel bewegen.

Schalenbau der Erde

Trockengrenze: Die Trockengrenze verläuft dort, wo Niederschlag und Verdunstung gleich hoch sind. Sie trennt Gebiete mit Niederschlagsüberfluss, in denen Regenfeldbau betrieben werden kann, von denen mit Niederschlagsdefizit, in denen Bewässerungsfeldbau notwendig ist.

Vegetationsperiode: Grundsätzlich benötigen Pflanzen Durchschnittstemperaturen von 5 °C, um eine nennenswerte Nettoprimärproduktion und damit einen Zuwachs an Biomasse zu erreichen. Sie ist somit derjenige Teil des Jahres, in dem Pflanzen wachsen, blühen und Früchte bringen.

Vegetationszonen: Die potenziell natürlichen Vegetationszonen sind Pflanzengesellschaften, die aufgrund der Klimabedingungen ohne den Einfluss des Menschen vorherrschend wären. Da die Verbreitung von typischen Pflanzengesellschaften an die klimatischen Bedingungen geknüpft ist, ergeben sich große Übereinstimmungen mit den Klimazonen.

Versalzung

Wasserkreislauf

Angebote zur individuellen Bearbeitung in Einzelarbeit, im Tandem oder in Gruppen

Leben und Wirtschaften in unterschiedlichen Landschaftszonen (S. 12–43)
- Erarbeiten Sie arbeitsteilig in Gruppen Geofaktoren und Nutzungspotenziale der unterschiedlichen Klima- und Vegetationszonen der Erde.
- Stellen Sie Ihre Ergebnisse in Form von Wandzeitungen dar.

Gefährdung von Lebensräumen (S. 44–63)
- Analysieren Sie arbeitsteilig in jeweils zwei Gruppen, welche geotektonischen bzw. klimaphysikalischen Ursachen menschliche Lebensräume gefährden können und welche Möglichkeiten des Risikoschutzes es dafür gibt.
- Tragen Sie als Gruppe Ihre Ergebnisse materialgestützt in Referatsform vor.

Leben mit dem Risiko von Wassermangel und Wasserüberfluss (S. 64–81)
- Erarbeiten Sie in Eigenarbeit die Bedeutung des Wassers für den Menschen.
- Untersuchen Sie anschließend in Partnerarbeit, welche Gründe es für Mangel bzw. Überfluss an Wasser gibt, zu welchen Problemen dies führen kann und welche Möglichkeiten der Abhilfe es gibt.
- Tragen Sie Ihre Ergebnisse als Tandem in Form von mediengestützten Kurzreferaten vor.

Leben und Wirtschaften in unterschiedlichen Landschaftszonen

1. Naturlandschaften – Kulturlandschaften

M1 Naturlandschaft

M2 Naturlandschaftsraum

Dort, wo heute Städte, Industriegebiete oder landwirtschaftliche Nutzflächen die **Kulturlandschaften** prägen, war vor Beginn der agrargesellschaftlichen Epoche unberührte Natur. **Naturlandschaften** prägten das Landschaftsbild. Gestein, Relief, Boden, Klima, Gewässernetz, Pflanzen- und Tierwelt sind solche Geofaktoren, die das Erscheinungsbild einer Naturlandschaft wesentlich bestimmen. Die Geofaktoren sind in vielfältigen Regelkreisen miteinander vernetzt und beeinflussen sich gegenseitig.

Unberührte Naturlandschaften gibt es heute nur noch selten. Ein Großteil der Erdoberfläche wurde im Verlauf der letzten Jahrtausende, beschleunigt aber in den letzten 200 Jahren, durch den Menschen gravierend verändert. Naturlandschaften entwickelten sich zu Kulturlandschaften. Diese Gebiete werden wesentlich durch menschliche Aktivitäten geprägt. Vielfach sind die Eingriffe in den Landschaftshaushalt so erheblich, dass es zu ernsthaften Störungen der natürlichen Regelkreise kommt. In manchen Kulturlandschaften sind die Grenzen der Belastbarkeit der Natur offenbar bereits erreicht oder überschritten.

M3 Kulturlandschaft

M4 Kulturlandschaftsraum

Leben und Wirtschaften in unterschiedlichen Landschaftszonen

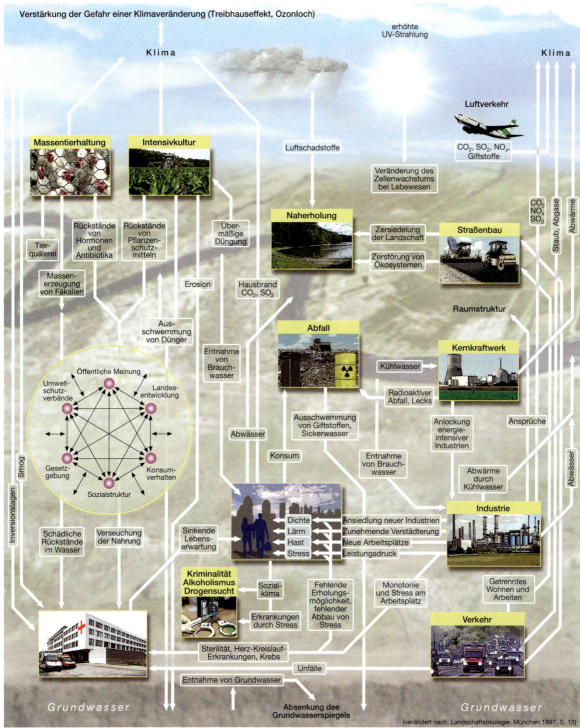

M5
Wechselbeziehungen zwischen Mensch und Natur

1. Erläutern Sie mit eigenen Worten die Begriffe Natur- und Kulturlandschaft. Nennen Sie dabei charakteristische Merkmale (**M1** bis **M4**).
2. Benennen Sie Regionen auf der Erde, die Sie als Naturlandschaften kennzeichnen würden (Atlas).
3. Stellen Sie stichwortartig Problembereiche der Beziehungen zwischen Mensch und Natur zusammen (**M5**).
4. Erarbeiten Sie in Gruppen für Ihr Schulumfeld die Merkmale der Kulturlandschaft.

2. Globale naturgeographische Zonen

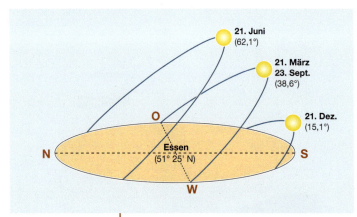

M 1 Scheinbare Veränderung der Sonnenbahn im Laufe des Jahres für Essen

Die Sonne versorgt die Erde mit Strahlungsenergie. Die Menge der eingestrahlten Sonnenenergie ist wegen der Kugelgestalt der Erde jedoch nicht überall gleich. Je steiler die Sonnenstrahlen einfallen, umso größer ist die eingestrahlte Energiemenge pro Flächeneinheit. Der Winkel, den die Sonne mittags über dem Horizont erreicht, heißt **Mittagshöhe**. In den Tropen, also innerhalb der Wendekreise, kann sie den Maximalwert von 90° erreichen. Man spricht dann vom **Zenitalstand**. Die **Tropen** erhalten auf diese Weise einen viel größeren Energiebetrag als die **gemäßigten Breiten** und die **Polargebiete**, in denen die Sonnenstrahlen flacher einfallen.

In den Tropen verändern sich die Einstrahlungsbedingungen im Laufe des Jahres nur wenig. In den gemäßigten Breiten und den Polargebieten gibt es jedoch deutliche Unterschiede zwischen den **Jahreszeiten**. Dabei ändern sich in regelmäßigem Wechsel die Mittagshöhe der Sonne und die Tageslänge. Diese Unterschiede sind in den mittleren Breiten bereits beträchtlich. In den Polargebieten geht die Sonne im Sommer sogar für einen bestimmten Zeitraum, bei allerdings geringer Höhe über dem Horizont, gar nicht unter. Dieser **Polartag** wird im Winter durch die **Polarnacht** abgelöst, während der die Sonne für einen bestimmten Zeitraum überhaupt nicht aufgeht. Tropen, gemäßigte Zonen und Polargebiete werden wegen dieser unterschiedlichen Einstrahlungsbedingungen als **Beleuchtungszonen** bezeichnet.

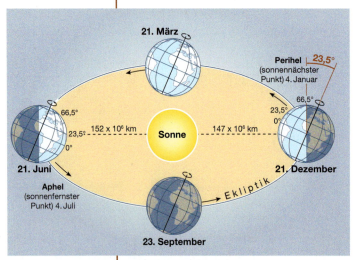

M 2 Entstehung der Jahreszeiten

		geogr. Breite	Tageslänge in Stunden			Mittagshöhe der Sonne		Temperatur	% der
			21.6.	21.3./23.9.	21.12.	höchster Stand	niedrigster	im Jahresmittel	Erdoberfläche
nördliche Polarzone	Nordpol	90° N	24	12	0	23,5°	–	–23 °C	
	nördl. Polarkreis	66,5° N	24	12	0	47°	0°	–7 °C	5
	nördliche gemäßigte Zone	50° N	16	12	8	63,5°	16,5°	+6 °C	25
nördl. Wendekreis		23,5° N	13,5	12	10,5	90°	43°	+24 °C	
Äquator	tropische Zone	0°	12	12	12	90°	66,5°	+26 °C	40
	südl. Wendekreis	23,5° S	10,5	12	13,5	90°	43°	+22 °C	
	südliche gemäßigte Zone	50° S	8	12	16	63,5°	16,5°	+4 °C	25
	südl. Polarkreis	66,5° S	0	12	24	47°	0°	–8 °C	5
südliche Polarzone	Südpol	90° S	0	12	24	23,5°	–	–33 °C	

M 3 Beleuchtungszonen der Erde und Tageslängen

Die Ursache für die jahreszeitlichen Veränderungen liegt in der Neigung der Erdachse, die ihre Orientierung im Raum während eines Umlaufs um die Sonne beibehält. Dadurch gelangt zwischen Ende März und Ende September mehr Strahlungsenergie auf die Nordhalbkugel als auf die Südhalbkugel. Im anderen Halbjahr ist es umgekehrt.

In den höheren Breiten unterscheiden sich die Jahreszeiten nicht nur durch unterschiedlich lange Tage, sondern auch durch einen jahreszeitlichen Temperaturwechsel. Man spricht daher von **thermischen Jahreszeiten**. In den Tropen sind die Temperaturunterschiede weniger ausgeprägt. Stattdessen wechseln dort oft Regen- und Trockenzeiten miteinander ab. Deshalb unterscheidet man in diesen Gebieten **hygrische Jahreszeiten**.

Die Untergliederung in Tropen, gemäßigte Breiten und Polargebiete ist wenig differenziert. Da die von der Sonne eingestrahlte Energie mit zunehmender geographischer Breite abnimmt, kann man entsprechende **Temperaturzonen** ausweisen. Zusammen mit der Niederschlagshöhe und der Verteilung der Niederschläge im Jahr sowie anderen Klimaelementen lassen sich daraus **Klimazonen** ableiten. Diese verlaufen allerdings nur selten breitenkreisparallel, da durch die Lage und Größe der Kontinente, den Verlauf von Gebirgen sowie durch die Land-Meer-Verteilung in vielen Regionen besondere Klimabedingungen herrschen.

Die Verbreitung bestimmter Wuchsformen bei Pflanzen sowie die Artenzusammensetzung in unterschiedlichen Pflanzengesellschaften weisen große Übereinstimmungen mit den Klimazonen auf. Die natürlichen **Vegetationszonen** stellen die Pflanzengesellschaften dar, wie sie aufgrund der Klimabedingungen sowie der Böden ohne Einfluss des Menschen auf der Erde verbreitet wären. Als Ergebnis des Zusammenwirkens von Klima, Böden und Vegetation unterscheidet man verschiedene **Landschaftsgürtel**, die sich im Wesentlichen mit den natürlichen Vegetationszonen decken.

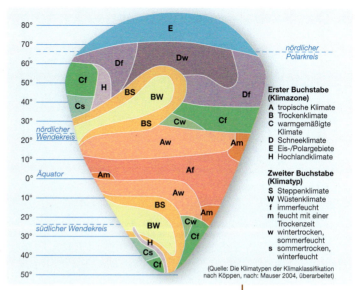

M 4 Klimazonen der Erde (Idealkontinent)

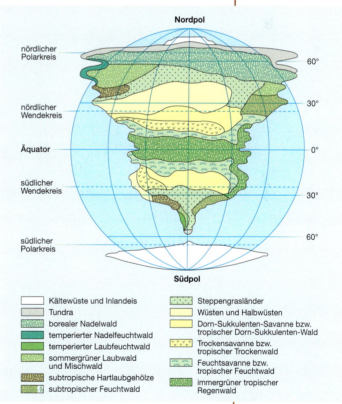

M 5 Vegetationszonen der Erde (Idealkontinent)

1. Erläutern Sie die Entstehung der Jahreszeiten und die sich daraus ergebenden unterschiedlichen Beleuchtungszonen auf der Erde (M 1 bis M 3).
2. Erstellen Sie in arbeitsteiliger Gruppenarbeit zu jeder Klimazone einen Steckbrief mit Angaben zu Temperatur und Niederschlägen (Atlas, Internet).
3. Erläutern Sie an Beispielen die unterschiedliche Anordnung der Klimazonen auf dem Idealkontinent (M 4, Atlas).
4. Beschreiben Sie die Verbreitung der Vegetationszonen und zeigen Sie Zusammenhänge zwischen Klima und Vegetation auf (M 4, M 5, Atlas).

Webcode: GO645787-015

3. Das Klima – eine natürliche Grundlage von Lebensräumen

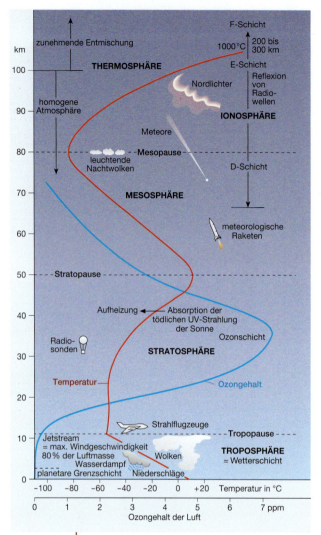

M 1 Aufbau der Atmosphäre

Aufbau der Atmosphäre

Die **Atmosphäre** ist eine dünne Gashülle, die durch die Schwerkraft in Erdnähe gehalten wird. Die chemische Zusammensetzung ist aufgrund der ständigen Durchmischung bis in etwa 100 Kilometer Höhe gleich (homogen). Erst in noch größeren Höhen findet eine Entmischung der Gase statt.

Die Gliederung der Atmosphäre orientiert sich an der Temperaturverteilung, die sich mit zunehmender Höhe mehrfach markant ändert. In der untersten Schicht, der **Troposphäre**, nimmt die Temperatur in der Höhe ab. Die Ursache liegt darin, dass Luft durch die Sonnenstrahlung nur in geringem Umfang direkt erwärmt wird. Erst an der Erdoberfläche wird ein Großteil der kurzwelligen Strahlung absorbiert und als langwellige Wärmestrahlung wieder abgegeben, wobei sich die bodennahen Luftschichten erwärmen. In der Troposphäre ist fast der gesamte atmosphärische Wasserdampf enthalten. Dort spielen sich auch alle Wettervorgänge ab.

Die obere Grenze der Troposphäre heißt Tropopause. Darüber steigt die Temperatur in der **Stratosphäre** wieder an. Eine solche Temperatur-Umkehrschicht heißt **Inversion**. Inversionen wirken wie Sperrschichten. Sie verhindern einen vertikalen Luftaustausch. Der Temperaturanstieg in der Stratosphäre liegt an einer Anreicherung von Ozon, das energiereiche kurzwellige UV-Strahlung der Sonne teilweise absorbiert (Ozonschicht). In den oberen Schichten wird die Atmosphäre zunehmend dünner und geht allmählich in den Weltraum über.

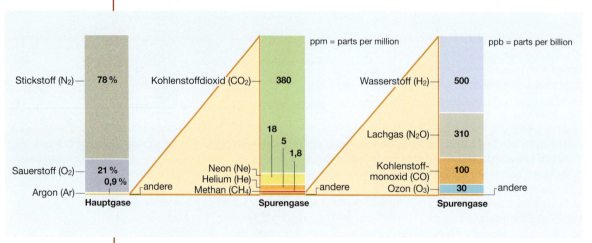

M 2 Zusammensetzung trockener Luft

Wasser in der Atmosphäre

Ein Teil des globalen Wasserkreislaufs vollzieht sich in der Atmosphäre. Wasserdampf gelangt durch **Verdunstung** (Evaporation) vom Meer, von den Kontinenten und über die Transpiration von Pflanzen in die Luft. Die dafür notwendige Energie liefert die Sonne. Diese Energie wird im Wasserdampf als latente Wärme gespeichert. Geht der Wasserdampf wieder in den flüssigen Aggregatzustand über, wird diese Energie frei. Die Aufnahmefähigkeit der Luft für Wasserdampf ist vor allem von der Temperatur abhängig. Warme Luft kann bedeutend mehr Wasserdampf aufnehmen als kalte. Die **absolute Feuchte** (Luftfeuchtigkeit) gibt den Wasserdampfgehalt in Gramm pro Kubikmeter Luft an. Wichtiger ist die sogenannte **relative Feuchte**. Sie bezeichnet den Sättigungsgrad einer Luftmasse mit Wasserdampf in Prozent. Bei einer geringen relativen Feuchte ist die Luft trocken und kann noch viel Wasserdampf aufnehmen; beträgt der Wert hingegen 100 Prozent, ist der Sättigungspunkt erreicht. Nimmt die Lufttemperatur ab, steigt bei gleich bleibender absoluter Feuchte die relative Feuchte. Die Temperatur, bei der der Sättigungspunkt erreicht wird, heißt **Taupunkttemperatur** (kurz: Taupunkt). Fällt die Temperatur weiter, kommt es zu einer Übersättigung an Wasserdampf. Dieser Wasserdampfüberschuss schlägt sich in Form winziger Tröpfchen an Staubpartikeln (Kondensationskernen) nieder. In Bodennähe entsteht durch solche **Kondensation** Nebel, in der Höhe entwickeln sich Wolken. Bei Temperaturen unter dem Gefrierpunkt bilden sich Eiskristalle.

Wird Luft in Bodennähe durch die Einstrahlung der Sonne erwärmt, steigt sie auf (Thermik). Sinkt in der Umgebung gleichzeitig kältere Luft ab, nennt man die aufwärts gerichtete Strömung **Konvektion**. Aufsteigende Luft dehnt sich aus und kühlt dabei ab. Derartige Temperaturänderungen, bei denen kein Wärmeaustausch mit der Umgebung erfolgt, nennt man „adiabatisch". Bei trockener Luft beträgt die Temperaturänderung etwa 1 °C/100 m (**trockenadiabatischer Temperaturgradient**). Wird die Taupunkttemperatur unterschritten, tritt also eine Übersättigung der Luft mit Feuchtigkeit ein, kommt es zur Kondensation. Da hierbei Energie frei wird, ist der Temperaturgradient nun geringer als 1 °C/100 m. Er beträgt nur noch 0,4 bis 0,8 °C/100 m. Man spricht von einer **feuchtadiabatischen Abkühlung** der Luft.

Fortgesetzte Kondensation führt zur Wolkenbildung und schließlich zu Niederschlägen. Dies ist insbesondere dann der Fall, wenn die Luft bis in große Höhen aufsteigen kann. Sinkt Luft ab, so wird sie komprimiert und erwärmt sich dabei. Die relative Feuchte sinkt deshalb, Wolken lösen sich auf. Kondensation, Wolken- und Niederschlagsbildung können auch ohne Konvektion erfolgen. Ähnliche Vorgänge spielen sich häufig auch bei horizontalen Luftmassenbewegungen ab, die man als **Advektion** bezeichnet. Wird Luft z. B. durch Gebirge zum Aufsteigen gezwungen, kommt es zu Stauniederschlägen (**Steigungsregen**). Auch wenn sich wärmere und damit leichtere Luft über kältere Bodenluft schiebt, entstehen Wolken und Niederschläge.

M 3 Aggregatzustände des Wassers

M 4 Taupunktkurve

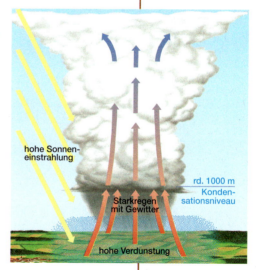

M 5 Entstehung von Konvektionsniederschlag

1. Erläutern Sie den Aufbau der Atmosphäre (**M 1**, **M 2**).
2. Das Wasser in der Atmosphäre hat einen großen Einfluss auf Wetter und Klima. Erklären Sie diese Aussage an Beispielen (**M 3** bis **M 5**).
3. Stellen Sie den Unterschied zwischen absoluter und relativer Luftfeuchte dar. Begründen Sie in diesem Zusammenhang die Bedeutung der Taupunkttemperatur (**M 4**).
4. Erläutern Sie die Entstehung von Konvektionsniederschlägen (**M 5**).

Luftdruck

Luft übt aufgrund ihrer Masse einen Druck auf die Erdoberfläche aus. Dieser kann mit einem Barometer gemessen werden. Auf Meeresspiegelniveau beträgt der **Luftdruck** im Mittel 1013 hPa (Hektopascal). Das entspricht dem Druck einer Wassersäule von 1013 mm Höhe. Mit zunehmender Höhe sinkt der Luftdruck, weil die Mächtigkeit der darüber liegenden Luftsäule abnimmt. In 5000 m Höhe beträgt der mittlere Luftdruck nur noch etwa 500 hPa.

Orte gleichen Luftdrucks werden z. B. auf Wetterkarten durch Linien miteinander verbunden, die **Isobaren** genannt werden. Stellt man Gebiete mit unterschiedlichem Luftdruck und den Verlauf der Isobaren dreidimensional als Blockbild dar, so erkennt man, dass Gebiete mit hohem Luftdruck einen Luftüberschuss gegenüber Gebieten mit tiefem Luftdruck haben. Zwischen hohem Druck, einem **Hoch,** und geringerem Druck, einem **Tief,** besteht ein Luftdruckgefälle oder **Luftdruckgradient.**

Als Ausgleich zwischen solchen Luftdruckunterschieden entstehen Luftbewegungen vom Hoch zum Tief, die **Winde.** Außer diesen horizontalen Luftströmungen gibt es auch solche in vertikaler Richtung: In einem Hoch sinkt Luft ab, in einem Tief steigt sie auf. Ein Beispiel für die Entstehung von Wind ist der Land- und Seewind an der Küste.

Coriolis-Ablenkung

Großräumige Luftbewegungen verlaufen nicht geradlinig. Vielmehr lässt sich eine Ablenkung aus der Richtung des Druckgradienten beobachten, die nach ihrem Entdecker **Coriolis-Ablenkung** genannt wird. Auf der Nordhalbkugel erfahren Strömungen, in Bewegungsrichtung gesehen, eine Ablenkung nach rechts, auf der Südhalbkugel nach links.

Verursacht wird dies durch die Erdrotation. Wegen der Kugelgestalt der Erde nimmt die Drehgeschwindigkeit mit zunehmender geographischer Breite ab. Luftteilchen, die sich auf der Nordhalbkugel, einem Druckgradienten folgend, zum Beispiel nach Norden bewegen, eilen der Erddrehung gleichsam voraus. Daraus resultiert eine Ablenkung vom ursprünglichen Südwind zu einem Südwestwind. Ein ursprünglicher Nordwind bleibt auf dem Weg nach Süden hinter der Erdrotation zurück und erfährt eine Ablenkung zum Nordostwind.

Druckgradienten, Coriolis-Effekt und die Reibung in Bodennähe beeinflussen die Luftbewegungen um die Zentren von Hoch- und Tiefdruckgebieten, wobei auf der Nordhalbkugel die Luft im Uhrzeigersinn aus einem Hoch heraus- und entgegen dem Uhrzeigersinn in ein Tief hineinströmt.

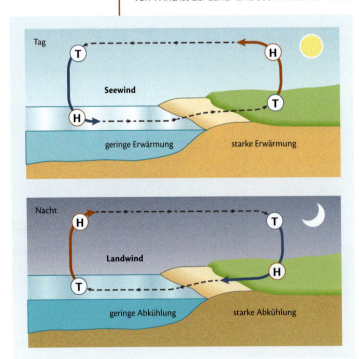

M 6 Entstehung von Winden an den Küsten

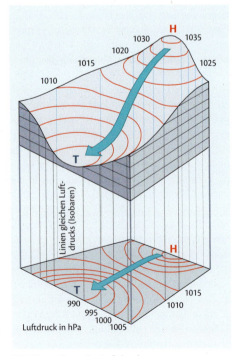

M 7 Darstellung des Luftdrucks

Planetarische Zirkulation

Ein direkter meridionaler Austausch zwischen tropischer Warmluft und polarer Kaltluft ist wegen der Coriolis-Ablenkung nicht möglich. In großen Höhen, in denen sich die am Boden wirksame Reibung kaum noch auswirkt, kann diese Ablenkung bis zu 90° betragen. Die Winde wehen dann parallel zu den Isobaren und können keinen Druckaustausch bewirken. In den mittleren und höheren Breiten entstehen auf diese Weise an der Grenze zur Tropopause zwei Starkwindbänder, die **Jetstreams** (Strahlströme). Diese Höhen-Westwinde heißen Subtropen-Jetstream und Polarfront-Jetstream. Sie wirken für den globalen Luft- und Wärmaustausch wie Barrieren.

Betrachtet man die vorherrschende Lage von Hoch- und Tiefdruckgebieten am Boden, die Hauptwindrichtungen sowie die Jetstreams in der Höhe, kann man die globale Zirkulation auf jeder Erdhalbkugel vereinfachend in drei Zellen gliedern (**Dreizellenmodell**). Die tropisch-subtropische Zirkulationszelle wurde erstmals von dem britischen Meteorologen Hadley beschrieben; deshalb nennt man sie auch **Hadley-Zelle**. Die Erstbeschreibung der in den mittleren Breiten gelegenen Zelle geht auf den Amerikaner Ferrel zurück und heißt deshalb **Ferrel-Zelle**. Die **Polar-Zelle** hat keinen weiteren Namen. Sogenannte **Frontalzonen** grenzen die Zellen voneinander ab. Die Subtropenfront trennt tropische Warmluft von der kühleren Luft der gemäßigten Breiten. Die stärker ausgebildete Polarfront trennt polare und subpolare Luftmassen von der oft bedeutend wärmeren Luft der gemäßigten Breiten.

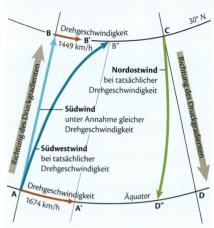

5. Definieren Sie die Begriffe Luftdruck, Luftdruckgradient, Hoch- und Tiefdruckgebiet (M 6, M 7).
6. Erläutern Sie anhand von M 6 die Entstehung von Winden an der Küste (Land- und Seewind). Begründen Sie den Wechsel der Windrichtung zwischen Tag und Nacht.
7. Beschreiben Sie die Lage der Zirkulationszellen auf der Erde. Geben Sie eine Erklärung für die vorherrschenden Windrichtungen (M 8, M 9, Atlas).
8. Stellen Sie einen Zusammenhang zwischen der planetarischen Zirkulation und der Verteilung der Vegetationszonen her (M 9, S. 15 M 4, M 5).

M 8 Coriolis-Ablenkung auf der Nordhalbkugel

M 9 Modell der atmosphärischen Zirkulation

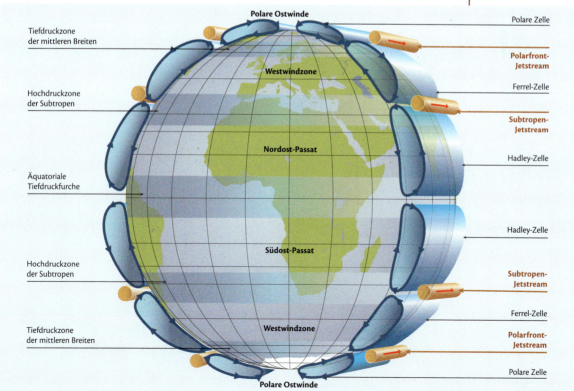

Die Passatzirkulation

Das Klima und die Vegetation der Tropen werden in hohem Maße von der Hadley-Zelle beeinflusst, die auch als **Passatzirkulation** bezeichnet wird und zwischen 30° N und 30° S wirksam ist.

In der Nähe des Äquators ist die Einstrahlung durch die Sonne ganzjährig sehr hoch. Aufgrund der starken Erwärmung des Bodens wird auch die bodennahe Luft aufgeheizt. Dadurch dehnt sie sich aus, steigt auf und nimmt dabei große Mengen an Wasserdampf mit. Sobald der Taupunkt erreicht ist, kommt es zur Kondensation und Wolkenbildung. Mächtige Schauer- und Gewitterwolken türmen sich auf, die bis in Höhen von über 16 Kilometern reichen können. Ein großer Teil der kondensierten Wassermassen fällt in heftigen Regengüssen und Gewittern wieder zum Erdboden zurück, vorwiegend in den Nachmittagsstunden.

Das Aufsteigen der Luft lässt rund um den Äquator am Boden ein Gebiet mit einem Luftmassendefizit entstehen, die **äquatoriale Tiefdruckfurche**. In der Höhe kommt es demgegenüber zu einer Luftmassenverdichtung, sodass der Luftdruck dort höher ist als in den nördlich und südlich angrenzenden Gebieten auf gleichem Niveau.

Aus diesem äquatorialen Höhenhoch fließt deshalb die Luft in Richtung der beiden Wendekreise ab. Durch den Coriolis-Effekt werden diese als **Antipassat** bezeichneten **Höhenwinde** zu westlichen Winden abgelenkt. Im Gebiet der Wendekreise sinkt die Luft verstärkt wieder zum Boden zurück. Ursache dafür ist der mit zunehmender geographischer Breite abnehmende Erdumfang (Flächenkonvergenz), wodurch der Luft immer weniger Raum zur Verfügung steht: Sie wird verdichtet und dadurch zum Absinken gezwungen. Als Folge baut sich am Boden ein beständig hoher Luftdruck auf, die **subtropische Hochdruckzone**. Diese zeichnet sich durch Wolkenarmut und somit große Trockenheit aus. Regenwolken können wegen der nach unten gerichteten Luftbewegung und infolge einer Inversionsschicht nicht entstehen. Diese **Passatinversion**, eine Umkehrung der normalen Temperaturschichtung, entsteht durch die starke Erwärmung beim Absinken der Luft.

Zwischen der subtropischen Hochdruckzone und der äquatorialen Tiefdruckfurche herrscht ein Luftdruckgefälle. Deshalb fließt in Bodennähe Luft aus den Hochdruckgebieten in Richtung Äquator ab. Durch den Coriolis-Effekt abgelenkt, wehen diese Winde auf der Nordhalbkugel aus Nordost, auf der Südhalbkugel aus Südost. Sie

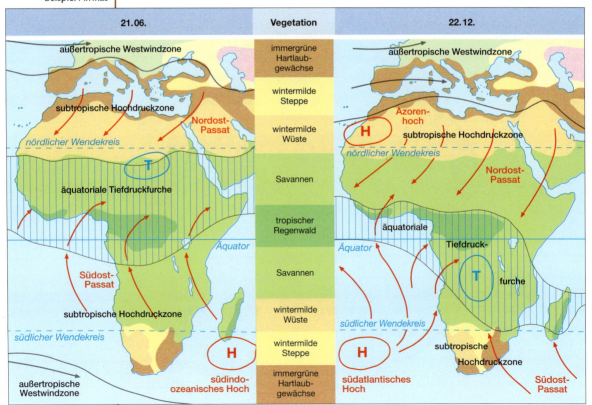

M 10 Klima- und Vegetationszonen am Beispiel Afrikas

sind sehr beständig und werden als **Nordost-Passat** und **Südost-Passat** bezeichnet. In Äquatornähe treffen die Passatwinde beider Halbkugeln aufeinander und werden zum Aufsteigen gezwungen. Dadurch verstärken sie den konvektiven Auftrieb in der äquatorialen Tiefdruckfurche. Diese Zone heißt wegen der zusammenströmenden Passate auch **Innertropische Konvergenzzone** oder **ITC**.

Am Äquator gibt es in der Regel ganzjährige Niederschläge. Es lassen sich allerdings oft zwei Maxima beobachten, die ein bis zwei Monate nach dem Höchststand der Sonne, dem **Zenitalstand**, eintreten. Diese Niederschläge nennt man deshalb **Zenitalregen**. Wenn die Sonne im Frühling der Nordhalbkugel ihren Zenitalstand in Richtung zum nördlichen Wendekreis verschiebt, verlagern sich die Zenitalregen ebenfalls nach Norden. Auch die ITC wandert dabei auf die Nordhalbkugel. Nach der Sommersonnenwende bewegt sich der Zenitalstand der Sonne wieder in Richtung Äquator zurück. Es folgt in den äquatornahen Gebieten eine zweite Regenzeit. In den höheren Breiten der Randtropen liegen die beiden Regenzeiten zeitlich jedoch so dicht beieinander, dass sie zu einer kurzen Regenzeit verschmelzen. Die **immerfeuchten Tropen** in Äquatornähe gehen somit in Richtung der Wendekreise in die **wechselfeuchten Tropen** mit Regen- und Trockenzeiten über. Auf der Südhalbkugel sind die Zenitalstände der Sonne und damit auch die Regen- und Trockenzeiten gegenüber der Nordhalbkugel um ein halbes Jahr verschoben.

In den äquatornahen Gebieten ändern sich die Durchschnittstemperaturen im Laufe eines Jahres nur wenig. Die Temperaturamplitude zwischen dem wärmsten und dem kältesten Monat beträgt nur wenige Grad Celsius. Dagegen kann die Temperaturschwankung zwischen dem Maximum am Tag und dem Minimum in der Nacht innerhalb von 24 Stunden 10 °C und mehr ausmachen. Ein solches Klima, bei dem die Tagesschwankungen der Temperatur größer sind als die Unterschiede innerhalb der Monatsmittel eines Jahres, nennt man **Tageszeitenklima**.

Die tatsächliche Lage der ITC und der subtropischen Hochdruckzone sowie die Höhe der Niederschläge weichen regional deutlich von den Verhältnissen in einer idealen Passatzirkulation ab. Dies liegt unter anderem an der ungleichmäßigen Land-Meer-Verteilung und dem Verlauf von Gebirgen. Derartige Besonderheiten sind beispielsweise dafür verantwortlich, dass es in Ostafrika kein immerfeuchtes Klima gibt.

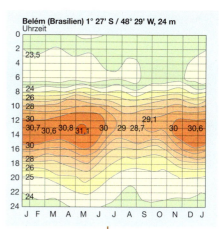

M 11
Thermoisoplethendiagramm von Belém (Brasilien)

9. Erläutern Sie die Passatzirkulation und begründen Sie die Niederschlagsunterschiede innerhalb der Tropen (M 10, M 12 bis M 14).
10. Begründen Sie die jahreszeitliche Verschiebung der tropischen Regenzone. Beziehen Sie dabei die astronomischen Rahmenbedingungen (Stellung der Erdachse, Sonnenstand) ein (M 10, M 14, M 16, M 17).
11. Analysieren Sie am Beispiel von Afrika den Zusammenhang zwischen Klima und Vegetation (M 10, Atlas).
12. Erklären Sie anhand der Station Belém den Begriff des Tageszeitenklimas (M 11).

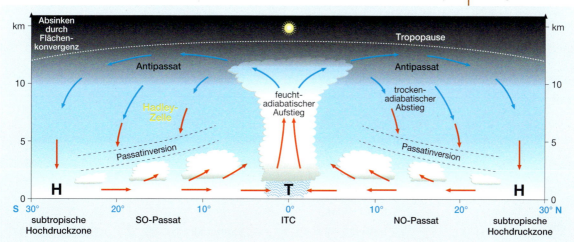

M 12
Passatzirkulation im Frühling und Herbst

M 13
Überschwemmungen nördlich von Manila, Philippinen

Die Monsunzirkulation

Eine besondere Variante des wechselfeuchten tropischen Klimas ist die Monsunzirkulation. Sie bestimmt unter anderem das Klima weiter Teile Südasiens. Das **Monsunklima** ist gekennzeichnet durch eine ausgeprägte Regenzeit im Sommer und eine Trockenzeit im Winter und geht mit einer Umkehrung der Hauptwindrichtung einher. Die Luftmassenbewegungen, die dieses Klima verursachen, können als Sonderfall der Passatzirkulation verstanden werden.

Im Sommer bildet sich über Zentralasien, insbesondere über dem Hochland von Tibet, durch die starke Aufheizung des Festlandes ein flaches Hitzetief. Zudem verlagert sich die ITC bis an den Südrand des Himalaya. Diese Gebiete tiefen Luftdrucks saugen feuchtwarme Luft aus dem Indischen Ozean an. Der Südost-Passat muss dabei den Äquator in nördlicher Richtung überqueren und wird durch die Coriolis-Ablenkung zu einem Südwestwind. Diese als **Südwest-Monsun** bezeichnete Strömung nimmt über dem warmen Meer große Mengen an Wasserdampf auf. Haben die Luftmassen den indischen Subkontinent erreicht, verursachen sie dort heftige Regenfälle. Die Monsunfront zieht im Laufe des Sommers über Südasien hinweg. Im Stau der Gebirge treten extrem hohe Niederschlagswerte auf (z. T. mehr als 10 000 mm im Jahr; zum Vergleich: Münster 718 mm). Im Spätsommer wandert die Regen bringende Monsunfront dem Zenitalstand der Sonne folgend noch einmal in südlicher Richtung über das Land. In manchen Jahren, wie z. B. 2007 und 2013, fallen die Monsunregen so heftig aus, dass es zu großräumigen Überschwemmungen und Erdrutschen kommt, die viele Menschenleben kosten und erhebliche materielle Schäden sowie Ernteausfälle verursachen. In anderen Jahren können sich die Monsunregen verspäten oder deutlich geringer ausfallen als im Durchschnitt; in diesem Fall drohen Missernten.

In den Wintermonaten baut sich ein umgekehrtes Druckgefälle mit einer gegenüber dem Sommerhalbjahr entgegengesetzten Luftströmung auf. Über Zentralasien mit dem Hochland von Tibet kühlt sich die Luft wegen der nun verminderten Sonneneinstrahlung stark ab – ein Kältehoch entsteht. Aus diesem Hochdruckgebiet fließt die Luft nach Süden in Richtung Äquator ab. Durch Föhneffekte erwärmt sich dieser **Nordost-Monsun** und weht als trockener Wind über

M 14
Mittel der Niederschläge, Temperaturen und Windrichtungen

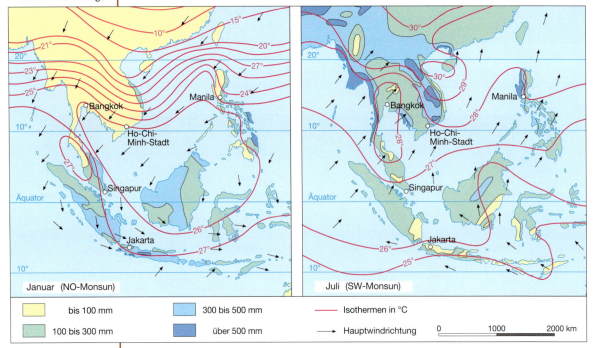

Leben und Wirtschaften in unterschiedlichen Landschaftszonen 23

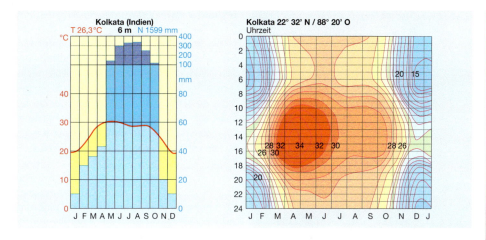

M 15
Klima-/Thermo-isoplethendiagramm von Kolkata

das Land. Lediglich über dem Golf von Bengalen kann die Luft Wasserdampf aufnehmen und dem östlichen Teil Indiens sowie dem Nordosten Sri Lankas Regen bringen. Der Nordost-Monsun ist ein Teil des Nordost-Passats; zwischen der absinkenden Kaltluft der Passatoberschicht und der feuchtwarmen bodennahen Grundschicht liegt eine Inversion, die konvektive Niederschläge weitgehend verhindert.

Von den Monsunwinden im Bereich des Indischen Ozeans wird auch das Klima Ostafrikas maßgeblich geprägt. Ebenso beeinflussen wechselnde Monsunwinde an der Westseite des afrikanischen Kontinents, an der Guineaküste, das Klima.

13. Stellen Sie die Charakteristika des Monsunklimas dar (M 14 bis M 16, Atlas).
14. Recherchieren Sie die aktuelle Monsunsituation in Indien und tragen Sie Ihre Ergebnisse in einem Referat vor (Internet).

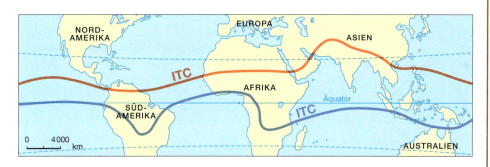

M 16
Lage der ITC im Juli (rote Linie) und im Januar (blaue Linie)

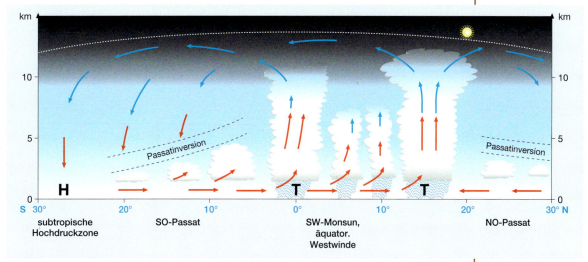

M 17 Monsunzirkulation im Sommer

Naturfaktoren und Menschen prägen Landschaften

Dynamik der Westwindzone

Große Teile der gemäßigten Breiten werden von der **Westwindzone** oder **Westwinddrift** beherrscht. Charakteristisch für diese Gebiete sind ganzjährige Niederschläge und deutliche Temperaturunterschiede zwischen den Jahreszeiten. Im Gegensatz zu weiten Teilen der Tropen mit ihren hygrischen Jahreszeiten werden die gemäßigten Breiten von thermischen Jahreszeiten geprägt.

Im Bereich der Westwindzone trifft subtropische Warmluft auf Kaltluft subpolaren oder polaren Ursprungs. Diese Kontaktzone wird **Polarfront** genannt. In den oberen Schichten der Atmosphäre in 8–12 km Höhe bildet sich ein beständiges Starkwindband aus, der **Polarfront-Jetstream**, in dem Windgeschwindigkeiten von 200–500 km/h erreicht werden. Dieser von Westen nach Osten gerichtete Strahlstrom bestimmt die Hauptwindrichtung bis in die bodennahen Schichten der Atmosphäre. Da die Polarfront und mit ihr der Jetstream nur selten breitenkreisparallel verlaufen, sondern meist großräumige Wellen ausbilden, wird auf der Nordhalbkugel etwa der Bereich zwischen dem 30. und 65. Breitenkreis von der Westwindzone beeinflusst. Dabei unterliegt die Position der Polarfront jahreszeitlichen Schwankungen. Im Winterhalbjahr verlagert sie sich nach Süden und verursacht z. B. die Winterniederschläge des subtropischen Mittelmeerklimas. Im Sommerhalbjahr verschiebt sie sich häufig weit nach Norden.

Je größer das Temperaturgefälle an der Polarfront ist, umso größer werden die Mäander des Polarfront-Jets. Überschreitet die meridionale Temperaturdifferenz einen Wert von etwa 6 °C auf einer Entfernung von 1000 km, löst sich die vorherrschende Westströmung vorübergehend auf und es kommt zu einer großräumigen Verwirbelung

M 18 Okkludierende Zyklone über Mitteleuropa (Satellitenbild vom 27.10.2004)

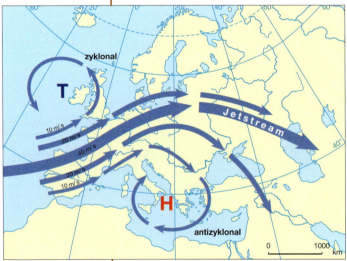

M 19 Jetstream mit sich daraus entwickelnden dynamischen Tief- und Hochdruckgebieten

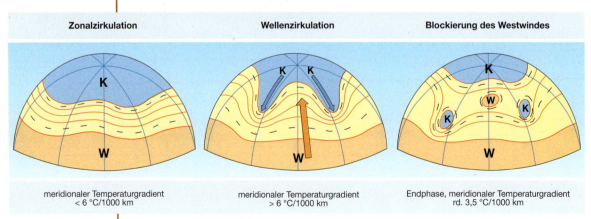

M 20 Dynamik an der Polarfront

der Luftmassen mit der Ausbildung von dynamischen Druckgebilden. Ihr Name besagt, dass sie nicht durch Erwärmung oder Abkühlung, sondern durch Luftbewegungen verursacht werden. Dabei entwickeln sich auf der polwärtigen Seite der Polarfront Tiefdruckgebiete, die **Zyklonen**, und auf der gegenüberliegenden Seite Hochdruckgebiete, die **Antizyklonen**. Verbunden damit ist eine Verlagerung von Kaltluft nach Süden und von Warmluft nach Norden. Da die Mäander des Jetstreams fast immer in Bewegung sind, ist die Witterung im Bereich der Westwinddrift selten über mehrere Wochen beständig. So kann man einen häufigen Wechsel von regnerischen und trockenen Witterungsabschnitten beobachten, die meist auch mit deutlichen Temperaturschwankungen einhergehen.

Das Wetter in West- und Mitteleuropa wird häufig von dynamischen Zyklonen geprägt, die aus westlichen Richtungen heranziehen und nach Osten abziehen. Dabei lässt sich eine charakteristische Abfolge bestimmter Wettererscheinungen beobachten. Die Annäherung eines Tiefdrucksystems macht sich zunächst durch ein Absinken des Luftdrucks bemerkbar. In der Höhe zieht von Westen Bewölkung auf, zuerst in Form dünner, hoher Schleierwolken (Cirrus-Bewölkung), die sich bald zu einer geschlossenen Wolkendecke (Stratus-Bewölkung) verdichtet, aus der dann meist lang andauernder Landregen fällt. Dieser Niederschlag entsteht durch Advektion, da die entgegen dem Uhrzeigersinn rotierende Zyklone auf der Vorderseite leichte subtropische Warmluft ansaugt, die sich dann über schwerere kältere Luft schiebt, dabei abkühlt und Wolken sowie Niederschläge verursacht. Die Luftmassengrenze zwischen der vorgelagerten sogenannten alten Kaltluft und der Warmluft heißt **Warmfront**. Auf der Rückseite der Zyklone fließt kältere subpolare Luft heran. An dieser **Kaltfront** und nach deren Durchzug kommt es zu Schauern und manchmal auch Gewittern, da sich die schwere kalte Luft unter die Warmluft schiebt und diese zum Aufsteigen bringt. Die Kaltfront bewegt sich am Boden rascher als die aufgleitende Warmfront. Daher verwirbeln beide Luftmassen nach einigen Tagen miteinander zu einer **Okklusion**, in der sich noch heftige Niederschläge entwickeln können. Danach verliert die Zyklone an Eigendynamik und löst sich auf. Meist bilden sich an der Polarfront ganze Zyklonen-Familien, die in den Gebieten, die sie überziehen, immer wieder zu Niederschlägen führen und die nur durch kurze trockene Phasen unterbrochen werden.

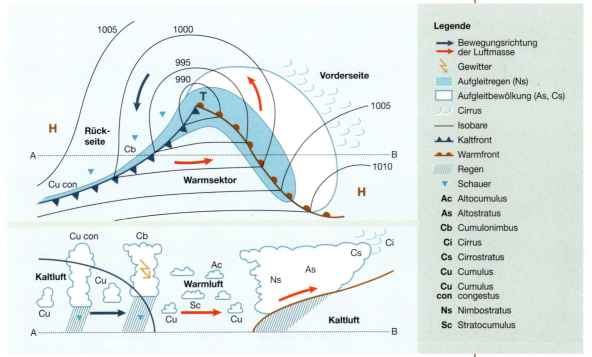

M 21
Durchzug einer Zyklone mit zugehörigen Wettererscheinungen

15. Erläutern Sie die Beeinflussung der gemäßigten Breiten durch subpolare und subtropische Luftmassen (**M 18** bis **M 21**).
16. Beschreiben Sie den Wetterablauf beim Durchzug einer Zyklone (**M 21**).

4. Die Tropen – ein vielfältiger Lebensraum

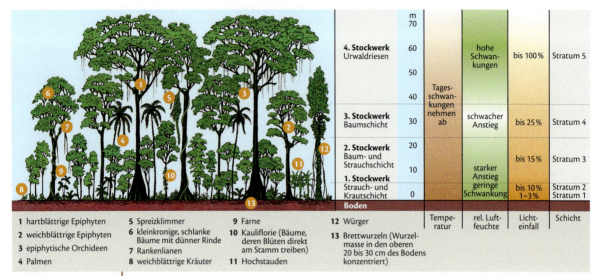

M 1 Aufbau des tropischen Regenwaldes

Der tropische Regenwald – eine Schatzkammer der Natur?

Nahe des Äquators entwickelt sich unter natürlichen Bedingungen überall dort ein **immergrüner tropischer Regenwald**, wo alle Monate humid oder maximal bis zu zwei Monate arid sind. Hohe Temperaturen und ein nahezu unbegrenztes Wasserangebot schaffen ganzjährig günstige Wachstumsbedingungen. Bezüglich Produktivität, Biomasse und Artenvielfalt stellen tropische Regenwälder die üppigsten terrestrischen Ökosysteme dar. Dabei ist der weitaus größte Anteil der Biomasse in Holz gebunden.

Die Böden erreichen meist eine große Mächtigkeit, doch sind sie in der Regel wenig fruchtbar. Durch die hohen Niederschläge werden nicht gebundene Mineralstoffe in untere Bodenschichten ausgewaschen, wo sie für Wurzeln meist nicht erreichbar sind. Zudem haben tropische Böden, meist Roterden (Ferralite) und Rotlehme (Fersialite), nur eine geringe Kationenaustauschkapazität, sie können also wichtige Mineralstoffe nur schlecht speichern.

Das feuchtwarme Klima beschleunigt den raschen Abbau organischer Substanz. Humus als Nährstoffspeicher entsteht unter diesen Bedingungen kaum. Die freigesetzten Mineralstoffe gelangen zwar in den Boden, sie werden dort jedoch größtenteils durch ein dichtes Netz von Pilzfäden wieder absorbiert. Diese **Mykorrhiza**-Pilze leben in einer Symbiose mit den Bäumen: Diese liefern den Pilzen organische Verbindungen, während die Pilze die aufgenommenen Mineralstoffe an die Wurzeln abgeben. Auf diese Weise ist der Stoffkreislauf kurzgeschlossen. Der Boden spielt, anders als in den gemäßigten Breiten, als Mineralstoffspeicher nur eine untergeordnete Rolle. Daher sind Regenwaldböden nach einer Rodung häufig durch eine schnelle Erschöpfung der Mineralstoffvorräte gekennzeichnet und für eine dauerhafte landwirtschaftliche Nutzung im Allgemeinen wenig geeignet.

M 2 Modell des Stoffkreislaufs im tropischen Regenwald

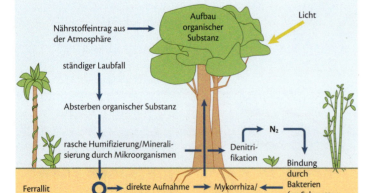

1. Stellen Sie in einer tabellarischen Übersicht Kennzeichen tropischer Regenwälder zusammen (M 1, M 2).
2. Erläutern Sie den Stoffkreislauf im tropischen Regenwald (M 2).
3. Charakterisieren Sie die den Aufbau tropischer Böden im Hinblick auf die Nutzbarkeit für den Ackerbau.

Leben und Wirtschaften in unterschiedlichen Landschaftszonen 27

Holzwirtschaft

Bergbau

Siedlung

M 3
Nutzungsformen im tropischen Regenwald

Erschließung des tropischen Regenwaldes

Jährlich werden mehr als 100 000 km² tropischer Wälder gerodet. Dies hat verschiedene Ursachen. Das Bevölkerungswachstum bewirkt eine zunehmende Landknappheit. Die dadurch ausgelöste Landnahme durch kleinbäuerliche Kolonisten erfolgt immer tiefer in bisher unberührten und unerschlossenen Waldgebieten. Häufig fördern staatliche Programme diese Kolonisation (z. B. Brasilien, Indonesien). In den neu erschlossenen Gebieten wird meist Subsistenzwirtschaft mit Brandrodungsfeldbau betrieben. Etwa 20 Prozent der anthropogenen CO_2-Emissionen stammen aus dieser Quelle und verstärken den globalen Treibhauseffekt. In einigen Ländern gibt es seit langem auch Großprojekte in Form von Plantagen oder Viehzuchtbetrieben für den Weltmarkt. Von Bedeutung ist ferner die Gewinnung von Tropenhölzern. Da oftmals nur bestimmte Baumarten geschlagen werden, bleibt ein zerstörter Wald zurück. Zudem muss der Regenwald auch der Gewinnung von Bodenschätzen wie Erzen, Erdöl und Gold weichen.

In der Regel erfolgen diese Nutzungen ohne ökologische Rücksichtnahmen. Nachhaltige Entwicklungsprojekte, etwa zur Wiederaufforstung, gibt es, doch fehlen bislang verbindliche Regeln für eine auf Dauernutzung angelegte Bewirtschaftung der Wälder.

4. Erörtern Sie die Folgen großflächiger Rodungen im tropischen Regenwald (M 3, M 4).
5. Recherchieren Sie die Situation der Regenwälder und tragen Sie Ihre Ergebnisse in einem Referat vor (Internet).

M 4
Ökologische Folgen einer nicht nachhaltigen Nutzung im tropischen Regenwald

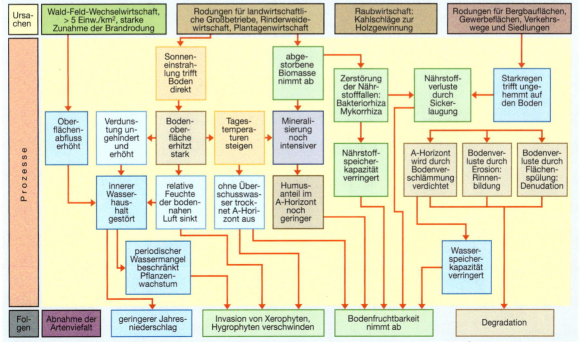

In den wechselfeuchten Tropen

Bereits wenige Breitengrade vom Äquator entfernt gibt es ausgeprägte Trockenzeiten, deren Dauer in Richtung der Wendekreise zunimmt. Da die Regenzeit vom Zenitalstand der Sonne bestimmt wird, fallen die Niederschläge im Sommerhalbjahr der jeweiligen Halbkugel.

Der charakteristische Vegetationstyp in den wechselfeuchten Tropen sind die **Savannen.** Dies ist eine Sammelbezeichnung für ganz unterschiedliche Pflanzengesellschaften, die mehr oder weniger dichte Wälder, Busch- und Graslandschaften umfasst (Baum- bzw. Grassavannen). Dabei ist die Ausbildung der charakteristischen Vegetation abhängig von der Verfügbarkeit von Wasser. Wegen ihres oberflächennahen Wurzelwerks wachsen Gräser nach Regenfällen rasch, bei Trockenheit sterben aber die oberirdischen Pflanzenteile genauso schnell wieder ab. Bäume haben aufgrund ihrer Wurzeltiefe einen ausgeglicheneren Wasserhaushalt.

Der tropische Regenwald wird in Gebieten mit drei und mehr ariden Monaten von artenärmeren, weniger dichten und niedrigeren Wäldern abgelöst. Je länger die ariden Zeiträume werden, umso größer werden die Abstände zwischen den Bäumen. Die **Feuchtsavanne** geht allmählich in die **Trockensavanne** über, für die beispielsweise in Afrika Schirmakazien mit breiten, Schatten spendenden Kronen und die Wasser speichernden Affenbrotbäume (Baobabs) typisch sind. Dort, wo die Regenzeit lediglich drei bis vier Monate dauert und die Niederschlagsmengen insgesamt nur noch mäßig ausfallen, geht die Trockensavanne in die **Dornsavanne** über. Vorherrschend sind hier an Trockenheit angepasste Dornbüsche und Gräser. In noch trockeneren Regionen wird die Dornsavanne von der Halbwüste abgelöst.

Nutzung der Savannen

Savannen sind besonders in Afrika verbreitet und werden dort seit Jahrtausenden besiedelt. Dabei bedingen die Niederschlagsverhältnisse die landwirtschaftlichen Nutzungsformen. In der Feucht- und Trockensavanne ist Ackerbau möglich, der vielfach noch als Wanderfeldbau mit Brandrodung betrieben wird. Im Übergang von der Trocken- zur Dornsavanne liegt bei etwa acht bis neun ariden Monaten die **agronomische Trockengrenze,** die man auch als Grenze des Regenfeldbaus bezeichnet. In diesem Übergangsbereich fällt in feuchten Jahren noch genügend Niederschlag, um eine Ernte zu sichern, in Dürrejahren kann es jedoch zu totalen Ernteausfällen mit da-

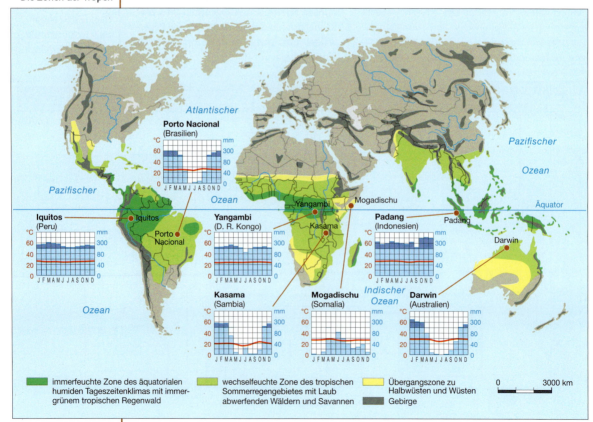

M 5 Die Zonen der Tropen

rauf folgenden Hungersnöten kommen. Aufgrund des Bevölkerungswachstums hat sich der Trockenfeldbau in den letzten Jahrzehnten häufig in solche risikoreichen Gebiete ausgedehnt. Eine angepasste Nutzungsform der Trocken- und Dornsavanne ist die Viehhaltung. Neben Nomadismus wird zunehmend auch extensive stationäre Weidewirtschaft betrieben. Im Umkreis städtischer Siedlungen produzieren Ackerbauern und Viehzüchter nicht mehr nur als Selbstversorger, sondern sie beliefern auch die lokalen Märkte. Vielfach haben ökologisch nicht angepasste Nutzungen sowie Vegetationszerstörungen durch Brennholzeinschlag bereits zu einer erheblichen Bodendegradation geführt. Nachhaltige Nutzungsformen müssen, ähnlich wie im tropischen Regenwald, noch entwickelt und umgesetzt werden.

Einige Savannen im östlichen und südlichen Afrika sind als Nationalparks ausgewiesen und sollen der Erhaltung der letzten großen wilden Tierherden und weiterer seltener Arten dienen. Die Inwertsetzung dieser Gebiete erfolgt über den Tourismus, der für die entsprechenden Länder zu einer wichtigen Einkommensquelle geworden ist.

M 7 Viehhaltung in der Dornsavanne

Nomadismus: Viehhaltung auf Naturweiden, bei der die Herdenbesitzer mit ihren Tieren im jahreszeitlichen Rhythmus wandern, da infolge der Trockenheit die Futtergrundlage für eine Dauernutzung der Weiden nicht ausreicht.
Stationäre Weidewirtschaft: Flächen- und arbeitsextensive Großviehhaltung auf Naturweiden mit regelmäßigem Flächenwechsel auf Umtriebsweiden zur Selbstversorgung und zur Marktproduktion.
Regenzeitfeldbau: Der Wechsel von Regen- und Trockenzeit regelt den Anbau. Dieser für die Savannen typische Regenfeldbau ist ein Ackerbau ohne künstliche Bewässerung; er wird auch als Trockenfeldbau bezeichnet.
Bewässerungsfeldbau: Die zur Bodennutzung jahreszeitlich oder ganzjährig fehlende Niederschlagsmenge wird durch Bewässerung aus Brunnen- oder Flusswasser oder gespeichertem Regenwasser zugeführt. Die Bewässerung ermöglicht den Anbau während arider Monate. In den Savannen ist ein Dauerfeldbau mit mehreren Ernten möglich.

M 8 Landwirtschaftliche Nutzungssysteme in den Savannen Afrikas

6. Lokalisieren Sie die Vegetationszonen der wechselfeuchten Tropen in verschiedenen Erdteilen (M 5, Atlas).
7. Erklären Sie die Veränderungen der Vegetation in Abhängigkeit vom Klima (M 1, M 5, M 6, Atlas).
8. Stellen Sie einen Zusammenhang her zwischen den naturgeographischen Rahmenbedingungen und den Möglichkeiten landwirtschaftlicher Nutzung in den Savannen (M 5 bis M 9).
9. Erörtern Sie die Probleme des Ackerbaus in der Savanne und Möglichkeiten zu ihrer Überwindung. Beziehen Sie in Ihre Überlegungen auch den Bewässerungsfeldbau mit ein (M 8, M 9, Atlas).
10. Diskutieren Sie die Bedeutung von Nationalparks in den Tropen unter ökologischen und ökonomischen Gesichtspunkten.

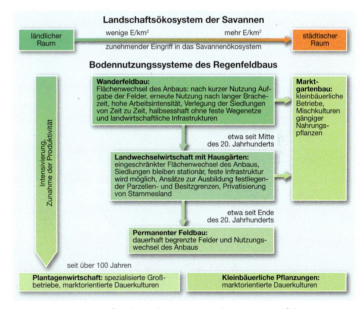

M 9 Intensivierungsstufen der Bodennutzung in den Savannen Afrikas

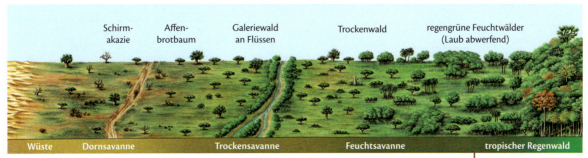

M 6 Vegetationszonen in Afrika

5. Die Subtropen und ihr Nutzungspotenzial

Wüsten – die Trockenräume in den Subtropen

Der Begriff **Subtropen** kennzeichnet den Übergangsbereich zwischen den Tropen und den gemäßigten Breiten. Dabei lassen sich, je nach Lage, verschiedene Klima- und Vegetationszonen unterscheiden.

Die Gebiete beiderseits der Wendekreise zeichnen sich durch beständig hohen Luftdruck aus. Da die Einstrahlung der Sonne nicht durch Wolken behindert wird, kann sich die bodennahe Luft tagsüber extrem aufheizen. In der Nacht führt die ungehinderte Ausstrahlung in der trockenen Luft zu einer starken Abkühlung, Nachtfröste treten allerdings nur in Ausnahmefällen auf.

In vielen Gebieten um die Wendekreise gibt es keine periodischen Niederschläge. Nur selten, manchmal im Abstand von mehreren Jahren, gelangen feuchte Luftmassen in diese Regionen und verursachen dann mitunter heftige Regenfälle (Sturzregen). Da diese nur unregelmäßig auftreten, spricht man von **episodischen** Niederschlägen.

Aufgrund der Klimabedingungen sind in den Subtropen **Halbwüsten** und **Wüsten** weit verbreitet (**Wendekreiswüsten**). Darüber hinaus kommen auf den Westseiten der Kontinente **Küstenwüsten** vor, die ihre Trockenheit einer kalten küstennahen Meeresströmung sowie der Lage im Lee von Gebirgszügen verdanken. Meeresferne und die Lage im Regenschatten von Gebirgen kennzeichnen **Binnenwüsten**.

Die extrem trockenen Kernwüsten sind oft völlig vegetationslos; lediglich in Senken können manchmal Pflanzen gedeihen, deren Wurzeln den Grundwasserhorizont erreichen. In den weniger trockenen Wüsten und Halbwüsten gibt es, je nach Niederschlagshäufigkeit, eine mehr oder weniger dichte Vegetationsbedeckung. Die dort vorkommenden Pflanzen können mithilfe verschiedener Anpassungsformen lange Trockenzeiten überstehen.

Die Nutzung von Räumen ist an das Vorhandensein von Wasser geknüpft. Deshalb beschränken sich Siedlungen in den Trockengebieten auf die Lage in Oasen, an Wadis und an Fremdlingsflüssen. Mit modernen Bohrtechniken lassen sich

Referat-Tipp:
Die Küstenwüste Namib. Recherchieren Sie die Ursachen für ihre Entstehung, ihr Erscheinungsbild sowie ihre Nutzung. Tragen Sie Ihre Ergebnisse mediengestützt in einem Referat vor.

M 1 Die Zonen der Subtropen

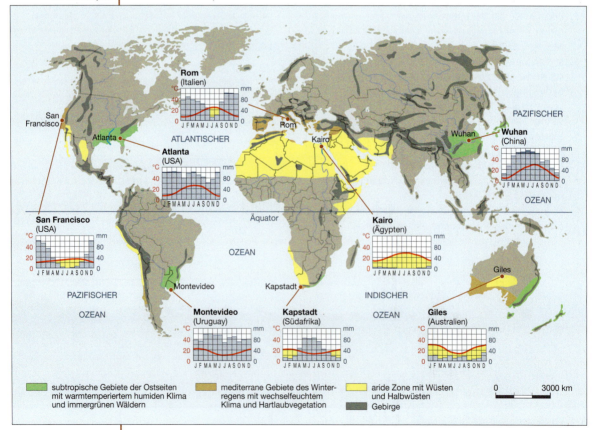

heutzutage Wasserreserven in tiefen Bodenschichten erschließen, sodass mit geeigneten Bewässerungstechniken die agrarische Nutzung ausgeweitet werden kann. Allerdings begünstigt die hohe Verdunstungsrate die Salzanreicherung im Boden (**Versalzung**). Die flächenhafte Nutzung der (Halb-)Wüsten durch extensive Viehhaltung spielt heute nur noch eine untergeordnete Rolle.

Winterregengebiete und Ostseitenklimate

An den Westseiten der Kontinente wird das Klima der Subtropen im Sommerhalbjahr durch die subtropische Hochdruckzone bestimmt. Die Sommermonate sind daher heiß und trocken. Im Winter verschiebt sich jahreszeitlich bedingt die Passatzirkulation, sodass feuchte Westwinde auf diese Räume übergreifen können. Die Wintermonate sind aus diesem Grund durch hohe Niederschlagsmengen und milde Temperaturen gekennzeichnet. Man spricht deshalb von den **winterfeuchten Subtropen** oder den **Winterregengebieten**. Da der größte Teil des Mittelmeergebietes in dieser Klimazone liegt, wird auch die Bezeichnung **Mittelmeerklima** verwendet.

Für das Pflanzenwachstum sind die Bedingungen nicht optimal: Im Sommerhalbjahr sind zwar die Temperaturen günstig, jedoch fehlt es in diesen Monaten an den notwendigen Niederschlägen. Im Winter steht dagegen genügend Feuchtigkeit zur Verfügung, die Temperaturen sind jedoch ungünstig. Die Hauptwachstumsphase der Pflanzen liegt daher meist im Frühjahr, wenn noch genügend Bodenfeuchtigkeit vorhanden ist und die Temperaturen wieder ansteigen.

Im Gegensatz zu den ariden bis wechselfeuchten Subtropen auf den Westseiten erhalten die subtropischen Gebiete auf den Ostseiten der Kontinente meist ganzjährige Niederschläge, mit einem Maximum im Sommer. Während dieser Zeit erreichen feuchtwarme Passat- bzw. Monsunwinde die Küsten und setzen sich, je nach Relief, oft bis weit ins Landesinnere durch. Im Winter führen Kaltlufteinbrüche zu weiteren Niederschlägen.

Überdauerung als Samen
Pflanzen mit einer kurzen Lebensdauer können Trockenzeiten oft über mehrere Jahrzehnte als Samen überdauern. Nach einem ausreichenden Niederschlagsereignis keimen die Samen, es kommt zu einem kurzen Blühen in der Wüste.

Laubabwurf
Die Wasserabgabe von Pflanzen an die Atmosphäre, die Transpiration, erfolgt zum größten Teil über ihre Blätter. Mehrjährige Pflanzen können ihre Transpiration vermindern und dadurch kürzere Trockenzeiten überstehen, indem sie ihre Blätter abwerfen. Die regengrünen Laubhölzer sind Beispiele dieser Anpassungsform.

Sukkulenz
Trockenzeiten können von Pflanzen durch Speicherung von Wasser in ihren Geweben überdauert werden. Dieses Phänomen wird als Sukkulenz bezeichnet. Sukkulente Pflanzen wie beispielsweise Kakteen sind an ihren dickfleischigen Geweben zu erkennen.

Hartlaub
Pflanzen benötigen Wasser nicht nur für ihren Stoffwechsel, sondern auch über den Druck des Zellsaftes für die mechanische Festigkeit der Blätter. Diese geht beim Welken verloren. Um dies zu vermeiden, verfügen Hartlaubgewächse wie die Steineiche über ein spezielles Festigungsgewebe in ihren Blättern. Diese fühlen sich daher hart an. Als zusätzlichen Transpirationsschutz sind sie zudem mit einer dicken Wachsschicht überzogen.

M 2 Angepasstheiten von Pflanzen an Trockenheit

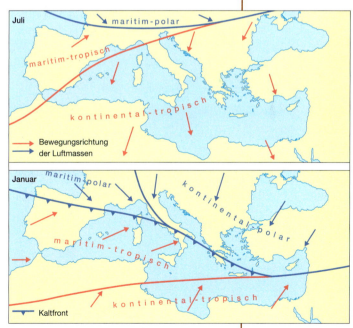

M 3 Einfluss verschiedener Luftmassen im Mittelmeerraum im Sommer und Winter

1. Werten Sie die Klimadiagramme in **M 1** aus und ordnen Sie die Stationen verschiedenen subtropischen Klimaten zu.
2. Begründen Sie die Trockenheit im Bereich der Wendekreise (**M 1**).
3. Erläutern Sie die Angepasstheit der Vegetation an Trockenklimate (**M 2**).
4. Erläutern Sie die Entstehung des wechselfeuchten Mittelmeerklimas (**M 1**, **M 3**).

Nutzung und ihre Folgen

Die immerfeuchten Subtropen eignen sich aufgrund der Temperaturen und Niederschläge für eine agrarische Nutzung, sodass sich eine hoch entwickelte Kulturlandschaft herausgebildet hat. In den anderen Regionen der Subtropen erlauben die natürlichen Voraussetzungen nur eine zeitlich oder räumlich eingeschränkte Landnutzung (z. B. Regen- und Bewässerungsfeldbau).

Schäden durch eine den ökologischen Bedingungen nicht angepasste Nutzung sind aus vielen semiariden Gebieten der Randtropen mit einem hohen Bevölkerungsdruck bekannt. Ein großes Problem liegt in der **Überweidung**. Übermäßig große Herden fressen die Pflanzen teilweise bis in den Wurzelbereich ab. Weitere Schäden an der Vegetation werden durch die extreme Trittbelastung verursacht, insbesondere von großen Rinderherden. Ziegen fressen Bäume und Sträucher kahl, da sie gut klettern können. Außerdem werden die Regenerationszeiten für abgegraste Flächen immer kleiner.

Ein weiterer Faktor für die Zerstörung der Vegetation ist der Holzeinschlag für Baumaterial und Brennstoff. Die zunehmende Nutzung der Grundwasservorräte, oft noch durch gut gemeinte Entwicklungshilfeprojekte in Form von Tiefbrunnen gefördert, lässt vielerorts den Grundwasserspiegel immer weiter absinken und verstärkt zusätzlich die Zerstörung der Vegetationsdecke.

M5 Degradation

Ist die Vegetation erst einmal großflächig zerstört, kommt es zur Abtragung der fruchtbaren oberen Bodenschichten durch Wind oder Starkregen. Diese durch den Menschen verursachten oder verstärkten negativen Veränderungen in den semiariden Gebieten können über verschiedene Stufen der **Degradation** bis zur **Desertifikation** führen. Darunter versteht man die Ausbildung wüstenähnlicher Verhältnisse („man-made desert"). Vielfältige Projekte, beispielsweise zur Wiederaufforstung, haben bisher keine durchschlagenden Erfolge gebracht.

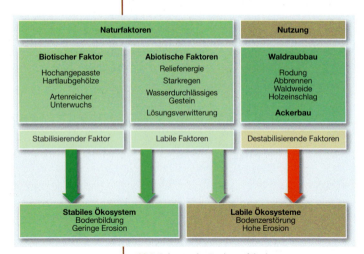

M4 Schema der Bodengefährdung

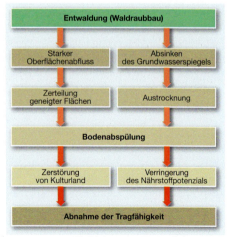

M6 Schema der Entwaldung

5. Analysieren Sie anhand geeigneter Atlaskarten Bevölkerungsdichte und Landnutzung in Gebieten mit subtropischem Ostseitenklima.
6. Erläutern Sie die Degradationsstufen von Hartlaubwäldern und nennen Sie mögliche Maßnahmen zur Regeneration (M4 bis M7).
7. Der Mittelmeerraum – ein degradierter Lebensraum. Nehmen Sie Stellung zu dieser Aussage (M7).
8. Stellen Sie zusammenfassend Gunst- und Ungunstfaktoren in verschiedenen Räumen der Subtropen im Hinblick auf die Nutzung durch den Menschen zusammen (M1 bis M7, Atlas).

a) Der Mittelmeerraum

Hartlaubgewächse mit unterschiedlichen Angepasstheiten an das begrenzte Wasserangebot kennzeichnen die natürliche Vegetation der Winterregengebiete. Beispiele für solche Pflanzen sind im Mittelmeerraum Ölbaum (Olivenbaum), Oleander sowie Stein- und Korkeiche. Ursprünglich gab es große zusammenhängende **Hartlaubwälder,** von denen heute jedoch nur noch Reliktvorkommen existieren. Durch menschliche Eingriffe ist der ehemalige Wald meist degradiert, das heißt nachteilig verändert worden, und durch eine buschartige Sekundärvegetation ersetzt, die als Macchie (mannshohes Gebüsch) und Garrigue (lockerer Bestand aus Klein- und Zwergsträuchern) bezeichnet wird. Insbesondere im östlichen Mittelmeergebiet, wo Kalkgestein vorherrscht, haben jahrhundertelange Rodungen gebietsweise zur vollständigen Abtragung des Bodens geführt. Ursachen waren der Bedarf an Brenn- und Bauholz wie auch der Raumbedarf zur Weidenutzung. Übrig geblieben ist nur noch das kahle Steinskelett, auf dem Pflanzen lediglich in Ritzen wurzeln können (**Verkarstung**). Trotzdem kann der Raum landwirtschaftlich genutzt werden, da Quellen die Versorgung mit Süßwasser sicherstellen.

b) Stärken und Schwächen des Naturpotenzials im Mittelmeerraum

Stärken	Schwächen
– Für Schiffsverkehr günstige meernahe Lage.	– Den Landverkehr behindernde Gebirge, fast keine Binnenschifffahrt, Erdbebengefahr.
– Höhenstufen erlauben Anbau verschiedener Früchte; Hochgebirgsrelief gestattet Bergwandern und Skifahren.	– Geringer Anteil an klimagünstigen Tiefebenen; schwer zu bewirtschaftende, bodenerosionsgefährdete Hanglagen.
– Dank milder Winter Freilandviehhaltung, Energieeinsparung.	– Niedrige Wintertemperaturen bremsen Wachstum.
– Bei künstlicher Bewässerung mehrere Ernten. Hohe Temperaturen gestatten Anbau randtropischer Gewächse wie Reis, Baumwolle, Avocado. Trockenheiße Sommer als großes Plus für den Badetourismus.	– Überwiegend sommerliche Wachstums- und Anbauruhe. Eingeschränktes sommerliches Wasserangebot trotz Stauseen; Wasserengpässe in Dürrejahren, Überschwemmungsgefahr bei Starkregen.
– Gräser, Kräuter und Sträucher als natürliche Weide; höhere Gehölze als Brennstoff-, Nutzholz- und Früchtelieferanten (z. B. Esskastanie).	– Sehr begrenzter wirtschaftlicher Wert (extensive Viehhaltung, Holzkohle) der weit verbreiteten Strauchvegetation.

c) Verkarstung

d) Stadien der Degradation und Regeneration

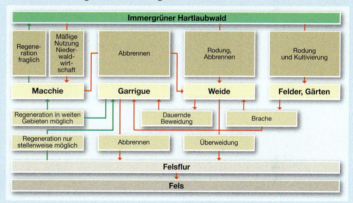

e) Süßwassergewinnung aus Karstquellen

Der ständig steigende Süßwasserbedarf für Landwirtschaft, Siedlungen, Tourismus und auch Industrie hat in Griechenland zu einigen Projekten der Süßwassergewinnung aus untermeerischen Karstquellen geführt. Diese untermeerische Einfassung der Süßwasserquellen ist technisch einfach. Sie stellt allerdings eine nur vereinzelt mögliche Sonderform dar, die aber lokal von größter Bedeutung ist. Der Unterwasserringdeich kann im Nebeneffekt auch verhindern, dass wegen der großen Süßwasserentnahme Salzwasser in das Grundwasser eindringt und das Bewässerungswasser verdirbt, wie es in der Argolis bereits zu beobachten ist.

Durch das Entfallen der Mischzone zwischen Süß- und Salzwasser kommt es andererseits zu einer totalen Veränderung des engbegrenzten Sonderökotops. Allerdings konnten bisher keine großräumigen negativen Folgewirkungen in diesem Gebiet beobachtet werden.

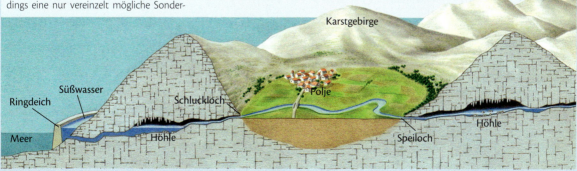

M 7 Der Mittelmeerraum – Nutzung und Folgen

6. Die gemäßigten Breiten – eine kontrastreiche Landschaftszone

Die gemäßigten Breiten erstrecken sich zwischen den Wendekreisen und den Polarkreisen beider Hemisphären. Auf der Nordhalbkugel liegen die meisten Landmassen in dieser Zone. Die gemäßigten Breiten gehören zusammen mit den Subtropen zu den Gebieten, in denen die natürliche Vegetation bereits am stärksten zugunsten von Landwirtschaft und anderen Nutzungen zurückgedrängt worden ist.

Maritimes und kontinentales Klima

Die Westküsten der Kontinente im Einzugsbereich der Westwindzone werden meist von Luftmassen beeinflusst, die längere Zeit Kontakt mit der Meeresoberfläche hatten. Da sich Wasser im Sommer nur langsam erwärmt, diese gespeicherte Wärme im Winter jedoch auch nur zögernd wieder abgibt, übt das Meer einen mäßigenden Einfluss auf die Lufttemperatur aus. Im Sommer führt der Einfluss dieser Meeresluft zu verhältnismäßig kühlem Wetter, im Winter dagegen zu milden Temperaturen. Besonders stark macht sich dieses **maritime Klima** in unmittelbarer Nähe der Küste bemerkbar. Dort sind heiße Sommertage selten, während Frost und Schnee im Winter ebenfalls die Ausnahme sind. Die Niederschläge sind im maritimen Klima insbesondere dann hoch, wenn es zu Steigungsregen kommt, wie beispielsweise an der Küste Norwegens.

Landmassen erhitzen sich im Sommer rasch und kühlen im Winter schnell wieder aus. Je weiter vom Meer entfernt ein Gebiet liegt, umso höher werden die täglichen und jahreszeitlichen Temperaturamplituden. Zugleich nimmt auch die Niederschlagsmenge ab. In manchen meeresfernen Gebieten herrschen semiaride bis aride Klimabedingungen. Das **Kontinentalklima** ist durch warme bis heiße Sommer und kalte Winter bei mäßig hohen bis geringen Niederschlägen gekennzeichnet. Im Winter liegt das Land oft monatelang unter einer dünnen Schneedecke. Die größte Temperaturamplitude auf der Erde kommt in Ostsibirien vor, wo an der Station Oimjakon im Winter schon Temperaturen unter −70 °C und im Sommer von über 30 °C gemessen wurden. Die Temperaturen können dort also um mehr als 100 °C im Jahr schwanken.

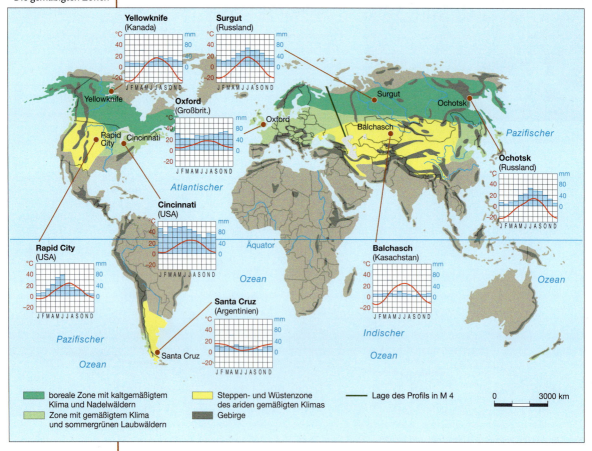

M 1 Die gemäßigten Zonen

Aufgrund der großen Winterkälte und der kurzen Sommer wird das Klima im Norden der gemäßigten Zone auch **kaltgemäßigtes Klima** genannt. Ihm steht das maritim beeinflusste **warmgemäßigte Klima** beispielsweise in West- und Mitteleuropa gegenüber. Deutschland liegt im Übergangsbereich vom maritimen zum eher kontinentalen Klima.

Vegetation in den gemäßigten Breiten

Die natürliche Vegetation wird in allen Gebieten der gemäßigten Breiten mit humidem oder semihumidem Klima von Wäldern geprägt. Auf der Nordhalbkugel ist der **boreale Nadelwald** im Einzugsbereich des kaltgemäßigten Klimas die vorherrschende Vegetationszone. Dieser Waldtyp, der in Russland **Taiga** genannt wird und nur aus wenigen kälteresistenten Baumarten besteht, nimmt fast ein Drittel der globalen Waldflächen ein. Aufgrund der kurzen Vegetationsperiode und der nährstoffarmen Podsolböden wachsen die Bäume, vor allem nahe der polaren Baumgrenze, sehr langsam.

Die warmgemäßigte Klimazone dominieren Laub abwerfende **sommergrüne Laubwälder** und Mischwälder. Diese Wälder sind, vor allem in Nordamerika, erheblich artenreicher als die borealen Nadelwälder und weisen eine deutliche Stockwerkgliederung auf.

Der Großteil der bereits vor Jahrhunderten gerodeten Flächen wird heute als Ackerland genutzt. Meist fruchtbare Braun- und Parabraunerden lassen bei relativ günstigem Klima vielfältige landwirtschaftliche Nutzungen zu. In Mitteleuropa und Nordamerika sind die ursprünglichen Wälder fast vollständig vernichtet worden.

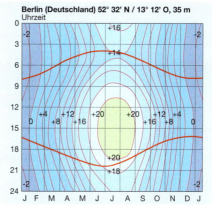

M2 Thermoisoplethendiagramm von Berlin

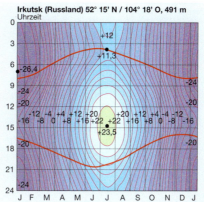

M3 Thermoisoplethendiagramm von Irkutsk

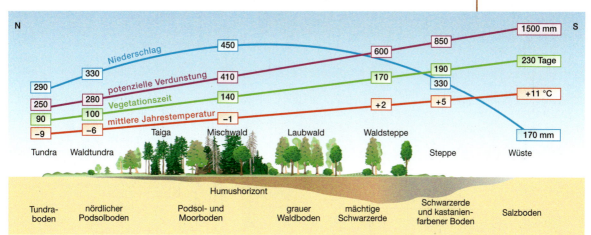

M4 Schematisches Vegetationsprofil durch die Osteuropäische Tiefebene (Lage des Profils vgl. M1)

1. Werten Sie die Klimadiagramme in **M1** aus und erklären Sie die Unterschiede.
2. Erläutern Sie die Charakteristika von maritimem und Kontinentalklima (**M1** bis **M4**).
3. Beurteilen Sie die Bedeutung des Klimas im Bereich der Westwindzone für die dort lebenden Menschen (**M1**, Atlas).
4. Stellen Sie einen Zusammenhang her zwischen den naturräumlichen Rahmenbedingungen in den verschiedenen Landschaftszonen und der landwirtschaftlichen Nutzung in den gemäßigten Breiten (**M1**, **M4**, Atlas).

Die Steppen – ein Gunstraum?

In vielen semiariden Gebieten der gemäßigten Breiten wird das Verhältnis zwischen Niederschlägen und Verdunstung so ungünstig, dass sich keine geschlossenen Wälder mehr entwickeln können. In diesen **Steppen** besteht die natürliche Vegetation vorwiegend aus Gräsern, die teilweise von niedrigen Sträuchern durchsetzt sind. Unter etwas feuchteren Bedingungen erreichen die Gräser Höhen von ein bis zwei Metern (Wiesen- oder Langgrassteppe), in hygrisch weniger günstigen Gebieten wachsen kürzere Grasarten (Kurzgrassteppe). Solche Graslandschaften sind in Nordamerika unter der Bezeichnung **Prärie** bekannt. Die Böden der winterkalten Steppen bestehen häufig aus fruchtbarer Schwarzerde, vor allem in Teilen Nordamerikas und Osteuropas. Diese tiefgründigen Böden eignen sich sehr gut für den Anbau von Getreide, insbesondere Weizen. Daher wurden sie fast vollständig unter den Pflug genommen. Bei unangepasster Nutzung erweisen sich die Steppenböden allerdings als instabil. Besonders groß ist die Erosionsgefährdung.

5. Die winterkalten Steppen gehören zu den Kornkammern der Erde. Bewerten Sie diese Aussage (**M 1**, **M 4**, Atlas).
6. Erläutern Sie die Ursachen für Bodenverluste in den Steppen (**M 5** bis **M 7**).

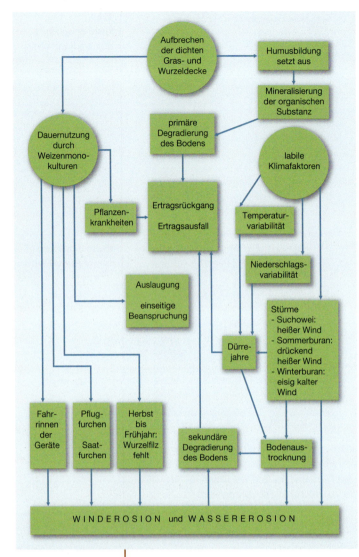

M 5 Destabilisierende Faktoren der winterkalten Steppe

M 6 Steppensturm in Kasachstan (Buran)

> In den Steppen Vorderasiens sind vor etwa 9000 Jahren erstmals Wildweizenarten angebaut worden. Trockenere Steppen wurden durch gezähmte Steppentiere genutzt. Um diese ausreichend zu ernähren, mussten die Hirten oft wandern. Die Griechen nannten sie deshalb auch Nomaden (Schweifende). In der Folgezeit breitete sich die nomadische Viehhaltung in sämtlichen Steppen und Halbwüsten der Alten Welt aus. Bei meist nur leichter Beweidung blieb die Steppenvegetation fast unverändert erhalten. Der Ackerbauer musste dagegen, um seine Nutzpflanzen kultivieren zu können, die ursprüngliche Pflanzendecke entfernen. Der Anbau von Nutzpflanzen ist daher ökologisch problematisch. […]
>
> Aus: Fraedrich, Wolfgang (Hrsg.): Landschaftsökologie. München 1997, S. 148

M 7 Die Nutzung der Steppen

7. Die polare und subpolare Zone – an der Grenze zur Anökumene

Die Arktis

Astronomisch gesehen liegen die Polargebiete zwischen den Polarkreisen und dem geographischen Pol der jeweiligen Halbkugel. Sie sind durch das Auftreten von **Polartag** und **Polarnacht** gekennzeichnet.

Die Arktis, das Gebiet um den Nordpol, wird größtenteils vom Nordpolarmeer eingenommen. **Packeis** (gefrorenes Meerwasser) bedeckt ganzjährig große Teile des Polarmeeres, allerdings hat dessen Ausdehnung in den letzten Jahrzehnten mit der Klimaerwärmung erheblich abgenommen. Große Teile Grönlands werden von einem bis 3000 Meter mächtigen **Inlandeis** bedeckt, auch einige polare und subpolare Inseln tragen umfangreiche Eiskappen.

Das Klima auf den subpolaren Inseln am Rande der Arktis, z. B. Island, ist relativ mild. Weiter nördlich, auf den hochpolaren Inseln, steigen die Temperaturen im Sommer nur für einige Wochen über den Gefrierpunkt, die Winter sind in Küstennähe mäßig, im Hinterland sehr kalt. Da die Arktis nur selten von Tiefdruckausläufern gestreift wird, fällt wenig Niederschlag. Wegen der geringen potenziellen Verdunstung ist das Klima meist dennoch humid.

Ein Charakteristikum der Böden in der Arktis ist der **Permafrost** (Dauerfrostboden), der etwa 20 Prozent der Landoberfläche umfasst und in Nordamerika und Asien bis weit in die gemäßigten Breiten hineinreicht. Beim Permafrost ist der Boden teilweise mehrere Hundert Meter tief gefroren, eine Hinterlassenschaft der letzten Kaltzeiten (Eiszeiten). Er taut im Sommer lediglich einige Dezimeter bis Meter oberflächlich auf. Da der darunter liegende, ständig gefrorene Boden ein Versickern des Schmelzwassers verhindert, sind diese Gebiete von vielen flachen Seen bedeckt oder neigen im Sommer zur Versumpfung. Besondere Probleme bereitet das Errichten von Gebäuden auf Permafrost. Damit sie durch ihre Wärmeabgabe den Boden nicht tiefgründig auftauen und dadurch die Standfestigkeit verlieren, müssen Gebäude auf Pfeilern errichtet werden.

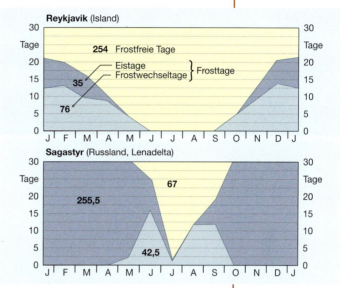

M 1 Frostwechsel

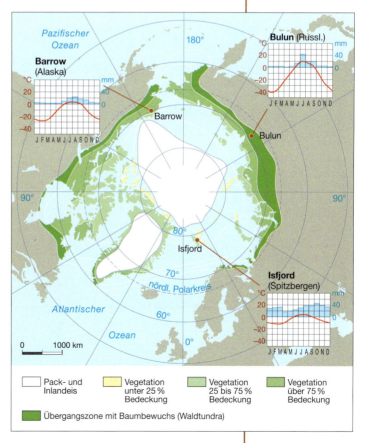

M 2 Die Verbreitung der arktischen subpolaren und polaren Zonen

Naturfaktoren und Menschen prägen Landschaften

M 3 Erdölförderung in der Tundra (Prudhoe Bay, Alaska, USA)

Die Tundra – Lebensraum an der Grenze der Ökumene

Die in der nördlichsten Vegetationszone, der **Tundra**, wachsenden Pflanzen sind vorwiegend Kräuter, Gräser, Zwergsträucher, Moose und Flechten. Sie sind an eine sehr kurze Vegetationsperiode und andere ungünstige Umweltfaktoren angepasst. Zwischen der Tundra und den ganzjährig mit Eis und Schnee bedeckten **Kältewüsten** liegt eine weitgehend vegetationslose **Frostschuttwüste**.

Große Teile der Arktis gehören zur **Anökumene**. So nennt man Gebiete, die für die dauerhafte Besiedlung durch den Menschen ungeeignet sind. Ihnen stehen die Gunsträume gegenüber, die als **Ökumene** bezeichnet werden. Schon lange haben Menschen den Grenzraum der Ökumene besiedelt und ihre Lebensweise den natürlichen Bedingungen angepasst (z. B. die Inuit). In der heutigen Zeit gewinnt die Tundra an Bedeutung, denn vielerorts sind reiche Bodenschätze nachgewiesen. Mit ihrer Nutzung sind aber schwerwiegende Eingriffe in den Naturhaushalt verbunden.

1. Lokalisieren Sie die Arktis und listen Sie größere Inseln und Inselgruppen auf (**M 2**, Atlas).
2. Charakterisieren Sie das Klima in der Arktis. Unterscheiden Sie dabei zwischen sub- und hochpolaren Verhältnissen (**M 1**, **M 2**).
3. Erstellen Sie eine Liste der Ungunstfaktoren für die Nutzung der Arktis durch den Menschen (**M 1** bis **M 4**, Atlas).
4. Beurteilen Sie Chancen und Risiken einer fortschreitenden Nutzung arktischer Gebiete durch den Menschen (**M 3**, **M 4**).

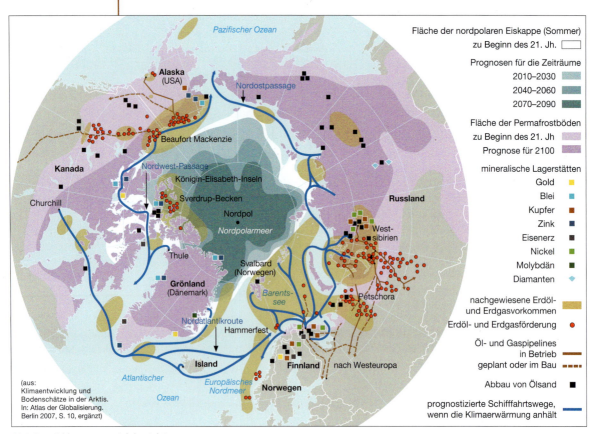

M 4 Entwicklungspotenzial der Arktis

Die Antarktis

Die Südpolarregion (Antarktis) besteht aus dem Kontinent **Antarktika**, auf dem sich auch der Südpol befindet, sowie einigen wenigen subantarktischen Inseln. Als Grenze gilt die **antarktische Konvergenz** bei etwa 50° S. In diesem Bereich sinkt die Oberflächentemperatur des Meerwassers stark ab, außerdem befindet sich dort eine von der Westwinddrift angetriebene Meeresströmung, die den Austausch antarktischen Wassers mit den wärmeren nördlichen Meeresgebieten weitgehend unterbindet.

Antarktika ist fast vollständig von Inlandeis bedeckt, das nahe der Station Vostok mehr als 4600 Meter mächtig ist. Nur wenige Gebiete bleiben aufgrund besonderer Bedingungen eisfrei (Trockentäler). Das Inlandeis fließt nach allen Richtungen ins Meer ab und bildet in einigen großen Buchten das auf dem Meer schwimmende **Schelfeis**. Von dessen Rändern brechen oft große Tafeleisberge ab, die manchmal eine Fläche von mehreren Tausend Quadratkilometern erreichen. Im Winter ist der gesamte Kontinent von gefrorenem Meereis (**Packeis**) umschlossen. Diese Eisbarriere taut auch im Sommer nie vollständig ab.

Aufgrund der unwirtlichen Umweltbedingungen gehört die Antarktis vollständig zur Anökumene und ist als ständiger Lebensraum ungeeignet. Vor allem auf den subpolaren Inseln, der Antarktischen Halbinsel und an den Kontinentalrändern, die im Sommer mit Schiffen zu erreichen sind, liegen allerdings zahlreiche Forschungsstationen. Der wachsende Bedarf an Ressourcen lenkt das Interesse auch auf eine wirtschaftliche Nutzung der Antarktis. Bodenschätze sind zwar stellenweise nachgewiesen, doch wäre deren Abbau heute noch unwirtschaftlich. Zudem verbietet ein international anerkannter **Antarktisvertrag** bis auf weiteres die Ausbeutung. Dieser Vertrag lässt auch die Anerkennung von territorialen Ansprüchen, die z. B. Chile, Argentinien, aber auch Norwegen und Großbritannien erheben, offen.

5. Begründen Sie die Zugehörigkeit der Antarktis zur Anökumene (**M 5** bis **M 7**, Atlas).
6. Beurteilen Sie den Aufwand zur Erschließung von Rohstoffen in der Antarktis im Vergleich zur Arktis (**M 2** bis **M 7**, Atlas).

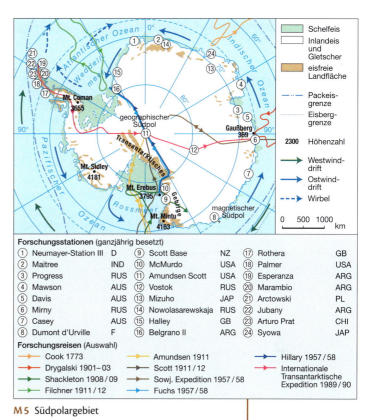

M 5 Südpolargebiet

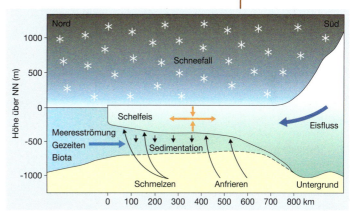

M 6 Querschnitt durch das Ross-Schelfeis entlang 168° W

Neumayer-Station
Wind (10. Juli 2001):
36,5 m/s = 131,4 km/h

bisher tiefste Temperatur
(19. August 1992): −47,3 °C

bisher höchste Temperatur
(22. Januar 1992): +4,3 °C

Station Vostok
(Kältepol der Erde)

bisher tiefste Temperatur
(21. Juli 1983): −89,2 °C

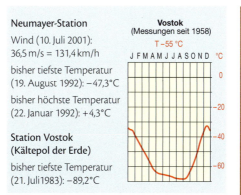

M 7 Klimawerte aus der Antarktis

Referat-Tipp:
Recherchieren Sie im Internet aktuelle Forschungsvorhaben der deutschen Neumayer-Station sowie des Forschungsschiffes „Polarstern" und tragen Sie Ihre Ergebnisse in einem mediengestützten Referat vor. Diskutieren Sie auch die deutsche Präsenz im Südpolargebiet.

8. Hochgebirge und Weltmeere als Wirtschaftsräume

Naturraum Hochgebirge

In den Hochgebirgen manifestieren sich die größten Reliefunterschiede auf der festen Erdoberfläche. So steigen manche Bergmassive unvermittelt mehrere Tausend Meter über der Umgebung auf. Viele Hochgebirge, auch die in den Tropen, ragen über die **Schneegrenze** hinaus und sind in den höchsten Lagen oft vergletschert.

Die meisten Gebirge gehen auf drei Entstehungsphasen in der Erdgeschichte zurück: Bereits im Ordovizium und Silur erfolgte die **kaledonische** Gebirgsbildung (z. B. Skandinavien, Britische Inseln, Appalachen). Ural und Rheinisches Schiefergebirge entstanden zwischen Devon und Perm während der **variskischen** Gebirgsbildung. Seit der Kreidezeit und teilweise bis heute andauernd erfolgt die **alpidische** Gebirgsbildung, zu der Alpen, Himalaya, Anden und Rocky Mountains gehören. Da die Gebirge der jüngsten Phase den Abtragungsprozessen noch nicht so lange ausgesetzt sind wie ältere Gebirge, erreichen sie gegenwärtig die größten Höhen (Himalaya).

Vertikal nimmt die Temperatur um durchschnittlich 0,65 °C pro 100 Meter ab, was dem Absinken der Durchschnittstemperatur auf einer horizontalen Distanz von 100 Kilometern entlang eines Meridians in Richtung des Pols der jeweiligen Hemisphäre entspricht. Daher können selbst in Äquatornähe in großen Höhen negative Jahresdurchschnittstemperaturen vorkommen. Allerdings bleibt in den Tropen auch in der Höhe das Tageszeitenklima (dann mit teilweise strengen Nachtfrösten und vielen Frostwechseltagen) erhalten, während sich in den Gebirgen der Außertropen der Breitenlage gemäß thermische Jahreszeiten beobachten lassen. Die Niederschläge steigen in der Regel mit zunehmender Höhe, nehmen aber in sehr großen Höhen häufig wieder ab. Die Schneefallgrenze liegt in den Tropen bei mehr als 6000 Meter Höhe und sinkt in den Subpolar- und Polargebieten bis auf Meeresspiegelniveau.

Den **Höhenstufen** des Klimas sind entsprechende Vegetationszonen zugeordnet. Am vielfältigsten sind diese in den Tropen ausgebildet, da dort aus klimatischen Gründen Pflanzen noch in so großen Höhen wachsen können, in denen in den außertropischen Gebieten bereits Schnee und Eis vorherrschen.

M1 Die Erforschung der Anden durch Alexander von Humboldt

ALEXANDER VON HUMBOLDT (1769 bis 1859) war ein deutscher Forschungsreisender und Mitbegründer der Geographie als Wissenschaft. Besondere Berühmtheit erlangte er durch seine Reise mit dem Franzosen AIMÉ BONPLAND nach Mittel- und Südamerika in den Jahren 1799 bis 1804. Diese Reise führte zu einer ersten wissenschaftlichen Beschreibung der Höhenstufung der Vegetation in den äquatornahen Anden.

ALEXANDER VON HUMBOLDT erkannte, dass sich auch andere Größen systematisch mit der Höhe ändern, und führte daher Messungen zur Höhenabhängigkeit der Lufttemperatur und Luftfeuchte, des Sauerstoffgehalts und der elektrischen Spannung der Atmosphäre sowie der Himmelsbläue durch.

Referat-Tipp: In Südamerika ist der Name *Alexander von Humboldt* allgegenwärtig (M 1). Recherchieren Sie seine Bedeutung und tragen Sie Ihre Ergebnisse in einem mediengestützten Referat vor.

1. Erläutern Sie den Zusammenhang zwischen Klima und Vegetation in unterschiedlichen Höhenstufen und in verschiedenen geographischen Breiten (**M 2**, Atlas).

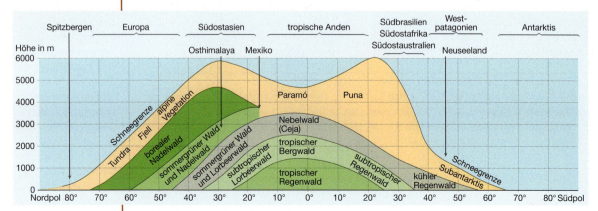

M 2 Idealtypisches Vegetationsprofil

Das Hochgebirge als Lebensraum

Insbesondere in den Tropen werden die klimatisch begünstigten Höhenstufen vielfach für die Landwirtschaft genutzt. Dort ist die natürliche Vegetation bereits weitgehend zurückgedrängt. Auch in den gemäßigten Breiten werden in den tieferen und mittleren Lagen teilweise schon seit Jahrhunderten Ackerbau und Viehzucht betrieben (z. B. Almwirtschaft). Im 20. Jahrhundert kamen andere Nutzungsformen hinzu, die, wie z. B. in den Alpen, das Ökosystem gravierend verändert haben. Der Bau von Verkehrswegen, zunehmende Besiedlung sowie eine immer weiter um sich greifende Erschließung für den Tourismus führten zunächst zu lokalen Rodungen, schließlich aber auch zu größeren Landschaftszerstörungen. Die sich daraus ergebenden Veränderungen, zum Beispiel im Wasserhaushalt, machen sich bereits heute durch eine erhöhte Hochwassergefährdung bemerkbar.

2. Erstellen Sie für die Alpen ein landwirtschaftliches Nutzungsprofil in Abhängigkeit von der Höhenlage (M 2, M 3, Atlas). Erläutern Sie die Nutzung hinsichtlich ihrer Angepasstheit an die natürlichen Bedingungen.
3. Erörtern Sie Veränderungen durch die zunehmende Erschließung (M 3, Atlas).

Das alpine Landschaftsökosystem ist Ergebnis einer jahrhundertelang andauernden Entwicklung. Grundlage der alpinen Kulturlandschaft ist die Landwirtschaft. Generationen von Menschen gestalteten behutsam ihren Lebensraum angepasst an das Ökosystem, unter weitgehender Bewahrung der natürlichen Voraussetzungen. Die Anlage von Almen für die saisonale Nutzung oberhalb der Waldgrenze war standortgerecht, die Begründung von Dauersiedlungen in den Tälern erfolgte nach deren Eignung.

Seit dem Beginn des 20. Jh. hat sich die Nutzung des Alpenraums gravierend geändert. Die Almen haben sich zu Jungviehalmen gewandelt, die Käseproduktion wurde eingestellt. Die Viehwirtschaft beschränkt sich nun oftmals auf den Talbereich. Stattdessen haben seit Mitte des 20. Jh. Massentourismus mit heutzutage über 120 Mio. Feriengästen und 500 Mio. Übernachtungen sowie der Zweitwohnungsbau eine tiefgreifende Umgestaltung der Alpen bewirkt. Sommer- und Wintersportorte nehmen immer mehr Raum ein, die Grenzen zwischen Siedlungsraum und freier Landschaft verwischen. Hinzu kommen die Eingriffe der touristischen Infrastruktur. Seilbahnen, Sessellifte, Verkehrsanbindungen erschließen die Seitentäler und belasten auch hier den Naturraum.

Im Sommer wird das natürliche Ökosystem durch Touristen, die die Wanderwege verlassen, geschädigt. Neben dem Niedertreten der Vegetation kann es auch zum Aufreißen der fragilen Vegetationsdecke kommen. Die Anlage von Skipisten für den Wintersport ist mit einer größeren Landschaftszerstörung verbunden. Rodungen des Bannwaldes fördern Muren- und Lawinenabgänge, das ständige Befahren der Pisten führt zu großflächiger Beeinträchtigung und Abtragung der schützenden Pflanzendecke. So kommt es im Frühjahr bei der Schneeschmelze wie auch bei starken Niederschlägen zu gravierenden Erosionsschäden.

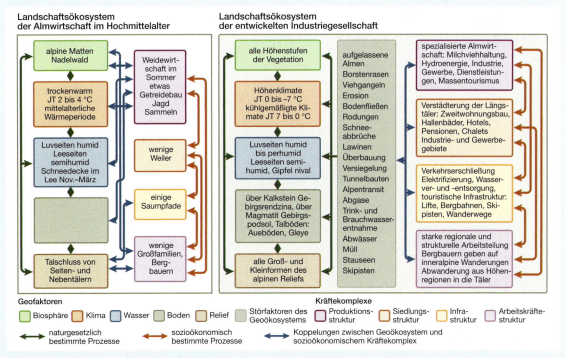

M 3 Die Alpen – ein gefährdeter Lebensraum

Naturraum Meer

Bereits eine Weltkarte oder ein Globus zeigt, dass der größte Teil der Erde von Meeren eingenommen wird. Mit etwa 361 Mio. km² haben die Meere fast 71 Prozent Anteil an der Erdoberfläche. Pazifischer, Atlantischer und Indischer Ozean mit ihren Rand- und Nebenmeeren beinhalten ein Volumen von 1,4 Mrd. km³ Wasser. Der durchschnittliche Salzgehalt (**Salinität**) des Meerwassers beträgt etwa 3,5 Prozent. Abhängig von Verdunstung und Süßwasserzufluss ergeben sich allerdings große Unterschiede: So beträgt der mittlere Salzgehalt der Ostsee nur etwa 0,8 Prozent, während er im (abflusslosen) Toten Meer 27 Prozent erreicht.

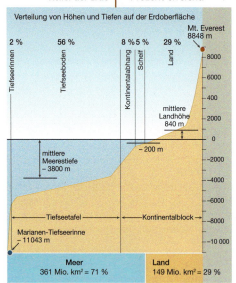

M 4 Relief der Erde

Das submarine Relief ist vom **Festlandsockel** bis zur **Tiefseetafel** vielfach gegliedert. Als eine Folge von plattentektonischen Prozessen durchziehen **Tiefseerinnen** sowie zusammenhängende **Mittelozeanische Rücken** alle Ozeane. Diese sind insgesamt etwa 60 000 km lang, bis zu 2000 km breit und erreichen eine relative Höhe von bis zu 3000 Meter.

Meeresströmungen

Ähnlich wie in der Atmosphäre gibt es auch im Meer ein planetarisches Zirkulationsmuster. Es wird durch Wasserkörper mit verschiedenen Temperaturen und Salzgehalten und den sich daraus ergebenden Dichteunterschieden sowie beständig wehende Winde angetrieben. Außerdem wirken die Land-Meer-Verteilung sowie die Coriolis-Ablenkung auf die Strömungsrichtungen ein. Dabei sind oberflächliche Strömungen mit Tiefenströmungen gekoppelt. In grober Vereinfachung strömt oberflächennah warmes Wasser aus den Tropen in subpolare Breiten und kühlt sich dabei ab. In den höheren Breiten sinkt das abgekühlte salzreiche Wasser wegen seiner hohen Dichte ab und strömt als Tiefseestrom wieder Richtung Äquator zurück. In den niedrigen Breiten drängt dieses kalte Tiefenwasser in Auftriebsgebieten an die Oberfläche, wodurch der Kreislauf geschlossen wird. Gebiete mit Auftriebswasser sind ebenso wie Meeresregionen, in denen kalte und warme Strömungen aufeinandertreffen, reich an gelösten Mineralstoffen und besitzen somit eine hohe Planktondichte. Da das Phytoplankton die Grundlage fast aller marinen Nahrungsketten darstellt, liegen in diesen Gebieten auch die ergiebigsten Fischfanggründe.

Meeresströmungen und Klima

In den äquatornahen Gebieten verlaufen die oberflächennahen Meeresströmungen vorwiegend zonal, also weitgehend breitenkreisparallel. Diese Äquatorialströme gehen an den Rändern der Kon-

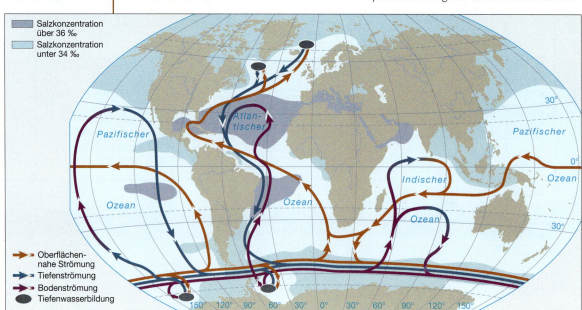

M 5 Meeresströmungen (stark vereinfacht)

tinente in eine polwärts gerichtete Strömung über. Dabei wird warmes Wasser über große Entfernungen verfrachtet, das diese Wärmeenergie zum Teil an die darüber liegende Atmosphäre abgibt. In einer Ausgleichsströmung wird relativ kühles Wasser in die niedrigen Breiten transportiert. Besonders deutlich ist dieser Wärmetransport im Nordatlantik ausgebildet. Auf diese Weise tragen die Meere zum Temperaturausgleich zwischen niederen und höheren Breiten bei.

Das Klima der Küstengebiete wird insbesondere in den höheren Breiten nachhaltig von kalten oder warmen Meeresströmungen beeinflusst. So bleiben beispielsweise die Häfen an den europäischen Küsten bis nördlich des Polarkreises eisfrei, während Buchten auf der gleichen geographischen Breite im Osten des kanadischen Archipels im Winter zufrieren.

Nutzung der Meere

Schon immer wurden die Ressourcen der Meere durch den Menschen genutzt. So ist seit jeher der Fischfang eine wichtige Grundlage für die Nahrungsmittelversorgung. Darüber hinaus werden aus den Ozeanen wichtige Rohstoffe gewonnen. Von den im Meerwasser gelösten Stoffen spielt nur das Kochsalz eine Rolle, das man an manchen Küsten durch Verdunsten des Wassers erzeugt. Zudem setzen sich im Meeresboden die vom Festland bekannten Bodenschätze fort. So ist die Förderung von Erdöl und Erdgas in vielen küstennahen Meeresregionen von Bedeutung. Diese **Offshore**-Förderung wurde in den letzten Jahren auch in Tiefseegebiete weit außerhalb der Schelfmeere ausgedehnt. In den Tiefseeböden kommen auch große Mengen an Gashydrat vor. Dabei handelt es sich um Methangas (Erdgas), das unter hohem Druck in Eis eingeschlossen ist (Methaneis). Ein massenhaftes Freisetzen dieser Gase könnte allerdings den Treibhauseffekt zusätzlich verstärken. Trotz dieses Risikos gibt es in einigen Ländern bereits Versuche, diese Energiequelle industriell zu nutzen.

Viele Tiefseeböden, insbesondere im Pazifik, sind mehr oder weniger dicht von **Manganknollen** bedeckt. Diese rundlichen Gebilde bestehen zu einem Drittel aus Mangan und enthalten darüber hinaus auch andere Metalle wie Nickel, Kupfer und Kobalt. Da diese Rohstoffe an Land zur Neige gehen, wächst das Interesse an deren Förderung. Dies könnte jedoch in Zukunft zu gravierenden Störungen der Tiefseeökosysteme führen. Im Schelfbereich werden mineralhaltige Sedimente bereits heute intensiv genutzt, etwa zur Gewinnung von Titan, Zinn und Diamanten.

In vielen Teilen der Welt wird dem Meer neuer Lebensraum abgerungen. Durch Eindeichen (z. B. in den Niederlanden) oder durch Aufschüttung (z. B. in Japan) entstehen neue Landflächen, die sowohl landwirtschaftlich als auch industriell und als Siedlungsraum genutzt werden.

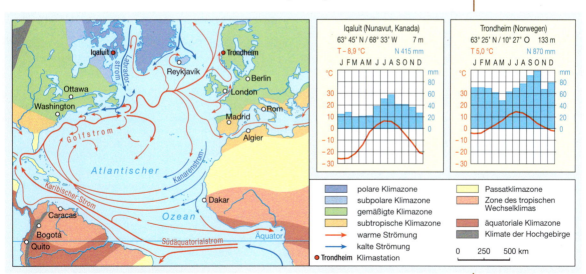

M 6 Meeresströmungen und Klima

4. Beschreiben Sie das Relief der Erde (**M 4**, Atlas).
5. Erläutern Sie die Temperaturausgleichsfunktion von Meeresströmungen (**M 5**, Atlas).
6. Zeigen Sie am Beispiel des Nordatlantiks den Zusammenhang zwischen Meeresströmungen und dem Klima auf (**M 6**, Atlas). Beurteilen Sie die Auswirkungen auf den Lebensraum des Menschen.
7. Lokalisieren Sie Meeresgebiete, in denen Rohstoffe gewonnen werden (Atlas). Diskutieren Sie Nutzen und Gefahren ihrer Förderung.

Gefährdung von Lebensräumen
1. Naturgefahren – Naturkatastrophen

Nehmen Naturkatastrophen zu?

In jüngerer Zeit wird in den Medien weltweit umfassender über **Naturkatastrophen** berichtet. Das verstärkt auch den Eindruck, dass derartige Erscheinungen häufiger und mit verheerenderen Wirkungen auftreten als früher.
Zugleich nehmen nach Angaben der Versicherungen durch Naturkatastrophen verursachte Schadensfälle stark zu. Das wird aber nicht nur auf die Häufung von Naturkatastrophen zurückgeführt, sondern hat vor allem auch mit der zunehmenden Besiedlung stark gefährdeter Gebiete insbesondere in den Entwicklungsländern und einer immer teurer und aufwändiger werdenden Technik sowie den mit steigendem Lebensstandard wachsenden Sachwerten in Industrie- und Schwellenländern, also mit dem Menschen zu tun.

Naturgefahren und Naturkatastrophen

Die Einbettung der Gesellschaft in die Natur bedingt auch natürliche Gefährdungen für den Menschen, also **Naturgefahren** (natural hazards). Nicht notwendigerweise schädigen alle Naturereignisse den Menschen.
Erdbeben, Vulkanausbrüche oder Überschwemmungen werden erst dann zur bedrohlichen Gefahr, wenn sie auf unvorhergesehene Weise Schäden an Leib und Eigentum hervorrufen. Sie entwickeln sich zu Naturkatastrophen, wenn das Ereignis nicht nur zu großen Schäden in der Natur, sondern auch zu schweren Zerstörungen an Bauwerken und Infrastrukturen sowie zahlreichen Todesopfern, Verletzten und Obdachlosen führt. Oft sind die Menschen in den betroffenen Gebieten auf überregionale und internationale Hilfe angewiesen.

Meteorologische Naturgefahren	Hydrologisch-glaziologische Naturgefahren	Geologisch-geomorphologische Naturgefahren
natürliche Prozesse und Phänomene der Atmosphäre	natürliche Prozesse und Phänomene der Hydrosphäre und Kryosphäre	natürliche Prozesse und Phänomene der Lithosphäre und der Erdoberfläche, unterschieden nach endogenen und exogenen Ursachen
tropische Wirbelstürme (Hurrikan, tropischer Zyklon, Taifun), Tornado; Orkan; Hagelsturm; Eissturm; Eisregen; Schneesturm; Sandsturm; Extremniederschlag; Blitzschlag; Hitzewelle; Kältewelle; Nebel	Überschwemmung; Sturmflut; Dürre; Schneelawine; Gletscherabbruch; Permafrostschmelze; Frosthub	Erdbeben; Vulkaneruption; Tsunami; gravitative Massenbewegung; Bergsenkung; Bodenerosion; Küstenerosion; Flusserosion

M1 Einteilung des Phänomens Naturgefahren auf der Grundlage ihrer Ursachen

Primärer Gefahrentyp	Ursache/Charakteristika	Sekundärer Gefahrentyp
Erdbeben	Deformation und Bruch der starren Lithosphäreplatten durch plattentektonische Prozesse	Tsunamis, Massenbewegungen (Hangrutschungen/Muren, Felsstürze, Lawinen)
Vulkanausbruch	ruhiger oder explosionsartiger Austritt von Magma an die Erdoberfläche	Tsunamis, Massenbewegungen, Ascheflug und -regen
Tsunami	Flutwelle, verursacht durch Senkung und Hebung des Meeresbodens bei Seebeben, Kollaps von Vulkanflanken, Vulkanausbruch, untermeerische Rutschungen	Erosion der Küste und an küstennahen Flussufern, Materialumlagerung im Küstenbereich
Bodenerosion	schleichender flächenhafter oder plötzlicher linearer Bodenabtrag auf landwirtschaftlichen Nutzflächen durch Wasser oder Wind	Verlust der Bodenfruchtbarkeit, Abnahme des Ernteertrags, Gewässerbelastung
Massenbewegungen	hangabwärts gerichtete Verlagerung von Fels- und/oder Lockergesteinen unter Wirkung der Schwerkraft	Verschüttung von Siedlungen und Verkehrseinrichtungen, Flutwelle in Gewässern, Aufstau von Flussläufen mit der Gefahr des Dammbruchs

M2 Naturgefahren

Gefährdung von Lebensräumen **45**

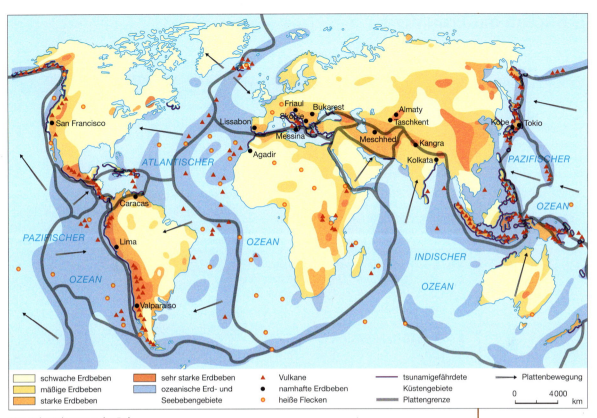

M 3 Schwächezonen der Erde

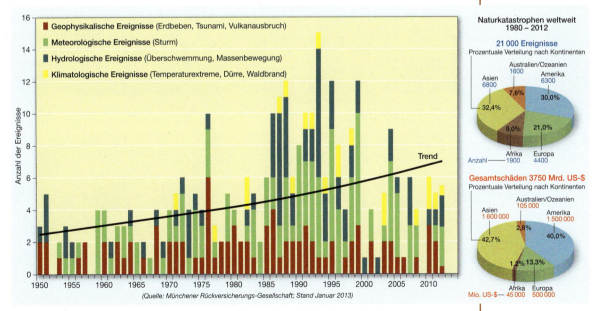

M 4 Weltweit große Naturkatastrophen

1. Unterscheiden Sie Naturgefahren und Naturkatastrophen.
2. Erläutern Sie Ursachen und Folgen von Naturgefahren (**M 1** und **M 2**).
3. Lokalisieren Sie Regionen mit Naturgefahren und analysieren Sie ihr Potenzial für Naturkatastrophen (**M 3**).
4. Erörtern Sie, inwieweit die Bedrohung durch Naturkatastrophen mit Raumnutzungskonflikten zusammenhängt (**M 4**).

2. Blick in das Erdinnere

Referat-Tipp: Recherchieren Sie unterschiedliche Theorien zur Entstehung von Kontinenten und Ozeanen und präsentieren Sie Ihre Ergebnisse in einem mediengestützten Referat.

Erforschung des Erdinneren

Da es keine Möglichkeit gibt, bis in große Tiefen der Erde vorzudringen, ist die Erforschung des Inneren der Erde – neben kontinentalen Tiefenbohrungen bis in über 12 km Tiefe – auf indirekte Methoden angewiesen. Hierzu zählen die Interpretation von Ergebnissen über den Erdmagnetismus, die Schwerkraft und insbesondere den Verlauf von Erdbebenwellen. Auf dem Weg in das Erdinnere durchdringen seismische Wellen den Erdkörper. Man stellte fest, dass die Zunahme der Wellengeschwindigkeit, die auf die Dichte zurückzuführen ist, nicht gleichmäßig erfolgt. Sprunghafte Veränderungen der Laufzeiten zeigen Unstetigkeiten oder **Diskontinuitäten** des Aufbaus des Erdkörpers an. Dies führte zur Vorstellung vom Schalenbau der Erde.

Schalenbau des Erdkörpers

Heutzutage wird der Erdkörper in drei grundlegende Schalen unterschieden.

Die **Erdkruste** (äußere Schale) ist vergleichsweise sehr dünn. Ozeanische Kruste ist wegen ihrer höheren Dichte relativ schwer. Sie besteht hauptsächlich aus basischen Gesteinen (Basalt, Gabbro). Wie kontinentale Kruste besteht sie zu einem hohen Teil aus Silizium und Sauerstoff, hat außerdem aber einen hohen Magnesium-Anteil (ozeanische Kruste = Sima-Schicht). Kontinentale Kruste besteht aus magmatischen Gesteinen mit einem höherem SiO_2-Gehalt und einem hohen Aluminium- und Silizium-Anteil (kontinentale Kruste = Sial-Schicht).

Auch der **Erdmantel** ist zweigeteilt. Der äußere Mantel reicht bis in etwa 900 km Tiefe und ist aus festen, ultrabasischen Gesteinen aufgebaut. Der bis in eine Tiefe von ca. 2900 km reichende innere Mantel ist dagegen flüssig und besteht aus Schwermetallsulfiden und -oxiden.

Der **Erdkern** besteht wahrscheinlich aus Nickel und Eisen. Hier werden Temperaturen von 2000 °C bis 4000 °C erreicht. Der äußere Erdkern bis 5100 km Tiefe ist flüssig, der innere Erdkern befindet sich in einem festen Zustand.

Verbindung von Erdkruste und Erdmantel

Physikalischen Eigenschaften entsprechend werden Erdkruste und Erdmantel gegliedert. Die **Lithosphäre** (Gesteinsschicht) reicht bis zu 100 km tief und bildet mit der Erdkruste und Teilen des oberen Erdmantels die äußere starre Hülle der Erde. Darunter sind die Temperaturen mit über 1500 °C so hoch, dass das Gestein zähflüssig wird. Auf dieser **Asthenosphäre** (Schwächezone) gleitet die auflagernde Lithosphäre. Sie besteht aus Platten, deren Mächtigkeit zwischen wenigen Kilometern im Bereich der mittelozeanischen Rücken und bis ca. 50 km im Bereich der kontinentalen Platten beträgt.

M 1 Schalenbau der Erde

Schale	Mächtigkeit
1 Erdkruste	unter Ozeanen rd. 6 km, unter Kontinenten rd. 33 km
2 äußerer Mantel	bis in rd. 400 km Tiefe
3 Übergangszone	bis in rd. 900 km Tiefe
4 innerer Mantel	bis in rd. 2700 km Tiefe
5 Mantel-Erdkern-Grenzraum	bis in rd. 2900 km Tiefe
6 äußerer Erdkern	bis in rd. 4980 km Tiefe
7 Übergangszone	bis in rd. 5120 km Tiefe
8 innerer Erdkern	bis in rd. 6370 km Tiefe

Die Erdkruste ist eine äußere Haut aus Gesteinen von relativ geringer Dichte. Sie macht rd. 0,4 % der Erdmasse und 0,6 % ihres Volumens aus.
Halb geschmolzene Gesteine, die sich in trägen Strömungen bewegen, verschieben die Platten der Lithosphäre.
Der extrem dichte Erdkern besteht hauptsächlich aus Nickeleisen. Er macht 33 % der Erdmasse und 20 % ihres Volumens aus.

M 2 Gebirgsbildung an konvergierenden Platten

50 = Millionen Jahre vor heute

Gefährdung von Lebensräumen 47

M 3
Schema der plattentektonischen Prozesse

Die Theorie der Kontinentalverschiebung

Die 1912 von dem deutschen Wissenschaftler ALFRED WEGENER begründete Theorie der Kontinentalverschiebung wird heute allgemein unter dem Begriff **Plattentektonik** zusammengefasst. Sie beschreibt die Kenntnisse über den Bau der Erde sowie die Entstehung von Kontinenten und Ozeanen und von Gebirgen.

Plattentektonische Prozesse

Die sechs Großplatten sowie eine größere Anzahl kleinerer Platten der Lithosphäre sind nicht starr an einer Stelle verankert, sondern bewegen sich in verschiedene Richtungen. Der Motor für diese Drift liegt in Unterströmungen innerhalb der Asthenosphäre, die in regionalen Wärmeunterschieden des Erdmantels begründet sind. In mehreren Kreisläufen wird an bestimmten Stellen heißes Mantelmaterial nach oben transportiert, während an anderen kühleres nach unten absinkt. Durch die horizontale Bewegung der Platten können drei verschiedene Arten von Bewegungen auftreten: Steigt Mantelmaterial auf, wölbt sich zunächst die Granitschale auf. Beim Aufbruch der Wölbung entsteht ein Rift (**Grabenbruch**).

Liegen die divergierenden Plattenränder im Bereich ozeanischer Kruste, führt dies bei anhaltender Materialzufuhr zur Ausdehnung des Ozeanbodens und zur Bildung **mittelozeanischer Rücken**. Dieser Ausbreitung steht an konvergierenden Plattengrenzen eine Verschluckung von Ozeanboden gegenüber, die als **Subduktion** bezeichnet und in Form der Tiefseegräben sichtbar wird. Gleichzeitig werden die Plattenränder gestaucht und zu Gebirgen aufgefaltet.

Treiben Platten aneinander vorbei, so entstehen **Transversalverwerfungen** (Querbrüche), die sich vorwiegend an den mittelozeanischen Rücken bilden.

1. Erläutern Sie den Aufbau der Erde und charakterisieren Sie die einzelnen Schalen entsprechend ihren Hauptmerkmalen (M 1, M 2).
2. Erläutern Sie die Theorie der Kontinentalverschiebung von A. Wegener (M 4, M 5).
3. Erklären Sie das Schema der plattentektonischen Prozesse (M 3, M 4).
4. Erläutern Sie die Prozesse an den Plattenrändern und weisen Sie diese an Beispielen nach (Atlas).

vor 225 Mio. Jahren

vor 180 Mio. Jahren

Heute

in 250 Mio. Jahren

M 5
Das Wandern der Kontinente

M 4
Das Plattenmosaik der Lithosphäre

3. Leben in Risikogebieten

M1 Mt. Pelée auf Martinique 1902

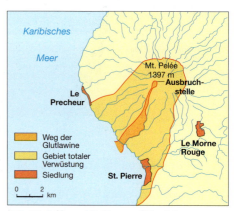

M3 Mt. Pelée und St. Pierre auf Martinique

Vulkanismus

Immer wieder lassen sich spektakuläre und faszinierende Ausbrüche von Vulkanen beobachten. Von den weltweit heutzutage über 550 tätigen Vulkanen befinden sich zahlreiche in dicht besiedelten Regionen, sodass sie den in ihrer Nähe lebenden Menschen zur Gefahr werden.

Unter **Vulkanismus** versteht man die Vorgänge und Erscheinungen, die mit dem Vordringen von Magma an die Erdoberfläche zusammenhängen. Das **Magma** steht in der Erdkruste bzw. im oberen Erdmantel unter hohem Druck. Treten in der Gesteinshülle Spalten und Klüfte auf, steigt es durch zylindrische Kanäle, die Schlote, nach oben, und tritt an der Erdoberfläche als **Lava** aus. Dabei trennen sich die schwerflüchtigen Bestandteile wie Oxide von Silizium, Aluminium und Eisen von den leichtflüchtigen (Gase und Dämpfe) wie Wasserstoff, Kohlenstoffmonoxid, Methan, Schwefel und Chlor. Der Ausbruch kann in verschiedenen Formen ablaufen. Explosionsartigen Eruptionen steht ein dünnflüssiges Ausfließen gegenüber, außerdem kann der Anteil an mitgeführter Asche sehr unterschiedlich sein. Vulkanismus ist aber nicht nur an Plattengrenzen gebunden. Ein **Hot Spot** ist ein ortsfester Schlot, in dem über einen langen Zeitraum Magma aufsteigt und die darüber wandernde Lithosphärenplatte durchdringt. Dabei kann sich wie im Bereich der Hawaii-Inseln ein vulkanischer Inselbogen bilden. Auch an kontinentalen Grabenbrüchen tritt Vulkanismus auf.

M2 Der Ausbruch des Mt. Pelée

Bereits seit Wochen roch es in St. Pierre, der Hauptstadt der Antillen-Insel Martinique, nach Schwefelgasen, und Anfang April des Jahres stiegen bereits Dampfwolken aus Spalten hoch oben am Berg auf. Kurze Zeit später fiel ein leichter Ascheregen auf die Stadt, und es gab mehrere Erdstöße. Auch hatte sich der vorher ausgetrocknete Krater mit einem 200 m breiten, dampfenden See gefüllt. Aus einem kleinen Vulkankegel strömte heißes Wasser in den See, und aus der Tiefe war ein dumpfes Blubbern zu hören. Eine Woche vor dem Ausbruch verstärkte sich der Ascheregen, sodass die Sonne verdunkelt wurde, und über dem Vulkan stand eine schwarze Wolke, aus der es blitzte und donnerte. [...]
Am frühen Morgen des 8. Mai 1902 stößt der Mt. Pelée eine riesige Dampffontäne aus. Es folgen vier gewaltige Detonationen und aus dem Vulkan steigt eine schwarze Rauchwolke. Gleichzeitig wälzt sich eine auf 2000 °C erhitzte Glutlawine seitlich aus dem Krater und bewegt sich mit einer Geschwindigkeit von 150 km/h auf die Küste zu. Noch 8 km vom Krater entfernt muss die Temperatur des Gases 800 bis 1000 °C betragen haben. Die Glutlawine von gewaltiger Zerstörungskraft ließ nicht nur Glas, Porzellan und Metallgegenstände schmelzen, sondern auch Schiffe im Hafen von St. Pierre fingen Feuer.

Ein Augenzeuge von einem Schiff, das in der Bucht auf Reede lag, berichtet:
„Als wir uns St. Pierre näherten, konnten wir die rollenden und springenden Flammen unterscheiden, die in gewaltigen Mengen vom Berg ausgespien wurden und hoch in den Himmel stiegen. Riesige schwarze Rauchwolken hingen über dem Vulkan. Zuckend stiegen die Flammen, hin und wieder einen Moment auf diese oder auf die andere Seite wogend, dann wieder höher aufspringend. Ständig war ein dumpfes Grollen zu hören. Um 7.45 Uhr gab es eine schreckliche Explosion, der Berg wurde in Stücke gerissen. Es gab keine Warnung. Die Flanke des Vulkans riss auf und eine dichte Flammenwand raste auf uns zu. Es donnerte wie aus tausend Kanonen. Die Glutwolke stürzte wie ein grell aufflammender Blitz auf uns zu und über uns hinweg. Die Stadt verschwand vor unseren Augen, dann wurde um uns die Luft erstickend heiß. Wo auch immer die feurige Masse die See traf, begann das Wasser zu kochen und mächtige Dampfwolken stiegen auf. Der Feuersturm vom Vulkan hielt nur Minuten an. Er schrumpfte zusammen und setzte alles, was er traf, in Brand."
Nur zwei Einwohner von St. Pierre sollten dieses Inferno überstehen. Etwa 20 km² betrug die Fläche totaler Zerstörung.

(nach: G. Beese: Karibische Inseln. Köln 1985, S. 28 ff.)

Gefährdung von Lebensräumen **49**

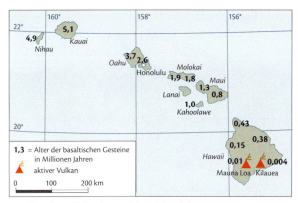

M 4 Hot-Spot-Vulkanismus (Hawaii-Inseln)

Nutzung von Vulkanismus

Durch Vulkane werden Siedlungen und Kulturland zerstört, und trotzdem kehren die Bewohner nach einem Ausbruch immer wieder in ihre Nähe zurück. Vulkanische Böden sind aufgrund ihres Mineralreichtums – bei ausreichender Wärme und Feuchtigkeit – sehr fruchtbar. Vulkanische Aschen besitzen ein großes Spektrum an anorganischen Nährstoffen, die das Pflanzenwachstum fördern. Zudem bilden sich rasch Tonmineralien. Unter Mitwirkung der von absterbenden Pflanzen gebildeten Huminsäuren entstehen hochwertige Böden. Diese Fruchtbarkeit wird unterstützt durch die hohe Wasserspeicherkapazität sowie die Eigenschaft porösen Gesteins, das Wasser nur langsam wieder abzugeben. Außerdem können die vorhandenen Mineralien leicht aus dem porösen Gestein herausgelöst werden. Dies alles macht es möglich, vulkanische Böden auch in niederschlagsärmeren Regionen landwirtschaftlich nutzbar zu machen.

Das vulkanische Gestein kann auch als Baumaterial genutzt werden. So ist Bims wegen seiner guten Isoliereigenschaften geschätzt, Basalt wird z. B. als Straßenbelag oder bei der Restaurierung von Kirchen verwendet. Es hat sich herausgestellt, dass Basalt gegen Umwelteinflüsse wie SO_2 weniger empfindlich als z. B. Sandstein ist.

In den USA und in Neuseeland, aber auch in Europa (Italien, Island) wurden geothermische Kraftwerke gebaut, die der Elektrizitätserzeugung dienen. Außerdem kommen Erzlagerstätten (Gold, Silber, Eisen, Kupfer u. a.) in Gebieten vulkanischer Tätigkeit vor. Allerdings befinden sich diese Vorkommen überwiegend am Meeresgrund, und da eine submarine Förderung sehr kostenintensiv ist, ist die Nutzung gegenwärtig uninteressant. Zudem wären rechtliche Fragen, die die Nutzung der Weltmeere betreffen, noch abzuklären. Nicht zuletzt sind Mineralquellen, Solfataren (mit schwefelhaltigen Gasen) und Mofetten (mit kohlensäurehaltigen Wasserdämpfen) positive Begleiterscheinungen des Vulkanismus.

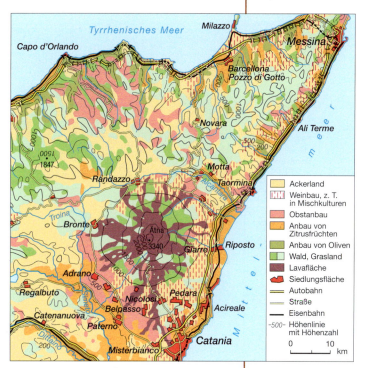

M 5 Bodennutzung am Ätna

1. Lokalisieren Sie die weltweite Verbreitung von Vulkanen. Erläutern Sie in diesem Zusammenhang den Begriff „Zirkumpazifischer Feuergürtel" (Atlas).
2. Erklären Sie die Vorgänge im Zusammenhang mit einem Vulkanausbruch (**M 1** bis **M 3**).
3. Begründen Sie das unterschiedliche Alter der Hawaii-Inseln (**M 4**).
4. Erläutern Sie die wirtschaftliche Bedeutung vulkanischen Gesteins (**M 5**).

Webcode:
GO645787-049

50 Naturfaktoren und Menschen prägen Landschaften

M 6 Die alte Festung von Bam vor dem Erdbeben und die Ruinen der Festung nach dem 26. Dezember 2003

Hauptbeben
★ 26.12.2003

Nachbeben
· 2,0 bis 2,9
○ 3,0 bis 3,9
○ 4,0 bis 4,9
○ 5,0 bis 5,9

Erdbeben
· 4,0 bis 4,9
· 5,0 bis 5,9
● 6,0 bis 6,9
● 7,0 bis 8,0

— Quarternary Fault
△ Vulkan

M 7 Erdbeben im Südosten Irans seit 1900

Erdbeben

Das historische Bam gibt es nicht mehr: Am 26. Dezember 2003 geschah im Südosten Irans ein Erdbeben der Stärke 6,5. 90 Prozent der städtischen Bauten wurden dabei zumindest beschädigt, drei Viertel der Gebäude völlig zerstört. Der über 1500 Jahre alte historische Stadtkern um die Zitadelle wurde dem Erdboden gleichgemacht. Telefonverbindungen wurden unterbrochen, die Wasserversorgung von Bam und den umliegenden Dörfern brach zusammen. Über 40 000 Menschen kamen ums Leben, mehr als 50 000 wurden verletzt und 100 000 obdachlos.

Die Stadt Bam, am Rand der Wüste Lut in der Provinz Kerman gelegen, war am Rand von Dattelpalmenhainen errichtet worden. Die meisten Gebäude waren aus Lehmziegeln gebaut und ein bis zwei Stockwerke hoch. Eine hohe Mauer umgab die aus dem 16. Jh. stammende Stadt, die von der mächtigen Zitadelle überragt wurde.

Bam liegt direkt an einer Störungszone am südöstlichen Rand des Zagrosgebirges. Dieses Gebirge ist der südliche Teil des alpinen Gebirgsbildungsprozesses und dehnt sich von der türkischen Grenze 1600 km südostwärts bis zur Wüste Lut aus. Es ist eine der jüngsten und aktivsten kontinentalen Kollisionszonen, die durch die Konvergenz der Arabischen und Eurasischen Platten entstanden ist. Im Zagrosgebirge nahe der Küste zum Persischen Golf beträgt die Konvergenzrate etwa 4 cm/Jahr, wird aber nach Nord-Nordost und Ost-Südost geringer.

Analysen von optischen Fernerkundungsaufnahmen zeigen, dass die Bam-Verwerfung nördlich von Bam keine einzelne Verwerfung ist, sondern ein Störungssystem von 4 bis 5 km Breite darstellt. Südlich von Bam ist nur eine scharfe Störung zu erkennen, die zwischen Bam und Baravat verläuft und nach Süden auf einer Länge von knapp 150 km verfolgt werden kann. Die seismisch aktivste Störungszone in der betrachteten Region ist die Gowk-Verwerfung. Seit 1981 fanden dort fünf starke Erdbeben mit Magnituden von 5,5 bis 7,1 statt. Nachbeben wurden im Ostteil von Bam in einer Tiefe von 9 bis 20 km lokalisiert. Aus der Nachbebenverteilung wird eine Bruchlänge des Hauptbebens von ungefähr 18 km geschätzt.

M 8 Fernerkundungsaufnahme vom Zentralgebiet des Bam-Verwerfungssystems. Gestrichelte weiße Linien sind die Hauptspuren der Bam- und Gowk-Verwerfungen.

Entstehung von Erdbeben

Weltweit ereignen sich jährlich über 150 000 fühlbare Erdbeben. Sie sind heftige Erschütterungen der Erdkruste bzw. des oberen Erdmantels. Häufigste Ursache sind Brüche und Verschiebungen in der Gesteinshülle, die zu einem Aufbau von Spannungen führen, welche an Bruchlinien freigesetzt werden. Besonders starke Erdbeben treten auf, wenn sich Kontinentalplatten verhaken und anschließend ruckartig lösen. Ihre größte Wirkung haben Erdbeben im **Epizentrum**, dem Gebiet, das über dem Erdbebenherd an der Erdoberfläche liegt. Bodenbewegungen und Intensität nehmen mit zunehmender Entfernung vom **Hypozentrum**, dem Ursprungsort des Bebens im Erdinnern, ab. Die Erdbebenwellen breiten sich in alle Richtungen aus. Man unterscheidet zwei Arten von Wellen. Primärwellen (Longitudinalwellen), die sich horizontal durch Kompression am schnellsten in der Erdkruste fortpflanzen, durchdringen jedes Material – egal ob fest, flüssig oder gasförmig. Sekundärwellen (Transversalwellen), die vertikal zur Ausbreitungsrichtung auftreten, können flüssiges Material nicht durchdringen. Aus dem Zeitunterschied der mit verschiedenen Geschwindigkeiten laufenden Wellen lässt sich die Lage des Erdbebenherdes (Hypozentrum) bestimmen.

Messen der Erdbebenstärke

Die Stärke eines Erdbebens wird mithilfe der **Richter-Skala** angegeben. Als Maß dient dabei die **Magnitude**, die die Maximalamplitude der Erdbebenwellen in einer logarithmischen Skala beschreibt. Aufgrund des logarithmischen Maßes ist z. B. ein Erdbeben der Stärke 7 zehnmal stärker als eines der Stärke 6. Erdbeben sind ab Stärke 3 deutlich fühlbar, ab Stärke 8 sind katastrophale Auswirkungen (Zerstörungen von Siedlungen, Verwüstungen) zu beobachten. Das stärkste Erdbeben wurde 1960 in Chile mit der Stärke 9,5 gemessen. Neben der Richter-Skala wird gelegentlich das Maß der Auswirkungen mithilfe der zwölfteiligen **Mercalli-Skala** angegeben. Sie stützt sich auf sichtbare und fühlbare Auswirkungen der Erderschütterungen.

Auswirkungen von Erdbeben

In den vergangenen zwei Jahrhunderten haben mehr als zwei Mio. Menschen ihr Leben durch Erdbeben verloren. Dazu kommt der volkswirtschaftliche Schaden, der allein in den vergangenen zehn Jahren mehr als 6 Mrd. Euro betrug. Durch die technische und infrastrukturelle Entwicklung wie auch durch das Bevölkerungswachstum wird der durch Erdbeben verursachte Sach- und Personenschaden künftig weiter steigen.

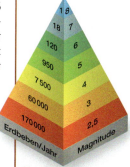

M 10 Durchschnittliche jährliche Erdbebenhäufigkeit in Abhängigkeit ihrer Magnitude

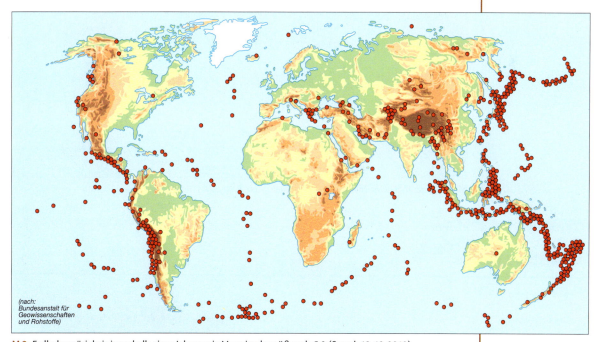

M 9 Erdbebentätigkeit innerhalb eines Jahres mit Magnitude größer als 5.0 (Stand: 12.12.2013)

5. Beschreiben Sie die Verbreitung der globalen Erdbebengebiete (Atlas). Ordnen Sie darin die Stadt Bam ein.
6. Erläutern Sie die Ursachen und Folgen des Erdbebens in Bam (**M 6** bis **M 8**).
7. „Die Erde – ein unruhiger Planet." Diskutieren Sie diese Aussage anhand **M 9** und **M 10**.

Webcode:
GO645787-051

Gefahr aus dem Meer

Ein Seebeben der Stärke 9,3 vor der Nordwestküste Sumatras am 26.12.2004 war das zweitstärkste bisher bekannte Beben und löste einen **Tsunami** aus, der rund um den Indischen Ozean zu einer Naturkatastrophe unermesslichen Ausmaßes führte. An die 230 000 Menschenleben waren zu beklagen, zudem wurden einige Hunderttausend Häuser zerstört.

Ein Tsunami (jap.: „Hafenwelle") wird meist durch Erdbeben unter dem Meeresboden ausgelöst. Vor Sumatra hatten sich zwei Erdplatten verhakt und dadurch auf einer Fläche von über 100 000 km² jahrzehntelang Spannungen aufgebaut. Der Versatz gegeneinander, der beim Riss dieses Kontaktes entstand, betrug 13 m; außerdem wölbte sich Meeresboden um bis zu 3 m auf. Dabei wurden etwa 30 km³ Wasser emporgehoben. Durch die Auf- und Abwärtsbewegung des Meeresbodens wurde Energie freigesetzt, die zu langsam schwingenden Wellen führte. Dabei stieg die Wellenhöhe mit abnehmender Wassertiefe, sodass man auf hoher See den Tsunami kaum wahrnehmen konnte, während sie am Ufer mit einer Höhe von mehr als 10 m katastrophalen Schaden anrichtete. 65 Prozent aller Tsunamis werden im Pazifik registriert, 30 Prozent im Mittelmeer und Atlantik sowie 5 Prozent im Indischen Ozean. Dabei treten im Mittel pro Jahr 10 Tsunamis auf, von denen nur einer einen größeren Schaden verursacht. Wenn sie durch Erdbeben verursacht sind, muss dies eine Stärke von mindestens 6,0 auf der Richter-Skala besitzen; erst eine Stärke >7 verursacht Wellen, die höher als 2 m sind und somit zur Gefahr für die Küstenregionen werden.

Nicht nur am Rand der drei Ozeane, sondern auch in ihren Randmeeren treten häufiger **Seebeben** und in der Folge von Tsunamis auf. Um deren

M 11 Tsunamiwelle in Phuket

M 12 Die räumliche Ausdehnung der Flutwelle vom 26.12.2004

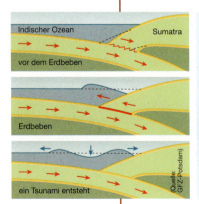

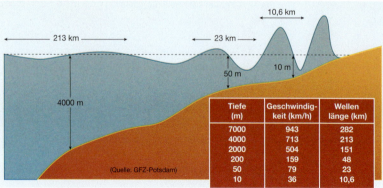

M 13 Entstehung des Tsunamis am 26.12.2004 – Abhängigkeit der Wellenlängen und Amplituden eines Tsunami von der Wassertiefe

Gefahren rechtzeitig erkennen und einschätzen zu können, sind eine Früherkennung und evtl. auch eine Warnmeldung unerlässlich. In einigen Gebieten bestehen bereits lokale (z. B. in Japan) oder großräumige (z. B. Pazifik) Überwachungsnetze. Bei einer rechtzeitigen Erkennung der Gefahr sind Vorbereitungen und ggf. auch Evakuierungen möglich.

Schutzmaßnahmen

Da nicht jedem Seebeben ein Tsunami folgt, werden bei der Überwachung neben der Registrierung von Ort und Stärke des Bebens auch die Veränderungen der Wasseroberfläche hinzugezogen. Die daraus ermittelten Meldungen werden verarbeitet und es wird dann, wenn nötig, eine Warnmeldung herausgegeben. Diese wird über **Geoinformationssysteme (GIS)** mit weiteren Karten kombiniert, z. B. mit Evakuierungskarten, Karten über die Bevölkerungsdichte oder auch Gefahrenkarten für die Infrastruktur. Innerhalb von fünf Minuten kann somit ein Tsunami-Alarm ausgelöst werden.

Heute befassen sich im afrikanisch-indischen und im asiatisch-pazifischen Raum verschiedene Behörden und wissenschaftliche Einrichtungen mit der Unterhaltung und Weiterentwicklung von Frühwarnsystemen:
- Auf Hawaii befindet sich der Knotenpunkt des Pacific Tsunami Warning Center (PTWC), in dem 26 Staaten eingebunden sind.
- Das Nationale Tsunami-Katastrophenvorsorge-Programm (National Tsunami Hazard Mitigation Program) der USA verfolgt einen integralen Ansatz für die fünf gefährdeten Bundesstaaten Alaska, Washington, Oregon, Kalifornien und Hawaii.
- Das deutsche Frühwarnsystem German Indonesian Early Warning System (GITEWS) wurde im Auftrage der deutschen Bundesregierung vom GeoForschungsZentrum Potsdam (GFZ) und sieben weiteren Institutionen entwickelt und im östlichen Indischen Ozean installiert.
- Einige japanische Küstenstädte schützen sich durch bis zu zehn Meter hohe und 25 Meter breite Deiche, deren Tore innerhalb weniger Minuten geschlossen werden können. Südlich von Yokohama wird davor der Strand mit Zehntausenden Tetrapoden als Wellenbrecher geschützt.

Datum	Region	Ursache	Max. Wellenhöhe (m)
1755	Lissabon	Erdbeben mit Magnitude 8,5	15 im Tejo-Trichter, 10 – 30 an der Atlantikküste
1755	Cádiz, Spanien	Lissabon-Erdbeben	15
1783	Kalabrien	Erdbeben mit Magnitude >7	9
1908	Messina, Italien	Erdbeben mit Magnitude >7,5	11
1956	Amorgos, Griechenland	durch Erdbeben verursachte untermeerische Rutschung	30
1979	Nizza, Frankreich	untermeerische Rutschung	4
2003	Mallorca und Nachbarinseln, Spanien	Erdbeben von Algerien vom 21. Mai 2003, Magnitude >6,8	2

M 14 Tsunamis in Europa (Auswahl)

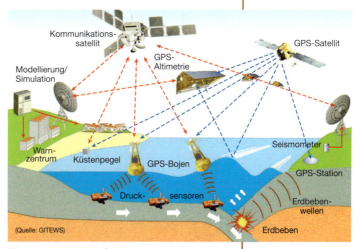

M 15 Das Tsunami-Frühwarnsystem

M 16 Tsunami-Schutzbau an der japanischen Küste

Referat-Tipp: Recherchieren Sie Ursachen und Auswirkungen des Tsunami vom 11. März 2011 in Japan. Stellen Sie Ihr Ergebnis in einer Präsentation vor.

8. Analysieren Sie das Entstehen des Tsunami vom Dezember 2004 (**M 12**, **M 13**) und stellen Sie seine Auswirkungen dar (**M 11**).
9. Untersuchen Sie die Verbreitung von Tsunamis, nennen Sie deren Ursachen und erläutern Sie typische Phänomene (**M 14**, S. 45 **M 3**).
10. Erläutern Sie Möglichkeiten und Grenzen eines Tsunami-Frühwarnsystems (**M 15**, **M 16**).

Webcode: GO645787-053

4. Die Eifel – ein Hot Spot

M1 Das Meerfelder Maar, mit 1500 m Durchmesser der größte Maarkessel der Westeifel

Der Naturraum von Nordrhein-Westfalen geht nach Süden hin in das Rheinische Schiefergebirge über. Der Teil, der von Mosel, Rhein, Niederrheinischer Bucht sowie den Grenzen zu Belgien und Luxemburg begrenzt wird, heißt Eifel. Weite Ebenen mit Höhen von 300–600 m werden unterbrochen von Bergkuppen, und trichterförmige Seen lockern das Landschaftsbild auf.
Ungünstige natürliche Voraussetzungen haben seit jeher die landwirtschaftliche Nutzung beeinträchtigt. Auch im sekundären und tertiären Sektor konnten nur wenige Arbeitsplätze entstehen, Industrie findet man kaum vor.
Geologisch liegt die Eifel mitten in der Eurasischen Platte, also weit entfernt von den Rändern der Erdplatten sowie von den Mittelozeanischen Rücken, wo sich die meisten Vulkane befinden. Trotzdem ist die Eifel ein Gebiet, in dem Erdbeben vorkommen und in dem Vulkanismus landschaftsprägend ist.

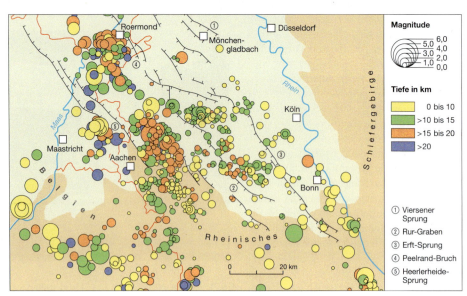

M2 Erdbebentätigkeit in der Eifel und in angrenzenden Gebieten

1. Beschreiben Sie das Landschaftsbild der Eifel (**M1**).
2. Erläutern Sie die periphere Lage der Eifel innerhalb Deutschlands (Atlas).

Erdgeschichtliche Entwicklung

Die Eifel ist in ihrer Entstehungsgeschichte ein kompliziertes Gebilde. Mit Abschluss der kaledonischen Gebirgsbildungsphase senkte sich das Gebiet der Eifel so weit ab, dass es im Devon von einem ausgedehnten Meer überspült werden konnte. Geröll und Sand des Randgebirges lagerten sich schichtweise auf dem Meeresgrund ab und verfestigten sich. Diese devonischen Grundschichten wurden während der variskischen Gebirgsbildungsphase zu einem Hochgebirge aufgetürmt, aber bald wieder durch Erosion eingeebnet. Nach mehreren Meeresüberflutungen im Erdmittelalter brachte die Erdneuzeit tief greifende Umgestaltungen. Großräumige Bewegungen der Erdkruste führten zu tektonischer Unruhe und einer Hebung des Raumes. Damit verbunden war die Bildung von Bruchlinien der Erdkruste sowie eine Welle seismischer Aktivität. Die Hauptphase des tertiären Vulkanismus war vor 45 – 20 Mio. Jahren und ist heute in den höchsten Erhebungen der Eifel (Nürburg, Hohe Acht) nachzuweisen. Wissenschaftler vermuten aufgrund der Lage der Vulkankegel, dass es sich um einen **Hot-Spot-Vulkanismus** handelt. Vulkanische Tätigkeit und tektonische Unruhe führten zur Anhebung des Raumes, was eine Zerlegung in sich selbstständig bewegende Erdschollen zur Folge hatte. Am Nordrand der Eifel brach z. B. die Niederrheinische Bucht ein. In der Erdneuzeit, im **Quartär,** hob sich das Schiefergebirge erneut; an diesen Vorgang war wiederum verstärkte Vulkantätigkeit gebunden, die bis vor 10 500 Jahren andauerte. Sie beschränkte sich im Wesentlichen auf die vulkanische Westeifel sowie die vulkanische Osteifel und ist abgegrenzt von der vulkanischen Hocheifel.

Tertiärer und quartärer Vulkanismus bestimmen das Landschaftsbild von weiten Teilen der Eifel. Eine besondere, weltweit nur selten vorkommende Vulkanform ist das **Maar**.

Wie bei allen Vulkanen steigt Magma aus dem Erdmantel auf. Beim Zusammentreffen mit Wasser – vor allem Grundwasser – explodiert aber das mit Gasen angereicherte Gemisch. Das mit vielen Nebengesteinen durchsetzte vulkanische Material lagert sich ringförmig um den Krater an, der sich selbst in die Erde eingedrückt hat. Der Krater selbst füllt sich im Laufe der Zeit häufig mit Wasser an und bildet das sogenannte Maar.

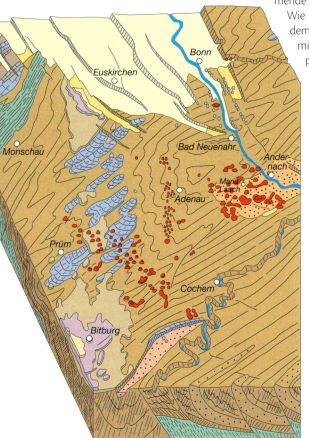

M 3 Der geologische Bau der Eifel

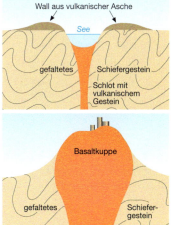

3. Fassen Sie in tabellarischer Form die erdgeschichtliche Entwicklung der Eifel zusammen.
4. Erläutern Sie den geologischen Bau der Eifel (M 3).
5. Ordnen Sie zeitlich und räumlich die Vulkangebiete Deutschlands ein (Atlas).
6. Begründen Sie das Vorkommen von Erdbeben in der Eifel (M 2).

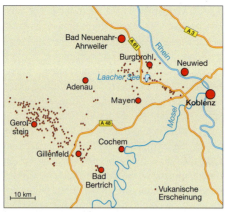

M 4 Vulkanfelder in der Eifel

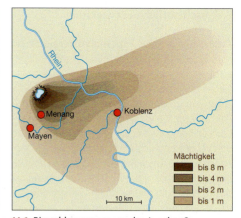

M 6 Bimsablagerungen um den Laacher See

Nutzung vulkanischen Gesteins

Vulkanisches Gestein aus der Eifel wird seit alters her vielfältig genutzt. Schon seit römischer Zeit wird der **Basalt** gebrochen, um ihn zur Herstellung von Mühl- und Mahlsteinen sowie als Werkstein im Bauwesen und als Straßenschotter zu verwenden. Die günstige Lage der Vorkommen zum Rhein sowie die vielfältigen Nutzungsmöglichkeiten ließen ein umfangreiches Steinhauergewerbe entstehen. Da der Basalt beim Erkalten schrumpft, bilden sich senkrecht zur Abkühlungsfläche Klüfte, die das Gestein in sechseckige Säulen zerlegen und somit den Abbau und die Weiterverarbeitung erleichtern.

Einer der bekanntesten Vulkane der Osteifel ist der Laacher See, der vor 11 000 Jahren zum letzten Mal aktiv war. Bei der Eruption wurden 5 Mrd. m³ vulkanischen Gesteins, vorwiegend Asche und **Bims**, ausgeworfen. Bimsstein ist ein poröses und luftreiches Material, das leichter als Wasser ist. Somit ist er ein leichter sowie gut Wärme isolierender Baustoff. Daher hatte die Bimsindustrie nach dem Zweiten Weltkrieg, als große Mengen an Bausteinen zum Wiederaufbau notwendig waren, einen überregionalen Absatzmarkt. Große Mengen wurden in zahlreichen Gruben abgebaut, vor Ort verarbeitet oder über den Hafen Andernach verschifft. Heutzutage ist das Hauptabsatzgebiet für Bimsstein wegen der hohen Transportkosten auf einen Radius von 150 km beschränkt; darüber hinaus ist der Preis für Ziegel- oder Kalksandsteine niedriger. Wegen der hohen Automatisierung ist die Anzahl der Arbeitnehmer in der Steinherstellung mittlerweile gering; rechnet man Zulieferer und Transporteure hinzu, erhöht sich die Zahl der in der Bimsindustrie Beschäftigten um das Vierfache. Die Bedeutung des Bims hat abgenommen: Es erschöpfen nicht nur die Vorkommen, sondern es kollidieren auch die Interessen des Bimsabbaus mit denen des Natur- und Landschaftsschutzes.

Jahr	Gewerbliche Arbeitnehmer	Produktion (in t)	Anteil je Arbeitnehmer (in t)
1950	5 794	3 348 497	578
1955	6 042	5 692 470	945
1960	4 930	6 054 267	1 228
1965	3 885	5 790 407	1 490
1970	2 553	4 929 006	1 931
1975	1 310	3 226 650	2 855
1980	941	3 595 759	3 821
1985	530	1 814 225	3 425
1990	538	2 567 442	4 775
1995	534	2 902 270	5 435
1996	514	2 185 088	4 251
1997	524	1 940 968	3 704
1998	519	1 962 937	3 782
1999	483	1 790 213	3 706
2000	456	1 531 410	3 358
2001	431	1 193 101	2 768
2002	413	1 026 067	2 484
2003	398	985 023	2 475
2004	379	933 802	2 464

(nach: Fachvereinigung der Bims- und Leichtbetonindustrie, Neuwied 1999, aktualisiert; seit 2005 werden keine Zahlen mehr veröffentlicht)

M 5 Zahlen zur Bimsindustrie

7. Beschreiben Sie die Verbreitung von Lagerstätten vulkanischen Ursprungs in der Osteifel (M 4, M 6).
8. Vulkanisches Gestein ist vielseitig verwendbar. Nennen Sie Beispiele und erläutern Sie, warum der Absatz von Bims aber regional begrenzt ist.
9. Setzen Sie die Angaben zur Bimsindustrie aus M 5 in geeignete Grafiken um. Erläutern Sie darauf aufbauend sich abzeichnende Entwicklungen.

Gefährdung von Lebensräumen

Die Vernichtung des Plaidter Hummerich ist ein besonders trauriges Beispiel für die Versäumnisse des Naturschutzes in dieser Gegend: Mit seinen steilen Hängen bildete dieser Berg einen der schönsten Vulkankegel des Neuwieder Beckens. Der unbewaldete Berg war wegen seiner Vegetation bei Botanikern berühmt, da auf ihm unter anderem Trockenrasen (Xerobrometen) und Halbtrockenrasen (Mesobrometen) ausgebildet waren. So erstaunt es nicht, dass der Berg 1958 zum Landschaftsschutzgebiet erklärt wurde. Trotzdem ging auf der Südseite des Berges der begonnene Bims- und Schlackenabbau ungestört weiter. Später wurde die Empfehlung veröffentlicht: „Man sollte die Aufhebung (der Landschaftsverordnung) in Erwägung ziehen [...]", und zwar in dem von der Obersten Naturschutzbehörde herausgegebenen „Landschaftsplan Vulkaneifel"! In dieser Schrift steht außerdem der Satz: „Auf jeden Fall muss der Abbau von Bims weiterhin gestattet werden, da erst durch ihn die Eigenart des Vulkans zum Vorschein kommt". Auf die botanischen Aspekte geht die Schrift bei der Diskussion um den Berg überhaupt nicht ein. Obgleich die Öffentlichkeit noch einmal eindringlich auf die Schutzwürdigkeit des Plaidter Hummerich hingewiesen wurde, wird der Berg nun abgetragen. [...]

M 7 Der Naturschutz hat verloren

Das quartäre Osteifel-Vulkangebiet hat etwa 120 Ausbruchspunkte. Dabei sind 48 größere Vulkanbauten entstanden, die z. T. von mehreren Schloten aus aufgebaut wurden. Von ihnen sind 16 durch Schlackenabbau weitgehend zerstört. Die anderen 32 sind fast alle durch Steinbrüche angeschnitten, die z. T. große Ausmaße haben, jedoch die Bergformen nicht beeinträchtigen.

(nach: Meyer, W.: Das Vulkangebiet des Laacher Sees, 1992, S. 26)

M 9 Die Folgen des Bimsabbaus: der Plaidter Hummerich

Die Durchführungsverordnung zum Landesbimsgesetz sieht als Ausgleichsmaßnahme für die mit dem Bimsabbau verbundenen Eingriffe in die Landschaft die „Wiedereinplanierung" vor. In diesem Zusammenhang ist nur erforderlich, dass nach der Ausbeute einer Parzelle die zuvor beiseite geräumte Mutterbodenschicht durchmischt und auf die nunmehr um einige Meter tiefer liegende Fläche geschoben und eingeebnet wird. Anschließend werden die Grundstücke meist wieder zu landwirtschaftlichen Zwecken genutzt. Durch die Bimsgewinnung entstehen entlang vieler Grundstücksgrenzen das Landschaftsbild beeinträchtigende Geländestufen von oft 2–4 m Höhe. Spezielle Rekultivierungspläne sind nur für den Abbau solcher Flächen erforderlich, die an ein Naturschutzgebiet angrenzen.

Anders als beispielsweise bei der Gewinnung von Braunkohle muss der Bims nicht zusammenhängend, auf größeren Flächen von mehreren Quadratkilometern, abgebaut werden. Eine abzubauende Fläche braucht nach dem „Landesgesetz über den Abbau und die Verwertung von Bimsvorkommen" vielmehr eine Mindestgröße von nur 1 ha zu haben. Das Gesetz erlaubt aber auch die Ausbeute auf noch kleineren Grundstücken, sofern diese unmittelbar an eine bereits abgebaute Fläche angrenzen. Dementsprechend erfolgt die Bimsgewinnung an sehr vielen verschiedenen Stellen des Mittelrheinischen Beckens (Realerbteilungsgebiet) gleichzeitig und unabhängig voneinander.

In der Gemeinde Kruft gibt es einen der seltenen Fälle, wo nach durchgeführtem Bimsabbau die ausgebeutete Fläche aufgrund eines speziellen Rekultivierungsplanes im Sinne des rheinland-pfälzischen Landespflegegesetzes neu gestaltet wurde. Hier hat man im Rahmen der Rekultivierungsmaßnahmen besonders viel Geld für die Anpflanzung von hochwertigem Laubwald bereitgestellt. Immerhin gab es im Krufter Gemeindewald vor dem Abbau noch ca. 63 ha Niederwald, der kaum mehr genutzt werden konnte. Im Rahmen der Rekultivierung hat die Gemeinde auch dem Aspekt der Naherholung durch Anlegung eines Waldsees Rechnung zu tragen versucht. Diese Maßnahme erscheint jedoch wegen der ziemlich steil abfallenden Uferwände als nicht ganz gelungen.

(nach: Graafen, R. in: Arb. zur Rhein. Länderkunde, H. 66, S. 210 und 212)

M 8 Aspekte des Landschaftsschutzes

10. Sammeln Sie Pro- und Kontra-Argumente zum Bimsabbau und diskutieren Sie den Konflikt mit dem Landschaftsschutz (**M 5** bis **M 9**).

5. Globaler Klimawandel

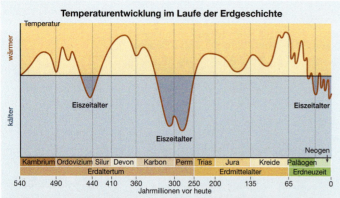

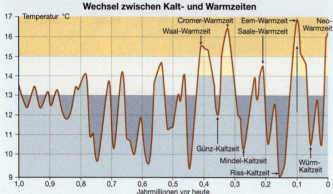

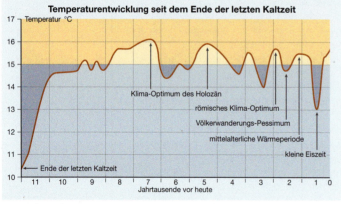

M 1 Natürliche Klimaschwankungen im Laufe der Erdgeschichte

800–1250 Mittelalterliches Wärmeoptimum
Temperaturanstieg, wärmer als heute, Weinbaugrenze um 4 bis 5 Breitengrade polwärts verschoben, gesteigerte Erträge im Getreidebau, Ackerbau an der Südküste Grönlands, Bevölkerungswachstum

1400–1800 Kleine Eiszeit
Sommer kühler, nach und nach kältere Winter, globale mittlere Jahrestemperatur bei 13,0 bis 13,5 °C, heute 15,5 °C, Baum- und Schneegrenzen im Gebirge sinken, Gletschervorstöße in den Alpen, Zunahme der Eisbedeckung der Ostsee, Ausdehnung des nordatlantischen Packeises, Zunahme von Hochwasserereignissen an den Flüssen und Sturmfluten an der Nordseeküste, Missernten, Hungersnöte, Pest, Grippe und andere Erkältungskrankheiten, wirtschaftlicher Rückgang, geringes Bevölkerungswachstum

seit 1800 Modernes Klimaoptimum
Globale Zunahme der mittleren Temperatur um 0,01 °C/Jahr, Abnahme des arktischen Meereises, Meeresspiegelanstieg um 1 mm/Jahr, Gletscherrückgänge, Zunahme extremer Hitze- und Dürresommer

M 2 Klimaschwankungen in Mitteleuropa seit dem Jahr 800

Natürlicher Klimawandel

Klimaänderungen und Klimaschwankungen

Das Klima ist nicht unveränderlich. In den ca. 4,6 Milliarden Jahren der Erdgeschichte gab es Abschnitte, in denen es deutlich kälter oder wärmer war als in der Gegenwart. Epochen wie die unsrige, in denen die Polkappen mit Eis bedeckt sind, oder solche, in denen das Weltmeer selbst am Äquator zufror, bestanden immer nur zeitweilig. Solchen epochalen **Klimaänderungen** stehen interne, permanent ablaufende **Klimaschwankungen** gegenüber. Die mittleren Temperaturen schwanken um wenige Zehntel Grade oder die Jahressummen der Niederschläge verändern sich um einige Millimeter, aber der Charakter des Klimas bleibt.

> Der Geograph R. Glaser zieht nach Untersuchungen zur Klimageschichte Mitteleuropas folgendes Fazit:
>
> „Klimakatastrophen waren in historischer Zeit ein ständiger Begleiter des Menschen. Dies gilt für alle Varianten wie Gewitter, Stürme und Hochwasser. Im Auftreten dieser Katastrophen gab es aber in den letzten 1000 Jahren nachhaltige Veränderungen. Mittelfristige Zu- und Abnahmen in der Größenordnung von 30 bis 100 Jahren waren die Regel. Dabei sind in einigen Phasen der historischen Klimaentwicklung Katastrophen häufiger als in den letzten 200 Jahren aufgetreten. Dies gilt beispielsweise für die Hochwasser zwischen 1500 und 1750. Einzelne Ereignisse wie das von 1342 übertreffen die uns heute bekannten Extremfälle sogar erheblich. Viele der markanten Änderungen lassen sich mit der Temperaturentwicklung korrelieren. Als besonders katastrophenreich hat sich der Abschnitt der Kleinen Eiszeit von 1550–1850 herausgestellt.
>
> Vor dem Hintergrund dieser Erkenntnisse muss man davon ausgehen, dass beim Temperatur- und Niederschlagsgeschehen eine deutlich höhere natürliche Variabilität im Auftreten von Klimakatastrophen existiert, als die aktualistische Betrachtung erkennen lässt. Diese Erkenntnisse sind vor allem deshalb bemerkenswert, weil sie sich auf Zeiträume beziehen, die außerhalb der anthropogenen Klimaveränderungen liegen."
>
> (Quelle: Rüdiger Glaser: Klimageschichte Mitteleuropas. Wissenschaftliche Buchgesellschaft Darmstadt 2001, S. 208)

M 3 Klimakatastrophen in Mitteleuropa

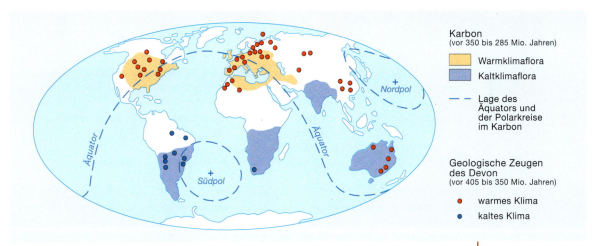

M 4 Klimakarte des Devon und des Karbon

Ursachen von natürlichen Klimaänderungen

Die Antriebskräfte des Klimawandels lassen sich in extraterrestrische und terrestrische Ursachen einteilen. Zur erstgenannten Gruppe zählen die schwankende Solarkonstante, Meteore und Meteoriten sowie die vom System Erde-Mond ausgelösten Gezeitenkräfte. Zur zweiten Gruppe gehören plattentektonische Prozesse der Kontinentaldrift, der Gebirgsbildung und des Vulkanismus, schließlich der Zusammensetzung und Zirkulation der Atmosphäre, die Zusammensetzung und Zirkulation des Ozeans, Eis- und Schneebedeckung, Bewölkung, Vegetation sowie natürliche Brände der Vegetation.

Änderungen der Solarkonstante: Die Grundlage für die Temperaturverhältnisse an der Erdoberfläche bildet die Gesamteinstrahlung der Sonne, der einzigen bedeutenden Wärmequelle für die Erde. Global betrachtet wird der Wärmehaushalt bestimmt durch die Sonneneinstrahlung und den Strahlungsverlust in den Weltraum während eines Jahres. Die Sonne liefert jedoch keinen konstanten Energiestrom (**Solarkonstante**). Auf der Sonne spielen sich turbulente Ereignisse ab, deren äußeres Zeichen die Sonnenflecken sind. Es sind dunkle, relativ kalte Gebiete, die in Zyklen auftreten.

Änderungen der Erdbahnelemente: Die Erdbahn verändert sich in einer Periode von 100 000 Jahren zwischen einer mehr elliptischen und einer kreisförmigen Bahn. Ebenso schwankt die Schiefe der Ekliptik (Neigung der Erdachse) zwischen 21,5° und 24,5° (gegenwärtig 23,5°). Die Periodizität beträgt 40 000 Jahre. Dadurch verschieben sich Polar- und Wendekreise. Außerdem ändern sich die Daten für Perihel und Aphel, also den sonnennächsten und sonnenfernsten Punkt der Erdbahn, mit einer Periode von 21 000 Jahren. Gegenwärtig liegt das Perihel Anfang Januar und das Aphel Anfang Juli, sodass die Sonneneinstrahlung auf der Nordhalbkugel im Sommer etwas geringer ist als auf der Südhalbkugel.

Änderungen des Großreliefs: Im Laufe von mehreren hundert Millionen Jahren werden aufgrund endogener Prozesse Kontinente verschoben, entstehen und vergehen Ozeane. So driftete das heutige Afrika in 200 Mio. Jahren von Süd nach Nord durch die tropische Zone. Die Zirkulation in den Ozeanen änderte sich und damit der Transport von Wärme aus äquatorialen in gemäßigte und polare Breiten. Zugleich führen plattentektonische Prozesse zur Entstehung mächtiger Hochgebirge. Deren Massive beeinflussen die atmosphärische Zirkulation und durch Rückkoppelungen die Klimazonen. Hochgebirge können somit auch Kaltzeiten verursachen.

Änderungen der Atmosphäre: Die Zusammensetzung der Atmosphäre verändert sich ständig. Daraus folgt ein Wandel in den Durchlässigkeits- und Absorptionseigenschaften und somit auch der Strahlungsbilanz zwischen Atmosphäre und Erdoberfläche. Der explosive Vulkanismus schleudert große Mengen fester und gasförmiger Stoffe in die Atmosphäre. Waldbrände und Staubstürme führen außerdem zur verstärkten Absorption und Streuung der solaren Einstrahlung in der Stratosphäre und damit zur Abkühlung in der Grundschicht der Troposphäre.

M 5 Antriebskräfte des Klimawandels

1. Unterscheiden Sie natürliche Klimaänderungen und Klimaschwankungen (M 1, M 2, M 4).
2. Diskutieren Sie den Einflussfaktor Klima auf gesellschaftliche Prozesse in Europa (M 2, M 3). Berücksichtigen Sie z. B. die mittelalterliche Stadtgründungsperiode, den Dreißigjährigen Krieg, die spätmittelalterliche Wüstungsperiode, den Gedanken „Historisch sind Warmzeiten gute Zeiten".
3. Erläutern Sie Ursachen von natürlichen Klimaänderungen (M 5).

Treibhaus Erde

Natürlicher Treibhauseffekt

Die Erde ist bis auf ihre Strahlungsbilanz ein geschlossenes System. Der Strahlungshaushalt wird durch die Sonneneinstrahlung und den Strahlungsverlust bestimmt. Bei diesem Energieaustausch befindet sich die kurzwellige solare Einstrahlung mit der langwelligen terrestrischen Ausstrahlung, eingeschlossen die Reflexion kurzwelliger Strahlung, mittelfristig global im Gleichgewicht.

Die absorbierten Energien der Sonneneinstrahlung werden überwiegend an der Erdoberfläche in langwellige Strahlung umgesetzt und an die Atmosphäre zurückgegeben, wobei ein Teilbetrag als sogenannte Gegenstrahlung nochmals zur Erdoberfläche zurückkommt. Diese Eigenschaft der Erdatmosphäre wird als **Treibhauseffekt** bezeichnet, weil die Lufthülle wie Glasfenster eines Treibhauses die einfallende kurzwellige Strahlung durchlässt, die ausgehende langwellige Wärmestrahlung aber größtenteils zurückhält.

Die beiden wichtigsten Treibhausgase sind Wasserdampf und Kohlenstoffdioxid. Dagegen besitzen die beiden Hauptgase der Atmosphäre, Stickstoff und Sauerstoff, keine wesentliche Absorption. Ohne diese Spurengase würde die Oberflächentemperatur im globalen Mittel etwa –18 °C betragen, sie beträgt heute etwa +15 °C.

Anthropogener Treibhauseffekt

In den letzten 200 Jahren nahm als Folge der Industrialisierung der Eintrag von **Treibhausgasen** und Aerosolen in die Atmosphäre deutlich zu. Zugleich wurde die Beschaffenheit der Landoberfläche großflächig verändert. Beide Komponenten sind Antriebskräfte der Klimaänderungen. Sie beeinflussen seit Jahrzehnten die Energiebilanz des Klimasystems.

Die wichtigste anthropogene Antriebskraft der Klimaerwärmung ist das Kohlenstoffdioxid, ebenso bedeutend sind Methan und Lachgas (Distickstoffmonoxid). Die Zunahme der Konzentration dieser Treibhausgase in der Atmosphäre konnte durch Analysen von Eisbohrkernen aus der Antarktis belegt werden. So ist z. B. die CO_2-Konzentration seit Beginn der Industrialisierung um 40 Prozent gestiegen. Trotz geringerer Konzentration tragen Methan, Lachgas, Ozon und Fluorchlorkohlenwasserstoffe bereits den gleichen Anteil zum anthropogen bedingten Treibhauseffekt bei wie das Kohlenstoffdioxid. Die Ursache liegt darin, dass sie in dem sogenannten atmosphärischen Fenster, das bisher für die langwellige Wärmeausstrahlung der Erdoberfläche geöffnet war, gerade diese Strahlung absorbieren.

M 6 Natürliche und anthropogene Treibhausgase

Treibhausgas	CO_2	CH_4	N_2O	Ozon	FCKW 11	FCKW 12
c (in ppm)	395	1,8	0,33	0,02	0,00023	0,00051
t (in Jahren)	120	10	114	0,1	65	110
Δc (%/Jahr)	0,5	0,3	0,2–0,3	0,5	–0,5	–0,5
spez. THP	1	25	290	2000	14 000	17 000
Anteil (in %)	60	20	4	8	2	4

c = Konzentration, t = Verweildauer in der Atmosphäre,
Δc = derzeitige Zunahme der Konzentration, THP = Treibhauspotenzial im Vergleich zu CO_2-Molekülen, Anteil = Anteil am anthropogenen Treibhauseffekt

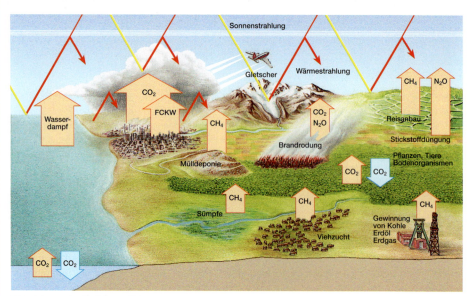

M 7 Schema des Treibhauseffekts

Zu den Spurengasen, die auch unter natürlichen Bedingungen vorhanden sind, kommen synthetische Gase, die Fluorchlorkohlenwasserstoffe. Ihre Wirksamkeit ist bis zu 17 000-mal stärker als die von Kohlenstoffdioxidmolekülen.

Wirkungen von Aerosolen

Aerosole, das sind in der Luft schwebende Teilchen, gelangen durch natürliche und anthropogene Vorgänge in die Atmosphäre. Bei Vulkanausbrüchen werden feste und flüssige Partikel bis in die Stratosphäre geschleudert. Durch Blitzschlag ausgelöste Wald-, Steppen- oder Savannenbrände setzen neben Kohlenstoffdioxid auch Asche und Ruß frei.

Zunehmend werden jedoch Aerosole infolge der weltweiten Industrialisierung und Verstädterung in die Atmosphäre eingebracht. Rodungen und landwirtschaftliche Nutzung von Steppen und Savannen bewirken außerdem einen erhöhten Eintrag fester Partikel in die Luft.

An den Aerosolen wird die kurzwellige Sonnenstrahlung direkt reflektiert oder diffus zerstreut. Zum anderen wirken die Partikel als Kondensationskerne. Es bilden sich vermehrt Wolken und die **Albedo** (Rückstrahlung) von Wolken nimmt zu. Beide Prozesse bewirken, dass weniger Sonnenenergie die Erdoberfläche erreicht (**Global Dimming**). Dieser Energieverlust führt im Gegensatz zum Treibhauseffekt des Kohlenstoffdioxids und der Spurengase zu einem Wärmedefizit in der unteren Troposphäre.

Das Ozon-Problem

Das Spurengas Ozon kommt in der Atmosphäre in Abhängigkeit von der Höhe in unterschiedlicher Konzentration vor. Ozon ist bei höheren Konzentrationen giftig. Es reizt die Schleimhäute in den Augen, in der Nase und in den Bronchien. Andererseits ist Ozon für das Leben auf der Erde unabdingbar.

In der Stratosphäre steigt zwischen 30 bis 50 km Höhe die Temperatur von etwa −75 °C bis auf etwa 0 °C an. Die Erwärmung geht auf die Bildung von Ozonmolekülen zurück. Bei dieser photochemischen Reaktion befinden sich Ozonbildung und Ozonabbau im Gleichgewicht. Die **Ozonschicht** (Ozonosphäre) sorgt somit für einen Ausgleich im Wärmehaushalt und schafft in der Biosphäre optimale Lebensbedingungen. Ohne den Schutzschild würde die Temperatur in der oberen Stratosphäre sinken und in der Grundschicht der Troposphäre stark ansteigen. Es käme zu einer weltweiten Verlagerung der Klimazonen, die tödlichen Erkrankungen an Hautkrebs nähmen zu, die Kulturpflanzen brächten geringere Erträge.

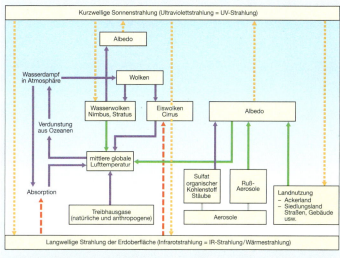

M 8 Wechselwirkungen und Rückkopplungen im anthropogen beeinflussten Klimasystem

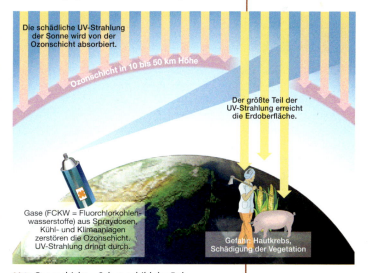

M 9 Ozonschicht – Schutzschild der Erde

4. Erläutern Sie die Wechselwirkungen des natürlichen Treibhauseffekts (**M 7**).
5. Kennzeichnen Sie die Wirkungszusammenhänge zwischen Aerosolkonzentration, Albedo und Lufttemperatur (**M 8**).
6. Begründen Sie die Klimawirksamkeit von Ozon (**M 9**).
7. Beurteilen Sie die Auswirkungen menschlicher Aktivitäten auf den natürlichen Treibhauseffekt (**M 6** bis **M 9**).

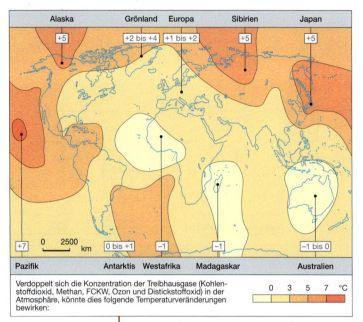

M 10 Modell möglicher Temperaturveränderungen auf der Erde

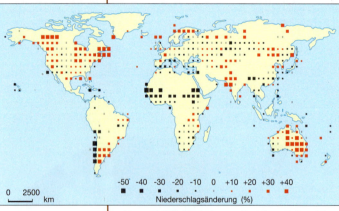

M 11 Globale Veränderung des Jahresniederschlags auf der Erde im 20. Jahrhundert

Ist die Diskussion um den anthropogenen Treibhauseffekt übertrieben?
(ausgewählte Dokumente)
– Die Klimaberechnungen der Wissenschaftler sind mit Unsicherheiten behaftet.
– Wechselnde Sonnenaktivitäten können am veränderten Klima beteiligt sein.
– Die aktuelle Erwärmung der Erde kann eine normale Schwankung der Erdtemperatur sein.
– Der berechnete Temperaturanstieg ist bisher so nicht eingetroffen.
– Schlüssige Beweise dafür, wie groß der menschliche Einfluss auf die Klimaentwicklung ist, liegen bis heute nicht vor.

M 12 Meinungen von Klimaskeptikern

Rezenter Klimawandel

Globale Erwärmung

Durch direkte Beobachtung seit etwa 150 Jahren ist ein Anstieg der mittleren globalen Luft- und Meerestemperaturen um 0,8 °C ermittelt worden. Klimaforscher prognostizieren für das 21. Jahrhundert die Fortsetzung dieses Trends. Umstritten ist lediglich die Höhe der Zunahme der Erwärmung. Angenommen wird aber ein globaler Anstieg von mindestens 2 °C bis zum Jahr 2100. Diese **globale Erwärmung** hat einen Wandel im Klimasystem der Erde zur Folge.

Der Klimawandel kann nur begrenzt mit gemessenen Daten abgeschätzt werden. Daher ist eine modellgestützte Simulation des künftigen Klimas notwendig. Globale Klimamodelle berücksichtigen Prozesse in der Atmosphäre, den Ozeanen, von Eis und Schnee und auch der Vegetation. Um möglichst umfangreiche numerische Grundlagen in die Modellierungen einbringen zu können, sind außerdem Rahmenbedingungen für die zukünftige Entwicklung der menschlichen Gesellschaft und deren Einfluss auf die natürliche und gestaltete Umwelt heranzuziehen. Zur Ermittlung der möglichen Bandbreite der anhaltenden Erwärmung werden verschiedene Szenarien entworfen. Sie operieren mit unterschiedlichen Annahmen über Indikatoren wie Bevölkerungsentwicklung, Wirtschaftswachstum und Energieverbrauch.

Auswirkungen der globalen Erwärmung

Der Klimawandel gilt als das mit Abstand wichtigste Umweltproblem des 21. Jahrhunderts. Je nach Ausmaß der globalen Erwärmung kommen auf den Menschen weitreichende Folgen zu. Sie hängen alle zusammen mit Armut, Hunger, Wassermangel und der Aufrechterhaltung eines wirtschaftlichen Wachstums.

Strategien für die Zukunft

Es bieten sich verschiedene Möglichkeiten insbesondere zur Senkung der Konzentration von Kohlenstoffdioxid an. In den Industrieländern sind Energieeinsparpotenziale zu nutzen. Vor allem sollten auch in Schwellenländern der Energieverbrauch und die Energieerzeugung optimiert werden. Allerdings wird deren wachsender Energiebedarf durch Ausbau erneuerbarer Energien allein nicht zu decken sein. Kohlenstoffdioxid kann auch unterirdisch gespeichert werden.

8. Beschreiben Sie beobachtete und mögliche Veränderungen des Klimas (M 10, M 11).
9. Nehmen Sie Stellung zu kontrovers veröffentlichten Meinungen zum Klimawandel (M 12). Berücksichtigen Sie dabei u. a. auch natürliche Klimaschwankungen, die Konzentration von Treibhausgasen sowie die Modellierbarkeit des komplexen Klimasystems.

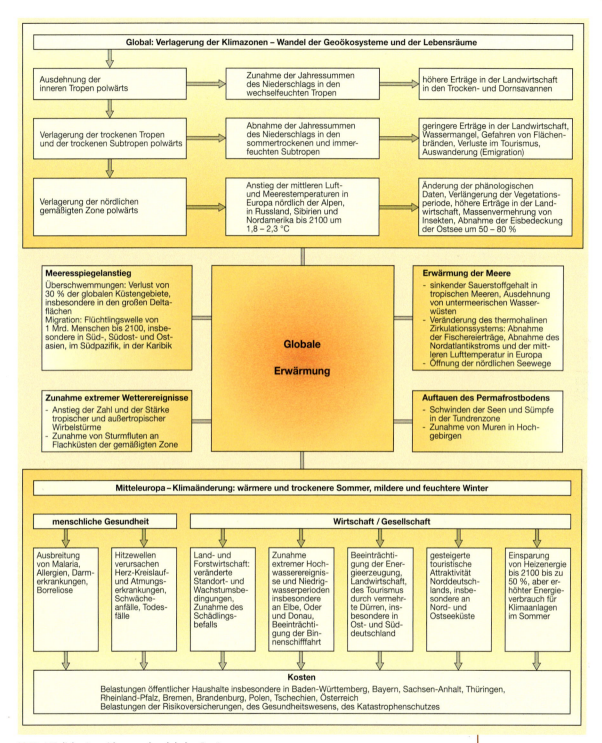

M 13 Mögliche Auswirkungen der globalen Erwärmung

10. Diskutieren Sie mögliche Auswirkungen einer globalen Erwärmung im 21. Jahrhundert (M 13).
11. Erstellen Sie eine Mindmap von Möglichkeiten zur Reduzierung von Kohlenstoffdioxid in der Atmosphäre. Diskutieren Sie Ihren Maßnahmenkatalog unter dem Motto „Global denken, lokal handeln".

Referat-Tipp: Das Intergovernemental Panel on Climate Change (IPCC). Recherchieren Sie zu seinen Aufgaben und Aussagen und stellen Sie Ihr Ergebnis mediengestützt vor.

Leben mit dem Risiko von Wassermangel und Wasserüberschuss

1. Lebensgrundlage Wasser

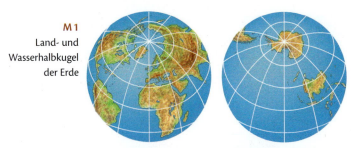

M 1 Land- und Wasserhalbkugel der Erde

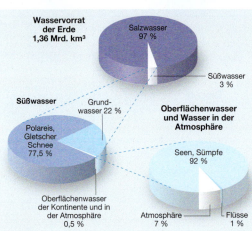

M 2 Wasservorrat der Erde

Wasserhaushalt der Erde und globaler Wasserkreislauf

Wasser ist die Voraussetzung für alles Leben auf der Erde. Es wird von den Organismen sowohl als Baustoff als auch als Nahrungsstoff benötigt. Für Pflanzen ist das Wasserangebot von entscheidender Bedeutung, Tiere sind aufgrund ihrer Mobilität in der Regel weniger standortgebunden. Der Mensch nutzt Wasser als Trinkwasser, als Rohstoff in der Industrie, für Bewässerung, zur Energiegewinnung und als Transportmittel.

Die Erdoberfläche ist zu 71 Prozent von Wasser bedeckt. Die Wasserhülle der Erde umfasst die Ozeane einschließlich der Nebenmeere, die Festlandgewässer (Flüsse, Seen, Grundwasser), das in Gletschern, Eis und Schnee gebundene sowie das in der Atmosphäre vorhandene Wasser. Mehr als drei Viertel der Süßwasservorräte befinden sich nicht in flüssigem, sondern in festem Aggregatzustand. Ein Abschmelzen würde den Meeresspiegel um rd. 65 Meter ansteigen lassen.

Zwischen Meer, Atmosphäre und Festland der Erde bestehen über natürliche Stoff- und Energiekreisläufe (z. B. Wasser- und Gesteinskreislauf) intensive Wechselwirkungen.

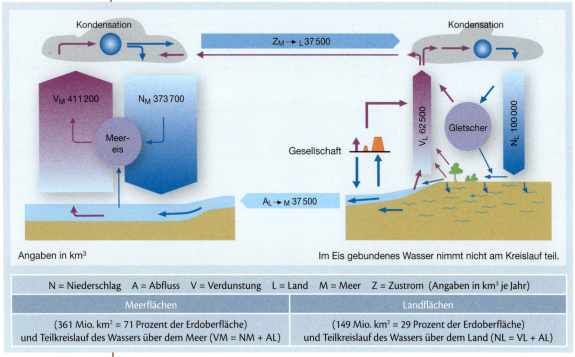

M 3 Der Wasserkreislauf der Erde

Der **Wasserkreislauf** der Erde wird von der Sonnenenergie angetrieben und unterliegt der Schwerkraft der Erde. Dessen Elemente sind Niederschlag, Abfluss und Verdunstung.

Das Wasser der Atmosphäre entspricht nur 0,001 Prozent des Gesamtwasservorkommens der Erde. Seine große Bedeutung für den Energieausgleich zwischen den Klimazonen rührt daher, dass es im globalen Wasserkreislauf im Mittel 34-mal im Jahr vollständig umgeschlagen wird, d. h. alle 10,8 Tage einmal verdunstet und als Niederschlag fällt. Global gesehen entspricht in diesem Kreislauf die mittlere Verdunstung (V) den mittleren Niederschlägen (N). Dies drückt die **globale Wasserhaushaltsgleichung** N = V aus. Betrachtet man nur die Festländer oder eine Teilregion, muss der ober- und unterirdische Abfluss (A) berücksichtigt werden: Da auf dem Festland nicht mehr Wasser verdunsten oder abfließen kann als durch Niederschläge zugeführt wird, lautet die Wasserhaushaltsgleichung hier N = A + V.

Aus der Wasserhaushaltsgleichung über dem Festland lässt sich eine Unterscheidung der Hauptklimazonen ableiten. Wo ganzjährig Abfluss vorhanden ist, wird der Niederschlag immer größer als die Verdunstung sein. In diesem Gebiet herrscht **humides Klima** mit Wasserüberschuss, ganzjährig fließenden Flüssen und abwärts gerichtetem Bodenwasserstrom. Im **ariden Klima** ist N < V. Es herrscht Wassermangel, die Flüsse führen nur periodisch oder episodisch Wasser, der Bodenwasserstrom ist aufwärts gerichtet, es kann zur Bildung von Salzkrusten kommen.

M 5 Gletscher

Eine Sonderform des humiden Klimas ist das nivale Klima, in dem es zur Gletscherbildung kommt. Oberhalb der klimatischen Schneegrenze fällt der Niederschlag in fester Form als Schnee und verfestigt sich über die Firnphase zu Gletschereis. Diese Wasserrücklage ist für die Hochgebirgsökologie ein wichtiger Bestandteil. Als **Ablation** werden das periodische Abschmelzen von Schnee, Firn oder Eis bezeichnet, aber auch die Gletscherkalbung, Verdunstung sowie die Eis- oder Schneelawinen, die den Massenhaushalt als Wasserrücklage der Gletscher beeinflussen.

Langfristig halten sich N und A + V die Waage. Für kürzere Zeitabschnitte ist aber auch N > A + V möglich, z. B. unmittelbar während bzw. nach einem Regenschauer oder in einem feuchten Sommer. Dann wird im Boden bzw. Grundwasserspeicher oder in Seen eine Wasserrücklage gebildet.

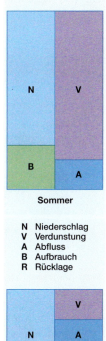

N Niederschlag
V Verdunstung
A Abfluss
B Aufbrauch
R Rücklage

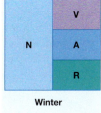

M 6 Wasserhaushaltskomponenten in Mitteleuropa (schematisch)

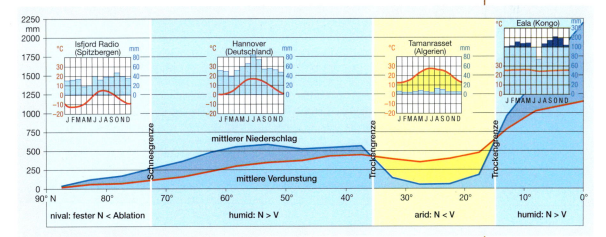

M 4 Mittel der Niederschläge und Flächenverdunstung auf der Erde

1. Beschreiben Sie die Verteilung der Wasservorräte auf der Erde (M 1, M 2, M 5).
2. Charakterisieren Sie den Wasserkreislauf der Erde (M 3).
3. Erläutern Sie die Wasserhaushaltsgleichung am Beispiel eines trockenen und eines feuchten Sommers (M 6).
4. Begründen Sie anhand des Mittels von Niederschlag und Verdunstung die Lage der globalen Vegetationszonen (M 4, Atlas).

Wasserverfügbarkeit

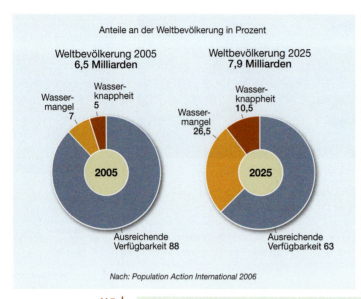

M 7 Weltbevölkerung und Wasserverfügbarkeit

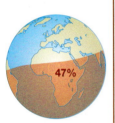

M 8 2030 werden 47 % der Weltbevölkerung in Gebieten mit Wasserknappheit oder Wassermangel leben (UNEP 2013)

Die Wasserverfügbarkeit ist einerseits von den Wasserressourcen, andererseits von der Wasserentnahme abhängig. Übersteigt die Entnahme einen bestimmten Prozentsatz der Ressourcen, spricht man vom Wasserstress. Extremer Wasserstress liegt hiernach dann vor, wenn die Entnahme 40 % der Ressourcen übersteigt. Global liegt dieses Verhältnis weit unter dieser Grenze. Nur 9 % der 40 000 km³ Wasser, die zur Verfügung stehen, werden entnommen. Regional sind die Verhältnisse jedoch sehr verschieden, sodass nach der obigen Definition gegenwärtig 2,3 Milliarden Menschen unter extremem Wasserstress leben.

Diese Zahl wird sich bis zur Mitte des Jahrhunderts auf 5,2 bis 6,8 Milliarden Menschen erhöhen. Die Ursachen liegen einerseits in sozioökonomischen Bedingungen (Bevölkerungszunahme, Wirtschaftswachstum), die die Wasserentnahme bestimmen, andererseits im klimatischen Wandel, der die Wasserressourcen beeinflusst. Der Klimawandel kann durch höhere Niederschläge in manchen Regionen auch zu einem höheren Wasserangebot führen. Nach Modellrechnungen wird sich global der Wasserstress in 61–75 % der Landoberfläche erhöhen und in 14–29 % verringern.

Die Gründe für höheren Wasserstress liegen primär in der steigenden Entnahme, aber auch geringere Niederschläge und eine höhere Verdunstung sind daran beteiligt.

Die betroffenen Regionen sind vor allem die, in denen der Wasserstress heute schon hoch liegt. Das sind z. B. der Nordosten Brasiliens, Teile von Nordamerika, Südeuropa, Teile von Mittelasien und Australien und große Teile Afrikas. Eine Erhöhung der Wasserentnahme aufgrund zunehmender Bevölkerung und ökonomischer Entwicklung wird vor allem in Afrika südlich der Sahara, in Lateinamerika und großen Teilen Asiens erwartet. Wo die Wasserversorgung günstiger wird, ist das primär durch höhere Niederschläge infolge des Klimawandels begründet, in 2. Linie auch durch eine effektivere Wassernutzung. Vor allem in Südasien könnten durch den Klimawandel künftig viele Menschen weniger unter extremem Wasserstress leiden als heute.

Die wichtigsten klimatischen Faktoren, die die Wasserverfügbarkeit beeinflussen, sind der Niederschlag und die stark temperaturabhängige Verdunstung. Regionen, in denen sich beide Parameter durch den Klimawandel so entwickeln, dass die Wasserressourcen abnehmen, sind vor allem der Mittelmeerraum, Südafrika, Mittelamerika und Südaustralien.

Von erheblicher Bedeutung werden in vielen Regionen auch die Niederschlagsmuster sein. Allgemein wird damit gerechnet, dass durch den Klimawandel die Variabilität der Niederschläge zunehmen wird. D. h. es fallen zu bestimmten Jahreszeiten mehr Niederschläge, zu anderen weniger, und es kommt zu stärkeren Gegensätzen zwischen Starkniederschlägen und Trockenphasen. Hierdurch sind sowohl Wasserressourcen betroffen, die sich aus Oberflächenwasser, wie solche, die sich aus neugebildetem Grundwasser speisen. Auch die Art der Niederschläge spielt eine nicht geringe Rolle. Durch die globale Erwärmung wird mehr Niederschlag als Regen denn als Schnee fallen. Dadurch wird es zu einer jahreszeitlichen Verschiebung des Abflusses zum Winter hin kommen und weniger Oberflächenwasser im Sommer zur Verfügung stehen. Durch das Abschmelzen von Gebirgsgletschern kommt es zunächst zwar zu einer Zunahme der Abflüsse, langfristig aber zu deren Versiegen. Ein weiterer Klimafaktor, der in manchen Regionen die Wasserressourcen gefährdet, ist der steigende Meeresspiegel, der zum Eindringen von Salzwasser in küstennahes Grundwasser führen kann.

(Quelle: Dieter Kasang in: Hamburger Bildungsserver 1.2.2011)

M 9 Wasserverfügbarkeit und Klimawandel

Sowohl die Wasserverfügbarkeit für Millionen von Menschen als auch die Stabilität von Ökosystemen wie der sibirischen Tundra oder der indischen Grasländer sind durch den Klimawandel gefährdet. Selbst wenn die globale Erwärmung auf 2 °C über dem vorindustriellen Level begrenzt würde, könnten 500 Millionen Menschen zunehmender Wasserknappheit ausgesetzt sein, diese Zahl würde noch um weitere 50 Prozent steigen, wenn die Treibhausgasemissionen nicht bald verringert werden. Bei einer globalen Erwärmung von 5 °C wären nahezu alle eisfreien Gebiete von Ökosystemänderungen betroffen. Das zeigen sich ergänzende Studien, die von Wissenschaftlern des Potsdam-Instituts für Klimafolgenforschung (PIK) veröffentlicht wurden. „Hält das Bevölkerungswachstum weiter an, wäre das gegen Ende des Jahrhunderts und bei einem Business-as-usual-Klimaszenario mit weit mehr als einer Milliarde betroffener Menschen gleichzusetzen", erklärt Dieter Gerten [Leitautor einer der Studien]. „Und das zusätzlich zu den mehr als einer Milliarde Menschen, die bereits heute in wasserarmen Gebieten leben."

(Quelle: Hannover Zeitung, Zugriff: 3.11.2013)

M 10 Bald 500 Millionen mehr Menschen ohne Wasser

M 12 Wassermangel

Land	1995	2025	Land	1995	2025
Ägypten	936	607	Kenia	1112	602
Algerien	527	313	Kuwait	95	55
Äthiopien	1950	807	Marokko	1131	751
Deutschland	2096	2114	Somalia	1422	570
Iran	1719	916	Tunesien	434	288
Israel	389	270	USA	9277	7453

M 13 Wasserverfügbarkeit pro Kopf in m³

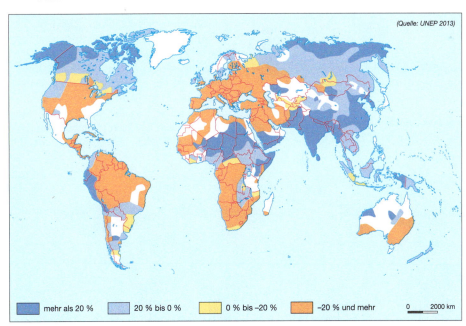

(Quelle: UNEP 2013)

M 11 Veränderungen in der Wasserverfügbarkeit im Jahr 2050, verglichen mit dem Durchschnitt 1961–1990 (%) (UNEP 2013)

Legende: mehr als 20 % | 20 % bis 0 % | 0 % bis –20 % | –20 % und mehr

5. Erörtern Sie das Verhältnis von Wassernutzung und Wachstum der Weltbevölkerung (**M 10**, **M 13**).
6. Bewerten Sie die Veränderungen in der Wasserverfügbarkeit von 2005 bis 2050 (**M 7** bis **M 13**).
7. Diskutieren Sie das Konfliktpotenzial bei einer verminderten Wasserverfügbarkeit und zeigen Sie Lösungsmöglichkeiten auf.

2. Gewinnung und Verbrauch

Landwirtschaft größter Wasserverbraucher

70 % der globalen Wasserentnahme entfallen auf die Landwirtschaft. Global haben sich die bewässerten Flächen in den letzten 50 Jahren nahezu auf fast 280 Millionen Hektar verdoppelt. Auf diesem Fünftel der weltweiten Ackerflächen werden 40 % der Nahrungsmittel für die Weltbevölkerung produziert. Knapp 70 % dieser Flächen liegen in Asien. Ein Großteil der in den letzten Jahrzehnten erreichten Steigerung der Nahrungsmittelproduktion wäre nicht ohne die Ausweitung der Bewässerung möglich gewesen. Problematisch ist dabei die zunehmende Beanspruchung von Grundwasserreserven, die sich nur langsam erneuern und gleichzeitig die wichtigste Trinkwasserquelle für den Menschen darstellen.

Grundwasserqualität in Deutschland

Die größten Grundwasserreserven befinden sich im norddeutschen Raum nördlich der Mittelgebirge, in der Niederrheinischen Bucht, im Oberrheingraben, in der Schwäbisch-Fränkischen Alb sowie als Porenwasser im Becken zwischen Alpennordrand und Donau. Dementsprechend bilden die Grundwasservorkommen die Hauptgrundlage für die Trinkwassergewinnung. Der Anteil an der Gesamtförderung beträgt 74 Prozent. Hinsichtlich der verfügbaren Grundwassermenge bestehen also in Deutschland, von regionalen Ausnahmen abgesehen, keine Probleme.

Trotz des Überflusses und seiner relativen Abgeschlossenheit ist das **Grundwasser** jedoch zunehmender Verschmutzung ausgesetzt. Das Reinigungs- und Rückhaltevermögen der überlagernden Bodenschichten wurde in der Vergangenheit oft überschätzt. Verursacht wird die Verschmutzung durch Abwässer aus Industrie, Verkehr und Haushalten, undichte Abwasserleitungen, Altlasten auf Mülldeponien und Industriebrachen sowie intensive Landwirtschaft mit diffusen Einträgen von Stickstoff und Pestiziden. Die Einzugsgebiete für die Grundwassergewinnung liegen fast ausschließlich unter land- und forstwirtschaftlich genutzten Flächen, da Siedlungs- und Verkehrsflächen ungeeignet sind. Für die Einzugsgebiete gelten dabei besondere Nutzungseinschränkungen entsprechend dem Wasserhaushaltsgesetz. Dennoch haben Messungen ergeben, dass in den alten Bundesländern mittlerweile bei mehr als zehn Prozent der Entnahmestellen die Grenzwerte der Trinkwasserverordnung überschritten werden. Eine Sanierung, so das Umweltbundesamt, ist nur mit großem technischen und finanziellen Aufwand möglich.

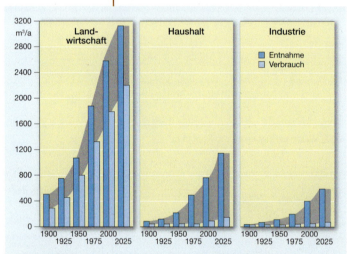

Das graue Band veranschaulicht den Unterschied zwischen Wasserentnahme und dem tatsächlichen Verbrauch. Wasser kann entnommen, gebraucht und recycelt bzw. in Flüsse oder Grundwasserhorizonte zurückgeleitet werden. Verbrauch bezeichnet die tatsächliche Nutzung, nach der das Wasser nicht mehr genutzt werden kann. *(nach Angaben der UNEP)*

M 1 Wasserverbrauch nach Verbrauchern

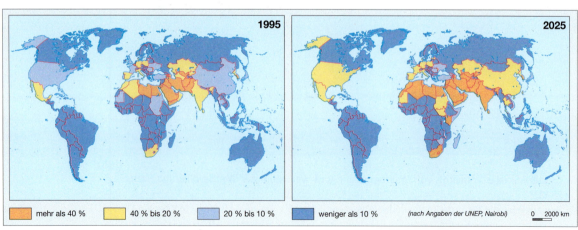

M 2 Wasserentnahme in Prozent des verfügbaren Wassers (Quelle: UNEP)

Leben mit dem Risiko von Wassermangel und Wasserüberschuss

Drei-Schluchten-Staudamm am Jangtsekiang

Der Staudamm liefert seit 2003 mit 6 Turbinen Strom. Der Stausee überflutete 24 000 ha Ackerland, 5 000 ha Obstanbaufläche, 140 Ortschaften, dabei 13 große Städte; 1,1 Mio. Menschen wurden umgesiedelt.

Das Projekt verfolgt drei Ziele:

- Hochwasserschutz für das dicht besiedelte Kulturland am Jangtsekiang unterhalb des Dammes,
- Energieerzeugung für den enormen Bedarf der Bevölkerung und der Industrie,
- Verbesserung der Schiffbarkeit bis zur Großstadt Tschungking im Südwesten Chinas.

Der Drei-Schluchten-Staudamm

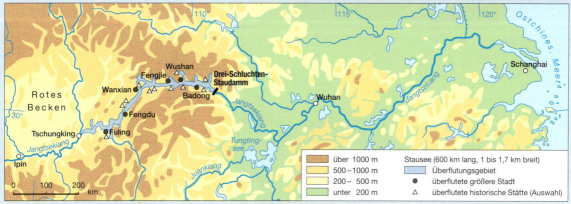

M 3 Der Jangtsekiang und das Drei-Schluchten-Staudammprojekt

Aralsee

Der Klimawandel und die übermäßige Nutzung von Zuflüssen lässt immer mehr Seen austrocknen. So wird z. B. der in Kasachstan und Usbekistan gelegene Aralsee, das einst viertgrößte Binnenmeer der Welt, wahrscheinlich bald – bis auf einen kleinen Teil im Norden – komplett ausgetrocknet und zu einer Salzwüste geworden sein: Er enthält heute nur noch ein Viertel der Wassermenge, die er vor rund 50 Jahren besaß, die Wasseroberfläche hat sich halbiert. Der Wasserspiegel sank seitdem um rd. 13 Meter. Hauptursache ist der wasserintensive Baumwollanbau im regenarmen Usbekistan entlang der beiden Zuflüsse Amu-Darja und Syr-Darja. Der Staub von 30 000 km² versalztem Seeboden bedroht anliegendes Kulturland. Die ursprüngliche Flora und Fauna ist völlig vernichtet.

M 4 Der Aralsee 1989 und 2012

1. Analysieren Sie den Wasserverbrauch auf der Erde (M 1, M 2).
2. Erläutern Sie die Bedeutung des Grundwassers in Deutschland.
3. Diskutieren Sie die Ziele des Drei-Schluchten-Staudammprojektes. Recherchieren Sie dazu aktuelle Entwicklungen und tragen Sie Ihre Ergebnisse in einem mediengestützten Referat vor (M 3, Internet).
4. Analysieren Sie die Veränderungen des Aralsees. Zeigen Sie mögliche Gegenmaßnahmen auf (M 4, Atlas).

3. Trinkwasser – knapp und teuer

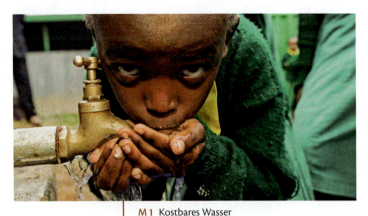

M 1 Kostbares Wasser

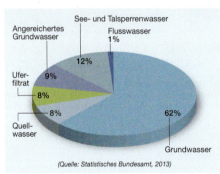

M 2 Wassergewinnung nach Wasserarten in Deutschland

(Quelle: Statistisches Bundesamt, 2013)

- See- und Talsperrenwasser 12 %
- Flusswasser 1 %
- Angereichertes Grundwasser 9 %
- Uferfiltrat 8 %
- Quellwasser 8 %
- Grundwasser 62 %

Anteil der Bevölkerung mit Zugang zu Trinkwasser (1990 / 2011, in %)

Region	1990	2011
Afrika südl. der Sahara	49	63
Nordafrika	87	92
Ostasien	68	92
Südasien	72	90
Südostasien	71	89
Westasien	85	90
Ozeanien	50	56
Lateinamerika	85	94
Kaukasus u. Zentralasien	89	86
Entwicklungsländer	70	87
Industrieländer	98	99
am wenigsten entwickelte Länder	51	65
Welt	76	89

(nach: WHO 2013)

M 3 Anteil der Bevölkerung mit Zugang zu Trinkwasser (Quelle: WHO 2013)

Nutzung des Grundwassers

Mehr als 1,5 Milliarden Menschen sind auf Trinkwasser nur aus dem Grundwasser angewiesen, obwohl weltweit 800 000 kleinere und größere Staudämme gebaut wurden. Die Grundwasserhorizonte sind mehrfach bedroht: Das Abpumpen von fossilem Wasser, das sich in den letzten 10 000 Jahren angesammelt hat, erfolgt so schnell, dass die Vorräte in 50 bis 100 Jahren erschöpft sein werden. Nach dem Eindringen von Seewasser in küstennahe Horizonte ist hier eine Wiederauffüllung mit Süßwasser praktisch ausgeschlossen. In Städten wie Mexiko City oder Bangkok sinkt der Boden durch die Wasserentnahme. Undichte unterirdische Abwasserkanäle kontaminieren das Grundwasser. Flusssedimente sind oft so belastet, dass sich aus dem Uferfiltrat kein Trinkwasser mehr gewinnen lässt.

Wasserkonflikte

Weltweit durchqueren 263 internationale Wasserläufe Gebiete von 145 Staaten. Konflikte zwischen Ober- und Unterliegern entzünden sich oft an Dammprojekten wie z. B. beim groß angelegten Anatolien-Projekt am Euphrat. Trotz vieler virulenter Probleme in den Risikogebieten sind bisher keine „Wasserkriege" ausgebrochen.

Seit 1940 hat sich der globale Wasserverbrauch verfünffacht. In der Hälfte aller Länder führte die Bevölkerungsexplosion zu einer Verdoppelung des Wasserverbrauches seit 1980. Durch großflächige Abholzungen gingen viele natürliche Wasserspeicher verloren. Aus Geldmangel werden weltweit nur 5 % der Abwässer gereinigt. Durch uneffektive und defekte Bewässerungsanlagen versickern bis zu 60 % des Wassers ungenutzt. Der Verlust an Trinkwasser auf dem Weg zum Verbraucher liegt in manchen Ländern bei 40 %. Knapp die Hälfte der Menschheit hat heute zu wenig Wasser, 2050 droht zwei Drittel der Menschheit akute Wassernot. In einigen europäischen Städten und Regionen herrscht jedes Jahr Wasserknappheit. 1,2 Mrd. Menschen haben keinen gesicherten Zugang zu einer Quelle, einem Brunner oder Leitungssystem. Alle 8 Sekunden stirbt ein Kind an den Folgen verseuchten Wassers. Aus demselben Grund sterben jährlich 5,3 Mio., erkranken 3,3 Mrd. und erblinden 6 Mio. Menschen. Es drohen soziale Unruhen und Konflikte um Wasserrechte, die zu weltweiter Destabilisierung führen können.

(Quelle: WasserStiftung 2013)

M 4 Trinkwassermangel und die Folgen

Leben mit dem Risiko von Wassermangel und Wasserüberschuss

Hanoi pumpt zu viel Grundwasser ab – Arsengehalt steigt

In der 6,5-Millionen-Metropole Hanoi droht das Trinkwasser vergiftet zu werden: Weil die vietnamesische Hauptstadt immer mehr Grundwasser pumpt, strömt arsenbelastetes Wasser näher an die Trinkwasserfassungen. Dies berichtet ein internationales Forscherteam mit Schweizer Beteiligung am Mittwoch im Fachblatt «Nature».

(http://www.blick.ch/news/schweiz/11.9.2013)

Wasser wird im Ruhrgebiet und Münsterland deutlich teurer

Trinkwasser wird im Versorgungsgebiet von Gelsenwasser im nördlichen Ruhrgebiet und dem Münsterland 2014 deutlich teurer. Beispielsweise werde der jährliche Wasserpreis für eine dreiköpfige Familie im Mehrfamilienhaus um knapp 30 Euro auf gut 270 Euro steigen, teilte Gelsenwasser am Montag mit. Das entspricht einem Anstieg um über 12 Prozent. Ursache seien höhere Strompreise und hohe Investitionen in Wasserwerke, teilte das Unternehmen mit.

(dpa 16.9.2013)

Das Geschäft mit dem Wasser

Wasser ist in Nigeria eine begehrte Ressource. Bei weitem nicht alle Menschen haben Zugang zu sauberem Trinkwasser. Die öffentliche Versorgung ist lückenhaft, ihre Qualität schlecht. Internationale Großkonzerne machen sich diesen Mangel zunutze – und verdienen so Millionen. [...]
Ein Grund, warum internationale Großkonzerne wie Nestlé, Danone oder Coca Cola schon seit Jahren gute Geschäfte machen: Trinkwasser, das sie in Plastikflaschen verkaufen. Bis zu umgerechnet einem Euro kostet eine Ein-Liter-Flasche Wasser in Nigeria – ein Preis, den sich Millionen von Menschen in dem westafrikanischen Land nicht leisten können. Doch diese Kritik prallt an den Konzernen ab. Sie verweisen auf die Verantwortung der Regierung – und darauf, dass die Nachfrage wächst.

(Deutschlandradio Kultur, von Anne Allmeling, ARD-Hörfunkstudio Nordwestafrika, vom 1.9.2013)

M 5 Zeitungsmeldungen

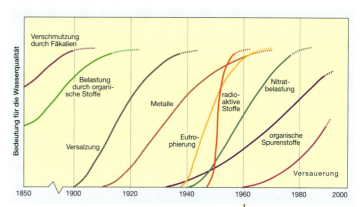

M 6 Einflüsse auf die Wasserqualität

Land	Durchschnittseinkommen US-$ pro Tag (2010)	Durchschnittlicher Wasserpreis US-$ pro m³ (2010)
Dänemark	165,45	8,83
Deutschland	120,49	3,12
Australien	126,58	1,80
Türkei	25,52	1,28
Spanien	84,90	1,22
USA	132,74	1,03
Italien	96,79	0,59
Mexiko	25,32	0,48
China	13,51	0,27
Indien	3,86	0,08

M 7 Einkommen und Trinkwasserpreise (nach: Weltbank. In: Global Water Intelligence 2012)

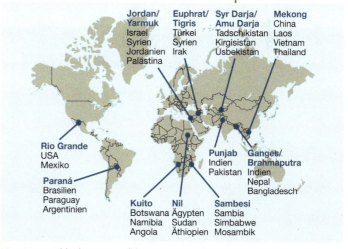

M 8 Ausgewählte latente Konfliktregionen um das Wasser

1. Beschreiben Sie den Zugang zu sauberem Trinkwasser (M 1 bis M 4).
2. Erläutern Sie die unterschiedlichen Einflüsse auf die Wasserqualität (M 6).
3. Analysieren Sie die Trinkwasserpreise. Berechnen Sie dazu auch den prozentualen Anteil an einem Tageseinkommen (M 7).
4. Erörtern Sie ökologische, ökonomische und soziale Folgen eines steigenden Trinkwasserpreises (M 4, M 5, M 7).
5. Erläutern Sie das Konfliktpotenzial einer weltweiten Steigerung des Wasserverbrauchs (M 8).

4. Überschwemmungsgefährdete Gebiete

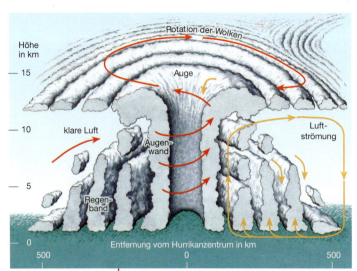

M1 Schnitt durch einen Hurrikan

Kategorie	Bezeichnung	mittlere Windgeschwindigkeit	Sturmflut
1	schwach	118–135 km/h	1,5 m
2	mäßig	154–177 km/h	2–2,5 m
3	stark	178–209 km/h	2,6–3,7 m
4	sehr stark	210–249 km/h	3,8–5,5 m
5	verwüstend	mehr als 250 km/h	über 5,5 m

Im Vergleich: 118 km/h entspricht der Windstärke 12 (Orkan) in der Beaufort-Skala

M2 Saffir-Simpson-Skala für Hurrikane

M3 Satellitenbild von Hurrikan Sandy am 25.10.2012

Gefährdung durch Wirbelstürme

In jedem Jahr sorgen Wirbelstürme für Schlagzeilen in den Zeitungen. Nachrichtensendungen des Fernsehens und das Internet informieren ausführlich über Opfer, Zerstörungen und Obdachlose. Kleinräumige Wirbelstürme, zum Beispiel **Tornados**, entwickeln sich über dem Land und verursachen meist nur lokale Verwüstungen. **Blizzards** sind Schneestürme, die zeitweise ganze Regionen durch Schneeverwehungen lahm legen können. **Tropische Zyklone** sind großräumige Tiefdrucksysteme. Sie entstehen über den Meeren der Randtropen und Subtropen und erreichen hohe Windgeschwindigkeiten. Im Atlantik nennt man diese Zyklone **Hurrikane**. Sie entwickeln sich meist über dem östlichen Atlantik und nehmen auf ihrem Weg über das Meer nach Westen große Mengen Wasserdampf und damit Energie in Form von latenter Wärme auf.

Damit es zur Bildung einer tropischen Zyklone kommen kann, müssen mehrere Voraussetzungen erfüllt sein. Außer einer hohen Wassertemperatur von über 26,5 °C ist ein Mindestmaß an Coriolis-Ablenkung erforderlich, die erst ab ca. mehr als fünf Breitengrade vom Äquator entfernt gegeben ist. In direkter Äquatornähe können sich deshalb keine Wirbelstürme entwickeln. Ferner muss eine konvergente Strömung in Bodennähe herrschen, also das Zusammenfließen von Luftmassen aus verschiedenen Richtungen. In der Höhe muss hingegen eine Divergenz vorhanden sein, damit die aufsteigende Luft dort abfließen kann. Im Zentrum des Orkanwirbels gibt es eine 20 bis 70 Kilometer breite wolkenfreie und fast windstille Zone, das „Auge des Hurrikans". Dort herrscht absteigende Luftbewegung mit Wolkenauflösung. Trifft ein Hurrikan auf Inseln oder das Festland, kommt es durch die hohen Windgeschwindigkeiten, Starkniederschläge und Flutwellen meist zu starken Schäden. Über dem Land schwächt sich ein Hurrikan schnell ab, weil dort die Reibung stärker ist als über dem Meer und zudem die Zufuhr latenter Wärme nachlässt. Die Stärke eines Hurrikans wird nach einer fünfteiligen Skala bestimmt.

Im tropischen und subtropischen Atlantik sind besonders die Karibik und der Golf von Mexiko gefährdet. Dort verursachen nahezu jedes Jahr Hurrikane große Schäden. In manchen Jahren treten während der „Hurrikan-Saison" im Sommer und Herbst ganze Serien von Wirbelstürmen auf. Bei einer Zunahme der Meerestemperaturen wird auch die Entstehung von Wirbelstürmen im europäischen Mittelmeer nicht ausgeschlossen.

Leben mit dem Risiko von Wassermangel und Wasserüberschuss

Am 29.10. 2012 stieß der Hurrikan Sandy auf die Ostküste der USA. Der Durchmesser des Sturmgebietes betrug 1800 km. Zugleich entwickelte sich eine durch den Vollmond verursachte Springflut, sodass an vielen Küstenabschnitten eine Fluthöhe von mehr als drei Metern erreicht wurde. Besonders betroffen waren New Jersey und New York, wo 10 Millionen Haushalte ohne Strom waren und sogar U-Bahn-Tunnel erstmals seit 100 Jahren geflutet wurden. Hurrikan Sandy war, gemessen an den volkswirtschaftlichen Schäden, mit 65 Milliarden US-$ der zweitteuerste Hurrikan der amerikanischen Geschichte.

M 4 Hurrikane – immer häufiger, immer heftiger?

Hat das Risiko durch Hurrikane zugenommen, treten sie in den vergangenen Jahren häufiger auf, werden sie immer kräftiger, richten sie immer größeren Schaden an? Die Fragen tauchten auf im Zusammenhang mit der Debatte um den Klimawandel. [...]
Die Lesart des Weltklimarates heute lautet denn auch: Nicht mehr Hurrikane, aber kräftigere, verheerendere kommen auf uns zu. [...] Auch diese Aussage allerdings wird durch die Hurrikan-Geschichte kaum gestützt, weder durch den langfristigen Jahresvergleich noch durch die Betrachtung der vergangenen zehn Jahre.
Gleich mehrere Faktoren erschweren klare Aussagen über diesen Zusammenhang: Zum einen stieg die Meerestemperatur in den vergangenen Dekaden keineswegs geradlinig an, legte gerade in den letzten Jahren eher eine Pause ein. Zum Zweiten unterliegen die Anzahl und auch die Stärke der Hurrikane (wie auch der Wirbelstürme der anderen Hemisphären) langfristigen Schwankungen, im Rhythmus von 30, 40 oder noch mehr Jahren. Drittens gibt es kaum verlässliche Daten über Anzahl, Ausdehnung und Geschwindigkeit von Wirbelstürmen auf hoher See aus früheren Jahren. Erst die Satellitenbeobachtung lieferte dafür seit etwa 30 Jahren verlässliche Grundlagen. [...] [Es] lässt sich weder in der Stärke noch in der Intensität (eingeteilt in fünf Klassen) eine Tendenz nach oben ablesen, wohl aber eine Schwankung im Rhythmus von Jahrzehnten, mit gewissen Höhepunkten in den 1850er-, den 1930er- und den 1990er-Jahren. Meeresforscher vermuten hier einen Zusammenhang mit der langfristigen Schwankung bei den Strömungen und Großwetterlagen, den „multidekadischen Oszillationen". [...]
Was den kurzfristigen Jahresvergleich angeht, liegen genauere Daten vor. Von 2003 bis heute nahm die Anzahl besonders starker Hurrikane tendenziell eher ab. Was in den letzten Jahrzehnten sicher angestiegen ist, sind allein die Werte, die bei Hurrikanen zerstört werden.

(aus: Kulke, Ulli: Was Hurrikane so gefährlich werden lässt. In: Die Zeit, 3.11.2012)

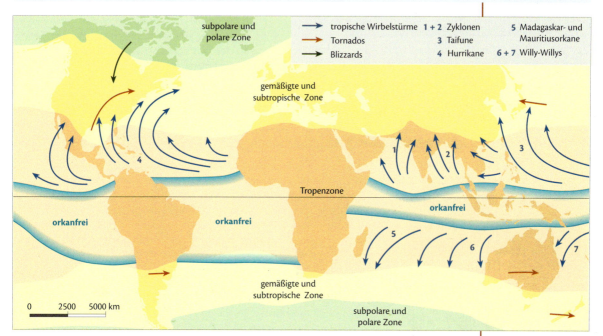

M 5 Zugbahnen der Wirbelstürme

1. Erläutern Sie die Entstehung und die Eigenschaften tropischer Zyklone (**M 1** bis **M 3**, **M 5**).
2. Lokalisieren Sie die Großräume mit einem besonders hohen Gefährdungspotenzial durch tropische Zyklone (**M 5**).
3. Beschreiben Sie die typische Zugbahn eines Hurrikans und ordnen Sie diese in die planetarische Zirkulation ein (**M 5**, Atlas).
4. Beschreiben Sie die Auswirkungen des Hurrikans Sandy. Recherchieren Sie nach Details und stellen Sie sie in einer mediengestützten Präsentation vor (Internet).
5. Nehmen Sie Stellung zu der Aussage, dass sich durch die Klimaerwärmung eine Zunahme von Wirbelstürmen ergibt (**M 4**).

74 Naturfaktoren und Menschen prägen Landschaften

M 6 Folgen des Zyklons „Nargis" in Myanmar

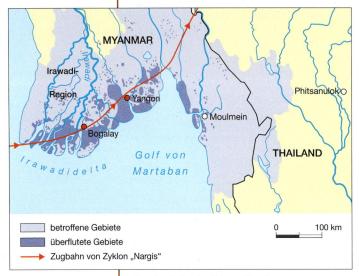

M 7 Zugbahn des Zyklons Nargis

Tropische Zyklone

Nicht nur im Atlantik, sondern auch in anderen warmen Meeresgebieten entwickeln sich Wirbelstürme. Ganz besonders betroffen sind viele Regionen in Süd- und Südostasien. Dieser Raum ist durch regelmäßige sommerliche Monsunregenfälle gekennzeichnet, die für die Landwirtschaft unentbehrlich sind, bei besonderer Intensität jedoch zu verheerenden Überschwemmungen und Erdrutschen führen können.

Besonders häufig werden Indien und Bangladesch von solchen Unwettern betroffen. Gefährdet sind dabei die Tiefländer von Ganges und Brahmaputra. Die Verfügbarkeit von sauberem Trinkwasser ist dann nicht mehr gewährleistet, Seuchen können schnell um sich greifen. Entwickeln sich im Sommerhalbjahr über dem Indischen Ozean auch noch tropische Zyklone, können die Auswirkungen katastrophal sein.

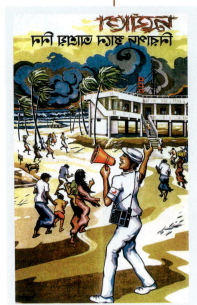

Bangladesch ist eines der ärmsten Länder der Erde. Es liegt im Tiefland des Brahmaputra-Deltas und wird häufig von Zyklonen heimgesucht. Die dicht besiedelte Küstenregion erhebt sich meist nur wenige Meter über den Meeresspiegel. Der stark gegliederte Küstenverlauf mit vielen bewohnten vorgelagerten Inseln erschwert die Errichtung von Deichen oder anderen Schutzbauten erheblich. Einen derartigen Küstenschutz könnte das Entwicklungsland, selbst mit ausländischer Hilfe, auch gar nicht finanzieren.

1970 forderte eine Überschwemmungskatastrophe 225 000 Tote. Daraufhin rief die Regierung, unter Einbeziehung internationaler Hilfsorganisationen, ein den Bedingungen des Landes angepasstes Programm zum Schutz der Bevölkerung ins Leben. So warnen heute speziell ausgebildete Freiwillige, mit Fahrrädern und Megafonen ausgerüstet, die Bevölkerung, sich in Sicherheit zu bringen, wenn ein Zyklon heranzieht. Eine bestimmte Anzahl an Fahnen zeigt die erwartete Stärke des Unwetters an. Auf dem Lande wird die Errichtung von mehreren Metern hohen Betonschutzbauten gefördert, in denen sich die Dorfbewohner bei Sturm und Hochwasser aufhalten können. Fast 2000 derartige Bauten für jeweils etwa 1500 Menschen wurden bereits errichtet. Jede Dorfgemeinschaft ist zudem angehalten, Lebensmittelvorräte bereitzuhalten, falls die Siedlung durch Hochwasser von der Umwelt abgeschnitten werden sollte. Durch solche Maßnahmen konnte die Zahl der Opfer bei Überflutungen in den letzten Jahren deutlich gesenkt werden.

M 8 Überschwemmungsschutz mit einfachen Mitteln: Bangladesch

El Niño – Witterungsanomalie im Pazifik

Um die Weihnachtszeit kommt es vor der südamerikanischen Westküste regelmäßig zu einer kurzfristigen Erwärmung des ansonsten kalten Perustroms. Dieses Ereignis wird **El Niño** genannt, was in der peruanischen Landessprache kleines Kind bzw. Christkind bedeutet. Warmes Wasser ist nährstoffarm, die Fische wandern ab und der Fischfang stagniert.

Alle drei bis zehn Jahre, manchmal auch in kürzeren Abständen, verschärft sich dieses Phänomen: Die Passatwinde im Ostpazifik flauen ab und drängen das Oberflächenwasser von der Küste nicht mehr wie sonst üblich weit nach Norden und Nordwesten ab. Weil der Meeresspiegel vor der südamerikanischen Küste niedriger liegt als im westlichen Pazifik, kann nun warmes Oberflächenwasser von Westen nachströmen.

Bei einem starken El-Niño-Ereignis verändert sich das atmosphärische Zirkulationsmuster im gesamten pazifischen Raum. Man spricht dann vom „El Niño Southern Oscillation (ENSO)"-Mechanismus. Infolge der sehr hohen Wasseroberflächentemperaturen von bis zu 5 oder 6°C über Normal kehrt sich die sonst übliche Abwärtsbewegung der Luft in Aufwärtsbewegungen um und es kann Wolken- und Niederschlagsbildung einsetzen.

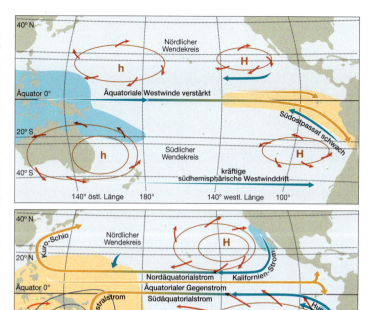

M 10 Luftdruck und Winde über dem Pazifik in El-Niño-Jahren (oben) und in Normaljahren (unten)

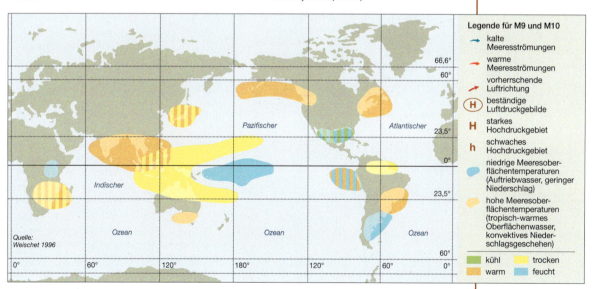

M 9 Weltweite Auswirkungen des El Niño

6. Erörtern Sie Möglichkeiten zum Schutz der Bevölkerung in besonders von Wirbelstürmen betroffenen Gebieten (**M 6** bis **M 8**).
7. Erläutern Sie Luftdruck und Meeresströmungen im Pazifik in Normaljahren und in El-Niño-Jahren (**M 10**).
8. Ermitteln Sie Gebiete, in denen Dürreperioden bzw. Starkniederschläge im Zusammenhang mit El-Niño-Ereignissen stehen (**M 9**).
9. Recherchieren Sie ein zeitnahes Wirbelsturm-Ereignis und stellen Sie Ihre Ergebnisse in einer Powerpoint-Präsentation vor. Gehen Sie dabei auf die meteorologische Situation, die Topographie des betroffenen Raumes, Schäden, Opfer und Hilfsmaßnahmen ein (Atlas, Internet).

Hochwasser und Überschwemmungen in Deutschland

Überschwemmungen, die Todesopfer fordern und großen Sachschaden verursachen, kommen auch in Mitteleuropa vor. So tritt der Rhein in Köln immer wieder über die Ufer und überflutet Teile der Altstadt. Auch von Mosel, Main, Donau, Elbe, Saale und anderen Flüssen werden häufig Hochwasserereignisse gemeldet.

Historische Aufzeichnungen belegen, dass Überschwemmungen in den Flusstälern keineswegs erst seit der Industrialisierung gehäuft auftreten. Auch für die Jahrhunderte davor berichten Chroniken von starken und extremen Hochwassern.

M 11 Deggendorf am 7.6.2013: Autobahnkreuz A3 und A92

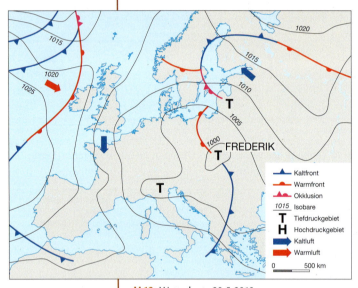

M 12 Wetterkarte 30.5.2013

Ursache der vielen Niederschläge ist kalte Luft in der Höhe. An der östlichen Flanke des Höhentiefs hat sich ein Tief gebildet, das den Namen Frederik bekommen hat und in Richtung Tschechien zieht. Die warme und mit Feuchtigkeit vom Mittelmeer angereicherte Luft kommt von Osten her und schiebt sich über die kältere. Bei diesem Aufgleiten entstehen ausgedehnte Niederschlagsgebiete. Dadurch kommt es in der labilen Luft zudem zu eingelagerten Gewittern, sodass der Regen schauerartig verstärkt und damit kräftig sein kann.

Während dabei in der Nacht zum Donnerstag „Frederik" über dem Westen Tschechiens liegt, wird es kräftiger. Dabei nehmen die Luftdruckgegensätze zu und der Wind wird kräftiger. Dabei entstehen am Nordrand von Vogtland und Thüringer Wald sowie am Westrand des Oberpfälzer und Bayerischen Waldes Staueffekte, was die Niederschlagssummen zusätzlich in die Höhe treibt. Somit sind allein in der kommenden Nacht insbesondere im westlichen Sachsen sowie dem östlichen Thüringen und Bayern unwetterartige Regenmengen von teils über 50 Liter auf den Quadratmeter in 12 Stunden möglich, im Laufe des Freitags verlagert sich der Schwerpunkt der Niederschläge nach Südwesten.

Problematisch ist nun, dass das Tief seine Position nur wenig ändert und sich mit seinem Schwerpunkt über Tschechien, dem östlichen Deutschland oder Polen befindet. Somit kann es immer wieder labile und feuchte Warmluft um sein Zentrum „herumwickeln", sodass immer wieder „Regenkorridore" entstehen, in denen es für längere Zeit teils gewittrige und länger anhaltende Güsse geben kann. Diese befinden sich vor allem zwischen dem südlichen Brandenburg bis zum Alpenrand.

(Frank Abel, Meteomedia, gekürzt)

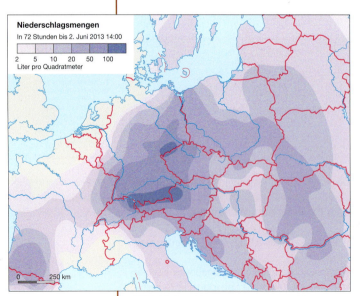

M 13 Niederschlagsmengen 31.5.2013 bis 2.6.2013

M 14 Starkregen-Update 30.5.2013

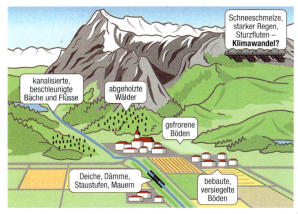 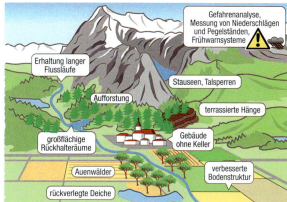

M 15 Ursachen für Hochwasser und mögliche Gegenmaßnahmen

Das „Magdalenenhochwasser" vom 21. Juli 1342 ist als verheerendes Hochwasser überliefert. Damals, so ein alter Bericht, fuhr man mit Kähnen über die Mauern der Stadt Köln. In jüngster Vergangenheit ereigneten sich große Überschwemmungen in Deutschland unter anderem an der Oder (1997), an der Elbe (2002, 2006, 2013) und an der Donau (2013).

Eine der wichtigsten Ursachen für Hochwasser in Mitteleuropa ist in den meteorologischen Bedingungen zu suchen. So kann im Frühjahr das Zusammentreffen von starken Niederschlägen mit der Schneeschmelze im Gebirge zu Hochwasser führen. Im Sommer und Herbst sind stationäre Tiefdruckgebiete, die mehrere Tage lang fast ortsfest bleiben und dabei ergiebigen Dauerregen verursachen, für das meiste Hochwasser verantwortlich. Verschärft werden die Folgen von Überschwemmungen auch in Europa durch anthropogene Einflüsse. Flussbegradigungen und großflächige Entwaldungen sowie Versiegelungen haben zur Folge, dass es bei lang anhaltenden Niederschlagen und Starkregen zu einem raschen Abfluss der Wassermassen und zu schnell steigenden Pegelständen kommt. Natürliche Überflutungsflächen in den Flussauen mussten vielfach wirtschaftlichen Nutzflächen weichen. In manchen Gebieten ist die Bebauung zudem so dicht an die Flussufer herangerückt, dass bei Hochwasser Überflutungen von Kellern und Erdgeschossräumen unvermeidbar sind.

Im Gebirge sind viele Siedlungen gefährdete Talsiedlungen, während geschützte Hochflächensiedlungen eher selten sind. Maßnahmen, um die Hochwassergefährdung zu reduzieren und Menschenleben und Sachwerte in der Nähe von Flüssen nachhaltig zu schützen, lassen sich nur langsam umsetzen. Hohe Kosten sowie Widerstände in Politik und Gesellschaft sind dabei von maßgeblicher Bedeutung.

Der Hauptteil der Niederschläge fiel am 30./31.5. sowie am 1./2.6. Erschwerend kam hinzu, dass durch die zahlreichen Niederschläge im Mai in vielen Regionen die Böden bereits mit Wasser gesättigt waren. So floss viel Wasser oberirdisch ab und ließ kleine Bäche und Flüsse sehr schnell anschwellen. Ein weiterer Faktor im Süden war die zeitgleiche Schneeschmelze in den Alpen, wo in höheren Lagen, vor allem auch in Österreich, noch reichlich Schnee lag. Dies erklärt insgesamt die hohen Pegel des Inn und später dann die an der Donau. Die heftigen Niederschläge in Österreich, Tschechien und Polen trugen also durch die Zuführung der Wassermassen nach Deutschland zur dortigen Hochwassersituation ebenfalls bei. An Niederschlägen fielen 22 750 000 000 000 Liter Wasser auf Deutschland, davon auf Bayern 8,28 Billionen, auf Sachsen 2,50 Billionen, Thüringen 1,43 Billionen und Hessen 1,22 Billionen Liter. (DWD 6.6.2013)

M 16
Juni-Hochwasser im Süden und Osten Deutschlands

10. Analysieren Sie die naturgeographischen Rahmenbedingungen für das Hochwasser 2013 in Deutschland (M 11 bis M 14, M 16).
11. Erläutern Sie, welche Gründe dafür maßgeblich sein können, dass in vielen Gebieten Deutschlands „zu nahe am Wasser" gebaut wurde.
12. Nehmen Sie zusammenfassend kritisch Stellung, auf welche Weise die Überschwemmungsgefahr in Mitteleuropa minimiert werden könnte (M 15).
13. Recherchieren Sie Ausmaß und Schäden einer zeitnahen Überschwemmungskatastrophe in Deutschland oder im europäischen Ausland. Präsentieren Sie Ihre Ergebnisse in Form eines mediengestützten Referats.

5. Dürre – eine weitere Gefährdung der Lebensgrundlage Boden

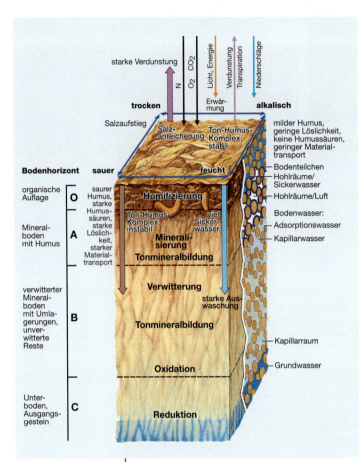

M1 System Boden

Gefährdung von Böden

Bodenprofil

Ein Bodenprofil zeigt meist unterschiedlich gefärbte, übereinanderliegende Schichten zwischen Bodenoberfläche und Ausgangsgestein.
Der **Oberboden** (A-Horizont, Auswaschungshorizont) ist durch Humus oft dunkel gefärbt und Lebensraum für eine Vielzahl von Bodenorganismen. Darunter liegt der **Unterboden** (B-Horizont, Anreicherungshorizont), in dem noch mineralische Verwitterungsvorgänge ablaufen. Dort kommt es auch zu einer Anreicherung von Verbindungen, die durch Sickerwasser aus dem Oberboden ausgewaschen werden. Auf den Unterboden folgt das **Ausgangsgestein** (Muttergestein, Untergrund, C-Horizont).

Physikalische Degradation

Durch Zusammenpressen, Verkleben und Verkrusten der Bodenpartikel entsteht die **physikalische Degradation**. Sie ist eine Folge der Techniken des Landbaus und kommt in allen Klimazonen und Bodenarten vor. Z. B. drücken schwere Landmaschinen Boden mit geringer Strukturstabilität zusammen. Dadurch verstopfen die Poren und der Boden verliert die Aufnahmefähigkeit für Wasser und Luft. Ein Verkleben oder Verkrusten der Bodenoberfläche geschieht, wenn der Boden nicht durch eine Pflanzendecke geschützt ist.

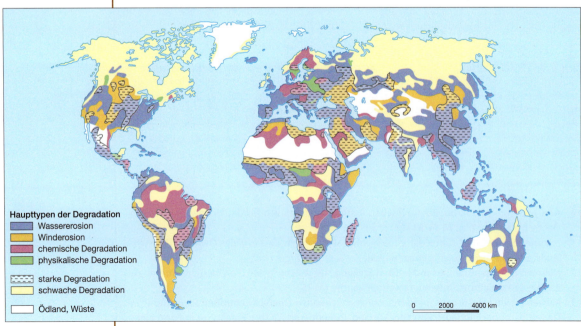

M2 Degradation weltweit

M 3 Überweidung und Verbuschung

M 4 Extreme Erosion in New Mexico

Chemische Degradation

Chemische Degradation bedeutet den Verlust von Nährstoffen bzw. organischer Materie im Boden. Sie tritt in agrarisch genutzten Böden mit mittleren bis geringen Nährstoffgehalten auf, wenn nach der Ernte die im Boden verbliebene organische Materie schnell entfernt und/oder anschließend nicht genügend Dünger aufgebracht wird. Die Böden verarmen dann weiter an Nährstoffen und erschöpfen schließlich vollständig. Die chemische Degradation ist ein weit verbreitetes Problem in den Low-Input-Landwirtschaften der Entwicklungsländer.

Bodenerosion

Die Bodenerosion stellt die Hauptquelle der **Bodendegradation** dar. Unter **Erosion** versteht man den Abtrag von oberem Bodenmaterial durch Wasser und Wind. Obwohl dieser Prozess auch auf natürliche Weise erfolgt, wird er durch die landwirtschaftliche Nutzung noch beträchtlich erhöht. Wird die pflanzliche Decke eines Bodens z. B. durch Pflügen entfernt, ist der Oberboden den Kräften des Windes und des Wassers ausgeliefert. Da im Oberboden die Nährstoffe für die Pflanzen gebunden sind, geht ein Abtrag immer mit einem Verlust an Bodenfruchtbarkeit einher. Die **Winderosion** ist hauptsächlich in den Landnutzungssystemen der ariden und semiariden Klimate wirksam. Ein weitgehend vegetationsfreier Oberboden verliert bei längerer Trockenheit jeglichen Halt mit dem Untergrund.
Besonders gefährdet sind feinkörnige Böden (Schluff-, Tonböden, feinkrümelige organische Böden). In den Trockengebieten der Erde schreitet deshalb die Wüstenbildung voran. Sie wird hauptsächlich durch Entwaldung bzw. Beseitigung der Buschvegetation ausgelöst. Vor allem in Ländern mit hohem Bevölkerungswachstum entsteht ein Zwang zur Gewinnung von neuem Acker-/Weideland und auch der Bedarf an Brennholz steigt an. Beiden Bedürfnissen fällt die vorhandene Vegetation zum Opfer. In mehreren afrikanischen Ländern (z. B. in der Sahelzone, in Äthiopien, Kenia, Burkina Faso) stellt die Wüstenbildung inzwischen eine existenzielle Bedrohung für die Bevölkerung dar.

In humiden Klimaten der gemäßigten und der tropischen Zone überwiegt die **Wassererosion**. Verursacht wird sie durch das Aufschlagen der Regentropfen auf die (vegetationslose) Bodenoberfläche. Die oberen Bodenaggregate werden dabei durch die Wucht der Wassertropfen zertrümmert und die abgeschlagenen Feinpartikel verstopfen Grobporen im Bodengefüge, wodurch die Oberfläche wasserundurchlässig wird. Die Folge ist ein Wasserstau, der auch bei geringem Gefälle zur Bodenabschwemmung führt.

Bodenmanagement

Vor Erosion schützt am besten eine geschlossene Pflanzendecke. Zwischen den Reihen der Nutzpflanzen sollte der Boden durch niedrigwachsende Zwischensaaten bedeckt sein. An den Feldrändern schützen Hecken und Bäume vor Wind- und Wassererosion. Sie verhindern bei Regen einen Hangabfluss von Bodenpartikeln. Bei vorhandenem Bodenrelief kommt es auch auf die Art der Reihenpflanzung an. Wenn die Reihen der Nutzpflanzen senkrecht zur Falllinie des Hangs gezogen werden, wird eine Wassererosion weitgehend vermieden.

1. Beschreiben Sie die Bodenhorizonte nach ihrer Lage, physikalischen Struktur, chemischen Zusammensetzung und biologischen Aktivität (M 1).
2. Erläutern Sie die Prozesse der Bodendegradation (M 3, M 4).
3. Lokalisieren Sie den Anteil an schwerer und leichter Bodendegradation auf ausgewählten Kontinenten der Erde und beschreiben Sie die Arten der Degradation (M 2, Atlas).
4. Erörtern Sie Maßnahmen gegen verschiedene Formen der Bodenerosion (M 3, M 4).

Dürre

Dürren sind klimatische bedingte Trockenperioden mit sehr geringen Niederschlägen und hohen Temperaturen. Bei einer **Dürrekatastrophe** werden durch die Degradation der Vegetation sowie durch Wassermangel die Lebensgrundlagen des Menschen zerstört.

Zu unterscheiden ist zwischen der klimatischen und der agrarischen Dürre. Bei der **klimatischen Dürre** wird die negative Abweichung der Jahresniederschläge vom statistischen Mittelwert herangezogen. Unberücksichtigt bleibt jedoch die jahreszeitliche Verteilung. Auch wenn der Mittelwert in einem Jahr überschritten wird, kann es sein, dass die Niederschläge zu falschen Zeiten fallen oder die positive Abweichung an singuläre Starkniederschläge gebunden ist. Dies kann zur Folge haben, dass in den für die landwirtschaftliche Nutzung bedeutsamen Jahreszeiten nicht genügend Wasser zur Verfügung steht. In diesem Fall spricht man von einer **agrarischen Dürre**.

Die Menschen in dürregefährdeten Regionen sind Stressfaktoren ausgesetzt, die sie nicht allein bewältigen können. Sie sind schutzlos und damit verwundbar. Diese **Vulnerabilität** reicht von Krankheiten bis zu Hungerkatastrophen und totaler Abhängigkeit von externen Hilfsmaßnahmen.

M 5 Zeichen der Dürre

Dürregrad	Wiederkehr (Jahre)	Mögliche Folgen	PDSI
milde Dürre	3–4	geringe Drosselung des Wachstums, erhöhtes Feuerrisiko	−1,0 bis −1,9
mäßige Dürre	6–9	Getreideschäden, hohes Feuerrisiko, Rückgang der Wasserstände	−2,0 bis −2,9
starke Dürre	10–17	Ernteeinbußen, sehr hohes Feuerrisiko, Wassermangel	−3,0 bis −3,9
extreme Dürre	18–43	Ernteausfälle, extremes Feuerrisiko, großflächiger Wassermangel	−4,0 bis −4,9
außergewöhnliche Dürre	> 43	Feuergefahr, Erschöpfung von Wasservorräten	ab −5,0

M 6 Dürre-Intensitäten

Der PDSI ist ein wichtiger Index für Dürre und misst das kumulative Defizit (in Bezug auf lokale Durchschnittsbedingungen) der Feuchtigkeit der Landoberfläche, indem er vorangegangenen Niederschlag und Abschätzungen der Feuchtigkeitsabgabe an die Atmosphäre (basierend auf den atmosphärischen Temperaturen) in ein hydrologisches Bilanzierungssystem einspeist.

Die Grafik zeigt, wie sich Vorzeichen und Intensität dieses Musters seit 1900 verändert haben. Rote und orange Flächen sind trockener (feuchter) als der Durchschnitt und blaue sowie grüne Flächen sind feuchter (trockener) als der Durchschnitt, wenn die in der unteren Grafik dargestellten Werte positiv (negativ) sind. [...] Die Zeitreihe entspricht in etwa einem Trend; das Muster und seine Schwankungen erklären 67 % des linearen PDSI-Trends zwischen 1900 und 2002 über der globalen Landfläche. Es zeigt daher beispielsweise die weitverbreitete und zunehmende Dürre in Afrika, insbesondere in der Sahelzone, auf.

(Quelle: IPCC: Fourth Assessment Report Climate)

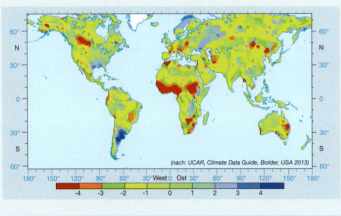

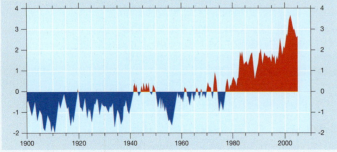

M 7 Der Palmer Drought Severity Index (PDSI)

Leben mit dem Risiko von Wassermangel und Wasserüberschuss

Das Jahr 2012 war durch eine Vielzahl von Dürrekatastrophen gekennzeichnet. […] Dabei ragte die große Dürre im Mittleren Westen der USA heraus, ein Ereignis, das nur etwa alle 40 Jahre auftritt und zu Milliardenschäden in der Landwirtschaft geführt hat. Auffallend war daneben die extreme Trockenheit in Russland, der Ukraine und Kasachstan, alles Länder mit relevanten Anteilen an der weltweiten Getreideproduktion. Missernten in den betroffenen Gebieten haben rasch die Weltmarktpreise für Getreide in die Höhe getrieben. Schon 2011 und 2010 haben Dürren in Agrarexportgebieten wie Texas (USA) und Russland die Ernteerträge stark geschmälert. Die Hitze und Dürre 2010 erreichten ein in Russland bislang ungekanntes Ausmaß, der Staat verhängte zeitweise Exportverbote, um die Versorgung der eigenen Bevölkerung zu sichern. 2011 wurde auch Somalia von einer schweren Dürre getroffen, die im Land eine Hungerkatastrophe auslöste. Langfristig lässt sich ein klarer Trend zu mehr Dürren erkennen. Während es zu Beginn der 1980er-Jahre global etwa zehn schadensrelevante Ereignisse gab, lag die Anzahl in den vergangenen Jahren mit circa 20 doppelt so hoch. […] Der Weltklimarat IPCC hat prognostiziert, dass in vielen Regionen der Erde Hitzewellen und damit verbunden Dürren zunehmen werden. Demnach dürften Mitte dieses Jahrhunderts Hitzewellen, die bisher alle 20 Jahre zu erwarten waren, im Mittleren Westen der USA, aber auch in Mitteleuropa schon alle zwei bis drei Jahre auftreten. In Südostasien ist damit sogar alle ein bis zwei Jahre zu rechnen. Dürren werden sich im Lauf der nächsten Jahrzehnte zu einer der schadenträchtigsten Naturgefahren entwickeln und ein großes Risiko für die globale Ernährungslage darstellen. Die Dürren in den vergangenen Jahren mit ihren Implikationen auf die Nahrungsmittelpreise sind deshalb als erste Warnungen zu verstehen, womit wir in den nächsten Dekaden vermehrt rechnen müssen. Als geeignete Maßnahmen zur Prävention bieten sich Klimaschutz, die Eindämmung des Bevölkerungswachstums, die Verwendung von resistenteren Getreidearten sowie eine Reduktion des Fleischkonsums an.

(Quelle: Münchener Rückversicherungs-Gesellschaft 2013)

M 8 Dürre – eine unterschätzte Naturgefahr

Zeit	Region	Auswirkungen
22. Jh. v. Chr.	Östliches Nordafrika, Teile des Mittleren Orients	Untergang der Alten Reiche in Ägypten und Mesopotamien
9./10. Jh.	Mittelamerika: mehrere Dürreperioden	Untergang der Maya-Kultur
1199/1202	Ägypten: Ausbleiben des Nilhochwassers	Hungertod von 100 000 Menschen
1876/1877	Indien: schlimmste bekannte Dürrekatastrophe	ca. 6 Millionen Tote durch Unterernährung und Cholera
1928	China	ca. 3 Millionen Tote
1910–1914, 1944–1949, 1969–1974, 1981–1985	Sahelzone	Hunger, Abwanderung, Millionen Tote
1930/1935/1937	USA Great Plains: „Dust Bowl"	Missernten, Entvölkerung ganzer Landstriche
2002/2003	Australien	Kosten 2,4 Mrd. US-$

M 9 Historische Dürrekatastrophen (Auswahl)

Afrika arbeitet daran, vorbeugende Maßnahmen gegen die periodisch auftretenden Dürren auf dem Kontinent zu treffen. Bei einer großen Konferenz im kenianischen Nairobi trafen die Teilnehmer die Entscheidung, Äcker in Ostafrika bis 2022 wieder zu 20 Prozent mit Bäumen zu bepflanzen. So soll nicht nur das Kleinklima günstig beeinflusst, sondern auch die Bodenfruchtbarkeit wiederbelebt werden. „Ein grüner Sahel und eine Wiederbelebung verödeter Gebiete Afrikas sind möglich", so lautete der Konsens der dreitägigen Konferenz am Freitag, den 13. 4. 2012.

„Wir haben den festen Willen, das vereinbarte Ziel umzusetzen", versicherte der äthiopische Agrarexperte Assefa Tofu von der Hilfsorganisation World Vision. „Afrikanische Länder müssen sich auf häufigere Dürren einstellen und der Bevölkerung helfen, ihre Ernährungsgrundlage zu verbessern, statt sie durch Abholzung zu zerstören." Zu der von World Vision und dem Agroforestry Institute organisierten Konferenz kamen rund 200 Delegierte aus der ganzen Welt, darunter Politiker aus Somalia, Kenia, Tansania, Uganda und Äthiopien, Wissenschaftler sowie Vertreter der Weltbank und der Vereinten Nationen. Am Horn von Afrika waren im vergangenen Jahr Millionen Menschen von der schwersten Dürre seit 60 Jahren heimgesucht worden. Allein in Somalia starben zehntausende Menschen an Hunger. Nun droht der westafrikanischen Sahelzone eine ähnliche Krise. UN-Angaben zufolge sind 15 Millionen Menschen in der Region mit einer Hungerkrise konfrontiert.

(Quelle: http://www.gebende-haende.de. Zugriff: 16. 4. 2012)

M 10 Kenia: Neue Bäume als Mittel gegen Dürre

5. Erläutern Sie die Entstehung von Dürren. Werten Sie in diesem Zusammenhang das räumliche Muster des „Palmer Drought Severity Index" aus (**M 6**, **M 7**, Atlas).
6. Begründen Sie, weshalb Dürren als Naturgefahren unterschätzt werden (**M 8**).
7. Erläutern Sie die Kopplung von Dürre und Vulnerabilität der betroffenen Bevölkerung (**M 8** bis **M 10**).
8. Erörtern Sie Möglichkeiten und Grenzen der Anpassung an Dürren in den gefährdeten Regionen (**M 5**, **M 8**, **M 10**).

Ordnen / Anwenden / Üben

M 1 Vegetationsformen

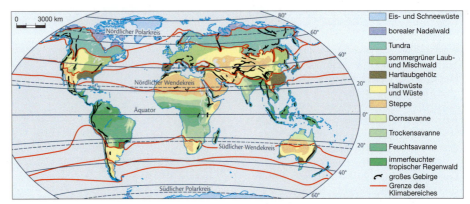

M 3 Vegetationszonen der Erde

Die Landschaftsgürtel, auch Geoökozonen oder Landschaftszonen genannt, sind großräumige Regionen, die in Bezug auf die naturgeographischen Ausstattungsmerkmale viele Ähnlichkeiten besitzen. Dazu zählen Niederschlags- und Temperaturgegebenheiten wie auch die Lichtverhältnisse. Daraus leiten sich auch die begrenzenden Faktoren für die Form der Vegetation ab. So ist z. B. in der polaren Zone die Dauer der Vegetationsperiode für die Ausbildung von Wäldern zu kurz, in den Trockengebieten können sie aufgrund mangelnder Wasserfügbarkeit nicht wachsen. Im Zusammenspiel mit den Bodeneigenschaften ergibt sich der Übergang von der Ökumene zur Anökumene, der Grenze des menschlichen Siedlungs- und Wirtschaftsraums.

Aus den natürlichen Faktoren lassen sich global verschiedene Ordnungsraster erstellen. Dazu zählen
- die **Beleuchtungszonen**, die sich aus der Stellung der Erde zur Sonne ergeben,
- die **Temperaturzonen**, die sich aus der Sonneneinstrahlung ergeben,
- die **Niederschlagszonen**, die sich in der Zahl der ariden/humiden Monate unterscheiden,
- die **Klimazonen**, die großräumig Regionen beschreiben, in denen die Klimaelemente in wesentlichen Zügen übereinstimmen,
- die **Bodenzonen**, für deren Bildung das Klima und der geologische Unterbau wichtig sind,
- die **Vegetationszonen**, die die Verbreitung von typischen Pflanzengesellschaften wiedergeben.

Klimagebiete	Vorherrschende Verwitterungsvorgänge	Bodentyp	Natürliche Vegetation Eignung für den Ackerbau
Feuchtheiße Tropen	tiefgründige chemische Verwitterung; Hydrolyse, Oxidation	Humusböden in Urwaldmorasten Roterde = Tonerde ohne Kieselsäure und mit hohem Eisengehalt	Urwald; für manche Plantagenkulturen geeignet, jedoch mit Ausnahme der mineralreichen, vulkanischen Böden schnell erschöpft
Wechselfeuchte Tropen		Laterit	Trockenwald, Savanne; wegen Eisenkrusten kaum Ackerbau
Trockengebiete	physikalische Verwitterung überwiegt: Insolation, Salzsprengung, Hydratation; in der Trockenzeit aufsteigendes Wasser	Wüstenböden (Sand, Kies, Schutt, Lehm); Salzsteppenböden mit Salz und Gipskrusten	vereinzelt Saftpflanzen (Sukkulenten), harte Gräser, Dornbüsche; Anbau nur in Oasen
Subtropen	vorherrschende chemische Verwitterung; Hydrolyse – Kieselsäure bleibt meist erhalten	Gelberden (mit geringem Humusgehalt und wasserhaltigem Eisenoxid) und Terra rossa (in Kalkgebieten der Mittelmeerländer)	Hartlaub-Trockenwald; Trockenfeldbau und Bewässerungskulturen mit mehreren Ernten im Jahr
Winterkalte Steppen	chemische und physikalische Verwitterung; wegen geringer Niederschläge Boden wenig ausgelaugt, daher nährstoffreich	graue Böden der Halbwüste; kastanienfarbene Böden, Schwarzerde mit hohem Humusgehalt, vorwiegend Löss	Wermut-Steppe, Kurzgrassteppe, Langgrassteppe; sehr fruchtbares Weizenland
Feuchtgemäßigte Gebiete	chemische und chemisch-physikalische Verwitterung; viel weniger tiefreichend als in den Tropen	Braunerde (mit gelbbraunen Eisenhydroxiden und mittlerem Humusgehalt); auf Kalkstein Kalkschwarzerde	Laubwald; im Allgemeinen ertragreiches Ackerland: Getreide, Hackfrüchte
Feuchtkühle Gebiete	wegen niedriger Temperaturen geringere Oxidation der Pflanzenreste; Anhäufung saurer Humusstoffe, die dem Boden die Nährstoffe entziehen	Bleicherde (Podsol) mit ausgelaugter Oberkrume und harter Ortsteinschicht im Untergrund	Nadelwald, Moore, Sümpfe; schlechte Ackerböden: Roggen, Kartoffeln
Gebirgslandschaften und Polargebiete	Frostverwitterung	Schutt- und Felsboden, netz-, ring- oder streifenförmige „Strukturböden"	Matten, Tundra; für Ackerbau kaum geeignet

M 2 Klimazonen – natürliche Ausstattung und Nutzungsformen

Ordnen/Anwenden/Üben **83**

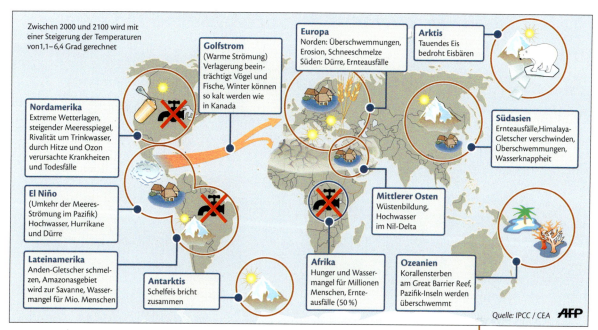

M 4 Mögliche Folgen der globalen Erwärmung

Erdbeben, Vulkanausbrüche, Tsunamis, Wirbelstürme, Dürren und Überschwemmungen sowie andere Naturgefahren sind natürliche Abläufe. Diese extremen Naturereignisse fügen nicht nur den Menschen Schaden zu, sondern auch den Ökosystemen, in denen sie leben. Im globalen Maßstab gibt es Regionen, die den Naturgefahren stärker ausgesetzt sind als andere. Viele dieser gefährdeten Gebiete liegen an bzw. in der Nähe von Rändern tektonischer Platten. Die Bewegung dieser Erdkrustenplatten erklärt die Verschiebungen der Kontinente zueinander, ist aber auch Auslöser zahlreicher Naturereignisse.

1. Stellen Sie dar, inwiefern sich die Landschaftszonen aus dem Zusammenwirken von Klima und Vegetation ergeben (**M 2**, **M 3**).
2. Erläutern Sie, welche Landschaftszonen zur Nutzung als Lebensraum besonders geeignet sind (**M 2**).
3. Analysieren Sie mögliche Folgen der globalen Erderwärmung (**M 4**).
4. Erklären Sie die räumliche Verteilung von Naturgefahren und entwickeln Sie Lösungsansätze zur Vermeidung der dargestellten Naturkatastrophen (**M 5**).

M 5 Natürliche Gefahrengebiete der Erde

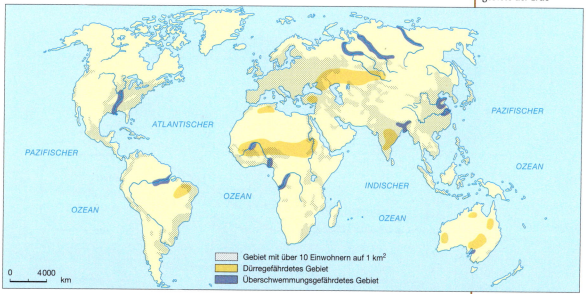

Prüfen Sie Ihren Zuwachs an Sach-, Methoden- und Urteilskompetenzen

S Sachkompetenz; **M** Methodenkompetenz; **U** Urteilskompetenz

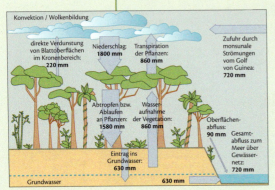

M1 Modell des Wasserkreislaufs in den Tropen

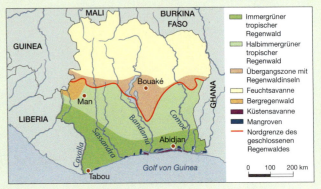

M2 Côte d'Ivoire – Vegetationszonen

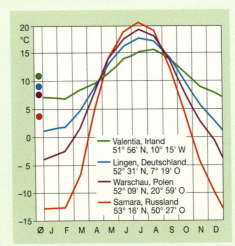

M3 Jahresgang der Lufttemperatur in den gemäßigten Breiten

S Definieren Sie folgende Fachbegriffe
- Dürre
- Global Dimming
- Mercalli-Skala
- Monsun
- Naturraum
- Seebeben
- Subduktion
- Tageszeitenklima
- wechselfeuchte Tropen
- Zyklone

Aufgaben zu M 1 und M 2

S Beschreiben Sie den Wasserkreislauf im tropischen Regenwald.

U Beurteilen Sie das Raumnutzungspotenzial in der Côte d'Ivoire.

Aufgaben zu M 3

S Erläutern Sie die Temperaturverhältnisse an den vier Klimastationen.

U Erörtern Sie, wie sich die Niederschlagsverhältnisse an diesen Klimastationen darstellen.

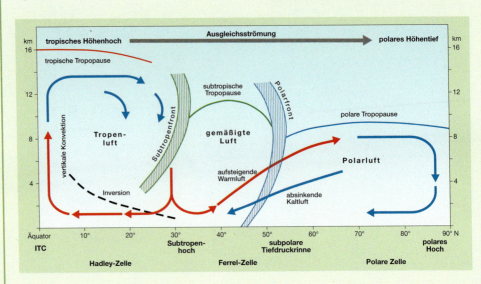

M4 Schema der atmosphärischen Zirkulation

Prüfen Sie Ihren Zuwachs an Kenntnissen, Methodenkompetenzen und Urteilsfähigkeit 85

Aufgaben zu M 4
- S Beschreiben Sie die Grafik.
- S Begründen Sie die aufgezeigten Zirkulationsverhältnisse.
- U Leiten Sie daraus die Lage von Vegetationszonen ab.

Aufgaben zu M 5
- S Ordnen Sie die Fotos verschiedenen Naturkatastrophen zu.
- M Entwerfen Sie eine Mindmap zum Thema „Naturkatastrophen".

Aufgaben zu M 6
- S Beschreiben Sie die Karte.
- U Erklären Sie anhand der Karte die Theorie der Kontinentalverschiebung.

Aufgaben zu M7 und M 8
- S Erläutern Sie die Bedingungen, die zum Elbehochwasser 2002 geführt haben.
- U „Die Auswirkungen von Naturkatastrophen werden in Zukunft in Bezug auf Menschenleben und Sachschäden gravierender werden." Begründen Sie die Richtigkeit dieser Aussage.

Aufgaben ohne Materialbezug
- S Nennen Sie Ursachen für Erd-/Seebeben.
- S Erläutern Sie den Begriff „zirkumpazifischer Feuergürtel".
- S Erläutern Sie die Entstehung von Tsunamis.
- M Entwerfen Sie ein Schema, das Maßnahmen zum Schutz vor den Folgen von Naturkatastrophen enthält.

M 5 Naturkatastrophen

M 6 Relief des Atlantik

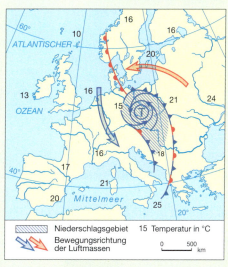

M 7 Wetterkarte vom 12. August 2002

M 8 Entstehung des Elbehochwassers im August 2002 – naturgeographische Rahmenbedingungen

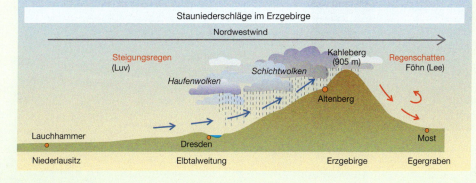

Webcode: GO645787-085

Klausur

Name: _____

Klausur

Aufgabenstellung:

Thema: Nutzbarkeit von extremen Naturräumen – das Beispiel Chile

Teilaufgaben:

1. Lokalisieren Sie Chile und beschreiben Sie die Grundzüge des Reliefs.

2. Stellen Sie Gunst- und Ungunstfaktoren des chilenischen Naturraums für die Nutzbarkeit durch den Menschen dar.

3. Beurteilen Sie die geplanten Maßnahmen zur Verbesserung der Wasserversorgung vor dem Hintergrund der naturräumlichen Ausstattung.

M 1: Hochebene (Altiplano) in den Anden Nord-Chiles

M 3: Südliche Anden (Patagonien)

M 2: Vulkanlandschaft in Mittel-Chile

M 4: Plattentektonische Prozesse an der Westküste Südamerikas

M 5: Klimadaten

Antofagasta		J	F	M	A	M	J	J	A	S	O	N	D	Jahr
23°26′S/70°28′W	°C	19,9	20,1	18,5	16,2	15,1	13,5	13,1	13,5	14,5	15,2	16,8	18,4	16,2
Höhe ü. NN: 119 m	mm	0	0	0	0	0	2	2	1	1	1	0	0	7
Valparaíso		J	F	M	A	M	J	J	A	S	O	N	D	Jahr
33°01′S/71°38′W	°C	18	17,9	16,7	14,9	13,5	12,2	11,8	12,0	12,9	14,1	15,7	17,2	14,7
Höhe ü. NN: 41 m	mm	2	2	4	18	97	128	88	67	30	16	7	3	462
Puerto Montt		J	F	M	A	M	J	J	A	S	O	N	D	Jahr
41°28′S/72°57′W	°C	15,2	14,8	13,2	11,2	9,3	8,0	7,6	7,8	8,8	10,6	12,2	13,9	11,1
Höhe ü. NN: 13 m	mm	90	139	139	181	236	257	209	198	158	119	131	125	1982
Punta Arenas		J	F	M	A	M	J	J	A	S	O	N	D	Jahr
53°10′S/70°54′W	°C	11,7	10,6	8,9	6,7	4,2	2,6	2,5	2,9	4,6	7,1	8,5	10,2	6,7
Höhe ü. NN: 8 m	mm	33	29	45	46	50	40	41	38	33	26	32	34	447

M 6: Wassermanagement für Chile

Chile muss sich mit Problemen bei der Wasserversorgung auseinandersetzen. In den vergangenen Jahren hatte es häufiger Dürren und dadurch hervorgerufene Engpässe gegeben. Die Wasserversorgung soll künftig durch Meerwasserentsalzungsanlagen erweitert werden. Vor allem Bergbaukonzerne in den nördlichen Wüstenregionen wollen stärker auf Wasser aus dem Pazifischen Ozean zurückgreifen. Auch in der Agrarwirtschaft und weiteren Bereichen gibt es noch viel zu tun: zusätzliche Staubecken, eine geringere Verschwendung bei Transport und Bewässerung, eine „Wasserautobahn" sowie die Erweiterung der Versorgungskapazitäten in Großstädten. Das geplante Projekt einer „Wasserautobahn" zielt darauf ab, Wasser aus den südlichen Landesteilen auf dem Landweg oder auf dem Meeresboden per Pipeline nach Norden zu transportieren.

Mit einem Konsum von nahezu 80 Prozent des genutzten Wasserangebots ist die Landwirtschaft der größte Verbraucher Chiles. Bis 2021 ist die Inbetriebnahme von 16 neuen Staubecken geplant, um den Anteil des Wassers, der ungenutzt in den Pazifik abfließt, deutlich zu reduzieren. Sollten alle 16 Projekte verwirklicht werden, würden sich die Speicherkapazitäten des Landes um gut 30 Prozent erhöhen. Für agrar- und elektrizitätswirtschaftliche Zwecke kann Chile 2013 etwa 15 Milliarden Kubikmeter Wasser stauen. Mit den neuen Kapazitäten ließen sich in Zukunft weitere 170 000 Hektar Nutzfläche bewässern.

nach: www.gtai.de/GTAI/Navigation/DE/Trade/maerkte,did=865224.html (Zugriff: 20.9.2013)

M 7: Natürliche Vegetation

Diese Seiten der Klausur in Originalgröße und die Lösungen der Aufgaben finden Sie im
Webcode: GO645787-087

Energieressourcen und deren Nutzung

Die Weltbevölkerung wächst täglich, und mit ihr der Bedarf an Rohstoffen und Energie. Die Reserven an fossilen Energieträgern sind endlich – deshalb bekommt die Suche nach Ersatz hierfür eine immer größere Bedeutung.

Erweiterung der geographischen Kompetenzen

Inhalte
- Zusammenhang zwischen geologischen Lagerungsverhältnissen und Vorkommen von Bodenschätzen
- Bedeutung und Folgen der Förderung fossiler Energieträger
- Entwicklung des globalen Energiebedarfs
- Energieerzeugung mithilfe regenerativer und nachwachsender Energien
- Bedeutung unterschiedlicher Energieträger für das Klima

Medien und Methoden
- Geologische Profile, Querschnitte, Blockbilder, Schemata, thematische Karten, Luftbilder, Grafiken
- Erstellung von Nutzungsvergleichen, Pro-Kontra-Debatten
- Thematische Raumanalyse

Bewertungen
- Weltweiter Energiehunger
- Güterabwägung zwischen ökonomischen und ökologischen Aspekten im Zusammenhang mit der Nutzung unterschiedlicher Energieträger
- Flächennutzungskonkurrenz auf agrarischen Flächen: Anbau von Grundnahrungsmitteln versus Anbau nachwachsender Rohstoffe

Aktionen und Handlungserwartungen
- Planung und Durchführung einer Schülerexkursion
- Beteiligung an der öffentlichen Diskussion bzgl. nachhaltigen Ressourcenverhaltens
- Verantwortungsvoller Umgang mit (Energie-)Ressourcen

Foto: Windparkanlage in der Gemeinde Essentho, Stadt Marsberg, Nordrhein-Westfalen

Ausblick: Energieressourcen und deren Nutzung

Unsere Erde ist Trägerin einer vielseitigen Materie, eines hoch entwickelten Lebens in Form von Pflanzen und Tieren sowie Lebensstätte der Menschheit. Unabdingbare Voraussetzungen menschlichen Lebens sind Wasser und Luft, mineralische Vorkommen, biologische Vielfalt sowie Flächen- und Bodenressourcen.

Keine dieser Voraussetzungen ist durch eine andere ersetzbar, keine ist verzichtbar. Der ununterbrochene ausgeglichene „Stoffwechsel" zwischen Mensch und Natur ist dessen Existenzvoraussetzung. Er sucht nach nutzbaren Stoffen, fördert, gewinnt, nutzt und verbraucht sie seinen Bedürfnissen entsprechend. So ist der weltweite Bedarf an Rohstoffen im Zusammenhang mit der stetig wachsenden Weltbevölkerung und der globalen wirtschaftlichen Entwicklung ständig angestiegen. Hierbei ist die Nachfrage nach Energierohstoffen sogar überproportional stark gewachsen. Die Lebensdauer der nicht regenerierbaren fossilen Rohstoffe ist endlich, obwohl neue Lagerstätten entdeckt, moderne Abbautechniken entwickelt und Energiesparmaßnahmen angewandt werden. Die Preise für Energie steigen, der Handel mit Energieträgern wächst stetig, gleichzeitig wird die Entwicklung alternativer, regenerierbarer Energien vorangetrieben. Die Verfügbarkeit von Energien ist ein wesentlicher Faktor der allgemeinen wirtschaftlichen Entwicklung, und diejenige von Energierohstoffen im besonderen Maße. Als Folge der ungleichen Verteilung von Rohstoffen und Ressourcen nimmt das Risiko von Nutzungskonflikten und geopolitischen Spannungen zu. Im Interesse künftiger Generationen sind daher Fragen der langfristigen Verfügbarkeit und Nachhaltigkeit von Ressourcen von grundsätzlicher Bedeutung.

M2 Erdölförderung im Golf von Mexiko

Ein weiteres Problem sind die negativen Folgeerscheinungen des bisherigen Umgangs mit Ressourcen und Rohstoffen. So sind z. B. Beeinträchtigungen der Luftqualität auf lokaler und regionaler Ebene Begleiterscheinungen intensiver industrieller Tätigkeit, wenn nicht notwendige Umweltauflagen erlassen oder nicht befolgt werden. Viel gravierender jedoch ist die zu beobachtende globale Beeinträchtigung des Weltklimas, u.a. durch die bisher viel zu starken CO_2-Emissionen. Der hierdurch wesentlich mit verursachte sog. Klimawandel stellt die Menschen vor bisher unbekannte Herausforderungen.

M1 Karikatur zum Thema Biokraftstoff

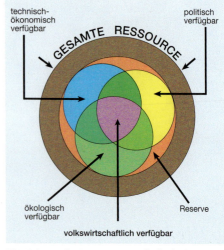

M3 Schema der Ressourcen-Verfügbarkeit

Ausblick: Energieressourcen und deren Nutzung

Grundbegriffe aus der Sekundarstufe I

Die Zusammenstellung enthält einige Fachbegriffe, die Sie aus früheren Jahrgangsstufen kennen sollten und die Sie in diesem Kapitel benötigen.

Emissionen

Energierohstoff: Dazu zählen im Wesentlichen die fossilen Energieträger Erdöl, Erdgas, Kohle sowie die Kernbrennstoffe.
Aufgrund ihrer Endlichkeit ist der Übergang zu regenerativen Energierohstoffen (Wind, Sonne, Wasser) unstrittig.

Geothermie

Lagerstätte: Als Lagerstätte werden die abbauwürdigen Anreicherungen nutzbarer Minerale bezeichnet. Man unterscheidet in primäre, vorwiegend magmatische, und sekundäre, vorwiegend sedimentäre Lagerstätten.

Nachhaltigkeit

nachwachsender Rohstoff

Offshore

Photovoltaik: In Anlagen der Photovoltaik erfolgt mithilfe von Solarzellen die direkte Umwandlung von Lichtenergie in elektrische Energie. Derartige Anlagen findet man auf Dach- und Freiflächen.

Primär-, Sekundärenergie: Als Primärenergie werden die natürlich vorkommenden Energieformen (z. B. Kohle, Gas, Sonne, Wind) bezeichnet. Durch Energieumwandlung oder Raffinierung erhält man die Sekundärenergieträger (z. B. Briketts, Benzin). Beides erhält der Verbraucher als nutzbare Endenergie.

Regenerative Energie: Zu den regenerativen oder erneuerbaren Energien zählt man Energiequellen, die sich ständig erneuern oder nachwachsen. Hierzu zählen Windkraft, Sonnenenergie, Wasserkraft, Geothermie (Erdwärme), Gezeitenenergie und Biomasse.

Reichweite von Rohstoffen: Die statische Reichweite gibt an, wie lange ein Vorkommen bei derzeitigem Verbrauch und derzeitiger Kenntnis der Lagerstätten noch verfügbar ist. Die Angabe der dynamischen Reichweite berücksichtigt Entwicklungen u. a. im Verbrauch, der Förder- und Verarbeitungstechnik.

Ressource

Solarkraftwerk

Substitution

Tagebau

Treibhausgas: Die Abstrahlung der Erdoberfläche erreicht nur z. T. den Weltraum. Der überwiegende Teil wird von den sogenannten Treibhausgasen (Wasserdampf, CO_2, Methan, Ozon, FCKWs u. a.) absorbiert.

Wasserkraftwerk

Windpark

Angebote zur individuellen Bearbeitung in Einzelarbeit, im Tandem oder in Gruppen

Energieträger als Wirtschaftsmotoren (S. 92–113)
- Erarbeiten Sie die geologischen Lagerungsverhältnisse der Kohle im Ruhrgebiet.
- Erläutern Sie vor diesem Hintergrund die Bedeutungsentwicklung des Energieträgers Steinkohle bis in die 1970er-Jahre.
- Erklären Sie den Bedeutungsverlust von Steinkohle seit den 1970er-Jahren.
- Fertigen Sie eine Mindmap an, die Ihre gesamten Teilergebnisse enthält.
  alternativ
- Vergleichen Sie die Bedeutungsentwicklung unterschiedlicher fossiler Rohstoffe im Zusammenhang mit der Entwicklung des Weltenergiebedarfs.
- Wählen Sie für Ihre Ergebnispräsentation geeignete grafische Darstellungsformen.

Steinkohlenbergbau im Ruhrgebiet: Planung einer Schülerexkursion (S. 114–127)
- Planen Sie arbeitsteilig in Analogie zur Exkursion ins Rheinische Braunkohlenrevier eine Busexkursion auf der Route der Industriekultur zum Thema „*Steinkohlenbergbau im Ruhrgebiet gestern – heute – morgen*". Nutzen Sie für Ihre Recherchen insbesondere Informationen aus dem Internet.

Bedeutung regenerativer Energien (S. 128–147)
- Bereiten Sie einen Projekttag an Ihrer Schule vor zum Thema: „*Möglichkeiten und Grenzen der Nutzung regenerativer Energien als Beitrag eines nachhaltigen Ressourcen- und Umweltschutzes – zum Stand der Überlegungen in unserer Gemeinde*".

Fossile Energieträger – wirtschaftliche Grundlage für alle Zeit?

1. Rohstoffe – Ressourcen und Verbrauch

Kein Tag vergeht ohne den Verbrauch von lebensnotwendigen Rohstoffen. Die Rohstoffwirtschaft, die die Exploration, Förderung und den Handel organisiert, ist zum Motor der globalen wirtschaftlichen Entwicklung geworden. Aber sind wir uns auch dessen bewusst, woher die Rohstoffe kommen, unter welchen ökologischen, sozialen und ökonomischen Bedingungen sie gefördert, produziert und gehandelt werden? Und wie begrenzt sind ihre Vorkommen? Vor dem Hintergrund der wachsenden Weltbevölkerung mit steigendem Lebensstandard stellt sich immer stärker die Frage nach der Verfügbarkeit und Endlichkeit der Rohstoffe.

Klassifizierung, Konfliktpotenzial

Die Rohstoffe können nach ihren natürlichen Eigenschaften (organische und anorganische), nach ihrer Herkunft wie der Biosphäre (Pflanzen und Tiere), der Hydrosphäre (Meerespflanzen und -tiere), der Erdatmosphäre (Luft) und der Lithosphäre (Mineralien) klassifiziert werden. Eine zunehmende Bedeutung spielt der Grad der Regenerierbarkeit von Rohstoffen, wonach sie in erneuerbare (nachwachsende Rohstoffe) und nichterneuerbare (mineralische und **fossile Rohstoffe**) eingeteilt werden. In der Rohstoffwirtschaft werden **Primärrohstoffe** von **Sekundärrohstoffen** unterschieden. Natürliche Ressourcen, die noch nicht verarbeitet worden sind, werden als Primärrohstoffe bezeichnet. Sie werden direkt konsumiert (Nahrungsmittel) oder weiterverarbeitet (Erdöl in der chemischen Industrie). Davon grenzen sich die Sekundärrohstoffe durch das Merkmal **Recycling** (Wiederverwertung) ab. Die Energiewirtschaft unterscheidet zwischen **Primärenergie** (Energierohstoffe wie Kohle, Uran) und deren Verarbeitung zu **Sekundärenergie** (Strom).

Rohstoffe, die einen hohen gesellschaftlichen, wirtschaftlichen und militärischen Rang haben, auf dem Weltmarkt nur begrenzt verfügbar sind und (noch) nicht regeneriert oder ersetzt werden können, gehören zu den **strategischen Rohstoffen**. Die starke Nachfrage nach Erdöl, Erdgas, Uran und Trinkwasser birgt ein großes Konfliktpotenzial, zumal wenn die Hoheitsgebiete der Anrainer umstritten sind. Der Streit kann schnell zu militärischen Auseinandersetzungen eskalieren. So streiten die VR China, die Republik China (Taiwan) und Japan um eine kleine Felseninsel im Ostchinesischen Meer wegen vermuteter Erdöl- und Erdgasvorkommen. Aber auch an der Südflanke der Europäischen Union bahnt sich nach Bekanntwerden großer Erdgasfelder südlich von Zypern ein Konflikt an. Als der südliche Teil Zyperns (EU-Mitglied) mit der Gasexploration begann, drohte die Türkei als Besatzungsmacht des nördlichen Teils Zyperns militärisch, um ihre Rechte zu sichern.

Wirtschaftliche Abhängigkeit

Die Vorkommen der mineralischen und fossilen Rohstoffe haben einen geogenen Ursprung, d. h., sie haben sich an bestimmten Standorten in der Erdkruste über geologische Zeiträume entwickelt. Diese Entwicklung hat aber nicht überall

M 1 Rohstoffarten

M 2 Von der Primär- zur Nutzungsenergie

gleichmäßig auf der Erde stattgefunden. Folglich sind die **Lagerstätten**, die einen gewinnbringenden Abbau garantieren, ungleich verteilt. Rohstoffarme Staaten wie Japan befinden sich daher in starker Abhängigkeit vom Weltmarkt. Abhängig sind auch solche Entwicklungsländer, die zwar über lukrative Lagerstätten verfügen, jedoch nicht über das Kapital und Know-how für deren Ausbeutung. Die Abhängigkeit kann bedrohliche Ausmaße annehmen, wenn sich auf der Angebotsseite Kartelle und monopolartige Konzentrationen bei volkswirtschaftlich wichtigen Rohstoffen bilden, wie z. B. die **OPEC** (**O**rganization of the **P**etroleum **E**xporting **C**ountries) mit ca. 40 % Marktanteilen. Die VR China verfügt über 97 % der Seltenen Erden, die z. B. für die Elektroindustrie (Smartphone, PC) und Waffenindustrie unabdingbar sind. Ein Drittel des Welthandels mit Kohle wird von vier Bergbaukonzernen kontrolliert. Marktbeherrschende Unternehmen können durch künstliche Verknappung die Preise der Rohstoffe in die Höhe treiben.

Reichweite und Verfügbarkeit

Vor dem Hintergrund des steigenden Energiebedarfs und der Endlichkeit fossiler Energierohstoffe stellt sich die Frage nach ihrer Reichweite. Der Zeitraum bis zur Erschöpfung der Primärrohstoffe wird durch die **statische Reichweite** bestimmt, dem Quotienten aus den mit heutiger Technik wirtschaftlich gewinnbaren **Reserven** und der aktuellen jährlichen Förderung. Die statische Reichweite kann allerdings keine verlässliche Prognose abgeben, sondern nur eine Hochrechnung sein, die auf dem aktuellen technischen und wirtschaftlichen Erkenntnisstand basiert. **Ressourcen**, d. h. noch nicht entdeckte und bekannte Rohstoffvorkommen, die technisch und wirtschaftlich noch nicht gewinnbar sind, können den Gewinnungszeitraum deutlich verlängern. Bei den nichtenergetischen Rohstoffen kann der Verfügbarkeitszeitraum durch Recycling (Metalle, Plastik, Glas, Papier) verlängert werden. Die Kreislaufwirtschaft in Deutschland erzielt bei den Sekundärrohstoffen Altpapier eine Recyclingquote von 70 %, bei Glas von 65 % und beim Schrott von 50 %. Die Wertstoffindustrie hat sich mit **Urban Mining** (Abfallrecycling) zu einem lukrativen Wirtschaftszweig entwickelt.

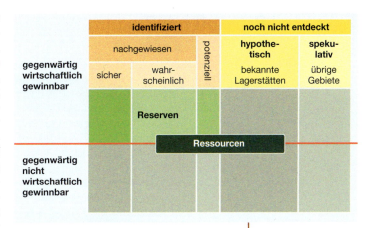

M 3 Reserven und Ressourcen

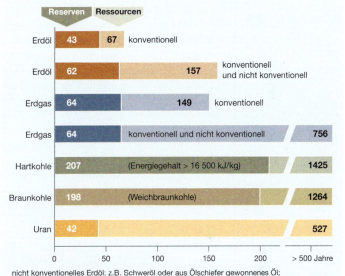

M 4 Reichweiten energetischer Rohstoffe

Hohe Rohstoffpreise bilden zudem den Anreiz, Lagerstätten auszubeuten, die bisher unrentabel waren: Manganknollen in der Tiefsee, Ölsande in Kanada und Zinnvorkommen im Erzgebirge. Unter den jetzigen Marktbedingungen lohnt es sich, die 17 Elemente der Seltenen Erden, die übrigens gar nicht so selten sind, weltweit zu explorieren. Allerdings können zwischen Suche und Rohstoffförderung bis zu zehn Jahre vergehen, in denen viel Geld (ohne Gewinngarantie) investiert werden muss.

1. Erarbeiten Sie in Gruppen anhand verschiedener Rohstoffe die regionale Verteilung von Rohstoffreserven (Internet, Atlas).
2. Erläutern Sie die Problematik der Verfügbarkeit und Endlichkeit von Rohstoffen (**M 1** bis **M 4**).
3. Beurteilen Sie Abhängigkeiten in der Rohstoffversorgung.
4. Erkundigen Sie sich, welche Anstrengungen zur Ressourcenrückgewinnung in Ihrer Kommune unternommen werden. Stellen Sie Ihr Ergebnis grafisch dar.

2. Kohle – Rohstoff mit Zukunft?

Die Bewertung der Kohle als **fossiler Energieträger** könnte kaum gegensätzlicher sein: Von der „unverzichtbaren Energie der Zukunft" bis zum „Klimakiller Nr. 1" mit der Forderung nach Stilllegung aller Kohlekraftwerke reicht die Spanne der Einschätzungen. Dabei fallen die Bewertungen je nach wirtschaftlicher Verfügbarkeit des Rohstoffes regional und national recht unterschiedlich aus. Der größte Teil der Stein- und Braunkohle wird verstromt, nur ein kleiner Teil dient der direkten Wärmeerzeugung. Ein geringer Teil der Steinkohle wird zu Koks veredelt, der zur Eisenherstellung im Hochofen und damit nachfolgend zur Stahlproduktion unabdingbar ist.

Trotz der hohen CO_2-Emissionen wird die Kohle noch in absehbarer Zukunft die dominante Rolle bei der Weltstromerzeugung spielen. Rund ein Drittel der Stromerzeugung wird 2035 von der Kohle erzeugt werden und dies vor allem in den wirtschaftlich schnell wachsenden Schwellenländern wie China und Indien. Die geostrategische Verteilung der Steinkohlenreserven und -förderung scheint auf den ersten Blick günstiger auszufallen als diejenige des Erdöls. Im Gegensatz zum Erdöl wurden aber nur 15 Prozent der geförderten Steinkohle im Zeitraum 2006 bis 2011 gehandelt. China als weltgrößtes Steinkohlenförderland ist seit 2009 größter Nettoimporteur und verdrängt Japan, das zu 100 Prozent Steinkohle importieren muss, auf den zweiten Platz. Das starke asiatische Wirtschaftswachstum kann zu einer Verknappung und Verteuerung der Kraftwerkskohle auf dem Weltmarkt und hier besonders für die EU führen.

Eine Entspannung auf dem Weltmarkt für Steinkohle wird von den neuen Exportländern Mongolei und Mosambik erwartet. Beide Länder verfügen über hochwertige Steinkohlenlagerstätten, die denen in Australien (Queensland), dem weltgrößten Steinkohlenexporteur, nicht nachstehen. Die Mongolei plant eine Verdreifachung ihrer Exporte gegenüber 2010 auf 35 Mio. Tonnen bis 2016. Da beide Entwicklungsländer nicht über genügend eigenes Kapital und Know-how verfügen, haben sie mit internationalen Bergbaukonzernen entsprechende **Jointventures** abgeschlossen. Ob der Kohleexport auch zur Wohlstandsmehrung in diesen Ländern führen wird, muss abgewartet werden.

Die Preisbildung auf dem Weltmarkt wird aber nicht nur von der Angebotsseite, sondern auch von der schwer kalkulierbaren Nachfrageseite (Weltkonjunktur) beeinflusst. Auch muss die Entwicklung der Seefrachtraten, die u. a. vom Ölpreis abhängig sind, berücksichtigt werden.

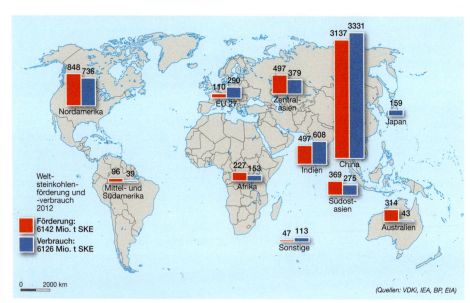

M 1 Weltsteinkohlenförderung und -verbrauch

1. Erklären Sie das globale Verteilungsmuster der Steinkohlenförderung und ihres Verbrauchs (**M 1**).
2. Beurteilen Sie die Chancen der Kohle im Wettbewerb mit anderen Energieträgern auf globaler und regionaler Ebene (**M 1** bis **M 5**).

Globale Trends

Bereits von 2001 bis 2011 war die Kohle die Energie mit den weltweit höchsten Zuwachsraten, noch vor den erneuerbaren Energien. […]
Setzt sich diese Entwicklung fort, könnte die Kohle – im globalen Energiemix bisher an zweiter Stelle – dem Mineralöl in etwa fünf Jahren den Rang als weltweit wichtigster Energieträger ablaufen. Diese Einschätzung vertritt jedenfalls die Internationale Energie-Agentur (IEA) in ihrem Mid-Term Coal Market Report vom Dezember 2012. […] Bis 2017 erwartet die IEA einen Zuwachs des weltweiten Kohleverbrauchs, der sich zuletzt jährlich auf mehr als 5,1 Mrd. SKE belief, von über 1 Mrd. t. Allerdings wird sich das Nachfragewachstum vor allem auf den asiatisch-pazifischen Raum konzentrieren. Bereits in den letzten Jahren hat sich China, das Land mit der weltweit größten Kohleproduktion, die mehr als die Hälfte der Weltproduktion ausmacht, durch seinen enormen Energiehunger zugleich zum größten Kohleimporteur der Welt entwickelt. Doch könnte schon bald Indien, dessen Kohlenachfrage ebenfalls enorm wächst, diese Position übernehmen. […]

Unterdessen hat 2012 Indonesien die Position des weltweit größten Kohleexporteurs erobert. Insbesondere gilt dies für Kesselkohle, nachdem die Exporte Australiens infolge der unwetterbedingten starken Produktionsausfälle 2010 und 2011 zurückgegangen waren. Zusätzliche Investitionen in Bergwerke und Infrastruktur deuten aber darauf hin, dass Australien seinen „Thron" als führendes Exportland schon in naher Zukunft wieder zurückgewinnen wird. […]

Entgegen dem Trend der letzten und wahrscheinlich auch der kommenden Jahre stieg der Kohleverbrauch 2012 sogar in Europa an. Hier hält die IEA eine „Kohlenrenaissance" aber nur für temporär, denn verschärfte Umweltanforderungen, die Abschaltung von Altanlagen, der Ausbau von erneuerbaren Energien und niedrigere Gaspreise dürften den Kohleverbrauch wieder dämpfen. Im Jahr 2012 profitierte die Kohle dagegen von niedrigen Preisen für CO_2-Zertifikate und deutlichen Preisvorteilen gegenüber dem Erdgas in der Stromerzeugung. Dabei spielte eine große Rolle, dass verstärkt relativ preisgünstige US-Kohle auf den europäischen Markt kam und hier die Preise für Kraftwerkskohle auf ein Zweijahrestief drückte. Die US-Kohle sucht sich ein Ventil für die Absatzverluste auf dem Heimatmarkt, wo sie in der Stromerzeugung immer mehr durch noch kostengünstigeres unkonventionelles Erdgas verdrängt wird.

(aus: Kai van de Loo und Andreas-Peter Sitte: Steinkohle. In: BWK Bd. 65 (2013) Nr. 4 S. 88f.)

M2 Weltweite Kohlennachfrage

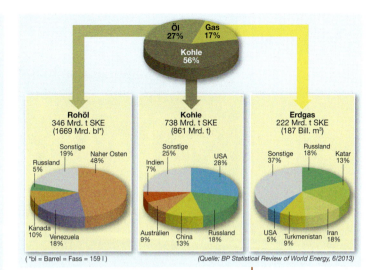

M3 Weltreserven von Energierohstoffen

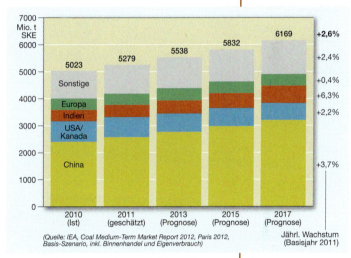

M4 Mittelfristprognose der Steinkohlennachfrage

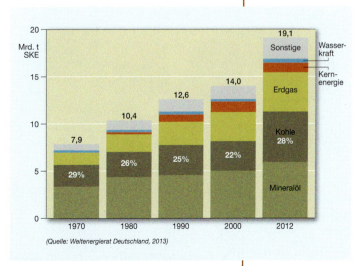

M5 Weltprimärenergieverbrauch nach Energieträgern

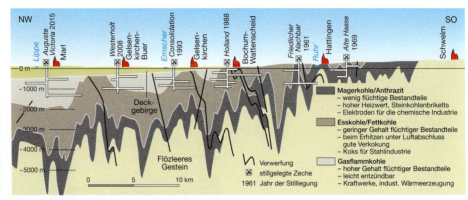

M 6 Schnitt durch das Karbon- und Deckgebirge im Ruhrgebiet

Jahr	Revier				Insgesamt
	Ruhr	Saar	Aachen	Ibbenbüren	
	Mio. t				
1957	123,2	16,3	7,6	2,3	149,4
1960	115,5	16,2	8,2	2,4	142,3
1965	110,9	14,2	7,8	2,2	135,1
1970	91,1	10,5	6,9	2,8	111,3
1975	75,9	9,0	5,7	1,8	92,4
1980	69,2	10,1	5,1	2,2	86,6
1985	64,0	10,7	4,7	2,4	81,8
1990	54,6	9,7	3,4	2,1	69,8
1995	41,6	8,2	1,6	1,7	53,1
2000	25,9	5,7	–	1,7	33,3
2005	18,1	4,7	–	1,9	24,7
2010	9,6	1,3	–	2,0	12,9
2012	8,4	0,4	–	2,0	10,8
2013	5,7	–	–	1,9	7,6

M 7 Steinkohlenförderung in Deutschland

Steinkohlenbergbau in Deutschland

Seit dem EU-Ratsbeschluss aus dem Jahr 2011 steht fest, dass der subventionierte Steinkohlenbergbau im Jahr 2018 auslaufen muss. Im Gegensatz zum Braunkohlenbergbau ist der Steinkohlenbergbau in Deutschland ohne Dauersubventionen auf dem Weltmarkt nicht wettbewerbsfähig. Aufgrund der schwierigen geologischen Bedingungen und der Nachfolgekosten mussten bereits die Reviere Aachen (1995) und das Saarland (2012) die Förderung einstellen. Zurzeit betreibt die RAG Aktiengesellschaft noch die Bergwerke Prosper-Haniel in Bottrop und das Anthrazit-Bergwerk Ibbenbüren, das wegen der hohen Weltmarktpreise für Anthrazitkohle subventionsfrei wirtschaftet. Der gegenwärtige Personalbestand soll bis 2018 sozialverträglich abgebaut werden, d.h. ohne betriebsbedingte Kündigungen. Gegen die liberale Politik (Abschaffung von Subventionen) und die Umweltpolitik der Grünen (Klimaschutz) konnten sich die Bergbautreibenden mit ihren Argumenten der nationalen Versorgungs- und Arbeitsplatzsicherheit nicht durchsetzen.

Mit dem Jahr 2018 endet ein bedeutsamer Wirtschaftszweig im Ruhrgebiet, der als Rohstofflieferant die Industrialisierung in Deutschland erst ermöglichte. Sie begann mit dem Abteufen des ersten Schachtes durch das Deckgebirge im Jahr 1834. Es folgten beeindruckende Höhepunkte: 296 Zechen gab es im Jahr 1857, im Jahr 1922 576 644 Beschäftigte, und 1939 wurden 138 Mio. Tonnen gefördert. Mit dem Bergbau folgte der Ausbau der Infrastruktur (Verkehrswege, Energie-, Wasser- und Fernwärmeversorgung sowie der Wohnungsbau).

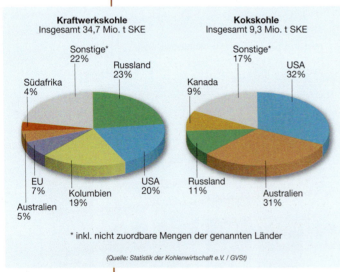

M 8 Herkunft deutscher Steinkohlenimporte

3. Beschreiben Sie die Lagerungsverhältnisse der Steinkohle im Ruhrgebiet (M 6).
4. Setzen Sie die Angaben zum Steinkohlenbergbau jeweils in eine Grafik um (M 7, M 9, M 10).

Jahres-ende	Arbeiter		Angestellte		Arbeiter und Angestellte	
	unter Tage	über Tage	unter Tage	über Tage	insge-samt	darunter Auszu-bildende
	1 000					
1957	384,3	169,3	16,3	37,4	607,3	48,2
1960	297,0	140,2	16,8	36,2	490,2	22,7
1965	216,8	110,5	15,6	34,1	377,0	15,2
1970	138,3	75,6	13,0	25,8	252,7	11,5
1975	107,9	60,9	11,5	22,0	202,3	14,1
1980	99,7	55,8	10,6	20,7	186,8	16,4
1985	90,1	47,4	10,2	18,5	166,2	15,7
1990	69,6	35,9	8,9	15,9	130,3	8,3
1995	47,2	25,7	6,1	13,6	92,6	2,9
2000	25,6	18,2	3,8	10,5	58,1	2,3
2005	17,7	10,9	2,6	7,3	38,5	3,2
2010	10,7	6,7	1,5	5,3	24,2	1,1
2012	7,1	5,1	1,3	4,1	17,6	1,0
2013	5,6	4,3	1,1	3,5	14,5	0,8

M 9 Belegschaft im deutschen Steinkohlenbergbau

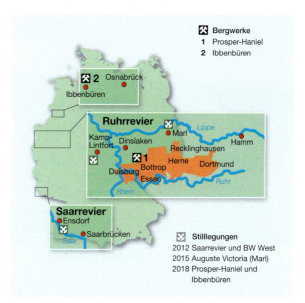

M 12 Steinkohlenbergwerke in Deutschland

Jahr	Deutschland			EU-Länder		Dritt-länder	Gesamt-absatz
	Wärme-markt	Kraft-werke	Stahl-industrie	Stahl-industrie	übrige		
	Mio. t SKE						
1960	61,3	22,1	31,3	27,0	27,0	5,3	147,0
1970	28,5	31,8	27,9	19,8	5,7	3,2	116,9
1980	9,4	34,1	24,9	13,0	4,8	2,1	88,3
1990	4,1	39,3	19,8	5,2	2,2	0,4	71,0
2000	0,7	27,6	10,0	0,0	0,3	0,0	38,6
2005	0,3	20,3	6,1	0,0	0,1	0,0	26,8
2010	0,3	10,6	3,7	0,0	0,2	0,0	14,8
2012	0,3	9,9	1,1	0,0	0,1	0,0	11,4
2013	0,3	6,6	0,9	0,0	0,2	0,0	8,0

M 10 Absatz des deutschen Steinkohlenbergbaus

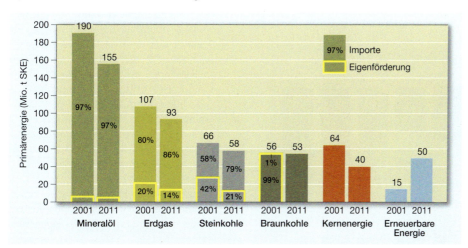

M 11 Importabhängigkeit und Selbstversorgungsgrad Deutschlands bei einzelnen Primärenergierohstoffen in den Jahren 2001 und 2011

5. Erläutern Sie den Bedeutungswandel des Steinkohlenbergbaus in Deutschland (M 7, M 9, M 10, M 12).
6. Bewerten Sie die Importabhängigkeit bzw. den Selbstversorgungsgrad Deutschlands bei den wichtigsten Primärenergierohstoffen (M 8, M 11).

M 13 Braunkohlenkraftwerk

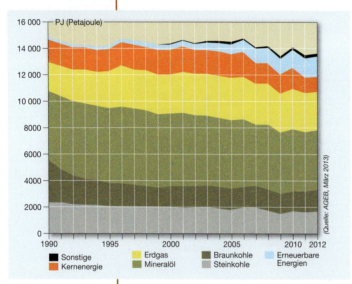

M 14 Primärenergieverbrauch (PEV) in Deutschland

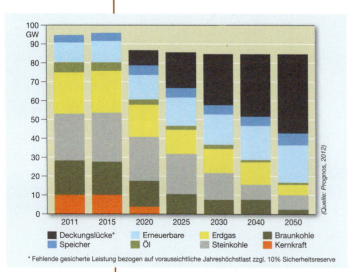

M 15 Gesicherte Kraftwerksleistung in Deutschland

Ist die Kohleveredlung zukunftsfähig?

Angesichts der zu erwartenden klimapolitischen Auflagen in der EU wie auch weltweit geraten die CO_2-emittierenden Braun- und Steinkohlenkraftwerke in wirtschaftliche Bedrängnis. In Deutschland kommt hinzu, dass die Steinkohlenförderung auch wegen der Subventionen und ihrer Nachfolgekosten, die durch Bergsenkung und Abpumpen der schädlichen Grubenwässer entstehen, unter politischen Druck geraten ist. Auch wehren sich immer mehr Bürger gegen die Ausweitung der flächenintensiven Tagebaue in den Braunkohlerevieren West- und Ostdeutschlands und klagen ihr Recht auf Heimat ein.

Vor dem Hintergrund der 2010 beschlossenen Energiewende durch die Bundesregierung, wonach die nationalen Treibhausgasemissionen bis 2050 um 80 Prozent gegenüber 1990 gesenkt werden sollen und der Anteil der erneuerbaren Energie am Energieverbrauch auf 60 Prozent ansteigen soll, hätten die fossilen Energieträger nur noch eine Brückenfunktion.

Aber der Bau neuer und effizienter Großkraftwerke, die immer nur dann Strom liefern sollen, wenn erneuerbarer Strom nicht ausreichend zur Verfügung steht, rechnet sich nicht für die Energiekonzerne, da die Produzenten der erneuerbaren Energie ihren Strom bevorzugt einspeisen können. Ein Umlenken der Milliardeninvestitionen in kleine, dezentrale Kleinkraftwerke mit alternativen und erneuerbaren Energien ist angedacht.

Von der energieintensiven Industrie (Chemie-, Stahl-, Glas-, Aluminiumindustrie) wird jedoch angezweifelt, ob dieses neue Energieversorgungskonzept ausreichenden und preiswerten Strom garantieren kann — wenn nicht, wäre der Industriestandort Deutschland gefährdet. In der Ende 2012 erschienenen Studie weist das Wirtschaftsforschungs- und Beratungsunternehmen Prognos AG (Berlin/Basel) auf eine Versorgungslücke bereits im Jahr 2020 hin, die sich ohne den Ausbau der thermischen Kraftwerke vergrößern wird.

7. Erläutern Sie die Entwicklung des Primärenergieverbrauchs in Deutschland unter besonderer Berücksichtigung des Kohlenverbrauchs (M 14).
8. Überprüfen Sie das Argument, dass die Energiewende ohne die Kohlenkraftwerke gelingen kann (M 13, M 15, Internet).

CO₂-Reduzierung durch Verbesserung des Wirkungsgrades eines Kohlenkraftwerks

Moderne Braunkohlenkraftwerke erreichen einen Wirkungsgrad von 45 % und Steinkohlenkraftwerke von 46 %. Die Wirkungsgradgrenze von 50 % wird angestrebt. Damit gehören deutsche Kohlenkraftwerke zu den effizientesten und saubersten der Welt. Würden weltweit ältere Kraftwerke statt eines Wirkungsgrades von 30 % mit 45 % eingesetzt, könnten die globalen CO_2-Emissionen von 6,1 Mrd. t CO_2 auf 4,2 Mrd. t (−30 %) gesenkt werden.

CO₂-Abscheidung bei der Verstromung fossiler Energieträger (Carbon Capture and Storage, CCS)

Diese industriell großmaßstäblich noch nicht erprobte Methode sieht vor, das CO_2 vor, nach oder während des Verbrennungsprozesses abzutrennen. Allerdings führt der Energieaufwand für die CO_2-Abscheidung je nach Methode beim Wirkungsgrad zu Verlustpunkten zwischen 8 % bis 15 %. Der Transport des Gases in einer Pipeline oder per Schiff vom Kraftwerk zur Speicherstätte setzt eine allgemeine Akzeptanz in der Bevölkerung voraus. Forschungsbedarf gibt es auch noch hinsichtlich der Speicherstätten. Da die Verbringung des Gases in die Ozeane seitens der Bundesregierung aus ökologischen Gründen nicht infrage kommt, verbleiben nur Festlandspeicher wie salinare Aquifere: In Grundwasserleitern mit guten Porositäts- und Permeabilitätseigenschaften (Durchlässigkeit) könnte in einer Tiefe von 1000 m das Gas verpresst werden. Die darüber liegenden Formationen müssen verhindern, dass das CO_2 in die Atmosphäre entweichen kann.

Kohlehydrierung (Coal-to-liquid, CtL)

Angesichts zu erwartender steigender Ölpreise gerät die Kohleverflüssigung wieder in den Blickpunkt. Bei diesem Verfahren, das sich die deutschen Chemiker Friedrich Bergius (1913), Franz Fischer und Hans Tropsch (1925) patentieren ließen, werden aus Braun- und Steinkohle petrochemische Produkte (u. a. Heizöl, Benzin, Aromate) gewonnen. Die Verflüssigungsanlage der Firma SASOL in Südafrika produziert täglich 175 000 Barrel Ölprodukte zu einem Preis von 25 US-$ je Barrel. Weitere Anlagen in Australien und der VR China sind im Bau. Die Rahmenbedingung ist hier günstig: Die Kohle wird im Tagebau gewonnen. In der Bundesrepublik Deutschland sind die Pilotanlagen zur Kohleveredlung nach dem Ölpreiseinbruch Mitte der 1980er-Jahre stillgelegt und nach China verkauft worden.

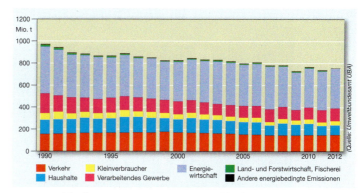

M 16 Energiebedingte CO_2-Emissionen in Deutschland

CCS ist die Antwort auf die Herausforderung Klima- und Energiesicherheit. Obwohl Länder wie China den Ausbau erneuerbarer Energien deutlich schneller und intensiver vorantreiben als erwartet, bleibt für sie die Kohle Energiequelle Nummer eins. Ohne CCS werden die CO_2-Emissionen dieser Länder weiter drastisch anwachsen.

Die zukünftige Energieversorgung sollte ausschließlich auf erneuerbaren Energien beruhen. Forschungsvorhaben zu CCS-Technologien bzw. Investitionen führen unweigerlich zu einer Verzögerung des notwendigen Umbaus des Energiesystems und zur Rechtfertigung, neue Kohlenkraftwerke bauen zu können. Außerdem kommen durch Leckage bei der Speicherung und dem Transport neue Gefahren für Mensch und Umwelt auf.

(nach „Weitblick", hg. v. GERMANWATCH 02/2009)

M 17 Zwei Meinungen zur CO_2-Speicherung

M 18 Im Bemühen, das klimaschädliche CO_2 einer wirtschaftlichen Nutzung zuzuführen, haben Wissenschaftler die sechs Meter hohen „Hängenden Gärten" entwickelt, in denen sich Algenkulturen befinden. Die Algen filtern das eingeleitete CO_2 als Nährstoff heraus und wandeln es mithilfe der Photosynthese in Biomasse um.

9. Beurteilen Sie die Bemühungen der Kohlenwirtschaft, die Kohleveredlung zukünftig nachhaltig zu gestalten (M 16 bis M 18).

3. Erdöl und Erdgas in der Diskussion

M 1 Abhängig vom Erdöl der OPEC

Sicher ist, dass die fossilen Energieträger endlich sind, unsicher ist der Zeitpunkt ihres Endes. Für das Erdöl hat die Internationale Energieagentur (IEA) in ihrem Bericht Ende 2008 erstmalig das Fördermaximum (**peak oil**) für das Jahr 2020 vorausgesagt. Bei dann rückläufigen Fördermengen und steigender Ölnachfrage besonders in den Schwellenländern sei 2025 ein Preis von bis zu 200 US-$ pro Barrel realistisch. Je nach Studie werden die heutigen Erdölvorräte in 50 bis 60 Jahren erschöpft sein.

Eine zeitweise Entspannung auf dem Öl- und Gasmarkt verspricht die Ausbeutung der Ölsande und der unkonventionell förderbaren Erdgaslagerstätten. Diese neuen Quellen könnten die dominante Position der OPEC (ca. 40 Prozent Marktanteil) infrage stellen.

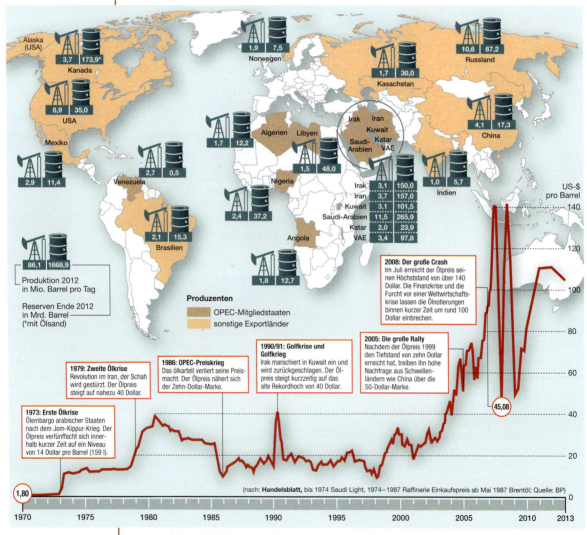

M 2 Förderung und Reserven

Ökologisch umstritten und zudem sehr kapitalintensiv ist auch der Abbau von **Ölsanden**, z. B. in Alberta (Kanada): Während das Gemisch aus Sand, Ton, Wasser, Rohöl und Bitumen (ca. 12 Prozent Kohlenwasserstoffe) bei weniger als 75 m Sedimentabdeckung im Tagebau abgebaut wird, wird Bitumen in tiefer liegenden Schichten mittels Dampf in situ (im Boden) verflüssigt und dann das Schweröl abgesaugt. Kanada verfügt nach Saudi-Arabien über die zweitgrößten Reserven an Ölsanden. Der Abbau rentiert sich mittlerweile ab einem Ölpreis von 80 US-Dollar pro Barrel und verringert somit die Abhängigkeit vom OPEC-Öl.

Von Umweltschützern wird kritisiert, dass die im Tagebau geförderten Ölsande in großflächigen, Aufbereitungsbecken unter hohem Wasserverbrauch gewonnen werden, die eine Gefahr für die Tierwelt und das Trinkwasser darstellen. Außerdem setzt die Produktion von Erdöl aus Ölsanden durch den hohen Energieeinsatz dreimal mehr Treibhausgase im Vergleich zur konventionellen Erdölgewinnung frei. Umstritten ist auch der Bau einer Pipeline bis zum Golf von Mexiko. Das sehr zähflüssige Öl muss hoch erhitzt und unter hohem Druck transportiert werden, was die Leitungen für Leckagen anfällig macht.

M 4 Gewinnung von Öl aus den Athabasca-Ölsanden in Alberta (Kanada): Tagebau (links), Aufbereitungsbecken (Mitte hinten), davor kommerziell nicht verwertbare Schwefelhalden als Nebenprodukt

Sicherlich ist nach wie vor die genaue Abschätzung aller derzeit auf der Welt geförderten Ölmengen und der vorhandenen Ölreserven mit großen Unsicherheiten behaftet. Dennoch ist es wichtig, zu verstehen, dass massive Investitionssummen in die Ölexploration fließen müssen, um das sogenannte peak oil im Jahr 2020 wirklich zu erreichen. Selbst die Internationale Energieagentur (IEA) rückt mittlerweile von ihrer bisherigen optimistischen Prognose ab, dass bis dahin das weltweite Ölfördermaximum tatsächlich auf 106 Mio. Barrel pro Tag ausgeweitet werden kann. Denn um dies zu erreichen, müssten Investitionen von bis zu einer Billion Euro pro Jahr getätigt werden. Anders ausgedrückt: Wir benötigen vier neue Saudi-Arabien, um das Ölfördermaximum von 106 Mio. Barrel pro Tag zu erreichen. Hinzu kommt: 64 % des neu geförderten Öls müssten aus neuen Ölfeldern kommen. Doch deren Erschließung lohnt sich erst ab einem Ölpreis von über 80 $ pro Barrel. Die Förderung von Ölvorkommen in der Tiefsee (etwa vor Brasilien), im Permafrostboden (zum Beispiel in der Arktis) oder von Ölsanden (in Kanada) und Teersanden ist sogar erst ab einem Ölpreis von über 90 $ pro Barrel rentabel.

(aus: Claudia Kemfert. In: WirtschaftsWoche, Düsseldorf, vom 24.01.2009)

	2000	2012	Weltanteil 2012 in %
USA	19 701	18 555	19,8
VR China	4 772	10 221	11,7
Japan	5 577	4 714	5,3
Indien	2 254	3 652	4,2
Saudi-Arabien	1 536	2 953	3,9
Russland	2 583	3 174	3,6
Brasilien	2 056	2 805	3,0
Südkorea	2 229	2 458	2,6
Deutschland	406	2 358	2,6
Kanada	1 937	2 412	2,5
10 Staaten	43 051	53 284	59,2
Welt	76 340		100

M 3 Die 10 Staaten mit dem größten Erdölverbrauch (1000 Barrels/Tag; 1 Barrel = 159 Liter)

M 5 Verbrauch und Reserven

1. Erläutern Sie die Organisationsstruktur der OPEC (Mitglieder, Ziel, Entstehung) (Lexika, Internet).
2. „Es ist leichter, eine Seifenblase zu tätowieren, als den Ölpreis zu bestimmen." Listen Sie die Preis bildenden Faktoren auf (**M 1** bis **M 5**).

M 6 Abhängig vom russischen Erdgas (WAZ-Karikatur vom 14.01.2009)

Erdgas

Erdgas ist im Vergleich mit Kohle und Erdöl der umweltfreundlichste fossile Brennstoff bezogen auf CO_2- und Schadstoffemissionen. Erdgas spielt eine wichtige Rolle bei der Stromerzeugung, für Heizzwecke, in der chemischen Industrie und zunehmend auch als Kraftstoff im Verkehrssektor. Seine **statische Reichweite** (= Reserve dividiert durch den Verbrauch) ist mit dem Erdöl vergleichbar (S. 93 M 4). Dem Vorbild der OPEC folgend versuchen die Staaten des Forums der Gas exportierenden Länder (GECF), die Weltmarktpreise durch Steuerung der Förderung zu ihren Gunsten zu beeinflussen. Sie verfügen über 71 Prozent der Welterdgasförderung.

	Reserve (1)	Anteil an Weltreserve in %	statische Reichweite in Jahren (2)
Iran	33,6	18,0	> 100
Russ. Föderation	32,9	17,6	55,6
Katar	25,1	13,4	> 100
Turkmenistan	17,5	9,3	> 100
Saudi-Arabien	8,2	4,4	80,1
USA	8,5	4,5	12,5
Ver. Arab. Emirate	6,1	3,3	> 100
Venezuela	5,6	3,0	> 100
Nigeria	5,2	2,8	> 100
Algerien	4,5	2,4	55,3
Irak	3,6	1,9	> 100
Australien	3,8	2,0	76,6
WELT	187,3	100	55,7
EU	1,7	0,9	11,7
Deutschland	0,1	< 0,05	5,9

BP Statistical Review of World Energy, June 2012, p. 20

(1) Nachgewiesene wirtschaftlich und technisch gewinnbare Reserven

(2) Reserve/Förderung = Reichweite in Jahren

M 7 Nachgewiesene Erdgasreserven Ende 2012 (in Billionen m³)

	1997	2012	2012 Weltanteil in %
USA	643,8	722,1	21,9
Russ. Föderation	350,4	416,2	12,5
Iran	47,1	156,1	4,7
VR China ohne Hongkong	19,5	143,8	4,3
Japan	64,1	116,7	3,5
Saudi-Arabien	45,3	102,8	3,1
Kanada	87,2	100,7	3,0
Mexiko	32,3	83,7	2,5
Großbritannien	84,5	78,3	2,4
Deutschland	79,2	75,2	2,3
Italien	53,1	68,7	2,1
Ver. Arab. Emirate	41,7	62,9	1,9
Indien	22,3	54,6	1,6
Ägypten	11,6	52,6	1,6
WELT	2245,1	2987,1	100
EU	440,7	443,9	13,4

BP Statistical Review of World Energy, June 2012, p.24

M 8 Erdgasverbrauch nach Ländern Ende 1997 und Ende 2012 in Mrd. m³

3. Lokalisieren Sie die Staaten mit den größten Erdöl- und Erdgasvorräten (die „strategische Energieellipse") und stellen Sie fest, wo die Mangelregionen liegen (**M 2**, **M 6**, **M 7**, Atlas).
4. Beschreiben Sie den Erdgasverbrauch nach Ländern mit deutlichem Zuwachs und solchen mit stagnierendem oder sogar abnehmendem Verbrauch zwischen 1997 und 2012 (**M 8**).
5. Erläutern Sie die Wege aus der Importabhängigkeit.

Wege aus der Importabhängigkeit

Der Verbrauch an Erdgas hat im Zeitraum von 1997 bis 2012 weltweit um 33 % zugenommen. Die Zuwächse der Energieträger Kohle und Erdöl sind deutlich geringer. Aber anders als bei diesen ist der Handelsweg des Erdgases vorrangig an eine Pipeline gebunden, was, wie im Fall einiger europäischer Staaten, zu gefährlichen Abhängigkeiten von Erzeuger- und Transitländern führen kann. Mehr Versorgungssicherheit könnte erreicht werden durch

– den Bau neuer Pipelines, die Krisengebiete umgehen oder neue Gasanbieter erschließen. Um unabhängiger vom russischen Gas zu werden, soll Gas vom Kaspischen Meer über Georgien, die Türkei, Griechenland, Albanien nach Italien transportiert werden.
– durch den größeren Einsatz von flüssigem Erdgas (LNG: Liquefied Natural Gas). Mit dem Bau spezieller Hafeninfrastruktureinrichtungen für den LNG-Handel könnte der von Großkonzernen beherrschte Energiemarkt Konkurrenz bekommen. Allerdings bedarf es milliardenschwerer Investitionen: Das Gas muss am Förderort auf minus 162 Grad abgekühlt werden, damit es als Flüssiggas transportiert werden kann. Da es sein Volumen in diesem Aggregatzustand auf ein Sechshundertstel verringert, können ca. 100 Mio. m³ von einem LNG-Tanker verschifft werden. Über den Seetransport erhöht sich schlagartig die Zahl der Gasanbieter aus Afrika (Algerien, Nigeria), Arabien und Asien. Außerdem könnten diese Schiffe als „schwimmende Speicher" fungieren. Im Bestimmungshafen sorgt dann ein Regasifizierungsterminal für die Umwandlung in den gasförmigen Zustand, um das Gas in eine Pipeline einzuspeisen. Knapp die Hälfte des gehandelten Gases wird mittlerweile mit LNG-Schiffen transportiert (Stand 2012). Deutschland wird über den Hafen Rotterdam versorgt.

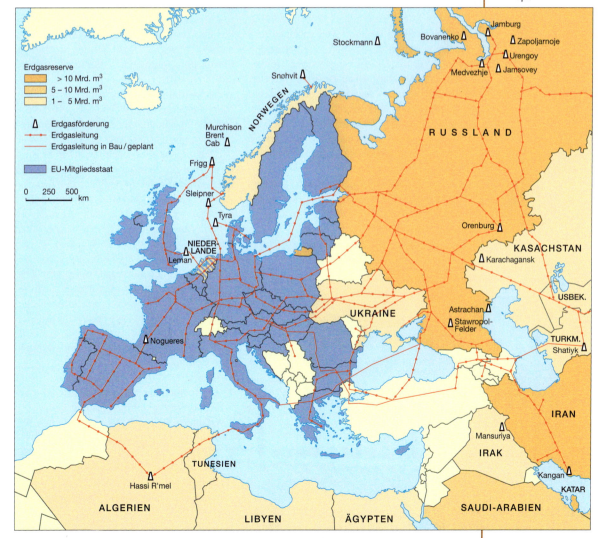

M 9 Erdgasverbundnetz in Europa

4. Verlängert Fracking die fossile Zukunft?

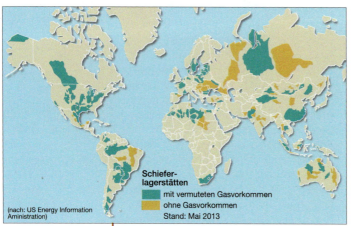

M1 Verbreitung von Schiefergasvorkommen

Bezogen auf die ehrgeizigen Ziele der Energiewende, wonach die fossilen Energieträger durch erneuerbare Energie ersetzt werden sollen, könnte Schiefergas eine Brückenfunktion bei der Strom- und Wärmegewinnung übernehmen. Erdgas ist flexibler und vielfältiger als Kohle anwendbar und emittiert auch weniger CO_2.

Große Unsicherheit herrscht allerdings über die Potenziale der unkonventionell förderbaren Erdgasvorkommen. Die größten Schiefergasvorkommen werden in den USA und China vermutet; Europa (Polen, Schweden, Frankreich, Norwegen, Deutschland) verfügt wahrscheinlich nur über geringe Ressourcen. Sichere Mengenangaben können erst teure Tiefbohrungen liefern.

In den USA sorgt die Bohrmethode für sinkende Gaspreise, in Frankreich ist sie verboten und in Deutschland wird sie kontrovers diskutiert; das Hydraulic-Fractoring-Verfahren, kurz **Fracking** genannt, zielt auf die unkonventionell förderbaren Erdgasvorkommen ab, die sich im Schiefergestein (shale), in Kohleflözen (coal bed) oder in dichten (tight) Gesteinsschichten wie Sandstein, Kalkstein und Tonmineralen befinden. Alle Vorkommen liegen in Deutschland mehrere tausend Meter tief. Die ergiebigsten Ressourcen befinden sich im Schiefergestein in NRW und Niedersachsen. Der deutsche Erdgasverbrauch aus heimischer konventioneller Förderung beträgt mit abnehmender Tendenz derzeit 14 Prozent. Schiefergas könnte die Importabhängigkeit von Norwegen, Russland und den Niederlanden senken.

Große Wissensdefizite herrschen auch bei der Anwendung der Fracking-Technik. Im Gegensatz zu einer konventionellen Gaslagerstätte muss das Gas im Schiefergestein oder im Kohlenflöz erst mobilisiert werden. Dazu werden hochgiftige Chemikalien, Sand und Wasser unter starkem Druck mittels der Horizontalbohrung flächenhaft in das Speichergestein gepresst, um es aufzubrechen. Über die entstehenden Risse kann das Gas schließlich gefördert werden. Kritiker befürchten einen massiv schädigenden Eingriff in Umwelt und Natur mit vielfältigen negativen Auswirkungen auf die Oberfläche und den Untergrund: die Gefährdung des Trinkwassers durch Leckagen, das Auslösen von künstlichen Erdbeben in Gebieten mit tektonischen Spannungen, ein unkontrolliertes Austreten von Methangas durch undichte Tiefbohrungen, einen hohen Wasserverbrauch sowie die Verschmutzung von Böden und Gewässern beim Umgang mit giftigen Chemikalien und dem hochgepumpten toxikologischen Lagerstättenwasser. Vor dem Hintergrund der unsicheren Datenlage plant das Bundesamt für Geowissenschaft und Rohstoffe (BGR), zunächst die Erdgas- und dann die Erdölpotenziale aus Tonsteinen zu ermitteln.

1. Beschreiben Sie die globale Verteilung der Schiefergasvorkommen (**M1**, **M2**).
2. Erläutern Sie das Potenzial für Erdgas-Fracking in Deutschland (**M3**, **M6**).
3. Diskutieren Sie die Chancen der Fracking-Technik: Ist sie die Lösung für die Energieabhängigkeit oder eher eine Umwelt- und Gesundheitsgefahr (**M4**, **M5**, **M7**, **M8**)?

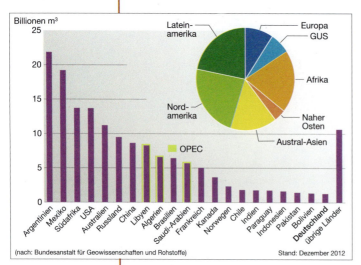

M2 Technisch gewinnbare Schiefergasressourcen

M 3 Schiefergas in Deutschland

M 4 Schutz- und prüfwürdige Flächen für den Ausschluss der Fracking-Technik

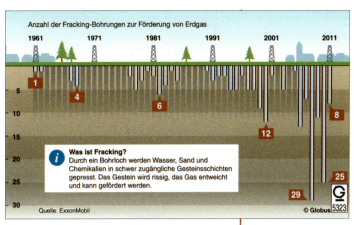

M 6 Erdgasfracking in Deutschland

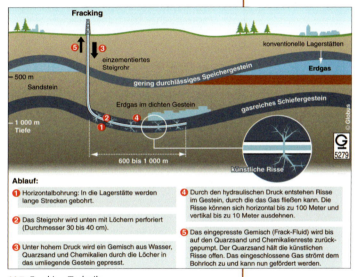

M 7 Fracking-Technik

Die Euphorie ist verflogen: Für Energiefirmen und Investoren hat sich Fracking bislang nicht ausgezahlt. Die Kosten sind hoch, die Preise niedrig und noch dazu sind die Schiefergasreserven wohl kleiner als bislang angenommen. Der Schiefergasboom in den USA sorgt für Aufbruchstimmung in der Wirtschaft. Energie – reichlich und billig – gilt als Garant für Wachstum. Doch die Euphorie der vergangenen zwei Jahre könnte schon bald in Ernüchterung umschlagen. Neue Zahlen zeigen, dass bei den Investoren die Begeisterung für Fracking bereits erheblich nachgelassen hat. [...] Für Energiefirmen und ihre Geldgeber habe sich der Boom bislang nicht ausgezahlt. [...] Demnach gaben die Förderunternehmen seit 2008 unter dem Strich mehr Geld für Land, Ausrüstung und Förderung aus, als sie mit dem Verkauf von Schiefergas und -öl eingenommen haben. Fließt jedoch weniger Kapital in die nordamerikanischen Gasfelder, wird auch weniger gebohrt und produziert. Damit sinkt das Angebot – und das könnte der Ära der billigen Energie ein jähes Ende setzen.

(aus: Silvia Liebrich. In: Süddeutsche Zeitung vom 9. Januar 2014, http://sz.de/1.1859579)

M 5 Fracking lohnt sich nicht

Verbotsgründe für Fracking (Auswahl)
— Die Aufsprengung des Gesteins im Untergrund kann giftigem Tiefenwasser [...] den Weg ins Grundwasser ermöglichen.
— Durch Fracking gefördertes Gas verursacht eine um 30–183 % höhere Klimabelastung als derzeit in Deutschland verwendetes Gas.
— Fracking kann Erdbeben auslösen. Wenn dadurch Gebäudeschäden entstehen, müssen die Geschädigten beweisen, dass Fracking die Ursache war.
— Der in unserem dicht besiedelten Land wichtige Erholungsraum in der freien Landschaft wird zerstört. Landwirtschafts- und Waldflächen werden zerschnitten und gehen verloren (ca.16 000 m² pro Bohrplatz + Zufahrtsstraßen).
— Pro Bohrplatz werden ca. 7300 Tankwagen Wasser benötigt und damit vergiftet.
— Tag und Nacht belästigt Bohrlärm und dauernder Lkw-Verkehr die betroffenen Menschen.
— Durch Fracking entsteht für niemanden ein solcher Nutzen, der es wert ist, die Reinheit des Wassers, unsere Gesundheit und die Schönheit der Landschaft aufs Spiel zu setzen.

(nach: Henner Gröschner, Andy Gheorghiu und Rudolf Schäfer. In: http://www.bund-waldeck-frankenberg.de/themen_und_projekte/fracking/verbotsgruende_fuer_fracking/, Zugriff: 11.01.2014)

M 8 Kritiker des Fracking

5. Nigeria – Erdölexporte um jeden Preis?

Wohlstand durch Erdöl?

Die Republik Nigeria hat innerhalb der Wirtschaftsgemeinschaft Westafrikanischer Staaten (Economic Community of West African States, ECOWAS) die größte Volkswirtschaft. Bezogen auf die Staaten südlich der Sahara rangiert Nigerias Volkswirtschaft nach derjenigen von Südafrika auf dem zweiten Platz. Nigeria ist das bevölkerungsstärkste Land Afrikas. Es verfügt über sehr große Öl- und Gasvorkommen.

Allerdings ist die Wirtschaft Nigerias wenig diversifiziert. Neben der Ölwirtschaft mit geringen Beschäftigungseffekten sind 60 % der Nigerianer in der Landwirtschaft beschäftigt, in ländlichen Gebieten sogar über 90 %. Über 80 % der Fläche Nigerias sind landwirtschaftlich nutzbar. Der Agrarsektor erwirtschaftet über 40 % des BIP. Allerdings stammen die Agrarprodukte zu 95 % von kleinbäuerlichen Subsistenzwirtschaften mit bis 5 ha großen Anbauflächen. Hauptanbauprodukte sind Jams, Bohnen, Maniok (Kassava), Kakao, Erdnüsse, Palmöl und Mais, die vorrangig für den Eigenbedarf angebaut werden. Während in den 1960er-Jahren Nahrungsmittel exportiert wurden, müssen diese heute im großen Umfang importiert werden. Der Agrarsektor, der Jahrzehnte lang zugunsten der Erdölwirtschaft vernachlässigt worden ist, birgt noch ein großes Entwicklungspotenzial, das seit den Reformen von 1999 stärker genutzt wird.

Das verarbeitende Gewerbe und das Baugewerbe haben nur einen BIP-Anteil von 3,1 % (2011). Die chemische Industrie befindet sich im Süden des Landes, wo das Erdöl gefördert wird. Die Nahrungs-, Textil- und Metallindustrie konzentriert sich in den Großstädten. Um die schnell wachsende Bevölkerung mit ausreichenden Nahrungs- und Genussmitteln, Textilien, Brenn- und Baustoffen zu versorgen, bedarf es Milliardeninvestitionen in moderne Fabriken. Ähnliches gilt für den Ausbau der Verkehrswege, insbesondere der Schienenwege. Die aus der Kolonialzeit stammenden Verkehrswege zwischen den Rohstofflagerstätten im nördlichen Binnenland und den Exporthäfen an der Küste im Süden sollen durch Ost-West-Verbindungen mit Anschluss an die Nachbarstaaten ergänzt werden, um den Binnen- und Außenhandel zu fördern. Der Binnenhandel, der vorwiegend von Frauen und Ausländern (Libanesen, Chinesen) betrieben wird, trug 2011 mit 14,4 % zum BIP bei. Die Außenhandelsbilanz ist stark von den Erträgen aus den Erdölexporten abhängig und damit unkalkulierbaren Schwankungen unterworfen. Am erfolgreichsten wurde der Finanzsektor reformiert, der sich auch zum größten in Westafrika entwickelt hat. Sein Anteil am BIP lag 2012 bei 5,6 %. Als Wachstumsmotor gilt auch der Telekommunikationssektor. Nigeria verzeichnet über 70 Mio. Telefonanschlüsse (vorwiegend Mobiltelefone).

Fläche: 923 768 km^2
Einwohner: 164,8 Mio. (2012, IWF-Schätzung)
Bevölkerungswachstum (2010 – 2015): 2,53 %
Einwohnerdichte: 178,3 pro km^2
Hauptstadt: Abuja
Staats- und Regierungsform:
Bundesrepublik mit 36 Bundesstaaten
Vielvölkerstaat: ca. 430 Ethnien
Altersstruktur:
 0 – 14 Jahre: 42,7 %
 15 – 24 Jahre: 19,3 %
 25 – 59 Jahre: 32,7 %
 über 60 Jahre: 5,3 %
Lebenserwartung: 52,5 Jahre
Einwohner mit weniger als 2 US-$ am Tag:
mehr als 63 % (2006 – 2012)
Verstädterung: ca. 50 %
Die größten Städte (Zensus 2006):
– Lagos: 9,85 Mio. Einwohner
– Kano: 2,94 Mio. Einwohner
– Ibadan: 2,25 Mio. Einwohner
– Port Harcourt: 1,46 Mio. Einwohner
Religionen:
– 50 % Muslime, vor allem im Norden
– 40 % Christen, vor allem im Süden
– 10 % Naturreligionen
Amtssprache: Englisch
– weitere Sprachen: mehrere hundert indigene Sprachen und Idiome, Französisch
Analphabetenrate in Englisch (2006): 53,3 %
BNE pro Kopf PPP (2012): 2420 US-$
Gesamtverschuldung (2012): 16 % des Bruttoinlandsprodukts
Inflationsrate: 10 % (2012)
Wirtschaftswachstum der letzten Jahre: 6 – 8 %
Arbeitslosigkeit: 24 % (vor allem bei Jugendlichen sehr hoch)
Korruptionsindex (2011): Rang 143 von 183 Staaten (schlechtester Rang)
Menschenrechte (2012): Note 4 auf einer Skala von 1 – 7 (schlechteste Note)

(nach verschiedenen Quellen zusammengestellt)

M 1 Strukturdaten Nigerias

---

1. Listen Sie die Stärken und Schwächen Nigerias auf (**M 1** bis **M 4**).

Doch der Wohlstand, der durch das Erdöl erwirtschaftet wird, steht auf tönernen Füßen: Der Vielvölkerstaat, der 1960 von Großbritannien in die Unabhängigkeit entlassen wurde, ist wegen seiner ethnischen, religiösen, kulturellen, politischen und räumlichen Gegensätze nur schwer regierbar. So hat sich bis heute kein gesamtstaatliches Nationalgefühl entwickelt. Die Verfassung von 1999 nach dem Vorbild der USA garantiert die Gewaltenteilung, die Trennung von Religion und Staat, das Mehrparteiensystem, die Bürgerrechte sowie eine bundesstaatliche Ordnung und damit eine größtmögliche Selbstverwaltung der Ethnien. Dennoch führten 12 Bundesstaaten im mehrheitlich muslimischen Norden im Jahr 2000 die Scharia als Strafrecht ein. Dort operiert auch die militant-islamische Sekte Boko Haram („Westliche Bildung ist Sünde") und verübt Anschläge auf Christen, moderate Muslime, Polizei und Militär mit dem Ziel, einen Gottesstaat zu errichten. Im Nigerdelta, wo die Erdölförderung 1958 begann, kam es zwischen 1967 und 1970 zu Auseinandersetzungen zwischen der Zentralregierung und der dortigen Unabhängigkeitsbewegung, die eine Republik Biafra anstrebte. Zwar besteht die im Jahr 2005 gegründete militante „Movement for the Emancipation of the Niger Delta" (MEND) heute nicht mehr auf der Abspaltung, verlangt aber von dem Ölkonzern Shell hohe Entschädigungssummen für die Umweltverschmutzung im Delta und von der Zentralregierung die Ressourcenkontrolle über das Erdöl. Der Staatsapparat der Bundesregierung verschärft diesen Konflikt noch durch Korruption und illegale Übergriffe der Sicherheitskräfte.

M3 Baumschule im Norden Nigerias

M4 Nationalbank Nigerias in der neuen Hauptstadt Abuja

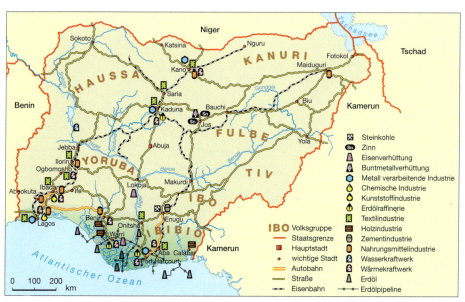

M2 Wirtschaft und Völker in Nigeria

(Erdöl-)Wirtschaft in Nigeria

Nigeria ist in Afrika der bedeutendste Erdölproduzent. Sein Weltanteil liegt bei 2,8 % (2012). Ähnlich hoch sind die nachgewiesenen Reserven, die einer statischen Reichweite von 42 Jahren entsprechen. Die schwefelarmen Ölvorkommen liegen im Niger-Delta und vor der Küste auf dem afrikanischen Schelf. Die Erdölwirtschaft des OPEC-Mitglieds dominiert die Wirtschaft des Landes: 84 % der Exporterlöse und 41 % des für Westafrika relativ hohen BIP wurden 2011 in dieser Branche erwirtschaftet. Der staatliche Konzern Nigerian National Petroleum Corp. (NNPC) ist über **Jointventures** mit den Konzernen Shell, Chevron Texaco, ENI und Total an den Gewinnen aus dem Erdölgeschäft prozentual beteiligt. Diese machen 74 % der Staatseinnahmen (2011) aus. Somit sind die Staatseinnahmen von der Höhe der heimischen Fördermenge und von der Entwicklung des Ölpreises auf dem Weltmarkt abhängig.

Neben dem Erdöl ist Nigeria auch der größte Gasproduzent in Afrika. Sein Weltanteil an der Produktion liegt bei 2,8 % (2012). Die statische Reichweite wird auf über 100 Jahre geschätzt. Gas wird über eine Pipeline nach Benin, Togo und Ghana exportiert, aber auch in Form von Flüssiggas mit Spezialtankern. Vier Erdölraffinerien (zwei in Port Harcourt und je eine in Warri und Kaduna im Norden) versorgen den Binnenmarkt nur unzureichend mit Brennstoffen, sodass vor allem Benzin importiert werden muss. Der Bau von weiteren Raffinerien ist geplant. Neben Erdöl und Erdgas verfügt Nigeria u. a. über Kohle, Coltan, Gold,

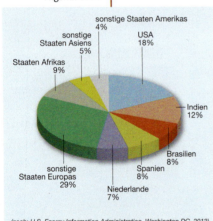

M 5 Erdölexporte Nigerias 2011

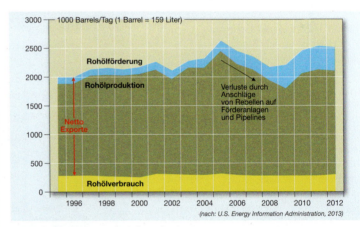

M 6 Rohölförderung und -verbrauch Nigerias

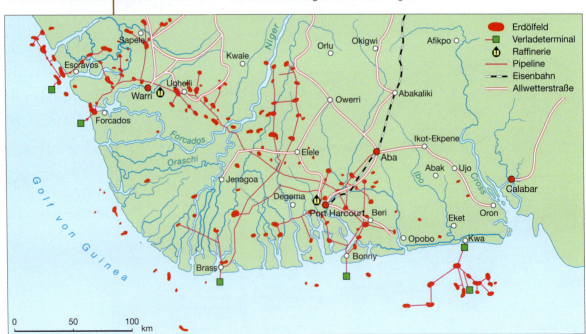

M 7 Erdölwirtschaft im Nigerdelta

Wolfram, Blei, Zink und Eisenerz, deren gesamtwirtschaftliche Bedeutung allerdings gering ist. Dank der hohen Öleinnahmen sowie verschiedener Reformen im Banken-, Telekommunikations- und Agrarsektor erwirtschaftete Nigeria in den letzten Jahren ein hohes Wachstum und konnte innerhalb der ECOWAS die meisten ausländischen Direktinvestitionen auf sich vereinigen.

M 9 Arbeiter bei der Erdölförderung in Nigeria

Der Eingang ist gut getarnt und nur mit einem Boot zu erreichen. Vorsichtig schieben ein paar Männer die großen Äste beiseite – eine wichtige Sicherheitsmaßnahme, denn ihr Versteck darf nicht so schnell auffliegen. Hier am Ufer des Nigerdeltas, einem Labyrinth aus unzähligen Flussarmen im äußersten Südosten des Landes, holen sie sich ein bisschen von Nigerias Reichtum zurück. Als das Boot angelegt hat, verteilt Joshua Gummistiefel. Beißende Rauchschwaden hängen in der Luft, der Boden ist morastig und vom Öl schwarz gefärbt. Joshua geht vor. Überall stehen Blecheimer, Fässer und mittendrin einfache, selbst gezimmerte Holzgestelle, mit denen die Männer Benzin, Kerosin und Diesel produzieren. Sie sind das Herzstück der lokalen Raffinerie. Das Wort „illegal" will hier niemand hören.
Wer hier arbeitet, hat einen Knochenjob. Die Flammen lodern. Einer der Ölkocher wischt sich den Schweiß von der Stirn. Seine Unterarme sind schwarz. Er ist dafür zuständig, dass das Rohöl in einem der großen Fässer erhitzt wird. Schutzmaßnahmen gibt es im Mangrovenwald nicht. [...]
Trotzdem rechtfertigt Joshua seine Arbeit mit dem Rohstoff. „Wir machen das hier nur, weil es keine anderen Jobs gibt." Währenddessen sickert das Öl ungehindert in den Boden. An guten Tagen stellen die Männer 10 000 Liter Benzin und rund 25 000 Liter Diesel her. All das sei jedoch nur für den Eigenbedarf bestimmt, sagen sie – für die Generatoren daheim und die Bootsmotoren. [...]
Die junge Frau, die in viel zu großen Gummistiefeln durch den Schlamm stapft, kennt das gut getarnte Versteck der Ölkocher. „Hier kaufe ich mein Kerosin", sagt sie. In ihrer linken Hand baumelt ein gelber 25-Liter-Kanister. Einmal Füllen kostet 300 Naira, umgerechnet 1,50 Euro – ein Spottpreis. An einer Tankstelle müsste sie pro Liter mindestens 500 Naira zahlen, wenn es dort überhaupt Kerosin gibt. Häufig warten die Menschen stunden- oder sogar tagelang auf eine neue Lieferung. Wenn die dann endlich ankommt, verdreifacht oder vervierfacht sich der Preis schnell.

(nach: Deutsche Welle vom 10.12.2012)

M 8 Informeller Wirtschaftssektor

M 10 Tanklager einer Raffinerie bei Warri im Nigerdelta

M 11 Supertanker „A-Shegaya"

2. Beschreiben Sie die Erdölförderregion Nigerdelta (M 7).
3. Nehmen Sie Stellung zur Bedeutung der Erdölwirtschaft innerhalb der Wirtschaft Nigerias (M 5 bis M 11).

Armut trotz Reichtum

Können die Petrodollar, die seit den 1970er-Jahren reichlich fließen, das gravierende Armutsproblem Nigerias lösen, oder wird die Armut durch den gewonnenen Reichtum noch verschärft?

M 12 Sabotageanschlag auf eine Erdölpipeline

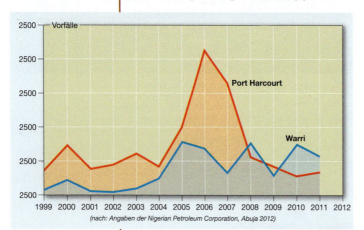

(nach: Angaben der Nigerian Petroleum Corporation, Abuja 2012)

M 13 Anschläge auf Erdöleinrichtungen im Nigerdelta

M 14 Slum-Siedlung in Lagos

Der Bevölkerungsanteil unterhalb der Armutsgrenze liegt für den Zeitraum 2006 bis 2012 bei 63 %. Damit gehört Nigeria zu den Staaten, die den größten Anteil an armer Bevölkerung hat. Hinzu kommt ein extremes Nord-Süd-Gefälle: Der muslimisch geprägte Bundesstaat Sokoto im Norden weist mit 81,2 % den höchsten, der südliche Bundesstaat Niger den niedrigsten Wert mit 34 % (2012) aus. Armut findet sich nicht nur in den ländlichen Regionen, sondern auch in den schnell wachsenden Millionenstädten wie Lagos. Zuwanderung vom Land und hohe Geburtenüberschüsse sind zu drei Viertel für das Wachstum in Lagos seit den letzten Jahren verantwortlich. Dort haben sich nach ethnisch-religiösen Merkmalen scharf getrennte Slums mit bis zu 100 000 Einwohnern gebildet. Diese informellen Siedlungen, in denen jegliche Infrastruktur (u.a. Trinkwasserversorgung, Müllentsorgung, Gesundheitswesen) fehlt, liegen in Flussauen und Küstennähe und sind damit den Gefahren der jährlichen Überschwemmungen und dem Meeresspiegelanstieg ausgesetzt. Da die meisten der Slumbewohner keine ausreichende Qualifikation für Arbeitsplätze in der Stadt mitbringen, müssen sie sich als Tagelöhner verdingen, wobei die Gefahr, in die Kriminalität abzurutschen oder sich militanten Gruppen anzuschließen, sehr groß ist.

Das Armutsproblem wird ursächlich verschärft durch das staatliche Monopol über Bohrkonzessionen seit dem Petroleum-Gesetz von 1969. Diese alleinige Verfügungsgewalt über den Ölreichtum haben die 60 Ethnien im Nigerdelta als Enteignung und Missachtung ihrer traditionellen Landnutzungsrechte empfunden. Nicht mehr die Herkunftsstaaten im Nigerdelta bestimmten fortan über den Ölreichtum, sondern es ist die autoritäre Zentralregierung, die die Öleinnahmen nach dem Versorgungsprinzip an loyale Staatsbeamte, Sicherheitsorgane wie Polizei und Militär, lokale Regierungen und traditionelle Autoritäten wie Häuptlinge im Süden und Emire im Norden verteilt. Während sich eine kleine Elite durch Korruption, Geldwäsche, Steuerhinterziehung und Kapitalflucht bereichert, herrscht in der Bevölkerung Massenarmut. Gegen diese ungerechte Verteilung der Erdölerträge hat sich der Widerstand gegen die Zentralregierung und ihr Zuteilungssystem auf unterschiedliche Weise formiert, vom Bürgerkrieg (1967–1970) über die Piraterie im Golf von Guinea, Geiselnahme von Mitarbeitern der Ölkonzerne, Sabotageakte an Pipelines, illegales Kraftstoff-Abzapfen, das seit 2000 mehr als 2000 Menschen das Leben gekostet hat, bis zu Vandalismus und Bandenkriegen jugendlicher Arbeitsloser.

M 15
Folgen für die Umwelt

Afrikas eigene Ölkatastrophe
Jedes Jahr sickern zehntausende Tonnen Rohöl ins Nigerdelta – so viel wie beim Unglück des Tankers „Exxon Valdez" vor Alaska. Poröse oder illegal angezapfte Pipelines verseuchen das Grundwasser und den Ackerboden, und auch das Atmen der Luft ist längst zu einer tödlichen Gesundheitsgefahr geworden. Vor der Verantwortung für den Umweltfluch drücken sich die großen Ölkonzerne ebenso erfolgreich wie Nigerias Politiker.

Ohne das Öl könnte es hier aussehen wie in den Everglades von Florida – ein verwunschenes Labyrinth von Wasseradern mit Mangrovensümpfen und einer reichen Tierwelt. Aber aus dem grünen Paradies ist längst eine Hölle geworden. Ein schokoladenbrauner Ölfilm liegt auf dem Wasser, Vögel sterben, Fische gibt es hier längst nicht mehr. Klebrige Ölklumpen schwappen auf die Felder, es stinkt nach Petroleum.

6000 Kilometer Ölpipelines durchkreuzen das Nigerdelta im Zickzack – einige sind völlig veraltet. Wegen der Lecks und der immer häufigeren Öldiebstähle kommt es im Durchschnitt fünf Mal pro Woche zu einem massiven „Spill" – zu einer Öl-Havarie. Seit in Nigeria Öl gefördert wird, sind auf diese Weise viele Millionen Liter schwarzes Gold ins Wasser und in den Boden geflossen – ein Umweltdesaster, für das vor allem der Ölmulti Shell immer wieder Ärger bekommt. Der Konzern fördert allein rund 40 Prozent des nigerianischen Öls: Ein mächtiger Staat im Staate, der sein Geld auf Kosten von Mensch und Umwelt verdiene, sagen die Kritiker.

Schuld haben viele
Pressesprecher Bobo Brown von Shell Nigeria wehrt sich – und schiebt den Schwarzen Peter der nigerianischen Regierung zu: „In Wahrheit sind wir doch nur eine Firma – und keine Parallel-Regierung. Shells Einfluss auf die Regierung Nigerias hat seine Grenzen. Und das ist auch gut so. Denn Shell versteht sich als sozial engagiertes Unternehmen, als ‚corporate citizen'."

Tatsächlich hat Shell sich schon vor langer Zeit an der Reinigung der Böden beteiligt und in den verseuchten Gebieten Schulen und Krankenhäuser gebaut. Ein Tropfen auf den heißen Stein, schimpfen die Bewohner. Und deswegen schlagen die Rebellen der MEND, der Befreiungsbewegung für das Nigerdelta, mit Sabotageakten und Entführungen von Ausländern zurück. Rund 600 Milliarden US-Dollar sollen in Nigeria seit Beginn der Öl-Förderung vor 50 Jahren erwirtschaftet worden sein.

Regierung drückt sich vor Verantwortung
Auch der US-amerikanische Journalist Peter Maass, der Nigerias Ölregion besucht und gerade ein Buch zum Thema veröffentlicht hat, sieht Shell und die anderen Ölfirmen als Teil der Ursünde im Delta. Dennoch dürfe man nicht nur allein auf sie mit dem Finger zeigen: Nigerias Elite verdiene ebenfalls – und von diesem Reichtum komme nichts bei den Bürgern an – außer giftigem Ölschlamm. Peter Maass: „In Nigeria ist nicht nur Shell das Problem, Nigerias Regierung ist noch ein viel größeres. Denn sie ist nicht nur an Shell Nigeria zu mindestens 50 Prozent beteiligt, sondern auch an allen anderen Töchtern der Ölkonzerne, die im Delta operieren. Wenn diese Regierung wollte, dann könnte sie die Firmen zwingen, bei der Ölförderung entsprechende Umweltstandards einzuhalten. Und wenn diese Regierung eine bessere wäre, dann wäre auch Schluss mit dieser furchtbaren Korruption, die Millionen und Abermillionen Dollar verschlingt." […]

(nach: Autor: Alexander Göbel; Redaktion: Dirk Bathe, Deutsche Welle vom 11.06.2010)

M 16
Die Selbstbedienung stoppen

„Zwei Gefahren gibt es beim Umgang der Entwicklungsländer mit ihren Rohstoffen. Die eine ist, dass die Länder von internationalen Konzernen ausgebeutet werden, die andere, dass die Regierungen der Länder sich mit den Konzernen zusammentun, um die Bevölkerung auszubeuten." [Die erste Gefahr trifft für die Kolonialherrschaft zu, die zweite für die Gegenwart.]. […] In den Anrainerstaaten des Golfs von Guinea […] wachsen nun die Wolkenkratzer, hier fahren die Luxuswagen, hier sitzen die Inhaber der Schweizer Nummernkontos. […] Hier sind es noch die multinationalen Konzerne, die die Gewinne einstreichen, allerdings mit den nötigen Beteiligungen für die kleptokratische Herrschaftsschicht in den Hauptstädten. Die Erdölförderung nimmt keine Rücksicht auf das Ökosystem. In Nigeria […] sind ganze Provinzen verwüstet. Die Pipelines sind alt und häufig korrodiert, und die lokale Bevölkerung, die keinen Anteil an den Gewinnen hat, zapft sie an und verursacht so weitere Umweltschäden […] Fischerei wird im Nigerdelta ebenso unmöglich wie Landwirtschaft, die wirtschaftliche Basis der Bevölkerung ist längst zusammengebrochen."

(Thiel, Reinold E.: Die Selbstbedienung stoppen. In: Welternährung. Die Zeitung der Welthungerhilfe. 2/2012, S. 8)

4. Erörtern Sie die Behauptung „Rohstoffreichtum macht arm" (**M 12** bis **M 16**).
Referat-Tipp: Übertragen Sie die am Beispiel Nigerias gewonnenen Erkenntnisse auf die arabischen Staaten am Persischen Golf und überprüfen Sie die These von der Selbstbedienung einheimischer Eliten. Stellen Sie Ihr Ergebnis in einem mediengestützten Referat vor.

6. Kernenergie – ein Auslaufmodell?

2013 betreiben 31 Länder 432 Kernkraftwerke mit einer gesamten Anschlussleistung von 373 Gigawatt (Stand: Juli 2013)

Zahl der KKW insgesamt — davon in Bau oder Planung

M 1 Kernkraftwerke weltweit

In den 1950er- und 60er-Jahren feierten die Politik und Wirtschaft die Kernenergie als unerschöpfliche Energiequelle. Bestärkt durch die Ölpreiserhöhungen in den 1970er-Jahren wurde der Bau von Kernkraftwerken (KKW) mit hohen staatlichen Subventionen vorangetrieben. Zwischen 1970 und 1990 entstanden weltweit 416 KKW, u.a. auch die heute bestehenden deutschen aus den 1970er-Jahren. Mit den Reaktorunfällen von Harrisburg/Pennsylvania (1979) und Tschernobyl/Ukraine (1986) sank die gesellschaftliche Akzeptanz deutlich und politischer Widerstand formierte sich. Dieser fand in Deutschland in der Atomgesetznovelle 2002 seinen Niederschlag: Das letzte Kernkraftwerk wird 2022 vom Netz gehen. Vor dem Hintergrund der Katastrophe in Fukushima (Japan) im März 2011, wo ein gewaltiger Tsunami infolge eines Erdbebens der Stärke 9,1 ein KKW zerstörte, beschlossen Bundestag und Bundesrat im Juli 2011, dass 8 KKW nicht mehr in Betrieb gehen und die restlichen 9 spätestens 2022 abgeschaltet werden.

Weltweit sind 432 KKW in 31 Staaten mit einer Nettoleistung von 373 GW (1 GW=1 Mrd. Watt) in Betrieb. Auf sie entfallen 18 Prozent des weltweit erzeugten Stroms. Allerdings variiert der Stromanteil aus KKW in einigen Staaten erheblich: In Frankreich beträgt er 75 Prozent, in Belgien und Slowenien knapp über 50 Prozent, während er in den USA bei nur 19 Prozent liegt, obwohl es dort die meisten KKW gibt. In Deutschland liegt der Anteil bei 16 Prozent (2012).

Während in der Zeit zwischen 1995 und 2009 die Zahl der KKW stagnierte, errichten einige Staaten derzeit neue KKW, um ihre Energieversorgung mit endlichen und klimaschädlichen fossilen Energierohstoffen zurückzufahren. Weltweit werden 69 neue KKW gebaut. Auch in der EU wird über Subventionen für den Neubau von KKW nachgedacht.

Gegen die Kernenergie und zugunsten der erneuerbaren Energien haben sich Italien (Verzicht auf einen Wiedereinstieg), Deutschland, die Schweiz (Ausstieg 2034) und Japan (Stopp für einen weiteren Ausbau der KKW und Förderungen der erneuerbaren Energien) ausgesprochen.

Während die Befürworter die Kernenergie als klimafreundliche, d.h. als CO_2-freie Energie loben, die zudem im Betrieb vergleichsweise preiswert ist, sehen Kritiker erhebliche Risiken und Gefahren:

– Deutschland ist zu 100 Prozent abhängig vom Rohstoff Uran. Das Gleiche wird allerdings für die Steinkohle ab 2018 gelten. Bei Mineralöl und Erdgas ist die Abhängigkeit ähnlich hoch. Die statische Reichweite von Uran liegt bei ca. 40 Jahren.

Fossile Energieträger – wirtschaftliche Grundlage für alle Zeit? **113**

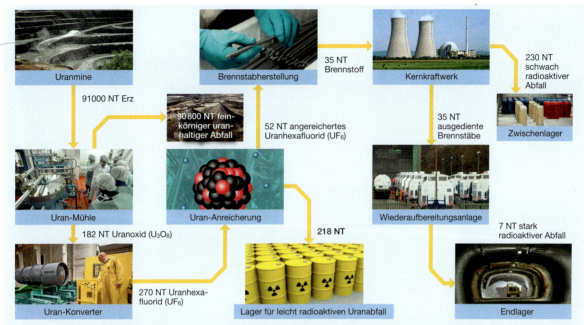

Jährlich benötigte durchschnittliche Mengen, die für den Betrieb eines typischen 1000 MW Leichtwasserreaktor erforderlich sind (NT = Nettotonne). Ungefähr 35 NT oder ein Drittel der Reaktorbrennstäbe werden jedes Jahr ersetzt, Brennstäbe werden in den USA zurzeit nicht wieder aufbereitet.

M2 Nuklearer Brennstoffzyklus

- Seit Fukushima steht wieder das Strahlenrisiko im Mittelpunkt der Kritik. Kommt es durch äußere Einwirkungen (Erdbeben, Terrorangriff, Flugzeugabsturz) oder technisches und menschliches Versagen zum GAU (größter anzunehmender Unfall), werden hochradioaktive Substanzen freigesetzt, die Menschen und Umwelt für Jahrzehnte schädigen.
- Schwierig ist die Abgrenzung zwischen friedlicher Nutzung und der Absicht einiger Staaten, das spaltbare Material zum Bau einer Atombombe zu nutzen.
- Bei den günstigen Stromkosten der KKW bleiben die externen Kosten wie eine ausreichende Risikoversicherung im Zusammenhang mit einem GAU oder die Entsorgung eines stillgelegten KKW sowie staatliche Subventionen unberücksichtigt.
- Immer noch weltweit ungeklärt ist die Endlagerung hochradioaktiver Abfälle mit einer Halbwertzeit von mehreren Tausend Jahren. Schwach- und mittelradioaktive Abfälle mit einer Halbwertzeit unter 30 Jahren sollen ab 2019 im ehemaligen Eisenerzbergwerk Schacht Konrad (Salzgitter) unter mächtigen Ton- und Mergelschichten in 800 bis 1300 m Tiefe deponiert werden. In Deutschland ist die Suche nach einem Endlager noch nicht abgeschlossen. Unter der Bedingung, dass kein Grundwasser in das Lager eindringt, kommen grundsätzlich tief liegende Granit-, Ton- oder Salzschichten infrage. Ungeklärt bleibt noch die Frage, ob die Abfälle für immer in einem Salzstock oder rückholbar in Granit- oder Tongestein gelagert werden sollen.

Uranerz-Förderung in t			
	2007	2011	2012
Kasachstan	6637	19451	21317
Kanada	9476	9145	8999
Australien	8611	5983	6991
Niger*	3156	4351	4667
Namibia	2879	3258	4495
Russland	3413	2993	2872
Usbekistan	2320	2500	2400
USA	1654	1537	1596
VR China	712	885	1500
Malawi	–	846	1101
Weltförderung	**41282**	**53494**	**58394**

*Schätzung   Quelle: World Nuclear Association 2013

M3 Top Ten der Uranförderung

1. Beschreiben Sie die weltweite Verteilung der Kernkraftwerke und erläutern Sie die möglichen Gründe für bzw. gegen neue Anlagen (**M1**).
2. Erörtern Sie die Chancen und Risiken der Kernenergie (**M2, M3**).

Webcode:
GO645787-113

7. Braunkohlentagebau – Energiegewinnung mit vielen Auswirkungen

Fossile Energieträger – wirtschaftliche Grundlage für alle Zeit?

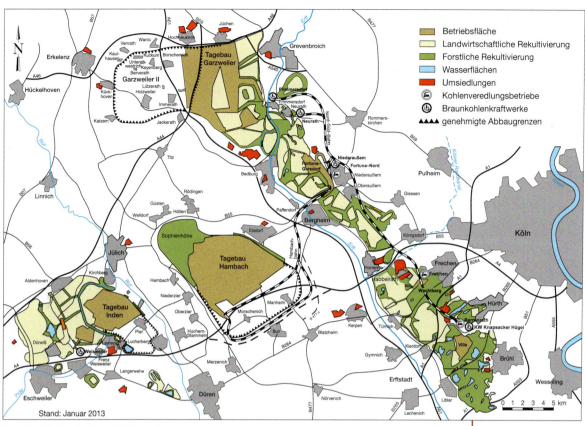

M 1 Das Rheinische Braunkohlenrevier

Fakten rund um die Braunkohle

- Braunkohle ist der einzige heimische Energieträger, der in großen Mengen langfristig **subventionsfrei** zu **wettbewerbsfähigen** Konditionen bereitgestellt werden kann.
- Mit einer Fördermenge von mehr als 180 Mio. t (2013) ist die Braunkohle zu über 40 Prozent an der Primärenergiegewinnung in Deutschland beteiligt und damit **wichtigster heimischer Energieträger.**
- Hochwertige und im weltweiten Vergleich vorbildliche **Rekultivierung** ist Ausgleich für die Landinanspruchnahme durch den Bergbau.
- Rund 90 Prozent der gesamten Gewinnung werden zur inländischen Erzeugung von **Strom und Fernwärme** eingesetzt. Sämtliche Kraftwerke verfügen über hochwirksame Anlagen zur Entschwefelung, Entstickung und Entstaubung der Rauchgase.
- Durch den Verbund von Tagebau und Kraftwerk bieten Anlagen auf Braunkohlenbasis ein Höchstmaß an **Versorgungssicherheit.** Es gibt keine **Transportrisiken.**
- **Jede vierte** verbrauchte **Kilowattstunde** Strom basiert auf dem Einsatz der heimischen Braunkohle.
- In Deutschland werden rund **86 000 wettbewerbsfähige Arbeitsplätze** durch Braunkohlenbergbau und -stromerzeugung gesichert.
- Die Strategie der kontinuierlichen Modernisierung des Kraftwerksparks durch Neubau hoch effizienter Kraftwerke mündet ab etwa 2020 in die Option, das anfallende CO_2 **abzuscheiden** und in geologischen Formationen **abzulagern.**

(aus: Braunkohle Information, Hrsg: Bundesverband Braunkohle)

Einspruch Euer Ehren!

Klima retten – Braunkohle stoppen
Die Braunkohle ist der klimaschädlichste aller Energieträger. Mit jedem zur Stromgewinnung genutztem Kilo Braunkohle wird ein Kilo Kohlendioxid freigesetzt – unabhängig vom Kraftwerkstyp und Wirkungsgrad. Wer es mit dem Klimaschutz ernst meint, muss deshalb den Anteil der Braunkohle an der Energieversorgung mittelfristig drastisch reduzieren und die Braunkohleverstromung bis zur Mitte des Jahrhunderts vollständig beenden.

Heimat bewahren – Lebensqualität sichern
Bis heute mussten in der Lausitz, dem Mitteldeutschen Revier und dem Rheinland mehr als 300 Siedlungen den Tagebauen weichen. Dazu schädigen Tagebaue und Kraftwerke durch ihren Schadstoffausstoß (Feinstaub, Schwermetalle, usw.) die Gesundheit der Bevölkerung. Eine sozialverträgliche Umsiedlung gibt es nicht: Gewachsene kommunale Strukturen werden zerstört, Dorf- und Familiengemeinschaften zerrissen, soziale Verbünde aufgelöst.

Natur schützen – Zukunft bewahren
Es gibt keinen gravierenderen Eingriff in Natur und Landschaft als den Braunkohletagebau: Uralte Wälder mit streng geschützten Tierarten werden vernichtet, wertvollste Böden zerstört, grundwasserabhängige Feuchtgebiete degradiert. Nicht nur Flüsse und Quellen versiegen, auch der Grundwasserhaushalt wird durch die Tagebaue für Jahrhunderte gestört.

(aus: Pulheimer Manifest für eine Energieversorgung ohne Braunkohle verabschiedet am 23. Sept. 2006 in Pulheim, Auszug, verändert)

M 2 Meinungen zum Braunkohlenabbau

Energieressourcen und deren Nutzung

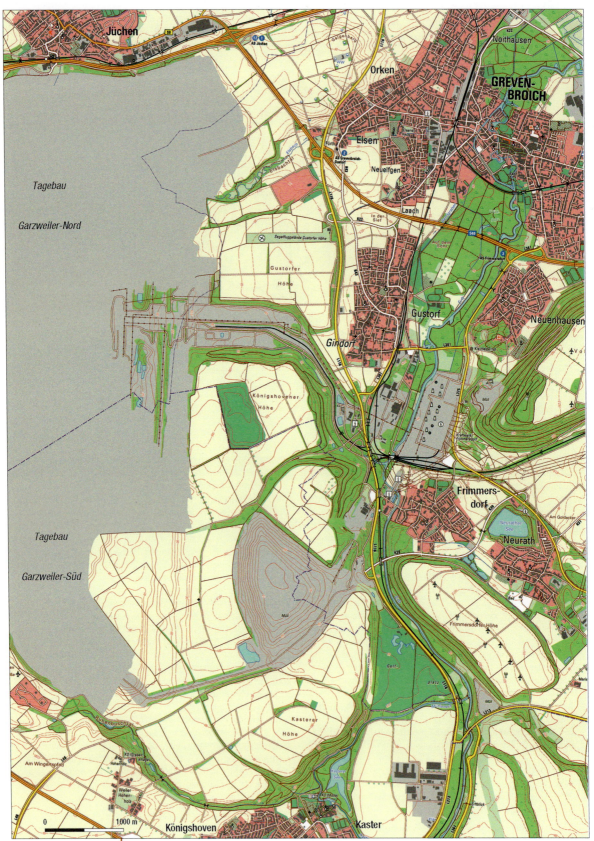

M 3 Braunkohlenabbau im Bereich von Grevenbroich (Quelle: Geobasis NRW 2014)

Fossile Energieträger – wirtschaftliche Grundlage für alle Zeit?

	1900	1950	1960	1970	1980	1990	2000	2013
Kohlenförderung (in 1000 t)	5 100	63 677	81 381	93 034	117 652	120 571	91 898	98 300
Abraumbewegung (in 1000 t)	2 000	48 962	156 976	186 446	418 400	433 516	445 667	462 900
Abraum/Kohle-Verhältnis (in m³)	0,39 : 1	0,77 : 1	1,93 : 1	2,0 : 1	3,56 : 1	3,60 : 1	4,85 : 1	4,71 : 1
Wassererhebung (in 1000 m³)	–	24 834	999 968	1 181 620	1 296 133	1 147 464	586 600	596 425
Wasser/Kohle-Verhältnis (in m³ t)	–	0,4 : 1	12,3 : 1	12,7 : 1	11,0 : 1	9,5 : 1	6,4 : 1	6,1 : 1
Briketherstellung (in 1000 t)	1 144	13 410	13 664	8 497	4 446	3 758	1 068	1 163
Stromerzeugung Braunkohlenkraftwerke (in 1000 MWh)	–	5 256	20 258	46 314	77 091	70 100	68 489	82 300
Installierte Leistung der öffentlichen Kraftwerke (in MW)	–	773	3 568	6 633	11 118	10 899	10 358	11 366

(aus: Goedecke, H.: Das Rheinische Braunkohlenrevier. In: Braunkohle. Düsseldorf 1976, Heft 5, S. 147, ergänzt)

M 4 Entwicklung der Tagebaue im Rheinischen Braunkohlenrevier

Revier im Umbruch

Das Rheinische Braunkohlenrevier ist eine von mehreren Bergbauregionen innerhalb Deutschlands, die im Rahmen der Energiegewinnung überregionale Bedeutung besitzen. Es weist das größte zusammenhängende Braunkohlenvorkommen Europas aus. Auf einer Fläche von mehr als 2500 km² lagern zwischen Köln, Aachen und Mönchengladbach über 35 Mrd. t wirtschaftlich gewinnbare Kohle. Die Entwicklung der Braunkohlengewinnung reicht über 200 Jahre zurück. Die ersten kleinen Gruben bestanden auf dem Höhenrücken der Ville, wo die Kohle oberflächennah anstand und somit günstige Bedingungen für den Abbau vorlagen. Wurde die Kohle zunächst in Handarbeit abgebaut, so ermöglichte die fortschreitende Technisierung die Förderung in zunehmender Tiefe und in größerer Ausdehnung. Damit konnte eine Verlagerung in westliche und nordwestliche Richtung einhergehen. Da das **Deckgebirge** aus Sand, Kies und Ton besteht sowie von Grundwasserströmen durchzogen wird, musste die Kohle aber nicht wie z. B. im Ruhrgebiet im Untertagebau gewonnen werden, sondern ausschließlich im **Tagebau**.

Das vorläufige Ende der Braunkohlengewinnung wird mit dem Tagebau Garzweiler II erreicht sein; mit seiner Auskohlung wird bis zum Jahr 2050 gerechnet. Die Förderung der Kohle in diesem Abbaufeld stößt bei Befürwortern und Gegnern auf unterschiedliche Meinungen.

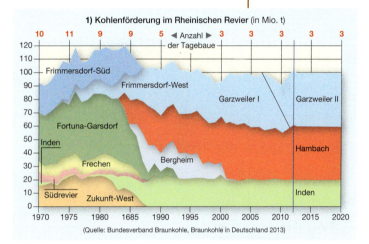

M 5 Entwicklung des Braunkohlenabbaus

1. Vergleichen Sie die Größe des Rheinischen Braunkohlenreviers mit der der anderen Braunkohlenreviere Deutschlands (**M 1**, Atlas).
2. Stellen Sie Pro- und Kontra-Argumente für den Braunkohlenabbau in dieser Region gegenüber und diskutieren Sie diese (**M 2**).
3. Untersuchen Sie die Raumwirksamkeit des Braunkohlenabbaus (**M 3**).
4. Erläutern Sie die Veränderungen bei der Braunkohlengewinnung (**M 4**, **M 5**).

Webcode:
GO645787-117

Natur- und Wirtschaftsraum

a) Gesamtmächtigkeit der Braunkohle
b) Mächtigkeit des Deckgebirges
c) Die Rheinische Braunkohlenlagerstätten

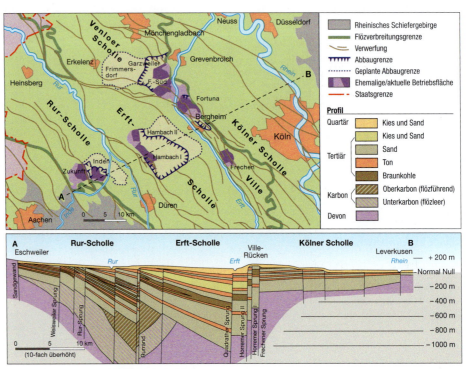

M 6 Geologie des Braunkohlenvorkommens

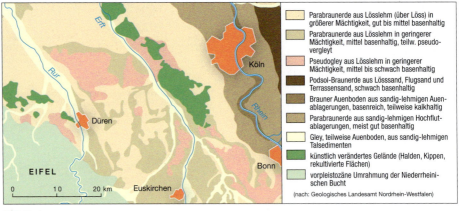

M 7 Bodentypen

Das Niederrheingebiet ist Nordrhein-Westfalens grundwasserreichste Landschaft. Sein Grundwasserreichtum ist an die bis über 1000 m mächtige Lockergesteinsfüllung gebunden, die seit dem Beginn des Tertiärs in diesem Senkungsraum abgelagert wurde. Durch den Wechsel von Meeres- und Kontinentalablagerungen und durch zyklische Veränderungen des Klimas sind charakteristische Abfolgen von wasserdurchlässigen (Sand, Kies) und wasserstauenden (Ton, Schluff, Braunkohle) Schichten sogenannte „Grundwasserstockwerke" entstanden. […]
Grundwasser wird aus dem versickernden Teil der Niederschläge immer wieder neu gebildet. Für den südlichen Teil des Niederrheingebietes kann man im langjährigen Mittel mit einer Grundwasserneubildung von 6 l / (s · km²) rechnen. […] Das Niederrheingebiet enthält auch die größten Sand- und Kieslagerstätten des Landes. Dabei ist die Lagerstätte meist gleichzeitig der wichtigste Grundwasserleiter. Im Süden, wo von Natur aus vielerorts das Grundwasser tiefer unter der Erdoberfläche ansteht, ist ein trockener Abbau möglich, der kaum nachteilige Auswirkungen auf das Grundwasser hat. In Rheinnähe und am gesamten nördlichen Niederrhein steht das Grundwasser jedoch in geringer Tiefe an.

(nach: Geologisches Landesamt Nordrhein-Westfalen: Geologie am Niederrhein, Krefeld 1988, S. 78 ff.)

M 8 Wasserwirtschaftliche Übersicht

Fossile Energieträger – wirtschaftliche Grundlage für alle Zeit?

Jülicher Börde

Seit jeher dominiert in der Jülicher Börde der Ackerbau; Viehhaltung ist nicht sehr ausgeprägt. Basierend auf dem Grundschema der Fünffelderwirtschaft herrschte bis weit in das 20. Jahrhundert die sog. „Rheinische Fruchtfolge" vor, bei der anstelle der Brache Hackfrüchte eingesetzt wurden: Zuckerrübe – Winterweizen – Winterroggen mit Klee – Einsaat – Klee/Hackfrüchte. Mit dem Beginn des Zuckerrübenanbaus um 1870 erfuhr der Raum eine zunehmende Aufwertung. Da kleinen Betrieben die notwendigen großen Parzellen sowie die technischen Geräte zur Bearbeitung der tiefgründig wurzelnden Zuckerrübe fehlten, fand eine Umstrukturierung der Betriebsgrößen zu mittleren und großen Einheiten statt. Heutzutage ist die Börde innerhalb der Europäischen Union eine der bedeutendsten Regionen für den Zuckerrübenanbau.

Aufgrund fehlender Bodenschätze konnten sich bis Ende des letzten Jahrhunderts keine einheitlichen Industriestrukturen ausbilden. Erst durch die mit der Braunkohlengewinnung verbundene Nachfrage in Bezug auf technische Geräte sowie die Bereitstellung von Elektrizität erfuhr das Rheinische Revier eine deutliche industrielle Aufwertung. Lange Zeit waren auch die ungenügende Verkehrsanbindung des Raums sowie die räumliche Entfernung zu den Großstädten Hindernisse für den Aufbau von Industrien. Erst in heutiger Zeit gelingt es, mittelständische Betriebe sowie größere Industrieniederlassungen mit Erfolg zu fördern, um Arbeitsplatzverluste in der Landwirtschaft zu kompensieren.

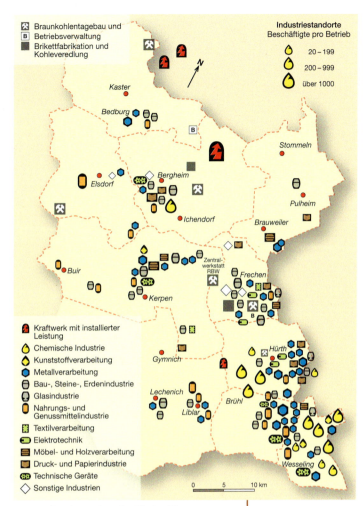

M 10 Industriestandorte im Bördegebiet

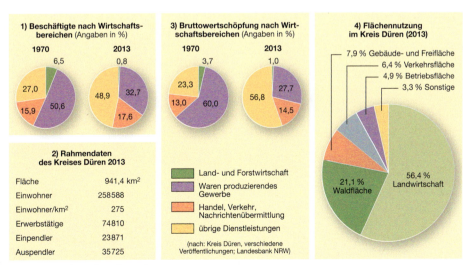

M 9 Wirtschaftsstruktur des Kreises Düren

5. Erläutern Sie die Lagerungsverhältnisse der Braunkohle (M 6).
6. Analysieren Sie die Grundwassersituation im Rheinischen Revier (M 8).
7. Erläutern Sie die wirtschaftlichen Strukturen des Bördegebietes (M 7, M 9, M 10).

M 11 Tagebau Hambach

Ökologische Probleme

Wie bei jeder bergbaulichen Gewinnung von Energieträgern erfolgt auch beim Abbau von Braunkohle ein massiver Eingriff in die Umwelt. Wie bei kaum einem anderen industriellen Großprojekt wird die Landschaft jedoch großräumig und grundlegend verändert. In der Diskussion um den Tagebau spielt deswegen der Umweltschutz eine tragende Rolle.

Den ökologischen Bedürfnissen stehen die ökonomischen Interessen gegenüber. Dazu gehören Forderungen der Industrie nach preiswerter und ständig verfügbarer Energie. Auch politische Interessen spielen eine Rolle, denn mit dem Braunkohlenabbau kann die Rohstoffabhängigkeit Deutschlands gemindert werden.

Zukunftsfähiges Wirtschaften bedeutet, die Folgen von Eingriffen in den Naturhaushalt zu analysieren und für einen Ausgleich zu sorgen bzw. Aussagen über die Nutzung nach Beendigung des Eingriffs vorzunehmen. Dies geschieht in Form von Umweltverträglichkeitsprüfungen, bei denen die Auswirkungen auf Flora und Fauna, Klima, Boden, Wasser, aber auch auf Kulturgüter untersucht werden.

Umwelteinwirkungen bei der Gewinnung und Veredelung von Braunkohle

Inanspruchnahme der Oberfläche durch den Tagebau	Grundwasserabsenkung	Emissionen der Tagebaue und Veredelungsbetriebe
• Änderung von Reliefformen • Beanspruchung land- und forstwirtschaftlicher Flächen • Verlegung von Siedlungen, Verkehrsbändern und Wasserläufen • Veränderung der natürlichen Vegetation • Zerstörung gewachsener Bodenprofile • Verdrängung von Tieren • Veränderung des Mesoklimas • Verlust archäologischer Stätten	• Absinken des Grundwasserspiegels • Beeinflussung von Vorflutern • Trockenfallen von Brunnen • Änderungen im Wasserhaushalt von Böden • Veränderung der Vegetation in Feuchtgebieten • Bodensenkungen und Bergschäden	• Staubniederschlag • Abgase der Kraftwerke • Lärm, Abwässer, Abwärme • Deponie von Abraum und Braunkohlenasche

(aus: Klahsen, E., v. d. Ruhren, N. Das Rheinische Braunkohlenrevier, Materialien (2), Köln 1986, S. 25)

M 12 Umwelteinwirkungen im Überblick

8. Erläutern Sie die mit dem Braunkohlenabbau verbundenen ökologischen Probleme (**M 11**, **M 12**).
9. Analysieren Sie die Grundwassersituation im Rheinischen Revier und die Wechselwirkungen mit dem Braunkohlenabbau (**M 13**).

Grundwasserabsenkung

Der Tagebau erfordert eine großflächige Absenkung des **Grundwassers,** denn das Deckgebirge, die Flöze und die Tagebauränder müssen entwässert werden. Dafür wird eine Brunnengalerie um die Abbaufläche geschaffen. Das entnommene Grundwasser wird zu 40 Prozent wieder genutzt, entweder als Brauchwasser in den Kraftwerken, in den Tagebauen oder als Trinkwasser der Städte Neuss und Düsseldorf. Mit Inbetriebnahme des Tagebaus Garzweiler II muss bis in eine Tiefe von 240 m unter der Erdoberfläche Grundwasser abgepumpt werden. Dabei wird jedoch ein Reservoir angegriffen, das der Stadt Mönchengladbach als Zulieferer von Brauch- und Trinkwasser dient und darüber hinaus die Zuläufe des Schwalm-Nette-Naturparks speist. Kritiker befürchten, dass diesem Feuchtbiotop durch die Absenkung des Grundwassers irreversible Schäden an Flora und Fauna zugefügt werden. Durch Einleitung von abgepumptem Grundwasser (Sümpfungswasser) wird versucht, einen Teil dieser Gebiete zu erhalten. Zudem werden Ersatzbiotope angelegt. Die Absenkungen des Grundwasserstandes führten auch zu Bodenabsenkungen, die lokal unterschiedlich ausfallen können. Davon können auch Bauwerke betroffen sein, die bei starken Beschädigungen abgerissen werden müssen (Bergschäden).

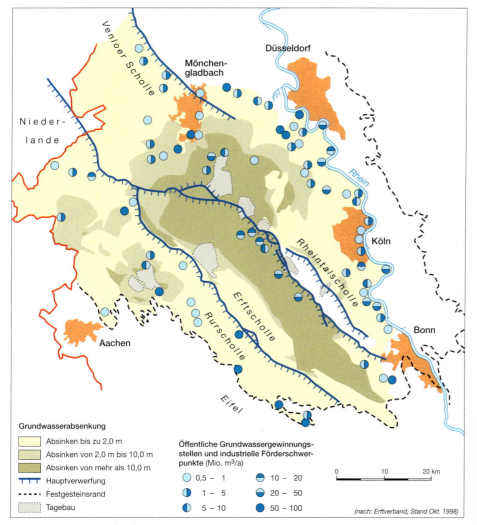

M 13 Grundwasserstandsänderungen

10. Untersuchen Sie, welche Industrien im Raum Grevenbroich-Mönchengladbach von der Grundwasserabsenkung betroffen sind (M 13, Atlas).
11. Begründen Sie die Bedeutung von Feuchtbiotopen und diskutieren Sie deren Beeinflussung von Grundwasserabsenkungen.

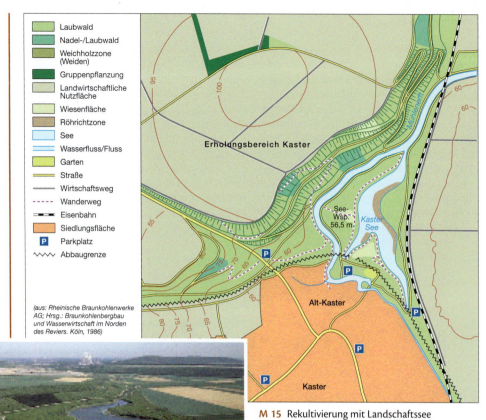

M 15 Rekultivierung mit Landschaftssee

Rekultivierung

Durch land- und forstwirtschaftliche Rekultivierungsmaßnahmen wird versucht, die ursprüngliche Landschaft wieder herzustellen. Neue Landwirtschaftsflächen entstehen im Norden des Reviers. Die Bildung eines neuen Boden-Ökosystems erfordert allerdings viele Jahre. Durch intensive Düngung lassen sich Nachteile größtenteils kompensieren. Eine wachstumsfördernde und ertragssteigernde Wirkung wird durch die Anlage von Windschutzstreifen erzielt. Nach einigen Jahren ergeben sich durch Arrondierung zusammen mit Wege- und Zeitvorteilen auf der neugestalteten Fläche insgesamt höhere Erträge.

Der ursprünglichen Flächennutzung folgend finden sich Schwerpunkte der forstwirtschaftlichen Rekultivierung im Süden des Abbaugebietes. Das erkennbar gute und schnelle Wachstum förderte in den 1950er-Jahren die Anlage von weitflächigen Pappelanpflanzungen. Dabei stand der Aspekt der Vorwaldbegrünung als Zwischenlösung bis zur endgültigen Landschaftsgestaltung im Vordergrund. Heutzutage wird ein 3–5 m mächtiger Forstkies-Mischboden aufgetragen. Dieser besitzt wegen des hohen Lössanteils einen

M 14 oben: Alt-Kaster heute, unten: Alt-Kaster Mitte der 1970er-Jahre

guten Nährstoff- und Kalkgehalt sowie eine gute physikalische Struktur, sodass zu 80 Prozent standortgerechte Eichen und Hainbuchen wie auch unterschiedliche Nadelhölzer angepflanzt werden. Durch Anlage von kleinreliefierten Mikrostandorten sowie Feucht- und Trockenarealen wird versucht, ein intaktes Ineinandergreifen von Flora, Fauna und Boden zu erreichen.

Landwirtschaftliche Rekultivierung

Etwa die Hälfte der rekultivierten Fläche wird wieder durch die Landwirtschaft genutzt. Um die ausgekohlte Landschaft wieder agrarisch nutzen zu können, muss die Oberfläche entsprechend gestaltet werden. Dabei hat sich in letzter Zeit das sog. „Absetzerverfahren" durchgesetzt. Dabei fördert der Schaufelradbagger im Tagebau humoses Bodenmaterial, Lösslehm und karbonathaltigen Löss, was über Förderbänder zur ausgekohlten Seite des Tagebaus transportiert wird. Dort wird der Boden durch die Absetzer auf einer wasserdurchlässigen Rohkippe schichtweise aufgebaut.

Das Absetzerverfahren hat aus bodenkundlicher Sicht Nachteile. Durch unachtsame Verkippung und entsprechend stärkeres Planieren können tief reichende Verdichtungen des aufgetragenen Materials entstehen, die Meliorationsmaßnahmen nach sich ziehen. Ebenso ist das Planieren des Lössmaterials bei zu hohem Wassergehalt ungünstig. Die Umlagerung des Bodens unterbricht zudem die Bodenentwicklung. Da eine getrennte Gewinnung und Auftragung einzelner Horizonte, zum Beispiel des humosen Oberbodens, unmöglich sind, gibt es am neuen Standort keine unterschiedlichen Horizonte mehr. Ausgangsmaterial der neuen Bodenentwicklung ist deshalb ein Gemisch von Materialien aus unterschiedlichen Horizonten. Durch die Mischung der Horizonte verdünnt sich nicht nur der Humusgehalt im Oberboden, auch die Nährstoffgehalte (Phosphor, Kalium, Stickstoff) vermindern sich auf ein niedrigeres Niveau.

Die neuen Flächen erfordern bei der Erstbewirtschaftung zunächst einen höheren Aufwand als alte, gewachsene Böden. Darum werden an den Schwerpunkten der landwirtschaftlichen Rekultivierung von der Tagebaugesellschaft Rheinbraun Gutsbetriebe (Schirrhöfe) betrieben. Auf den Neulandflächen wird in der Erstbearbeitung Luzerne gepflanzt, eine tief wurzelnde und stickstoffanreichernde Pionierpflanze. Sie wird zur Bodenverbesserung drei Jahre als Dauerkultur bewirtschaftet. Ein Teil der Ernte wird als Viehfutter verwendet, überwiegend jedoch wird die Pflanzenmasse zur Anreicherung von organischer Substanz und damit zur Humusbildung auf dem Feld aufgetragen. Nach der Luzerne wird Winterweizen eingesät, schließlich werden Winterroggen oder Wintergerste gepflanzt. Nach Abschluss der mindestens siebenjährigen Zwischenbewirtschaftung wird das Neuland an umsiedelnde Landwirte übergeben

Kritiker zur landwirtschaftlichen Rekultivierung

Die Wirklichkeit

RHEINBRAUN kann in Wahrheit nicht renaturieren, den ursprünglichen Zustand auch nicht annäherungsweise wiederherstellen, will es zudem aus Kostengründen auch nicht.

Tatsachen sind:
– Das gewachsene Bodenprofil wird bis in mehrere hundert Meter Tiefe zerstört.
– Die Bodenschichten werden durch Großgeräte vollständig durchmischt in die ausgekohlten Tagebaue verfüllt. Es gibt keine grundwassersperrenden bzw. -führenden Schichten mehr.
– Dieses künstliche Sediment ist nicht kulturfähig. Die aus großen Tiefen geförderten Erdschichten enthalten z. T. hochgiftige Stoffe, z. B. Pyrit, wodurch Pflanzen geschädigt werden.
– Für die landwirtschaftliche Rekultivierung muss auf das künstliche Sediment eine Lössschicht aufgespült werden, die aus Kostengründen stark mit Sanden durchsetzt ist.
– Weil auf diesen Böden selbst nach Jahrzehnten von Humusbildung keine Rede sein kann, müssen in erhöhtem Maße chemische Düngemittel aufgebracht werden. Der Nitratgehalt des Bodens steigt dadurch enorm an.
– Die Sulfate und Nitrate wurden durch Niederschlagswasser und (eventuell) ansteigendes Grundwasser in die sogenannten „Restseen" gespült, die mittlerweile biologisch tot sind.
– Die wirbellose und unsichtbare Lebenswelt des Bodens (Abermillionen Kleinstlebewesen pro Kubikmeter Erde), die den wesentlichen Stoffumsatz für die Fruchtbarkeit des Humusbodens bewirken und damit das Gleichgewicht des Boden- und Naturhaushaltes, werden total vernichtet. Im aufgeschütteten und aufgespülten Kunstboden kommt diese Lebenswelt des Bodens, von der wir Menschen im Wortsinn letztlich leben, nicht mehr vor.

(aus: Vereinte Initiativen. In: Stadt Mönchengladbach (Hrsg.): Auswirkungen des Braunkohlentagebaus. 1989, S. 163)

M 16 Landwirtschaftliche Rekultivierung

12. Erläutern Sie die forstwirtschaftliche Rekultivierung.
13. Untersuchen Sie, inwieweit ökologischen Anforderungen bei der Landschaftsneugestaltung Rechnung getragen wird (**M 14**, **M 15**).
14. Fassen Sie wesentliche Gesichtspunkte, Zielsetzungen und Veränderungen im Kontext mit der landwirtschaftlichen Rekultivierung zusammen. Bewerten Sie die Kritikansätze (**M 16**).

Umsiedlungen

Neben den Eingriffen in das Landschaftsgefüge und den notwendigen infrastrukturellen Veränderungen stellen die **Umsiedlungen** eines der größten Probleme der Braunkohlenförderung dar. Mehr als 30 000 Menschen mussten seit etwa 1950 ihren Wohnort verlassen, über 50 Ortschaften mit mehr als 100 Einwohnern sowie 50 Weiler und Einzelsiedlungen unter 100 Einwohnern aufgegeben werden, um dem Tagebau Platz zu machen. Mit der Umsiedlung werden über Jahrhunderte gewachsene soziale Bindungen innerhalb der Bevölkerung sowie zu Haus und Hof zerstört. Entschädigungen werden in Form finanzieller Mittel geleistet.

Im Rahmen der Umsiedlung stehen den Betroffenen mehrere Formen zur Verfügung:
- Einzelumsiedlung,
- Gruppenumsiedlung in bestehende Orte,
- geschlossene Umsiedlung mit Neugründung einer Ortschaft oder eines Ortsteiles.

Für die letzte Möglichkeit entscheiden sich fast alle Umsiedler, sodass am Rande des Tagebaus alte Siedlungsnamen in neuer Ortslage erhalten bleiben. Ein Beispiel dafür ist der Ort Königshoven. Im Verlauf der durchgeführten Umsiedlungen lassen sich verschiedene Phasen ausmachen, die den Zeitgeist der Ortsgestaltung widerspiegeln. In den 1950er-Jahren wurden Siedlungen in eintönigen Wohnblocks erstellt, wobei dem Autoverkehr viel Fläche eingeräumt wurde. Es wurden breite Hauptverkehrsstraßen mit Geschäften für Güter des täglichen Bedarfs angelegt. Heutzutage wird der Dorfmittelpunkt herausgehoben, indem die Straßen- und Wegeführungen der alten Orte übernommen und somit räumliche Strukturen wiederhergestellt werden.

Von der Umsiedlung landwirtschaftlicher Betriebe sind nicht nur die Landwirte betroffen, deren Gehöft sich auf der künftigen Betriebsfläche befindet, sondern auch die sogenannten „Tagebaurandbetriebe". Das sind Betriebe, die durch den Abbau einen Teil ihrer Ländereien verlieren, während die Hofstelle erhalten bleibt. Insgesamt erfolgt im Rahmen der Umsiedlung eine Änderung der Beschäftigtenstruktur zum sekundären und tertiären Sektor.

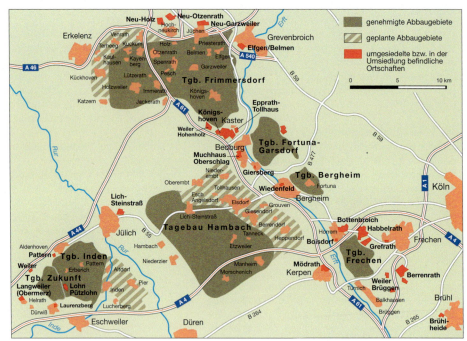

M 17 Umsiedlungen im Rheinischen Braunkohlenrevier

15. Erläutern Sie die Umsiedlungen im Rheinischen Braunkohlenrevier und erörtern Sie Schwierigkeiten, die bei der Umsiedlung entstehen können (**M 17**).
16. Geben Sie einen Überblick über den Ablauf der Umsiedlung von Immerath, Pesch und Lützerath (**M 18**).
17. Untersuchen Sie die Strukturen Immeraths vor und nach der Umsiedlung (**M 18**).
18. Bewerten Sie abschließend den Braunkohlenabbau im Konflikt zwischen ökonomischen Interessen und ökologischen Anforderungen.

a) Das alte Immerath, Pesch und Lützerath

Immerath, Pesch und Lützerath sind durch eine mehr als 700 Jahre alte Geschichte und Tradition geprägt. Einzelne herausragende und das Ortsbild prägende Bauten sind Zeugen dieser geschichtlichen Entwicklung: beispielsweise der Kirchenbau „Immerather Dom", Haus Pesch, die Immerather Mühle sowie zahlreiche Hofanlagen und Einzelgebäude.
Charakteristisch für Immerath ist die Ausbildung eines Ortsmittelpunktes am Kreuzungspunkt der beiden „Hauptstraßen" Rurstraße/Pescher Straße sowie Lützerather Straße/Jackerather Straße. Dieser Kreuzungspunkt war historisch betrachtetet „Gründungsanlass" und Keimzelle des Ortes, von hier aus entwickelte sich der Ort entlang der vorgenannten Straßen. Der Charakter der beiden Hauptstraßenzüge ist unterschiedlich. [...]
Grundtyp für die traditionelle Gebäudeform in Immerath ist der zweigeschossige Ziegelbau mit Fenstern im hochrechteckigen Format. Die Gebäudelänge umfasst üblicherweise vier bis fünf Fensterachsen. Das ortstypische Gebäude steht parallel zur Straße, gleiches gilt für die Traufe (Dachrinne) und die Hauptfirstrichtung des meist steilen Satteldaches. [...] Der örtlich anzutreffende Lösslehm ist verantwortlich dafür, dass der dunkelrote bis rotbraune Ziegel zu einem

Immerath am 29.05.2009

traditionellen und typischen Fassadenmaterial in der Region wurde. [...]
(Quelle: Hrsg.: Stadt Erkelenz. In: Gestaltungsfibel. S. 6, S. 9)

b) Rahmendaten

Immerath/Pesch/Lützerath (alt)	
Einwohner:	ca. 1231
Haushalte:	ca. 466
Anwesen:	ca. 419
Fläche:	ca. 69 ha
Beginn der gemeinsamen Umsiedlung:	01.07.2006
Bergbauliche Inanspruchnahme (Garzweiler II):	2009 (Pesch) 2017 (Immerath) 2019 (Lützerath)

Immerath/Pesch/Lützerath (neu)	
Umsiedlungsstandort:	Immerath (neu), Region Erkelenz-Kückhoven
Fläche:	35 ha
Bebaubare Grundstücke:	270
Teilnahme an der gemeinsamen Umsiedlung:	ca. 55% im Umsiedlungsstandort

c) Immerath – Ein Dorf muss dem Bergbau weichen

„Ich kenne kaum jemanden, der zurückwill", sagt Hans-Walter Corsten. Zurück – das heißt: nach Immerath, einem früher mal charmanten Dorf: Backsteinhäuser, Kirche, Metzgerei, Bäckerei, Apotheke, die Kirche im Ortskern, 1200 Einwohner. Das alte Immerath liegt vom neuen Immerath nur acht Kilometer entfernt. Aber Corsten hat das Dorf weit hinter sich gelassen. Immerath, da haben die Corstens über Generationen gelebt. Da war der Vater begraben. Vor einigen Jahren haben sie das Grab geöffnet und den Vater auf den Friedhof ins neue Dorf gebracht. Und Corsten hat noch mal gebaut, mit 60 Jahren, am neuen Ort. [...]
Und im Jahr 2017 werden die Bagger des Energiekonzerns RWE dann das Dorf Immerath erreichen. Bis dahin müssen alle weg sein. [...]

d) Das neue Immerath, Pesch und Lützerath

Das übergeordnete Ziel der stadtgestalterischen Planungen am neuen Ort ist die Schaffung eines aus dem bestehenden Ort entwickelten und an der Bautradition des Erkelenzer Landes orientierten eigenständigen Ortsbildes. [...] Der neue Ort gliedert sich dementsprechend in vielfältige Quartiere und Nachbarschaften.
Um den Mittelpunkt des Ortes mit Platz, Kirche und Bürgerhaus entstehen vier Teilbereiche mit unterschiedlichen Charakteren:
– im Nordosten ein dörflich geprägtes Quartier mit Einzelhäusern und Gebäuden für landwirtschaftliche Nebenerwerbsstellen,
– im Westen ein dreieckförmiges Quartier mit innen liegenden Wohnstraßen,
– im Südosten ein Wohnquartier unter starker Einwirkung der umgebenden Grünbereiche,
– im Südwesten ein „Siedlungs"-Quartier mit unterschiedlichen Straßenräumen und hierauf beruhenden Nachbarschaften.
Das Straßensystem des neuen Ortes orientiert sich am alten Ort. Aufbauend auf eine Straßenkreuzung mit geradlinig geführter „Hauptstraße" im Ortsmittelpunkt und in kurze Abschnitte gegliederten Nebenstraßen entstehen Stadträume mit unterschiedlichen Charakteren. [...]
Durch die überwiegende Anordnung von niedrigeren Gebäuden am Ortsrand sowie der höheren Gebäude im Ortskernbereich erfolgt eine harmonische Höhenentwicklung der neuen Ortschaft ohne unvermittelte Höhensprünge. [...] Entsprechend dem historischen Vorbild ragen nur öffentliche Gebäude und Kirchengebäude sowie Bäume über die Firste der Privathäuser hinaus.
(Quelle: Hrsg.: Stadt Erkelenz. In: Gestaltungsfibel. S. 12/13)

e) Abbaustände und Umsiedlungsräume Garzweiler II

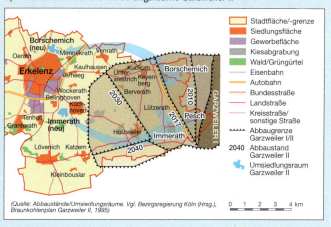

Deshalb ist Immerath de facto verloren. Warum das so ist, sieht man, wenn man hinfährt: Immerath ist schon heute ein Geisterdorf. Auf das eigene Krankenhaus waren sie hier mal stolz. Ein Dorf mit Krankenhaus. Beklemmend verlassen wirkt dieser große Klinkerbau heute, wie fehl am Platze. Die Fenster sind schon lange nicht geputzt worden. [...]
(Quelle: www.faz.net, Zugriff: 17.08.2013)

M 18 Umsiedlung Immerath/Pesch/Lützerath

Planung einer Exkursion in das Rheinische Braunkohlenrevier

Planung der Exkursion

Eine Exkursion in das Rheinische Braunkohlenrevier kann sich auf einzelne Themenbereiche der Braunkohlengewinnung und -verarbeitung beschränken, aber auch alle Aspekte umfassen.

Fahrtroute
Je nach Schwerpunktsetzung innerhalb des Kurses, der Interessenlage sowie der zur Verfügung stehenden Zeit kann die vorgeschlagene Fahrtroute individuell geändert und ergänzt werden. Bedenken Sie dabei auch, dass durch den fortschreitenden Tagebau im Revier Garzweiler II ständige Veränderungen stattfinden, die die geplante Route beeinflussen können.

Verkehrsmittel
Nach Auswahl der Exkursions-Schwerpunkte sollten Sie entscheiden, ob Sie mit öffentlichen Verkehrsmitteln unterwegs sein wollen. Dies wird aber dann schwierig, wenn Sie die landwirtschaftlichen genutzten weiten Flächen der Börde untersuchen wollen. Die gesamte vorgeschlagene Exkursionsroute können Sie mit dem Bus, einem Pkw oder auch mit einem Fahrrad bequem an einem Tag absolvieren.

Besichtigungen
An verschiedenen Standorten lassen sich Betriebsbesichtigungen ermöglichen. So werden geführte Touren durch den Tagebau angeboten wie auch Führungen durch das Kraftwerk. Allerdings müssen Sie sich dafür lange vor dem Exkursionstermin anmelden, sodass eine langfristige Planung erforderlich ist.

---

1 Ausgangspunkt: Autobahnabfahrt A1 „Hürth"
Landwirtschaft auf rekultivierten Flächen

2 Industrieanlagen Berrenrath-Knapsack
Blick in den ehemaligen Tagebau Vereinigte Ville. Straßenführung parallel zum Luisensprung (tektonische Verwerfung). Blick auf Chemiepark.

3 Naherholungsgebiet Otto-Maigler-See
Standort Strandbad; Gesamtüberblick über künstlich angelegte Wasserfläche.

4 Berrenrath
Erste geschlossene Ortsumsiedlung. Fabrik Berrenrath: Kohleveredlung, Braunkohlenstaubveredlung, Gasproduktion. Kraftwerk Goldenbergwerk.

5 Ehemaliger Tagebau Frechen
Aussichtspunkt: Verkippungsflächen, forstwirtschaftliche Rekultivierung, Erft-Wasserrückhaltebecken, Gedenkstein für umgesiedelten Ort Mödrath.

6 Kohlekraftwerk Niederaußem
Kühlturm, Turbinenhäuser, starke Wasserdampfentwicklung. Blick auf Neubau des Kraftwerkes Neurath.

7 Schloss Paffendorf
Info-Center RWE Power AG: Modelle, Luftbilder, Schaustücke von Braunkohlenfossilien.

8 Alt-Kaster – Neu-Königshoven
Alt-Kaster: Historische Stadt unter Denkmalschutz, forstwirtschaftliche Rekultivierung, neu angelegter See.

M 1 Exkursion durch das Rheinische Braunkohlenrevier

Durchführung der Exkursion

Sie führen eine Exkursion teilweise im freien Gelände durch; achten Sie daher auf angemessene Kleidung. An vielen Standorten sollen Sie Beobachtungen machen und Teilaspekte selbst erarbeiten. Vergessen Sie also nicht, Schreib- und Zeichenutensilien, aber auch einen Fotoapparat auf die Exkursion mitzunehmen.

Sammeln von Ergebnissen

Die vielfältigen geographischen Methoden helfen, die zahlreichen Facetten des Braunkohlenreviers zu erfassen. So können Sie eine Landschaftsskizze am Rand des Tagebaus erstellen, eine Kartierung eines umgesiedelten Ortes durchführen. Interessant ist es, Verkehrszählungen durchzuführen mit der Feststellung der Herkunft der Pkw- und Lkw-Fahrzeuge. Interviews, z. B. mit Umsiedlern, Landwirten, Behörden oder Umweltorganisationen, helfen, die verschiedenen Meinungen und Ansichten über das Revier zu erfassen und zu beurteilen.

Nachbereitung der Exkursion

Ihre Aufzeichnungen und Daten sind anschließend für den weiteren Unterricht aufzuarbeiten.

Auswertung

Ihre Zeichnungen, Kartierungen, Befragungen lassen sich mithilfe geeigneter Computerprogramme in sauberer Form umsetzen. Sie können z. B. Ihre Befragungen in Diagrammen zusammenfassen und Ihre Kartierungen maßstabsgerecht darstellen.

Präsentation

Ihre (Teil-)Ergebnisse lassen sich in Postern darstellen. Eine Zusammenfassung lässt sich aber auch gut mit einer Präsentations-Software am Computer erstellen. Die von Ihnen aufgenommenen Fotos können Sie problemlos in Ihren Vortrag einarbeiten.

Gesamtreflexion

Neben einer kritischen Betrachtung der Ergebnisse sollten Sie sich auch bewusst machen, ob die Rahmenplanung gestimmt hat und ob es Standorte gab, die für Sie nicht ertragreich waren. Abschließend sollten Sie in Ihrer Zusammenfassung nicht vergessen, Pro- und Kontra-Argumente des Braunkohlenabbaus unter Berücksichtigung der gesammelten Erkenntnisse zu bewerten.

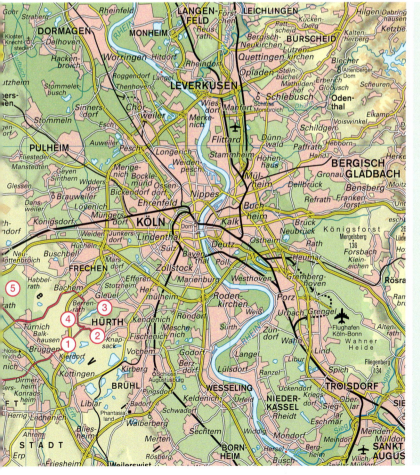

9 **Tagebau Garzweiler II**
Besichtigung nach vorheriger Anmeldung bei RWE Power AG möglich.

10 **Vollrather Höhe**
Außenkippe des Tagebaus Garzweiler, Naherholungsgebiet.

11 und 14
Aussichtspunkte Jüchen/Jackerath
Blick in den Tagebau Garzweiler II mit Deckgebirge, Flözen. Pumpen zur Grundwasserabsenkung, Sprühgalerie. Blick auf Kraftwerkskette, Windparks.

12 **Neu-Otzenrath/Neu-Holz**
Aktuelle Umsiedlungen nach neuesten Planungsaspekten.

13 **Holz – Pesch – Immerath**
Abriss der Ortschaften ist z. T. erfolgt oder steht kurz bevor.

15 **Titzer Höhe**
Jülicher Börde = Lössebene mit Landwirtschaft.

16 **Sophienhöhe**
Außenkippe des Tagebaus Hambach.

17 **Zülpicher Börde**
Landwirtschaftliche Nutzung, alter Bruchwald in der Erftaue.

Lässt sich der Energiehunger der Welt mit regenerativer Energie stillen?

1. Regenerative Energiequellen

Jahr	Windenergie	
	an Land	auf See
1990	71	0
1995	1 500	0
2000	9 513	0
2005	27 229	0
2012	49 948	722

Maximale Strombereitstellung aus Windenergie in Deutschland (Quelle: BMU nach Arbeitsgruppe Erneuerbare-Energien-Statistik, Juli 2013)

M 1 Offshore-Anlagen

Regenerative Energien – auch erneuerbare Energien genannt – sind nach menschlichen Maßstäben unerschöpflich, da sie Wind, Wasser, Sonneneinstrahlung und Erdwärme sowie nachwachsende Rohstoffe nutzen. **Erneuerbare Energien** bieten Ersatz für die absehbar knapp werdenden fossilen Energieträger Kohle, Öl und Gas. Sie stehen überwiegend lokal oder regional zur Verfügung, sodass Importrisiken reduziert werden. Die energie- und umweltpolitischen Vorgaben von Bundesregierung und Europäischer Union orientieren sich am internationalen Ziel, in den Industriestaaten bis zur Mitte des Jahrhunderts rund 80 % der CO_2-Emissionen, bezogen auf die Werte von 1990, zu vermeiden.

Windkraft als Energiequelle

Windkraft stellt eine ausbaufähige Energiequelle dar. Speziell an Plätzen mit starkem und beständigem Wind, z. B. an hoch gelegenen Standorten oder an der Küste, lohnt sich die Errichtung von Windkraftwerken. Die World Meteorological Organization (eine Organisation der UNO) schätzt das weltweite Potenzial für **Windenergie** auf 20 Millionen MW, was etwa dem Zehnfachen des gegenwärtigen weltweiten Stromverbrauchs entspricht. Wind hat eine Reihe von Vorteilen gegenüber anderen Energiequellen. Windparks benötigen kürzere Planungs- und Konstruktionszeiten als Kraftwerke, die mit fossilen Brennstoffen oder Kernkraft betrieben werden (Ausnahme: Offshore-Anlagen). Außerdem sind sie frei von CO_2-Emissionen und verbrauchen keine Brennstoffe im Betrieb.

Wasserkraft		21,8
Windkraft		50,7
an Land		49,9
auf See (offshore)		0,7
Photovoltaik		26,4
Biomasse (gesamt)		43,6
davon:		
biogene Festbrennstoffe	[TWh = Mrd. kWh]	11,6
biogene flüssige Brennstoffe, inkl. Pflanzenöl		0,4
Biogas		24,8
Klärgas		1,3
Deponiegas		0,6
biogener Anteil des Abfalls		4,9
Geothermie		0,025
Summe Strom		**142,4**

M 2 Strom aus erneuerbaren Energien in Deutschland 2012 (Quelle: BMU 2012)

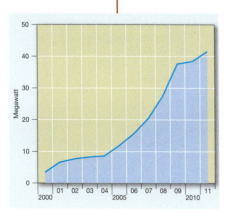

M 3 Windkraftwerke, jährlicher Neubau weltweit

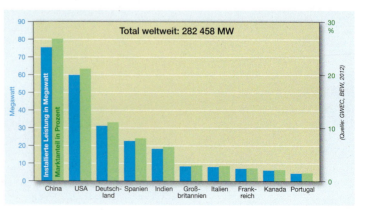

M 4 Top-10-Staaten der Windenergie 2012, installierte Leistung

Lässt sich der Energiehunger der Welt mit regenerativer Energie stillen?

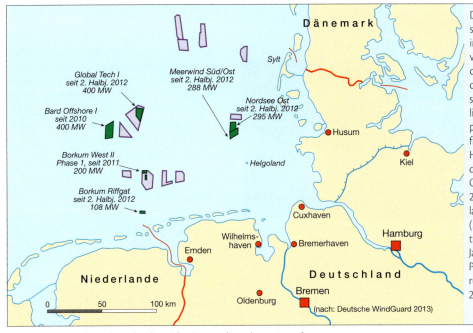

Die Nutzung der Offshore-Windenergie findet in deutschen Gewässern vornehmlich außerhalb der 12-Seemeilen-Zone in der ausschließlichen Wirtschaftszone statt. Damit liegt ein Großteil der geplanten und in Bau befindlichen Projekte in den Hochseegewässern der deutschen Nord- und Ostsee. Ende September 2013 waren in Deutschland rd. 520 Megawatt (MW) Offshore-Windleistung am Netz. Bis zum Jahr 2030 soll nach den Plänen der Bundesregierung eine Leistung von 25 000 MW am Netz sein.
(Quelle: BMU 2013)

M5 Nordsee – Offshore-Windparkprojekte im Bau (Stand: 30.06.2013)

Die Windkraftnutzung ist aber nur dort wirtschaftlich, wo über das Jahr gemittelt eine Windgeschwindigkeit von 5 m/s (= 18 km/h) erreicht wird.

Physikalisch bedingt liegt der theoretisch größtmögliche Umwandlungsgrad eines frei umströmten Windrades bei 59 %. Moderne Drei-Blatt-Rotoren erreichen einen Wirkungsgrad von bis zu 45 %. Mechanische und elektrische Verluste sowie Stillstände lassen den Gesamtwirkungsgrad auf etwa 35 % sinken.

Kritiker führen an, dass der Windstrom nicht grundlastfähig ist. Die Energieerzeugung richtet sich nach dem Winddargebot und nicht nach dem Bedarf der Abnehmer – weht zu viel oder gar kein Wind, kann kein Windstrom erzeugt werden. Allerdings wird an Techniken gearbeitet, Windstrom in Form von Windgas in das Erdgasnetz einzuspeisen. Außerdem werden Schallbelästigungen, Schlagschatten, eine Gefährdung von Vögeln und nicht zuletzt eine Verspargelung der Landschaft sowie der Flächenverbrauch kritisiert.

M6 Mittlere jährliche Windstärken

1. Lokalisieren Sie die Regionen der Erde, die für den Bau von Windkraftanlagen besonders geeignet sind (M6, Atlas).
2. Erläutern Sie den Ausbau der Windenergie in Deutschland (M1, M2, M5).
3. Vergleichen Sie die weltweiten Leistungen der Windenergie (M3, M4).
4. Informieren Sie sich über gesellschaftliche Gruppen, die dem Bau von Windkraftanlagen aus Umweltschutzgründen kritisch gegenüberstehen. Erörtern Sie deren Argumente (Internet).

Solarenergie

Die Strahlung der Sonne erreicht die Außengrenze der Erdatmosphäre mit einem durchschnittlichen Energiebetrag von 1,3 Kilowatt pro Quadratmeter. Etwa die Hälfte davon wird von der Atmosphäre absorbiert oder reflektiert. Dennoch ist die Energiemenge, welche den Erdboden erreicht, 10 000-mal größer als der jährliche Energieverbrauch auf der Erde. Da die Strahlungsenergie jedoch diffus ist, muss sie erst konzentriert werden, um sie z. B. für die Stromerzeugung nutzen zu können.

Kollektoren

Die älteste und einfachste Technik der Solarnutzung ist die Wärmeabsorption durch Kollektoren. Kollektoren bestehen aus Wärme absorbierenden Materialen, d. h. meist schwarze, mit einer doppelten Glasschicht isolierte ebene Oberflächen, unter welchen eine Flüssigkeit (meistens Wasser) in geschlossenen Leitungen zirkuliert. Bei Sonneneinstrahlung erhitzt sich die Flüssigkeit und die gewonnene Energie wird dann über Wärmetauscher z. B. in das Warmwassersystem von Einfamilienhäusern geleitet. Bei voller Sonneneinstrahlung genügt eine fünf Quadratmeter große Kollektorfläche, um Warmwasser für den täglichen Bedarf einer Familie bereitzustellen. Kollektoren sind billig in der Herstellung und werden vor allem in den sonnenreichen Ländern zur Warmwasserbereitung genutzt.

Solarthermie

Solarthermische Anlagen sammeln das Sonnenlicht mithilfe von gewölbten Spiegeln, die durch ihre Ausrichtung das eingefangene Licht auf einen Receiver fokussieren. Im Receiver wird ein Medium (Wasser, Flüssigsalz, Thermoöl oder Luft) auf hohe Temperaturen erhitzt. Das erhitzte Medium erzeugt Wasserdampf für den Turbinenantrieb, der wiederum Generatoren zum Laufen bringt. Solarthermische Kraftwerke verwenden Tausende von Spiegeln und gewinnen dabei, ausreichende Sonnenscheindauer vorausgesetzt, genug Energie, um eine mittlere Großstadt mit Strom zu versorgen.

M 7 Größtes Solarkraftwerk Afrikas in Kigali

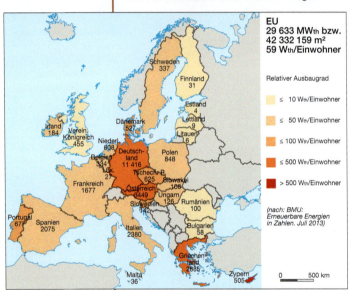

M 8 Installierte solarthermische Leistung (EU 2012)

	Endenergie (GWh)	Anteil (%)	vermiedene Treibhausgasemissionen (1 000 t)
Stromerzeugung:		am Bruttostromverbrauch	
Photovoltaik	26 380	4,4	18 883
Wärmeerzeugung:		Anteil am EEV* für Wärme (%)	
Solarthermie	6 700	0,5	1 778

*EEV = Energieeinsparverordnung (Quelle: BMU, 2013)

M 9 Beitrag der Solarenergie zur Energiebereitstellung 2012

Am 1. Januar 2009 ist das Erneuerbare-Energien-Wärmegesetz in Kraft getreten. Für Neubauten wird damit eine Nutzungspflicht für erneuerbare Energien in der Wärmeversorgung eingeführt. Genutzt werden kann auch Solarenergie, z. B. mittels eigener Solarkollektoren oder durch den Bezug von Fernwärme in Kombination mit einer zentralen großen Solarwärmeanlage. Photovoltaikanlagen werden durch die Bundesregierung mit dem Erneuerbare-Energien-Gesetz (EEG) gefördert.

Das EEG bietet durch feste Vergütungssätze und einen 20-jährigen Vergütungszeitraum hohe Planungs- und Investitionssicherheit. Die Vergütungssätze sind differenziert nach kleinen und großen Anlagen sowie nach Dachanlagen und Freiflächenanlagen. Es besteht ein Anspruch auf Einspeisevergütung für den erzeugten Strom gegenüber dem jeweiligen Netzbetreiber (Energieversorgungsunternehmen).

(aus: BMU. In: http://www.erneuerbare-energien.de. Zugriff: 08.11.2013)

M 10 Förderung von Solarenergie

Photovoltaik

Wie die Solarthermie bietet auch die Photovoltaik ein beachtliches Wachstumspotenzial. Photovoltaische Anlagen bestehen nur aus wenigen Bauelementen und sind wartungsarm. Bei extremer Verschmutzung kann der Ertragsverlust jedoch bis auf 30 Prozent steigen. Sie können sowohl als Inselanlagen zur Stromversorgung von Apparaten oder Einzelhäusern als auch als netzgekoppelte Anlagen verwendet werden. Ihre Lebensdauer ist vergleichbar mit der von konventionellen Kraftwerken (Kohle, Öl, Gas) und Atomkraftwerken.

Die Kosten für die Herstellung der Zellen sind seit dem letzten Jahrhundert gefallen und werden mit dem weiteren Ausbau der Photovoltaik noch weiter sinken. Dennoch ist diese Art der Stromerzeugung auf absehbare Zeit zu teuer, um ohne Subventionen auf dem Markt eine Chance zu haben. In Deutschland fördert die Bundesregierung die Photovoltaik über das Erneuerbare-Energien-Gesetz. Die Solarstrom-Anlagen in Deutschland erzeugten 2012 rund 28 Mrd. kWh Solarstrom und deckten damit den Jahresstrombedarf von rund 8 Mio. Haushalten ab. Nach Italien ist Deutschland der europaweit größte Anwender von Photovoltaik. In entlegenen Gebieten der Erde ohne (ausreichende) Stromversorgung ist diese Form der Stromerzeugung heute schon konkurrenzlos. Dank günstiger Fertigungskosten ist China global in den Markt für die Herstellung von Photovoltaikanlagen eingestiegen.

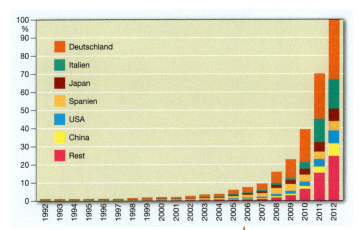

M 12 Weltweit installierte Photovoltaikleistung

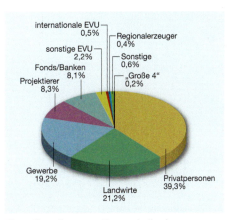

M 13 Eigentümer von Photovoltaikanlagen

- Zahl der Solarunternehmen: rd. 10 000
- Zahl der Beschäftigten: rd. 120 000
- Gesamtbestand der Solaranlagen: 3,08 Mio.
- Einsparungen des Klimagases CO_2 im Jahr 2012: rd. 21 Mio. t
- Photovoltaik-Anteil am Stromverbrauch 2020: rd. 10 %
- Umsatz Photovoltaik inkl. Maschinenbau 2011: 19 Mrd. €

M 14 Solarbranche in D

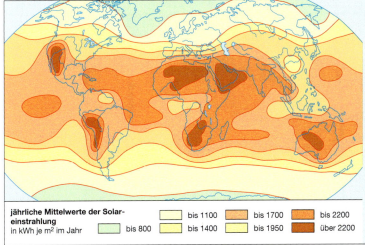

Die sonnigsten Flecken der Erde

Nicht jede Region auf dem Globus eignet sich für solarthermische Kraftwerke. Da diese Anlagen – anders als Solarzellen – ausschließlich den direkten Anteil der Sonnenstrahlung in Wärme für die Stromerzeugung verwandeln können, lohnt sich der Bau vor allem in den Wüstengebieten Afrikas, Australiens, im Südwesten der USA und in einigen Regionen Südamerikas. Dort scheint die Sonne die meiste Zeit des Jahres weitgehend ungetrübt durch Wolken, die einen großen Teil des Sonnenlichts streuen – und damit für solarthermische Kraftwerke unbrauchbar machen.

In Europa kommen für einen rentablen Betrieb nur Spanien, Griechenland, Süditalien sowie der äußerste Süden Frankreichs in Betracht.

(aus: bild der wissenschaft 3/2009, S. 94)

M 11 Die sonnigsten Flecken der Erde

5. Erläutern Sie die unterschiedliche Art der Energiegewinnung durch Kollektoren, Solarthermie und Photovoltaik.
6. Erörtern Sie das weltweite Ausbaupotenzial der Solarthermie und der Photovoltaik (M 7, M 11 bis M 13).
7. Analysieren Sie die Bedeutung der Solarbranche für Deutschland (M 8 bis M 10, M 12, M 14).

Webcode:
GO645787-131

Energieressourcen und deren Nutzung

M 15 Geothermische Karte Deutschlands

Geothermie

Die Temperaturen im Inneren unserer Erde stellen an vielen Orten nützliche Energiequellen dar. An den Rändern der Kontinentalplatten oder an Plätzen, wo die Erdkruste über einer Magmakammer liegt, kommt diese Energie in Form von heißen Quellen, Geysiren und Fumarolen (Gasausstößen) zum Vorschein. In den USA (Yellowstone National Park), Japan, Island und Neuseeland gibt es zahlreiche geothermale Quellen. In Deutschland zählt der Oberrheingraben zu einer der geothermal aktivsten Regionen. Abhängig von der Form (flüssig, gasförmig), dem Wärmeinhalt und dem Zugang zum Grundwasser ergeben diese Quellen feuchtes Gas, Wasserdampf oder heißes Wasser. Heiße Wasserquellen wurden von der Antike bis zur Gegenwart für Heilbäder genutzt. Die industrielle Nutzung kam erst gegen Ende des 20. Jahrhunderts in Gang. Mit Geothermie werden heute elektrischer Strom, Raumwärme und Prozesswärme für industrielle Verfahren erzeugt. Sie ist zu einem bedeutenden Industriezweig auch in Deutschland geworden.

Oberflächennahe Geothermie

Während es auf der Erde nur wenige Orte mit hochtemperierten geothermalen Quellen gibt, ist die niedertemperierte, oberflächennahe Geothermie beinahe überall für die Erzeugung von Raumwärme bzw. -kühlung nutzbar.

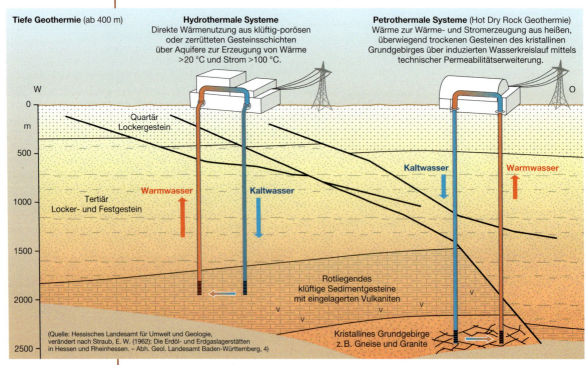

M 16 West-Ost-Profil mit Zielhorizonten im nördlichen Oberrheingraben bei Stockstadt

Drei bis vier Meter unterhalb der Erdoberfläche liegt die Erdtemperatur nämlich nahezu konstant zwischen 10 und 20 °C. Diese stabile Erdtemperatur stellt die Grundlage für den Wärmetransport dar. Dazu verwendet man unterirdisch verlegte, geschlossene Röhren, in denen Wasser oder eine andere Flüssigkeit zirkuliert. Im Winter absorbiert diese Flüssigkeit die Erdwärme und transportiert sie zu einer Wärmepumpe, welche die Raumluft oder das Warmwassersystem eines Hauses erwärmt. Im Sommer kann das System umgekehrt laufen, d. h., die warme Raumluft wird unterirdisch gekühlt. In Deutschland wird die oberflächennahe Geothermie hauptsächlich für die Raumwärme verwendet. Entscheidend für die Wirtschaftlichkeit solcher Anlagen ist die Temperaturdifferenz zwischen Oberfläche und Untergrund, d. h. je tiefer der Untergrund ist, desto höher ist der Wärmegewinn. Außerdem spielt eine Rolle, wie schnell die dem Erdspeicher entnommene Wärme wieder nachfließt. Diese Bedingungen können nur über eine (teure) Probebohrung ermittelt werden. Um die Investitionskosten für Privatnutzer im Rahmen zu halten, wird der Bau von geothermalen Heizungsanlagen in Deutschland öffentlich gefördert.

Tiefe Geothermie

Kraftwerke zur Strom- und Wärmeerzeugung benötigen Temperaturen von 100 bis 160 °C des Wärmespeichers, die jedoch nur in Tiefen ab 400 Meter gegeben sind. Besteht die Wärme spendende Lagerstätte aus porösem Tiefengestein ohne Grundwasserkontakt, spricht man von einer „petrothermalen Lagerstätte". Um die Wärme an die Oberfläche zu bringen, presst man Wasser mit hohem Druck in das Gestein. Dort heizt es sich auf, und über eine Pumpe wird es wieder nach oben befördert. Das heiße Wasser wird im Kraftwerk über einen Wärmetauscher geleitet, der die Erzeugung von Dampf für den Turbinenantrieb ermöglicht. Man nutzt das heiße Wasser auch zum Einspeisen ins Fernwärmenetz, um ganze Siedlungen mit Wärme zu versorgen. In den geothermal hochaktiven Regionen der Erde (nicht in Deutschland) ist der Untergrund so heiß, dass der erhitzte Wasserdampf direkt für den Turbinenantrieb benutzt werden kann. Petrothermale Lagerstätten besitzen v. a. deswegen ein großes Nutzungspotenzial, da sie relativ ortsunabhängig erschlossen werden können.

Eine andere Form von Wärmespeicher stellen hydrothermale Lagerstätten dar. Diese Lagerstätten befinden sich ebenfalls in mehr als 400 Metern Tiefe und stehen mit einem Grundwasserleiter in Verbindung. In den Hohlräumen des Gesteins zirkuliert heißes Wasser. Dieses Wasser wird in ein Kraftwerk gepumpt. Nach der Nutzung ist es abgekühlt und man leitet es wieder zurück in den Untergrund, womit ein nahezu geschlossener Wasserkreislauf entsteht. In Deutschland gibt es derzeit nur hydrothermale Kraftwerke. Die ergiebigsten Lagerstätten befinden sich, neben dem Oberrheingraben, im bayerischen Alpenvorland und im Norddeutschen Becken. Allerdings sind die Temperaturen des Tiefwassers in diesen Lagerstätten nicht hinreichend hoch, um damit direkt Turbinen antreiben zu können.

Ökologische Aspekte

Wie bei allen anderen regenerativen Energien können durch Anwendung der Geothermie CO_2 eingespart und damit ein Beitrag zum Klimaschutz geleistet werden. Der Bundesverband Geothermie e. V. schätzt, dass in Deutschland mit dem technisch nutzbaren Potenzial etwa die Hälfte des Jahresstromverbrauchs und ein Vielfaches der jährlich benötigten Wärmemenge gedeckt werden könnten. Petrothermale Anlagen sind jedoch nicht frei von Umweltrisiken: Durch das Einpressen von Wasser in den tiefen Untergrund werden planmäßig Erschütterungen ausgelöst. Diese können vorhandene Spannungen in den Erdschichten verstärken und in der Folge Erdbeben auslösen.

M17 Strom aus Geothermie in Deutschland

8. Erklären Sie, weshalb ein stetiger Wärmestrom vom Erdinneren zur Oberfläche kommt.
9. Lokalisieren Sie Orte auf der Erde, welche über ein besonders großes geothermales Potenzial verfügen (**M 15**, Atlas).
10. Erläutern Sie die unterschiedlichen Formen der geothermalen Nutzungen und kennzeichnen Sie ihre wirtschaftliche Bedeutung für Deutschland (**M 16**, **M 17**, Internet).

Webcode:
GO645787-133

Wasserkraft

Die Wasserkraft hat seit jeher eine tragende Rolle bei der Erzeugung von elektrischer Energie. Heutzutage deckt sie ca. 15 % des globalen Strombedarfs. Während Hydroenergie in Deutschland lediglich einen Anteil von ca. 4 % an der Inlandsstromerzeugung hat und das Potenzial weitgehend ausgeschöpft ist, werden in der Schweiz und in Österreich über 50 %, in Norwegen fast 99 % des Stroms aus Wasserkraft erzeugt. Vor allem in den Ländern, die ein bergiges Relief aufweisen, ist ein weiterer Ausbau der Hydroenergie möglich. Stromerzeugung aus Wasserkraft stellt mit die umweltfreundlichste Art der Elektrizitätsgewinnung dar. Sie ist annähernd CO_2-frei und damit kaum klimaschädlich.

Es gibt verschiedene Kraftwerkstypen. Unterschieden wird in
- **Laufkraftwerke**, die an Flüssen errichtet werden und die kinetische Energie des fließenden Wassers in elektrische Energie umwandeln,
- **Speicherkraftwerke** in Regionen mit großer Reliefenergie. Während bei Langzeitspeichern das in Talsperren gespeicherte Wasser durch große Fallrohre in das Kraftwerk geleitet werden und die Grundversorgung sicherstellen können, sind Pumpspeicherkraftwerke in der Lage, kurzfristig zu Spitzenlastzeiten den Strombedarf zu decken.

Weltweit sind ungefähr die Hälfte aller Flüsse durch mindestens einen großen Staudamm aufgestaut. Mit dem Bau von Wasserkraftwerken sind häufig Eingriffe in die Landschaft und den Naturhaushalt verbunden. Besonders beim Bau von Talsperren sind umfangreiche, z. T. ökologisch wertvolle Flächen zur Errichtung des Wasserspeichers betroffen. Außerdem kann es dazu führen, dass am Unterlauf des Flusses das Wasserdargebot nicht mehr ausreicht, um das das Landschaftsbild prägende Ökosystem in seiner bisherigen Form beizubehalten. In wasserarmen Zeiten können sogar Bäche und Flüsse trockenfallen. Zudem lagert sich oftmals die Sedimentfracht in den Stauseen ab, sodass zur Verhinderung der Verlandung des Stausees Spülungen durchgeführt werden müssen. Negative Auswirkungen sind auch bei Flora und Fauna zu beobachten. So werden z. B. durch die Staumauern die Fischwanderungen unterbunden. Dem versucht man heute durch den Bau von Fischtreppen zu entgegnen.

Die Technik zur Nutzung von Meeresenergie befindet sich weltweit in der Planung bzw. Erprobung und ist erst an wenigen Standorten einsetzbar, z. B. bei Gezeitenkraftwerken.

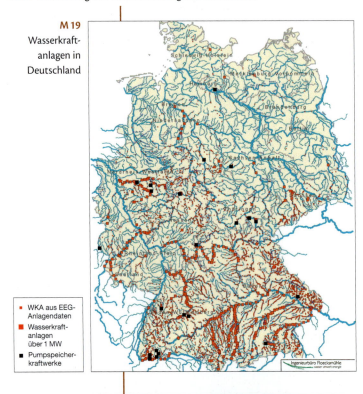

M 18 Entwicklung von Wasserkraftanlagen in Deutschland

M 19 Wasserkraftanlagen in Deutschland

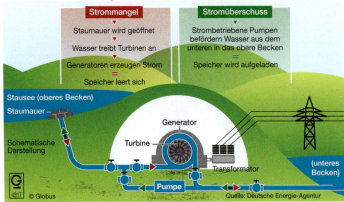

M 20 Schematische Darstellung eines Pumpspeicherkraftwerkes

11. Beschreiben Sie die Nutzung der Hydroenergie in Deutschland (M 18 bis M 20).
12. Erörtern Sie Vor- und Nachteile der Nutzung der Wasserenergie (M 18 bis M 20).

2. Bioenergie – eine vielfältige erneuerbare Energie

Schon im 19. Jahrhundert wurden Rohstoffpflanzen industriell genutzt, hauptsächlich für die Textilindustrie. Man stellte aus Faserpflanzen wie Lein (Flachs) und Hanf Kleidung her und benutzte zum Färben Waid (Isatis tincto) und Krapp (Rubia tinctoria). Öl wurde aus Sonnenblumen, Mohn, Rübsen oder Senf gewonnen. Für die Möbel- und Papierindustrie schlug man heimisches Holz. Die meisten dieser Rohstoffpflanzen verloren ihre Bedeutung, als chemisch-synthetische Produkte und billige Importe (Baumwolle, Palmkernöl, Erdöl, Holz) auf den Markt kamen. Der Anbau von Nutzpflanzen für industrielle Zwecke fand erst wieder seit den 1990er-Jahren angesichts steigender Erdölpreise einen Aufschwung.

Energie aus Biomasse

Die Biomasse der Erde speichert nur etwa 0,1 Prozent der Energie des einfallenden Sonnenlichts in Form von chemisch gebundener Energie. Dennoch übertrifft der Energieinhalt der gesamten Biomasse der Erde den derzeitigen Weltenergieverbrauch um das 10- bis 20-Fache.

Unter **Biomasse** versteht man alle Stoffe pflanzlicher und tierischer Herkunft, das sind
– alle lebenden Tiere und Pflanzen,
– deren Rückstände (z. B. abgestorbene Pflanzen- und Tierreste) und Ausscheidungen,
– im weiteren Sinne alle organischen Stoffe, die durch eine technische Umwandlung entstanden sind (z. B. Biomüll, Abfälle aus der Nahrungsmittelindustrie).

Viele Kulturpflanzen sind als Energiepflanzen geeignet: In Deutschland werden Getreide wie Mais, Weizen und Roggen als Energiepflanzen genutzt, daneben Gräser wie Chinaschilf und Weidelgras, außerdem Ölsaaten wie Raps und Sonnenblumen. In tropischen Ländern sind es vor allem Zuckerrohr und Ölpalmen. Aber auch die biogenen Reststoffe wie Ernterückstände (z. B. Rübenblätter), tierische Exkremente (z. B. Gülle, Mist), Nebenprodukte der Nahrungsmittelproduktion (z. B. Kartoffelschalen) und sonstige organische Abfälle (z. B. Klärschlamm, Kompost) können zur Energieerzeugung genutzt werden.

Auch das Waldholz zählt zu den Rohstoffen für Bioenergie. Verwendet werden z. B. Resthölzer aus der Landschafts- und Waldpflege sowie aus der industriellen Fertigung wie auch der Abfall von Sägewerken. Auch Althölzer, die zuvor für andere Zwecke genutzt wurden, können energetisch verwertet werden.

M 2
„… aber zum Verfressen ist das einfach zu schade."

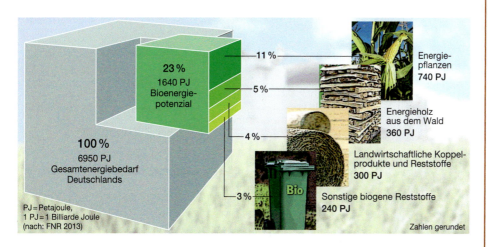

M 1
Einheimische Bioenergie –
Was kann sie 2050 leisten?

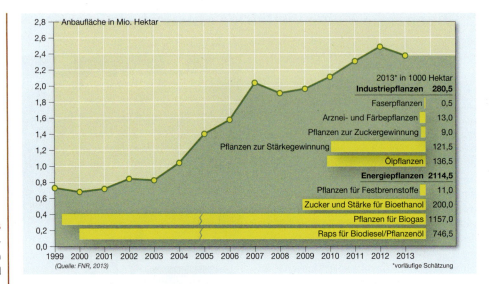

M 3 Anbau nachwachsender Rohstoffe in Deutschland

M 4 Bestandsentwicklung Biogasanlagen

Wie schon der Name besagt, entsteht „Bio"-Gas in einem biologischen Prozess. Unter Ausschluss von Sauerstoff (bez. als anaerob) wird dabei aus organischer Masse ein Gasgemisch gebildet, das sogenannte Biogas. Dieser in der Natur weit verbreitete Prozess findet z. B. in Mooren, auf dem Grund von Seen, in Güllegruben sowie im Pansen von Wiederkäuern statt. Dabei wird durch eine Reihe von Mikroorganismen die organische Masse fast vollständig zu Biogas umgewandelt. […]
(aus: FNR: Leitfaden Biogas. Gulzow-Pruzen 2013, S. 11)

M 6 Entstehung von Biogas

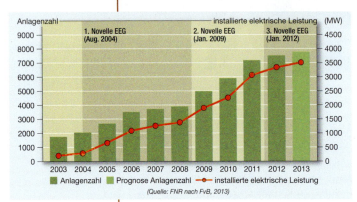

M 5 Schema der Biogaserzeugung und Möglichkeiten der Verwertung des Gärrestes

1. Erklären Sie vor dem Hintergrund kritischer Stimmen zum Einsatz nachwachsender Rohstoffe zur Energiegewinnung die Karikatur **M 2**.
2. Beschreiben Sie, welche nachwachsenden Rohstoffe in Deutschland angebaut werden, und erläutern Sie deren Nutzungen (**M 3** bis **M 6**).
3. Erläutern Sie die Nachhaltigkeitsaspekte von nachwachsenden Rohstoffen (**M 1**, **M 5**).

Lässt sich der Energiehunger der Welt mit regenerativer Energie stillen?

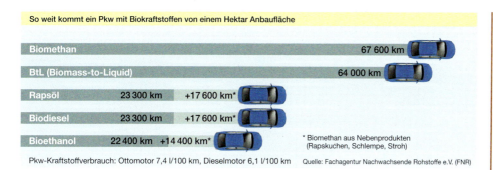

So weit kommt ein Pkw mit Biokraftstoffen von einem Hektar Anbaufläche

- Biomethan: 67 600 km
- BtL (Biomass-to-Liquid): 64 000 km
- Rapsöl: 23 300 km +17 600 km*
- Biodiesel: 23 300 km +17 600 km*
- Bioethanol: 22 400 km +14 400 km*

*Biomethan aus Nebenprodukten (Rapskuchen, Schlempe, Stroh)

Pkw-Kraftstoffverbrauch: Ottomotor 7,4 l/100 km, Dieselmotor 6,1 l/100 km
Quelle: Fachagentur Nachwachsende Rohstoffe e.V. (FNR)

M 7 Reichweiten mit Biokraftstoffen

Biokraftstoffe

Biokraftstoffe sind Biomasse in flüssiger Form. Die wichtigsten Biokraftstoffe in Deutschland sind derzeit Biodiesel, Pflanzenöl und Bioethanol. Sie ersetzen fossilen Dieselkraftstoff bzw. ergänzen den Ottokraftstoff (Benzin). Bislang findet Biogas als Kraftstoff (Biomethan) wenig Verwendung, obwohl sein Potenzial von Fachleuten als sehr hoch eingeschätzt wird.

Welche Biokraftstoffe gibt es?

Der weltweit am häufigsten verwendete Biokraftstoff ist Bioethanol. Bioethanol wird aus Zuckerrüben, Zuckerrohr, Getreide, Kartoffeln und anderen organischen Stoffen (Holz, Stroh) durch anaerobe Vergärung gewonnen. Der Energiegehalt von Ethanol beträgt etwa zwei Drittel des Betrags von Ottokraftstoff, d. h. die Kilometerleistung ist entsprechend geringer. Allerdings erhöht Ethanol die Oktanzahl und die Kompression des Motors, was wiederum den Wirkungsgrad der Motorleistung erhöht.

Der weltweit größte Produzent von Bioethanol ist Brasilien. Dort hatte man schon in den 1980er-Jahren als Folge der Erdölkrise 1976/1977 große Teile seiner Zuckerrohrproduktion für die Herstellung von Ethanol eingesetzt, um teures Erdöl zu ersetzen. Der dadurch gewonnene Vorsprung zahlt sich heute aus. Das in Brasilien hergestellte Bioethanol ist derzeit auf dem Weltmarkt konkurrenzlos billig. In Deutschland sind Weizen und Zuckerrüben die wichtigsten Rohstoffe für die Ethanolherstellung. Ethanol kann Benzin beigemischt werden, jedoch erfordern größere Beimischungen als 10 Prozent gewisse Modifikationen an den Motoren. In Schweden und Brasilien gibt es Fahrzeugmotoren, die mit Beimischungen bis zu 85 Prozent fahren können (Flexibel-Fuel-Vehicles).

Biodiesel

Biodiesel wird seit Jahren neben reinem Pflanzenöl als Biotreibstoff eingesetzt. Er wird durch Veresterung von Pflanzenölen sowie recycelten Ölen und Fetten mit Methanol synthetisiert. In Europa, das den größten Markt für Biodiesel besitzt, wird Biodiesel vor allem aus Raps, in deutlich geringeren Mengen auch aus Sonnenblumen gewonnen. In Südostasien wird er aus Palmöl und Kokosnussöl produziert. Biodiesel lässt sich sowohl beigemischt als auch rein in Dieselmotoren verwenden.

Biomass-to-Liqid (BtL)

BtL-Kraftstoffe sind ebenfalls Syntheseprodukte. Sie werden aus zellulosehaltigen festen Materialien und anderen Biomasserohstoffen hergestellt. Die Ausgangsstoffe wandelt man zu einem Synthesegas um und erzeugt daraus verschiedene Kraftstoffsorten (Designerkraftstoffe). BtL-Treibstoffe können in herkömmlichen Motoren ohne technische Umrüstung eingesetzt werden. Die Entwicklung dieser Kraftstoffe wird von der Automobilindustrie forciert.

Biotreibstoffe der zweiten Generation, die über die Vergasung und Verflüssigung von Biomasse aus vielfältigen Ausgangsmaterialien hergestellt werden, sollen zukünftig den Druck auf die Landwirtschaftsflächen verringern.

4. Beschreiben Sie die Unterschiede von Biokraftstoffen und erläutern Sie die Gründe für den wirtschaftlichen Boom (M 7).
5. Diskutieren Sie die Problematik der Nutzung von Biokraftstoffen unter dem Gesichtspunkt der Nachhaltigkeit (M 7, M 8).

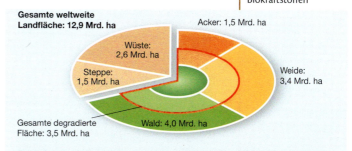

Gesamte weltweite Landfläche: 12,9 Mrd. ha
- Acker: 1,5 Mrd. ha
- Wüste: 2,6 Mrd. ha
- Steppe: 1,5 Mrd. ha
- Weide: 3,4 Mrd. ha
- Wald: 4,0 Mrd. ha
- Gesamte degradierte Fläche: 3,5 Mrd. ha

Durch Anbau von Energiepflanzen auf rund 25 % der degradierten Flächen könnten Biokraftstoffe erzeugt werden, die 50 % des globalen Kraftstoffverbrauchs decken.

(Qelle: FAO; Metzger und Hüttermann, 2/2009; www.unendlich-viel-energie.de, Agentur für erneuerbare Energien)

M 8 Flächenbedarf von Biokraftstoffen

3. Handel mit Energierohstoffen

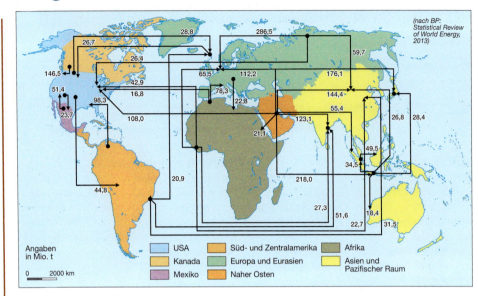

M 1 Handelsströme mit Erdöl 2012

1973	Israel/Arabische Welt	Erdöl als politische Waffe, Erdölpreis steigt an, Folge: Wirtschaftskrise
1991 bis heute	Zweiter Golfkrieg	Kontrolle über Rohstoffreserven und sichere Transportwege
1993 bis heute	Kaspisches Meer	Kontrolle über Erdgas- und Erdölvorkommen sowie Pipelines, Projekt zur Umgehung Russlands (Nabucco-Pipeline)
2012 bis heute	Naher Osten / Nordafrika	Unterbrechung der Förderung wegen Bürgerkriegen und innerer Unruhen
2012 bis heute	Ostafrika	Piratenüberfälle am Horn von Afrika und vor der Küste von Lagos

M 2 Kriege und Konflikte um Energierohstoffe und Transportwege

Hoch entwickelte Länder: abhängig vom Import von Energierohstoffen

Wichtigste Stütze der globalen Energieversorgung ist mit über 35 Prozent das Erdöl, gefolgt von Erdgas mit ca. 21 Prozent. Daran wird sich bis 2030 nur wenig ändern. Da diese Energien endlich sind, werden Länder mit bedeutenden Reserven im Bereich dieser Primärenergien politisch immer wichtiger. Dies führt zu politischen Konflikten, die in offene Kriege münden können. Die Europäische Union versucht deshalb, sich zunehmend unabhängig von den Energielieferungen einzelner Staaten zu machen, um wirtschaftlich und politisch handlungsfähig zu bleiben.

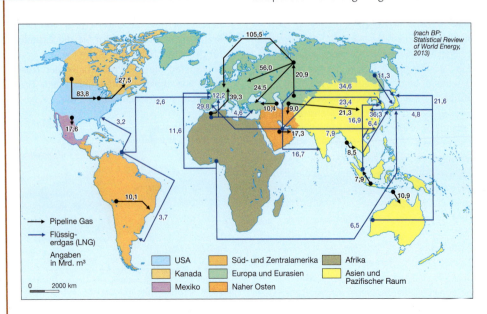

M 3 Handelsströme mit Erdgas 2012

Lässt sich der Energiehunger der Welt mit regenerativer Energie stillen? **139**

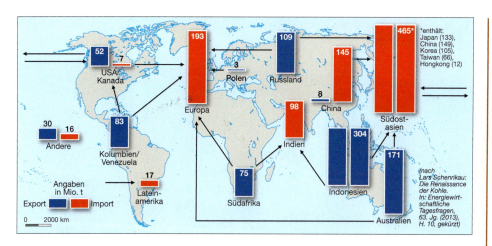

M 4
Handelsströme mit Kohle 2012

Trotz des Ausbaus der Stromerzeugung aus Wind, Sonne, Wasser und Biomasse wird die Bedeutung der Kohle weiter zunehmen. Kohle hat nicht nur das Potenzial, sondern sie ist die Brückentechnologie zwischen dem Öl- und dem Solarzeitalter. Dafür spricht auch, dass Kohle weltweit verfügbar und leicht zu transportieren sowie ihr Preis im Vergleich zu anderen Energierohstoffen relativ gering ist und sie eine politisch weit sicherere Energiequelle als Erdöl und Erdgas darstellt. Die Kohleförderung und ihr Transport sind weit weniger als andere Energierohstoffe wie etwa Erdöl von geopolitischen Risiken bedroht, denn im Gegensatz zu Erdöl und Erdgas sind die Kohle-Reserven und -Ressourcen ebenso wie die Kohleförderung global auf viele Staaten verteilt.

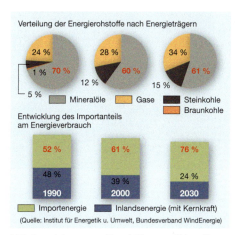

M 5 Energieimporte – Entwicklung und Verteilung

M 6 Abhängigkeit von Rohstoffimporten in der EU

Die EU-Kommission nimmt sich den russischen Energiekonzern Gazprom wegen dessen Marktmacht in Osteuropa vor und dürfte damit die Regierung in Moskau reizen. Derzeit werde eine Mitteilung mit den Beschwerdepunkten gegen das Staatsunternehmen vorbereitet, sagte EU-Wettbewerbskommissar Joaquin Almunia in Vilnius. Es sei aber noch zu früh, um die nächsten Schritte vorherzusagen. Die Kommission kann Gazprom mit einer Strafe von bis zu 15 Milliarden Dollar belegen. [...]
Der russische Monopolist bei Gas-Exporten bedient ein Viertel der Nachfrage in Europa. Die Regierung in Moskau hatte schon zuvor die Versuche der EU kritisiert, den Wettbewerb im Energiemarkt zu stärken und sich unabhängiger von Lieferungen aus Russland zu machen. [...]
Die Kommission prüft, ob die Russen Gas-Lieferungen zwischen den EU-Ländern behindert haben. Auch die Koppelung des Gaspreises an den Ölpreis durch Gazprom steht auf dem Prüfstand. Untersucht werden die Geschäfte von Gazprom in den drei baltischen Staaten sowie Polen, Tschechien, der Slowakei, Ungarn und Bulgarien.
(Quelle: Handelsblatt vom 03.10.2013, gekürzt)

M 7
EU-Kommission treibt Verfahren gegen Gazprom voran

1. Beschreiben Sie die räumliche Verteilung der Primärenergieträger (Atlas).
2. Vergleichen Sie die Verteilung der globalen Energiereserven mit den Krisen- und Kriegsgebieten der Erde (**M 1** bis **M 3**, Atlas, Internet).
3. Beschreiben Sie Export- und Importgebiete von Kohle und begründen Sie die Zunahme des Kohlenhandels (**M 4**).
4. Beurteilen Sie die Situation der EU im Bereich der Energieversorgung (**M 1** bis **M 7**, Internet).

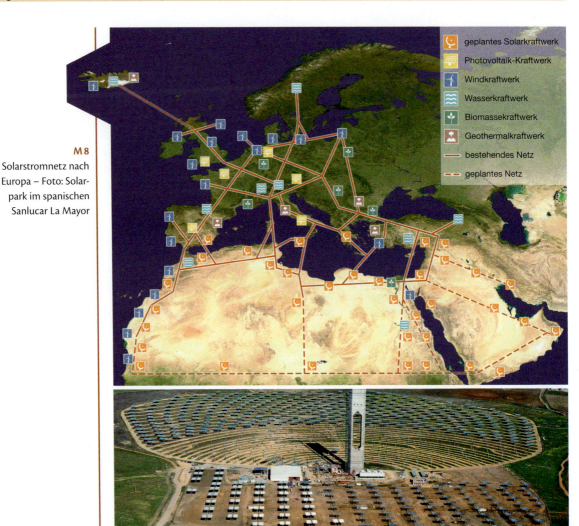

M 8 Solarstromnetz nach Europa – Foto: Solarpark im spanischen Sanlucar La Mayor

Die DESERTEC-Vision ist die Versorgung möglichst vieler Menschen und Betriebe mit erneuerbarer, sauberer Energie aus den ariden Regionen und Wüsten der Erde. Damit sollen Chancen für Wohlstand für viele Menschen geschaffen und das Klima geschützt werden.
Das DESERTEC-Konzept ruht auf drei Säulen:
Die Wüsten der Erde bieten eine fast unerschöpfliche Quelle für Energie, vor allem in Form von direkter Sonneneinstrahlung und Wind. Mittels geeigneter Technik kann diese Energie in Strom umgewandelt und über sehr lange Distanzen verlustarm zu den Verbrauchern transportiert werden. Innerhalb eines Radius von 3000 km um die geeigneten Wüstenstandorte könnten etwa 90 % der Weltbevölkerung erreicht und ergänzend zu den regional verfügbaren Quellen mit Strom versorgt werden. (verändert nach: Ignacio Campino, DESERTEC Foundation 2013)

M 9 Das DESERTEC-Konzept

Die Vision ist so attraktiv wie schillernd: Es geht um die Nutzung der brennenden Sahara-Sonne als Energiequelle für Afrika und Europa. Um ein Projekt, das, sollte es Wirklichkeit werden, allein durch sein schieres Ausmaß zum Weltwunder werden kann. Es geht um die Unabhängigkeit von Öl, Kohle und Gas, von Petrokratien wie Russland, die ihre Energie schon öfter als Druckmittel eingesetzt haben. Die Energie-Utopie funktioniert so: Durch den Bau riesiger Sonnenkraftwerke in der nordafrikanischen Wüste soll nahezu unbegrenzt Energie produziert werden, CO_2-neutral und zu stabilen Preisen. Teilnehmer 2009: Münchener Rück, Technologiekonzern Siemens, Deutsche Bank, Energiekonzerne E.ON und RWE, Branchenspezialist Schott-Solar, der deutsche Außenstaatsminister Günter Gloser, italienische und spanische Unternehmen, ein Vertreter der Arabischen Liga.
(aus: Spiegel Online vom 16.06.2009)

M 10 Strom aus der Wüste

Lässt sich der Energiehunger der Welt mit regenerativer Energie stillen? **141**

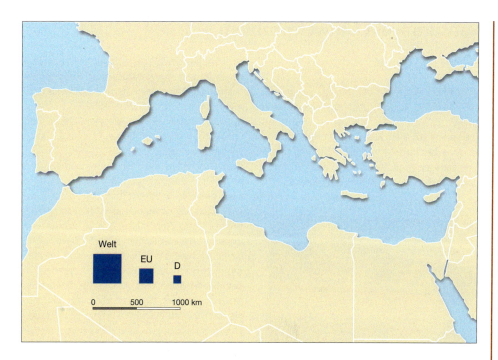

M 11
Unerschöpfliche Energie: Die blauen Quadrate zeigen die nötige Fläche an Spiegel-Kraftwerken an, um die Welt (links), Europa (Mitte) beziehungsweise Deutschland (rechts) komplett mit Strom zu versorgen.

2009: Start der Initiative DESERTEC
Siemens und E.ON investieren

2010: Geschäftsplan für das Milliardenprojekt

2010: Frankreich verkabelt DESERTEC mit Europa

2011: Mega-Solarkraftwerk in Marokko geplant

2012: Querelen bei DESERTEC
E.ON droht mit Austritt Inzwischen ist Siemens ausgestiegen, von der Deutschen Bank hört man in Sachen Desertec nichts mehr. Auch Bosch ging auf Distanz, wenn auch nicht mehr im Hintergrund.

2013: Die Solarstrom-Initiative der deutschen Industrie steht vor dem Aus. Zudem rechnete das Kieler Institut für Weltwirtschaft (IfW) vor, dass sich für viele Länder der Ausbau nur im Falle eines internationalen Klimaabkommens und zusammen mit Stromexporten über das Mittelmeer rechnet.

(nach: Wirtschaftswoche vom 07.09.2013 zusammengestellt)

M 13
DESERTEC-Drama

Sonnenkraft. Pro Jahr gehen 630 000 Terawattstunden an ungenutzter Sonnenstrahlen-Energie auf die Wüsten in Nahost und Nordafrika nieder. Zum Vergleich: Ganz Europa verbraucht pro Jahr etwa 4000 Terawattstunden.

Versorgungssicherheit. Nachts scheint keine Sonne, in Flüssigsalz-Speichern kann man einen Teil der tagsüber solarthermisch erzeugten Wärme aber chemisch speichern – derzeit bis zu acht Stunden lang. So können die Turbinen auch nachts laufen, die Stromversorgung ist durchgehend gesichert.

Leitungsnetz. Um den Strom über eine Distanz von 3000 Kilometern nach Europa zu transportieren, braucht man Hochspannungs-Gleichstrom-Leitungen (HVDC). Normale Wechselstrom-Leitungen sind zu verlustreich. HVDC-Leitungen haben einen Verlust von etwa drei Prozent auf 1000 Kilometern. Auch diese HVDC-Technologie ist vorhanden und erprobt.

Kosten. Das Deutsche Zentrum für Luft- und Raumfahrt hat errechnet, dass bis 2050 etwa 400 Milliarden Euro nötig wären, um so viel Solarthermie-Kraftwerke zu bauen, dass Europa 15 Prozent seines Strombedarfs damit decken könnte. 350 Milliarden Euro würden die Kraftwerke kosten und etwa 50 Milliarden Euro das Leitungsnetz, um den Strom von Nordafrika nach Europa zu transportieren.

Vorteile. Solarthermie ist Low-Tech – zuverlässig und risikofrei. Die Kraftwerke können nicht explodieren, es entsteht kein radioaktiver Abfall oder klimaschädliches CO_2 und man braucht keine Kohle, kein Öl und kein Uran, um sie zu betreiben. Geht ein Spiegel-Modul kaputt, wird es einfach ausgetauscht – der Betrieb des Kraftwerks ist nicht gestört. Ein weiterer großer Vorteil: Baut man die Kraftwerke in Küstennähe, könnten mit dem Strom auch Meerwasser-Entsalzungsanlagen betrieben werden und dringend benötigtes Wasser für die nordafrikanischen Länder produziert werden. Politisch und wirtschaftlich gesehen könnten die Staaten des Nahen Ostens und Nordafrikas auf dem Exportgut sauberer Strom eine solide Wirtschaft und Wohlstand aufbauen.

Nachteile. Kritiker sehen die Gefahr von Abhängigkeit von den politisch eher instabilen Staaten Nordafrikas und des Nahen Ostens. Zudem könnte das Leitungsnetz Ziel von Terroristen sein – die Stromversorgung Europas wäre im Falle eines Anschlags gefährdet. Politische Hürden bestehen vor allem darin, dass für eine Umsetzung des DESERTEC-Konzepts die Zusammenarbeit sowohl vieler europäischer Staaten untereinander erforderlich ist als auch mit Nordafrika und dem Nahen Osten. Diese Beziehungen sind allerdings historisch belastet.

M 12 Strom aus der Wüste (Quelle: Spiegel Online 1.7.2013)

---

5. Beschreiben Sie das Energieprojekt DESERTEC (**M 8** bis **M 10**, **M 12**).
6. Nehmen Sie kritisch Stellung zu der Aussage: „DESERTEC wird die Energieversorgung Europas langfristig sichern." (**M 11** bis **M 13**).
7. Überprüfen Sie die Behauptung, DESERTEC sei im Sande verlaufen (**M 8**, **M 13**).

4. Weltenergiekonsum – ein Umweltproblem

Energie und Umwelt

Über Jahrtausende hat der Mensch seinen Energiebedarf fast ausschließlich aus regenerativen Energiequellen gespeist, aus Wasser- und Windkraft sowie vor allem aus Holz. Mit der Industrialisierung begann die intensive Nutzung fossiler Energieträger, zunächst auf der Basis von Kohle, dann zunehmend durch Erdöl und Erdgas.

Ein Blick aus dem Weltraum auf die Nachtseite der Erde zeigt die wohlhabenden Regionen als strahlende Lichtermeere, unterentwickelte Räume in Dunkel gehüllt. Wohlstand und Lebensqualität scheinen in der globalen Gesellschaft unauflösbar mit einem hohen Energieverbrauch gekoppelt zu sein.

Die Menschen in den USA, Europa und Australien gehören zur privilegierten Verbraucherklasse. Aber diese 20 Prozent verbrauchen nicht mehr wie in der Vergangenheit allein 80 Prozent der Weltrohstoffe. Mittlerweile werden China und Indien die neuen Giganten in der Weltwirtschaft. China wird seinen Energiebedarf weiter steigern, um die wirtschaftliche Entwicklung voranzutreiben. Ein ähnlich starker Anstieg des Energieverbrauchs zeichnet sich in Indien ab. Mit steigendem Wohlstand verbrauchen diese beiden Länder mehr Energie, u. a. um ihre Büros und Fabriken zu betreiben. Sie kaufen mehr Elektrogeräte und Autos. Diese Entwicklungen, die zu einer erheblich verbesserten Lebensqualität in diesen Ländern führen, müssen vom Rest der Welt berücksichtigt werden.

Die Grenzen des Wachstums scheinen erreicht zu sein. Begriffe, die mit der Verletzlichkeit der Umwelt zusammenhängen, sind immer mehr ins Bewusstsein gerückt.

– Bei der Verbrennung fossiler Energieträger zur Erzeugung von Wärme und elektrischem Strom (vor allem in Kohle- und Ölkraftwerken) entstehen verschiedenartige Emissionen. Diese bilden den überwiegenden Anteil an der **Luftverschmutzung**. Ein Teil der Luftschadstoffe gelangt durch trockene Deposition oder über Niederschläge wieder zur Erdoberfläche zurück.

– Großräumige **Waldschäden** werden in vielen Gebieten Europas und in Nordamerika beobachtet. Die Bäume zeigen Veränderungen an den Blättern und Nadeln, verlieren diese vorzeitig und sterben nach einigen Jahren ab. Als Schadstoffe werden neben Klimaeinwirkungen u. a. Schwefeldioxid (SO_2) und Ozon (O_3) angesehen.

– Durch Verbrennungsprozesse und andere chemische Reaktionen gelangen jährlich enorme Mengen an CO_2, CH_4 (Methan), N_2O (Lachgas), FCKW (Fluorchlorkohlenwasserstoffe) und andere Verbindungen in die Atmosphäre. Trotz ihrer geringen Konzentration in der Atmosphäre mit weniger als einem Prozent haben diese **Treibhausgase** einen großen Einfluss auf die Wärmebilanz der Erde.

M1 Primärenergieverbrauch nach Energieträgern

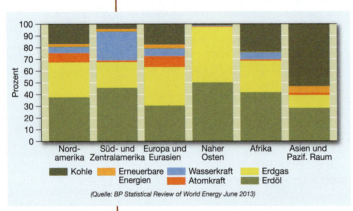

M2 Primärenergieverbrauch nach Regionen

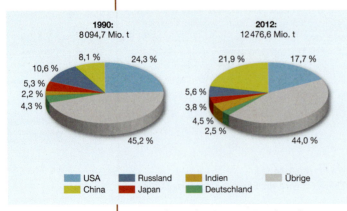

M3 Bedeutende Primärenergieverbraucher

Ob warme Räume im Winter oder Licht in der Nacht – Energie steckt in nahezu allen Lebensbereichen und Produkten. Da sie größtenteils aus fossilen, kohlenstoffhaltigen Energieträgern gewonnen wird, sind die Bereitstellung und Nutzung von Energie die wichtigste Quelle anthropogener Treibhausgas-Emissionen.

Emissionslast von Strom und Wärme

Die Bereitstellung von Primärenergieträgern (z. B. Erdöl und Kohle) und ihre Umwandlung in Nutzenergie (z. B. Elektrizität und Wärme) verursachen Emissionen. Vor allem bei der Verbrennung fossiler Energieträger entstehen Kohlenstoffdioxidemissionen. Der Energiesektor ist mit circa 83 Prozent im Jahr 2011 die größte Quelle anthropogener Treibhausgasemissionen, dies beinhaltet die energetischen Emissionen der Industrie mit über zwölf Prozent.

Wie hoch die Emissionsbelastung einer Kilowattstunde Strom ist, hängt vom Kraftwerkstyp und dem eingesetzten Brennstoff ab. Feste Brennstoffe schneiden schlechter ab als zum Beispiel Erdöl oder Erdgas. Wird bei der Stromerzeugung in einem Kraftwerk außerdem auch die anfallende Wärme genutzt (Kraftwärmekopplung), verbessert das nicht nur den Gesamtnutzungsgrad des Kraftwerkes, sondern auch die Klimabilanz der erzeugten Energie.

Die privaten Haushalte tragen vor allem durch den Betrieb von Feuerungsanlagen für die Raumwärme- und Warmwasserbereitstellung zur Emission von Treibhausgasen und Luftschadstoffen bei. Die Höhe der Emissionen ist sowohl von Art und Alter der Anlagen abhängig – in erheblichem Maße aber auch von der Außentemperatur im Winter.

Kohlenstoffdioxid

Kohlenstoffdioxid ist ein geruch- und farbloses Gas, dessen durchschnittliche Verweildauer in der Atmosphäre 120 Jahre beträgt. Anthropogenes Kohlenstoffdioxid entsteht unter anderem bei der Verbrennung fossiler Energieträger (Kohle, Erdöl, Erdgas) und macht den Großteil des vom Menschen zusätzlich verursachten Treibhauseffektes aus. Quellen sind vor allem die Strom- und Wärmeerzeugung, Haushalte und Kleinverbraucher, der Verkehr und die industrielle Produktion.

Auswirkungen energiebedingter Emissionen

Energiebedingte Emissionen beeinträchtigen die Umwelt in vielfältiger Weise. An erster Stelle ist der Klimawandel, die globale Erwärmung zu nennen. Werden fossile Brennstoffe gewonnen und verbrannt, so führt dies zu einer starken Freisetzung der Treibhausgase Kohlenstoffdioxid (CO_2) und Methan (CH_4), die wiederum hauptverantwortlich für den Treibhauseffekt sind. Weitere erhebliche Umweltbelastungen werden durch die „klassischen Luftschadstoffe" verursacht. Die Folgen sind Luftverschmutzung durch Feinstaub, Staub und Kohlenstoffmonoxid (CO), Versauerung, unter anderem durch Schwefeldioxid (SO_2), Stickstoffoxide und Ammoniak (NH_3). Außerdem entsteht gesundheitsschädliches bodennahes Ozon (O_3) durch Vorläufersubstanzen wie flüchtige organische Verbindungen (VOC) und Stickstoffoxide.

(zusammengestellt nach: www.umweltbundesamt.de, Zugriff: 02.11.2013)

M 4 Auswirkungen der Energiegewinnung

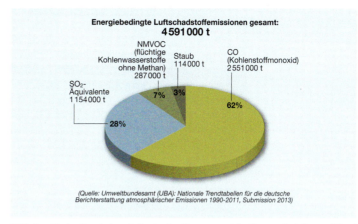

M 5 Anteile der klassischen Luftschadstoffe an energiebedingten Emissionen (2011)

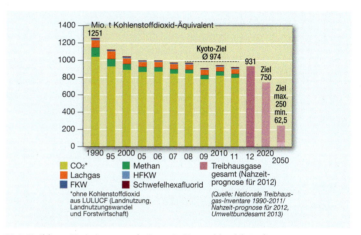

M 6 Treibhaus-Emissionen nach Gasen in Deutschland (2012)

M 7 Karikatur

1. Untersuchen Sie die Entwicklung des Primärenergieverbrauchs (**M 1** bis **M 3**).
2. Kennzeichnen Sie Ursachen von Luftverschmutzung sowie Auswirkungen der Luftschadstoffe (**M 4**, **M 5**).
3. Zeigen Sie Entwicklungen auf, die sich im Rahmen der Energiegewinnung in Deutschland zeigen (**M 6**, **M 7**).

Energieverbrauch und Kohlenstoffdioxid

Kohlenstoffdioxid (CO_2) entsteht unweigerlich bei der Verbrennung fossiler Brennstoffe. Jährlich werden durch menschliche Aktivitäten rund 36 Gigatonnen CO_2 in die Atmosphäre abgegeben, was allerdings nur einen recht geringen Teil der jährlichen Menge von 550 Gigatonnen CO_2 darstellt; der größte Anteil entstammt natürlichen Prozessen. Die fossilen Energieträger geben beim Verbrennen unterschiedlich viel CO_2 ab. Erzeugt man eine Steinkohleneinheit (SKE, Energiegehalt einer Tonne Steinkohle) Energie mit Kohle, so entstehen ca. 2,5 Tonnen CO_2, bei Erdöl 1,8 und bei Gas 1,5 Tonnen.

Im Laufe der Erdgeschichte wurde durch Photosynthese der Kohlenstoffdioxidgehalt der Luft auf etwa 0,03 Volumenprozent abgesenkt und der Anteil an Sauerstoff auf etwa 21 Volumenprozent erhöht. Der Kohlenstoff in der Biosphäre ist fast völlig anorganisch gebunden, davon über 99 Prozent in Sedimenten (Carbonatgesteine), der Rest ist in Wasser gelöst oder gasförmig als CO_2 in der Atmosphäre enthalten. Der organisch gebundene Teil von 0,05 Prozent des Kohlenstoffs ist zu zwei Dritteln in fossilen Lagerstätten als Primärenergieträger wie Torf, Kohle, Erdöl und Erdgas und zu einem Drittel in lebender und roter Biomasse gebunden.

Jährlich werden 6–7 Prozent des CO_2 aus Atmosphäre und Oberflächenwasser durch Photosynthese organisch gebunden, wovon allerdings ein Drittel durch Pflanzenatmung direkt wieder abgegeben wird und zwei Drittel in die Nahrungsketten gelangen. Wird nun mehr CO_2 durch Verbrennung freigesetzt als durch Photosynthese gebunden, so erhöht sich der CO_2-Gehalt der Atmosphäre und der O_2-Gehalt sinkt.

In der aktuellen Biomasse gleichen sich Produktion und Verbrauch von Sauerstoff durch Assimilation und Zersetzung aus. Der Anbau von Biomasse zur Energiegewinnung ist also CO_2-neutral. Andererseits sind die Wälder der Erde ein großer CO_2-Speicher. Brandrodung erhöht also den CO_2-Gehalt der Atmosphäre, Aufforstungen würden den Naturzustand wiederherstellen. Unzweifelhaft erhöht der Verbrauch fossiler Energieträger den CO_2-Gehalt der Atmosphäre. Da CO_2 eines der wirksamsten Treibhausgase ist, verändert der CO_2-Gehalt den natürlichen und für das Leben auf der Erde notwendigen Treibhauseffekt der Atmosphäre und damit das Klima.

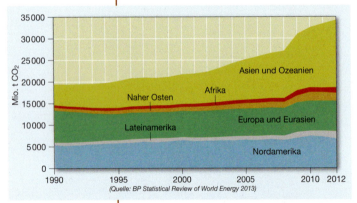

M 8 CO_2-Emissionen nach Kontinenten

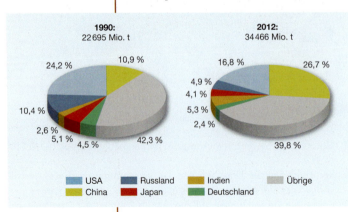

M 9 Größte CO_2-Emittenten

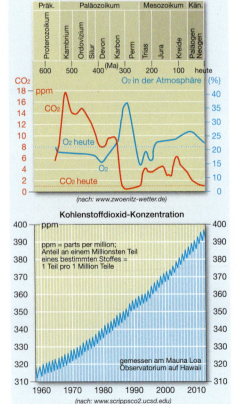

M 10 CO_2-Konzentration in der Atmosphäre

CO$_2$-Ausstoß des Menschen eine der Hauptursachen des Treibhauseffektes

Die Verweildauer von CO$_2$ in der Atmosphäre beträgt etwa 100 Jahre, es wirkt also etwa 100 Jahre lang. Addiert man alle Werte seit Beginn der systematischen Aufzeichnungen der CO$_2$-Emissionen um 1850, landen die USA auf dem ersten und die EU auf dem zweiten Platz. Die EU, die heute für etwa 16 Prozent des Kohlenstoffdioxidausstoßes verantwortlich ist, ist für fast 27 Prozent der historischen Emissionen verantwortlich. Im Fall der Entwicklungsländer verhält es sich umgekehrt: Alle Entwicklungsländer zusammen genommen sind heute für 41 Prozent der energiebedingten Emissionen verantwortlich. Historisch haben sie jedoch nur einen Anteil von 24 Prozent beigetragen.

Rückblickend auf die absoluten energiebedingten CO$_2$-Emissionen haben also die Industrieländer den größten Anteil an der Klimaveränderung. Die Schwellenländer China und Indien, aber auch Brasilien, Südafrika, Mexiko und Südkorea sind dabei, auf- bzw. zu überholen.

Stellt man eine Rangfolge der Pro-Kopf-Emissionen auf, relativieren sich vor allem die Gesamtemissionen der bevölkerungsreichen Länder China und Indien deutlich. So findet sich bei dieser Betrachtung China erst auf Platz 74 wieder, Indien auf Platz 149. Und auch innerhalb dieser Länder ist es oft nur eine wohlhabende Minderheit, die durch ihren energieintensiven Lebensstil den Hauptteil der Emissionen verursacht. Manche sprechen in diesem Zusammenhang von „Luxemissionen", welche die reiche Weltbevölkerung auf Kosten der ärmeren Bevölkerung der Erde verursacht.

(Quelle: Christof Arens: Ein Problem, viele Verursacher. In: www.bpb.de. Dossier Klimawandel vom 15.4.2013, gekürzt)

M 11 Die Verursacher des Klimawandels

Auf der 3. Vertragsstaatenkonferenz der Klimarahmenkonvention in Kyoto 1997 (COP 3) hatten die Vertragsstaaten das sogenannte „Kyoto-Protokoll" verabschiedet. In dem Protokoll verpflichten sich die Industriestaaten verbindlich dazu, ihre Emissionen der sechs wichtigsten Treibhausgase – u. a. Kohlenstoffdioxid (CO$_2$), Methan (CH$_4$), Fluorchlorkohlenwasserstoffe (FCKW) – im Zeitraum 2008 bis 2012 um mindestens 5 % unter das Niveau von 1990 zu senken. Dabei haben die einzelnen Länder unterschiedliche Verpflichtungen zur Emissionsminderung akzeptiert (z. B. Japan 6 %, Russland +/–0 %). Die EU mit ihren damals 15 Mitgliedstaaten (EU-15) hat ihre gemeinschaftliche Kyoto-Verpflichtung von 8 % innerhalb der EU umverteilt, so dass z. B. Deutschland 21 %, Großbritannien 12,5 % und Frankreich +/–0 % erbringen müssen. […]

Das Protokoll war und ist ein Meilenstein in der internationalen Klimapolitik, da es erstmals völkerrechtlich verbindliche Emissionsreduktionsziele für Industrieländer festlegt und mit einem klaren Zeitrahmen versieht. […] Inzwischen haben 191 Staaten das Kyoto-Protokoll ratifiziert, darunter alle EU-Mitgliedstaaten, Kanada, Neuseeland, Norwegen, Japan, aber auch seit 2007 Australien sowie wichtige Schwellenländer wie Brasilien, China, Mexiko, Indien, Südafrika und Südkorea. Die USA sind damit das einzige verbleibende Industrieland, das die Ratifizierung des Kyoto-Protokolls von Anfang an ablehnt. Darüber hinaus ist Kanada im Jahr 2013 aus dem Kyoto-Protokoll wieder ausgetreten. […]

Auf der Klimakonferenz in Doha, Katar (COP18/CMP8) haben die Vertragsstaaten des Kyoto-Protokolls eine 2. Verpflichtungsperiode von 2013–2020 beschlossen und Änderungen am Text des Kyoto-Protokolls vorgenommen.

(Quelle: http://www.bmu.de/themen/klima-energie/klimaschutz/internationale-klimapolitik/kyoto-protokoll. Zugriff: 11.10.2013)

M 12 Kyoto-Protokoll

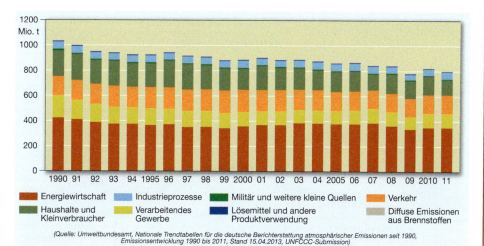

M 13 Emissionen von Kohlenstoffdioxid nach Quellkategorien in Deutschland

4. Analysieren Sie die CO$_2$-Konzentration im erdgeschichtlichen Ablauf (**M 10**).
5. Stellen Sie Entwicklungen des CO$_2$-Ausstoßes in Deutschland dar (**M 13**).
6. Begründen Sie den Ausstoß des CO$_2$ im globalen Vergleich (**M 8**, **M 9**).
7. Erörtern Sie Möglichkeiten und Probleme, zu internationalen Abkommen über die Reduktion der Emissionen von Treibhausgasen zu kommen (**M 11**, **M 12**).

Referat-Tipp:
Recherchieren Sie, welche Klimaabkommen seit dem Kyoto-Protokoll auf dem Umweltgipfel in Rio de Janeiro im Jahr 1992 getroffen worden sind. Stellen Sie Ihr Ergebnis in einer mediengestützten Präsentation vor.

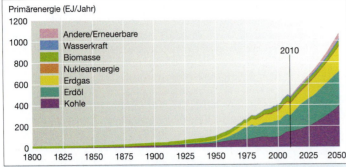

Für den Zeitraum 1800–2008 ist der reale Primärenergiebedarf, ab dem Jahr 2010 der Bedarf nach dem Global Energy Assessment/GEA-Baseline-Szenario gezeigt. Die Emissionen, die mit einem solchen Szenario verbunden wären, würden mit einer Wahrscheinlichkeit von rund 99 % dazu führen, dass die 2-°C-Leitplanke überschritten wird. Der Temperaturanstieg würde etwa 5 °C betragen. Die hier dargestellte Entwicklung sollte daher unbedingt vermieden werden. Für den Klimaschutz muss gegenüber diesem Szenario sowohl die Primärenergienachfrage deutlich begrenzt als auch der Energiemix geändert werden.
(Quelle: WBGU 2011)

M 14 Entwicklung der globalen Primärenergienachfrage (business as usual) zwischen 1800 und 2050

Würden alle bekannten und geschätzten Reserven und Ressourcen fossiler Energieträger genutzt, entstünden dabei 100-mal mehr CO_2-Emissionen, als bis 2050 in die Atmosphäre gelangen dürfen, wenn ein gefährlicher Klimawandel vermieden werden soll. Soll die Klimaerwärmung mit einer Wahrscheinlichkeit von zwei Dritteln auf 2 °C begrenzt werden, dürfen bis 2050 nicht mehr als 750 Mrd. t CO_2 aus fossilen Brennstoffen in die Atmosphäre gelangen. Allein die heute technisch und ökonomisch förderbaren Reserven fossiler Energieträger würden bei ihrer Verbrennung mehr als 7000 Mrd. t CO_2 freisetzen, zählt man noch die z. T. geschätzten Ressourcen und sonstigen Vorkommen hinzu, sind es noch zehnmal mehr. Für den Klimaschutz reicht es also nicht aus, auf eine Transformation der Energiesysteme zu warten, die in ferner Zukunft aus Mangel an Ressourcen ohnehin erfolgen muss. Es ist vielmehr notwendig, die Transformation umgehend zu beginnen.
(Quelle: WBGU 2011)

M 17 Die Transformation der Energiesysteme erfolgt nicht aus Mangel an Ressourcen

[…] Bei allen Dekarbonisierungsszenarios müssten außerordentlich große Energieeinsparungen erzielt werden. Die Primärenergienachfrage sinkt bis 2030 um 16 % bis 20 % und bis 2050 um 32 % bis 41 % gegenüber Höchstwerten im Zeitraum 2005–2006. Um erhebliche Energieeinsparungen erzielen zu können, müssen Wirtschaftswachstum und Energieverbrauch stärker voneinander entkoppelt und entsprechende schärfere Maßnahmen in allen Mitgliedstaaten und Wirtschaftsbranchen vorgesehen werden.
(Quelle: WBGU 2011)

M 15 Änderung der Nachfrage nach Primärenergie

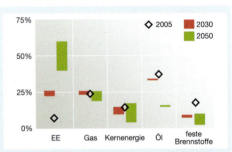

EU-Dekarbonisierungsszenarios – Spanne des Brennstoffanteils am Primärenergieverbrauch 2030/2050 gegenüber 2005

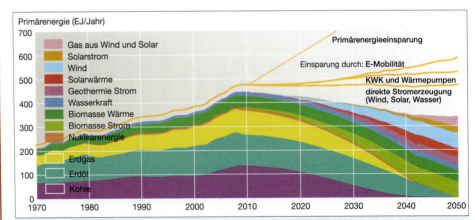

M 16 Vision einer globalen regenerativen Energieversorgung bis 2050 (Quelle: WBGU, Hauptgutachten 2011)

Basis für das Szenario sind fortgeschriebene aktuelle bzw. geschätzte Ausbauraten erneuerbarer Energien. Weiterhin wird den erneuerbaren Energien Priorität im Energiesystem eingeräumt, sodass die Nutzung bestehender konventioneller Energieträger verdrängt wird. Dabei liegt der Fokus nicht auf einer ökonomischen Optimierung des Technologiemixes. Weiterhin kann die Verfügbarkeit von Schlüsselwerkstoffen den tatsächlichen Transformationspfad beeinflussen.

Topographie der Transformation: Um vom Status quo zu einer klimaverträglichen Weltgesellschaft (vollständige Dekarbonisierung) zu gelangen, sind zunächst Hürden zu überwinden, die als ein Anstieg der gesellschaftlichen Kosten dargestellt sind. Dieser Anstieg wird derzeit durch Blockaden (rot) verstärkt: Die gesellschaftlichen Kosten des derzeitigen Zustands stellen sich geringer dar als angemessen, etwa durch Fehlanreize wie Subventionen fossiler Energieträger oder nicht einberechnete Umweltkosten. Gleichzeitig erscheinen die erforderlichen gesellschaftlichen Kosten des Umbaus höher zu sein, als sie tatsächlich sind: Zwar erfordern verschiedene blockierende Faktoren hohe Anstrengungen, etwa die kostenintensive Überwindung von Pfadabhängigkeiten. Dem stehen jedoch begünstigende Faktoren gegenüber: Viele Technologien für die Transformation sind bereits vorhanden und ihr Einsatz ist finanzierbar. Mithilfe der begünstigenden Faktoren können die Hürden abgesenkt und so der Weg für die Transformation geebnet werden. Sind die entscheidenden Hürden einmal genommen, ist eine große Eigendynamik in Richtung Klimaverträglichkeit zu erwarten. (Quelle: WBGU 2011)

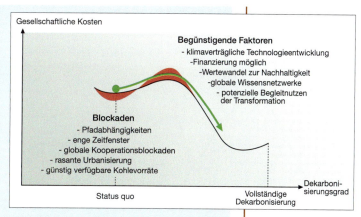

M 18 Möglicher Verlauf der Transformation

Rund 3 Mrd. Menschen sind noch immer von einer existenziellen Grundversorgung mit modernen Energiedienstleistungen ausgeschlossen und kochen z. B. mit festen Brennstoffen. Die dadurch verursachten gesundheitlichen Beeinträchtigungen und Todesfälle könnten durch die Transformation der Energiesysteme vermieden werden. Darüber hinaus könnte eine Abkehr von fossilen Energieträgern einen maßgeblichen Beitrag zur Luftreinhaltung leisten. Weiterhin würde die Versorgungssicherheit verbessert, und langfristige Kosten für Brennstoffe sowie für die Anpassung an den Klimawandel würden sinken. (Quelle: WBGU: Factsheet 2/2011, Transformation der Energiesysteme)

M 19 Zusatznutzen der Transformation der Energiesysteme

Die wichtigsten Ziele der globalen Transformation der Energienutzung sind die Begrenzung der globalen Energienachfrage, der Zugang zu moderner Energie für alle Menschen, die Dekarbonisierung der Energieversorgung sowie die Einführung neuer klimaverträglicher Technologien im Verkehr, bei Gebäuden und in der Industrie.
Internationale Kooperation ist notwendig, um die Entwicklung von Schlüsseltechnologien zu beschleunigen und eine globale Diffusion von Technologien zu erleichtern. Die einflussreiche Internationale Energieagentur (IEA) sollte sich stärker in Richtung nachhaltiger Energienutzung und -systeme ausrichten und offener für Entwicklungs- und Schwellenländer werden. Die 2009 neu gegründete IRENA (International Renewable Energy Agency, Internationale Agentur für Erneuerbare Energien) kann zukünftig eine wichtige Aufgabe bei der Verbreitung erneuerbarer Energien einnehmen.
Eine Einigung in der internationalen Klimapolitik könnte entscheidende Technologie- und Finanztransfers aus Industrieländern für die Transformation in Entwicklungs- und Schwellenländern mobilisieren. Einspeisevergütungen für erneuerbare Energien sowie die Bepreisung von CO_2-Emissionen sollten weltweite Verbreitung finden. Insgesamt sollten bei der internationalen Kooperation weniger Projekte im Fokus stehen als vielmehr systemische Änderungen. Es geht um die gemeinsame Erarbeitung von Strategien für eine klimaverträgliche Entwicklung und „grünes" Wachstum.
(Quelle: siehe M19)

M 20 Internationale Kooperation für die Transformation der Energiesysteme

8. Informieren Sie sich über verschiedene Möglichkeiten der Dekarbonisierung (Internet).
9. Vergleichen Sie die Darstellungen zur Primärenergienachfrage (**M 14** bis **M 17**).
10. Untersuchen Sie, wie der Übergang vom Status quo zu einer klimaverträglichen Weltgesellschaft erfolgen kann (**M 18** bis **M 20**).
11. Führen Sie eine Debatte über die Energieversorgung der Zukunft. Berücksichtigen Sie dabei die Aspekte Energieressourcen, fossile und regenerative Energiequellen, Energieeffizienz, Versorgungssicherheit, Energieverschwendung, Umweltverträglichkeit u. a.

Ordnen/Anwenden/Üben

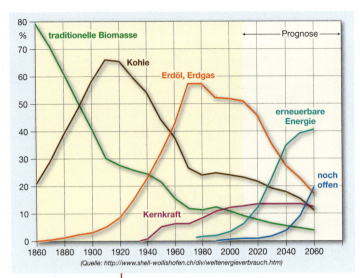

M 1 Lebenszyklen von Energiequellen

Energieverbrauch in ausgewählten Ländern in Mio. t SKE		Energieverbrauch pro Kopf in ausgewählten Ländern in kg SKE	
VR China	3908,6	Island	24 067
USA	3156,4	Katar	21 308
Russland	992,0	Luxemburg	11 852
Indien	805,2	Kanada	10 692
Japan	683,3	USA	10 325
Kanada	469,9	Australien	8 064
Deutschland	445,4	Rep. Korea	7 208
Frankreich	350,7	Russland	6 518
Großbritannien	290,9	Deutschland	5 793
Italien	232,2	Japan	5 549

M 2 Bedeutende Energieverbraucher 2012

Über ein Drittel des gesamten Primärenergieverbrauchs wird für die Erzeugung von Strom verwendet, der für das Funktionieren der Wirtschaft und die Aufrechterhaltung unserer Lebensweise unverzichtbar ist. Die Zukunft der globalen Energieversorgung steht also zunehmend im Mittelpunkt des Interesses. Dabei sind vor allem die Umweltverträglichkeit, aber auch die Wirtschaftlichkeit und die Sicherheit von größter Bedeutung.

Die Primärenergieträger stammen zu einem großen Teil aus fossilen Rohstoffen, die nicht erneuerbar sind und die eine begrenzte Lebensdauer haben. Es besteht darüber Einigkeit, dass künftig der Energiebedarf gedrosselt werden muss. Dies kann z. B. über die verbesserte Effizienz bei der Energieumwandlung (Kraftwerke) wie auch durch einen sparsameren Verbrauch bei der Endenergie (z. B. mit effizienten Haushaltsgeräten) erfolgen.

Zudem wird der künftige Energiemix verstärkt durch erneuerbare Energien gekennzeichnet sein müssen. Dies bedeutet eine Nutzung des am einzelnen Standort vorhandenen natürlichen Energieangebots nach modernen technologischen und ökologischen Anforderungen. Nicht jede erneuerbare Energie kann an jedem Ort ausreichend und zuverlässig erzeugt werden. Auch wenn durch Vernetzungen regionale Versorgungsengpässe beseitigt werden können, ist eine flächendeckende Energieversorgung mit regenerativen Energieträgern zurzeit noch nicht absehbar.

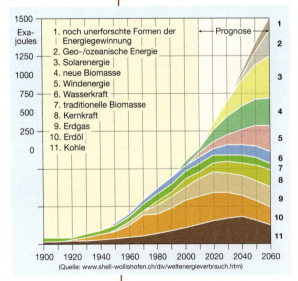

M 3 Weltenergieverbrauch

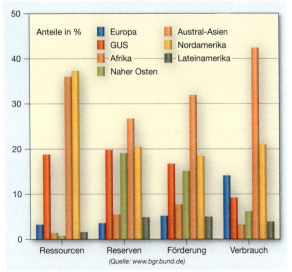

M 4 Anteile nicht erneuerbarer Energierohstoffe 2012

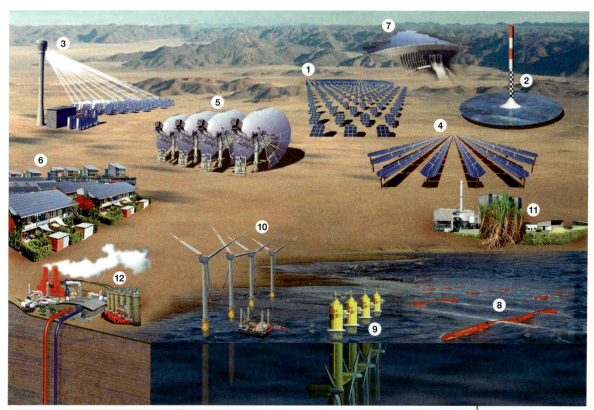

① **Photovoltaikkraftwerk**
In diesen, meist auf großen Freiflächen errichteten, Anlagen werden Sonnenstrahlen mittels Solarzellen direkt in elektrische Energie umgewandelt.

② **Thermikkraftwerk (Aufwind-Kraftwerk)**
Durch Sonneneinstrahlung wird Luft unter einem Glas- oder Kunststoffdach erwärmt, die dann in einem Kamin aufsteigt. Durch diesen Aufwind wird die Windenergie mithilfe eines Generators in elektrische Energie umgewandelt.

③ **Solarturmkraftwerk**
Mit computergesteuerten der Sonne nachgeführten Spiegeln wird Sonnenstrahlung gebündelt auf einen zentralen sehr hohen Turm gelenkt. Dort wird die konzentrierte Strahlung benutzt, um Hochtemperaturwärme von bis zu 1100 °C bereitzustellen und diese dann über ein Dampf- oder Gasturbinenkraftwerk zur Stromerzeugung zu nutzen.

④ **Parabolrinnenkraftwerk:**
Gewölbte, der Sonne folgende, Spiegel bündeln Sonnenlicht auf ein in der Brennlinie verlaufendes langes Absorberrohr mit wärmeleitender Flüssigkeit. Wärmetauscher wandeln die thermische Energie in Heißdampf, der Dampfturbinen und daran gekoppelte Generatoren antreibt.

⑤ **Solar-Stirling-Anlage**
Die auf große schüsselförmige Sonnenspiegel gelenkte Solarstrahlung wird unter Benutzung eines Stirlingmotors in Rotationsenergie und später mittels Generator in elektrischen Strom umgewandelt.

⑥ **Solarenergie im Wohnungsbau**
Gebäude werden so entworfen, dass sie möglichst klimagerecht und energieeffizient die Sonnenenergie optimal nutzen und Wärmeverluste vermeiden. Dies geschieht im Wesentlichen durch eine Ausrichtung nach Süden, eine gute Wärmedämmung, die solarthermische Unterstützung der Wassererwärmung und Heizung sowie durch Photovoltaik-Anlagen zur Stromerzeugung.

⑦ **Wasserkraftwerk**
Durch die Kraft des sich bewegenden Wassers wird mit sehr hohem Wirkungsgrad mechanische Energie in elektrischen Strom umgewandelt. Das entweder künstlich aufgestaute oder natürliche fließende Wasser setzt eine Turbine in Bewegung, die dann einen Generator zur Stromerzeugung antreibt.

⑧ **Wellenkraftwerk**
Strom wird aus der kontinuierlichen Nutzung der Meereswellen gewonnen. Es existieren verschiedene Verfahren, wie die sogenannte Seeschlange, die Rampe, die Bodenwellen oder die pneumatische Kammer.

⑨ **Meeresströmungskraftwerk**
Benutzt die kinetische Energie der kontinuierlichen Meeresströmung, um mittels eines Rotors, der sich unter Wasser im Bereich der fließenden Strömung befindet, Rotationsenergie zu erzeugen. Diese wird an einen, über dem Wasser auf einer Plattform gelegenen, Generator gesendet, der den elektrischen Strom erzeugt.

⑩ **Windkraftwerk**
Die kinetische Energie der Windströme wird mittels Rotorblättern und Generator in elektrische Energie umgewandelt und in das Stromnetz eingespeist. Durch eine stetig steigende Zahl an Windkraftanlagen an Land und Offshore-Windparks an den Küsten wird Wind als kostenfreie, umweltschonende und erneuerbare Energiequelle genutzt.

⑪ **Bioenergiekraftwerk**
Durch die Nutzung von Biomasse, d. h. Biogasanlagen und speziell angebauter Energiepflanzen, wie Raps oder Getreide, werden Strom, Wärme und Treibstoffe erzeugt.

⑫ **Geothermiekraftwerk**
Mithilfe der in der Erdkruste gespeicherten Wärme (Geothermie) wird Strom erzeugt. Wasser wird von einem Kühlturm in einen tiefen unterirdischen Behälter geleitet, in dem es durch die Wärme des Erdinneren verdampft. Der nun erzeugte Wasserdampf steigt nach oben und treibt eine Turbine an, welche mithilfe eines Generators Strom erzeugt. Danach zieht der Wasserdampf zurück in den Kühlturm und wird wieder zu Wasser.

M 5 Nachhaltigkeit in der Energiewirtschaft

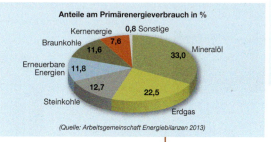

Anteile am Primärenergieverbrauch in %
- Mineralöl 33,0
- Erdgas 22,5
- Steinkohle 12,7
- Erneuerbare Energien 11,8
- Braunkohle 11,6
- Kernenergie 7,6
- Sonstige 0,8

(Quelle: Arbeitsgemeinschaft Energiebilanzen 2013)

M 6 Energieträger in Deutschland

1. Erörtern Sie die Bedeutung der einzelnen Energierohstoffe (M 1, M 3, M 4).
2. Stellen Sie tabellarisch die wichtigsten Kohle-, Erdöl- und Erdgas-Lagerstätten zusammen (M 4, Atlas). Erläutern Sie darauf aufbauend die Folgerungen, die sich aus der Lage der Abnehmer dieser Energierohstoffe ergeben (M 2 bis M 4).
3. Fassen Sie die Möglichkeiten der Nutzung erneuerbarer Energien zusammen (M 5).
4. Informieren Sie sich über die Entwicklung des Einsatzes verschiedener Energieträger in Deutschland (M 6, Internet).

Prüfen Sie Ihren Zuwachs an Sach-, Methoden- und Urteilskompetenzen

S Sachkompetenz; **M** Methodenkompetenz; **U** Urteilskompetenz

S Definieren Sie folgende Fachbegriffe:

- Bioenergie
- Fossiler Energieträger
- Fracking
- Geothermische Lagerstätte
- Lagerungsverhältnis
- Nachwachsender Rohstoff
- Regenerative Energie
- Rekultivierung
- Solarthermie
- Substitution

M 1 „So leben wir, so leben wir alle Tage …" (Karikatur von Jupp Wolter)

Aufgaben zu M 1
S/M Beschreiben Sie die Karikatur und formulieren Sie deren Aussage fachbezogen.

M/U Vergleichen Sie diese Aussage mit den statistischen und grafischen Informationen auf dieser Doppelseite und formulieren Sie ein Fazit.

Aufgaben zu den Fotos
S/M Beschreiben Sie die dargestellten Methoden der Energiegewinnung.

S Ordnen Sie die Fotos möglichen Standorten in Deutschland zu.

Aufgaben zu M 2
S Beschreiben Sie die dargestellten Gesamtentwicklungen seit 1950.

S/U Erläutern Sie Gründe und mögliche Folgen.

S/M Differenzieren Sie Ihre Aussagen in regionaler Hinsicht.

S/U Erklären Sie die festgestellten Unterschiede.

M Rechnen Sie die regionalen Daten in Indexwerte ab 1950 um und stellen Sie diese in Form einer Tabelle dar.

U Nehmen Sie Stellung zur Entwicklung des globalen Energiebedarfs und zu den politischen und wirtschaftlichen Implikationen für rohstoffreiche und -arme Länder.

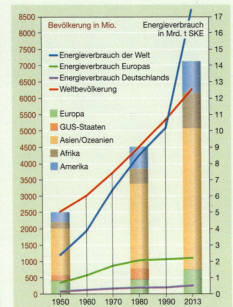

M 2 Bevölkerung und Energieverbrauch

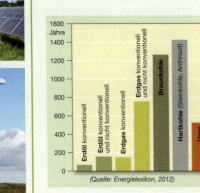

(Quelle: Energielexikon, 2012)

M 3 Reichweite einzelner Energieträger

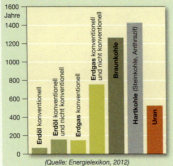

(Quelle: Energy Information Administration (EIA), World Energy Projections Plus, 2013)

M 4 Weltenergiekonsum nach Energieträgern

Prüfen Sie Ihren Zuwachs an Sach-, Methoden- und Urteilskompetenzen 151

Aufgaben zu M 3 und M 4
- S Beschreiben Sie die Entwicklung des Weltenergiekonsums seit 1990.
- U Bewerten Sie diese Entwicklung vor dem Hintergrund der Informationen in M 3.
- M/U Entwerfen Sie ein Schema, das mögliche Konsequenzen nach 2030 verdeutlicht.

Aufgaben zu M 5
- S Beschreiben Sie die dargestellten Wind- und Wärmebilanzen.
- S Erläutern Sie diese im Zusammenhang mithilfe raumrelevanter Gegebenheiten.
- U Bewerten Sie Standorte in verschiedenen Räumen für die alternative Energieerzeugung.
- U Erörtern Sie, welche Eignungsvoraussetzungen sich für Nordrhein-Westfalen ergeben.
- U Verdeutlichen Sie im Hinblick auf die Energie- und allgemeine Ressourcenproblematik die Metapher vom „Raumschiff Erde".

Aufgaben zu M 6
- S Beschreiben Sie die erkennbare Entwicklung seit 1980.
- S Erläutern Sie am geeigneten Beispiel den Vorgang der „Substitution".
- U Begründen Sie den Substitutionsprozess.
- M Stellen Sie den jeweiligen Anteil der Kernenergie in geeigneter Form grafisch dar.

Aufgaben zu M 7
- S Beschreiben Sie die Erdöleinfuhren seit 1970.
- U Bewerten Sie die aufgezeigte Entwicklung im Kontext geopolitischer Überlegungen.
- M/U Vergleichen Sie den Anteil von Erdöl an der deutschen Energieversorgung mit dessen weltweiter Nachfrage (M 4).

Jahr	Steinkohle	Braunkohle	Kernenergie	Mineralöl	Erdgas	Windenergie	Wasserkraft und Sonstige	Insgesamt
	TWh							
1980	111,5	172,7	55,6	27,0	61,0	0,0	39,8	467,6
1990	140,8	170,9	152,5	10,8	35,9	0,1	38,9	549,9
1995	147,1	142,6	154,1	9,1	41,1	1,5	41,3	536,8
2000	143,1	148,3	169,6	5,9	49,2	9,5	50,9	576,5
2005	134,1	154,1	163,0	11,6	71,0	27,2	59,6	620,6
2010	117,0	145,9	140,6	8,7	89,3	37,8	93,7	633,0
2012*	116,1	161,1	99,5	8,0	75,7	50,7	117,6	628,7

*) vorläufig (Quelle: Gesamtverband Steinkohle, Essen)

M 6 Stromerzeugung in Deutschland

Anteile deutscher Steinkohle
- an der Stromerzeugung in Deutschland: 9 Prozent (übrige Anteile aus Importkohle s. Tabelle)
- am Steinkohlenverbrauch: 33 Prozent (Steinkohlenimport: 67 Prozent)
- an den inländischen Energievorräten: 63 Prozent

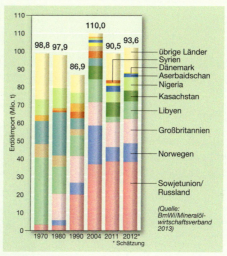

M 7 Entwicklung der Erdöleinfuhren Deutschlands

M 5 Jahreswinddargebot und Sonnenscheinstunden in Deutschland

Webcode: GO645787-151

Klausur

M 1: Wirtschaftskarte Südamerika: Ausschnitt Brasilien

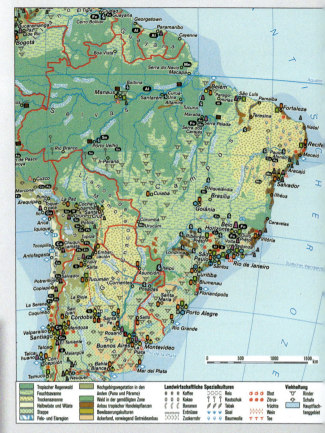

Quelle: Menschen Zeiten Räume. Kombi-Atlas für Nordrhein-Westfalen. Berlin 2012. S. 125

Name: _____

Klausur

Aufgabenstellung:

Thema: Nachhaltige Energie aus Zuckerrohr?

Teilaufgaben:

1. Lokalisieren Sie die Hauptanbaugebiete von Zuckerrohr in Brasilien.

2. Erläutern Sie die Entwicklung des Zuckerrohranbaus in Brasilien.

3. Bewerten Sie die Verwendung von Zuckerrohr unter dem Aspekt der Nachhaltigkeit.

Materialgrundlage:

- M 1: Wirtschaftskarte Südamerika: Ausschnitt Brasilien
- M 2: Informationen zum Zuckerrohr
- M 3: Zuckerrohrproduktion in Brasilien nach Bundesstaaten (Erntesaison 2012/2013)
- M 4: Zucker- und Ethanolproduktion in Brasilien
- M 5: Pkw-Zulassungen von Neufahrzeugen in Brasilien (ohne Dieselfahrzeuge)
- M 6: Informationen zu Ethanol und Flex-Fuel
- M 7: Produktion von Biokraftstoffen in Millionen Liter

Zugelassene Hilfsmittel:

- Atlas
- Wörterbuch zur deutschen Rechtschreibung
- Taschenrechner

M 2: Informationen zum Zuckerrohr

Wissenschaftlicher Name	Saccharum officinarum
Höhe der Stängel	2–6 m
Durchmesser der Stängel	bis zu 5 cm (Stängel sind markhaltig mit einem Zuckeranteil von 10-20 %)
Klimatische Ansprüche	immerfeuchte und wechselfeuchte Tropen Durchschnittstemperatur 25-28 °C 1500-2500 mm Niederschlag
Ernte	je nach Mechanisierungsgrad: von Hand mit Hackmesser oder mit Erntemaschinen
Nutzung	Rohstofflieferant für die Herstellung von Zucker, Ethanol, Zuckerrohrschnaps und anderen verschiedenen Spirituosen; Nutzung der bei der Zuckersaftgewinnung zurück bleibenden Bagasse als Brennstoff (Wärme- und Elektrizitätserzeugung), als Viehfutter und als Baustoff

Zusammengestellt nach:
http://www.rohstoff-welt.de/basiswissen/zucker-sugar.php (Zugriff: 01.09.2013)
http://www.biothemen.de/Qualitaet/tropen/rohrzucker_zuckerrohr.html (Zugriff: 01.09.2013)

M 3: Zuckerrohrproduktion in Brasilien nach Bundesstaaten (Erntesaison 2012/2013)

Bundesstaat	Zuckerrohrproduktion in 1000 t	Bundesstaat	Zuckerrohrproduktion in 1000 t
Acre	70	Paraíba	5 293
Alagoas	23 460	Paraná	39 726
Amazonas	266	Pernambuco	13 574
Bahia	3 084	Piauí	828
Ceará	57	Rio de Janeiro	1 422
Espírito Santo	3 519	Rio Grande do Norte	2 248
Goiás	52 727	Rio Grande do Sul	33
Maranhão	2 072	Rondônia	125
Mato Grosso	16 319	Santa Catarina	0
Mato Grosso do Sul	37 330	São Paulo	329 923
Minas Gerais	51 759	Sergipe	2 147
Pará	695	Tocantins	1 800

Zusammengestellt nach: http://www.unicadata.com.br/index.php (Zugriff: 01.09.2013)

M 4: Zucker- und Ethanolproduktion in Brasilien

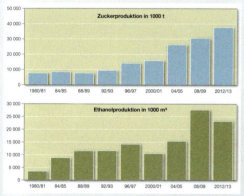

Zusammengestellt nach: http://www.unicadata.com.br/index.php (Zugriff: 01.09.2013)

M 5: Pkw-Zulassungen von Neufahrzeugen in Brasilien (ohne Dieselfahrzeuge)

Jahr	Ethanol	Flex-Fuel	Benzin	Gesamt
2004	50 950	328 379	1 077 945	1 457 274
2006	1 863	1 430 334	316 561	1 748 758
2008	84	2 329 247	217 021	2 546 352
2010	50	2 876 173	280 704	3 156 927
2012	52	3 162 822	274 030	3 436 904

Zusammengestellt nach: http://www.unicadata.com.br/index.php (Zugriff: 01.09.2013)

M 6: Informationen zu Ethanol und Flex-Fuel

Ethanol	andere Bezeichnungen: Äthanol, Äthylalkohol, Ethylalkohol, Alkohol
Verwendung	z. B. Bestandteil von Spirituosen und Genussmitteln; vielfältige Verwendung als Lösungsmittel und Ausgangsstoff in der chemisch-pharmazeutischen Industrie und Medizin; Einsatz in Pkw als Ersatz für Benzin oder als Kraftstoff-beimischung
Flex-Fuel	Kurzform für "Flexible Fuel Vehicle" (FFV): ein an den Kraftstoff anpassungsfähiges Fahrzeug; das Auto/der Motor kann sowohl mit Benzin als auch mit Ethanol betrieben werden, ebenso mit beliebigen Mischungen der Kraftstoffe

Zusammengestellt nach:
http://gestis.itrust.de/nxt/gateway.dll/gestis_de/010420.xml?f=templates$fn=default.htm$3.0 (Zugriff: 01.09.2013)
Bernd Radowitz: Revolution im Tank. In: „Süddeutsche Zeitung" vom 22.05.2010. Abgerufen unter:
http://www.sueddeutsche.de/auto/ethanol-revolution-im-tank-1.829664 (Zugriff: 01.09.2013)
http://www.afdc.energy.gov/vehicles/flexible_fuel.html (Zugriff: 01.09.2013)

M 7: Produktion von Biokraftstoffen in Millionen Liter

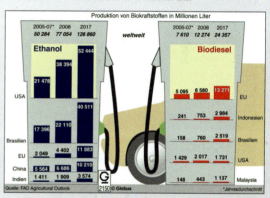

Quelle: http://www.picture-alliance.com/ (Zugriff: 01.09.2013)

Diese Seiten der Klausuren in Originalgröße und die Lösungen der Aufgaben finden Sie im
Webcode: GO645787-153

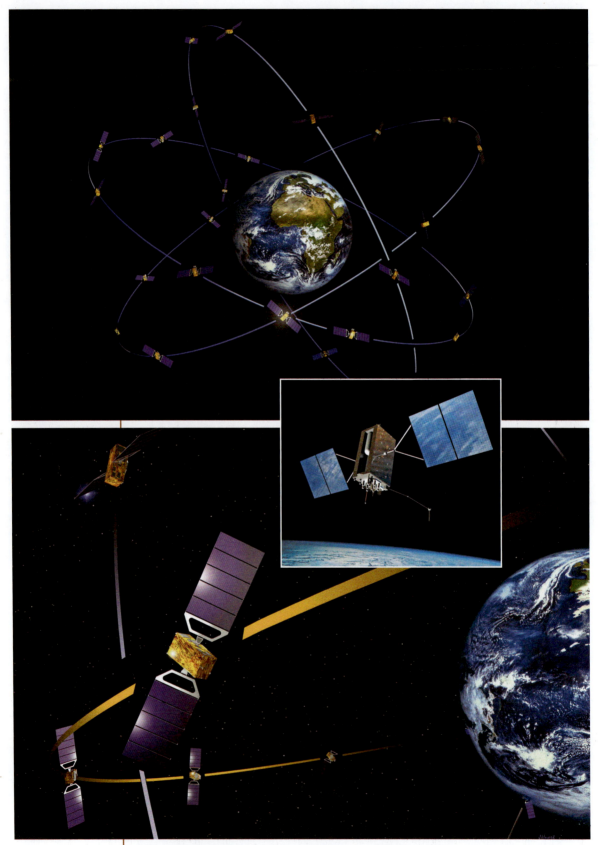

GPS-Satelliten umkreisen die Erde in einer Höhe von 20 200 km.

Geoinformation und GIS

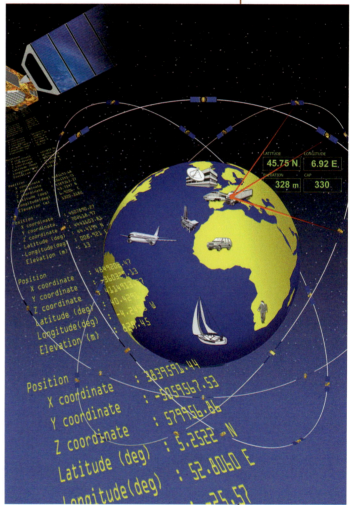

Alles, was passiert, geschieht an einem bestimmten Ort. Wir Menschen sind in unseren Aktivitäten an die Erde bzw. an die nähere Erdumgebung gebunden. Angaben zur Lage von Ländern, Städten und Firmen, zu Orten, an denen Naturkatastrophen geschehen oder andere Ereignisse stattfinden, liefern Voraussetzungen und zentrale Informationen für die Lösung geographischer Fragestellungen.
Informationen, die diesen Raumbezug besitzen, nennen wir **Geoinformationen.**

Ob es z. B. darum geht,
– wie man mit dem Auto von Berlin nach Hamburg kommt,
– wo Schulen oder Krankenhäuser gebaut werden sollen,
– welche Wege Logistikunternehmen für die zu transportierenden Waren wählen,
– wo aktuell Waldgebiete gerodet werden,
– wo am besten welches Getreide angebaut werden kann:
Geoinformationen spielen eine zentrale Rolle und helfen uns, diese Fragen zu beantworten.

Da eine Menge von Informationen zur Lösung der geographischen Probleme benötigt werden, speisen wir heute Computersysteme mit Geoinformationen und lassen uns so bei der Analyse und Präsentation helfen. Solche Computersysteme nennt man **Geographische Informationssysteme,** kurz **GIS.**
In Geographischen Informationssystemen können Geoinformationen erzeugt, bearbeitet, analysiert und visualisiert werden. Es kann sich dabei um unseren realen Lebensraum wie etwa Gebäude, Grundstücke, Stromleitungen, Straßen oder um abstraktere und globale Zusammenhänge wie Verkehrs- und Transportwege, Migrationsbewegungen, Lebensräume von Tieren und Pflanzen oder Wirtschaftsräume handeln.

Geoinformationen werden genutzt.

1. Geographische Informationssysteme

Geographische Informationssysteme sind Computersysteme, die Daten mit Raumbezug, sogenannte **Geodaten**, speichern, organisieren, analysieren und durch Karten und Tabellen visualisieren können. Zwei Grundkonzepte von GIS sind:

1. Die Verknüpfung einer raumbezogenen Datenbank (Tabelle) mit Geometrien (Punkte, Linien, Polygone oder Vielecke):

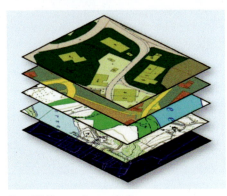

M1 GIS-Konzept Raumbezogene Datenbank

2. Die Darstellung von Geodaten verschiedener Dimensionen (Punkte, Linien, Polygone) und Themen (z. B. Böden, Grenzen, Topographie) in Ebenen, sog. **Layern,** die angeordnet, an- und ausgeschaltet und übereinandergelegt transparent dargestellt werden können:

M2 GIS-Konzept Layerprinzip

Funktionen von GIS
Eine wichtige Funktion, die alle GIS gemeinsam haben, sind die Navigationswerkzeuge zum Zoomen und Verschieben der Karte und zur Anzeige des gesamten Kartenausschnitts:

M3 Typische GIS-Werkzeuge zur Navigation

Es gibt zwei Arten von Layern, die in einem GIS dargestellt und verarbeitet werden können:
- **Rasterdaten** sind Bilddaten, z. B. Satellitenbilder, Luftbilder, Bodenkarten. Sie zeigen das Bild wie digitale Fotos vergrößert „pixelig".
- **Vektordaten** abstrahieren reelle Objekte durch Punkte (z. B. Städte), Linien (z. B. Straßen) oder Polygone (z. B. Länder), die auf Bildschirmen und beim Druck genauer dargestellt werden.

Vektordaten sind mit einer Datenbank verknüpft, in der tabellarisch thematische Daten bezogen auf den dargestellten Raum enthalten sind. Diese Eigenschaften eines Raums nennt man „Attribute". Ein durch ein Polygon dargestelltes Bundesland kann viele Attribute haben, z. B.:

Name	Hauptstadt	Einw.	Bev.-Dichte
NRW	Düsseldorf	17 933 064	527

M4 Attribute zu NRW

Das Thema von Rasterdaten ist in den Rasterzellen enthalten. Bei Luftbildern ist es das Bild selbst, bei Bodenkarten bekommen verschiedene Bodenarten unterschiedliche Farben.

Verwendung von GIS
Mithilfe dieser Konzepte und weiterer Analysemöglichkeiten, Abfragen und kartographischer Methoden werden GIS für die Lösung vieler Fragestellungen der Geowissenschaften und anderer Disziplinen verwendet.
Die in GIS verwendeten digitalen Geodaten werden von Behörden, statistischen Ämtern, Umweltämtern und anderen Einrichtungen erstellt und oft als Dienste über das Internet zur Verfügung gestellt. Jeder kann auch selbst Geodaten erfassen, mit einer Thematik verknüpfen und so Geoinformation generieren, z. B. mithilfe eines GPS-Empfängers (oder Navigationssystems).
Geoinformationssysteme, ihre im Internet vorliegenden Verwandten **WebGIS** und andere **Geowebdienste** gehören heute zum alltäglichen Werkzeug eines Geographen. Die Arbeit mit Geoinformation wird in immer mehr Berufen wichtig. Dies wird besonders deutlich, wenn man sich den alltäglichen Kontakt mit Geoinformation und Karten jeglicher Art klar macht:
Navigationssysteme, Routenplaner, der Wetterbericht, Satellitenbilder (z. B. in Google Earth), Anzeigen der Wartezeit auf den Bus, Karten in der Zeitung oder in einem Schulatlas, die Kontrolle der Lkw-Maut oder das Tsunami-Warnsystem basieren alle auf Geoinformationen und sind Produkte der Arbeit mit GIS sowie typische Anwendungen aus der Geoinformatik.

Geographische Informationssysteme

Die bereits erwähnten **WebGIS** bieten gegenüber anderen Lösungen Vorteile, denn es ist keine Installation auf einem Computer nötig. Die Geodaten liegen auf einem Server beim Anbieter und können über den Browser vom Nutzer betrachtet und analysiert werden. Allerdings ist es bei einem WebGIS meistens nicht möglich, eigene Geodaten einzupflegen, man ist auf die bestehende Datengrundlage beschränkt. Außerdem bieten WebGIS nicht alle GIS-Funktionen und nur begrenzte kartographische Möglichkeiten. Darum greift man insbesondere bei regionalen und lokalen Fragestellungen und für intensivere Analysen auf sogenannte **DesktopGIS** zurück, die auf einem Computer fest installiert werden müssen und mehr Funktionen haben.

Es existieren viele verschiedene DesktopGIS auf dem Markt. Behörden und Firmen arbeiten mit professioneller Software, die sehr komplex ist und für die man eine Ausbildung im Fach Geoinformatik benötigt. Es gibt aber auch freie DesktopGIS, die gute und einfache Möglichkeiten bieten. Ein Beispiel dafür ist das freie GIS **GDV Spatial Commander**.

Geodaten

Die Beschaffung von Geodaten ist von Land zu Land und von Amt zu Amt unterschiedlich. Anders als in den USA sind Geodaten in Europa meistens nicht kostenlos zu bekommen. Außerdem liegen sie häufig in verschiedenen Formaten vor. Der Zugang wird jedoch durch das 2009 in Kraft getretene Geodatenzugangsgesetz EU-178 weit erleichtert. Viele Geodaten werden bereits in sogenannten **Geodateninfrastrukturen** über Internetdienste sichtbar (Web Map Services) und verfügbar gemacht (Web Feature Services). Die Nutzung, besonders für kommerzielle Zwecke, kann allerdings äußerst teuer sein.

M 6 Web-Map-Service: GeoServer NRW

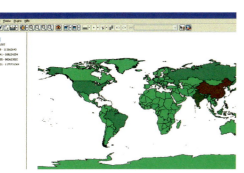

M 5 Freies DesktopGIS: GDV Spatial Commander

Neben GIS werden Geoinformationen auch in anderen Medien aus der Geoinformatik visualisiert. Virtuelle Globen erfüllen diese Aufgabe besonders gut. Sie bieten zwar weniger Analysemöglichkeiten, greifen aber die grundlegenden Prinzipien von GIS auf und eignen sich besonders gut zu Präsentationszwecken. Ein bekannter virtueller Globus ist **Google Earth**.

Es gibt auch freie Geodaten im Internet. Ein interessantes Projekt ist OpenStreetMap (www.openstreetmap.de), das sich zum Ziel gesetzt hat, der ganzen Welt eine freie, detailreiche Karte online bereitzustellen. Die dort von Freiwilligen mit GPS-Empfängern erfassten und kartographisch aufbereiteten Daten lassen sich auch in GIS verarbeiten und weiterverwenden. Dafür ist es wichtig, dass die erfassten Daten (GPS-Koordinaten) von den Bearbeitern um Thematik (z. B. Straßenname) und Semantik (Bedeutung des Objektes, z. B. Landstraße) ergänzt werden.

Einige Fragestellungen aus diesem Buch lassen sich mit GIS, virtuellen Globen und Geodaten lösen. Exemplarisch werden Sie das an Beispielen mit dem **WebGIS Sachsen**, dem **GDV Spatial Commander** und **Google Earth** aufzeigen.

1. Führen Sie eine Webrecherche zum Thema „Geoinformation und GIS" durch. Suchen Sie hierbei nach WebGIS, Geodiensten aus Ihrem Bundesland oder Ihrem Wohnort.
2. Schauen Sie sich den GeoServer NRW (http://www.geoserver.nrw.de) an. Suchen Sie dort Ihren Wohnort und betrachten Sie alle Ebenen der verfügbaren Geodaten. Stellen Sie tabellarisch dar, wofür die einzelnen Geoinformationen nützlich sind. Vergleichen Sie Ihren Wohnort mit der Abdeckung in OpenStreetMap.
3. Verwenden Sie im GeoServer NRW das Identifikationswerkzeug „I", um sich über die einzelnen Ebenen zu informieren und die Datenaktualität zu prüfen. Stellen Sie fest, ob es sich bei den jeweiligen Daten um Raster- oder Vektordaten handelt. Erweitern Sie die Tabelle aus Aufgabe 2 um diese Informationen.

Webcode:
GO645787-157

2. WebGIS

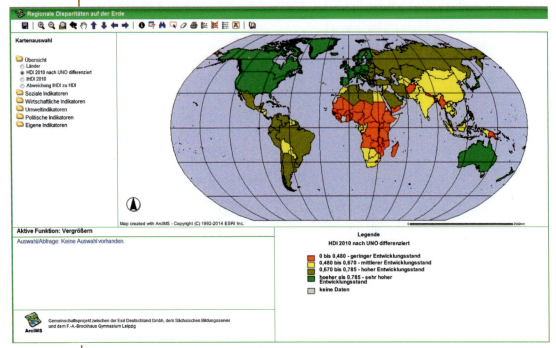

M 1 Darstellung des HDI im WebGIS Sachsen

Um die Vielfalt der Nutzungsmöglichkeiten eines GIS kennen zu lernen, werden Sie im Folgenden mit dem WebGIS Sachsen (http://webgis.sn.schule.de/website/Erde/viewer.htm) arbeiten. Hierbei werden Sie globale Disparitäten unter Aspekten der Globalisierung der Nahrungsmittelindustrie in einer Karte visualisieren.

Im WebGIS Sachsen gibt es eine Reihe vorgefertigter Karten zu sozialen, wirtschaftlichen, politischen und Umweltindikatoren. Daneben gibt es die Möglichkeit, mithilfe der GIS-Werkzeuge eigene thematische Karten zu erstellen – z. B. zu globalen Disparitäten im Nahrungsmittelsektor.

Betrachten Sie zunächst die in der Datenbank vorhandenen Indikatoren.

Sie können schnell Indikatoren identifizieren und auswählen, die Aussagekraft über die Ernährung, die Beschäftigungsraten im Agrarsektor oder den Export von Gütern haben. Nun können im Karteneditor diese Indikatoren nacheinander ausgewählt werden, mit kartographischen Mitteln (Farbverlauf, Klassenbildung, Titel, Beschriftung der Legende) können Sie eine Karte produzieren und ausdrucken.

M 3 Karteneditor

M 2 Indikatorenauswahl

1. Nennen Sie andere Indikatoren als die im Text genannten, die eine globalisierte Welt kennzeichnen, und begründen Sie Ihre Wahl.
2. Stellen Sie diese in einzelnen Karten dar und wählen Sie die kartographischen Methoden so, dass ein aussagekräftiges Produkt entsteht.
3. Vergleichen Sie Ihre Karten untereinander und diskutieren Sie die Unterschiede in der Darstellung sowie eine eventuell unterschiedliche Kartenaussage.

WebGIS-Funktionen

Ausgewählte Indikatoren können zusätzlich mit dem Identifikations-Werkzeug ❶ für ein angeklicktes Land oder mit der Rechteck-Auswahl für viele angrenzende Länder tabellarisch dargestellt und für weitere Zwecke (z. B. Erstellung von Vergleichsdiagrammen) exportiert werden.

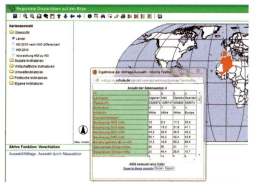

M 4 Auswahl und tabellarische Darstellung

Informationen nach Bedingungen abfragen

Ein Analysewerkzeug, das zu den Standardfunktionen eines GIS gehört, ist der Abfragemanager . Mit den hier erstellten Abfragen können räumliche Daten aus der Datenbank untersucht und verglichen werden.

Die Ergebnisse werden tabellarisch und auf der Karte visualisiert. Abfragen in GIS funktionieren immer nach dem gleichen Schema. Beispielaufgabe: Zeigen Sie Länder auf, in denen die Anzahl der Handys im Jahr 2008 in Prozent größer als 90 war.

1. Ein Indikator (Attribut) wird gewählt und mithilfe einer Relation (<, >, =, …) mit einem Wert verglichen.

2. Diese Abfrage muss in ein maschinenlesbares Format übernommen werden.

3. Wenn mehr als eine Bedingung abgefragt werden soll, können an dieser Stelle mit einem Operator (AND, OR, NOT, …) Abfragen kombiniert werden. Anschließend muss man wieder bei 1. beginnen.

4. Wenn die Abfrage formuliert ist, kann sie ausgeführt werden.

Die Ergebnisse einer Abfrage werden in einer Tabelle (mit den gewählten Indikatoren) und in der Karte rot markiert dargestellt. Es werden nur die Länder markiert, auf die alle Bedingungen der Abfrage zutreffen.

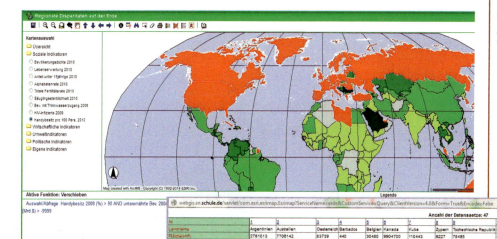

M 5 Abfrageergebnisse in Tabelle und Karte

4. Überlegen Sie, mit welchen Indikatoren und welchen Bedingungen man regionale Disparitäten messen kann. Begründen Sie Ihre Entscheidung.
5. Vergleichen Sie Ihre Überlegung mit den im WebGIS Sachsen vorhandenen Indikatoren und deren Werten. Nehmen Sie dazu Stellung.
6. Erstellen Sie auf dieser Grundlage eine komplexe Abfrage und visualisieren Sie die Ergebnisse in einer Karte.

Webcode: GO645787-159

3. DesktopGIS

DesktopGIS arbeiten nach denselben Prinzipien wie WebGIS (S. 158). Sie verarbeiten Vektor- und Rasterdaten und können diese in verschiedenen Layern übereinander anzeigen. Vektordaten werden im sogenannten „Shape-Format" (*.shp) entweder als Punkte, Linien oder Polygone gespeichert. Das Shape-Format ist ein Standard für GIS. Die dazugehörige Thematik ist in einer gleichnamigen Datenbank-Datei (*.dbf) gespeichert, die sich auch mit einem Tabellenkalkulationsprogramm öffnen und betrachten lässt.

Mit einem DesktopGIS lassen sich konkrete und aktuelle Fragestellungen auch aus dem eigenen Lebensumfeld bearbeiten, wenn die nötigen Geodaten verfügbar sind. Man unterscheidet zwischen **Geobasisdaten** (topographische Karten, Bebauungspläne, digitale Landschaftsmodelle usw.), die man von Vermessungs- oder Katasterämtern erhält, und **Geofachdaten** (Bodenkarten, Klimadaten aus Klimastationen oder Wahl- und andere Umfrageergebnisse), die z. B. Umwelt- oder Statistische Ämter liefern oder die selbst erhoben werden können.

In einem GIS-Projekt könnte man z. B. die Einstellung der Münsteraner Bürger zum Thema „Ökologie" mit ihrem Wahlverhalten vergleichen. Zusätzlich soll auf der Ergebniskarte das „ökologische Potenzial der Münsteraner Stromversorgung" ersichtlich werden.

Welche Daten werden benötigt?
Eine Shape-Datei der statistischen Bezirke von Münster dient als Basis (s. M 1).

Zusätzliche Geobasisdaten könnten z. B. eine topographische Karte als Kartenhintergrund liefern. Notwendige Geofachdaten:
– Wahlergebnisse aus der letzten Bundestagswahl nach statistischen Bezirken sortiert (Quelle: Wahlamt Münster).
– Standorte, Art und Leistung der Münsteraner Stromerzeugungsanlagen (Quelle: Homepage der Stadtwerke Münster).
– Angaben zur ökologischen Einstellung der Münsteraner, z. B. Wahl des Stromtarifs, Nutzung von Energiesparlampen, Nutzung des öffentlichen Personennahverkehrs.
(Quelle: Umfrage der Uni Münster).

Durch kartographische Aufbereitung der Daten kann im GIS ein Kartenprodukt mit einer Aussage erstellt werden, z. B. „Wie ‚grün' ist Münster?" (politisch/ökologisch). Gehen Sie folgendermaßen vor:

1. Laden Sie das freie GIS GDV Spatial Commander herunter (http://www.gdv.com/down/scommander_down.php) und installieren Sie es auf Ihrem PC. Über die Hilfe des Programms lernen Sie die ersten Funktionen kennen.
2. Laden Sie die Dateien stadtbezirk_und_teilbereich.shp und stadtteil_(statistischer_bezirk).shp (siehe Webcode) und fügen Sie diese in den Spatial Commander hinzu. Versuchen Sie, die Ebenen zu verschieben, und schauen Sie sich die Attributtabellen der Themen an (Rechtsklick auf das Thema).
3. Laden Sie das Aufgabenblatt_Gruenes Muenster.doc herunter (siehe Webcode) und bearbeiten Sie es im Spatial Commander.

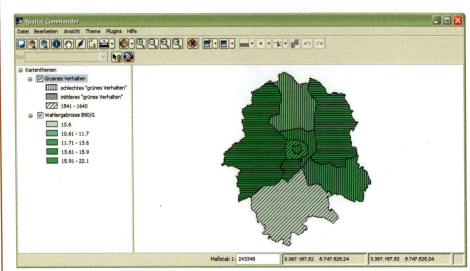

M 1 Wahlergebnisse der Grünen in der Stadt Münster im Spatial Commander

Ein GIS-Projekt zur Untersuchung des Solarpotenzials der eigenen Stadt

Nach dem Vorbild verschiedener Projekte aus der Wissenschaft können in einem GIS-Projekt das photovoltaische Potenzial der eigenen Stadt oder des Stadtteils und die daraus resultierenden Möglichkeiten der CO_2-Einsparung durch Solarenergie erarbeitet werden. Führen Sie das nachfolgende Projekt arbeitsteilig durch.

Welche Faktoren spielen eine Rolle?
Vereinfacht lässt sich das Potenzial auf diese drei wichtigsten Faktoren reduzieren: *Dachneigung, Ausrichtung des Daches* und *Dachfläche*.

Welche Geodaten benötigen Sie und wo erhalten Sie diese?

Geodaten	Nutzung	Datenquelle
Gebäudegrundrisse	Dachfläche, Ausrichtung	Landesvermessungsamt o. Katasteramt
Luftbilder	Dachform, Ausrichtung	Landesvermessungsamt o. Katasteramt
LaserScan-Daten oder selbst messen	Dachneigung	Katasteramt oder eigene Erfassung

Gehen Sie folgendermaßen vor:
1. Geobasisdaten (Luftbilder, Gebäudegrundrisse) in das GIS laden
2. Gebäudedaten, um die Attribute Dachfläche, Dachneigung, Ausrichtung und Potenzial ergänzen
3. Dachflächen mit dem GIS berechnen
4. erfasste Dachneigung eintragen
5. Ausrichtung mit dem GIS berechnen

Bei einer Dachneigung von ca. 35°, einer totalen Südausrichtung und einer großen Dachfläche ist das Potenzial besonders groß.
Hieraus kann man eine eigene Formel für das Potenzial ableiten und diese vom GIS für jedes Gebäude berechnen lassen.

6. die vorher berechneten Attribute für die Berechnung des Potenzials nutzen
7. das Potenzial kartographisch visualisieren, z. B. mit drei Klassen für gute (grün), bedingte (gelb) und schlechte (rot) Eignung eines Hauses
8. die Karte z. B. auf einer Webseite (z. B. der Schulhomepage) präsentieren

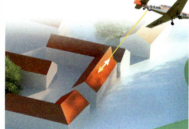

M 2 Geodaten – Gebäudegrundrisse, Luftbilder, LaserScan-Daten

M 3 Solarpotenzial der Stadt Osnabrück: http://geo.osnabrueck.de/solar

Webcode: GO645787-161

4. Virtuelle Globen

Virtuelle Globen, darunter Google Earth, sind äußerst populäre Anwendungen aus der Geoinformatik. Sie eignen sich besonders gut zur Visualisierung und Präsentation von Geodaten sowie Geoinformation und bieten zudem viele Möglichkeiten zur (visuellen) Analyse.

Als Grundlage dient eine 3D-Darstellung der Erde, die wir vom klassischen Globus kennen. Auf dieser Darstellung werden abhängig vom Maßstab (oder Zoom-Faktor) verschiedene Vektor- und Rasterdaten angezeigt, von Satellitenbildern bis zu aktuellen, hoch aufgelösten Luftbildern. Die Menge an Daten für diese Darstellung ist unfassbar groß und es wird nicht möglich sein, diese auf einem Rechner zu speichern. Darum nutzen virtuelle Globen das Internet, um die Bilder für den gerade angezeigten Ausschnitt von einem Server nachzuladen.

Google Earth

Die Firma Google kauft für ihren virtuellen Globus viele Luft- und Satellitenbilder und bietet diese in Google Earth an. Das Aufnahmedatum erkennt man unten mittig im Kartenbild (Google Earth 7.0).

Virtuelle Globen greifen einige Prinzipien geographischer Informationssysteme auf: Es können z. B. Vektordaten (z. B. Straßen) in verschiedenen Layern über den Rasterdaten angezeigt werden, Geodaten können über Webdienste bezogen und auf dem Globus visualisiert werden (z. B. das aktuelle Wetter), und es ist möglich, selbst Geodaten zu erstellen – z. B. Punkte, Linien, Polygone. Google Earth präsentiert im Ebenen-Menü eine Reihe interessanter Geoinformationen, die bei Aktivierung über Webdienste für den ausgewählten Ausschnitt bezogen werden. So kann z. B. Geländeinformation angezeigt werden (dreidimensional sichtbar bei Änderung des Sichtwinkels).

Weiterhin finden sich im Ebenen-Menü viele verorteten Informationen zum Wetter, zu den Ozeanen oder zu 3D-visualisierten Gebäuden.

M 2 Ebenen-Menü in Google Earth

Diese Möglichkeiten und weitere Funktionen, wie Messen oder das Darstellen historischen Bildmaterials, erlauben es, eine Reihe von (visuellen) Analysen geographischer Gegebenheiten durchzuführen und Ergebnisse interessant zu präsentieren. So wird Google Earth mittlerweile häufig in den Medien (Fernsehen, Internet) eingesetzt, um komplexe Sachverhalte zu erläutern. Ein Beispiel ist die Visualisierung des Verlaufs und der Schäden durch den Hurrikan Katrina, die man im KML-Format auf den Google-Seiten herunterladen kann.

Solche vorgefertigten Visualisierungen für Google Earth nennt man **Overlays.** Häufig werden die hierfür benötigten Daten direkt über Webdienste bezogen und ständig aktualisiert, wie z. B. bei Overlays zum Wetter oder zu Erdbeben.

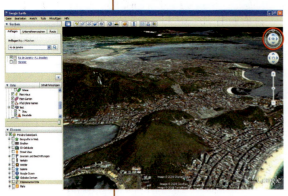

M 1 Google Earth

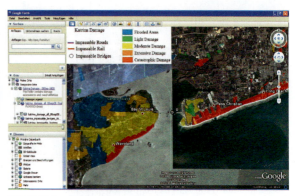

M 3 Schäden durch den Hurrikan Katrina

Virtuelle Globen **163**

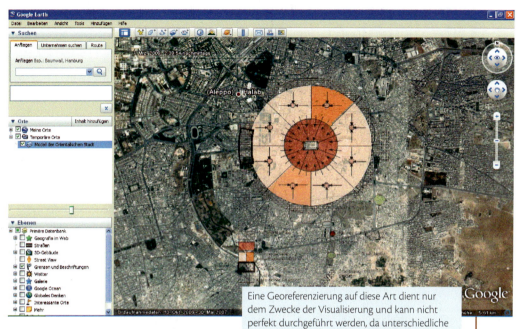

M 4 Overlay des Modells der orientalischen Stadt über Aleppo

Eine Georeferenzierung auf diese Art dient nur dem Zwecke der Visualisierung und kann nicht perfekt durchgeführt werden, da unterschiedliche Kartenprojektionen kombiniert werden!

Overlays

Die bereits eingeführten Overlays eignen sich besonders gut, um raumzeitliche Entwicklungen auf der Erde zu visualisieren und zu analysieren. Hierfür werden vorhandene Daten oder Karten aus geeigneten Quellen in Google Earth georeferenziert (verortet). Die Georeferenzierung ist ein weiterer Prozess aus GIS, der in Google Earth auf besonders einfache Art umgesetzt wurde. Durch das Übereinanderlegen von Karte und Luftbild und das Verändern der Transparenz der Karte erreicht man einen hohen Informationsgewinn. So können thematische Karten (z. B. zu sozialer Gliederung), historische Luftbilder von Städten (z. B. Berlin) oder von sich verändernden Regionen (z. B. Aralsee) oder Stadtmodelle als Overlays visualisiert werden.

Eine digitalisierte Karte (z. B. eine gescannte Karte aus diesem Buch oder eine Karte aus dem Internet) im Bildformat JPG kann in wenigen Schritten als Overlay eingefügt werden:

1. den Kartenausschnitt betrachten und merken
2. denselben Ausschnitt der Erde in Google Earth ansteuern
3. JPG-Datei hinzufügen
4. mit grünen Markern das Overlay „von Hand" georeferenzieren (Transparenzregler zu Hilfe nehmen) und dabei an Küsten, Flüssen, Straßen orientieren
5. das Overlay abschließen.

Ein erstelltes Overlay erscheint in Google Earth als Layer im Orte-Menü. Die Transparenz kann mit dem darunter liegenden Regler verstellt werden:

M 5 Overlay als neuer Layer – hier im Orte-Menü

Virtuelle Globen wie Google Earth bieten somit viele Möglichkeiten zur Analyse und Präsentation von Geoinformationen. Ihre Funktion im Alltag, in der Wirtschaft und Wissenschaft nimmt ständig zu.

1. Erstellen Sie ein Overlay zum Thema „Neulandgewinnung in den Niederlanden". Suchen Sie im Internet nach geeigneten historischen Karten und präsentieren Sie mit der Transparenzfunktion die Entwicklung der Neulandgewinnung.
2. Schauen Sie sich die Themen des Buches an und überlegen Sie, wofür man welches Medium (DesktopGIS, WebGIS, Google Earth) verwenden könnte.
3. Wählen Sie ein geeignetes Thema aus und erstellen Sie eine Präsentation.

Webcode:
GO645787-163

Landwirtschaft in verschiedenen Klima- und Vegetationszonen

Vor allem der Anbau von Grundnahrungsmitteln richtet sich nach den natürlichen Gegebenheiten. Versorgungsprobleme der wachsenden Weltbevölkerung einerseits und sich verändernde Konsumgewohnheiten andererseits haben dazu geführt, dass sich Methoden und Anbauschwerpunkte der Landwirtschaft im Laufe der Zeit verändert haben.

Erweiterung der geographischen Kompetenzen

Inhalte
- Strukturelle Unterschiede und sozioökonomische Bedeutung von Subsistenz- und Plantagenwirtschaft in den Tropen
- Auswirkungen der vier agrarischen Revolutionen auf die Agrarwirtschaft
- Bewässerungslandwirtschaft als Antwort auf die natürlichen Gegebenheiten in den Subtropen
- Bodenversalzung und Desertifikation als Folgen unangepasster landwirtschaftlicher Nutzung in Trockenräumen
- Merkmale der ökologischen Landwirtschaft

Medien und Methoden
- Klimakarten und -diagramme, Luftbilder, Quellentexte, Nutzungsprofile, Schemata, Modelle
- Vergleichen von Methoden der Agrarwirtschaft in verschiedenen Landschaftszonen
- Zuordnung von Fallstudien zu zonalen Ordnungsmustern

Bewertungen
- Herstellen globaler Bewertungszusammenhänge bezüglich lokaler und regionaler agrarischer Entscheidungen
- Auswirkungen unterschiedlicher agrarischer Nutzungsformen auf Natur- und Kulturlandschaft
- Interessenskonflikte und Flächennutzungskonkurrenzen bezüglich agrarischer Ausrichtungen
- Notwendigkeit ökologischen Denkens und Handelns in der Landwirtschaft unter Nachhaltigkeitsaspekten
- Beitrag des primären Sektors zur Ernährungs- und Einkommenssicherung sowie zur Wohlstandsentwicklung in unterschiedlichen Staaten

Aktionen und Handlungserwartungen
- Feldanalyse zum Konsumverhalten
- Planung eines Aktionstages, z. B. zum Thema „Gesunde und umweltverträgliche Ernährung"
- Fundierte Positionierung und entsprechendes Konsumverhalten bezüglich unterschiedlicher landwirtschaftlicher Produktionsweisen

Foto: Mähdreschereinsatz in North Dakota, USA

Ausblick: Landwirtschaft in verschiedenen Klima- und Vegetationszonen

Die meisten Kulturpflanzen sind aus Wildformen hervorgegangen, die zunächst durch Selektion (Auslese), später durch züchterische Methoden (Kreuzung, Hybridisierung) oder Genbeeinflussungen verändert wurden.

Pflanzen sind von Licht, Wärme, Niederschlag und Nährstoffen abhängig. Vor allem Wärmemangel oder Trockenheit beeinflussen das Wachstum von Pflanzen. Ebenso ist das Nährstoffangebot in unterschiedlichen Böden mitentscheidend dafür, welche Art landwirtschaftlicher Nutzung infrage kommt oder ob es sich um unfruchtbares Land handelt. Eine optimale Bodenkultivierung kann die Ertragsfähigkeit deutlich steigern; so sind u. U. mehrere Ernten pro Jahr möglich.

Der wirtschaftende Mensch hat im Laufe der Kulturgeschichte immer modernere Methoden entwickelt, um die Tragfähigkeit der Böden zu steigern. So gleichen in weniger warmen Regionen Treib- und Gewächshäuser den Wärmemangel aus, ergänzt Wasser aus künstlich angelegten Speichern und Kanälen zu geringe Regenmengen bei der Bewässerung. Bei der Tierhaltung verbessern Stallhaltung, Veterinärmedizin, Futterzusätze u. a. die Erträge. Auf den Weltmeeren ergänzen Aquakulturerträge diejenigen aus dem Fischfang. Innovationen in der technischen Entwicklung, z. B. bei Landmaschinen, haben die Produktivität steigern helfen. Neue Betriebsstrukturen anstelle früherer Familienbetriebe haben größeren Kapitaleinsatz, weitreichendere Absatzmöglichkeiten

M 2 Bananenplantage in Costa Rica

und einen globalen Austausch landwirtschaftlicher Güter ermöglicht.

Politische Entscheidungen, wie Agrarsubventionen oder Finanzhilfen, beeinflussen landwirtschaftliche Prozesse und Strukturen ebenso wie großräumige politische Veränderungen. So haben die Transformationsprozesse nach 1991 in vielen osteuropäischen Staaten zu umfangreichen agrarstrukturellen Veränderungen geführt.

Mit Rücksicht auf ein nachhaltiges Wirtschaften haben zunehmend umweltschonende Anbau- und Tierhaltungsmethoden im Rahmen der ökologischen Landwirtschaft an Bedeutung gewonnen.

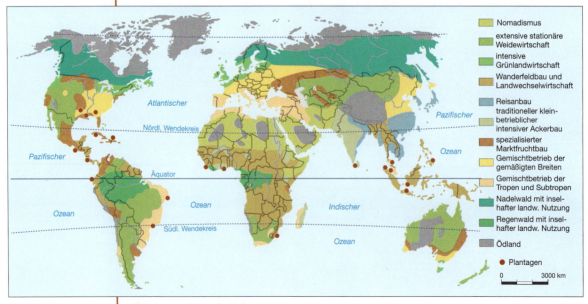

M 1 Agrarregionen der Erde

Grundbegriffe aus der Sekundarstufe I

Die Zusammenstellung enthält einige grundlegende Begriffe, die Sie aus früheren Jahrgangsstufen kennen sollten und die Sie in diesem Kapitel benötigen.

Agrobusiness: Produktion von Agrarprodukten in kapitalintensiven Betrieben mit hoher Produktionskapazität. Unternehmen, die primär außerhalb der Landwirtschaft tätig sind und bei denen die Agrarproduktion nur ein Teil der Unternehmenstätigkeit ist, werden als Corporate Farm bezeichnet.	**Gemischtbetrieb**
	Industrial Farming: Kennzeichen sind Spezialisierung, Mechanisierung und Automatisierung. Aussaat, Düngung und Pflanzenschutzmaßnahmen werden durch Satelliten und GPS optimiert. Anbau auf großen Flächen, Monokultur
Agronomische Trockengrenze: Grenzbereich, bis zu dem der Anbau ohne künstliche Bewässerung durch Regenfeldbau möglich ist	**Integrierter Landbau**
	Monokultur
Aquakultur	**Nebenerwerbsbetrieb:** Ein landwirtschaftlicher Betrieb mit weniger als 0,75 Vollarbeitskräften wie auch ein Betrieb mit 0,75 bis 1,5 Vollarbeitskräften, aber weniger als 50 % am Gesamteinkommen
Betriebsformen: Es wird unterschieden in Marktfrucht-, Futterbau- (Milchvieh/Rindermast), Veredlungs- (Schweinemast/Geflügelhaltung) und Dauerkulturbetriebe. Dabei beträgt das erwirtschaftete Einkommen im Betriebszweig jeweils mehr als 50 % am Gesamteinkommen.	
	Nomadismus
	Oasenwirtschaft
Bewässerungswirtschaft: Wasserbereitstellung durch direkte Nutzung natürlicher Vorkommen (z. B. Grundwasser) und Wasserspeicherung (z. B. Stauseen) sowie die Wasserverteilung durch Be- und Entwässerungskanäle	**ökologische Landwirtschaft:** Kennzeichen sind artgerechte Tierhaltung, biologischer Pflanzenschutz und Gründüngung, Erzeugung von Futter und Nährstoffen auf dem eigenen Hof sowie eine schonende Bodenbearbeitung.
Brandrodung	**Plantagenwirtschaft**
cash crops: Agrarprodukte, die für den Weltmarkt angebaut werden, im Gegensatz zu food crops, die der Selbstversorgung oder dem Absatz auf lokalen Märkten dienen	**shifting cultivation:** Form der Landnutzung in den Tropen, bei der die Anbaufelder in unregelmäßigen Abständen gewechselt werden. Einfache Anbaumethoden und die Abnahme der Bodenfruchtbarkeit machen den Wechsel erforderlich. Die Landwechselwirtschaft erfolgt oft als Brandrodungswirtschaft.
Ecofarming	
Extensive/intensive Viehwirtschaft	
Feedlot	**Subsistenzwirtschaft**

Angebote zur individuellen Bearbeitung in Einzelarbeit, im Tandem oder in Gruppen

Landwirtschaft in den Tropen (S. 168–187)
– Erarbeiten Sie vergleichend in Kleingruppen Produktionsziele, Arbeitsweisen und Lebensumstände der Wanderfeldbauern einerseits und der Plantagenarbeiter andererseits, indem Sie ökonomische, ökologische und soziale Aspekte berücksichtigen.
– Präsentieren Sie Ihr Ergebnis in Form zweier Wirkungsgeflechte/Kausalprofile, die die Unterschiede verdeutlichen.

Landwirtschaftliche Produktion in den Subtropen und in den Gemäßigten Breiten (S. 188–215)
– Bearbeiten Sie in jeweils zwei Gruppen Formen und Entwicklung der Landwirtschaft in den Gemäßigten Breiten bzw. den Subtropen.
– Fokussieren Sie Ihre mediengestützte Ergebnisdarstellung auf das Problemfeld „Wasser".

Nachhaltigkeit in der Landwirtschaft (S. 216–235)
– Erarbeiten Sie den Unterschied der ökologischen zur traditionellen Landwirtschaft und präsentieren Sie Ihre Ergebnisse auf Wandzeitungen.
– Planen Sie arbeitsteilig in Gruppen einen Aktionstag zum Thema „Wie ernähre ich mich umweltverträglich und gesund" für das Ende des kommenden Schulhalbjahres. Nutzen Sie hierbei auch die Kompetenzen in Ihrem Kurs aus, die aus dem Fach Biologie stammen.

Landwirtschaftliche Produktion in den Tropen vor dem Hintergrund weltwirtschaftlicher Prozesse

KUMQUATS
100 g oder Packung
1,49 €

Reife: Orangenfarbig
Geschmack: Säuerlich-herb, erinnert an Orangen
Nährwert: Hoher Vitamin-C-Gehalt, reich an Mineralstoffen und ätherischen Ölen.
Verwendung: Roh essen, Schale kann mit gegessen werden, für Sirup, Konfitüre, Obstsalat oder Cocktails
Herkunft: Malaysia

LITSCHI
100 g oder Packung
1,29 €

Reife: Schale muss sich leicht eindrücken lassen
Geschmack: Leicht süß-sauer, erinnert an Orangen
Nährwert: Reich an Vitamin C + B
Verwendung: Roh essen (wie ein Ei schälen), zu Obstsalaten, Nachspeisen oder Cocktails
Herkunft: Südafrika

PAPAYA
Stück
1,99 €

Reife: Volle gelbe Schale, butterweiches, saftiges, rosarotes Fruchtfleisch
Geschmack: Süß, erinnert an Waldmeister und Himbeere
Nährwert: Reich an Vitamin A + C, für Diäten geeignet
Verwendung: Zum Frühstück, zu Vorspeisen und Salaten
Herkunft: Brasilien

M 1 Angebote aus dem Supermarkt

1. Nahrungsmittel aus aller Welt

„An Weihnachten Erdbeeren zu essen und Pfirsiche zu Neujahr ist zwar ein angenehmer Luxus, aber auch die Ursache von Entfremdung und Verwirrung, da wir nur schwer den Ursprung der Erzeugnisse erfahren, ihre geographische Herkunft. [...] Wir wissen nicht, wann und wie sie hergestellt wurden. Wir kennen sie nicht mehr."

(Massimo Montanari: Der Hunger und der Überfluss – Kulturgeschichte der Ernährung in Europa, München 1993, S. 192)

Das Angebot in unseren Supermärkten ist reichhaltig. In der Obst- und Gemüseabteilung quellen die Regale über. Neben Bananen und Orangen liegen Mangos aus Indien, Kiwis aus Neuseeland, Papayas aus Brasilien. Die Treibhäuser Belgiens und der Niederlande liefern Chicorée und Paprika zu jeder Jahreszeit. Neu in diesem Markt sind Rambutani aus Indonesien sowie Kumquats und Litschi aus Malaysia und Südafrika.

Die Fleischabteilung bietet 60 verschiedene Wurstsorten. Sonderangebote sind Schweinegulasch 2,98 €/kg und Rindfleisch, „direkt aus der Keule" 4,99 €/kg. Diese niedrigen Preise werden ermöglicht durch die Massentierhaltung und den Import von Kraftfutter, das zu zirka 50 Prozent aus Ländern der Dritten Welt kommt. Auf der Speisekarte unserer Milchkühe, Mastschweine und Legehennen stehen Soja aus Brasilien, Maniok aus Südostasien, Getreide aus Argentinien und Fischmehl aus Peru – Länder, in denen zumindest regional auch heute noch Hunger herrscht. Die Welt deckt uns den Tisch. Entfernungen spielen keine Rolle. Um uns diese Vielfalt an Lebensmitteln jederzeit verfügbar zu machen, ist eine Agrarindustrie entstanden, die weltweit produziert, mit großem logistischen Aufwand die Waren verteilt und mit Werbefeldzügen den Absatz sichert.

Die Vorteile sind offensichtlich. Fast alle Nahrungsmittel sind bei uns unabhängig von Jahreszeiten zu günstigen Preisen verfügbar. Sie können als Konserven oder tiefgekühlt längere Zeit lagern und lassen sich schnell zubereiten. So werden Arbeitskraft und Zeit gespart. Dies ist einer der Gründe, die es heute ermöglichen, dass in einer Familie beide Elternteile arbeiten können. Zugleich wird durch die niedrigen Lebensmittelpreise Kaufkraft für andere Produkte frei.

Dieser Überfluss hat allerdings seine dunkle Seite. Dies gilt auch für uns Verbraucher in den Industrieländern. Die Beziehungen sind unübersichtlich geworden. Das Verkaufsprodukt ist bekannt, Herkunft und Zusammensetzung, z. B. bei Fertigprodukten – Suppen aus der Tüte, Jogurt, Pizza aus der Tiefkühltruhe – sind jedoch nicht immer durchschaubar.

Wichtiger aber ist, dass auch im Jahr 2014 noch zirka 870 Millionen Menschen an Mangel- oder Unterernährung leiden, obwohl rein rechnerisch genügend Nahrungsmittel für alle Menschen produziert werden. Die meisten Menschen, die nicht genügend zu essen haben, leben in Entwicklungs- und Schwellenländern. Besonders betroffen sind Südasien und Afrika südlich der Sahara.

Produkt (Name)	Anzahl der konkurrierenden Produkte/Sorten	Herkunft (Stadt/Region/Land)	Anbau in D (in der EU) nein / ja	Zurückgelegte Entfernung (km/Luftlinie)	Bemerkungen zur Produktion (Treibhaus/ saisonal)	Bemerkungen zum Transport (z. B. Kühlung)
Äpfel						
Tafeltrauben						
Tomaten						
Bananen						
Orangensaft						
Frischmilch						
Tee						
Lammfleisch						
Schinken						
…						

M 2 Musterbogen für eine Bestandsaufnahme im Supermarkt

Durch konsequente Umstellung auf regionalen Einkauf hat eine Großküche den Transportaufwand für Nahrungsmittel um 88 Prozent reduziert. Inzwischen kommen zwei Drittel aller Produkte von Lieferanten aus einem Umkreis von zehn Kilometern.

Menü vor der Umstellung		Menü nach der Umstellung	
Blumenkohlsuppe (Fertigprodukt)	120 km	Salatteller (lokaler Gärtner)	1,5 km
Kopfsalat (Großhändler)	50 km	Dinkel-Mandelküchle (Erzeugergemeinschaft)	80,0 km
Schweinebraten (eingeschweißt)	200 km		
Soße (Fertigprodukt)	120 km	Gemüseplatte (regionaler Bauer)	19,0 km
Spätzle (Fertigprodukt)	50 km	Kräutersoße (regionaler Bauer)	3,0 km
Schokoladencreme (Fertigprodukt mit Milch)	170 km	Apfelgrütze mit Zimtsahne (lokaler Anbau; Zimt, Vanille und Zitronensaft nicht berechnet)	1,5 km
Menübeschaffung konventionell Beschaffungskilometer pro Menü gesamt:	710 km	Menübeschaffung regional Beschaffungskilometer pro Menü gesamt:	105 km

(Quelle: SUM, Hrsg. Brot für die Welt und Evangelische Akademien für Deutschland)

M 3 Die Küche im Dorf lassen – aus regionalen Märkten frisch auf den Tisch

1. Untersuchungen im Supermarkt
   a) Legen Sie fest, welche Supermärkte Sie untersuchen wollen. Bilden Sie Gruppen, die jeweils ein Geschäft bearbeiten oder sich auf bestimmte Produkte konzentrieren (tropische/subtropische Früchte oder asaisonale Produkte wie Spargel zu Weihnachten).
   b) Erstellen Sie Steckbriefe (Karteikarten) von exotischen Fruchtsorten: Name der Frucht, Herkunftsland, Geschmack-Geruch-Aroma, Verpackung und Transport (abgepackt oder lose, Kühlung), Aussehen (Zeichnung oder Foto), Preis (kg/Stück).
   c) Bearbeiten Sie Tabelle **M 2**.
   d) Tragen Sie die Herkunft der Produkte in eine Weltkarte ein.
2. Versuchen Sie den Transportaufwand in Kilometern für ein Mittagessen zu berechnen (**M 3**). Dazu müssen Sie die Herkunft der Produkte ermitteln. Sie ist bei Fleisch und bei den Beilagen (z. B. Gemüse) heute oft angegeben, oder Sie fragen Ihren Kaufmann. Bei Fertigprodukten ist eine Berechnung schwierig. Meist ist der Standort der Fabrik angegeben. Die Zusammensetzung des Produktes finden Sie auf der Packung. Zu bedenken ist, dass es sich bei den Zutaten oft nicht um Naturprodukte handelt, sondern um Aromastoffe. Will man die Transportwege für die Zusatzstoffe realistisch berechnen, sind 80 Transportkilometer zu der Entfernung Verkaufsort – Herstellungsort hinzuzuzählen.

2. Allgemeine Einflussfaktoren der Landwirtschaft

	Durchschnitts-temperatur während der Wachstumszeit	Niederschlag (Toleranzbereich) (in mm/Jahr)	Dauer der Wachstumszeit bis zur Reife (Tage*)
Kartoffeln	> 5 °C	450 – 600	ca. 60
Winterweizen	> 5 °C (frosthart bis – 22 °C)	250 – 900	ca. 90
Sommerweizen	> 5 °C	< 500	100 – 105
Mais	> 5 °C	250 – 5000	130 – 150
Nassreis	25 – 32 °C	z. T. Überflutung	90 – 210**
Baumwolle	25 – 27 °C	600 – 1500	120 – 150
Bananen	> 25 °C	1200 – 2500	90

(Verschiedene Quellen; basierend auf: Sigmund Rehm/Gustav Espig; Die Kulturpflanzen der Tropen und Subtropen. Stuttgart 1976, A. Bärtels, Farbatlas Tropenpflanzen, Ulmer 1989)

*) Bei der Mehrzahl der Dauerkulturen ist keine Angabe der Wachstumszeit möglich
**) Wachstumszeit von Reis-Hochertragssorten: 90 – 120 Tage

M 1 Standortansprüche verschiedener Kulturpflanzen

Wild- und Kulturpflanzen sind von Licht, Wärme, Niederschlag und Nährstoffen abhängig. Die **klimatische Anbaugrenze** ist dort erreicht, wo die Pflanzen keine Wachstumsbedingungen mehr finden. Die **Kältegrenze** gliedert Gebiete aus, in denen aufgrund zu niedriger Temperaturen oder einer zu kurzen Vegetationsperiode ein Anbau nicht mehr möglich ist. Die **Trockengrenze** verläuft dort, wo der Niederschlag genauso hoch ist wie die Verdunstung (N = V).

Ein weiterer bedeutender Faktor ist der **Boden**. Die Bodenfruchtbarkeit ist von einer Reihe von physikalischen, chemischen und biologischen Voraussetzungen abhängig, wie z. B. Wasser- und Lufthaushalt, Ionenaustausch, Aktivität von Mikroorganismen. Die Ertragsfähigkeit kann durch eine optimale Bodenkultivierung (Pflügen, Be- und Entwässern, Fruchtfolge, Düngung, Pflanzenschutzmaßnahmen) deutlich gesteigert werden. Der Anbau von Kulturpflanzen unterliegt zusätzlich den Gesetzen der Wirtschaftlichkeit. Bei einer Änderung der wirtschaftlichen Rahmenbedingungen oder bei Innovationen in der Agrartechnik kann sich die Anbaugrenze verschieben. Schon immer hat der Mensch auf unterschiedliche Weise Erträge und Produktivität in der Landwirtschaft erhöht:

Ist der **Boden** unfruchtbar, wird gedüngt. Auf den leichten Sandböden des Westmünsterlands wachsen dann auch Mais und Weizen.

Sind die **Temperaturen** zu niedrig, werden die Pflanzen in Treib- oder Gewächshäusern gezüchtet wie bei den Paprika- und Tomatenproduzenten im Westland (Niederlande).

Sind die **Niederschläge** zu gering, kann auf unterschiedliche Weise bewässert werden. Bei unsachgemäßer Bewässerung drohen allerdings verheerende ökologische Schäden durch Versalzung.

Neue Züchtungen haben es schon immer ermöglicht, die Verbreitungsgebiete der Kulturpflanzen auszudehnen. Ein Beispiel ist der Sommerweizen Marquis, der in 100 Tagen reift, während normaler Sommerweizen 120 Tage braucht. Diese Zeitverkürzung um 20 Tage ermöglichte es, die Kältegrenze des Weizenanbaus in Kanada weit nach Norden zu verschieben. In neuerer Zeit werden genetisch veränderte Pflanzen entwickelt, die die Trocken- oder Kältegrenze verschieben sollen oder die gegen bestimmte Krankheiten oder Schädlinge immun sind. Ihr Einsatz ist allerdings umstritten.

In der **Tierzucht** haben Chemie, Biologie und Veterinärmedizin erhebliche Leistungssteigerungen ermöglicht. So lag die durchschnittliche Milchleistung einer Kuh in Deutschland um 1900 bei 4500 Liter im Jahr, 2014 liegt sie bei über 8000 Liter. Spitzenkühe, sogenannte Turbokühe, liefern über 10 000 Liter Milch. Auf den Weltmeeren und in Seen ergänzen Aquakulturerträge diejenigen aus dem Fischfang.

Innovationen in der technischen Entwicklung, z. B. bei Landmaschinen, haben Arbeitskosten gesenkt und die Produktivität gesteigert, z. B. die Baumwollpflückmaschine oder der Mähdrescher. Zunehmend an Bedeutung gewinnt der Präzisionsackerbau (**precision farming**). Satellitengesteuert werden, unter Einsatz von geographischen Informationssystemen, kleinräumig Boden- und Pflanzenbestände beobachtet. Mit diesen Informationen wird der Einsatz von Dünge- und Pflanzenschutzmitteln in Hinblick auf Wirtschaftlichkeit und Umweltverträglichkeit weiter verbessert und der optimale Zeitpunkt der Ernte, z. B. in Hinblick auf den Reifegrad, kann bestimmt werden. Diese Möglichkeiten nutzen weltweit bereits ca. 20 Prozent der Betriebe. Verbesserte Transportbedingungen, z. B. in der Kühltechnik, haben den Absatzradius von Agrarprodukten enorm gesteigert und zu einer Globalisierung des Agrarmarktes beigetragen.

Landwirtschaftliche Produktion in den Tropen vor dem Hintergrund weltwirtschaftlicher Prozesse

Betriebsstrukturen verändern sich. Neben den bäuerlichen Familienbetrieb sind kapitalkräftige, mit modernsten Maschinen ausgerüstete Agrarbetriebe getreten mit großen landwirtschaftlichen Flächen bzw. mit Massentierhaltung. Sie werden oft in der Art einer GmbH geführt. Eigentümer ist nicht mehr ein Landwirt, sondern es sind finanzstarke Investoren. Daneben bestehen agrarindustrielle Unternehmen, die neben der Produktion auch den Vertrieb und die Vermarktung der Produkte organisieren (vertikale Integration) und weltweit agieren. Zurzeit erwerben Unternehmen besonders aus den Industrieländern, den Golfstaaten und aus China Flächen vor allem in Entwicklungsländern, um dort großflächig Landwirtschaft zu betreiben (**land grabbing**).

Politische Entscheidungen, z. B. Finanzhilfen oder Agrarsubventionen in Form von Steuervergünstigungen, haben lenkende Wirkung. In größerem Ausmaß werden sie in den USA, in der EU, in Japan oder in der Schweiz gewährt. Internationale Abkommen im Rahmen der World Trade Organization (WTO), z. B. das Allgemeine Zoll- und Handelsabkommen GATT (General Agreement on Tariffs and Trade), sollen Produktions- und Handelshemmnisse auch im Agrarbereich abbauen.

Die Steigerung der Produktionsmengen und der Produktivität hat bis heute die Ernährungssicherheit der Menschheit gewährleistet. Schätzungen der FAO gehen davon aus, dass die Ernährung von bis zu 12 Milliarden Menschen ohne Ausweitung der landwirtschaftlichen Nutzfläche gesichert werden kann. Allerdings werden zugleich die Ökosysteme zunehmend belastet. Dies gilt für Entwicklungsländer, in denen die natürliche Vegetation vernichtet wird, um neue Flächen für die Agrarproduktion zu gewinnen, z. B. in Brasilien oder Indonesien, um Sojabohnen oder Ölpalmen anzubauen. Dies gilt für Industrieländer, in denen die Belastungen des Wassers, des Bodens und der Luft durch die Intensivierung im Ackerbau sowie durch Massentierhaltung verursacht werden.

1. Beschreiben Sie die Agrarregionen der Erde und zeigen Sie Zusammenhänge zwischen Klima und Anbauzonen auf (S. 166 **M 1**, Atlas).
2. Erläutern Sie die klimatischen Wachstumsbedingungen für Weizen in Deutschland, in den USA und in Kasachstan (**M 1**, Atlas).
3. Bestimmen Sie für die Nord- wie für die Südhalbkugel die polnächsten Regionen für den Anbau von Mais und Bananen (**M 1**, **M 2**, Atlas).
4. Fassen Sie die Methoden zur Ertragssteigerung in der Landwirtschaft zusammen und erläutern Sie die Folgen. Stellen Sie Ihr Ergebnis in Form eines Wirkungsgeflechts/Kausalprofils dar.

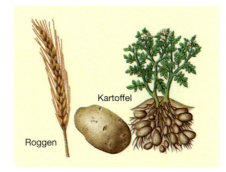

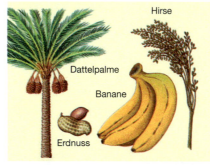

M 2 Verbreitung wichtiger Kulturpflanzen

M 1 Plantage

3. Bananen aus Ecuador

Die Banane gehört botanisch gesehen zu den einkeimblättrigen Pflanzen und bildet dort eine eigene Familie.

Obwohl sie bis zu acht Meter hoch werden kann, sind alle Teile, auch der Stamm, unverholzt. Man kann die Bananenpflanze auch als „Riesenstaude" bezeichnen.

Der Fruchtstand wird aus 10 bis 14 „Händen" gebildet, die ihrerseits aus 10 bis 14 einzelnen Früchten bestehen. Eine Staude liefert etwa 130 bis 150 Bananen.

Die Bananenpflanze benötigt ein feucht-warmes Klima mit etwa 1200 bis 2500 mm Niederschlag im Jahr, der gleichmäßig auf alle Monate verteilt sein sollte. Die durchschnittliche Monatstemperatur sollte über 25 °C liegen. Da die Pflanze nicht verholzt ist, reichen bereits Windgeschwindigkeiten von ca. 60 km/h, um sie umzuknicken. Wegen ihres großen Mineralsalzbedarfs benötigt die Banane humusreiche, lockere Böden.

M 3 „Steckbrief Banane"

Unter den mehr als 100 kultivierten Bananensorten gibt es Mehlbananen, die nur gekocht genießbar sind, Textilbananen, aus denen Fasern gewonnen werden, und Obstbananen für den Rohverzehr. In Deutschland und anderen europäischen Ländern sind fast nur Obstbananen im Handel, daher sind nur diese Sorten für den Export der Bananenproduzenten von Bedeutung.

Der Bananenanbau ist arbeitsintensiv, da jede Bananenpflanze nur einmal trägt. Die Bananenkultur beginnt mit dem Setzen der Pflänzlinge, von denen – je nach Bodengüte und Klimagunst – zwischen 700 und 2000 pro Hektar ausgebracht werden. Bereits nach neun Monaten ist die Pflanze voll ausgewachsen und weitere drei Monate später kann geerntet werden. Inzwischen sind am Wurzelstock ein oder zwei Triebe ausgeschlagen, die man stehen lässt, während die Mutterpflanze nach der Ernte abgeschlagen wird und als organischer Dünger liegen bleibt. Wegen des schnellen Wachstums und der hohen Produktion an Pflanzenmasse haben die Bananen einen großen Mineralsalzbedarf. Das erfordert eine intensive Düngung. Da sich im feuchttropischen Klima Schädlinge und Krankheitserreger stark vermehren und Bananen oft in Monokultur auf Plantagen angebaut werden, ist ein ständiger Einsatz von Pflanzenschutzmitteln erforderlich. Für ein gutes Wachstum ist außerdem eine ständige Lockerung des Bodens erforderlich.

M 2 Klimadiagramm von Pichilingue

1. Erläutern Sie die Wachstumsbedingungen der Bananen (M 1 bis M 3) und lokalisieren Sie mithilfe einer Klimakarte im Atlas mögliche Anbaugebiete.
2. Vergleichen Sie die Preisbildung bei Äpfeln und Bananen und erläutern Sie die Unterschiede (M 4).

M 4 Preisbildung Apfel/Banane

Von der Plantage zum Verbraucher

Bananen müssen grün geerntet werden, damit sie beim Verbraucher nicht in einem überreifen Zustand ankommen. Deshalb werden in den Plantagen wöchentlich Früchte in Handarbeit geerntet. Ein Arbeiter trennt den ca. 50 kg schweren Fruchtstand (Büschel) vom Stamm, ein zweiter nimmt ihn auf die Schulter und trägt ihn zu einer Seilbahn am Rand der Parzelle. Ein weiterer Arbeiter zieht die an der Seilbahn hängenden Büschel zur Packstation. Dort werden die Büschel in „Hände" geschnitten und in einem Bad gewaschen, um Reste von Pflanzenschutzmitteln zu entfernen. Schadhafte oder nicht der Norm entsprechende Bananen werden aussortiert und auf dem heimischen Markt verkauft oder als Viehfutter verwendet. Die „Normbananen" werden in einem Duschbad gegen Schimmelpilz versiegelt und anschließend in Kartons verpackt. Der Lohn der Arbeiter richtet sich nach der verpackten Menge, nicht nach der Erntemenge. Die Differenz kann bis zu 20 % betragen. Die Bananenkartons werden auf schnellstem Wege zum Hafen gebracht und auf Kühlschiffe verladen. Dort wird durch die Kühlung auf etwa 12 °C der Reifeprozess unterbrochen. Im Importhafen angelangt kommen die Bananen in die Reiferei, wo durch Temperaturerhöhung und durch Begasung mit Ethylen der Reifeprozess wieder eingeleitet wird. Die Frucht erhält je nach Temperatur in vier bis zehn Tagen ihr volles Aroma. Jetzt kann die Banane in den Handel gehen.

- Abschneiden der Bananen
- Transport mit der Seilbahn
- Verpacken der Bananen

M 5 Arbeit auf der Plantage

Bananen sind ein Exportschlager Ecuadors. Nur die Erträge aus Ölexporten und die Überweisungen von Emigranten übersteigen die Einnahmen aus Bananenexporten; sie haben sich zwischen 2004 und 2010 auf zwei Mrd. US-$ verdoppelt. Doch wie viel davon kommt bei den Arbeiter/-innen auf den Plantagen an? Ihr durchschnittlicher monatlicher Nettolohn beträgt bei allen drei in der Studie untersuchten Produzenten rund 237 US-$, nicht genug, um eine Familie zu ernähren […] 390 US-$ beträgt in Ecuador das staatlich definierte Existenzminimum […]
In der Mehrzahl der Fälle bekommen die Arbeiter/-innen weder detaillierte Lohnabrechnungen noch eine Kopie ihres Arbeitsvertrages, obwohl das ecuadorianische Gesetz beides vorschreibt.
Die Arbeitsbedingungen im Bananensektor zählen zu den schlechtesten in Ecuador. Betroffen sind insbesondere junge Arbeiter/-innen, die 75 % der Arbeiterschaft im Bananenbereich ausmachen. Die jüngsten sind erst acht bis 13 Jahre alt. Nach Schätzungen der Internationalen Arbeiterorganisation (ILO) arbeiten 30 000 Kinder auf den Bananenplantagen in Ecuador.
Die Arbeiter/-innen sind bei Arbeitszeiten von zehn bis zwölf Stunden am Tag sechs Tage die Woche Pestiziden ausgesetzt […] Auch die Piloten, die mit ihren Flugzeugen die Pestizide über den Plantagen versprühen, sind den Pestiziden ausgesetzt. Ihre Cockpits sind nicht hermetisch von den Pestiziden abgeschirmt.
Die Schutzmaßnahmen reichen nicht aus. Das betrifft nicht nur die eigentliche Arbeit, sondern auch das anschließende Waschen der Kleidung. Dies bleibt allein den Arbeiter/-innen überlassen. Oft wird die mit Pestiziden verseuchte Kleidung nach mehrmaligem Tragen zusammen mit der Alltagskleidung per Hand gewaschen. Es ist nicht verwunderlich, dass 42,5 % der Bevölkerung in diesem Gebiet bereits unter akuten Vergiftungserscheinungen leiden.

(zusammengestellt nach: Oxfam-Studien ‚Bittere Bananen' 2011 und ‚Endstation Ladentheke' 2008)

M 6 Risikoreicher Bananenanbau

3. Erklären Sie die Arbeitsintensität von Bananenkulturen.
4. Erläutern Sie den Weg der Banane von der Plantage bis zum Verbraucher. Welche Abläufe sind besonders arbeits-, welche besonders kapitalintensiv (**M 5**)? Ergänzen Sie nun Ihre Aussagen zu Aufgabe 2.
5. Erläutern Sie die Situation der Arbeiter auf den Bananenplantagen (**M 5**, **M 6**).

Webcode:
GO645787-173

Bananen als Handelsgut

Bananenproduktion und -handel sind nicht nur arbeitsintensiv, sondern es müssen auch eine ausgefeilte **Infrastruktur** und eine dem empfindlichen Handelsgut Banane angepasste Transport- und Vermarktungsorganisation vorhanden sein. Das beginnt mit der Anlage und Pflege der **Plantagen**, der Bearbeitung und Verpackung der Bananen, setzt sich fort über die Transportkette und endet in den Reifereien und dem anschließenden Verkauf. Bananen sind sehr empfindlich, weil sie schnell reifen und weil sie schon auf den geringsten Druck mit braunen Flecken reagieren. Braune oder fleckige Bananen sind beim Verbraucher nicht absetzbar. Die notwendigen Investitionen und das technische Know-how konnten von den Bananen produzierenden Ländern nicht erbracht werden.

So ist es kein Wunder, dass um 1900, als mit dem Einsatz der ersten Kühlschiffe der internationale Bananenhandel überhaupt erst möglich wurde, große ausländische Konzerne in das Geschäft einstiegen. Bereits 1899 legte die United Fruit Company die ersten Bananenplantagen in Mittelamerika an. Ihr Besitz konnte hier bis zur Mitte der 1950er-Jahre auf rund 700 000 ha Plantagen erweitert werden. Noch größer wurde die Dominanz der **multinationalen Konzerne** im Bereich des Transportwesens und der Kommunikation, wo sie lange Zeit eine Monopolstellung einnahmen. Beispielsweise vernichteten die Konzerne Bananen bzw. ließen mehr Bananen „aussortieren", um über diese künstliche Verknappung die Preise hoch zu halten. Mit ihrer Macht und ihrem Kapital beeinflussten die Konzerne teilweise auch die Politik der kleinen Bananen produzierenden Länder, die damals z. T. verächtlich als „Bananenrepubliken" bezeichnet wurden. Noch heute spielen die großen Konzerne eine dominierende Rolle im Bananengeschäft. Die Macht der Multis wird verständlich, wenn man bedenkt, wie stark einige Länder vom Export ihrer Bananen abhängig sind. Hinzu kommt, dass durch den Ausbau von Bananenplantagen und die damit verbundene Produktionssteigerung die Konkurrenz auf dem Weltmarkt größer geworden ist. Diese Situation nutzen die großen Konzerne aus und drücken entsprechend die Einkaufspreise. Das Absatzrisiko ist für die Bananen exportierenden Länder somit größer geworden.

In Deutschland waren Bananen immer relativ preiswert. Das lag daran, dass bei der Gründung der EWG im Jahre 1957 der damalige Bundeskanzler Adenauer eine Ausnahmegenehmigung erreicht hatte, die den zollfreien Import von Bananen nach Deutschland in Höhe des Inlandsbedarfs zuließ. Im Juli 1993 erließ die EU eine Marktordnung für Bananen, die dieses Privileg aufhob. Hintergrund war die Tatsache, dass in einigen EU-Ländern bzw. deren überseeischen Besitzungen auch Bananen angebaut werden. Diese Bananen werden unter EU-Bedingungen produziert (z. B. erhalten die Arbeiter höhere Löhne, Sozialleistungen etc.) und sind somit wesentlich teurer. Um diese Bananenproduzenten und die aus den AKP-Ländern (Länder in Afrika, der Karibik und dem Pazifik, mit denen die EU im Rahmen der Entwicklungshilfe entsprechende Abkommen geschlossen hat) gegen die billige Konkurrenz aus Lateinamerika („Dollarbananen") zu schützen, hat die EU Importmengen und Zollabgaben festgeschrieben. Dagegen protestierten die lateinamerikanischen Bananenproduzenten sowie die deutschen Bananenimporteure, da sie hierin einen Verstoß gegen den freien Welthandel sahen. In langwierigen Verhandlungen konnte erst 2009 unter der Vermittlung der WTO eine einvernehmliche Lösung gefunden werden.

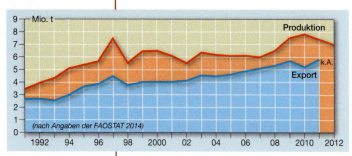

M 7 Bananenimport Deutschlands 2012

Insgesamt 1,16 Mio. t. Davon aus: Ecuador 497 000 t, Kolumbien 285 000 t, Costa Rica 272 000 t, Dom. Rep. 55 000 t, Übrige Länder Lateinamerikas 42 800 t, Afrika 8000 t, davon Côte d'Ivoire 6000 t, Länder der EU 149 t, Sonstige 2250 t.

M 8 Bananenproduktion und -export Ecuadors (nach Angaben der FAOSTAT 2014)

6. Erläutern Sie die Bananenimporte Deutschlands (**M 7**).
7. Beschreiben Sie die ökonomische Entwicklung des Bananenanbaus in Ecuador (**M 8**).
8. Diskutieren Sie die EU-Marktordnung für Bananen und wägen Sie ihre Vor- und Nachteile ab (Internet).

4. Palmölproduktion im tropischen Regenwald Indonesiens

M1 Palmölplantage

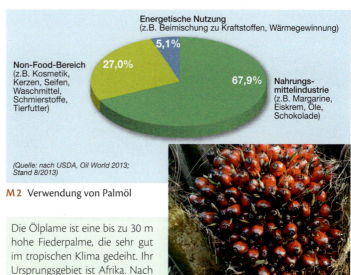

M2 Verwendung von Palmöl

M3 Fruchtstand

Die Ölplame ist eine bis zu 30 m hohe Fiederpalme, die sehr gut im tropischen Klima gedeiht. Ihr Ursprungsgebiet ist Afrika. Nach 3–4 Jahren trägt diese Dauerkultur zum ersten Mal orangefarbene Früchte. Ein Fruchtstand besteht aus über 1000 einzelnen Früchten und wiegt über 20 kg.
In Ölmühlen wird aus dem Fruchtfleisch Palmöl und aus dem Fruchtkern Palmkernöl gewonnen. Die Erträge liegen bei über 6 t Öl pro ha, wobei ca. 87 Prozent vom Fruchtfleisch und 13 Prozent vom Kern stammen. Die Produkte werden zu hellem, wohlriechendem Palmöl raffiniert.

(nach: Homes, V. u. a.: Am Palmöl geht der Wald zugrunde. In: Globus, HG. 1, 1999, S. 12)

M4 Steckbrief Palmöl

Im Tropenstaat Indonesien boomt der Palmölsektor seit Jahrzehnten, da bei niedrigen Produktionskosten nachfragebedingt die Weltmarktpreise stetig steigen. Mit über 19 Mio. t ist das Land der weltweit größte Palmölproduzent. Zusammen mit Malaysia produziert Indonesien über 86 Prozent des weltweiten Palmöls. Zunehmend dominieren **agro-industrielle Unternehmen** den Palmölsektor. So bauen einzelne Unternehmen den nachwachsenden Rohstoff Palmöl auf Plantagen von mehr als 120 000 ha an.

Allein 2012 betrug der Exportwert für indonesisches Palmöl etwa 16 Mrd. US-$, womit Palmöl zugleich das wichtigste landwirtschaftliche Exporterzeugnis des Landes darstellte. Um diese wichtige Devisenquelle zu stärken, unterstützt die indonesische Regierung die Expansion der Anbaufläche für Ölpalmplantagen. Zugleich versucht die Regierung, den ländlichen Raum durch Plantagen und damit Arbeitsplätze aufzuwerten, um einer weiteren Landflucht vorzubeugen.

Palmöl ist ein wichtiges Lebensmittel in Indonesien, wo es vor allem zum Kochen und Braten verwendet wird. Aber aufgrund der vielfältigen Verwendungsmöglichkeiten und des vergleichsweise geringen Preises gewinnt Palmöl auch im Ausland zunehmend an Bedeutung. So ist die EU nach der V.R. China und Indien der drittgrößte Palmölimporteur. 2011 importierte die EU 5,4 Mio. Tonnen Palmöl aus Indonesien.

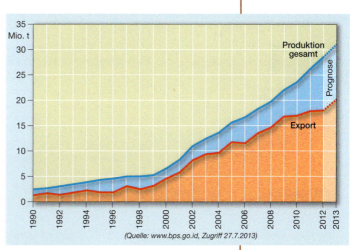

M5 Gesamtproduktion und Export von Palmöl aus Indonesien

1. Entwickeln Sie eine Mindmap zur Entwicklung und Bedeutung des Palmölsektors in Indonesien. Notieren Sie dabei jeweils das benutzte Material (M1 bis M5).
2. Erläutern Sie die Entwicklung und die Bedeutung des Palmölsektors in Indonesien mithilfe Ihrer Mindmap.

Bulldozern einen degradierten Wald. Intensive Sonneneinstrahlung kann nun durch das geschädigte Kronendach einfallen und die beschädigten Baumteile austrocknen. Nach einer Trockenperiode entstehen so zahlreiche potenzielle Brandherde. Legen nun Plantagenarbeiter Feuer, um neue Flächen für eine Expansion zu schaffen, geraten die Brände leicht außer Kontrolle. Korruption, Ignoranz und technische Hilflosigkeit verhindern oft eine frühe und wirksame Bekämpfung der Brände. Dabei sind die Ausmaße in den **El-Niño-Jahren** besonders groß.

So verbrannten im El-Niño-Jahr 1997/98 rund 5 Mio. ha Land, wovon mehr als 1 Mio. ha tropischer Regenwald war. Addiert man die direkten, durch Feuer verursachten Schäden hinzu – z. B. Verluste in der Land- und Forstwirtschaft sowie die Kosten der Feuerbekämpfung –, dann wird der Gesamtschaden der Brandkatastrophe auf ca. sechs Mrd. US-$ geschätzt. Als Hauptverursacher dieser Brandkatastrophe wurden 133 Unternehmen des Palmölsektors angeklagt. Doch nur fünf von ihnen wurden strafrechtlich verfolgt und mit lediglich geringen Strafen belegt.

M6 Brandrodungsfläche für eine Palmölplantage auf Borneo

M7 Folgen bei selektiver Holzentnahme

Brandrodung für Margarine

In Indonesien werden für die Papier- und Holzindustrie sowie für die Palmölproduktion und für Reisprojekte riesige Waldflächen zerstört. Offiziell sollen für Palmölplantagen aber nur Graslandflächen und schwer degradierte Wälder genutzt werden. Doch in der Realität sieht es anders aus.

Zunächst erwerben internationale Holzkonzerne vom Staat offizielle Konzessionen zur Nutzung der tropischen Edelhölzer. Aus Kostengründen schlagen sie nur die Edelhölzer, rund 8 Prozent der Baumbestandes. So hinterlassen sie mit ihren

Durch die Expansion der Palmölmonokulturen wird das artenreiche Ökosystem des tropischen Regenwaldes großflächig vernichtet. Damit sind zahlreiche Tierarten wie der Orang-Utan akut vom Aussterben bedroht. Daneben kommt es auch zu sozialen Konflikten mit indigenen Kulturen und ansässigen Kleinbauern. Oftmals werden die Menschen vertrieben, ohne eine ausreichende Entschädigung zu bekommen. Andere Kleinbauern fangen als Tagelöhner bei Plantagenkonzernen an, womit ihre Existenz vom Weltmarktpreis eines einzigen Pflanzenproduktes abhängt.

M8 Ausgewählte Folgen der großflächigen Brandrodung von tropischen Regenwäldern

Landwirtschaftliche Produktion in den Tropen vor dem Hintergrund weltwirtschaftlicher Prozesse

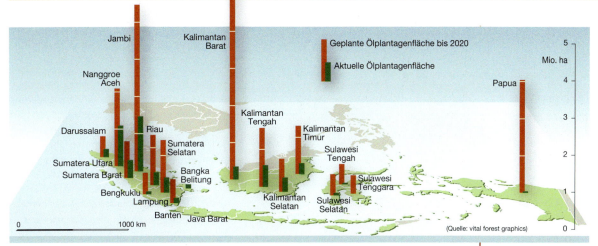

M 9 Aktuelle und geplante Palmölplantagenflächen

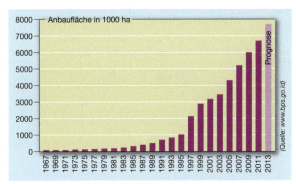

M 10 Gesamte Ölplantagenfläche in Indonesien

M 12 Zerstörung des tropischen Waldes in Indonesien

Die Verwendung von Palmöl zerstört die letzten Urwälder in Südostasien. Internationale Lebensmittelkonzerne sowie deren Konsumenten sind demnach mitverantwortlich für die Zerstörung der lebenswichtigen Kohlenstoffspeicher in Indonesien.

Für den Palmölboom sind seine vielseitige Verwendung sowie der niedrige Preis verantwortlich. 2010 wurden von den weltweit 53 Mio. t Palmöl 5 % als Agrartreibstoff, 24 % für Kosmetika, Kerzen und Waschmittel sowie 71 % für Lebensmittel genutzt. Aber Ziele der EU, bis 2020 einen Anteil von 10 Prozent der Agrokraftstoffe am Gesamtkraftstoffverbrauch zu erreichen, verändern die Nutzung und beschleunigen den Palmölboom enorm. Denn das preiswerte Palmöl soll vermehrt als Beimischung in Biodiesel genutzt werden. Und die weltweite Nachfrage steigt auf hohem Niveau.

Greenpeace weiß: Erst wenn man es schafft, den Palmölanbau nur auf bereits bestehende Brachflächen – wovon es riesige Areale gibt – zu beschränken und das Palmöl ökologisch sowie sozial nachhaltig zu produzieren, dann können wir wieder guten Gewissens Produkte mit Palmöl kaufen. Zugleich sollten wir uns als Industrieländer finanziell dafür einsetzen, dass Ländern wie Indonesien der Schutz und Erhalt seiner tropischen Wälder ermöglicht wird. Denn Urwaldschutz ist u. a. eine ökonomische, schnelle und effiziente Maßnahme zur Reduktion von CO_2-Emissionen.

Der WWF fordert, dass die Verbraucher Druck auf die Hersteller ausüben sollen, damit diese ihren Handel mit und den Verbrauch von Palmöl offenlegen und nach Lösungen für eine nachhaltige Landnutzung in Indonesien suchen. Zudem sollen die Konzerne Druck auf die indonesische Regierung ausüben, damit diese ihre Plantagenpolitik ändert. Das Verbot von Brandrodung und der illegale Holzeinschlag müssen besser kontrolliert und Straftäter stärker zur Rechenschaft gezogen werden.

(Zusammengestellt u. a. nach Informationen von http://www.greenpeace.de und http://www.wwf.de)

M 11 Perspektiven

3. Erläutern Sie mithilfe des Strukturdiagramms die ökologischen und sozialen Probleme, die durch die Expansion von Palmölplantagen hervorgerufen werden (**M 7** und **M 8**).
4. Nehmen Sie Stellung zur Aussage: „Brandrodung für Margarine" (**M 6** bis **M 8**).
5. Erörtern Sie die Perspektiven für die tropischen Regenwälder in Indonesien (**M 9** bis **M 12**).
6. Nehmen Sie Stellung zur Aussage des indonesischen Ex-Präsidenten Suharto: „Wir haben das Recht, mit unseren natürlichen Ressourcen zu machen, was wir wollen."
7. Recherchieren Sie Maßnahmen zur Reduzierung der Waldzerstörung in Indonesien und diskutieren Sie diese (Internet).

Webcode: GO645787-177

5. Agrarkolonisation in Amazonien

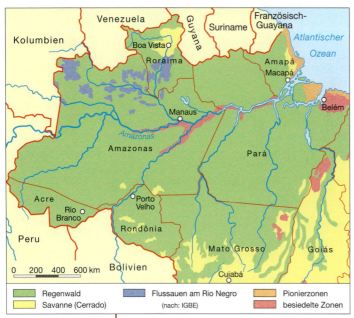

M 1 Landnutzung 1950–1960

Erschließungsphasen

Phase 1. Ende der 1960er- und zu Beginn der 1970er-Jahre beschloss die damalige brasilianische Militärregierung im Rahmen des „Programms der nationalen Integration" den Aufbau der Infrastruktur. Mithilfe der Transamazônica und weiterer Fernstraßen sollte Amazonien an Rio de Janeiro und São Paulo angeschlossen werden. Entlang sogenannter „Entwicklungsachsen" setzte eine staatlich gelenkte **Binnenwanderung** mit kleinbäuerlicher Agrarkolonisation ein. Ziel war es, Landlose, aber auch Kleinbauern aus dem trockenen Nordosten in landwirtschaftlichen Familienbetrieben entlang eines 10 km breiten Streifens beidseitig der Fernstraßen anzusiedeln. In einem 100 km breiten Kolonisationskorridor beiderseits der Straßen konnten sich Mittelbetriebe bis 3000 Hektar ansiedeln, in noch größerer Entfernung Rinderzucht- und Forstwirtschaftsbetriebe mit bis zu 50 000 ha.

Phase 2. Ab Mitte der 1970er-Jahre entstanden neue, steuerbegünstigte Bergbau- und Industriezentren, für die das Umland die Nahrungsmittel produzieren sollten. Großgrundbesitzer rodeten großflächig den Wald und richteten auf privatwirtschaftlicher Basis riesige Rinderfarmen ein.

Phase 3. Ab 1981 standen Programme für die integrierte ländliche Entwicklung im Mittelpunkt, an deren Entscheidungen die regionale Bevölkerung beteiligt werden sollte. Nach dem Prinzip der „Entwicklung von unten" konzentrierte man sich auf die Förderung kleinbäuerlicher Betriebe. Räumlicher Schwerpunkt für das Kolonisationsprojekt wurde der Bundesstaat Rondônia.

Phase 4. Zeitgleich zum integrierten Entwicklungsansatz, der auf die Befriedigung der Grundbedürfnisse abgestellt war, flossen staatliche und private Investitionen in den Bau von Bergwerken, Kraftwerken und Industrieprojekten.

Phase 5. Anfang der 1990er-Jahre wurde das „Internationale Pilotprogramm zum Schutz der tropischen Regenwälder Brasiliens" eingeführt – mit dem Ziel, eine nachhaltige Entwicklung zu fördern sowie die lokale Bevölkerung und die Umwelt zu schützen. Dem standen die Vorgaben des Planungsministeriums entgegen, das im Rahmen des „Avança-Brasil-Programms" an den Entwicklungsachsen Subsistenz- und Rinderweidewirtschaft sowie Holzeinschlag den Vorrang gab.

Phase 6. Erhebliche Landnutzungsveränderungen ergaben sich nach dem Jahr 2000 durch die Umwandlung von Regenwaldflächen zu Agrarflächen, insbesondere für den Sojaanbau. Die Ausdehnung der Agrarfront erhielt zusätzliche Anstöße durch den Straßenausbau mit zum Teil massiven inoffiziellen und illegalen Straßensystemen. Satellitenbilder zeigen unzählige Waldschneisen, die wie Fischgrätenmuster aussehen und die Zerstörung dokumentieren. Seit 2008 soll der Rahmenplan der Regierung „Plano Amazônia Sustentável" das Nachhaltigkeitsziel stärker in den Vordergrund stellen.

M 2 Szenario: Landbedeckung in Amazonien 2030 bei stabilen Entwaldungsraten und Fortsetzung der derzeitigen Klimabedingungen

Viele Veränderungen, die heute in Amazonien stattfinden, könnten zu einer starken Umwandlung und Degradation der Amazonaswälder in den nächsten 15–25 Jahren führen, lange vor dem Waldsterben gegen Ende des Jahrhunderts, das von einigen Modellen prognostiziert wird. Der derzeitige Ausbau von Landwirtschaft und Viehzucht sowie die Zunahme von Feuer, Dürre und Holzeinschlag könnten bis zum Jahr 2030 in Amazonien 55 Prozent des Regenwaldes vernichten oder stark beschädigen.
[...]
Der ökologische Tipping Point ist erreicht, wenn die feuerresistenten Urwälder durch immer neue Waldschäden aufgrund von Dürre, Holzeinschlag und Feuer zu leicht entflammbarem Unterholz degradieren. Dieser Tipping Point wird durch Teufelskreise innerhalb des Feuerregimes am Amazonas begünstigt. Vom Feuer einmal angegriffene Wälder sind anfälliger für weitere Brände, denn wenn Bäume den Flammen zum Opfer fallen, gelangt mehr Sonnenlicht ins Innere des Waldes, das die toten Blätter und Zweige am Waldboden austrocknet. Die Invasion leicht entzündlicher Gräser, Farne und Bambusse nach einem Feuer verstärkt den Teufelskreis, da sich die Menge an Brennmaterial am Waldboden erhöht. Der ökologische Tipping Point wird durch eine feuerabhängige Landwirtschaft begünstigt, die für zahlreiche Zündquellen sorgt, wie z. B. Rinderhaltung und Brandrodung.
[...]
Die Entwaldung am Amazonas könnte sich in Zukunft durch zwei große Trends beschleunigen: Erstens erhöht die steigende Weltnachfrage nach Soja, Biokraftstoffen und Fleisch die Rentabilität von Landwirtschaft und Viehzucht am Amazonas. So wird es für Bauern und Viehzüchter reizvoller, ihre gesetzlich vorgeschriebenen Waldschutzgebiete in Acker- und Weideland umzuwandeln. Zweitens hält das Risiko von außer Kontrolle geratenen Bränden Landbesitzer davon ab, in nachhaltige Waldwirtschaft und Weideverbesserungen zu investieren, da diese den Flammen zum Opfer fallen könnten. Dies erhöht wiederum die Abhängigkeit von großflächiger Rinderhaltung und Brandrodung – wodurch sich das Risiko von Brandunfällen weiter erhöht.

(aus: D. C. Nepstadt: Der Teufelskreis am Amazonas. © 2007 WWF International, S. 4/5)

M 3 Dürre, Feuer und ökologischer Tipping Point

M 4 Waldvernichtung in Rondônia

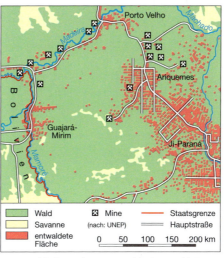

M 5 Erschließung des Regenwaldes in Rondônia

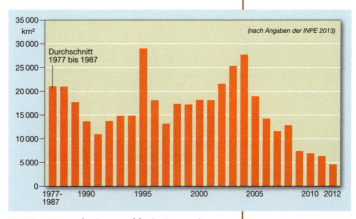

M 6 Zerstörung des Regenwaldes in Amazonien

1. Erläutern Sie die Gründe für die Agrarkolonisation in Amazonien. Bewerten Sie Ziele und Methoden staatlicher und privater Erschließungsmaßnahmen (**M 1**).
2. Untersuchen Sie die Auswirkungen der Kolonisationsprojekte auf die Raumentwicklung (**M 2** bis **M 6**).

Landwirtschaft in verschiedenen Klima- und Vegetationszonen

M 7 Sojabohnenernte in Brasilien

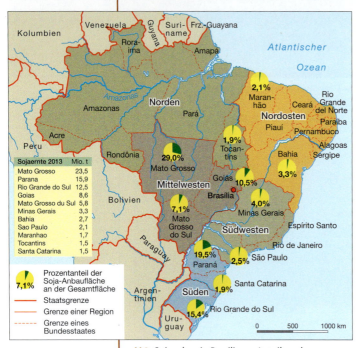

M 8 Sojaanbau in Brasilien – Anteil an der Erzeugung

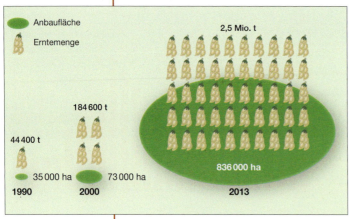

M 9 Soja in der Region Norte

Sojaanbau in Brasilien

Das ursprüngliche Verbreitungsgebiet für Sojabohnen lag im Westen Südbrasiliens. Ende der 1960er-Jahre förderte die Regierung den Anbau bereits im Hinblick auf Exportmöglichkeiten, denn in den Industrieländern nahmen Fleischkonsum und Massentierhaltung zu, sodass Futtermittelimporte erforderlich wurden. Ab 1980 breitete sich der Sojaanbau weiter nach Norden in die Bundesstaaten Mato Grosso und Goias aus. Ab 1990 begann die Erschließung des dürregefährdeten Nordostens für den Sojaanbau, vorangetrieben von Agrarunternehmen und unterstützt durch Investitionen der brasilianischen Regierung sowie internationaler Konzerne und Banken. Nach Berechnungen der staatlichen Agrarforschungsanstalt können in Brasilien noch weitere 100 Mio. ha für den Sojaanbau erschlossen werden.

Mittlerweile hat der Sojabohnenanbau die Amazonasregion erreicht, nachdem es gelungen ist, neue Sorten zu züchten, die dem Pilz- und Insektenbefall in dem feuchtheißen Klima widerstehen. Bereits 2006 betrug die Anbaufläche im Amazonasgebiet 6,5 Mio. ha. Das entsprach der gesamten Getreideanbaufläche Deutschlands. Zusätzlich zu den ökologischen Folgen durch die verstärkte Abholzung wird die Biodiversität des Regenwaldes aufgrund der Agrochemikalien, der Mechanisierung des Anbaus und der Infrastruktureinrichtungen für den Transport der Ernte gefährdet.

Hinzu kommen die sozialen Folgen. Die Sojafarmer dringen in Gebiete vor, die vormals von Kleinbauern bewirtschaftet wurden. Die Kleinbauern müssen aufgeben oder werden an neue Pionierfronten abgedrängt, während sich Landbesitz und Einkommen nun bei Großgrundbesitzern, Banken, Handelshäusern und Transportunternehmen konzentrieren.

Land	1990	2000	2012
USA	52,4	75,1	82,0
Brasilien	19,9	32,7	65,7
Argentinien	10,7	20,1	51,5
China	11,0	15,4	12,8
Indien	2,6	5,3	11,5
Paraguay	1,8	3,0	8,4
Italien	1,8	0,9	0,4
Kanada	1,3	2,7	4,9
Indonesien	1,5	1,0	0,9
Nigeria	0,2	0,4	0,5
Welt	106,0	157,4	253,1

M 10 Die größten Sojaproduzenten (Mio. t)

[...] Der Anstieg der brasilianischen Soja-Produktion beruht auf dem Einsatz neuester Technik und Wiederbewirtschaftung brachliegender Weideflächen. In der Vergangenheit wurden rücksichtslos riesige Waldflächen vernichtet, um Anbauflächen zu gewinnen. Neri Geller, Minister für Agrarpolitik des brasilianischen Landwirtschaftsministeriums, versichert, dass sich dies geändert habe. „Es wird keine Waldrodung mehr geben", beteuert er. [...]

Eine große Rolle spielt hierbei das sogenannte Soja-Moratorium. 2006 verpflichteten sich brasilianische Sojaverarbeiter und -händler gegenüber der Regierung und zivilen Organisationen, keine Sojabohnen aus abgeholzten Regenwaldgebieten zu kaufen. Einer aktuellen Bilanz zufolge würden nur 0,4 Prozent der gesamten Sojabohnen auf gerodeten Flächen angebaut, seit das Moratorium in Kraft getreten ist. [...]

Noch eine Entwicklung wird durch das Soja-Moratorium begünstigt: Degradierte Weideflächen kommen wieder in Einsatz. „Es handelt sich dabei um Weideland, das bereits seit 20 oder 30 Jahren genutzt wurde und nun nicht mehr brauchbar ist. Jetzt wird dort Soja angebaut", sagt Endrigo Dalcin, Direktor des Soja-Anbauverbands Aprosoja. Mit Hilfe modernster Technik kann auf den degradierten Böden hohe Produktivität gewährleistet werden. Die Maschinen werden von GPS oder Autopiloten gesteuert. Diese erkennen genau, wo der Boden mehr Dünger benötigt und wo nicht. [...]

Nachdem die brasilianische Sojaproduktion mit ihrem „historischen Feind", der Regenwaldrodung, Frieden geschlossen hat, zeigt die Soja-Expansion bereits andere negative Auswirkungen. Der starke Einsatz von Pestiziden und gentechnisch veränderten Pflanzen sind die größten Probleme der Monokultur. Die gentechnisch veränderte Sojabohne ist in Brasilien seit 2005 legal und es wird geschätzt, dass sie 75 Prozent der Gesamtproduktion ausmacht. „Die Art der Produktion muss überdacht werden, um die Nachhaltigkeit der Bodennutzung sowie die biologische Vielfalt der Wälder und der Flächen, die durch Pestizide verseucht werden und die genetische Vielfalt des Getreides zu gewährleisten", betont Rômulo Batista von Greenpeace. [...]

(aus: Nadia Pontes: Deutsche Welle vom 21.01.2013, gekürzt)

M 11 Brasilien wird führender Sojaproduzent

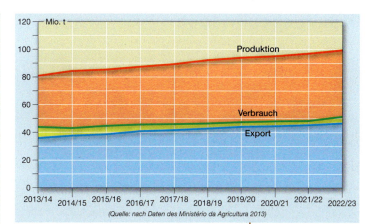

M 12 Perspektive: Bedeutung des Soja für Brasilien

M 13 Anbaubedingungen für Soja

Die Ölpflanze zeichnet sich durch einen hohen Eiweißgehalt von 40 Prozent und einen Fettanteil von 20 Prozent aus. Zudem sind die Vitamine A und B (Komplex) vertreten. Mehr als die Hälfte des weltweit erzeugten Pflanzenöls stammt aus Sojabohnen. In 1 kg Sojabohnen sind ebenso viele Proteine enthalten wie in 2,5 kg Rindfleisch oder 12 Litern Milch. In Ostasien ist Soja noch heute ein Grundnahrungsmittel. So wird ein aus der Sojabohne gewonnener Brei Speisen als Butterersatz zugegeben. Als Speisewürze ist sie als Sojasauce und zu Käse hergestellt als Tofu bekannt.

Sojabohnen werden in Ölmühlen zu Sojaschrot und Sojaöl verarbeitet. Sojaschrot findet bei der Rinder-, Schweine- und Geflügelmast Verwendung. Sojaöl und Sojamehl werden in der Nahrungsmittelindustrie bei fast allen Produkten eingesetzt.

M 14 Die Sojabohne

3. Erläutern Sie die zeitliche und räumliche Entwicklung des Sojaanbaus in Brasilien (**M 7** bis **M 10**).
4. Begründen Sie die starke Zunahme des Sojaanbaus in Brasilien (**M 11** bis **M 14**).
5. Stellen Sie die Vor- und Nachteile des Sojaanbaus in Brasilien zusammen. Bewerten Sie den Sachverhalt aus Ihrer Sicht.

Webcode: GO645787-181

6. Shifting cultivation

M 1 Brandrodungsfeldbau in den immerfeuchten Tropen

Die einfachste Form des Ackerbaus in den **immerfeuchten Tropen** ist die **Wald-Feld-Wechselwirtschaft.** Feldnutzung und Waldbrache wechseln einander ab. Bei dieser Rotationswirtschaft wird zunächst ein Waldstück gerodet. Wegen des großen Arbeitsaufwands liegt die Größe der Parzelle meist unter einem Hektar. Das geschlagene Holz wird am Ende der Trockenzeit verbrannt, wodurch die Mineralien freigesetzt werden und den Nutzpflanzen zur Verfügung stehen. Diese **Brandrodung** gleicht die oft geringe Fruchtbarkeit der tropischen Böden aus. Zu Beginn der Regenzeit erfolgt die Aussaat mithilfe des Pflanzstocks. Die weiteren Feldarbeiten werden traditionell mit der Hacke ausgeführt. Dieser **Hackbau** ist ökologisch angepasst, da er den Oberboden nahezu unverletzt lässt. Angebaut werden vor allem Trockenreis, Mais, Maniok, Yams und Süßkartoffeln, die zur Eigenversorgung der Kleinbauern dienen (**Subsistenzwirtschaft**). Aufgrund der hohen Niederschläge wird die Asche rasch fortgeschwemmt und der nach unten gerichtete Bodenwasserstrom transportiert die Nährstoffe in die Tiefe, wo sie den Pflanzenwurzeln nicht mehr verfügbar sind. Meist tritt bereits in der zweiten Anbauperiode ein starker Ertragsrückstand auf und es werden neue Felder angelegt. Weil die Felder und – zur Vermeidung zu großer Entfernungen – oft auch die Siedlungen in gewissen Abständen verlegt werden, spricht man von **Wanderfeldbau** oder **shifting cultivation**.

Aus betriebswirtschaftlicher Sicht ist der Wanderfeldbau eine Produktionsform, mit der sich eine kleinbäuerliche Familie mit einem Minimum an Kapitalaufwand die Eigenversorgung mit Nahrungsmitteln sichern kann.

Steigt durch Bevölkerungswachstum die Nachfrage in Bezug auf Nahrungsmittel, werden die Rodungen ausgeweitet und die Brachezeit wird zunächst verringert und dann ganz aufgegeben. Die Siedlungen bleiben stationär. Ein weiterer Grund für die Aufgabe des Wanderfeldbaus ist das Streben der Kleinbauern, Bargeld zu erhalten, um ihre Konsumwünsche zu stillen. Sie bemühen sich, Überschüsse bei den Grundnahrungsmitteln zu erwirtschaften, die sie auf den regionalen oder nationalen Märkten verkaufen. Zusätzlich bauen sie **cash crops** wie Kautschuk oder Kaffee an. Besonders in den feuchten Tropen in Asien ist an die Stelle des Wanderfeldbaus der **Bewässerungsfeldbau** mit Nassreis als Leitkultur getreten mit neuen Anbautechniken und neuen Hochertragssorten im Rahmen der Grünen Revolution. Diese Zunahme des permanenten Feldbaus zeichnet sich in den meisten Gebieten der Tropen ab. Gefördert wird dieser Wandel durch den Ausbau der ländlichen Infrastrukturen, die den Zugang zu den nationalen und internationalen Märkten erleichtern. Die nationale Agrarpolitik unterstützt in der Regel die Abkehr von der Subsistenzwirtschaft. Ziel ist der Übergang vom Tauschhandel zur Geldwirtschaft. Die Kleinbauern sollen in den Binnenmarkt integriert werden. So entsteht größere Kaufkraft, Steuern können eingetrieben werden und die Ernährung der Menschen in den wachsenden Städten wird verbessert. Diese Intensivierung der Landwirtschaft kann zu einer Degradierung der Wälder und Böden führen (vgl. S. 78 ff.).

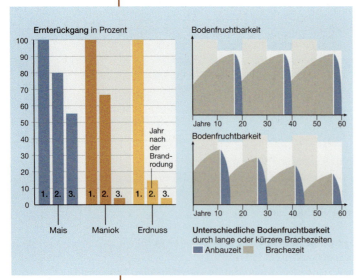

M 2 Bodenfruchtbarkeit

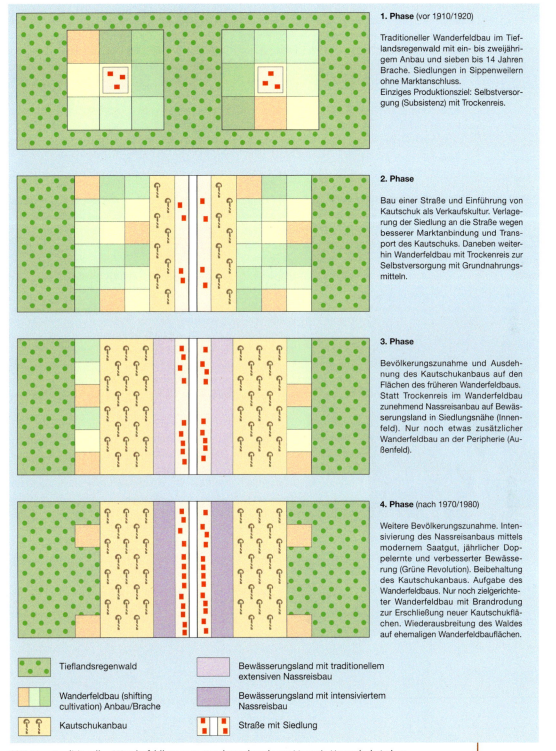

M 3 Vom traditionellen Wanderfeldbau zum standortgebundenen Nassreis-Kautschuk-Anbau

1. Charakterisieren Sie die Wirtschaftsweise der shifting cultivation in den immerfeuchten Tropen unter ökologischen und ökonomischen Gesichtspunkten (M 1, M 2).
2. Erklären Sie die Ernteergebnisse des Brandrodungsfeldbaus (M 2).
3. Stellen Sie die wesentlichen Ursachen des Übergangs von der shifting cultivation zum permanenten, standortgebundenen Anbau dar (M 2, M 3).

Zu den wechselfeuchten Tropen gehört die **Sudanzone**. Sie umfasst die Feucht- und Trockensavannen Nordafrikas. Die Bewohner sind Hirsebauern, die neben dem Wanderfeldbau auch Viehhaltung betreiben. Dabei erreicht der Anteil der Brache das 5- bis 7-Fache der kultivierten Fläche.

Mit zunehmendem Bevölkerungswachstum werden die Siedlungen stationär und der Anbau wird intensiviert. Dazu werden Hausabfälle und Viehdung auf die Felder gebracht. Eine intensive Bodenbearbeitung, z. B. durch regelmäßiges Jäten von Unkraut, erhält die Feuchtigkeit im Boden. Dieser **Trockenfeldbau** bedeutet einen hohen Arbeitsaufwand und bleibt daher meist auf die siedlungsnahen Flächen beschränkt. Angebaut werden auf diesen Innenfeldern in Mischkultur Gemüse, Obstbäume und Stauden wie Mango, Bananen und Papaya sowie Mais oder Erbsen. Die Außenfelder, die oft mehrere Kilometer entfernt liegen, bleiben weiterhin dem Wanderfeldbau vorbehalten. Auf ihnen werden Grundnahrungsmittel wie Hirse, Maniok, Leguminosen sowie als cash crops Baumwolle und Erdnüsse im Wechsel mit mehrjähriger Brache angebaut. Auch auf diesen Flächen stehen Nutzbäume. Bevorzugt werden fruchttragende Arten sowie Akazienarten, die zu Beginn der Regenzeit ihre Blätter verlieren. Da das Wurzelsystem zugleich Stickstoff bindet, ist, zusammen mit dem Laubabfall, eine natürliche Düngung gegeben.

Bei weiterem Bevölkerungswachstum wird die Bodennutzung weiter intensiviert. Der Bracheanteil geht zurück, die Land-Wechsel-Wirtschaft geht in eine permanente Bodennutzung über. Die Nutzungssysteme variieren entsprechend den regionalen Bedingungen stark. Bodenschutzmaßnahmen sind das Terrassieren von Hängen, das Anlegen von hangparallelen Steinreihen, das Pflanzen von Nutzbäumen (vgl. S. 195), das Errichten von Kleinstaudämmen und **Überflutungsfeldbau**, bei dem die Saat nach Rückgang der Flutwelle der Regenzeit auf den durchfeuchteten Flächen an den Ufern der Flüsse und Seen ausgebracht wird (vgl. S. 193).

In den **Bergländern Südostasiens** wird der Wanderfeldbau mit Trockenreis zunehmend auf permanenten Trockenfeldbau umgestellt. Stark ausgeweitet hat sich der Anbau von cash crops wie Kaffee in Vietnam oder Maniok zur Herstellung von Tapioka als Viehfutter in Thailand. Produziert wird oft von Kleinbauern als Ergänzung zum teilweise noch subsistenzorientierten Trockenreisanbau. Trotz des Einsatzes von Mineraldünger und Pflanzenschutzmitteln sind die Hektarerträge nach jahrelangen Monokulturen oft rückläufig.

Eine ökologisch und sozioökonomisch angepasste Entwicklung der Landwirtschaft besteht im **Ecofarming**. Es handelt sich um eine Anbaumethode, die das Ziel verfolgt, mit möglichst wenig Fremdmitteleinsatz einen möglichst hohen und langfristig stabilen Ernteertrag zu erzielen. Die internen Stoffkreisläufe sind den natürlichen Bedingungen angenähert und berücksichtigen die ökonomischen Bedürfnisse der Bauern.

M 4 Acacia albida, wird für die Stabilisierung der Dünen verwendet

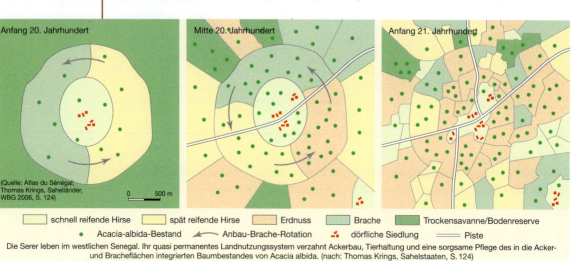

Die Serer leben im westlichen Senegal. Ihr quasi permanentes Landnutzungssystem verzahnt Ackerbau, Tierhaltung und eine sorgsame Pflege des in die Acker- und Bracheflächen integrierten Baumbestandes von Acacia albida. (nach: Thomas Krings, Sahelstaaten, S. 124)

M 5 Dynamik der Landnutzung im Gebiet der Serer im Senegal

Aus betriebswirtschaftlicher Sicht ist der Wanderfeldbau eine Produktionsform, mit der sich eine kleinbäuerliche Familie mit einem Minimum an Kapitalaufwand in verkehrsmäßig unerschlossenen Waldgebieten in kurzer Zeit die Eigenversorgung mit Nahrungsmitteln sichern kann. […]
Die Erträge sind zwar durchweg bescheiden, […] dafür aber relativ sicher, d. h. das Anbaurisiko ist gering. Der Arbeitsaufwand pro Flächeneinheit ist etwa gleich hoch wie bei anderen Formen der Pflanzenproduktion, doch ist wegen des geringen Flächenertrags die Arbeitsproduktivität niedriger. Ein großer Nachteil ist der enorme **Flächenaufwand,** wenn man bedenkt, dass für 1 ha kultivierten Landes etwa weitere 10 ha Brachland nötig sind. Folglich kann shifting cultivation nur in sehr dünn besiedelten Regionen mit ausgedehnten Waldreserven funktionieren.

(Ulrich Scholz, Die feuchten Tropen, Braunschweig 1998, S. 88 f.)

M 6 Betriebswirtschaftliche Kennzeichen des Wanderfeldbaus

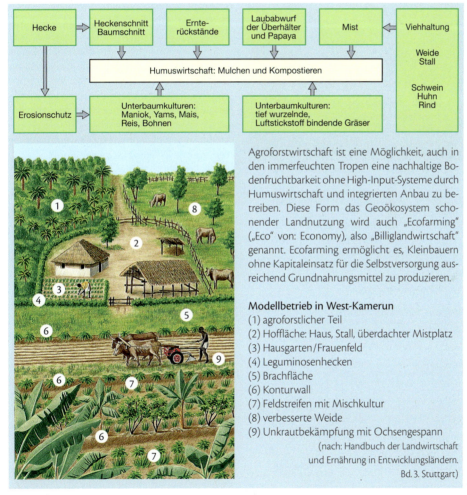

Agroforstwirtschaft ist eine Möglichkeit, auch in den immerfeuchten Tropen eine nachhaltige Bodenfruchtbarkeit ohne High-Input-Systeme durch Humuswirtschaft und integrierten Anbau zu betreiben. Diese Form das Geoökosystem schonender Landnutzung wird auch „Ecofarming" („Eco" von: Economy), also „Billiglandwirtschaft" genannt. Ecofarming ermöglicht es, Kleinbauern ohne Kapitaleinsatz für die Selbstversorgung ausreichend Grundnahrungsmittel zu produzieren.

Modellbetrieb in West-Kamerun
(1) agroforstlicher Teil
(2) Hoffläche: Haus, Stall, überdachter Mistplatz
(3) Hausgarten/Frauenfeld
(4) Leguminosenhecken
(5) Brachfläche
(6) Konturwall
(7) Feldstreifen mit Mischkultur
(8) verbesserte Weide
(9) Unkrautbekämpfung mit Ochsengespann

(nach: Handbuch der Landwirtschaft und Ernährung in Entwicklungsländern. Bd. 3. Stuttgart)

M 7 Ecofarming

4. Lokalisieren Sie weltweit die wechselfeuchten Tropen. Nennen Sie die wichtigsten Anbauprodukte. Unterscheiden Sie zwischen Grundnahrungsmitteln und cash crops (Atlas).
5. Erläutern Sie das Schema der Dynamik der Landnutzung im Gebiet der Serer (M 5).
6. Erstellen Sie eine Tabelle mit den wichtigen Merkmalen des Wanderfeldbaus. Berücksichtigen Sie dabei, ob für die Eigenversorgung oder für den nationalen bzw. globalen Markt produziert wird (M 1, M 2, M 4 bis M 6).
7. Diskutieren Sie Vor- und Nachteile des Wanderfeldbaus.
8. Erläutern Sie das Landnutzungskonzept Ecofarming (M 7).
9. Beurteilen Sie, ob das Ecofarming dem Prinzip der Nachhaltigkeit entspricht (M 7).

7. Von der Subsistenzwirtschaft zur Marktorientierung

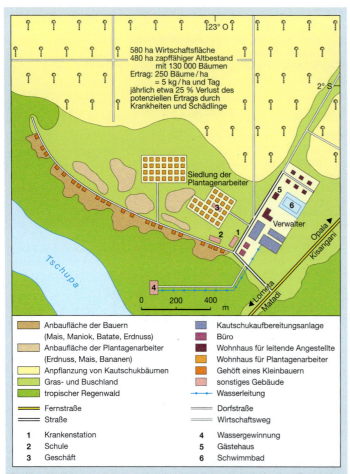

Die Nachfrage nach Agrarprodukten steigt weltweit. Dies gilt für Nahrungsmittel wie auch für sogenannte Non-Food-Produkte im Rahmen der Erzeugung von nachwachsenden Rohstoffen (Energierohstoffe, Biokunststoffe, Pharmaka u. a.). Um den Bedarf zu decken wie auch unter dem Globalisierungsdruck verändern sich die traditionellen Nutzungsformen der tropischen Landwirtschaft. Der Anbau wird intensiviert und es werden neue Anbauflächen erschlossen. Von großer Bedeutung ist dabei die Agrarkolonisation durch staatliche Erschließungsprogramme wie z. B. entlang der Transamazônica (s. S. 178 ff.) oder das Transmigrasi-Projekt in Indonesien (s. S. 404 ff.), das als das größte Umsiedelungsprojekt weltweit gilt. Die Ausweitung der landwirtschaftlichen Nutzfläche und der enorme Anstieg der Produktivität können dazu führen, dass die Landwirtschaft gegen ihre ökologischen Grundlagen verstößt. An den ökonomischen Gewinnen hat die regionale Bevölkerung oft keinen Anteil.

Entwicklungen ...

Der tropische Regenwald ist lange Zeit Rückzugsraum für Völker geblieben, die als Wildbeuter in das natürliche Ökosystem eingebunden sind. Diese **angepasste Landnutzungsform** von **Jägern und Sammlern** (und Fischern) ist heute immer weniger anzutreffen. Die Gesellschaften sind meist in Auflösung begriffen (z. B. auf Neuguinea, im Grenzgebiet von Brasilien und Venezuela, in Zentralafrika). Noch immer verbreitet ist im Regenwald und in den Savannen die **Wald-Feld-Wechselwirtschaft**. Das Bevölkerungswachstum führt jedoch zu einer wachsenden Nachfrage nach Agrarprodukten. Die Bauern passen sich an: Um die Produktion zu steigern, verkürzen sie die Brachezeit oder geben die Brache völlig auf. Sie produzieren zunehmend für die nationalen Märkte Grundnahrungsmittel sowie nach Möglichkeit cash crops für den Weltmarkt. Die Zahl reiner Subsistenzbetriebe nimmt ab.

Von globaler Bedeutung sind Großbetriebe. Ihre Entwicklung begann im Zeichen des Kolonialismus. Der Anbau von mehrjährigen Nutzpflanzen, zunächst besonders von Kaffee und Kokospalmen, erfolgte in **Pflanzungen**, die vom Eigentümer und seiner Familie geleitet wurden, oder in **Plantagen**. Dabei handelt es sich um arbeits- und kapitalintensive land- oder forstwirtschaftliche Großbetriebe, die sich auf die Erzeugung und Verarbeitung einzelner hochwertiger Produkte spezialisierten. Als Arbeitskräfte wurden bis in das

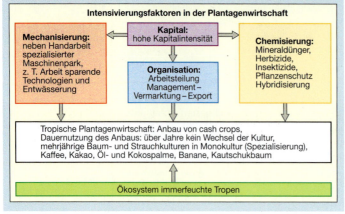

M 1 Agrarökosystem Plantagenwirtschaft in den immerfeuchten Tropen

19. Jahrhundert Sklaven eingesetzt, später billige einheimische Arbeitskräfte. Kennzeichnend für Plantagen war eine ausgeprägte soziale Schichtung, vom Eigentümer, der oft gar nicht im Lande wohnte, über den Verwalter und die leitenden Angestellten bis zu ungelernten Arbeitern, die oft als Saisonarbeiter angestellt wurden. Im Zuge der Entkolonialisierung wurden in vielen Staaten die Plantagen enteignet und in genossenschaftliches oder staatliches Eigentum überführt.

In neuerer Zeit wird vor allem in Afrika das in vielen Regionen ursprünglich kollektive Nutzungsrecht am Boden (nutzungsberechtigt war z. B. die Großfamilie oder das Dorf, Eigentümer war z. B. der Stamm oder der Staat) individualisiert und damit kommerzialisiert. Große Flächen werden von Transnationalen Unternehmen des **Agrobusiness** aufgekauft (**land grabbing**, s. S. 215). Diese vertikal integrierten Unternehmen bestimmen über Anbau, Verarbeitung, Transport und Vermarktung des Agrarproduktes. Diese Unternehmen sind hierarchisch organisiert. Das Management befindet sich meist an einem anderen Ort als die Produktionsstätten. Angebaut wird wie bei den Plantagen in **Monokultur**, in den feuchten Tropen vor allem Bananen, Gummibäume und Ölpalmen, in den wechselfeuchten Tropen Baumwolle, Erdnüsse, in Ostafrika Kaffee, Tee sowie verstärkt Blumen und Gewürze. In den tsetsefreien Regionen wird zudem großbetriebliche Weidewirtschaft betrieben. Technologisch und ökonomisch sind die Großunternehmen oft in der Lage, durch gezielte Düngung und Pflanzenschutzmaßnahmen auch auf ferralitischen Böden gute Erträge zu erwirtschaften. Daher werden für die Ausweitung der Produktion weiterhin großflächig tropische Regenwaldgebiete gerodet, in Westafrika, Südostasien und Indonesien, um Ölpalmen anzubauen, in Amazonien, um Rinderzucht zu betreiben oder um Zuckerrohr und Sojabohnen anzubauen. Die erwirtschafteten Gewinne fließen überwiegend in das Ausland.

M 2
Rosen für die Welt aus Sambia

... und ihre Folgen

Die ökologischen und sozioökonomischen Folgen des Wandels sind oft schwerwiegend. Die Übernutzung der Ökosysteme führt zu Störungen im Wasserhaushalt sowie zur Erosion und Degradation der Böden, die eine weitere Nutzung oft erschweren. Im Randbereich der Wüsten kann es dabei zur Verstärkung der Desertifikation kommen. Die Ausbreitung der Wüsten und der Rückgang des Regenwaldes sind nicht nur von regionaler Bedeutung, sondern haben auch Auswirkungen auf den globalen Klima- und Wasserhaushalt. Sozioökonomisch benachteiligt durch diese Entwicklungen sind häufig die Kleinbauern. Sie können z. B. aufgrund von Kapitalmangel ihre Produktion nur selten modernisieren. Oft übernehmen Großgrundbesitzer oder Großunternehmen das Land. Die Kleinbauern und arbeitslose Landarbeiter werden an neue Pionierfronten abgedrängt oder wandern in die Großstädte des Landes und der Nachbarländer oder, vor allem aus Afrika, auch nach Europa. Insgesamt haben die Modernisierungsprozesse und die zunehmende Globalisierung nicht zu einem Abbau, sondern zu einer Verschärfung der sozialen Gegensätze im ländlichen Raum der Tropen geführt.

---

1. Listen Sie die Entwicklungen in der gegenwärtigen tropischen Landwirtschaft auf und beschreiben Sie sie.
2. Erläutern Sie das Agrarökosystem Plantagenwirtschaft in den immerfeuchten Tropen am Beispiel einer Kautschukplantage im Kongobecken (**M 1**, Atlas).
3. Erarbeiten Sie vergleichend in Kleingruppen Produktionsziele, Arbeitsweisen und Lebensumstände der Wanderfeldbauern einerseits und der Plantagenarbeiter andererseits, indem Sie ökonomische, ökologische und soziale Aspekte berücksichtigen. Beziehen Sie bei Ihrer Darstellung bisherige Unterrichtsergebnisse ein. Präsentieren Sie Ihre Ergebnisse in Form zweier Wirkungsgeflechte/Kausalprofile, die die Unterschiede verdeutlichen.
4. Erläutern Sie die Arbeitsweise transnationaler Konzerne (**M 2**). Listen Sie Vor- und Nachteile auf und nehmen Sie Stellung.
5. Analysieren Sie Folgen des Wandels traditioneller Nutzungsformen in den Tropen. Ergänzen Sie Ihre Auswertungen durch Rechercheergebnisse aus dem Internet.

Wirtschaften jenseits der agronomischen Trockengrenze
1. Landwirtschaft am Rande der Wüste – Mali

Naturräumliche Voraussetzungen und Bevölkerungsentwicklung

Die Republik Mali gehört zu den Sahelstaaten. Das arabische Wort Sahel bedeute Ufer. Es kennzeichnet den Bereich südlich der Sahara, der im langjährigen Mittel 200 mm Niederschläge im Norden und 600 mm im Süden erhält. Hier fanden diejenigen, die aus dem Norden kommend die Sahara durchquert hatten, das rettende Vegetationsufer.

Heute wird der Begriff „Sahel" eher mit Problemen assoziiert: „Unter- und Mangelernährung", „Täglicher Kampf um die Nahrung", „Verlorene Erde" – so oder ähnlich lauten die Überschriften, wenn in den Medien aus den Staaten dieser Zone berichtet wird.

Infolge der großen Nord-Süd-Ausdehnung hat Mali Anteil an mehreren Klima- und Vegetationszonen – von der Wüste bis zur Feuchtsavanne. Die Zunahme der Dauer und der Ergiebigkeit der jährlichen Regenperiode von Norden nach Süden ist bestimmend für Vegetation, Wasserhaushalt, reliefgestaltende morphologisch-dynamische Prozesse und Böden. Entscheidender als die Menge der Niederschläge ist ihre Variabilität, die von Jahr zu Jahr extremen Schwankungen unterworfen sein kann. Die natürliche Vegetation ist der **Variabilität der Niederschläge** angepasst. Dies gilt auch für mehrere Jahre mit defizitären Niederschlägen, die als Dürre bezeichnet werden und

M1 Ausgewählte Strukturdaten von Mali

Fläche	1 240 192 km²
Ackerland (% der Gesamtfläche)	4
Einwohner	16,4 Millionen
Ethnien	Bambara 37 %, Fulbe 14 %, … Tuareg 7 %
Bevölkerungswachstum	3,2 %
Bevölkerung unter 15 Jahre	47,8 %
Lebenserwartung	53 Jahre
Erwerbstätige in der Landwirtschaft	80 %
Anteil der Landwirtschaft am BNE	38,8 % hoher Anteil an Subsistenzwirtschaft
Exportgüter	Baumwolle, Gold, Vieh

Seit den 1990er-Jahren kam es im Norden von Mali immer wieder zu Revolten der Tuareg, die sich gegen ihre ökonomische, soziale, kulturelle und politische Benachteiligung richteten.
2012 begannen Tuareg-Rebellen, unterstützt von islamistischen Gruppen, eine militärische Offensive und besetzten die Nordprovinzen. Die islamistischen Gruppen übernahmen die Macht und beschlossen die Gründung eines islamistischen Staates auf der Basis der Scharia. Mehr als 400 000 Menschen flüchteten. Nach einem Hilfsappell des malischen Präsidenten intervenierten im Januar 2013 französische Truppen und vertrieben die Rebellen. Ein Komitee zur Nationalen Versöhnung wurde gegründet, um eine Annäherung der verschiedenen ethnischen, religiösen und politischen Gruppierungen im Norden zu erreichen. Im Juni 2013 wurde ein vorläufiger Friedensvertrag geschlossen, im August kam es zu Neuwahlen: Die Republik Mali bemüht sich um die Rückkehr zur Demokratie.

M2 Chronik der neueren politischen Ereignisse

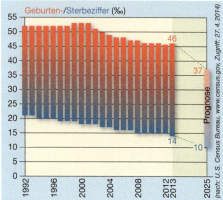

M3 Bevölkerungsentwicklung und Geburten-/Sterbeziffer

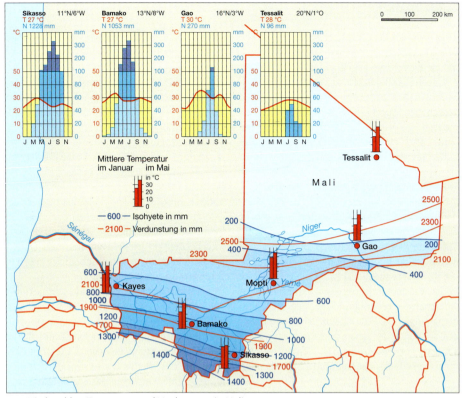

M 4 Niederschlag, Temperatur und Verdunstung in Mali

zur normalen klimatischen Bandbreite der semiariden Regionen gehören. Die Mitte des Landes wird vom Nigerbogen beherrscht, in dessen Mitte sich ein Binnendelta gebildet hat. Die 300 km lange und bis zu 100 km breite Überschwemmungszone zwischen Ségou und Timbuktu macht eine ergiebige Landwirtschaft möglich.

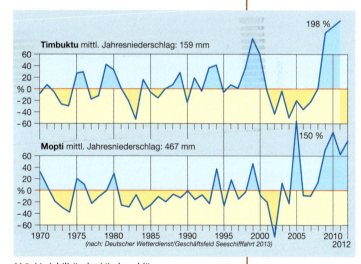

M 5 Variabilität der Niederschläge

1. Analysieren Sie die Strukturdaten Malis und vergleichen Sie sie mit denen Deutschlands (M 1, vgl. Strukturdaten S. 526 f., Atlas, Internet).
2. Beschreiben Sie die Bevölkerungsentwicklung in Mali (M 3). Nennen Sie sich abzeichnende Problembereiche und erläutern Sie diese.
3. Erläutern Sie das Klima von Mali (M 4, M 5, Atlas).
4. „Die Vegetationszonen Malis spiegeln die klimatischen Verhältnisse des Landes wider." Erläutern Sie diese Aussage (M 4, M 5, Atlas).
5. Nennen Sie Möglichkeiten und Probleme, die sich aus dem Klima des Landes für die Agrarnutzung ableiten lassen.

Referat-Tipp:
Erörtern Sie im Tandem die Frage: „Mali – Rückkehr zur Demokratie?". Ergänzen Sie die Informationen aus M 2 durch Rechercheergebnisse in verschiedenen Medien (Fernsehen, Zeitung, Internet) und präsentieren Sie das Ergebnis in Form eines mediengestützten Vortrags.

Landwirtschaft

M6 Baumwolle (Gossypium-Arten)

Zirka 4 Prozent der Landfläche werden als Ackerland ausgewiesen, weitere 25 Prozent können, z. T. nur periodisch, als Weideland genutzt werden. Ackerbau ist als Bewässerungs- und Überflutungsfeldbau in den Auen von Niger und Senegal sowie südlich der 600-mm-Isohyete als Regenfeldbau möglich. Die Variabilität der Niederschläge bedeutet auch hier ein Ernterisiko. Aufgrund des hohen Bevölkerungsdrucks sind die Anbauzonen allerdings zum Teil weit über die agronomische Trockengrenze hinaus ausgedehnt worden.

Die traditionelle Wirtschaftsweise ist der **Wanderhackbau (shifting cultivation)**. Angebaut wird meist bis zur Bodenerschöpfung nach 3 bis 5 Jahren. Früher schloss sich eine 10- bis 20-jährige Brache an, die heute zunehmend verkürzt wird, um die wachsende Bevölkerung zu versorgen.

In den Wüstenrandgebieten ist **extensive Viehwirtschaft** die Lebensgrundlage. Neben der Rinderhaltung ist die Haltung von Schafen und Ziegen, am Rande der Sahara auch die Haltung von Kamelen von Bedeutung. Die Herden gehören meist nomadisch oder halbnomadisch lebenden Tuareg- oder Fulbe-Stämmen. Ihre wirtschaftliche Existenz beruht auf dem **Nomadismus**. Es handelt sich um eine jahrtausendealte Wirtschaftsform, die gekennzeichnet ist durch regelmäßige, saisonal festgelegte Wanderungen, da infolge der Trockenheit die Futtergrundlage für eine Dauernutzung der Weiden nicht ausreicht. Im Sahel ziehen die Wanderhirten mit ihren Tieren im Sommer nach Norden, wo die Weidegründe aufgrund der Regenzeit ausreichend Futter bieten. Am Ende der Regenzeit kehren sie in den Süden zurück. Der Vollnomadismus, bei dem der gesamte Stamm mit den Herden wandert, wird heute weitgehend abgelöst vom Halbnomadismus, bei dem ein Teil des Stammes, meist Frauen, Kinder und Alte, im klimatisch günstigeren Ursprungsraum verbleibt.

Die hohe Variabilität der Niederschläge führt zu einer stark unterschiedlichen Vegetationsentwicklung, die bei Dürre das Futterangebot für die Tiere verknappt. Dementsprechend müsste sich der Tierbestand verringern. Die Viehhalter versuchen dies allerdings zu vermeiden, da eine große Anzahl von Tieren das Sozialprestige steigert. Verbesserte veterinärmedizinische Betreuung sowie das Anlegen von Tiefbrunnen ermöglichten in den 1960er-Jahren eine Aufstockung der Herden. Gleichzeitig schränkten, meist auf

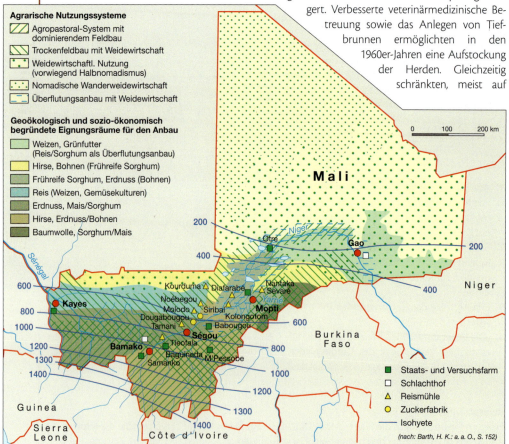

M7 Agrarwirtschaftliche Eignung und Agrarproduktion

Druck der Regierung, viele Nomaden ihre Weidewanderung ein und blieben mit den Herden in der Nähe der Tiefbrunnen, wodurch diese Areale besonders belastet wurden. In Perioden mit geringeren Niederschlägen und reduziertem Futterangebot führte dies zu katastrophalem Viehsterben und zu großen ökologischen Schäden. Die aktuelle Situation hat sich nur geringfügig verändert. Die klimatisch bedingte Futter- und Wasserknappheit erfordert saisonal weite Wanderungen der Herden. Frauen und Kinder leben heute meist in Dauersiedlungen mit festen Häusern in der Nähe von Wasserstellen. Sie betreiben einen auf Subsistenz gerichteten Ackerbau mit hohem Ernterisiko. Durch zunehmende Kultivierung neuen Ackerlandes und voranschreitende Desertifikation reduzieren sich die Weidegebiete mit dem Ergebnis der Überstrapazierung der verbliebenen Flächen, wodurch gravierende Erosionsschäden und weitere Desertifikation verursacht werden.

Als **cash crops** werden vor allem Erdnüsse und Baumwolle angebaut. Die Erdnussproduktion ist seit Jahren rückläufig. Dies liegt nicht nur an der hohen Konkurrenz auf dem Weltmarkt, sondern ist vor allem eine Folge der Bodendegradierung und Desertifikation. Auch die Baumwollproduktion stagniert. Zwar herrscht auf dem Weltmarkt Bedarf an langfaseriger Baumwolle, die von Hand geerntet werden muss und daher in Niedriglohnländern wie Pakistan, Usbekistan oder eben in Westafrika angebaut wird, aber die Konkurrenz ist hoch und die Preise schwanken stark.

M 9 Bedeutung der Landwirtschaft

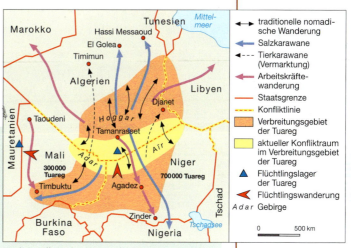

Traditioneller Lebensraum der Tuareg und seine heutige Zersplitterung

Die wirtschaftliche Existenz der Tuareg beruht auf ihren Herden und ihrer Mobilität. Auf der Suche nach Weideplätzen überschritten die Stämme Staatsgrenzen und entzogen sich der politischen, administrativen und steuerlichen Kontrolle. Die Sahara- und Sahelstaaten waren daher bemüht, die Tuareg sesshaft zu machen.

In den Dürreperioden Ende des letzten Jahrhunderts verhungerten und verdursteten zirka 80 % der Tiere. Zehntausende Tuareg flohen in die größeren Städte oder fanden Arbeit auf den Ölfeldern in Algerien und Libyen. Viele von ihnen kehrten nach der Revolution in Libyen 2011 bewaffnet in den Norden von Mali zurück. Dort kommt es immer wieder zu Aufständen mit Angriffen auf Armeeeinheiten, da die Tuareg sich gehindert fühlen, ihre traditionelle nomadische Lebensweise fortzuführen.

M 8 Zur Situation der Tuareg

6. Erläutern Sie die Bedeutung des primären Sektors für die Wirtschaft in Mali (**M 9**).
7. Gliedern Sie Mali in landwirtschaftliche Regionen. Beschreiben Sie für jede Zone die agrarwirtschaftliche Eignung aufgrund der naturräumlichen Gegebenheiten und erläutern Sie die Bodennutzung (**M 4** bis **M 7**, Atlas).
8. Beschreiben Sie das System der shifting cultivation und erläutern Sie die sich ergebenden Risiken (**M 7**).
9. Beschreiben Sie die Viehhaltung in den verschiedenen Zonen Malis (**M 7**, **M 8**) und nennen Sie die Gründe, die zur Aufstockung der Herden führten. Erläutern Sie die Folgen.
10. Erarbeiten Sie die wirtschaftliche, soziale und politische Situation der Tuareg (**M 8**, vgl. **M 2**). Ergänzen Sie die Informationen aus dem Buch durch Rechercheergebnisse aus dem Internet und präsentieren Sie die Ergebnisse auf Wandzeitungen.
11. Nehmen Sie begründet Stellung zur Absicht, die Tuareg sesshaft zu machen.

Referat-Tipp:
Die Dürrekatastrophe im Sahel zwischen 1969 und 1973.

Bewirtschaftung der Wasserressourcen

Schwerpunkt der malischen Entwicklungspolitik ist der Ausbau der Land- und Wasserwirtschaft. Ziele sind:
- die Verbesserung der Ernährung der Bevölkerung durch Ausweitung der Bewässerungslandwirtschaft (Erschließung neuer Bewässerungsflächen sowie Mehrfachernten) und der Beginn einer gewerblich industriellen Entwicklung im Agrarbereich,
- die Erzeugung kostengünstiger elektrischer Energie als Grundvoraussetzung für den Aufbau von Industrie und Gewerbe,
- die Verbesserung der Schiffbarkeit der Flüsse durch regelmäßige Wasserführung.

Um diese Ziele zu erreichen, forciert die Regierung den Bau von **Großstaudämmen**. Ein Großstaudamm wurde im Süden Malis am Oberlauf des Niger bei Sélingué errichtet. Der 2,2 km lange Damm staut einen 60 km langen See mit einer Fläche von 400 km². An den ca. 200 Millionen Euro Kosten beteiligte sich die Bundesrepublik Deutschland mit einem Zehntel. Nach Angaben der Republik Mali konnte durch den Damm die Bewässerungsfläche im Niger-Binnendelta um 10 000 ha erweitert werden. Auf 20 000 ha wurde durch die Bewässerung ein doppelter Erntezyklus ermöglicht. Im Bereich des heutigen Sees lebten 12 000 Bauern, die zum Teil unter Zwang umgesiedelt wurden. Ein Teil von ihnen arbeitet als Landarbeiter auf den neu erschlossenen Feldern, andere blieben arbeitslos. Als Folge des Großdamms haben sich die Tropenkrankheiten Malaria und Bilharziose im Bereich des Sees ausgebreitet.

Auch das Stromsystem des Senegal soll besser genutzt werden. Im Rahmen einer Zusammenarbeit der Anliegerstaaten werden sechs Stauwerke errichtet. Zu diesem Projekt des grenzüberschreitenden Wassermanagements zählt der Manantali-Damm, der 1992 fertiggestellt wurde.

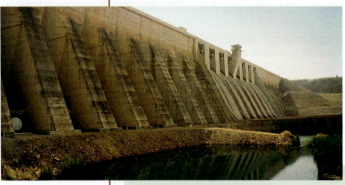

Daten zum Staudamm
Höhe der Staumauer: 68 m
Kronenlänge: 1494 m
Wasseroberfläche bei Vollstauung: 477 km²
(zum Vergleich: Bodensee 536 km²)

Ergebnisse
Das Ziel der Schiffbarmachung des Senegalflusses ist wegen der hohen Investitionskosten nicht weiter verfolgt worden. Die Projektziele in der Bewässerungslandwirtschaft wurden mit Ausnahme der bloßen Flächenerschließung nicht erreicht: Die landwirtschaftliche Nutzung der Flächen bleibt weit hinter den Erwartungen zurück. Der Beitrag zur „Erhöhung des Selbstversorgungsgrades" und zur „gewerblich-industriellen Entwicklung" war insgesamt gering. Auch bei Zugrundelegung von anderen Oberzielen im Sinne der Millennium Development Goals, wie z. B. die Verbesserung der Armutssituation, hat die Bewässerungslandwirtschaft nicht zum Erreichen beigetragen. Demgegenüber sind die Projektziele des Energievorhabens auf der technischen Ebene teilweise deutlich übertroffen. Die durchschnittliche Stromproduktion lag um 37 % über dem konservativ geschätzten Wert. (nach: KfW-Entwicklungsbank, Organisation pour la Mise en Valeur du Fleuve Sénégal, Staudamm Manantali, Schlussprüfung)

[...] Bislang profitieren von dem deutlich erhöhten Energieangebot in erster Linie die großen Städte, weniger die Bauern in den Dörfern, die sich nicht alle einen Strompreis von 100 F CFA/kWh (zirka 0,12 Euro) leisten können. So strahlt in den Hauptstädten von Mauretanien und Mali seit 2002 eine aufwendige Straßenbeleuchtung [...].
Im Senegal-Tal ersetzen reichere Bauern vermehrt ihre Dieselpumpen für den bewässerten Garten durch elektrische Pumpen, sodass sich beispielsweise im Jahr 2004 im Gebiet von Dagana (Senegal) die Tomatenproduktion deutlich erhöhte. Auch auf der mauretanischen Seite des Flusses breiten sich nun immer mehr bewässerte Obst- und Gemüsegärten aus. Ein Teil des Gemüses wird nach Europa exportiert.
[...]
Einige ökologisch negative Folgewirkungen dürfen allerdings nicht verschwiegen werden: So sterben viele Bäume im Senegal-Tal einfach ab, die Bilharziose nimmt in den Bewässerungsgebieten rapide zu und auch das Rift-Valley-Fieber führt zu gesundheitlichen Problemen. Bedrohlich ist zudem ein neues Unkraut, die Wasserhyazinthe (Eichhornia crissipes), die sich rasant ausbreitet.

(Thomas Krings, Sahelstaaten, S. 161)

M 10 Großstaudamm Manantali

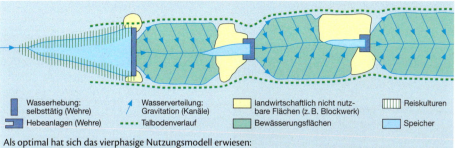

M 11
Nutzungsmodell der Bewässerung

| Wasserhebung: selbsttätig (Wehre) | Wasserverteilung: Gravitation (Kanäle) | landwirtschaftlich nicht nutzbare Flächen (z. B. Blockwerk) | Reiskulturen |
| Hebeanlagen (Wehre) | Talbodenverlauf | Bewässerungsflächen | Speicher |

Als optimal hat sich das vierphasige Nutzungsmodell erwiesen:
Mai – Juni: Die schwebstoffbeladenen Hochwasserabflüsse zu Beginn der Regenzeit passieren ungehindert das Speicherbecken und gelangen auf die Felder. Diese werden so durchfeuchtet und gedüngt.
Juli – Oktober: Der Grundablass des Speichers wird geschlossen, das Becken aufgefüllt. Bei Bedarf werden die unterhalb des Wehres liegenden Felder bewässert.
November – Februar: Reine Bewässerung während der anschließenden Trockenzeitkultur.
März – Mai: Brache. Phase der Ruhe und Regeneration.

Alternativ zu den großen Staudammprojekten wird im Sinne der „nachhaltigen Entwicklung" der Bau von Kleinstaudämmen gefördert, die vom Landwirtschaftsministerium in Mali in Zusammenarbeit mit der KfW-Entwicklungsbank im Auftrag des BMZ errichtet werden. Die Natur lieferte Idee und Vorbild für den Bau der kleinen Bewässerungsspeicher. Quer zu den Wasserläufen angeordnete Felsschwellen ließen Rückhaltebecken entstehen, in denen sich das Wasser noch für Monate nach der Regenzeit hielt. Um diese Becken herum hatte sich im Laufe der Zeit eine intensive Bewässerungswirtschaft entwickelt. So lag der Gedanke nahe, durch Aufstauung eine Vervielfachung des Speicherinhaltes und damit der Kulturflächen zu ermöglichen. Der Bau der Sperrwerke brachte jedoch die Überflutung von wertvollem Kulturland mit sich. Durch den Anbauwechsel von Hirse zu Reis, der während der Überflutung mitwachsen kann, wurde dieses Problem auf ideale Weise gelöst. 2010 wurde das Vorhaben in ein landesweites Programm zur Förderung der Kleinbewässerung überführt. Der deutsche Beitrag beläuft sich insgesamt auf rund 8,5 Millionen Euro.

Auf dem 77 000 km² großen Dogonplateau im Südosten Malis sind die Böden felsig und zerklüftet. Die Niederschläge sind unregelmäßig. Damit sich die Menschen dort von der Landwirtschaft ernähren können und nicht in andere Landesteile abwandern müssen, sind Bewässerungsanlagen notwendig. Auch müssen Pisten und Wege gebaut werden, um die Erreichbarkeit der lokalen Märkte zu verbessern. In den über 400 Dörfern der Projektregion leben rund 11 300 Menschen – die meisten in Kleinbauernfamilien. Durchgeführt wurden landwirtschaftliche Infrastrukturmaßnahmen: Es wurden über 90 Kleinstaudämme errichtet oder verbessert und zirka 63 km Regionalpisten und 280 km Dorfzugangswege neu gebaut oder instand gesetzt. Regierungsstellen der Republik Mali übernahmen dabei die technische Planung und stellten die Baugeräte zur Verfügung. Die Bevölkerung errichtete die Kleinstaudämme sowie Wege und Pisten mit eigener Arbeitskraft. Für die Unterhaltung und Wartung sind die Bewohner verantwortlich. Die Nutzer zahlen jährlich in einen selbstverwalteten Fonds ein, aus dem kleine Reparaturen und Wartungsarbeiten bezahlt werden. Auf der Bewässerungsfläche werden Gemüse, Reis oder Getreide angebaut. Dadurch ist die landwirtschaftliche Produktion gestiegen und die Nahrungsmittelversorgung der Menschen hat sich dauerhaft verbessert. Nach Abzug aller Kosten bleibt den Familien ein zusätzliches Einkommen von 73 Euro pro Person (das sind rund 40 Prozent eines Jahreseinkommens). Durch den Wegebau können die Märkte jetzt leichter erreicht werden und die Einnahmen aus dem Verkauf landwirtschaftlicher Produkte steigen. Besonders das Einkommen der Dogonfrauen, die die Produkte vermarkten, hat sich spürbar erhöht. Signifikant verbessert hat sich durch die Erhöhung des Familieneinkommens und den Wegebau auch die Nutzung der Schulen sowie der Gesundheitseinrichtungen – die Zahl der Patienten stieg seit 2008 um 50 Prozent. Merklich abgenommen hat die Landflucht der nach Arbeit suchenden jungen Dogon.

(zusammengestellt nach Informationen der KfW-Entwicklungsbank 2013)

M 12
Hilfe zur Selbsthilfe: Kleinstaudämme auf dem Dogonplateau

12. Beschreibe Sie die vorgestellten Projekte und diskutieren Sie ihre Vor- und Nachteile (**M 10** bis **M 12**).

Desertifikation und Hunger

Bodendegradation und **Desertifikation** gefährden 40 Prozent der landwirtschaftlich nutzbaren Flächen der Erde. Über eine Milliarde Menschen in mehr als 110 Staaten der Erde sind betroffen. Besonders gefährdet ist Afrika und hier wiederum die Sahelzone. Dabei schreitet die Desertifikation nicht flächenhaft von Norden nach Süden vor, sondern punktuell, inselhaft oder auch bänderförmig. Sie tritt dort auf, wo eine hohe Konzentration von Menschen und Tieren zu einer Übernutzung des Ökosystems führt. Die Schätzungen über das Ausmaß der Desertifikation im Sahel gehen weit auseinander. Der jährliche Flächenverlust wird mit 20000 km² bis 40000 km² angegeben. Für Mali liegen die Schätzungen zwischen 3000 km² und 6000 km².

Der Kampf gegen die Desertifikation ist eine internationale Aufgabe, die von den Vereinten Nationen im Rahmen der Millenniumskampagne besondere Berücksichtigung findet (Ziel 1: Beseitigung der extremen Armut und des Hungers; Ziel 7: Sicherung der ökologischen Nachhaltigkeit, vgl. S. 386) und die in der Entwicklungszusammenarbeit zwischen Industrie- und Entwicklungsländern einen hohen Stellenwert besitzt. Maßnahmen im Kampf gegen die Desertifikation müssen im Rahmen nationaler Umweltpolitik auf regionaler und lokaler Ebene umgesetzt werden. Ein Beispiel hierfür ist das malisch-deutsche Gemeinschaftsprojekt *Programme d' Appui aux Collectivités Territoriales (PACT)*. Es unterstützt 95 ländliche Kommunen. Kooperationspartner sind die Deutsche Gesellschaft für Internationale Zusammenarbeit (GIZ), die KfW-Entwicklungsbank, malische Fachbehörden und die jeweilige

M 13 Flugsand zerstört ein Hirsefeld

Desertifikation bedeutet die Ausbreitung wüstenähnlicher Verhältnisse in Gebiete hinein, in denen sie zonal-klimatisch eigentlich nicht existieren sollten. Desertifikation umfasst die Degradation von Böden und Vegetation und führt zu einer kontinuierlichen Verminderung des Weidepotenzials und der Ernteerträge. Im Gegensatz zur Dürre ist der Mensch an der Desertifikation ursächlich beteiligt. Dadurch kann auch von „man-made-desert" gesprochen werden.

(aus: Mensching, H.G.: Desertifikation, Darmstadt 1990, S. 3 f.)

M 14 Desertifikation: man-made-desert

Besonders deutlich zeigten sich diese komplexen Wechselwirkungen [der Desertifikationsprozesse] in Mali. [...]
Anhaltende Dürreperioden [...] führten zu Hungersnöten und zu Fluchtbewegungen vom Norden in den Süden. Die dort ohnehin hohe Bevölkerungsdichte nahm noch zu, der Nutzungsdruck auf die Landwirtschaft führte zu Überweidung und starker Bodendegradation und schließlich zu fortschreitender Verwüstung. [...]
Die Prognosen sagen für Mali eine Verschärfung der klimatischen Bedingungen voraus und damit verbunden einen Anstieg des Hungerrisikos von 34 Prozent auf 44 Prozent.

(aus: Der Fischer Weltalmanach 2009, S. 319)

M 15 Desertifikation in Mali

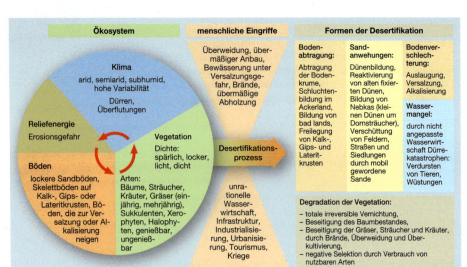

M 16 Prozess der Desertifikation (nach F. Ibrahim)

Gemeinde Bellen, Kreis Ségou.
Unterstützt durch Mitarbeiter von PACT einigte sich die Kommune mit den Ackerbauern und wandernden Viehhalter über Wanderwege und Etappenplätze mit wichtigen Wasserstellen – geographisch präzise markiert mit GPS-Geräten und durch einbetonierte Hinweisschilder kenntlich gemacht.
Durch diesen Konsens sollen das ungeregelte Vordringen des Ackerbaus auf Weideflächen verhindert und die standortgemäße nomadische Viehhaltung gesichert werden. Gleichzeitig werden die Ackerflächen vor Viehverbiss bewahrt. Abzuwarten bleibt, ob diese Vereinbarungen langfristig respektiert werden.
(erstellt nach: www.desertifikation.de)

M 17 PACT – mit Diskussionen und GPS

Kommune. Die Betroffenen, Ackerbauern, Viehhirten, Forstnutzer, manchmal auch Flussfischer oder z. B. Besitzer von Steinbrüchen, untersuchen gemeinsam mit den Vertretern von PACT die lokalen Gegebenheiten, erarbeiten Lösungswege zur nachhaltigen Nutzung und stimmen darüber ab. Umgesetzt werden die Maßnahmen in Eigenleistung von den Dorfbewohnern, gegebenenfalls erfolgt eine finanzielle Unterstützung durch die Regierung Malis und die Kooperationspartner. Dies soll zu einer ökologischen, ökonomischen und sozialen Stabilisierung in der Region führen und damit zur Friedenssicherung beitragen.

In allen Sahelstaaten sind Kontrollen der Viehbestände, der Viehwanderungswege und des Holzeinschlages notwendig sowie eine Rücknahme des Regenfeldanbaus hinter die agronomische Trockengrenze. Zu den Maßnahmen im Kampf gegen die Desertifikation gehören außerdem eine bessere Energienutzung, z. B. durch verbesserte Kochherde oder die alternative Versorgung durch Sonnenenergie. Durch **ökologischen Umbau** der Savannenlandschaft kann eine nachhaltige Nutzung der Land- und Wasserressourcen für eine Verbesserung der Selbstversorgung mit Nahrungsmitteln und Brennholz erreicht werden.

Brennholzsammeln ist Frauensache!
[…] Um den Baumbestand zu schützen und die Frauen zu entlasten, gibt es eine klassische Lösung: die Einführung Brennholz sparender Lehmherde. Für den „Foyer amélioré" werben Plakate überall in den Sahelländern. Der Begriff bedeutet im Französischen sowohl „verbesserter Herd" als auch „verbesserter Haushalt".

Die Vorteile verbesserter Lehmherde sprechen für sich:
– Der Brennholzbedarf wird um ein Drittel reduziert.
– Die Garzeiten verkürzen sich.
– Es können auch Hirsestängel oder kleine Äste statt dicker Holzscheite benutzt werden.
– Es gibt weniger Unfälle, da das Feuer nicht mehr ungeschützt ist.
– Die Frauen können die Herde selbst bauen und reparieren. […]
(aus: Deutscher Entwicklungsdienst (Hrsg.), Mali/Burkina Faso, Bonn/Berlin, 1998, S. 35)

M 18 Drei Steine sind eine Feuerstelle

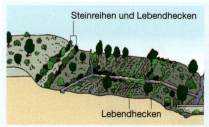

Isohypsen-parallele Steinreihen, Hecken entlang der Wege und Parzellengrenzen, Laub abwerfende Bäume im Kulturland, Grünstreifen auf großen Parzellen. Bessere Kulturtechniken: hochwertiges Saatgut und hochwertige Futterpflanzen, Produktion von organischem Dünger.

M 19 Ökologischer Umbau und Inwertsetzung einer Savannenlandschaft

Dies ist regional mit einfachen Mitteln möglich. So können in Hanglagen Isohypsen-parallele Steinreihen die flächenhafte Erosion verringern. Hecken entlang der Wege und Parzellengrenzen sowie laubabwerfende Bäume im Kulturland vermindern die Winderosion und liefern Brennholz. Hecken- und Baumschnitt werden zusammen mit Ernterückständen kompostiert und dienen der Bodenverbesserung.

13. Erklären Sie zusammenfassend die Ursachen des Desertifikationsprozesses unter Berücksichtigung der spezifischen natürlichen und anthropogenen Bedingungen in Mali und erläutern Sie die Folgen (**M 3** bis **M 8**, **M 10**, **M 13** bis **M 16**, Atlas).
14. Beschreiben Sie den „foyer amélioré" (**M 18**) und und nennen Sie die Vorteile.
15. Stellen Sie den ökologischen Umbau einer Savannenlandschaft dar (**M 19**).
16. Erläutern Sie die internationale Zusammenarbeit im Kampf gegen die Desertifikation am Beispiel des *Programme d'Appui aux Collectivités Territoriales (PACT)* (**M 17**).
17. Erläutern Sie das Prinzip der Nachhaltigkeit am Beispiel der Kleinstaudämme (S. 193), der Steinwälle (**M 19**) sowie anhand des PACT-Programmes (**M 17**).
18. Charakterisieren Sie zusammenfassend „nachhaltige Entwicklung" in Mali unter Berücksichtigung ökologischer, ökonomischer und sozialer Gesichtspunkte.

M2 Bewässerungskultur in der Wüste Negev

2. Der Negev – eine Wüste wird bewässert

„Die Wüste ist stumm, man hört ihre Stimme nicht. Seit Tausenden von Jahren liegt sie brach. Ohne die gezielten Investitionen des Staates Israel würde sie sich auf irreversible Weise ausdehnen.
Wahrscheinlich haben nicht einmal die Pioniere unseres Volkes einen Begriff von der Weite und Wildnis dieser Einöde, von ihren Gefahren und Bedrohungen. Und von den gigantischen Kosten, die der ständige Kampf gegen die Wüste fordert."

(David Ben Gurion, Ministerpräsident Israels 1948–1953 und 1955–1963, aus einer Rede)

Der Staat Israel umfasst, ohne die derzeit besetzten und annektierten Gebiete, eine Fläche von etwa 21 000 km² und ist damit so groß wie das Bundesland Hessen. Trotz der geringen Landesfläche hat Israel Anteil an ganz unterschiedlichen Landschaften. Die Mittelmeerküste und der Norden werden von den Winterregen des Mittelmeerklimas beeinflusst. Im Osten hat Israel Anteil am Jordangraben und dem Toten Meer. Dieses Gebiet liegt großenteils unter dem Meeresspiegel, bildet also eine Depression. Die daraus resultierende Niederschlagsarmut wird noch durch die Lage im Regenschatten der westlich verlaufenden Bergländer verschärft. Der gesamte Süden Israels, der etwa 60 Prozent der Landesfläche ausmacht, wird von der Wüste Negev eingenommen. Dieses Gebiet gehört zu den Ausläufern des Passatwüstengürtels.

Seit der Gründung des Staates Israel im Jahre 1948 hat es ein stetiges Bevölkerungswachstum gegeben, das vorwiegend durch Zuwanderung aufrechterhalten wird. Lag die Bevölkerungszahl 1948 noch unter einer Million, erreichte sie um 1980 die Viermillionengrenze. 2015 lebten 8,4 Millionen Menschen in Israel. Damit die wachsende Bevölkerung ernährt werden kann, mussten und müssen landwirtschaftlich nutzbare Flächen in allen Regionen des Landes gewonnen werden. Ein besonders ehrgeiziges Projekt ist dabei die Vision vom „grünen Land" in der Wüste Negev.

Im Laufe seiner Geschichte war der Negev immer ein Übergangsgebiet, in welches Ackerbauern gelegentlich vorrückten, aber immer wieder durch Wüstennomaden zurückgedrängt wurden. Seit Beginn der 1960er-Jahre fördert der Staat die Neugründung von Siedlungen im Negev. Einwanderer, insbesondere aus den GUS-Ländern, aber auch aus Äthiopien, wurden vor einigen Jahren gezielt in den Wüstengebieten des Südens angesiedelt.
Bereits 1950 wurde den nomadisch lebenden Beduinen die Nutzung der natürlichen Vegetation durch Viehherden, insbesondere Ziegen, untersagt. Auf diese Weise wollte der Staat die Sesshaftwerdung der Beduinen im Negev beschleunigen und dadurch Konflikte zwischen den nomadisierenden Viehzüchtern und den immer zahlreicher werdenden Ackerbauern vermeiden. Die israelische Regierung unterstützte auch intensiv alle Maßnahmen zur ackerbaulichen Nutzung der Wüste. Heute gedeihen Gurken, Tomaten, Paprika, Melonen, Zwiebeln, Obst und andere Produkte im Negev, die

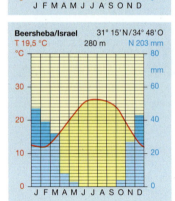

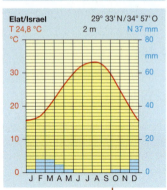

M1
Klimadiagramme von Messstationen in Israel

Wirtschaften jenseits der agronomischen Trockengrenze 197

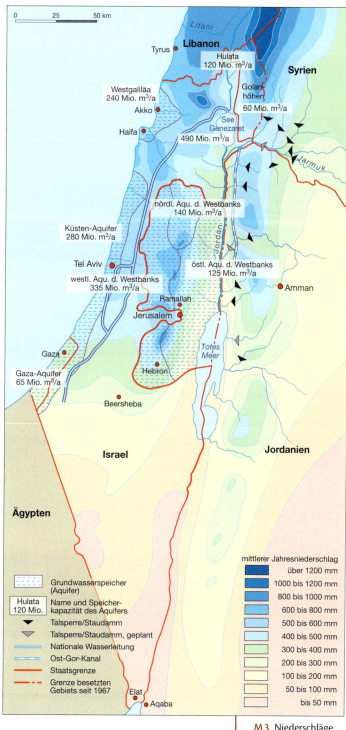

vorwiegend für den Export bestimmt sind. Insgesamt machen landwirtschaftliche Produkte jedoch lediglich etwa drei Prozent des Exportwertes aus.

Intensivlandwirtschaft ist im Negev nur mittels künstlicher **Bewässerung** möglich. Bereits vor Jahrzehnten entwickelten israelische Ingenieure eine Bewässerungsmethode, die nicht nur die Verschwendung kostbaren Wassers vermindert, sondern auch die Gefahr der Bodenversalzung herabsetzt – die **Tröpfchenbewässerung**. Dabei erfolgt die Bewässerung über kilometerlange Schläuche, aus denen Wasser bei Bedarf genau dosiert über Düsen direkt an die Wurzeln der Pflanzen gebracht wird. Die Verdunstung wird auf diese Weise minimiert. Computer steuern die Bewässerung der verschiedensten Nutzpflanzen.
Der Wasserbedarf kann heute nicht mehr vollständig durch Oberflächen- und Grundwasser gedeckt werden. Deshalb betreibt Israel bereits mehrere Meerwasserentsalzungsanlagen am Mittelmeer. Auch in dieser Technologie gehört das Land, wie bei allen sparsamen Bewässerungstechniken auch, zu den Weltmarktführern.

M 3 Niederschläge und Wasserinfrastruktur

1. Kennzeichnen Sie die naturgeographischen Rahmenbedingungen in Israel unter besonderer Berücksichtigung des Klimas und des Reliefs. Differenzieren Sie dabei nach Teilräumen (**M 1** bis **M 3**, Atlas).
2. Erläutern Sie das Wassernutzungspotenzial Israels (**M 3**, Atlas).
3. Erläutern Sie die Einrichtungen der Wasserinfrastruktur vor dem Hintergrund der klimatischen und reliefbezogenen Gegebenheiten (**M 3**, Atlas).
4. Der Wasserspiegel des Toten Meeres ist in den letzten Jahrzehnten um mehr als 20 Meter gesunken. Recherchieren Sie mithilfe des Internets die aktuelle Situation und erklären Sie diese Beobachtung.
5. Beurteilen Sie, ob das Zitat des ehemaligen Ministerpräsidenten Ben Gurion inhaltlich heute noch gültig ist.

Wasserleitung in der Wüste Negev

„Das hier ist der Jordan", sagt Gidon Bromberg. Er zeigt auf das Rinnsal in der Mitte des grünen Tals im Nordosten Israels. „Also das, was davon übrig ist", fügt der Direktor der Umweltschutzorganisation Friends of the Earth im Nahen Osten hinzu. Viel ist nicht zu sehen. Wie die meisten Gewässer Israels hat der Fluss Tiefststand. Denn obwohl Israel gerade einen der feuchtesten Winter der vergangenen 20 Jahre erlebte, hat das Land nach wie vor ein massives Wasserproblem.

Das Gebiet an der Grenze zu Jordanien ist nur eines von vielen, wo der konstante Wassermangel augenfällig wird. Knapp siebeneinhalb Millionen Menschen leben in Israel von drei Wasserquellen – zwei unterhalb der Mittelmeerküste und der Berge. Die dritte Quelle ist der See Genezareth. „Die Situation aller Quellen ist sehr schlecht, weil sie über Jahre überpumpt wurden", sagt Uri Shor, Sprecher der Wasserbehörde. Die Gefahr einer Wasserknappheit ist altbekannt. Seit den achtziger Jahren warnt der Hydrologische Service, der den Stand der Wasserquellen misst, zu viel abzupumpen. „Die dramatische Situation hat langfristige Ursachen", sagt Umweltaktivist Bromberg. „Ein Hauptproblem ist das Bevölkerungswachstum." Während Haushalte und Gemeinden in den sechziger Jahren noch 200 Millionen Kubikmeter Wasser verbraucht hatten, komme dieser Sektor 2010 auf fast 700 Millionen Kubikmeter.

Weitere Faktoren sind verringerte Niederschläge und der hohe Verbrauch der Landwirtschaft. „50 Prozent des Wassers fließen in den Sektor, der nur ein Prozent des Bruttoinlandsproduktes ausmacht. Das ist erschreckend", sagt Bromberg. Jedoch genieße die Landwirtschaft große politische Unterstützung. Sie werde als elementarer Entwicklungsfaktor des Staates gesehen. Auch in Deutschland landet Obst und Gemüse aus Israel in den Supermarktregalen, das in der Wüste mit Hilfe aufwändiger Bewässerungsanlagen herangewachsen ist. Transportiert werden die Erdbeeren, Bananen oder Ananas per Flugzeug. […]

Weil die Angst vor der Wasserkrise permanent ist und die Ressourcen sich nur regenerieren, wenn sie eine Weile unberührt bleiben, sucht Israel seit Jahren nach Alternativen dazu, die natürlichen Quellen abzupumpen. „In der Wiederaufbereitung sind wir bereits weltweit führend, außerdem nutzen wir Grundwasseranreicherung und künstlichen Regen", sagt Shor von der Wasserbehörde.

Mit einer Kampagne wird zudem seit 2008 zum Wassersparen im Alltag aufgerufen. Die Regierung sieht vor allem in der Entsalzung von Mittelmeerwasser eine Chance. „Damit gelingt es uns ab 2013, die Hälfte des Wasserbedarfs zu befriedigen", sagt Shor. Drei Anlagen stehen bereits, zwei weitere sind in Planung. […]

Allerdings gibt es auch Kritik an der Entsalzung. „Diese Technik verbraucht fossile Brennstoffe und verschmutzt das Mittelmeer", sagt Umweltschützer Bromberg. Nachteilig daran sei auch, dass die Regierung den Betreibern überschüssiges Wasser abkaufen muss. „Der Fokus sollte auf Nachfragemanagement liegen." Es sei nicht normal, dass ein Land wie Israel im Sommer grün sei, Bananen anbaue und Tropenobst exportiere. „Trockenheit ist hier normal, das steht schon in der Bibel", sagt Bromberg.

(aus: Lea Hampel: Erdbeeren aus der Wüste. In: ZEIT ONLINE vom 31. März 2010)

M 4 Erdbeeren aus der Wüste

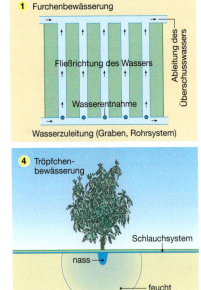
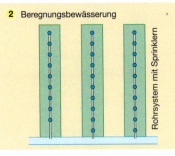

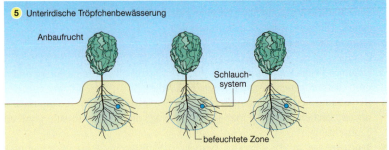

M 5 Bewässerungsmethoden

Monatelang gelangt im Sommer […] kein Tropfen mehr ins Rote Meer. Der Pegel des größten Salzwassersees der Erde sinkt deshalb jedes Jahr um gut einen Meter. Die Anlieger des Flusses [Jordan] graben dem Meer buchstäblich das Wasser ab. Israelis, Palästinenser und Jordanier nutzen es lieber am Oberlauf für ihre Felder und Plantagen, die von Jahr zu Jahr größer werden.

Jetzt soll das Rote Meer dem Toten Meer helfen. Dafür ist ein 180 Kilometer langer Kanal geplant. Zu Jahresbeginn stellte die Weltbank eine neue Studie vor, die das knapp 10 Milliarden Dollar teure Vorhaben als „machbar" einstuft. Am Wochenende wurden während des regionalen Weltwirtschaftsforums in Jordanien die Stellungnahmen aus Amman, Jerusalem und Ramallah erwartet. Jordanien hat schon erste Zustimmung signalisiert. Dem kleinen Königreich geht das Wasser aus; mehr als eine halbe Million syrische Flüchtlinge ließen den Bedarf zusätzlich noch weiter wachsen.

Umweltschützer auf beiden Seiten des Jordans halten von dem Großprojekt nichts. […] Mehr als ein Jahrzehnt dauert der Streit schon an. Für die Befürworter ist es ein großes Friedensprojekt, das die drei Anrainer des Toten Meeres einander näher bringen und helfen wird, mögliche Kriege um das immer knapper werdende Wasser zu verhindern. Die Gegner befürchten eine ökologische Katastrophe und die Verschwendung vieler Milliarden Dollar. Auf den ersten Blick wirkt die Idee bestechend einfach: Salziges Wasser aus dem Roten Meer hilft, das Tote Meer wieder aufzufüllen. Wegen des Höhenunterschieds von mehr als 420 Metern wird es auf seinem Weg in Richtung Norden gleich noch zwei Wasserkraftwerke antreiben. Mit der dort hergestellten Elektrizität ließe sich knapp die Hälfte der jährlich 2000 Millionen Kubikmeter Meerwasser entsalzen und in die jordanischen Großstädte hinaufpumpen. Die übrig bleibende Salzlauge würde dann den Pegel des sehr salzhaltigen Toten Meers wieder steigen lassen. […] In Israel wurde zeitweise mit dem Gedanken gespielt, einen Kanal vom Mittelmeer zum Toten Meer zu graben. Die Idee wurde mittlerweile verworfen. […] Alle Jordan-Anlieger müssten ihren Beitrag leisten, Trinkwasser zu sparen und so viel Abwasser wie möglich für die Landwirtschaft wiederzuverwenden. Nur wenn der Jordan wieder zu einem richtigen Fluss […] wird, hat wohl auch das Tote Meer wieder eine Chance.

(Hans-Christian Rößler: Geplanter Kanal: Lieber rot als tot. In: FAZ.NET vom 26.Mai 2013) (http://www.faz.net/aktuell/gesellschaft/umwelt/geplanter-kanal-lieber-rot-als-tot-12195896.html Zugriff: 02.06.2014)

M 6 Wasser und Politik im Nahen Osten

M 7 Wasserbedarf und Erträge einiger Nutzpflanzen

Frucht	Wachstum	Sprinklerbewässerung	Tröpfchenbewässerung	Wasserbedarf
Tomaten	September – März	38,5 t/ha	66 t/ha	980 l/m²
Melonen	August – Dezember	24,0 t/ha	43 t/ha	635 l/m²
Paprika	September – Mai	5,0 t/ha	9 t/ha	1417 l/m²
süßer Mais	Februar – Mai	5,0 t/ha	12 t/ha	676 l/m²

Bevölkerung (in Mio.)				
Land/Gebiet	1994	2000	2010	2040
Israel	5,3	6,5	7,7	12,8
Jordanien	4,1	4,9	6,8	14,0
palästin. Gebiete	2,2	3,2	4,1	7,7
Wasserverbrauch in Haushalten (in m³/Einw. und Jahr)				
Israel	100	105	115	145
Jordanien	55	74	72	86
palästin. Gebiete	38	50	57	83
Wasserverbrauch für Bewässerung (in Mio. m³/Jahr)				
Israel	860	732	498	450
Jordanien	570	637	798	464
palästin. Gebiete	150	150	150	150

M 8 Wasserbedarf und Bevölkerungsentwicklung

6. Erläutern Sie die Vorteile der Tröpfchenbewässerung (**M 5**, **M 7**).
7. Beurteilen Sie das Wassermanagement Israels (**M 3**, **M 4**, **M 6**, **M 8**).
8. Recherchieren Sie die politische Lage zwischen Israel, den Palästinensern und den übrigen Anrainern. Beziehen Sie auch Probleme der Wasserversorgung ein. Tragen Sie Ihre Ergebnisse in einem Referat vor (**M 3**, **M 8**, Atlas, Internet).
9. Bewerten Sie zusammenfassend die Maßnahmen zur Bewässerung der Wüste Negev vor dem Hintergrund der naturräumlichen, ökonomischen, ökologischen und politischen Rahmenbedingungen (**M 1** bis **M 8**).

Referat-Tipp:
Die Technologie der Meerwasserentsalzung. Recherchieren Sie über diese Form der Wassergewinnung und stellen Sie Ihre Ergebnisse in Form eines mediengestützten Referats vor.

Agrobusiness in der gemäßigten Zone als zukunftsfähiger Lösungsansatz?

1. Weizenanbau in den Great Plains

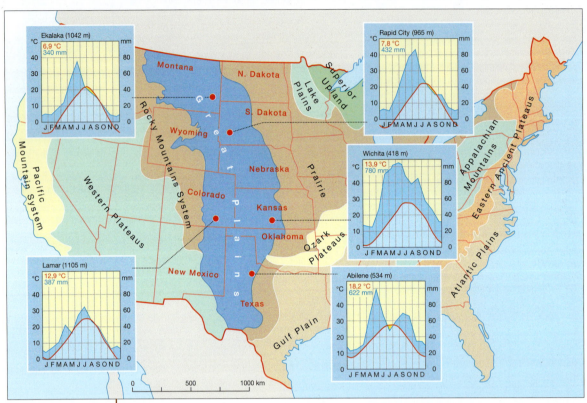

M 1 Klimatische Bedingungen in den Great Plains

Naturraum und Besiedlung

Als die ersten amerikanischen Siedler die Great Plains erreichten, bot sich ihnen der Blick auf ein ebenes, z. T. flachwelliges Land, das von einer geschlossenen Decke aus verschieden hohen Gräsern bedeckt war. Dies war die Heimat von schätzungsweise 50 Mio. Büffeln, die auf ihren Wanderungen den Jahreszeiten von Nord nach Süd und umgekehrt folgten. Ihnen zogen verschiedene Indianerstämme nach, deren Lebensgrundlage die Büffel waren und die sich an die Naturverhältnisse und die Büffelwanderungen angepasst hatten.

Die Besiedlung der USA durch europäische Einwanderer erfolgte von Osten nach Westen. Die

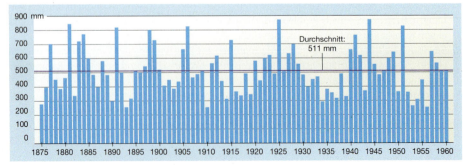

M 2 Niederschläge in NW-Kansas: Langzeitbeobachtung

Agrobusiness in der gemäßigten Zone als zukunftsfähiger Lösungsansatz? 201

Besiedlungsgrenze – die Frontier – erreichte um 1830 die östlichen Great Plains. Die nachrückenden Siedler drangen immer weiter nach Westen vor und nahmen das Land in Besitz. Sie waren Rancher und brachten große Viehherden mit, die auf den riesigen Grasflächen weideten. Für die Büffel war nun auf den Viehweiden kein Platz mehr und sie wurden von den Farmern millionenfach abgeschossen; nur wenige Büffel überlebten auf unzugänglichen und agrarwirtschaftlich uninteressanten Restflächen. Damit verloren auch die Indianer ihre Existenzgrundlage. Sie wurden außerdem von den Ranchern vertrieben, viele von ihnen dabei getötet.

Als in der Mitte des 19. Jahrhunderts der Bevölkerungsdruck im Osten der USA größer wurde, kamen immer mehr Siedler in die Great Plains und schoben die Frontier weiter nach Westen vor. Damit wurden erstmals auch die trockenen Teile der Great Plains besiedelt. Unter den Siedlern waren auch immer mehr Farmer, die auf den fruchtbaren Böden der Great Plains Ackerbau betreiben wollten. Sie gerieten in Konflikt mit den Weidewirtschaft treibenden Ranchern und konnten sich zunächst nicht gegen diese durchsetzen. Erst ab 1880, als in den USA die Fleischpreise sanken, lohnte sich für viele Rancher die Viehzucht nicht mehr und nachfolgend pflügten Farmer das Weideland um und bauten Feldfrüchte – vor allem Weizen – an. Trotz aller Warnungen vor der Errichtung so großer **Monokulturen** und vor den klimatischen Risiken legten die Farmer immer mehr Weizenfelder an. Damit entwickelten sich die Great Plains zur Kornkammer der USA. Begünstigt wurde der Weizenanbau durch relativ niederschlagsreiche Jahre zwischen 1880 und 1885.

Weizenanbau – von der Family Farm zum Agrobusiness

Das traditionelle Bild des amerikanischen Farmers wurde lange geprägt durch die sog. **Family Farm**. Der Farmer und seine Familie bewirtschafteten eine überschaubare Fläche mit eigenen Kräften oder einigen Lohnarbeitern. So war es auch bei den Weizenfarmen in den Great Plains. Die Family Farm litt jedoch oft unter einer mangelnden Kapitalausstattung, die eine Anpassung an moderne Techniken erschwerte. So mussten bei der Anschaffung von Geräten und Maschinen z. T. Kredite aufgenommen werden. Auch Missernten waren nur schwer zu verkraften. Die traten aber schon bald nach den niederschlagsreichen, im Prinzip aber untypischen Jahren 1880 bis 1885 auf. Um 1890, 1910 und 1930 setzten mehrjährige Dürreperioden ein, die zu teilweise schwerwiegenden Missernten führten.

M 3 Ökologisches Profil durch die Great Plains

Ackerflächen in ausgewählten Staaten	
Oklahoma	38 880 km²
Kansas	93 150 km²
Nebraska	78 165 km²
South Dakota	67 230 km²
North Dakota	74 115 km²
Weizenproduktion in ausgewählten Staaten	
Oklahoma	3,2 Mio. t
Kansas	12,5 Mio. t
Nebraska	3,0 Mio. t
South Dakota	4,8 Mio. t
North Dakota	9,1 Mio. t
Wert der pflanzlichen Produkte	
Oklahoma	1,1 Mrd. US-$
Kansas	7,3 Mrd. US-$
Nebraska	13,7 Mrd. US-$
South Dakota	7,8 Mrd. US-$
North Dakota	5,9 Mrd. US-$

M 4 Anbau in den Great Plains (2011)

1. Ordnen Sie die Great Plains in den Naturraum der USA ein (M 1, Atlas).
2. Stellen Sie fest, welche klimatischen Bedingungen in den Great Plains herrschen (M 1, Atlas).
3. Erläutern Sie die Verteilung der Jahresniederschläge in den Great Plains (M 2).
4. Werten Sie das ökologische Profil aus und ordnen Sie es in die Karte ein (M 1, M 3).
5. Stellen Sie die Besiedlung der Great Plains dar und erläutern Sie den damit verbundenen Landschafts- und Wirtschaftswandel.
6. Erläutern Sie den Anbau in den Staaten der Great Plains und stellen Sie Überlegungen an, ob die Agrarnutzung den Naturraumbedingungen angepasst ist (M 1 bis M 4).

M5 Mähdrescherkolonne in einem Weizenfeld in North Dakota

Die immer wieder auftretenden Dürreperioden zwangen die verbleibenden Farmer zu Anpassungsmaßnahmen. Sie mussten ihre Flächen vergrößern, was durch Übernahme der von anderen Farmern aufgegebenen Flächen möglich war, den Anbau diversifizieren oder durch Übernahme moderner Agrartechnik die Erträge steigern. Möglich wurde dies durch den Einsatz von Bewässerungsanlagen, durch ertragreichere Hybrid-Weizensorten, verbesserte Dünge- und Schädlingsbekämpfungsmethoden und rationellere Agrarmaschinen. Alle diese Maßnahmen kosteten zunächst aber viel Geld, das die Farmer oftmals nicht hatten. Sie nahmen deshalb Kredite auf, die relativ unproblematisch waren, weil in den 1960er- und 1970er-Jahren der Nahrungsmittelbedarf wegen der rasch wachsenden Weltbevölkerung stark anstieg und die Weizenpreise entsprechend hoch lagen. In dieser Zeit konnten die USA ihre Weizenausfuhr fast vervierfachen. Der Weizenboom hielt aber nicht lange an, und ab etwa 1980 gingen die Weizenausfuhren und auch der Weizenpreis zurück, weil inzwischen auch andere Länder ihre Weizenproduktion gesteigert hatten und auf den Weltmarkt drängten. Als Folge dieser Entwicklungen mussten die Weizenfarmer in den Great Plains Einkommensverluste hinnehmen. Die Farmer, die sich vorher durch Kreditaufnahme verschuldet hatten, mussten in dieser Situation aufgeben, der Konzentrationsprozess setzte sich fort.

Viele Farmer sind heute dazu übergegangen, Maschinen nicht mehr selbst zu kaufen, sondern die anfallenden Arbeiten von Unternehmen ausführen zu lassen, die sich auf landwirtschaftliche Arbeiten spezialisiert haben und über einen entsprechenden Maschinenpark verfügen. So spart der Farmer Eigenkapital und er kann leichter die Anbaufrüchte wechseln, weil er dazu keine neuen Maschinen mehr kaufen muss. Immer mehr Farmer haben Anbauflächen in verschiedenen Teilen der Great Plains gekauft, z. B. ein Areal im wärmeren Texas, eines in South oder North Dakota. Der Vorteil dabei ist, dass Saat- und Erntetermine aufgrund der unterschiedlichen Klimabedingungen zeitlich auseinander liegen. Wenn die Farmer ihre verschiedenen Betriebsflächen besuchen, legen sie im Jahr oft mehrere Tausend Kilometer zurück. Wegen dieser „Reisetätigkeit" wer-

> An der Warenterminbörse in Chicago werden die weltweit größten Mengen an Weizen gehandelt. Die meisten Geschäfte sind sogenannte „Papiergeschäfte". Der so verkaufte „Papierweizen" ist noch gar nicht gewachsen, geschweige denn geerntet. Die Kontrakte werden zu einem großen Teil von Spekulanten in der Hoffnung getätigt, dass Meldungen über Missernten oder Hungersnöte in der Dritten Welt den Weizenpreis in die Höhe schnellen lassen. In solchen Fällen führt der Wiederverkauf von „Papierweizen" zu beträchtlichen Gewinnen. Die einzelnen Farmer erzielen durch derartige Preissprünge in der Regel keinen Cent zusätzlich für ihr Getreide, da sie nicht über genügend Lagerkapazitäten verfügen, um den Weizen an für sie günstigen Terminen verkaufen zu können. Stattdessen müssen sie ihre Ernte rechtzeitig an Großhändler verkaufen, damit sie ein gesichertes Einkommen haben. (nach: ZMP-Info 2009)
>
> Im August 2013 hat es im Mittleren Westen kaum geregnet und die Temperaturen lagen weit über dem Durchschnitt. Viele Anleger befürchteten Ernteausfälle. Diese Spekulationen haben die Preise für Agrarrohstoffe sofort in die Höhe getrieben, bei Weizen z. B. über 2 %. (nach: Handelsblatt Nr. 163 vom 26.08.2013)

M6 Weizenpreise an der Börse

den sie auch als **Suitcase-Farmer** bezeichnet. Da bei dieser Art von Ackerbau weder eigene Maschinen noch eigene Betriebsgebäude, sondern nur die Anbauflächen nötig sind, kann fast jedermann zum Farmer werden, da die Arbeiten ja von Lohnunternehmen erledigt werden. So haben in den letzten Jahren z. B. Rechtsanwälte, Ärzte und Steuerberater Land erworben und betreiben Ackerbau per Handy und Computer von der Stadt aus. Somit hat das **Agrobusiness** die Family Farm weitgehend abgelöst. In Kansas gehören inzwischen 60 % aller Farmen Besitzern, die keine Landwirte sind, für die gesamten USA liegt der Wert bei 55 %.

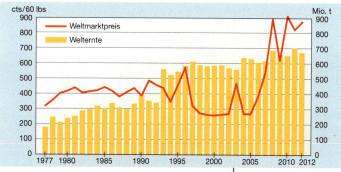

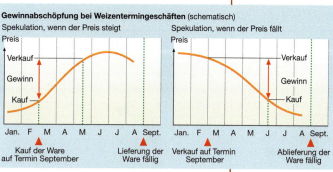

M 8 Weizenpreise und Spekulation

1826 entwarf der Ökonom Johann Heinrich von Thünen ein Modell zur optimalen Landnutzung in einem ‚isolierten Staat'. Er ging dabei davon aus, dass in einem solchen Fall sich um ein Stadtzentrum die Anbauzonen ringförmig ausbilden würden. Neben der Verderblichkeit von Produkten (z. B. bei Milch und Frischgemüse) würden dann die Transportkosten im Verhältnis zum Produktwert eine entscheidende Rolle spielen.
Thünens Modell hat aber nur optimale Aussagekraft, wenn folgende Voraussetzungen gegeben sind:
– Die Existenz eines isolierten, von der Welt abgeschnittenen Staates.
– Das Vorhandensein einer großen Stadt, die den einzigen urbanen Markt darstellt.
– Die Stadt liegt in einer weiten Ebene, die überall die gleiche Bodenfruchtbarkeit und gleich gute Wege aufweist, sodass die Produktions- und Transportkosten überall gleich sind.
– Die Stadt wird mit landwirtschaftlichen Produkten von den Bauern versorgt, die dafür ihrerseits Industriegüter aus der Stadt beziehen.
– Die Bauern bringen ihre Produkte selbst auf einem Wegenetz, das überall gleich gut ausgebaut ist, in die Stadt. Damit entspricht die Höhe der Transportkosten der Entfernung zur Stadt.
– Die Bauern streben alle Profitmaximierung an und passen ihre landwirtschaftliche Produktion dementsprechend an.

1. Kreis: Freie Wirtschaft – In Konsumnähe werden feinere, leicht verderbliche Produkte und wegen ihres geringen Wertes transportkostenempfindliche Güter angebaut.
2. Kreis: Forstwirtschaft – Er dient zur Versorgung der Stadt mit Nutz- und Brennholz; keine hohen Transportkosten.
3. Kreis: Fruchtwechselwirtschaft – Hier wird intensiv Ackerbau betrieben mit Wechsel von Halm- und Blattfrüchten.
4. Kreis: Koppelwirtschaft – Hier herrscht neben Getreideanbau Weidewirtschaft vor, bei der neben der Fleischerzeugung die anfallende Milch zu Käse und Butter verarbeitet wird.
5. Kreis: Dreifelderwirtschaft – Getreideanbau in extensiver Form; Wechsel von Winter- und Sommergetreide mit Brache.
6. Kreis: Viehzucht – Ackerbau lohnt sich nicht mehr. Es wird Schlachtvieh gehalten; trotz großer Entfernung zum Markt niedrige Transportkosten, da das Vieh zum Markt getrieben wird. Außerhalb der Kreise ist nur noch die Jagd möglich. Ihre Erzeugnisse erzielen auf dem Markt hohe Preise.

M 7 Die Thünen'schen Ringe

7. Erläutern Sie die Entwicklung der Weizenpreise und stellen Sie die Folgen für die Produzenten dar (**M 5**, **M 6**, **M 8**).
8. Erläutern Sie die Preisbildung und den Börsenhandel beim Weizen und nehmen Sie Stellung zu folgendem Ausspruch eines Wirtschaftsexperten: „So also ermitteln wir den Preis unseres täglichen Brots! Wundert es Sie da, dass wir trotz immenser Getreideüberschüsse noch immer keine Wege gefunden haben, dem Hunger in der Welt ein Ende zu setzen?" (**M 6**, **M 8**).
9. Erläutern Sie das Thünen'sche Modell und untersuchen Sie, ob es heute Produkte gibt, für die es immer noch Gültigkeit hat (**M 7**).
10. Überprüfen Sie anhand einer USA-Wirtschaftskarte im Atlas, für welche Produkte und welche Regionen Thünens Modell zumindest ansatzweise zur Erklärung herangezogen werden kann.

Kein Wasser – kein Weizen mehr?

Für die Landwirtschaft der Great Plains hat sich der Ogallala-Aquifer als wichtige natürliche Ressource erwiesen. Dabei handelt es sich um ein riesiges Grundwasserreservoir, das sich über eine Fläche von 450 000 km² erstreckt und in seinen Sand- und Kiesschichten schätzungsweise vier

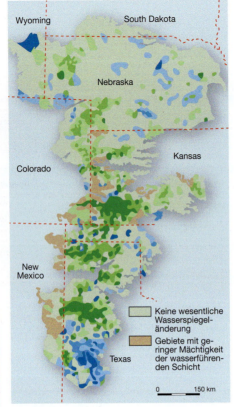

M 9 Ogallala-Aquifer

Die seit etlichen Jahren bekannte Absenkung des Wasserspiegels hat eine Reihe von Anpassungsmaßnahmen ausgelöst. Eine wesentliche Reaktion auf Seiten der Farmer ist die Umstellung auf Wasser sparende Bewässerungssysteme. Die Schwerkraftbewässerung, bei der das Wasser in Form der Flächen- oder Furchenbewässerung aufgebracht wird, ist in Kansas extrem rückläufig, wohingegen die Sprinklerbewässerung deutlich hinzugewonnen hat. Durch die Technologie der Sprinklerbewässerung, zumeist in Form der Kreisberegnungsanlagen, sinkt nicht nur der Wasserverbrauch pro ha, sondern es steigen auch die Erträge. [...]

Die Farmer reagieren auf die Verknappung und Verteuerung des Bewässerungswassers nicht nur mit der Installation effektiverer Bewässerungssysteme, sie verändern auch ihr Anbauspektrum. [...] Die Knappheit des Bewässerungswassers und die größeren Fördertiefen (und damit bereits gestiegene Kosten) veranlassen die Farmer, das Wasser für diejenigen Anbaufrüchte einzusetzen, die auch hohe Erlöse bringen [...] Die profitabelste Anbaufrucht bei leicht erhöhten Kosten ist der Mais. [...]

Eine andere Anpassungsstrategie liegt in der Erhöhung der Nutztierbestände. Insbesondere in Regionen, in denen die förderbare Wassermenge zum bewässerten Pflanzenbau nicht mehr ausreicht, kann das Wasser sehr gut für die Tierhaltung verwendet werden. Hierdurch wird eine intensive Nutzung und hohe Wertschöpfung bei gleichzeitiger Wassereinsparung möglich. Die in den letzten Jahren weiter angestiegenen Rinderbestände im südwestlichen Kansas belegen dies ebenso wie die sehr rasch ausgeweiteten Schweinebestände. [...]

Die verschiedenen bislang ergriffenen Maßnahmen, wie effektivere Bewässerungsmethoden, Beratung und Aufsicht durch das Department of Water Resources und die Groundwater Management Districts, haben sich als durchaus erfolgreich erwiesen. Die jährliche Absenkung des Grundwasserspiegels im Ogallala-Aquifer bzw. seinen einzelnen Teilräumen konnte im Verlauf der letzten drei Dekaden beträchtlich verringert werden.

(aus: Klohn/Windhorst: Die Landwirtschaft der USA. Vechta 2011, S. 248, 249)

	1954	1964	1974	1982	1992	2002	2012
	(in 1000 ha)						
Oklahoma	44	122	208	199	207	207	194
Kansas	134	406	814	1083	1085	1071	1167
Nebraska	474	878	1605	2444	2556	3050	3360
South Dakota	37	53	62	152	150	160	153
North Dakota	15	20	29	66	76	81	89

M 10 Entwicklung der Bewässerungsflächen in ausgewählten Great-Plains-Staaten

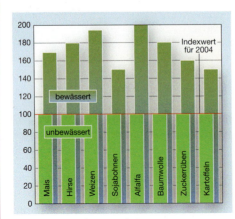

M 11 Ernteerträge mit und ohne Bewässerung

M 12 Die Zukunft der Prärie

Billionen Kubikmeter Wasser enthält. Die Nutzung der Wasservorräte des Ogallala-Aquifers wurde nach dem Zweiten Weltkrieg möglich, als leistungsfähige Pumpen und preisgünstige Energie (Erdgas) zur Verfügung standen. Seitdem wurden immer mehr und immer tiefere Brunnen gebohrt und die Bewässerungsflächen ausgeweitet. Mit der künstlichen Bewässerung konnten nicht nur die Weizenfelder ausgedehnt, sondern auch Mais angebaut werden. Das führte zu einem Strukturwandel in den Great Plains, zumal auf der Basis von Maisanbau intensive Viehhaltung betrieben werden konnte. Die durch die ausgeweitete Bewässerung gestiegene Wasserentnahme hat zu einem Absinken des Grundwasserspiegels im Bereich des Ogallala-Aquifers geführt. Experten warnten bereits vor einigen Jahren vor der Erschöpfung der Wasservorräte.

Rinder statt Weizen

Noch in den 1950er-Jahren war die Rindermast in den Staaten der Great Plains relativ unbedeutend. Seit etwa 1980 nimmt die Zahl der in den Great Plains gehaltenen Rinder ständig zu. Auslöser für diese Entwicklung war die zunehmende Wasserknappheit im Bereich des Ogallala-Aquifers, die viele Farmer vom bewässerten Weizenanbau auf den Anbau von Mais umsteigen ließ. Der Mais bringt höhere Erträge, außerdem dient er als Futter für die Viehhaltung. Um sich von den klimabedingten Ertragsschwankungen bei Ackerfrüchten unabhängig zu machen, stiegen viele Farmer in den Plains auf Futterbau und Rindviehhaltung um. Die Größe der Farmflächen (z. B. Kansas im Durchschnitt 707 acres gegenüber 418 acres in den USA) ermöglichte die Errichtung von großen **Feedlots**. Feedlots sind große eingezäunte, aber nicht überdachte Flächen zur Rindermast. Die Rinder stehen dabei in verschiedenen separaten Mastbuchten unterschiedlicher Größe. Dem Feedlot-Besitzer gehören die Anlagen des Feedlots, die Rinder aber oftmals nicht. Er mästet sie im Auftrag und gegen Bezahlung für andere Rancher oder Investoren aus dem Agrobusiness. Der Feedlot-Betreiber erhält Kälber mit einem Gewicht von etwa 260 kg, die er anschließend bis zur Schlachtreife mästet. Das dauert etwa 190 Tage, und in diesem Zeitraum verdoppeln die Tiere ihr Gewicht. Es gibt auch Mastsysteme, bei denen die Kälber auf den Naturweiden der Great Plains heranwachsen und erst in den letzten vier Monaten vor der Vermarktung ins Feedlot kommen. Um eine gleichmäßige Fleischqualität zu garantieren, schreiben die Besitzer der Rinder den Feedlot-Betreibern die Zusammensetzung des Futters und die medizinische Betreuung der Tiere vor.

Der Aufschwung der Rinderhaltung in den Great Plains hat dazu geführt, dass hier viele sehr große Feedlots entstanden sind und dass allein in Kansas und Nebraska rund 40 % aller Rinder in den USA gehalten werden.

M 13 Feedlots in Greeley, Colorado

M 14 Feedlots mit mehr als 16 000 Mastplätzen
(Quelle: Klohn/Windhorst: Die Landwirtschaft der USA. Vechta 2011, S. 106)

	Pflanzliche Produktion	Tierische Produktion	Pflanzliche Produktion	Tierische Produktion
	1980		2011	
Kansas	43 %	57 %	46 %	54 %
Nebraska	41 %	59 %	54 %	46 %
Oklahoma	34 %	66 %	18 %	82 %

M 15 Bedeutung von pflanzlicher und tierischer Produktion in ausgewählten Staaten der Great Plains

---

11. Erläutern Sie Bedeutung des Ogallala-Aquifers für die Great Plains (**M 9** bis **M 11**).
12. Begründen Sie die Gefährdung der Wasservorräte und beurteilen Sie die Gegenmaßnahmen (**M 9** bis **M 12**).
13. Kennzeichnen Sie den Strukturwandel in der Agrarwirtschaft der Great Plains (**M 12** bis **M 15**).

2. Schweinemast in Dänemark

M 1 Schweinefleischverarbeitung

2011 entfielen über die Hälfte der Welterzeugung auf Asien, 21 Prozent auf Europa und über 10 Prozent auf Nordamerika. Damit sind diese drei Regionen mit Abstand die weltweit größten Produktionsgebiete von Schweinefleisch. Von den 967,1 Mio. Schweinen, die nach Angaben der FAO im Jahre 2011 weltweit gehalten wurden, entfielen allein auf China 49 Prozent.

Der Welthandel mit Schweinefleisch weist langfristig eine kontinuierliche Steigerung auf. Seit Beginn der 1990er-Jahre sind allerdings deutlich höhere Steigerungsraten festzustellen. Es zeigt sich, dass Europa beim Handel mit Schweinefleisch eine wichtige Stellung einnimmt.

Die zukünftige Struktur der Produktion und des Handels wird entscheidend von der Entwicklung des Pro-Kopf-Verbrauches bestimmt werden. Gegenwärtig liegen noch große Unterschiede vor. Sie sind bedingt durch traditionelle Ernährungsgewohnheiten, Religionszugehörigkeit und unterschiedliche Kaufkraft. Eine deutliche Zunahme des Pro-Kopf-Verbrauches wird in China, Russland, einigen osteuropäischen Staaten, Japan sowie in Mittel- und Südamerika erwartet. Demgegenüber dürfte sich in der EU der Verbrauch kaum noch ausweiten lassen, auch in den USA und Kanada wird keine schnelle Erhöhung eintreten. In manchen Industrieländern ist aufgrund eines zunehmenden Gesundheitsbewusstseins der Pro-Kopf-Verbrauch sogar rückläufig.

Erzeugung und Handel mit Schweinefleisch

Die weltweite Erzeugung von Schweinefleisch ist in den vergangenen 40 Jahren von 37,8 Mio. t (1971) auf 110,3 Mio. t (2011) gestiegen, was einer Zunahme um 192 Prozent entspricht. Im Jahre

Exportorientierung der dänischen Schweinefleischproduktion

Dänemark ist mit etwa 5,6 Mio. Einwohnern ein eher kleines Land, welches kaum über wichtige Rohstoffe für den Aufbau einer Industrie verfügt. Somit hat die Landwirtschaft schon immer eine wichtige Rolle gespielt. Vor allem die Schweinemast hat eine große Bedeutung. Um auf dem Weltmarkt wettbewerbsfähig zu sein, muss hier höchste Qualität zum möglichst niedrigen Preis produziert werden. Neben Deutschland ist Dänemark der mit Abstand größte Exporteur von Schweinefleisch in der EU. Über 80 Prozent der gesamten Produktion werden ausgeführt. Mit einem Anteil von 5 Prozent am Gesamtexport stellt Schweinefleisch seit Jahren das wichtigste Agrarexportgut dar.

Deutschland, Großbritannien und Japan spielen, da sie über die Hälfte der dänischen Exporterlöse in diesem Bereich auf sich vereinigen, für die dänische Fleischwirtschaft eine herausragende Rolle. Sicherlich sind dafür auch die Qualität der ge-

Handel außerhalb der EU-27 (t)		Handel mit EU-27 (t)	
Ausfuhrland	2011	Einfuhrland	2011
Deutschland	808 447	Russland	722 765
Dänemark	577 953	China	548 283
Spanien	356 712	Hongkong	326 596
Polen	316 258	Japan	138 052
Niederlande	234 355	Ukraine	134 619
Frankreich	229 125	Südkorea	101 219
Italien	104 617	Weißrussland	88 433
Belgien	9 463	Kroatien	61 051
Ungarn	78 959	Philippinen	52 363
Österreich	61 723	USA	44 689
Irland	60 932	Angola	38 905
Großbritannien	52 639	Australien	33 189
Andere	153 941	Andere	23 037
Gesamt	3 130 291	Gesamt	2 313 201

Quelle: Danish Agriculture & Food Council (Hg.) (2013): STATISTICS 2012. Pigmeat. Kopenhagen. Seite 35.

M 2 Export- und Importländer 2011

lieferten Produkte sowie die Dokumentation der Herkunft verantwortlich.

Den größten Teil des Exports machen gekühlte oder tiefgefrorene Teilstücke aus. Sie sind „maßgeschneidert", d. h. gleichartige, entbeinte Fleischstücke sind nach Kundenwünschen entschwartet, zugerichtet und zugeschnitten. Hierbei geht es um ein Produkt mit hohem Wertzuwachs – um hochveredelte Rohware, die sich deutlich von traditioneller Massenware absetzt. Weitere Exportprodukte sind Schinkenspeck (v. a. nach Großbritannien) und Fleischkonserven, die gekochten Schinken oder Hackfleischprodukte enthalten.

Während eine Tonne Schlachtnebenprodukte (wie Ohren, Beine) für unter 500 US-$ angeboten wird, erzielt eine Tonne hochveredelter Rohware über 5000 US-$. Damit ist der Preis von „Schweinefleisch" auch produktabhängig.

Verbrauch pro Kopf (in kg/a)			
Land/Jahr	1991	2001	2011
Brasilien	7,8	13,0	14,5
Mexiko	10,4	12,6	16,8
Japan	15,3	18,3	24,2
Russland	19,6	13,0	23,4
China	21,4	32,0	37,8
USA	28,8	29,5	29,4
Polen	51,7	47,1	42,5
Deutschland	54,4	52,1	54,0
Dänemark	65,2	67,4	52,1

(Quelle: Food and Agriculture Organization of the United Nations (FAO) (Hg.) (2013): FAOSTAT)

M 3 Pro-Kopf-Verbrauch an Schweinefleisch in ausgewählten Staaten

Produzenten	in Mio. t	Bedarf	in Mio. t	Führende Importländer	in Mio. t	Führende Exportländer	in Mio. t
China	52,35	China	53,25	Japan	1,26	USA	2,44
EU-27	23,63	EU-27	22,42	China	1,14	EU-27	2,27
USA	12,55	Russland	4,15	Russland	1,07	Kanada	1,24
Brasilien	4,33	Brasilien	3,67	EU-27	1,06	Brasilien	0,66
Russland	3,10	Japan	2,86	Mexiko	0,71	China	0,24
Andere	16,56	Andere	24,58	Andere	1,66	Andere	0,5
Gesamt	112,52	Gesamt	110,93	Gesamt	6,9	Gesamt	7,31

(nach: USDA, Foreign Agricultural Service, Zugriff: 03.09.2013)

M 4 Wichtige Produktions-, Verbrauchs-, Handelsländer von Schweinefleisch weltweit 2012

Länder	1000 t	Preis pro Tonne in US-$	Mio.US-$
Deutschland	698,3	2 133,8	1 490,0
Großbritannien	279,1	3 346,1	933,9
Japan	136,0	5 205,9	708,0
Polen	212,4	2 362,5	501,8
China	213,5	1 759,7	375,7
Russland	117,6	2 733,0	321,4
USA	37,6	4 819,1	181,2
Andere	445,2	3 333,8	1 484,2
Gesamt	2 139,7	2 802,4	5 996,2

(Quelle: Danish Agriculture & Food Council (Hg.) (2012): STATISTICS 2011. Pigmeat. Kopenhagen)

M 5 Die wichtigsten Exportländer für dänisches Schweinefleisch (Jahr 2011)

1. Beschreiben Sie die Entwicklung im Welthandel von Schweinefleisch, vor allem die Grundstrukturen des Welthandels sowie die Trends beim weltweiten Konsum von Schweinefleisch (**M 1** bis **M 4**).
2. Erläutern Sie die Stellung Dänemarks auf dem Weltmarkt (**M 1** bis **M 3**, **M 5**).

Landwirtschaft in verschiedenen Klima- und Vegetationszonen

Die Struktur der dänischen Schweinehaltung

Die Entwicklung der dänischen Schweinehaltung wird seit 1990 durch tief greifende Konzentrationsprozesse geprägt. Die Zahl der zumeist in Familienbetrieben produzierenden Landwirte hat seit 1990 um über 80 Prozent abgenommen. Im gleichen Zeitraum nahmen die durchschnittlichen Schweinebestände pro Betrieb um das fast Achtfache zu.

Dieser Vorgang wird als **sektorale Konzentration** bezeichnet. Die sektorale Konzentration bedingt zugleich einen hohen Kapitaleinsatz. Der Strukturwandel ist noch nicht abgeschlossen: Derzeit gelten Betriebe mit Beständen von über 2000 Schweinen als wettbewerbsfähig – Tendenz steigend.

Konzentration auf dem Schlachtsektor

Dem Strukturwandel in der Schweinehaltung folgte parallel ein Konzentrationsprozess auf dem Schlachtsektor. Durch eine Reihe von Fusionen verringerte sich die Zahl der Unternehmen von 18 im Jahre 1980 auf zwei Großbetriebe im Jahre 2011. Die genossenschaftlich organisierten Großschlachtereien Danish Crown und Tican übernehmen zusammen rund 90 Prozent der Schlachtungen (2011). Neben den Schlachtungen haben sie auch die Vermarktung der Fleischprodukte in ihrer Hand. Ihre Schlachtereien sind über das ganze Land verteilt, wobei die jeweiligen Einzugsbereiche klar voneinander abgegrenzt sind. Daneben entstehen kleinere private Schlachtereien, die nicht Mitglied im dänischen Schlachtverband sind. Deutsche Schlachtbetriebe stellen u.a. aufgrund von Dumpinglöhnen eine zunehmende Konkurrenz dar. Deshalb gingen in den letzten fünf Jahren rund 15 000 Arbeitsplätze in diesem Sektor in Dänemark verloren.

M 6 Schweinebestände in Dänemark

	1991	2001	2011	2012
Anzahl der landw. Betriebe	75 476	53 489	40 660	39 930
Anzahl der Betriebe mit Schweinen	27 733	12 936	4 642	4 181
Schweine in Dänemark in Mio.	9,780	12,608	12,932	12,406
durchschnittliche Schweine pro Betrieb	353	975	2 786	2 967

(Quelle: Danish Agriculture & Food Council: Pigmeat. In: STATISTICS 2001, 2007, 2012. Kopenhagen 2013)

M 7 Entwicklung der Bestandsstruktur in Dänemark

Schweine	Anzahl Betriebe (in %)		Anzahl Schweine (in %)	
	2001	2011	2001	2011
1 – 49	17,6	11,1	0,4	0,1
50 – 199	15,2	5,2	1,7	0,2
200 – 499	16,7	7,4	5,7	0,9
500 – 999	16,7	10,4	12,4	2,8
1000 – 1999	19,0	18,8	27,9	9,8
2000 – 2999	8,1	13,3	20,0	11,7
3000 – 3999	3,3	8,9	11,4	11,1
4000 – 4999	1,5	7,1	7,1	11,3
≥ 5000	1,9	17,8	13,5	52,1
Insgesamt	100	100	100	100

(Quelle: Danish Agriculture & Food Council: Pigmeat. In: STATISTICS 2012. Kopenhagen 2013)

M 8 Entwicklung der Betriebsgrößenstruktur der Schweinemastbetriebe in Dänemark

Die nationale Umweltgesetzgebung Dänemarks übertrifft in vielen Bereichen Umwelt-Richtlinien der EU. Beispielsweise darf auf dänischen Äckern nur 140 kg Stickstoff pro ha in Form von Gülle aufgebracht werden, verglichen mit 170 kg in den anderen Ländern der EU. Auch die Grenzwerte für Geruchsbelästigung durch Massentierhaltungen liegen in Dänemark über den EU-Standards. Die Emissionsmengen von wasserlöslichem Stickstoff und Phosphor, von gasförmigem Ammoniak und anderen Gasen sind gesetzlich beschränkt. Die Einhaltung der Vorgaben wird von der Behörde durch nicht angekündigte Besuche bei den Farmen kontrolliert. Die Umweltgesetze regulieren darüber hinaus die Expansion neuer oder existierender Schweinefarmen. Eine Erlaubnis wird nur erteilt, wenn keine empfindlichen Naturareale beeinträchtigt und wenn Geruchsbelästigungen für Wohngebiete vermieden werden.

(nach verschiedenen Quellen zusammengestellt)

M 9 Strenge Standards in der Umweltgesetzgebung

Verbundsysteme in der Schweineproduktion

Anfang der 1980er-Jahre begann Dänemark mit dem Aufbau von Verbundsystemen zwischen Produktion, Be- und Verarbeitung sowie Vermarktung, ein Prozess der Neuorganisation, den man als **vertikale** und **horizontale Integration** bezeichnet. Die dänischen Landwirte waren bereit, einen Teil ihrer unternehmerischen Freiheit aufzugeben und sich vertraglich an den jeweiligen Zulieferer bzw. die Abnehmerseite zu binden. Durch diese Bindungen gelang es, Qualitätsstandards festzulegen und Kosten zu sparen, die langfristig den ökonomischen Erfolg der gesamten Branche sichern. Die **Verbundsysteme** sind im Dachverband, der Großgenossenschaft „Danske Slagterier" mit Sitz in Kopenhagen, organisiert. Dieser repräsentiert alle im Verbundsystem organisierten Akteure.

2008 kam es zu wirtschaftlichen Verwerfungen am dänischen Schweinemarkt. Zum einen wurde die Kreditaufnahme am dänischen Finanzmarkt schwieriger und die Ferkelexporte nach Deutschland wuchsen stetig. Zum anderen konnten deutsche Schweinemastbetriebe durch ihre Biogasanlagen ihre Wettbewerbsfähigkeit verbessern. Die subventionierten Biogasanlagen werden u. a. mit den Exkrementen ihrer Mastschweine betrieben und stellen eine sichere zusätzliche Einnahmequelle dar. In Dänemark bestehen dagegen nur schlechte Förderbedingungen für Biogas. Dies macht die Schweinemast in Dänemark insgesamt unattraktiver.

		1970	1980	1990	2000	2011
Genossenschaften	Danske Slagterier-Mitgliedsbetriebe	50	18	5	3	2
Private Schlachtbetriebe		4	2	1	3	0
Private Schlachtbetriebe*	nicht Mitglied der Danske Slagterier	0	0	7	11	8
Insgesamt		54	20	13	17	10

*umfasst private Schlachtbetriebe mit über 10 000 Schlachtungen jährlich

(Quelle: Danish Agriculture & Food Council (Hg.) (2012): STATISTICS 2002, 2011. Pigmeat. Kopenhagen)

M 10 Entwicklung der Schlachtbetriebsstruktur

Struktur der Verbundsysteme

Die Zusammenlegung zur Danish Meat Association erfolgte, damit die dänische Fleischbranche gegenüber den Herausforderungen der Globalisierung gerüstet ist. Die Verwaltungsspitze der dänischen Schweineproduzenten und Schlachtbetriebe organisiert nicht nur das Zusammenspiel zwischen Schweinefleischproduktion, Schlachtung, Veredelung und Verkauf, sondern stellt auch eine einflussreiche politische Interessenvertretung dar. Zudem optimiert sie stetig durch eigene Forschung die Qualität von Schweinefleischproduktion. Auf der unteren Ebene des Dachverbands der dänischen Schweineproduzenten und Schlachthöfe sind die Zuchtbetriebe, Sauenhaltungs- und Gemischtbetriebe sowie reine Mastbetriebe. Sie stehen in vertraglichen Beziehungen zu Mischfutterwerken, die über ein festgelegtes Absatzfeld verfügen. Auf einer mittleren Ebene haben sich räumliche Verbundsysteme zwischen diesen Betrieben und den nachgelagerten Schlacht-, Verarbeitungs- und Vermarktungsunternehmen ausgebildet. Mehrere solcher Einzugsfelder wiederum sind zu einem übergeordneten Verbundsystem zusammengefasst, das den gesamten Aktionsraum eines Unternehmens, z. B. DanishCrown, umfasst.

(verändert nach: H.-W. Windhorst, Räumliche Verbundsysteme in einer weltmarktorientierten Genossenschaft. Vechtaer Studien Bd. 11 (1993), S.111 – 125)

M 11 Organisationsstruktur des Dachverbandes der dänischen Schweineproduktion und Schlachthöfe

---

3. Erläutern Sie den Strukturwandel in der dänischen Schweinefleischerzeugung. Berücksichtigen Sie dabei die Entwicklungen im Bereich der Produktionsformen, Verbundsysteme und Qualitätssicherung (**M 1** bis **M 11**).
4. Begründen Sie, weshalb die dänischen Schweinefleischerzeuger auf den Hauptmärkten der Welt lange Zeit so erfolgreich waren.
5. Nehmen Sie Stellung zur aktuellen Situation der dänischen Schweinefleischerzeuger.

3. Transformationsprozesse in der Landwirtschaft Deutschlands

Die unterschiedlichen Strukturen in der Landwirtschaft zwischen den alten und neuen Bundesländern sind auf politische Entscheidungen in der ehemaligen Deutschen Demokratischen Republik (DDR) zurückzuführen. Bei der **Bodenreform** 1945 wurden im Gebiet der DDR Großgrundbesitzer (> 100 ha) und Adlige entschädigungslos enteignet. Das Land wurde unter Kleinbauern und Landarbeitern aufgeteilt, die aber aufgrund fehlender Maschinen und kleiner Parzellen die unzureichende Versorgungslage der Bevölkerung nicht wesentlich verbessern konnten.
Als ab 1949 die SED (Sozialistische Einheitspartei Deutschlands) die Landwirtschaft der DDR steuerte, wurden in mehreren Schritten fast alle landwirtschaftlichen Produktionsmittel und Betriebe in volkseigene oder genossenschaftliche Großbetriebe überführt.

In der **Kollektivierungsphase** (bis 1960) sollten sich die Bauern zunächst freiwillig zum Eintritt in eine **Landwirtschaftliche Produktionsgenossenschaft (LPG)** entscheiden. Durch zunehmenden Druck bis hin zur Beschlagnahme erreichte die SED, dass 1960 der letzte DDR-Bauer Mitglied einer LPG wurde (1960: 19 313 LPG). Dabei verblieben Produktionsmittel sowie der Boden im Besitz der Bauern. Daneben existierten volkseigene Güter (VEG), die vorrangig Forschungs- und Zuchtaufgaben übernahmen.

Da die erhoffte Sicherung der Nahrungsmittelversorgung der Bevölkerung nicht eintrat, wurde in der **Kooperationsphase** (1960 – 1968) zunächst die **horizontale Konzentration** (Zusammenschluss von LPG) forciert. Anfang der 1970er-Jahre bildete man große Kooperativen, die sich auf Tier- oder Pflanzenproduktion (bis 5000 ha) spezialisierten (1970: 9009 LPG). In **Agrar-Industrie-Komplexen (AIK)** kam es zudem zur **vertikalen Konzentration** (von der Erzeugung über Lagerung und Verarbeitung bis zur Vermarktung). Damit bestand eine leistungsfähige Landwirtschaft, die in der Lage war, ihre Bürger mit Grundnahrungsmitteln zu versorgen. Die Industrialisie-

	BRD 1989/1990	DDR 1989/1990
Anteil der Landwirte an Erwerbstätigen in %	3,6	10,9
durchschnittl. Betriebsgröße in ha	18,7	2010,0

(nach: Stat. Jahrbuch 1992, Stat. Taschenbuch der DDR 1990, Argrimente 1991; Agrarbericht 1993)

M1 Strukturdaten im Vergleich

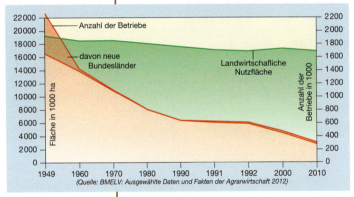

M2 Strukturdaten zur deutschen Landwirtschaft

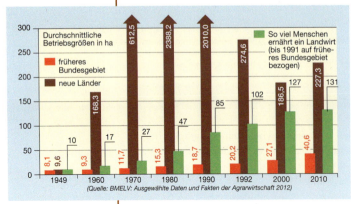

M3 Durchschnittliche Betriebsgrößen

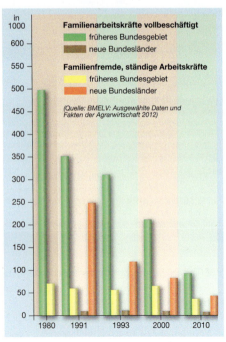

M4 Arbeitskräfte in der Landwirtschaft

Für die Landwirtschaft der DDR bedeutete die politische Wende seit 1989 eine Umwandlung von der Plan- zur Marktwirtschaft. Dieser komplexe Umwandlungsprozess wird als **Transformation** bezeichnet.

Zunächst brach die Nahrungsmittelindustrie in den neuen Bundesländern zusammen, da ostdeutsche Produkte auf dem Markt nicht mehr gefragt waren. Man orientierte sich vorrangig an westdeutschen Nahrungsmitteln. Zugleich brachen aufgrund der Einführung der D-Mark die traditionellen Absatzmärkte in Osteuropa weg.

Im Juli 1990 verabschiedete die Volkskammer der DDR das Landwirtschaftsanpassungsgesetz, wonach bis zum 31.12.1991 die alten sozialistischen Betriebsstrukturen aufgelöst werden mussten. So gab es Ende 1991 keine LPG mehr. Dieses Gesetz war ein wichtiges Instrument für die Umwandlung der ostdeutschen Landwirtschaft. Die Entflechtung des genossenschaftlichen Eigentums der Landwirtschaftlichen Produktionsgenossenschaften (LPG) und des Staatseigentums der Volkseigenen Güter (VEG) war Voraussetzung für das weitere Wirtschaften in der Landwirtschaft und des nachgelagerten Gewerbes.

Erschwerend für die ostdeutschen Landwirte kam hinzu, dass sich mit dem Beitritt der ostdeutschen Länder in die Bundesrepublik Deutschland am 3. Oktober 1990 ihre Aktivitäten im Rahmen der EU-Agrarpolitik bewegten. Ein komplizierter Handlungsrahmen mit Quoten, Kontingenten und Prämiensystemen erinnerte stark an Formen der Planwirtschaft.

Nach und nach entstanden private Einzelunternehmen sowie Agrargenossenschaften auf dem Landwirtschaftssektor. Bei der Umstrukturierung gab es große Probleme: Wollte ein Bauer Einzelunternehmer werden, musste er von dem Nachfolgeunternehmen seiner ehemaligen LPG seine Vermögensanteile aus dem genossenschaftlichen Eigentum (z. B. Boden, Maschinen etc.) zurückfordern. Aufgrund des viel zu geringen Kapitals der LPG-Nachfolger konnte jedoch diesem Wunsch nur selten entsprochen werden. Zugleich hatten die LPG-Nachfolger Altschulden von ca. 4 Mrd. € aus DDR-Krediten mit staatlicher Unterstützung abzuzahlen. In den neu geschaffenen Unternehmen war ein Umdenken notwendig. Es galt nun, ein neues Management in den Betrieben einzusetzen, eine Wettbewerbsfähigkeit auf dem europäischen Markt anzustreben, nicht mehr so viel wie möglich, sondern kostengünstig hochwertige Erzeugnisse zu produzieren und die Produktion umweltverträglich zu betreiben.

Die Umstrukturierung der Landwirtschaft erforderte viele Entlassungen und brachte eine hohe Arbeitslosigkeit in den ländlichen Raum, da viele zentrale Arbeitgeber wegfielen. Zugleich brach häufig auch die soziale sowie kulturelle Infrastruktur weg.

Heute haben sich die meisten Landwirtschaftsunternehmen in den neuen Bundesländern wirtschaftlich konsolidiert und gelten mit ihren Großbetrieben als besonders wettbewerbsfähig.

(nach: Gerber, W.: Die Entwicklung der ostdeutschen Landwirtschaft nach 1990)

M 5 Die Transformation der ostdeutschen Landwirtschaft

rung der Agrarproduktion machte aus den „Bauern" spezialisierte „Arbeiter". Dies sicherte zugleich ein geregeltes Einkommen, geregelte Arbeits- sowie Urlaubszeiten und Sozialleistungen. Die Großbetriebe wurden zu den zentralen Arbeitgebern ihres Nahraums und unterhielten soziale sowie kulturelle Einrichtungen.

Betriebsgröße	Früheres Bundesgebiet (2010)		Neue Länder (2010)	
	Anzahl der Betriebe in 1 000	Fläche der Betriebe in 1 000 ha	Anzahl der Betriebe in 1 000	Fläche der Betriebe in 1 000 ha
1 – 10 ha	69,0	367,8	5,7	28,7
> 10 – 20 ha	59,4	890,1	3,7	53,7
> 20 – 50 ha	72,2	2 411,5	3,7	118,7
> 50 – 100 ha	49,1	3 451,0	2,4	170,4
> 100 – 200 ha	20,3	2 693,4	2,5	372,5
> 200 – 500 ha	4,0	1 079,4	3,2	1 028,9
über 500 ha	0,3	238,8	3,3	3 774,2
Insgesamt	274,3	11 132,0	24,5	5 547,1
Pachtflächenanteil in %	52,7		74,1	

(Quelle: Statistisches Bundesamt (2011): Landwirtschaftszählung 2010. In: Bundesministerium für Ernährung, Landwirtschaft und Verbraucherschutz (BMELV) (2012): Ausgewählte Daten und Fakten der Agrarwirtschaft 2012. Berechnet nach Seiten: 3 und 6)

M 6 Landwirtschaftliche Betriebe 2010

1. Erläutern Sie die Entwicklung der Landwirtschaft in der Deutschen Demokratischen Republik (M 1 bis M 3).
2. Kennzeichnen Sie die Entwicklung der landwirtschaftlichen Betriebe in den neuen Bundesländern seit 1990 (M 1 bis M 6).
3. Erklären Sie die Notwendigkeit des Transformationsprozesses in der ostdeutschen Landwirtschaft (M 5).
4. Nehmen Sie Stellung zum aktuellen Ergebnis des Transformationsprozesses in den neuen Ländern (M 1 bis M 6).

4. Industrialisierte Landwirtschaft

Industrialisierte Landwirtschaft in hoch entwickelten Staaten

Nach dem Zweiten Weltkrieg setzten mit einem Wirtschaften nach industriellen Prinzipien und Produktionsweisen im Bereich der Landwirtschaft grundlegende Umstrukturierungen ein, zunächst in den USA, wenig später in Kanada, in Australien (Murray-Darling-Becken), in Deutschland (Südoldenburg). Diese **industrialisierte Landwirtschaft** ist gekennzeichnet durch
– den Einsatz einer Vielzahl vom Maschinen bei Bodenbewirtschaftung und in der Viehzucht,
– Betriebsgrößen von mehreren hundert Hektar und extrem große Tierbestände, verbunden mit einer Tendenz zu standardisierter Massenproduktion,
– einen hohen Spezialisierungsgrad der Betriebe,
– hohen Kapital- und Energieeinsatz,
– die Tätigkeit betriebsfremder Arbeitskräfte.

Kleine und mittlere Mischbetriebe wurden im Zuge dieser Entwicklungen verdrängt durch spezialisierte Unternehmen, die in ein landwirtschaftliches Produktionssystem eingebunden sind, das vom Rohstofflieferanten bis zum Endverbraucher, von der Inputbeschaffung über die eigentliche Produktion bis zur Verarbeitung und Vermarktung reicht. So sind beispielsweise bei der Geflügelfleischproduktion die unterschiedlichen Betriebseinheiten – vom Lieferanten des Verpackungsmaterials über Mastbetriebe und den Schlachthof bis hin zu auf Hähnchenbrust und Chicken Wings spezialisierten Restaurantketten – **vertikal** eng verflochten, gleiche Betriebsteile (z. B. die Mastställe hinsichtlich der Küken- und Futtermittelbeschaffung) **horizontal**. Die Produktion zeichnet sich durch eine ausgereifte Logistik einschließlich einer Anlieferung just-in-time aus, ist also der Produktion in industriellen Verbundsystemen durchaus vergleichbar.

Regional können sich so **Agrobusiness-Cluster** herausbilden, in Südoldenburg etwa agroindustrielle Firmen der Eier-, Geflügel- und Schweinefleischproduktion mit den entsprechenden vor- und nachgelagerten Betrieben.

Weltweit sind die industrielle Viehhaltung (in Asien und Lateinamerika für Schweine und Geflügel, in Nordafrika für Milchvieh und Schafe) sowie die Erzeugung nachwachsender Rohstoffe (Biotreib- und -kunststoffe) wichtige Bereiche des Agrobusiness. Die industrialisierte Landwirtschaft gilt als Wachstumsbranche – v. a. dank hoher Zuwachsraten der Bevölkerung, einer Zunahme des Fleischkonsums, der Verdrängung regionaler Getreidesorten z. B. durch Weizen und der Preissteigerungen bei fossilen Energieträgern.

In den USA ist die Herausbildung einer industrialisierten Landwirtschaft und damit verbunden

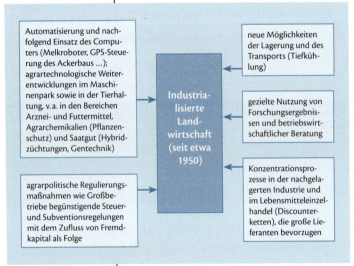

M 1 Industrialisierte Landwirtschaft: auslösende Faktoren

1932 Gründung eines „Landhandels mit Brüterei" nahe Cloppenburg
2012 auch außereuropäisch agierende Unternehmensgruppe mit mehr als 40 selbstständigen Unternehmen und allein in der BRD über 800 Aufzuchtbetrieben, 13 Schlachtereien und Verarbeitungsbetrieben, 3 Logistik-Zentren, 5 483 Beschäftigten; Jahresumsatz 2,34 Mrd. €
wirtschaftlicher Schwerpunkt: Produktion und Vermarktung von Geflügel und Geflügelspezialitäten (Hähnchen, Pute, Ente), ferner Tier- und Humanernährung und -gesundheit (Nahrungsergänzungsmittel u. Ä.)

● Standorte des Unternehmens Wiesenhof in Deutschland

(Quelle: www.wiesenhof-online.de)

M 2 „Deutschlands größte Geflügelmarke"

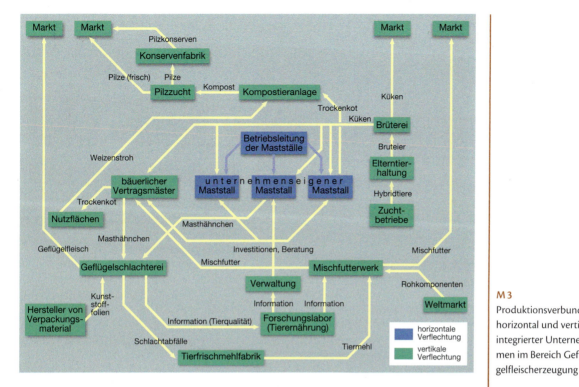

M 3 Produktionsverbund horizontal und vertikal integrierter Unternehmen im Bereich Geflügelfleischerzeugung

riesiger **Agrobusiness-Betriebe** mit Einbindung der früher in Familienbesitz befindlichen Flächen und Höfe (**contract farming**) am weitesten fortgeschritten: 40 % des Maissaatgutes stellt dort ein einziger Nahrungsmittelkonzern her, nur 61 Betriebe liefern über 50 % aller Eier (**sektorale Konzentration**). Auch in Europa kontrollieren 3 % der Grundbesitzer bereits die Hälfte aller landwirtschaftlichen Flächen.

Kritiker sehen die Entwicklung hin zum Agrobusiness skeptisch: Ausgedehnte Monokulturen der stets gleichen hochertragreichen Sorten schränken die Angebotsvielfalt für den Kunden ein, fördern Erosion und lassen den Boden verarmen; erhöhter Gülleeintrag, Mineraldünger- und Pestizideinsatz schädigen ihn – und das Grundwasser – zusätzlich. Artgerechte Tierhaltung ist in Großbetrieben kaum möglich, Antibiotika werden dem Futter vielfach „vorsorglich" beigemischt. Wenn Höfe aufgegeben werden und qualifizierte junge Arbeitskräfte abwandern, sinkt zudem die Attraktivität des ländlichen Raumes.

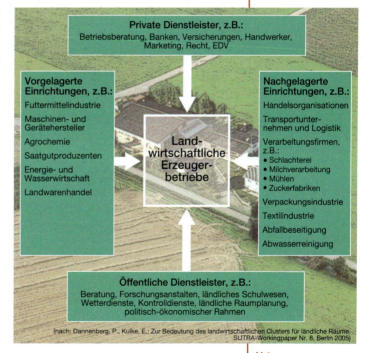

M 4 Clusterbildung im Agrarbereich

1. Kennzeichnen Sie die Entwicklung des Agrarsektors hoch entwickelter Staaten hin zur industrialisierten Landwirtschaft (**M 1**).
2. Erläutern Sie die Begriffe horizontale und vertikale Integration am Beispiel des Geflügelfleischmarktes (**M 2, M 3**).
3. Stellen Sie wesentliche Einrichtungen des Agrarclusters Südoldenburg in Form eines Strukturdiagramms zusammen (**M 2** bis **M 4**, Atlas, Internetrecherche).
4. Bewerten Sie Vor- und Nachteile der industrialisierten Landwirtschaft für den Verbraucher.

M 5 Äthiopien – traditionelle Feldbestellung und Traktor eines im Westen des Landes produzierenden indischen Nahrungsmittelkonzerns

Agroindustrielle Strukturen in Entwicklungsländern

Merkmale agroindustrieller Betriebe kennzeichneten bereits die Plantagen in den Ländern des Südens (Betriebsgröße, Spezialisierung, betriebsfremde Arbeitskräfte). Nach dem Ende des Kolonialzeitalters waren dann die Regierungen nahezu aller Entwicklungsländer bemüht, die Ressourcen selbst zu kontrollieren, und untersagten daher ausländischen Konzernen den Besitz von Land. Das führte zu einer Konzentration ausländischer Investitionen in die der Landwirtschaft vor- und nachgelagerten Bereiche, z. B. in die Entwicklung von Saatgut (Bayer, Monsanto) oder in die Verarbeitung landwirtschaftlicher Erzeugnisse (Nestlé, Kellogg's).

Seit den 1980er-Jahren ist in vielen Entwicklungsländern eine deutliche Zunahme von Landverkäufen oder -verpachtungen an Ausländer zu beobachten. Der Anteil von Investitionen in Land am Gesamtvolumen der ausländischen Investitionen erreicht in einzelnen Ländern bis zu 15 % (z. B. in Mocambique, Tanzania, Ecuador, Malaysia, Laos, Kambodscha).

Nicht allein große Lebensmittelkonzerne sind die Investoren, sondern auch importabhängige Staaten, die das Angebot des lokalen Agrarmarktes als unzureichend ansehen, die eigene Bevölkerung mit Nahrungsmitteln (Reis, Mais, Zucker, Palmöl) zu versorgen. Die Entwicklung der Lebensmittelpreise führte dazu, dass diese Staaten Agrarland in Ländern kaufen oder pachten, die scheinbar über Landreserven verfügen. Dazu zählen z. B. die Erdöl fördernden arabischen Staaten, ferner China (19 % der Weltbevölkerung, aber nur 9 % der Agrarfläche) sowie Südkorea und Japan, die jeweils 60 % ihrer Nahrungsmittel importieren.

Zudem suchen Hersteller von Biotreibstoffen, die ihre Produkte als zunehmend attraktive Alternative zu teuren Ölimporten ansehen, nach Land. Auch contract farming gewinnt zunehmend an Bedeutung. So stehen bei Nestlé mehr als 600 000 Landwirte in über 80 Ländern in einem Vertragsverhältnis.

Diesen Entwicklungen stehen viele Regierungen in Entwicklungsländern positiv gegenüber, weil sie sich Deviseneinnahmen durch Pacht und Steuern erhoffen, ferner Investitionen der ausländischen Firmen in die Infrastruktur, einen Technologietransfer sowie die Schaffung von Arbeits-

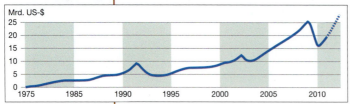

M 6 Ausländische Investitionen in Land (Kauf, Pacht) in Entwicklungsländern

M 7 Biotreibstoffe und Lebensmittelpreise – aktuelle Entwicklungen

plätzen. Sie sehen also insgesamt in den ausländischen Investitionen eine Strategie zur Armutsbekämpfung.

Andererseits steht die Produktion von Biotreibstoffen und Lebensmitteln für den Export in direkter Konkurrenz zur Nahrungsmittelproduktion für die Länder selbst, deren Bewohner zunehmend von Importen abhängen. Mehr als 50 % der absolut Armen (weniger als 1,25 US-$/Tag) kaufen inzwischen Nahrungsmittel zu – auch in den ländlichen Regionen.

Viele Landverkäufe oder -verpachtungen sind kaum transparent und von zweifelhafter Legalität, und die Aussage, dass nur ungenutzte Flächen veräußert würden, ist äußerst zweifelhaft: Sie werden nämlich als extensive Weide genutzt oder liegen im Rahmen traditioneller Landwechselwirtschaft nur vorübergehend brach. Das zu beweisen ist jedoch schwierig, weil meist keinerlei Bodenkataster existieren. So gehen die Land- und Wasserrechte der Konzerne oft zulasten der ortsansässigen Bevölkerung, die vielfach gewaltsam von ihrem Land vertrieben wird. **Land grabbing** (Landraub) ist zum Schlagwort für die Aneignung von Land durch Fremde zum Nachteil der ortsansässigen Bevölkerung oder mit zweifelhaften Mitteln geworden.

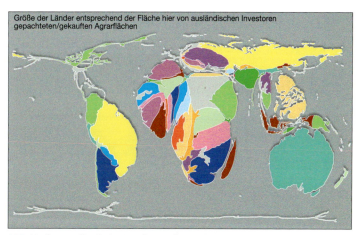

M 9 Umfang ausländischer Landverpachtungen, 2006 – 2012

	km²	% des Ackerlandes*	Landverkäufe/ -verpachtungen an Ausländer (Zahl)	Zahlungen für Land (Mio. US-$) von Staaten aus				
				Amerika	Europa	Asien	Afrika	Australien/ Ozeanien
Brasilien	45 000	7	8	4 200	2 000	3 300	–	65
Kambodscha	4 330	11	105	–	50	160	–	–
Ghana	9 070	21	24	204	1 100	32	–	–
Mali	3 720	6	9	–	47	–	–	–
Senegal	4 600	12	12	25	10	–	–	–
Tanzania	24 400	24	23	6	136	–	22	50
Uganda	2 750	4	7	–	53	90	158	–
Sambia	6 350	19	15	52	47	155	–	–

* Ackerland = Äcker, Gärten, Wiesen und vorübergehende Brache (ohne Dauerkulturen und Naturweiden)

M 8 Landtransaktionen in ausgewählten Entwicklungsländern (2003 – 2011)

5. Stellen Sie die Unterschiede zwischen traditioneller und agroindustrieller Landwirtschaft in den Ländern des Südens heraus (M 5).
6. Kennzeichnen Sie Ursachen und Akteure der Landverkäufe/-verpachtungen in Entwicklungsländern (M 6 bis M 8, M 10).
7. Beschreiben Sie die regionale Verteilung ausländischer Landverpachtungen (M 8, M 9).
8. Recherchieren Sie in Gruppen Beispiele für land grabbing (Internet). Erstellen Sie eine Wandzeitung zu Ihrem Raumbeispiel.

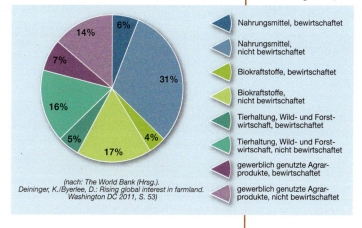

M 10 Land grabbing weltweit (Produktionsschwerpunkte der 464 Projekte, die 2008/09 begannen)

(nach: The World Bank (Hrsg.). Deininger, K./Byerlee, D.: Rising global interest in farmland. Washington DC 2011, S. 53)

Landwirtschaft im Spannungsfeld zwischen Ressourcengefährdung und Nachhaltigkeit

1. Weltbevölkerung zwischen Hunger und Überfluss

Millenniumsziel nicht erreicht

Heute leiden 842 Mio. Menschen an Hunger und etwa gleich viele sind sehr gut bis überernährt. Im 19. Jh. hat Robert Malthus, ein englischer Nationalökonom, die These verfochten, dass die Bevölkerung exponenziell wächst, die Nahrungsmittelproduktion aber nur linear gesteigert werden kann. Das damalige starke Bevölkerungswachstum in Europa und Hungersnöte infolge von Missernten schienen zu bestätigen, dass die **Tragfähigkeit der Erde** erreicht ist und der mittlere Tagesbedarf eines Menschen von ca. 2500 kcal und 70 g Eiweiß nicht gedeckt werden kann. Damals unvorstellbare Fortschritte in der landwirtschaftlichen Produktion haben diese These widerlegt.

Bisher ist die weltweite Nahrungsmittelproduktion stärker gestiegen als die Bevölkerungszahl, wenn auch regional unterschiedlich, so dass rein rechnerisch die Nahrungsmittel für alle Menschen ausreichen. Pro Kopf steht täglich mehr Nahrung zur Verfügung als von der FAO empfohlen. Hungersnöte gehören demnach theoretisch der Vergangenheit an. In den Industriestaaten ist das Nahrungsangebot auf einen historischen Höchststand gestiegen, und auch in den Entwicklungs- und Schwellenländern ging bis 2003 die Zahl der Hungernden zurück, steigt seitdem aber wieder. Das 1996 auf dem Welternährungsgipfel in Rom vorgegebene Ziel, die Zahl der Unterernährten bis 2015 auf 400 Millionen zu halbieren, wird nicht erreicht.

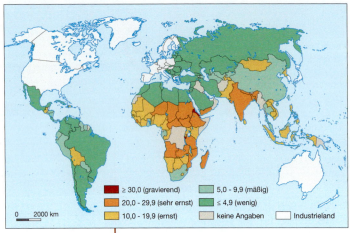

M1 Welthunger-Index 2013

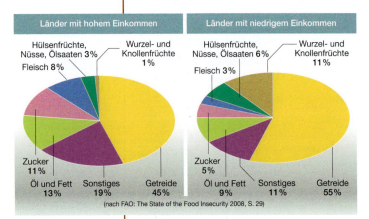

M2 Zusammensetzung der Nahrung

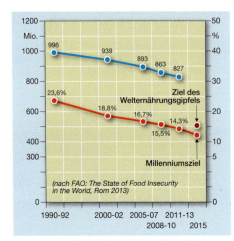

M3 Unterernährung in den Entwicklungsländern

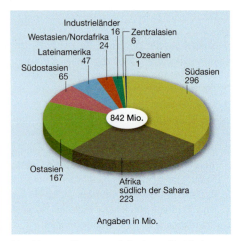

M4 Unterernährung nach Regionen (in Mio.)

Das Hungerproblem auf der Welt ist kein landwirtschaftliches Produktionsproblem, sondern ein Armutsproblem. Zu viele Menschen hungern oder verhungern, weil sie nicht die Mittel haben, Nahrung zu produzieren oder zu erwerben. Armut und Hunger sind in allen Gesellschaften eng miteinander verbunden. Etwa 80 % der Hungernden leben in ländlichen Gebieten der Entwicklungsländer. Aber auch in reichen Ländern weisen Suppenküchen und „Tafeln" auf Armut und Unterernährung hin. Dürren, Überschwemmungen, Bürgerkriege und Kriege tragen ebenso dazu bei, die Ernährungssicherheit zu gefährden, wie Misswirtschaft, Börsenspekulationen bei Getreide- und Fleischpreisen sowie der Anbau von Energiepflanzen für die Biosprit-Produktion.

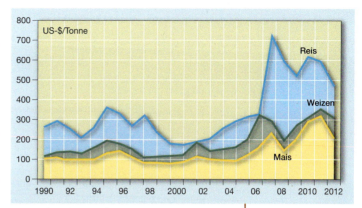

M 7 Weltmarktpreise für Weizen, Reis und Mais

„Jeder Mensch hat Anspruch auf einen Lebensstandard, der seine und seiner Familie Gesundheit und Wohlstand beschert, einschließlich Nahrung."

M 8 Artikel 25.1 der Menschenrechtscharta der Vereinten Nationen von 1948

[…] Festzuhalten bleibt, dass die meisten hungernden Menschen von steigenden Weltmarktpreisen für Grundnahrungsmittel nicht profitieren oder sogar darunter leiden. Dieser Sachverhalt wird sich zukünftig eher verstärken, weil die Verstädterung in den Entwicklungsländern zunimmt. Viele arme Menschen geben 70–80 % ihres Einkommens für Nahrungsmittel aus, sodass steigende Preise die Gefahr der Unterversorgung mit Kalorien und essenziellen Nährstoffen vergrößern. […] Bei reduziertem Fleischkonsum könnten mehr Menschen mit Kalorien versorgt werden, was das Mengenproblem erheblich relativieren würde. […]
(aus: Wissenschaftlicher Beirat für Agrarpolitik beim BMELV: Ernährungssicherung und nachhaltige Produktivitätssteigerung, 2012, S. 5 und 9)

M 5 Bedeutung von Agrarpreisen

Es gibt in der Welt viele Gründe für die Existenz von Hunger. Häufig hängen sie eng miteinander zusammen.
– Armut
– Klima und Wetter
– Krieg und Vertreibung
– Instabile Märkte
– Fehlende Investitionen in die Landwirtschaft
– Nahrungsmittelverschwendung
(Quelle: UN World Food Programm (WFP), http://de.wfp.org)

M 6 Was sind die Ursachen von Hunger?

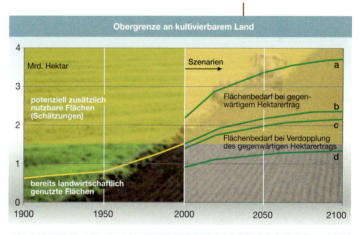

Im 21. Jh. werden wahrscheinlich 1,5–4 Milliarden Hektar potenziell landwirtschaftlich nutzbare Flächen vorhanden sein, hier farbig hinterlegt, vorausgesetzt, dass sich das Bevölkerungswachstum nach den mittleren Prognosen der Vereinten Nationen entwickelt.
Kurve a: bei gleich bleibenden Erträgen erforderliche LNF, um die Bevölkerung nach dem durchschnittlichen westeuropäischen Standard des Jahres 2000 zu ernähren
Kurve b: LNF, die bei Aufrechterhaltung der derzeitigen unzureichenden Ernährung der Weltbevölkerung über das gesamte Jahrhundert erforderlich wäre
Kurve c: LNF, die für die Ernährung der Weltbevölkerung nach dem durchschnittlichen Standard von 2000 benötigt würde
Kurve d: erforderliche LNF für die gegenwärtige unzureichende Ernährung der Weltbevölkerung über das gesamte Jahrhundert
(nach: D. Meadows u. a.: Grenzen des Wachstums. Das 30-Jahre-Update, S. 63)

M 9 Mögliche zukünftige Entwicklung landwirtschaftlicher Nutzflächen (LNF)

1. Arbeiten Sie den Gegensatz zwischen Regionen mit agrarischer Überproduktion und denen mit Nahrungsmangel heraus (**M 1**).
2. Überprüfen Sie die Behauptung, die Ernährung der Menschheit sei weder qualitativ noch quantitativ gesichert. Berücksichtigen Sie hierbei Artikel 25.1 der Menschenrechtscharta der UN (**M 2** bis **M 4**, **M 8**).
3. Analysieren Sie die Bedeutung der Agrarpreise für die Welternährung (**M 5**, **M 7**).
4. Erläutern Sie die Ursachen von Hunger und Unterernährung (**M 6**).
5. Zeigen Sie auf, wie rasch bei anfänglich ausreichender Anbaufläche exponentielles Bevölkerungswachstum zu einer Verknappung der Anbaufläche führen kann (**M 9**).

2. Fisch – ein gefährdetes Nahrungsmittel

(Un-)Fruchtbarkeit der Meere

Obwohl die Meere ca. 71% der Erdoberfläche ausmachen, trägt die Seefischerei im Vergleich mit der landwirtschaftlichen Produktion nur zu einem kleinen Teil zur Welternährung bei.

Fruchtbare Meeresregionen sind die Schelfmeere mit ausreichend Licht und einem großen Angebot an Nährsalzen, hervorgerufen durch die gute Durchmischung der Wassersäule vom Boden bis zur Oberfläche sowie die Einträge vom Land. Zu den fruchtbaren Meeresregionen gehören auch die **Auftriebsgewässer** vor den Ostküsten der Kontinente, wo kaltes, nährstoff- und sauerstoffreiches Bodenwasser aus der Arktis bzw. Antarktis aufsteigt und mit warmem Wasser zusammentrifft (z. B. Oyaschio/Kuroschio-Strom, Labradorstrom/Golfstrom). Zudem sind generell die Regionen begünstigt, wo Oberflächenströmungen Sauerstoff und Nährsalze transportieren.

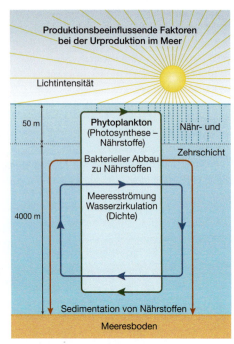

M 1 Faktoren der Urproduktion

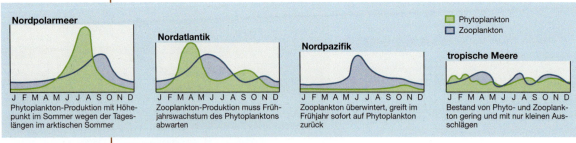

M 2 Phytoplanktonproduktion

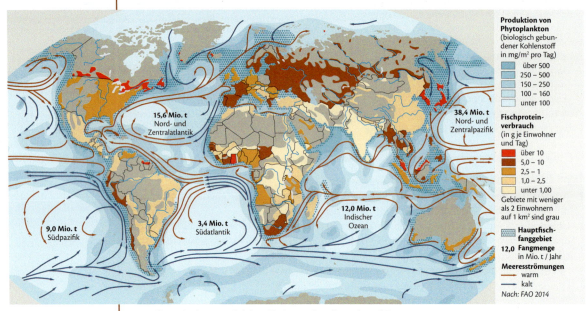

M 3 Phytoplanktonproduktion, Fischproteinverbrauch und Fangmengen

Unfruchtbare Meeresregionen sind die großflächigen (sub-)tropischen Meereswüsten, wo eine **Thermokline** (Temperatursperrschicht) das lichtdurchflutete, aber nährstoffarme warme Oberflächenwasser ganzjährig vom nährstoffreichen kalten Tiefenwasser trennt. Zum zeitweisen Kollaps der Nahrungskette und damit der Fischerei kommt es auch, wenn sauerstoffarme tropische Wasserschichten die Auftriebsgewässer, wie vor der südamerikanischen Küste (El-Niño-Phänomen) überlagern. Ebenso sind die bodennahen Wasserschichten der Randmeere bezüglich ihrer Fruchtbarkeit gefährdet, wenn der Frischwasseraustausch unterbrochen ist. Kommt dann noch eine **Eutrophierung** (Überdüngung) hinzu, wird das Umkippen zu einem toten Gewässer beschleunigt (z. B. Kattegat, Schwarzes Meer ab 200 m Tiefe und Teile des Ostseegrundes).

Wirtschaftliche Disparitäten

Die Gewässer der Nordhalbkugel sind von Anrainerstaaten umgeben, deren Fischwirtschaft bemüht ist, durch hohen Technologieeinsatz das Natur-, Transport- und Marktrisiko zu verringern. Der daraus resultierende hohe Kapital- und Lohnaufwand führt aber erst dann zum Gewinn, wenn entsprechend große Mengen an Fisch entnommen werden können. Weltweit gelten mehr als 30 % der Fischbestände als so stark befischt, dass eine Steigerung nicht mehr möglich ist, da die Regenerationsfähigkeit gefährdet ist. Der Anteil der überfischten Bestände beträgt im Nordatlantik 63 % und im Mittelmeer 82 %. Die Gründe für die Überfischung liegen in dem kurzfristigen Gewinnstreben der Fischer sowie an der nationalen Fischereipolitik, die an der Sicherung der Arbeitsplätze stärker interessiert ist als an einer langfristigen und damit ökologisch orientierten Fischwirtschaft.

Die technisch hoch ausgerüsteten Fangflotten mit ihren Fabrikschiffen aus Industrie- und Schwellenländern befischen alle Meere intensiv und nicht selten illegal. Entsprechend der „Grünen Revolution" wird die Modernisierung der indischen Fischwirtschaft bereits **Blaue Revolution** genannt. Darunter sind der Aufbau einer Flotte von motorisierten Küstentrawlern mit modernem Fanggerät sowie der Bau von Häfen mit Verarbeitungsfabriken zu verstehen. Die Gewässer vor den Entwicklungsländern gelten im Allgemeinen allerdings noch als unterfischt. Von 19 nordwestafrikanischen Staaten haben auch nur wenige eine nennenswerte Fischerei. Die kaum motorisierte „Fangflotte" ist stark naturabhängig. Außerdem sind die Verwertung und Vermarktung der Frischfischanlandungen in den Tropen auf eine schmale Küstenzone beschränkt, da eine Kühlkette vom Fang bis zum Endverbrauch fehlt.

Allerdings kommt es immer wieder zu heftigen Konflikten zwischen der exportorientierten Küstenflotte und der handwerklichen Küstenfischerei, die die lokalen Märkte mit preiswertem Fisch versorgt.

Rang	Land	Mio. t
1.	China	16,168
2.	Indonesien	5,814
3.	USA	5,108
4.	Indien	4,862
5.	Peru	4,808
6.	Russland	4,269
7.	Japan	3,611
8.	Myanmar	3,579
9.	Vietnam	2,623
10.	Thailand	1,835

Gesamter Fischfang weltweit 2012: 91,3 Mio. t
Anteil der Top Ten am Fischfang weltweit 58 Prozent

(nach: The State of World Fisheries and Aquaculture 2014)

M 4 Top Ten der Länder mit den höchsten Fangmengen 2012

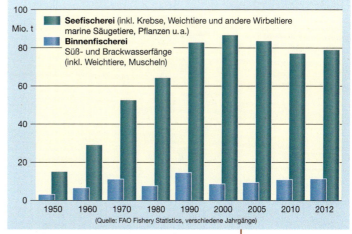

M 5 Weltfischfang in Lebendgewicht

1. Lokalisieren Sie die wichtigsten fruchtbaren und unfruchtbaren Regionen der Weltmeere. Erklären Sie die dortigen Bedingungen für die Phytoplanktonproduktion (**M 1** bis **M 3**).
2. Erläutern Sie die regionale Verteilung der Fischfangnationen (**M 4**).
3. Kennzeichnen Sie Gründe für die Entwicklung, aber auch die Begrenztheit der Fänge (**M 3**, **M 5**).

M6 Karibische Garnelen im Angebot

Umstrittene Aquakultur

Angesichts des stagnierenden Weltfischfangs, der steigenden Nachfrage in Bezug auf Meeresprodukte vor allem in den Industrieländern und der Überfischungstendenzen bei ca. 60 Prozent der wichtigsten Fischbestände werden große Hoffnungen auf die **Aquakultur** gesetzt.

Das Beispiel der schnell wachsenden Garnelenproduktion zeigt aber, dass neue ökologische und soziale Probleme entstehen:

- Die Teichwirtschaft kann auf Fischmehl nicht verzichten, das die Garnelen im Verhältnis 2:1 zu Lebendgewicht verwerten.
- Zwar ist der boomende Garnelenexport in die USA, Japan und Europa eine wichtige Devisenquelle für die Entwicklungsländer, er leistet aber keinen Beitrag zur Lösung der Ernährungskrise bei kaufkraftarmen Bevölkerungsschichten.
- Der Preisverfall beim ehemaligen Luxusgut Garnele begünstigt die agroindustriellen Züchter, die mit ihrer großflächigen Teichwirtschaft (häufig gewaltsam) Bauern und Fischer verdrängen, ohne ihnen entsprechende Arbeitsplätze auf der Farm bieten zu können.
- Da zur Aufzucht der tropischen Garnelen Brackwasser benötigt wird, liegen die Farmen direkt an der Meeresküste im Mündungsbereich von Flüssen, wo aber ökologisch wertvolle Mangrovenwälder ihren natürlichen Standort haben. Werden diese für die Aquakulturen großflächig abgeholzt, verlieren die Küsten ihren natürlichen Schutz, denn die Stelzwurzeln der Mangroven halten die angespülten Sedimente an dem schmalen flachen Küstensaum fest. Indem die Mangroven als Sedimentfallen fungieren, tragen sie auch zur Selbstreinigung der Küstengewässer bei. Werden sie abgeholzt, verlieren viele Meerestiere ihre „Kinderstube" und ihren Lebensraum sowie die darauf aufbauende Strand- und Küstenfischerei ihre Existenz. Da in Ecuador noch ein Großteil der weiblichen Zuchttiere sowie der Larven wegen ihrer größeren Widerstandsfähigkeit im Vergleich zu den Laborlarven aus den Mangroven stammen, zerstören die Zuchtbecken ihre natürliche Grundlagen und außerdem die Sammelwirtschaft der Kleinfischer.
- Wie bei jeder Massentierhaltung verursacht die Garnelenzucht selbst auch ökologische Probleme. Nicht verzehrtes Futter und Exkremente der Tiere sowie Medikamente und andere Zuschläge sedimentieren in den ca. 5 bis 10 ha großen Teichen, wo sie auf dem Boden unter großem Sauerstoffverbrauch bakteriell zersetzt werden. Regelmäßig müssen die Teiche ausgespült und ihre Abwässer durch eine Mischung aus Süß- und Meereswasser ersetzt werden. Die ungeklärten Abwässer beeinträchtigen dann die Küstengewässer in Form einer unerwünschten Überdüngung (Eutrophierung) mit der Folge eines ökologischen Kollaps.

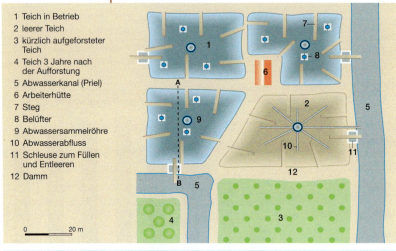

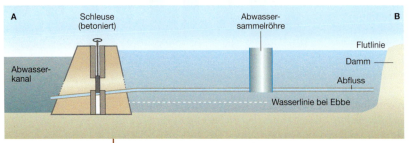

M7 Schematischer Grund- und Aufriss von Garnelenzuchtteichen

GREENPEACE fordert:
- ein weltweites Moratorium gegen den weiteren Ausbau der Shrimps-Zuchtfarmen;
- strenge Umwelt- und Sozialverträglichkeitsprüfungen der bestehenden Anlagen sowie umgehende Umsetzungen der daraus resultierenden Empfehlungen, einschließlich möglicher Renaturierungsmaßnahmen von Mangroven- und anderen Feuchtgebieten;
- eine verbindliche Zusage der Regierungen und Privatwirtschaft, dafür Sorge zu tragen, dass innerhalb von fünf Jahren alle bestehenden Zuchtbetriebe auf umwelt- und sozialverträgliche Produktionsweisen umgestellt oder heruntergefahren werden;
- bei allen Entscheidungen muss die lokale Bevölkerung adäquat beteiligt und eingebunden werden;
- Import- und Handelsunternehmen müssen ihren Einkauf von Shrimps von deren umwelt- und sozialverträglicher Herkunft abhängig machen (Produktverantwortung) und entsprechende Informationen an die Verbraucher weitergeben (Produkttransparenz);
- Verbraucher sollten so lange auf Shrimps verzichten, bis sie eine sichere Garantie haben, dass die o. g. Forderungen erfüllt sind.

M 8 Forderungen (Hamburg, den 10. 12. 1997 – GREENPEACE e. V.)

M 10 Aquakultur in Vietnam

		1990	2000	2010	2012
Binnen-fischerei (in Mio. t)	Fang	6,4	8,6	11,3	11,6
	Aquakultur	8,1	19,3	36,8	41,9
	insgesamt	14,5	27,9	48,1	53,5
See-fischerei (in Mio. t)	Fang	78,2	84,9	77,8	79,7
	Aquakultur	5,0	13,1	22,3	24,7
	insgesamt	83,2	98,0	100,1	104,4

Die Pro-Kopf-Versorgung durch die Aquakultur stieg von 0,7 kg (1970) auf 11 kg (2012). Die wichtigsten Produkte sind Karpfen, Seetang, Muscheln, Tilapia (Buntbarsch), Lachs und Garnelen mit einem Marktwert von 144,4 Mrd. US-$ (jährliche Wachstumsrate 1992 – 2012: 6,2 Prozent)
(aus: FAO (Hg.) The state of world fisheries and aquaculture, Rom 2014, S. 4, 6, 64)

M 11 Weltfischfang und Aquakulturproduktion

M 9 Mangrovenküste in Ecuador mit traditioneller Fischerei

4. Beschreiben Sie die Standortvoraussetzungen einer Garnelen-Zuchtfarm (**M 7** bis **M 10**).
5. Bewerten Sie die Aquakultur unter ökonomischen, ökologischen, sozialen und ernährungswirtschaftlichen Aspekten (**M 6**, **M 8** bis **M 11**).
6. Diskutieren Sie die Forderungen von GREENPEACE (**M 8**). Zeigen Sie den Zusammenhang zwischen dem Konsumverhalten in den Industrienationen und der traditionellen Fischerei in Entwicklungsländern auf (**M 6** und **M 9**).

Meeresverschmutzung

Der achte Kontinent wächst täglich. Im windstillen Teil des Pazifischen Ozeans gelegen, ist er in etwa so groß wie Mitteleuropa. Vielleicht auch zweimal so groß. So genau weiß das niemand. Was bekannt ist: Er ist hässlich, giftig und gefährlich, denn der achte Kontinent besteht allein aus Abfall. Aus Millionen und Abermillionen Tonnen Wohlstandsmüll, die die Meeresströmung hier, gleich einer wortlosen Anklage, zu einem ebenso bizarren wie erschütternden Abbild der gedankenlosen Wegwerfmentalität vor allem in Industrieländern versammelt.

Weltweit verschmutzen allein mehr als 100 Millionen Tonnen Plastikmüll die Ozeane, schätzt das Umweltprogramm der Vereinten Nationen (Unep) – das Bundesumweltamt geht sogar von rund 140 Millionen Tonnen aus –, und mindestens 6,4 Millionen Tonnen Plastikmüll gelangen jedes Jahr neu in die Meere. Rund zehn Prozent der jährlich produzierten 225 Millionen Tonnen Kunststoff landen irgendwann im Meer, so das Unep. Betroffen sind alle Regionen, selbst in der bislang gering belasteten arktischen Tiefsee werden steigende Mengen registriert. […]

Treibende Verpackungen und anderer Plastikmüll sind nicht nur ein optisches Ärgernis oder lösen kurzzeitig Unbehagen aus, wenn sich beim Baden im Mittelmeer wieder eine ausgefranste Plastiktüte um die Beine wickelt. Plastik ist extrem langlebig, bis zur vollständigen Zersetzung können 500 Jahre vergehen. In vielen Kunststofferzeugnissen befinden sich Giftstoffe wie Weichmacher, die in großen Mengen in die Meere gelangen. Zunächst beeinträchtigt das die maritime Pflanzen- und Tierwelt: Die Tiere etwa sehen den Müll im Wasser nicht, verfangen sich darin oder verletzen sich tödlich. Zudem wird vom Wasser zu Granulat verkleinerter Müll mit Nahrung wie Plankton verwechselt. Doch der Stoff ist unverdaulich, so dass Tiere im schlimmsten Fall mit einem Magen voller Plastik verhungern. […]

Letztlich aber schädigt sich der Mensch selbst. Die im Plastik gebundenen Gifte werden mit jeder Fischmahlzeit aufgenommen, sagt Kim Detloff, Leiter der Abteilung Meeresschutz beim Naturschutzbund (NABU). „Die Gifte landen auf unserem Teller. Sie sind allgegenwärtig im marinen Nahrungsnetz." Laut Unep-Statistiken ist inzwischen jeder Quadratkilometer Meeresoberfläche mit durchschnittlich rund 13 000 Plastikpartikeln belastet. […]

(aus: Jochen Clemens: Der achte Kontinent besteht aus Müll. In: www.welt.de vom 31.07.13. Zugriff: 02.06.2014)

M 12 Der achte Kontinent besteht aus Müll

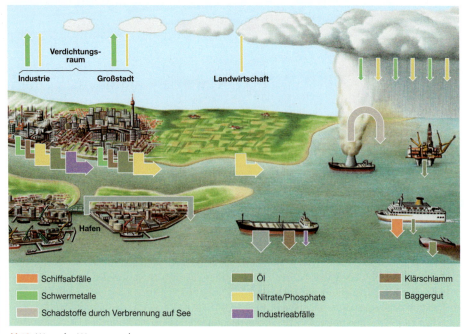

M 13 Wege der Wasserverschmutzung

**GREENPEACE
zur nachhaltigen Fischerei**

1. Grundlage jedes Fischereimanagements sollte das Vorsorgeprinzip sein: denkbare Risiken vermeiden, statt Schäden zu reparieren.
2. Mindestens 40 % der Meeresfläche müssen vernetzte Schutzgebiete und für jegliche menschliche Eingriffe tabu sein. Fangquoten müssen grundsätzlich auf wissenschaftlicher Empfehlung basieren.
3. Besonders sensible Lebensräume („Kinderstuben der Meerestiere") und alle gefährdeten Arten müssen geschützt werden.
4. Die Bestände müssen innerhalb der biologisch vertretbaren Grenzen befischt werden.
5. Nicht nur der Fischbestand, sondern das gesamte Ökosystem des Bestandes sollte gewährleistet werden: Erhalt der Artenvielfalt.
6. Fischfang soll mit selektiven Fangmethoden betrieben werden. Fanggeräte, die viel Beifang erzeugen (mehr als 10 % des Gesamtfangs), müssen verboten werden, z. B. Grundschleppnetze, Langleinen, Ringwadennetze. Der Beifang muss auf die Fangquote angerechnet werden.
7. Eine nachhaltige Fischerei ist sozial und ökonomisch gerecht, d. h., sie hält sich an lokale, nationale und internationale Regeln. Sie berücksichtigt die Bedürfnisse der Bevölkerung ärmerer Länder, bezogen auf Einkommen und Grundnahrung.
8. Vollständige Transparenz vom Fang bis zur Anlandung: Kennzeichnung für den Verbraucher

(nach Informationen von www.greenpeace.de zusammengestellt)

M 14 Nachhaltige Fischerei

Schutz der Meere

Überfischung und Meeresverschmutzung gehören zu den gravierendsten Problemen, die von der Menschheit gelöst werden müssen. Galten früher die Gewässer der Nordhalbkugel als überfischt, so sind seit den letzten 30 Jahren hocheffiziente Fangflotten auf allen Weltmeeren tätig. Die Welternährungsorganisation (FAO) schätzt, dass von den kommerziell genutzten Fischbeständen 52 % bis an ihr biologisches Limit befischt und 7 % bereits erschöpft sind. Gewinn bringende große Raubfische wie Thunfisch, Schwertfisch oder Kabeljau sind bereits zu 90 % dezimiert. Verwerflich ist auch der 40-prozentige Anteil des Beifangs, der im Meer entsorgt wird. Nicht minder besorgniserregend ist die zunehmende Meeresverschmutzung durch Übernutzung der küstennahen Zonen wie Industrie, Siedlungsbau, intensive Landwirtschaft oder Aquakulturen. Konsequenterweise fordern Naturschutzverbände wie Greenpeace und WWF eine nachhaltige Einkaufspolitik für Meeresprodukte und die Ausweisung großflächiger Meeresschutzgebiete, damit sich wichtige marine Ökosysteme wieder erholen können.

M 15 WWF Fischratgeber App

M 16 Werbung mit und ohne MSC-Label

Das freiwillige **M**arine **S**tewart **C**ouncil-Label garantiert, dass der Fisch aus einem nachhaltig befischten Bestand stammt und dass das marine Ökosystem nicht durch Beifang von Jungfischen, Wasservögeln und Säugetieren zerstört wurde.

7. Beschreiben Sie die Quellen der Meeresverschmutzung, die Einleitungspfade und die Auswirkungen auf das marine Ökosystem (**M 12**, **M 13**).
8. Nehmen Sie Stellung zu der Behauptung: „Verändertes Verbraucherverhalten schützt das Meer wirksamer als Gesetze und Strafen" (**M 14** bis **M 16**).

Webcode: GO645787-223

3. Nachhaltigkeit in der Holz- und Forstwirtschaft

Was heißt nachhaltige Forstwirtschaft?

„Nachhaltige Bewirtschaftung bedeutet die Betreuung von Waldflächen und ihre Nutzung in einer Art und Weise, die die biologische Vielfalt, die Produktivität, die Verjüngungsfähigkeit, die Vitalität und die Fähigkeit, gegenwärtig und in Zukunft wichtige ökologische, wirtschaftliche und soziale Funktionen auf lokaler, nationaler und globaler Ebene zu erfüllen, erhält und anderen Ökosystemen keinen Schaden zufügt."

(Ministerkonferenz zum Schutz der Wälder in Europa, Helsinki 1993)

M1 Nachhaltige Forstwirtschaft

Holz ist zwar ein nachwachsender Rohstoff, der Holzvorrat ist dennoch begrenzt und aufgrund steigender Weltbevölkerung durch den Verbrauch sogar regional bedroht. Die wachsende Nachfrage nach dem vielfältig verwendbaren Bau-, Werk- und Energierohstoff (Holzpellets, Holzkohle) sowie die Umnutzung von Waldflächen aufgrund der weltweit zunehmenden **Urbanisierung** und der Agrarwirtschaft gefährden die Ressource Holz. Nach Angaben der UNO wurden zwischen 2000 und 2010 ca. 13 Mio. ha jährlich an Waldfläche vorwiegend für landwirtschaftliche Nutzung in den Tropen zerstört. Auch Dürre, Feuer, Luftschadstoffe, Klimawandel, Insekten- und Pilzbefall, Vulkanausbrüche und Überschwemmungen fügen den Waldflächen weltweit jährlich erhebliche Schäden zu. Der Umgang mit der Ressource Holz fällt recht unterschiedlich aus. Während in den tropischen Ländern der Raubbau an den Primärwäldern mit ihrer hohen Biodiversität anhält, bemühen sich die Schwellen- und Industrieländer, ihre abgeholzten Primärwälder durch Sekundärwälder wieder aufzuforsten (VR China, Indien) bzw. ihre Altersklassenwälder (Monokulturen) durch Mischwälder naturnah und damit widerstandsfähiger zu machen (Europa, USA). Der Anteil der aufgeforsteten Sekundärwälder beträgt heute 7 % am gesamten globalen Waldbestand.

Damit die vielfältigen Funktionen des Waldes auch zukünftigen Generationen erhalten bleiben, sollen die Wälder nach den Prinzipien der Nachhaltigkeit aufgeforstet und zertifiziert werden. Obwohl die Nachhaltigkeit in der Forstwirtschaft bereits 1713 von dem kursächsischen Oberberghauptmann H.C. von Carlowitz vor dem Hintergrund des großen Holzbedarfs im Bergbau und bei der Metallverhüttung eingefordert wurde, verlor sie seit der Industrialisierung an Bedeutung. Erst die UN-Konferenz in Rio de Janeiro 1992 verhalf dem Nachhaltigkeitsgedanken zu der notwendigen globalen Aufmerksamkeit. Allerdings gelang es bisher noch nicht, einheitliche Standards verbindlich festzulegen. Die Nichtregierungsorganisationen Forest Stewardship Council (FSC) und Programme for the Endorsement of Forest Certification Schemes (PEFC) konkurrieren miteinander. Auch ist zwischen Naturschützern und der Forstwirtschaft der Flächenanteil umstritten, der naturbelassen bleiben soll und nicht bewirtschaftet werden darf.

Innerhalb der Europäischen Union ist Deutschland das waldreichste Land. Es werden 32 % der Landesfläche von 2 Mio. Waldbesitzern nachhaltig bewirtschaftet. Bezogen auf den weltweiten Holzvorrat von ca. 3,6 Mrd. m³ belegt Deutschland in Europa (ohne Russland) den ersten Platz. Vorreiter ist Deutschland auch bei der Zertifizierung: Ca. 80 % der Waldfläche haben das Gütesiegel der Nachhaltigkeit, in Europa etwa die Hälfte und weltweit weniger als 10 %.

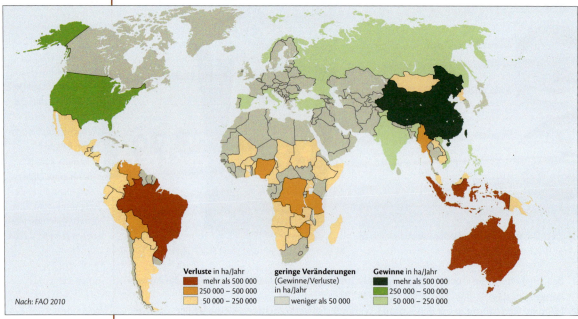

M2 Weltweite Waldgewinne und -verluste 2005 bis 2010

Forst- und Holzindustrie in Skandinavien

Nach Russland mit 153,2 Mio. m³ gehören Schweden (66,2 Mio. m³), Finnland (45,5 Mio. m³) und Deutschland (45,4 Mio. m³) zu den größten Holzproduzenten in Europa (524,3 Mio. m³, Stand 2011). Aber anders als in Russland und Deutschland ist der Holzverbrauch in den beiden skandinavischen Ländern pro Kopf um ein Vielfaches höher, d.h., die Holzgewinnung und -verarbeitung spielt eine deutlich größere volkswirtschaftliche Rolle. Obwohl die drei größten Forstunternehmen Finnlands ca. 60 % der Zellstoff- und Papierindustrie ins Ausland verlagert haben, verblieben die höherwertigen Glieder im **Cluster** Forst- und Holzwirtschaft in Finnland. Dazu zählen die Sägewerksindustrie, die **Forschung und Entwicklung (FuE)** neuer Bio-Kraftstoffe sowie die Produktion für Papiermaschinen und Erntemaschinen in der Forstwirtschaft. Mit dem Aufkommen der Globalisierung wurde die Auslagerung der Papier- und Zellstoffindustrie nach Südamerika und China notwendig, um die dort zukunftsträchtigen Märkte mit Papier zu versorgen. Den Holzrohstoff für die preiswerte Holzfaser liefert dort der schnell wachsende Eukalyptus. Für hochwertige Papierqualitäten ist die Eukalyptusfaser nicht geeignet. Hier wird auf die zähen Fasern der nordischen Kiefern und Fichten aus dem borealen Nadelwald zurückgegriffen, die allerdings entsprechend der nach Norden abnehmenden Vegetationszeit auch nur langsam wachsen.

Die Forstwirtschaft in Schweden und Finnland wurde bis zu Beginn der 1990er-Jahre unter ökonomischen Gesichtspunkten betrieben. Die Holzentnahme wurde zwar durch Aufforstung ausgeglichen, aber natürliche Wälder, Moore und die dort lebenden Tiere verschwanden. Artenarme Holzplantagen, die sich nur nach Altersklassen unterschieden, dominierten die Landschaft. Mit dem aufkommenden Umweltbewusstsein bei den Verbrauchern fand auch der Naturschutz bei der nachhaltigen Forstwirtschaft Einzug, sodass wieder eine höhere Biodiversität in den Wäldern Skandinaviens zu beobachten ist.

1. Zeigen Sie die Nutzung und Gefährdung sowie den Umgang mit der Ressource Holz auf (**M 2**, **M 5**).
2. Erläutern Sie das Prinzip der Nachhaltigkeit und seine Umsetzung in der Holzwirtschaft (**M 1**, **M 3** bis **M 5**, Internet).
3. Erklären Sie am Beispiel Finnlands, wie sich die Forst- und Holzwirtschaft in der globalisierten Weltwirtschaft neu ausgerichtet hat (**M 2**, **M 5**).

---

1. Einhaltung der Gesetze und FSC-Prinzipien: Neben den FSC-Prinzipien sollen alle nationalen Gesetze und internationalen Verträge, die das Land unterzeichnet hat, respektiert werden.
2. Langfristige Besitzansprüche und Nutzungsrechte an Land- und Forstressourcen sollen klar definiert, dokumentiert und rechtlich verankert sein.
3. Wahrung der Rechte indigener Völker
4. Die Waldbewirtschaftung soll das soziale und ökonomische Wohlergehen der im Wald Beschäftigten und der lokalen Bevölkerung langfristig erhalten und vergrößern.
5. Ökonomische Effizienz und Produktivität
6. Gewährung von Biodiversität, Schutzfunktionen des Waldes und Landschaftsschutz
7. Erstellung und Umsetzung eines Bewirtschaftungsplanes
8. Kontrolle durch angemessene Dokumentation und Bewertung der Nachhaltigkeit
9. Erhaltung von Wäldern mit hohem Schutzwert
10. Plantagen können als Ergänzung zu naturnahen Bewirtschaftungsformen soziale und ökonomische Vorteile liefern und den Druck auf sogenannte „Naturwälder" mindern.

M 3 Prinzipien des FSC

M 4 Holzvollernter

M 5 Jährlicher Holzzuwachs pro Hektar in Skandinavien

- über 6 m³/ha
- bis 6 m³/ha
- bis 5 m³/ha
- bis 4 m³/ha
- bis 3 m³/ha
- kein Wald

Referat-Tipp: Erkundigen Sie sich, auch durch Internetrecherche, in welchem Umfang Holz und Holzprodukte aus nachhaltiger Bewirtschaftung im Angebot des ortsansässigen Fachhandels sind. Stellen Sie Ihr Ergebnis in einem mediengestützten Referat vor.

4. Wasser und Boden – (Über-)Nutzung durch Landwirtschaft

M 1 Bewässertes Feld im Central Valley

Von der gesamten Wassermenge der Erde entfallen 2,6 Prozent auf Süßwasser. Davon steht jedoch nur ein kleiner Teil für menschliche Nutzungen zur Verfügung; der größte Teil ist im Polareis oder in unzugänglichen Grundwasserspeichern oder in Permafrostböden gebunden. Dennoch würden die verfügbaren Süßwassermengen für die Weltbevölkerung ausreichen, wenn sie gleichmäßig verteilt wären.

Die Landwirtschaft ist mit rund 70 Prozent der mit Abstand größte Verbraucher von Süßwasser. In den letzten Jahrzehnten entstand hauptsächlich durch Erweiterung des Bewässerungsfeldbaus ein enormer Wasserverbrauch. Zwar sind nur 20 Prozent des globalen Ackerlands künstlich bewässert, diese liefern aber immerhin 40 Prozent der weltweiten Ernte.

Hauptsächlich wird in den Regionen bewässert, in denen
– saisonale Trockenperioden auftreten, z. B. in Kalifornien,
– die Evaporation die Niederschlagsmenge übersteigt, d. h. in semiariden und ariden Gebieten, z. B. im Niltal,
– die Niederschlagsmengen stark variieren, z. B. in der Sahelzone,
– wasserintensive Landwirtschaft betrieben wird, z. B. in den Reisanbaugebieten in Südostasien.

Länder wie Pakistan und Ägypten würden ohne Bewässerungsfeldbau weniger als die Hälfte ihrer gegenwärtigen Nahrungsmittel erzeugen können. Angesichts der wachsenden Weltbevölkerung spielt die künstliche Bewässerung eine zentrale Rolle bei der Steigerung der Erträge bzw. Erschließung neuer landwirtschaftlicher Flächen. In den ariden und semiariden Gebieten der Erde wird das Wasser zumeist aus dem Grundwasservorrat entnommen, manchmal auch aus fossilen Reservoiren (**Aquiferen**), die sich nicht erneuern. Übermäßige Wasserentnahmen bewirken vielfach eine Absenkung des Grundwasserspiegels und damit eine Abnahme des effektiv nutzbaren Süßwasservorrats.

Eine Verbesserung der Lage kann durch wassersparende Bewässerungstechniken erzielt werden, z. B. durch die Technik der Tröpfchenbewässerung, die u. a. in Israel in der Landwirtschaft eingesetzt wird. Unglücklicherweise fehlt es Entwicklungsländern an Kapital und technischen Voraussetzungen, um solche Wasser sparenden Techniken anzuwenden, und so leiden sie stärker unter Wasserknappheit.

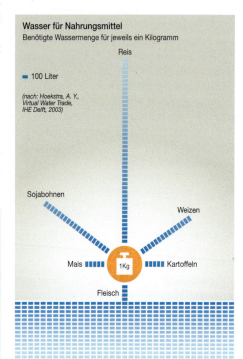

M 2 Wasserverbrauch nach Sektoren

M 3 Wasserbedarf ausgewählter Erzeugnisse

Für fast vier Jahrtausende wurde das Nilwasser auf zwei Arten zur Bewässerung genutzt. Zum einen wartete man auf die jährliche Herbstflut, die die Felder im Uferbereich überschwemmte. Kleine Erddämme stauten das Wasser und der fruchtbare Nilschlamm konnte sich absetzen. In der restlichen Zeit des Jahres, wenn der Wasserstand niedrig lag, benutzten die Bauern einfache traditionelle Wasserpumpen wie Schaduffs, Sakiehn oder die Archimedische Schraube, die Höhenunterschiede von 1–2 m überwinden konnten.

Es gab jedoch in Ägypten seit langem den Wunsch, den Nil zu bändigen und für einen gleichmäßigen Wasserstand während des ganzen Jahres zu sorgen. Obwohl seit Beginn des 20. Jahrhunderts mehrere kleinere Stauanlagen gebaut worden waren, zwangen das schnelle Bevölkerungswachstum (1937: 16 Mio. / 1966: 30 Mio. / 1996: 59 Mio. / 2013: 85,3 Mio.) und der damit verbundene Nahrungsbedarf die Regierung zum Handeln.

Hauptziel des Nasserstausees (1971) war die Zügelung des Hochwassers, welches immer wieder zu Kulturlandverlust führte. Teile des gestauten Wassers werden nunmehr im Laufe des Jahres wieder abgegeben, so dass eine, manchmal sogar zwei zusätzliche Ernten möglich werden; zudem bietet der Damm eine Versicherung gegen Niederschlagsausfälle. Das Abflussregime ist nun so konstant, dass Handels- und Kreuzfahrtschiffe ganzjährig fahren können. Cash crops wie Baumwolle, Mais, Zuckerrohr, Kartoffeln und Zitrusfrüchte bringen notwendige Devisen ins Land. Das Wasserkraftwerk des Nassersees liefert ein Drittel des Energiebedarfs der ägyptischen Haushalte und der Industrie. Nach der Fertigstellung des Damms wurden auch die Bewässerungstechniken modernisiert. Die Elektrifizierung von Wasserpumpen erlaubte fortan das Bewässern eines 12 km breiten Streifens zu beiden Seiten des Nils. Das Einführen der Tröpfchen- und Karussellbewässerung sorgte für einen effizienteren Wassereinsatz.

Jedoch brachte der Nassersee auch einige Probleme. Das Unterbinden des Nilhochwassers bot zwar Schutz, gleichzeitig verhinderte es jedoch, dass sich der kostbare Nilschlamm auf den Feldern ablagerte, sodass nun Kunstdünger eingesetzt werden muss, welcher wiederum den Bauern Kosten verursacht.

Im Nildelta verursacht das Fehlen von Schlamm und Sedimenten einen Küstenrückgang und beeinflusst somit auch den küstengebundenen Tourismus. Das Vordringen des Meeres wird durch den klimabedingt steigenden Wasserpegel begünstigt und kann zu Salzwasserintrusion führen. Die Vielzahl an Bewässerungskanälen sorgt zudem für eine ungünstige Vermehrung des Pärchenegels, des sog. Nilwurms, der den Menschen mit Bilharziose infizieren kann, die unter Umständen lebensbedrohlich verläuft. Darüber hinaus bedroht der Damm das ägyptische Weltkulturerbe: Die hohe Verdunstung und somit feuchte Luft über dem See sowie Salzablagerungen aufgrund des konstant höheren Flusspegels setzen wertvollen Bauwerken zu.

Das Bewirtschaften der neuen Flächen mit cash crops verschärft die Ernährungssituation der immer noch wachsenden einheimischen Bevölkerung. Erstaunlicherweise ist die Landfläche seit Fertigstellung des Nassersees sogar zurückgegangen, weil Versalzung zu einem Problem wurde.

Die ägyptische Regierung intensivierte im letzten Jahrzehnt noch einmal ihre Bemühungen um Ernährungssicherheit durch Inwertsetzung der Wüste – die 96 % des Staatsgebietes bedeckt – und implementierte drei Bewässerungs-Megaprojekte, deren Standorte im West-Delta, in Nord-Sinai und in der Toschka-Senke liegen. Ägypten hat sogar als eines von wenigen Ländern weltweit ein eigenes „Ministerium für Wasserressourcen und Bewässerung".

(nach: Waugh, Geography – An Integrated Approach. S. 490/491. 4th ed. Nelson Thornes 2009.)

M 4 Bewässerungslandwirtschaft in Ägypten

M 5 Satellitenfoto vom Nildelta. Im unteren Bildabschnitt erkennt man die Fayyum-Senke mit Qarun-See und Nördlichem und Südlichem Fayyum-See.

1. Erläutern Sie den Zusammenhang zwischen Wasserverfügbarkeit, Wasserverbrauch und landwirtschaftlicher Produktivität (**M 1** bis **M 3**).
2. Kennzeichnen Sie Entwicklungsphasen der ägyptischen Bewässerungslandwirtschaft und bewerten Sie die aktuelle Situation unter dem Aspekt der Nachhaltigkeit (**M 4**, **M 5**).

Webcode: GO645787-227

M 6 Algenteppich auf der Ostsee am 06.06.2013

M 7 Bodenversalzung in Tunesien

Überdüngung

Die umfangreiche Versorgung der Kulturpflanzen mit mineralischem Stickstoff- und Phosphatdünger ist ein typisches Merkmal intensiver Landwirtschaft und weltweit verbreitet. Die hohe Dosierung sorgt dafür, dass den Pflanzen ständig das Optimum an Hauptnährstoffen zur Verfügung steht. Gleichzeitig führt dies aber zu einer schleichenden Ausbeutung an Spurennährstoffen im Boden, auf die Pflanzen ebenfalls angewiesen sind. Solange die Reserven reichen, wird die Abnahme der natürlichen Bodenfruchtbarkeit verdeckt.

Überdosierung hat jedoch auch Konsequenzen für den Naturhaushalt. Die mineralischen Nährstoffe sind wasserlöslich und gelangen daher in das Grundwasser und in angrenzende Biotope. Dabei treten unerwünschte Folgewirkungen auf. In das Oberflächenwasser gespülte Nitrate und Phosphate bewirken eine Eutrophierung des Gewässers. Die Nährstoffe vermehren das Wachstum der Wasserpflanzen, vor allem der Algen. Der Effekt ist dabei in Seen größer als in Flüssen, da hier die Nährstoffe wesentlich rascher ausgeschwemmt werden. Im Anschluss an die pflanzliche Biomasse steigt auch die Biomasse der Konsumenten und Destruenten. Damit nimmt auch die Menge an organischem Material, das zu Boden sinkt (sedimentiert), zu, was durch den mikrobiellen Abbau der organischen Substanz zu erhöhtem Sauerstoffverbrauch (Sauerstoffzehrung) führt. Sinkt die Sauerstoffkonzentration im Wasser unter 1 mg/l, so erfolgt eine weitere Phosphatfreisetzung aus dem Sediment (Phosphatmobilisierung). Dies führt zu einer Selbstverstärkung der Eutrophierung. Das Phänomen tritt in Europa u. a. im Bodensee und der Ostsee verstärkt auf.

Befinden sich die Einzugsgebiete für die Trinkwassergewinnung in landwirtschaftlich genutzten Flächen, werden meist auch die Brunnen mit Nitrat belastet. Vielerorts mussten deswegen die Brunnen vertieft bzw. teure Reinigungstechnologien angewandt werden. Stickstoffdünger kann zudem in der chemischen Form von Nitrat ins Grundwasser gelangen.

Bodenversalzung

Bodenversalzung tritt üblicherweise in den landwirtschaftlichen Nutzungssystemen der ariden bis semiariden Klimate auf. Meist ist sie Folge einer unzureichenden Bewässerungstechnik.

Für Pflanzen haben hohe Salzgehalte schädliche Wirkungen. So wird mit zunehmender Salzkonzentration die Wasseraufnahme der Pflanzen gestört. Einige Ionen wirken in hohen Konzentrationen direkt als Stoffwechselgifte. Kulturpflanzen sind unterschiedlich salztolerant, z. B. vertragen – im Gegensatz zu Dattelpalmen – Zitrusfrüchte nur wenig Salz im Boden.

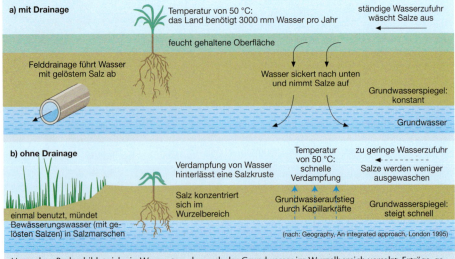

M 8 Versalzungsvorgänge bei Feldbewässerung

Versalzungsmanagement im Kalifornischen Längstal (Central Valley)

Versalzung – der Feind des Farmers
Das Kalifornische Längstal bietet optimale Temperaturvoraussetzungen für eine intensive Landwirtschaft. Die aufgrund der Aridität notwendige starke Bewässerung führt aber auf einigen Anbauflächen zu gravierenden Versalzungsproblemen und beeinflusst sogar die Trinkwasserqualität.

Ökonomische Folgen
Die Ergebnisse [einer] Studie zeigten, dass bei unveränderter Zunahme der Versalzung die verursachten Kosten bis 2030 jährlich bei 1–1,5 Mrd. US-$ lägen. Die Einkommensverluste für Kalifornien betrügen zwischen 1,7 und 3 Mrd. US-$, jene im Längstal zwischen 1,2 und 2,2 Mrd. US-$. Der Wert der in Kalifornien erzeugten Güter und Dienstleistungen könnte jährlich um 5–8,7 Mrd. US-$ zurückgehen, im Längstal um 2,8–5,3 Mrd. US-$. Die Anzahl der bedrohten Arbeitsplätze rangiert zwischen 34 000–64 000 (Kalifornien) bzw. 27 000–53 000 (Längstal).

(zusammengefasst nach: The Economic Impacts of Central Valley Salinity. University of California Davis. Final Report to the State Water Resources Control Board, 2009)

M 9 Folgen der Bodenversalzung

ausgewählte Daten:

	Jährlicher Abfluss (in 1000 acre-feet)	Jährl. Salztransport (in 1000 t)
California Aqueduct	2 169	1 000
Delta Mendota Canal	2 141	900

*1 acre-foot entspricht ca. 1233 m³

① Folson-South-Kanal
② Hetch-Hetchy-Kanal
③ Delta-Mendota-Kanal
④ California-Kanal
⑤ Friant-Kern-Kanal
⑥ Eastside-Kanal
⑦ Los-Angeles-Kanal
⑧ Colorado-River-Kanal
⑨ Coachella-Kanal
⑩ All-American-Kanal
⑪ Sacramento-San-Joaquin-River-Delta (California Delta)

M 11 Wasserversorgung im Central Valley

Techniken zur Bekämpfung der Versalzung (Auswahl)

Ebene: Farmer/Betrieb
- **Bewässerungstiming:** Hohe Verdunstung kann durch nächtliches Bewässern reduziert werden. Bewässerungstimer erleichtern die Durchführung.
- **Technisches Monitoring von Boden, Pflanzen und Bewässerung:** Gemessen an möglichen Kosten rechnet sich die Anschaffung von automatisiertem Bodenfeuchtigkeits- und Monitoringequipment. Sensoren übermitteln Datensätze an die Koordinierungsstelle.
- **Bodenzusätze:** Durch den Zusatz von z. B. Calciumsulfat oder -nitrat und Kalkdünger kann die Natriumansammlung im Boden gehemmt werden.
- **Pflanzenauswahl:** Die angebaute Spezies oder Art wird den örtlichen Bedingungen angepasst. Gentechnisch veränderte Spezies kommen zum Einsatz, sofern sie auch unter den abweichenden Bedingungen gut wachsen.

Ebene: Bezirkswasseraufsicht
- **Reduzierung der Wasserzufuhr:** Der Wasserverbrauch und somit die Auswaschung nehmen ab. Anreize zum Wasserrecycling werden geschaffen.
- **Variation der Entwässerungszeiten:** Schädigungen von flussabwärts liegenden Ökosystemen werden minimiert, wenn die Entwässerung mehrerer Felder/Betriebe zeitlich versetzt durchgeführt wird. Das salzige Wasser wird auf diese Weise beim Entwässern stärker verdünnt.
- **Aufbau von Entsalzungsinfrastruktur:** Klär- und Wiederaufbereitungsanlagen, Verdunstungsbecken zur Salzendlagerung
- **zeitweise Flächenstilllegungen**

(zusammengefasst nach: CV-Salts Report 2012 (Download unter www.cvsalinity.org) und CENTRAL VALLEY REGIONAL WATER QUALITY CONTROL BOARD: Salinity in the Central Valley. An Overview. May 2006, CALIFORNIA ENVIRONMENTAL PROTECTION AGENCY)

M 10 Maßnahmen gegen Bodenversalzung

---

3. Analysieren Sie die Folgen von Überdüngung für das natürliche Ökosystem (**M 6**).
4. Erläutern Sie den Prozess der Bodenversalzung (**M 7, M 8**).
5. Beurteilen Sie die Maßnahmen zur Bekämpfung der Versalzung in Kalifornien nach ökonomischen und ökologischen Maßstäben (**M 9** bis **M 11**).
6. Nehmen Sie kritisch Stellung zum Bewässerungsfeldbau in ariden Gebieten.

Referat-Tipp:
Recherchieren Sie folgende Themen und bereiten Sie eine Präsentation vor:
- Gründe und Auswirkungen der Eutrophierung der Ostsee
- Delta Water Crisis in Kalifornien – Ursachen, Prozesse und Gegenstrategien

5. Ökologische Landwirtschaft

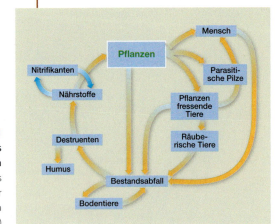

M 1 Natürliches Ökosystem
Der Mensch als Sammler und Jäger ist einbezogen (Ausschnitt)

Vom Bauern zum Manager

Die Landwirtschaft hat seit der **Domestizierung** von Pflanzen und Tieren vier „revolutionäre" Phasen durchlaufen. Vor Ausübung der gezielten Bewirtschaftung des Landes betätigte sich der Mensch als nomadischer **Jäger und Sammler**. Mit dem Jagen von Wildtieren (einschließlich Fischen) und dem Sammeln von Nüssen, Wurzeln und Früchten versorgte er sich selbst. Der Mensch war Teil des natürlichen Ökosystems.

Die Landwirtschaft begann vor 13 000 Jahren im Fruchtbaren Halbmond, einer niederschlagsreichen Region in Vorderasien (heute u. a. Iran, Irak und Syrien). Aus Wildpflanzen wurden Kulturpflanzen wie Weizen oder Reis, aus Wildtieren Haustiere wie Schafe und Ziegen gezüchtet. Der heutige Saatweizen z. B. ging aus der Kreuzung mehrerer wilder Getreide- und Grasarten, das Hausschaf aus dem Armenischen Mufflon hervor. Der Übergang zu Ackerbau und Viehzucht vollzog sich in verschiedenen Teilen der Erde mehr oder weniger gleichzeitig. Es entstand ein nahezu weltumspannender Ackerbaugürtel. Zu den bedeutendsten Errungenschaften zählten die Sesshaftigkeit und der Beginn einer arbeitsteiligen Wirtschaft. Diese **erste Revolution in der Agrarwirtschaft** vollzog sich in Mitteleuropa vor ca. 9 000 Jahren, ausgehend von Rodungsinseln in den Mischwäldern der Börden und Gäulandschaften. Angebaut wurde hauptsächlich Getreide. Die sesshafte Lebens- und Wirtschaftsweise bot gegenüber dem Jagen und Sammeln so viele Vorteile, dass sie sich bald durchsetzen konnte.

Aus einem zunächst noch recht ungeregelten Flächenwechsel entwickelte sich später die Dreifelderwirtschaft. Dabei wurde die landwirtschaftliche Fläche in drei Felder eingeteilt, von denen eines nicht bebaut wurde. Diese Brache rotierte und ermöglichte so eine Anreicherung von Nährstoffen im Boden. Diese Wirtschaftsweise hat einen geregelten organischen Betriebskreislauf.

Zu einer **zweiten agrarischen Revolution** kam es im 18. und 19. Jahrhundert, die durch folgende Faktoren gekennzeichnet war:
– Steigerung der Produktivität im Pflanzenbau und bei der Viehzucht,
– technische Innovationen,
– Einsatz von Dünger und Felddrainage.

Es wurden neue Feldfrüchte eingeführt, z. B. die Kartoffel aus Amerika. Auf die Brache wurde zunehmend verzichtet. Die Bodenfruchtbarkeit wurde erhalten durch einen Fruchtwechsel von Halmfrucht (Getreide) und Hackfrucht (Kartoffel, Zuckerrübe). Verbessertes Saatgut und leistungsfähigere Zuchttierrassen steigerten die Erträge. Vollends unnötig wurde die Brache durch die Entdeckung des Mineraldüngers gegen Ende des

Den neun antiken Zentren der Produktion, in denen die Domestizierung von Pflanzen und Tieren ihren Ursprung nahm, sind die produktivsten Regionen unserer Zeit gegenübergestellt, die weltweit führend in der Getreide- und Grundnahrungsmittelerzeugung sind. Abgesehen von China und von Teilen der USA gibt es keine Überlappungen. Dies ist dadurch zu erklären, dass Landwirtschaft in jenen Gebieten begann, in denen die wilden „Verwandten" der wertvollsten domestizierbaren Feldfrüchte und Tiere heimisch waren. Im Laufe der Verbreitung der neuen Arten erwiesen sich andere Regionen aber als weitaus produktiver.

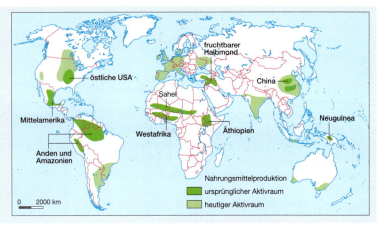

M 2 Ehemalige und aktuelle landwirtschaftliche Aktivräume

19. Jahrhunderts. Die rasch anwachsende Industriearbeiterschaft in den Städten führte zur Herausbildung eines marktorientierten Nahrungsmittelsektors. Es etablierte sich eine kommerzielle, kapitalistische Landwirtschaft auf der Basis einer von kleinbäuerlichen Familienbetrieben geprägten Agrarstruktur. Produktionsüberschüsse gingen in den internationalen Handel.

Eine **dritte agrarische Revolution** begann um 1930. Sie war gekennzeichnet durch eine Zunahme der Kapitalintensität und durch Spezialisierung der Betriebe; Agrartechnologie wurde zunehmend konsequenter angewandt:

- **Mechanisierung/Technisierung:** der Ersatz von menschlicher Arbeitskraft durch Maschinen wie Traktoren, Mähdrescher, Erntemaschinen,
- **Chemisierung:** die Verwendung synthetischer Düngemittel sowie von Herbiziden, Fungiziden und anderen Pestiziden.

Durch diese Innovationen konnten die Erträge zwar weiter gesteigert werden, jedoch wurden massenhaft Arbeitskräfte freigesetzt. Agrarindustrielle Unternehmen bildeten sich heraus, weswegen diese Phase als **Industrialisierung der Agrarproduktion** bezeichnet wird. An die Stelle eines sich ergänzenden Nebeneinanders von Ackerbau und Viehhaltung sind hochspezialisierte Betriebe mit dem einseitigen Anbau weniger Nutzpflanzen oder Massentierhaltung getreten. Getreidebetriebe bestellen z. B. 70 Prozent und mehr ihrer Fläche mit Getreide. Vieh wird nicht gehalten, sodass der Rückfluss des Bestandsabfalls in Form von organischem Dünger entfällt.

In den 1980er-Jahren begann die **vierte agrarische Revolution**: Landwirte schöpfen alle Rationalisierungsmöglichkeiten aus. Sie automatisieren und robotisieren, sie setzen bio- und gentechnologisch veränderte Pflanzen und Tiere ein. Neue Rechts-, Betriebs- und Vermarktungsstrukturen entstehen, die den regional tätigen Kleinbetrieb endgültig verdrängen. Er wird Teil eines vielschichtigen, vertikal organisierten industriellen Prozesses, der Produktion, Lagerung, Verarbeitung, Vertrieb, Vermarktung und Einzelhandel umfasst. Diese rein ökonomische Ausrichtung der Landwirtschaft widerspricht oft den ökologischen und z. T. auch ethischen Belangen. Alternative Produktionsformen bemühen sich um eine umweltverträgliche **nachhaltige Landwirtschaft**. Ökologisch wirtschaftende Betriebe schließen wieder den Kreislauf der Agrarökosysteme. Der **integrierte Landbau** versucht im Rahmen der konventionellen Nutzung ökologischen und ökonomischen Erfordernissen Rechnung zu tragen.

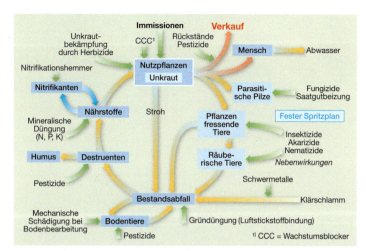

M 3 Agrarökosystem mit einseitigem und intensivem Getreideanbau

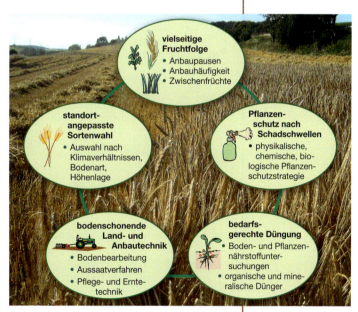

M 4 Wichtige Aspekte des integrierten Landbaus

1. Erläutern Sie bei besonderer Berücksichtigung des Menschen das natürliche Ökosystem (**M 1**).
2. Kennzeichnen Sie die erste und zweite Agrarrevolution als Grundsteine heutiger Agrarmethoden (**M 2**).
3. Vergleichen Sie kritisch die Agrarökosysteme Intensivanbau von Getreide sowie Sammeln und Jagen (**M 1, M 3**).
4. Erörtern Sie Chancen und Risiken der vierten agrarischen Revolution.
5. Erklären Sie das Prinzip des Integrierten Landbaus (**M 4**).

Ökologischer Landbau und „Biolebensmittel" in Deutschland

Der ökologische Landbau trat gegen Ende des 20. Jahrhunderts aus seinem Nischendasein heraus, als die bis dahin vom industrialisierten Landbau geschaffenen Umweltprobleme und diverse Nahrungsmittelskandale verstärkt ins Bewusstsein der Öffentlichkeit drangen.

Worin unterscheiden sich „Biolebensmittel" von Erzeugnissen aus konventionellem Landbau, die immerhin 96,1 Prozent (2012) des deutschen Lebensmittelangebots ausmachen? Das Produktionsverfahren folgt dem Prinzip der „Kreislaufwirtschaft". Im Wesentlichen wird dabei die Funktionsweise des natürlichen Bodenökosystems als Vorbild für den Anbau genommen. Dies bedeutet, dass z. B. industriell erzeugte Fremdstoffe wie chemisch-synthetischer Dünger sowie Unkraut- und Schädlingsbekämpfungsmittel nicht in das Bodenökosystem eingebracht werden dürfen. Fehlende Bodennährstoffe werden durch Kompost, Stallmist bzw. Gründüngung ersetzt und Schädlinge hauptsächlich durch eine höhere Diversifikation in der Fruchtfolge bekämpft.

Die Agrartechnik des ökologischen Landbaus ist im EU-Wirtschaftsraum seit 1991 durch Richtlinien festgelegt. Alle nach diesen Richtlinien erzeugten Produkte sind durch ein EU-Zertifikat rechtlich geschützt. Die Überwachung wird dabei von nationalen Kontrollkommissionen wahrgenommen. Deutsche Bio-Verbände wie Neuland oder Demeter dürfen jedoch in ihren Richtlinien strengere Anforderungen stellen und das mit eigenem Logo bewerben. Etwa 11 500 Bauern sind Mitglied in einem Bio-Verband.

Der deutsche Markt an Biolebensmitteln ist derzeit der größte in Europa und nach den USA der zweitgrößte der Welt. Im Jahr 2011 betrug der Umsatz mit Biolebensmitteln 6,59 Mrd. Euro (konventionell: 171,5 Mrd. Euro), was einem Marktanteil von 3,7 Prozent entspricht. Der Umsatz von Biolebensmitteln in Deutschland stieg von 2000 bis 2012 um 250 Prozent. Dabei wurden u.a. 2,07 Mrd. Euro in Naturkostfachgeschäften und 3,53 Mrd. Euro im traditionellen Lebensmitteleinzelhandel umgesetzt.

Besonders stark wuchs der ökologische Landbau in den neuen Bundesländern. Nach der Wiedervereinigung bot es sich dort an, auf den **ökologischen Landbau** zu setzen, da in der EU die Konkurrenz bei konventionellen Agrarprodukten sehr stark war. Die großen Anbauflächen der ehemaligen LPG stellten dabei gute Startbedingungen für eine kostengünstige Produktion dar. Die Vielfalt des Angebots hat sich in den letzten

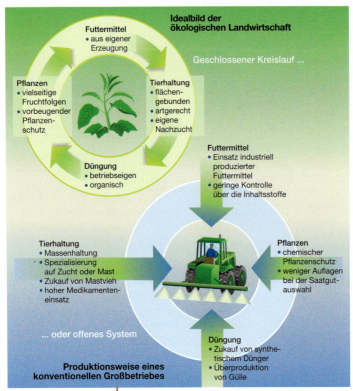

M 5 Ökologischer und konventioneller Landbau

nach: DBV, Situationsbericht, verschiedene Ausgaben

M 6 Entwicklung der ökologischen Landwirtschaft

M 7 Bio-Siegel

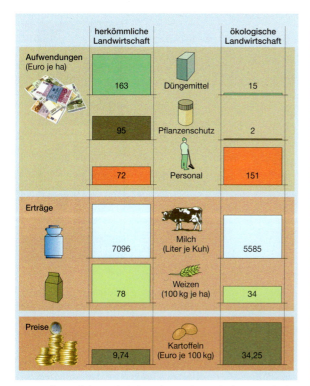

Bio-Produkte sind nur wenig gesünder als herkömmliches Essen, lautet das Ergebnis einer neuen, umfassenden Studie. Es gibt demnach weder einen Nachweis dafür, dass die Bio-Nahrungsmittel nährstoffreicher sind, noch bergen sie ein geringeres Gesundheitsrisiko. Der Vitamingehalt unterschied sich den Forschern zufolge kaum, Fette und Proteine waren ähnlich verteilt. Krankheitserreger kamen in keiner der beiden Gruppen häufiger vor. Auch besonders gesunde Bio-Früchte oder Bio-Gemüse konnten die Wissenschaftler nicht ausmachen.

Die Studie sei „nicht überraschend", kommentierte Agrarforscher Urs Niggli vom wissenschaftlichen Beirat des Bunds Ökologische Lebensmittelwirtschaft. Niggli betonte zudem die „unglaublich positive Wirkung" von ökologischer Landwirtschaft auf die Biodiversität. „Auf dem Land von Biobetrieben herrscht eine viel größere Artenvielfalt – von den kleinsten Mikroorganismen bis hin zu den Vögeln", sagte der Direktor des Forschungsinstituts für Ökologischen Landbau im Schweizerischen Frick. Auch werde das Grundwasser viel weniger belastet – nicht umsonst wollten Wasserwerke, dass in ihrem Einzugsgebiet die Flächen ökologisch bewirtschaftet werden. „Mit Bio kauft man sich immer ein Paket an positiven Eigenschaften."

Das finden auch die Produzenten der Biolebensmittel, die im vergangenen Jahr bereits 6,1 Prozent der Agrarfläche in Deutschland bewirtschafteten – Tendenz steigend. „Die Gesundheit ist nicht unser Hauptkampffeld", sagte Gerald Wehde, Sprecher des Anbauverbands Bioland. Kernziel der Öko-Landwirtschaft sei es vielmehr, die Umwelt zu erhalten. „Gewässerschutz, Klimaschutz, Artenschutz, Bodenqualität – da erbringen wir eine große ökologische Leistung."

(aus: stern.de: Bio-Lebensmittel auf dem Prüfstand – Der Irrglaube vom gesünderen Bio-Essen, vom 03.09.2012)

M 8 Herkömmliche und ökologische Landwirtschaft im Vergleich

zwei Jahrzehnten bedeutend erweitert: Während Ende der 1980er-Jahre auf den Bio-Märkten in der Regel nur saisonale Produkte aus einheimischer Produktion zu bekommen waren, umfasst die Produktpalette heute auch nichtsaisonale und überseeische Produkte wie Kaffee, Tee, Kakao, Gewürze, Gemüse, Zitrus- und tropische Früchte. Obwohl der Ökolandbau inzwischen in den meisten Ländern der Erde vorhanden ist, bleibt die Nachfrage auf die wohlhabenden Nationen Europas und die USA konzentriert. In beiden Regionen kann die eigene Produktion – trotz hoher Wachstumsraten – die Nachfrage nicht decken. Entwicklungsländer sehen hier zunehmend gute Exportchancen und verstärken ihre Bemühungen, die ökologische Landwirtschaft in ihren Gebieten auszudehnen. Der Welthandel mit Biolebensmitteln wird allerdings derzeit noch durch das Fehlen einer international anerkannten Zertifikation gehemmt. Exportierende Länder scheitern oft daran, dass die Importländer die Anerkennung verweigern, weil die im Importland geltenden Bestimmungen nicht eingehalten werden oder deren Einhaltung nicht zweifelsfrei nachgewiesen werden kann. Dies stellt vor allem Entwicklungsländer vor Probleme, da sie oft nicht über Möglichkeiten verfügen, unabhängige Kontrollkommissionen zu finanzieren.

M 9 Zu viel Wind um „Bio"?

6. Charakterisieren Sie die Unterschiede zwischen konventionellem und ökologischem Landbau (M 5, M 8).
7. Erläutern Sie die Struktur und die Entwicklung des ökologischen Landbaus in Deutschland (M 6, M 7).
8. Sammeln Sie in Partnerarbeit Gründe, aus denen Verbraucher bevorzugt Biolebensmittel kaufen. Vergleichen Sie anschließend mit den Ergebnissen der vorgestellten Studie (M 9).
9. Informieren Sie sich über die Entwicklung und Bedeutung des ökologischen Landbaus in Europa und der Welt (Internet). Stellen Sie Ihre Ergebnisse materialgestützt in Referatsform vor.
10. Nehmen Sie Stellung zu folgender Aussage: „Mit den altertümlichen Methoden des ökologischen Landbaus kann die Welt nicht ernährt werden. Eine Anbauform, die mindestens ein Drittel mehr Fläche für den gleichen Ertrag benötigt, ist angesichts schrumpfender Naturräume nicht nachhaltig!"

Webcode:
GO645787-233

Fairer Handel

- Die Produzentengruppen erhalten für ihre Waren Mindestpreise, die über dem Weltmarktpreis liegen.
- Unter Ausschluss von Zwischenhändlern werden die Produkte direkt bei den Erzeugern für den deutschen Markt eingekauft.
- Abnahmeverträge und Lieferbeziehungen werden für lange Zeiten geschlossen, um den Produzenten Planungssicherheit zu geben.
- Vorfinanzierung ermöglicht den Produzenten Investitionen vor dem Anbau und der Ernte und bewahrt sie vor Verschuldung.
- Die nationalen Gesetze werden ebenso eingehalten wie soziale Mindeststandards und die international geltenden Arbeitsschutzrichtlinien.
- Mehreinnahmen aus dem Fairen Handel werden in Bildungseinrichtungen, medizinische Versorgung oder die Umstellung auf ökologischen Landbau investiert.

(aus: VERBRAUCHER INITIATIVE e. V.: Helfen durch Handel(n)).

M 10 Kriterien des Fairen Handels

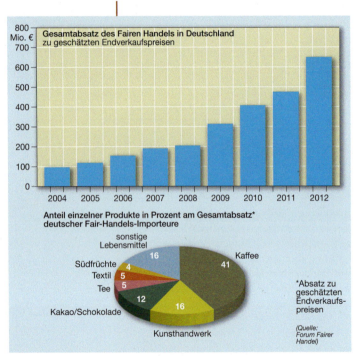

M 11 Fairtrade-Produkte/Umsatz in Deutschland (2004 – 2012)

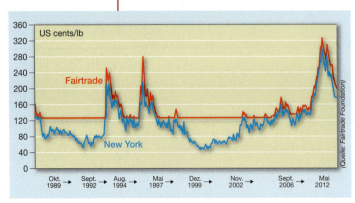

M 12 Weltmarkt- und Fairtradepreis Kaffee (1989 – 2012)

Logo von 1993

Nach dem Prinzip „Helfen durch Handel" verbessert der Faire Handel die Lebens- und Arbeitsbedingungen der Menschen in den Staaten Asiens, Afrikas und Lateinamerikas. Langfristig will der Faire Handel die Binnenwirtschaft der Erzeugerländer stärken und die Strukturen der Weltwirtschaft gerechter gestalten.

Eine gerechte Bezahlung, langfristige Lieferverträge und die Einhaltung sozialer Arbeitsstandards sind die Säulen des Fairen Handels. Auf der ganzen Welt erarbeiten Organisationen die Regeln, nach denen Fairer Handel ablaufen soll. Sie vergeben an Produkte, die diese Anforderungen erfüllen, ein Fair-Handels-Siegel und kontrollieren die Einhaltung der Regeln des Fairen Handels. Die Siegelinitiative TransFair übernimmt die Vergabe des Fairtrade-Siegels in Deutschland. Lebensmittelhersteller, Handelsunternehmen und Importeure, die Fairtrade-gesiegelte Produkte auf dem deutschen Markt anbieten, sind Lizenznehmer bei TransFair. Sie beziehen die Rohstoffe ausschließlich von Fairtrade-zertifizierten Kleinbauernkooperativen oder Plantagen. Durch zusätzlich zum Verkaufspreis festgelegte Prämien können die Kleinproduzenten in soziale Projekte, biologischen Anbau und Produktivitätssteigerung investieren. Die Einhaltung der international gültigen Fairtrade-Standards wird durch die unabhängige Zertifizierungsgesellschaft FLO-Cert kontrolliert. Auch die gepa, Europas größter Importeur für fair gehandelte Produkte, ist Lizenznehmer bei TransFair. Handelspartner im Fairen Handel sind in der Regel Kleinproduzenten, die wegen ihrer geringen Produktionsmengen von Zwischenhändlern abhängig sind. Der Faire Handel fördert den Zusammenschluss von Kleinbauern in Kooperativen, die gemeinsam wirtschaften. Dadurch können sie größere Mengen liefern und eine sinnvolle Infrastruktur aufbauen:

Eine Kooperative kann leicht gemeinsam einen Lkw kaufen oder eine Schule bauen. Einzelnen Kleinbauern sind solche Möglichkeiten dagegen verschlossen. Auch Plantagen im Privatbesitz können Handelspartner im Fairen Handel sein. Hier setzt sich der Faire Handel für Arbeitsbedingungen ein, die den Plantagenarbeitern mindestens die gesetzlichen und tariflichen Bestimmungen garantieren. Die Plantagenbesitzer werden zu weiteren Verbesserungen der Lebensbedingungen ihrer Arbeiter motiviert.

(Quelle: siehe M 14)

M 13 Helfen durch Handeln

Landwirtschaft im Spannungsfeld zwischen Ressourcengefährdung und Nachhaltigkeit 235

Auch in Zeiten hoher Marktpreise ist Kaffee für Kleinbauern kein lukratives Geschäft: Kaffeebauern erhalten im konventionellen Handel ungefähr zwischen 7 und 10 % des Endverkaufspreises. 84 bis 87 % der Profite werden auf Ebene der Röster und des Einzelhandels generiert. Der Großteil des international gehandelten Kaffees wird den exportierenden Ländern von großen Handelshäusern abgekauft. [...] Diese Handelshäuser beliefern die Röster, deren Branche einen ähnlichen Konzentrationsgrad aufweist. Kraft, Nestlé, Sarah Lee, Procter & Gamble und Tchibo kontrollieren ungefähr die Hälfte des Weltmarkts. In Deutschland teilen sich vier große Einzelhändler, nämlich REWE, Edeka, Aldi und die Schwarz-Gruppe 85 % des Lebensmitteleinzelhandels.

Diese enorme Konzentration auf Händler-, Röster- und Einzelhandelsebene trägt zu einer extrem ungleichen Verteilung der Verhandlungsmacht innerhalb der Wertschöpfungskette bei. Ein unorganisierter Kleinbauer ist Preisnehmer. Er kann keinerlei Einfluss auf kostendeckende Preise nehmen. Das Auftreten neuer Probleme, bedingt oder begünstigt durch den Klimawandel, gefährdet die Existenz der Kleinbauern, die zwar nicht zum Entstehen der Probleme beigetragen haben, diesen aber schutzlos ausgeliefert sind, weiter.

(Quelle M 13 und M 14: www.fairtrade-deutschland.de/fileadmin/user_upload/ueber_fairtrade/fairtrade-themen/fairtrade_statement_Kaffee.pdf)

M 14 Traditionelle Wertschöpfungskette Kaffee

Was ist Ihr größter Vorwurf [an Fairtrade]?
Ich finde, die Kommunikation rund um den fairen Handel ist zu vereinfachend, zu simpel. Mit dem Label Fairtrade kauft man zwar die fairen Arbeitsbedingungen, weiß aber nicht, dass die zuweilen nur für die Kleinproduzenten selbst gelten. In der Dominikanischen Republik zum Beispiel beschäftigen die geförderten Kleinproduzenten von Bananen Erntehelfer aus Haiti, die von den Fairtrade-Richtlinien überhaupt nicht profitieren. Das wird verschwiegen. Sie leben unter miserablen Bedingungen, verdienen schlecht und haben noch nicht mal ein Visum.

Außerdem wird nicht kommuniziert, dass immer mehr große Bananen-Produzenten mit mehreren hundert Mitarbeitern gefördert werden, da die Nachfrage nach Fairtrade-Bananen angeblich nicht durch die kleinen Produzenten gedeckt werden kann [...]. Hinzu kommt, dass Fairtrade International mit Sitz in Bonn zunehmend Partnerschaften mit multinationalen Konzernen schließt. Das ist völlig paradox. [...]

Wie sehen Sie insgesamt, dass Fairtrade mit großen Supermärkten kooperiert?
Problematisch daran ist, dass die Handelsriesen bei den fair gehandelten Produkten besonders große Gewinnmargen einstreichen. Der Verbraucher zahlt einen höheren Preis. Aber von dem Geld, das Bedürftige unterstützen soll, bleibt der größte Teil beim Händler. Und das ist legal, weil Fairtrade den Händlern keinen Verhaltenskodex vorschreibt.

Sollen die Verbraucher Fairtrade denn trotz allem noch unterstützen?
Unbedingt! [...]

Auszug von: http://future.arte.tv/de/thema/wie-fair-ist-fairtrade (Zugriff am 26.8.2013)

M 15 Interview mit Donatien Lemaître, Regisseur des Dokumentarfilms „Der faire Handel auf dem Prüfstand" (2013)

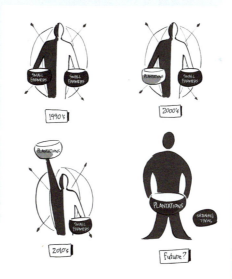

M 16 Ohne Titel

11. Erläutern Sie Prinzipien der Nachhaltigkeit an der Idee des Fairen Handels (**M 10**, **M 12** bis **M 14**).
12. Analysieren Sie die Bedeutung des Fairtrade-Handels in Deutschland (**M 11**, **M 13**).
13. Nehmen Sie Stellung zu den Aussagen Lemaîtres: Ist eine Unterstützung der Fairtrade-Prinzipien weiterhin notwendig (**M 10**, **M 15**)?
14. Analysieren Sie den Cartoon (**M 16**). Einigen Sie sich mit Ihrem Partner auf einen passenden Titel.
15. Diskutieren Sie, ob Sie bereit sind, einen höheren Preis für Transfair-Produkte zu bezahlen.

Referat-Tipp:
Recherchieren und präsentieren Sie in einem materialgestützten Referat Informationen zum Thema:
– Ein Fairtrade-Produkt (z. B. Bananen, Kakao)
– Eine Fairtrade-Region (z. B. Karibik, Afrika)

Ordnen/Anwenden/Üben

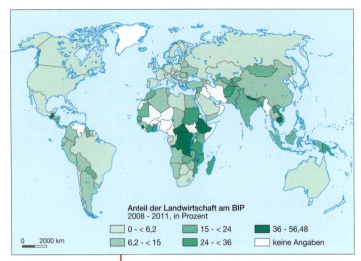

M1 Landwirtschaftliche Extreme

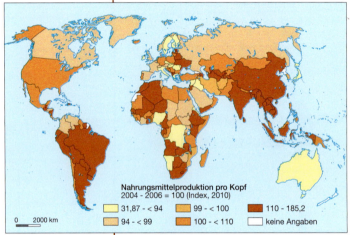

M2 Entwicklung der globalen Ernährungssituation

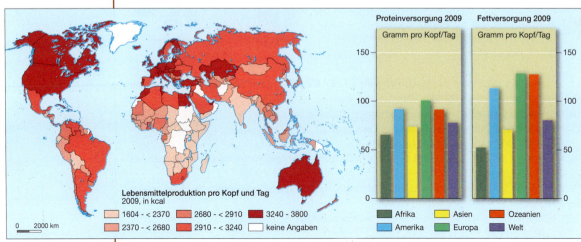

M3 Qualität der Welternährung

Das Klima bestimmt im Wesentlichen die natürliche Vegetation wie auch den Bodentyp und dessen Bodenfruchtbarkeit. In den Tropen hatten sich die Menschen mit ihren Bodennutzungssystemen an die natürlichen Bedingungen angepasst und ein System entwickelt, das ihre Nahrungsmittelversorgung sichert sowie die Regeneration der Ressourcen gewährleistet. Viele afrikanische Staaten haben auf Anregung von internationalen Organisationen wie der **Weltbank**, der **Welthandelsorganisation (WTO)** und dem **Internationalen Währungsfonds (IWF)** ihre landwirtschaftlichen Erzeugnisse für den Weltmarkt umgestellt. Wo bisher Nahrungsmittel für den Eigenbedarf angebaut worden waren, werden nun Produkte für den Weltmarkt angebaut. Damit einher ging eine strukturelle Umstellung von Kleinbetrieben auf eine extensive Plantagenwirtschaft, die meist über Jointventures oder private Konzerne von ausländischen Kapitalgebern bestimmt sind. Damit verbunden sind auch der intensive Einsatz von Agrochemikalien sowie eine deutliche Ausweitung der Verkehrsströme im Binnenland und beim Überseetransport.

Die Landwirtschaft ist ein Element der Globalisierung der Wirtschaft, der Handel mit Agrargütern nimmt stetig zu. Etwa acht Prozent des globalen Handels entfallen auf Agrargüter. Während früher die tropischen Kolonialwaren wie Kaffee, Kakao und Gewürze bedeutsam waren, nehmen heutzutage höherwertige, nicht-traditionelle Erzeugnisse aus den gemäßigten Breiten wie Obst, Gemüse und Fleischprodukte einen immer größeren Anteil ein. Bei der Erzeugung und auch bei der Vermarktung stehen die Industrie- und Entwicklungsländer einander im direkten Wettbe-

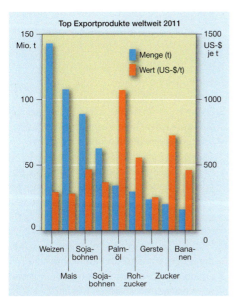

M 4 Top-Export-Agrargüter

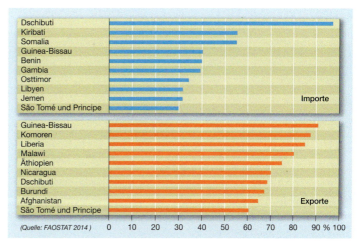

M 5 Importe und Exporte von Agrargütern, prozentual der Gesamtproduktion

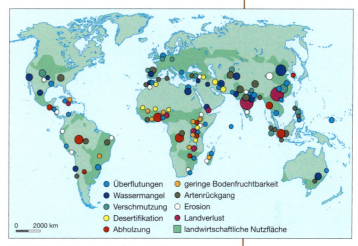

M 6 Risikogebiete der Landwirtschaft

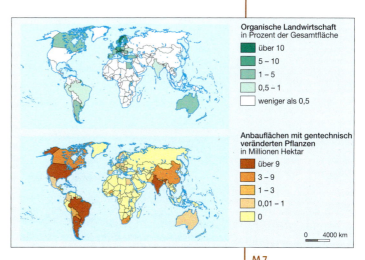

M 7 Alternativen zur konventionellen Landwirtschaft

werb gegenüber. Dabei kann der Außenhandel nur selten ungestört abgewickelt werden. In Industrieländern wird die Landwirtschaft durch Zölle und Subventionen gestützt und beschützt. Dadurch benachteiligt sind v.a. die Entwicklungsländer, denen damit der Zugang zu den wichtigen Absatzmärkten in den Industrieländern verwehrt wird.

Der wachsenden Weltbevölkerungszahl versucht man auf verschiedenen Wegen die notwendigen Nahrungsgrundlagen zu sichern. Die landwirtschaftliche Nutzfläche kann kaum noch vergrößert werden kann, ohne in Gebiete hoher Vulnerabilität vorzudringen. Somit steht die Steigerung der Produktion im Vordergrund. Sie kann erreicht werden u.a. durch verbesserte Anbaumethoden, durch Züchtung von neuen Sorten wie auch durch den Einsatz gentechnisch veränderter Pflanzen, was allerdings nicht überall gesellschaftliche Akzeptanz findet.

1. Stellen Sie die Situation der Landwirtschaft in Afrika dar (M 1 bis M 3).
2. Kennzeichnen Sie den Handel mit Agrargütern (M 4, M 5).
3. Analysieren Sie die Risikogebiete der Landwirtschaft (M 6).
4. Erläutern Sie die Bedeutung alternativer Formen zur konventionellen Landwirtschaft (M 7).
5. Erstellen Sie mithilfe des Internets eine Weltkarte des Agrarhandels mit tropischen landwirtschaftlichen Produkten. Stellen Sie insbesondere dar: Quell- und Zielgebiete der Produkte, Menge und Wert von Ex- und Import, Bedeutung des Agrarhandels für die jeweilige Volkswirtschaft.

Prüfen Sie Ihren Zuwachs an Sach-, Methoden- und Urteilskompetenzen

S Sachkompetenz; **M** Methodenkompetenz; **U** Urteilskompetenz

S Definieren Sie folgende Fachbegriffe:

- Agrarische Revolution
- Agrarkolonisation
- Aquakultur
- arid, semiarid
- Bodendegradation
- cash crops
- Desertifikation
- Feedlot
- Grundwasserhorizont
- Integrierter Landbau
- land grabbing
- shifting cultivation
- Subsistenzwirtschaft
- Transformation (in der Landwirtschaft)
- Variabilität (der Niederschläge)
- Weltmarktorientierung

Aufgaben zu M 1

S Nennen Sie die Abfolge der Klimazonen vom Äquator bis zu den Polen.

S Beschreiben Sie die Niederschlagsverhältnisse in den Jahren 1952 – 1954.

S Erklären Sie Probleme, die sich hieraus für die Farmer der Great Plains ableiten lassen.

M Stellen Sie die Informationen der Tabelle in geeigneter Form grafisch dar.

S Nennen Sie Bodenschutzmethoden, mit denen der Bodenerosion vorgebeugt werden soll.

Aufgaben allgemein und zu den Fotos M 2

S/M Ordnen Sie die Fotos begründet verschiedenen Vegetations- und Klimazonen zu.

S Erläutern Sie Art und Zielsetzung der jeweiligen landwirtschaftlichen Methode.

S Erläutern Sie den Vorgang der Bodenversalzung.

S Erläutern Sie, welche Einflussfaktoren den Weltmarktpreis für ein landwirtschaftliches Exportgut, z. B. Kaffee, bestimmen.

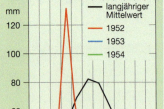

M 1 Niederschläge in Dodge City

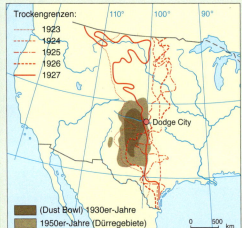

Trockengebiete in den USA (1930er- und 1950er-Jahre)

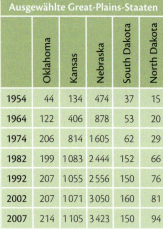

Ausgewählte Great-Plains-Staaten					
	Oklahoma	Kansas	Nebraska	South Dakota	North Dakota
1954	44	134	474	37	15
1964	122	406	878	53	20
1974	206	814	1605	62	29
1982	199	1083	2444	152	66
1992	207	1055	2556	150	76
2002	207	1071	3050	160	81
2007	214	1105	3423	150	94

Bewässerungsflächen (in 1000 ha)

M 2 Landwirtschaft in verschiedenen Vegetationszonen

U Nehmen Sie Stellung zu der Frage, ob die Zugangsmöglichkeiten zum Weltmarkt für überwiegend agrarisch geprägte Länder eine Chance oder ein Risiko darstellen.
M Stellen Sie Ihre Überlegungen in Form einer Strukturskizze dar.

Aufgaben zu M 3
S Beschreiben Sie allgemein den Ansatz des Sahelsyndromkonzeptes.
M Erläutern Sie die zentralen Mechanismen des Sahelsyndroms.
U Begründen Sie, warum das Sahelsyndrom überwiegend in ökonomisch eher gering entwickelten Gesellschaften oder Regionen mit hoher Bedeutung des Agrarsektors auftritt.

Aufgaben zu M 4
S Beschreiben Sie das Diagramm.
U Nehmen Sie zur aufgezeigten Entwicklung kritisch Stellung.

Aufgaben zu M 5
S/M Beschreiben Sie das Modell.
S Erläutern Sie anhand des Modells das Prinzip der Marktorientierung.
U Führen Sie Gründe dafür an, dass dieses Modell vor allem für hoch entwickelte Staaten nicht mehr zeitgemäß ist.

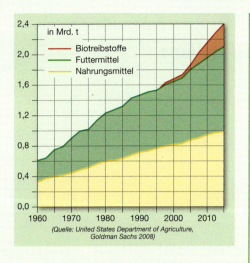

M 4 Verwendung landwirtschaftlicher Nutzpflanzen 1960 – 2015

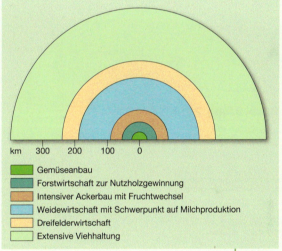

M 5 Die Thünen'schen Ringe – Landnutzung im isolierten Staat

Webcode:
GO645787-239

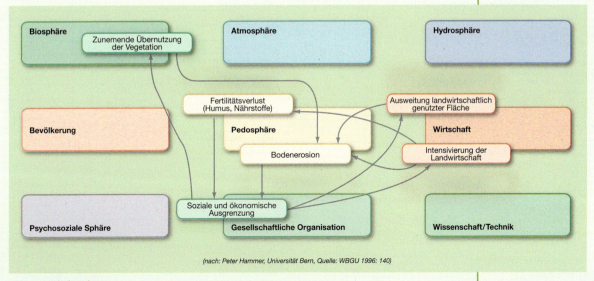

(nach: Peter Hammer, Universität Bern, Quelle: WBGU 1996: 140)

M 3 Das Sahelsyndrom

Zentralabitur 2014
Geographie, Grundkurs

M 1: Atlaskarten nach Wahl

M 2: Honduras: Wirtschaft (1983)

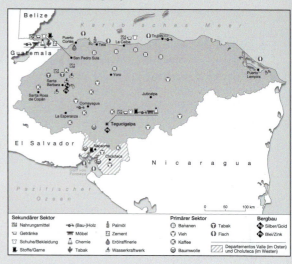

Quellen verändert nach:
http://www.lib.utexas.edu/maps/americas/honduras_econ_1983.jpg (ergänzt);
http://losdivulgadores.com/wp-content/uploads/2012/06/Mapa-Mosquitia.jpg (Zugriff jeweils 05.09.2013)

Name: _____

Abiturprüfung 2014
Geographie, Grundkurs

Aufgabenstellung:

Thema: Nachhaltige Entwicklung durch Aquakulturen? –
Das Beispiel der honduranischen Shrimpsfarmen

Teilaufgaben:

1. Lokalisieren Sie Honduras und kennzeichnen Sie den sozioökonomischen Entwicklungsstand des Landes und insbesondere der pazifischen Küstenregion um das Jahr 1980. (26 Punkte)

2. Erläutern Sie die seither eingetretene Entwicklung im Golf von Fonseca in ihrer Bedeutung für die Region und den Staat. (29 Punkte)

3. Bewerten Sie die Nachhaltigkeit dieser Entwicklung. (25 Punkte)

Materialgrundlage:

- M 1: Atlaskarten nach Wahl
- M 2: Honduras: Wirtschaft (1983)
- M 3: Honduras: Informationen
- M 4: Golf von Fonseca: Einwohnerzahl und Landnutzung
- M 5: Garnelenexport aus Honduras
- M 6: Entwicklung der Garnelenzucht am Golf von Fonseca
- M 7: Shrimpsproduktion am Golf von Fonseca: wirtschaftliche Daten
- M 8: Welthandelsgut Tiefkühl-Shrimps

Zugelassene Hilfsmittel:

- der an der Schule in der Qualifikationsphase überwiegend verwendete Atlas, in einer für alle Prüflinge gleichen Auflage
- Wörterbuch zur deutschen Rechtschreibung
- Taschenrechner

Diese Seiten der Abiturprüfung in Originalgröße und die Lösungen der Aufgaben finden Sie im
Webcode: GO645787-240

M 3: Honduras: Informationen

Fläche (km²)	112.088	
Klima	tropisch-wechselfeucht; Hurrikans, Bergrutsche und Überschwemmungen an Flüssen und Küsten verursachend	
	1981	**aktuell**
Einwohnerzahl (Mio.)	3,82	8,30 (2012)
ländliche Bevölkerung (%)	64	48 (2010)
Beschäftigte (Mio.) davon in der Landwirtschaft (%)	1,17 / 61,8	3,37 / 39,2
BIP (Mrd. US-$)	1,9	17,3
Beitrag der Wirtschaftssektoren zum BIP (%)	28 / 24 / 48	12 (davon wiederum 26 % durch Garnelen aus Aquakulturen) / 26 / 62
BIP (US-$/Einw.)	600	3.840
Anteil der Bevölkerung in extremer Armut (%) (Einkommen < 1,25 US-$/Tag)	14,6* (1986)	21,4* (2008) Bevölkerung in „Armut" 66,2 % (2012)
HDI	0,451** 74,7 % des globalen und 73 % des Durchschnittswertes der lateinamerikanischen Staaten	0,632** 91,1 % des globalen und 85,3 % des Durchschnittswertes der lateinamerikanischen Staaten
Import (Mrd. US-$)	0,94	10,14
Export (Mrd. US-$)	0,78 Bananen 30 % Kaffee 26 % Rindfleisch 7 %	6,79 Kaffee 19,9 % Bananen 6,9 % Palmöl 6,1 % Shrimps*** 4,5 % sonstige Erzeugnisse aus Aquakulturen 2,7 %

* Im Süden und Osten im Vergleich mit dem Landesdurchschnitt höhere Raten in Bezug auf Unterernährung, Arbeitslosigkeit, Kindersterblichkeit und Analphabetentum.
** Die HDI-Werte sind aufgrund einer Änderung im Berechnungsverfahren nicht unmittelbar vergleichbar.
*** ausschließlich tiefgekühlt

Quelle: eigene Zusammenstellung v. a. nach
Marc Edelmann: Rethinking the Hamburger Thesis: Deforestation and the Crisis of Central America's Beef Exports. In: Michael Painter/William H. Durham (Hg.): The Social Causes of Environmental Destruction in Latin America, o. O.: University of Michigan Press 1995, S. 25 – 62, hier: S. 28;
http://www.kindernothilfe.de/multimedia/KNH/Downloads/L%C3%A4nderkurzinformationen/Honduras+.pdf;
http://data.worldbank.org/indicator/SI.POV.DDAY/countries (Zugriff jeweils 15.06.2013)

M 4: Golf von Fonseca: Einwohnerzahl und Landnutzung

Einwohnerzahl und Landnutzung im honduranischen Teil des Golfes von Fonseca			
	1982	1992	2012
Departementos Valle und Choluteca: Fläche (km²)	5.776		
Einwohnerzahl	308.000	431.000	670.000
Landnutzung im unmittelbaren Hinterland des Golfes (1.633 km², in %)			
Felder und Weiden	52,7	51,2	
Salzwiesen	27,4	25,0	
Mangroven	17,7	14,7	
Shrimpsfarmen*	0,7	7,0	k. A.
Salinen (Gewinnung von Meersalz)	0,7	0,8	
Siedlungs- und Verkehrsflächen	0,9	1,2	

* In Honduras bis heute nur an der Pazifikküste

Landnutzung im Mündungsgebiet des Estero San Bernardo

Mangroven: waldähnliche Formationen im Gezeitenbereich tropischer Küsten, die auf hohe Salzkonzentrationen angewiesen sind, mit ihren Wurzeln die Küste stabilisieren und so Erosion und Überschwemmungen entgegenwirken; Nahrungsgrundlage für Pflanzenfresser und Aufwuchsgebiet/Brutstätte für zahlreiche Fische, Garnelen (-larven) und andere Krebstiere; Ressourcenquelle für die Bevölkerung (u. a. Bau- und Brennholz, Früchte, Heilmittel)

Quellen: eigene Zusammenstellung, v. a. nach
Diercke-Weltatlas. Braunschweig: Westermann 2008, S. 208, Karte 2, aktualisiert mit Hilfe von
http://asterweb.jpl.nasa.gov/gallery-detail.asp?name=fonseca (Zugriff 15.06.2013);
Susan C. Stonich: The Environmental Quality and Social Justice Implications of Shrimp Mariculture Development in Honduras. In: Human Ecology 23,2 (1995) S. 143–168, v. a. S. 158 und S. 161;
http://ia600507.us.archive.org/10/items/worldmangroveatl97spa/worldmangroveatl97spal.pdf (verändert)
(Zugriff 23.08.2013)

M 5: Garnelenexport aus Honduras

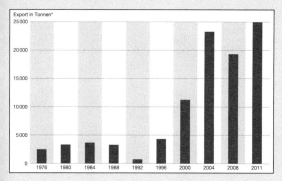

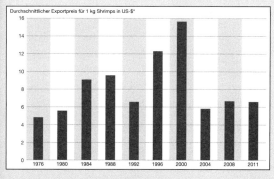

* 50–75 % des honduranischen Gesamtexports eines Jahres gehen durchschnittlich in die USA.

Quellen: eigene Darstellung, v.a. nach
http://www.fao.org/figis/servlet/SQServlet?file=/work/FIGIS/prod/webapps/figis/temp/hqp_30270250736148 6 7899.xml&outtype=html;
http://www.shrimpnews.com/FreeReportsFolder/NewsPageFolderNew/NewsPagesIn2012/April2012.html
(Zugriff jeweils 15.06.2013)

M 6: Entwicklung der Garnelenzucht am Golf von Fonseca

ab 1973	Anlage erster Farmen mit Unterstützung durch die United States Agency for International Development (ab 1985 nur noch für große Farmen) und staatlicher Förderung: Steuerbefreiung, Vergabe von in Staatsbesitz befindlichen Flächen für 1–3 US-$ Pacht/ha/Jahr (so bis heute)
1986	Gründung der National Aquaculture Association of Honduras: Laboratorien zur Prüfung der Wassergüte, Beteiligung bei der Einrichtung von (Natur-)Schutzgebieten, Grundlegung eines Brutbestandes zur Larvenzucht; Landvergabe: 6.800 ha
1987	Gründung einer NRO gegen die Anlage von Shrimpsfarmen durch Umweltschützer, Gewerkschaftler und lokale Fischer; im folgenden Jahr erste Protestaktionen gegen die Shrimpsfarmen
1992	erste Garnelenseuchen auf den Farmen (vielfach Totalverluste)
1998	Hurrikan Mitch: 6 Mio. US-$ Regierungsgelder für den Wiederaufbau der Shrimpsfarmen
um 2000	letztmalige Vergabe in Staatsbesitz befindlicher Flächen an Betreiber von Shrimpsfarmen, auch aus dem Ausland, z. B. aus Ecuador oder den USA; Gesamtvergabe: 37.010 ha; beginnende Nutzung gentechnisch veränderter Larven für die Zucht
2005	Die Betreiber von Shrimpsfarmen werden erstmalig der Verletzung von Menschenrechten und Umweltgesetzen schuldig gesprochen.
2012	Produktion mit bis zu 200 Garnelen/m² und einem Ertrag von 50–750 kg Garnelen/ha/ Zyklus (= 2–3 Monate) bei täglichem Austausch von bis zu 50 % des Beckenwassers mit frischem Süß-/Salzwasser, künstlicher Belüftung, Mastfutter (meist Fischöl/-mehl); 65 % der Produktionsfläche im Besitz von Produzenten > 150 ha Farmgröße

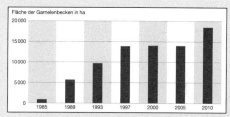

Quellen: eigene Zusammenstellung, v. a. nach
http://www.cermic.com.ar/artic/1907/SPSHR_4.PDF (Diagramm);
http://www.crustakrankheiten.de;
http://www.lateinamerikanachrichten.de/index.php?/artikel/629.html (Zugriff jeweils 15.06.2013)

M 7: Shrimpsproduktion am Golf von Fonseca: wirtschaftliche Daten

	1991	2002	2010
Betriebe:			
Shrimpsfarmen	81	239	213
Larvenaufzuchtstationen	k. A.	11	11
Verpackungsbetriebe	6	k. A.	8
Beschäftigte	11.900	18.690 davon 12.270 permanent	28.440
davon Frauen (%)	k. A.	25	40
Betriebskosten: Anteile für			Futter 25 % Larven 18 % Arbeitskraft 20 %* sonstige Kosten (v. a. Energie) 37 %

* Löhne z. T. unter 3 US-$/Tag

Quellen:
http://www.fao.org/fishery/countrysector/naso_honduras/en;
http://library.enaca.org/Shrimp/Case/LatinAmerica/Honduras/Honduras-SciAndSoc.pdf (Zugriff jeweils 15.06.2013)

M 8: Welthandelsgut Tiefkühl-Shrimps

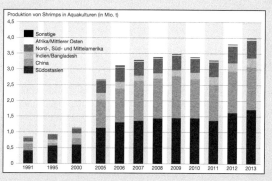

* Löhne z. T. unter 3 US-$/Tag

Quellen:
ftp://ftp.fao.org/FI/CDrom/CD_yearbook_2010/root/commodities/tableI02.pdf;
http://www.gaalliance.org/update/GOAL11/DiegoValderrama.pdf (Zugriff jeweils 12.06.2013)

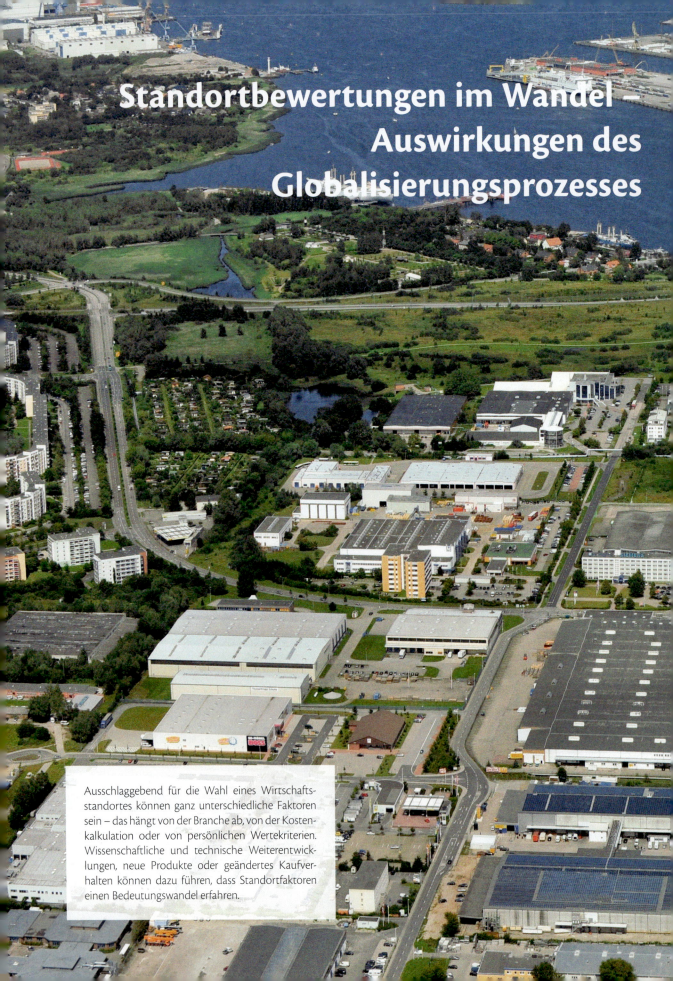

Standortbewertungen im Wandel – Auswirkungen des Globalisierungsprozesses

Ausschlaggebend für die Wahl eines Wirtschaftsstandortes können ganz unterschiedliche Faktoren sein – das hängt von der Branche ab, von der Kostenkalkulation oder von persönlichen Wertekriterien. Wissenschaftliche und technische Weiterentwicklungen, neue Produkte oder geändertes Kaufverhalten können dazu führen, dass Standortfaktoren einen Bedeutungswandel erfahren.

Erweiterung der geographischen Kompetenzen

Inhalte
- Gründe für den Wandel von Standortfaktoren
- Strukturwandel in industriell geprägten Räumen
- Strategien zur Überwindung von Strukturkrisen
- Voraussetzungen für die Herausbildung von Hightech-Clustern
- Bedeutung des Verkehrs für moderne Produktions- und Logistikbetriebe
- Merkmale und Phasen der Globalisierung
- Weltwirtschaft und globaler Handel
- Leitbilder nachhaltiger Entwicklung

Medien und Methoden
- Modelle, Wirtschaftstheorien, Schemata, Wirtschaftskarten, Wirtschaftsstatistiken
- Standort- und Wirtschaftsvergleiche, Überprüfen von Theorien und Modellen anhand realer Standortgegebenheiten und -entwicklungen

Bewertungen
- Bedeutung des Wandels von harten und weichen Standortfaktoren für die wirtschaftliche Entwicklung eines Raumes
- Nachhaltigkeit, Strategien und Leitbilder von Maßnahmen zur Entwicklung von Wirtschaftsräumen
- Bedeutung von Wachstumsregionen für die Entwicklung eines Landes, u. a. unter dem Einfluss staatlicher Institutionen und politischer Entscheidungen

Aktionen und Handlungserwartungen
- Betriebserkundung, Expertenbefragung, Internetrecherche
- Kompetentes Verhalten im Zusammenhang mit eigenen beruflichen Standortentscheidungen
- Entwicklung, Reflexion und Umsetzung eigener Meinungen z. B. bezüglich Flächennutzungsplanentscheidungen am eigenen Wohnort
- Wahrnehmen von Bürgerbeteiligungsrechten

Foto: Gewerbegebiet gegenüber vom Hafen Rostock

Ausblick: Standortbewertungen im Wandel – Auswirkungen des Globalisierungsprozesses

In der Entwicklungsgeschichte des Menschen spielen Standortentscheidungen von Anfang an eine große Rolle: Der Platz zum Wohnen und Siedeln musste sicher sein vor natürlichen Unbilden und Feinden, und er musste die Möglichkeit bieten sich zu ernähren. Bauern siedelten auf möglichst fruchtbarem Land, Handwerker ließen sich in stark besiedelten Regionen oder in Städten nieder, Kaufleute in der Nähe von Handelsstädten und an Handelswegen.

Für Unternehmen jeder Größe sind Standortfaktoren von großer Bedeutung. Sie beschreiben in ihrer Summe die Qualität eines lokalen, regionalen, nationalen oder globalen Standortes. Die Standortwahl eines Unternehmers basiert auf räumlichen Ausstattungsmerkmalen, die sich positiv oder bei falscher Auswahl negativ auswirken. Die sog. harten Faktoren lassen sich in einer Kosten-Nutzen-Analyse berechnen, weiche nicht.

Im Zeitalter der Industrialisierung spielten eine große Rolle die Lage von Bodenschätzen und das Vorhandensein von Kapital, ferner die Möglichkeit, Massengüter schnell und preiswert zu transportieren, hinreichend viele ausgebildete Arbeitskräfte sowie die Lage der Absatzmärkte. Je mehr unterschiedliche Rohstoffe für ein Produkt benötigt wurden, desto komplizierter stellte sich die Frage nach dem geeignetsten Standort. Manchmal spielten auch Anreize in Form von Steuererleichterungen, preiswert zur Verfügung gestellte Bauflächen u.a. eine Rolle, häufig auch politische Entscheidungen.

Im Zeitalter der Globalisierung gelten zum Teil alte Standortüberlegungen und frühere Kostenkalkulationen nicht mehr: Der technische Fortschritt bei der Produktion, neue Produkte aus andersartigem Material, der stark gewachsene

M 2 „Bodenständige" Zuckerraffinerie

Welthandel und damit die schnelle Erreichbarkeit von Förderstellen, Produktionsorten und Märkten führen zu einer Neubewertung der Standortfrage. In deren Folge verlagern Unternehmer häufig ihren Produktionsstandort innerhalb eines Landes, ins benachbarte Ausland oder nach Übersee. In vielen Fällen wird die Produktion auf mehrere Standorte in mehreren Staaten und auf mehreren Kontinenten verteilt.

Nicht selten ist es günstiger, das gesamte Produkt nicht von einem einzigen Unternehmen herstellen zu lassen, sondern im Rahmen internationaler Arbeitsteilung und von Spezialisierung von mehreren. Global Player, multinationale Unternehmen, erstrecken ihren Einfluss- und Absatzbereich über den ganzen Globus.

Für Altindustriegebiete mit einem hohen Anteil an Schwerindustrie bedeuten solche Veränderungen oft große Probleme. Es gelingt nicht immer, im Rahmen eines dann notwendigen Strukturwandels neue Industrie oder Dienstleistungsbetriebe anzusiedeln und somit für die ansässigen Menschen neue Arbeitsplätze zu schaffen.

M 1 Weltweites Standortnetz der Volkswagengruppe 2013

Ausblick: Standortbewertungen im Wandel – Auswirkungen des Globalisierungsprozesses

Fachbegriffe aus der Sekundarstufe I

Die Zusammenstellung enthält einige grundlegende Begriffe, die Sie aus früheren Jahrgangsstufen kennen sollten und die Sie in diesem Kapitel benötigen.

Binnen-, Außenhandel

BIP: Bruttoinlandsprodukt
Gesamtwert aller in einem Land während eines bestimmten Zeitraums (meist 1 Jahr) für den Endverbrauch erzeugten Güter und Dienstleistungen. Dabei ist es gleichgültig, von wem sie erbracht werden (Inländer oder Ausländer). Das BIP gilt als internationale Messgröße der Leistung einer Volkswirtschaft.

BNE: Bruttonationaleinkommen
Gesamtwert aller von den Bürgern eines Landes während eines bestimmten Zeitraums (meist 1 Jahr) erzeugten Güter und Dienstleistungen. Da es hier auf die Bürger (nicht wie beim BIP auf das Land) ankommt, werden die im Ausland erzielten Einkommen (aus Arbeit und Kapital) hinzugezählt, die von Ausländern im Land erwirtschafteten Gewinne und Einkommen abgezogen.

Deindustrialisierung

Dienstleistungsgesellschaft

Freihandel: Beseitigung von außenwirtschaftlichen Beschränkungen wie Importzöllen

Globalisierung

Importzoll

Just-in-time-Transport: Die Anlieferung „genau rechtzeitig" zur Montage. Dadurch werden die Kosten der Lagerhaltung auf die Lieferanten abgewälzt, die um das Abnehmerwerk große Lagerhallen errichten oder Speditionen beauftragen.

Liberalisierung: Befreiung des Handels von Beschränkungen, z. B. durch Zölle

Logistik

Montanindustrie

Multinationales Unternehmen: Unternehmen, das seinen Sitz in der Regel in einem Industrieland hat und über juristisch eigenständige Niederlassungen oder Zweigwerke in anderen Ländern verfügt. Von der Zentrale aus werden alle Werke gesteuert. Diese können aus Unternehmen einer Branche bestehen (z. B. Motorenwerk, Getriebewerk, Karosseriewerk, usw.) oder aber in verschiedenen Branchen tätig sein.

NAFTA

OPEC

Protektionismus: Staatliche Maßnahmen, um die eigene Wirtschaft vor ausländischer Konkurrenz zu schützen: Einfuhrsperren, Schutzzölle und andere Einfuhrhemmnisse

Standortfaktor, harter und weicher

Standortwahl

Strukturwandel: Wandel bestimmter Faktoren, z. B. in der Landwirtschaft der Grad der Mechanisierung, Art und Umfang des Maschineneinsatzes oder das Produktionsziel; so findet ein Strukturwandel statt, der Auswirkungen auf andere Bereiche wie Art und Anzahl in der Nähe befindlicher (Zulieferer-)Industrien hat, auf die Anzahl der nur noch benötigten Arbeitskräfte und somit auf die Dichte der Besiedlung eines Raumes

Transformationsprozess: Prozess der Umgestaltung eines bestehenden Wirtschaftssystems. Im Transformationsprozess ehemals sozialistischer Staaten musste von der staatlich organisierten Planwirtschaft auf die vom Markt und dem Wettbewerb gesteuerte Marktwirtschaft umgestellt werden.

Wirtschaftsförderung

Wirtschaftskrise

Wirtschaftssektoren: Aufgliederung der wirtschaftenden Tätigkeit des Menschen in den primären Sektor (Agrarwirtschaft, Forstwirtschaft, Fischerei und z. T. auch Bergbau und Energieerzeugung), den sekundären Sektor (produzierendes Gewerbe mit Industrie und Handwerk), den tertiären Sektor (Dienstleistungen im staatlichen oder privaten Bereich) und den quartären Sektor (Datenverarbeitung, Rechts- und Wirtschaftsdienste, Forschung und Lehre).

Angebote zur individuellen Bearbeitung in Einzelarbeit, im Tandem oder in Gruppen

Strukturwandel
- Recherchieren Sie die Entwicklung des mittelenglischen Industrierevieres seit 1950. Vergleichen Sie diese Entwicklung mit derjenigen des Ruhrgebietes.
- Stellen Sie jeweils im Tandem Ihr Vergleichsergebnis in Form eines mediengestützten Referates vor.

alternativ
- Untersuchen Sie Ihre schulort- bzw. wohnortnahe Region daraufhin, ob es Formen von Strukturkrisen oder Strukturwandel seit den 1980er-Jahren gegeben hat. Nehmen Sie ggf. Kontakt zu einem solchen Betrieb auf.
- Bereiten Sie Ihr Untersuchungsergebnis in Form einer Karten- und Fotodokumentation auf, ergänzt um statistische und grafische Darstellungen.

Internationale Arbeitsteilung
- Recherchieren Sie die Entwicklung der deutschen Textilindustrie nach 1900 mithilfe des Internets; zeigen Sie diese Entwicklung anhand von 1–2 bekannten deutschen Textilfirmen auf.
- Präsentieren Sie Ihr Ergebnis in Form eines PPP-gestützten Referates von max. 15 Minuten Länge.

alternativ
- Stellen Sie arbeitsteilig in Gruppen Zielsetzungen und Formen sowie die beteiligten Staaten transnationaler Wirtschaftszusammenschlüsse zusammen.
- Präsentieren Sie Ihre Ergebnisse in Form großformatiger Wandzeitungen und erläutern Sie den Mitgliedern der anderen Gruppen ihre Ergebnisse.

Entwicklung und Bedeutung der Industrie
1. Die Bedeutung des sekundären Wirtschaftssektors

M1 Die GUTEHOFFNUNGSHÜTTE in Oberhausen (1901) in der Phase der Hochindustrialisierung in Deutschland

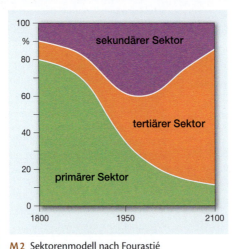

M2 Sektorenmodell nach Fourastié

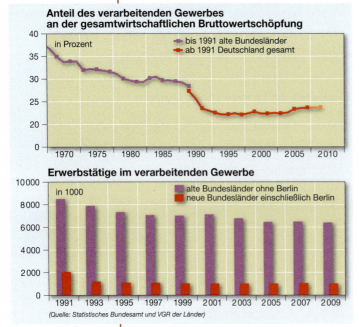

M3 Das verarbeitende Gewerbe

Der sekundäre Sektor

Der sekundäre Sektor wird im Modell des Ökonomen Jean Fourastié (1954) im Kontext des primären und tertiären Sektors beschrieben. Das Modell soll den Entwicklungsstand einer Volkswirtschaft abbilden.

– Der **primäre Sektor** befasst sich mit der Entnahme der natürlichen Rohstoffe (Urproduktion). Dazu zählen Land-, Forst-, Fischereiwirtschaft und Bergbau (ohne Aufbereitung). Länder, die vorwiegend ihr Bruttoinlandsprodukt (BIP) aus diesem Sektor erwirtschaften, haben den Status eines Entwicklungslandes.
– Schwellen- und Industrieländer befinden sich in der Phase, in der der **sekundäre Sektor** dominiert: die Verarbeitung der Rohstoffe in Industrie und Gewerbe zu Industriegütern. Deutschland hat den Wandel zum sekundären Sektor Mitte des 19. Jahrhunderts vollzogen.
– Der **tertiäre Sektor** kennzeichnet die hoch entwickelten Länder, in denen der Großteil der Beschäftigten den Bereichen Handel, Gastgewerbe, Verkehr, Dienstleistungen zugeordnet werden kann.

Fourastié begründete den **sektoralen Strukturwandel** mit dem wissenschaftlich-technischen Fortschritt, der die Volkswirtschaften von der Agrar- über die Industrie- zur Dienstleistungs- bzw. Informationsgesellschaft entwickelt. Während der technische Fortschritt im primären Sektor nur begrenzt umgesetzt kann, steigert der Maschineneinsatz im sekundären Sektor die Arbeitsproduktivität erheblich. Bezogen auf die Erwerbstätigkeit bedeutet dies, dass die ländliche Überschussbevölkerung neue Beschäftigungsmöglichkeiten in den schnell wachsenden Industriestädten findet (Landflucht in der Phase der Industrialisierung).

Entwicklung und Bedeutung der Industrie 247

Branche	Betriebe*		Beschäftigte*		Umsatz		Auslandsumsatz		Exportquote
	Anzahl	Veränderung zum 1.Q. 2012 in %	in Mio.*	Veränderung zum 1.Q. 2012 in %	in Mrd. €	Veränderung zum 1.Q. 2012 in %	in Mrd. €	Veränderung zum 1.Q. 2012 in %	in %
Kraftfahrzeugbau	948	+ 0,6	0,749	+ 2,0	86,307	– 5,5	56,423	– 3,6	65,4
Maschinenbau	3 654	+ 2,4	0,916	+ 2,2	47,900	– 6,8	11,157	– 15,4	62,6
Chemische Industrie	1 013	– 0,1	0,305	+ 0,4	34,528	– 2,6	20,704	– 1,0	60,0
Elektrotechnik/Elektronik**	2 415	+ 0,0	0,625	– 0,1	34,493	– 6,0	18,211	– 2,0	52,8
Ernährungsgewerbe	2 349	+ 0,6	0,398	+ 1,2	33,777	+ 3,3	7,270	+ 4,8	21,5
Metallerzeugnisse	3 336	+ 1,5	0,499	+ 1,4	20,915	– 5,0	6,882	– 4,0	32,9
Industrie insgesamt	22 429	+ 0,8	5,220	+ 1,0	389,634	– 4,8	186,241	– 3,1	47,8

* Monatsdurchschnitt Januar – März 2013   ** eigene Berechnungen   (Quelle: Statistisches Bundesamt 2013)

M 4 Die bedeutendsten Industriezweige in Deutschland zum 1. Quartal 2013

Die Einführung der technischen Innovationen **Automation** und **Rationalisierung** in der Industriegesellschaft erhöht den allgemeinen Wohlstand, setzt aber zunehmend Industriebeschäftigte frei, die nach Fourastié Aufnahme im wachsenden tertiären Sektor finden. Steigende Einkommen in der Phase der Industrialisierung führen auch zu einer größeren Nachfrage nach Dienstleistungen (Handel, Banken, Gesundheitswesen, Bildung, Tourismus, Kommunikation).

Wie viel Industrie braucht ein Land?

Großbritannien, das Mutterland der Industrialisierung, hat seine Wirtschaft seit der Mitte der 1980er-Jahre radikal **deindustrialisiert** und massiv auf den Dienstleistungssektor, die Finanzwirtschaft gesetzt. Die Finanzkrise 2008/2009 führte jedoch dort sowie in den USA zu der Erkenntnis, dass der sekundäre Sektor für eine florierende Volkswirtschaft unverzichtbar ist. Im Gegensatz zu den o. g. Staaten erwies sich die „Old Economy" (Maschinen- und Fahrzeugbau, Elektrotechnik) in Deutschland als Stabilitätsfaktor. Allerdings hat die Wettbewerbsfähigkeit der deutschen Industrie auch ihren Preis: Unrentable Bereiche wurden abgestoßen, Produktionsstandorte ins Ausland verlagert und damit auch Arbeitsplätze. Will man auch zukünftig mit Spitzentechnologie auf dem Weltmarkt vertreten sein, bedarf es enormer Investitionen in Forschung und Entwicklung; denn die aufstrebenden BRIC-Staaten (Brasilien, Russland, Indien und China) sowie einige Entwicklungsländer haben den sektoralen Wandel zum Industrieland in einigen Teilbereichen der Wirtschaft bereits vollzogen. Nach einer Studie der OECD betragen die Forschungsausgaben in den meisten Mitgliedsstaaten etwa zwei Prozent des BIP.

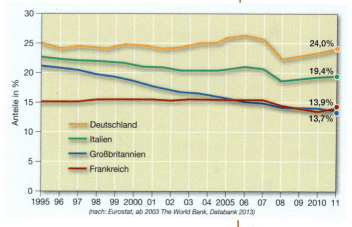

M 5 Anteile der Industrie am BIP

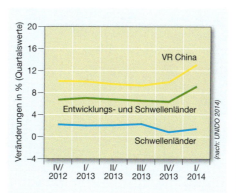

M 6 Produktion im verarbeitenden Gewerbe weltweit

1. Überprüfen Sie die Entwicklung des sekundären Sektors im Modell von Fourastié und in Ländern unterschiedlicher Entwicklungsstadien (**M 2, M 5, M 6**).
2. Beurteilen Sie die Bedeutung des sekundären Sektors in einer hoch entwickelten Volkswirtschaft (**M 1** bis **M 5**).

Standortfaktoren

Die Standort-Theorie Alfred Webers

Standortfaktoren sind für eine Unternehmensansiedlung von zentraler Bedeutung. Alfred Weber vertritt in seiner Theorie „Über den Standort der Industrie" (1909) den Standpunkt, dass der optimale Standort neben den Arbeitskosten und den Agglomerationsvorteilen vorrangig durch die Transportkosten definiert ist. Weber nennt ihn den tonnenkilometrischen Minimalpunkt (Tonnenkilometer = Gewicht in t × Entfernung in km). Der Produktionsstandort zeichnet sich durch die niedrigsten Transportkosten aus; diese ergeben sich aus dem Gewicht der Rohstoffe und dem des Fertigproduktes sowie der zurückgelegten Distanz zwischen Fundort des Rohstoffes und Produktionsstandort.

Das in die Produktion eingesetzte Material unterteilt Weber in zwei Gruppen:
1. **Lokalisierte Materialien**, die nur an bestimmten Fundorten vorkommen. Dazu zählt er das **Reingewichtsmaterial** (z. B. Mineralwasser), das mit seinem gesamten Gewicht in das Endprodukt eingeht, und im Gegensatz dazu **Gewichtsverlustmaterialien**, die wie die Energieträger Kohle, Öl und Gas gewichtsmäßig gar nicht oder wie Erz nur teilweise (abzüglich des „tauben" Gesteins) in das Fertigprodukt eingehen.
2. **Ubiquitäre Materialien** (lat.: überall vorkommende) wie Luft, Wasser, Sand; für sie entstehen keine oder kaum Transportkosten.

Bei den Theorien von Weber und von Thünen (S. 490 f.) stehen die hohen Transportkosten im Mittelpunkt. Je nach benötigten Rohstoffen ergeben sich kostenkalkulatorisch unterschiedliche Standorte.

Standortbildung im 20./21. Jahrhundert

Nachdem zunächst bei einem Inputverhältnis von 1 (Erz) zu 2 (Kohle/Koks) das Erz zur Kohle ins Ruhrgebiet „wanderte", kam es in der zweiten Hälfte des 20. Jahrhunderts zu einer Standortaufgliederung. Da der Koksanteil in Relation zu dem aus Übersee stammenden Erz aufgrund technischen Fortschritts deutlich verringert werden konnte 2 (Erz) zu 1 (Kohle/Koks), wanderte die Eisenschmelze als **rohstofforientierter** Industriezweig an die „nassen" Standorte (Rhein, Nordseeküste). Dass die Eisenverhüttung nicht ganz zum Standort Erz abgewandert ist, liegt an dem **Agglomerationsvorteil** (Fühlungsvorteil: Nähe zu Forschungseinrichtungen, qualifizierte Arbeitskräfte, großer Absatzmarkt u. a.), den sie bei der Herstellung von Spezialstählen und im Anlagenbau in den Industrieländern benötigt.

Standorte der **arbeitsorientierten** Branchen mit geringen Qualifikationsanforderungen und Niedriglöhnen (Bekleidungs- und Elektroindustrie) sowie solche mit hoch qualifizierten Arbeitskräften (Maschinen-, Anlagenbau, Hightech-Elektronik und Forschung) liegen in Niedriglohn- bzw. Hochlohnländern. Die Nahrungsmittelindustrie bzw. Möbelindustrie bevorzugen die **absatzorientierten** Standorte am Rande von urbanen Verdichtungsräumen. **Verkehrslageorientiert** sind Standorte der Werftindustrie (Wasserstraßen) und der Petrochemie (Pipelineanschluss).

---

1. Beispiel: M_1 = Reingewichtsmaterial
M_2 = Reingewichtsmaterial
K = Konsumort/Absatzort
P = Produktionsstandort

Wenn nun z. B. M_1 und M_2 zu je 10 Tonnen in das Fertigprodukt (von 20 t) eingehen, so liegt der „tonnenkilometrische Minimalpunkt" P, d. h. der Produktionsort, im Konsumort K.

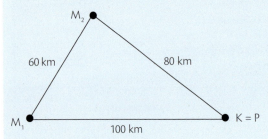

Für P = K gilt: (10 t × 100 km) + (10 t × 80 km) = 1800 t km
Dagegen gilt für P = M_2 (10 t × 60 km) + (20 t × 80 km) = 2200 t km > 1800 t km

2. Beispiel: M_1 = Gewichtsverlustmaterial
4 t für 1 t Fertigprodukt
M_2 = Gewichtsverlustmaterial
2 t für 1 t Fertigprodukt

M_1 nach M_2 4 t über 60 km	= 240 t km
Fertigprodukt nach K 1 t über	80 km = 80 t km
	320 t km
M_2 nach M_1 2 t über 60 km	= 120 t km
Fertigprodukt nach K 1 t über	100 km = 100 t km
	220 t km

Optimaler Produktionsstandort ist daher M_1.

Regel: Je höher der Gewichtsverlust der Rohstoffe beim Veredelungsprozess, desto näher liegt der Produktionsort am Fundort des Rohstoffs. Je geringer der Gewichtsverlust der Rohstoffe beim Veredelungsprozess, desto näher liegt der Produktionsort am Absatzort. Man spricht hierbei heute von **rohstofforientierter** bzw. **absatzorientierter** Industrie.

M 7 Standorttheorien nach Alfred Weber

---

3. Überprüfen Sie die Standorttheorie von A. Weber am Beispiel der Standortverlagerung der Eisen- und Stahlindustrie (**M 7**, **M 10**).
4. Begründen Sie die Standorte der Bekleidungsindustrie für (a) ein T-Shirt und (b) ein Designerkleid (**M 8**, **M 9**).

Entwicklung und Bedeutung der Industrie 249

Nur die harten betriebsbezogenen Faktoren lassen sich dabei in einer Kosten-Nutzen-Analyse quantifizieren, die weichen dagegen nicht.

Da ein einziger Standort selten über alle notwendigen Faktoren während des Lebenszyklus eines Produkts optimal verfügt, müsste dieses Produkt unter dem Gesichtspunkt der größtmöglichen Effizienz an vier verschiedenen Standorten produziert werden. Die **Produktlebenszyklustheorie** von Vernon (1966) ordnet den vier Lebenszyklen eines Produktes relevante Standorte zu.

Der Standort für die Entwicklungs- und Einführungsphase befindet sich in unmittelbarer Nähe zu Forschungseinrichtungen. Absolventen dieser Einrichtungen oder auch ehemalige Mitarbeiter großer Konzerne gründen **„Spin-off"-Betriebe**, in denen sie ihre Forschungserfolge zu marktfähigen Produkten entwickeln. Die **Fühlungsvorteile** und die Verfügbarkeit von hochwertiger Infrastruktur z. B. in einem Technologiepark sind hier ausschlaggebend. Das vielfach nachgeahmte Vorbild ist Silicon Valley in Kalifornien. In der Wachstumsphase, in der das neue Produkt stark nachgefragt wird, sind die Größe des Marktes und die Nähe der Zulieferer entscheidend (beginnende Massenproduktion, Export). In den beiden Reife- und Schrumpfungsphasen dominiert die standardisierte Serienherstellung mit niedrigen Lohn- und Standortkosten (Grundstücks-, Energiekosten, Steuern, Umweltauflagen). Hierfür eignen sich periphere ländliche Regionen und bei niedrigen Transportkosten auch Niedriglohnländer.

Die Produktlebenszyklustheorie setzt voraus, dass die Produktion verlagerungsfähig ist und dass das Unternehmen bereit ist, im Ausland zu produzieren. Ausgeklammert werden Unternehmensstrategien wie Rationalisierung der Produktion oder Produkt-Updates, die die „Lebensdauer" verlängern würden.

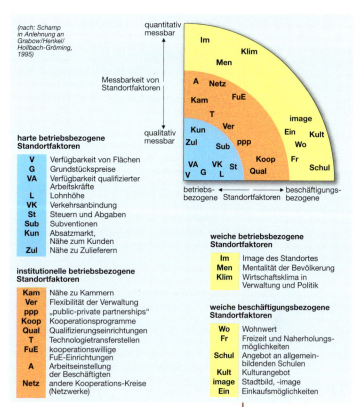

M 9 Standortfaktoren

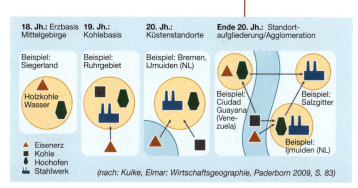

M 10 Standortverlagerung in der Eisen- und Stahlherstellung

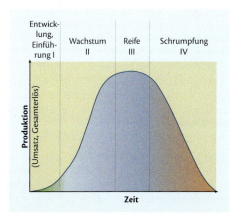

M 8 Produktlebenszyklustheorie

Bedeutung ausgewählter Standortfaktoren in der Stahlindustrie				
	Entwicklungs- und Einführungsphase	Wachstumsphase	Reifephase	Schrumpfungsphase
qualifizierte Arbeitskräfte	++	+	o	o
hochwertige Infrastruktur	++	+	o	o
Agglomerationsvorteile (Zulieferer, Dienste)	+	++	o	o
Marktnähe	+	++	+	o
billige Arbeitskräfte	o	o	++	++
niedrige Standortkosten (Betriebsgelände, Abgaben)	o	o	++	++

2. Ruhrgebiet: Vom „Kohlenpott" zur metropoleruhr

**Das Montanrevier:
Kohle – Kohlechemie – Eisen und Stahl**

Die Wachstumsphase

Im 19. Jahrhundert vollzogen die heutigen altindustriellen Regionen in Europa mit einer bisher unbekannten Wachstumsdynamik den **Strukturwandel von der Agrar- zur Industrielandschaft**. Die von England ausgehende **industrielle Revolution** verwandelte unbedeutende ländliche Regionen in boomende (Schwer-)Industrieregionen, deren Wohlstand auf der starken Nachfrage nach **innovativen Industrieprodukten** und deren Rohstoffen bestand: Textilien, Eisenbahn-, Baustahl-, Rüstungsprodukte. Aus Dörfern wurden „Industriedörfer", die im Ruhrgebiet zu einem **polyzentrischen Ballungsraum** mit überdurchschnittlicher Einwohner- und Industriedichte verschmolzen. Treibende Kraft dieser Entwicklung waren wenige Großunternehmen, die sich aufgrund des hohen Kapitalbedarfs am Ende der Wachstumsphase herauskristallisiert hatten. Sie gestalteten die Regionen nach industriellen Bedürfnissen (betriebsbedingte Verkehrswege, Ver- und Entsorgungstrassen), steuerten den Wohnungs- und Immobilienmarkt sowie den Arbeitsmarkt. Bei dem großflächigen Landschaftsverbrauch entstand eine typische Gemengelage von Industrieanlagen, Verkehrswegen und Siedlungen, die heutigen städtebaulichen Ansprüchen nicht mehr standhält. Da in dieser Phase das Umweltbewusstsein sehr gering ausgeprägt war, entstanden die heutigen Abfall- und Entsorgungsprobleme, u. a. die kontaminierten Böden. Rauchende Schlote auf kolorierten Postkarten standen damals für wirtschaftliche Blüte und Vollbeschäftigung!

Der Wirtschaftsraum Ruhrgebiet verdankt seine Bedeutung neben geringen Eisenerzvorkommen vorrangig der **Steinkohle**. Damit diese der Nachfrage entsprechend in großen Mengen gefördert werden konnte, waren wichtige **technische Innovationen** im 19. Jahrhundert notwendig: Mithilfe der Dampfmaschine gelang es 1832/34, das aus der Kreidezeit stammende Deckgebirge zu durchteufen, um die Flöze des nach Norden einfallenden Karbongebirges zu erschließen (S. 96). Die Dampfkraft diente neben der Förderung der Kohle auch der Bewetterung und der Wasserhaltung der immer größer werdenden Grubenbaue. Die **Hüttenindustrie** basierte zunächst auf dem Raseneisenstein (St.-Antony-Hütte Oberhausen 1758). Der Kohleneisenstein, der mit der Steinkohle im südlichen Ruhrgebiet abgebaut wurde, führte zur Gründung der Hermannshütte (1841), später Hoesch AG in Dortmund, und der Henrichshütte (1854) in Hattingen. Steinkohle ersetzte die immer knapper werdende Holzkohle bei der Eisen- und Stahlherstellung. Die Veredlung der Steinkohle zu **Koks** in Kokshochöfen 1849 ermöglichte die **Massenherstellung von Eisen und Stahl**.

Auf der Basis der **Kohlenveredlung** entstand ab 1880 die chemische Industrie. Die bei der Koksherstellung anfallenden bisherigen Abfallprodukte Gas und Teer erfuhren eine enorme wirtschaftliche Inwertsetzung. Diese Grundstoffe dienten der Herstellung von Farben, Düngemittel, Sprengstoff, Benzolen, Heizöl, Kunststoffen und der Versorgung der Städte mit Ruhrgas (1926). Das Ruhrgebiet erlebte in seiner Hochphase eine Diversifizierung seiner Wirtschaft auf der Basis von Kohle und Stahl (Verbundwirtschaft).
Mit der Eröffnung der Köln-Mindener-**Eisenbahn** (1847) bekam die Montanindustrie einen wichtigen Verkehrsträger und gleichzeitig einen wichtigen Kunden. Die Eröffnung des **Dortmund-Ems-Kanals** (1899) und des **Rhein-Herne-Kanals** (1914) waren für die Belieferung des Reviers mit ausländischen Erzen und für den Kohlentransport besonders wichtig. Zugleich versorgten die Kanäle die großen Kohlenkraftwerke mit Kühlwasser. Auch die Wasserversorgung musste in dem schnell wachsenden Ballungsraum geregelt werden. Während Ruhrwasser die Großstädte mit Trinkwasser versorgte, wurde die Emscher als Abwasserkanal 1904 ausgebaut.

M 1 Gemengelage am Stahlstandort Duisburg (1984)

Entwicklung und Bedeutung der Industrie 251

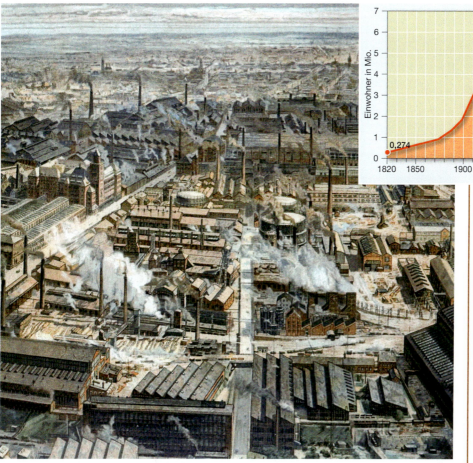

M 2 Ruhrgebiet in den 1920er-Jahren: typische Industrielandschaft

M 4 Bevölkerungsentwicklung im Ruhrgebiet (1821–2013)

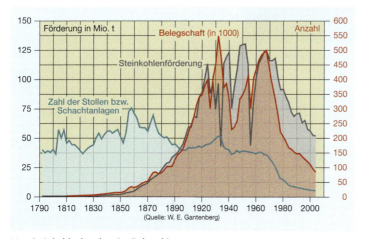

M 3 Steinkohlenbergbau im Ruhrgebiet

M 5 Emscher und Rhein-Herne-Kanal

1. Erläutern Sie die Voraussetzungen für die Wachstumsphase im Ruhrgebiet (M 1, M 3, M 4).
2. Listen Sie Merkmale der Wachstumsphase unter ökologischen und städtebaulichen Gesichtspunkten auf (M 1, M 2, M 4, M 5).

Deindustrialisierung, Reindustrialisierung, Tertiärisierung

Mit der Kohlenkrise (Beginn 1957) und der Stahlkrise seit den 1980er-Jahren erlebt das Ruhrgebiet den **zweiten tiefgreifenden Strukturwandel**, diesmal vom sekundären zum tertiären Sektor. Während der Steinkohlenbergbau im Jahr 2018 beendet sein wird, versuchte die Eisen- und Stahlindustrie, ihre Produktpalette unter dem internationalen Wettbewerbsdruck auf Hightech-Stähle und den Anlagenbau neu auszurichten und auf wenigen Standorten zu konzentrieren. Damit fielen hunderttausende Arbeitsplätze weg und riesige **Industriebrachen** blieben zurück.

Eine schnelle **Reindustrialisierung** dieser Brachen scheiterte zunächst an der Frage, wer die Kosten für die Beseitigung der hohen Schadstoffbelastung der Böden und die eventuell auftretenden Bergschäden übernimmt. Erst mit Beteiligung der öffentlichen Hand gelang es, z. B. die Firma OPEL AG als Großinvestor im Jahr 1962 auf einem Bochumer Zechengelände anzusiedeln, was aber ein Einzelfall blieb. Im Normalfall suchten klein- und mittelständische Unternehmen aus der Nahrungsmittelbranche und dem Handwerk auf Industriebrachen einen neuen Standort, weil ihr innerstädtischer Betrieb keine Erweiterung mehr zuließ.

Mit der Eröffnung der ersten **Ruhrgebietsuniversität** in Bochum 1965 kam ein immer bedeutenderer „Rohstoff" in die Region, das Wissen. Zwanzig Universitäten und Hochschulen mit 180 000 Studierenden (2012) wandelten die Altindustrieregion in die dichteste Wissenschaftsregion in Deutschland um. Den Rang als beschäftigungsstärkste Industrieregion in NRW hat das Ruhrgebiet an Südwestfalen abgetreten.

Als Bindeglied zwischen Hochschulen und regionaler Wirtschaft fungieren die neuen **Technologie- und Gründerzentren**, die Professoren und Nichtakademikern den Start in anspruchsvolle Wirtschaftszweige wie Logistik, Umwelt- und Produktionstechnologie, Informatik/Elektronik und Biomedizin in benachbarten **Technologieparks** erleichtern. In dem Dortmunder Technologiezentrum (1985 gegründet) und seinem Technologiepark neben der Technischen Universität sind 235 **Start-ups** mit 8400 Erwerbstätigen angesiedelt (Stand: 2013).

Sichtbarer Ausdruck des dominierenden **tertiären Sektors** sind auch die Einkaufszentren wie Ruhr-Park (1965) und CentrO (1996), moderne Konzernverwaltungen wie die von Evonik, RAG, RWE, Ruhrgas, BP und ThyssenKrupp sowie die vielfältigen Freizeit- und Kultureinrichtungen.

Die Kehrseite des Strukturwandels dokumentiert sich in der Verschuldung der Kommunen und der hohen Armutsgefährdung der Bevölkerung im nördlichen Ruhrgebiet.

M 6 Technologiezentrum Dortmund zwischen Technologiepark und Technischer Universität

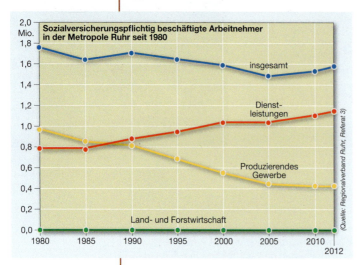

M 7 Beschäftigte nach Wirtschaftssektoren

3. Beschreiben Sie den Verlauf des Strukturwandels mit seinen positiven und negativen Erscheinungsformen (**M 6** bis **M 8**).
4. Erläutern Sie den Strukturwandel mithilfe der Produktlebenszyklustheorie und den Kondratjew-Zyklen (**M 6**, **M 8** bis **M 10**).

Die Ursachen der Deindustrialisierung

Die Gründe für den Niedergang der altindustriellen Standorte liegen im technischen Fortschritt und der Bevölkerungsentwicklung. Neue Produkte bedingen neue Produktionsprozesse und Organisationsformen und bedürfen anderer Standortfaktoren. Verschiedene Theorien versuchen, die Abwertung der Altindustrien zu erklären. Der russische Wissenschaftler Nikolai D. Kondratjew (1892–1938) leitete 1926 aus kurzfristigen Konjunkturschwankungen eine statistisch nie bewiesene Entwicklung mit 40 bis 50 Jahre dauernden Zyklen ab. Diese **Kondratjew-Zyklen** bestehen jeweils aus einer Aufstiegs- und einer Abstiegsphase. Unternehmer investieren in der Aufstiegsphase verstärkt in neue Innovationen wie z. B. die Informationstechnologie, was zu allgemeinem Wohlstand führt. Die Investitionsbereitschaft lässt aber ebenso schnell nach, wenn die Basisinnovation zu einem Billigprodukt geworden ist. Dann setzt die Depression ein, in deren Verlauf es sich wieder lohnt, in neue Produkte zu investieren.

Die 6. Kondratjew-Welle bezieht sich auf eine steigende Nachfrage und auf verbesserte Produktivität in den Bereichen Gesundheitswesen und Umwelttechnologie, beide bedeutsam für eine zunehmende Tertiärisierung. Im sekundären Sektor spielt die Weiterentwicklung regenerativer Energien eine wichtige Rolle.

Damit es zu einem stetigen Wirtschaftswachstum kommen kann, müssen möglichst viele Staaten und Regionen an diesem Weiterentwicklungsprozess teilnehmen. Die augenblickliche Dominanz der Triade steht dem ebenso entgegen, wie der Rückstand vieler Länder der Erde in Sachen Informations- und Kommunikationstechnologie.

M 8 Armutsgefährdungsraten

Als armutsgefährdet gilt, wer mit weniger als 60 Prozent des mittleren Einkommens der gesamten Bevölkerung aus kommen muss.
(Quelle: Statistisches Bundesamt 2013)

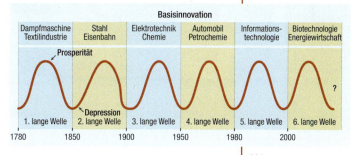

M 9 Stadien der wirtschaftlichen Entwicklung (Kondratjew-Zyklen)

1956 – 1987	Die Radio- und Fernsehwerke GRAETZ gründen ein Zweigwerk (vorwiegend Arbeitsplätze für Frauen)
1961 – 1973	Bergbaukrise: 12 Bochumer Zechen werden stillgelegt; ca. 30 000 Arbeitsplätze fallen weg.
1962	Grundsteinlegung der Ruhr-Universität (1965 Eröffnung)
1964	Gründung des Einkaufszentrums Ruhr-Park
1988	Übernahme der Firma GRAETZ durch NOKIA (von 1998 bis 2012 weltgrößter Mobilfunkproduzent)
2001	Schließung des NOKIA-Werkes in Bochum und Verlagerung der Handy-Produktion nach Rumänien (3000 Arbeitsplätze gehen verloren)
1962 – Ende 2014	Fahrzeugproduktion OPEL endet (zeitweise 20 000 Beschäftigte, zuletzt 3 800 Beschäftigte). Das Warenverteilzentrum mit rund 700 Beschäftigten bleibt erhalten.

M 10 Industrialisierung, Deindustrialisierung, Reindustrialisierung und Tertiärisierung in Bochum

Wie wettbewerbsfähig ist das Revier?

Das Ruhrgebiet als drittgrößter Wirtschaftsraum nach London und Paris hat mit dem strukturellen Wandel von der Industrie- zur Dienstleistungsgesellschaft in den 1980er-Jahren einen wichtigen Schritt geschafft. Um als metropoleruhr in der „Champions League" der weltbesten nordamerikanischen und asiatischen Wissenszentren mitspielen zu können, bedarf es aber noch erheblicher Anstrengungen. So liegt die Bruttowertschöpfung unter dem Bundesdurchschnitt, die Einwohnerzahl schrumpft, die hier ausgebildeten Akademiker wandern ab und die Kommunen sind überschuldet. Die Arbeitslosenzahlen, insbesondere diejenigen der Emscherstädte Gelsenkirchen und Herne mit ihrer klassischen Industriearbeiterschaft, liegen stets über denjenigen von NRW und dem Bundesgebiet. Die Gründe liegen in der geringen Qualifikation der Arbeitskräfte für die neuen Berufsfelder und der mangelnden Zahl von Arbeitsplätzen mit niedrigen Anforderungen. Die strukturelle Arbeitslosigkeit lässt sich an dem Erscheinungsbild von Stadtteilen nördlich der A40/B1 ablesen, wo der geringe Wohn- und Lohnwert zu ethnischer und sozialräumlicher Segregation geführt hat.

M 11 Gesundheitscampus in Bochum: Biomedizinzentrum mit Biomedizinpark und Fachhochschule für Gesundheitsberufe

M 12 Innenhafen Duisburg: vom Holz- und Getreidehafen zum Büro-, Wohn- und Marinastandort

Nachhaltig hat die **Internationale Bauausstellung Emscher Park** (IBA Emscher Park) den Umbau der von der Industrialisierung am stärksten betroffenen Emscherzone zwischen Duisburg und Hamm von 1989–1999 vorangetrieben. Mehr als 200 Projekte der privaten und der öffentlichen Hand wurden finanziell gefördert, wenn sie ökologischen, ökonomischen und sozialen Qualitätskriterien entsprachen und folgenden Aufgabenfeldern zugeordnet werden konnten:

1. Der Emscher Landschaftspark als Rückgrat
2. Der ökologische Umbau des Emscher-Systems. Das Schmutzwasser wird unterirdisch den Kläranlagen zugeführt, das Reinwasser fließt in einem naturnahen Bett zum Rhein; Ende der Umbauten: 2020
3. Kanäle als Erlebnisraum: Motorbootsport, Marinas
4. Industriedenkmäler („Route der Industriekultur")
5. Arbeiten im Park: Die Trennung der **Daseinsgrundfunktionen** (s. Charta von Athen) wird überwunden.
6. Wohnungsbau und -modernisierung
7. Neue soziale, kulturelle und künstlerische Aktivitäten

Der **Emscher Landschaftspark** soll ein zusammenhängender West-Ost-verlaufender Landschaftspark entlang der Emscher und des Rhein-Herne-Kanals werden, der durch Nord-Süd verlaufende regionale Grünzüge als „grüne Lungen" zwischen den Städten gegliedert ist.

Mit dem Strukturwandel findet auch ein Imagewandel statt, der sich mit der Entwicklung des Tourismus belegen lässt. Die ehemalige „Malocherregion" hat sich auch nach der **Kulturhauptstadt Ruhr 2010** mit dem Motto „Wandel durch Kultur, Kultur durch Wandel" überaus positiv entwickelt.

M 13 Vom Hochofenwerk zum Landschaftspark Duisburg-Nord

Entwicklung und Bedeutung der Industrie 255

GRÜN Leben im Grünen	– mehr als 50 % der Fläche – begrünte und gestaltete Halden: Panoramablick – Parkgestaltung (barocke Gestaltung, englische Gärten, Alleen) – der Natur überlassene Flächen
ARBEITEN Arbeiten im Park	– ökologische Produktionsweise und ökologische Produkte – hochwertige historische und moderne Architektur (ökologische Bauweise) – städtebauliche Integration durch Fuß-, Radwege, Straßen
WOHNEN Wohnen im Park	– individuelle, sozialverträgliche Bauweise – hochwertige Architektur (modern, Industriearchitektur) – ökologische Bauweise: energie- und rohstoffsparend – städtische Integration durch Fuß-, Radwege, Straßen, ÖPNV
INDUSTRIEDENKMÄLER Orientierung und Identität finden	– Fördergerüste, Halden – Hochöfen – Gasometer usw.
KUNST öffentliche Aufmerksamkeit erlangen	– freie Kunst (lokale wie auch internationale), Landmarken-Kunst – angewandte Kunst, Gebrauchskunst (z. B. Brunnenanlage)

(nach: IBA Emscher Park (1989–1999))

M 14 Projekt IBA Emscher Park

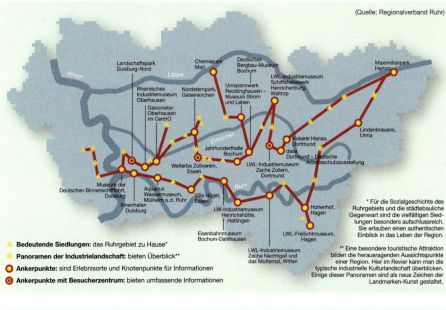

M 15 Route der Industriekultur

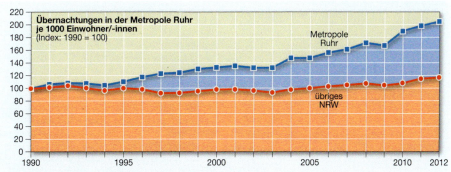

M 16 Übernachtungen in NRW

5. Erklären Sie, mit welchen Kompetenzfeldern die Wirtschaft des Ruhrgebiets revitalisiert und Defizite beseitigt werden sollen (**M 11** bis **M 13**).
6. Begründen Sie, warum die Kulturwirtschaft einen wichtigen Beitrag zum Strukturwandel leisten kann (**M 13** bis **M 16**).

3. Bedeutung von Logistik und Warentransport

Logistikstandort duisport – mehr als ein Hafen

Der zunehmende Handel mit Gütern im Zeitalter der Globalisierung hat zu einem Anstieg der **Verkehrsstandortorientierung** geführt. Güter aller Art müssen schnell und kostengünstig verteilt werden können – dies machte die Errichtung einer passenden Infrastruktur notwendig. An der Schnittstelle zwischen See-, Bahn- und Straßenverkehr (**trimodale Struktur**) entstanden an den Küsten und an wichtigen Kanalkreuzungen bedeutende Umladezentren wie das **Logport Logistic Center in Duisburg**. Hier werden Waren entgegengenommen, sortiert, verpackt und auf die Zielorte verteilt, wo sie zeitgerecht (**just-in-time**) in den Produktionsprozess der Unternehmen integriert werden können.

M 1 Duisburg: Gateway (Tor) für Zentraleuropa und Hub (Knotenpunkt) für die Nordseehäfen

Hafen Duisburg

Lage des Hafens: Rhein-Ruhr-Region, größter industrieller Ballungsraum in Europa. In einem Radius von 150 Kilometern leben 30 Millionen Verbraucher. Mehr als 300 000 Firmen sind in der Region tätig. Größter Binnenhafen der Welt.

Managementgesellschaft: Duisburger Hafen AG (Markenname „duisport")
Rund 300 überwiegend auf Transport und Logistik spezialisierte Unternehmen mit 17 000 Beschäftigten sind im Hafen tätig.

Güterumschlag in allen Duisburger Häfen (inklusive Werkshäfen, die nicht zur duisport-Gruppe gehören): 110 Mio. t (2012)
- Schiff: 38,2 Mio. t
- Bahn: 26,2 Mio. t
- Lkw: 45,6 Mio. t

Davon Güterumschlag der duisport-Gruppe: 63,3 Mio t (Schiff und Bahn: je 16 Mio. t; Lkw: 31,3 Mio. t)

Wichtigstes Umschlaggut: 2,5 Mio. TEU Container. Seit 2006 werden mehr Stückgüter als Massengüter (Kohle, Erz, Schrott, Mineralöl, Flüssiggüter, Chemie) umgeschlagen.

Projekte Logport I und II:
– 1998 Erwerb der 265 Hektar großen Fläche des 1993 stillgelegten Krupp-Hüttenwerkes in Rheinhausen. Ausbau zu einer *trimodalen Logistikdrehscheibe* (Schiff, Bahn, Lkw). 2012 arbeiteten 4500 Beschäftigte auf dem ehemaligen Hüttengelände. Die schnelle Vermarktung der Fläche ermutigte die Betreiber zur Übernahme einer 25 Hektar großen rechtsrheinischen Industriefläche 2006: Logport II nahm 2009 den Betrieb auf.

Projekt Logport Ruhr: Um dem Flächenbedarf der wachsenden Logistikbranche gerecht zu werden, hat die Duisburger Hafen AG mit der RAG Montan Immobilien 2008 ein Jointventure geschlossen. Altindustrielle Standorte im Ruhrgebiet sollen saniert und logistisch vermarktet werden.

Projekt Glückauf-Express: Der Bahnshuttle verbindet werktags die Häfen Dortmund, Gelsenkirchen und Duisburg. Ziel ist die Vernetzung des Ruhrgebietes zur größten Binnenverkehrsdrehscheibe Europas mit Duisburg als führendem Hinterland-Hub.

Geschäftsidee: Bei weiter wachsenden Umschlagraten muss mit Flächenengpässen in den ARA-Häfen (Antwerpen, Rotterdam, Amsterdam) und Zeebrugge gerechnet werden. Daher ist der Ausbau von *Hinterland-Hubs* wie Duisburg notwendig.

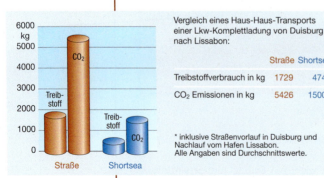

M 2 Ökobilanz Straße – Schiff

M 3 Steckbrief Duisburger Hafen AG

Entwicklung und Bedeutung der Industrie 257

Aufgaben der duisport AG
- schnelle und umweltschonende Transport- und Umschlagbedingungen
- Warehousing und Lagerung
- Weiterverarbeitung und Behandlung von Gütern
- Kontrakt- und Projektlogistik (Beratung in Sachen Logistik und Hafenkonzepte)
- Automobillogistik (Audi versendet von hier in Komponenten zerlegte Autos nach Indien und China)
- Schwergutlogistik
- Verpackungslogistik
- Gebäudemanagement

M4 Auszug aus dem Geschäftsbericht 2012

M6 Containerumschlag in den Duisburger Häfen

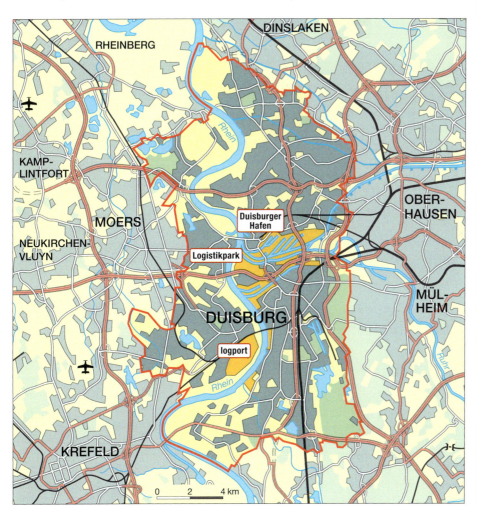

M5 Verkehrsgeographische Lage der Duisburger Häfen

Logistik
Logistik ist mehr als der Transport einer Ware von A nach B. Sie garantiert die Verfügbarkeit eines Gutes in der richtigen Menge, im richtigen Zustand, am richtigen Ort, zur richtigen Zeit, für den richtigen Kunden, zu den richtigen betriebs- und volkswirtschaftlichen Kosten [d. Autor].

Oder:
„Logistik umfasst die ganzheitliche Koordination und Durchführung aller Informations- und Güterflüsse von Unternehmen und Wertschöpfungsketten (Supply Chains) mit maßgeblichem Einfluss auf den Unternehmenserfolg."
(Quelle: Bundesvereinigung Logistik e. V., www.bvl.de vom 04.02.2006)

M7 Was ist Logistik?

1. Beschreiben Sie die verkehrsgeographischen Lagebeziehungen des Logistikstandorts Duisburg in der Region und in Zentraleuropa (M1, M5, M6, Atlas).
2. Erläutern Sie die Unternehmensstrategie der Duisburger Hafen AG und bewerten Sie diese bezüglich Chancen und Risiken (M3, M4, M7).
3. Inwieweit wird die Unternehmensstrategie der Duisburger Hafen AG den Definitionen von Logistik gerecht (M1 bis M5, M7)?

Webcode: GO645787-257

4. Globalisierungsstrategie eines mittelständischen Familienunternehmens aus Ostwestfalen

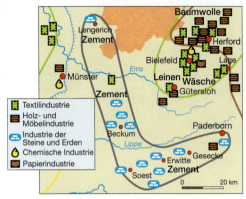

M1 Industrie in den 1950er-Jahren

M4 Standort Fa. BEUMER/Beckum

M2 Produkte der BEUMER Group

Was waren die Gründe für Sie, sich nach 1998 dem beginnenden Globalisierungstrend anzuschließen?
Wir wollten den Standort in Deutschland in seiner Struktur und Größe erhalten. Daher galt es, bei sich immer weiter verringernder Wertschöpfung in Deutschland das Geschäftsvolumen insgesamt weltweit auszuweiten.

Bedeutete dies, dass Sie den Rahmen eines üblichen mittelständischen Familienbetriebes haben sprengen wollen?
Nein – Familienunternehmen bedeutet ja nicht automatisch „klein": Auftragsvolumen und Beschäftigtenzahl wurden deutlich ausgebaut, das Netz von Tochtergesellschaften wurde erweitert – der Charakter des Familienunternehmens ist aber erhalten geblieben: Nach wie vor prägt die Familie den Geist im Unternehmen und bestimmt die strategische Ausrichtung.

Gab es weitere Gründe für die globale Expansion?
Wenn Sie Manager aus Konzernunternehmen in eine Region wie Ostwestfalen holen wollen – schließlich sollte das Unternehmen wachsen und dafür braucht man gute Leute –, müssen Sie etwas zu bieten haben: einen Firmennamen mit internationaler Reputation, zukunftsweisendes Potenzial, eine klare Wachstumsstrategie.

Bestand nicht die Gefahr, dass der Standort Beckum ins Hintertreffen geraten könne?
Im Gegenteil: Das Wachstum im Ausland hat den heimischen Standort absichern und stabilisieren sollen – das ist gelungen, er ist sogar gewachsen, wie Sie den Statistiken entnehmen können.

Auszug aus einem Interview mit Herrn Dr. Beumer vom 16.09.2013

M3 Grundsätze der Unternehmensstrategie

Die deutsche und auch die europäische Wirtschaft ist überwiegend **mittelständisch** geprägt; dazu gehören die kleinen und mittleren Betriebe, darunter auch viele **Familienbetriebe**. In Deutschland erzielten 2011 etwa 3,2 Millionen Kleinbetriebe mit bis zu 9 Beschäftigten und max. 1 Million Euro Jahresumsatz sowie 440 000 mittlere Betriebe mit bis zu 499 Beschäftigten 37 % aller Umsätze und beschäftigen ca. 60 % aller Arbeitnehmer (Europa: 59 % Umsatz, 65 % Beschäftigte). Vertreten sind sie vor allem in Handel, Dienstleistungsgewerbe, Handwerk und Gastronomie. Aufgrund ihrer hohen Flexibilität spielen sie eine wichtige Rolle für die Dynamik der Volkswirtschaften.

Der Globalisierungsprozess aus Unternehmersicht

Während der heimische Markt oft durch gesetzliche Vorgaben, Steuern und Abgaben, hohe Arbeitskosten und eingeschränkte Expansionsmöglichkeiten gekennzeichnet ist, bieten sich im Ausland und besonders auf anderen Kontinenten liberalere Rahmenbedingungen, ein z. T. deutlich niedrigeres Lohnniveau und Zugangsmöglichkeiten zu neuen Märkten. Durch Gründung von Tochtergesellschaften, Übernahme von Konkurrenzbetrieben, Ausweitung der Vor-Ort-Unternehmensdienstleistungen lassen sich Weltmarktchancen durch Standorte auf mehreren Kontinenten verbessern und absichern.
Eine zunehmende **Internationalisierung** und **Globalisierung** von Unternehmensaktivitäten fand in Deutschland seit den 1980er-Jahren statt und verstärkte sich im folgenden Jahrzehnt; von dieser Entwicklung erfasst wurden auch die mittelständischen Unternehmen.

Entwicklung und Bedeutung der Industrie

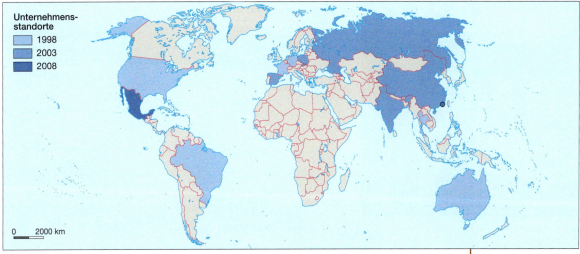

M 5 Standorte der BEUMER Group 1998 – 2003 – 2008

Phase der Globalisierung

Mit einer Internationalisierungsstrategie ist das Ziel verbunden, den durch die zunehmende Globalisierung des Wettbewerbs und der Märkte veränderten Produktions- und Absatzbedingungen zu begegnen und hierbei auch neue Möglichkeiten für den heimischen regionalen/nationalen Markt zu entwickeln. Hierdurch sollen die eigene Wettbewerbsfähigkeit erhalten und die eigene Marktposition gesichert bzw. verbessert werden.

Eine solche auf mehr als nur ein anderes Land ausgerichtete Unternehmenstätigkeit bedingt einen umfangreichen grenzüberschreitenden Einsatz von Produktionsfaktoren, die Gewinnung eines hohen Anteils ausländischer Beschäftigter einschließlich Mitgliedern des Managements, umfangreichen Kapitaleinsatz sowie zunehmende Wertschöpfung im Ausland. Für die ursprünglich weitgehend am heimischen Standort Beschäftigten erfordert diese internationale Ausrichtung, dass die Anforderungen an Flexibilität bezüglich Arbeitsort und Arbeitszeiten deutlich steigen.

1. Erläutern Sie den Standort Beckum des Familienbetriebes BEUMER und seine unternehmerische Entwicklung bis 1998 (M 1, M 2, M 4, M 5, M 13 S. 261, Atlas).
2. Vergleichen Sie Unternehmensstrukturen 1998 und 2008 und erklären Sie diese Entwicklung (M 2, M 3, M 5 bis M 7).
3. Erklären Sie den Strategieprozess und vergleichen Sie die Ergebnisse mit der umsatzbezogenen Zielsetzung (Text, M 3, M 6, M 7).

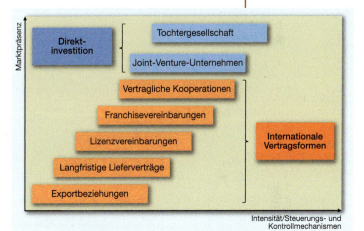

M 6 Instrumente zur unternehmerischen Globalisierung

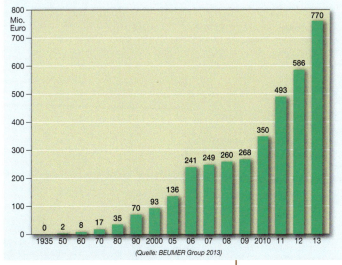

M 7 Entwicklung Auftragseingang der BEUMER Group

260 Standortbewertungen im Wandel – Auswirkungen des Globalisierungsprozesses

Die folgenden sog. **Megatrends** sind für unsere unternehmerischen Entscheidungen relevant:

Female Shift
Steigerung des Anteils unserer weiblichen Beschäftigten

Silver Society
Alterung der Gesellschaft und Nutzung des Know-hows von Seniorexperten

Volatile Märkte
Sich kurzfristig verändernde Finanzmärkte mit direktem Einfluss auf die Realwirtschaft

Nachhaltigkeit
Beachtung von Nachhaltigkeitskriterien in der gesamten Wertschöpfungskette

Urbanisierung
Hohes Potenzial für unsere Geschäftsfelder durch zunehmende Verstädterung weltweit

Konnektivität
Umfassende Vernetzung untereinander und veränderte Kommunikation miteinander – alle Informationen sind für jeden immer und überall verfügbar

Globalisierung
Ausweitung des räumlichen und strukturellen Globalisierungsprozesses unter besonderer Berücksichtigung des respektvollen Umgangs miteinander in unterschiedlichen Kulturen

Dr. Beumer am 16.09.2013

M 8 Bandtransport in China

M 11 Unternehmensrelevante Megatrends

M 9 Standortalternativen in China

Globalisierungsprozess

Eine Ausweitung der Unternehmensstruktur auf mehrere oder gar alle Kontinente bringt u. a. das Problem mit sich, dass sich aufgrund andersartiger Mentalitäten und unterschiedlicher kultureller Entwicklungen Normen und Standards im Arbeits- und Produktionsprozess durchaus deutlich unterscheiden. Zudem ist der Anteil benötigten Eigenkapitals noch einmal höher, muss ungeachtet aller rechtlichen oder finanziellen Risiken ein umfangreicher **Know-how-Transfer** stattfinden. Dazu muss ein Weg gefunden werden, über alle Staaten und Kontinente hinweg einen unternehmerischen Gemeinschaftsgeist (**corporate identity**) entstehen zu lassen.

				Shanghai Songjiang Industrial Zone		Qingpu Industrial Zone		Suzhou Industrial Park	
> 85 % A+ candidate 80 %–85 % A candidate 75 %–80 % B+ candidate < 75 % B candidate	Gewichtung	max. Punktzahl	max. Punktzahl Gewichtung	Punkte	Punkte Gewicht	Punkte	Punkte Gewicht	Punkte	Punkte Gewicht
Politik	2								
Bundes-, Landes-, Kommunale-Ebene		6	12	1	2	2	4	3	6
Gesetze und Vorschriften	2								
Transparenz, Sicherheit, etc.		12	24	8	16	12	24	12	24
Energieversorgung	2								
Verfügbarkeit, Ausfallsicherheit		6	12	4	8	5	10	3	6
Transport & Logistik	1								
Entfernung zum Hafen, Flughafen, Zoll, etc.		15	15	14	14	14	14	12	12
Kommunikation	1								
Telefonnetzwerk, Post- und Paketnetz		6	6	6	6	6	6	6	6
Beschaffungsmarkt	1								
Verfügbarkeit und Anzahl der Lieferanten		6	6	6	6	6	6	4	4
Grundstücke	2								
Verfügbarkeit, Kosten/qm, Erschließungskosten		6	12	2	4	6	12	5	10
Steuern & Finanzen	1								
Steuerbelastungen, -befreiungen		6	6	6	6	6	6	6	6
Komfort/Annehmlichkeiten	3								
Verfügbarkeit, Lohngefüge, -nebenkosten etc.		12	36	8	24	10	30	8	24
Zusammenarbeit	2								
Mit Kommunal-Verwaltung, Zoll-Behörden		6	12	4	8	4	8	6	12
Komfort/Annehmlichkeiten	1								
Personennahverkehr, Unterkünfte		6	6	6	6	6	6	4	4
Gesamtzahl Punkte		87	147	65	100	77	126	69	114
Gesamtbewertung (Stand 2003)					B		A+		B+

M 10 Entscheidung Microstandort China

Entwicklung und Bedeutung der Industrie

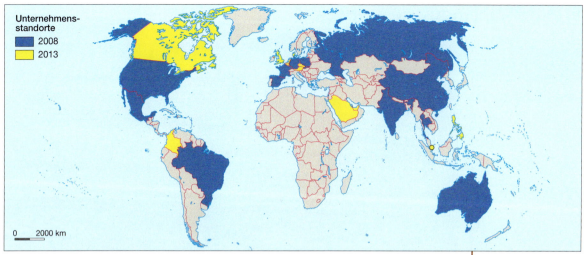

Unternehmensstandorte
- 2008
- 2013

M 12 Unternehmensstandorte der BEUMER Group (Stand: Januar 2014)

Die Vorteile einer **weltweiten Expansion** liegen auf der Hand: Die Marktbedürfnisse können vor Ort besser erfasst und bedient werden, die Transport- und Lohnkosten fallen niedriger aus, und etwaige Handelshindernisse z. B. in Form von Zöllen entfallen.

4. Erläutern Sie die unternehmerische Entscheidung zur Standortwahl in China (**M 8** bis **M 11**).
5. Vergleichen Sie die Standortstruktur des Unternehmens Anfang 2014 mit derjenigen von 1998 und 2008 (**M 5**, **M 12**, **M 13**).
6. Nehmen Sie kritisch Stellung zu den Perspektiven des eingeschlagenen Globalisierungsprozesses (Text, **M 13**, **M 14**).

Wir wollen den langfristigen Erfolg und nicht den kurzfristigen Gewinn

Ohne eine deutliche Werteorientierung ist es nicht möglich, ein Familienunternehmen unserer Größenordnung und Bedeutung auf Dauer erfolgreich sein zu lassen.

Zu diesen Werten gehören eigene Vorbildfunktion, unternehmerische Verantwortung, Partizipationsmöglichkeiten, ein vertrauensvolles Betriebsklima und die Identifikation eines jeden mit dem Unternehmen, egal auf welchem Kontinent, egal in welchem Land. „Internal excellence for external succes" – ist die Maxime unserer Strategie bis 2018:
nicht nur größer werden, sondern gesund und profitabel wachsen.

Dr. Beumer am 16.09.2013

M 14 Unternehmerisches Leitbild

	1935	1970	1980	1990	2000	2008	2012	2013
Unternehmens-name	Bernhard Beumer Maschinenfabrik	Bernhard Beumer Maschinenfabrik KG		Beumer Maschinenfabrik GmbH & Co. KG	BEUMER Maschinenfabrik GmbH & Co. KG			BEUMER Group GmbH & Co. KG
Beschäftigte	79	520	600	720	880	1000	3300	3700
Übernahme							Crisplant AS, DK (2009); Koch Holding A.S., Cz (2010); Enexco Teknologies India Ltd., Ind (2012); Indec Airport Automation, Bel (2012)	füll.fix GmbH, Deutschland (2013)
Tochtergesell-schaften/Nieder-lassungen	0		Brasilien/USA	Australien/ Frankreich	Thailand	China/Indien/ Polen/ Russland/ Slowakei/ Spanien	Hongkong/ Mexiko	DK/A/CZ/GB/CDN/ VAE/B/CO/SGP/NL/ SA/RP
auf x Kontinenten präsent	1	2	3	4	5	5	5	5
Auslandsanteil in %	0	50	60	65	70	85	> 85	> 90
Aufträge (Mio. €)	0,2	20	35	70	95	260	586	770
Produkte	1. Fördertechnik	Förder- und Verladetechnik; 2. Palletier- und Verpackungstechnik	zusätzlich: 3. Sortiertechnik	1.–3.	zusätzlich: 4. Customer Support (Ersatzteil- und Wartungsservice, Kundenhotline)	1.–4.	1.–4.	1.–4. jeweils nach aktuellstem Stand

M 13 Entwicklung des Unternehmens BEUMER Group

5. Automobilindustrie weltweit

M1 Autoverladung in Bremerhaven

Die Automobilindustrie ist in vielen Ländern der Erde ein wichtiger Faktor zur Schaffung von Wohlstand und Arbeitsplätzen. Alleine in der Europäischen Union werden jährlich 18 Millionen Autos – und damit jedes dritte Auto weltweit – hergestellt und international vermarktet. Die Automobilbranche ist hierbei ein bedeutender Arbeitgeber auch für andere Wirtschaftszweige, die u. a. als **Zulieferer** dienen. Für jedes Automodell liefern ca. 50 europäische Unternehmen Komponenten, vom Wert eines neuen Autos entfallen ca. 75 Prozent auf die Zulieferer.

Allein in Deutschland waren 2012 rund 460 000 Beschäftigte bei den Automobilherstellern tätig und etwa 1 bis 1,2 Millionen Menschen in der Automobilzulieferindustrie. Die Bedeutung dieser **Schlüsselindustrie** zeigt sich auch in der Tatsache, dass jährlich über 20 Mrd. Euro in Forschung und Entwicklung investiert werden. Die deutsche Automobilindustrie erwirtschaftete 2012 einen Jahresumsatz von gut 351 Milliarden Euro und leistete somit einen erheblichen Beitrag zum BIP. Derzeit sieht sich die Automobilindustrie verschiedenen Herausforderungen gegenüber. Jahrzehnte spielten die Optimierung und Produktion von Fahrzeugen mit Verbrennungsmotor und Stahlkarosserien eine entscheidende Rolle. Zukünftig sind Strukturveränderungen zu erwarten, die alternative Antriebe wie Hybrid- oder Elektroantrieb und neue Materialien, d. h. Leichtbauwerkstoffe für den Fahrzeugbau mit einschließen. Außerdem verändern sich die Märkte weltweit immer schneller. Das Nachfrageverhalten unterliegt Schwankungen, alte Märkte wie in der Triade EU, USA, Japan verlieren an Bedeutung, neue entstehen. Während die Globalisierung der Autoindustrie einerseits Chancen auf neue Allianzen und verbesserte Absatzzahlen eröffnet, entstehen zugleich neue Risiken. Zudem haben Forderungen nach Nachhaltigkeit und der Berücksichtigung ökologischer Belange einen immer höheren Stellenwert erhalten.

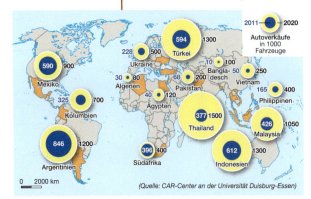

M2 Die Automärkte der Zukunft

Land	2000	2011
China	0,6	14,5
Japan	8,4	7,2
Deutschland	5,1	5,8
Südkorea	2,6	4,2
USA	5,5	3,0
Indien	0,5	3,0
Brasilien	1,4	2,5
Frankreich	2,9	1,9
Mexiko	1,3	1,7
Italien	1,7	0,5

(Quelle: OICA 2013)

M3 Pkw-Produktion (Mio.)

Land	2000	2011
China	0,005	0,5
Japan	3,8	3,9
Deutschland	3,5	4,5
Südkorea	1,5	3,0
USA	0,9	1,3
Indien	0,025	0,5
Brasilien	0,314	0,4
Frankreich	3,2	4,3
Mexiko	0,8	1,4
Italien	0,7	0,2

(Quelle: OICA 2013)

M4 Pkw-Exporte (Mio.)

Gewinnorientierte Unternehmen haben die Aufgabe, so zu wirtschaften, dass sie ihre unternehmerischen Ziele mit einem geringst möglichen Mitteleinsatz erreichen. Nur so bleibt den Unternehmen ein Gewinn, von dem ein Teil z. B. in Modernisierung, Forschung und Entwicklung reinvestiert werden kann.

Die Globalisierung hat in diesem Zusammenhang den Wettbewerbsdruck erheblich erhöht. Unternehmen müssen Strategien entwickeln, die ihnen helfen, die Kosten ihrer Produktion zu reduzieren. In den letzten Jahren wurden in diesem Zusammenhang drei Strategien weiterentwickelt, die dieses Ziel verfolgen: die **Just-in-time-Produktion**, eine **Verringerung der Fertigungstiefe** sowie das **Lean-Management**.

Bei der **Just-in-time-Produktion** wird eine Produktionsstrategie verfolgt, bei der die benötigten Materialien genau zu der Zeit angeliefert werden, zu der sie benötigt werden. Dies erfordert eine enge Anbindung an die Zulieferer und ermöglicht eine Kostenreduzierung durch verringerte Lagerhaltungskosten. Die **Fertigungstiefe** gibt an, wie viele Produktionsschritte bei der Herstellung eines Produktes benötigt werden und wie viele dieser Schritte im eigenen Unternehmen durchgeführt werden. Um Kosten zu sparen, haben viele Unternehmen ihre Fertigungstiefe deutlich verringert und immer mehr Produktionsschritte auf ihre Zulieferer verlagert.

Das **Lean-Management** hat seinen Ursprung in der Automobilindustrie. In den 1990er-Jahren wurde nach Strategien geforscht, die das Ziel haben, alle Aktivitäten, die für die Herstellung eines Produktes von Bedeutung sind, so aufeinander abzustimmen, dass nicht notwendige Arbeitsschritte vermieden werden. Hiervon profitieren sowohl die Kunden als auch das Unternehmen, das die Herstellung transparenter gestalten und Kosten senken kann.

Die Automobilindustrie sieht weiterhin großes Kosteneinsparpotenzial durch **Offshoring**. Sie geht von mindestens einem Viertel niedrigerer Produktionspreise bei der Verlagerung der Fabriken in Niedriglohnländer aus. Demnach ließen sich bei der Fertigung eines Massenvolumen-Fahrzeuges bis zu 2200 Euro einsparen. China und Osteuropa gelten zurzeit als attraktivste Produktionsstandorte.

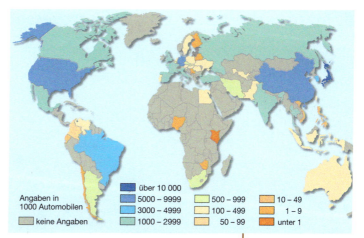

M 5 Automobilproduktion weltweit

Unternehmen	verkaufte Autos (Mio.)	Mitarbeiter	Umsatz (Mrd. €)	Bilanz (Mrd. €)
Toyota	9,32	316 121	167,05	14,43
General Motors	9,37	284 000	123,04	– 4,25
Ford	6,55	246 000	117,15	– 2,07
Volkswagen/Porsche	6,24	340 876	116,27	10,89
Renault/Nissan	6,15	310 714	109,46	6,26
Daimler	1,29	272 382	99,4	8,71
Honda	3,93	180 000	76,27	6,06
Peugeot / Citroën	3,43	207 800	60,61	1,75
Fiat	2,23	179 601	58,53	3,15
BMW	1,5	107 539	56,02	4,21

(Quelle: Berliner Morgenpost 28.10.2013)

M 6 Die größten Autohersteller 2012

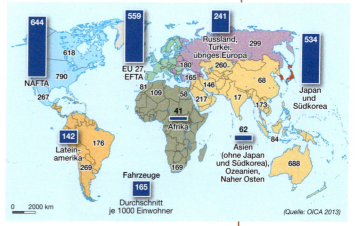

M 7 Motorisierungsgrad 2011

1. Setzen Sie die Daten aus **M 3** und **M 4** grafisch um und kommentieren Sie schriftlich Inhalt und Darstellung.
2. Erläutern Sie die Bedeutung der Automobilproduktion für die Staaten der Erde (**M 2** bis **M 7**).
3. Zeigen Sie die Bedeutung des Handels mit Autos auf (**M 1**, **M 2**, **M 4**).
4. Erläutern Sie Strategien, mit denen Automobilkonzerne auf die Herausforderungen der Globalisierung reagieren (**M 5**, **M 7**, Text, Internetrecherche).

6. Industrielle Transformationsprozesse in der Slowakei

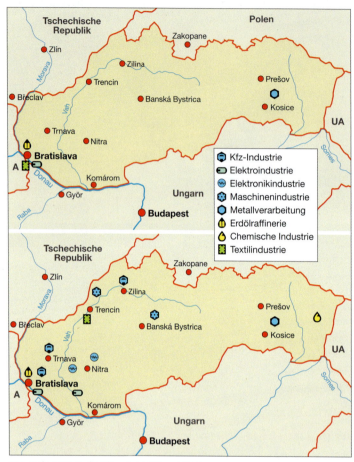

M 1 Industrien in der Slowakei 1993 und 2013

Die Slowakei befand sich in einer ungünstigen Ausgangslage, da der wirtschaftliche Schwerpunkt im Westen der Tschechoslowakei gelegen hatte. Im Osten dominierten seit den 1950er-Jahren die Rüstungs- und Schwerindustrie, die größtenteils für die Länder des **Rates für Gegenseitige Wirtschaftshilfe** (RGW) produzierten. Nach dem Zusammenbruch der Zentralverwaltungswirtschaft in den Ostblockstaaten fehlte der Slowakei der Absatzmarkt für Rüstungsgüter. Der **Übergang von der Plan- zur Marktwirtschaft** war schwierig, die gesamtwirtschaftliche Produktion ging 1993 zurück und nach der Liberalisierung der Wirtschaft stiegen die zuvor staatlich festgelegten Preise drastisch an. Eine hohe Arbeitslosigkeit von über 14 Prozent führte zusätzlich zu einem Absinken des Lebensstandards.

Der Transformationsprozess

1992 war ein Privatisierungsministerium geschaffen worden, das den Verkauf der Betriebe nach marktwirtschaftlichen Kriterien durchführen sollte. Dazu kam es jedoch nicht, da die damalige Regierung die Privatisierung staatlicher Großbetriebe verhinderte, indem sie den Verkauf fast nur an Inländer, d. h. an Manager oder Outsider ohne größere Eigenmittel ermöglichte. 1996 wurde die Privatisierung der Banken gestoppt. Erst nach dem Regierungswechsel 1998 wurden staatliche Großbetriebe nach und nach privatisiert. Seit Mitte der 1990er-Jahre findet das stärkste Wirtschaftswachstum in den größeren städtischen Agglomerationen statt, vorrangig in der Hauptstadtregion. Hier wird mehr als ein Viertel des slowakischen BIP erwirtschaftet. Mit der 2004 erfolgten Einführung einer Einheitssteuer von 19 Prozent, der sogenannten „flat tax", auf die Einkommens-, Körperschafts- und Umsatzsteuer hatte die Attraktivität des Landes für ausländische Investoren stark zugenommen.

Wirtschaft und Gesellschaft zu Beginn des Transformationsprozesses

1992 löste sich die Tschechoslowakei auf. Es entstanden die beiden neuen Staaten Tschechische Republik und Slowakei. Alles bewegliche und unbewegliche Eigentum sollte im Besitz der jeweiligen Republik bleiben.

M 2 VW-Werk Bratislava

M 3 BIP-Wachstum

Aber seit Beginn des Jahres 2013 gilt in der Slowakei ein neues Steuer- und Arbeitsrecht. Die Körperschaftssteuer wurde auf 23 Prozent angehoben und die Einkommenssteuer für Besserverdienende stieg von 19 Prozent auf 25 Prozent. Hinzu kamen Einschränkungen bei Überstunden und eine Stärkung der Gewerkschaften. Ausländische Investoren wollen trotzdem weiterhin investieren, obwohl die „flat tax" abgeschafft wurde.

Die wichtigsten Industriebranchen

Die größten Anteile an der Industrieproduktion nehmen die Automobilindustrie einschließlich der Kfz-Zulieferindustrie, der Maschinenbau, die Elektrotechnik/Elektronik – hier insbesondere die Produktion von Unterhaltungselektronik – sowie die chemische und pharmazeutische Industrie ein. Die Automobilindustrie hat sich zum Motor der slowakischen Industrie entwickelt. Auch beim Maschinenbau ist seit Jahren ein deutlicher Aufschwung zu beobachten. Neben dem Kfz-Sektor zählt die elektrotechnische Industrie zu den besonders stark wachsenden Industriezweigen. Die chemische Industrie profitiert sowohl von der hohen Nachfrage aus der Kfz- und elektrotechnischen Industrie als auch von der regen Aktivität im Baugewerbe. Um die Wettbewerbsfähigkeit in den strukturschwachen Regionen zu verbessern, entstanden zahlreiche **Industrieparks**. Der Staat treibt den Ausbau der Infrastruktur in der Ostslowakei voran, um den Raum mit den deutlich geringeren Löhnen als im Westen attraktiv zu machen. Eine Garantie für eine erfolgreiche Rekrutierung von qualifizierten Arbeitskräften besteht jedoch nicht, da viele die Region in den Krisenjahren verlassen haben.

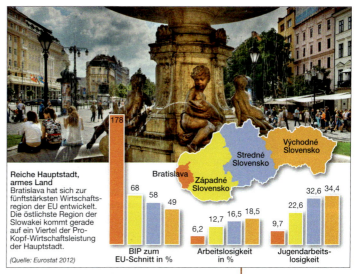

M 5 Regionale Wirtschaftsindikatoren in der Slowakei

Pluspunkte des Standorts Slowakei
- vergleichsweise niedrige Steuerbelastung
- günstige geographische Lage im Herzen von Europa
- Mitglied der europäischen Zoll- und Währungsunion
- leistungsbereite Arbeitskräfte zu relativ moderaten Kosten
- gut ausgebaute Infrastruktur in der westlichen Landeshälfte
- ausgeprägte Industriekultur mit einem dichten Netz an Zulieferern

Schwachstellen des Standorts Slowakei
- Fachkräftemangel droht nach Ende der Krise wieder aufzuflammen
- schlecht ausgebaute Infrastruktur in der östlichen Landeshälfte
- langwierige Durchsetzung von Rechtsansprüchen
- Korruption, v. a. im öffentlichen Sektor
- ineffiziente öffentliche Verwaltung

(Quelle: Deutsch-Slowakische Handelskammer 2013)

M 6 Standortfaktoren

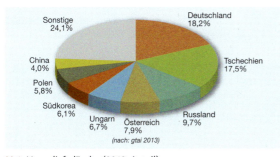

M 4 Hauptlieferländer (2012; Anteil)

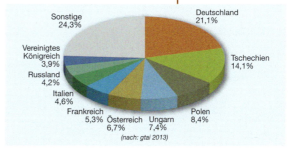

M 7 Hauptabnehmerländer (2012; Anteil)

1. Charakterisieren Sie die wirtschaftliche Ausgangssituation der Slowakei 1992 (**M 1, M 3**, Text).
2. Erarbeiten Sie einen Überblick über staatliche Maßnahmen und wirtschaftspolitische Entscheidungen sowie deren Auswirkungen auf die wirtschaftliche Entwicklung der Slowakei seit 1992 (**M 1, M 2, M 5**).
3. Überprüfen Sie die Aussage, die Slowakei habe Anfang des 21. Jahrhunderts eine rasante wirtschaftliche Entwicklung durchlaufen (**M 1, M 4, M 7**).
4. Übernehmen Sie die Rolle eines Investors und begründen Sie Ihre Wahl für oder gegen eine Standortwahl in der Slowakei (**M 1, M 3, M 6**).

7. Internationale Arbeitsteilung – lokale und globale Produktionsstandorte

Lokal	Weltfabrik	Kette	Netz	Hub and Spoke**

Große Marktnähe, eignet sich bei marktspezifischer Produktion mit geringer Wertdichte oder strengen Lieferanforderungen	Geringer Austausch von Gütern und Informationen, nur bei starken Skaleneffekten* und Verbundvorteilen, hoher Wertdichte und vertretbar langen Lieferzeiten sinnvoll	Maximiert Skalen- und Verbundeffekte je Fertigungsschritt * Skaleneffekte: Abhängigkeit der Produktionsmenge von der Menge eingesetzter Produktionsfaktoren	Für Unternehmen mit hoher Wertschöpfungstiefe, Ausgleich von Produktionskapazitäten möglich	Marktnähe und Nutzung von Skaleneffekten ** Hub and Spoke (Nabe-Speiche): Verbindung zwischen zwei Endknoten nicht direkt, sondern über Zentralknoten (engl.: hub)

(Quelle nach: S. Epple/N. Gürtner in J. Bläsing: Handbuch Globale Produktion. München, Wien 2006)

M 1 Idealtypische Netzwerkstrukturen

Bereich	Thema	Auswahlkriterien (Beispiele)
Personal	Lokales Personal	Verfügbarkeit, Ausbildungsstand, Lohnkosten, Arbeitszeiten
	Expatriates*	Attraktivität des Ansiedlungsortes (Wohnmöglichkeit/Hauspersonal, Entfernung von Flughäfen)
Kosten	Grundstück	Grundstückskosten, Erschließungskosten, Erschließungsdauer, Erweiterungsmöglichkeiten
	Nachbarbetriebe	Gemeinsame Nutzung von Anlagen (Kläranlage, Heizkraftwerk), Serviceunternehmen vor Ort
	Staatliche Förderung	Investitionszuschüsse, Steuerbefreiungen, Bankgarantien
	Zölle, Steuern, Abgaben	Lokal bestimmte Zölle, Steuersätze und Abgaben
	Ver- und Entsorgung	Qualität der örtlichen Versorgung (Strom, Wasser, Gas), Vorschriften für Abfallentsorgung/Emissionen
Logistik	Distributionslogistik	Nähe zu Kunden (Produktionsstätten, Entwicklungsstandorte, Einkaufsbüros)
	Beschaffungslogistik	Nähe zu Lieferanten (Produktionsstätten, Entwicklungsstandorte, Vertriebsbüros)
	Infrastruktur	Straßen-, Schienennetz, Wasserwege, Flughäfen

* Expatriate: an ausländische Zweigstelle geschickte Fachkraft eines internationalen Unternehmens

(Quelle nach: S. Epple/N. Gürtner in J. Bläsing: Handbuch Globale Produktion. München, Wien, 2006)

M 2 Kriterien für die Standortwahl

Standortbedingungen

Bei der **Standortwahl** spielen die geographische und die politische Lage eines Landes eine entscheidende Rolle. Der Erfolg eines gewinnorientierten Unternehmens wird anhand ökonomischer Indikatoren gemessen. Wichtige Messgrößen hierbei sind die **Produktivität** (Verhältnis von Ausbringungsmenge zu Einsatzmenge), die **Wirtschaftlichkeit** (Verhältnis von Leistung zu Kosten) und die **Rentabilität** (Verhältnis von Gewinn zu eingesetztem Kapital). Unter dem **großen Wettbewerbsdruck der Globalisierung** fühlen sich Unternehmen immer häufiger gezwungen, die unternehmerische Standortwahl unter globalen Gesichtspunkten zu treffen. Standortfaktoren geben folglich die Eigenschaften eines Ortes wieder und zeigen an, wie attraktiv ein Ort zur Fertigung eines Produktes ist. Als zweiter Einflussfaktor bei der Standortwahl müssen die Prozessfaktoren berücksichtigt werden wie Zukaufteile und Rohstoffe, Raumbedarf, Know-how und Patente.

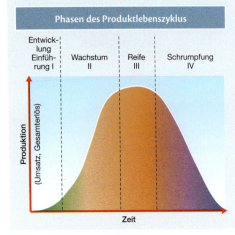

Bedeutung ausgewählter Standortfaktoren im Verlauf des Produktlebenszyklus				
	Entwicklungs- und Einführungsphase	Wachstumsphase	Reifephase	Schrumpfungsphase
qualifizierte Arbeitskräfte	++	+	o	o
hochwertige Infrastruktur	++	+	o	o
Agglomerationsvorteile (Zulieferer, Dienste)	+	++	o	o
Marktnähe	+	++	o	o
billige Arbeitskräfte	o	o	++	++
niedrige Standortkosten (Betriebsgelände, Abgaben)	o	o	++	++

M 3 Produktlebenszyklustheorie

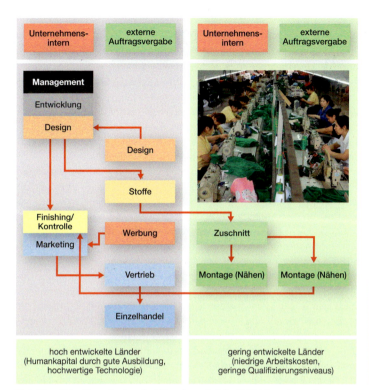

M4 Räumliche Organisation der Warenkette bei der Bekleidungsherstellung

M5 Globalisiert: Handel und Produktion

Generell gilt, dass je nach Tätigkeitsbereich eines Unternehmens unterschiedliche **Standortfaktoren** in unterschiedlicher Ausprägung relevant sind. Je mehr Standortfaktoren auf einem Standort vereinigt sind, desto geeigneter ist dieser für das Unternehmen. Allgemein unterscheidet man beschaffungs-, absatz-, fertigungs- und arbeitsorientierte Standortfaktoren. Um für ein Unternehmen und seine Tochtergesellschaften geeignete Standorte zu finden, werden Standortanalysen in Form von Stärken-Schwächen-Analysen durchgeführt, bei denen Alternativstandorte anhand der relevanten Standortfaktoren unter Berücksichtigung verschiedener Gewichtungsfaktoren miteinander verglichen werden.

Eine **Wertschöpfungskette** lässt sich räumlich auf drei Arten organisieren. Bei einem Produzenten-Zulieferer-Netzwerk in einer Region wird von den Firmen das in der Region verankerte Wissen genutzt. Zudem entfallen lange Transportwege. Die zweite Möglichkeit besteht darin, jede Produktionsstufe in eine andere Region zu verlegen. In der Regel erhöht das zwar die Transportkosten, senkt aber die Produktionskosten, weil z. B. niedrige Löhne ausschlaggebend sind.

Drittens kann die Konzernzentrale Produktionsstufen an verschiedenen Standorten nach dem gleichen Muster einrichten. Die verschiedenen Niederlassungen stehen dann in einem Wettbewerb miteinander, können aber auch gegeneinander ausgespielt werden.

Räumlich gesehen entstehen aus all diesen Überlegungen **unterschiedliche Standortmuster,** die im Idealfall in der Summe für alle Teileinheiten des Unternehmens zu einem optimalen Unternehmenserfolg führen. Ändern sich die Standortbedingungen z. B. durch veränderte Gesetzgebungen oder Lohnentwicklungen, müssen die Standorte neu analysiert und möglicherweise verlagert werden. Im Rahmen der Globalisierung haben sich die Standortfaktoren international agierender Unternehmen in den letzten Jahren mehrfach verändert. Während früher vor allem Nordamerika, Europa und Japan Standortschwerpunkte multinationaler Unternehmen waren, folgten mit der Globalisierung Asien und Osteuropa. So kann sich eine Fertigungsindustrie wie die Textilindustrie global ausbreiten und dort ansiedeln, wo bei ausreichender Ausbildung und Infrastruktur die geringsten Arbeitskosten entstehen.

1. Erläutern Sie die Auswahlkriterien für lokale und globale Produktionsstandorte. Klären Sie deren Rang (Text, **M1, M2**).
2. Stellen Sie einen Zusammenhang zwischen Standortanforderungen und Produktreife her (**M3**).
3. Erläutern Sie die räumliche Verteilung der Warenkette von Bekleidung (**M4, M5**).

Internationale Produktionssysteme

Multinationale Unternehmen

Auch wenn für **Multinationale Unternehmen** (Multis, Global Player) bislang keine einheitliche Definition existiert, ist unstrittig, dass es sich hierbei um Unternehmen handelt, die international meistens mit Tochterunternehmen, Zweigstellen oder Produktionseinrichtungen tätig sind. Zur Gründung von Tochterunternehmen im Ausland sind **Direktinvestitionen** erforderlich. Aus diesem Grund kann man zwischen Direktinvestition und Multinationalen Unternehmen einen engen Zusammenhang erkennen. Die Zahl der Multis hat sich mit der Globalisierung deutlich erhöht.

Nach Schätzung der Vereinten Nationen gibt es derzeit weltweit mehr als 70 000 derartige Unternehmen. Neben der weltweiten Expansion einzelner Unternehmen kommt es auch immer häufiger zum Zusammenschluss vorher selbstständiger Unternehmen. Dies lässt sich sowohl aus Markt- als auch aus Kostenüberlegungen erklären. Zusammenschlüsse erlauben den Aufbau eines gemeinsamen **Produktions- und Vertriebsnetzes**. Damit können sowohl die angebotene Produktpalette erweitert als auch zusätzlich Märkte erschlossen werden. So bieten die großen Automobilhersteller unterschiedlichste Fahrzeugtypen an, die alle Marktsegmente versorgen. In Branchen mit sehr hohen Entwicklungskosten für Produkte (z. B. bei Medikamenten, in der Luftfahrtbranche) sind auch nur sehr große Unternehmen in der Lage, diese aufzubringen. Schließlich können in großen Produktionseinheiten die Stückkosten für die Herstellung von Gütern gesenkt werden.

Bis heute entstand eine Reihe von multinationalen Unternehmen, deren weltweiter Umsatz wesentlich größer ist als das BNE vieler Länder. So erwirtschaften nur 16 Länder (z. B. USA, Deutschland, Japan) ein höheres BNE, als die vier größten Unternehmen jeweils an weltweitem Umsatz erzielen. Gegenüber diesen weltweit operierenden Einheiten treten die Möglichkeiten der Wirtschafts- und Sozialpolitik von Nationalstaaten zurück. Steuerpolitik gerät an Grenzen, da die Unternehmen nur dort Gewinne entstehen lassen, wo niedrige Steuern zu zahlen sind. Lohnpolitik wird schwierig, da arbeitsintensive Herstellungsschritte bei Tariferhöhungen in andere Länder verlagert werden können.

Dem Trend zur Entstehung multinationaler Unternehmen steht ein Trend zur Konzentration dieser Einheiten auf Tätigkeiten, für welche sie besondere Wettbewerbsvorteile besitzen, gegenüber. Heute konzentrieren sich Unternehmen in der Produktion auf ihre Kernkompetenzen und geben eher randliche Aufgaben an darauf spezialisierte Lieferanten und Dienstleister ab. So werden beispielsweise Beratungsaufgaben oder Logistik-Dienste an darauf spezialisierte Dienstleister übergeben. Auch diese internationalisieren sich und bieten weltweit ihre Leistungen an.

Seit Jahren stehen an der Spitze der Statistiken die gleichen Namen. Amerikaner und Europäer dominieren, dazu kommen einige Japaner und wenige Südkoreaner. In Zukunft werden global auch Konzerne aus den BRIC-Staaten stärker in Erscheinung treten.

Nr	Name	Branche	Hauptsitz	Land	Vermögenswert (Mrd. US-$)	davon im Ausland	Mitarbeiter	davon im Ausland	TNI* (%)
1	General Electric	Mischkonzern	Fairfield	USA	685,3	338,2	305 000	171 000	52,5
2	Royal Dutch	Öl und Gas	Den Haag	Niederlande	360,3	307,9	87 000	73 000	76,6
3	BP	Öl und Gas	London	Großbritannien	300,1	270,2	85 700	69 900	83,6
4	Toyota Motor	Automobile	Toyota	Japan	376,8	233,2	333 500	126 530	54,7
5	Total	Öl und Gas	Courbevoie	Frankreich	227,1	214,5	97 126	62 123	78,5
6	Exxon Mobil	Öl und Gas	Irving	USA	333,8	214,4	76 900	46 360	65,4
7	Vodafone	Telekommunikation	Newbury	Großbritannien	217,0	199,0	86 370	78 600	90,4
10	Volkswagen	Automobile	Wolfsburg	Deutschland	409,3	158,1	533 470	296 000	58,2
12	Nestlé	Nahrungsmittel	Vevey	Schweiz	138,2	132,7	339 000	328 800	97,1
17	Siemens	Technologie	München	Deutschland	129,3	111,6	369 000	250 000	77,9
18	Honda	Automobile	Tokio	Japan	144,8	110,1	187 100	118 900	73,4
21	Daimler	Automobile	Stuttgart	Deutschland	215,4	99,1	275 090	108 720	56,2
22	Deutsche Telekom	Telekommunikation	Bonn	Deutschland	142,7	95,8	232 340	113 500	57,6
24	BMW	Automobile	München	Deutschland	174,3	88,7	105 900	77 400	69,4
57	BASF	Chemie	Ludwigshafen	Deutschland	85,1	54,5	60 418	113 262	58,6

* TNI transnationality index, errechnet aus den Anteilen von Auslandsvermögen, Umsatz und Beschäftigten an den Gesamtdaten der Konzernen

(Quelle: UNCTAD 2013, WIR13_webtab28)

M 6 Die größten multinationalen Unternehmen der Welt 2012 (Auswahl)

Puma beschäftigt in Deutschland keinen Einkäufer mehr. Der Einkauf findet in Hongkong statt. In der Unternehmenszentrale in Herzogenaurach arbeiten nur noch Strategen. Global Sourcing entwickelt sich über breite Sparten hinweg zu einer lokalen Beschaffung auf internationalen Märkten. Nationale kleine Einheiten im Ausland lösen das Konzept des weltweiten Einkaufs und der globalen Weiterverarbeitung an vielen anderen Produktions- und Vertriebsstätten weltweit ab. Dort, wo vor Ort Produktion oder Vertrieb stattfinden, wird auch eingekauft: also „Local Sourcing for Local Sales".

„Von dem Konzept der Definition pauschaler ‚Low-Cost-Country-Quoten' haben wir uns ganz verabschiedet, sondern fokussieren uns auf eine ganzheitliche Kostenbetrachtung bei der Beschaffung", erklärt Mitja Schulz, verantwortlich für das Lieferantenmanagement des Automobilzulieferers ZF Friedrichshafen. Nach solchen Low-Cost-Country-Quoten organisieren noch viele Betriebe ihren Einkauf. Wenn beispielsweise Gussteile aktuell in der Türkei am günstigsten sind, wird beim Global Sourcing entsprechend eine Quote festgelegt, wonach 70 Prozent aller Gussteile im Einkauf aus der Türkei kommen sollten. Die Kostenkalkulationen des Automobilzulieferers ZF Friedrichshafen setzen mittlerweile auf Total Cost of Ownership.

(Quelle: D. Hülsbömer, in: Frankfurt Business media 2013)

M 7 Global Sourcing wird lokaler

M 8 Wertschöpfungskette

Einheit	Funktion	Standort
Headquarter	Strategische Entscheidungen	Zentren hoch entwickelter Länder (Global Cities)
Operational Headquarter	Koordination und Kontrolle von Teileinheiten in Großregionen	Zentren von großräumiger Bedeutung
Forschung und Entwicklung	Weiterentwicklung von Produkten, Prozessen, Organisationen	Agglomerationen mit speziellen Standortvorteilen (z. B. Universitäten)
Endmontage	Endfertigung des Produktes	Agglomerationen mit guten Verkehrsverbindungen
Teilfertigung – humankapitalintensiv – sachkapitalintensiv – arbeitsintensiv	Produktion	Zentren hoch entwickelter Länder höher entwickelter Länder, Länder mit niedrigen Lohnkosten
Marketing	Werbung	Agglomerationen
Vertrieb	Verkauf der Endprodukte	weltweit gestreut

M 9 Teileinheiten eines multinationalen Unternehmens

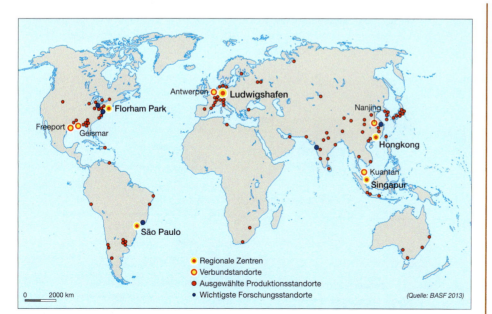

M 10 Standorte der BASF

4. Erläutern Sie Gründe für die Zunahme multinationaler Unternehmen (**M 6** bis **M 8**, Text).
5. Beschreiben Sie die räumliche Verteilung der Teileinheiten des Multis BASF (**M 9**, **M 10**).
6. „Nationale Wirtschaftspolitik verliert gegenüber Multis an Einfluss." Beziehen Sie Stellung zu dieser Aussage (**M 6**, **M 10**, Text).

Internationale Standortgefüge

Ein wichtiges Element der Globalisierung ist das Engagement von Unternehmen im Ausland. In **Sonderwirtschaftszonen** (SWZ) locken Steuerermäßigungen und Vorleistungen des Staates ausländische Investoren an. Sie produzieren in Gemeinschaftsunternehmen mit einheimischen Firmen, aber auch als ausländische Tochterunternehmen Güter und Dienstleistungen sowohl für den Binnen- als auch den Auslandsmarkt.

Im globalen Standortwettbewerb sind **Cluster** als Kooperationsräume mit interagierenden Unternehmen und verstärkter internationaler Verflechtung eine mögliche Antwort auf die Herausforderung der Globalisierung. Sie können sich, so das Bundesministerium für Bildung und Forschung, „zu internationalen Kompetenzknoten mit globaler Leadfunktion, mit einer Magnetwirkung für Wissen, Humankapital und Investitionen" entwickeln. Reale Fabriken mit unterschiedlichen Fertigungsschwerpunkten können sich zu einer **Virtuellen Fabrik**, also zu einer imaginären Fabrik, zusammenschließen. Die Fertigungspartner bilden ein Netzwerk und erzielen wettbewerbsfähige Preise, indem sie Kompetenzen und Produktionsmittel optimieren sowie den Beschaffungs- und Verwaltungsaufwand reduzieren.

Als weitere Vorteile gelten, dass es nur einen einzigen Ansprechpartner für ein Projekt gibt und Systemlösungen aus einer Hand erarbeitet werden. Virtuelle Fabriken müssen über eine gute IT-Infrastruktur verfügen, da flexible Rollen und Regeln die Prozesse bestimmen. Erfolgreich auf dem Markt aktiv ist z. B. die Virtuelle Fabrik Bodensee.

Cluster	Land	Themen
Automobilcluster	Slowakei	Engineering und Produktion, Mobilität
Brainport-Region Eindhoven	Niederlande	Information und Kommunikation, physikalische und chemische Technologie
Albany	USA	Engineering und Produktion, Innovation
Ansan	Südkorea	Engineering und Produktion, Information u. Kommunikation, Lebenswissenschaften, Mobilität, physikalische und chemische Technologie
Bangalore	Indien	Information u. Kommunikation, Lebenswissenschaften
Barcelona	Spanien	Information u. Kommunikation, Lebenswissenschaften, Mobilität
Belo Horizonte	Brasilien	Information und Kommunikation, Lebenswissenschaften, Mobilität
Boston	USA	Engineering und Produktion, Information u. Kommunikation, Lebenswissenschaften
Breslau	Polen	Information u. Kommunikation, Lebenswissenschaften
Budapest	Ungarn	Information und Kommunikation, Infrastruktur, Lebenswissenschaften, Mobilität, Umwelt und Nachhaltigkeit
Cambridge	Großbritannien	Information u. Kommunikation, Lebenswissenschaften
Campinas	Brasilien	Energie, Information und Kommunikation, Lebenswissenschaften, Mobilität, Umwelt und Nachhaltigkeit

(Quelle: www.kooperation-international.de/clusterportal.html)

M 12 Clusterportraits

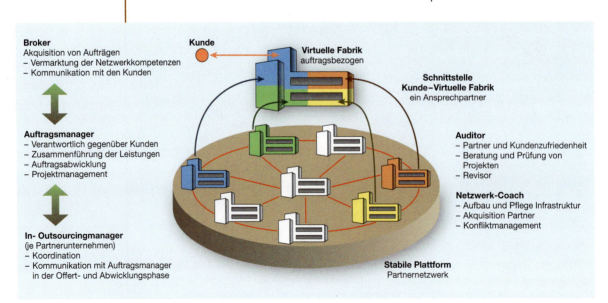

M 11 Netzwerk Virtuelle Fabrik

Entwicklung und Bedeutung der Industrie 271

Handel	Verarbeitende Industrie			Dienstleistungen		
Freihafen	Sonderwirtschafts-zone (SWZ)	Exportproduk-tionszone (EWZ)	Industriegebiet	IT-Zone	Finanzdienst-leistungszone	Kommerzielle Freihandelszone
ganze Stadt oder Bezirk	ganze Provinz, Region oder Gemeinde	Enklave oder In-dustriepark	Teil einer Stadt oder ganze Stadt	Teil einer Stadt oder Zone in Zone	ganze Stadt oder Zone in Zone	Lagerhallengebiet, oft nahe eines (Flug-)Hafens
Handel, Dienst-leistungen, Indus-trie, Banken	Industrie / Dienstleistungen	Leichtindustrie, verarbeitende In-dustrie	Handel, Dienstleis-tungen, Industrie, Bankwesen	Datenverarbeitung, Softwareentwick-lung	Finanzleistungen	Einlagerung, Ver-packung, Vertrieb, Verladung
Hongkong, Macao, Singapur, Bahamas, Batam (Indonesien)	u. a. VR China, Indien, Nordkorea, Russland, Vietnam, Polen, VAE, Kasachstan, Kuba	Irland, Taiwan Malaysia, Dom. Rep., Mauritius, Kenia	Indonesien Senegal	Bengaluru (Bangalore) Karibik	Bahrain, Dubai, Karibik, Türkei, Kaimaninseln	Jebel Ali (Dubai) Colón (Panana) Miami (USA) Mauritius

(Quelle: DGB: SWZ: Entwicklungsmotoren oder teure Auslaufmodelle der Globalisierung. 2010, ergänzt)

M 13 Typologie von Standorten mit Wettbewerbsvorteil

St. Petersburg ist eine Sonderwirtschaftszone mit Schwerpunkt Innovation – so wie auch Seleno-grad und Dubna, die sich in bzw. bei Moskau be-finden, und die SWZ Tomsk. Alle drei zusammen haben über 150 Residenten, darunter große aus-ländische Unternehmen wie die US-amerika-nische Plastic Logic oder das europäische Joint-venture Nokia Siemens Networks. Dabei gibt es in jeder Region andere Schwerpunkte. Thema-tische Cluster werden auch in den vier Sonder-wirtschaftszonen mit Fokus Industrie gebildet. In der ältesten SWZ, Alabuga in Tatarstan, stehen gleich vier Branchen auf der Agenda: Automobil-industrie, Petrochemie, Baumaterialien und Kon-sumgüterindustrien. (Quelle: OWC 2011)

M 14 St. Petersburg: Innovation und Industrie

In den National Investment and Manufacturing Zones (NIMZ) sollen Steuervergünstigungen für KMU (kleinere und mittlere Unternehmen), be-schleunigte Genehmigungsverfahren, flexiblere Arbeitsgesetze sowie Fördermaßnahmen für umweltfreundliche Herstellungstechniken und Technologieakquisition in- und ausländische In-vestoren anziehen. Die ersten Zonen sind in sie-ben Städten entlang des Delhi Mumbai Industrial Corridor geplant.
(Quelle: Germany Trade & Invest, 2013, www.gtai.de)

M 15 Indien: Sonderwirtschaftszonen entstehen

Die kubanische Regierung will mit einer Sonder-wirtschaftszone nahe Havanna verstärkt Inves-toren ins Land locken. Im rund 465 Quadratkilo-meter großen Industriepark am Mariel-Hafen werden in Zukunft Steuervorteile mit einer Dauer von bis zu zehn Jahren gelten. (faznet 29.9.2013)

M 16 Kuba will Investoren anlocken

M 17 24 Sonderwirtschaftszonen in Russland

Warschau. Die polnische Regierung hat nach län-gerer Debatte die Verlängerung der Laufzeiten der Sonderwirtschaftszonen beschlossen. Somit dürfen sich Investoren mindestens bis 2026 über Sonderkonditionen freuen. Steuernachlässe in Höhe von bis zu 70 % sind möglich. Zur Zeit gibt es in Polen 14 Sonderwirtschaftszonen (SWZ). Die älteste SWZ im ostpolnischen Mielec besteht bereits seit 18 Jahren. In dieser Zeit konnten In-vestitionen im Wert von etwa 20 Mrd. Euro ange-zogen werden. Die angesiedelten Firmen schufen direkt über 250 000 Arbeitsplätze, hinzu kam etwa 1 Mio. weiterer Arbeitsplätze im Umfeld der SWZ.
Die Zonen sind vor allem ein Magnet für auslän-dische Unternehmen, die 85 % der dort tätigen Gesellschaften ausmachen.
(Quelle: Germany Trade & Invest, 2013, www.gtai.de)

M 18 Polnische SWZ bis 2026

1 Dubai Airport Free Zone (VAE)
2 Dubai International Financial Center (VAE)
3 Shanghai Free Trade Zone (China)
4 Iskandar (Malay-sia)
5 DuBiotech (VAE)
6 Tanger Free Zone (Marokko)
7 Freeport Ventspils (Litauen)
8 The Clark Freeport Zone (Philippi-nen)
9 Chittagong Export Processing Zone (Bangladesch)
10 Dubai Media City (VAE)

M 19 Aussichtsreichste SWZ der Zukunft

7. Erläutern Sie die Bedeutung von Clustern im internationalen Standortgefüge (**M 12**).
8. Erklären Sie die Vor- und Nachteile von Sonderwirtschaftszonen für hoch und gering entwi-ckelte Länder (**M 13** bis **M 19**).
9. Erklären Sie die Funktionsweise einer Virtuellen Fabrik (**M 11**).

8. Merkmale der Globalisierung

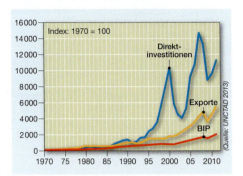

M 1 BIP, Exporte und Direktinvestitionen

Rang		in Mrd. US-$	Weltanteil in %
1	VR China	2049	11,2
2	USA	1547	8,4
3	Deutschland	1407	7,7
4	Japan	799	4,4
5	Niederlande	656	3,6
6	Frankreich	569	3,1
7	Rep. Korea	548	3,0
8	Russland	529	2,9
9	Italien	500	2,7
10	Hongkong	493	2,7

(Quelle: www.wto.org/statistics 2013)

M 2 Die zehn führenden Exportländer 2012

Bruttonationaleinkommen je Einwohner in US-$				
Staat	2000	2005	2010	2011
Norwegen	35860	62490	86390	88890
Luxemburg	43650	69180	71860	77580
Schweiz	43650	58530	73340	76400
Dänemark	31830	48590	59590	60120
Schweden	29490	42920	50780	53150
Niederlande	26580	39880	48580	49650
Australien	21150	30290	45850	49130
USA	34890	44670	47360	48620
Österreich	26000	37210	47070	48190
Finnland	25440	38550	47130	47770
...	...	...	...	...
Eritrea	170	250	340	430
Guinea	400	360	390	430
Madagaskar	250	300	430	430
Äthiopien	120	160	360	370
Malawi	160	220	350	360
Niger	180	260	360	360
Sierra Leone	150	220	340	340
Liberia	190	120	260	330
Burundi	130	140	230	250
Kongo Dem. Rep.	90	120	180	190

(Quelle: Weltbank 2013)

M 3 Die reichsten und ärmsten Staaten

Globalisierte Weltwirtschaft

Trotz immer wieder auftretender Krisen wie der globalen Wirtschaftskrisen 2008/09 und 2011 wuchs seit 1950 der Welthandel als Schlüsselgröße der Weltwirtschaft im Vergleich zur Weltwirtschaftsleistung (**Bruttoinlandsprodukt**) überproportional. Besonders nach dem Zusammenbruch des Ostblocks mit seiner Zentralen Verwaltungswirtschaft in den 1990er-Jahren hat die **Globalisierung** der Wirtschaft deutlich zugenommen.

Voraussetzungen und Merkmale der Globalisierung:
– Liberalisierung der Märkte, d. h. schrittweiser Abbau von Zöllen und Handelshemmnissen;
– die transnationalen Konzerne (TNK) der Industrie und Finanzwirtschaft, wichtige supranationale Institutionen wie die Weltbank, der Internationale Währungsfonds (IWF), die Welthandelsorganisation (WTO), die Nichtregierungsorganisationen (NGO), die Verbraucher;
– sprunghafte Zunahme des Außenhandels und der **Direktinvestitionen** (ADI). Dazu haben nicht nur Industrieländer, sondern auch die Schwellenländer, vor allem China, beigetragen. Auch periphere Regionen (Wüsten, tropischer Regenwald, Hochgebirge, Meere) werden immer stärker globalisiert, wenn sie über marktfähige Rohstoffe als Anfangsglieder einer global vernetzten Wertschöpfungskette verfügen;
– neue **Informations- und Kommunikationstechniken** als wichtige Voraussetzung für weltweite Produktions- und Transportnetzwerke (Internet und „Container-Revolution");
– der grenzenlose Wettbewerb beschränkt sich nicht mehr nur auf **Wirtschaftsbündnisse** (z. B. EU, NAFTA) oder Staaten untereinander, sondern konzentriert sich auf deren **Wirtschaftsregionen**. Das bedeutet, dass Regionen mit Standortschwächen (z. B. Altindustriestandorte) auf unrentable Wirtschaftsbranchen verzichten und, wenn möglich, ihre Produktion in Niedriglohnländer auslagern müssen. Der globale Wettbewerb entscheidet über die Zugehörigkeit zu Gewinnern oder Verlierern.

Ausländische Direktinvestitionen (ADI) als Schmierstoffe der Globalisierung?

Laut Definition der Deutschen Bundesbank sind ADI Kapitalanlagen von Inländern im Ausland oder von Ausländern im Inland, die mit einem unmittelbaren Einfluss auf die Geschäftstätigkeit des Kapital nehmenden Unternehmens dauerhaft verbunden sind.

Formen dieser weltweiten Kapital- und Knowhow-Ströme können Gründungen oder der Erwerb von Fabriken und Zweigniederlassungen sein, außerdem der Erwerb von Beteiligungen an Unternehmen ab 10 %. Bleibt die Verfügungsgewalt über den Betrieb beim inländischen Partner, wird die Beteiligung auch **Jointventure** genannt. Diese Beteiligungsform empfiehlt sich als Investitionsform zwischen Industriestaaten und Entwicklungsländern, da schwächere Wirtschaftspartner nicht zu Unrecht neue Abhängigkeiten befürchten. Zum Schutz ihrer eigenen Wirtschaft realisieren die Entwicklungsländer diese Jointventures in **Freihandelszonen/Sonderwirtschaftszonen**.

Wer sind die Akteure?

Unternehmen, die ihre Produktion und Dienstleistung nach den o.g. Gesichtspunkten organisieren und vermarkten, werden **transnationale** oder **multinationale Konzerne** (TNK oder Multis) genannt: Neben Großkonzernen („Global Player"), die über genügend Risikokapital und ein dichtes Informationsnetz verfügen, versuchen auch mittelständische Unternehmen, ihre Weltmarktnische zu finden.

Die Kapital gebenden Unternehmen treffen mit ihrer Marktstrategie im In- und Ausland bei Gewerkschaften, Regierungen und heimischer Wirtschaft nicht selten auf zwiespältige Resonanz: „Verlängerte Werkbänke" gelten als zweite Standortwahl. Angesehener bei den Empfängerländern sind Auslandsinvestitionen, die zu eigenen Produkten/Marken führen.

Welchen Vorteil versprechen sich die investierenden Unternehmen?

Die **beschaffungsorientierten** ADI zielen auf die sichere Versorgung der heimischen Industrie mit wichtigen Technologien oder Rohstoffen aus Entwicklungsländern. Ein Beispiel für ein „Jointventure" mit Entwicklungsländern: Rohstoffe im Gegenzug für Technologie- und Informationstransfer bei der Rohstoffexploration.

Die **absatzorientierten** ADI dienen der Erschließung, Ausweitung oder Sicherung von Auslandsmärkten. Hier sind besonders die Industrienationen mit ausreichender Kaufkraft Gewinn versprechend. Außerdem verfügen die EU, die USA und Japan über gute Rahmenbedingungen (Infrastruktur, Rechtssicherheit, politische und soziale Stabilität). Mit Einschränkung gilt dies auch für die Schwellenländer.

Die **produktionsorientierten** ADI fließen in Niedriglohnländer. Um die o.g. Rahmenbedingungen zumindest lokal zu erfüllen, haben diese Länder **Freihandelszonen** mit besonders günstigen Produktions- und Exportbedingungen gegründet. Die Einbettung der Produktion in einen internationalen Verbund ermöglicht den Unternehmen, auf Marktschwankungen flexibler reagieren zu können, Steuervorteile zu nutzen, von geringen Lohn- bzw. Lohnnebenkosten und Transportkosten zu profitieren sowie Wechselkursschwankungen zu vermeiden. Mit einer Tochtergesellschaft auf den wichtigsten Märkten der Welt können außerdem Exporthemmnisse durch **Protektionismus** umgangen, **Subventionen** und besonders „günstige" Umweltgesetze genutzt werden.

M 6 US-amerikanische Fastfood-Kette in Kaliningrad (Russland)

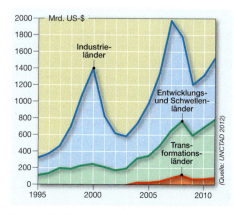

M 4 Ausländische Direktinvestitionen

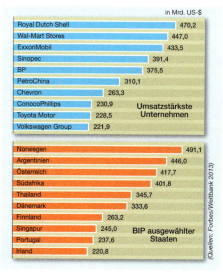

M 5 Multis und Staaten im Vergleich 2011

Umsatz **deutscher Unternehmen** in den USA 2012:
– Daimler: 31,9 Mrd. €
– Volkswagen: 25,0 Mrd. €
– Siemens: 16,7 Mrd. €
– BMW: 16,3 Mrd. €
– Deutsche Telekom: 15,4 Mrd. €

Umsatz **von US-Unternehmen** in Deutschland (2011):
– Ford: 18,8 Mrd. €
– ExxonMobil: 12,8 Mrd. €
– General Motors: 12,5 Mrd. €
– ConocoPhillips: 11,2 Mrd. €
– General Electric: 9,6 Mrd. €
(Quellen: Bundesbank, Dt.-amerikanische Handelsbank, AmCham)

M 7 Wirtschaftliche Beziehungen

1. Beschreiben Sie die Voraussetzungen und die Entwicklung des globalisierten Welthandels (**M 1** bis **M 3**, **M 5**).
2. Erläutern Sie die Entwicklung und Verteilung der ADI. Welche Motive bewegen die Unternehmen, im Ausland zu investieren (**M 1**, **M 4** bis **M 7**)?

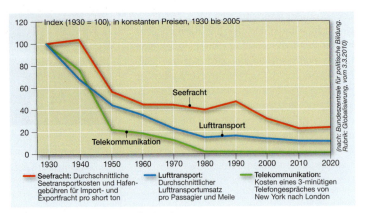

M 8 Transport- und Kommunikationskosten

Kommunikation und Logistik im Warenhandel

Zwar hat es schon vor der Industrialisierung im 19. Jahrhundert einen globalen Handel gegeben, aber erst mit dem Einsatz der Dampfmaschine beginnt jene **technische Revolution**, deren Ziel es ist, die Kosten bei der Überwindung von Zeit und Raum zu reduzieren. Ohne sie wäre der intensive Warenaustausch zwischen und innerhalb der Kraftzentren Nordamerika, Europa und Asien nicht denkbar. Am augenfälligsten ist dies beim Gütertransport mit Containern zu beobachten. In diesen genormten Behältern werden mittlerweile zwei Drittel des grenzüberschreitenden Warenverkehrs auf immer größeren und schnelleren Schiffen abgewickelt. Seit 2013 stechen Containerschiffe der Triple-E-Klasse mit 18 000 Standardcontainern (TEU) in See. Weitere Gründe für die preiswerten Fracht- und Flugtarife liegen in dem Überangebot an Transportkapazitäten, an Subventionen beim Schiffsbau und Flughafenbetrieb sowie in der Befreiung von **externen Kosten** (soziale Kosten, Umweltkosten). Der Seegüterverkehr (Fracht- und Containerumschlag) gilt als Seismograph für den Welthandel und damit für die Weltwirtschaft. Eine ähnliche Entwicklung ist beim Reiseverkehr in Hochgeschwindigkeitszügen und Großraumflugzeugen zu beobachten.

Zusätzliche Kostensenkungen können durch die flächendeckende Errichtung von **Hubs** (Verkehrsknotenpunkte) wie **Güterverkehrszentren** (**GVZ**) erzielt werden, in denen die Waren nicht nur gesammelt und neu verteilt, sondern durch spezielle Serviceleistungen wie Lagerung, Vormontage, Verpackung sowie termingerechten Versand einschließlich aller Zollerklärungen einer höheren Wertschöpfung zugeführt werden.

Auf globaler Ebene stehen an erster Stelle Großflughäfen und bedeutende Seehäfen, die den transkontinentalen Verkehr termingerecht bedienen und die ihr Verkehrsaufkommen aus ihrer entsprechenden Großregion beziehen, z. B. Singapur als größter Containerhafen. Auf regionaler Ebene ist hier der Hinterland-Hub Duisburg zu nennen (S. 256 f.).

Transport- bzw. Logistikketten können nur dann reibungslos funktionieren, wenn sie sich der **Informations- und Kommunikationstechnologie** (**IKT**) mittels Computer, Internet und Mobiltelefon bedienen. Mithilfe der IKT wird der Warenfluss in der Transportkette besonders an den Umschlagpunkten beschleunigt und bis zum Empfänger kontrolliert. Sollten Störungen während des Transports z. B. bei Lebensmitteln auftreten, kann durch schnelle Abhilfe ein Qualitäts- und Wertverlust vermieden werden.

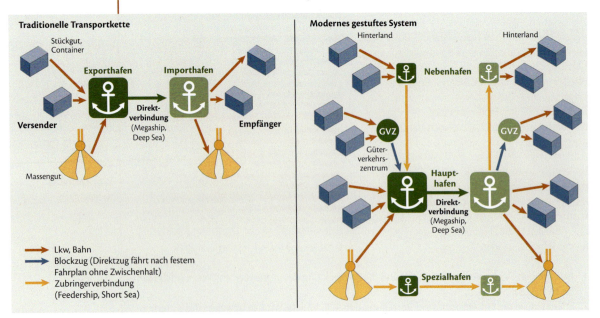

M 9 Transportsysteme

Die IKT hat auch die Industrieproduktion tiefgreifend verändert. Sie ermöglichte die Verschlankung der Produktion (**Lean Production**), die bei der Automobilproduktion auf einen Eigenanteil von ca. 30 % reduziert wurde. Die Auslagerung (**Outsourcing**) und der Fremdbezug von Bauteilen und vor allem deren Anlieferung (**just-in-time**) setzen ein hohes Maß an elektronischer Ausstattung bei Lieferanten und Kunden voraus. Das schnelle Internet ist zudem ein wichtiger **Standortfaktor** vor allem im ländlichen Raum geworden. Diesen Standort bevorzugen große Warenverteilzentren, da genügend preiswerte Flächen zur Verfügung stehen. Weitere wichtige Voraussetzungen sind ausreichend Arbeitskräfte im Niedriglohnsektor, ein Autobahnanschluss und eine Datenautobahn auf Glasfaserbasis. Sind diese allerdings sehr teuren Infrastrukturmaßnahmen gegeben, gewinnt der ländliche Raum wieder an wirtschaftlicher Attraktivität und Abwanderungen können vermindert werden.

3. Erklären Sie, warum die Informations- und Kommunikationstechnologie (IKT) für die Globalisierung der Weltwirtschaft so bedeutsam ist (**M 8, M 9, M 12**).
4. Lokalisieren Sie die bedeutendsten Seehäfen und begründen Sie deren herausragende Stellung (**M 11**).
5. Erläutern Sie die Entwicklung der Transportsysteme (**M 9**).
6. Beschreiben Sie die Handelsströme nach ihrer Richtung und Stärke (**M 10**).

Frachtumschlag			Containerumschlag		
Hafen	Land	in Mio. t	Hafen	Land	in Mio. TEU*
1 Shanghai	VR China	590,4	1 Shanghai	VR China	31,7
2 Singapur	Singapur	531,2	2 Singapur	Singapur	29,9
3 Tianjin	VR China	459,9	3 Hongkong	VR China	24,4
4 Rotterdam	Niederlande	434,6	4 Shenzhen	VR China	22,6
5 Guangzhou	VR China	431,0	5 Busan	Rep. Korea	16,2
6 Qingdao	VR China	372,0	6 Ningbo	VR China	14,7
7 Ningbo	VR China	348,9	7 Guangzhou	VR China	14,3
8 Qinhuangdao	VR China	284,6	8 Qingdao	VR China	13,0
9 Busan	Rep. Korea	281,5	9 Dubai	Ver. Arab. Emirate	12,6
10 Hongkong	VR China	277,4	10 Rotterdam	Niederlande	11,9
11 Port Hedland	Australien	246,7	11 Tianjin	VR China	11,6
12 South Louisiana	USA	223,6	12 Kaohsiung	Rep. China (Taiwan)	9,6

* Twenty foot Equivalent Unit (Standardcontainer) (Quelle: AAPA 2013)

M 11 Güterverkehr der führenden Seehäfen 2011

M 12 Schnelles Internet als Standortfaktor

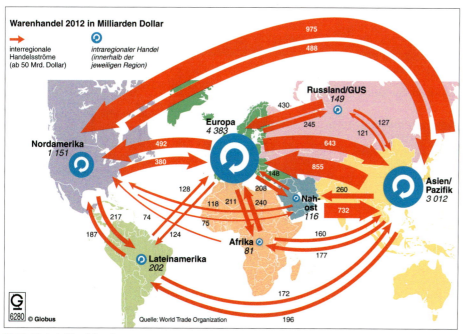

M 10 Globale Handelsströme

Standortbewertungen im Wandel – Auswirkungen des Globalisierungsprozesses

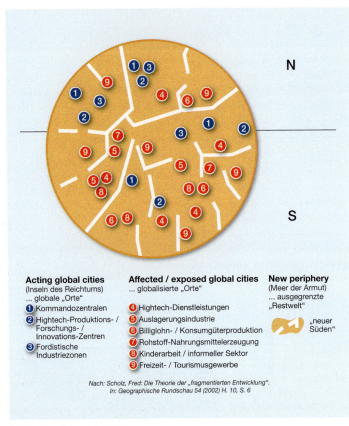

M 13 Globale Fragmentierung

Staatengruppe	Bevölkerung in Mio.	BNE in Mrd. US-$	BNE je Einw. in US-$
Niedriges Einkommen	817	481,9	569
Mittleres Einkommen	5 022	22 849,4	4 144
(untere Kategorie)	2 533	4 842,5	1 764
(obere Kategorie)	2 489	17 997,0	6 563
Hohes Einkommen	1 135	46 778,4	39 861
Welt insgesamt	6 974	69 896,9	9 511

(Quelle: Weltbank 2013)

M 14 Globale Verteilung des Weltwirtschaftsergebnisses 2011

Jugendliche unter 25 Jahren, in %				
	2009	2010	2011	2012*
Welt	12,8	12,6	12,4	12,6
Industrieländer	17,4	18,1	17,6	17,9
Osteuropa/GUS	20,4	19,2	17,7	17,1
Ostasien	9,2	8,9	9,2	9,5
Südostasien/Pazifik	14,0	13,4	12,7	13,0
Südasien	9,7	10,2	9,7	9,8
Mittel- und Südamerika	15,7	14,1	13,4	13,5
Naher Osten	25,5	27,5	27,6	28,1
Nordafrika	20,4	20,1	23,3	23,8
Afrika südl. der Sahara	12,0	11,9	11,9	11,9

* Schätzungen (Quelle: ILO 2013)

M 15 Jugendarbeitslosigkeit

Die umstrittene Globalisierung

Misst man den Wirkungsgrad der Globalisierung an den wichtigsten Indikatoren, dem Außenhandel und den Direktinvestitionen, so hat die Globalisierung seit der Mitte der 1980er-Jahre zu einem bisher nicht gekannten Weltwirtschaftswachstum geführt. Neu ist auch das globale Ausmaß dieses Weltwirtschaftswachstums, das sich nicht nur auf die Industrieländer beschränkt. Die VR China hat Deutschland als Exportweltmeister seit dem Jahr 2009 abgelöst. Aber auch andere Schwellenländer wie Brasilien, Russland und Indien haben zu dem Weltwirtschaftswachstum beigetragen.

Der grenzenlose Wettbewerb entscheidet über die Zugehörigkeit zur Gruppe der Gewinner oder Verlierer. Dazu können Personengruppen, Stadtteile, Großstädte oder ganze Regionen zählen – auf der Nord- wie auf der Südhalbkugel. Globalisierung ist nicht auf gesellschaftlichen Konsens, sondern auf wirtschaftlichen Erfolg aus. Hier drohen **soziale Verwerfungen** (Armut, Verelendung, Unruhen) und **Raubbau an der Natur**. Es ist die Aufgabe der Staaten bzw. einer „Weltregierung", wie der Vereinten Nationen oder der UN, die Globalisierung sozial und ökologisch zu gestalten. Andernfalls zerbricht die Weltbevölkerung in „Inseln des Reichtums" in einem „Meer der Armut", es kommt zur **globalen Fragmentierung**.

Die Schere zwischen einer kleinen Oberschicht, die über die Produktionsmittel verfügt, und der Masse der Arbeitnehmer, die von Armut bedroht ist, klafft seit der Globalisierung immer weiter auseinander. Als Ausweg haben Staaten regionale Wirtschaftsbündnisse gegründet (z. B. EU, NAFTA, ASEAN und evtl. bald ein Freihandelsabkommen der EU mit den USA), deren Mitglieder nach innen eine Deregulierung anstreben, während sie nach außen den Wirtschaftsraum gegen unerwünschte Waren und Einwanderung schützen.

Ziele und Begründungen einer protektionistischen Wirtschaftspolitik

Das Beispiel Deutschland:
– nationales Interesse: Energiesicherheit durch Subventionierung des unrentablen Steinkohlenbergbaus oder energieintensiver Großbetriebe;
– soziale Verantwortung: Vermeidung von Arbeitslosigkeit, z. B. in der Autoindustrie einschließlich ihrer Zulieferindustrie oder der Landwirtschaft;
– ökologische Ziele: Subventionen für regenerative Energieträger;
– kulturelle Bedenken: Bewahrung nationaler Kulturidentität (Subventionierung der heimischen Filmindustrie, Buchpreisbindung).

Entwicklung und Bedeutung der Industrie

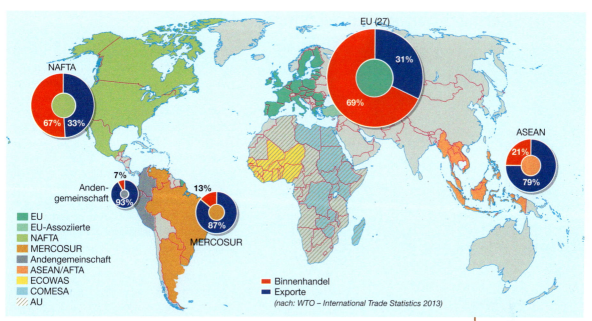

M 16 Wirtschaftsbündnisse

Wohlstand für alle durch **Regionalisierung** und **Protektionismus**?

Regionalisierung meint die Verdichtung ökonomischer Beziehungen zwischen Staaten einer Region aufgrund von Angebot und Nachfrage. Regionalismus beschreibt die politische Organisation dieser Beziehungen durch zwischenstaatliche Abkommen wie Zollunion, Freihandelszonen usw. Als Vorbild gilt die Europäische Union.

Bausteine für mehr Wohlstand

Erhalt der noch nicht konkurrenzfähigen Wirtschaftsbereiche: Entwicklungsländer reglementieren den Import von Industriegütern, um ihre eigene im Aufbau befindliche Industrie zu schützen und für die Modernisierung ihrer Wirtschaft dringend benötigte Devisen einzusparen.

Industrieländer schützen ihre lohnintensiven Branchen wie Textil-, Leder- oder Elektronikindustrie und Landwirtschaft, um Auslagerungen in Niedriglohnländer und hohe Arbeitslosigkeit zu verhindern.

Regionalisierung/Protektionismus auf Zeit gibt schwachen Wirtschaftsbereichen oder Volkswirtschaften die **Chance**, international konkurrenzfähig zu werden.
Beispiele:
– Die wirtschaftlich schwach entwickelten Regionen innerhalb der EU konnten und können nur mit Subventionen der starken Regionen und Volkswirtschaften ihre wirtschaftlichen Probleme meistern und ihren Lebensstandard steigern (Solidaritätsprinzip).

– Die VR China verlangt von dem ausländischen Partner im Rahmen eines Jointventures nicht nur Wissens- und Kapitaltransfer, sondern auch einen wachsenden Anteil lokaler Fertigung.

Stolpersteine auf dem Weg für mehr globalen Wohlstand

Folgen eines dauerhaften Protektionismus:
Zölle und nichttarifäre Maßnahmen provozieren bei den Handelspartnern ähnliche Gegenmaßnahmen (Bumerang-Effekt): Der Handel kommt im schlimmsten Fall zum Erliegen, ein Handelskrieg droht.
Subventionen müssen die **Steuerzahler** bezahlen, da die subventionierten Betriebe eine staatliche Preis- und Arbeitsplatzgarantie haben. Wenn der ausländische Wettbewerb ausgeschlossen ist, bestehen nur geringe Anreize, das Produkt preiswerter und besser zu gestalten. Die **Konsumenten** zahlen überhöhte Preise für veraltete Produkte.

Regionalisierung/Protektionismus sind **Stolpersteine** für die Weltwirtschaft, wenn sich die geschützten Wirtschaftsbereiche oder Volkswirtschaften an die staatliche bzw. regionale Hilfe gewöhnt haben:
a) Der technologische Rückstand wird immer größer, die Subventionen müssen ständig erhöht werden. Es stellt sich die Frage nach der Bezahlbarkeit. Extremfall: Bankrott der Wirtschaftsunion oder der Volkswirtschaft.
b) Der Handel zwischen den Wirtschaftsblöcken ist rückläufig, da jede Wirtschaftsregion versuchen wird, möglichst autark zu produzieren und zu konsumieren. Das Ende der liberalen Weltwirtschaft wäre gekommen, wenn einer der mächtigen Wirtschaftsblöcke seine Handelsbedingungen auf Kosten der anderen durchzusetzen versuchte (De-Globalisierung).

M 17 Regionalisierung und Protektionismus

---

7. Identifizieren Sie Personengruppen und Staaten, die als Verlierer der Globalisierung gelten. Finden Sie die Ursachen der Verarmung heraus (**M 13** bis **M 15**).
8. Beschreiben Sie die wichtigsten Wirtschaftsbündnisse, ihre wirtschaftliche Stärke und Ziele (**M 16**).
9. Bewerten Sie den Regionalismus bzw. Protektionismus in einer globalisierten Weltwirtschaft (**M 16**, **M 17**).

9. Leitbilder nachhaltiger Entwicklung

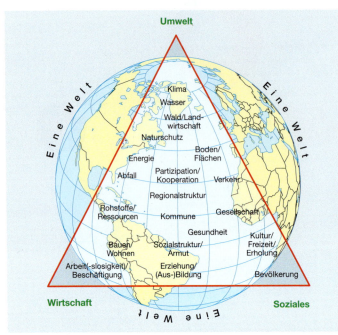

M 1 Nachhaltige Entwicklung als Gesamtaufgabe

Das Effizienz-Prinzip
Ressourcen wirkungsvoll zu nutzen, ist in der Wirtschaft als „ökonomisches Prinzip", in der Technik und Organisationslehre als „Rationalisierungsprinzip" bekannt. Es verlangt, Ressourcen so zu nutzen, dass eine Wirkung mit geringst möglichem Ressourcenverbrauch bzw. finanziellem Aufwand erzielt wird.

Kohärenz-Prinzip
Das Prinzip ist der Angelpunkt nachhaltiger Entwicklung, denn dabei geht es darum, menschliches Wirtschaften als Teilsystem mit dem Gesamtsystem Erde auf Dauer verträglich zu gestalten. Das Motto lautet: „Lokal handeln, global denken" Dieses Prinzip fordert Verträglichkeit, Stimmigkeit, Vereinbarkeit, Widerspruchsfreiheit zwischen Teilsystemen menschlicher Betätigung auf der Erde.

Partnerschafts-Prinzip
Partnerschaften zwischen Staaten, Schlüsselsektoren der Gesellschaften und Personen werden in den Dokumenten von Rio an vielen Stellen gefordert, so z. B. in der Präambel und § 27 der Rio-Erklärung. Im Verständnis von Rio sind Partnerschaften wesentliches Merkmal nachhaltiger Entwicklung. Ohne Partnerschaften können die für nachhaltige Entwicklung nötigen Veränderungen weder bewerkstelligt noch die erreichten Veränderungen aufrechterhalten werden.

Prinzip sozialer Gerechtigkeit
Das Prinzip verlangt, Vor- und Nachteile der Ressourcennutzung, also Erträge und Kosten sowie Chancen und Risiken zwischen Gesellschaftsgruppen gerecht zu verteilen. Erstes Gebot sozialer Gerechtigkeit ist die Vermeidung struktureller Armut, also der Armut von Gesellschaftsgruppen aufgrund ungerechter Verteilung von Chancen und Risiken.

Der World Wide Fund For Nature errechnete 2012 den ökologischen Fußabdruck für die heutige Menschheit auf 18 Mrd. Hektar (2,7 Hektar pro Person). Der Planet Erde verfügt aber nur über 12 Mrd. Hektar (1,8 Hektar pro Person). Ein Weitermachen wie bisher darf es auch deshalb nicht geben, weil die Weltwirtschaft bei wachsender Weltbevölkerung, drohendem Klimawandel, zunehmender Umweltverschmutzung und einem unverantwortlichen Verbrauch nicht erneuerbarer Rohstoffe auf dem Hintergrund von Ressourcenknappheit in absehbarer Zeit kollabieren würde.

Zwar wird das **Prinzip der Nachhaltigkeit** bereits seit dem 18. Jahrhundert in der Forstwirtschaft praktiziert (S. 224), aber erst die UN-Konferenz in Rio de Janeiro 1992 verhalf dem Nachhaltigkeitsgedanken zum notwendigen globalen Durchbruch. Auf der Konferenz wurde ein **entwicklungs- und umweltpolitisches Aktionsprogramm für das 21. Jahrhundert (Agenda 21)** beschlossen, nach dem die drei Ziele Ökonomie, Ökologie, Soziales gleichwertig und gleichrangig in allen Bereichen menschlichen Handels angestrebt werden sollen. **Das Prinzip der nachhaltigen Entwicklung (sustainable development)** hat sowohl die Lebenssituation der gegenwärtigen als auch diejenige zukünftiger Generationen im Blick. Es erhebt einen globalen und ganzheitlichen Anspruch (Eine Welt).

Die Umstellung der Wirtschaft nach dem Prinzip der nachhaltigen Entwicklung kommt einer neuen industriellen Revolution gleich. Basiert der hohe Lebensstandard der bisherigen Industriegesellschaft auf dem quantitativen Wachstum, so wird das **qualitative Wirtschaftswachstum** zukünftig am sparsamen Ressourcenverbrauch bei

	Ressourcen-Vorsorge-Prinzip	Effizienz-Prinzip	Prinzip sozialer Gerechtigkeit	Partnerschafts-Prinzip	Kohärenz-Prinzip
Umwelt	Erhaltung der Funktions- und Regenerationsfähigkeit natürlicher Ressourcen	Effiziente, ressourcenschonende Nutzung natürlicher Ressourcen	Gerechter Zugang zu natürlichen Ressourcen, gerechte Verteilung von Umweltrisiken	Allianzen für Umwelt- und Naturschutz	Anpassung an natürliche Umweltbedingungen, umweltverträgliches Handeln
Wirtschaft	Erhaltung des Wertes von Sachkapital	Wirtschaftliche, marktgesteuerte Ressourcennutzung	Gerechte Verteilung von Erträgen und Risiken sowie Mitsprache	Allianzen von Wirtschaftsunternehmen	Anpassung an und Verhandeln von wirtschaftlichen Rahmenbedingungen
Gesellschaft	Erhaltung von Human- und Sozialkapital einschließlich traditionellem Wissen	Effiziente Nutzung von Wissen und Fähigkeiten	Zugang zu Bildung, Solidargemeinschaft, Good Governance, Foren zur Konfliktbewältigung	Politische Allianzen	Anpassung an politische, soziale, kulturelle, historische Rahmenbedingungen, Verhandlung sozialpolitischer Rahmenbedingungen

M 2 Prinzipien nachhaltiger Entwicklung

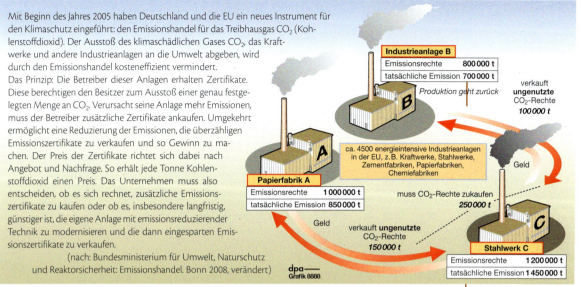

M 3 Emissionshandel – ein neues marktwirtschaftliches Instrument der Klimapolitik

gleich hohem Lebensstand gemessen. Dazu bedarf es neuer Technologien, Produktionsstrukturen und -verfahren, aber auch eines nachhaltigen Konsumverhaltens.

Bei der Umsetzung des Prinzips der nachhaltigen Entwicklung steht der sekundäre Sektor vor großen Herausforderungen: Energieeffiziente Produktionsprozesse, CO_2-Reduktion, der Ausbau des Stromnetzes und die Ressourceneinsparung durch Kreislaufwirtschaft werden verlangt. Dabei sind neben der Ökologie auch die Ökonomie und das Soziale in Einklang zu bringen. Die **Energiewende** in Deutschland wird erst dann als Modell Anerkennung finden, wenn erneuerbarer Strom in ausreichendem Maße verfügbar und bezahlbar ist. Außerdem müssen die global ausgerichteten Wertschöpfungsketten z. B. bei der Produktion einer Bluejeans von den Produzenten offengelegt werden. Kommt das Kleidungsstück aus einer Fabrik in einem Niedriglohnland mit menschenunwürdigen Arbeitsbedingungen?

Nachhaltigkeit bedingt einen fairen Lohn und die Anerkennung der Menschenrechte. Um das Nachhaltigkeitsprinzip auf örtlicher Ebene umzusetzen (**lokale Agenda 21**), führen zahlreiche Organisationen und Kommunen unter dem Motto „Global denken – lokal handeln" entsprechende Aktivitäten durch.

Die natürliche Umwelt ist in doppeltem Sinne von entscheidender Bedeutung für die Entwicklung. Einerseits stellt sie die für die menschliche Existenz erforderlichen, aber limitierten Ressourcen in Form von Rohstoffen, Energieträgern, Nahrungsgütern etc. und in Form von öffentlichen Gütern wie Luft, Wasser und Boden zur Verfügung. Andererseits dient die Natur als Deponieraum für verbrauchte Ressourcen (z. B. Abfälle, Emissionen etc.). Das natürliche System der Erde wird durch den wirtschaftenden Menschen belastet, aber dieser Belastbarkeit sind Grenzen gesetzt. Die entscheidende Frage ist: Wann und wie werden diese Grenzen erreicht bzw. überschritten und damit das „Lebensnetz" unserer Erde irreversibel geschädigt? […]

Jede Überlastung der natürlichen Systeme schränkt sie in ihrer Fähigkeit zur Regeneration stark ein und vermindert die Ressourcenverfügbarkeit. Die Ökosysteme erfahren dadurch sowohl quantitative als auch qualitative Beeinträchtigungen. […]

Die Anzeichen dafür sind unübersehbar: Klimawandel, Wasserknappheit, Erosion der Agrarflächen, sinkende Fischreserven in den Meeren etc. Ohne Änderung des Umweltverhaltens des Menschen, ohne technologische Entwicklungen zur Reduzierung der Umweltbelastungen auf ein erträgliches Maß, ohne grundlegende Korrekturen im Verhältnis Ökonomie–Ökologie ist die Zukunft der Menschheit gefährdet. Weiteres ökologisch unbekümmertes Wirtschafts- und Wohlstandswachstum im Norden und in den jungen Industrie- und Schwellenländern bei notwendigerweise wachsendem Ressourcenverbrauch im Süden würde in eine ökologische Einbahnstraße münden und damit in eine Entwicklungsfalle führen. Entwicklung bedeutet heute mehr denn je: Schaffung menschenwürdiger Lebensgrundlagen für alle und Sicherung der Lebensgrundlagen für künftige Generationen. Wirtschaftliche Entwicklung muss sozial und ökologisch verantwortbar sein.

(Quelle: Karl-Heinz Otto. Welt im Wandel. www.omnia-verlag.de)

M 4 Ökologische Grenzen des Wachstums

1. Erklären Sie das Dreieck der nachhaltigen Entwicklung (M 1).
2. Begründen Sie die Notwendigkeit und die Prinzipien einer nachhaltigen Entwicklung (M 2, M 4).
3. Zeigen Sie die ökologischen Grenzen des quantitativen Wachstums auf (M 4).
4. Erläutern Sie die Funktionsweise des Emissionshandels. Sehen Sie darin ein geeignetes Mittel, um nachhaltiges Wirtschaften zu fördern (M 3, Internet)?

Ordnen / Anwenden / Üben

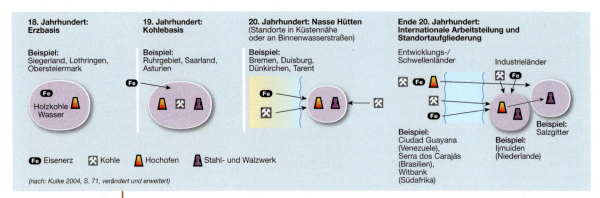

M 1 Standorttypen in der Stahl- und Eisenindustrie

M 2 Ausgewählte altindustrialisierte Regionen

Die langfristige wirtschaftliche Entwicklung ist nicht nur in Europa von einem strukturellen Wandel gekennzeichnet. Im Laufe der Zeit verlagerten sich die wirtschaftlichen Aktivitäten vom primären über den sekundären zum tertiären Sektor. Mit diesem **sektoralen Strukturwandel** verbunden sind auch regionale Veränderungsprozesse. Gründe für den wirtschaftlichen Niedergang in den Altindustrieregionen sind regional und global zu finden. Durch die **weltwirtschaftliche Arbeitsteilung** werden positive wie negative Impulse ausgelöst. Während der Wachstumsphase profitiert eine Region durch eine hohe internationale Nachfrage; Veränderungen bezüglich der Nachfrage führen zu Stagnation und Schrumpfungsprozessen. Zudem spielen Veränderungen der Nachfrage hin zu technologisch immer höherwertigen Produkten eine entscheidende Rolle, denn diese können von den alten Branchen nicht hergestellt wer-

Wirtschaftsstruktur	überwiegend monostrukturiert; Dominanz von Großbetrieben; Fehlen bzw. Unterrepräsentation von Mittel-/Kleinbetrieben; überdurchschnittlich hohe Industriedichte im Vergleich zum nationalen und EU-Durchschnitt
Branchenstruktur	gekennzeichnet durch überdurchschnittliche Schrumpfung (absolut sowie im BNE-Anteil)
Produktionsstruktur	Produktion am Ende des Produktlebenszyklus angekommen
Flächenstruktur	hoher Anteil industrieller, oft kontaminierter Brachflächen; problematische industrielle Gemengelage
Beschäftigtenstruktur	Anteil der Industriebeschäftigten an den Gesamtbeschäftigten liegt über dem EU-Durchschnitt
Beschäftigtenentwicklung	negativ, hohe Arbeitslosenquote
Infrastruktur	oft umfassend und dicht, jedoch auf Bedürfnisse der „alten" Industriestruktur abgestimmt
Soziodemographische Kennzeichen	überdurchschnittliche, hohe Einwohnerdichte; selektive Wanderungsverluste; demographische Alterung; schrumpfende Bevölkerung; hoher Anteil von Empfängern von Transferleistungen
Zeitpunkt der Industrialisierung	oftmals relativ früh
Umweltsituation	durch lange Zeitspanne der industriellen Nutzung heute oft hohe Umweltschäden
Image	negativ, verursacht durch traditionelles Wirtschaftsimage
Strukturelle Erneuerungsfähigkeit	Strukturprobleme können nicht aus eigener Kraft gelöst werden, Hilfe von außen erforderlich

(nach: Schrader. M. 1993. Aus: Gelhar, Martina: Altindustrieregionen zwischen Verfall und Neuorientierung. In: GR 2/2010 S. 4)

M 3 Problemkreise von Altindustrieregionen

M4 Basisstrategien zur Industrialisierung

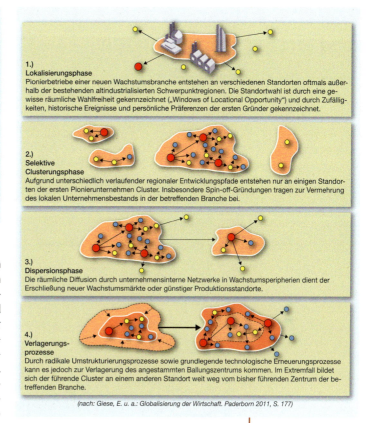

den. Grenzüberschreitende Aktivitäten auf dem Kapitalmarkt von Großunternehmen sind ein besonderes Merkmal der Globalisierung. **Direktinvestitionen der Wirtschaft im Ausland** sind die Gründung neuer Werke, der Kauf sowie der Zusammenschluss von bestehenden Unternehmen. In den letzten 30 Jahren sind die Investitionen in ausländische Produktionsstätten ca. sechsmal so schnell angestiegen wie das Welthandelsvolumen. **Wirtschaftliche Zusammenschlüsse** lassen sich durch Markt- und Kostenüberlegungen erklären. Sie erlauben gemeinsame Produktions- und Vertriebsnetze, was eine Erweiterung der Angebotspalette zur Folge haben kann. Außerdem lassen sich Kosten durch Umstrukturierungsprozesse einsparen. Während Management sowie Betriebsteilforschung und Entwicklung der **multinationalen Unternehmen** am Hauptsitz verbleiben, werden humankapitalintensive Bereiche in Agglomerationen hoch entwickelter Länder, sachkapitalintensive in Peripheriegebiete verlagert, arbeitsintensive Teilschritte in Schwellen- sowie Entwicklungsländer und umweltbelastende Produktionen in Staaten mit geringen Umweltauflagen ausgelagert.

1. Erläutern Sie den Zusammenhang zwischen dem sektoralen Strukturwandel und räumlichen Entwicklungsprozessen am Beispiel der Montanindustrie (M1 bis M3).
2. Beschreiben Sie die Entwicklung des Welthandels und die räumliche Verteilung von Direktinvestitionen (M6, M7).
3. Erläutern Sie die räumlichen Verlagerungsprozesse von industriellen Unternehmen im Rahmen der Globalisierung (M4, M5).
4. „Der Markt entscheidet, wo die Produktion stattfindet." Beurteilen Sie diese Aussage vor dem Hintergrund globaler Standortentscheidungen.

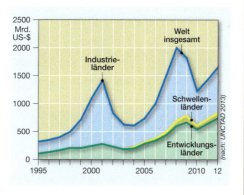

M5 Raumwirksame Prozesse industrieller Entwicklungspfade

M6 Direktinvestitionen

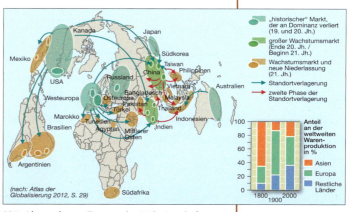

M7 Alte und neue Zentren der Weltwirtschaft

Prüfen Sie Ihren Zuwachs an Sach-, Methoden- und Urteilskompetenzen

S Sachkompetenz; **M** Methodenkompetenz; **U** Urteilskompetenz

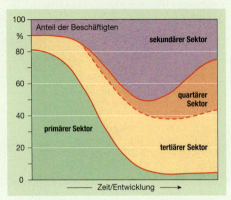

M 1 Sektoraler Wandel in Industrieländern

S Definieren Sie folgende Fachbegriffe:
- ADI
- Agglomerationsvorteil
- Altindustriegebiet
- Globalisierung
- Global Player
- Internationale Arbeitsteilung
- Just-in-time-Produktion
- Leitbilder nachhaltiger Entwicklung
- Logistikstandort
- Re-Industrialisierung
- Sonderwirtschaftszone
- Standortfaktor hart/weich
- Strukturwandel
- Wachstumsregion
- Wirtschaftscluster
- Wirtschaftsliberalismus

Aufgaben zu M 1
S/M Erläutern Sie das Modell.
U Stellen Sie den Unterschied zu Fourastiés allgemeinem Modell dar.

Aufgaben zu M 2
S Beschreiben Sie das traditionelle Produktionssystem.
S Ergänzen die Aussagen in dem Schema, indem Sie die Fragezeichen durch geeignete Stichworte ersetzen.
U Erläutern Sie die Gründe, die zu Veränderungen des traditionellen Produktionssystems geführt haben.
S Kennzeichnen Sie Art und Funktionsweisen virtueller Unternehmen.

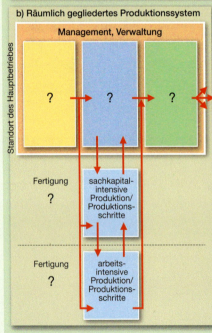

M 2 Produktionssysteme

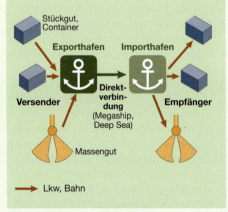

M 3 Traditionelle Transportkette

Webcode: GO645787-282

Prüfen Sie Ihren Zuwachs an Sach-, Methoden- und Urteilskompetenzen

M 4 Stadien der wirtschaftlichen Entwicklung

Aufgaben zu M 3

- **S/M** Beschreiben Sie Elemente und Funktion einer traditionellen Transportkette.
- **S** Erläutern Sie im Vergleich hiermit die Funktionsweise eines modernen gestuften Transportsystems.
- **M** Skizzieren Sie dieses System.
- **U** Vergleichen Sie beide Systeme vor dem Hintergrund ökonomischer Überlegungen.

Aufgaben zu M 4

- **S/M** Vervollständigen Sie das Schema und erläutern Sie es.
- **U** Beurteilen Sie die gegenwärtige Entwicklung im Rahmen des Globalisierungsprozesses.

Aufgaben zu M 5

- **S/U** Tragen Sie in Spalte 3 jeweils mindestens zwei typische Branchen ein und begründen Sie Ihre Zuordnungen.
- **S/M** Entwerfen Sie ein Schema, das die harten und weichen Standortfaktoren enthält.

Aufgaben zu M 6

- **S/U** Tragen Sie die für die einzelnen Phasen zutreffenden Standortfaktoren mit + 0 – ein.
- **S** Erläutern Sie die Aussage des Modells.

Aufgaben ohne Materialbezug

- **S/U** Erläutern Sie die Bedeutung des sekundären Sektors in hoch entwickelten Volkswirtschaften.
- **M** Veranschaulichen Sie mithilfe von Skizzen, wie sich das Standortmuster der Eisen schaffenden Industrie in Deutschland entwickelt hat.
- **S** Entwerfen Sie eine Mindmap, die die Probleme von Altindustrieregionen verdeutlicht.
- **U** Stellen Sie Pro- und Kontra-Argumente bezüglich Protektionismus und Wirtschaftsliberalismus gegenüber.

Standortfaktor	Begründungszusammenhang	Typische Branchen
Rohstofforientierung/ Materialeinsatz	transportkostenempfindliche Rohstoffe/Gewichtsverlustmaterialien	
	transportempfindliche verderbliche Rohmaterialien/ Gewichtsverlustmaterialien	
	Energierohstoffe	
Arbeitsorientierung	niedrige Arbeitskosten (überwiegend gering qualifizierte Arbeitskräfte)	
	hoch qualifizierte Arbeitskräfte	
Agglomerationsorientierung	Nähe zu Forschungs- und Entwicklungseinrichtungen	
	Nähe zu Zulieferern	
Absatzorientierung	leicht verderbliche sperrige Materialien	
	kaufkräftige Märkte	
Verkehrslageorientierung	Bindung an spezielle Verkehrsträger (z. B. Wasserstraße, Pipeline)	

M 5 Beispiele branchenspezifischer Standortorientierungen

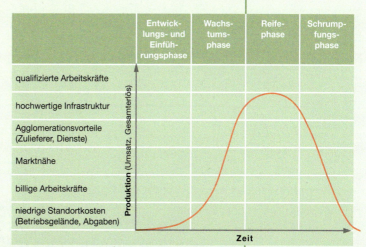

M 6 Bedeutung ausgewählter Standortfaktoren im Verlauf des Produktlebenszyklus

Zentralabitur 2014
Geographie, Grundkurs

Name: _____

Abiturprüfung 2014
Geographie, Grundkurs

Aufgabenstellung:

Thema: Entwicklungen im Transport- und Logistikwesen als Auslöser räumlicher und struktureller Veränderungen – Das Beispiel Duisburger Hafen

Teilaufgaben:

1. Lokalisieren Sie Duisburg und kennzeichnen Sie die verkehrsgeographische Lage des Hafens sowie die Hafenstruktur am Ende der 1980er Jahre. *(24 Punkte)*

2. Erläutern Sie die räumliche und strukturelle Entwicklung des Duisburger Hafens seit dem Ende der 1980er Jahre. *(34 Punkte)*

3. Nehmen Sie kritisch Stellung zu Chancen und Problemen, die sich aus dieser Entwicklung ergeben. *(22 Punkte)*

Materialgrundlage:

- M 1: Atlaskarten nach Wahl
- M 2: Duisburger Hafen Ende der 1980er Jahre
- M 3: Duisburger Hafen Ende der 2000er Jahre
- M 4: Umschlagentwicklung im Duisburger Hafen
- M 5: Duisburger Hafen – Entwicklung
- M 6: Gegenwärtige Verbindungen des Duisburger Hafens im kombinierten Ladungsverkehr
- M 7: Entwicklung der Zahl der hafenabhängigen Arbeitskräfte
- M 8: Pressemitteilungen

Zugelassene Hilfsmittel:

- der an der Schule in der Qualifikationsphase überwiegend verwendete Atlas, in einer für alle Prüflinge gleichen Auflage
- Wörterbuch zur deutschen Rechtschreibung
- Taschenrechner

M 1: Atlaskarten nach Wahl

M 2: Duisburger Hafen Ende der 1980er Jahre

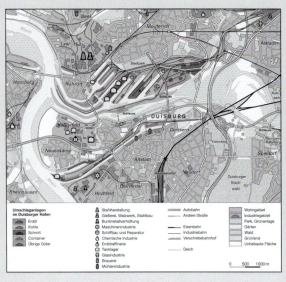

Quelle: Unsere Welt – Atlas für Nordrhein-Westfalen 1991, S. 25

Güterumschlag des Duisburger Hafens 1987		17.349.776 t
Hauptgüter (%):	Erz	29,7
	Kohle	21,1
	Metalle	16,6
	Mineralöl	14,8
Anteil des Containerumschlags am Gesamtumschlag (%)		1,74

Quelle: Diercke Handbuch. Braunschweig: Westermann 1989, S. 21

M 3: Duisburger Hafen Ende der 2000er Jahre

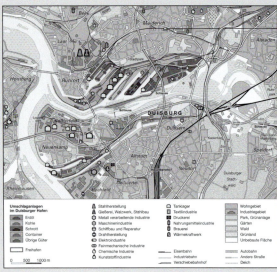

Quelle: Unsere Welt – Große Ausgabe – Atlas für Nordrhein-Westfalen, Ausgabe 2002, S. 25

M 4: Umschlagentwicklung im Duisburger Hafen

Jahr	Schiffsverkehr (Mio. t)			Bahnverkehr (Mio. t)			LKW-Verkehr (Mio. t)	Gesamt-umschlag (Mio. t)
	Gesamt	Massengut	Stückgut	Gesamt	Massengut	Stückgut		
2002	14,0	9,1	4,9	6,1	3,2	2,9	17,0	37,1
2004	14,3	9,0	5,3	8,1	3,3	4,8	19,6	42,0
2006	15,6	9,3	6,3	10,1	3,3	6,6	24,0	49,7
2008	15,4	9,3	6,1	12,9	4,0	8,9	26,2	54,5
2010	14,3	k. A.	k. A.	13,7	k. A.	k.A.	25,9	53,9

Anmerkung: Anteil des Containerumschlags am Gesamtumschlag (2012): ca. 35 %

Quelle: http://www.ruhrgebiet-regionalkunde.de/erneuerung_der_infrastruktur/verkehr_und_logistik/Hafen_DU_DO.php?p=0,6 (Zugriff 27.07.2013)

M 5: Duisburger Hafen – Entwicklung

1926	Gründung und Eintragung der Duisburg-Ruhrorter Häfen AG
1984	Errichtung des ersten Container-Terminals und einer Roll-on-/Roll-off-Anlage; Planung eines Terminals für den kombinierten Verkehr und eines Freihafens
1991	Eröffnung des Freihafens Duisburg (Gebiet zur Lagerung und Weiterverarbeitung, in dem keine Zölle und Einfuhrsteuern erhoben werden)
1996	Kauf der 21 Hektar großen Fläche der ehemaligen Duisburger Kupferhütte durch die Duisburg-Ruhrorter Häfen AG
1998	Hafengruppe kauft das 265 ha große Gelände des ehem. Krupp-Hüttenwerks in Rheinhausen. Ziel: Entwicklung des Geländes zu einem Logistikzentrum namens „Logport" (Zusammensetzung aus „**Logistik**" und „**Port**")
2000	Umbenennung der Duisburg-Ruhrorter Häfen AG zu Duisburger Hafen AG und die damit verbundene Etablierung der Marke „**duisport**"
2001	Gründung einer eigenen Bahngesellschaft, die die Hafenbereiche verbindet und Verkehrsdienstleistungen in einem Umkreis von ca. 50 km anbietet
2002	Eröffnung des trimodalen Containerterminals im „Logport I". Wichtigster Standortfaktor ist die Intermodalität, d. h. die Verbindung und Nutzung der Verkehrsträger Schiff, Bahn und Straße für den Warentransport.
2006	Seit 1996 Ansiedlung 50 neuer Unternehmen im Duisburger Hafen
2007	Bau der Osttangente, um den Stadtteil Rheinhausen vom Lkw-Verkehr zu entlasten; kontinuierliche Erweiterung des Schienennetzwerkes
2008	Erstmalig mehr als 1 Million TEU Containerumschlag
2010	Eröffnung von „Logport II" auf dem Gelände (33 ha) der alten Zinkhütte in Wanheim
2013	VW und Audi kündigen Bau von Logistikzentren mit ca. 700 Beschäftigten im Duisburger Hafen an. Eröffnung von „Logport III", einem neuen Containerterminal ca. 5 km süd-westlich von „Logport I" auf Krefelder Stadtgebiet im Ortsteil Hohenbudberg

Anmerkung:
Ein **TEU** entspricht einem ca. 6 m langen Standardcontainer.

Quelle:
http://www.ruhrgebiet-regionalkunde.de/erneuerung_der_infrastruktur/verkehr_und_logistik_/logistik_ruhr.php?p=0,8;
http://www.duisport.de/?page_id=33, Geschäftsberichte versch. Jg. (Zugriff jeweils 27.07.2013)

M 6: Gegenwärtige Verbindungen des Duisburger Hafens im kombinierten Ladungsverkehr

nach: Atlas der Metropole Ruhr.
Köln: Emons Verlag 2009, S. 123 (verändert)

M 7: Entwicklung der Zahl der hafenabhängigen Arbeitskräfte

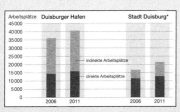

* 2011 waren 14 Prozent aller Arbeitsplätze in der Stadt Duisburg hafenabhängig (2006: 11 %; 2000: 8 %). Die Arbeitsplätze der Duisburger Hafen AG fallen nicht ausschließlich in Duisburg, sondern auch in anderen Regionen und teilweise im gesamten Bundesgebiet an.

Direkte Effekte: Die Unternehmen im Hafengebiet erzeugen durch ihre Unternehmenstätigkeit direkte Effekte in Bezug auf Beschäftigung und Wertschöpfung.
Indirekte Effekte: Hafen- und logistikbezogene Wirtschaftsaktivitäten erzeugen weitere indirekte Effekte, die sich durch Zulieferbetriebe sowie durch die Verausgabung des Einkommens der Beschäftigten ergeben.

Quellen:
Regionomica GmbH: Arbeitsmarkt- und Wirtschaftseffekte des Logistikstandortes Duisburger Hafen. Endbericht – Zusammenfassung: Aktualisierung 2011, Berlin 2011; http://www.duisport.de/wp-content/uploads/2010/09/2006_4_duisport_magazin_de.pdf, S. 10 (Zugriff 27.07.2013)

M 8: Pressemitteilungen

Umweltgruppen unterstützen Proteste

Duisburg, 10.03.2011. **Das Duisburger Umweltforum und die Umweltgruppe West schließen sich dem Kampf gegen erwartete Verkehrsprobleme durch ein weiteres Logport-Areal im Gewerbegebiet Hohenbudberg an.**

Die Kritik habe sich „zu einem breiten bürgerlichen Protest entwickelt", so Gisela Komp von der Umweltgruppe West. Daran wollten die beiden Organisationen sich beteiligen: „Wir glauben, durch eine Vernetzung der verschiedenen Gruppen mehr Druck entwickeln zu können." Für die Umweltschützer stehe fest, „dass ohne tragfähiges Verkehrskonzept nicht gebaut werden darf".

Quelle:
http://www.rp-online.de/niederrhein-nord/duisburg/nachrichten/umweltgruppen-unterstuetzen-proteste-1.1199494 (Zugriff am 27.08.13)

So rollt der Logport-Verkehr durch Rheinhausen

Duisburg, 31.01.2011. Zum ersten Mal nach dem Bau der beiden Tangenten in Duisburg-Rheinhausen liegen jetzt Zahlen für den Schwerlastverkehr vor, der vom Logistikzentrum Logport I ausgeht. [...]

An der Entwicklung der Belastung lässt sich verfolgen, wie Logport gewachsen ist. Vor 1998 lag der Schwerverkehr unter 1000 Lkw am Tag, nicht einmal ein Fünftel davon waren Laster mit Hänger. Mit den Jahren hat sich das Verhältnis genau umgekehrt. [...]

Quelle:
http://www.derwesten.de/staedte/duisburg/west/so-rollt-der-logport-verkehr-durch-rheinhausen-id4219254.html (Zugriff am 30.10.2013, verändert)

Stadtentwicklung und Stadtstrukturen

Städte sind mit ihren vielen Häusern und Haustypen, Bauwerken, öffentlichen Gebäuden, Straßen, Stadtautobahnen, Fußgängerzonen, Plätzen, Parks, Sport- und Freizeitanlagen, Verkehrseinrichtungen, Gewerbeflächen, Industrieanlagen u.a. diejenigen Areale auf der Erde, auf denen der Mensch die Natur am stärksten verändert hat.

Erweiterung der geographischen Kompetenzen

Inhalte
- Genetische, strukturelle, funktionale und soziale Gliederung von Städten in unterschiedlichen Kulturräumen
- Einflüsse von Suburbanisierungs-, Segregations- und Tertiärisierungsprozessen auf gegenwärtige Stadtstrukturen
- Hintergründe der Herausbildung von Metropolen und Megastädten
- Ursachen der Entstehung von Marginalsiedlungen
- Stadtumbaumaßnahmen und deren Niederschlag im Stadtbild
- Aktuelle Leitbilder der Stadtplanung und Raumordnung
- System der zentralen Orte
- Nachhaltige Stadtentwicklung – Lokale Agenda 21

Medien und Methoden
- Topographische Karten, Luftbildaufnahmen, Stadtkarten, Flächennutzungskarten, Stadtpläne, Fotos, Bevölkerungsstatistiken, Bevölkerungspyramiden, Modelle, Quellentexte
- Stadtbegehung, Passantenbefragung, Kartierung, Verkehrszählung
- Vergleichende Stadtanalyse, Fallstudie, originale Begegnung
- Vergleich Theorie/Modell und Wirklichkeit

Bewertungen
- Lokale Fragmentierung und Polarisierung im Rahmen des Globalisierungsprozesses
- Städtische Agglomerationen in ökologischer und sozialer Hinsicht
- Konsequenzen des demographischen und sozialen Wandels im Hinblick auf zukunftsorientierte Stadtentwicklung
- Chancen und Probleme von Stadtentwicklungsmaßnahmen
- Aussagekraft von Stadtentwicklungsmodellen

Aktionen und Handlungserwartungen
- Planung eines nachhaltigen Schul- und Wohnumfeldes mit Bezug zur Lokalen Agenda 21
- Teilnahme an öffentlichen Sitzungen zum Thema Stadtplanung
- Podiumsdiskussionen bei Stadtteilplanungen im schulnahen Umfeld
- Aktive Beteiligung an Mitwirkungsverfahren zur Entwicklung städtischer Räume

Foto: Skyline von Singapur

Ausblick: Stadtentwicklung und Stadtstrukturen

Weltweit lebt mehr als die Hälfte aller Menschen in Städten, Tendenz steigend. Städte werden gleichgesetzt mit wirtschaftlicher Entwicklung, besseren Lebenschancen, Modernität und Attraktivität. Sie wirken deshalb wie ein Magnet auf das Umland, die Region und in einigen Staaten sogar auf das ganze Land.

Eine Stadt ist eine größere abgegrenzte Siedlung, oft am Schnittpunkt überregionaler Verkehrswege, und sie weist eine eigene Versorgungs- und Verwaltungsstruktur auf.

Der geographische Stadtbegriff definiert sich über eine größere Zahl quantitativer und qualitativer Merkmale. Hierzu zählen das äußere Erscheinungsbild (Physiognomie), Einwohnerzahl und -dichte, Art und Dichte der Bebauung, die funktionale Gliederung, die Dominanz des tertiären Sektors, das Arbeitsplatzangebot sowie die Pendlerquote.

Je nach Land, Gesamtbevölkerung und Bevölkerungsdichte gelten weltweit unterschiedliche Größenkriterien. Während man in Deutschland ab 2000 Einwohnern von städtischen Siedlungen spricht, gilt dies z. B. in Nordeuropa bereits ab 200 Einwohnern.

Ein Kulturraum prägt das Leben einer Gesellschaft und damit auch Entwicklung, Art und Erscheinungsbild seiner städtischen Siedlungen. Soziale, z. B. religiöse und ethnische, politische und ökonomische Einflussfaktoren machen sich bemerkbar, ferner internationale Einflüsse wie „Verwestlichung" und Globalisierung („Global City"). Eine Analyse einer Stadt, ganz gleich in welchem Erdteil, ermöglicht somit Einblicke in die jeweilige Gesellschaft.

Städte der Gegenwart weisen immer auch Spuren der Vergangenheit und ihrer Entwicklung auf, in Form einzelner Gebäude, einzelner Stadtviertel oder des gesamten Stadtbildes. Dies kann für heutige Zwecke teils günstig und teils behindernd sein. Mittelalterliche Stadtstrukturen z. B. stehen den Anforderungen einer modernen Stadt, z. B. im Hinblick auf den Verkehr, entgegen; unter dem Aspekt des kulturellen Erbes und einer touristischen Nutzung sind sie positiv zu bewerten.

Städtisches Leben weitet sich oft ins benachbarte Umland aus, sodass es zu Flächennutzungskonkurrenzen kommt. Hier müssen Stadt- und Raumplanung unter Beteiligung der Bürgerinnen und Bürger durch zielgerichtete Gestaltung (z. B. Bauleitplanung) für eine nachhaltige räumliche Ordnung sorgen.

Bezeichnung	Ausgewählte Merkmale	Beispiele
Großstadt	über 100 000 Einwohner	Düsseldorf, Zürich, Innsbruck, Nizza
Millionenstadt	über 1 Mio. Einwohner	Madrid, Berlin, Dallas, Budapest
Megastadt	je nach Definition > 5 Mio. oder 10 Mio. Einwohner in der Metropolregion. Weltweit gibt es ca. 50 Megastädte mit über 5 Mio. Einwohnern und 20 Megastädte mit über 10 Mio. Einwohnern	Chongqing, Tokio, Mexico-City, Mumbai, London, Shanghai, New York, São Paulo, Jakarta
Global City	städtische Agglomeration mit weltweiter sozioökonomischer Verflechtung und international bedeutsamen ökonomischen, kulturellen sowie politischen Funktionen, in der Regel über 1 Mio. Einwohner	New York, London, Paris, Tokio, Hongkong, Chicago, Los Angeles, Singapur
Metropole	eine (oder mehrere) führende städtische Agglomeration(en) eines Landes mit überregionaler ökonomischer und politischer Bedeutung, in der Regel über 1 Mio. Einwohner	Belo Horizonte, Izmir, Athen, Istanbul, Bogotá
Oberzentrum	Stadt mit Versorgungsfunktion für das Umland mit Gütern des spezifischen Bedarfs; in dünn besiedelten Regionen ab 40 000 Einwohner, sonst ab etwa 100 000 Einwohner	Rostock, Köln, Graz, Palma
Agglomeration = Ballungsgebiet = Verdichtungsraum	eine oder mehrere Kernstädte mit ihren direkt angrenzenden Vororten; zusammenhängend überbautes Gebiet mit hoher Bevölkerungsdichte	Ruhrgebiet, Los Angeles, Guangzhou
Metropolregion	Region einer oder mehrerer in der Nähe liegender Großstädte von internationaler Bedeutsamkeit	Tokio, Paris, Rhein-Ruhr-Gebiet

M 1 Ausgewählte Stadttypen

Fachbegriffe aus der Sekundarstufe I

Die Zusammenstellung enthält einige grundlegende Fachbegriffe, die Sie aus früheren Jahrgangsstufen kennen sollten und die Sie in diesem Kapitel benötigen.

City: Zentrum einer Großstadt, kennzeichnend sind funktionale Merkmale wie hochspezialisierte Versorgungs- und Dienstleistungsangebote, Viertelsbildung, hohe Tag- bzw. geringe Nachtbevölkerung, gesamtstädtisches Miet- und Bodenpreismaximum, sowie physiognomische Merkmale, z. B. Geschäfts- und Verwaltungsbauten, überdurchschnittliche Bauhöhe, z. T. Fußgängerzonen, moderne Sacharchitektur, durchgehende Ladenfronten und Ballung von Reklame

Demographische Prozesse: Entwicklung der natürlichen Bevölkerungsbewegung (Geburten- und Sterberaten) unter dem Einfluss von sozialen, ökonomischen und kulturellen Faktoren

Dorferneuerung

Global City

Globalisierung

Informeller Sektor: Wirtschaftliche Tätigkeiten, die in der offiziellen Statistik nicht erfasst sind; in Entwicklungsländern gehören dazu der Kleinhandel und einfache Dienstleistungen; Länder mit einem hohen informellen Sektor sind daher weniger arm als die Statistik ausweist (Schattenwirtschaft)

Ländlicher Raum

Megastadt: Stadt mit über 10 Mio. Einwohnern; Megastädte sind ökonomisches und meistens auch politisches Zentrum eines Landes

Metropole: politisch-ökonomisch-sozial bedeutendste Stadt eines Landes oder einer Großregion

Metropolisierung: Entwicklungsprozess und Zustand einer Stadt, die alle anderen Städte eines Landes an Größe und Bedeutung überragt

Push- und Pull-Faktoren

Raumordnung

Stadtgliederung: Unterteilung der Stadt nach genetischen, funktionalen, sozialräumlichen oder zentralhierarchischen Gesichtspunkten; unter baulichen Aspekten gliedert sich die Stadt in die City, das innere Wohn- und Gewerbeviertel, den äußeren Gürtel mit Wohnvierteln aus Mehrfamilienhäusern, das Villenviertel mit Einfamilienhäusern sowie das Industrieviertel

Stadtplanung: Oberbegriff für alle Planungen, die sich auf die Entwicklung einer Stadt beziehen; Stadtplanung drückt ein bestimmtes Ziel hinsichtlich der Gestaltung der Stadt aus, die durch eine Vielzahl einzelner Pläne wie Verkehrsplanung, Freiraumplanung usw. bestimmt wird

Stadtviertel: in einer Stadt befinden sich je nach der Nutzung, der Bebauung oder dem Alter unterschiedliche Stadtviertel, z. B. Geschäftszentrum, Altstadt, Wohnviertel, Industrieviertel

Topographische Lage: kleinräumige Lage einer Örtlichkeit (Ortslage), z. B. am Hang, im Tal

Verstädterung

Zentrum: wirtschaftlich starkes Gebiet mit hoher Bevölkerungsdichte, guter Infrastruktur, Angebot an vielen Arbeitsplätzen, Bildungs- und Ausbildungsmöglichkeiten

Angebote zur individuellen Bearbeitung in Einzelarbeit, im Tandem oder in Gruppen

Stadtentwicklung in Deutschland und Europa (S. 290–321)
- Besorgen Sie sich im Rathaus/Stadtplanungsamt kartographische und statistische Unterlagen zur Entwicklung Ihrer Stadt; ergänzen Sie diese ggf. durch eine Recherche im Internet.
- Erarbeiten Sie arbeitsteilig unterschiedliche „stadtgeschichtliche Profile" Ihrer Stadt für das Mittelalter, das 18./19. Jh., für 1900–1945 und für heute.
- Präsentieren Sie Ihr Gruppenergebnis in Form von PPP-gestützten Vorträgen.

alternativ
- Erarbeiten Sie arbeitsteilig in Tandems verschiedene städtische Leitbilder.
- Diskutieren Sie deren Zielsetzungen, Vor- und Nachteile in Form einer Debatte zum Thema „Die Stadt von morgen".

Städte anderer Kulturkreise (S. 322–345)
- Bearbeiten Sie arbeitsteilig, auch unter Verwendung von Informationen aus dem Internet, Städte aller Kontinente. Gehen Sie hierbei vom jeweiligen Stadtmodell der Gegenwart aus.
- Wählen Sie eine beliebige Millionenstadt Ihres Kontinentes und überprüfen Sie Übereinstimmungen mit dem Modell.
- Stellen Sie Ihr Ergebnis in geeigneter Weise in Form einer Wandzeitung dar.

Stadt-Umland-Beziehungen, Raumordnung (S. 346–365)
- Typisieren Sie die Gemeinden/Städte im Umkreis von 50 km um Ihren Schulstandort nach den Kriterien für zentrale Orte.
- Stellen Sie Ihr Ergebnis arbeitsgleich in Kleingruppen in Form von thematischen Karten dar.

Stadtentwicklung in Deutschland und Europa
1. Entwicklungsphasen der Stadt in Mitteleuropa

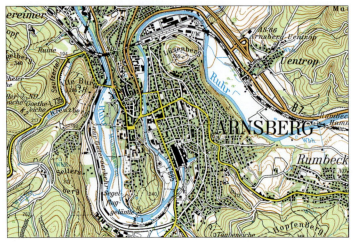

M1 Arnsberg im Sauerland (NRW)

M2 Römische Stadt

Die topographische und geographische Lage

Größere Siedlungen und Städte haben sich in Gunsträumen entwickelt, in denen die Bewohner Überschüsse durch ihre Arbeit erwirtschaften konnten. Nicht nur die Versorgung konnte hier gesichert werden, sondern es entstanden auch typische städtische Tätigkeiten, wie etwa Handel und Handwerk. Fruchtbare Ebenen gehören seit jeher zu den Vorzugsräumen der Besiedlung, denn einerseits boten sie Land für den Ackerbau und Raum für Siedlungen, andererseits gab es hier Wasser für die Versorgung, für den Transport von Handelsgütern und für wassergefüllte Schutzgräben. Aber auch hochwasserfreie Gunstgebiete auf Flussterrassen, Schwemmkegel und Prallhängen gehören dazu. Zudem wurden Macht- und Besitzansprüche strategisch beispielsweise durch Burgen oder Zitadellen auf Bergspornen, an Talhängen oder auf Hügeln abgesichert – diese bildeten vielfach Keimzellen späterer Städte. Einen weiteren Grund für Stadtgründungen stellten günstige Handelsbedingungen (z. B. Meerlage, Gebirgsränder, Kreuzungen von Heer- und Fernhandelsstraßen) dar. Dabei entwickelten sich Städte im Abstand der Tagesetappen von 20 bis 60 km entlang der Handelswege.

So bezeichnet die **topographische Lage** Eigenschaften des unmittelbaren Siedlungsplatzes (z. B. Sporn-, Schwemmkegel- oder Tallage), und die **geographische Lage** charakterisiert die großräumliche Lage im Raum (z. B. Küstenlage, Lage im Städtenetz).

Stadtentwicklung bis zum Mittelalter

In vielen Fällen geht der Ursprung europäischer Städte auf die Römer zurück, deren Reich um 100 n. Chr. große Teile Europas einnahm. Zur Sicherung der Grenzen wurden entlang der Verteidigungslinien Kastelle und Heerlager errichtet, von denen sich einige im Laufe der Zeit zu Städten entwickelten. Daneben wurden auch neue Städte planmäßig und nach dem Vorbild der Hauptstadt Rom angelegt. Trier gehörte mit 285 ha, Nimes mit 220 ha und Wien mit 200 ha zu den größten römischen Städten. London und Lyon hatten eine Fläche von 140 ha, Köln 100 ha und Paris 55 ha.

Zu den Merkmalen einer **römischen Stadt** gehören neben dem schachbrettartigen Grundriss Wohnblöcke, Marktplatz, Markthalle, Arena für Kampfspiele, Bäder und Tempel. Zudem wurde die Stadt von einer Mauer umgeben, außerhalb lag das Gräberfeld. Spuren römischer Städte finden sich heute westlich des Limes; meist sind einzelne Gebäude oder Gebäudeteile erhalten. In einigen Städten finden sich Grundrisselemente, z. B. zentrale Achsen und Reste des Schachbrettgrundrisses, im heutigen Stadtbild.

Die mittelalterliche Stadt

Mit dem Ende des Römischen Reiches im 4. Jahrhundert verfielen zahlreiche Städte. Die Stadtbewohner sahen sich mehr und mehr Überfällen ausgesetzt und zogen sich auf das Land zurück. Erst um die Jahrtausendwende hatten sich die politischen und wirtschaftlichen Verhältnisse so weit stabilisiert, dass die Städte einen neuen Aufschwung erfahren konnten. Zahlreiche **mittelalterliche** Städte wurden gegründet. In vielen Fällen entstanden sie aus den antiken Ruinen oder Kirchen. Auch Klöster, Burgen und Pfalzen bildeten Keimzellen neuer Städte. In ihren Mauern wurden Märkte abgehalten, auf denen sich Bauern, Handwerker und Fischer versammelten. Die von den Herrschaftssitzen ausgehende Sicherheit veranlasste Kaufleute dazu, sich vor ihren Mauern anzusiedeln. Vorstädte entstanden und mussten bei florierenden Städten mehrfach durch den Bau neuer Mauern in die Stadt einbezogen werden. Neben dem Burgbereich oder dem Kloster bzw. Bischofssitz entstanden Kaufmanns- und Handwerkerviertel. Im 11. Jahrhundert rückten allmählich die Marktplätze in den Mittelpunkt der Städte.

Als kompakte Silhouette hebt sich die mauerumgürtete, dicht bebaute, von Kirchtürmen und Burgen überragte mittelalterliche Stadt aus dem sie umgebenden Land heraus. [...] Die Mauer macht die Stadt nicht nur zur Festung, sie markiert auch den Bereich eines besonderen Stadtrechts – nämlich einer weitgehenden bürgerlichen Rechtsgleichheit im Gegensatz zur herrenständigen Ordnung, die außerhalb der Stadtmauer gilt –, einer Verfassung, in der freie Bürgerschaften ihren Stadtherren, welche Landesfürsten, Orden, Kaiser oder Könige waren, gegenüber Mitbestimmung oder sogar Autonomie behaupten – einer Ordnung also, die keimhaft die staatsbürgerliche Gleichheit unserer Zeit vorwegnimmt. Die mittelalterliche Stadtmauer umschließt eine Bewohnerschaft, deren besondere soziale Stellung auch durch Freizügigkeit und Mobilität, durch berufliche Spezialisierung und eine vielstufige Differenziertheit ausgezeichnet ist. In den Stadtmauern konzentriert sich die gewerbliche Wirtschaft der Zeit, die städtischen Behörden kontrollieren; in den Städten sind die Kaufleute ansässig geworden, die ein Netz von Handelsbeziehungen über Europa und darüber hinaus geworfen haben; sie bestimmen die Geschicke im Rat und treiben Wirtschaftspolitik. [...]

Mittelpunkt des gewerblichen Lebens der Städte ist der Markt, hier vollzieht sich der Austausch verschiedenartiger Produktionsgebiete; durch den Markt beherrscht die Stadt ein abgrenzbares Umland, wird sie „zentraler Ort" des Wirtschaftslebens. [...]

(aus: Ennen, Edich; 1979; Die europäische Stadt des Mittelalters; Göttingen; S. 13)

M 3 Was ist die Stadt des Mittelalters?

M 4 Strukturelemente mittelalterlicher Städte – Beispiel Lübeck

Der Übergang zur Neuzeit

Um 1450 war der hochmittelalterliche „Boom" der Stadtentwicklung endgültig vorüber. Bis zum Beginn des 19. Jahrhunderts ging die Zahl der neu gegründeten Städte kontinuierlich zurück. Um 1350 fiel ein Drittel der europäischen Bevölkerung der Pest zum Opfer. Agrarkrisen und Kriege dezimierten zudem die Bevölkerung drastisch. Nicht minder betroffen waren die bereits bestehenden Städte: Die Handelsbünde – darunter auch die Hanse – zerfielen und den Städten entglitt schrittweise ihre autonome Bewegungskraft.

Zum wirtschaftlich-politischen Niedergang verloren sie zusätzlich ihre ehemalige Schutzfunktion durch das Aufkommen mauerbrechender Schusswaffen. Ihren Höhepunkt erlangte die Stadtzerstörung im Dreißigjährigen Krieg (1618 bis 1648).

Einerseits war ein Sättigungsgrad erreicht und andererseits genügte die mittelalterliche Stadt den neuen Bedürfnissen nicht mehr. Trotz eines „Städtetals" entstanden zwischen 1450 und 1800 bedeutende Neugründungen, deren Gemeinsamkeit den zunehmenden Einfluss sowie Gestaltungswillen der Fürsten zu erkennen gibt. **Absolutistische Städte** geben dabei in ihrer geplanten Struktur das damalige Weltbild und Staatsverständnis wieder.

Die Bevölkerungsgruppen in den Städten veränderten sich in der Neuzeit drastisch. Beamte und Soldaten treten als neue Gruppen in den Vordergrund. Im Verlauf des 18. Jahrhunderts entstand eine bildungsbürgerliche Schicht und auch die Zahl der Arbeiter in den ersten Manufakturen nahm zu. Diese Epoche ist als Übergang zu begreifen, in der das mittelalterliche Städtewesen ausläuft und in der sich langsam die Grundlagen für den Umschwung in die Epoche der Industrialisierung herausbilden.

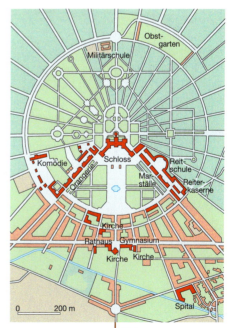

M 5 Die absolutistische Stadt Karlsruhe 1742

1. Ermitteln und erklären Sie den in **M 1** aufgeführten Lagetyp.
2. Erläutern Sie die Rolle der römischen Stadt für die Entwicklung mitteleuropäischer Städte (**M 2**).
3. Stellen Sie in einer Tabelle die Strukturelemente mittelalterlicher Städte zusammen und erläutern Sie ihre politische und wirtschaftliche Rolle (**M 3**, **M 4**).
4. Vergleichen Sie die Strukturelemente der mittelalterlichen Stadt mit denen der absolutistischen Stadt (**M 5**).

Mietskasernen sollten besonders in den Großstädten die akute Wohnungsnot beheben. In unmittelbarem Anschluss an den älteren Stadtkörper entstanden zumeist fünfstöckige Mehrfamilienhäuser. Charakteristisch sind ihre geschlossene Front zur Straße und eine in die Tiefe des Grundstücks folgende Bebauung mit mehreren Hinterhäusern, gruppiert um Hinterhöfe, die mit Tordurchfahrten untereinander verbunden sind. Auf einem Grundstück wohnten auf diese Weise bis zu 2000 Personen. Im Erdgeschoss der Mietskasernen siedelte sich vielfach ein buntes Gemisch gewerblicher Nutzungen an. Die enge Verzahnung von Wohn- und Gewerberaum verschärfte infolge von Lärm und Immissionen die ohnehin durch geringe Beleuchtung sowie Durchlüftung schlechte hygienische Wohnsituation.

Villensiedlungen im Stil der Gründerzeit entstanden zumeist am Stadtrand in landschaftlich reizvoller Lage. Umgeben von Gärten nach englischem Vorbild ließen die Angehörigen der zahlungskräftigen und auf gehobenen Lebensstil bedachten Oberschicht ihre von renommierten Architekten entworfenen Landhäuser bauen. Um die Haltestellen des Bahnverkehrs gruppierten sich neben Großvillen einzelner Familien zunehmend Mehrfamilien-Mietvillen für die Bürger- und höhere Beamtenschicht.

Werkskolonien repräsentieren speziell im Ruhrgebiet die neue Wohnform der Berg- und Industriearbeiter. Als neue Siedlungskörper und in unmittelbarer Nähe zum Arbeitsplatz errichteten Zechen- und Fabrikbesitzer meist ein- bis zweigeschossige Einzel- oder Reihenhäuser. Eine Kopplung von Arbeits- und Mietvertrag sollte einer Fluktuation vorbeugen und eine Anwerbung zusätzlicher Arbeiter begünstigen. Die Ausstattung mit Hausgärten und Ställen kam vor allem den Bedürfnissen der Zuwanderer aus ländlichen Gebieten entgegen.

M 6 Zeugen der Wohnbebauung in der Gründerzeit

Stadtentwicklung im Industriezeitalter

In England nahm die Industrielle Revolution mit technischen Errungenschaften wie der Dampfmaschine, dem mechanischen Webstuhl und der Eisenerzeugung mithilfe von Koks ihren Anfang. In Deutschland schossen ab 1871 Gewerbe- und Industriebetriebe in bisher unbekannter Anzahl aus dem Boden, die den Begriff der **Gründerzeit** im weiten Sinne prägten. Die besseren Verdienstmöglichkeiten in der Industrie lösten eine enorme Land-Stadt-Wanderung aus. Der Anteil der Großstadtbevölkerung wuchs zwischen 1871 und 1910 von 2 Millionen auf 14 Millionen Bewohner, also um 700 %. Damit wandelte sich Deutschland von einem Agrarland zu einem **Industriestaat**. Zum auffälligsten Merkmal des Wandels von der „alten" Stadt zur **Stadt des Industriezeitalters** wurden die enorme Flächenexpansion wie auch der Funktionsverlust von Stadt- und Zollmauern. Dem Zuwanderungsstrom waren die Kommunen nicht gewachsen. Vielerorts entstand eine bedrückende Wohnungsnot. Besonders betroffen waren die Familien der Arbeiter und Angestellten. Allein in Berlin lebten 600 000 Menschen zu fünft oder gar zu mehreren in einem Raum. Gleichsam wurden in dieser stürmischen Zeit der Stadtentwicklung die Grundlagen des modernen Wohnungsbaus und der Infrastruktur geschaffen: Straßenbau, öffentliche Verkehrsnetze, Wasserversorgung und Kanalisation strukturierten die Städte nachhaltig und gaben ihnen ein neues Gesicht.

M 7 Wilhelminischer Wohngürtel in Berlin

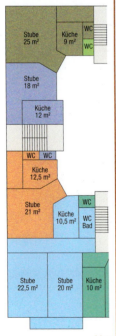

M 8 Grundriss einer Berliner Mietskaserne

M 9 Mietskasernen in Berlin um 1900

5. Nennen Sie einige der sozialen und ökonomischen Rahmenbedingungen des Städtebaus im 19. Jahrhundert (M 6).
6. Listen Sie die Strukturelemente von Städten des Industriezeitalters auf (M 6 bis M 9).

M 10
Le Corbusier: Plan für eine Stadt von 3 Millionen, 1922

Städtebau im 20. Jahrhundert

Als Reaktion auf das ungehemmte Flächenwachstum der Städte und die schlechten Wohnbedingungen zahlreicher Bewohner wurde auf dem IV. Internationalen Kongress für neues Bauen 1933 in Athen die **Charta von Athen** verabschiedet. Hierbei formulierten Stadtplaner und Architekten einen Katalog von Forderungen zur Erneuerung der Städte hin zur **funktionalen Stadt**. Unter Federführung des Schweizer Architekten Le Corbusier entwickelt, stand die Charta von Athen für die Entflechtung städtischer Funktionsbereiche und die zukünftige Schaffung von lebenswerten Wohn- und Arbeitsumfeldern. Viele Konzepte der funktionalen Stadt finden auch in der heutigen Stadtplanung ihre Anwendung und prägen das Erscheinungsbild moderner Städte.

Le Corbusier strebte eine **kompakte Stadt** an. Bürobauten mit 60 Stockwerken im Zentrum und achtstöckige Wohnbauten sollten die Stadt kompakt und mit geringem Flächenverbrauch in die Höhe wachsen lassen. Dabei sollte zugleich der historische Stadtkern vollständig überbaut werden. Ebenezer Howard strebte dagegen mit seinem **Gartenstadtkonzept** eine Verknüpfung der Vorteile des Landlebens mit den Vorteilen des großstädtischen Lebens an.

Wohnen:
- Die Wohnviertel müssen künftig im Raum der Stadt die besten Standorte einnehmen, ihre Vorteile aus der Topographie ziehen, die klimatischen Verhältnisse nutzen, über die günstigste Besonnung und bequem gelegene Grünflächen verfügen.
- Eine vernünftige Wohndichte, entsprechend der durch die Natur des Geländes vorgegebenen Formen der Wohnbebauung, sollte vorgeschrieben werden.
- Die Aufreihung der Wohngebäude längs der Verkehrsstraßen muss verboten werden.
- Man muss die Hilfsmittel der modernen Technik berücksichtigen, um Hochbauten zu errichten.
- Hochbauten, in großer Entfernung voneinander errichtet, sollen den Boden zugunsten weiter Grünflächen freimachen.

Freizeit:
- Jedes Wohnviertel muss künftig über Grünflächen verfügen, die für die rationelle Ausstattung mit Anlagen für Spiel und Sport der Kinder, Jugendlichen und Erwachsenen notwendig sind.
- Die ungesunden Häuserblocks müssen abgerissen und durch Grünflächen ersetzt werden: Die angrenzenden Viertel werden dadurch gesunden.
- Die neuen Grünflächen müssen klar definierten Zwecken dienen: Sie sollen die Kindergärten enthalten, die Schulen, die Zentren der Jugend oder alle Gebäude zu allgemeinem Gebrauch, die eng mit dem Wohnen verbunden sind.

Arbeit:
- Die Entfernungen zwischen Arbeitsplatz und Wohngebiet müssen auf eine Minimum reduziert werden.
- Die für die Industrie bestimmten Teile der Stadt müssen unabhängig von den für das Wohnen bestimmten Teilen sein und voneinander durch Grünzüge getrennt werden.
- Die Industriegebiete müssen an Eisenbahn, Kanal und Landstraße liegen.
- Das Handwerk, aufs Engste mit der Stadt verbunden, aus dem es direkt hervorgegangen ist, muss genau bezeichnete Orte im Innern der Stadt einnehmen können.
- Für die Geschäftsstadt, die der privaten oder öffentlichen Verwaltung vorbehalten ist, müssen gute Verkehrsverbindungen mit den Wohnvierteln gewährleistet sein, ebenso wie mit den Industrie- oder Handwerksbetrieben, ob sie nun in der Stadt oder in ihrer Nähe bleiben.

Verkehr:
- Die Verkehrsstraßen müssen ihrem Charakter gemäß klassifiziert und entsprechend den Fahrzeugen und ihrer Geschwindigkeit gebaut werden.
- Die stark belasteten Kreuzungen sollten durch Differenz im Höhenniveau der Straßen für den zügigen Verkehr eingerichtet werden.
- Der Fußgänger muss andere Wege als das Kraftfahrzeug benutzen.
- Die Straßen müssen nach ihrer Funktion differenziert werden: Wohnstraßen, Straßen für Spaziergänge, Durchgangsstraßen, Hauptverkehrsstraßen.
- Die großen Verkehrsströme sollen grundsätzlich durch Grünstreifen isoliert werden.

(Ausschnitte aus: Hilpert, Tilo (Hrsg.): Le Corbusiers Charta von Athen. Texte, Dokumente; Kritische Neuausgabe; Braunschweig 1984, S. 199 f.)

M 11 Charta von Athen (Auszug)

7. Erläutern Sie die Inhalte der Charta von Athen vor dem Hintergrund der städtebaulichen Situation des Industriezeitalters (**M 11**, Webcode).
8. Benennen Sie mögliche Gründe, wieso es bei Corbusiers Plan bei einer Utopie blieb (**M 10**).

Webcode: GO645787-293

Die Gartenstadt als eine Ideallösung zwischen einer Stadt- und einer Landsiedlung

Schönheit der Natur; Geselligkeit; Park, Flur und Hain; leicht zugänglich; niedrige Mieten; hohe Löhne; niedrige Lebensmittelpreise; niedrige Steuern; stets Arbeit; Spielraum für Unternehmungen; Zufluss von Kapital; reine Luft und reines Wasser; gute Entwässerung; schöne Häuser, schöne Gärten; kein Rauch, keine Schmutzwohnungen; Freiheit; soziale Harmonie

(Auszug aus: Frank, F.: Dresden-Hellerau – Die Gartenstadt in Deutschland. In: geographie heute. H. 68/1989, S. 29)

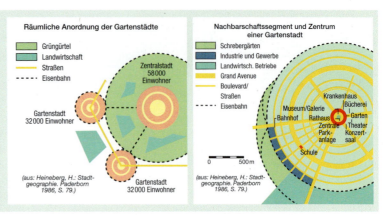

M 12 Die Gartenstadtidee von E. Howard

Die Gartenstadt Dresden-Hellerau

Fußend auf dem Gartenstadtkonzept des Engländers Ebenizer Howard, gründete der Unternehmer Karl Camillo Schmidt 1909 nördlich von Dresden eine der ersten deutschen Gartenstädte. Der Unternehmer sah hierin die Gelegenheit, Boden-, Wohnungs- und Sozialreformbestrebungen in einem Gesamtwerk umsetzen zu können.

Im selben Jahr wurde auf einem 140 ha großen Areal 3,5 km nördlich von Dresden mit dem Bau der neuen Stadt begonnen. Ursprünglich nur ein weitgehend unberührtes Stück Heidelandschaft, war Hellerau eine administrativ eigenständige Gemeinde, die von Dresden aus in ca. 30 Minuten mit der Straßenbahn erreichbar war. Grund und Boden waren preiswert, Platz für das Projekt ausreichend vorhanden.

Der Ort wurde streng funktional gegliedert in Gewerbe-, Versorgungs- und Wohnbereiche geplant. Ansiedeln durften sich nur solche Betriebe, die keine Belästigung für die Anwohner bedeuteten. Es fand auch eine soziale Differenzierung statt, indem kleine Reihenhäuser für ärmere und größere freistehende Wohnhäuser für sozial höher stehende Schichten errichtet wurden. 1913 waren 30 ha bebaut und infrastrukturell für 19 000 Einwohner erschlossen.

1950 wurde Hellerau zu Dresden eingemeindet und 1956 unter Denkmalschutz gestellt. Wenn in den ersten Jahrzehnten v. a. Arbeiterfamilien der Hellerauer Werkstätten den Ort besiedelten, zog es später immer mehr Künstler und Vertreter der Intelligenz nach Hellerau. 1999 wurde nördlich der alten Gartenstadt mit Neu-Hellerau ein eigenständiges Areal mit modernen Reihenhäusern und Eigentumswohnungen als Erweiterung fertiggestellt. Hierbei wurden die Gestaltungsansätze Helleraus aus der Jahrhundertwende mit den modernen Ansprüchen zeitgenössischen Wohnens verbunden.

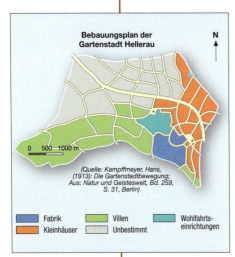

M 13 Bebauungsplan Gartenstadt Hellerau

M 14 Ein typisches Haus der Gartenstadt

9. Erläutern Sie die Zielsetzung und den Aufbau der Gartenstadt von E. Howard (**M 12**).
10. Überprüfen Sie die Umsetzung der Gartenstadtidee in Dresden-Hellerau (**M 13**, **M 14**).
11. Diskutieren Sie Vor- und Nachteile einer Gartenstadt.

Städtebau in der zweiten Hälfte des 20. Jahrhunderts

Im 20. Jahrhundert werden in Europa nur wenige Städte gegründet. Die Entlastungsstädte – wie die **News Towns** um London – haben zum Ziel, die Ballungszentren zu entlasten und eine Verbesserung der regionalen Wirtschafts- und Siedlungsstruktur zu erreichen. Vergleichbare Städtegründungen finden in anderen Staaten statt, so z. B. in Frankreich (Lille-Est) und in den Niederlanden (Lelystad).

Neben Gartenstädten entstehen in Deutschland in der ersten Hälfte des 20. Jahrhunderts im Zusammenhang mit Industriegründungen Wolfsburg, Salzgitter/Peine, Marl und Hoyerswerda.

Seit Mitte des 20. Jahrhunderts erfahren Innenstädte aufgrund ihrer zentralen Lagen und guten Erreichbarkeit einen enormen Bedeutungszuwachs. Durch das begrenzte Raumangebot steigen die Bodenrenten in diesem Bereich. Dies führt zu einer Verschärfung des Raumnutzungskonfliktes, sodass Einrichtungen des tertiären Sektors u. a. aufgrund der höheren Umsätze zunehmend andere Funktionen aus der Innenstadt verdrängen (Prozess der **Tertiärisierung**).

Seit den 1960er-Jahren breiten sich Großstädte, bedingt durch den Prozess der **Suburbanisierung**, über ihre Stadtgrenzen aus. Ursachen hierfür sind der gestiegene Wohlstand, die zunehmende individuelle Mobilität (Pkw) und der Wunsch nach bezahlbarem Wohnen im Grünen. Die räumliche Funktionstrennung zwischen Wohnen und Arbeiten führt u. a. zur Abnahme der Steuereinnahmen für die Stadt sowie zum Anstieg der täglichen Pendlerströme. Mit ihren Kunden wandern zunehmend auch Dienstleister sowie Gewerbebetriebe in die verstädterten Vororte. In manchen Städten ist eine Abnahme der Bevölkerung sowie der Arbeitsplätze zu beobachten (**Desurbanisierung**).

Die Furcht vor der Zersiedlung der Landschaft hatte den Bau neuer Stadtteile und Großwohnsiedlungen zur Folge, die entweder mit allen Funktionen ausgestattet sind und gegenüber der Kernstadt eine gewisse Selbstständigkeit aufweisen (**Trabantenstädte**: Köln-Chorweiler, München-Neuperlach) oder mit reiner Wohnfunktion als Schlafstädte konzipiert und von der Kernstadt in jeder Beziehung abhängig sind (**Satellitenstädte**: Frankfurt-Nordweststadt). In England und Frankreich entstehen in dieser Zeit neue Generationen der New Towns bzw. **Villes Nouvelles**. Auf der Basis der Charta von Athen hat sich eine Konzeption mit folgenden Merkmalen herauskristallisiert:

- **Funktionalismus-Prinzip**: Trennung der Funktionen Wohnen, Arbeiten, Erholung und Verkehr;
- **Radburn-System** (benannt nach der Stadt Radburn, USA): Trennung der Verkehrswege verschiedener Verkehrsarten, Hierarchisierung der Fahrstraßen, Wohnstichstraßen als Sackgassen und Wendeschleifen, Ersetzen von Kreuzungen durch Einmündungen, Über- oder Unterführungen;
- **Nachbarschaftsprinzip**: Wohnquartiere in einer überschaubaren Größe für ca. 5000 Einwohner, ausgestattet mit allen für diese Gemeinschaft notwendigen sozialen, kulturellen und sonstigen Versorgungseinrichtungen;
- **Verdichtung und Grünflächen**: Verdichtung der Wohnbevölkerung je Hektar durch Hoch- oder Reihenhausbebauung, Grünflächen mit klar definierten Zielen.

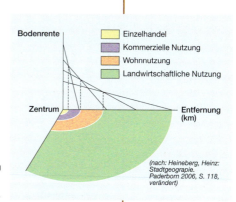

(nach: Heineberg, Heinz: Stadtgeographie. Paderborn 2006, S. 118, verändert)

M 15 Bodenrentenmodell

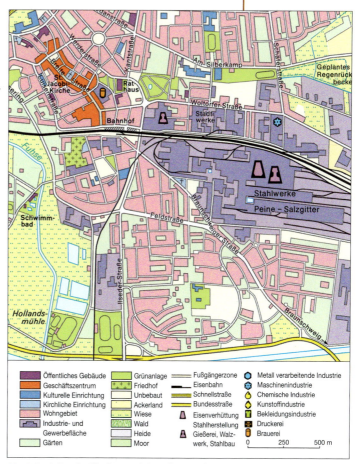

M 16 Funktionale Gliederung der Stadt Peine (Kartenausschnitt)

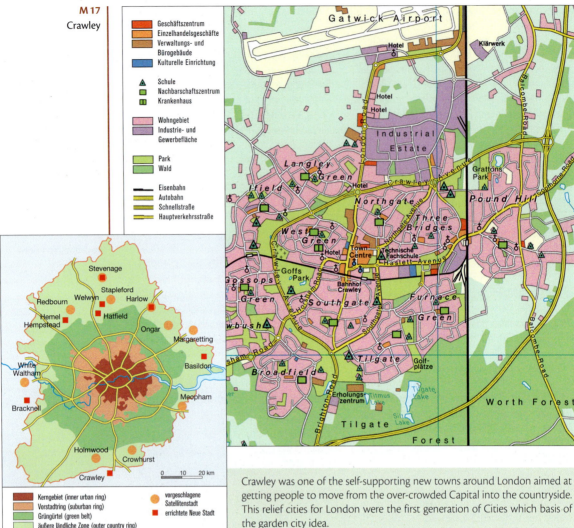

M 17 Crawley

- Geschäftszentrum
- Einzelhandelsgeschäfte
- Verwaltungs- und Bürogebäude
- Kulturelle Einrichtung
- Schule
- Nachbarschaftszentrum
- Krankenhaus
- Wohngebiet
- Industrie- und Gewerbefläche
- Park
- Wald
- Eisenbahn
- Autobahn
- Schnellstraße
- Hauptverkehrsstraße

M 18 Greater London-Plan

- Kerngebiet (inner urban ring)
- Vorstadtring (suburban ring)
- Grüngürtel (green belt)
- äußere ländliche Zone (outer country ring)
- vorgeschlagene Satellitenstadt
- errichtete Neue Stadt

Crawley was one of the self-supporting new towns around London aimed at getting people to move from the over-crowded Capital into the countryside. This relief cities for London were the first generation of Cities which basis of the garden city idea.

At the end of the 1940s these new towns represented the logical alternative to the continuing massive congestion and outward sprawl of the Capital. They promised employment, decent housing in a green environment, and an end to daily commuting. The new towns would attract industry to their reserves of labour, giving Companies the chance to re-establish themselves in cost-effective purpose-built units. It all promised security, not only for themselves but for their children. The original idea for Crawley was to merge the villages of Three Bridges and Ifield with the small market town of Crawley by filling in the gaps.

In addition, there would be some four-bedroomed and a few five bedroomed properties for larger families. Every neighbourhood was to have the same basic structure, though each would develop a character of its own. Each would have a neighbourhood centre with enough shops to meet day to day needs, plus a primary school, church, community centre and pub. Homes for the elderly and disabled would be built close to the neighbourhood centres for the convenience of the residents. Today with a population of around 108.000 on an area of 45 km², Crawley is the largest inland town in West Sussex.

M 19 New Town History

12. Erläutern Sie den Vorgang der Suburbanisierung im Zusammenhang mit dem Bodenrentenmodell (Text, **M 15**).
13. Erklären Sie das Prinzip der funktionalen Gliederung am Beispiel von Peine und Crawley (**M 16**, **M 17**).
14. Untersuchen Sie die Zielsetzung und Verwirklichung von Entlastungsstädten am Beispiel Crawley (**M 17** bis **M 19**).

Mit der Entwicklung und dem Wandel der ökonomischen und sozialen Verhältnisse entstanden im 20. Jh. neue Ideen, Leitbilder und Konzepte im Städtebau, deren Umsetzungsergebnisse bis heute Spuren in den aktuellen Stadtstrukturen hinterlassen haben.

1900 bis zum Ersten Weltkrieg

Gartenstadtbewegung in Anlehnung an die Vorstellungen von E. Howard, der als Antwort auf das stürmische Wachstum der Großstädte kleinere, locker bebaute und durchgrünte Städte in etwa 50 km Abstand von den Großstädten forderte, die dennoch ausreichend Arbeits- und Versorgungsmöglichkeiten bieten.

Zwischenkriegszeit

Städtebauliches Leitbild „der Moderne": aufgelockerter, gartenstadtähnlicher, gemeinnütziger Siedlungsbau, Wohnungs- und Städtebau als kommunale Aufgabe, Orientierung auf öffentlichen Nahverkehr	Funktionalismus im Städtebau (Charta von Athen 1933/1941), Bauhausschule, klare räumliche Trennung der Funktionen Wohnen, Arbeiten, Freizeit, Verkehr etc.

Wiederaufbau zwischen 1945 und 1960

„Die aufgelockerte und gegliederte Stadt": Dieses Leitbild wurde in beiden Teilen Deutschlands favorisiert, es knüpfte an die Gartenstadtbewegung und ähnliche Vorstellungen aus nationalsozialistischer Zeit an.

In der Bundesrepublik wurde die Diskussion um modernen Neubau oder traditionsorientierten Wiederaufbau geführt. Es lassen sich zwischen den Städten große Unterschiede im Umsetzen beider Aspekte feststellen. Etwa 1960 war die Aufbauphase abgeschlossen. Zu dieser Zeit begann auch der Prozess der Suburbanisierung.	In der DDR wurde die Aufbauphase von Beginn an als Neuaufbau aufgefasst, nur vereinzelt erfolgte Wiederaufbau. Einen richtigen Abschluss dieser Aufbauphase gab es nicht. Einzelne Beispiele der „sozialistischen Stadt" entstanden (z. B. Eisenhüttenstadt).

1960 bis 1975

„Urbanität durch Dichte" Verdichtung und Verflechtung der Nutzungsarten, neue Großwohnsiedlungen entstanden an den Stadträndern (z. B. Gropiusstadt und Märkisches Viertel in Berlin oder Perlach in München)	„Autogerechte Stadt" Modernisierung der Verkehrsinfrastruktur nach den Erfordernissen des motorisierten Individualverkehrs; Stadtautobahnen und citynahe Parkhäuser entstanden	„Stadterneuerung durch Funktionsschwäche- und Flächensanierung" In einigen Städten kam es zu Kahlschlagsanierung u. a. in den Miethauskasernenvierteln.	„Funktionierende Zentren" als Leitbild in der DDR Großstädte wurden mit ihren Innenstädten als Zentren des geistig-kulturellen und politischen Lebens auch für das Umland gesehen, deshalb erfolgten vor allem hier Neubau und Rekonstruktion.
			Wohnungsbauprogramm vor städtebaulichen Leitlinien Seit Beginn der 1970er-Jahre wurde in der DDR die Städtebaupolitik dem Ziel der Beseitigung des Wohnraummangels untergeordnet; mit vorgefertigten Typenbauten entstanden an den Stadträndern große Wohnkomplexe, in der Regel mit einer Basisversorgung von Bildung, Gesundheit und Handel.

1975 bis 1990 Stadterneuerung und Denkmalpflege

Besinnung auf das historische Erbe, auf die Identität stiftende Rolle gewachsener Stadtstrukturen, behutsamer Stadtumbau, Stadterneuerung, in der BRD durch Städtebauförderung gestützt, funktionale Aufwertung der Stadtkerne durch Fußgängerzonen, Einkaufszentren etc., Fortsetzung der Suburbanisierung (u. a. Einzelhandel auf der „grünen Wiese")	Stadterneuerung wurde in der DDR aufgrund des Ressourcenmangels nur vereinzelt in größeren Städten praktiziert, historische Substanz häufig durch Neubau ersetzt.

nach 1990

Es fand eine Revitalisierung der Innenstädte statt. In einzelnen Städten wurden Großprojekte (vgl. S. 306) und dezentrale Konzentrationen realisiert, das Leitbild der „**kompakten Stadt**" (vgl. S. 318) wurde bedeutsam. Dabei war ein Ziel die erneute Durchmischung, um Verkehrsströme zu reduzieren und Innenstadtbereiche zu revitalisieren.

In den 1980er-Jahren erfolgten erste Ansätze ökologisch verträglicher Stadterneuerung in der BRD, nach 1990 etablierte sich dies unter dem Stichwort „Nachhaltigkeit" im vereinigten Deutschland als komplexe Strategie der Stadtentwicklung. Über den ökologischen Städtebau entwickelte sich das Leitbild der „**nachhaltige Stadtentwicklung**" (vgl. S. 318).

Bei der „**sozialen Stadt**" versuchte man durch zahlreiche Maßnahmen (u. a. Wohnumfeldverbesserungen) die drängenden sozialen Herausforderungen in benachteiligten Quartieren zu minimieren. Seit Ende der 1990er-Jahre ist eine Zunahme der Individualisierung in der Stadtentwicklung – durch Stadtmarketing entstand eine Leitbildvielfalt (Stadt als „Bühne") – zu beobachten. Zudem gibt es verschiedenartige Konzepte für schrumpfende Städte (Shrinking Cities, vgl. S. 310).

M 20 Leitbilder in der Stadtplanung seit dem 20. Jahrhundert in Deutschland

15. Beschreiben Sie die Veränderung der städtebaulichen Leitbilder in Deutschland seit dem 20. Jahrhundert (**M 20**).
16. Stellen Sie zusammenfassend Phasen der Entwicklung mitteleuropäischer Städte dar (ab S. 290).

2. Düsseldorf – innere Differenzierung einer Stadt

M 1 Werbeplakat von Düsseldorf

Wahrnehmung von städtischem Lebensraum

Jeder Mensch nimmt seine räumliche Umwelt individuell wahr und speichert so subjektive Bilder von dieser Umwelt. Diese Vorstellungsbilder sind nicht aufgrund mangelnder topographischer Kenntnisse fehlerhaft, sondern spiegeln nur die subjektiv wahrgenommene Vorstellung von räumlicher Lage, Größe und Distanz wider. Zugleich beeinflussen diese verzerrten Vorstellungsbilder wiederum das räumliche Verhalten des Wahrnehmenden.

Solche subjektiven Vorstellungsbilder sind das Resultat der wiederholten Wahrnehmungen im täglichen Kontaktraum jedes einzelnen Menschen. Dieser beschreibt den individuellen Stadtbereich, der zur Ausübung der individuellen **Daseinsgrundfunktionen** aufgesucht wird. Zugleich werden solche subjektiven Vorstellungsbilder sehr stark durch persönliche Bewertung des Wahrgenommenen beeinflusst. Diese individuellen Bewertungen sind von zahlreichen Faktoren wie dem Alter, der sozialen Stellung, dem Bildungsniveau sowie den persönlichen Erfahrungen abhängig.

Überträgt man dies auf eine Stadt wie Düsseldorf, so nimmt jeder Mensch diese Stadt anders wahr. Zur Untersuchung der individuellen Wahrnehmung werden u.a. Mental Maps genutzt. Bei Mental Maps geht es darum, seine subjektiven Vorstellungsbilder in einer kartographischen Darstellung sichtbar zu machen. Diese subjektive Karte kann sowohl auf den zugrunde liegenden täglichen Kontaktraum als auch auf individuelle Bewertungskriterien hin untersucht und ausgewertet werden. Solche Mental Maps können u.a. von Stadtplanern bei der Untersuchung der individuellen Wirkung von städtischen Bereichen genutzt werden. Ziel ist es dabei, durch minimale Veränderungen eine maximale Wirkung erzielen zu können.

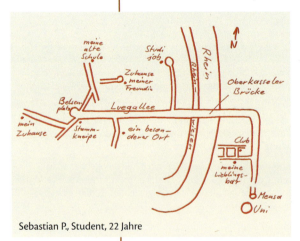

Sebastian P., Student, 22 Jahre

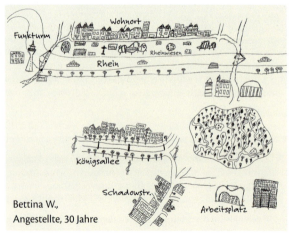

Bettina W., Angestellte, 30 Jahre

M 2 Zwei Mental Maps zu Düsseldorf

1. Erklären Sie, welche Vorstellung von Düsseldorf erzeugt werden soll (**M 1**).
2. Erläutern Sie die unterschiedlichen subjektiven Vorstellungsbilder der Stadt Düsseldorf (**M 2**).
3. Zeichnen Sie eine Mental Map Ihres Wohnortes. Erläutern und begründen Sie die Unterschiede sowie Übereinstimmungen Ihrer Mental Map mit derjenigen Ihrer Mitschüler.

Innere Differenzierung von Düsseldorf

Eine Stadt kann nach historisch-genetischen, physiognomischen, sozialen oder funktionalen Merkmalen räumlich gegliedert werden.

Bei der **historisch-genetischen Differenzierung** werden städtische Bereiche nach historischen Raumstrukturen und Sichtbeziehungen sowie dem Alter der Baukörper gruppiert. Dabei geht es um eine Abgrenzung historisch einheitlich gestalteter Stadtbereiche. Diese Einteilung hängt eng mit der Grundrissgestaltung (z. B. Straßennetz, Gebäudegrundriss) zusammen. Ein weiteres physiognomisches Merkmal ist die **Aufrissgestaltung**. Hierbei werden äußere Merkmale der Gebäude (z. B. Geschosszahl, Dachform) zur Abgrenzung herangezogen. Die **soziale Differenzierung** soll hingegen die räumliche Verteilung von sozial, demographisch sowie sozioökonomisch homogenen Bevölkerungsgruppen (z. B. Bildung, Alter) veranschaulichen. Bei der **funktionalen Differenzierung** einer Stadt wird eine räumliche Gruppierung nach den vorherrschenden Aufgaben einzelner Bereiche vorgenommen. Zu den wichtigsten Funktionsbereichen gehören Wohn-, Industrie-, Geschäfts-, Verwaltungs- und Erholungsgebiete. Da alle Differenzierungsmerkmale in einem engen, vernetzten Zusammenhang stehen, wird die innere Differenzierung einer Stadt meist in kombinierter Form einzelner Merkmale durchgeführt.

Prozesse wie die Tertiärisierung, Suburbanisierung, Reurbanisierung, Gentrifizierung sowie Segregation führen zu stetigen Veränderungen der räumlichen und sozialen Strukturen. Um solche Veränderungen bei der Planung berücksichtigen zu können, müssen Untersuchungen zur inneren Differenzierung einer Stadt kontinuierlich aktualisiert werden.

Bei der Stadtplanung kann man europaweit auf gemeinsame Erfahrungen zurückgreifen, da europäische Städte ähnlicher Größe vergleichbare räumliche Strukturen und Prozesse aufweisen.

Einwohner	598 057
Fläche des Stadtgebietes (davon linksrheinisch)	217 km² (12,77 km²)
Arbeitnehmer	490 300
Banken/Versicherungen	ca. 119/ca. 130
Unternehmen aus der Informations- und Kommunikationsbranche	ca. 1 500
Ausländische Firmen (inklusive Niederlassungen)	rd. 8 500
Einpendler (werktags)	362 051
Züge am Hauptbahnhof (pro Tag)	rd. 900
Fluggäste Düsseldorf Airport (pro Jahr)	20,8 Mio.
Plätze im Rheinstadion/Eisstadion	56 000/10 285
Studenten an der Heinrich-Heine-Universität	über 20 500

Weitere zentrale Einrichtungen:
U. a. Rheinisch-Westfälische-Börse (bedeutender Messestandort, ca. 50 internationale Fachmessen), 13 Fachhochschulen und Akademien (rund 22 935 Studenten), mehr als 10 Theater, 16 Museen und Sammlungen, exklusive Einkaufsmeile (Königsallee) sowie eine der umsatzstärksten Einkaufsstraßen Deutschlands (Schadowstraße)

M 3 Ausgewählte Daten zu Düsseldorf 2012

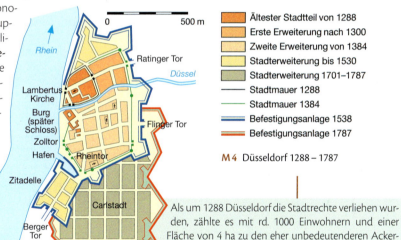

M 4 Düsseldorf 1288 – 1787

Als um 1288 Düsseldorf die Stadtrechte verliehen wurden, zählte es mit rd. 1000 Einwohnern und einer Fläche von 4 ha zu den eher unbedeutenderen Ackerbürgerstädten. Erst mit der Ansiedlung von Stahl erzeugenden und verarbeitenden Betrieben begann in der zweiten Hälfte des 19. Jahrhunderts der Aufstieg zur Groß- und Industriestadt (1882: 101 400 Einwohner). 1946 entstand das Bundesland Nordrhein-Westfalen mit der Hauptstadt Düsseldorf. Während der Industrieansiedlung durch Mangel an geeigneten Flächen und Arbeitskräften enge Grenzen gesetzt waren, entwickelte sich Düsseldorf zu einem Zentrum der Verwaltung von Wirtschafts- und Fachverbänden, von Versicherungen und Banken. Ein wichtiger Impuls war dabei die Funktion als Landeshauptstadt, da hier Landtag und Ministerien angesiedelt wurden. Seit 1950 bauten die Japaner die Stadt zu ihrem zweitwichtigsten Entscheidungszentrum nach New York in der westlichen Welt auf. In den letzten Jahren gewinnt die Messestadt Düsseldorf im Bereich der Informations- und Kommunikationstechnik zunehmend Bedeutung.

(nach: Dielmann, M. (u.a.): Mensch und Raum, Berlin 1998, S. 84)

M 5 Düsseldorf im Überblick

4. Benennen Sie die unterschiedlichen Möglichkeiten der inneren Differenzierung einer europäischen Stadt (Text).
5. Charakterisieren Sie die Stadt Düsseldorf unter Berücksichtigung ihrer topographischen sowie geographischen Lage (Atlas, **M 1** bis **M 5**).
6. Zeigen Sie historisch bedingte städtebauliche Strukturen auf und erläutern Sie diese (**M 4**).

Webcode: GO645787-299

300 Stadtentwicklung und Stadtstrukturen

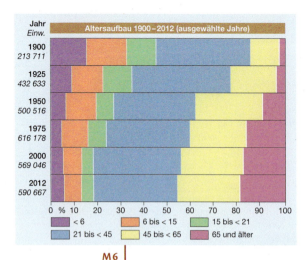

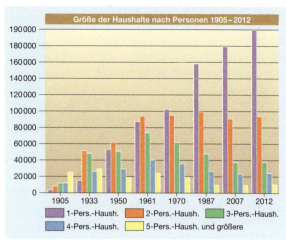

M 6 Entwicklung ausgewählter Sozialindikatoren Düsseldorfs

Die sozialräumliche Differenzierung

Bei der sozialräumlichen Differenzierung einer Stadt soll die Verteilung der Bevölkerung nach sozialen und sozioökonomischen Merkmalen, Statuspositionen sowie sozialen Gruppen veranschaulicht werden. In der sozialgeographischen Stadtforschung geht man davon aus, dass sich soziale Gruppen bestimmter Ausprägung in Teilräumen konzentrieren und dass diese Verteilungsmuster einem sozialen Wandel unterliegen. Ein Problem besteht darin, dass durch die amtliche Statistik nicht alle wichtigen sozial relevanten Merkmale erfasst werden. Zugleich nähern sich die erhobenen Durchschnittswerte aufgrund der relativ großen Bezugsräume an – hier die 49 Stadtteile von Düsseldorf, in denen bis zu 30 000 Einwohner leben.

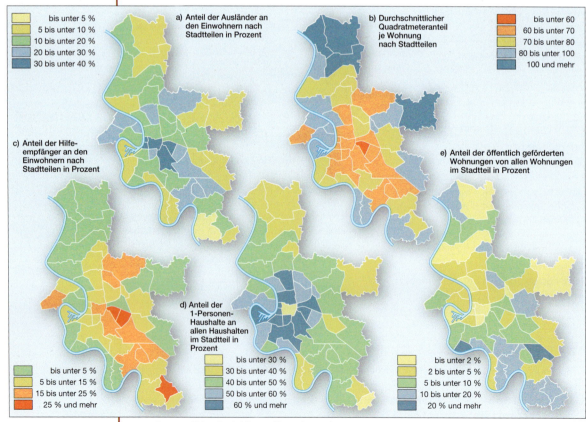

M 7 Ausgewählte Sozialdaten *(Stand: 2012)*

Stadtentwicklung in Deutschland und Europa

Stadtbereich	Fläche in km²	EW/km²	Gemischte Bauflächen (in %)	Wohnbauflächen (in %)	Gewerbliche Bauflächen (in %)	Grün-, Land- und Forstwirtschaftliche sowie Wasserfläche (in %)	Verkehrsflächen (in %)	Sonstige Fläche (Gemeindebedarf, Sonderbaufläche) (in %)
City	2,67	6 482	26,6	9,4	0,6	16,2	38,4	8,8
übrige Innenstadt	5,31	12 148	12,0	29,9	0,9	12,2	34,6	10,4
Innenstadtring	35,59	5 274	3,9	22,5	11,3	32,4	19,6	10,3
innere Peripherie	39,71	3 225	3,5	25,9	6,0	42,1	16,7	5,8
Außenring	134,13	1 457	1,6	14,1	5,4	63	13,1	2,8
Insgesamt			629,6 ha	3 882,2 ha	1 377,1 ha	11 391,3 ha	3 360,9 ha	2 696 E/km²

M 8 Bodennutzung sowie Bevölkerungsdichte nach Stadtbereichen (Stadtbereiche vgl. M 10, Stand 2012)

Mehr als 8 500 ausländische Unternehmen haben sich in Düsseldorf angesiedelt. Dabei ist Düsseldorf für Japan mit über 235 Unternehmen die Nummer eins auf dem Kontinent. Zugleich konnten sich hier rund 1 500 Unternehmen der Informations- und Kommunikationsbranche etablieren. Mit über 850 Werbeagenturen gilt Düsseldorf als deutschlandweit führend. Hinzu kommt eine sehr große kreative Szene aus Architekten, aktiven Künstlern, Mode-Designern, Fotografen, Schauspielern und Musikprofis.

Mit 119 Kreditinstituten gilt Düsseldorf nach Frankfurt als zweitgrößtes Bankenzentrum. Daneben befinden sich hier die zweitgrößte deutsche Börse sowie etwa 54 Versicherungsunternehmen. Aber auch Düsseldorfs internationale Fachmessen genießen Weltruf.
Die Stadt gilt mit über 3 800 Einzelhandelsbetrieben als das bedeutendste Einkaufszentrum in einem hochverdichteten Wirtschaftsraum mit etwa 2,3 Mio. Einwohnern. Die Zentren des Einzelhandels stellen dabei die Königsallee, eine exklusive Flaniermeile, und die Schadowstraße, eine der umsatzstärksten Einkaufsstraßen Deutschlands, dar.
Daneben macht die Altstadt mit ihren 200 Kneipen und Restaurants, dem Medien-Hafen, einem Dutzend Museen, der Kunsthalle, über 20 Bühnen sowie Konzertveranstaltungen und Kunstausstellungen von internationalem Rang Düsseldorf zu einem Anziehungspunkt für Besucher.

(nach: Landeshauptstadt Düsseldorf. Kommunikation und Öffentlichkeitsarbeit: Düsseldorf, Düsseldorf, o. J.)

M 9 Tertiärisierung als Motor der Entwicklung

Die funktionale Differenzierung

Derzeit nimmt die Landeshauptstadt Düsseldorf die führende Stellung als Verwaltungszentrum, als Finanzmetropole, als Drehscheibe internationalen Handels und als Fachmesseplatz des einwohnerstärksten Bundeslandes Nordrhein-Westfalen ein. Während der Industrieansiedlung Ende des 19. Jahrhunderts innerhalb des Stadtgebietes enge Grenzen gesetzt waren, entwickelte sich Düsseldorf zu einem Zentrum der Verwaltung von Wirtschafts- und Fachverbänden, der Versicherungen und Banken. Der **sektorale Wandel** hin zur **Tertiärwirtschaft** erhielt 1946 durch die Hauptstadtfunktion Düsseldorfs neue Impulse und führte Mitte der 1950er-Jahre dazu, dass über 50 % der Beschäftigten im tertiären Sektor tätig waren. Dass der **Prozess der Tertiärisierung** anhält, wird auch daran deutlich, dass derzeit schon über 86 % der Beschäftigten zum tertiären Sektor gehören.
In Düsseldorf, wie in vielen anderen deutschen Städten, trägt der tertiäre Sektor seit Jahrzehnten den Aufschwung, während die im produzierenden Gewerbe abgebauten Stellen nur teilweise aufgefangen werden können. Betrachtet man die Entwicklung im tertiären Sektor genauer, so fällt auf, dass die größten Zuwächse im Bereich des „Informationssektors" (z. B. Rechts- und Wirtschaftsberatung, Informations- und Kommunikationstechnik sowie Werbeagenturen) zu beobachten sind.

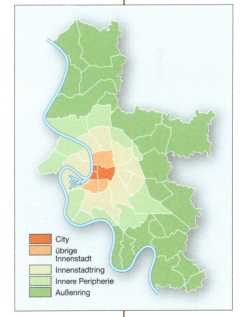

M 10 Ringstruktur von Düsseldorf

7. Kennzeichnen Sie die tendenzielle Entwicklung der ausgewählten Sozialindikatoren am Beispiel von Düsseldorf (**M 6**).
8. Untersuchen Sie die sozialräumliche Gliederung der Stadtteile von Düsseldorf (**M 7**).
9. Beschreiben Sie die funktionale Gliederung der Stadt Düsseldorf und nehmen Sie dabei Bezug auf die einzelnen Stadtbereiche (**M 8** und **M 9**).
10. Vergleichen Sie die funktionale Gliederung der Stadt Düsseldorf (**M 10**) mit den drei klassischen Stadtmodellen (s. S. 494) und begründen Sie mögliche Unterschiede.

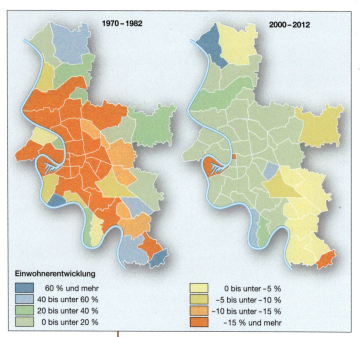

M 11 Entwicklung der Bevölkerungszahlen nach Stadtteilen

Düsseldorf verändert sich

Düsseldorf entwickelte sich nach dem Zweiten Weltkrieg vom Produktions- zum Dienstleistungszentrum, wobei die Anzahl der Arbeitsplätze bis in die 1960er-Jahre stetig zunahm.

Seit den 1960er-Jahren fanden Bewohner im begrenzten Stadtgebiet kein Bauland zu erschwinglichen Preisen. Deshalb zogen sie ins Umland von Düsseldorf. Der **Prozess der Suburbanisierung** hatte eine zunehmende räumliche Trennung von Arbeiten und Wohnen zur Folge. Immer mehr ehemalige Düsseldorfer wohnen im Umland und zahlen dort ihre Steuern, arbeiten aber im Stadtgebiet. Der Umfang dieser Abwanderung wird deutlich, wenn man bedenkt, dass ab den 1960er-Jahren gleichzeitig über 90 000 Ausländer in das Stadtgebiet gezogen sind.

Mit der Suburbanisierung nahmen die Zahl der täglichen Pendlerströme und damit auch die Verkehrsbelastung und deren Folgen zu.

Zum anderen setzte in den 1960er-Jahren ein spürbarer Abbau von Arbeitsplätzen im sekundären Bereich ein. Bei dem noch anhaltenden Strukturwandel gingen allein zwischen 1960 und 2012 über 130 000 Arbeitsplätze im sekundären Bereich verloren. Durch die Schaffung attraktiver Bürostandorte und anderer Anreize bemüht sich die Stadt, neue Arbeitsplätze im tertiären Bereich zu gewinnen, um die Arbeitsplatzverluste insgesamt zu reduzieren. Zudem setzte die Stadt seit den 1970er-Jahren auf eine Konzentration von Bürostandorten, möglichst im Fußgängereinzugsbereich ausgewählter S- und U-Bahnstationen. So wurden etwa 70 Prozent der gesamten Büroflächen sowie mehr als 100 000 Büroarbeitsplätze im Randbereich der Innenstadt geschaffen. In den letzten Jahren kamen **dezentrale Bürosubzentren**, z. B. im Bereich Flughafen, Seestern, Kennedyallee, hinzu.

Derzeit ist Düsseldorf die Stadt mit den meisten Einpendlern in ganz NRW. Um diesem Trend entgegenzuwirken, ist die Stadt bemüht, den **Prozess der Reurbanisierung** zu fördern. Flächen, die hauptsächlich die eisenverarbeitende Industrie als Produktionsstandorte in der Stadt aufgab, werden in der Regel einer möglichst gemischten Nutzung zugeführt. Seit 1961 wurden auf solchen **Brachflächen** etwa 17 600 neue Arbeitsplätze und 4870 neue Wohnungen geschaffen. Gegenwärtig befinden sich 30 Gebiete mit einer Fläche von über 430 ha Fläche in der Umwandlung. Damit wird zugleich der – seit der Charta von Athen – angestrebten funktionalen Trennung durch eine enge Verknüpfung von Wohnen und Arbeiten entgegengewirkt.

Aber auch durch den **Prozess der Gentrifizierung** (vgl. M 13) wird hochwertiger Wohnraum im Stadtgebiet geschaffen, der zusammen mit den Umstrukturierungsgebieten zu einer Revitalisierung Düsseldorfs führen soll.

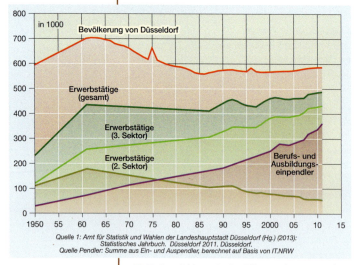

M 12 Entwicklung der Bevölkerung (1950–2012)

11. Beschreiben Sie die Entwicklung der Einwohnerzahlen in Düsseldorf (M 11, M 12).
12. Benennen Sie Folgen der Suburbanisierung für Düsseldorf und das Umland.
13. Erläutern Sie die Zielsetzungen der Planungsmaßnahmen in Düsseldorf (Text).

Die neue „Solarsiedlung am MedienHafen" – Beispiel einer Gentrifizierung?

Gentrifizierung bezeichnet den Prozess der gezielten Aufwertung des Wohnungsbestandes sowie des Wohnumfeldes und führt zu einer Veränderung hin zu einer wohlhabenden Wohnbevölkerung. Gentrifizierungsprozesse im engeren Sinne laufen nach einem typischen Muster ab: Wegen niedriger Mietpreise werden häufig Arbeiterviertel für „Pioniere" (z. B. Studenten, Künstler) attraktiv. Mit der Zeit etablieren sich die Pioniere, verdienen deutlich mehr Geld als die angestammten Bewohner und werten erste Wohnbereiche auf. Investoren sehen Chancen zur Wertsteigerung. Erste Häuser und Wohnungen werden restauriert, Szene-Clubs und Kneipen entstehen. Die Mieten steigen. Alteingesessene wandern wegen Mieterhöhungen ab. Aufgrund der gestiegenen Mieten siedelt sich eine wohlhabende Wohnbevölkerung an.
Immobilienunternehmen erkennen die Nachfrage und errichten luxuriöse Wohnanlagen. Die ursprüngliche Bevölkerungsstruktur und der Charakter der Viertel wandeln sich.

M 13 Gentrifizierung

In der wenig attraktiven Umgebung der Industriebrache des ehemaligen Hafenbereichs befanden sich in Randblockbebauung drei Arbeitermietshäuser der Wohnungsbaugesellschaft mit 131 Wohnungen von 1938. Die Wohnungen waren von ihrer Größe sowie ihrem Grundriss nicht mehr zeitgerecht. Mit der enormen Aufwertung durch den MedienHafen sowie den Rheinufertunnel gewann die Wohnanlage erheblich an Attraktivität.

Im Jahr 2001 entschied man sich für den Abriss der drei Mietshäuser. In Absprache mit jedem einzelnen Mieter wurde im gegenseitigen Einverständnis ein Aufhebungsvertrag geschlossen, wobei alle Mieter innerhalb von drei Jahren in andere Wohnungen der Wohnungsbaugesellschaft umzogen. 2005 begann der Neubau der „Solarsiedlung am MedienHafen" mit einem Investitionsvolumen von rund 25 Mio. €. Ein ganzheitliches Energiekonzept – u.a. Solarenergie, Lüftungssysteme, Fernwärmekopplung – sorgt für eine enorme Reduzierung der Heizkosten. So entstand 2008 eine der europaweit größten Solarsiedlungen mit energiesparenden, innenstadt-

M 14 „Solarsiedlung am MedienHafen"

nahen Neubauwohnungen mit gehobener Ausstattung. Neben den Wohnungen konnte auf dem Gelände zudem noch ein Bürogebäude mit 1400 m² Nutzfläche entstehen.
Rund 15 der alten Mieter nutzten das Angebot einer Mietermäßigung und zogen wieder zurück. Die übrigen Wohnungen werden von einem finanzstarken Mittelstand bewohnt.

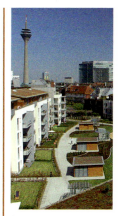

M 17 Ansicht des heutigen Innenhofes der Solarsiedlung vom Bürogebäude aus

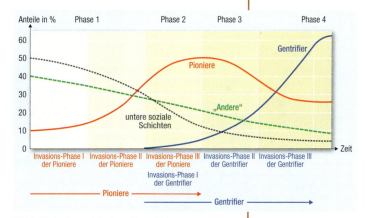

M 15 Verlaufsmodell einer Gentrifizierung

	2001	2008
Mieten pro Quadratmeter	7,3 €	9,5 €
Anzahl der Bewohner	235	204
Anzahl der Wohnungen	131	101
Quadratmeter pro Mieter	28,3	45,7
Gesamte Wohnfläche	6640 m²	9330 m²
Durchschnittliche Wohnungsgröße	50,6 m²	92,4 m²
Durchschnittliche Zimmeranzahl	2 – 3	4 – 5 (einige 2)

M 16 Vor und nach der Baumaßnahme

14. Kennzeichnen Sie den Prozess der Gentrifizierung im engeren Sinne (**M 13**, **M 15**).
15. Verorten Sie die „Solarsiedlung am MedienHafen" in Düsseldorf (**M 14**, **M 20**, S. 304).
16. Stellen Sie das Projekt „Solarsiedlung am MedienHafen" vor (**M 14**, **M 16**, **M 17**).
17. Erläutern Sie die städtebaulichen Zielsetzungen.
18. Erläutern Sie, ob es sich bei dem Projekt „Solarsiedlung am MedienHafen" um eine Gentrifizierung handelt (**M 13** bis **M 17**).

Webcode: GO645787-303

Stadtentwicklung und Stadtstrukturen

M 18
Ansicht des Handelshafens 1957,
rechts: Ansicht des MedienHafens 2012

Vom Hafen zum MedienHafen

Der kurz vor Beginn des 20. Jahrhunderts in Düsseldorf eröffnete Binnenhafen wurde bis in die 1960er-Jahre auf eine Fläche von 170 ha ausgebaut. Wirtschaftliche Rückschläge des Hafens ab den 1970er-Jahren, die durch die Verlagerung des Verkehrs auf die Straße bzw. Schiene verursacht wurden, waren der Anlass zu einem Umstrukturierungskonzept.

1974 fasste der Rat der Stadt den Beschluss, das erste Gebiet des Industriehafens freizustellen, und plante ein zweites Freistellungsgebiet ab 2010. 1976 beschloss das Land NRW, hier den Landtag zu errichten. Der neue Landtag sollte ein urbanes Umfeld erhalten und durch die Tieferlegung der Rheinuferstraße (Tunnel) stärker an die Innenstadt angeschlossen werden. Bei der Flächensanierung wurden alle vorhandenen Hafengebäude abgebrochen und Teile eines Hafenbeckens verfüllt.

Schon 1989 beschloss der Rat, das zweite Freistellungsgebiet als „Medienmeile" zu entwickeln. Dabei sollte durch die Kombination von bestehenden Hafengebäuden und moderner Architektur ein innovatives Hafenflair entstehen.

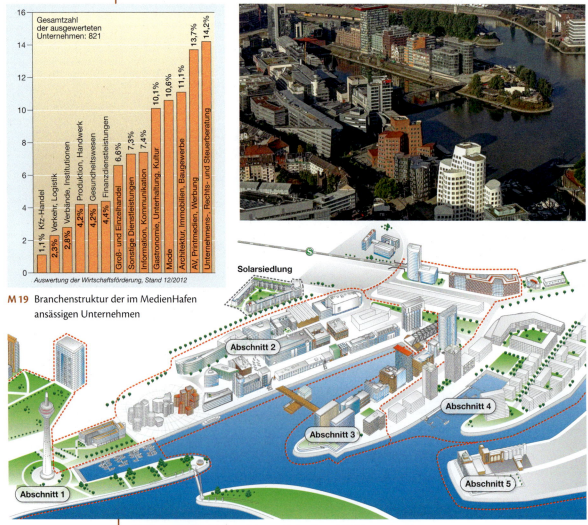

M 19 Branchenstruktur der im MedienHafen ansässigen Unternehmen

M 20 Umstrukturierungsgebiet am Hafen (Stand 2012)

Aufgrund der erfolgreichen Entwicklung wurde 1999 für die Abschnitte 3 und 4 die Nutzung festgelegt. 2003 wurde ein Konzept für den gesamten Hafen verabschiedet, das für den Abschnitt 5 eine Mischung aus Wohnen und Gewerbe vorsah – zusammen mit einer wohnverträglichen Gewerbenutzung als Pufferzone und der Sicherung des eigentlichen Industriehafens. 2012 arbeiteten im Bereich des MedienHafens rund 8600 Menschen; zudem gab es drei Wohnungen.

Für die Stadt Düsseldorf gilt das Gesamtprojekt MedienHafen als wichtiges städtebauliches Projekt, um sich europaweit im Bereich von Werbung, Medien und kreativen Branchen zu positionieren und die Innenstadt attraktiver zu machen.

Abschnitte der Umstrukturierung	Größe in ha	vorgesehene Nutzung	Schwerpunktmäßige Nutzung	Status
1 Landtag, Fernsehturm	10	Büro, Freifläche, Wasserflächen	Landtag, Parkanlagen, Fernsehturm, Yachthafen, Freizeit	Fertiggestellt ca. 1988
2 Zollhof, Kaistraße, Am Handelshafen	9	Büro, Freifläche, Gastronomie und andere Dienstleister	Medien, Kunst und kreative Berufe	Weitgehend fertiggestellt 2002
3 Speditionstraße-Ost, Franzius- und Holzstraße	9	Büro, Freifläche, Gastronomie und andere Dienstleister	Medien, Kunst und kreative Berufe, Hotel	Fertiggestellt 2010
4 Kesselstraße, Speditionstraße-West, Franziusstraße, Holzstraße	12	Büro, Freifläche, Gastronomie, Hotel, Einzelhandel sowie 700 Wohnungen	Wohnen und Büro- sowie wohnverträgliche Gewerbenutzung	In Planung
5 Weizenmühlenstraße	20	wohnverträgliche Gewerbenutzung als Pufferzone zwischen Wohnen und Industriehafen		In Planung
6 Restlicher Industriehafen	120	umweltbewusste Überplanung zur Sicherung und Entwicklung des Industriehafens (Lärmreduzierung in seinen Randbereichen)		In Planung

M 21 Eckdaten zu den fünf Umstrukturierungsabschnitten im Bereich MedienHafen

a) Der MedienHafen – ein Muss nicht nur für Touristen
Die Stadt Düsseldorf scheint ihr Projekt von einer Medienmeile erfolgreich realisiert zu haben. Es ist ein altstadtnahes innovatives Viertel mit viel Leben – auch in den Abendstunden – entstanden. Mit seinen architektonischen Meisterwerken, zahlreichen Restaurants, Kinos und Kneipen ist es nicht nur ein Muss für Touristen.

b) Aufwändige Konfliktlösung
Derzeit leben weniger als 12 Bewohner im MedienHafen. Erst im 5. Teilabschnitt sind 700 Wohnungen für den gehobenen Bedarf geplant. Gerade dieser Teilbereich befindet sich aber schon relativ nah am Industriehafen, sodass die Schaffung von ausreichend geschütztem Wohnraum sehr aufwändig erscheint. Zugleich werden sich nur wenige Bürger die Luxuswohnungen am Wasser leisten können, die übrigen müssen somit weiter pendeln.

c) MedienHafen = Monostruktur
Die Chance, für den Landtag ein urbanes Umfeld und neuen Wohnraum in attraktiver Lage zu schaffen, wurde vertan. Stattdessen sind bisher nur gigantische Büroflächen entstanden, obwohl im Stadtgebiet noch zahlreiche Büroflächen leer stehen. Diese Monostruktur führt nicht nur zu einer Verschärfung der Verkehrsprobleme, sondern auch zu sozialer Verödung und ignoriert zugleich das Problem von fehlendem Wohnraum im Stadtgebiet. Auch soll erst 2014 ein direkter Straßenbahnanschluss für die über 8600 Beschäftigten erfolgen.

d) MedienHafen statt Hafen?
Die Stadt Düsseldorf entschied sich für einen modernen Binnenhafen bei gleichzeitiger Flächenreduzierung, was einen Verlust von rund 700 Arbeitsplätzen im Hafen zur Folge hatte. Viele Unternehmen sahen ihre Standorte im Hafenbereich gefährdet, Neuansiedlungen wurden erschwert. In den letzten Jahren verhalfen Investitionen dem Hafen zu einer erheblich verbesserten Infrastruktur mit modernen, leistungsfähigen Verlademöglichkeiten. Hinzu kam der Bedeutungszuwachs der Binnenschifffahrt, der zu einem kontinuierlichen Ausbau des Containerterminals führte. Zwar werden im „Masterplan Industrie" 2012 die Planungssicherheiten für den Hafen gegeben, doch müssen zugleich Beeinträchtigungen der Hafenbetriebe durch die näherrückende Stadtbebauung (5. Teilabschnitt) vermieden werden.

e) Ein sicherer Hafen für Innovationen
Der MedienHafen gilt als das gelungenste Beispiel für die Schaffung eines neuen, urbanen und citynahen Standortes für zukunftsorientierte Wachstumsbranchen des Dienstleistungsbereiches. Daneben gibt es bereits eine Medien- und Business-Akademie sowie vier Hotels. So ist es auch nicht verwunderlich, dass hier in sehr kurzer Zeit moderne, hochattraktive Büroflächen bei einem hohen Mietpreisniveau entstanden sind.

M 22 Meinungen zum MedienHafen (Zusammenstellung aus verschiedenen Quellen)

19. Erläutern Sie das Gesamtprojekt MedienHafen (**M 18** bis **M 22**).
20. Bewerten Sie das Gesamtprojekt MedienHafen (**M 18** bis **M 22**).

Webcode: GO645787-305

M 1 Innenstadt und HafenCity Hamburg (Illustration: Michael Korol; Quelle: HafenCity Hamburg GmbH)

3. Hamburg: HafenCity – ein innerstädtisches Entwicklungsprojekt

M 2 Hamburger HafenCity (Foto: Sept. 2013)

Die freigesetzten **Brachflächen** werden zunehmend in die Entwicklung des **urbanen Raums** einbezogen.

In Hamburg wie auch in London (Docklands), Baltimore (Inner Harbour), Auckland und anderen Städten sollen so die Innenstädte erweitert und aufgewertet werden. Durch **horizontale** und **vertikale Nutzungsmischung** von Arbeitsplätzen und hochwertigem Wohnraum strebt man u. a. eine Reduzierung von Pendlerströmen an. Gleichzeitig soll durch Einrichtungen des Einzelhandels, der Gastronomie, der Freizeit, der Kultur sowie der Bildung – meist im Erdgeschoss – ein lebendiges Stadtviertel entstehen. Zudem beabsichtigt man mit diesen kostspieligen **Waterfront Developments** einer Schrumpfung der städtischen Wohnbevölkerung entgegenzuwirken.

Bei der HafenCity handelt es sich um das derzeit größte innerstädtische Entwicklungsprojekt Europas. Aufgrund der Orientierung am Leitbild der „nachhaltigen Stadtentwicklung" unterscheidet sich die HafenCity von anderen Großprojekten in Wasserlage.

Weltweit werden immer mehr innenstadtnahe Hafeneinrichtungen durch moderne, großflächige Containerterminals am Stadtrand ersetzt.

Stadtentwicklung in Deutschland und Europa

Legende:
- Fertiggestellt
- Im Bau/Bauvorbereitung
- Anhandgabe/Architektenwettbewerb
- Ausschreibung/Anhandgabereife
- Flächenvorbereitung

M 3
Daten zur HafenCity
(nach: www.hafencity.com; Zugriff vom 03.06.2014)

Nach der Auslagerung des Hamburger Hafens wurde im Jahr 2000 auf der Basis eines Architektenwettbewerbes das Bebauungskonzept der HafenCity als **Masterplan** entwickelt. Damit wurden grundlegende stadtplanerische Strategien und Handlungsmöglichkeiten formuliert. Mit seiner Umsetzung wird der ehemalige citynahe Hafenbereich zu einem völlig neuen, zukunftsweisenden Stadtteil umgebaut. Damit wird sich die Innenstadtfläche Hamburgs bis 2025 um ca. 40 Prozent vergrößern. 2001 war Baubeginn, 2009 wurde mit dem Teilquartier Am Dalmannkai/Sandtorkai der erste Teil der HafenCity fertiggestellt. Obwohl nur wenige denkmalgeschützte Bauten erhalten bleiben können, sollen die historischen Hafenstrukturen mit der Speicherstadt bestehen bleiben und in die Planungen einbezogen werden. Außerdem werden aktuelle Stadtplanungskonzepte, z. B. zur Infrastruktur und Nachhaltigkeit, berücksichtigt. Es wird erwartet, dass durch dieses Großprojekt eine Impulswirkung für die gesamte Hansestadt ausgeht mit ihren ca. 1,74 Mio. Einwohnern wie auch für die 4,3 Mio. Menschen der Metropolregion.

Allgemeine Daten
Gesamtgröße: 157 ha, Landflächen: 127 ha
800 m entfernt vom Rathaus, 10 km neue Kaipromenaden
Geplante Fertigstellung: 2025
Geplant: 104 Projekte (derzeit: 56 Projekte fertiggestellt)

Nutzungen in der HafenCity
- **Arbeiten:** Geplant: 45 000 Arbeitsplätze (derzeit: rd. 9000 Arbeitsplätze in über 450 Unternehmen)
- **Wohnen:** Geplant: 6000 Wohnungen für über 13 000 Menschen (derzeit: 1474 Wohnungen mit rd. 2000 Bewohnern)
  Mietwohnungen (derzeit rd. 45 %): 9,5 €/m² (genossenschaftliche Mietwohnungen) bis 18 €/m² (freie Mietwohnungen)
  Eigentumswohnungen: Ab ca. 2850 €/m² (Baugemeinschaften) und bis zu 10 000 €/m² (Penthouse)
- **Kultureinrichtungen:** Elbphilharmonie mit zwei Konzertsälen (Fertigstellung ca. 2016) und angeschlossenem Hotel, Internationales Maritimes Museum Hamburg (2008 eröffnet), Science Center mit Wissenschaftstheater (in Planung)
- **Bildungseinrichtungen:** Grundschule mit Kindertagesstätte und Turnhalle (2009 eröffnet), HafenCity-Universität (2014 eröffnet)
- **Tagesbesucher:** 30 000 bis 40 000
- **Verkehrsanbindung:** leistungsfähiges Straßennetz mit Anbindungen an die City und die Autobahn vorhanden, zwei U-Bahn-Haltestellen am Nordrand der HafenCity, Bau einer neuen U-Bahn-Linie (Baubeginn: 2013)
- **Investitionen:** privat: ca. 8 Mrd. €, öffentlich: ca. 2,4 Mrd. € (davon ca. 1,5 Mio. € aus Grundstückserlösen)
- **Ökologische Nachhaltigkeitsaspekte:** effektive Wärmeenergieversorgung mit CO_2-Reduktion, Leitbild der kompakten Stadt der kurzen Wege, Beitrag zur Erfüllung der Hamburger Klimaschutzziele durch nachhaltige Infrastruktur und Bausubstanz

1. Verorten Sie die HafenCity Hamburg innerhalb des Stadtgebietes (**M 1**, Atlas).
2. Informieren Sie sich über den aktuellen Baustand des Großprojektes (**M 1** bis **M 3**, Internet).
3. Kennzeichnen Sie die HafenCity hinsichtlich der stadtplanerischen Ziele (**M 1** bis **M 3**).

Webcode:
GO645787-307

Stadtentwicklung und Stadtstrukturen

Die wichtigsten Leitvorstellungen, die der Masterplan verfolgt, sind:
- Die Bewahrung der Geschichte des Ortes (Hafen, Speicherstadt usw.) als wesentliches Element für die zukünftige Identität des neuen Stadtteils, seine Besonderheit und seinen spezifischen Reiz.
- Eine vielfältige und gemischte Nutzungsstruktur, um der Einseitigkeit, Monotonie und Unflexibilität der Bürostädte, Gewerbegebiete und Großwohnsiedlungen zu entgehen.
- Die Innenstadt von morgen soll neben traditionellen Funktionen (z. B. als Einkaufs- und Bürostandort) eine deutlich größere Wohn-, Aufenthalts- und Freizeitqualität haben. Die Sicherung eines hohen Wohnanteils, die Nutzung der reizvollen Wasseranlagen, die ansprechende Gestaltung der Uferanlagen, Boulevards und öffentlichen Räume ist neben der Bereicherung um weitere Kultur- und Freizeiteinrichtungen wesentliches Ziel der Planung. [...]
- Die HafenCity soll als Teil und eng verknüpft mit der bestehenden Innenstadt und den benachbarten Stadtteilen entwickelt werden.

(Quelle: HafenCity Hamburg GmbH: HafenCity Hamburg. Städtebau, Freiraum und Architektur. Hamburg 2008)

M 4 Das städtebauliche Konzept des Masterplans (Auszug)

Masterplan HafenCity

Mit dem Masterplan HafenCity wird das städtebauliche Entwicklungskonzept vom Hafenbereich hin zu einem neuen Teil der Hamburger Innenstadt beschrieben. Neben dem sogenannten Strukturkonzept, das die wesentlichen Vorgaben für Bebauung und Nutzung festschreibt, gehören auch weitere detaillierte Pläne wie zum Verkehr und zum Hochwasserschutz zum gesamten Planwerk. Wesentliche Funktion des Masterplans ist es also, grundlegende Entwicklungen im ökonomischen, sozialen, kulturellen und stadtökologischen Kontext aufzuzeigen.

Würfelhusten am Wasser

Frage: Mit der Hafencity erschafft Hamburg einen ganzen Stadtteil aus der Retorte. Die große Frage ist: Wird das Kind leben? Was ist Ihre Diagnose, nachdem rund ein Drittel der Bauten steht?

Teherani (Stararchitekt): Sorgen mache ich mir keine, einige Orte werden wie Magnete wirken. Der Kreuzfahrtterminal von Massimiliano Fuksas spuckt Touristen aus und zieht sie zugleich an, besonders wenn die „Queen Mary 2" anlegt. Herzog & de Meurons Elbphilharmonie verspricht Weltklasse, ähnliches Niveau bieten Richard Meier, Erick van Egeraat, Henning Larsen mit den SPIEGEL-Hochhäusern – und nicht zuletzt Rem Koolhaas mit dem Science Center, meinem Lieblingsprojekt. Dann ist da die prächtige Speicherstadt. Diese Lagerhäuser aus dem 19. Jahrhundert faszinieren einfach. Ohne die Speicherstadt wäre die Hafencity peinlich, in ihren urbanen Grundmustern viel zu schrill.

Frage: Peinlich? Ein hartes Wort.

Teherani: Hart, aber nicht unfair. Die Chance, ein so riesiges und citynahes Areal zu gestalten, ist ein Jahrhundertereignis. Aber die Häuser am Dalmannkai sind nicht typisch für den Standort: eng gestellte, architektonische Einzelmeinungen, das Material sehr bunt: Gelbklinker, Rotklinker, weißer Putz. Ein unhamburgisches Sammelsurium.

Frage: Was wäre denn hamburgisch?

Teherani: Hamburg zeichnet anglophile Eleganz und Zurückhaltung aus. Es gibt Einzelstrukturen, etwa die weiße Stadt der Villen an der Alster, aber insgesamt entsteht durch die ziegelroten Baublöcke der Randbezirke eine dynamische Melodie.

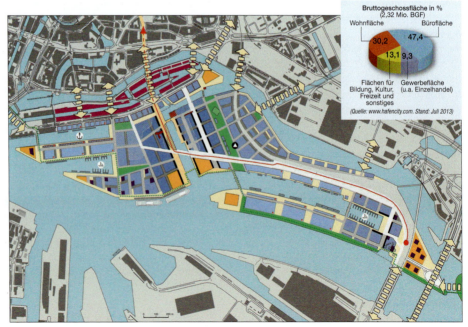

M 5 Masterplan HafenCity

Doch in der Hafencity haben wir statt großem Wurf einen großen Würfelhusten am Wasser.
Frage: Also ist alles doch nur halb so schlimm.
Teherani: Meinen Sie? Vielen mag es genügen, wenn ein paar nette Shops entstehen. Aber ich spreche von Architektur und städtebaulichen Konzepten. Warum hat man – nur eine von vielen denkbaren Ideen – keine Wasserstadt gebaut? Keine Häuser, die direkt im Wasser stehen? Warum keine Brücken und Arkaden? Es gibt in Hamburg doch das Vorbild der Alsterarkaden! Die Nahtstelle zwischen Land und Wasser fordert intelligente architektonische Übergänge geradezu heraus, gebaute Ufersituationen etwa.
Frage: Damit kritisieren Sie die Planung, nicht die Einzelarchitektur. Was haben die Planer falsch gemacht?
Teherani: Die Projekte hätten großteiliger vergeben werden müssen. Der planerische Grundgedanke der Hafencity ist: Jeder Architekt baut sein kleines, individuelles Häuschen, und am Ende ergeben all die Häuschen ein Gesamtbild. Nach dem Vorbild New Yorks: Ein einziges Hochhaus ist banal, zehn auch – aber hundert bilden ein typisches Ensemble, im besten Fall ein Gesamtkunstwerk. Ich bezweifle nur, dass dieses Modell in Hamburg funktioniert. Schon allein die ausdrucksstarke Speicherstadt mit ihrer einzigartigen Handschrift steht dem als permanente Mahnung entgegen. Urbanität ist nicht die Summe aus ein paar aufgesetzten formalen Ideen, sie basiert auf einem schlüssigen Städtebau.

(Quelle: Dörting, Thorsten. In: www.spiegel.de vom 18. Juni 2008. Zugriff: 03.03.2010)

M 6 Kritik am Masterplan

Die Überarbeitung des Masterplans

Nach einer intensiven öffentlichen Diskussion erhielten im überarbeiteten Masterplan die drei östlichen Quartiere neue Schwerpunkte. Der Baakenhafen dient als Wohn- und Freizeitquartier, der Oberhafen als Kreativ- und Kulturquartier und das Quartier Elbbrücken als metropolitaner Geschäfts- und Wohnstandort. Durch eine weitere Zuschüttung können rund 500 Wohneinheiten sowie 2 ha öffentliche Freiflächen zusätzlich realisiert werden. Um Lärmbelästigungen an den Hauptverkehrsstraßen zu minimieren, sind mischgenutzte Bauten vorgesehen. Diese werden durch ihre geschlossene Bebauung zur Straße hin einen Schallschutz bilden. Innenhöfe sollen ein geschütztes nachbarschaftliches Miteinander gewährleisten.

Größe: 23,2 ha, gesamt BGF: 385 000 m²
Arbeitsplätze und gewerbliche Nutzungen: Arbeitsplätze: ca. 5 000
Nutzungen: Büro, Freizeiteinrichtungen, Hotel, Einzelhandel, Gewerbe, Gastronomie/Dienstleistungen
Wohnungen: 1 800, (200 000 m² BGF), davon ein Drittel geförderter Wohnungsbau
Besondere Einrichtungen: 1,6 ha großes, künstlich aufgeschüttetes Grünareal für Spiel- und Freizeitangebote im Baakenhafen, südlich daran schließt ein Marktplatz mit Einzelhandel und Dienstleistern im Erdgeschossbereich sowie eine Grundschule an. Ein Jugendgästehaus mit 480 Betten und vielfältigen Sportmöglichkeiten (Baufeld 81 a/b) sowie ein Leitgebäude mit einer Höhe von rd. 70 m (an der westlichsten Spitze des Quartiers) sind zudem vorgesehen.
Entwicklungszeitraum: ab 2012 bis 2020 (ohne Flächen für U-Bahnlogistik)

(Quelle: http://www.hafencity.com/de/baakenhafen.html, Zugriff 18.05.2014)

M 7 Profil des Quartiers Baakenhafen

M 8 Überarbeitete Isometrie für das Quartier Baakenhafen

4. Erläutern Sie den Masterplan HafenCity (**M 4**, **M 5**).
5. Diskutieren Sie die Kritik am Masterplan (**M 6**).
6. Stellen Sie die Überarbeitung des Masterplans am Beispiel von Quartier Baakenhafen vor und nehmen Sie Stellung zu den Veränderungen (**M 7**, **M 8**).
7. Erörtern Sie, ob eine innenstadtnahe Planung wie in der HafenCity Hamburg zu einer Revitalisierung der Städte beitragen kann. Berücksichtigen Sie dabei, inwiefern die Wünsche der einzelnen Bürger Beachtung finden können.

Webcode:
GO645787-309

4. Stadtumbau in Deutschland

M1 Leerstandsquoten in Deutschland (1994–2013)

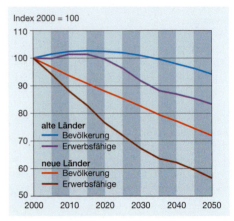

M4 Demographische Entwicklungen (2000–2050)

Die Notwendigkeit von Stadtumbaumaßnahmen zeichnete sich in Deutschland bereits in den 1990er-Jahren ab. Insbesondere in den ostdeutschen Ländern gab es aufgrund von wanderungsbedingten Bevölkerungsverlusten einen dauerhaften und zahlenmäßig großen Wohnungsleerstand. Die Bundesregierung beschloss deshalb im Jahr 2002 für die Umsetzung von Stadtentwicklungskonzepten das Städtebauförderungsprogramm „Stadtumbau Ost".

Stadtumbau West

Eine deutliche Zunahme der Leerstände sowie niedrigere Geburtenziffern aufgrund des geänderten generativen Verhaltens deuteten schon damals auch in den alten Bundesländern auf das Bevölkerungs- und Wohnraumproblem hin. Hinzu kamen die bevölkerungsmäßigen Auswirkungen von Wirtschaftsstrukturkrisen in Teilräumen Deutschlands, z. B. in Altindustrieregionen, die die Notwendigkeit von Stadtumbau-Bedarfen steigen ließen. So folgte im Jahr 2004 das Programm „Stadtumbau West".
Handlungsschwerpunkte dieses Programms stellen Innenstädte und Ortskerne, Wohnviertel unterschiedlichen Baualters sowie Industrie-, Gewerbe- und Militärbrachen dar.

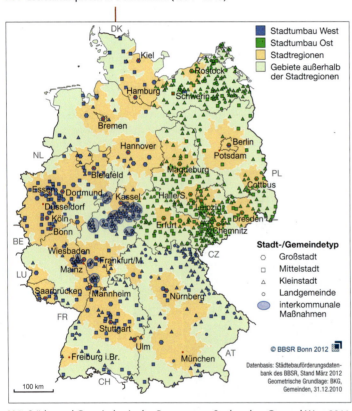

M2 Städte und Gemeinden in den Programmen Stadtumbau Ost und West 2011

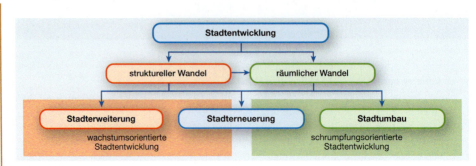

M3 Handlungsbereiche der gegenwärtigen Stadtentwicklung

Handlungsraum Innenstadt/Ortskern

Ziel ist es, diese zentralen Siedlungsbereiche als Wohn- und Wirtschaftsstandorte durch Schaffung neuer städtebaulicher Qualitäten aufzuwerten. Hierfür notwendig ist ein integriertes Entwicklungskonzept im Rahmen einer konstruktiven Zusammenarbeit mit Flächen- und Gebäudeeigentümern.

Zu den zielführenden Maßnahmen können Abriss und Rückbau ebenso gehören wie Sanierungs- und Restaurierungs-, also Aufwertungsmaßnahmen oder Neubau attraktiver Gebäude.

Handlungsraum Wohnsiedlungen

Die Abnahme der Haushalte, nicht mehr zeitgemäße Wohnungsstandards oder geänderte Wohnwünsche haben die Nachfrage nach Wohnraum in bestimmten Kommunen oder städtischen Teilräumen z. T. deutlich zurückgehen lassen. Als Folge davon entstanden Leerstände, im Extremfall Wohnungsbrachen, unansehnliche Straßenzüge und eine soziale Entmischung, in deren Folge einkommensschwächere Sozialgruppen solche Wohnbereiche verstärkt aufsuchten.

Um diesem Segregationsprozess begegnen zu können, bedarf es eines quantitativen Rückbaus mit dem Ziel der Senkung der Einwohnerdichte, einer Aufwertung des Wohnumfeldes, z. B. durch Begrünung oder Anlage öffentlicher Plätze, der Verbesserung der sozialen Infrastruktur und der Absicherung einer wohnortnahen Grundversorgung.

Handlungsraum Industrie-, Gewerbe- und Militärbrachen

Einige Städte in Altindustrieregionen stehen vor dem Problem, z. T. flächenmäßig riesige aufgelassene Wirtschaftsstandorte in den gegenwärtigen Stadtkörper zu integrieren. Hierzu zählen ehemalige Hafen- und Zechengelände, Stahlfabriken oder ehemaliges Militärgebiet. Hier stellt sich häufig die Frage nach der Alternative Nachnutzung oder Renaturierung. Andere Städte, z. B. ehemalige Textil- oder Schuhproduktionsstandorte, müssen ehemalige, meist zentral gelegene Standorte ins städtische Ensemble integrieren.

(nach: BMVBS 03/2013. In: www.stadtumbauwest.de. Zugriff: 05.09.2013)

M 5 Städtische Handlungsräume

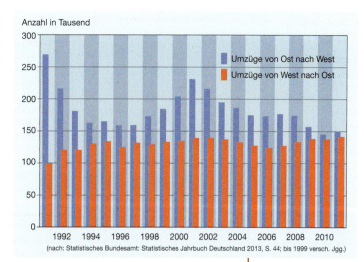

M 6 Binnenwanderung West-Ost 1991 – 2011

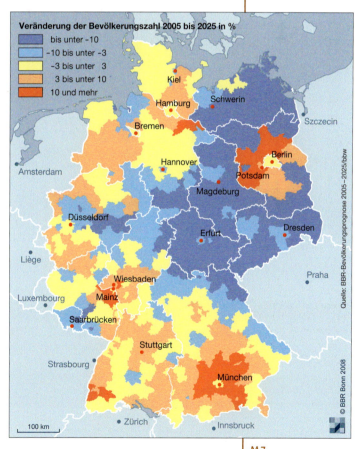

M 7 Prognose der Bevölkerungsentwicklung 2005 – 2025

1. Beschreiben Sie die Entwicklung der Bevölkerung in Ost- und Westdeutschland seit 2000 (M 4).
2. Erläutern Sie die Bevölkerungsprognose für die deutschen Bundesländer bis zum Jahr 2025 (M 4, M 7).
3. Vergleichen Sie die Wohnraumentwicklung in den alten und neuen Bundesländern (M 1, M 6, M 7).
4. Ordnen Sie die Städtebauförderungsmaßnahmen den „Handlungsbereichen der gegenwärtigen Stadtentwicklung" zu (M 2, M 3, M 5).
5. Erörtern Sie die Folgen der Bevölkerungsentwicklung in Deutschland.

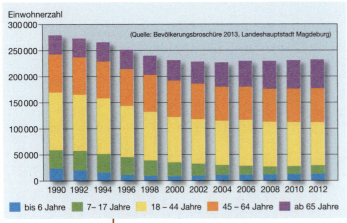

M 8 Bevölkerungsentwicklung Magdeburgs

M 11 Leerstandsquoten in Ostdeutschland 1998

Stadtumbau Ost – das Beispiel Magdeburg

Nach der deutschen Einigung 1990 haben die neuen Bundesländer mit 1,6 Millionen einen großen Teil ihrer Bevölkerung durch Abwanderung in den Großraum Berlin oder in die alten Bundesländer verloren. Die Hauptgründe hierfür waren neben der Unzufriedenheit mit den Arbeitsplatzbedingungen und der hohen Arbeitslosenrate von durchschnittlich über 20 % das Fehlen geeigneten Wohnraums sowie geeigneter Grundstücke für den Eigenerwerb.

Das Bundesland mit der stärksten Abwanderung war Sachsen-Anhalt; hiervon stark betroffen war auch die Landeshauptstadt Magdeburg mit ihrer nach der deutschen Einigung nicht mehr konkurrenzfähigen Schwerindustrie. Dies führte schnell zu einem deutlichen Überangebot an Wohn-

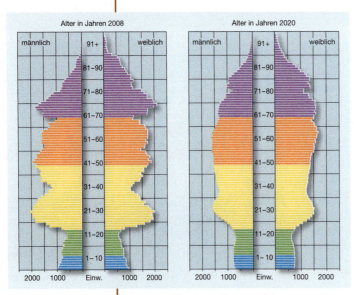

M 9 Bevölkerungsaufbau Magdeburgs

Leerstand hat Folgen für das gesamte Wohnumfeld (Quelle: IRS)

Im Jahr 2000 standen in Ostdeutschland etwa eine Million Wohnungen leer – das waren ungefähr 13 Prozent des gesamten Bestandes an Mietwohnungen. Den kommunalen und genossenschaftlichen Wohnungsunternehmen entstanden durch die hohen Leerstandsquoten verstärkt finanzielle Probleme. Der hohe Wohnungsleerstand hatte nicht nur Auswirkungen auf den Wohnungsmarkt. Ganze Stadtteile verloren ihre Funktion als Wohn- und Wirtschaftsstandort.

In den neuen Bundesländern liegt die Mehrzahl der Mietwohnungen in der Hand von kommunalen und genossenschaftlichen Wohnungsunternehmen. Die Insolvenz eines solchen Unternehmens hätte gravierende wirtschaftliche Auswirkungen auf die ganze Region. Das gilt besonders im Falle der kommunalen Wohnungsbaugesellschaften, da hier die oft bereits hoch verschuldeten Gemeinden haften. Bei den Genossenschaften sind es die Bewohner selbst, die ihre Anteile verlieren.

Auch wenn Wohnungssuchende zunächst vom Wohnungsleerstand profitieren, hat dieser weitreichende negative Folgen für das gesamte Wohnumfeld und die Lebensqualität in den Städten. Das Gleichgewicht zwischen Bevölkerung, Wohnbauten und technischer Infrastruktur gerät ins Wanken, auch die öffentlichen und privaten Versorgungsangebote (Nahverkehr, Kindergärten, Schulen, Kultureinrichtungen ebenso wie Dienstleistungen, Handel und Gesundheitseinrichtungen) sind betroffen. Die Angebote sind nicht mehr ausgelastet, die Kosten für Kommunen und Anbieter, aber auch für die Nutzer steigen. Für einen Umbau der Infrastruktur fehlt den Kommunen wiederum das Geld. In Fachkreisen redet man dann vom „Funktionsverlust der Städte". Es liegt also im Interesse der Allgemeinheit und im Interesse der Mieter und Bewohner selbst, diesen Herausforderungen in den Städten und den Problemen der Wohnungsunternehmen wirksam zu begegnen. (nach: www.bmvbs.de/Stadtentwicklung-Wohnen/Stadtentwicklung/Stadtumbau-Ost-, 1553.985995/Wohnungsleerstand-und-die-Folg.htm, Zugriff 11.06.2009)

M 10 „Wohnungsleerstand und die Folgen"

Stadtentwicklung in Deutschland und Europa

M 12 Abrissbereit und Abbruch

raum, zu hohen Leerstandsquoten (1999: 21%) vor allem in Stadtteilen, die von Altbau- und DDR-Plattenbauten gekennzeichnet waren.

Städtisches Leitbild 2001

Das 2001 entwickelte städtische Leitbild trug Magdeburgs oberzentraler Funktion als Handels- und Dienstleistungszentrum ebenso Rechnung wie seiner Bedeutung für den Tourismus: Die umfangreiche historische Bausubstanz der Altstadt sollte durch Sanierungs-, Restaurierungs- und Ergänzungsbauvorhaben aufgewertet werden. Vom Stadtkern zum Stadtrand zunehmend sollte umfangreich rückgebaut und danach modernisiert werden, um die am Wohnungsmarkt verbleibenden Miet- und Eigentumseinheiten aufzuwerten. Die kernnahen Stadtteile des sogenannten ersten Ringes sollten weniger Wohnbestand verlieren als die des äußeren zweiten Ringes. Seit 2000 wurden ca. 8500 Wohnungen vom Markt genommen, lediglich in der Altstadt blieb der Bestand in etwa erhalten. Ca. 5000 Wohneinheiten wurden neu geschaffen, überwiegend im ersten Stadtring, davon zwei Drittel im Eigenheimsegment.

An die Stadtumbaumaßnahmen der Jahre 2002 bis 2009 schlossen sich im Rahmen der landesweiten IBA-2010-Projekte in Sachsen-Anhalt weitere Aufwertungsmaßnahmen mit dem Ziel einer nachhaltigen Stadtentwicklung an.

6. Zeigen Sie Bevölkerungsentwicklung und Altersaufbau in Magdeburg auf (**M 8**, **M 9**).
7. Vergleichen Sie diese mit derjenigen anderer Bundesländer (**M 7**).
8. Erläutern Sie die Folgen dieser Entwicklung (**M 10** bis **M 12**).
9. Verdeutlichen Sie den Verlauf der durchgeführten Stadtumbaumaßnahmen seit 2002 (**M 11** bis **M 14**, Text).

Programmjahr		Beantragung (in €)	Bewilligung (in €)	Bewilligung (in %)	bewilligte Wohnfläche (in m²)
2002	Aufwertung	13 543 878	9 049 607	67	–
	Rückbau	9 906 506	3 777 720	38	1 128
2003	Aufwertung	7 127 501	3 285 600	46	–
	Rückbau	12 329 040	2 175 480	18	652
2004	Aufwertung	7 001 100	1 072 500	15	–
	Rückbau	18 721 140	7 467 900	40	2 115
2005	Aufwertung	7 019 167	3 627 965	51	–
	Rückbau	12 973 346	4 669 320	36	1 404
2006	Aufwertung	7 865 544	1 293 800	16	–
	Rückbau	13 735 620	3 547 740	26	1 133
2007	Aufwertung	7 548 389	4 677 600	62	–
	Rückbau	12 896 222	2 083 558	16	824
2008	Aufwertung	5 013 488	3 916 000	78	–
	Rückbau	16 108 680	2 394 000	15	697
2009	Aufwertung	4 876 274	6 325 456	130	–
	Rückbau	12 449 220	3 940 000	32	65 667
2010	Aufwertung	5 039 783	3 186 503	63	–
	Rückbau	13 075 020	3 500 000	27	58 333
2011	Aufwertung	7 619 162	4 562 690	60	–
	Rückbau	4 033 860	2 469 180	61	41 153
2012	Aufwertung	6 651 900	3 625 340	54	–
	Rückbau	6 471 300	1 717 270	27	28 614
2013	Aufwertung	8 989 100	–	–	–
	Rückbau	6 282 335	–	–	–

M 13 Bilanz Programm Stadtumbau Ost – Magdeburg (Stand Oktober 2013)

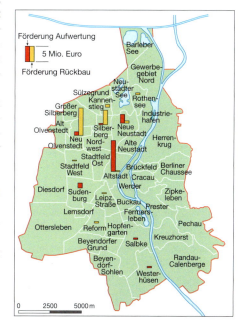

M 14 Einsatz der Fördermittel nach Stadtteilen

M 15 Panorama vom Rennebogen: vor – während – nach Abbruch

Der Stadtumbau Ost ist nicht gescheitert, aber er hat seine Ziele noch nicht erreicht […]. 390 Kommunen beteiligen sich an dem Stadtentwicklungsprogramm, das sind drei Viertel aller ostdeutschen Kommunen mit über 10 000 Einwohnern. […]

Bis 2013 verläuft der Rückbau „programmgemäß", 350 000 Wohnungen, „aber das erforderliche Rückbauvolumen hat sich gegenüber den ursprünglichen Planungen verdoppelt […]". So ist die Leerstandsquote in Ostdeutschland nur leicht gesunken, aber ein Leerstandszuwachs konnte verhindert werden. Daher empfehlen die Gutachter auch, das Programm über 2013 hinaus bis 2016 weiterlaufen zu lassen. Außerdem sollten die Fördermittel weiterhin mit dem Schwerpunkt auf dem Rückbau liegen und die Aufwertung nicht gestärkt werden. Derzeit fließen 55,5 Prozent der Mittel in den Abriss von Wohnungen, 31,4 Prozent in die Aufwertung und 10,9 Prozent in die Rückführung von Infrastrukturen. Außerdem müssten die Leitbilder angepasst werden. So sollte zukünftig die Alterung der Bevölkerung stärker beachtet werden. […]

In den Innenstädten konnten ca. 70 Prozent der Wohnungen, auch unter Mithilfe anderer Programme, saniert werden. Aber: „Wanderkaskaden in die sanierten Altstädte haben nicht in dem Maße stattgefunden wie erwartet" […]. Daher schlagen die Wissenschaftler auch den Abriss von „nicht mehr marktfähigen Altbau-Beständen in wenigen Fällen" vor. […] Ebenso widerspruchslos ist ein weiterer streitbarer Vorschlag der Gutachter […] aufgenommen worden. Die Wissenschaftler plädieren dafür, die Fördermittel in Zukunft stärker auf „Gemeinden mit Bestandsgarantie und zentralörtlicher Funktion" zu konzentrieren.

Kritisiert wurde hingegen die starke soziale Segregation in den Städten: „Die Armen bleiben in den Stadtumbau-Ost-Gebieten, während die Besserverdienenden in die Altstädte ziehen" […] Dies berge „sozialen Zündstoff" und das Programm solle daher in Zukunft stärker „in Menschen als in Gebäude" investieren.

(nach: Evaluationsbericht: www.stadtumbau-ost.info/aktuelles/
Evaluierungsbericht-klein.pdf, Zugriff am 11.06.2009)

M 16 Rückbau der Stadtgeschichte?

Stadtumbau in Magdeburg – der Stadtteil Neu Olvenstedt

Für die große Anzahl zuziehender Arbeitskräfte waren in den 1970er- und 1980er-Jahren peripher gelegene Satellitenstädte wie „Neu Olvenstedt" gebaut worden. Nach der Wiedervereinigung kam es zu einem „nachholenden Strukturwandel" in der Wirtschaft – die meisten Arbeitskräfte verloren ihren Arbeitsplatz und ein Großteil wanderte ab. Mit einem Leerstand von 30 % übertraf Neu Olvenstedt den städtischen Durchschnitt deutlich. Bis 2013 wurden ca. 300 Gebäude (25 %) mit ca. 5500 Wohnungen (>40 %) abgerissen.

M 17 Aufwertungsmaßnahmen

Leitbild der Stadtentwicklung Magdeburg – Integriertes Stadtentwicklungskonzept 2025

Die Gestaltung des Schrumpfungsprozesses war 2001 das zentrale Thema des damaligen Stadtumbaus. Jetzt orientiert Magdeburg seine weitere Entwicklung am Leitbild einer sozialen Stadt mit starkem Zentrum. Sie setzt außer auf den Schwerpunkt Altstadt in ihrer räumlichen funktionalen Entwicklung bis 2025 auf den Ausbau als Wirtschafts- und Wissenschaftsstandort sowie als attraktiver Lebensort. Dieses integrierte Stadtentwicklungskonzept bietet die Grundlage für die EU-Strukturförderung 2014 – 2020.

10. Vergleichen Sie die Lebensbedingungen im Bereich Rennebogen/Neu Olvenstedt vor und nach den Stadtumbaumaßnahmen (**M 15, M 17**).
11. Vergleichen Sie die Stadtumbaumaßnahmen im Magdeburg unter Berücksichtigung der Lage der Stadtteile (**M 14, M 15, M 17**).
12. Erläutern Sie die Zielsetzungen des ISEK2025 (**M 16, M 18, M 19**).
13. Recherchieren Sie im Internet weitere Stadtumbaumaßnahmen in West- und Ostdeutschland.

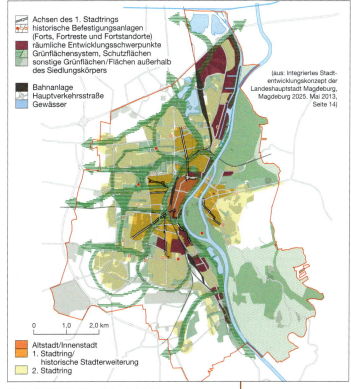

M 19 ISEK2025: Räumliches Leitbild

Magdeburg – Geschichtsträchtige, weltoffene Stadt an der Elbe
- 1200 Jahre Ottostadt Magdeburg: Identität stärken
- Stadt am Fluss: attraktive Zugänge zur Elbe und urbane Ufer im innenstadtnahen Bereich gestalten

Magdeburg – Nachhaltige Stadtentwicklung im demographischen Wandel
- Stadt der jungen Leute: Anreize zum Zuzug junger Menschen setzen
- Kompakte Stadt der kurzen Wege: Nutzungsdichte in der Innenstadt und entlang des schienengebundenen Nahverkehrs intensivieren, in peripheren Räumen ausdünnen
- Klimagerechte und ökologische Stadt: Energieverbrauch senken; Kreislaufwirtschaft, Nutzung nachwachsender Rohstoffe, regenerative Energien fördern

Magdeburg – Stadt der Wirtschaft
- Industrie- und Logistikstandort: Logistikzentrum ausbauen, ortsansässige Betriebe und Branchenschwerpunkte fördern, Altstandorte reaktivieren
- Einkaufsstadt und Reiseziel: Einzelhandel aufwerten und Tourismus als Wachstumsbranche fördern

Magdeburg – Stadt der Wissenschaft
- Magdeburg als national und international anerkannten Universitäts- und Hochschulstandort weiterentwickeln
- Ansiedlung von außeruniversitären Forschungseinrichtungen fördern
- Neue hochqualifizierte Arbeitsplätze schaffen
- Innovation und Kreativität der Wissenseinrichtungen für Entwicklung der städtischen Kultur nutzen

Magdeburg – Stadt der Bildung und Kultur
- Stadt der Bildung: Angebote für lebenslanges Lernen fördern
- Moderne Kulturstadt mit großer Geschichte: Stadt durch Kultur weiter profilieren

Magdeburg – Grüne Stadt
- Grüne Stadt aus Tradition: stadthistorische Bezüge bewahren, Grünsystem erhalten, ausbauen und mit der Landschaft vernetzen
- Grüne Stadt am Fluss: Fluss- und Bachläufe in das Netz der Erholungs- und Erlebnisräume einbeziehen

Magdeburg – Stadt zum vielfältigen, attraktiven Leben
- Familienfreundlich Leben: Familienfreundliches Umfeld durch attraktive Wohnquartiere mit entsprechender Infrastruktur schaffen
- Kultur und Sport für alle: Kulturelle und Sportangebote für Groß und Klein, Jung und Alt anbieten

Magdeburg – Regionales Zentrum und Einheit aus eigenständigen Identitäten
- Region als Einheit: Zentrale Funktionen im Verdichtungsraum ausbauen
- Kompakte, attraktive Innenstadt: Altstadt als urbanes Zentrum weiter qualifizieren
- Stadtteile, Quartiere und Dörfer mit eigenständigen Identitäten: spezifische Charakteristika erhalten und fördern.
- Mobile Stadt: Innerstädtische Verkehrsbeziehungen optimieren

(nach: Integriertes Stadtentwicklungskonzept der Landeshauptstadt Magdeburg 2025, Stadt Magdeburg, Mai 2013, Seite 4)

M 18 Leitbild der Stadtentwicklung Magdeburg 2025 (Auszug)

Die Stadt als lebenswerter Raum – Leitlinien einer nachhaltigen Stadtentwicklung

1. Das Ökosystem Stadt

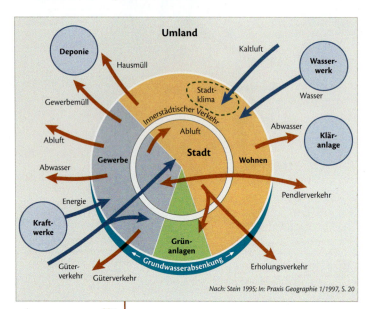

M 1 Modell des Ökosystems Stadt

Das Ökosystem Stadt

Vom Menschen unberührte Lebensräume gibt es in Mitteleuropa nur noch in kleinen Restarealen. Der überwiegende Teil der heutigen Landschaft ist keine Naturlandschaft mehr, sondern eine vom Menschen gestaltete Kulturlandschaft. Die stärksten Veränderungen haben die ehemaligen Naturlandschaften in den urbanen (städtischen) Räumen erfahren, da hier alle **Geofaktoren** – Klima, Relief, Boden, Vegetation und Wasserhaushalt – durch den Menschen grundlegend beeinflusst wurden. Zugleich ist durch die Vernetzung der natürlichen mit den anthropogenen Geofaktoren wie z. B. Wohnsiedlungen und Verkehrswegen ein sehr komplexes eigenständiges Ökosystem entstanden.

Die **Stadtökologie**, eine interdisziplinäre Fachrichtung, untersucht dieses Ökosystem. Die angewandte Stadtökologie versucht unter Einbezie-

Basierend auf historischen Konzepten und Überlegungen sowie den immer stärker anwachsenden Erkenntnissen der stadtökologischen Untersuchungen während der letzten Jahrzehnte müssen neue Leitbilder für die Stadt von morgen entwickelt werden. Dabei besteht weitgehend Konsens darüber, dass bei urbanen Ökosystemen die Prinzipien natürlicher Ökosysteme – wie z. B. ökologische Stabilität und Elastizität, ungestörte Stoffkreisläufe und energetische Autarkie – nicht gegeben sein können […]. Eine „ökologisch ideale Stadt" kann es folglich nicht geben, jedoch sollte eine möglichst umweltverträgliche Stadtplanung und -entwicklung angestrebt werden […].

In diesem Zusammenhang wird im Rahmen einer vor allem seit dem UN-Umweltgipfel in Rio (1992) anhaltenden Diskussion zu sustainable development auch eine „nachhaltige Stadtentwicklung" gefordert […]. Dazu gehört unbestritten an erster Stelle die zentrale Forderung nach einer verstärkten Schonung der natürlichen Ressourcen und einer möglichst umfassenden Verminderung der unterschiedlichen urbanen Belastungsgrößen […].

Schlagwortartig sollen diese Forderungen verdeutlicht werden:
– verlangsamte Versiegelung und eine anzustrebende partielle Entsiegelung,
– verstärktes Flächenrecycling anstelle von Neuverbrauch,
– Milderung der spezifischen Stadtklimate, das beinhaltet vor allem einen Abbau der erhöhten innerstädtischen Lufttemperaturen (Wärmeinseleffekt), eine erhöhte Luftfeuchte, eine Milderung der Windböigkeit u. Ä.,
– Reduzierung des Ausstoßens klimaverschärfender Treibhausgase,
– Entschärfung lufthygienischer Belastungen – wie gehäufte Sommer- und Wintersmog-Situationen – durch eine Reduktion […] verbrennungsbedingter Stäube (Aerosole) mit den gesundheitlich besonders kritisch zu bewertenden […] Feinstäuben,
– Verringerung Kfz-bedingter Schadgase wie NOx und Kohlenwasserstoffe sowie von Ruß bei Dieselfahrzeugen,
– Erhaltung und Neuschaffung von Frischluftschneisen,
– Reduzierung von Bodenbelastungen durch Verdichtung, Störung des Bodenwasserhaushalts, Schadstoffakkumulation, […]
– Abbau der innerstädtischen Grünflächendefizite durch Ausweisung neuer – z. T. auch nur temporärer – Grünflächen, z. B. auf Brachflächen, Begrünung von Fassaden und Flachdächern […],
– Abbau des stressfördernden und damit gesundheitsgefährdenden Lärms in der Stadt […].

(Meurer, M.: Stadtökologie. In: Geographische Rundschau 10/1997, S. 552 f.)

M 2 Konzepte für eine „ökologische Stadt"

Die Stadt als lebenswerter Raum – Leitlinien einer nachhaltigen Stadtentwicklung

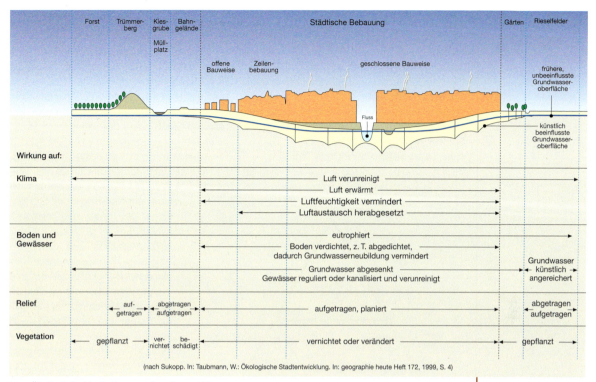

M 3 Ökologische Veränderungen in urbanen Räumen

hung von Raumplanern, Sozialwissenschaftlern sowie der Politik Konzepte zur Verbesserung der Lebensbedingungen in urbanen Räumen sowie zur Verminderung des Flächen- und Energieverbrauchs zu erarbeiten.

Ein wesentliches Kennzeichen urbaner Räume ist die dichte bis geschlossene Bebauung mit einem engen Netz an Verkehrswegen, vorwiegend Straßen. Der Boden ist dadurch weitgehend verdichtet und versiegelt. Wasser kann nur an wenigen Stellen versickern; es verdunstet entweder oder wird über die Kanalisation abgeleitet. Die Gebäude und der Straßenbelag absorbieren die Strahlungsenergie der Sonne in besonders hohem Maße. Hinzu kommt die Abwärme von Heizungen, Kraftwerken und Verkehr. Dies hat nicht nur Auswirkungen auf die Lufttemperatur, auch auf die Niederschlagsergiebigkeit. Man spricht von einem eigenen **Stadtklima**. Zugleich ist die Lärm- und Luftverschmutzung u. a. durch Emissionen von Heizungsanlagen, Industrie und Verkehr hoch.

Bei der überwiegend angepflanzten Vegetation ist der Anteil fremder Arten besonders hoch. Als klimatischen Ausgleichsflächen und Naherholungsgebieten kommen Grünanlagen und Friedhöfen wichtige Funktionen zu. Künstlich angelegte Frischluftschneisen können zu einer Verbesserung des Wärme- und Luftaustausches beitragen.

Kulturfolger wie beispielsweise Amsel, Haustaube, Eichhörnchen, Wildkaninchen und Wanderratte finden im urbanen Raum günstige Lebensbedingungen. Zurzeit nehmen auch Füchse, Waschbären und Steinmarder zu.

M 4 Dachbegrünung – Betriebsgebäude im Berliner Bezirk Wedding

1. Beschreiben Sie die Besonderheiten des Ökosystems Stadt (M 1 bis M 4).
2. Erklären Sie an ausgewählten Beispielen die Auswirkungen von Eingriffen auf Klima, Boden, Gewässer, Relief und Vegetation in einem urbanen Ökosystem (M 3).
3. Begründen Sie die Berechtigung einiger Anforderungen an eine „ökologische" Stadtplanung (M 2).

2. Leitbild der nachhaltigen Stadtentwicklung

In den 1990er-Jahren kam es zu einem erheblichen Wandel der städtebaulichen Leitbilder. Ursachen dafür waren u. a. die Ressourcenverknappung, der Prozess der Suburbanisierung, eine zu geringe Attraktivität vieler Innenstädte und Wohnviertel, soziale Brennpunkte in manchen Stadtvierteln, Defizite beim öffentlichen Nahverkehr sowie vielfältige ökologische Probleme.

Hierbei wurden verschiedene Ansätze entwickelt, wie eine Stadt den gegenwärtigen und zukünftigen Anforderungen am besten gerecht werden kann. Aus den Ideen für eine ökologisch verträgliche Stadterneuerung etablierte sich in Deutschland das komplexe Leitbild der **„nachhaltigen Stadtentwicklung"**, welches das Konzept der **„sozialen Stadt"** sowie der **„kompakten Stadt"** beinhaltet.

Die **Agenda 21** gilt als weltweites Entwicklungs- und Umweltaktionsprogramm für das 21. Jahrhundert, beschlossen von 179 Staaten auf der Konferenz für Umwelt und Entwicklung der Vereinten Nationen (UNCED) in Rio de Janeiro im Jahre 1992. Angestrebt wird dabei eine langfristige Balance zwischen den ökologischen, ökonomischen und sozialen Belangen. U. a. entwickelt die **Europäische Konferenz für nachhaltige Städte und Gemeinden** dieses Konzept seit 1994 stetig weiter. Ein Kerngedanke ist die Überzeugung, dass die globalen Ziele auf kommunaler Ebene und unter Beteiligung der betroffenen Bevölkerung am besten individuell umgesetzt werden können. „Global denken – lokal handeln" heißt die Devise.

M 1 Dreieck der Nachhaltigkeit

„Nachhaltige Entwicklung ist Entwicklung, die die Bedürfnisse der Gegenwart befriedigt, ohne zu riskieren, dass künftige Generationen ihre eigenen Bedürfnisse nicht befriedigen können."

(Übersetzung aus Brundtland-Report der United Nation: Report of the World Commission on Environment and Development, 1987, S. 52, Z. 1–3)

Oberstes Ziel der Siedlungspolitik ist die Verbesserung der sozialen und wirtschaftlichen Bedingungen und der Umweltqualität in städtischen Siedlungen sowie der Lebens- und Arbeitswelt aller Menschen, insbesondere der städtischen Armutsgruppen. Die Programmbereiche lauten wie folgt:
– angemessene Unterkunft für alle,
– Verbesserung des Siedlungswesens,
– Förderung einer nachhaltigen Flächennutzungsplanung und Flächenwirtschaft,
– Förderung einer integrierten Umweltschutzinfrastruktur zur Bereitstellung von Trinkwasserversorgung, Abwasserbeseitigung, Kanalisation und Abfallentsorgung,
– Förderung umweltverträglicher Energieversorgungs- und Verkehrssysteme,
– Förderung eines umweltverträglichen Bauens.

(Auszüge der Agenda 21, Konferenz der Vereinten Nationen für Umwelt und Entwicklung im Juni 1992 in Rio de Janeiro)

„Zeiten der Knappheit sind Zeiten, sich in Richtung der Nachhaltigkeit zu wenden: Städte sind am besten in der Lage, eine ökologisch und sozial verantwortliche Wirtschaft als eine wirksame Antwort auf die heutigen Krisen zu geben und zwischenmenschliche Beziehungen sowie umweltgerechte Verfahren zu fördern."

(Übersetzt aus: Report der 7. Europäischen Konferenz für nachhaltige Städte und Gemeinden, Genf 2013, S. 3)

M 2 Ausgewählte Aussagen zur nachhaltigen Entwicklung

Die Stadt als lebenswerter Raum – Leitlinien einer nachhaltigen Stadtentwicklung

Zum Konzept der **kompakten Stadt** gehören u. a. eine hohe Bebauungsdichte als Gegenmaßnahme zur weiteren Suburbanisierung mit hohem Flächenverbrauch, eine stärkere funktionale Nutzungsmischung als Antwort auf die zunehmende Fragmentierung, die Stärkung des öffentlichen Lebens durch Investitionen in die öffentlichen Räume sowie die ökologische Aufwertung von Städten. Das komplexere **Leitbild der nachhaltigen Stadt** beinhaltet das Konzept der kompakten Stadt. Es strebt die Berücksichtigung der ökologischen, ökonomischen und sozialen Belange in generationsübergreifender Form im städtischen Raum an. Allgemeingültige Konzepte sind für dieses Leitbild aufgrund unterschiedlicher Rahmenbedingungen sowie der Komplexität nicht zu erwarten. Trotz finanzieller Engpässe haben viele Städte bereits konkrete Schritte zur Umsetzung einer nachhaltigen Stadtentwicklung unternommen.

Information und Beteiligungsmöglichkeiten: Umfassende Sensibilisierung und Beratungsmöglichkeiten zu allen Bereichen, Beteiligung aller betroffenen Bürgerinnen und Bürger

Wohlbefinden/Lebensqualität: Erholungsflächen, Kommunikationsbereiche, wohnungsnahe Grundversorgung, soziale Durchmischung, Wiedererkennungswert, geringe Lärmbelastung

Flächen: sparsamer Umgang mit Grund und Boden bei vorrangigem Flächenrecycling, verlangsamte Versiegelung, partielle Flächenentsiegelung

Grünflächen: Abbau innerstädtischer Grünflächendefizite, Schaffung neuer innerstädtischer Wasserflächen

Artenschutz: verstärkter Arten- und Naturschutz in der Stadt, verstärkte Pflanzung von einheimischen Pflanzenarten in Parks und Privatgärten, Realisierung von Biotopverbundkonzepten

Wasser: Verringerung des Verbrauchs, Förderung der Regenwasserversickerung, Renaturierung verrohrter Stadtgewässer, Verwendung von Regen als Brauchwasser

Energie: Einsparung durch ökonomische Bauweise und -technik, Einsatz regenerativer Energie (Wasser, Wind, Sonne), finanzielle Anreize für Energiesparinvestitionen, zunehmender Einsatz von Blockheizwerken (mit Kraft-Wärme-Kopplung und Fernwärme)

Verkehr: Förderung des umweltfreundlichen Fußgänger- und Radverkehrs, Bevorzugung des ÖPNV (z. B. Prioritätsregelung bei Ampeln, Busspuren), Bau von Park-and-Ride-Anlagen, Förderung von Car-Sharing, Reduzierung von Parkmöglichkeiten bei gleichzeitiger Gebührenerhöhung

Stadtklima und Luftverschmutzung: Verminderung des Wärmeinseleffekts, Erhalt von Frischluftschneisen und Grünflächen, Reduktion von Luftschadstoffen, Ausweisung von Umweltzonen

Lärm: Verkehrsberuhigung, Leitsysteme, Förderung des öffentlichen Verkehrs, Gebäudesanierung

Abfall: Abfall-Information, Abfallvermeidung, -verwertung und ressourcenschonende Produktion, verursacher- und mengenbezogene Müllgebühren

Bauweise: sozialen Bedürfnissen angepasste Siedlungsformen, Festschreibung von ökologischem Bauen, z. B. umweltfreundliche und flächensparende Bauweisen, umweltschonende Verkehrskonzepte, Wohnen und Freizeitgestaltung in Arbeitsplatznähe, vermehrte Nutzung regenerativer Energien, Förderung von Niedrigenergiehäusern und Wärmedämmung

Bebauungsdichte: Förderung kompakter und dennoch hochwertiger baulicher Strukturen, um Flächenexpansion zu reduzieren, Energieversorgung effizienter zu organisieren und Verkehrsaufkommen zu verringern

Historische Stadtelemente: Erhalt und Pflege als Kulturerbe

Durchmischung: funktional – Verflechtung von Wohnen, Arbeiten, Versorgen und Freizeit; sozial – Haushaltstypen, Einkommens-, Lebensstilgruppen und Nationalitäten; baulich – Gebäudehöhe, Gebäudeart und Gestaltung

Polyzentralität: Wachstum nicht in der Fläche, sondern in Siedlungsschwerpunkten (dezentrale Konzentration) bei Erhalt oder Schaffung von Funktionsvielfalt

Stoffaustauschprozesse: Reduktion von Stoffinput und -output, ökologisch verträgliche Organisation, räumliche Arbeitsteilung zwischen Stadt und Umland überdenken und prinzipiell das Netz der Arbeitsteilung verringern

M 3 Ausgewählte Themenfelder und Maßnahmen der nachhaltigen Stadtentwicklung (nach verschiedenen Quellen)

1. Erklären Sie das Konzept der „nachhaltigen Stadtentwicklung" (**M 1** bis **M 3**).
2. Beurteilen Sie das Konzept der nachhaltigen Stadtentwicklung vor dem Hintergrund der gegenwärtigen Probleme in vielen Städten. Belegen Sie Ihre Argumentation mit Beispielen aus Ihrem Schulort oder einer nahe gelegenen Großstadt.

Webcode: GO645787-319

3. Lokale Agenda 21 – Das Beispiel Hannover

Lokale Agenda 21 in Hannover

Die Umsetzung der Agenda 21 soll auf kommunaler Ebene erfolgen und wird als **„Lokale Agenda 21"** bezeichnet. Nach dem Motto „Global denken – lokal handeln" sollen unter aktiver Beteiligung der Betroffenen individuelle Entwicklungskonzepte für eine nachhaltige Stadtentwicklung erarbeitet und umgesetzt werden. Hierbei ist die politische Ebene der Kommunen von Bedeutung, da ihnen zahlreiche Aufgaben zufallen, die für eine nachhaltige Entwicklung besonders wichtig sind, v. a. Versorgung mit Energie und (Ab-)Wasser, Siedlungsbau, Müllentsorgung und Verkehrsplanung.

1995 beschloss der Rat der Landeshauptstadt Hannover, eine eigene „Lokale Agenda 21" zu erarbeiten. Dabei trat die Kommunalverwaltung in einen Dialog mit ihren Bürgerinnen und Bürgern, den örtlichen Organisationen (z. B. Vereine, Umweltgruppen, Sozialeinrichtungen) und der Privatwirtschaft. Gemeinsam sollte ein nachhaltiges Handlungsprogramm für Hannover entwickelt und umgesetzt werden. Um den Beteiligungsprozess und Dialog zur Erarbeitung dieser lokalen Agenda 21 zu initiieren und umzusetzen, wurde das Agenda-Büro in Hannover eingerichtet.

Es bildeten sich vier Arbeitsgruppen, die jeweils zu den Themenbereichen Wohnen, Arbeit, Freizeit und Konsum Leitbilder entwarfen. Im weiteren Verlauf wurden die Leitbilder zu Handlungszielen und Maßnahmen konkretisiert. Die Ergebnisse der Arbeitsgruppen wurden Anfang des Jahres 1998 dem Stadtrat zur Beratung übergeben. Zahlreiche Initiativen entwickelten sich seither im Rahmen des Agenda-Prozesses: Projekte in Schulen, Stadtteilen und verschiedenen Institutionen weisen auf einen sehr lebendigen Prozess mit aktiver Bürgerbeteiligung hin.

Beispiel Hannover-Kronsberg

Das am südöstlichen Stadtrand gelegene Stadtviertel „Expo-Siedlung am Kronsberg" wurde im Kontext der Weltausstellung im Jahr 2000 als Ergebnis eines Projektes der lokalen Agenda 21 entwickelt. In direktem Zusammenhang mit der Planung des Viertels erfolgte auch die Planung des umgebenden Landschaftsraums als Naherholungsgebiet.

Planungsziel war die Schaffung von ca. 6000 Wohnungen für 12000–15000 Einwohner sowie Flächen für öffentliche, soziale und private Infrastruktur. Die Planungsziele wurden ergänzt durch Büro- und Gewerbeflächenausweisung insbesondere für den Dienstleistungssektor im Nahbereich.

Die neue Siedlung erstreckt sich über ein annähernd 400 m breites und fast 3 km langes Band von Nord nach Süd. Die Baustruktur ist schachbrettartig, in der unmittelbaren Nähe der Stadtbahnstationen ist die Bebauung überwiegend viergeschossig in Blockstruktur; weiter östlich reduziert sich die Bebauungsdichte auf zweigeschossige Reihenhäuser. Durch die relativ dichte Bebauung wurde der Eingriff in den Naturhaushalt durch Versiegelung reduziert und den Bewohnern kurze Wege zu Stadtbahnstationen und Infrastruktureinrichtungen ermöglicht.

Das Freiraumkonzept besteht aus vielen gemeinschaftlich nutzbaren Innenhöfen, Flächen und Parks und der großen „Allmende"-Fläche (Gemeinschaftswiese) am östlichen Rand der Siedlung.

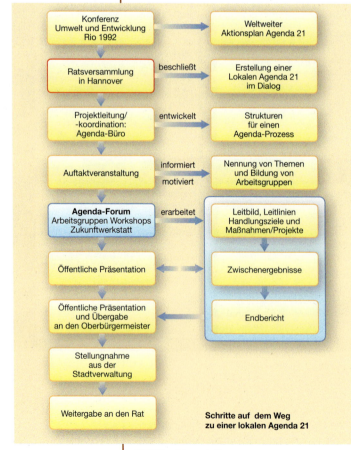

M1 Von Rio nach Hannover

Das Planungsziel „hohe Wohnqualität" wird erreicht durch gute öffentliche und private Infrastruktur, wie zum Beispiel ein Stadtteilzentrum, mehrere Kindertagesstätten, eine Grundschule, eine Integrierte Gesamtschule, ein Gesundheitszentrum, schnelle und bequeme Verkehrsanbindungen und durch die attraktive Lage. Eine neue Stadtbahnlinie mit drei Stationen am Wohngebiet verbindet das Stadtviertel mit der Innenstadt. Die Planer entschieden sich für autoarmes Wohnen. Das bedeutet, dass jeder das Auto benutzen kann, aber die Infrastruktur so günstig gestaltet ist, dass es unattraktiv ist, das Auto innerhalb des Wohngebietes zu nutzen. Das Angebot an Car-Sharing wurde laufend erweitert.

Zur Sozialplanung gehört auch eine „Soziale Durchmischung". Diese wird unter anderem durch kleinräumige Verteilung unterschiedlicher Wohnungstypen und -größen in jedem einzelnen Baufeld gefördert. Zugleich sind ein Teil der Mietwohnungen öffentlich gefördert.

Das Planungsziel „Energieeinsparung" wird durch eine verpflichtende Niedrigenergiebauweise, Nahwärme aus zwei Blockheizkraftwerken, die Nutzung von regenerativer Energie sowie stromsparender Geräte erreicht. Dabei werden rund 60 Prozent der CO_2-Emissionen bei Raumheizung, Warmwasser und Strom gegenüber anderen Neubaugebieten eingespart, ohne dass auf Wohnkomfort verzichtet werden muss.

Das „Wasserkonzept" der Siedlung besteht aus drei Teilbereichen. Regenwasser wird zur Landschaftsgestaltung und Versickerung in Gräben und in Teichen zurückgehalten und zeitverzögert abgeleitet. In zwei Pilotprojekten wurde Regenwasser für die Toilettenspülung genutzt. Durch persönliches Verhalten und wassersparende technische Einrichtungen konnte der durchschnittliche Trinkwasserverbrauch eines Haushalts reduziert werden.

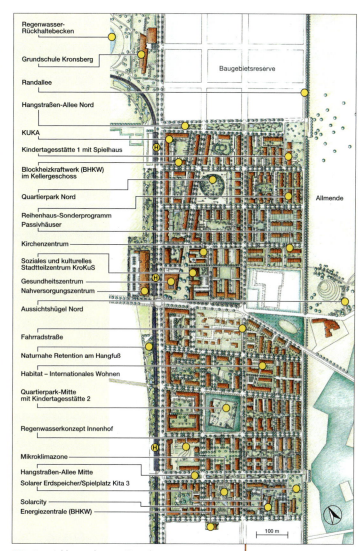

M2 Entwicklungsplanung Kronsberg

1. Erläutern Sie die Schritte auf dem Weg zu einer lokalen Agenda 21 am Beispiel von Hannover (**M1**).
2. Erläutern Sie das Siedlungsprojekt „Kronsberg" (**M2** bis **M4**).
3. Überprüfen Sie, inwieweit das Siedlungsprojekt Kronsberg den Kriterien einer nachhaltigen Stadtentwicklung entspricht.
4. Informieren Sie sich über die Lokale Agenda 21 Ihrer Stadt und bewerten Sie die Umsetzungschancen an einem Projekt Ihrer Wahl.

M3 Blick von Süden auf Kronsberg

Städte anderer Kulturkreise
1. Eine Stadt in Nordamerika – New York

Die Städte Nordamerikas sind im Vergleich zu denen in Europa jung und haben wenig historische Bausubstanz. Daher ähneln sie sich in ihrer funktionalen, sozialen und formalen, durch Grundriss und Aufriss bestimmten Struktur.

1626	Peter Mennewit aus Wesel, der in holländischen Diensten stand, kaufte den Indianern die Insel Manhattan für Tand im Wert von 60 Gulden ab
1664	Die Engländer brachten die „Middle colonies" in ihre Gewalt, aus Neu Amsterdam wurde New York
1770	Die drei größten nordamerikanischen Städte waren Philadelphia (35 000 E.), New York (23 000 E.) und Boston (18 000 E.)
1825	Eröffnung des Erie-Kanals; New York erschließt sich Zugang zum Binnenland bis zum Mittleren Westen
1850	Masseneinwanderung aus Deutschland, Italien, Irland und Osteuropa
1870	New York wird Millionenstadt; erste Hochhäuser entstehen
1913	New York hat 6 Mio. E. und ist die größte Stadt der Welt
1992	Rezession in New York durch die Abwanderung zahlreicher Konzerne
2014	Das 541 Meter hohe One World Trade Center wird auf dem Areal des 2001 durch einen Terroranschlag zerstörten früheren World Trade Centers errichtet.

M1 Stadtgeschichte von New York

	1970	1980	1990	2000	2010	2012
Metropolitan Area	17 035	16 121	16 719	18 227	19 378	19 832
City of New York	7 806	7 072	7 776	8 008	8 176	8 337
Innerstädtische Boroughs:						
Bronx	1 472	1 169	1 204	1 333	1 385	1 408
Brooklyn	2 602	2 231	2 301	2 465	2 539	2 566
Manhattan	1 539	1 428	1 488	1 537	1 625	1 619
Queens	1 987	1 891	1 952	2 229	2 278	2 273
Staten Island	295	352	379	443	484	471

(Quelle: US Census Bureau 2013)

M2 Bevölkerungsentwicklung von New York

New York gehört zu den ältesten Städten der USA. Oftmals wird New York mit der 59 km² großen Insel Manhattan gleichgesetzt, auf der sich zwar nur 20 % der Einwohner, aber fast 70 % aller Arbeitsplätze New Yorks konzentrieren. Zur Kernstadt zählen aber auch die **Boroughs** (Stadtviertel) Bronx, Brooklyn, Queens und Staten Island. Manhattan ist der **CBD** (Central Business District, das Geschäftszentrum) der Stadt und hat durch seine Finanz- und Wirtschaftskraft New York zu einer **Global City** werden lassen. Hochhäuser aus Stahl, Glas und Marmor bestimmen die Skyline. Sie wurden allerdings weniger aus Platz-, vielmehr aus Prestigegründen gebaut. Dem Grundriss liegt ein **Schachbrettmuster** zugrunde, das auf die Zeit der Landvermessung zurückgeht. Es wird gebildet durch die in vorherrschend west-östlicher Richtung verlaufenden **Streets** und die dazu senkrecht angelegten **Avenues**. Die städtische Agglomeration breitet sich heutzutage bis zu 80 km weit in das Umland aus und liegt damit auch in den benachbarten Staaten New Jersey und Connecticut. Vor allem besser verdienende Haushalte sind in das Umland gezogen und haben ihren Traum vom Einfamilienhaus im Grünen verwirklicht. Diese ausschweifenden Siedlungen haben zur Überbauung weiter Flächen und zum Entstehen eines **ausufernden Stadtlandes** geführt. Damit verbunden sind Verkehrsprobleme, die durch die Pendler verursacht werden und die weder durch einen großzügigen Straßenbau zur **autogerechten Stadt** noch durch ein leistungsfähiges System von U-Bahnen und Vorortbahnen in den Griff zu bekommen sind.

M3 Das Metropolitangebiet New York

M4 Skyline von Manhattan

[...] Die Räumung des Tompkins Square Park war der Startschuss für die Gentrifizierung des East Village und in der Folge von ganz Manhattan. Die Mieten in den umliegenden Brownstones haben sich seitdem mindestens verfünffacht, für ein Ein-Zimmer Studio bezahlt man rund 2 000 Dollar. Wo früher ukrainische Arbeiterkneipen standen, sind jetzt französische Brunch-Bistros. Im Park gibt es einen großen Spielplatz und einen Auslauf für Hunde, der täglich frisch mit Rindenmulch bestreut wird und wenn im Sommer hier Open-Air-Konzerte stattfinden, kontrollieren private Sicherheitsfirmen am Parkeingang, ob die Besucher Alkohol im Rucksack haben. [...] Familienbetriebe, die jahrzehntelang in den Vierteln ansässig waren, verschwanden zunehmend aus dem Stadtbild. [...] Die unteren Einkommensschichten sind weit an den Rand gedrängt worden. Sie pendeln morgens aus den letzten Ecken von Queens und Brooklyn in die Stadt, um ihre Dienstbotentätigkeiten zu versehen und verschwinden dann wieder. Und mit ihnen auch die ethnische Vielfalt einer Stadt, die sich immer noch als „Schmelztiegel" bezeichnet. In Wirklichkeit ist New York jedoch eine der am meisten rassisch sortierten und ghettoisierten Städte der USA.

(aus: Sebastian Moll: Zweitausend Dollar für ein Zimmer. In: Berliner Zeitung vom 12.06.2012)

M 5 Gentrification in New York

Mit rund 180 ethnischen Gruppen ist die Bevölkerung New Yorks extrem heterogen. Sie gliedert sich in etwa 4 Mio. Weiße, 1,7 Mio. Schwarze und 1,6 Mio. Hispanics, unter denen die Puerto Ricaner mit ca. 1 Mio. den größten Anteil ausmachen. Als Folge davon haben sich **Neighborhoods** (Stadtviertel) gebildet, die sich nach Nationalität, Wohlstand und Religion unterscheiden. Solche Viertel werden als **Ghettos** bezeichnet. Diese bilden für die Bewohner aufgrund der sprachlichen und kulturellen Nähe eine gewisse Sicherheit. Andererseits wird dadurch aber auch eine Integration verhindert, und gewalttätige Auseinandersetzungen zwischen den einzelnen Gruppen sind recht häufig.

Die sozialen Verhältnisse in den Neighborhoods sind sehr unterschiedlich. In Harlem, Brooklyn oder der Bronx gibt es Viertel, die von einer wohlhabenden schwarzen Bevölkerung geprägt sind. Auf der anderen Seite bestimmen verfallene Bausubstanz und hohe Kriminalität ganze Straßenzüge. Heutzutage versucht man, diese Viertel aufzuwerten, indem verwahrloste Grundstücke zur Gartennutzung für die Nachbarschaft bereitgestellt werden (community garden).

Über einen langen Zeitraum war es üblich, dass bei steigendem Einkommen die Weißen die Stadt verließen und in die wohlhabenderen Vororte zogen. In den letzten Jahren hat sich das Wanderungsverhalten umgekehrt. **Gentrification,** die Luxus-Sanierung alter Bausubstanz, zieht vor allem einkommensstärkere, karriereorientierte, oftmals kinderlose Bevölkerungsschichten in die Stadt zurück, führt zu einer sozialen Umschichtung und einer **Revitalisierung** der Innenstadt.

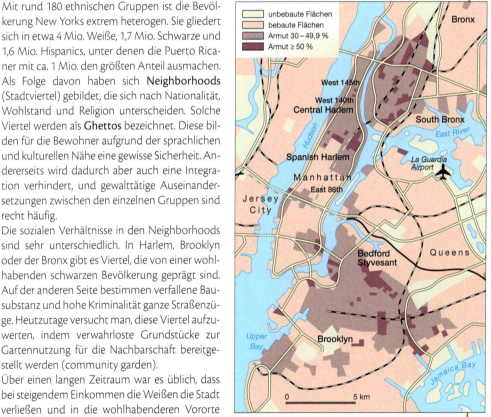

M 6 Schwerpunkte räumlicher Armut

1. Beschreiben Sie die Grund- und Aufrissstrukturen von New York.
2. Erläutern Sie die Bedeutung Manhattans innerhalb der Agglomeration New York (**M 1** bis **M 4**).
3. Gentrification wertet die City von New York auf. Nehmen Sie Stellung zu dieser Aussage (**M 5**, **M 6**).

324 Stadtentwicklung und Stadtstrukturen

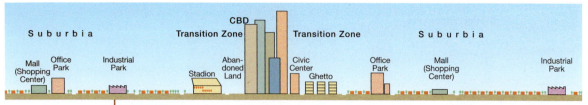

M 7 Schematische Skyline einer nordamerikanischen Stadt

M 8 CBD und Übergangszone

M 9 Suburbia

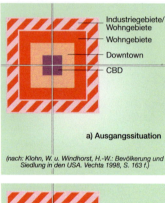

a) Ausgangssituation

(nach: Klohn, W. u. Windhorst, H.-W.: Bevölkerung und Siedlung in den USA. Vechta 1998, S. 163 f.)

b) Beginn der Suburbanisierung

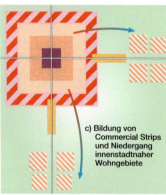

c) Bildung von Commercial Strips und Niedergang innenstadtnaher Wohngebiete

d) Bildung von Shopping Malls, Industrial Parks und Business Parks im Stadtumland

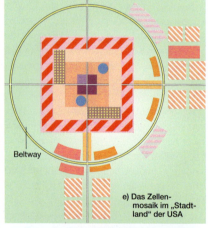

e) Das Zellenmosaik im „Stadtland" der USA

Legende:
- degradierte Wohngebiete
- neue Wohngebiete/Vorortsiedlung (suburbs)
- neue Shopping Mall zur Wiederbelebung der Innenstadt
- sanierte Wohngebiete (Gentrification)
- Business Parks
- Commercial Strip
- neue Geschäftszentren in der Innenstadt
- Shopping Mall
- Industrial Parks / Office Parks

M 10 Modell der Entwicklung der nordamerikanischen Stadt
Foto: Shopping Mall

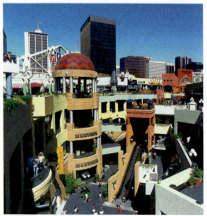

Wie New York weisen fast alle nordamerikanischen Städte eine ähnliche räumlich-funktionale Struktur auf. An den **CBD** und die **Transition Zone** (Übergangszone) schließen sich die Außenbezirke, **Suburbia**, an. Kennzeichen ist eine fast uferlose Aneinanderreihung von Einfamilienhäusern, die strukturlos in die nächste Stadt übergehen und zum Teil zur Herausbildung einer geschlossenen **Stadtlandschaft** geführt haben. Angebunden an das Stadtzentrum sind die Außenbezirke durch **Commercial Strips,** die sich durch die Trennung von Wohn- und Arbeitsplatz und das damit verbundene Pendeln herausgebildet haben. Sie begleiten die Haupteinfallstraßen und bestehen aus einer Vielzahl von Einzelhandelsgeschäften und Dienstleistungsunternehmen, die günstige Parkmöglichkeiten anbieten und damit von einer schnellen Erreichbarkeit profitieren. Hier finden sich auch die **Shopping Centers**, in denen mehrere Einzelgeschäfte zusammengefasst sind. In heutiger Zeit werden Büros und Fabriken mit in das Umland einbezogen. Für den tertiären Sektor sind **Office Parks** (Bürozentren) errichtet worden, der sekundäre Sektor konzentriert sich in **Industrial Parks** (Gewerbegebieten). Damit haben sich außerhalb des eigentlichen Stadtkerns neue Zentren gebildet, sogenannte **Edge Cities**. Für die Bewohner der Vororte stellen sie den neuen städtischen Mittelpunkt dar, da sie neben den Arbeitsmöglichkeiten auch Freizeit- und Versorgungseinrichtungen beherbergen. Typisch ist die großzügig angelegte, durch künst-

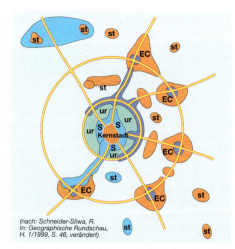

(nach: Schneider-Sliwa, R. In: Geographische Rundschau, H. 1/1999, S. 46, verändert)

M 12 Strukturmodell des großstädtischen Verdichtungsraumes Stadt

liche Grünanlagen und Springbrunnen aufgelockerte und zum Verweilen einladende **Mall** (Verbrauchermarkt), die auf die täglichen Bedürfnisse der Menschen zugeschnitten ist.

In den letzten Jahrzehnten sind in den Vororten Wohnsiedlungen entstanden, die durch Mauern und Zäune von der Umgebung abgetrennt sind und erst nach Anmeldung betreten werden können. In diesen **Gated Communities**, die mit Clubs und Restaurants, Golf- und Tennisplätzen sowie Parkanlagen viele Freizeitmöglichkeiten bieten, haben sich insbesondere wohlhabendere Bewohner, vor allem aber Rentner, niedergelassen.

M 11 Edge Cities um New York

4. Erläutern Sie die Entwicklung der nordamerikanischen Stadt (**M 8** bis **M 10**).
5. Vergleichen Sie den Aufriss nordamerikanischer mit demjenigen europäischer Städte (**M 7**).
6. Begründen Sie die Suburbanisierungs-Tendenzen in nordamerikanischen Städten.
7. Analysieren Sie, ob das Strukturmodell auf New York angewendet werden kann (**M 11**, **M 12**).

2. Lateinamerika – Metropolisierung am Beispiel von Mexico-City

M1 Mexico-City

Nach der Entdeckung Amerikas durch Columbus 1492 begannen die spanischen und portugiesischen Eroberer mit der planmäßigen Kolonisation, bei der die Gründung von Städten eine wichtige Rolle spielte. Mexico-City wurde dabei 1521 auf den Ruinen der eroberten Stadt Tenochtitlán erbaut. Die Hauptstadt des Azteken-Reiches war im 14. Jh. auf den flachen Inseln eines Sees gegründet worden und innerhalb von anderthalb Jahrhunderten zu einer Metropole mit über 60 000 Einwohnern herangewachsen. Straßen und Kanäle, die der Entwässerung dienten, waren in einem **schachbrettartigen Grundriss** angeordnet. Da das geometrische Netz den europäischen Vorstellungen einer idealen Stadt in der Renaissance entgegenkam, wurde es von den Eroberern übernommen.

Mit dem Jahr 1521 wurde das Schachbrettmuster durch Anordnung des spanischen Königs für alle Stadtneugründungen festgeschrieben. Aus diesem Grund weisen alle lateinamerikanischen Kolonialstädte eine gleiche Grundstruktur auf. Das Stadtzentrum, politisches, wirtschaftliches und geistliches Zentrum der Region, wird vom zentralen Platz, der **Plaza,** beherrscht, um den sich die Repräsentationsbauten gruppieren.

Mexico-City war seit seiner Gründung Sitz der spanischen Vize-Könige und damit ein in das Land ausstrahlendes beherrschendes Zentrum. Dies hatte eine hohe Zuwanderung zur Folge und führte zu einem bevölkerungs- und bedeutungsmäßigen Übergewicht. Der Index of Primacy, der Bevölkerungsquotient zwischen der größten und zweitgrößten Stadt, liegt in Mexico-City bei 11,8 und erreicht in anderen Staaten bis zu 50.

M2 Gebäude der spanischen Kolonialzeit in Mexico-City (nach: Atlas de la Ciudad de México 1987)

M Municipalidad (Rathaus)
G Gobierno (Regierung, falls Provinzhauptstadt)
Po Policía (Polizei)
Ca Catedral (Kathedrale, Kirche)
Co Convento (Kloster)
E Escuela (Schule)
T Tribunal (Gericht)
P Plaza (zentraler Platz)
1 2 3 Cuadras (manzanas cuadradas) Straßenvierecke (Straßen-/Baublöcke)
a b c Solares (vierter Teil einer cuadra)
I II III Quintas (ungeteilte cuadras, zunächst als Gärten und Weiden genutzt)
A B C Chacras, landwirtschaftlich genutzt

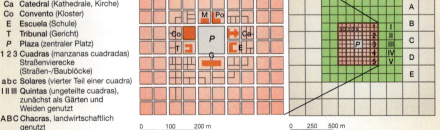

M3 Idealplan einer spanischen Kolonialstadt (Quelle: Kühn 1933, z. T. verändert)

Mit dem rapiden Bevölkerungswachstum ging auch ein Ausufern der Stadt einher. An der Ende des 19. Jh. am damals westlichen Stadtrand gebauten Prachtstraße Reforma ließen sich zunächst reiche Leute der Oberschicht nieder; heutzutage wird die Straße von Hotels, Banken und Versicherungen geprägt. Dagegen hat die Altstadt einen Großteil ihrer wirtschaftlichen Bedeutung eingebüßt. Im Norden wie im Südosten entstanden entlang der Eisenbahnlinien und Ausfallstraßen Industriezonen, an die ärmliche Siedlungen der Arbeiter angebunden wurden. Die ungebremste Bevölkerungszunahme ließ die Stadt jedoch schnell wachsen; allein seit 1980 hat sich die überbaute Fläche verfünffacht, und da bis 2025 die Schätzungen von mehr als 40 Mio. Einwohnern ausgehen, wird der Landschaftsverbrauch weiter voranschreiten.

Die ökologischen Belastungen sind enorm. Täglich fallen 12 000 Tonnen Müll an, der nur zu drei Viertel auf – ungesicherten – Mülldhalden landet; der Rest verteilt sich in den Straßen. Im maroden Leitungsnetz versickert ein Viertel der Wassermenge. Zudem kommt es zu einer extrem hohen Luftbelastung. Im Jahr 2000 waren es bereits mehr als 30 000 Industriebetriebe, die sich in der Stadt angesiedelt hatten, und über 5 Mio. Autos waren registriert. Durch die Lage in einem Talkessel legt sich oftmals eine **Inversionsschicht** über die Stadt, die ein Entweichen der mit Schadstoffen und Staub belasteten Luft verhindert. So herrscht an bis zu 345 Tagen im Jahr Smog-Alarm. Erst in jüngster Zeit versucht man mit Kontrollen und Verboten der Luftverschmutzung zu begegnen. Dazu gehören beim Verkehr u.a. Nutzungsbeschränkungen für das Auto sowie der Aufbau eines leistungsfähigen öffentlichen Nahverkehrs.

Jahr	Einwohner metropolitane Zone	Einw. México D. F. (Bundesdistrikt)	Fläche México D. F. (Bundesdistrikt, km²)
1524	–	30 000	–
1600	–	58 000	–
1700	–	105 000	–
1800	–	137 000	–
1900	–	541 000	–
1950	3 168 000	3 050 442	225
1960	5 211 248	4 870 876	400
1970	8 589 630	6 874 000	660
1980	13 354 000	8 831 000	1025
1990	15 551 000	8 235 744	1499
2000	16 400 000	8 591 309	1499
2005	19 231 829	8 720 916	1499
2010	23 610 800	8 851 080	1485

(aus: Sander, H. J.: Mexiko-Stadt, Metropole der Metropolen. In: Geographie und Schule 11 (1989), Heft 61, S. 15, aktualisiert nach Instituto Nacional de Estadistica Geografia e Informatica, Mexico)

M 4 Entwicklung der Bevölkerung von Mexico-City

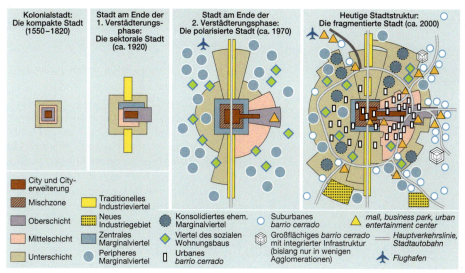

M 5 Struktur und Entwicklung der lateinamerikanischen Stadt

1. Überprüfen Sie, welche Elemente einer spanischen Kolonialstadt in Mexico-City wiederzufinden sind (**M 1** bis **M 3**).
2. Erstellen Sie mithilfe des Internet für alle südamerikanischen Staaten einen Index of Primacy. Fertigen Sie eine darauf bezogene thematische Karte an.
3. Erläutern Sie das Strukturmodell einer lateinamerikanischen Stadt (**M 5**).
4. Stellen Sie die ökologischen Folgen des Bevölkerungswachstums dar (**M 4**) und recherchieren Sie im Internet, welche Umweltschutzmaßnahmen in Mexico-City ergriffen werden.
5. Vergleichen Sie die Probleme von Mexico-City mit den Problemen Ihrer Stadt und diskutieren Sie darauf aufbauend Lösungsmöglichkeiten.

Wohnart	Wohnbesitz-verhältnisse	Trinkwasser	Abwasser	Toiletten	Licht	Straßenver-hältnisse	Lage	Witterungs-schutz
primitive Wohnungen in mehrgeschossigen Wohnblocks	bei regelmäßiger Mietzahlung praktisch unkündbar	ein Wasserhahn, 2x tägl. 1 Std. für 12 bis 24 Familien	unterirdische Kanalisation	eine Toilette für 6 bis 24 Familien	Kerosinlampen im Haus, teilweise Straßen, keine Toilettenbeleuchtung	Teerstraßen und unbefestigte Wege	oft peripher, arbeitsplatzorientiert	ausreichender Witterungsschutz
Altstadt-Hinterhöfe	mündlicher Mietvertrag, jederzeit kündbar	ein Wasserhahn, 2x tägl. 1 Std. für 12 bis 24 Familien	unterirdische Kanalisation oder Straßenrand	eine Toilette für 6 bis 24 Familien, Straßenrand	Kerosinlampen im Haus	befestigte Straßen und unbefestigte Wege	in der Altstadt	Einsturzgefahr der Lehmhütten, z. B. bei Starkregen
Hüttenwohngebiete	Pacht, Untermiete, ungeregelte Verhältnisse	selten Brunnen, Wasserhahn, 2x täglich 1 Std. für 20 bis 100 Familien	oft ohne Dränage, Stauwasser	Straßenrand und abgelegene Plätze	Kerosinlampen in der Hütte	unbefestigte Wege	oft peripher, auf marginalem Land, in Baulücken	Hochwassergefährdung, Brandgefahr in der Trockenzeit
Straßenbewohner	geduldet, oft verjagt	öffentliche Brunnen, Hydranten	Straßenrand	Straßenrand	Straßenbeleuchtung	befestigte Straßen	im Zentrum, Hafengebiet, arbeitsplatzorientiert	ungenügender Schutz, Häuserschatten, Toreinfahrten

M 6 Wohnsituationen in den Marginalsiedlungen

Vor allem die Zuwanderung aus den ländlichen Gebieten hat die lateinamerikanischen Städte schnell anwachsen lassen. Den vielfältigen Gründen der Landbevölkerung, ihre Heimat zu verlassen (**Push-Faktoren**), stehen Erwartungen gegen-

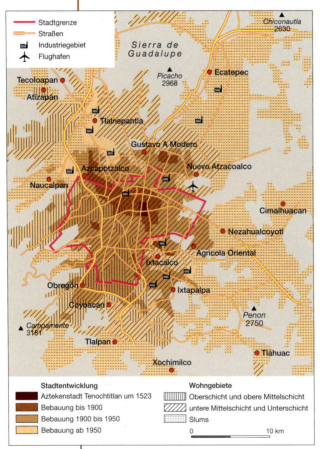

M 7 Der Großraum Mexico-City

M 8 Hüttensiedlung in Mexico-City

über, die die Stadt erfüllen soll (**Pull-Faktoren**). Statt Reichtum und sozialem Aufstieg stehen vielen Zuwanderern aber nun Arbeitslosigkeit, schlechte hygienische Verhältnisse und fehlende soziale Absicherung gegenüber. Die **Land-Stadt-Wanderung** hat zur Folge, dass innerhalb der Stadt eine Verlagerung der Wohnviertel stattfindet. Gleichzeitig haben sich die Verslumung innerstädtischer Wohnviertel sowie das Ausufern der **Hüttensiedlungen**, den sogenannten **Barriadas** (span.) oder **Favelas** (port.), verstärkt. Zu den größten zählt Nezahualcoyotl in Mexico-City mit 2–3 Mio. Einwohnern. Die in der Regel illegal gebauten Baracken haben im Allgemeinen weder Strom- noch Wasseranschluss und sind kaum an die Verkehrsinfrastruktur angebunden. Heutzutage wird versucht, durch nachträgliche Legalisierung die Voraussetzungen zu schaffen, dass wenigstens die elementaren Grundbedürfnisse befriedigt werden können.

6. Erläutern Sie die Lebenssituation der Zuwanderer in den Marginalsiedlungen (**M 6**, **M 8**).
7. Begründen Sie: Der Zuzug in die Stadt stellt für viele keinen Ausweg aus der Situation dar, die sie im ländlichen Raum aufgegeben haben (**M 6** bis **M 8**).

Städte anderer Kulturkreise **329**

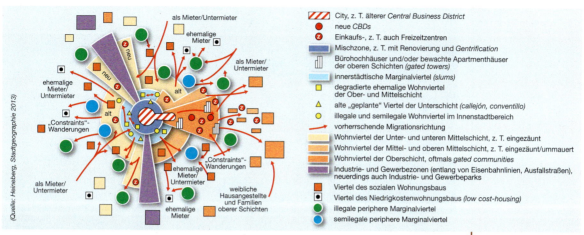

M 9 Schema der heutigen lateinamerikanischen Stadt

M 10 Schuhputzer in Mexico-City

Für die Bewohner der Slums sind Arbeitslosigkeit und Armut sowie schlechte medizinische Versorgung alltäglich. Die schlechte berufliche Ausbildung lässt nur die Möglichkeit zu, im **informellen Sektor** den Lebensunterhalt zu verdienen. Dazu zählen die Arbeiten, die weder durchorganisiert noch reglementiert sind und in denen auch keine Steuern gezahlt werden. Dies sind z. B. der Straßenverkauf, der Transport, die Durchführung von Kleinreparaturen oder die Herstellung und der Verkauf eigener Produkte auf lokalen Märkten. Über 40 Prozent aller Erwerbstätigen in Mexico-City arbeiten in dieser Schattenwirtschaft und tragen so zum Funktionieren der Stadt bei. Für diese Bevölkerungsgruppe gibt es aber viele soziale Probleme: fehlende soziale Absicherung, unregelmäßiges Einkommen, Kinderarbeit und damit verbunden mangelnde Bildungschancen.

[...] Die Bulldozer-Strategie der Abräumung hat sich inzwischen aber in einigen Megacities gewandelt. Allmählich scheint sich eine neue Einsicht durchzusetzen: Slums können nicht abgeschafft, sie müssen instand gesetzt werden. „Slum Upgrading" – die Aufwertung der Slums – heißt das politische Programm vernünftiger Stadtplanung. Dazu gehören zunächst Bestandsgarantien für die Siedlungen, aber auch Kleinkredite, um die bauliche Substanz der Hütten zu verbessern, und vor allem Infrastrukturmaßnahmen, um Toiletten, Wasser- und Abwassersysteme aufzubauen. [...]

Dazu gehört aber auch ein anderer Blick auf die soziale Funktion der Armensiedlungen. Die Slums ernähren Millionen Menschen, sie sind eine Möglichkeit, der meist noch schlimmeren ländlichen Armut zu entkommen. In ihnen blüht ein riesiger informeller Arbeitsmarkt. Und trotz allem Elend gibt es soziale Kontakte und die Nähe zu städtischen Dienstleistungen. Nicht alle Slumbewohner leben hier aus schierer Armut. Viele bleiben freiwillig, weil sie sich mit den Lebensverhältnissen arrangiert haben. In den Entwicklungsländern fehlt dem Wort „Slum" ohnehin die bei uns übliche Assoziation von Abschaum und Elend. Slum steht hier lediglich für einen sehr bescheidenen Typ von Unterkunft im informellen Sektor. Der kann durchaus attraktiv sein. Die Qualität der Behausungen in den Slums reicht von einfachsten provisorischen Hütten und zeltartigen Wohnstätten bis zu relativ gut unterhaltenen, stabilen Strukturen. Es fehlt zwar an vielem, aber die Hütten sind dennoch die einzige Möglichkeit für Millionen Menschen, ihre Existenz und ihre Familien zu schützen. [...] Und auch die nobleren Stadtsiedlungen profitieren von den benachbarten Slums. [...] Ihre Bewohner arbeiten auf dem Bau und ziehen Karren durch die Stadt, sie verkaufen Gemüse und gehen in die Fabriken, sie pflegen die Häuser der Reichen und putzen ihre Schuhe. Das alles zu Preisen, die sich die meisten Einwohner leisten können. Längst existieren vielfältige, von den Behörden weitgehend tolerierte Verknüpfungen zwischen dem offiziellen Arbeitsmarkt und dem informellen Sektor der Slums. Wenn billige und flexible Arbeitskräfte gesucht werden, bedienen sich Unternehmen und Dienstleister über Unterverträge gerne auf dem zweiten Arbeitsmarkt, jenseits von Sozialversicherung und festen Arbeitsverträgen.

(aus: Manfred Kriener: Die Explosion der Slums. In: TAZ vom 02.10.2006)

M 11 Das regulierte Chaos?

8. Erläutern Sie die funktionalen und sozialen Strukturen der lateinamerikanischen Stadt (**M 9**).
9. Überprüfen Sie die Anwendbarkeit des Modells der lateinamerikanischen Stadt auf Mexico-City (**M 7**, **M 9**).
10. Diskutieren Sie, inwieweit der informelle Sektor zum Funktionieren von Mexico-City beiträgt (**M 10**, **M 11**).

M 1 Damaskus vor 2013 ohne Kriegszerstörungen

3. Orient – Begegnung von Tradition und Moderne am Beispiel von Damaskus

Der traditionelle Stadtkern

Mit ihrer über fünf Jahrtausend andauernden Geschichte gilt Damaskus als eine der ältesten Städte der Welt mit ununterbrochener Siedlungskontinuität. Für die Stadtgründung war die Verbindung von der syrischen Wüste über den Gebirgszug des Antilibanon zum Mittelmeer entscheidend, das von hier aus direkt über einen Pass erreicht werden konnte. Die nächsten Übergänge befanden sich über 100 km weiter südlich und nördlich. Im Mittelalter konnte sich Damaskus am Schnittpunkt damaliger großer Fernhandelsstraßen, u. a. der Seidenstraße nach China, als bedeutendes Handelszentrum weiterentwickeln.

Die alten Stadtstrukturen sind bis in die heutige Zeit erhalten geblieben. Innerhalb der Stadtmauer lassen sich die Grundzüge einer orientalischen Altstadt erkennen. Dazu zählen die Haupt- oder Freitags**moschee** als geistliches sowie die **Kasbah** (Zitadelle) als weltlich-politisches Zentrum der Stadt, der **Suq** (Basar) sowie die islamischen, jüdischen und christlichen Wohnviertel.

Der Basar ist das wirtschaftliche Zentrum der Stadt. Unzählige kleine Läden für den täglichen Bedarf reihen sich hier in engen Gassen unter Gewölben, Holzdächern und Sonnensegeln aneinander, wobei die einzelnen Branchen räumlich konzentriert zusammengefasst sind. Auch viele kleine Werkstätten sind hier zu finden, wobei das Prestige der Handwerksbetriebe von der Hauptgasse aus nach außen hin abnimmt. Die Wohnviertel, die sogenannten **Quartiere**, sind durch Mauern und Tore, die abends verschlossen wer-

M 2 Damaskus und Aleppo im Netz der mittelalterlichen Handelsstraßen

M 3 In einem Basar

den können, untereinander abgetrennt. Der Grundriss der Viertel ist durch unregelmäßig angelegte **Sackgassen** gekennzeichnet. Dies ermöglichte in der Vergangenheit Schutz bei religiös motivierten Auseinandersetzungen innerhalb der Stadt wie auch bei Überfällen von außerhalb. In jedem Viertel gibt es Quartierbasare für den täglichen Bedarf, Quartiersmoscheen mit Brunnen und andere öffentliche Einrichtungen wie Bäder und Koranschulen.

Außerhalb der Stadtmauer befinden sich bis in neuere Zeit neben regionalen Märkten auch die Karawansereien, die den Fernhändlern Unterkunft bieten.

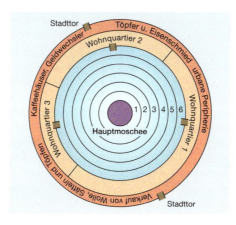

M 5
Modell der islamisch-orientalischen Altstadt und ihrer Basare

1 Kerzen, Weihrauch und Parfüm
2 Buchhändler und Buchbinder
3 Textilien und Stoffe
4 Leder, Schuster und Schneider
5 Nahrungsmittel, Gemüse und Obst
6 Schreiner, Schmiede und Kupferverarbeitung

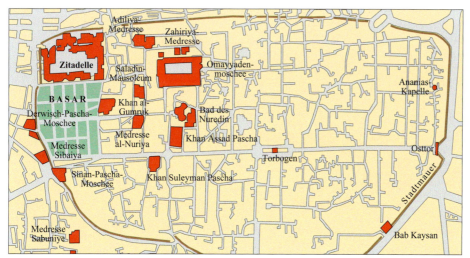

M 4 Die Altstadt von Damaskus

1. Beschreiben Sie die geographische Lage von Damaskus (**M 1**, **M 2**, Atlas).
2. Stellen Sie die wesentlichen Merkmale einer traditionellen orientalischen Stadt anhand von Damaskus zusammen (**M 1**, **M 3** bis **M 5**, Atlas).

Die moderne orientalische Stadt

Bereits im 19. Jh. ist mit dem Bevölkerungswachstum eine Erweiterung der Stadt über die Stadtmauer verbunden gewesen. An die Altstadt haben sich moderne Wohn- und Geschäftsviertel angelagert. Wie in vielen anderen orientalischen Städten hat heutzutage auch in Damaskus eine mit einer **Verwestlichung** einhergehende **Urbanisierung** stattgefunden und in den traditionellen Stadtkern eingegriffen.

Die Öffnung gegenüber westlichen Einflüssen erfolgte in Damaskus in mehreren Phasen. Bereits zu Beginn des 20. Jh. gab es moderne Wohnviertel, und ältere Bebauung war zugunsten einer moderneren, geradlinigen Straßenführung geopfert worden. Die französische Besatzungszeit zwischen den beiden Weltkriegen spiegelt sich in der Anlage von breiten Boulevards und Avenuen wider, die die neuen Wohnviertel erschlossen. Die nach dem Zweiten Weltkrieg einsetzende dritte Phase der Stadtentwicklung ist gekennzeichnet durch eine weitflächige Erschließung des Umlandes, wobei eine immer stärker werdende Verdrängung der sich ehemals am Stadtrand befindlichen Oasengärten stattfindet.

M 6 Modell der orientalischen Stadt

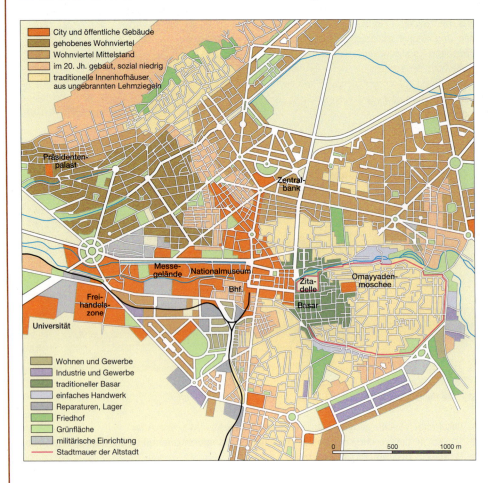

M 7 Stadtplan von Damaskus

Städte anderer Kulturkreise **333**

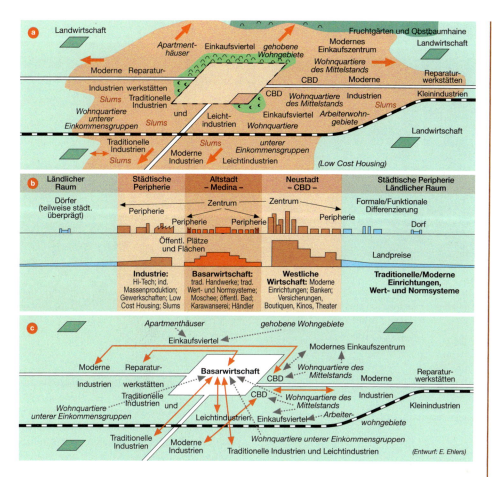

M 8
Modell der Stadt des islamischen Orients nach Form, Funktion, Wachstumstendenzen und Verflechtungsbereichen

Neben den physiognomischen Veränderungen sind auch funktionale Umstrukturierungen zu beobachten. Aus dem traditionellen Basar wandert der Großhandel in neue Stadtteile ab, da das enge Gassennetz dem Lkw-Verkehr nicht gewachsen ist. An seine Stelle sind Sammel- und Lagerplätze getreten wie auch das Basarhandwerk. Der Einzelhandel selbst hat sich zudem unterschiedlich entwickelt. Während die hochwertigen Güter nun in den modernen Geschäftsvierteln außerhalb der Altstadt angeboten werden, verbleiben in den zentralen Bereichen des Basars diejenigen Waren, die auf eine einkommensschwächere Bevölkerungsschicht ausgerichtet sind. Auch die Gestaltung der Läden ist unterschiedlich. Die Geschäfte der Einkaufsviertel sind nach westlichem Vorbild gestaltet und an den Bedürfnissen der Oberschicht und der Touristen ausgerichtet, während im Altstadtbereich noch die kleinen, offenen Läden dominieren.

Mit dem Bau moderner Stadtviertel ist die Abkehr von alten Lebensformen verbunden. Boten die Häuser in den Sackgassen eine weitgehende Abschirmung von der Außenwelt, so ist in den Mietwohnungen des sozialen Wohnungsbaus ein Rückzug in die private Sphäre kaum noch möglich. Damit verbunden ist eine Auflösung der Großfamilie. Die ehemals ethnisch und religiös bestimmte Viertelsbildung im Stadtkern weicht zudem einer eher an gleichem Bildungsstand und Einkommen orientierten Ordnung ähnlich der in vielen westlichen Städten.

3. Erläutern Sie die Veränderungen, die sich in der Stadtstruktur von Damaskus ergeben haben (**M 6**, **M 7**).
4. Überprüfen Sie, inwieweit das Modell der orientalischen Stadt auf Damaskus übertragen werden kann (**M 6** bis **M 8**).
5. Man spricht von einer „Verwestlichung" orientalischer Städte. Überprüfen Sie diese Aussage anhand verschiedener Städte und bewerten Sie die sich abzeichnenden Entwicklungen (Atlas).

4. Die asiatische Stadt im Modell

M1 Die Millionenstadt Tokio

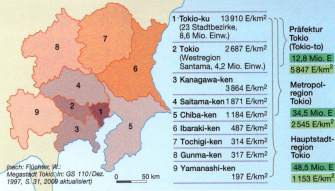

		Präfektur Tokio (Tokio-to)
1 Tokio-ku (23 Stadtbezirke, 8,6 Mio. Einw.)	13 910 E/km²	12,8 Mio. E
2 Tokio (Westregion Santama, 4,2 Mio. Einw.)	2 687 E/km²	5 847 E/km²
3 Kanagawa-ken	3 864 E/km²	Metropolregion Tokio)
4 Saitama-ken	1 871 E/km²	34,5 Mio. E
5 Chiba-ken	1 184 E/km²	2 545 E/km²
6 Ibaraki-ken	487 E/km²	Hauptstadtregion Tokio
7 Tochigi-ken	314 E/km²	48,5 Mio. E
8 Gunma-ken	317 E/km²	1 153 E/km²
9 Yamanashi-ken	197 E/km²	

(nach: Flüchter, W.: Megastadt Tokio. In: GS 110/Dez. 1997, S. 31, 2009 aktualisiert)

M2 Die Hauptstadtregion Tokio (2013)

M3 Das historische Wachstum der Stadt

Tokio – eine Metropole

Die Metropolregion Tokio, die die gesamte Bucht von Tokio umfasst, ist mit ca. 35 Mio. Einwohnern die größte Stadtregion weltweit. Mehr als 28 % der japanischen Bevölkerung konzentrieren sich hier auf 3,6 % der Landfläche und verdeutlichen, was man sich unter Raummenge vorzustellen hat. Gegründet wurde Tokio 1457 mit dem Namen Edo in einer geographisch günstigen Lage. Umgeben von fruchtbarem Ackerland, an der Hauptstraße zu der damaligen Hauptstadt Kyoto sowie in einer vor Sturm sicheren Bucht konnte sich die Stadt ungehindert bereits im 18. Jh. zu einer Millionenstadt entwickeln. Mit der Übertragung der Hauptstadtfunktion 1868 wurde Edo in Tokio umbenannt.

Aufgrund des ausgeprägten **Zentralismus** des japanischen Staatswesens vereint Tokio zahlreiche zentrale Funktionen auf sich. Neben den höchsten Staatsorganen befinden sich hier auch Niederlassungen der regionalen Präfekturen. Zudem konzentriert sich in Tokio die wirtschaftliche Macht. Es ist nach New York das zweitgrößte Finanzzentrum der Welt, beherbergt die Hauptsitze von mehr als der Hälfte aller in Japan ansässigen bedeutendsten Handelsgesellschaften, Japans größte Börse und seinen größten Devisenmarkt. Als Zentrum der Kultur und Bildung erscheinen hier mehr als ein Drittel aller Veröffentlichungen, und fast die Hälfte der Studenten Japans ist an den Universitäten Tokios eingeschrieben. Diese Bindung von Menschen, Finanzen, Wirtschaft und Kultur wird als eine **unipolare Konzentration** bezeichnet.

Neuordnung des Großraums

Wie in allen Großstädten hat die Konzentration der Dienstleistungen in der City Tokios zu einer Verdrängung der Wohnbevölkerung geführt. Infolge der deutlichen Zunahme der **Tag-** bei gleichzeitigem Rückgang der **Nachtbevölkerung** ist es vor allem zu einem starken Anstieg des Pendlerverkehrs gekommen.

Man versucht, durch Raumordnungsmaßnahmen den Großraum neu zu strukturieren, um die innerstädtischen Bereiche zu entlasten. Gebiete an der Peripherie Tokios werden in die Planung mit einbezogen, sodass v. a. die extreme Bevölkerungskonzentration durch **Dezentralisierungsmaßnahmen** verringert werden soll. Dies versucht man durch den Bau von **Entlastungsstädten** im Umkreis von bis zu 50 km zu erreichen. Man erhofft sich durch den neuen Wohnraum wie auch die Konzentration von Büro- und Gewerbebetrieben eine deutliche Reduzierung des Verkehrs sowie eine Verbesserung der Wohn- und Lebensqualität.

Dabei werden neben neuem Wohn- und Büroraum jedem Entlastungsort eigene Aufgaben zugewiesen. Tsukaba, in der benachbarten Präfektur Ibaraki gelegen, ist z. B. als Wissenschaftsstadt mit Universitäten und nationalen Forschungseinrichtungen konzipiert. Innerhalb des Stadtgebietes hat Omiya-Urawa Teile der Hauptstadtfunktionen übernommen, da 16 Staatsbehörden mit mehr als 16 000 Beschäftigten hierher ihren Standort verlagert haben. Minato Mirai 21 entsteht auf neu gewonnenem Land ehemaliger Werftanlagen und ist neben einem kulturellen Schwerpunkt als Zukunftsstadt des 21. Jh. mit 10 000 Ew. und 190 000 Arbeitsplätzen geplant.

1988 ist von der japanischen Regierung ein Gesetz erlassen worden, das die übermäßige Bevölkerungskonzentration im Großraum Tokio mit Förderungsmaßnahmen dezentralisieren soll.
Aufgrund dieses Gesetzes soll der Großraum Tokio von einem **Einkern**-Raum zu einem **Multikern**-Raum ausgebaut werden.
Als Geschäftsstädte sind vorgesehen:

1. Yokohama (Minato-Mirai 21)
2. Tachikawa-Hachioji (mit Tama NT)
3. Omiya-Urawa
4. Tsuchiura
5. Chiba („Messe"-Stadt)

M 4 Umstrukturierung des Großraums Tokio

Tama New Town

Da der Bevölkerungsdruck auf die Hauptstadt sehr zunahm, hat Tokio im Jahre 1965 das Projekt Tama New Town (TNT) für ca. 350 000 Einwohner geplant. TNT liegt 26 – 35 km westlich des Hauptbahnhofs von Tokio und erstreckt sich auf einer Fläche von 3014 Hektar. Insgesamt nimmt TNT einen Teil von vier Stadtkreisen ein: Hachioji, Machida, Tama und Inagi; es ist also ein „überregionales" Wohngebiet.

Die Stadt TNT ist in 21 Nachbarschaftsgebiete (jap. „juku" oder „neighbourhood unit") aufgeteilt. Die Wohnungen errichteten verschiedene staatliche und private Baugesellschaften des Landes. Ein „Nachbarschaftsgebiet" hat etwa 100 Hektar Fläche und besitzt 3000 bis 5000 Wohnungen mit 15 000 – 16 000 Einwohnern. Folgende Infrastruktureinrichtungen sind vorhanden: eine Mittelschule (Junior highschool), zwei Grundschulen, drei Kindergärten, ein Postamt und ein Einkaufszentrum für den täglichen Bedarf. Zwei Privateisenbahnlinien (Odakyu- und Keio-Linie) bringen Pendler und Studenten nach Shinjuku, dem größten Subzentrum Tokios, 16 km vom Hauptbahnhof Tokio entfernt. Seit 1989 besitzt die Keio-Linie eine Verlängerung nach Hashimoto (Präfektur Kanagawa), etwa 10 km westlich von TNT. Da die Bevölkerungszahl in TNT heutzutage bereits auf 200 000 angewachsen ist, sind weitere Verkehrsanbindungen ins Umland nötig. Deshalb gibt es die neue Monorail-Schwebebahn zwischen Tachikawa und TNT. Verschiedene Universitäten haben, hauptsächlich aus Platzgründen, die Innenstadt von Tokio verlassen und suchten sich in TNT ein größeres Gelände (die Chuo-Universität ist 1978, die Tokio-Metropolitan-Universität 1991 umgesiedelt). Durch diese Aktivitäten und den in Bälde erfolgenden Ausbau der Städte Hachioji-Tachikawa zu „Businesszentren" wird TNT zum größten Wohnbezirk der Präfektur Tokio werden.

(nach: Sasaki, H.: Raumordnungsprobleme im Großraum Tokio. In: Praxis Geographie 12/1992, S. 23, geändert und ergänzt)

Tama Toshi Monorail

M 5 Entlastungsstadt von Tokio

1. Erläutern Sie das Wachstum Tokios vor dem Hintergrund seiner geographischen Lage (**M 1** bis **M 3**).
2. Beschreiben Sie die Gründe für die raumordnerischen Maßnahmen im Großraum Tokio (**M 4**).
3. Beschreiben Sie die funktionale Struktur von Tama New Town (**M 5**).
4. „Raumenge erzeugt Probleme." Stellen Sie dar, inwiefern den Problemen Tokios seitens der Stadtplanung Rechnung getragen wird. Beurteilen Sie, ob die geplanten Raumordnungsmaßnahmen zur Problemlösung in ausreichendem Maße beitragen.

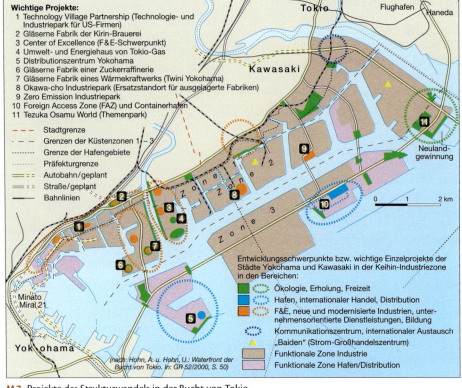

M7 Projekte des Strukturwandels in der Bucht von Tokio

Stadt der Zukunft

Wohnen, Arbeiten und Freizeit sind die wesentlichen Herausforderungen, denen Tokio sich in der Zukunft stellen muss. Dabei kann auf **Neulandflächen** zurückgegriffen werden, die in den 1960er- und 1970er-Jahren in der Bucht von Tokio aufgespült wurden. Waren es in der Vergangenheit vor allem Industriekomplexe der Eisen-, Stahl- und Petrochemie, die hier neue Standorte fanden, so zeichnet sich gegenwärtig und für die Zukunft eine geänderte Funktion ab. Solche städtischen Umbauten am Wasser nennt man **Waterfront Redevelopment**.

Die Nutzung ist vor allem auf die Stadterneuerung, die Ansiedlung städtischer Funktionen sowie die Naherholung ausgerichtet. Dazu zählen Bürokomplexe, Wohngebiete, Hotelbauten sowie auch infrastrukturelle Ansiedlungen wie Krankenhäuser und Müllverbrennungsanlagen. Besonders aber wird dem veränderten Konsumverhalten Rechnung getragen: Shopping Centers, Grünflächen und sogenannte Urban Entertainment Centers wie Disneyland, Legoland oder Fantasy World nehmen mehr als ein Viertel der Fläche ein. Die vorhandenen Standorte der Industrie werden teilweise ausgelagert bzw. sind bereits in periphere Gebiete umgesiedelt worden, wo sie die Umweltschutzauflagen besser erfüllen können, oder es wurden im Rahmen der Globalisierung Betriebsverlagerungen in das Ausland vorgenommen. Auf den Freiflächen steht somit zukunftsorientierten Technologien neuer Raum zur Verfügung.

M6 Geplantes Hyper-Building

M8 Neulandflächen in der Bucht von Tokio

Vielfalt asiatischer Städte

Die Stadtstrukturen in Asien sind von verschiedenen Einflüssen geprägt und unterscheiden sich dementsprechend stark.

Die japanische Stadt

Wie bei mehr als der Hälfte aller japanischen Städte ist der Ursprung Tokios auf eine alte Burgstadt zurückzuführen. Sie spiegelten den seinerzeitigen feudalen, hierarchischen Staatsaufbau wider, und so waren sie vorrangig militärisch und administrativ, darüber hinaus aber auch ökonomisch von überregionaler Bedeutung. Die ursprüngliche Stadtstruktur ist wie überall durch moderne Entwicklungen überformt worden. Der CBD mit Geschäfts- und Vergnügungsvierteln, Stadtautobahnen und Mietshaussiedlungen bei sehr kleinen Wohnungsgrößen aufgrund extrem hoher Bodenpreise bestimmt das Stadtbild. Mit dem Bau von Satellitenstädten gehen eine tief greifende **Suburbanisierung** und eine extreme Zersiedlung des Umlandes einher. Die oftmals ungeplanten Stadtentwicklungsprozesse haben z. T. zur Bildung von **Städtebändern** geführt. In der heutigen Zeit passen sich die Leitbilder des japanischen Städtebaus dem Bevölkerungsrückgang und der Überalterung an. Den Veränderungen versucht man, durch eine **dezentrale Konzentration** sowie einer Steuerung hin zu einer **kompakten Stadt** stadtplanerisch zu begegnen.

Die chinesische Stadt

Die traditionellen Elemente der chinesischen Stadt der Kaiserzeit lassen sich meistens nur noch im Grundriss der Altstadt nachweisen. Symmetrische, an den Himmelsrichtungen ausgerichtete Straßenführungen mit dem zentralen Kaiserpalast und die sich anschließenden Wohnviertel mit einem zur Peripherie abnehmendem Sozialstatus waren von einer Mauer umgeben.

Die sozialistische Transformation seit 1949 führte zur Beseitigung feudaler Städteelemente. Repräsentative öffentliche Gebäude im Zuckerbäckerstil ersetzten die Adelspaläste. Zudem entstanden monotone Großwohnsiedlungen, und in den Altstädten wurden ganze Viertel durch eintönige Neubauten ersetzt (**Flächensanierung**). Auch im ländlichen Umfeld fand eine Suburbanisierung mit dem Bau neuer Satellitenstädte statt. Heutzutage prägen ein starkes Außen- und Innenwachstum das Stadtbild. Während neue Einkaufsstraßen und Bürogebäude nach westlichem Vorbild die Innenstädte kennzeichnen, sind in den Außenzonen großflächig Industrie- und Wohngebiete sowie Verwaltungs- und Dienstleistungszentren zu finden. Das rasante Bevölkerungswachstum findet in der stetig wachsenden Zahl von Millionenstädten seinen Ausdruck. Die markanten Wolkenkratzer zeugen davon, dass in chinesischen Städten die Wohnsituation durch drangvolle Enge gekennzeichnet ist.

M 10 Shanghai

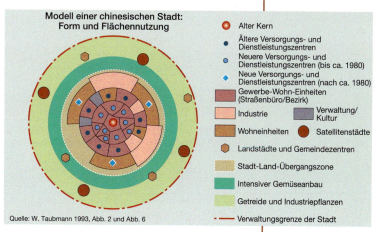

M 9 Modell der chinesischen Stadt

5. Erläutern Sie die Stadtplanungsmaßnahmen in Tokio vor dem Hintergrund der Raumenge in der Bucht von Tokio (**M 6** bis **M 8**).
6. Vergleichen Sie die Modelle der nordamerikanischen, lateinamerikanischen und orientalischen Stadt (S. 322 ff.) mit dem Aufbau von europäischen (S. 292 ff.) und asiatischen Städten (**M 9**, **M 10**). Gehen Sie dabei auf physiognomische sowie funktionale Kriterien ein und stellen Sie Vorzüge und Nachteile der Stadtgebilde heraus.

5. Global Cities – auf allen Kontinenten?

M1 Londoner Bankenviertel

Fast das gesamte 20. Jahrhundert hindurch wurden die globalen Handels- und Finanzströme von den drei Zentren London, New York und Paris aus gesteuert. Erst gegen Ende der 1990er-Jahre hat Tokio Paris vom dritten Platz verdrängt. […]
Erstaunlich ist die Persistenz der Vormachtstellung von London: Nirgendwo auf der Erde gibt es mehr Auslandsbanken, London ist der größte Aktienmarkt der Welt, nirgendwo auf der Welt werden so viele Kreditgeschäfte auf Dollarbasis abgewickelt. Es sind vor allem fünf Gründe, die für die Vorrangstellung von London entscheidend sind:

1. Kein anderer Finanzplatz hat eine so lange Tradition und Erfahrung wie London. In London gibt es eine Vielzahl hoch qualifizierter Banken- und Börsenspezialisten.
2. Auch nach dem Ende des Kolonialzeitalters bestehen zwischen London und den ehemaligen Kolonien in Afrika und Asien noch gute Beziehungen hinsichtlich des Geld- und Kapitalmarkts.
3. London gilt im Gegensatz zu anderen Zentren als liberaler Bank- und Finanzplatz.
4. Durch die Konzentration von vielen transnationalen Unternehmen, Behörden und Organisationen besitzt London Agglomerationsvorteile.
5. London liegt verkehrsmäßig sehr günstig zwischen den großen Wirtschaftszentren Asien und Nordamerikas.

(nach: Cornelsen Aktuelle Landkarte 6/2002)

M2 Finanzzentrum London

Global City aus Tradition – London

Heute ist London sogar ein bedeutenderes internationales Finanzzentrum als New York und Tokio. Im Gegensatz zu diesen ist es mehr auf die globalen Finanz- und Wirtschaftsbeziehungen konzentriert als auf die heimischen. 2012 erwirtschaftete London 10 % des britischen BIP, aber 50 % des weltweiten Aktienhandels wurden in London abgewickelt. Hinzu kommen 30 % des globalen Devisenhandels, 40 % des Kreditderivatenhandels und die Hälfte aller internationalen Börsengänge. Das tägliche Handelsvolumen des Finanzplatzes London beläuft sich auf 46 Mrd. US-$. 500 Banken, ein Großteil der wichtigen internationalen Fondsgesellschaften sowie eine große Zahl von hoch qualifizierten jungen Akademikern sowie Finanz- und Wirtschaftsspezialisten sorgen für einen reibungslosen Ablauf der globalen Transaktionen.

Stadt	Einwohner	Unternehmen
New York	20,4 Mio.	59
London	8,3 Mio.	37
Tokio	37,2 Mio.	34
Paris	10,8 Mio.	26
Chicago	9,1 Mio.	18
Osaka	17 Mio.	15
São Paulo	20,2 Mio.	0
Kolkata	14,4 Mio.	0
Delhi	22,2 Mio.	0

1900	1930	1960	1980	2010
1. London	1. London	1. London	1. London	1. London
2. New York	2. New York	2. New York	2. New York	2. New York
3. Paris	3. Paris	3. Paris	3. Paris	3. Tokio

M3 Die wichtigsten Finanzzentren der Welt

M4 Einwohnerzahl und Zahl der transnationalen Unternehmen ausgewählter Millionenstädte

London wurde im frühen 18. Jahrhundert zum Zentrum des britischen Weltreichs und aufgrund von dessen Ausdehnung und Bedeutung zu einer der führenden Städte der Welt. Waren und Finanzen dieses Weltreichs wurden in London umgeschlagen bzw. von London kontrolliert. Ein Beispiel hierfür ist die Bedeutung der Ostindischen Kompanie. Neben Singapur gilt London als der am meisten deregulierte Finanzstandort der Welt. So ist es kein Wunder, dass die britische Regierung die in den letzten Jahren in der EU gemachten Vorschläge zu einer Transaktionssteuer schlichtweg abgelehnt hat. Angesichts dieser liberalen Wirtschafts- und Handelsbedingungen haben sich in London viele Wirtschaftsunternehmen, Finanzdienstleister und Beraterfirmen niedergelassen. Die in London anzutreffenden Fühlungsvorteile und das enge Kommunikationsnetz werden von über 130 ausländischen Unternehmen genutzt, die ihren Europasitz in London eingerichtet haben. Das leistungsfähige Telekommunikationsnetz sowie die hervorragende Einbindung der Londoner Flughäfen in den internationalen Luftverkehr erleichtern die weltweiten Entscheidungen und Operationen der Global Players. Getragen wird dieses System von einer Vielzahl hoch qualifizierter, motivierter und auch hoch dotierter Spezialisten. Ihnen steht bei der Konzentration derart vieler globaler Einrichtungen und Unternehmen eine Vielzahl hochrangiger und gut bezahlter Arbeitsplätze zur Verfügung.

Die Kehrseite der Medaille

Die globale Bedeutung und die Attraktivität von London hat aber auch eine Reihe von Nachteilen. Die gut bezahlten Spezialisten des Finanzsektors wollen möglichst in der Nähe ihrer Arbeitsplätze wohnen und entsprechend komfortable Wohnungen beziehen. Die waren aber im inneren Stadtgebiet nicht ausreichend vorhanden. Um der Nachfrage zu genügen, hat die Stadtplanung alte Industrie- und Gewerbeflächen, wie z.B. die Docklands im Osten der Stadt, geräumt und dort Büros und Komfortwohnungen bauen lassen. Auch ehemalige Arbeiterwohnviertel wurden abgerissen und mit Luxuswohnungen bebaut. In vielen Stadtteilen ist ein Gentrifizierungsprozess zu beobachten; dadurch wird aber auch die ortsansässige Bevölkerung, vor allem die weniger gut verdienende, verdrängt, denn die Mieten der neuen Wohnungen sind für sie kaum bezahlbar. Eine komfortable Wohnung in einem guten Londoner Viertel kostet oft um die 2 500 Pfund pro Woche. Ebenso gestiegen sind die Büromieten, die zu den höchsten in Europa gehören (vgl. M 5). Gravierend sind die Folgen im sozialen Bereich: Die Schere zwischen niedrigen und hohen Einkommen geht immer weiter auseinander. Aufgrund der hohen Lebenshaltungskosten in London können sich einfache Angestellte, z. B. Dienstpersonal, die auch für das Funktionieren einer Global City benötigt werden, die hohen Mieten in der Nähe ihrer Arbeitsplätze im Zentrum nicht mehr leisten. Es trifft vor allem auch die Menschen mit Migrationshintergrund, die rund ein Drittel der Bevölkerung von Inner London ausmachen. Wie in anderen Global Cities auch sind sie die Verlierer der Globalisierung. Sie werden in unattraktive Wohnbereiche abgedrängt, oft weit außerhalb der Stadt und fern ihrer Arbeitsplätze. Vier Stunden Zeit für den Weg zur und zurück von der Arbeitsstätte sind keine Seltenheit.

Berufspendler, die ihr Auto benutzen, sowie die vielen Lieferwagen und Lkw, die zur Versorgung Londons notwendig sind, führen dazu, dass der Straßenverkehr mehrmals täglich vor dem Kollaps steht. Die Einführung einer Maut für Fahrten in die Innenstadt hat daran nur wenig geändert.

M 5 Dienstleistungszentrum Docklands

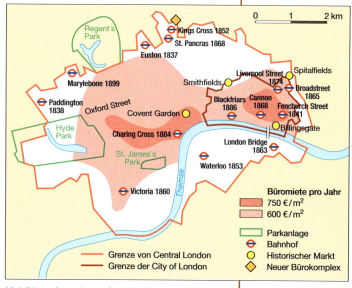

M 6 Büromieten in London

---

1. Erläutern Sie die Entwicklung Londons zum Finanz- und Dienstleistungszentrum (**M 1** bis **M 4**).
2. Begründen Sie anhand der Materialien und Recherchen im Internet, warum London als „Global City" bezeichnet werden kann.
3. Zeigen Sie anhand einiger Beispiele negative Entwicklungen in London auf (**M 6**).

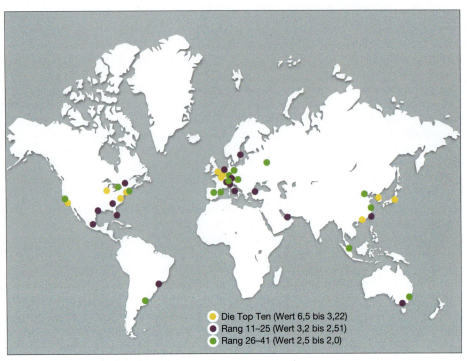

M7 Verteilung der Global Cities 2012

Die Top Ten (Wert 6,5 bis 3,22)
Rang 11–25 (Wert 3,2 bis 2,51)
Rang 26–41 (Wert 2,5 bis 2,0)

Netzwerk der Global Cities

Die ausgeprägte Arbeitsteilung von Global Playern an verschiedenen Standorten, die wirtschaftliche Verflechtung von Unternehmen und Standorten sowie die politische Steuerung von Wirtschaftsprozessen z. B. durch EU-Kommission, IWF oder Weltbank prägen das heutige Bild der Weltwirtschaft. Kennzeichen der Globalisierung ist die Verflechtung von Kapital, Handel, Arbeits- und Absatzmärkten, Produktion, Verkehr und Kommunikation.

Die globale Arbeitsteilung, das Operieren transnationaler Konzerne, das Lenken von Finanzströmen und weltweit wirksame Entscheidungsprozesse machen Standorte nötig, von wo aus diese ökonomischen Prozesse gesteuert werden können. Genau diese Knotenpunkte der Weltwirtschaft werden als **Global Cities** bezeichnet.

Im Jahre 2008 veröffentlichte die internationale Unternehmensberatung A. T. Kearney unter maßgeblicher Mitarbeit der US-amerikanischen Soziologin und Wirtschaftswissenschaftlerin Saskia Sassen in Verbindung mit dem Chicago Council on Global Affairs eine umfangreiche Studie, die Merkmale einer Global City definiert und Kriterien festlegt, nach denen messbar eine Rangfolge der Global Cities aufgestellt werden kann.

Ökonomische Bedeutung: Firmensitze der größten transnationalen Unternehmen, Sitz von globalen Finanzdienstleistern, Umsatz an Banken und Börsen, internationale Wirtschafts- und Finanzkonferenzen, Warenumschlag an Flughäfen und Häfen

Humankapital: Attraktivität für Spitzenkräfte, feststellbar durch Anteil ausländischer Spezialisten, Attraktivität und Qualität von Universitäten, Zahl internationaler Bildungseinrichtungen, Anteil ausländischer Studenten, Anteil der Bevölkerung mit Hochschulabschluss

Informationsaustausch und Vernetzung: Anzahl neuer TV-Nachrichtenkanäle, Internetnutzung, Anzahl internationaler Nachrichtenagenturen, Breitbandnutzung, Grad der von Regierungen ausgeübten Zensur

Kulturelle Bedeutung: Zahl großer Sportveranstaltungen, Anzahl von Museen und international bedeutenden Ausstellungen, Zahl ausländischer Touristen, Zahl der Städtepartnerschaften

Politischer Einfluss: Anzahl von Botschaften und Konsulaten, Anzahl der global agierenden Expertenkommissionen, Anzahl der internationalen Organisationen und der nationalen mit globaler Bedeutung, Anzahl der internationalen politischen Konferenzen

(übersetzt nach: A. T. Kearney und The Chicago Council on Global Affairs 2013)

M8 Merkmale einer Global City

Global Cities in der Dritten Welt – Fehlanzeige?

Betrachtet man die Rangliste der Global Cities, so fällt auf, dass keine Metropole der Dritten Welt auf den vorderen vier Plätzen zu finden ist. Auch zu den Metropolen, die zu den Top Ten zählen, gehören mit Peking, Hongkong, Seoul und Singapur nur solche, die sich in stark wachsenden bzw. schon gewachsenen Volkswirtschaften („Tigerstaaten") befinden. Wenn man davon ausgehen kann, dass zur Globalisierung auch die Global Cities gehören, dann muss man sich fragen, ob die Globalisierung nicht an den Entwicklungsländern weitgehend vorbeigegangen ist.

Vor allem die afrikanischen Millionenstädte spielen trotz ihrer großen Einwohnerzahl weder ökonomisch noch politisch eine wesentliche Rolle. Selbst Kairo oder Johannesburg landen abgeschlagen auf Platz 50 bzw. 52.

Asia is here to stay. All editions of the Global Cities Index have featured at least three Asian cities in the top 10, demonstrating the stability of Asia's relevance on the world stage. In addition to Tokyo, other Asian cities, including Hong Kong, Seoul, Singapore, Beijing, and Shanghai, represent up-and-coming metroplexes that will further accentuate the ascendance of Asian cities.

A thriving economy, a growing middle class, and infrastructure investments are likely to continue pushing chinese cities towards a larger global presence. Of all emerging cities worldwide, those in China may be the most likely to move up in future rankings.

Germany: distributed leadership. As a country, Germany is a strong economic performer and the only European country with three cities ranking in the top half of the index. On the other hand, no German city has ever been ranked among the top 10 global cities. One of the linchpins of the Global Cities Index has been the notion that globalization represents a transfer of power from national states to a network of global cities. […] In this model, Germany is an exception, in that Berlin (20), Frankfurt (23), and Munich (31) represent a network that should drive continued national success.

M 9 Blick in die Zukunft

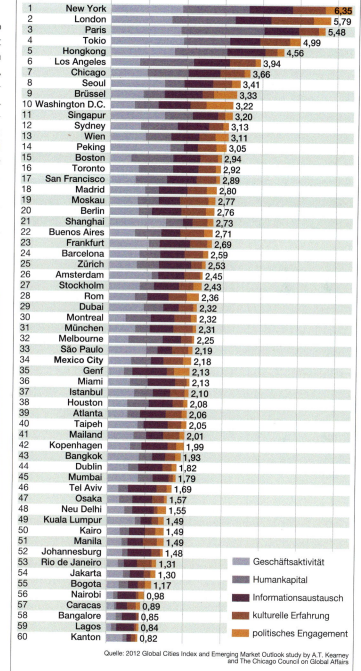

M 10 Rangfolge der Global Cities

4. Erläutern Sie den Begriff ‚Global City' (**M 8**).
5. Bereiten Sie in Partnerarbeit eine Präsentation ausgewählter Global Cities vor. Recherchieren Sie im Internet und begründen Sie die Position einer von Ihnen ausgewählten Global City (**M 10**).
6. Vergleichen Sie Paris mit Berlin und begründen Sie, warum Berlin nicht zu den Top Ten der Global Cities gehört (**M 9**, **M 10**).
7. Erläutern Sie die Verteilung der Global Cities auf der Erde und begründen Sie die Position der Megastädte in den Entwicklungsländern (**M 7**, **M 9**, **M 10**).

M 11 Containerhafen von Singapur

Singapur – ein Stadtstaat als Global City?

Singapur gehörte bis 1963 zum britischen Kolonialreich und bis 1965 zur Föderation von Malaysia, aus der der Stadtstaat am 9.8.1965 austrat. Seit diesem Tag der Unabhängigkeit ist es Singapur in wenigen Jahrzehnten gelungen, zu den reichsten Staaten der Welt zu zählen. Mit einem BNE pro Kopf von 47 120 US-$ (2012) liegt Singapur auf Platz vier in der Welt. Dabei war die Ausgangslage für diese Entwicklung denkbar schlecht:
- Singapur verfügt über keine nennenswerten Rohstoffe, nicht einmal Wasser oder Baumaterial wie Kies und Sand sind in ausreichender Menge vorhanden.
- Der Hafen hat kein Hinterland und die Industrie keinen Binnenmarkt.
- Der Stadtstaat ist ringsum von Wasser umgeben, was den Austausch mit den Nachbarländern erschwert.
- Singapur kann sich wegen der Insellage nicht ausdehnen.

Die rasante Wirtschaftsentwicklung in den Jahren nach der Unabhängigkeit ist der gezielten Wirtschaftsförderung der Regierung zu verdanken. Bis etwa 1975 betrieb sie eine exportorientierte Industrialisierung. Ausländische Firmen und Kapital wurden angelockt, um in Singapur zu produzieren. Unterstützt wurde die Industrialisierungsstrategie durch eine Bildungspolitik, die weite Teile der Bevölkerung für qualifizierte Jobs fähig machte. Seit etwa 1980 verstärkte die Regierung die ‚Qualifikation durch Bildung'. Nun kamen immer mehr Unternehmen des Hightech-Sektors nach Singapur, um mit den hoch qualifizierten Beschäftigten Gewinn bringende Hightech-Produkte für den Export herzustellen.

Seit der Jahrtausendwende betreibt Singapur eine veränderte ökonomische Strategie: Durch den Ausbau von Universitäten und Forschungseinrichtungen will Singapur nicht nur im Ausland entwickelte Innovationen für die heimische Produktion nutzen, sondern diese selbst erfinden und auch nutzen. Auf diese Weise soll die ökonomische Effektivität weiter gesteigert werden. Die gute Infrastruktur und die günstigen Wohn- und Lebensbedingungen in der Stadt locken internationale Unternehmen und ihr Spitzenpersonal nach Singapur, zumal der Inselstaat auch verkehrsmäßig gut in die globalen Wirtschaftsverflechtungen eingebunden ist.

So liegt Singapurs Hafen an einer der Hauptrouten des weltweiten Schiffs- und Containerverkehrs. Schon während der Kolonialzeit war Singapur Umschlagplatz für Waren zwischen West und Ost. Die verkehrsgeographisch günstige Lage wurde genutzt, indem der Hafen immer stärker ausgebaut wurde. Er ist einer der wichtigsten Häfen für Stückgut- und Containerverkehr.

Die günstige Verkehrslage, eine gute Infrastruktur, politische Stabilität und ein weitgehend deregulierter Finanz- und Wirtschaftssektor haben dazu geführt, dass immer mehr transnationale Unter-

Fläche: 710 km²; 1 Hauptinsel und 60 kleinere Inseln
Einwohner: 5,2 Mio.; Bevölkerungsdichte: 7 301 E/km²
BNE je Einwohner: 47 120 US-$
Ethnien: Chinesen 76,5 %, Malaien 13,8 %, Inder 8 % u. a.
BIP: 277 Mrd. US-$, Anteil: Landwirtschaft 0,1 %, Industrie 27 %, Dienstleistungen 73 %
Exporte: 408 Mrd. US-$, davon u. a. 30 % Elektronik, 18 % Erdölprodukte, 13 % chemische Produkte
Importe: 380 Mrd. US-$, davon u. a. 31 % Erdöl, 24 % Elektronik, 9 % Maschinen
Handelspartner: Export: VR China 22 %, Malaysia 12 %, Indonesien 11 %, USA 6 % u. a.
Import: Malaysia 11 %, USA 10 %, VR China 10 % u. a.

M 12 Steckbrief Singapur (2012)

M 13 Flächennutzungsplan Singapur

nehmen in Singapur ansässig geworden sind. Sie benutzen die Stadt als Kommandozentrum für Hightech-Entwicklung und -produktion sowie auch für die Produktion von Massenware in den Billiglohnländern der Umgebung. Inzwischen haben rund 160 große Banken ihren Sitz in Singapur und die Börse ist der finanzielle Knotenpunkt für ganz Südostasien. Als Ergebnis ist festzuhalten, dass der tertiäre Sektor das entscheidende Standbein der Ökonomie des Stadtstaates ist.

Singapur ist eines der wirtschaftlich liberalsten Länder der Welt. In kaum einem anderen Land finden Großunternehmen günstigere Bedingungen, garantiert die politische Stabilität der Regierung mehr Sicherheit. Im Inneren allerdings ist Singapur geprägt durch die ‚Allmacht' des Staates. Die Regierung sorgt für die Infrastruktur, stellt Wohnungen im staatlich gelenkten Wohnungsbau zur Verfügung, zensiert andererseits aber die Berichterstattung der Medien und beschränkt den Zugang zum Internet. Als Demokratie im westlichen Sinne kann das politische System Singapurs nicht gelten.

Hafen	Fracht (Mio. t)	Hafen	Containerumschlag (Mio. TEU)
Shanghai	590,4	Shanghai	31,7
Singapur	531,2	Singapur	29,9
Tianjin	459,9	Hongkong	24,4
Rotterdam	434,6	Shenzen	22,6
Guangzhou	431,0	Busan	6,2
...		...	
26. Hamburg	132,2	14. Hamburg	9,0

(Quelle: AAPA 2013)

M 14 Die größten Häfen der Welt 2011

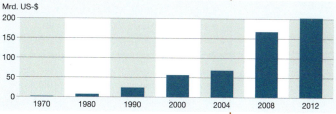

M 15 Beitrag des Dienstleistungssektors zum BIP

8. Beschreiben Sie die ökonomische Entwicklung Singapurs und den damit verbundenen Bedeutungszuwachs.
9. Erläutern Sie die Bedeutung des tertiären Sektors (M 11, M 13, M 15).
10. Beurteilen Sie die Lage Singapurs im Rahmen globaler Handelsströme (M 12, M 14, Atlas).
11. Diskutieren Sie, ob Singapur zu den Global Cities gezählt werden kann.

Webcode: GO645787-343

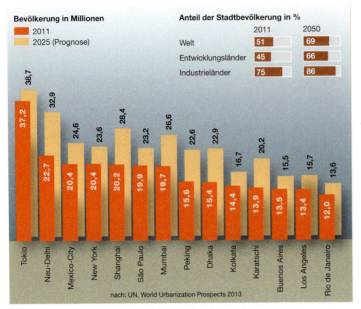

M1 Megastädte von morgen

6. Verstädterung der Erde

Bis in das 18. Jahrhundert hinein lebten Menschen vor allem in Agrargesellschaften, nur ein geringer Teil wohnte in städtischen Siedlungen. Der **Verstädterungsgrad,** das Verhältnis zwischen ländlicher und städtischer Bevölkerung, war insgesamt gering. So lebten um 1800 nur zwei bis drei Prozent der Weltbevölkerung in Städten mit mindestens 20 000 Einwohnern.

Der weltweite Verstädterungsprozess begann mit der Industrialisierung Mitte des 19. Jahrhunderts; um 1900 wohnten bereits 15 Prozent in Städten. Nach dem Zweiten Weltkrieg nahm die Einwohnerzahl in Städten rasant zu, einige Städte entwickelten sich so stark, dass ihre Einwohnerzahl die Millionengrenze überschritt. Erreicht die Einwohnerzahl zehn Millionen, spricht man von einer **Megastadt**. Durch die Ausweitung der Siedlungsfläche können Millionenstädte zusammenwachsen, dann entstehen **Städtebänder**.

Das Aussehen von Städten kann bei gleich hoher Einwohnerzahl unterschiedlich ausfallen, da es u. a. von der Gesellschaftsordnung und den kulturellen Traditionen abhängt. Städte bieten in der Regel ein großes und differenziertes Arbeitsplatzangebot sowie eine Konzentration von Angeboten im Dienstleistungssektor, die wie ein Magnet auf Zuwanderer wirken. Bei steigender Zuwanderung ergibt sich aber auch eine Reihe von negativen Folgen. So entsteht eine verstärkte Nachfrage nach infrastrukturellen Einrichtungen wie z. B. Schulen und medizinischer Versorgung, die oft schwer zu befriedigen ist. Außerdem steigt die Nachfrage nach Wasser und Energie. Mit dem starken Städtewachstum einher geht ein erhöhtes Aufkommen an Abwasser und Abfall. Eine weitere Folge ist die Zersiedlung der Landschaft und die Überformung der stadtnahen Kulturlandschaft. Problematisch ist zudem das starke Verkehrsaufkommen.

Eine besondere Form der Verstädterung zeigt sich in Entwicklungsländern, wo oftmals im Bereich der Hauptstadt oder einer Hafenstadt eine hohe Verdichtung der Bevölkerung zu verzeichnen ist (vgl. z. B. S. 389 Ghana). In ihr konzentrieren sich alle wichtigen politischen, sozialen, ökonomischen und kulturellen Einrichtungen des Landes. Im englischsprachigen Raum ist dafür der Begriff **Primate City** entstanden. Diese konzentrierte Vergroßstädterung wird auch als **Metropolisierung** bezeichnet. Sie ist verbunden mit einer rasanten Flächenausdehnung (vgl. S. 326 Mexico-City).

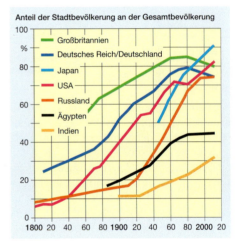

M2 Anteile der Stadtbevölkerung (Städte über 20 000 Einwohner)

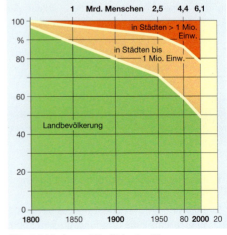

M3 Städtische und ländliche Bevölkerung

Städte anderer Kulturkreise

M 4 Push- und Pull-Faktoren der Land-Stadt-Wanderung

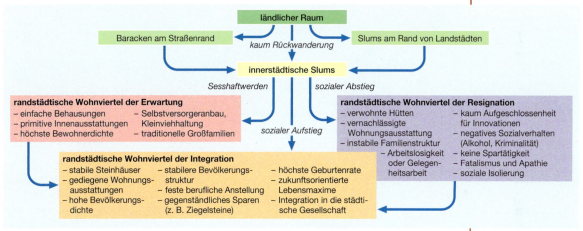

M 5 Ablauf und Folgen der Land-Stadt-Wanderung

Das Ungleichgewicht zwischen ländlichen Regionen und der Metropole hat mehrere Ursachen:
- Lagegunst (z. B. als Hafenstadt),
- historische Bedeutung als Wirtschafts- und Handelszentrum (oft gab es schon in der Kolonialzeit kaum Städte im Hinterland),
- Push- und Pullfaktoren, die zur Landflucht führten.

Gravierende Folgen des Metropolisierungsprozesses zeigen sich vor allem in Städten der Entwicklungsländer. Während die Zentren in Funktion und Aussehen den Cities der Industrieländer immer ähnlicher werden, wachsen an den Stadträndern die **Slums**. In manchen Großstädten wohnen heute bereits rund 50 Prozent der Einwohner in **Marginalsiedlungen**.

M 6 Skyline von Kuala Lumpur (Malaysia)

1. Beschreiben Sie den globalen Verstädterungsprozess bis 2020 (M 1 bis M 3).
2. Erklären Sie den Begriff Metropolisierung (M 2 bis M 6).
3. Erläutern Sie den Vorgang der Binnenmigration Richtung Metropole, vor allem in Entwicklungsländern (M 4).
4. Metropolen wirken anziehend und abstoßend. Erörtern Sie diese Aussage (M 5).

Webcode:
GO645787-345

Stadt-Umland-Beziehungen, Raumordnung

1. Berlin – alte und neue Hauptstadt

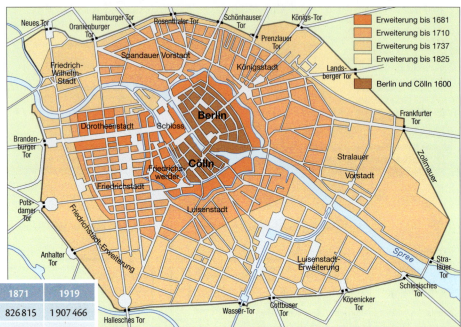

M 1 Doppelstadt Berlin/Cölln um 1825

	1871	1919
Alt-Berlin	826 815	1 907 466
eingemeindete Vororte darunter alte Städte:	105 169	1 896 582
Spandau	20 451	95 513
Köpenick	5 267	32 586
Charlottenburg	19 587	322 792
zu Städten erhobene Dörfer:		
Schöneberg (1898)	4 555	175 093
Neukölln (1899)	8 125	262 128
Wilmersdorf (1906)	1 662	139 406
Lichtenberg (1908)	4 754	144 662
größte Landgemeinden:		
Steglitz	1 899	83 366
Pankow	5 019	57 935
Lichterfelde	989	47 213
Weißensee	467	45 880
Groß-Berlin	931 984	3 804 048

M 2 Einwohnerzahlen Berlins und der Vororte

Stadtentwicklung

Das heutige Berlin geht auf Stadtgründungen des Markgrafen von Brandenburg aus dem 13. Jahrhundert zurück. Dort, wo ein alter Handelsweg an einer Furt über die Spree führte, entwickelten sich die Orte Cölln und Berlin. Cölln, am linken Spreeufer gelegen, wurde 1237 erstmals urkundlich erwähnt, Berlin am rechten Flussufer 1244. In der rasch aufblühenden Doppelstadt siedelten sich neben Handwerkern vor allem Kaufleute an, die u. a. das in der Umgebung angebaute Getreide auf dem Wasserweg bis nach Hamburg vertrieben. Bald war Berlin/Cölln die bedeutendste **Handelsstadt** in der Mark Brandenburg. Nachdem die Hohenzollern zu Beginn des 15. Jahrhunderts vom Kaiser mit der Mark Brandenburg belehnt worden waren, stieg Berlin zur kurfürstlichen **Residenzstadt** auf. Ab 1450 stand ein kurfürstliches Schloss auf der Spreeinsel. Ein Reitweg, der Kurfürstendamm, verband das Stadtschloss mit dem Jagdschloss im Grunewald. Der Bedeutungszuwachs hatte ein rasches Bevölkerungswachstum zur Folge, das durch die Aufnahme und Ansiedlung Tausender Hugenotten sowie Zuwanderern aus der Pfalz, der Schweiz und Böhmen verstärkt wurde. Umfangreiche Stadterweiterungen wurden notwendig (Friedrichswerder 1662, Dorotheenstadt 1674, Friedrichstadt 1688). 1709 erfolgte die Vereinigung der fünf Städte zur **Preußischen Hauptstadt Berlin.** Mit der Gründung des Deutschen Reichs 1871 wurde Berlin **Reichshauptstadt.**

Neben den Wachstumsimpulsen, die Berlin durch die Hauptstadtfunktion erfuhr, gab die im 19. Jahrhundert einsetzende Industrialisierung den Anstoß zu einer fast explosionsartigen Bevölkerungszunahme. Die Industriebetriebe, die sich ansiedelten, konnten an die mittelalterliche Handwerkstradition anknüpfen. Nachdem die Textilverarbeitung zunächst im Vordergrund gestanden hatte, kamen um die Mitte des 19. Jahrhunderts u. a. Elektroindustrie, Metallverarbeitung und Maschinenbau, später auch chemische Industrie und Fahrzeugbau hinzu. Berlin entwickelte sich zu Deutschlands größter **Industriestadt.** Arbeitsuchende aus Brandenburg, später in großer Zahl auch aus Pommern, Schlesien, West- und Ostpreußen, strömten nach Berlin. Leitlinien für die Stadtentwicklung waren die strahlenförmig vom Zentrum in die Umgebung wegführenden Straßen. Diese Radialstraßen wurden teilweise durch Ringstraßen miteinander verbunden; an den Kreuzungen entstanden repräsentative Plätze. Innerhalb von wenigen Jahrzehnten wuchsen Berlin und die an den Ausfallstraßen liegenden Gemeinden und Dörfer zu einer nahezu geschlossenen Stadtlandschaft zusammen.

Zur Unterbringung der Arbeiterbevölkerung wurde der sogenannte Wilhelminische Wohnring errichtet, der durch eine extrem dichte Bebauung der Grundstücke mit Mietskasernen und oft mehreren Hinterhäusern gekennzeichnet war. In Kreuzberg, am Prenzlauer Berg und in anderen Bezirken sind mittlerweile sanierte Viertel aus dieser Bauperiode noch erhalten. Zu bevorzugten Wohngebieten des wohlhabenden Bürgertums entwickelten sich vor allem Vororte im Westen, z. B. Charlottenburg und Wilmersdorf. Die Villenviertel der Oberschicht lagen noch weiter vom Zentrum entfernt. Zwischen Tiergarten und Alexanderplatz entwickelte sich die City Berlins. Der Potsdamer Platz galt vor dem Zweiten Weltkrieg als verkehrsreichste Drehscheibe Europas.

Bereits Ende des 19. Jahrhunderts war Berlin zur mit Abstand größten Stadt im Deutschen Reich herangewachsen und nicht nur das politische, ökonomische und geistig-kulturelle Zentrum Deutschlands, sondern eine **Weltstadt**, die gleichrangig neben London und Paris stand.

Die Koordinierung und Planung für den Großraum wurde lange durch kommunale Grenzen erschwert. Erst 1920 erfolgte die Zusammenfassung von acht Stadt- und 59 Landgemeinden sowie 29 Gutsbezirken zur Einheitsgemeinde **Groß-Berlin**.

Durch zahlreiche Bombenangriffe während des Zweiten Weltkriegs sowie Straßenkämpfe am Kriegsende wurden große Teile Berlins vollständig zerstört. Die Siegermächte teilten die Stadt 1945 in vier Sektoren auf. Die drei Westsektoren erhielten nach Gründung der Bundesrepublik Deutschland 1949 den Status eines Bundeslandes, allerdings mit gewissen Einschränkungen. Der sowjetische Sektor wurde zur Hauptstadt der DDR. 1961 ließen die Machthaber in Ost-Berlin die Berliner Mauer errichten und „zementierten" dadurch die Teilung der Stadt für fast 30 Jahre. Bis 1990 verlief die Entwicklung in West- und Ost-Berlin in getrennten Bahnen. Erst seit der Vereinigung der beiden deutschen Staaten 1990 ist Berlin die neue **Bundeshauptstadt**. Nach jahrzehntelanger Teilung konnten die beiden Stadtteile wieder zusammenwachsen. Zunächst schloss man die bedeutendsten Lücken in den Verkehrsverbindungen, anschließend konnte mit den Planungen für die Gestaltung des neuen Stadtzentrums um den Potsdamer Platz begonnen werden. Von besonderer Bedeutung war der Bau des neuen Regierungsviertels an der Spree. Dabei wurden neben Neubauten (z. B. Bundeskanzleramt) auch historische Gebäude renoviert und einer neuen Nutzung zugeführt, wie beispielsweise das alte Reichstagsgebäude als Sitz des Bundestages. Diplomatische Vertretungen vieler Länder nutzten die alten Standorte der Vorkriegszeit, andere errichteten Neubauten. Der neue Hauptbahnhof Berlins befindet sich in unmittelbarer Nähe des Regierungsviertels und führt Reisende in die direkte Nähe der alten und neuen Wahrzeichen der Stadt. Heute ist der Umbau zur neuen Hauptstadt weitgehend abgeschlossen und Berlin präsentiert sich Besuchern als weltoffene und attraktive Metropole.

Jahr	Fläche in ha	Einwohner
14. Jh.	73	rd. 4000
1640	83	rd. 6000
1709	626	61 000
1815	1 400	193 000
1861	5 920	428 500
1920	87 818	3 803 300
1943	88 370	4 489 700
1945	88 994	2 807 400
1987	88 316	3 117 100
1990	88 908	3 433 659
2000	89 141	3 383 334
2013	89 154	3 419 623
2020	(Prognose)	3 700 000
2030	(Prognose)	3 750 000

M 3
Berlin: Stadtfläche und Einwohnerzahlen

M 4 Regierungsviertel (Luftbild)

1. Beschreiben Sie die Stadtentwicklung von Berlin bis zum Beginn des 20. Jahrhunderts (**M 1** bis **M 3**).
2. Erstellen Sie mithilfe eines Geschichtsbuchs ein Kurzreferat zur deutschen Geschichte zwischen 1945 und 1989 unter besonderer Berücksichtigung Berlins. Gehen Sie dabei auch auf die Folgen der Teilung nach 1945 für die Stadtentwicklung ein.
3. Lokalisieren Sie die Lage wichtiger Regierungsgebäude und nehmen Sie begründet Stellung, ob von einer Regierungs-City gesprochen werden kann (**M 4**, Atlas).

Sozialräumliche Probleme

Berlin ist durch große sozioökonomische Probleme gekennzeichnet. Einerseits bietet die Stadt eine hohe Lebensqualität und attraktive Wohnlagen bei vergleichsweise günstigen Lebenshaltungskosten. Andererseits liegt das Pro-Kopf-Einkommen in Berlin unter dem nationalen Mittelwert. Dies trifft auf keine andere Hauptstadt Europas zu und macht deutlich, dass sich in Berlin Bevölkerungsgruppen mit geringem Einkommen konzentrieren. In manchen „Problemkiezen" liegt der Anteil von Arbeitslosengeld II-Beziehern bei über 40 Prozent. Bei der Pro-Kopf-Verschuldung belegte Berlin Ende 2012 mit 22 000 € Rang 2 aller Bundesländer (NRW ca. 12 500 €).

Die zunehmende Polarisierung in arme und reiche Bevölkerungsschichten führt dazu, dass sich die städtische Gesellschaft sozialräumlich in immer stärkerem Maße differenziert: Auf der einen Seite entstehen Stadtquartiere, in denen sich soziale Probleme häufen, wie z. B. Arbeitslosigkeit, Armut, Bildungsferne, hoher Anteil an Ausländern und Zuwanderern, schlechte Wohnbedingungen und eine hohe Kriminalitätsrate. Dem stehen Stadtviertel gegenüber, in denen sich die wohlhabende Bevölkerung mit hoher Kaufkraft konzentriert. Derartige **Segregations-Tendenzen** haben sich in Städten schon immer nachweisen lassen. Durch die drastische Zunahme sozial benachteiligter Bevölkerungsgruppen kommt es jedoch in zunehmendem Maße zu einer regelrechten Spaltung von Städten. Im Extremfall kann eine solche **Fragmentierung** zur Auflösung der Stadt als einer sozialen Einheit führen, in der das Bewusstsein der Zugehörigkeit zu einem Gemeinwesen verloren geht.

Berlin hat unter den Großstädten Deutschlands eine besonders ungünstige Sozialstruktur. Städtische Förder- und Ausgleichsprogramme sollen helfen, der Fragmentierung entgegenzuwirken. Zudem versucht man, durch ein sogenanntes Quartiersmanagement das Sozialgefüge in den benachteiligten Stadtgebieten zu stabilisieren.

Entwicklungsperspektiven

Die Arbeitsplatzverluste in der Zeit nach 1990, insbesondere im Osten der Stadt, konnten bis heute nicht vollständig kompensiert werden. Allerdings entwickeln sich seit einigen Jahren neue Wirtschaftscluster in Berlin, die einige der vielen Verfügungsflächen ehemaliger Industriestandorte einer neuen Nutzung zuführen. Dabei entstehen vor allem Arbeitsplätze im tertiären Sektor.

Als gelungenes Beispiel gilt der Technologiepark Adlershof im Südosten der Stadt. Dort konnten neben einigen naturwissenschaftlichen Instituten der Humboldt-Universität und anderen Großforschungseinrichtungen auch Unternehmen aus der Privatwirtschaft angesiedelt werden. Auf einer Fläche von mehr als vier Quadratkilometern fanden 2013 fast 15 000 Menschen in über 900 Unternehmen einen Arbeitsplatz. Zu den weichen Standortvorteilen, die für die Ansiedlung von Unternehmen von Bedeutung sind, gehören die verglichen mit anderen Metropolen noch recht günstigen Lebenshaltungskosten sowie die gute Vereinbarkeit von Arbeit und Freizeit.

Weitere positive Entwicklungen verzeichnet Berlin im Bereich der Medien- und Kulturindustrie. In keiner anderen deutschen Stadt wird zudem so viel Wagniskapital investiert, das vor allem in Neugründungen von Unternehmen der IT- und Kommunikationstechnologie fließt.

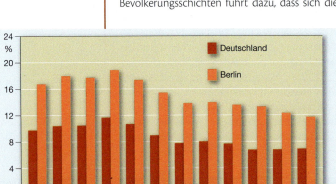

M 5 Arbeitslosenquote in Deutschland und Berlin

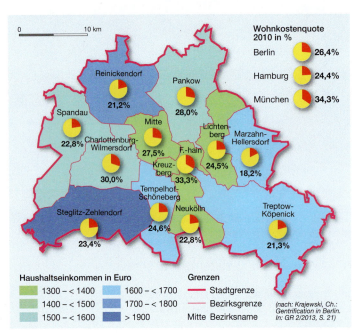

M 6 Mittlere Haushalts-Nettoeinkommen nach Stadtbezirken 2009 und Wohnkostenquote 2010

Von großer Bedeutung ist auch das Tourismusaufkommen, das 2012 mit fast 25 Millionen Übernachtungen in Europa nur von London und Paris übertroffen wurde. Das attraktive Lifestyle-Angebot in vielen Stadtteilen ist zudem ein Magnet für junge Menschen aus dem In- und Ausland.

Prognosen zufolge soll die Bevölkerung bis 2020 um etwa 200 000 Menschen wachsen. Folgen dieses Wachstums sind bereits heute zu beobachten. Die Mietpreise sind in den letzten Jahren deutlich gestiegen und der Wohnimmobilienmarkt boomt. Besonders stark werden Eigentumswohnungen nachgefragt. Diese Entwicklung führt jedoch auch zu steigenden Belastungen in den sozial schwachen Bevölkerungsgruppen, die in zunehmendem Maße auf staatliche Zuschüsse zurückgreifen müssen.

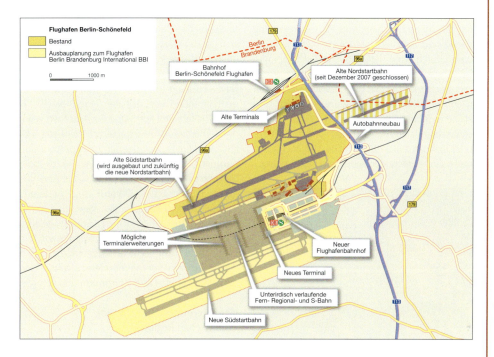

M 7
Lageplan des neuen Hauptstadtflughafens

Der neue Hauptstadtflughafen – ein wichtiges Raumordnungsprojekt

Von besonderer Bedeutung für die weitere Entwicklung Berlins ist der Ausbau der Verkehrsinfrastruktur. Dazu gehört unter anderem ein leistungsfähiges Drehkreuz für den Luftverkehr. Auf Brandenburger Gebiet entsteht dazu als Ausbau des bestehenden Flughafens Schönefeld ein neuer Großflughafen Berlin Brandenburg International „Willy Brandt"(BER), der einmal eine Kapazität von 30 Millionen Passagieren im Jahr erreichen soll. Verbesserte Straßen- und Schienenverbindungen sollen eine gute und schnelle Erreichbarkeit des mehr als 20 Kilometer vom Stadtzentrum entfernten Flughafens gewährleisten. Im Umkreis des Flughafens entwickelt sich auch ein neuer Wirtschaftsstandort mit mehreren Tausend Arbeitsplätzen.

Wegen Planungsfehlern und baulichen Mängeln musste die Eröffnung des Flughafens mehrfach verschoben werden. Nach der Eröffnung des neuen Hauptstadtflughafens soll der Flughafen Tegel geschlossen werden. Der alte Stadtflughafen Tempelhof hat den Betrieb bereits eingestellt.

4. Nennen Sie Merkmale der Fragmentierung von Städten und wenden Sie den Begriff der „fragmentierten Stadt" auf Berlin an. Recherchieren und erörtern Sie, welche besonderen Voraussetzungen für eine sozialräumliche Segregation in Berlin gegeben sind (M 5, M 6, http://www.stadtentwicklung.berlin.de).
5. Begründen Sie die Notwendigkeit einer koordinierten Raumplanung zwischen Berlin und Brandenburg (M 7, Atlas).
6. Erläutern Sie das Strukturkonzept für den neuen Hauptstadtflughafen und erörtern Sie mögliche Interessenkonflikte bei seiner Umsetzung (M 7).
7. Recherchieren und referieren Sie zu möglichen Folgenutzungen für die ehemaligen Flughafenareale Tegel und Tempelhof.

2. Entwicklungen im ländlichen Raum

Stadt-Land-Kontinuum

Der ländliche Raum ist mehr als eine romantische Idylle. Hier gibt es wirtschaftlich starke Regionen, aber auch viele mit hoher Arbeitslosigkeit, Überalterung und starken Abwanderungszahlen.

Als **ländliche Siedlung** wird ursprünglich eine kleine, von Menschen bewohnte Gruppensiedlung mit geringer Arbeitsteilung bezeichnet. Meist war diese durch eine landwirtschaftlich geprägte Siedlungs-, Wirtschafts- und Sozialstruktur gekennzeichnet. Im Zuge der Entwicklung zählten nach und nach auch größere Gemeinden und kleinere Städte dazu. Etwa 90 % der Fläche Deutschlands rechnen zu den ländlichen Räumen; in ihnen lebten 2014 mit 44 Mio. Menschen mehr als die Hälfte der deutschen Bevölkerung.

Im Rahmen der allgemeinen Verstädterung in der Industrie- und Dienstleistungsgesellschaft haben Dörfer und ländlicher Raum einen grundsätzlichen Wandel erfahren: Der Rückgang der Bedeutung der Landwirtschaft als Arbeitsgeber spielte hierbei die entscheidende Rolle, da immer weniger Landwirte ihren Beruf als Vollerwerb ausüben und ihren Lebensunterhalt mit den Einkünften aus der Agrarproduktion bestreiten.

Das wird auch im Erscheinungsbild der Dörfer sichtbar: Viele Gebäude haben eine andere Funktion erhalten, ihre Form und ihr Aussehen geändert. Ehemals landwirtschaftlich genutzte Flächen und Freiflächen wurden z. T. überbaut und nunmehr für Wohnen, Gewerbe, Freizeit oder Verkehrseinrichtungen genutzt. Aus ehemals agrarisch geprägten Dörfern sind vielerorts Wohn- und Schlafsiedlungen geworden, umso stärker, je näher sie zu größeren Städten gelegen sind. Wegen dieses Wandels werden Stadt und Land heute nicht mehr als Gegensatzpaar, sondern als miteinander verbunden aufgefasst und deshalb als **Stadt-Land-Kontinuum** bezeichnet.

Überalterung der Bevölkerung in ländlichen Regionen

Der ländliche Raum steht gegenwärtig vor großen Herausforderungen. Auf der einen Seite hat die Landwirtschaft immer weniger Beschäftigte mit der Folge, dass viele ländliche Regionen eine hohe Abwanderung vor allem junger und qualifizierter Arbeitskräfte aufweisen. Bezüglich der Altersstruktur sind viele ländliche Regionen zu Beginn des 21. Jahrhunderts im Vergleich mit städtischen Regionen sowieso in einer ungünstigeren Situation: Umlandgemeinden größerer Städte waren vor allem in den 1970er- und 1980er-Jahren im Rahmen des **Suburbanisierungsprozesses** Zuwanderungsräume für junge Familien. Durch den Generationswechsel bedingt wird sich bis gegen 2040 der Alterungsprozess der Bevölkerung hier auch ohne Abwanderungen in den alten Bundesländern besonders deutlich bemerkbar machen. Etwas anders sieht es in Ostdeutschland aus. Dort fand in den 1990er-Jahren wegen des zu Zeiten der DDR angestauten Bedarfs nach Wohnen im Grünen, erleichtert durch Steuervergünstigen beim Wohnungsbau sowie vereinfachte Planungsverfahren eine nachholende Wohn- und Gewerbesuburbanisierung statt. Dort wird sich der Alterungsprozess folglich erst ca. 20 Jahre später bemerkbar machen.

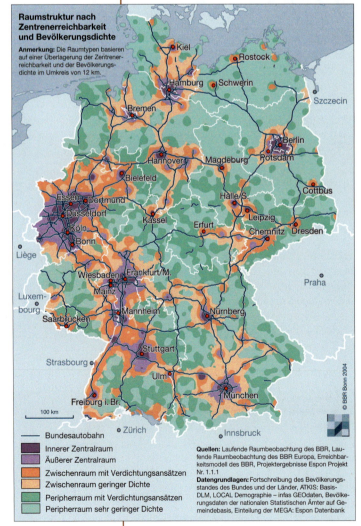

M 1 Zentrenerreichbarkeit

Der ländliche Raum scheint im Standortwettbewerb benachteiligt zu sein. In den Medien wird häufig vom „Ausbluten" der ländlichen Regionen gesprochen, vom Veröden ganzer Landstriche, die in ihrer Entwicklung hinter dem Durchschnitt des Landes deutlich zurückbleiben und „abgehängt" werden.

Seit 1991 versucht die Bundesregierung deshalb, u.a. mithilfe der LEADER-Initiative die Potenziale des ländlichen Raumes zu sichern und stärker zu nutzen. Damit die Anzahl der Arbeitsplätze dort ausgebaut werden und eine gleichwertige Entwicklung von Stadt und Land erreicht werden kann, wurde der **Nationale Strategieplan für die Entwicklung ländlicher Räume 2007–2013** von der Bundesregierung vorgelegt.

Entwicklungsziele für den ländlichen Raum

Damit der ländliche Raum zukunftsfähig gemacht werden kann, hat eine interministerielle Arbeitsgruppe unter Leitung des BMELV folgende Ziele einer nachhaltigen Entwicklung vereinbart:
– hohe Lebensqualität, genügend Arbeitsplätze, gesunde Umwelt,
– flächendeckende Breitbandversorgung,
– leistungsstarke soziale Infrastruktur mit Kindergärten, Schulen und Arztpraxen,
– neue Einkommensmöglichkeiten, zuverlässige soziale Sicherung,
– Kulturlandschaften als Grundlage für Tourismus und Erholung.

Quellenangabe für **M2** (Planungsausschuss für Agrarstruktur und Küstenschutz, c/o Bundesministerium für Ernährung und Landwirtschaft, Rochusstraße 1, 53123 Bonn)

1. Beschreiben Sie die Zentrenerreichbarkeit innerhalb von NRW und Bayern. Erläutern Sie die Konsequenzen für die dort Lebenden (**M1**).
2. Vergleichen Sie die Bevölkerungsprognosen für städtische und ländliche Räume und erörtern Sie die Folgen für die jeweiligen Regionen (**M3**).
3. Erläutern Sie die Leader-Maßnahmen und den Rahmenplan 2014 der Bundesregierung für den ländlichen Raum (Text, **M2**).

Gliederung des Rahmenplans nach Förderbereichen, Maßnahmegruppen und Maßnahmen ab 2014

FB 1: Verbesserung ländlicher Strukturen
A. Integrierte Ländliche Entwicklung
B. Wasserwirtschaftliche Maßnahmen
1.0 Hochwasserschutzanlagen, naturnahe Gewässerentwicklung und Abwasserbehandlungsanlagen. […]

FB 2: Förderung landwirtschaftlicher Unternehmen
A. Einzelbetriebliche Förderung
1.0 Agrarinvestitionsförderungsprogramm (AFP)
2.0 Diversifizierung
B. Beratung

FB 3: Verbesserung der Vermarktungsstrukturen
A. Verbesserung der Verarbeitungs- und Vermarktungsstrukturen landwirtschaftlicher Erzeugnisse
B. Verbesserung der Verarbeitungs- und Vermarktungsstruktur der Fischwirtschaft

FB 4: Markt- und standortangepasste Landbewirtschaftung
Allgemeine Bestimmungen
A. Zusammenarbeit im ländlichen Raum für eine markt- und standortangepasste Landbewirtschaftung
B. Ökologischer Landbau und andere besonders nachhaltige gesamtbetriebliche Verfahren
C. Besonders nachhaltige Verfahren des Ackerbaus oder bei einjährigen Kulturen
D. Besonders nachhaltige Verfahren auf dem Dauergrünland
E. Besonders nachhaltige Verfahren bei Dauerkulturen
F. Besonders tiergerechte Haltungsverfahren
G. Erhaltung der Vielfalt der genetischen Ressourcen in der Landwirtschaft

FB 5: Forsten
A. Naturnahe Waldbewirtschaftung
B. Forstwirtschaftliche Infrastruktur
C. Forstwirtschaftliche Zusammenschlüsse
D. Erstaufforstung

FB 6: Gesundheit und Robustheit landwirtschaftlicher Nutztiere

FB 7: Küstenschutz

FB 8: Benachteiligte Gebiete (nach BMEL 2013)

M2 Rahmenplan 2014 (Auszug)

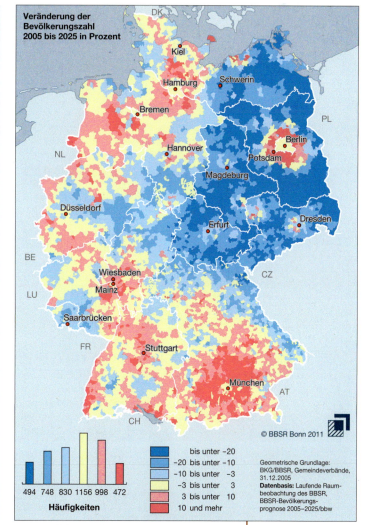

M3 Trend der Bevölkerungsentwicklung bis 2020

M 4 Gemeinde Ascha

Integrierte ländliche Entwicklung

Viele ländliche Siedlungen versuchen, durch Dorferneuerungskonzepte und Entwicklungsstrategien ihre traditionellen Strukturen und ihre dörfliche Identität zu bewahren und sich trotzdem den Anforderungen des 21. Jahrhunderts gewachsen zu zeigen. Dörfer sollen als eigenständige Wohn-, Arbeits-, Sozial- und Kulturräume im dezentralen Siedlungsgefüge gestärkt und weiterentwickelt werden.

Eine wichtige Rolle spielt dabei die „Planung von unten", d. h. eine intensive Bürgerbeteiligung. Denn die lokalen Akteure sind mit regionalen und lokalen Problemen vertraut. Außerdem ist es notwendig, dass in Anbetracht der geringen Flächen- und Einwohnergrößen Dörfer nicht auf sich alleine gestellt sind, sondern in Form von regionalen Arbeitsgemeinschaften, Kooperationen oder interkommunalen Verbünden eine abgestimmte integrierte Entwicklungsplanung betreiben.

Dorfentwicklung in Ascha

Die bayerische Gemeinde Ascha (1257 E.) im Landkreis Straubing-Bogen, zur Region Donau-Wald gehörend, hat zusammen mit 22 weiteren Gemeinden ein integriertes ländliches Entwicklungskonzept (ILEK) der ILE nord23, einer kommunalen Arbeitsgemeinschaft, beschlossen. Ziel ist es, sich gemeinsam im Wettbewerb zu stärken sowie den eigenen ländlichen Standort attraktiv und lebenswert zu gestalten; hierbei werden die ökonomischen, ökologischen und sozialen Potenziale der beteiligten 23 Gemeinden berücksichtigt. Dabei sollen die lokalen Grundvoraussetzungen der Landwirtschaft als prägendes Element der umgebenden Landschaft verbessert, die Innenentwicklung der Dörfer gestärkt, die Siedlungsstruktur zukunftsgerecht entwickelt und bauliche Leitbilder erstellt werden (vgl. S. 353).

Agenda 21 – Gemeinde Ascha – Unser Programm für eine nachhaltige Entwicklung, Fortschreibung 2009

Überblick – Grundsätze

Im Zeitraum von 2000 bis 2007 hat sich in der Gemeinde Ascha viel getan. Mit der vorliegenden Zwischenbilanz soll dargestellt werden, welche Themen und Projekte aus dem im Jahre 2000, im Rahmen der Kommunalen Agenda und der Dorferneuerung, erstellten Aktionsprogramm umgesetzt bzw. bearbeitet wurden und immer noch werden. Bereits im Oktober 2006 wurde in einem Zwei-Tages-Workshop in Bernried die Grundlage für diese Bilanz und für die Fortschreibung des Aktions-Programms gelegt. Das vor ca. 7 Jahren erstellte Programm ist bis heute die Basis einer nachhaltigen kommunalen Entwicklung der Gemeinde Ascha.

Wichtige Ziele daraus, wie
– Erhalt des dörflichen Charakters
– Förderung des Dienstleistungsbereiches
– Ausbau der Infrastruktur
– Reaktivierung des Dorfkerns
– Förderung ökologisch erzeugter Lebensmittel aus der Region
– Streben nach einer autarken Energieversorgung,

sind umgesetzt worden oder sind in ihrer Realisierung schon weit fortgeschritten. Die nachfolgende Darstellung zeigt, dass sich ein erheblicher Prozentsatz der Programmpunkte in aktiver Bearbeitung befindet oder bereits abgeschlossen wurde.

Die Welt um uns herum ändert sich sehr schnell und die Zukunft gehört denen, die sich diesen Veränderungen stellen. „Zukunft durch gesellschaftliche Innovation", so lautete das Motto des Europäischen Dorferneuerungswettbewerbs 2008. Nachhaltigkeit, Erneuerung und Innovation, das sind Aufgabenstellungen, denen wir uns in der Gemeinde Ascha alle miteinander auch weiterhin stellen wollen. Deshalb werden wir unser Aktionsprogramm weiterschreiben, indem wir unseren Leitbildern folgen, neue Visionen erarbeiten, neue Prozesse entwickeln, neue Ziele setzen und die Menschen begeistern. Davon profitieren nicht nur wir, sondern vor allem unsere Kinder.

Wolfgang Zirngibl – Erster Bürgermeister der Gemeinde Ascha

M 5 Agenda 21 – Gemeinde Ascha
(www.ascha.de, Zugriff 01.10.2013)

---

4. Ordnen Sie mithilfe der Informationen unter www.ascha.de die Gemeinde Ascha räumlich ein (M 4).
5. Beschreiben Sie die Zielsetzungen der Agenda 21 und der Fortschreibung des Aktionsprogrammes 2009 (M 5, M 6).
6. Erläutern Sie Gründe, die zur Entwicklung von Dorferneuerungskonzepten in Deutschland geführt haben (Text S. 350–352, M 5).
7. Recherchieren Sie im Internet arbeitsteilig mithilfe der nachfolgenden Stichworte aktuelle Dorferneuerungskonzepte in Deutschland und stellen Sie Ihr eigenes Ergebnis mediengestützt vor: Dorferneuerung, Dorfentwicklung, ILE, ländlicher Raum, Raumentwicklung.

Stadt-Umland-Beziehungen, Raumordnung 353

Wirtschaft Zukunftsvisionen

Zukunft	Bewertung	Maßnahmen / Entwicklung	Umsetzung	Zeitschiene 2006 2010 2020
Fremdenverkehrs-gemeinde Ascha	• Ort mit dörflichem Charakter mit allen aktuellen Freizeitangeboten in einer geordneten Kulturlandschaft	• stressfreies Angebot für Manager • kinder- und familiengerechtes Dorf • Urlaub auf dem Bauernhof ▶ 10 %	• die Anbieter • Gemeinde/Anbieter/Bürger • die Anbieter	→ → →

Landwirtschaft Zukunftsvisionen

Bestand	Bewertung	Maßnahmen / Entwicklung	Umsetzung	Zeitschiene 2006 2010 2020
Erhaltung der bäuerlichen Struktur	• Immer mehr Betriebe werden aufgelöst, Trendumkehr sehr schwierig	• gesichertes Einkommen schaffen, höhere Wertschätzung des Berufes, Honorieren der Leistungen für die „Landschaftspflege" ▶ 80 %	• Verbände, Gemeinde: Förderprogramme, „Landschaftspfennig" Bewusstseinsbildung	→
flächendeckende ökologische Landwirtschaft	• Erhaltung der Kulturlandschaft, notwendig für nachfolgende Generationen	• breiten Absatzmarkt schaffen, Werbung für ökologische Produkte ▶ 10 %	• Verbände, Gemeinde: Förderprogramme	→
Ein Dorf versorgt sich selbst	• Grundvoraussetzung für: Erhaltung der bäuerlichen Struktur, flächendeckender ökologischer Landbau, Energieeinsparung durch kurze Wege	• breiten Absatzmarkt schaffen, Bewusstseinsbildung ▶ 10 %	• Gemeinde, Vereine: bäuerlicher Supermarkt DUE (Dorf und Einkaufen)	→
gesunde Lebensmittel gentechnikfreie Zone	• nachvollziehbare Erzeuger-/Vermarkterkette • gentechnikfreie Saat	• Qualitätssicherungssystem aufbauen • Gentechnikfreiheit erhalten ▶ 50 %	• Landwirte und Vermarkter/Handel • Landwirte und Vermarkter/Handel	→ →

Wasser Zukunftsvisionen

Zukunft	Bewertung	Maßnahmen / Entwicklung	Umsetzung	Zeitschiene 2006 2010 2020
Gewässer • Lebensräume von seltenen Tieren und Pflanzen wiederherstellen • Jeder soll sich vor Hochwasser geschützt fühlen	• Erhöhung der Lebensqualität durch intakte Umwelt	• Güteklasse I für alle Fließgewässer • vollständiger Schutz der Gewässer, flächendeckend ▶ 50 %	• Teilnehmergemeinschaft Flurbereinigung Ascha, Gemeinde, Bezirk, Landratsamt: Gewässerpflegeplan über die Gemeindegrenzen hinaus	→
Trinkwasser • Vollständige eigene Trinkwasserversorgung	• Unabhängigkeit von außen, Qualität prüfbar	• ausreichende eigene Quellen und Brunnen der Gemeinde und deren optimaler Schutz • alle Einsparungsmöglichkeiten nutzen ▶ 60 %	• Teilnehmergemeinschaft Flurbereinigung Ascha, Gemeinde, Landratsamt, Wasserwirtschaftsamt • Gemeinde: Förderung, Bewusstseinsbildung	→ →
Abwasser • Jeder Haushalt hat eine optimale Abwasserentsorgung	• Schutz der Umwelt, Erhaltung der Trinkwasserqualität	• alle vorhandenen Schwachstellen beseitigen, Konzept erstellen für die am besten geeignete Abwasserentsorgung für alle Haushalte ▶ 60 %	• Gemeinde, Wasserwirtschaftsamt, Teilnehmergemeinschaft Flurbereinigung Ascha: Planung und stufenweise Umsetzung	→

M6 Dorferneuerung Ascha

3. Raumordnung und Raumplanung in Deutschland

Siedlungs- und Raumstruktur

Mit dem Begriff „Infrastruktur" wird die Gesamtheit aller staatlichen und privaten Einrichtungen bezeichnet, die für eine ausreichende Daseinsvorsorge sowie für die wirtschaftliche Entwicklung eines Gebietes erforderlich sind. Es wird differenziert in:

Materielle Infrastruktur. Man unterscheidet sie nach zwei Gesichtspunkten: Unter dem Begriff technische Infrastruktur werden Einrichtungen des Verkehrs, der Ver- und Entsorgung sowie der Kommunikation zusammengefasst; die soziale Infrastruktur umfasst die quantitative und qualitative Ausstattung mit Einrichtungen des Bildungs- und Gesundheitswesens.

Personelle Infrastruktur. Die Zahl und die Qualifikation aller Personen, die gesellschaftlich und wirtschaftlich Impulse setzen können, sind Indikatoren für das Funktionieren und die Entwicklungsmöglichkeiten eines Raumes.

Institutionelle Infrastruktur. Vom Entwicklungsstand der Normen und Verfahrensweisen in einer Gesellschaft ist es abhängig, ob eine Volkswirtschaft voll, bedingt oder kaum entwicklungsfähig ist.

M 1 Der Begriff der Infrastruktur

Mit Beginn der Industrialisierung im 19. Jh. begannen eine räumliche Konzentration der Bevölkerung und eine weitreichende Veränderung der Kulturlandschaft. In den wirtschaftlichen Kerngebieten entstanden **Verdichtungsräume,** denen Räume gegenüberstanden, die durch eine negative Wanderungsbilanz und agrarische Nutzung geprägt waren. Dieser Gegensatz ist bis heute erhalten geblieben und beschränkt sich nicht nur auf Industrieländer, sondern ist auch in Entwicklungsländern nachzuweisen.

Die Struktur eines Raumes wird durch die Lage sowie die Wirkung auf die umliegende Region bestimmt. Um Vergleiche ziehen zu können, werden die Siedlungen auf ihre **Zentralität** (Bedeutung für das Umland) und **Verdichtung** (Arbeitsplätze und Bevölkerung) untersucht. Daraus ergeben sich drei wesentliche **siedlungsstrukturelle Regionstypen.**

Mit diesen Begriffen wird zudem ein direkter Bezug zur infrastrukturellen Ausstattung einer Region hergestellt. Während in den städtischen Räumen z. B. in hohem Maße Arbeitsplätze vorhanden sind, fehlt es in den ländlichen Regionen an qualitativ hochwertigen Arbeitsmöglichkeiten. Andererseits haben die Verdichtungsräume mit negativen Begleiterscheinungen wie Umwelt- und Verkehrsbelastungen zu kämpfen.

Der Gegensatz zwischen städtischer und ländlicher Region wird in heutiger Zeit verwischt. Dies ist einerseits in der Veränderung der Arbeitsplatzstruktur hin zu einer Dienstleistungsgesellschaft begründet, zum anderen ist aber auch die Verkehrsinfrastruktur so weit entwickelt, dass die Einzugsbereiche der Verdichtungsräume sich erheblich ausweiten konnten (vgl. S. 350 f.).

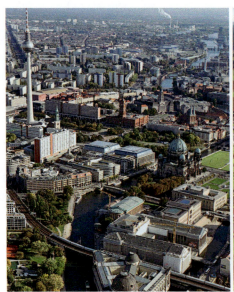

M 2 Räumliche Disparitäten: Verdichtungsraum Berlin und ländlicher Raum Altenrüthen, Kreis Soest

Stadt-Umland-Beziehungen, Raumordnung 355

Abgrenzungskriterien

Städtische Regionen:
a) Mindestens eine Großstadt ≥ 500 000 Einwohner, mindestens 50 % der Einwohner in Groß-/Mittelstädten
oder
b) Einwohnerdichte (ohne Großstädte) ≥ 300 E/km²

Regionen mit Verdichtungsansätzen:
a) Mindestens eine Großstadt, Einwohnerdichte (ohne Großstädte) < 100 E/km²
oder
b) Mindestens 33 % der Einwohner in Groß-/Mittelstädten, Einwohnerdichte 150 – 300 E/km²

Ländliche Regionen:
a) Mindestens eine Großstadt, Einwohnerdichte (ohne Großstädte) > 100 E/km²
oder
b) Weniger als 33 % der Bevölkerung in Groß-/Mittelstädten, Einwohnerdichte < 150 E/km²

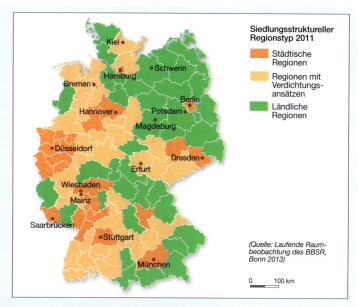

(Quelle: Laufende Raumbeobachtung des BBSR, Bonn 2013)

	Städtische Regionen	Regionen mit Verdichtungsansätzen	Ländliche Regionen
Anzahl Raumordnungsregionen	24	35	37
Fläche in km²	63 358	127 656	166 103
in %	17,7	35,7	46,5
Bevölkerung	38 721 521	25 143 291	17 978 931
in %	47,3	30,7	22,0

M 3 Siedlungsstrukturelle Regionstypen

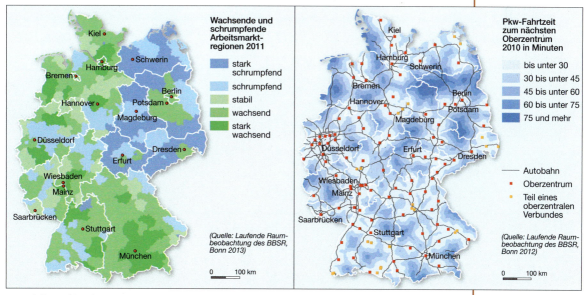

M 4 Aktiv- und Passivräume

1. Lokalisieren und charakterisieren Sie Regionen unterschiedlicher siedlungsstruktureller Regionstypen in Deutschland (**M 1** bis **M 3**, Atlas).
2. Diskutieren Sie die prognostizierten zukünftigen Veränderungen in den Regionen Deutschlands (**M 4**).

Webcode: GO645787-355

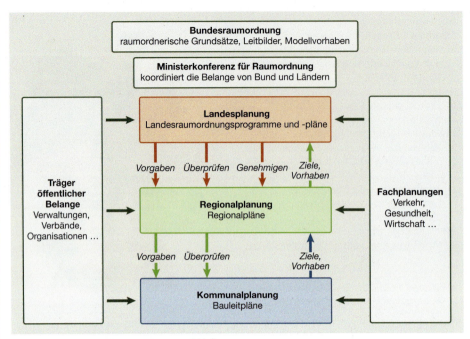

M5 Räumliches Planungssystem in Deutschland

Der Prozess der Raumentwicklung reagiert nur träge auf Veränderungen der gesellschaftlichen, politischen und wirtschaftlichen Rahmenbedingungen. Deshalb kommt es zu **regionalen Disparitäten**, d. h., **Aktivräumen** (Gebieten mit starken wirtschaftlichen Aktivitäten) stehen **Passivräume** (Räume mit unterdurchschnittlicher Entwicklung) gegenüber. Mit dem Raumordnungsgesetz greift der Gesetzgeber ein, um eine gleichmäßige Entwicklung zu fördern. Eine laufende Beobachtung von 96 Raumordnungsregionen (ROR) gibt Aufschluss über die Entwicklung der regionalen Wirtschafts-, Bevölkerungs- und Siedlungsstruktur. Außerdem werden darin die räumlichen Planungen und Maßnahmen auf Bundes- und EU-Ebene dokumentiert. Die Abgrenzung der ROR orientiert sich vorrangig an natur-, sozial- und wirtschaftsräumlichen Gegebenheiten, aber auch an siedlungsräumlichen Verflechtungen und historischen Regionalgliederungen.

M6 Unterschiedlich strukturierte Räume

Indikator	Bundesgebiet	Kreis Uecker-Randow	Stadt Dessau/Rosslau	Kreis Bitburg-Prüm	Stadt Stuttgart	Jahr
Bev.-Dichte[1]	229	44	355	58	2925	2010
Wanderung	1,6	−7,0	−3,1	−0,4	7,1	2010
Einw.[2]	20,6	23,3	28,3	20,3	18,8	2010
Ausländer[3]	8,8	3,8	2,5	6,7	22,5	2010
AusbPlatz	101,3	100,9	93,6	102,6	103,9	2010
I Sektor	0,9	6,6	0,8	10,7	0,1	2010
II Sektor	30,3	21,2	22,3	38,1	20,1	2010
III Sektor	68,8	72,2	76,9	51,2	79,8	2010
Arblosenquote	7,7	16,3	13,0	3,3	6,4	2010
BIP[4]	59,5	42,9	50,3	53,3	68,3	2009
Steuer	626,5	259,4	356,7	442,6	885,4	2010
Bio[5]	52,2	374,6	0,0	147,7	0,9	2009
Arzt	48,5	58,2	44,9	44,7	43,0	2010

[1] E/km^2
[2] Einwohner ≥ 65 Jahre (%)
[3] Ausländer (%)
[4] BIP je Erwerbstätigen (1000 €)
[5] Installierte Bioenergieleistung (Watt/Ew.)

Quelle: Laufende Raumbeobachtung des BBSR 2013

Stadt-Umland-Beziehungen, Raumordnung

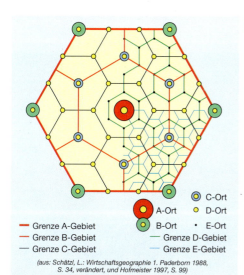

- Grenze A-Gebiet
- Grenze B-Gebiet
- Grenze C-Gebiet
- Grenze D-Gebiet
- Grenze E-Gebiet

○ A-Ort
○ B-Ort
○ C-Ort
○ D-Ort
· E-Ort

(aus: Schätzl, L.: Wirtschaftsgeographie 1. Paderborn 1988, S. 34, verändert, und Hofmeister 1997, S. 99)

Rang	Bezeichnung	Elemente der normalen Ausstattung	Beispielorte
1	Zentraler Ort unterer Stufe	Geschäfte mit Waren des täglichen Bedarfs (Haushalts-, Elektrowaren, Kleintextilien, Wäsche); Handwerke; Kinos, Sparkasse, Apotheke, Ärzte; oft Amtsverwaltung, ländl. Genossenschaften, kleines Krankenhaus	Balve, Sundern (Reg.-Bez. Arnsberg)
2	1 mit Teilfunktionen von 3	Zusätzlich zu 1: Höhere Schule, Fachkrankenhaus	Landstuhl (Pfalz)
3	Zentraler Ort mittlerer Stufe	Spezialgeschäfte; Spar- und Bankinstitute; Fachärzte, Krankenhaus mit Fachabteilungen; Kreisverwaltung, höhere Schulen, Berufsfachschulen	Uelzen, Mayen, Nördlingen
4	3 mit Teilfunktionen von 5	Zusätzlich zu 3: Großwarenhaus, Hochschule	Flensburg, Göttingen
5	Zentraler Ort höherer Stufe	Luxus- und Spezialgeschäfte, Warenhäuser; Sitz höherer Behörden und Wirtschaftsverbände; kulturelle Einrichtungen mit laufenden Veranstaltungen (Ausstellungen, Museen, Theater); Spezialkliniken	Kassel, Münster, Würzburg
6	5 mit Teilfunktionen von 7	Höchste Funktionen einzelner Aufgabenbereiche z. B. als Landeshauptstadt	Bremen, Hannover
7	Zentraler Ort höchster Stufe	Institutionen und Organisationen eines überregionalen Verwaltungs-, Kultur- und Wirtschaftszentrums	Frankfurt/M., Köln, München

Das System der **Zentralen Orte** hat die Raumordnung in Deutschland stark beeinflusst. W. Christaller, ein deutscher Geograph, hat 1933 für Südwestdeutschland nachgewiesen, dass Städte durch ihre funktionale Ausstattung mit dem Umland verbunden sind. Zentrale Orte sind demnach Siedlungen, die Mittelpunkt für den sie umgebenden Bereich sind, in dem sie **zentrale Güter** und **zentrale Dienste** bereitstellen. Dazu gehören z. B. Spezialgeschäfte, Großmärkte, Facharztpraxen, schulische Einrichtungen und Theater sowie Bahnhöfe. Nach dem Umfang dieser Güter und Dienstleistungen werden Zentren höherer und niedrigerer Ordnung unterschieden.

Jedem zentralen Gut liegt eine Reichweite zugrunde, die von der Nachfrage abhängt. Zum einen wird die Untergrenze des Marktes durch die **Umsatzschwelle** bestimmt, das ist derjenige Schwellenwert, unter dem es einem Ort nicht mehr möglich ist, eine Ware bereitzustellen, da ein annehmbarer Gewinn nicht mehr erzielt werden kann. Zum anderen hat auch jeder Markt eine Obergrenze, wo die Leistung von anderen günstiger angeboten werden kann; dies nennt man die **Reichweite eines zentralen Gutes**. Unter der Annahme, dass in alle Richtungen eine gleiche Verkehrsinfrastruktur vorliegt, ergibt die Reichweite eines Produktes im Idealfall eine kreisförmige Struktur, einen Nachfragekegel.

M 7 Das System der Zentralen Orte

Raumordnungskonzepte

In der Vielfalt der Theorien für eine optimale Raumentwicklung findet man in Deutschland eine Verknüpfung von drei verschiedenen Ansätzen.

Das Zentrale-Orte-Konzept: Mit der Klassifizierung von Gemeinden in Klein-, Unter-, Mittel- und Oberzentren wurde bundesweit ein räumliches Ordnungsraster erstellt. Mit diesem Konzept sollen eine räumliche Dezentralisierung und eine Begrenzung von Verdichtungsräumen erreicht werden.

Das Konzept der Entwicklungsschwerpunkte und -achsen: Mit dieser Strategie wird die wirtschaftsräumliche Entwicklung begünstigt. Die Konzentration wirtschaftlicher, politischer und administrativer Aktivitäten fördert die Differenzierung und Spezialisierung des Arbeitsmarktes, optimiert das Kommunikationssystem und minimiert die Verkehrskosten. Diese Wirtschaftsschwerpunkte werden durch Entwicklungsachsen, in denen die infrastrukturellen Einrichtungen ausgebaut werden, miteinander verbunden. Die Systeme der Zentralen Orte und der Entwicklungsachsen ergeben zusammen ein **punkt-axiales Raumordnungskonzept**.

Das Konzept der Vorranggebiete: Auf der Basis der naturräumlichen Ausstattung werden großräumig Gebiete ausschließlich für Landwirtschaft, Industrie oder Erholung genutzt. Damit werden diejenigen Funktionen gefördert, für die eine Region besonders geeignet ist. Mit diesem Konzept wird die funktionale Trennung zwischen Verdichtungsräumen und **peripheren Gebieten** verstärkt.

3. Kennzeichnen Sie Merkmale von strukturschwachen Räumen (S. 355 **M3**, **M6**).
4. Erläutern Sie die Zusammenarbeit der verschiedenen Träger der Raumordnung (**M5**).
5. Setzen Sie die unterschiedlichen Konzepte zur Raumentwicklung jeweils in eine Skizze um (Text).
6. Erläutern Sie das System der Zentralen Orte. Differenzieren Sie dabei unterschiedliche zentrale Güter (**M7**).
7. Erklären Sie, dargestellt an Ihren Einkaufsgewohnheiten für Bekleidung, den Begriff „Reichweite eines zentralen Gutes".

4. Raumplanung im Großraum Paris

M 1 Paris

Die Entwicklung von Paris und seinem Umland

Paris ist seit rund 1500 Jahren Hauptstadt von Frankreich. Die mit der Ernennung zur Hauptstadt verbundenen Rechte und Privilegien, die Gründung der Universität Sorbonne sowie das Aufblühen von Handel und Gewerbe machten Paris im 14. Jh. mit rund 200 000 Einwohnern zur größten Stadt Europas. Im 19. Jh. siedelten sich verstärkt Industriebetriebe in Paris an, die Stadt dehnte sich weiter ins Umland aus. Paris mit seinen Ministerien, Behörden, dem kulturellen Angebot und dem großen Angebot an Arbeitsplätzen zog Menschen aus strukturschwachen Regionen des Landes an.

Nach dem Zerfall des **französischen Kolonialreichs** in den 1960er-Jahren kamen Rückwanderer aus den Kolonien, vor allem aus Algerien, hinzu. Das wachsende Wohlstandsgefälle zwischen Frankreich und seinen ehemaligen Kolonien hat in den letzten Jahren die Zahl der Migranten aus diesen Ländern stark ansteigen lassen. Die wenigsten Migranten finden in Paris selbst eine Bleibe, sondern siedeln sich im Umland, den Vororten der Banlieue an. Bei der Regionalreform 1964 wurde der Großraum um Paris als **Region Ile-de-France** konstituiert. Sie umfasst 12 012 km² und ist in sich sehr heterogen, weshalb man – auch statistisch gesehen – drei Teile unterscheidet: die Kernstadt Paris (Ville de Paris), den inneren Ring (Petite Couronne) und den äußeren Ring (Grande Couronne).

Der Boom schafft Probleme

In den letzten Jahrzehnten hat sich Paris nicht nur zum überragenden Zentrum Frankreichs, sondern auch zu einer **Global City** entwickelt, die immer mehr Institutionen, Großbanken sowie weltweit agierende Unternehmen und demzufolge auch hoch qualifiziertes Personal anzog. Dies musste zwangsläufig zu einem Verdrängungswettbewerb führen. Aus renovierungsbedürftigen Wohnungen wurden Büros oder luxuriöse Appartements. Einkommensschwache Einwohner mussten die Stadt wegen stark steigender Mieten verlassen und sich in den Arbeitervierteln oder in Gemeinden der Ile-de-France eine Wohnung suchen, wo mithilfe schnell errichteter Großwohnsiedlungen des sozialen Wohnungsbaus der Bevölkerungsdruck aufgefangen werden musste. Als Folge dieser Entwicklung hat Paris ein immenses Pendlerproblem: Arbeiter, Dienstpersonal, Angestellte mit niedrigen Einkommen,

	1954	1968	1982	1990	1999	2012
Ville de Paris	2 850	2 591	2 176	2 152	2 116	2 268
Petite Couronne	2 731	3 833	3 905	3 989	4 028	4 471
Hauts-de-Seine	1 118	1 462	1 387	1 392	1 423	1 590
Seine-St.-Denis	845	1 250	1 324	1 381	1 382	15 392
Val-de-Marne	768	1 121	1 194	1 216	1 223	1 342
Grande Couronne	1 736	2 824	3 992	4 520	4 782	5 176
Seine-et-Marne	453	604	887	1 078	1 193	1 339
Yvelines	519	854	1 196	1 307	1 353	1 424
Essonne	351	673	988	1 085	1 133	1 229
Val-d'Oise	413	693	921	1 050	1 103	1 184
Ile-de-France	7 317	9 248	10 073	10 661	10 926	11 915

M 2 Bevölkerungsentwicklung der Ile-de-France (in 1000)

viele davon mit Migrationshintergrund, die außerhalb der Stadt wohnen, pendeln ein. Beschäftigte, die in Paris wohnen, aber in den neu geschaffenen Büros und Industriebetrieben der Ile-de-France arbeiten, pendeln aus. Pro Tag verzeichnet Paris 950 000 **Einpendler** und 340 000 **Auspendler**.

Diese Entwicklungen wurden bereits vor und besonders kurz nach dem Zweiten Weltkrieg deutlich. Nachdem frühere Planungsvorhaben weitgehend gescheitert waren, entschloss sich unter dem Druck der sich auftürmenden Probleme der damalige Staatspräsident Charles de Gaulle zu schnellem Handeln. 1961 wurde eine neue Planungsbehörde für die gesamte Region geschaffen. Ihr Generalbevollmächtigter legte 1965 einen **Raumordnungsplan** vor, der in seinen Grundzügen auch heute noch die entscheidende Planungsgrundlage bildet.

Einer der Grundgedanken des Raumordnungsplans war die Dezentralisierung von Paris. Große Industriebetriebe sollten Paris verlassen und sich außerhalb der Region niederlassen, die frei werdenden Flächen für Bürostandorte oder neue Wohnviertel genutzt werden. Trotz einiger spektakulärer Beispiele (z. B. Verlagerung des Citroen-Werkes in die Bretagne) kam die **Dezentralisierung**, die insgesamt 1 100 Betriebe mittlerer Größe umfasste, bereits in den 1970er-Jahren zum Erliegen. Paris sollte durch derartige Planungsvorhaben nämlich nicht in seiner Hauptstadtfunktion und in seiner Bedeutung als Global City geschwächt werden.

Der Leitplan geht davon aus, dass das Wachstum von Paris räumlich nicht einzuengen ist. Stattdessen soll eine geplante Ausdehnung entlang von **Entwicklungsachsen** erfolgen. Innerhalb der Banlieue sind neue urbane Zentren zu errichten, die sowohl Arbeitsplätze als auch Dienstleistungen für die Bevölkerung anbieten. Außerhalb der Banlieue sollen im Verlauf der Expansionsachsen neue Städte (Villes Nouvelles) errichtet werden, in denen Arbeitsplätze im sekundären und tertiären Sektor anzusiedeln sind, damit die Einwohner der Villes Nouvelles nicht zur Arbeit auspendeln müssen. Den Industrieunternehmen sollen Anreize geboten werden, damit sie ihre Produktionsstätten auslagern. Durch diese Maßnahmen soll das Pendleraufkommen in der Agglomeration verringert werden.

(zusammengefasst nach: Premier Ministre: Schéma directeur d'aménagement et d'urbanisme de la région de Paris. Paris 1965)

M 4 Der Raumordnungsplan von 1965

M 3 Die Probleme häufen sich

Eine schwierige Zwischenbilanz
„Das dynamische Wachstum und die strukturellen Veränderungen haben die Probleme der Stadt ständig verschärft. Dem chronischen Wohnungsmangel wird seit dem Zweiten Weltkrieg durch die Schaffung von Billigwohnraum in Großwohnanlagen am Rande der Innenstadt und in den Außenbezirken zu begegnen versucht. Hierfür hat sich der Begriff Sarcellisation eingebürgert, nach dem nördlichen Pariser Vorort Sarcelles, wo 1954 diese Entwicklung einsetzte. Aber auch der Begriff „Sarcellitis" (la sarcellite) wird hiervon abgeleitet, der das Krankheitsbild der sozioökonomischen Malaise beschreibt, die sich mit diesen modernen Wohnformen verbindet. Auch der gesamte infrastrukturelle Bereich des Pariser Großraums steht seit langem vor teilweise unlösbaren Problemen. Das Verkehrssystem ist chronisch überlastet, zumal das sternförmige Zusammenlaufen aller Verkehrsträger ein Umgehen der Hauptstadt praktisch unmöglich macht. Täglich nutzen rund sieben Mio. Menschen die Pariser Verkehrsbetriebe (Metro, RER und Bus), was nachvollziehbar macht, warum ein Streik dieses Unternehmens allein in diesem Bereich ausreicht, um die gesamte Hauptstadt zu paralysieren. Ähnlich neuralgisch ist die Situation in den Bereichen der Wasserversorgung, der Abwasserentsorgung oder der Müllproduktion, die allein über 4 Mio. Tonnen pro Jahr beträgt. […]
Die Entwicklung zur Primatstadt hat somit einen hohen Preis.

(Aus: Pletsch, A.: Frankreich. Darmstadt 2003, S. 148)

1. Beschreiben Sie die Bevölkerungsentwicklung der Ile-de-France. Unterscheiden Sie dabei zwischen den drei Einheiten Ville de Paris, Petite und Grande Couronne (M 2).
2. Recherchieren Sie im Internet: Ermitteln Sie die Einwohnerzahlen von London, Berlin und Moskau und vergleichen Sie die Bevölkerungsentwicklung dieser Städte mit der von Paris (M 2).
3. Erläutern Sie die Zielsetzungen des Raumordnungsplans von 1965 (M 4, Atlas).
4. Erläutern Sie die aus dem Wachstum von Paris entstehenden Probleme (M 3).

M 5 Blick auf La Défense

Ein citynahes Projekt: La Défense

Vor den Toren von Paris befand sich schon immer am Pont de Neuilly ein Verkehrsknotenpunkt. Von hier aus strömten die Fahrzeuge aus dem westlichen Umland nach Paris hinein. Fahrzeuge, die Paris in Richtung Westen verlassen wollten, wurden am Verkehrsknoten auf die nach vielen Städten führenden Nationalstraßen verteilt. In Spitzenzeiten des Berufsverkehrs kam es regelmäßig zu Staus. 1956 wurde deshalb ein Plan zur Entflechtung des Verkehrs auf mehreren Ebenen beschlossen. Gleichzeitig sollte dieser verkehrsgünstige citynahe Standort zu einem bedeutenden Bürozentrum ausgebaut werden. Der Verkehr wurde entflochten, indem man den Verkehrsträgern verschiedene Ebenen zuordnete. 1958 begann die Entwicklung von La Défense mit der Fertigstellung des Ausstellungspalastes CNIT (Centre National des Industries et des Techniques), das erste Bürohochhaus konnte 1964 seiner Bestimmung übergeben werden. Von Beginn an waren Wohngebäude vorgesehen. Ursprünglich war man im Endausbau von 20 000 Einwohnern ausgegangen, heute sind es 25 000 und bis zum Jahr 2030 werden 40 000 erwartet. Der Grund liegt darin, dass La Défense wider Erwarten auch als Wohnstandort von der Bevölkerung angenommen wird. Der vorläufige Höhepunkt der Entwicklung von La Défense war die 1989 erfolgte Einweihung des neuen Triumphbogens ‚La Grande Arche', welcher in seinen Büroräumen 5 000 Arbeitsplätze bietet. Büroflächen sind in La Défense inzwischen so begehrt, dass das Viertel nach Westen erweitert wird. Seit 2006 werden außerdem die älteren Hochhäuser renoviert und z. T. aufgestockt.

Die Villes Nouvelles – ein Konzept mit Fragezeichen

Zur Entlastung der französischen Hauptstadt sah der Raumordnungsplan von 1965 die Errichtung von **Villes Nouvelles** vor. Diese sollten nicht nur Schlafstädte sein, sondern auch Arbeitsplätze, Schulen und andere zentrale Einrichtungen wie ähnlich große Städte anbieten. Mit staatlicher Hilfe sind die Villes Nouvelles in den letzten Jahrzehnten durch die Errichtung von Universitäten und Fachhochschulen aufgewertet worden. Auch große französische und internationale Konzerne verlegten ihre Forschungs- und Entwicklungszentren in Villes Nouvelles. Das Ziel, dass 80 % der Bewohner der Villes Nouvelles am Wohnort einen Arbeitsplatz finden, wurde jedoch nicht erreicht.

Um die Jahrtausendwende verschärfte sich die Situation auf dem Arbeitsmarkt und dem Wohnungsmarkt in der Ile-de-France. Durch die starke

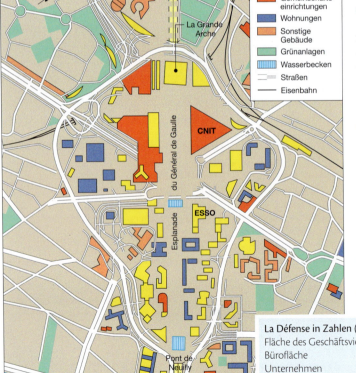

La Défense in Zahlen (2012)			
Fläche des Geschäftsviertels	1,6 km²	Parkplätze	26 000
Bürofläche	3 Mio. m²	Fußgängerzonen, Grünflächen	67 ha
Unternehmen	2 500	Hotels	18
Umsatz	ca. 160 Mrd. US-$	Hotelbetten	2 600
Beschäftigte	180 000	Banken	19
Wohnungen	15 000	Warenhäuser	5
Einwohner	25 000	Restaurants, Cafés	92
		Sonstige Geschäfte	355

M 6 Plan und Daten zu La Défense

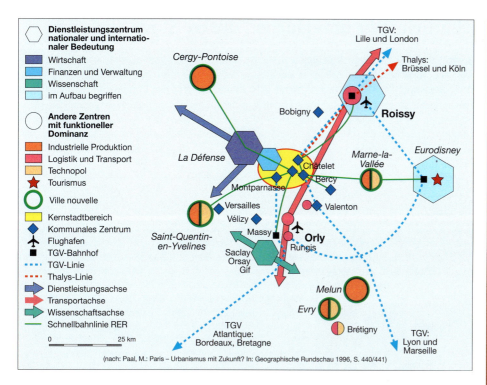

M 7
Neuere Entwicklungen in der Ile-de-France

Die Zukunft der Pariser Agglomeration liegt weniger in den Villes Nouvelles als vielmehr in einer Reihe von aufstrebenden Entwicklungszentren. Wie sehr sich die Dynamik von der Kernstadt in die Banlieue verlagert hat, manifestiert sich in der Lage der wichtigsten Entwicklungsachsen innerhalb der Region. Die Ile-de-France entwickelt sich immer mehr zu einer multipolaren Agglomeration, in der drei Entwicklungsachsen erkennbar sind.

Die Unruhen im November 2005 (in den Banlieues) sind nicht nur gewaltsame Antwort auf die Beleidigungen eines Ministers und auf den Tod zweier Jugendlicher, sondern auch allgemeiner Ausdruck ihrer tiefen Überzeugung von Abstieg und Disqualifizierung; davon sind viele Jugendlichen aus den Arbeitervierteln überzeugt. Um diese Ereignisse zu verstehen, muss man die ethnische Segregation/Ausgrenzung und ihre Ausmaße berücksichtigen. Gleichzeitig brachten die Unruhen die sozialen (Herkunft aus dem Arbeitermilieu), räumlichen (heruntergekommene und stigmatisierte, in hohem Maße abgesonderte Siedlungen) und ethnischen Dimensionen mit ins Spiel (Jugendliche mit afrikanischer Herkunft, die direkt von Diskriminierung und Rassismus betroffen sind). Auf die Ausmaße dieser Ausgrenzung zu beharren, heißt nicht, die Unsicherheit der Jugend, die wachsenden Unterschiede zwischen den Generationen und die wachsende gesellschaftliche Mobilität zu verleugnen. Dies zeigt, dass die Unruhen nicht nur auf Grundlage der gesellschaftlichen Klassen und Altersgruppen entstanden sind, sondern auch durch die urbanen Formen von Unsicherheit einer Randgruppe der Arbeiterklasse und ganz besonders derjenigen mit Migrationshintergrund.

(Quelle: Oberti, M.: Die Unruhen in den französischen Städten. In: www.eurotopics.net/de. Zugriff am 28.01.2010.)

„Wir wohnen hier in unserem Reihenhaus wie in einer Kleinstadt im Grünen. Der Vorteil ist, dass ich nur über die große Avenue gehen muss und schon bin ich auf der anderen Seite im Gewerbeviertel, wo ich in einer Elektronikfirma arbeite. Unsere beiden Töchter gehen noch in die Grundschule, die liegt im Zentrum, unweit unseres Quartiers, bequem zu Fuß zu erreichen. Wenn sie später ins Lycée kommen, können sie mit dem Bus fahren. Die kleinen Einkäufe erledigt meine Frau im Supermarché in unserem Quartier. Für größere Einkäufe fahren wir in den Hyper am Bahnhof, der ist ungefähr 3 bis 4 Kilometer weit weg."

(Ein Hausbesitzer im Quartier ‚Les Saules' in St.-Quentin-en-Yvelines)

M 8
Meinungen zu den Villes Nouvelles

Migration aus Afrika leben heute in der Region rund 700 000 afrikanische Migranten. Viele von ihnen sind arbeitslos und wohnen in beengten Verhältnissen. 2005 und später noch einmal 2012 und 2013 entlud sich der Unmut z. B. in Seine-St.-Denis in gewalttätigen Protesten. Eine Forderung war, die Planungsvorhaben in der Region besser auf die Bedürfnisse der Bewohner abzustimmen.

5. Erläutern Sie, inwieweit die Entwicklung von La Défense der Entlastung des Kernraums förderlich ist (**M 3**, **M 5** bis **M 7**, Atlas).
6. Erläutern Sie das Konzept der Villes Nouvelles im Rahmen des Raumordnungsplans von 1965 (**M 3**) und vergleichen Sie es mit den New Towns im Großraum London.
7. Überprüfen Sie, inwieweit die tatsächlichen Entwicklungstendenzen in der Ile-de-France mit den Vorgaben des Raumordnungsplans von 1965 übereinstimmen (**M 3**, **M 7**).
8. Diskutieren Sie, ob die gegenwärtigen Planungsmaßnahmen und Entwicklungstendenzen in der Ile-de-France den neueren Problemen, vor allem im sozialen Bereich, Rechnung tragen. Machen Sie gegebenenfalls Alternativvorschläge (**M 3**, **M 4**, **M 7**, **M 8**).

5. Methode: Facharbeit „Wir untersuchen unsere Stadt"

Bei der Facharbeit soll beispielhaft erlernt werden, was eine wissenschaftliche Arbeit ist und wie man sie verfasst. Im Fach Erdkunde bietet sich neben dem Literaturstudium auch die originale Begegnung vor Ort an. Dies kann beispielsweise eine Kartierung, Zählung, Befragung oder Messung sein. Dabei gewährleistet die Arbeit vor Ort in besonderer Weise die Eigenständigkeit der Leistung, da jeweils aktuelle, selbstständige Untersuchungen sowie deren Darstellung notwendig sind. Hierbei bietet sich besonders ein Kontakt zum örtlichen Planungsamt der Stadt oder des Kreises an. Zugleich sollten der erforderliche Arbeitsaufwand realistisch eingeschätzt und die Themenstellung entsprechend eingegrenzt werden. Im Folgenden sollen am Beispiel der Stadt Werl Auszüge aus einer konkreten Facharbeit vorgestellt werden.

Stadtporträt

Werl ist mit rund 32 000 Einwohnern (2013) auf 76 km² Fläche die drittgrößte Stadt im Kreis Soest. Als Mittelzentrum der Hellweg-Region liegt Werl in verkehrsgünstiger Lage zwischen Sauerland, Münsterland und Ruhrgebiet. Lange Zeit waren die zentrale Lage am Hellweg und das Salzvorkommen das Kapital der Stadt. Deshalb laden noch heute interessante Gebäude aus der Zeit der Erbsälzer, idyllische Gassen und Straßen mit restaurierten Fachwerkhäusern, die Schlossruine und natürlich die Wallfahrtsbasilika mit dem Mariengnadenbild zu einem Spaziergang ein. Ziel der Wallfahrten ist die aus dem 13. Jahrhundert stammende Madonna in der Wallfahrtsbasilika. Jährlich kommen so rund 100 000 Menschen nach Werl.

Auch das kulturelle Angebot Werls ist beachtlich: Die Kulturabteilung der Stadt, die Stadthalle, das Kultur- & Eventzentrum im Werler Bahnhof sowie viele private Initiativen sorgen für ein abwechslungsreiches Kulturprogramm.

In der schön gestalteten Fußgängerzone mit vielen Einkaufsmöglichkeiten konzentriert sich das Werler Geschäftsleben. Eine Freizeit- und Kulturlandschaft mit über 100 km Wanderwegen, vielfältigen Sporteinrichtungen und dem reizvollen Kurpark mit der Saline laden zu aktiver Erholung ein. Der innenstadtnahe Kurpark mit seinen alten Bäumen und einem funktionsfähigen Gradierwerk bietet Ruhe und Entspannung.

(verändert nach: http://www.werl.de/stadtportraet/ Zugriff: 18.9.2013)

M 1 Werl im Überblick

Phasen	Geplanter Zeitraum
– Themensuche im Vorfeld – Themen-Findung, grober Gliederungsentwurf – Absprache des Themas, des groben Inhalts sowie der Beurteilungskriterien mit dem Lehrer	Termin mit beratendem Lehrer bis Mitte Dez., ggf. noch ein weiterer Termin vor den Ferien
– Informationsbeschaffung (Literatur, 1. Termine mit Experten, Suche nach weiteren Experten, Erkundung und Auflistung möglicher Standorte)	Weihnachtsferien bis Mitte Januar
– Auswertungsphase (detaillierte Auswertung der Materialien, Auswahl der Standorte, Feingliederung, Beratungsgespräch, 2. Termine mit Experten, genaue Erkundung der ausgewählten Standorte)	Mitte Januar bis Ende Januar (an Sicherheitskopien denken)
– Rohfassung (Zielsetzung formulieren, Exkursionsroute festlegen, Karten und Fotos erstellen, Standorte beschreiben, Fazit formulieren) – Reinschrift (vollständige sprachliche und inhaltliche Überarbeitung, Überprüfung aller formalen Vorgaben und Beurteilungskriterien, Titelblatt, Inhaltsverzeichnis usw. anlegen, Korrektur lesen lassen)	Ende Januar bis drei Tage vor Abgabetermin (Mitte Februar), ggf. den Eltern fertige Kapitel zum Korrekturlesen geben

Thema: „Ein Exkursionsführer zur Stadtentwicklung von Werl" (Zeitrahmen: 6 Wochen plus Weihnachtsferien)

M 2 Möglicher Zeitplan für die Erstellung einer Facharbeit

1. Erläutern Sie den Zeitplan (**M 2**) und begründen Sie die Relevanz eines solchen Zeitplans.
2. Beurteilen Sie die Auszüge aus der Facharbeit (**M 3**).
3. Erarbeiten Sie in arbeitsteiligen Gruppen einen Exkursionsführer zur Stadtentwicklung Ihrer Stadt.

Inhaltsverzeichnis

1 **Einleitung**
1.1 Zur Intention und zum Inhalt der Facharbeit 1
1.2 Motivation und Idee 1
1.3 Quellen 1
1.4 Kriterien für die Auswahl der Standorte 1
1.5 Aufbau der Facharbeit 2

2 **Stadtentwicklung im Überblick** 2

3 **Exkursionsroute im Überblick** (Standortkarte) 4
3.1 Schlossruine mit Orientierungskarte 5
3.2 Neuergraben (ehemalige Stadtmauer) 7
3.3 Stadtmodell (Städtisches Museum Haus Rykenberg) 8
3.4 Krämergasse
    (Altstadt) – Alter Markt (Sanierungsgebiet) 8
3.5 Wallfahrtsbasilika 9
3.6 Saline im Kurpark 9

4 **Fazit** 10

5 **Literaturverzeichnis** 10

6 **Persönliche Erklärung** 11

7 **Anhang** 12

Einleitung 1

1 Einleitung

1.1 Zur Intention und zum Inhalt der Facharbeit
Die vorliegende Facharbeit mit dem Thema „Ein Exkursionsführer zur Stadtentwicklung von Werl" soll besonders ortsfremden Besuchern zentrale historische Aspekte der Stadtentwicklung von Werl anhand von ausgewählten Standorten veranschaulichen. Dabei wurden erläuternde Texte und Abbildungen zu den sechs Standorten so gewählt, dass man in einem Zeitrahmen von etwa zwei Stunden die Exkursionsroute eigenständig erkunden kann. Aufgrund dieses Zeitrahmens (Doppelstunde plus Pause) sowie der verständlichen Texte zu den einzelnen Standorten ist der Exkursionsführer auch für eine eigenständige Erkundung durch Schulklassen möglich.
Dieser Exkursionsführer soll aber nur als eine Basis dienen, die durch eigne Erfahrungen jederzeit ergänzt und aktualisiert werden kann. Deshalb wird an entsprechenden Stellen im Text auf weiterführende Informationsquellen hingewiesen.

1.2 Motivation und Idee
Die Entscheidung eine praxisorientierte Facharbeit zu schreiben sowie die festzustellende Beziehungslosigkeit bzw. Unkenntnis vieler Mitschüler zur Stadtentwicklung von Werl führten zu der Idee eines Exkursionsführers. Hinzu kam das Interesse der Stadt Werl sowie meines Betreuungslehrers an einem Exkursionsführer zur Stadtentwicklung.

1.3 Quellen
Das detaillierte Wissen zu den Standorten beruht primär auf dem zweibändigen Sammelband „Werl. Geschichte einer westfälischen Stadt", welcher von Amilie Rohrer und Hans-Jürgen Zacher 1994 herausgegeben wurde. Die Kenntnisse wurden sowohl durch das Studium von weiteren Veröffentlichungen (vgl. Literaturverzeichnis) als auch durch die Befragung und Zusammenarbeit mit einigen Experten vertieft. Für individuelle Führungen, ausführliche persönliche Auskünfte und die Bereitstellung von Materialien möchte ich mich an dieser Stelle nochmals herzlich bedanken.

1.4 Kriterien für die Auswahl der Standorte
Die Standorte wurde so ausgewählt, dass sie zu Fuß zu erreichen sind und jeweils einen Aspekt der Stadtentwicklung von Werl in besonderem Maße veranschaulichen. Hierbei entspricht die Reihenfolge der Standorte nicht dem zeitlichen Verlauf der Stadtentwicklung. Daneben wurde die Exkursionsroute (vgl. Karte) so gelegt, dass man zusätzlich noch an weiteren relevanten Bauwerken vorbeigeht. Diese sollen weitere Aspekte neben den sechs Standorten ergänzen.

Standort: Schlossruine mit Orientierungskarte 5

3.1 Standort: Schlossruine mit Orientierungskarte

Um zur Schlossruine zu gelangen, gehen Sie durch die Eingangshalle (links halten) des Ursulinengymnasiums auf den Schulhof. Im rechten Bereich der Eingangshalle befinden sich das Schlossmodell sowie eine kleine Ausstellung zu den „Katakomben".

Schlossmodell um 1519 der Klasse 10a im Maßstab 1 : 100, (Ort: Eingangshalle des Ursulinengymnasiums)

Aufgrund einer Verschwörung gegen die kurfürstliche Verwaltung verfügte der Landesherr, der Erzbischof von Köln um 1519 die Errichtung des Werler Schlosses am südlichen Rand der Stadtmauer. In erster Linie sollte das Schloss mit seinen Kanonen und ca. 100 Soldaten die Macht des Erzbischofs gegenüber den Bürgern von Werl sichern. So waren vermutlich beide Nordtürme mit Kanonen bestückt, die auf die Stadt gerichtet waren (vgl. Leidinger, 1994, 483). Bei diesem Schloss handelte es sich um eine große Festungsanlage. Allein der Innenhof umfasste eine Fläche von 50 mal 50 Metern. Die Befestigungsmauern hatten eine Höhe von ca. 11 m und eine Stärke von ca. 4,70 m (vgl. Halekotte, 1999, 71f). Zur Veranschaulichung bauten Schülerinnen und Schüler ein Modell des Schlosses nach Angaben des Heimatexperten Herrn Halekotte.

Während des Siebenjährigen Krieges wurde das Schloss stark beschädigt und mit der Zeit baufällig. 1825 begann man mit dem Abbruch des Schlosses. Einen Teil der Kalksandsteine benutzte man, um die nach Hamm führende Landstraße (heutige B 63) zu bauen. Es blieb nur noch der nordöstliche Turm stehen. Mit dem restlichen Bauschutt wurde das Gelände erhöht, so dass sich heute nur noch etwa die Hälfte des Turmes oberhalb der Bodenlinie befindet. Der neue Besitzer ließ um 1828 durch die Überbauung des Wassergrabens die vorhandenen „Keller" um große Gewölbekeller für seine Brauerei erweitern (vgl. Leidinger, 1994, 492f). Dieser unterirdische Bereich der Schlossruine wird heute auch als die „Katakomben" bezeichnet (vgl. S. 6. oben rechts). Ein detaillierter Grundrissplan sowie zahlreiche Fotos der Foto-AG zu den „Katakomben" befinden sich neben dem Schlossmodell in der Schulhalle.
Im Jahre 1888 ging das Schlossgelände in den Besitz der Ursulinen von Werl über, die Mitte der 1970er-Jahre den Neubau des Ursulinengymnasiums hier errichten ließen (vgl. Grundrissplan, S. 6). Heute wird der obere Bereich, der sogenannte „Rittersaal" für schulinterne Feiern sowie Konzerte benutzt.

Standort: Schlossruine 6

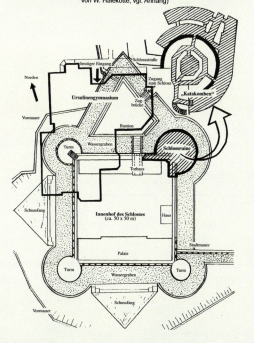

Grundriss vom Werler Schloss um 1519 und dem heutigen Ursulinengymnasium (eigene Zeichnung überarbeitet nach Grundrissplan des Werler Schlosses von W. Halekotte, vgl. Anhang)

M 3 Auszüge aus einer Facharbeit zum Thema: „Ein Exkursionsführer zur Stadtentwicklung von Werl"

Die ausgewählten Facharbeiten zur Stadt Werl sollen einige der vielfältigen Möglichkeiten bei der Untersuchung der eigenen Stadt verdeutlichen. Fachübergreifende Arbeiten sind erwünscht. Zugleich soll der abstrakte Begriff der Facharbeit an diesen Beispielen veranschaulicht werden und bei einer konkreten Themensuche helfen. Dabei sind die skizzierten Gliederungen als eine mögliche Orientierung zu verstehen. Auch die Angabe der unterschiedlichen Informationsquellen ist Bestandteil der Arbeit. Hängt die Ausarbeitung der Facharbeit von einer zentralen Informationsquelle ab (z. B. Sprecher eines Unternehmens oder alte Innenstadtkartierung), sollte deren Verfügbarkeit bzw. deren Wille zur Zusammenarbeit im Vorfeld geklärt werden.

Anhand des Beispiels „H" zum Thema der aktuellen Verkehrsplanung wird veranschaulicht, dass auch mehrere Schülerinnen und Schüler bei unterschiedlicher Schwerpunktsetzung ein Oberthema bearbeiten können.

A
Informationsquellen: Literatur, lokale Zeitungsredaktionen, Internet, ausgesuchte Experten

Bedeutung des Museums „Forum der Völker" für die Stadt Werl
- Museen der Stadt Werl (Einleitung, Standortkarte)
- Museum „Forum der Völker"
  Entwicklung und Zielsetzung
  Analyse des Besucheraufkommens
  Perspektive
- Expertenbefragung zur Bedeutung des Museums „Forum der Völker"
  Museumsdirektor
  Vorsitzender der Kaufmannschaft
  Schuldirektor
  Sprecher der Stadt
- Fazit (sowohl methodische als auch inhaltliche Reflexion)
- Quellenverzeichnis

B
Informationsquellen: Literatur, Internet, Sprecher von Standard Metall, Gemeindestatistik

Standard Metall – ein mittelständisches Unternehmen im Zeitalter der Globalisierung
- Einleitung
- Standard Metall Werl im Überblick
  Lage und Größe des Unternehmens (Karte, Diagramm)
  Produktpalette und Abnehmer
- Entwicklung der Standard-Metall-Werke in Werl (räumliche Expansion über selbst angefertigte Karten)
  Anfänge bis 2013
  Umstrukturierung und Spezialisierung auf hochwertige Rohrprofile
  Perspektiven des Unternehmens
  Umsatz
- Bedeutung für den Arbeitsmarkt in Werl
- Fazit
- Quellenverzeichnis

C
Informationsquellen: Literatur, Leiter der Wallfahrt, Internet

Die Marien-Wallfahrt – Bedeutung für die Stadt Werl
- Einleitung (Vorwort und Ziel)
- Werl wird zum Wallfahrtsort
  Entwicklung der Wallfahrtskirche
  Entwicklung, Art und jahreszeitliche Verteilung der Pilger
- Ökonomische Auswirkungen
- Probleme und Belastungen
- Fazit
- Quellenverzeichnis

D
Informationsquellen: Stadtplanungsamt, Kartierung vor Ort, Expertengespräch

Flächennutzung kritisch betrachtet
- Einleitung
- Der derzeitige Flächennutzungsplan
- Die aktuelle Realnutzung der Flächen (selbst angefertigte Karte)
- Mögliche Ursachen und Folgen der Umnutzung von Flächen
- Kritische Auseinandersetzung mit den Flächenumnutzungen beim Stadtplanungsamt
- Fazit (sowohl methodisch als auch inhaltlich)
- Quellenverzeichnis

E
Informationsquellen: Jugendamt, Stadtplanungsamt, Literatur, Befragung, Expertengespräch

Wünsche von Jugendlichen (12 – 15 Jahre) zur Erweiterung des Freizeitangebotes in Werl sowie deren Realisierbarkeit
- Einleitung
- Bestandsaufnahme des Freizeitangebotes der Stadt Werl für Jugendliche
- Interessenslage der Stadt Werl
- Auswertung einer Befragung von 200 Jugendlichen
- Diskussion und Klärung der Realisierbarkeit favorisierter Wünsche mit der Jugendbeauftragten und der Stadtplanerin
- Kritische Reflexion der Befragung und Diskussion
- Fazit (sowohl methodisch als auch inhaltlich)
- Quellenverzeichnis

Stadt-Umland-Beziehungen, Raumordnung **365**

F

Informationsquellen: Lehrer, Kartierung vor Ort, Literatur, lokale Zeitungsredaktion, Vertreter der Kaufmannschaft

Veränderung des Einzelhandels in der Innenstadt von Werl
- Einleitung
- Bestandsaufnahme Werler Geschäftszone (Innenstadtkartierung)
- Entwicklung des Einzelhandels anhand einer Innenstadtkartierung
- Erklärungsversuche für die aufgezeigten Veränderungen
- Folgen und Gegenmaßnahmen
- Mögliche zukünftige Entwicklungsbereiche
- Fazit (sowohl methodisch als auch inhaltlich)
- Quellenverzeichnis

G

Informationsquellen: Literatur, Heimatverein Werl, Messungen vor Ort

Differenzierung des Klimas in der Stadt Werl und seine Bedeutung für die Wohnqualität
- Einleitung
- Auswertung einer Temperatur- sowie Windmessung im Stadtgebiet (Karte sowie mögliche Ursachen)
- Auswertung einer detaillierteren Untersuchung in zwei Wohngebieten
  Wohngebiet Ost
  Abgrenzung
  Darstellung der Messergebnisse
  Mögliche Ursachen
  Wohngebiet West
  Abgrenzung
  Darstellung der Messergebnisse
  Mögliche Ursachen
- Vergleichende Bewertung der Ergebnisse in Bezug auf die Wohnqualität im Wohngebiet Ost und West
- Fazit
- Quellenverzeichnis

H

Informationsquellen: Gesellschaft für Wirtschaftsförderung und Stadtentwicklung, Stadtplanungsamt, Internet, Literatur, lokale Zeitungsredaktion, Erkundung vor Ort

Aktuelle Verkehrsplanung der Stadt Werl – das Innenstadtkonzept
- Einleitung
- Das Tempo-30-Zone-Konzept (selbst angefertigte Karte)
  Zielsetzung
  Maßnahmen
  Pressestimmen
- Unterführung Grafenstraße (Planungsskizze)
  Zielsetzungen
  Maßnahmen
  Pressestimmen
- Kritische Reflexion des Verkehrskonzeptes Innenstadt
- Quellenverzeichnis

I

Informationsquellen: Gesellschaft für Wirtschaftsförderung und Stadtentwicklung, Internet, Literatur, lokale Zeitungsredaktion, Erkundung vor Ort

Umnutzung von Flächen am Beispiel des KonWerl-Geländes
- Einleitung
- Abgrenzung und Lage (Kartierung)
- Nutzung durch das belgische Militär bis 1994
- Kritische Betrachtung der zivilen Umnutzungsvarianten des KonWerl-Geländes
- KonWerl-Gelände – ein kombinierter Gewerbe- und Wohnpark
- Aktueller Stand der Bebauung des KonWerl-Geländes und mögliche Folgen
- Fazit
- Quellenverzeichnis

J

Informationsquellen: Gesellschaft für Wirtschaftsförderung und Stadtentwicklung, Stadtplanungsamt, Internet, Literatur, lokale Zeitungsredaktion, Erkundung vor Ort, Bürgerinitiative

Verkehrsplanung der Stadt Werl – Die Entwicklung der B 1 kritisch betrachtet
- Einleitung
- Lage und Zielsetzung der B 1-Planung
- Genese und Varianten der B 1 seit 1953
- Die Bürgerinitiative gegen die B 1
- Planfeststellungsverfahren
- Baubeginn der B 1
- Meinungen Betroffener zur B 1
- Kritische Reflexion des gesamten Planungsverfahrens
- Quellenverzeichnis

K

Weitere mögliche Facharbeitsthemen:
- 120 Jahre Ursulinen in Werl und ihre Bedeutung für die Stadt
- Image und „Realität" in zwei ausgewählten Wohngebieten in Werl
- Aussiedler in Werl – Integration oder Segregation?
- Die Eisenbahnlinie – ein trennendes Element der Stadt Werl?
- Das Phänomen der Suburbanisierung auch in Werl?
- Auswirkungen der Geschäfte am Stadtrand auf den Einzelhandel in der Innenstadt

---

1. Erarbeiten Sie die Besonderheiten Ihrer Stadt und formulieren Sie dazu konkrete Themenvorschläge für eine mögliche Facharbeit.
2. Erarbeiten Sie hierzu eine detaillierte Gliederung und benennen Sie mögliche Ansprechpartner bzw. Informationsquellen.

Ordnen / Anwenden / Üben

Veränderung von Leitbildern der Stadtentwicklung

Während des aufkommenden Industriezeitalters im 19. Jh. waren städtebauliche Planungen wenig entwickelt. Sie beschränkten sich auf das Festlegen von Grundrisselementen wie Straßenführung und Straßenfluchten sowie Platzgestaltung (z. B. der Bebauungsplan von Hobrecht für Berlin aus dem Jahre 1862).

Erst das stürmische Bevölkerungswachstum der Städte, die ungeordnete Wohn- sowie Industriebebauung, herrschende Wohnungsnot und technische Neuerungen führten zur Entwicklung von Bauvorschriften und städtebaulichen Konzepten. Um 1870 begann in Deutschland die moderne Stadtplanung. Mit der Entwicklung und dem Wandel der ökonomischen und sozialen Verhältnisse entstanden im 20. Jh. neue Ideen, Leitbilder und Konzepte im Städtebau, deren Umsetzungsergebnisse bis heute Spuren in den aktuellen Stadtstrukturen hinterlassen haben.

1900 bis zum Ersten Weltkrieg

Gartenstadtidee/Gartenstadtmodell in Anlehnung an die Vorstellungen des Engländers Ebenezer Howard, der als Antwort auf das stürmische Wachstum der Großstädte kleinere, locker bebaute und durchgrünte Städte in etwa 50 km Abstand von den Großstädten forderte, die dennoch ausreichend Arbeits- und Versorgungsmöglichkeiten bieten

Zeit zwischen dem Ersten und Zweiten Weltkrieg

Städtebauliches Leitbild der „Moderne"

aufgelockerter, gartenstadtähnlicher Siedlungsbau, Wohnungs- und Städtebau als kommunale Aufgabe, Orientierung auf öffentlichen Nahverkehr	Funktionalismus im Städtebau, Bauhausschule, klare Gliederung der Stadt nach den Funktionen Wohnen, Arbeiten, Freizeit und Verkehr

Wiederaufbau zwischen 1945 und 1960

„Die organische, aufgelockerte, gegliederte Stadt": Dieses Leitbild wurde in beiden Teilen Deutschlands favorisiert, es knüpfte an die Gartenstadtidee und ähnliche Vorstellungen aus nationalsozialistischer Zeit an.

In der Bundesrepublik wurde die Diskussion um modernen Neubau oder traditionsorientierten Wiederaufbau geführt. Es lassen sich zwischen den Städten große Unterschiede im Umsetzen beider Aspekte feststellen. Etwa 1960 war die Aufbauphase abgeschlossen.	In der DDR wurde die Aufbauphase von Beginn an als Neuaufbau aufgefasst, nur vereinzelt erfolgte Wiederaufbau. Einen richtigen Abschluss dieser Aufbauphase gab es nicht. Einzelne Beispiele der „sozialistischen Stadt" entstanden (Eisenhüttenstadt).

1960 bis 1975

„Urbanität durch Dichte"	„Autogerechte Stadt"	„Funktionierende Zentren" als Leitbild in der DDR
Verdichtung und Verflechtung der Nutzungsarten, neue Großwohnsiedlungen entstanden an den Stadträndern (z. B. Gropiusstadt, Märkisches Viertel in Berlin oder Perlach in München)	Modernisierung der Verkehrsinfrastruktur nach den Erfordernissen des motorisierten Individualverkehrs, Stadtautobahnen und citynahe Parkhäuser entstanden	Großstädte wurden mit ihren Innenstädten als Zentren des geistig-kulturellen und politischen Lebens auch für das Umland gesehen, deshalb erfolgten vor allem hier Neubau und Rekonstruktion

1975 bis 1990

Stadterneuerung und Denkmalpflege	Wohnungsbauprogramm vor städtebaulichen Leitlinien
Besinnung auf das historische Erbe, auf identitätsstiftende Rolle gewachsener Stadtstrukturen, behutsamer Stadtumbau, Stadterneuerung, in der BRD durch Städtebauförderung gestützt, in der DDR durch Ressourcenmangel nur vereinzelt in größeren Städten praktiziert, historische Substanz häufig durch Neubau ersetzt	seit Beginn der 1970er-Jahre wurde in der DDR die Städtebaupolitik dem Ziel der Beseitigung des Wohnraummangels untergeordnet, mit vorgefertigten Typenbauten entstanden an den Stadträndern große Wohnkomplexe, in der Regel mit einer Basisversorgung von Bildung, Gesundheit und Handel

nach 1990

Über „ökologische Stadterneuerung" zum Leitbild „nachhaltige Stadtentwicklung"	Leitbildvielfalt
in den 1980er-Jahren erste Ansätze ökologisch verträglicher Stadterneuerung in der BRD, nach 1990 unter dem Stichwort Nachhaltigkeit im vereinigten Deutschland als komplexe Strategie der Stadtentwicklung etabliert	seit Ende der 1990er-Jahre Zunahme der Individualisierung der Stadtentwicklung, durch Stadtmarketing, Entstehen einer Vielzahl von Leitbildern, z. B. die kompakte Stadt, die soziale Stadt, die Stadt als „Bühne", Entstehen von perforierter Stadt und transformierter Stadt

M1 Leitbilder in der deutschen Stadtplanung seit dem 20. Jahrhundert

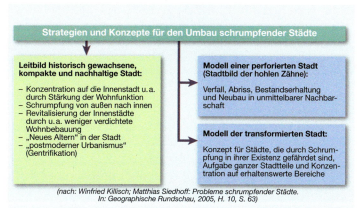

M2 Konzepte für den Umbau schrumpfender Städte

Vor allem in den Städten der östlichen Bundesländer lässt sich ein Schrumpfen der Städte beobachten. Die Ursache dieses Prozesses ist auf die politischen Veränderungen seit den 1990er-Jahren zurückzuführen. Verluste von Arbeitsplätzen im sekundären Sektor, eine Abwanderung von überwiegend jüngeren Arbeitskräften in den Westen und damit verbunden auch eine Überalterung der Stadtbevölkerung haben neben einer ökonomischen Schwächung vor allem zu einem Wohnungsleerstand geführt. Zurzeit steht jede fünfte Wohnung leer, sodass eine Anpassung des Wohnraums wie auch der Infrastruktur erfolgen muss. Mit den Konzepten der **perforierten** Stadt sowie der **transformierten Stadt** sind zwei städtebauliche Leitbilder entwickelt worden, mit denen auf die veränderten Rahmenbedingungen reagiert werden soll. Zudem gerät der suburbane Raum zunehmend in den Fokus der Stadt- und Raumplanung. Dabei wird nicht nur die Zersiedlung der Landschaft, sondern auch die Verödung der Innenstädte kritisch betrachtet.

M4 Strukturelemente der europäischen Stadt

Die Auswirkungen des demographischen und strukturellen Wandels wurden in der Vergangenheit in Bezug auf schrumpfende Großstädte und das Veröden ländlicher Regionen diskutiert. Nun geraten Klein- und Mittelstädte in den Fokus der Betrachtung, auch wenn vielerorts das drohende Szenario noch nicht beachtet wird: Einkaufszentren an den urbanen Rändern ziehen die Einkaufskraft ab. Suburbanisierung und geringer Wohnanteil in den Stadtzentren verstärken diesen Effekt. Die Innenstädte verlieren an Attraktivität. Läden schließen, Schaufenster bleiben leer, Billiganbieter ziehen in die Stadtzentren. Der Trading-Down-Effekt tritt ein. [...] 150 Jahre nach dem letzten großen Strukturwandel, dem von der reinen Handwerker- zur Händlerstadt, muss über eine neue Ausrichtung der Altstädte nachgedacht werden. Wird Stadtentwicklung als dynamischer Prozess begriffen und entsprechend angewandt, kann auf die Auswirkungen des Demografischen Wandels reagiert werden. Was in der Historie der Kleinstädte oft willkürlich geschah, kann heute als bewusstes Mittel verwendet werden. Ein aktives Leerstandsmanagement, eine niedrigschwellige Brachenaktivierung, unkomplizierte Zwischennutzungen etc. können moderne Wege im gemeinsamen Prozess zu einer identitätsstiftenden und trotzdem flexiblen Kleinstadtstruktur sein. [...] (nach: Bundesamt für Bauwesen und Raumordnung -BBR-)

M3 Entwicklungsprozesse in Kleinstädten

M5 Modell der europäischen Stadt

1. Erläutern Sie die Grundsätze der Stadtentwicklung in Deutschland (M1).
2. Überprüfen Sie die Aussagen der europäischen Stadtmodelle (M4, M5, Atlas).
3. Erörtern Sie die unterschiedlichen Prozesse im städtischen Raum (M2, M3).

Webcode:
GO645787-367

Prüfen Sie Ihren Zuwachs an Sach-, Methoden- und Urteilskompetenzen

S Sachkompetenz; **M** Methodenkompetenz; **U** Urteilskompetenz

M 1

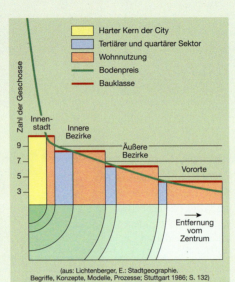

M 2 Bodenpreisgradient und Bauklassen

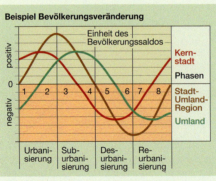

M 3 Phasenmodell der Stadt-Umland-Entwicklung

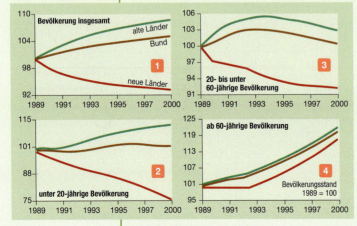

M 4 Bevölkerungsentwicklung

S Definieren Sie folgende Fachbegriffe:
- Dezentralisation
- Fragmentierte Stadt
- Gartenstadt
- Gentrifizierung
- Global City
- Marginalisierung
- Primate City
- Segregationsprozess
- Stadt-Land-Kontinuum
- Stadtumbau
- Städtisches Leitbild
- Suburbanisierungsprozess

Aufgaben allgemein und zu M 1

S/M Ordnen Sie die Fotos begründet städtischen Teilräumen zu und beschreiben Sie die jeweiligen physiognomischen Merkmale.

S Kennzeichnen Sie den Stadtkern einer deutschen Großstadt zu Beginn des 21. Jh. unter physiognomischen, strukturellen und funktionalen Gesichtspunkten.

S/M Entwerfen Sie eine Tabelle, in der in geordneter Form die Phasen des Suburbanisierungsprozesses enthalten sind.

S Erläutern Sie die Gründe, die zur Anlage von „Neuen Städten" (New Towns, Villes Nouvelles) geführt haben.

S „Waterfront Development" u. a. in Tokio, den Docklands in London, der HafenCity in Hamburg: Vergleichen Sie die Planungsziele dieser weltweiten aktuellen Stadtplanung und -entwicklung.

Aufgaben zu M 2

S Beschreiben Sie den Verlauf des Bodenpreisgradienten vom Stadtkern bis zum Stadtrand.

S Erklären Sie diesen Verlauf.

Aufgaben zu M 3

S Vergleichen Sie die Bevölkerungsentwicklung in der Kernstadt, im Umland und in der Gesamtregion, stellen Sie das Ergebnis tabellarisch dar.

U In welcher der Phasen erfolgt eine Zentralisierung, in welcher eine Dezentralisierung?

M Entwerfen Sie ein Schema, das die Möglichkeiten und Maßnahmen enthält, die einer Suburbanisierung entgegenwirken.

Aufgaben zu M 4

S Beschreiben Sie die im Jahr 1989 prognostizierte Bevölkerungsentwicklung für die drei Altersgruppen.

Prüfen Sie Ihren Zuwachs an Sach-, Methoden- und Urteilskompetenzen 369

M 5 Einkaufszentrum Waltersdorf

M Überprüfen Sie mithilfe des Internets diese Prognosen und zeichnen Sie die Kurven bis zur Gegenwart fort.
U Begründen Sie vor dem Hintergrund dieser Bevölkerungsentwicklung stadtplanerische Zielsetzungen.

Aufgaben zu M 5
S Erläutern Sie die relevanten Standortfaktoren für solche Einkaufszentren.
U Erörtern Sie mögliche Folgen für andere städtische Teilräume.

Aufgaben zu M 6
S Erläutern Sie das Leitbild zur Stadtentwicklung der Stadt München.
U Überprüfen Sie, ob dieses dem Prinzip der Nachhaltigkeit entspricht.
U Erörtern Sie die Konsequenzen anhaltender Motorisierung für das Ökosystem Stadt.

Aufgaben zu M 7
S Nennen Sie die Hauptelemente des nordamerikanischen Stadtlandmodells.
S Kennzeichnen Sie das Pendleraufkommen in nordamerikanischen Großstädten und die damit verbundenen Probleme.
S Erläutern Sie die täglichen Pendlerströme in der nordamerikanischen Stadtlandschaft.
U „Das Auto – ein „Muss" für eine lebendige City?" Nehmen Sie hierzu kritisch Stellung.

Aufgaben allgemein zur Raumordnung
M Skizzieren Sie das System der Zentralen Orte nach Christaller.
S Erläutern Sie den raumplanerischen Grundgedanken, der diesem Modell zugrunde liegt.
U Erörtern Sie mögliche Folgen des demographischen Wandels in Deutschland für die zentralörtliche Gliederung.

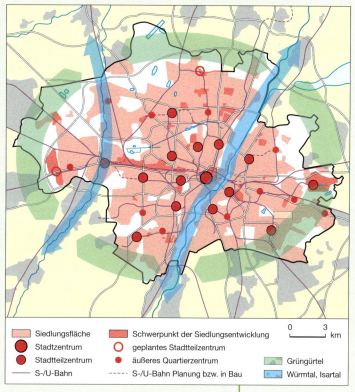

M 6 München – Leitbild der Stadtentwicklung

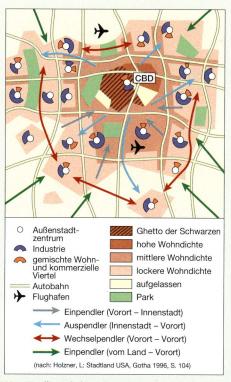

M 7 Pendlerverkehrsrichtungen und Pendleraufkommen im Stadt-Land-Modell

Webcode:
GO645787-369

Zentralabitur 2014
Geographie, Leistungskurs

Name: _____

Abiturprüfung 2014
Geographie, Leistungskurs

Aufgabenstellung:

Thema: Strukturen und Prozesse in Metropolen von Schwellenländern –
Das Beispiel Rio de Janeiro

Teilaufgaben:

1. Lokalisieren Sie die Agglomeration Rio de Janeiro und kennzeichnen Sie deren demographische Entwicklung. (19 Punkte)

2. Erläutern Sie die Entwicklung der funktions- und sozialräumlichen Strukturen in Rio de Janeiro zwischen 1985 und 2007. (33 Punkte)

3. Nehmen Sie kritisch Stellung zu diesen Entwicklungen sowie möglichen Entwicklungsperspektiven Rio de Janeiros. (28 Punkte)

Materialgrundlage:

- M 1: Atlaskarten nach Wahl
- M 2: Rio de Janeiro: Daten und Fakten
- M 3: Bevölkerungsentwicklung der Agglomeration Rio de Janeiro
- M 4: Entwicklungsstand Brasiliens nach Regionen
- M 5: Einkommensverteilung Brasilien 2009
- M 6: Stadtstruktur Rio de Janeiro 1985
- M 7: Stadtstruktur Rio de Janeiro 2007
- M 8: Condominio Nova Ipanema
- M 9: Favela Rocinhá
- M 10: Rio de Janeiro: Entwicklungsimpulse und -tendenzen

Zugelassene Hilfsmittel:

- der an der Schule in der Qualifikationsphase überwiegend verwendete Atlas, in einer für alle Prüflinge gleichen Auflage
- Wörterbuch zur deutschen Rechtschreibung
- Taschenrechner

M 1: Atlaskarten nach Wahl

M 2: Rio de Janeiro: Daten und Fakten

- Hauptstadt und Sitz der Regierung bis 1960
- Einwohner der 4 größten Agglomerationen Brasiliens (2010): São Paulo 19.672.582, Rio de Janeiro 11.875.063, Belo Horizonte 5.413.627, Porto Alegre 3.895.168
- Agglomeration Rio de Janeiro: 10,8 % Anteil am BNE* Brasiliens
- BNE pro Kopf (2010): 25.455 R$** (Vergleich Brasilien: 19.509 R$)
- Beschäftigte nach Wirtschaftssektoren: 4 % Landwirtschaft, 25 % Industrie, 71 % Dienstleistungen
- Wichtige Branchen: Finanzsektor, Medien, Tourismus, Agrarhandel, Pharmazeutische und Chemische Industrie
- Sitz nationaler und internationaler Unternehmen u. a. aus der Energiebranche wie Petrobras (brasilianischer Erdölkonzern), Shell, ExxonMobil und Texaco
- Zwei Drittel aller Haushalte verfügen über fließendes Wasser, 90 % über Elektrizität, 60 % über Anschluss an das Abwassernetz
- Anteil der Bewohner in Elendsquartieren: 7 % (1950), 21 % (2005)
- Tötungsdelikte (2007): 60/100.000 Einwohner (Vergleich Köln: 2/100.000)

* BNE = Bruttonationaleinkommen
** Währung R$ = Real; 1 Real entspricht ca. 0,44 Euro (Stand 02.12.2010)

Quellen:
http://www.ceperj.rj.gov.br/ceep/pib/PIB_Estado_Rio_de_Janeiro_2010.pdf;
http://brasilemsintese.ibge.gov.br/contas-nacionais/pib-per-capita;
http://de.wikipedia.org/wiki/Rio_de_Janeiro;
http://www.finanzen.net/waehrungsrechner/brasilianischer-real_euro (Zugriff jeweils 14.10.2013);
http://www.auma.de/_pages/d/04_MessemaerkteAusland/0402_Laenderprofile/040206_Brasilien/download/Messemarkt_Brasilien.pdf (Zugriff 14.04.2012)

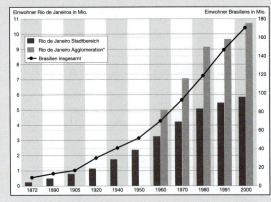

M 3: Bevölkerungsentwicklung der Agglomeration Rio de Janeiro

* statistische Einheit seit 1960

Demographische Daten (2010)	
Rio de Janeiro Stadtbereich	6.323.037
Rio de Janeiro Agglomeration	11.875.063
Brasilien insgesamt	190.755.799

Quelle:
Tilman Krause: Stadtentwicklung in Rio de Janeiro (Brasilien). In: Praxis Geographie, Heft 1/2009, S. 40;
http://www.citypopulation.de/Brazil-RiodeJaneiro.html;
http://www.ibge.gov.br/home/estatistica/populacao/contagem 2007/contagem_final/tabela1_I.pdf
(Zugriff jeweils 21.05.2012)

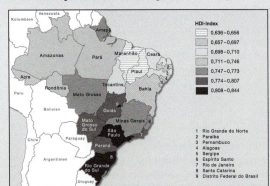

M 4: Entwicklungsstand Brasiliens nach Regionen

Verändert nach:
Tilman Krause: Stadtentwicklung in Rio de Janeiro (Brasilien). In: Praxis Geographie, Heft 1/2009, S. 40

M 5: Einkommensverteilung Brasilien (2009)

Verteilung nach sozialen Schichten

	Oberschicht	Mittelschicht	Unterschicht	Untere Unterschicht
Monatliches Einkommen in R$*	> 4.807	1.115–4.807	768–1.114	< 768
Anteil an Gesamtbevölkerung in %	10,4	49,2	24,3	16,1
Absolut in Millionen	19,4	91,0	43,0	29,9
Anteil am Gesamtvermögen in %	44	46	8	2

* Währung R$ = Real; 1 Real entspricht ca. 0,44 Euro (Stand 02.12.2010)

Entwicklung der Mittelschicht 2003–2009 (in %)*

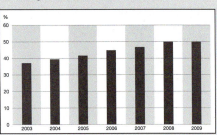

* Anwachsen der Mittelschicht besonders in den Metropolen

Quelle:
http://brazil.willpowergroup.net/tag/brazilian-middle-class/;
http://topforeignstocks.com/2009/1/26/the-brazilian-real-estate-market-is-projected-to-boom/
(Zugriff jeweils 15.06.2012)

M 6: Stadtstruktur Rio de Janeiro 1985

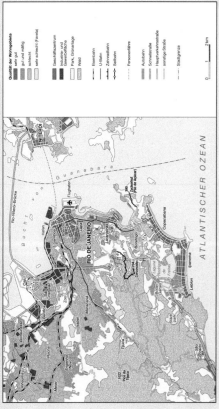

Quelle:
Weltatlas. Große Ausgabe. Cornelsen 1992, S. 175.
ergänzt durch http://www.planetware.com/tourist-attractions-/rio-de-janeiro-bra-rj-r.htm
(Zugriff 17.06.2012)

M 7: Stadtstruktur Rio de Janeiro 2007

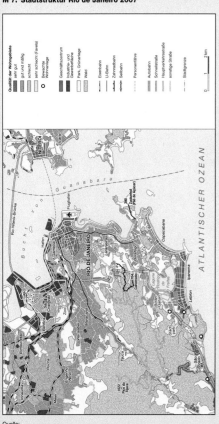

Quelle:
Weltatlas. Große Ausgabe. Cornelsen 1996, S. 175 (verändert und aktualisiert)

M 8: Condominio Nova Ipanema

Anmerkungen:
Condominio Nova Ipanema:
– 1985 Baubeginn, seitdem sukzessiver Ausbau
– Gesamteinwohnerzahl: 3.330 (2009)
– Fläche: ~ 0,3 km²
– Mitarbeiter: 40 (Verwaltung, Sicherheitsdienst, Hausmeister, Gärtner etc.)

Quellen:
Haack Weltatlas. Stuttgart: Klett 2008, S. 205 (verändert);
http://www.novaipanema.com.br/reciclagem_lixo.asp;
http://www.novaipanema.com.br/estat_mor.asp;
http://www.novaipanema.com.br/materia_noticias.asp?bd=noticias&numero=235 (Zugriff jeweils 16.04.2012)

M 9: Favela Rocinhá

Anmerkungen:
aktuell ca. 650–700 Favelas in Rio de Janeiro
Favela Rocinhá:
– Einwohnerzahl: 56.052 nach offiziellen Angaben, geschätzt 150.000–200.000
– Fläche: ~ 0,86 km²

Quellen:
http://www.1mundoreal.org/About%20Rocinha.html;
http://www.ar2com.de/radiofavela-blog/the-practical-urbanity-in-rocinha/;
Foto: mauritius images 03280135

M 10: Río de Janeiro: Entwicklungsimpulse und -tendenzen

Sportgroßprojekte

Die Entscheidung für Rio de Janeiro als Austragungsort der Olympischen Spiele 2016 hat in ganz Brasilien Euphorie ausgelöst. Aufbauend auf die Investitionen, die bereits für die Fußballweltmeisterschaft 2014 in die Stadt fließen, könnte das in die Jahre gekommene Rio de Janeiro eine Renaissance erleben und endlich konsequent seine urbanen Probleme angehen. Neue U-Bahn-Strecken, Buskorridore, eine verbesserte Sicherheitslage, mehr Hotels und eine Wiederbelebung der Hafenregion sind nur einige der Projekte. Die Zahl der Touristen wird nach Schätzung von Fachleuten um 10–15 % ansteigen. Ausbauschwerpunkt der Stadt wird das südlich gelegene Barra da Tijuca sein, wo ein Großteil der Sportstätten und das olympische Dorf entstehen. Die U-Bahn-Linie 4 soll die Verbindung zur Südstadt (Ipanema, Copacabana) herstellen. In Barra da Tijuca dürften auch viele neue Hotels gebaut werden. Insgesamt benötigt Rio de Janeiro, über die WM hinaus, zusätzlich 10.000 bis 12.000 Hotelzimmer, um die olympischen Auflagen zu erfüllen.

Quelle:
http://www.gtai.de/DE/Content/_SharedDocs/Anlagen/PDF/Anlagen-Newsletterkooperationen/newsletter-brasilien-2014-2016-1-2009,property=publicaüonFile.pdf?show=true (ergänzt) (Zugriff 16.06.2012)

Miet- und Immobilienpreise

Die Stadtverwaltung Rio de Janeiros hat seit 2009 damit begonnen, einen Teil der Favelas zu sanieren. Aber Sanierung und die legale Versorgung mit Strom und Wasser erhöhen stetig den finanziellen Druck auf die einkommensschwachen Familien, die jahrelang trotz aller Widrigkeiten dort ausgeharrt hatten. Die Spekulation mit dem eingeschränkten Wohnraum nimmt besonders an den Hügeln im Süden Rio de Janeiros immer drastischere Formen an. In den Vierteln leben auch zunehmend mehr Ausländer oder Mitglieder der Mittelschicht, noch ist Wohnraum dort weitaus günstiger als beispielsweise in den Vorzeigevierteln Botafogo oder Copacabana.

Quelle:
http://www.brasilieninitiaive.de/index.php?option=com_content&view=article&id=203%3Aimmobilienboom-vertreibt-bewohner&Itemid=50 (verändert) (Zugriff 17.06.2012)

Diese Seiten der Abiturprüfung in Originalgröße und die Lösungen der Aufgaben finden Sie im
Webcode: GO645787-371

Globale Disparitäten als Herausforderung

Zu Beginn des 21. Jahrhunderts ist die Welt geprägt von Gegensätzen, ungleichen Lebenschancen und deutlichen Entwicklungsunterschieden. Aufgabe aller muss es sein, zu verhindern, dass die Kluft zwischen armen und reichen Staaten immer größer wird.

Erweiterung der geographischen Kompetenzen

Inhalte
- Unterschiedliche Entwicklungsstände von Ländern
- Indikatoren zur Messung sozioökonomischer Disparitäten
- Internationale Migration und ihre Folgen für Herkunfts- und Zielländer
- Demographische Entwicklung in Industrie- und Entwicklungsländern
- Steuerungselemente der Raumentwicklung

Medien und Methoden
- Weltkarten, Grafiken, Modelle, Theorien, programmatische Texte, Karikaturen
- Indikatorenvergleich, Textanalyse / Sachtexte, Analyse von Fallstudien, Modelltransfer und -kritik, Theorievergleich

Bewertungen
- Entwicklungschancen, -risiken und -strategien in unterschiedlich geprägten Wirtschaftsregionen der Erde
- Wechselwirkungen zwischen Tragfähigkeit, Ernährungssicherung und Migration
- Aussagekraft demographischer und raumordnerischer Modelle
- Effizienz von Maßnahmen zum Abbau lokaler, regionaler und internationaler Disparitäten
- Konsequenzen der Umsetzung unterschiedlicher Leitbilder der räumlichen Entwicklung

Aktionen und Handlungserwartungen
- Planung eines Aktionstages „Viele Nationen – Eine Welt"; Übernahme von Verantwortung für eigenes Handeln im globalen Kontext
- Mitarbeit bei der Umsetzung des europäischen Gedankens
- Reflexion des eigenen umweltgerechten Verhaltens

Foto: Reisezug Indien (2014)

Ausblick: Globale Disparitäten als Herausforderung

Zu Beginn des 21. Jahrhunderts bestimmen zwar auch der ständig wachsende Welthandel, offener werdende Grenzen, Fortschritte in Technik und Wissenschaft sowie rasante Entwicklungen in der Kommunikationstechnolgie die zunehmend vernetzte Welt. Ein weiteres Merkmal der „Einen Welt" sind jedoch die deutlichen Disparitäten zwischen industrialisierten Staaten mit hohem Einkommen und den, sogenannten „Entwicklungs"- und „Schwellenländern", aber auch den „Transformationsländern" der Zentralverwaltungswirtschaften des ehemaligen Ostblocks.

Armut, soziale Ungerechtigkeit, unterschiedliche Bildungs- und damit Berufschancen, Mangel an Demokratie, Unterdrückung, Kriege und Migration prägen weitere Bereiche der Welt neben der Sorge um Ressourcen, großflächige Abholzungen, Erosionsschäden und Wüstenbildung. Diese Kernprobleme, aber auch der zunehmende Mangel an sauberem Trinkwasser bleiben nicht auf einzelne Regionen, Länder und Ländergruppen beschränkt, sondern erhalten eine zunehmend globale Bedeutung.

Gemeinsame Aufgabe der Staatengemeinschaft muss es sein, im Rahmen verabredeter Programme und Strategien eine deutliche Verbesserung der Lebensumstände für einen Großteil der Weltbevölkerung zu erreichen und zu einem Abbau der gegenwärtigen Disparitäten beizutragen. Dies gilt sowohl im Kleinen im europäischen Kontext wie auch großmaßstäblich auf globaler Ebene.

Für Umwelt und Entwicklung als zunächst voneinander unabhängige Größen können keine nationalen, sondern nur globale Lösungen gefunden werden. Nachhaltiger Umgang mit Ressourcen und der Schutz des globalen Ökosystems ebenso wie gerechte und gleichmäßige Zukunftsentwicklung sind verantwortungsvolle Aufgaben der Gemeinschaft der Einen Welt.

M2 ICE im Berliner Hauptbahnhof (2014)

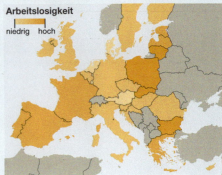

M1 Arm und Reich in der EU

Ausblick: Globale Disparitäten als Herausforderung

Grundbegriffe aus der Sekundarstufe I

Die Zusammenstellung enthält einige grundlegende Fachbegriffe, die Sie aus früheren Jahrgangsstufen kennen sollten und die Sie in diesem Kapitel benötigen.

Aktivraum: Region mit hohem Besatz an Dienstleistungen, Bevölkerungswachstum, hohem Lebensstandard u. a.

Direktinvestition

Disparität, regionale: ungleiche soziale oder ökonomische Lebensbedingungen von Menschen

EFTA (European Free Trade)

Entwicklungsland

Globalisierung

Handelsbilanzdefizit: betrifft den Außenhandel: Negativverhältnis von Importen und Exporten

HDI (Human Development Index)

Industrieland

Marktwirtschaft

Migration: Wanderung einzelner Menschen oder von Gruppen, mit dem Ziel, den eigenen Wohnort dauerhaft zu verändern

Passivraum

Peripherie

Protektionismus: staatliche Maßnahmen zum Schutz der eigenen Wirtschaft, z. B. Handelshemmnisse für Importe: Schutz- und Einfuhrzölle, Mengenbegrenzungen, Qualitätsvorschriften oder durch Subventionen, Absatzgarantien o. a.

Push-und-Pull-Faktor

Raumordnung

Regionalisierung: Gegenbewegung z. B. in Bezug auf Globalisierungstendenzen: Vernetzung wirtschaftlicher Aktivitäten mit dem Ziel: Stärkung der Wettbewerbsfähigkeit; z. B. durch Cluster-Bildung.

Schwellenland: (fast-developing-country) Entwicklungsland mit relativ weit fortgeschrittener Entwicklung; Merkmale: hoher Anteil des sekundären Sektors am BIP; mittlere Einkommen, relativ hoher Energieverbrauch, häufig negative Sozialindices im Vergleich mit den ökonomischen Indikatoren

Strukturpolitik

Terms of Trade: Vergleichswert aus dem Verhältnis von Exportgüter- zu Importgüter-Preisen; für Entwicklungsländer ergeben sich negative Terms of Trade beim Vergleich der für exportierte Rohstoffe und Agrargüter erzielten Erlöse und den für importierte Industriewaren zu zahlenden Preisen

Transformation

Unterernährung

Weltwirtschaftsordnung: Form der internationalen Wirtschafts- und Handelsbeziehungen; die Neue Weltwirtschaftsordnung (NWWO) stellt einen Plan zur Veränderung der Wirtschaftsbeziehungen zwischen Industriestaaten und Entwicklungsländern dar. Hierbei soll die starke Auslandsverschuldung der E-Länder ebenso berücksichtigt werden wie die gegenwärtigen Unterschiede bzgl. Wirtschaftskraft und Lebensbedingungen.

Zentralverwaltungswirtschaft

Angebote zur individuellen Bearbeitung in Einzelarbeit, im Tandem oder in Gruppen

Leben in der Einen Welt (S. 376–387)
- Erstellen Sie arbeitsteilig mithilfe der Internetadresse http://populationpyramid.net Alterspyramiden-Serien für verschiedene Staaten und vergleichen Sie die weltweite Bevölkerungssituation nach Ländern für 2030 – 2050 – 2070.
- Stellen Sie Ihr Ergebnis mediengestützt in Form eines Kurzreferates dar.

Länder unterschiedlichen Entwicklungsstandes (S. 388–403)
- Erarbeiten Sie arbeitsteilig in Gruppen für eines der aufgeführten Länder Ursachen und Bedingungsfaktoren für den gegenwärtigen Entwicklungsstand.
- Ergänzen Sie die Informationen aus dem Buch durch Rechercheergebnisse aus dem Internet.
- Stellen Sie Ihre Ergebnisse in einer Ausstellung zum Thema „Unterschiedliche Entwicklungsstände auf der Erde" dar.

Wanderungen als Folge von Disparitäten in der Einen Welt (S. 404–421)
- Erörtern Sie in Eigenarbeit: „Das 21. Jahrhundert – ein neues Jahrhundert der Völkerwanderung?"
- Präsentieren Sie Ihr Ergebnis in Form eines Vortrags.

Raumentwicklung und Raumordnung in Europa (S. 422–433)
- Vertreten Sie Ihre Position in einer Debatte zum Thema: „Wächst Europa wirklich zusammen?", die Sie kursintern, kursübergreifend oder auch im geeigneten Zusammenhang außerschulisch führen.

Leben in der Einen Welt

1. Wie viele Menschen erträgt die Erde?

Die Bevölkerungsexplosion

Die Weltbevölkerung ist von einem starken Bevölkerungswachstum, insbesondere in den Entwicklungs- und Schwellenländern geprägt. Demographische Ursachen für Bevölkerungsveränderungen werden durch die **Geburtenbilanz** (Geburten minus Sterbefälle) und durch die **Wanderungsbilanz** (Zuwanderungen minus Abwanderungen) beeinflusst. Beide Bilanzen ergeben in ihrer Summe die **Bevölkerungswachstumsrate**.

Zu Christi Geburt lebten rund 160 Millionen Menschen auf der Erde. 1950 waren es bereits 2,5 Milliarden Menschen, davon 68 Prozent in Entwicklungsländern. Bis Mitte 2013 hatte sich die Zahl auf 7,2 Milliarden Menschen erhöht, wovon 82 Prozent in Entwicklungsländern lebten. 2100 werden nach UN-Prognosen im ungünstigsten Fall 16,6 Milliarden Menschen auf der Erde leben. Die UN legen bei ihren Prognosen unterschiedliche Annahmen zur Geburtenentwicklung zugrunde. Bei einer konstanten Variante wird angenommen, dass die Kinderzahl pro Frau mit 2,5 auf dem Niveau von 2010 bleibt. Bei einer hohen Variante würde die durchschnittliche Kinderzahl statistisch um ein halbes Kind höher liegen. Bei der mittleren Variante wird davon ausgegangen, dass die Kinderzahl auf 2,1 sinkt. Die niedrige Variante setzt voraus, dass die Kinderzahl um ein halbes Kind gegenüber 2010 zurückgeht. Die mittlere Variante wird als die wahrscheinlichste Variante angenommen.

Auch die Annahmen zur Lebenserwartung fließen in die Berechnungsergebnisse ein. Für den Zeitraum 2015 bis 2020 wird in den Industrieländern die Lebenserwartung bei der Geburt für Männer mit 75,2, für Frauen mit 81,9 Jahren veranschlagt. Für 2100 legen die UN 86,5 bzw. 91,4 Jahre zugrunde. In den Entwicklungsländern beträgt die Lebenserwartung 2015 bis 2020 bei den Männern 67,5 und bei den Frauen 71,3 Jahre. 2100 wird die Lebenserwartung der Männer auf 79,1 und die der Frauen auf 82,7 Jahre ansteigen.

Region	2013 (in Mrd.)	2050 (in Mrd.)	2100 (in Mrd.)
Industrieländer	1,246	1,303	1,284
Entwicklungsländer	5,891	8,248	9,570
Afrika	1,100	2,393	4,185
Afrika südlich der Sahara	0,926	2,075	3,816
Asien	4,302	5,164	4,712
Ostasien	1,594	1,605	1,262
Südasien	1,779	2,312	2,203
Europa (einschl. Russland)	0,740	0,709	0,639
Nordamerika	0,352	0,446	0,513
Lateinamerika	0,606	0,782	0,736
Ozeanien	0,038	0,057	0,069

(Quelle: UN: World Population Prospects; The 2012 Revision, Vol. I, New York 2013)

M1 Bevölkerungsentwicklung Mitte 2013 bis 2100

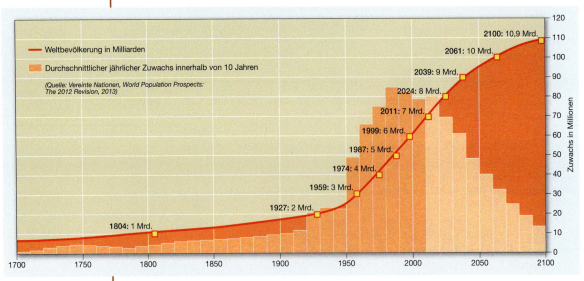

M2 Entwicklung der Weltbevölkerung

Hohe Geburtenrate in Entwicklungsländern

Von 2000 bis 2010 stieg die Bevölkerungszahl in den Entwicklungsländern durchschnittlich um 73 Millionen Menschen pro Jahr, in den Industrieländern um 4,7 Millionen. In den Entwicklungsländern klettert die Bevölkerungszahl schnell. Neben sinkender Kinder- und Säuglingssterblichkeit spielt die Geburtenrate eine große Rolle.
Die Geburtenrate wird als Zahl der Lebendgeborenen pro Jahr je 1000 Einwohner definiert. Dem steht die Sterberate pro 1000 Einwohner gegenüber.
Daraus ergibt sich die **Geburtenbilanz**, d. h. Geburten minus Sterbefälle, und somit die **natürliche Wachstumsrate** einer Bevölkerung. Die Auswirkungen des Bevölkerungswandels durch Zu- oder Abwanderung werden dabei nicht erfasst. Die Entwicklungsländer verzeichneten 2010 je 1000 Einwohner eine Geburtenrate von 22 und eine Sterberate von acht, folglich eine natürliche Wachstumsrate von 1,4 Prozent. Die Industrieländer wiesen 2010 nur 0,2 Prozent aus.
Die Verdopplungszeit gibt die Zeit in Jahren an, in der sich die Bevölkerung eines Gebietes bei konstanter natürlicher Wachstumsrate verdoppelt. Die Weltbevölkerung verdoppelt sich bei einer Wachstumsrate von 1,3 Prozent in 53 Jahren. Für die Entwicklungsländer ergeben sich im Durchschnitt bei hohen Wachstumsraten 43 Jahre. Industrieländer mit einem langsamen Wachstum kommen auf rund 700 Jahre.
Als entscheidender Wachstumsfaktor gilt die **Fruchtbarkeitsrate**, d. h. die Kinderzahl je Frau. Diese lag Anfang der 1950er-Jahre in den Entwicklungsländern bei durchschnittlich sechs je Frau und verringerte sich ab 2010 auf 2,6 Kinder. Im gleichen Zeitraum lagen die Industrieländer bei durchschnittlich 2,8 bzw. 1,7 Kindern je Frau. Bei einer Kinderzahl von 2,1 pro Frau wird das „Ersatzniveau", das Bestanderhaltungsniveau, erreicht. Es gewährleistet die Reproduktion der Bevölkerung. Allerdings geht das Bevölkerungswachstum bei einer niedrigen Fruchtbarkeitsrate wegen des Trägheitseffektes nicht sofort zurück. Denn zunächst rückt noch eine große Zahl junger Menschen in das reproduktionsfähige Alter auf.

Rang	Land 2013	Bevölkerung (in Mio.)	Rang	Land 2100	Bevölkerung (in Mio.)
1	China	1386	1	Indien	1547
2	Indien	1252	2	China	1086
3	USA	320	3	Nigeria	914
4	Indonesien	250	4	USA	462
5	Brasilien	200	5	Indonesien	315
6	Pakistan	182	6	Tansania	276
7	Nigeria	174	7	Pakistan	263
8	Bangladesch	157	8	Kongo, DR	262
9	Russland	143	9	Äthiopien	243
10	Japan	127	10	Uganda	205

(Quelle: nach UN: World Population Prospects: The 2012 Revision, New York 2013)

M 3 Die zehn bevölkerungsreichsten Länder der Welt

Rang	Land	Kinder je Frau 2010–2015	Rang	Land	Kinder je Frau 2095–2100
1	Niger	6,93	1	Sambia	2,80
2	Sambia	6,30	2	Niger	2,51
3	Somalia	6,28	3	Malawi	2,28
4	Mali	6,12	4	Mali	2,24
5	Malawi	5,97	5	Kongo, DR	2,23
6	Afghanistan	5,97	6	Tansania	2,22
7	Osttimor	5,92	7	Burundi	2,20
8	Burkina Faso	5,75	8	Nigeria	2,18
9	Tschad	5,74	9	Komoren	2,17
10	Kongo, DR	5,49	10	Somalia	2,14

(Quelle: nach UN: World Population Prospects: The 2012 Revision, New York 2013)

M 4 Die zehn Länder mit den höchsten Fruchtbarkeitsraten

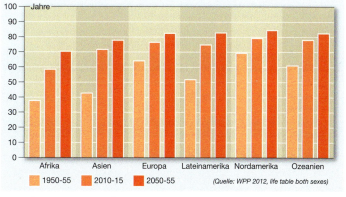

M 5 Lebenserwartung nach Kontinenten und Regionen

1. Erläutern Sie die Ursachen für das Wachstum der Weltbevölkerung. Zeigen Sie regionale Unterschiede auf (**M 1**, **M 2**).
2. Analysieren Sie die Weltbevölkerungsprojektionen (**M 3** bis **M 5**).
3. Erstellen Sie arbeitsteilig mit WebGIS Sachsen (http://www.sn.schule.de/~gis) Weltkarten zum Thema Bevölkerungswachstum, Fruchtbarkeitsrate und Lebenserwartung.
4. Stellen Sie die Informationen aus **M 3** und **M 4** grafisch dar. Wählen Sie dafür die Ihnen am besten erscheinende Darstellungsform und begründen Sie Ihre Wahl.

Demographischer Wandel

Natürliche Bevölkerungsentwicklung

Der Wandel der natürlichen Bevölkerungsbewegungen von hohen Geburten- und Sterberaten zu vergleichsweise niedrigen Raten wird als **demographische Transformation** bezeichnet. Anfangs- und Endphase bilden für sich eine Art relatives Gleichgewicht. Die Entwicklungsabschnitte dazwischen kennzeichnen den **demographischen Übergang**.

Eingeleitet wird dieser durch einen Entwicklungsabschnitt, in dem die Überlebenschancen der Menschen sich deutlich verbessern, gleichzeitig aber die Zahl der Kinder hoch bleibt oder sogar kurzfristig noch ansteigt. Daraus ergibt sich eine Bevölkerungsschere, da Geburten- und Sterberaten auseinanderklaffen. In dieser Transformationsphase nimmt die Bevölkerung schnell zu. Je später sich die Bevölkerungsschere öffnet, desto geringer fällt die natürliche Wachstumsrate aus, die sich aus der Differenz von Geburten- und Sterberate ergibt.

Übertragung auf Entwicklungsländer

Das Modell des demographischen Wandels entstand aus den Beobachtungen der Bevölkerungsentwicklung in Europa, Nordamerika und Australien der vergangenen 200 Jahre. In den Entwicklungs- und Schwellenländern nahmen die Geburten- und Sterbeziffern jedoch ganz andere Ausmaße an als in Europa. Die Sterberate nimmt seit Mitte des 20. Jahrhunderts stark ab, während der Rückgang der Fruchtbarkeitsrate verzögert einsetzt. Folglich bleibt es über einen langen Zeitraum bei einer positiven Bevölkerungsentwicklung. Ein schneller Transformationsprozess findet bei den meisten Entwicklungsländern nicht statt, im Gegenteil: Sie befinden sich schon über 50 Jahre in der Übergangsphase, ohne dass ein Ende abzusehen wäre.

Das Modell erlaubt es, verschiedene Länder im Hinblick auf den Stand ihrer demographischen Entwicklung zu typisieren. Aber die Prognosefunktion für Entwicklungsländer muss angezweifelt werden, da der Rückgang der Kinderzahl zu stark betont wird. Zudem schwanken die wirtschaftlichen, sozialen und kulturellen Bedingungen zwischen Bevölkerungen und Regionen.

Altersstruktur

Der **demographische Wandel** bewirkt eine Veränderung der Altersstruktur, welche die Verteilung einer Bevölkerung auf die einzelnen Altersjahrgänge spiegelt. In der Regel werden drei Lebensabschnitte zugrunde gelegt: Kindheit und Jugend bis 14 Jahre, Erwerbstätigkeit bis 64 Jahre, Ruhestand ab 65 Jahre.

In den Industrieländern steigt der Anteil der über 65-Jährigen an der Gesamtbevölkerung schnell an: von 17,4 % (220 Mio. 2015) über 25,8 % (336 Mio. 2050) bis auf 28,7 % (368 Mio. 2100). In den Entwicklungsländern steigt der prozentuale Anteil der über 65-Jährigen weniger schnell: von 6,3 % (384 Mio. 2015) über 14 % (1,1 Mrd. 2050) bis auf 21 % (2 Mrd. 2100).

Bei den 0- bis 14-Jährigen verändern sich die absoluten Zahlen zwischen 2015 und 2100 wenig. In den Industrieländern ist mit einem Rückgang von 208 000 (2015) auf 202 000 (2100) zu rechnen. Für die Entwicklungsländer betragen die absoluten Zahlen 1,7 Mrd. (2015), 1,8 Mrd. (2050) und wieder 1,7 Mrd. (2100).

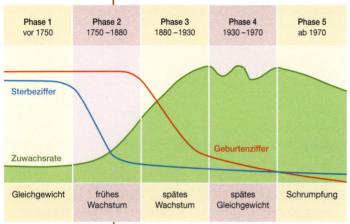

M 6 Modell des demographischen Übergangs in Europa

1. Prätransformative Phase – Vorbereitung
Agrargesellschaft mit hoher Geburten- und Sterberate, geringe Lebenserwartung wegen Hunger, Seuchen und Kriegen, geringes Bevölkerungswachstum

2. Frühtransformative Phase – Einleitung
Frühe Wachstumsphase, gleichbleibende Geburtenrate (rd. 38 ‰) einer frühindustriellen Gesellschaft, sinkende Sterberate, Öffnung der Bevölkerungsschere dank besserer Ernährung und Fortschritten in der Medizin

3. Mitteltransformative Phase – Umschwung
Fortsetzung des Sterblichkeitsrückgangs, beginnende Verringerung der Geburtenraten, Änderung des generativen Verhaltens, Altersversorgung nicht mehr allein durch viele Kinder, Geburtenrückgang durch verändertes Konsum- und Freizeitverhalten, Empfängnisverhütung

4. Spättransformative Phase – Einlenkung
Niedrige Geburten- und Sterberate, kleinere Zuwachsraten in der Industriegesellschaft, nur noch langsames Ansteigen der Bevölkerungszahl

5. Posttransformative Phase – Ausklang
Übergang in die Dienstleistungsgesellschaft, Absinken der Geburtenrate zum Teil unter Sterberate wegen der veränderten Lebensbedingungen und Wertvorstellungen

M 7 Phasen des demographischen Übergangs

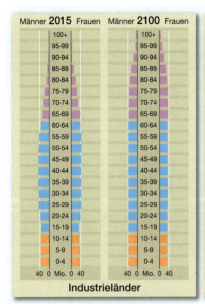
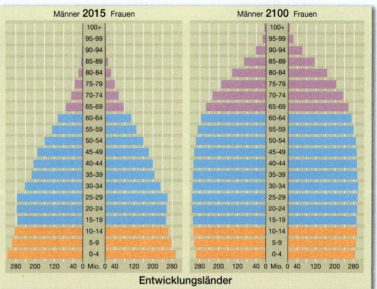

M 8 Bevölkerungsaufbau in Industrie- und Entwicklungsländern 2015 und 2100

Alterspyramiden

Die Altersstrukturen lassen sich an den Pyramiden ablesen. Bei der für Entwicklungsländer typischen **Pyramidenform** ist jeder neugeborene Jahrgang größer als der vorangegangene. Die hohe Geburtenrate korrespondiert mit einer früh einsetzenden Sterblichkeit. Die Lebenserwartung ist relativ gering. Beispielländer sind Niger, Indien und Chile.

Die Glockenform spiegelt, dass Jahr für Jahr nahezu die gleiche Zahl von Kindern geboren wird. Das Ersatzniveau, d. h. die notwendige Kinderzahl zum Ersatz der Elterngeneration, beträgt 2,1 Kinder pro Frau. Die Lebenserwartung nimmt deutlich zu, aber die Bevölkerungszahl wächst nur langsam. Beispielländer sind Schweden und die Schweiz.

Bei der Urnenform ist jeder neugeborne Jahrgang kleiner als der vorangehende. Wegen der gleichbleibenden oder rückläufigen Sterberate schrumpft die Bevölkerung allmählich. Im demographischen Wandel entspricht das der 4. Phase im Endstadium bzw. dem Beginn der 5. Phase. Konstante Geburten- und Sterberaten führen zu konstanter Altersgliederung und können zu gleichbleibenden Schrumpfungsraten führen. Urnenformen sind typisch für überalterte Gesellschaften in Industrieländern wie Deutschland.

Auswirkungen

Industrie- und Entwicklungsländer weisen in der 4. Phase als Gemeinsamkeit die Überalterung der Gesellschaft infolge sinkender Geburtenraten und gleichzeitig wachsender Lebenserwartung auf. Damit verändern sich die Lebensbedingungen aller Altersgruppen, sodass Konflikte zwischen den Generationen nicht ausgeschlossen werden können. China steuert bereits politisch die Bevölkerungsentwicklung und nimmt damit seit 2010 Engpässe in der Gesundheits- und Altenversorgung in Kauf. Aber auch in den Industrieländern werden zukünftig Bevölkerungsrückgang und demographische Alterung die sozialen Sicherungs- und Infrastruktursysteme vor große Probleme stellen. Insbesondere wird sich der Altenquotient, auch „Alterslastenquotient" genannt, d. h. das Verhältnis der über 65-Jährigen zu den 15- bis 64-Jährigen, dramatisch verändern. In Deutschland beispielsweise wird der Anteil der Jugendlichen und Erwachsenen (15- bis 64-Jährige) von 54,2 Mio. (2015) auf 29,8 Mio. (2100) zurückgehen.

Der demographische Wandel beeinflusst jedoch nicht nur die Höhe der Renten, sondern betrifft zahlreiche soziale Bereiche (z. B. Wohnungsgrößen und Gesundheitsversorgung).

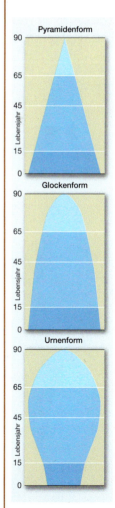

M 9 Alterspyramiden

5. Erläutern Sie das Modell des demographischen Wandels (**M 6**, **M 7**).
6. Vergleichen Sie den demographischen Übergang in Industrie- und Entwicklungsländern und begründen Sie die Entwicklung in den einzelnen Phasen (**M 6**, **M 8**).
7. Stellen Sie die Vorteile einer ausgeglichenen Altersstruktur in einer Gesellschaft in Form einer Mindmap dar (**M 8**, **M 9**).

Bevölkerungstheorien

Als **Tragfähigkeit** definiert man das Verhältnis zwischen Bevölkerungszahl, Eigenschaften des Naturraumes sowie den sozialen, kulturellen und räumlichen Organisationsformen. Das Problem einer zu hohen Bevölkerungszahl im Vergleich zur Nahrungsmittelerzeugung beschäftigte im Laufe der Jahrhunderte die Menschen immer wieder.

Im 18. Jahrhundert befassten sich Wissenschaftler mit dem nur beschränkt verfügbaren Boden als Produktionsfaktor. Auch Geistliche befassten sich mit der Frage der Tragfähigkeit der Erde. Der preußische Geistliche Johann Peter Süßmilch („Die göttliche Verordnung in den Veränderungen des menschlichen Geschlechts aus der Geburt, dem Tode und der Fortpflanzung desselben") legte 1741 die Obergrenze bei sieben Milliarden Menschen fest. Seiner Auffassung nach ergab sich der Wohlstand einer Gesellschaft aus dem Wert der Gesamtproduktion minus der Löhne für die Arbeitskräfte.

Lange Zeit wurden die Möglichkeiten, den **Nahrungsspielraum** durch Verbesserungen in der Landwirtschaft zu vergrößern, als zu optimistisch eingeschätzt. Ein Wandel in der Beurteilung trat erst ein, als 1798 der anglikanische Pastor und Nationalökonom Thomas Robert Malthus in seiner Schrift „Essay on the Principle of Population" (Das Bevölkerungsgesetz) zu dem Schluss kam, dass die Erde mit damals einer Milliarde Menschen bereits übervölkert sei. Malthus ging davon aus, dass die Bevölkerung exponentiell wachsen würde, d. h. nach geometrischem Muster entsprechend der Abfolge 1-2-4-8-16 usw. Hat ein Paar in einer Generation vier Kinder und die nachfolgende Generation wieder vier Kinder pro Paar, so verdoppelt sich die die Bevölkerung nach jeder Generation. Das Nahrungsmittelangebot stiege hingegen wie eine Gerade nur in arithmetischer Progression (1-2-3-4-5 usw.). Damit drohe eine Versorgungsfalle mit Massenelend, Hungersnöten und einer Reduzierung der Bevölkerung.

Neo-Malthusianer berufen sich heute wieder auf dieses Bevölkerungsgesetz und sehen einen ökologischen Kollaps auf die Erde zukommen. Sie begründen ihre Behauptungen mit den z. T. katastrophalen Lebens- und Arbeitsbedingungen in den Entwicklungsländern. In der Vergangenheit führten jedoch weder Bevölkerungsanstieg noch Nahrungsmittelknappheit zum Ende der Menschheit oder setzten eine Grenze für das Wachstum. Im Gegenteil: In manchen Regionen der Erde stiegen die Nahrungsmittel- und Industrieproduktion sowie die Energieerzeugung stärker als die Bevölkerungszahl.

Dennis Meadows („Die Grenzen des Wachstums") geht von der These aus, dass die Bevölkerung und das Produktionskapital die Motoren des exponentiellen Wachstums in der Gesellschaft sind. Auch Armut führe zu Bevölkerungswachstum. Irgendwann werde die Weltbevölkerung jedoch aufhören zu wachsen; entweder weil die Geburtenrate weiter abnimmt oder die Sterberate zunimmt. Denkbar ist ebenfalls, dass beide Faktoren zusammentreffen.

M 10 Karikatur (Tony Millionaire)

M 11 Die Schere zwischen Nahrungsangebot und -produktion nach Malthus

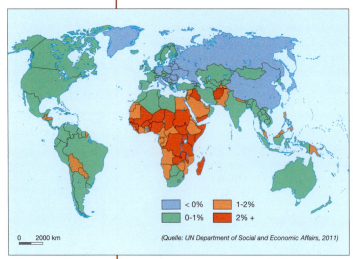

M 12 Jährliche Wachstumsrate der Bevölkerung 2010 – 2050

Dynamik des Bevölkerungssystems

Links ist die positive *Rückkopplung* dargestellt, die zu exponentiellem Wachstum führen kann. Je größer die Bevölkerung, desto mehr Geburten erfolgen pro Jahr. Auf der rechten Seite erkennt man eine *negative Rückkopplung*: Je mehr Todesfälle, umso mehr schrumpft der Bevölkerungsbestand. Während positive Rückkopplungen zu explosivem Wachstum führen, wirken negative Rückkopplungen tendenziell wachstumsregulierend; sie halten ein System in einem akzeptablen Entwicklungsbereich oder bringen es wieder in einen stabilen Zustand, in dem die Bestandsgrößen [...] konstant bleiben.

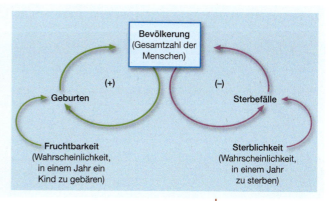

M 13 Rückkopplungen der Geburten und Sterbefälle

In diesem Szenario entwickelt sich die globale Gesellschaft auf gewohnte Weise weiter, ohne größere Abweichungen von der Politik, die sie im 20. Jh. lange Zeit verfolgt hat. Die weitere Zunahme von Bevölkerung und Produktion wird schließlich gestoppt, weil nicht erneuerbare Ressourcen immer knapper werden. Um den Ressourcenfluss aufrecht zu erhalten, sind immer größere Investitionen erforderlich. Diese fehlen dann in anderen Sektoren der Wirtschaft, was schließlich dazu führt, dass die Produktion von Industriegütern und Dienstleistungen immer weiter zurückgeht. Als Folge werden auch weniger Nahrungsmittel produziert und die Gesundheitsdienste reduziert, wodurch die Lebenserwartung sinkt und die durchschnittliche Sterberate steigt.

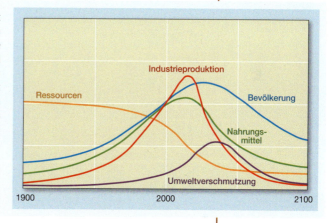

M 14 Szenario 1: Negative Bevölkerungsentwicklung

Die Stabilisierung der Weltbevölkerung und der Industrieproduktion pro Kopf wird ab 2002 angestrebt, und Techniken zur Emissionskontrolle, zur effizienteren Ressourcennutzung und zur Verbesserung der Landwirtschaft werden ab 2002 eingeführt. In diesem Szenario werden das Bevölkerungswachstum [Familiengröße zwei Kinder] und die Industrieproduktion [pro Kopf feste Obergrenze] eingeschränkt, aber zusätzlich kommen verschiedene Techniken zum Einsatz: zur Verringerung des Schadstoffausstoßes, zur Schonung von Ressourcen, zur Ertragssteigerung und zum Schutz von Anbauflächen vor Erosion.
Das Ergebnis ist eine dauerhaft nachhaltige Gesellschaft: Nahezu acht Milliarden Menschen erreichen einen recht hohen Wohlstand [...].

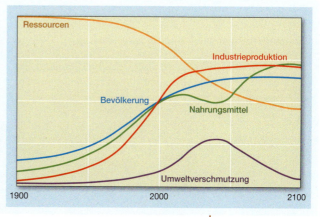

M 15 Szenario 9: nachhaltige Gesellschaft (Quelle (M 13 – M 15): Meadows, D. u. a.: Grenzen des Wachstums – Das 30-Jahre-Update. Stuttgart 2009, S. 29, 173, 256)

8. Erläutern Sie das Bevölkerungsgesetz von Malthus (**M 11**). Nehmen Sie hierzu kritisch Stellung – u. a. mit Blick auf die Tatsache technischer Weiterentwicklungen.
9. Erörtern Sie die Wirkung der Rückkopplungsmechanismen für das Bevölkerungssystem (**M 13**).
10. Vergleichen Sie die beiden Szenarien und erläutern Sie die zukünftige Bevölkerungsentwicklung (**M 14**, **M 15**).
11. Entwerfen Sie eine eigene Bevölkerungstheorie; legen Sie hierbei die jährlichen Wachstumsraten der Bevölkerung zugrunde (**M 10**, **M 12**).

2. Räume unterschiedlichen Entwicklungsstandes

M1 Karikatur von Wolter

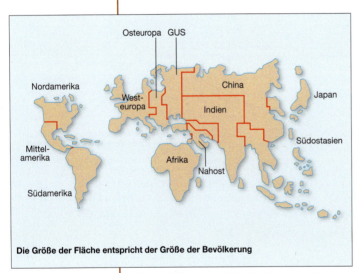

M2 Die Welt – gemäß der Bevölkerungszahl

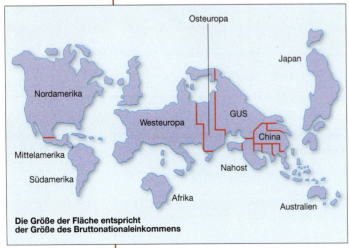

M3 Die Welt – gemäß der Wirtschaftskraft

Eine Welt?

Der Begriff **Dritte Welt** wird seit den 1950er-Jahren synonym zu dem Begriff **Entwicklungsländer** verwand, er wird aber zunehmend seltener benutzt. Das Bundesministerium für wirtschaftliche Zusammenarbeit und Entwicklung (BMZ) verwendet ihn nicht mehr. Viele ehemalige „Dritte-Welt-Gruppen" nennen sich heute „Eine-Welt-Gruppen", um die globalen Abhängigkeiten und die gemeinsame wechselseitige Verantwortung für die **Eine Welt** zu verdeutlichen. Vor allem in wissenschaftlichen und politischen Gesprächen ist es üblich, von einem **Nord-Süd-Dialog** zu sprechen. Denn die alten Industrieländer liegen in der nördlichen gemäßigten Zone, während die Mehrzahl der Entwicklungsländer sich in den Tropen und Subtropen sowie in mediterranen oder monsunalen Klimazonen befinden.

Für die ehemaligen sozialistischen Staaten, die marktwirtschaftliche Strukturen aufbauen, werden die Begriffe **Transformationsländer**, **Reformstaaten** oder **Konversionsländer** verwendet.
Die Entwicklung der Länder der sogenannten „Dritten Welt" ist sehr unterschiedlich verlaufen: Zunahme des Wohlstandes aufgrund der Ölpreisentwicklung, z. B. in Kuwait, Saudi-Arabien und Brunai, oder aufgrund erfolgreicher Industrialisierung bzw. wegen des Ausbaus des tertiären Sektors, z. B. in Taiwan, Südkorea oder Singapur; andererseits Vergrößerung der Armut aus unterschiedlichen Gründen, z. B. in afrikanischen Staaten südlich der Sahara.

Diese Entwicklungen machten es notwendig, Untergruppen zu bilden. Auf Beschluss der Vollversammlung der Vereinten Nationen (UN) wurde 1971 der Begriff der am wenigsten entwickelten Länder, **Least Developed Countries / LDC**, eingeführt. Es gelten folgende Kriterien für ein LDC:
– BIP pro Kopf unter 905 US-Dollar;
– Economie Vulnerability Index (EVI): Der Index orientiert sich u.a. am Anteil von verarbeitender Industrie und Dienstleistungen am BIP, an der Zahl der Erwerbstätigen in der Industrie sowie am Stromverbrauch pro Kopf;
– Human Asset Index: Aussagen zu sozialen Merkmalen wie Gesundheit, Bildung, Ernährungssituation, Kindersterblichkeit, Alphabetisierungsrate;
– Einwohnerzahl: maximal 75 Millionen;
– weitere Kriterien wie Anfälligkeit für Naturkatastrophen, kein Meereszugang, extreme Peripherielage (kleine Inselstaaten) und geringe Größe (weniger als 1 Mio. Einwohner).

Im Jahr 2013 galten 49 Staaten als LDC: 34 in Afrika, 14 in Asien und Ozeanien, ein Land in Lateinamerika.

Länder, die dabei sind, nennenswerte Industriepotenziale aufzubauen, werden als **Schwellenländer, Take-off-Countries, Newly Industrialising Countries (NIC)** oder auch als **Emerging Markets** bezeichnet.

Aufgrund der verschiedenen Merkmalskataloge und Gewichtung der Indikatoren ergeben sich unterschiedliche Listen mit 20 bis 30 Staaten, darunter Südkorea, Malaysia, Thailand, Mexiko, Venezuela und Argentinien. Einen besonders hohen Zuwachs in der Wirtschaftskraft haben **B**rasilien, **R**ussland, **I**ndien, **C**hina und **S**üdafrika, die daher in wirtschaftswissenschaftlichen Veröffentlichungen oft zusammen gesehen und als **BRICS-Staaten** bezeichnet werden. Typisch für diese Länder ist, dass die gesellschaftliche und soziale Entwicklung mit der wirtschaftlichen nicht Schritt gehalten hat.

Eine weitere Gruppe wirtschaftlich potenter Staaten ist in der **OPEC** (Organisation of Petroleum Exporting States) zusammengeschlossen. Mitglieder der OPEC sind Algerien, Angola, Ecuador, Irak, Iran, Katar, Kuwait, Libyen, Nigeria, Saudi-Arabien, Venezuela und die Vereinigten Arabischen Emirate. Diese zwölf Staaten haben aufgrund ihres Ölreichtums eine große wirtschaftliche und politische Macht, ohne den Status eines „wenig entwickelten Landes" grundsätzlich verloren zu haben.

Besonders ausgewiesen werden Entwicklungsländer ohne Zugang zum Meer, **Landlocked Developing Countries (LLDC)**, da sie spezifische Probleme aufweisen. Außerdem werden die **Small Islands Developing States (SIDS)** zusammengefasst, die peripher liegen und auf Klimakonferenzen aufgrund ihrer besonderen Gefährdung durch ein Ansteigen des Meeresspiegels globale Vereinbarungen zur Verringerung der CO_2-Emissionen fordern.

ökonomische Merkmale
- eine geringe Produktivität und daraus folgend ein niedriges BIP und niedriges Bruttonationaleinkommen (BNE) pro Kopf
- extrem ungleiche Einkommens- und Vermögensverteilung
- bedeutende Rolle des primären und informellen Sektors
- Ausrichtung der Produktionsstruktur auf die Industrieländer mit hohem Anteil von Rohstoffexporten
- unzureichende Infrastruktur
- ausgeprägte regionale Disparitäten
- hohe Arbeitslosigkeit

demographische Merkmale
- hohe Geburtenrate
- hohes Bevölkerungswachstum
- geringe Lebenserwartung
- grenzüberschreitende Migration und unkontrollierte Binnenmigration

gesundheitliche Merkmale
- unzureichende Ernährung
- Mangel an sauberem Trinkwasser
- unzureichende medizinische Versorgung

soziale Merkmale
- Benachteiligung von Frauen
- Kinderarbeit
- unzureichende Bildung, hohe Analphabetenquote

politische Merkmale
- undemokratische Strukturen und Verletzung der Menschenrechte
- Korruption
- politische Instabilität

ökologische Merkmale
- unkontrollierte Abholzung und Ausbeutung von Rohstoffen
- Umweltzerstörung durch chemiegestützte Landwirtschaft
- unkontrollierte Verstädterung und hohe Umweltbelastung in Verdichtungsräumen
- Bodendegradierung und Desertifikation

M 4 Merkmale von Entwicklungsländern

1. Erläutern Sie die im Text hervorgehobenen Begriffe. Worin sehen Sie Schwierigkeiten bei Ihrer Definition?
2. Stellen Sie, ausgehend von den Entwicklungsindikatoren, die Zusammenhänge ausgewählter Merkmale von Entwicklungsdefiziten in einem Wirkungsgeflecht/Strukturgitter dar (**M 2** bis **M 4**).
3. Diskutieren Sie den Begriff „Eine Welt" (**M 1** bis **M 4**).

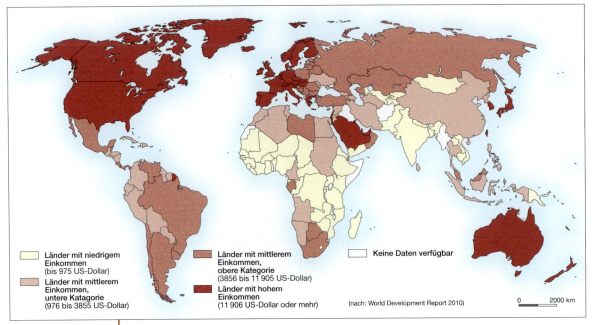

M 5 Die Welt nach Einkommen

Klassifizierung von Ländern

Wirtschaftliche Indikatoren

Die Weltbank nimmt in ihrem jährlich erscheinenden **Weltentwicklungsbericht** eine Abgrenzung vor, deren Hauptkriterium das Bruttonationaleinkommen (BNE) pro Kopf der Bevölkerung ist. Das statistische Material der Weltbank ist standardisiert und ermöglicht Vergleiche. Daher wird es in internationalen Statistiken oft verwendet, trotz der Bedenken, die gegen die hohe Gewichtung der wirtschaftlichen Faktoren erhoben werden. So führen Wechselkursänderungen gegenüber dem US-Dollar zu willkürlichen Positionsverschiebungen.

Beim Berechnen des BNE ist man bezüglich der Produktion für den Eigenbedarf (Subsistenzwirtschaft) und im informellen Sektor auf Schätzungen angewiesen. Unberücksichtigt bleiben auch die niedrigeren Lebenshaltungskosten in Entwicklungsländern. So kann man z. B. in Uganda fast dreimal so viele Grundnahrungsmittel für einen Dollar kaufen wie in den USA. Die Weltbank hat deshalb auf der Basis von Kaufkraftparitäten, **Purchasing Power Parity** (KKP/PPP), einen weiteren Indikator entwickelt, der den Unterschied des Einkaufswertes eines US-Dollars zwischen dem einheimischen Markt und dem US-amerikanischen Markt aufzeigt. In KKP-Dollar gerechnet haben Länder wie Tadschikistan, Sierra Leone oder Bolivien ein über dreimal höheres Pro-Kopf-Einkommen als bei einer Umrechnung zum nominalen Wechselkurs.

Aber auch bei dieser Berechnung verdecken die Durchschnittswerte die großen Disparitäten zwischen sozialen Schichten, Regionen, Land und Stadt oder Männern und Frauen. Unberücksichtigt bleiben ebenfalls die ökologischen Kosten. Wie immer man auch rechnet – am grundsätzlichen **Wohlstandsgefälle** in der Einen Welt ändert sich nichts.

Die sechs reichsten Staaten		
Staat	BNE pro Kopf in US-Dollar	BNE pro Kopf bei KKP
Norwegen	88 870	61 450
Katar	80 440	86 440
Luxemburg	77 390	64 100
Schweiz	76 350	52 530
Dänemark	60 160	41 920
Australien	49 790	38 610
Deutschland (13. Platz)	44 230	38 610

Die sechs ärmsten Staaten		
Staat	BNE pro Kopf in US-Dollar	BNE pro Kopf bei KKP
Eritrea	430	580
Guinea	430	1020
Niger	360	720
Liberia	330	540
Burundi	250	610
Dem. Rep. Kongo	196	340

M 6 Die sechs reichsten und die sechs ärmsten Staaten der Erde

(World Bank, World Development Indicators Sept. 2013)

Leben in der Einen Welt 385

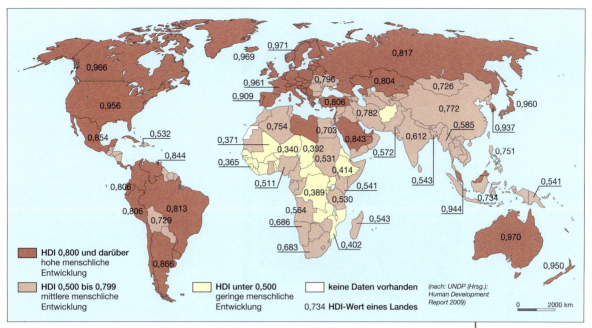

M 7 Klassifizierung der Länder nach dem Human Development Report (2013)

Einbeziehung sozialer Indikatoren

Eine Alternative zu den stark auf wirtschaftliche Kriterien ausgerichteten Klassifizierungen bietet der **Bericht über die menschliche Entwicklung** (Human Development Report, HDR) der Vereinten Nationen. Er misst die durchschnittliche Leistung eines Landes anhand von Einzelkomponenten, u. a. in den Bereichen Lebensdauer (Lebenserwartung bei Geburt), Wissen (Alphabetisierungsrate von Erwachsenen und Bruttoschulbesuch, d. h. Zahl der Kinder je Schulstufe geteilt durch die Zahl der Kinder in der jeweiligen Altersgruppe), Lebensstandard (reale Kaufkraft, KKP) und die ökologische Nachhaltigkeit (z. B. anhand der Kohlenstoffdioxidemission). Berechnet wird zugleich ein geschlechterbezogener Entwicklungsindex, **Gender Inequality Index (GII)**, der die Benachteiligung von Frauen erfasst. Seit 2010 wird die Mehrdimensionalität von Armut im **Multi Dimensional Poverty Index (MPI)** berücksichtigt. Er misst u. a. Defizite in der Basisversorgung in Bezug auf Gesundheit, Bildung und Lebensqualität. Der **Inequality-adjusted Human Development Index** stellt die Ungleichheiten in einem Land oder einer Region heraus, indem u. a. die Ungleichheiten in der Lebenserwartung, in der Bildung, im Einkommen und im Konsum der Bevölkerung ermittelt werden. Seit 2010 fließen diese Indices in die Berechnung des **Human Development Index (HDI)** ein. Die Werte der Einzelindikatoren werden auf einer Skala von 0 bis 1 eingetragen, der arithmetische Mittelwert ergibt den Human Development Index. Er zeigt an, wie weit das Land vom Höchstwert 1 entfernt ist. In einer Tabelle werden die Länder nach ihrem HDI-Wert eingestuft.

Die sechs ersten Staaten	
Staat	HDI
Norwegen	0.955
Australien	0.938
USA	0.937
Niederlande	0.921
Deutschland	0.920
Neuseeland	0.919

Die sechs letzten Staaten	
Staat	HDI
Mali	0.344
Burkina Faso	0.343
Tschad	0.340
Mosambik	0.327
Dem. Rep. Kongo	0.304
Niger	0.304

(Human Development Report / Bericht über die menschliche Entwicklung 2013)

M 8 Die sechs ersten und die sechs letzten Staaten nach dem HDI 2013

4. Beschreiben Sie die Verbreitung der Armut auf der Welt (**M 5**, **M 7**, Atlas).
5. Erläutern Sie die Kriterien, die zur Einordnung eines Landes als LDC oder als Schwellenland führen.
6. Diskutieren Sie die Aussagekraft des BNE als Schlüsselindikator der Entwicklung (**M 3** bis **M 8**).
7. Vergleichen Sie die statistischen Angaben von Argentinien, Australien, Deutschland, Marokko und den Niederlanden nach dem Datenmaterial der Weltbank und nach dem Human Development Report (**M 5** bis **M 8**, S. 526 f., Atlas).
8. Welche Kriterien sprechen für die Einordnung Südkoreas in die Gruppe der Schwellenländer (**M 5**, **M 7**, S. 526 f., Atlas)?
9. Begründen Sie, warum Länder ohne Zugang zum Meer (LLDC) sowie kleine Inselstaaten (SIDS) in Sondergruppen ausgewiesen werden. Nennen Sie Beispiele und zeigen Sie typische Probleme auf (Atlas, Internet).

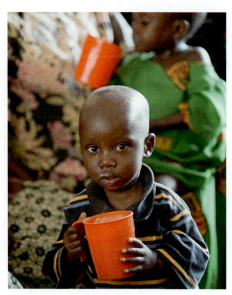

M 9 Ernährungshilfe in Burundi

Kernprobleme von Entwicklungsländern und Millenniumskampagne

Armut

Kernproblem der meisten Entwicklungsländer ist Armut. Sie ist mehr als Einkommensarmut. Sie bedeutet einen grundsätzlichen Mangel an Gütern und Dienstleistungen, die ein Mensch zum Überleben und zur Befriedigung der Grunddaseinsfunktionen braucht, also Mindeststandards bei der Ernährung, beim Wohnen, in der Bildung, in der medizinischen Versorgung. Im Entwicklungsprogramm der Vereinten Nationen und in der aktiven Entwicklungspolitik der Bundesrepublik Deutschland wird dies berücksichtigt und ein mehrdimensionales Verständnis von Armut zugrunde gelegt, wie es der **Multi Dimensional Poverty Index (MPI)** des Human Development Reports definiert. Nach dieser Definition leben über eine Milliarde Menschen in Armut.

Hunger und seine Folgen

Noch immer ist Hunger eines der bedrückendsten Probleme in vielen Teilen der Welt. Die Ursache liegt nicht in einer unzureichenden Nahrungsmittelproduktion, sondern bei regionalen Verteilungsschwierigkeiten. In den letzten Jahren wuchs die Weltnahrungsmittelproduktion schneller als die Weltbevölkerung. Auch die Zahl der Staaten, in denen die Ernährungssituation nach Angabe der Welthungerhilfe, WHO, sehr ernst oder gravierend schlecht ist, konnte seit 1990 von 43 auf 26 Länder verringert werden. Noch immer aber litten im Jahr 2013 zirka 870 Millionen Menschen, darunter 200 Millionen Kinder, an chronischer **Unterernährung**, d. h., sie hatten zu wenig Nahrung, um ihren Energiebedarf zu decken, oder an **Mangelernährung**, d. h., die Nahrung war unzureichend zusammengesetzt.

Direkte Auswirkungen von Hunger sind u. a. Anfälligkeit für Krankheiten und eine verminderte Lebenserwartung, Krankheiten und Kindersterblichkeit. In vielen Entwicklungsländern sind Armut und Hunger zudem Ursache von Umweltzerstörungen. Wird Landwirtschaft über die klimatische Anbaugrenze hinaus betrieben, kann es zu schwerwiegenden Degradierungserscheinungen kommen, zu Deflation, die die Flächenproduktivität verringert wie in China, oder zu Desertifikation wie im Sahel und im Nordosten Brasiliens.

Gemeinsam Verantwortung übernehmen: die Millenniumskampagne

Armut und Hunger in Entwicklungsländern, Reichtum und Überfluss in Industrieländern: Die **globalen Disparitäten** wachsen und zugleich wächst die gegenseitige Abhängigkeit. Daraus ergibt sich eine kollektive Verantwortung für das Wohlergehen aller Menschen und für den Erhalt der Umwelt. Vor diesem Hintergrund verabschiedeten am 18. September 2000 die damals 189 Mitgliedsstaaten der Vereinten Nationen auf dem sogenannten **Millenniumsgipfel** einen Katalog von verpflichtenden Zielsetzungen für alle Mitgliedsstaaten. Oberstes Ziel ist die globale Zukunftssicherung. Hierzu wurden vier Handlungsfelder festgelegt:

– Frieden, Sicherheit und Abrüstung
– Entwicklung und Armutsbekämpfung
– Schutz der gemeinsamen Umwelt
– Menschenrechte, Demokratie und gute Regierungsführung.

Für die Umsetzung wurden acht **Millenniumsentwicklungsziele** (Millennium Development Goals, MDG) formuliert und durch Teilziele

---

Ziel 1: Den Anteil der Menschen, die in extremer Armut leben (Einkommen weniger als 1,25 US-Dollar KKP) und unter chronischem Hunger leiden, gegenüber dem Stand von 1990 halbieren

Ziel 2: Verwirklichung der allgemeinen Grundschulbildung

Ziel 3: Förderung der Gleichstellung der Geschlechter

Ziel 4: Senken der Kindersterblichkeit um zwei Drittel

Ziel 5: Verbesserung der Gesundheit von Müttern, Senkung der Müttersterbefälle um drei Viertel

Ziel 6: Bekämpfung von HIV/Aids, Malaria und anderen Krankheiten

Ziel 7: Sicherung der ökologischen Nachhaltigkeit

Ziel 8: Aufbau einer weltweiten Entwicklungspartnerschaft

M 10 Die Millenniumsziele

Leben in der Einen Welt

Ziele und Zielvorgaben	Afrika		Asien				Ozeanien	Lateinamerika und Karibik	Kaukasus und Zentralasien
	Nordafrika	südlich der Sahara	Ostasien	Südostasien	Südasien	Westasien			
Extreme Armut halbieren	niedrige Armut	sehr hohe Armut	mäßige Armut*	mäßige Armut	sehr hohe Armut	niedrige Armut	sehr hohe Armut	niedrige Armut	niedrige Armut
Hunger halbieren	geringer Hunger	sehr verbreiteter Hunger	mäßiger Hunger	mäßiger Hunger	verbreiteter Hunger	mäßiger Hunger	mäßiger Hunger	mäßiger Hunger	mäßiger Hunger
Allgemeine Grundschulbildung	hohe Bildungsbeteiligung	mäßige Bildungsbeteiligung	hohe Bildungsbeteiligung	hohe Bildungsbeteiligung	hohe Bildungsbeteiligung	hohe Bildungsbeteiligung	–	hohe Bildungsbeteiligung	hohe Bildungsbeteiligung
Sterblichkeit von Kindern unter fünf Jahren um zwei Drittel senken	geringe Sterblichkeit	hohe Sterblichkeit	geringe Sterblichkeit	geringe Sterblichkeit	mäßige Sterblichkeit	geringe Sterblichkeit	mäßige Sterblichkeit	geringe Sterblichkeit	mäßige Sterblichkeit
Anteil der Menschen ohne besseres Trinkwasser halbieren	hoher Versorgungsgrad	niedriger Versorgungsgrad	hoher Versorgungsgrad	mittlerer Versorgungsgrad	hoher Versorgungsgrad	hoher Versorgungsgrad	niedriger Versorgungsgrad	hoher Versorgungsgrad	mittlerer Versorgungsgrad
Anteil der Menschen ohne Sanitärversorgung halbieren	hoher Versorgungsgrad	sehr niedriger Versorgungsgrad	niedriger Versorgungsgrad	niedriger Versorgungsgrad	sehr niedriger Versorgungsgrad	mittlerer Versorgungsgrad	sehr niedriger Versorgungsgrad	mittlerer Versorgungsgrad	hoher Versorgungsgrad

Die vorstehende Matrix umfasst zwei Informationsebenen. Der Text in den Kästen beschreibt den derzeitigen Stand der Erfüllung der Zielvorgabe. Die Farben zeigen den Fortschritt bei der Umsetzung entsprechend der nachstehenden Legende:

- Zielvorgabe bereits erreicht oder voraussichtlich bis 2015 erreicht
- Zielvorgabe wird bei Fortsetzung der derzeitigen Trends nicht erreicht
- Stillstand oder Rückschritt
- fehlende oder unzureichende Daten

* Fortschritte beim Armutsziel in Ostasien beruhen ausschließlich auf Daten Chinas.

Quellen: Vereinte Nationen, unter Zugrundelegung von Daten und Schätzungen der Ernährungs- und Landwirtschaftsorganisation der Vereinten Nationen, der Interparlamentarischen Union, der Internationalen Arbeitsorganisation, der Internationalen Fernmeldeunion, des UNAIDS, der UNESCO, des UN-Habitat, des UNICEF, der VN-Abteilung Bevölkerungsfragen, der Weltbank und der Weltgesundheitsorganisation – auf Grundlage der im Juni 2013 vorliegenden Statistiken. (zusammengestellt von der Statistikabteilung der VN-Hauptabteilung Wirtschaftliche und Soziale Angelegenheiten, Vereinte Nationen)

M 11 Millenniums-Entwicklungsziele: Umsetzungsstand 2013

konkretisiert. Diese Ziele sollen bis 2015 erreicht werden. Die aktuelle Lage wird in regelmäßig erscheinenden Berichten zusammengefasst. In vielen Handlungsfeldern wurden weltweit zum Teil deutliche Fortschritte erzielt. Die Entwicklung ist in den Regionen aber sehr unterschiedlich und es bleibt zweifelhaft, ob die zum Teil anspruchsvollen Ziele bis 2015 tatsächlich alle erreicht werden können. Aber die Arbeit geht weiter. Vorschläge für eine globale Agenda als Folgekonzept zu den Millenniumszielen liegen vor mit der **Post-2015 Development Agenda**.

10. Beschreiben Sie die Verbreitung von Hunger und Unterernährung (Atlas: Karte Ernährung) und nennen Sie Ursachen und Folgen.
11. Erläutern Sie die Millenniumsentwicklungsziele und ihren Umsetzungsstand 2013 (**M 10**, **M 11**).
12. Nennen Sie die Zielvorstellungen der Post-2015 Development Agenda (**M 12**) und nehmen Sie begründet Stellung.

A new global partnership: eradicate poverty and transform economies through sustainable development
Leitmotiv der Post 2015-Agenda soll eine globale Partnerschaft sein mit ökonomischen, sozialen und ökologischen Dimensionen. Sie wirbt dafür, Entwicklungs- und Nachhaltigkeitsziele in einem gemeinsamen Zielsystem zu vereinen. Die Agenda empfiehlt bis 2030 eine globale strukturelle Transformation zu vollziehen, welche fünf Elemente umfassen sollte:

Leave no one behind
Bis 2030 weltweit Hunger und extreme Armut beseitigen

Put sustainable development at the core
Wende zu ökologischem Wirtschaften in allen Teilen der Welt

Transform economies for Jobs an Inclusive growth
Wirtschaftliche Transformation für Arbeit und inklusives Wachstum, so dass mehr und gute Arbeitsplätze entstehen

Build peace and effective, open and accountable institutions
Frieden schaffen durch Freiheit von Gewalt und Konflikt als unabdingbares Fundament für jede Art von Wohlstand

Forge a new global partnership

(nach: BMZ, Hg., UN High-Level Panel on the Post-2015 Development Agenda, Berlin, 5. Juni 2013)

M 12 Post-2015 Development Agenda

Länder unterschiedlichen Entwicklungsstandes

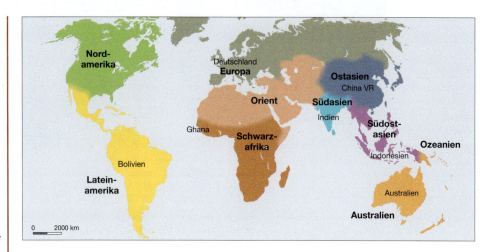

M 1 Kulturerdteile

Auf den Seiten 389 bis 417 werden Staaten aller fünf Kontinente vorgestellt, die über unterschiedliche Strukturen und Entwicklungsstände verfügen.

Arbeitsorganisation Ihres Kurses

Planen Sie gemeinsam, wie Sie diese sechs Teilkapitel bearbeiten wollen:
– gemeinsamer Kursunterricht; Bearbeitung einzelner Teilkapitel nach und nach
– Arbeit in Tandems oder in 3er- bis 4er-Gruppen: Übernahme der Zuständigkeit für einen der sechs Staaten
– individuelle Einzelarbeit über einen längeren Zeitraum, jeweils Auswahl eines Staates

In allen drei Fällen sollten Sie mithilfe von Datendiensten im Internet die Grundlage für Ihr Arbeitsergebnis vergrößern.

Vereinbaren Sie zu Beginn der Arbeit Art und zeitlichen Umfang der Ergebnis-Präsentation.

M 2 Statistische Angaben im Vergleich

Land	Bevölk. 2013 (in 1000)	Städt. Einw. 2010 (in %)	Lebenserwartung 2010	Bev.-Entw. 1990–2010 (in %)	Indikator 5	Indikator 6	Indikator 7	Indikator 8	Indikator 9
Australien	23	89	82	1,3					
Bolivien	11	67	66	2,0					
China VR	1357	45	73	0,8					
Ghana	26	52	64	2,5					
Indien	1276	30	65	1,7					
Indonesien	249	54	69	1,3					
z. Vgl. Deutschland	81	74	80	0,2					

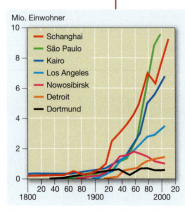

M 3 Anteile der Stadtbevölkerung (Städte über 20 000 Einwohner)

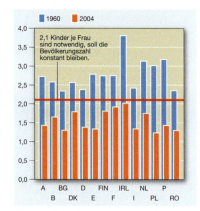

M 4 Fruchtbarkeitsraten ausgewählter Länder in Europa

M 5 Wirtschaftsstruktur ausgewählter Staaten

1. Ghana: Ein Land mit großen regionalen Disparitäten

In Ghana erfolgte die Erschließung des Landes nach Ankunft der Europäer wie in vielen anderen Küstenländern Afrikas hauptsächlich in einem schmalen Küstenstreifen. Hier gründeten die europäischen **Kolonialmächte** ihre Handelsstützpunkte, die sie aus Sicherheitsgründen nach und nach auch militärisch ausbauten. Die Kolonialmächte waren vor allem an Bodenschätzen interessiert. Vor der Entdeckung der Goldvorkommen in Kalifornien war Ghana, die damalige „Goldküste", der wichtigste Goldlieferant Europas. Auch heute noch ist Ghana einer der wichtigsten Goldproduzenten der Welt und steht in der Rangliste auf Platz acht. Von großer wirtschaftlicher Bedeutung war auch der Kakao. Er findet im tropischen Landesinneren Ghanas gute Wachstumsbedingungen. Nach der Côte d'Ivoire ist Ghana der zweitgrößte Kakaoproduzent der Welt. Ein Standbein der ghanaischen Wirtschaft sind die 23 verschiedenen Arten von Tropenhölzern, die auf dem Weltmarkt von Interesse sind. Alle drei genannten Rohstoffe befinden sich im Inneren des Landes und müssen für den Export zu Hafenstädten an der Küste transportiert werden. Aus diesem Grund begannen die britischen Kolonialherren am Anfang des 20. Jahrhunderts, eine Eisenbahnlinie von Kumasi zum Hafen Sekondi-Takoradi zu bauen. Als nächstes folgte die Strecke von Kumasi zur Hauptstadt Accra, die 1923 fertig gestellt wurde. Eine weitere Verbindung führte von Sekondi-Takoradi nach Accra. Von diesem „Gleisdreieck" aus wurden noch einige Stichbahnen zu den Bergbauzentren Awaso und Kade sowie zum Hafen Tema gebaut. Nach der Unabhängigkeit sollten die Eisenbahnverbindungen in die Mitte und den Norden des Landes gebaut werden. Infolge von Kapitalmangel wurden diese Vorhaben jedoch bisher nur teilweise verwirklicht.

Fläche: 238 538 km²
Einwohner (2012): 25,4 Mio.
Hauptstadt: Accra (2 350 000 Einw.)
Weitere große Städte: Kumasi (2 035 100), Tamale (371 350), Takoradi (311 200), Tema (220 000)
Amtssprache: Englisch
Regierungsform: Präsidialrepublik (Mitglied im Commonwealth)
BIP (2012): 38,9 Mrd. US-$, davon 23 % Landwirtschaft, 27 % Industrie, 50 % Dienstleistungen
BNE je Einwohner (2012): 1550 US-$
Geschichte: 1471 Eintreffen von portugiesischen Seefahrern, Errichtung von Stützpunkten durch Portugal, es folgten Engländer 1553, Niederländer 1612, Dänen 1658 und Brandenburger 1683. Sie alle betrieben von ihren Stützpunkten aus den Handel mit Gold und mit Sklaven. Der Sklavenhandel wurde 1807 verboten. Wegen des Goldhandels hieß das Land auch zu dem Zeitpunkt „Goldküste" (Gold Coast). 1821 unterstellte die britische Regierung die zuvor privaten Handelsgesellschaften und Stützpunkte dem Staat und errichtete 1874 die Kronkolonie Gold Coast.
1957 erlangte die Gold Coast ihre Unabhängigkeit und hieß fortan „Ghana".

M 2 Steckbrief Ghana

M 1 Anbaugebiete von Kakao

M 3 Bodenschätze

Rohstoff	2001	2011
Mangan (t)	325 332	624 380
Aluminium (t)	52 000	95 213
Bauxit (t)	678 446	236 500
Gold (kg)	72 902	97 800
Silber (kg)	520	3 900
Schmuckdiamanten (carat)	140 000	254 000
Industriediamanten (carat)	560 000	63 500
Meersalz (t)	22 000	200 000

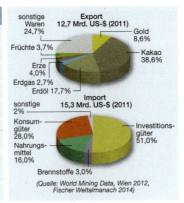

M 4 Förderung mineralischer Rohstoffe und Außenhandel

Ein großes Problem Ghanas ist die Energieversorgung. 1965 wurde der Voltastausee fertig gestellt, an dessen Südende ein Kraftwerk Strom erzeugt. Dieser dient dazu, in einem in Tema an der Küste erbauten und von amerikanischen Firmen finanzierten Hüttenwerk Aluminium herzustellen. Ab dem Jahr 2000 kam es in Ghana zu einer Energiekrise, weil die aufstrebende Wirtschaft nicht mit ausreichend elektrischer Energie versorgt werden konnte. Verschärft wurde die Krise in den Trockenjahren 2006/2007. Die Regierung beschloss daraufhin, neben dem Ausbau der Wasserkraftwerke neue Wärmekraftwerke auf Öl- und Gasbasis zu bauen. 2010 konnte die Versorgungslücke bis auf sieben Prozent abgebaut werden, wobei die „anfällige" Wasserkraft noch einen Anteil von 86 Prozent an der Gesamt-Elektrizitätserzeugung hat.

2007 wurden vor der Küste Ghanas Erdölvorkommen entdeckt. Ihre Erschließung war langwierig und teuer, erst Ende 2010 konnte das erste Öl gefördert werden. Die Regierung Ghanas hat Maßnahmen beschlossen, um die Öleinnahmen gerecht und nachhaltig zu verwenden. Sie orientiert sich dabei am Beispiel Norwegens, das bezüglich der Verwendung seiner Erdöleinnahmen als vorbildlich gilt.

Ein weiteres Exportgut ist inzwischen das Meersalz, das in Salinen an der Küste gewonnen wird. Große Hoffnung setzt Ghana in den Ausbau des Hafens Tema, der zum „Gateway" der gesamten Region werden soll. Hier stellt sich allerdings die Frage, ob durch dieses Projekt die **Disparitäten** zwischen der Küstenregion und dem Landesinneren nicht noch verstärkt werden.

Maritime Ökonomien in Westafrika

[...] Fortschreitende Globalisierungsprozesse, die zu neuen Formen der räumlichen Verbundenheit führen, sowie die zunehmende politische Stabilisierung und der ökonomische Aufschwung in vielen afrikanischen Staaten lassen die Häfen des Kontinents seit der Mitte der 2000er-Jahre in neuem Licht erscheinen. Um afrikanische Ökonomien effektiv in globale Märkte integrieren zu können, so gängige Interpretationen, müssten die Häfen umstrukturiert werden. So bemerkt etwa ein Strategiepapier einer südafrikanischen Denkfabrik, dass Afrika die einzige Weltregion sei, die keine maritime Strategie besitze, um sich wettbewerbsfähig, effizient und stabil in globale Märkte einzubinden [...] 1998 erhielt Ghana durch die Weltbank einen Kredit von etwas mehr als 50 Mio. US-$ für das sogenannte Gateway-Projekt. Das übergeordnete Ziel war es, exportbasiertes Wachstum zu initiieren und Ghana als Import- und Exporttor für Westafrika zu etablieren [...]. Damit verknüpft war eine sukzessive Umstrukturierung des Hafens in Tema [...]. Das Gateway-Projekt beinhaltete die Vorplanung für eine flächenmäßige Erweiterung der Anlegestellen, für ein modernes Containerterminal. [...]

(aus: Stenmanns, J.; Ouma, S.: B/OrderingFlows: Zur Konstruktion „maritimer Ökonomien" in Westafrika; in: GR H. 9/2013, S. 22/24)

M 5 Chancen durch die Globalisierung?

M 6 Hauptverkehrswege und Hochspannungsleitungen

Modelle der Raumentwicklung

Die Raumstrukturen in Entwicklungsländern sind aus heutiger Sicht oftmals nicht verständlich. Das historisch begründete Abhängigkeitsverhältnis der Entwicklungsländer von den Industrieländern ist einer der Ansätze, die die Entwicklung der räumlichen Struktur erklären können. In den **Hafenstädten** fand zu Zeiten des Kolonialismus der Überseehandel statt, sie waren **Wachstumspole** mit einer großen Wirtschafts- und Machtkonzentration. Über die Zentren an der Küste wurden die mineralischen, forst- und landwirtschaftlichen Rohstoffe des Hinterlandes exportiert. Zum anderen empfingen sie die Fertigprodukte aus den Industrieländern, die zumindest teilweise von den Häfen ins Hinterland verteilt wurden. Diese **Küstenorientierung** dominierte lange Zeit.

Im küstenfernen Hinterland, das durch Subsistenzwirtschaft wie später auch durch die Produktion von Cash crops und den Abbau von Bodenschätzen gekennzeichnet war, setzte eine Abwanderung der Bevölkerung in die prosperierenden Küstenzentren ein. Die **regionalen Disparitäten** wurden noch verstärkt durch eine schlechte Verkehrsinfrastruktur, weil es Verkehrswege nur zum Transport der Exportgüter in die Häfen gab und sie außerdem oft in einem schlechten Zustand waren.

Die Entwicklung in vielen Ländern folgte dem Prinzip „Wachstum durch Konzentration", unter der die räumliche Fokussierung auf ein Wachstumszentrum verstanden wird. Erst in weiteren Entwicklungsschritten erfolgte eine Verknüpfung der Hafenstandorte mit dem Hinterland durch den Ausbau der Verkehrslinien. Diese jedoch spielen eine entscheidende Rolle für das binnenwirtschaftliche Wachstum und die Verbesserung der Erreichbarkeit des Zentrums.

Für die Modernisierung der Wirtschaft und eine Verbesserung des Lebensstandards ist auch die Energieversorgung bedeutend. Die Struktur des Stromleitungsnetzes ähnelt oft dem Verkehrsnetz und verstärkt so die regionalen Disparitäten. In der Entwicklungsplanung soll die Herausbildung neuer Zentren den Abbau regionaler Gegensätze beschleunigen und eine ausgeglichene Raumentwicklung fördern.

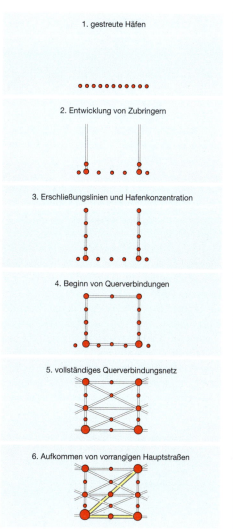

M 7 Idealtypische Abfolge der Verkehrsentwicklung (nach Taaffe)

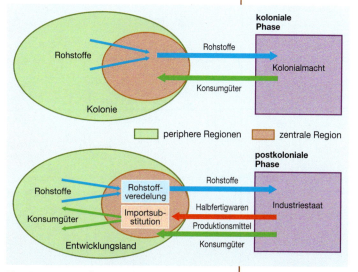

M 8 Zentrum-Peripherie-Modell

1. Erläutern Sie die Raumerschließung Ghanas in der Kolonialzeit (M 1 bis M 6).
2. Stellen Sie die heutige Wirtschaftsstruktur des Landes dar (M 1 bis M 8).
3. Erläutern Sie das Verkehrsentwicklungsmodell nach Taaffe (M 7).
4. Überprüfen Sie, inwieweit koloniale Raumstrukturen noch heute für Ghanas Wirtschaft ausschlaggebend sind (M 7, M 8).

2. Bolivien: Verschuldung trotz Rohstoffreichtums

Bolivien ist gekennzeichnet durch eine Reihe von Ungunstfaktoren. Dazu gehören das Relief, die Höhenlage und die sich daraus regional ergebenden klimatischen Bedingungen. Zudem ist Bolivien ein Binnenstaat. Als Folge der ungünstigen natürlichen Ausstattung des Landes können nur knapp drei Prozent seiner Fläche für den Ackerbau genutzt werden.

Trotz der schwierigen Ausgangslage war Bolivien schon lange Zeit vor der Entdeckung Amerikas durch Kolumbus Siedlungsgebiet von **Hochkulturen**, wie der Tihuanaco, Inka und Aymara.
1542 gründeten die spanischen Eroberer das Vizekönigreich Peru, zu dem auch das heutige Bolivien gehörte. Im 16. Jahrhundert wurden bei Potosí am Cerro Rico (Reicher Berg) große Silbervorkommen entdeckt. Die Spanier beuteten die Silber- und auch die später entdeckten Goldvorkommen rücksichtslos aus und transportierten unvorstellbare Mengen des Edelmetalls ins Mutterland. Da es ihnen nur um den schnellen Reichtum ging, bauten sie kein weiterverarbeitendes Gewerbe aus, sodass von den Gewinnen aus dem Bergbau nichts im Lande verblieb. Zur Blütezeit des **Silberbergbaus** war Potosí mit 120 000 Einwohnern fast genauso groß wie die damals größte Stadt der Welt: London.

Nach dem Sieg von Simon Bolívar über die Spanier erlangte Bolivien im Jahre 1825 seine Unabhängigkeit. Die Silberminen wurden von Familien aus der Oberschicht übernommen, doch zu diesem Zeitpunkt war der Silberbergbau bereits fast am Ende, weil die Minen weitgehend erschöpft waren und der Silberpreis wegen eines Überangebots auf dem Weltmarkt deutlich sank.

Der Niedergang der Region um Potosí konnte gegen Ende des 19. Jahrhunderts gestoppt werden, als nämlich **Zinnerze** entdeckt wurden, die in den USA und in Europa für die industrielle Produktion (z. B. Weißblech) dringend benötigt wurden. Wieder folgte ein „Boom" mit rücksichtsloser Ausbeutung der Lagerstätten. Diesmal waren aber nicht Spanier die Ausbeuter, sondern drei Familien der bolivianischen Oberschicht, die ein oligarchisches System errichteten, das fast wie ein „Überstaat" im Staat funktionierte. Die Ausbeutung der Erzlagerstätten Boliviens ohne Reinvestierung des Kapitals in eine weiter verarbeitende Industrie zieht sich wie ein roter Faden durch die Wirtschaftsgeschichte des Landes und hat bis heute Auswirkungen auf die industrielle Produktion sowie die gesamtwirtschaftliche Situation des Landes.

Die extreme Abhängigkeit von Zinnexporten hat Boliviens Wirtschaft lange Zeit in gleich starkem Maße abhängig von den Preisschwankungen auf dem Weltmarkt gemacht. So fiel die Außenhandelsbilanz bei hohen Zinnpreisen relativ gut, bei niedrigen Preisen sehr schlecht aus. Inzwischen haben neu erschlossene Zink-, Eisen- und Kupfervorkommen die einseitige Exportsituation verbessert.

M1 Naturräume, Bodenschätze und Verkehr in Bolivien

Die Terms of Trade werden berechnet, indem der Preisindex der Exporte durch den Preisindex der Importe dividiert wird. Die Terms of Trade zeigen somit an, wie viele Importprodukte ein Land mit seinen Exporten erwerben kann. Eine Verschlechterung der Terms of Trade bedeutet, dass ein Land für den Kauf der gleichen Menge Importgüter mehr Exportgüter absetzen muss. Das hat eine Abwärtsspirale zur Folge: Wenn z. B. von einem Rohstoff exportierenden Land mehr Rohstoffe exportiert werden müssen, fällt auf dem Weltmarkt der Rohstoffpreis. Als Folge verschlechtern sich die Terms of Trade und das Land muss noch mehr Rohstoffe exportieren.

Die Entwicklung der Terms of Trade ist uneinheitlich und hängt vor allem von den Weltmarktpreisen ab, die nicht nur von Angebot und Nachfrage, sondern auch von der Spekulation bestimmt werden. 1950 konnte man für eine Tonne Kupfer einen VW-Käfer kaufen, 1999 benötigte man für ein gleichwertiges Auto zehn Tonnen. Bis 2002 veränderten sich die Rohstoffpreise nur wenig, die Rohstoff exportierenden Länder mussten teilweise Verschlechterungen ihrer Terms of Trade hinnehmen. Seit 2003 und vor allem seit 2004 ist aber ein kräftiges Ansteigen der Rohstoffpreise zu verzeichnen, vor allem bei den mineralischen Rohstoffen. Die Ursache dieser Entwicklung liegt nicht in der Erschöpfung der Lagerstätten, sondern in einer starken Zunahme der Nachfrage. Da die meisten Rohstoffexporteure Entwicklungsländer sind, konnten sie durch die erhöhten Einnahmen mehr Investitionsgüter in den Industrieländern einkaufen.

Die Hoffnungen der Rohstoffexporteure

auf bessere Zeiten wurden gestoppt, als im zweiten Halbjahr 2008 die Weltwirtschaft von der Finanz- und Wirtschaftskrise getroffen wurde. Die Produktion in den Industrieländern ging zurück, die Nachfrage in Bezug auf Rohstoffe sank und die Rohstoffpreise rutschten in den Keller. Mit der Erholung der Weltwirtschaft stiegen ab 2010 die Preise wieder an, gaben ab 2012 aber wieder leicht nach. Insgesamt entwickeln sich die Rohstoffpreise genauso uneinheitlich wie die Weltwirtschaft.

M 2 Terms of Trade

Bolivien ist geprägt von einer wenig entwickelten Wirtschaftsstruktur. Die Landwirtschaft, in der 40 Prozent der Beschäftigten tätig sind, erwirtschaftet nur zwölf Prozent des BIP, die 19 Prozent Industriebeschäftigten kommen auf inzwischen (2012) 35 Prozent. Vor allem leidet die Industrie unter Kapitalmangel und einem ungünstigen Produktangebot, das kaum Exporte von Industriegütern umfasst. Die Betriebe sind meist Klein- und Mittelbetriebe in Familienbesitz, deren Innovationsfähigkeit ist gering.

In Bolivien befinden sich die größten Erdgas-Vorkommen des Kontinents; auch Silber, Zinn, Zink und Kupfer gehören zu den Schätzen des Landes. Neu erschlossene Eisenerz- und Lithiumvorkommen geben Hoffnung auf einen wirtschaftlichen Aufschwung.

Auch auf fiskalischer Seite gibt es Hoffnung: Die Auslandsverschuldung Boliviens konnte im Rahmen einer Initiative für hoch verschuldete Länder sowie der multilateralen Erlassinitiative erheblich reduziert

werden. Trotzdem haben sich die positiven Wirtschaftsdaten noch nicht nachhaltig auf die Armutssituation im Land ausgewirkt. Bolivien ist nach wie vor das ärmste Land Südamerikas.

Boliviens wirtschaftliche Situation heute

Seit der Unabhängigkeit Boliviens haben häufige Regierungswechsel dazu geführt, dass **keine politisch und wirtschaftlich stabilen Verhältnisse** geschaffen werden konnten. Zudem wurden bei den häufigen Regierungswechseln Ministerposten oftmals nach Parteizugehörigkeit und nicht nach Sachkompetenz besetzt. Bei dieser Entwicklung wurde die Infrastruktur des Landes fast völlig vernachlässigt. So konnte kein Anreiz für ausländische Investoren geschaffen werden. Bolivien war gezwungen, für seine Entwicklung immer wieder ausländische Kredite in Anspruch zu nehmen. Ende des 20. Jahrhunderts war das Land so stark verschuldet, dass mit den Geldgebern über einen Schuldenerlass verhandelt werden musste. Seit der Jahrhundertwende profitiert das Land von den gestiegenen Rohstoffpreisen auf dem Weltmarkt, konnte im Außenhandel Überschüsse erzielen und mit dem Abbau seiner Auslandsschulden beginnen.

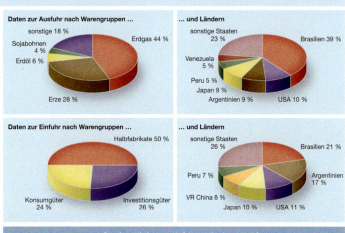

Außenhandelsentwicklung (Mio. US-$)								
Einfuhr/Ausfuhr	1980	1985	1990	1995	2000	2005	2010	2012
Einfuhr	665	693	687	1418	1830	2341	5366	8281
Ausfuhr	1037	673	926	1041	1229	2791	6871	11824
Ausfuhr- (+) bzw. Einfuhrüberschuss (−)	+372	−20	+239	−377	−601	+450	+1505	+3543

(zusammengestellt nach: Instituto National de Estadistica 2013, world mining data 2013)

M 3 Wirtschafts- und Außenhandelsstruktur Boliviens

M 4
Salar de Uyuni in 3 653 Metern Höhe (Fläche: 12 000 Quadratkilometer)

Hoffnungen für die Zukunft

Seit den 1950er-Jahren wird in Bolivien Erdöl und Erdgas gefördert. Neuere Funde werden meist von ausländischen Gesellschaften erschlossen und ausgebeutet. Vor dem Hintergrund ihrer Wirtschaftsgeschichte fürchten die Bolivianer erneut einen „Ausverkauf ihres Landes an ausländische Multis". Als 2003 Präsident Lozada Erdgas an die USA verkaufen und dazu eine Pipeline nach Chile bauen lassen wollte, kam es zu blutigen Unruhen, die zur Vertreibung des Präsidenten aus dem Lande führten.

Am 22.1.2006 trat der ehemalige Gewerkschaftsführer Evo Morales Ayma sein Amt als neuer Präsident Boliviens an. Er ist der erste Vertreter der indigenen Bevölkerung, der in dieses Amt gelangt. Das Hauptziel seiner Politik ist der grundlegende Umbau der bolivianischen Wirtschaft mit dem Ziel der Verbesserung der wirtschaftlichen, politischen und sozialen Teilhabe der indigenen Mehrheit der Bevölkerung (85%). Dazu hat er begonnen, die Schlüsselindustrien zu verstaatlichen, um den Abfluss von Kapital ins Ausland zu vermindern. Die Lebensqualität der Bevölkerung soll durch die Erhöhung der Mindestlöhne sowie durch die Verbesserung der Trinkwasserversorgung (UN-Millenniumsziel) verbessert werden. Derzeit haben 88 Prozent der Bevölkerung Zugang zu sauberem Trinkwasser.

Unter dem Salzsee: der neue Schatz Boliviens

Lithium ist der entscheidende Bestandteil der Batterien und Akkus der neuen Generation. Vor allem bei der künftigen Entwicklung von Elektro- und Hybridautos werden sie eine bedeutende Rolle spielen. Nun wurden Lithiumvorkommen unter dem Salar de Uyuni in Bolivien entdeckt.

Nach Meinung von Experten wird das Lithium für Elektroautos die gleiche Rolle spielen wie das Benzin für den Verbrennungsmotor. Und schon buhlen die ersten ausländischen Unternehmen um die Gunst und Lieferverträge: die französische Firma Bolloré und aus Japan Mitsubishi sowie Sumitomo. Auch Staatsmänner, die Morales vor kurzem noch zum Teufel wünschten, machen ihm jetzt, da man schätzt, dass die Hälfte der Lithium-Vorräte der Welt in Uyuni schlummern, auf einmal schöne Augen.
(eigene Übersetzung nach: Ouest-France vom 18.06.2009)

Ein Jointventure mit chinesischen Firmen

Um nicht nur – wie früher – einen unverarbeiteten Rohstoff zu exportieren, hat der bolivianische Präsident beschlossen, sowohl die Soleförderung und Lithium-Anreicherung als auch die Weiterverarbeitung des Rohstoffes im Lande erfolgen zu lassen. So wurde 2013 eine Pilotanlage zur Soleförderung errichtet, die in den nächsten Jahren weiter ausgebaut werden soll. Nach Gesprächen mit verschiedenen ausländischen Firmen schloss Bolivien ein Jointventure mit chinesischen Firmen für die Errichtung einer Fabrik zur Herstellung von Lithium-Batterien. Diese wurde am 18.2.2014 von Präsident Morales, in der Nähe des Salars, in La Palca eröffnet.
(nach verschiedenen Quellen)

M 5 Neue Bodenschätze

1. Erläutern Sie die geschichtliche Entwicklung Boliviens; ziehen Sie zusätzliche Internetquellen heran. Bereiten Sie eine geeignete Form der Darstellung für eine Präsentation vor.
2. Listen Sie die Bodenschätze Boliviens auf und beurteilen Sie ihre geographische Lage hinsichtlich Verkehrsgunst und Entfernung zu möglichen Absatzgebieten (**M 1**, Atlas).
3. Beurteilen Sie die Entwicklung des Bergbaus nach der Unabhängigkeit Boliviens im Vergleich zur Kolonialzeit (Text, **M 4**, **M 5**).
4. Erklären Sie die Bedeutung der Terms of Trade für die wirtschaftliche Entwicklung eines Rohstoffexporteurs (**M 2**).
5. Erläutern Sie die Entstehung der hohen Verschuldung Boliviens (**M 2**, **M 3**).
6. Analysieren Sie die Außenhandelsstatistik Boliviens. Untersuchen Sie dabei, ob das Land von einer Warengruppe oder einem Land besonders abhängig ist (**M 3**).
7. Bewerten Sie die derzeitige ökonomische Situation des Landes (**M 3**).
8. Erläutern Sie Hauptziele der neuen Wirtschafts- und Sozialpolitik des Präsidenten Morales (**M 4**, **M 5**).
9. Beurteilen Sie die Zukunftsaussichten Boliviens hinsichtlich seiner sozialen und ökonomischen Entwicklung. Bilden Sie dazu geeignete Arbeitsgruppen, recherchieren Sie im Internet (z. B. BMZ, KfW), diskutieren Sie die Gruppenergebnisse im Plenum und stellen Sie die Ergebnisse Ihrer Diskussion in Form einer Präsentation dar.

Webcode: GO645787-394

3. Indien: vom Entwicklungsland zum Schwellenland

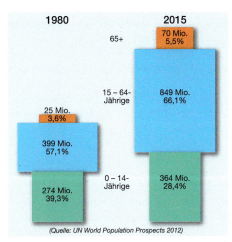

M 1 Altersstruktur Indiens

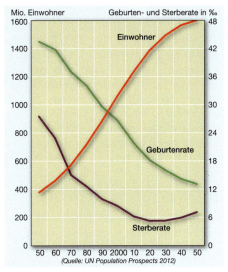

M 2 Demographische Entwicklung

[...] Das hohe Wachstum der letzten Jahre hat die regionalen Entwicklungsunterschiede auf dem Subkontinent und das zunehmende Einkommensgefälle zwischen der expandierenden städtischen Mittelschicht und der überwiegend armen Bevölkerung auf dem Lande, wo noch knapp 70 Prozent aller Inder leben, schärfer hervortreten lassen. [...]
Zu den Hauptcharakteristika der indischen Volkswirtschaft gehört das Missverhältnis zwischen BIP- und Beschäftigungsanteil bei Landwirtschaft und Dienstleistungen (mit umgekehrten Vorzeichen) und eine vergleichsweise geringe Bedeutung der verarbeitenden Industrie. Die überwiegende Mehrheit der indischen Bevölkerung lebt in überkommenen ländlich-bäuerlichen Strukturen und bleibt wirtschaftlich marginalisiert. [...] Um die größte Not auf dem Lande zu mildern, wird inzwischen ein öffentliches Beschäftigungsprogramm für Familien unterhalb der Armutsgrenze implementiert. Es garantiert 100 Tage bezahlte Beschäftigung für jeweils ein Familienmitglied. Außerdem ratifizierte das Parlament im September 2013 ein Gesetz zur Sicherung der Nahrungsmittelversorgung für etwa zwei Drittel der Bevölkerung (Food Security Act). [...] Nur ca. 8 Prozent aller Beschäftigten stehen in einem vertraglich geregelten Arbeitsverhältnis. Die übrigen 92 Prozent werden dem sog. „informellen Sektor" zugerechnet – sie sind weder gegen Krankheit oder Arbeitsunfälle abgesichert, noch haben sie Anspruch auf soziale Leistungen oder Altersversorgung. [...]

(Quelle: Auswärtiges Amt Juni 2014, gekürzt)

M 4 Vor gewaltigen Herausforderungen

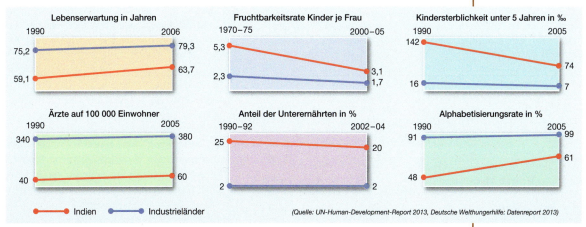

M 3 Entwicklungsmerkmale Indiens im Vergleich

Globale Disparitäten als Herausforderung

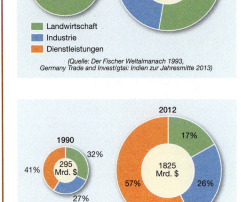

M 5 Beschäftigte nach Wirtschaftssektoren

M 6 BNE-Anteile der Wirtschaftssektoren

(Quelle: Der Fischer Weltalmanach 1993, Germany Trade and Invest/gtai: Indien zur Jahresmitte 2013)

Die aufstrebende Wirtschaftsmacht

Bis zum Beginn der 1990er-Jahre zeichnete sich die indische Wirtschaft durch eine starke staatliche Lenkung mithilfe von Fünfjahresplänen und Abschirmung gegen internationale Konkurrenz aus. Der Zusammenbruch der Exportmärkte in den Ostblockstaaten, der Anstieg des Ölpreises als Folge des 1. Golfkrieges (1980–1988), die ausbleibenden Geldüberweisungen von indischen Arbeitern am Persischen Golf und eine Kapitalflucht von Auslandsindern führten zu einer plötzlichen Zahlungsbilanzkrise.

Die daraufhin eingeleitete **Wirtschaftsliberalisierung** – Privatisierung, Zulassung von ausländischen Investitionen, Aufhebung der Devisenzwangswirtschaft und weltwirtschaftliche Integration – legte den Grundstein zu einem rasanten Wirtschaftswachstum mit einer jährlichen Zuwachsrate von acht Prozent.

Vom Wirtschaftsaufschwung profitiert vornehmlich die städtische Mittel- und Oberschicht, während bei der überwiegend armen Bevölkerung auf dem Lande, wo rund 70 Prozent aller Inder leben, kaum eine Besserung eingetreten ist und die Reallöhne stagnieren. Indische Arbeitslöhne zählen zu den niedrigsten in der Welt. Die Weltbank stuft Indien deshalb noch in die Gruppe der Entwicklungsländer mit niedrigem Einkommen ein. Gleichzeitig hat sich eine indische Mittelschicht entwickelt, zu der nach europäischem Maßstab etwa 70 Millionen Menschen gehören.

Problematisch sind weiterhin die Vernachlässigung der Klein- und Mittelbetriebe sowie der Landwirtschaft, die an Kapitalmangel, zu kleinen Flächen, stagnierenden Ernteerträgen und fehlenden Absatzstrukturen leidet.

Augenfällig ist ebenfalls das geringe Gewicht der Industrie, dem die Ausweitung des Dienstleistungssektors gegenübersteht. Der weit verbreiteten Massenarmut könne nur durch neue Arbeitsplätze in der Industrie und im verarbeitenden Gewerbe begegnet werden, so die Regierung. Als Haupthindernis erweist sich das überholte Arbeitsrecht, das Betrieben mit über 100 Beschäftigten bei geplanten Entlassungen eine staatliche Genehmigung auferlegt, die selten erteilt wird.

Eine Umgehung von arbeitsrechtlichen Vorschriften besteht darin, dass Betriebe Subkontrakte mit Unternehmen eingehen, die Arbeitskräfte aus dem informellen Sektor einstellen. Diese Arbeitskräfte unterliegen keinen arbeitsrechtlichen Schutzbestimmungen und haben keinen Anspruch auf soziale Leistungen.

[…] Am Gemeinwohl orientierte, fähige Politiker sind genauso wichtig wie eine aktive Zivilgesellschaft. Zunächst sollte Indien jedoch die vorhandenen Instrumente nutzen und seine eklatanten Widersprüche reduzieren. Denn es ist ein paradoxes Land, das zur Zeit seiner Unabhängigkeitserklärung noch große Hungersnöte erlebte und heute genug Nahrungsmittel für seine Bevölkerung produziert. Doch noch immer leidet ein Fünftel der Menschen Hunger, obwohl Grundnahrungsmittel für Arme subventioniert werden. Aber die Vorräte vergammeln in staatlichen Lagern, zu wenig Hilfe erreicht die Bedürftigen, während Beamte und Händler sich bedienen.

Als „größte Demokratie der Welt" ist Indien föderalistisch und pluralistisch, die Presse ist frei, die Justiz unabhängig. Die Menschen machen von ihrem Versammlungs- und Demonstrationsrecht ausgiebig Gebrauch, die Zivilgesellschaft erkämpfte ein Informationsfreiheitsgesetz, und korrupte Politiker werden abgewählt. Trotzdem bekommt das Land die Korruption nicht in den Griff. In Koalitionen blockieren sich Parteien, die zunehmend Partikularinteressen vertreten, und verhindern so die überfälligen Reformen. Derweil spielt die Elite ihre ökonomische Macht aus und treibt damit die Korruption an. […]

Der durch die Liberalisierung Anfang der 1990er Jahre eingeleitete Wirtschaftsboom verhalf Indiens IT-Industrie zu weltweiter Größe, bescherte dem Land viele Dollar-Milliardäre und führte zu einer Verblendung, die im BJP-Wahlslogan [Bharatiya Janata Party] „India shining" gipfelte. Denn an der ländlichen Bevölkerung ging der Aufschwung vorbei, das industrielle Wachstum blieb gering, die Infrastruktur mangelhaft.

Inzwischen ist auch der Traum, den Hauptkonkurrenten China einzuholen, wieder ausgeträumt und der Einsicht gewichen, dass Politik und Wirtschaft weit hinter ihren Möglichkeiten zurückgeblieben sind. Dabei wäre schon viel geholfen, wenn die Politiker die vorhandenen Mittel nutzten und ihre Hausaufgaben machten. […]

(Quelle: Le Monde diplomatique ©: Atlas der Globalisierung 2012, gekürzt)

M 7 Indiens verzögerter Aufbruch

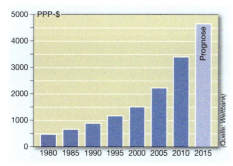

M 8   BNE je Einwohner nach der Kaufkraft

M 10   Öffentliche Entwicklungshilfe an Indien

Neu Delhi – Deutschland stellt Indien Mittel in Höhe von fast 900 Millionen Euro für strategische Zukunftsinvestitionen in Umwelt, Energie und Wirtschaftsentwicklung zur Verfügung, fast vollständig in Kreditform. [...] Die Zusage stellt die nachhaltige Wirtschaftsentwicklung ins Zentrum der deutschen Entwicklungszusammenarbeit. Indiens Wirtschaftsentwicklung konzentriert sich noch zu sehr auf wenige Ballungsräume, der ländliche Bereich weist noch erhebliche Entwicklungsdefizite auf. Deutschland unterstützt die indische Regierung beim Ausbau ihrer Sozialsysteme mit gezielten Beratungsleistungen. [...] Deutschland wird zudem sein Engagement im Bereich Klima- und Umweltschutz fortsetzen. Die Überflutungen im Nordosten Indiens belegen, dass Indien von den Folgen des Klimawandels stark betroffen ist. Anpassung an den Klimawandel ist daher ein wesentliches Ziel der Entwicklungszusammenarbeit. Durch gezielte Maßnahmen soll zum Beispiel die Bodenerosion verringert und die Biodiversität erhöht werden. Daneben steht Indien energiepolitisch vor großen Herausforderungen. Der Stromverbrauch steigt stark an, entsprechend müssen Erzeugungsleistung und Netze auf- und ausgebaut werden. Deutschland wird durch ein Darlehen zur verbesserten Anbindung der erneuerbaren Energien an das indische Verbundnetz beitragen. [...]

(Quelle: BMZ/Bundesministerium für wirtschaftliche Zusammenarbeit, 24.7.2013)

M 9   Partnerschaft auf Augenhöhe

London/Neu Delhi – Es ist ein Schritt mit hoher symbolischer Bedeutung: Großbritannien zahlt ab dem Jahr 2015 keine Entwicklungshilfe mehr an seine frühere Kolonie Indien. Die aufstrebende asiatische Wirtschaftsmacht gehört inzwischen selbst zu den größten Investoren auf der Insel. [...] Großbritannien beendet wegen des rasanten Wirtschaftswachstums in Indien die Entwicklungshilfe für das südasiatische Land. Diese Form der Unterstützung für die frühere Kolonie werde bis 2015 zurückgefahren und dann ganz eingestellt. [...] Zwar würden bereits laufende Programme noch zu Ende gebracht, neue Zusagen aber nicht mehr getroffen. [...] Bis 2015 werde Großbritannien schätzungsweise 200 Millionen Pfund einsparen. Im Jahr 2011 belief sich die Entwicklungshilfe Großbritanniens an Indien auf etwa 280 Millionen Pfund. [...]

(Quelle: SpiegelOnline 9.11.2012, gekürzt)

M 11   Großbritannien streicht Indien die Entwicklungshilfe

Strength (Stärken)	Weaknesses (Schwächen)
großer potenzieller Absatzmarkt	geringes Pro-Kopf-Einkommen
relativ hohes Wirtschaftswachstum	mangelnde Infrastruktur
westlich orientiertes Rechtssystem	ausufernde Bürokratie
Englisch als Geschäftssprache verbreitet	Schattenwirtschaft
große Anzahl an qualifizierten Hochschulabsolventen	niedriges Ausbildungsniveau, keine berufliche Bildung, geringe Produktivität
Opportunities (Chancen)	**Threats (Risiken)**
konsumfreudige, wachsende Mittelschicht	langwierige Rechtsdurchsetzung
Modernisierungsbedarf der Industrie	starker Einfluss des Staates auf die Wirtschaft
hohe Investitionskraft des Privatsektors	spekulative Grundstücks- und Immobilienpreise
niedriges Lohnniveau	starke Stellung der Gewerkschaften und anderer Interessensgruppen
wachsende Einbindung in die Weltwirtschaft	hohe Mitarbeiterfluktuation

(Quelle: Germany Trade and Invest/gtai, April 2013)

M 12   Swot-Analyse Indiens Jahresmitte 2013

1. Stellen Sie einen Zusammenhang her zwischen Altersstruktur, Bevölkerungsentwicklung sowie Geburten- und Sterberate (**M 1, M 2**).
2. Vergleichen Sie die Entwicklungsmerkmale Indiens mit denen von Industrieländern (**M 4**).
3. Erläutern Sie das Verhältnis zwischen dem BNE und dem Anteil der Beschäftigten (**M 4** bis **M 6**).
4. Erläutern Sie, weshalb die wirtschaftliche Entwicklung bisher nicht die gewünschte Breitenwirkung erzielte (**M 3**, **M 5** bis **M 7**, **M 9**, **M 12**).
5. Begründen Sie die Einordnung Indiens als Entwicklungs- oder Schwellenland (**M 1** bis **M 12**).

4. Australien: Reichtum durch Rohstoffe?

M 1 In einer australischen Goldmine

Boden-schatz	Vorräte 2011	Förderung 2011	Weltrang 2011
Bauxit	56,7 Mrd. t	74,9 Mio. t	1
Steinkohle	65,7 Mrd. t	468 Mio. t	4
Braunkohle	49,1 Mrd. t	66,7 Mio. t	5
Kupfer	?	1,0 Mio. t	5
Gold	14 300 t	258 t	3
Eisenerz	37,7 Mrd. t	488 Mio. t	2
Blei	36,0 Mrd. t	0,6 Mio. t	2
Nickel	20,4 Mio. t	0,2 Mio. t	5
Silber	88 000 t	1730 t	4
Tantal	62 000 t	?	2
Uran	1,2 Mio. t	7036 t	3
Zink	97,0 Mio. t	1,5 Mio. t	4

(Quelle: Australian Bureau of Agricultural and Resource Economics 2013)

M 3 Mineralische Bodenschätze Australiens

Australien ist eines der am höchsten entwickelten und wohlhabendsten Länder der Erde. Seinen Reichtum verdankt es den **Bodenschätzen**. Das Beispiel Bolivien hat aber gezeigt, dass Bodenschätze keineswegs zu Wohlstand führen müssen. Was also ist in Australien anders?

Nachdem James Cook 1770 Australien erreicht und das Land für die britische Krone in Besitz genommen hatte, kamen Siedler – vor allem aus Großbritannien – ins Land und begannen mit der Schafzucht, weil weite Teile des Landes nicht für Ackerbau geeignet waren. 1851 wurde in Australien Gold gefunden, was zu einem Einwanderungsboom führte. Bei der Suche nach Gold wurden auch andere Bodenschätze entdeckt, deren Bedeutung aber erst nach dem Zweiten Weltkrieg deutlich wurde.

Da Australien relativ wenige Einwohner und somit einen kleinen Binnenmarkt hat (2012: 22,7 Mio.), können sowohl Rohstoffe und Produkte aus der Landwirtschaft als auch Bodenschätze in großem Maße exportiert werden. Das geringe Volumen des Binnenmarktes hat aber auch zur Folge, dass Australien in hohem Maße von den Bedürfnissen des Weltmarktes und den sich daraus ergebenden Rohstoffpreisen abhängig ist.

Das Geheimnis des Erfolgs

Australien hat viele Bodenschätze, die durch eine günstige geologische Lagerung teilweise im **Tagebau** gewonnen werden können, was zu niedrigen Abbaukosten und gegenüber Mitanbietern auf dem Weltmarkt zu konkurrenzfähigen Preisen führt. Außerdem sind die Bergbaufirmen bestrebt, ständig neue kostengünstige Abbauverfahren zu entwickeln. Sie können dabei auf hervorragend ausgebildetes Personal zurückgreifen, da die Regierung die Ausbildung von Wissenschaftlern und Technikern im FuE-Bereich (Forschung und Entwicklung) unterstützt. Jährlich verlassen 25 000 Absolventen aus diesen Branchen die australischen Universitäten.

Die australischen Bergbauunternehmen haben ihre Gewinne sowohl im Lande selbst als auch in Bergbauprojekten in anderen Teilen der Welt reinvestiert. Sie haben außerdem bei Abbaugeräten und bei Verfahren der Rohstoffverarbeitung neue Techniken entwickelt, die sie nicht nur selbst nutzen, sondern auch als Lizenz weltweit verkaufen.

[…] Bei der Einfuhr dominieren seit jeher höherwertige Industriegüter, die viel technologisches Know-how erfordern oder deren Produktion wegen geringer Stückzahlen in Australien zu teuer wäre. Hierzu zählen vor allem Maschinen und Anlagen, Flugzeuge, Kraftfahrzeuge, elektronische Geräte, Computer und Arzneimittel. […] Die einzigen Bereiche, die heute noch signifikante Schutzzölle aufweisen, sind die Produktgruppen Textilien, Bekleidung und Schuhe sowie die Automobilproduktion, die in Australien von Töchtern amerikanischer und japanischer Multinationals betrieben wird (GM Holden, Ford, Toyota, Mitsubishi). […]

(Braun, B.: Australiens Bedeutung in der globalen Wirtschaft; in: GR H. 5/2005, S. 4-11)

M 2 Kein Hightech aus Australien?

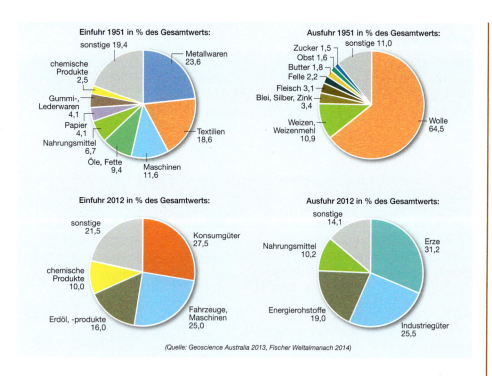

M 4
Struktur des Außenhandels 1951 und 2012

Bei den weltweit eingesetzten Softwareprogrammen für Abbauverfahren haben die Australier einen Anteil von 60 Prozent erreicht.

Die nach dem Zweiten Weltkrieg einsetzende **Orientierung Australiens auf den asiatisch-pazifischen Raum** hat der Wirtschaft einen Aufschwung gebracht. Zunächst lieferten die australischen Bergbauunternehmen an das rohstoffarme Japan. Die schnell wirtschaftlich aufstrebenden Staaten Südostasiens (Tigerstaaten) brauchten für ihre Wirtschaft ebenfalls Rohstoffe, die ihnen Australien liefern konnte. Vor allem die sich rasch entwickelnde Wirtschaft Chinas war in den letzten Jahren auf große Mengen an Rohstoffen aller Art angewiesen. Börsenspezialisten kommentierten: „China kauft die Rohstoffmärkte leer". Als Folge dieser massiven Rohstoffkäufe schnellten die Rohstoffpreise an den Warenbörsen in die Höhe, was den australischen Exporteinnahmen sehr zugute kam. Nun hofft die australische Exportwirtschaft auf eine ähnlich gute Wirtschaftsentwicklung in Indien.

1951	Export	Import
Großbritannien	48 %	34 %
restliche EU-Länder	10 %	24 %
Japan	2 %	4 %
übriges Asien	16 %	7 %
USA	6 %	15 %
Sonstige	18 %	16 %

2012	Export	Import
China	29,5 %	18,4 %
Japan	19,3 %	7,9 %
USA	3,8 %	12,6 %
Südkorea	8,0 %	4,1 %
restliches Asien	22,9 %	24,4 %
Großbritannien	2,7 %	2,8 %
restliches Europa	4,5 %	16,1 %
Rest: übrige Welt	9,3 %	13,7 %

(Quelle: DFAT 2013)

M 5 Australiens Außenhandelspartner

Chinesen gehen beim Ringen um australisches Erz leer aus

Rio Tinto lässt Chinalco für BHP-Jointventure abblitzen

MELBOURNE – Die geplante Milliarden-Investition des chinesischen Staatskonzerns Chinalco beim australischen Bergbauriesen Rio Tinto ist geplatzt. Statt auf eine Aufstockung des Chinalco-Anteils einigte sich Rio Tinto mit dem heimischen Rivalen BHP Billiton auf die Zusammenlegung des Eisenerzgeschäfts. [...]
Der Kurswechsel ist ein Sieg für die Anteilseigner von Rio Tinto. Sie hatten sich gegen das 19,5 Mrd. Dollar schwere Geschäft mit Chinalco ausgesprochen, weil sie den zunehmenden Einfluss Chinas auf die Rohstoffpreise fürchteten. Das Geschäft wäre die größte Auslandsinvestition Chinas gewesen. [...] Rio Tinto und BHP belegten im Bereich Eisenerz bislang die Plätze zwei und drei hinter dem brasilianischen Marktführer Vale. [...]
Chinalco bedauerte die Entscheidung Rio Tintos. [...]
Das rohstoffhungrige China versucht derzeit, seinen Zugriff auf ausländische Vorkommen zu erweitern. [...]

(Quelle: Reuters Deutschland, 5.6.2009)

M 6 Ein australischer Bergbauriese entsteht

Australia – trading with the world

Australia is a stable, democratic nation in the fastest growing region of the world. We have strong trade and economic links with Asia-Pacific countries and we are well placed to take advantage of the growing opportunities in the region.
Australia has a strong financial system, low unemployment and low public debt. We have a highly-skilled workforce. Australia has an export-oriented economy, with a strong focus on minerals and energy, premium quality agricultural and services products, innovation and creativity. In 2011, the value of Australia's trade with the world totalled more than $600 billion.
Why Australia trades
- Trade give us the chance to choose from the most competitively priced goods and services from around the world.
- Trade allows Australia to specialise in the production of goods and services in which we have comparative advantage, thereby maximising our economic growth.
- Australia's exports are equivalent to more than 21 per cent of our Gross Domestic Product, building the nation's wealth and prosperity.
- Foreign investment plays an important role in our economic development and provides capital to fund business expansions.

Demand from Asia
The main driver of demand for Australia's commodities has been the rapid urbanisation and industrialisation of emerging economies in Asia, particulary China and India. Intensified steel making in Asian countries, as well as higher consumption of energy, substantially drove up commodities prices in the 2000s. Between 2003 and 2011, global prices for Australia's resource exports (in US dollar terms) increased by more than 300 per cent. Australia's iron ore and coal industries, which provide the principal ingredients in steel production, benefited considerably. In the past five years these activities yielded an annual growth rate of 36 per cent for iron ore and 17 per cent for coal.
In the decade to 2011 strong investment in mining and energy has been vital to increasing productive capacity, which has enabled Australia to meet rising overseas commodities demand, and boosted spending in the domestic economy. The liquefied natural gas (LNG) industry, in particular, has attracted large amounts of investment. This will help position Australia as a global LNG supplier and, most likely, secure strong export receipts well into the future.

(Quelle: DFAT Trade Matters 2012, Australia – trading with the world)

M 7 Australia – A Global Economy

Exportgut/Land	Mio. A-$	Anteil
Gold		
China	5 928	35,6%
Großbritannien	3 711	23,9%
Indien	2 975	19,2%
gesamt	15 525	
Eisenerz		
China	38 611	70,6%
Japan	9 041	16,5%
Südkorea	5 453	10,0%
gesamt	54 689	
Rohöl		
China	2 448	22,3%
Singapur	1 837	16,7%
Südkorea	1 389	12,6%
gesamt	10 989	
Steinkohle		
Japan	14 946	36,2%
China	6 783	16,4%
Südkorea	5 425	13,1%
gesamt	41 273	
Kokskohle		
Indien	137	46,9%
Japan	124	42,5%
Chile	11	3,8%
gesamt	292	
Rindfleisch		
Japan	1 515	31,9%
USA	1 015	21,4%
Südkorea	646	13,6%
gesamt	4 754	
Aluminium		
Japan	1 179	31,2%
Südkorea	563	14,9%
Thailand	486	12,9%
gesamt	3 777	

(Quelle: DFAT 2013)

M 8 Hauptabnehmer australischer Exportgüter 2011

---

1. Stellen Sie tabellarisch die wichtigsten Agrarprodukte und ihre Anbauregionen sowie die Bodenschätze und ihre Fundorte zusammen (Atlas).
2. Erläutern Sie die Rohstoffvorkommen Australiens hinsichtlich ihrer Bedeutung für den Weltmarkt und bewerten Sie die in Australien nachgewiesenen Rohstoffvorräte (**M 3, M 4**).
3. Vergleichen Sie die Außenhandelsstruktur von 1951 und 2012 (**M 3, M 5, M 8**).
4. Begründen Sie, warum Australien hauptsächlich Rohstoffe exportiert und im Gegenzug hochwertige Industriewaren importiert (**M 1** bis **M 4, M 7**).
5. Recherchieren Sie im Internet und anderen geeigneten Quellen und bereiten Sie ein Kurzreferat zur Bedeutung der Einwanderer für die Wirtschaftsentwicklung Australiens vor.
6. Erläutern Sie Australiens Wirtschafts- und Handelsstrategien zu Beginn des 21. Jahrhunderts (**M 4, M 6, M 7**).

5. China: Neue Wirtschaftsmacht zu Beginn des 21. Jahrhunderts

Chinas Weg auf den Weltmarkt

Ab 1979 öffnete der Reformer Deng Xiaoping (1904–1997) behutsam die Volksrepublik China für den Weltmarkt, um das „Land der Mitte" von der Agrar- in die Industrie- und Dienstleistungsgesellschaft zu überführen. Für dieses gigantische und politisch zugleich risikoreiche Experiment auf der Basis der **sozialistischen Marktwirtschaft** wurden **Sonderwirtschaftszonen** zunächst an der Küste und in den 1990er-Jahren auch in den Großstädten des Landesinneren errichtet. Dort wollte die Kommunistische Partei den Modernisierungsprozess räumlich kontrollieren.

Auslandsfinanzierte Unternehmen nutzten vorrangig die Vorteile der Agglomerationsräume (u. a. Fühlungsvorteile) im Perlfluss- und Jangtsedelta sowie in Bohai (Peking, Tianjin) für ihre Investitionen in der Leichtindustrie (Bekleidung, Schuhe, Spielzeug, Elektronik) und verstärkt auch für höherwertige Produktion (Autos, Computer, Maschinen) sowie Dienstleistungen.

Dennoch bewegt sich die Produktionsweise in der Exportindustrie immer noch auf dem „Low-tech-Niveau", da Hightech-Module, Qualitätsstandards und Marketingwissen noch aus dem Ausland importiert werden müssen. Im Rahmen von **Jointventures** hoffen die Chinesen, einen immer größeren Anteil der Wertschöpfung eines Produktes in China zu erwirtschaften und notfalls das Hightech-Wissen durch Firmenübernahmen in den Industrienationen einzukaufen. Die Auslandsfirmen fürchten Daten- und Designdiebstahl, Plagiate, Korruption und mangelnde Rechtssicherheit.

Über 5000 Unternehmen allein aus Deutschland sind in China als Produzenten und Exporteure tätig (vgl. S. 260). Als wirtschaftliche Stärken gelten der stabile Staatshaushalt und die anhaltende Innovationsfähigkeit, die der leistungsorientierten Bevölkerung einen wachsenden Binnenkonsum beschert. Da aber die chinesische Regierung dazu übergegangen ist, die eigenen Firmen zu schützen und zu fördern, sind Investitionsgenehmigungen häufig an Transfertechnologie geknüpft. Vorteilhaft für China ist der durch die Welthandelsorganisation vorangetriebene Abbau der Handelsbeschränkungen. So unterzeichneten 2010 China und die EU den „Strategischen Rahmen für den Ausbau der Zusammenarbeit zwischen der EU und China zur Förderung des legalen Handels." Im gleichen Jahr trat das **ASEAN-China-Freihandelsabkommen** mit über 1,8 Milliarden Bewohnern in Kraft.

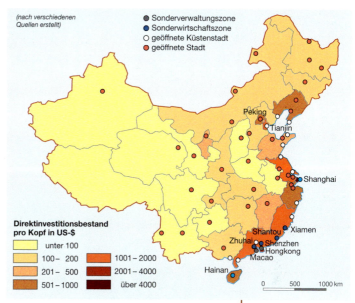

M1 Sonderwirtschaftszonen in der VR China

Hongkong (gtai) - Die wirtschaftliche Entwicklung der VR China ist 30 Jahre nach dem Beginn der Politik von Reform und Öffnung in eine neue Phase eingetreten. Mit verschiedenen Maßnahmen versucht die Führung, das Land auf den Pfad zu einer offeneren, auf Innovationen und Dienstleistungen aufbauenden Wirtschaft zu bringen. Premierminister Li Keqiang stößt mit neuen Sonderzonen Pilotprojekte für das Land an. Dies könnte mittelfristig Auswirkungen auf die Rolle Hongkongs für die chinesische Wirtschaft haben.

Als die Umwandlung eines Teils Shanghais in eine Freihandelszone (FHZ) „nach dem Modell Hongkongs" angekündigt wurde, begann die Unruhe unter Politikern und Unternehmern in der Sonderverwaltungsregion (SVR). Selbst Li Ka-Shing, einflussreicher Handelsunternehmer und Investor in Asien, äußerte sich zu dem Projekt und warnte die Hongkonger vor dem Verlust an Wettbewerbsfähigkeit.

Währenddessen überschlagen sich die Regierungen in der Hafenmetropole und Beijing in ihren Versicherungen, die Zone habe keinen negativen Effekt auf Hongkong. Die Bedeutung der am 29.9.13 eröffneten FHZ in Shanghai wird von Beobachtern in eine Reihe mit der ersten Sonderwirtschaftszone in Shenzhen Anfang der 80er-Jahre und dem WTO-Beitritt Chinas 2001 gestellt. Die Zone soll an das Modell Hongkongs angelehnt sein, doch die Unterschiede sind immens. Viele der angekündigten Liberalisierungen dürften nur sehr vorsichtig und in längerer Frist umgesetzt werden.

Noch immer ist Hongkong eine der wettbewerbsfähigsten Volkswirtschaften der Welt, und der Unterschied im Geschäftsumfeld bleibt offensichtlich. Die Stadt bietet freie Flüsse von Waren und Kapital, ein transparentes und verlässliches Rechtsumfeld, ein niedriges Korruptionsniveau, eine effiziente Bürokratie, ein einfaches Steuersystem und eine hervorragende Infrastruktur. [...]

(Quelle: Achim Haug 2.10.2013 gtai)

M2 Freihandelszone in Schanghai macht Hongkong Konkurrenz

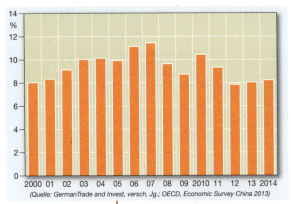

M 3 Entwicklung des BNE

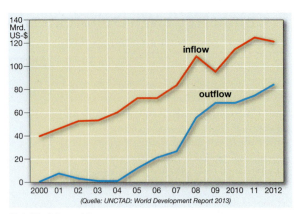

M 6 Direktinvestitionen

M 4 VW in Schanghai, bis 2016 rund 14 Milliarden Euro Investitionen in China

M 5 Verdrängung der dörflichen Strukturen durch internationale Dienstleistungen im Perlflussdelta (Südchina)

Ausländische Direktinvestitionen

Unter dem Aspekt des Aufholprozesses gegenüber den Industrieländern und seit dem Beitritt 2001 zur WTO ist es China gelungen, ein attraktives Investitionsklima zu schaffen. Die größten **Direktinvestitionen** stammen aus dem asiatischen Raum mit Hongkong (2012) an erster Stelle (63,8 %), gefolgt von Japan (6,6 %), Singapur (5,9 %), Taiwan (5,5 %) und Südkorea (2,7 %). 2012 machte Deutschlands Anteil 1,3 Prozent aus. Der im 21. Jahrhundert stark gewachsene Außenhandel Chinas geht zu mehr als die Hälfte auf Unternehmen mit ausländischem Kapital zurück. Die Kapitalzuflüsse sollen auch dazu dienen, zurückgebliebene Regionen wirtschaftlich zu erschließen. Das gilt besonders für Westchina, in dem 30 Prozent der chinesischen Bevölkerung leben. China selbst erzielt große Exportüberschüsse, braucht aber Rohstoffe für die Industrie und muss zugleich neue Arbeitsplätze schaffen, um die soziale Stabilität nicht zu gefährden. Daher werden Direktinvestitionen im Ausland getätigt. Unter dem Slogan „Go out Policy" gab es Ende 2010 bereits 16 000 chinesische Unternehmen in 178 Ländern. Auslandinvestitionen (ADI) fließen in Länder und Regionen mit reichen Bodenschätzen, so nach Afrika, Lateinamerika, Südostasien, Australien und Kanada. ADI sind immer dann problematisch, wenn sie die traditionelle Wirtschaftweise (Subsistenzwirtschaft, Kleingewerbe) verdrängen, statt sie zu modernisieren und im Weltmarkt zu vernetzen. Besonders die im stadtnahen ländlichen Raum liegenden Dörfer entwickeln sich rasant zu „urban villages", u. a. mit Fabriken, Bürohochhäusern und Freizeiteinrichtungen für Städter auf Kosten landwirtschaftlicher Nutzflächen. Dependenztheoretiker sehen in diesem **wirtschaftlichen Dualismus** eine gefährliche Weltmarktabhängigkeit, die Modernisierungstheoretiker hingegen eine Chance für den ländlichen Raum.

Länder unterschiedlichen Entwicklungsstandes

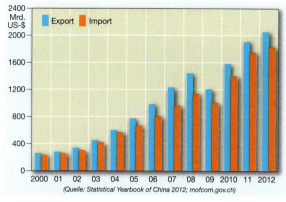

M 7 Chinas Handelsbilanz 2000 – 2012

M 8 Haupthandelspartner Chinas

Vom Schwellenland zum Industrieland

China ist Gewinner der Globalisierung. Innerhalb von drei Jahrzehnten stieg die Volksrepublik von einem der ärmsten Länder zu einer der größten Volkswirtschaften auf. Noch vor 2050 könnte China – so die Prognose – die größte Volkswirtschaft der Welt sein. **Ausländische Investitionen** ermöglichen eine Art Arbeitsteilung: Westliche Konzerne liefern Know-how, das China zur eigenen Wirtschaftsentwicklung einsetzt, ohne dass es nur zu einer verlängerten Werkbank westlicher Unternehmen wird. Das rasante Wirtschaftswachstum schafft jedoch auch Probleme wie die ökonomischen Disparitäten innerhalb des Landes oder die starke Umweltverschmutzung.

Der 12. Fünfjahresplan (2011–2015) betont weiterhin die Stärkung der sozialistischen Marktwirtschaft und weist darauf hin, dass Chinas Weltmarktanteil am Handel mit Billigwaren auf die Dauer nicht nachhaltig ist. Unter dem Stichwort „Innovation statt Produktion" werden daher **technologieintensive Zukunftsindustrien** als Basis für die künftige wirtschaftliche Entwicklung gefördert wie High-End-Fertigungsanlagen, Informationstechnologien der nächsten Generation und Biotechnologie. Ausländische Kapitalgeber können als Kooperationspartner in die neuen Zentren von Forschung und Entwicklung (FuE) investieren.

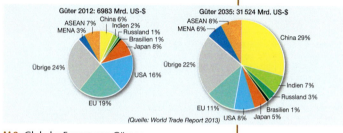

M 9 Globaler Export von Gütern

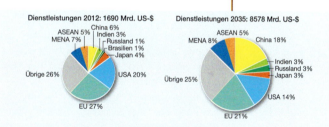

M 10 Globaler Export von Dienstleistungen

	1985			2010	
Rang	Land	Zahl	Rang	Land	Zahl
1	Japan	274 404	1	Japan	468 320
3	USA	64 308	2	USA	432 911
4	Deutschland	32 574	3	China	308 318
10	China	4 066	4	Südkorea	178 644
15	Südkorea	2 703	5	Deutschland	173 532

(Quelle: World Trade Report 2013, S. 155)

M 11 Patentanmeldungen

1. Beschreiben Sie den Weg Chinas zur wirtschaftlichen Weltmacht (Text, **M 1**, **M 2**, **M 4**, **M 6**, **M 7**).
2. Erläutern Sie die geographische Lage und die Bedeutung der chinesischen Sonderwirtschaftszonen (**M 1**, **M 2**).
3. Erläutern Sie die Bedeutung von Direktinvestitionen für China als Nehmer- und als Geberland (**M 3** bis **M 6**).
4. Erörtern Sie Chancen und Risiken, die sich in ökonomischer, ökologischer und sozialer Hinsicht aus der Einrichtung von Sonderwirtschaftszonen ergeben (**M 1**, **M 2**).
5. Erläutern Sie Chinas Handelsentwicklung (**M 7** bis **M 11**).
6. Diskutieren Sie die Auswirkungen der chinesischen Entwicklung auf die Weltwirtschaft (**M 9**, **M 10**).

Wanderungen als Folge von Disparitäten in der Einen Welt

1. Indonesien – staatlich gelenkte Wanderung

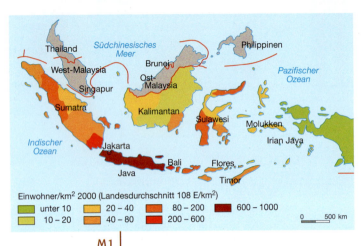

M 1 Bevölkerungsverteilung in Indonesien

Naturpotenzial

Das Staatsgebiet Indonesiens weist mit sieben Millionen Quadratkilometern fast die Größe Australiens auf. Da ausgedehnte Meeresflächen die Inseln des Archipels voneinander trennen, beträgt die Landfläche nur etwa 1,9 Millionen Quadratkilometer. Damit ist Indonesien der viertgrößte Staat Asiens.

Die starke „Zerstückelung" in einzelne Inseln ist eine Folge gegenläufiger Bewegungen von Kontinentalplatten, denn der Bogen der Sundainseln markiert die Nahtstelle zwischen der Eurasischen und der Indo-Australischen Platte. Die längste Vulkanreihe der Erde mit über 300 Vulkanen, davon 128 tätigen, verläuft über diese Schwächezone der Erdkruste. Zudem verknoten sich in Indonesien die jungtertiären Faltengebirge Eurasiens mit dem zirkumpazifischen Gebirgssystem. Vulkane können Böden von höchster Fruchtbarkeit schaffen, z. B. die mineral- und humusreichen Andosole. Von vergleichbarer Qualität sind die alluvialen Schwemmlandböden in den Tälern, Senken und Küstenebenen. Andosole wie Alluvialböden haben die Entwicklung von Hochkulturen begünstigt. Ungünstige Voraussetzungen für den Ackerbau bieten die Latosole. Sie entwickeln sich in der Vorgebirgszone.

Das Klima des innertropischen Inselstaates ist nicht überall vollhumid. So tritt von Mitteljava an ostwärts eine zunehmende Trockenzeit im Südwinter (Mai – September) auf, die auf Timor sechs bis acht Monate dauert. Außerdem rufen Luv- und Leelagen Unterschiede in der Niederschlagsverteilung hervor.

Bevölkerung und Tragfähigkeit

Begünstigt durch die Fülle der Inseln und Rückzugsgebiete leben heute über 300 Ethnien in Indonesien. Hinzu kommen über 100 unterschiedliche ethnische Gruppierungen in West-Papua, das 1963 annektiert wurde. In Indonesien leben 246 Millionen Einwohner. Damit ist Indonesien nach der VR China, Indien und den USA der viertgrößte Staat der Erde. Die Bevölkerung wächst weiter, zurzeit um 1,5 Prozent pro Jahr. Die Bevölkerungsverteilung ist sehr unterschiedlich. Ausgedehnte Gebiete der Außeninseln haben z. T. deutlich weniger als 20 Einwohner pro km². Auf den zentralen Inseln Java, Madura und Bali leben auf 7,2 Prozent der Landfläche fast zwei Drittel der Gesamtbevölkerung, allein auf Java sind es 140 Millionen Einwohner. Die durchschnittliche Bevölkerungsdichte in den ländlichen Gebieten Mittel- und Westjavas liegt bei ca. 1 000 Einwohnern pro km² und ist damit etwas höher als im Ruhrgebiet. Damit ist die Grenze der **Tragfähigkeit** erreicht. Unter „Tragfähigkeit" versteht man die Anzahl der Menschen, die in einem Raum unter Wahrung eines Mindeststandards langfristig leben können. Berücksichtigt werden bei der Berechnung der jeweilige Kultur- und Zivilisationsstand auf der Basis der naturgeographischen sowie gesamtwirtschaftlichen Situation.

Zirka 20 Prozent Indonesiens werden für die Landwirtschaft genutzt. Die Versorgung der wachsenden Bevölkerung mit Grundnahrungsmitteln aus heimischer Produktion, vor allem mit Reis, ist damit gefährdet. Nur auf Java beträgt die

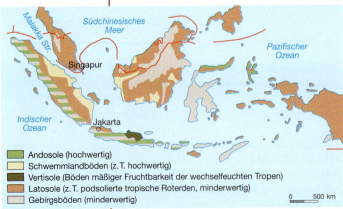

M 2 Böden

Nutzfläche wegen der günstigen Produktionsbedingungen 50 Prozent. Bewirtschaftet wird diese Fläche vor allem von bäuerlichen Kleinbetrieben. Es herrscht **Realerbteilung**. Durch das rasche Bevölkerungswachstum wird daher die Besitzfläche immer kleiner, sie liegt in Zentraljava z. T. bei 0,1 Hektar pro Familienbetrieb. Auf diesen Parzellen, die die Größe eines Gartens haben, müssen die Kleinbauern den Lebensunterhalt für ihre oft vielköpfige Familie erwirtschaften. Fast 70 Prozent der Landbevölkerung besitzen kein Land, sondern müssen als Tagelöhner arbeiten. Die Nachfrage in Bezug auf Arbeitskräfte ist durch die zunehmende Mechanisierung der Arbeitsprozesse in der Landwirtschaft rückläufig. Diese **Push-Faktoren** veranlassen viele verarmte Kleinbauern und arbeitslose Landarbeiter, in die Städte zu ziehen, in denen sie sich bessere Lebensbedingungen versprechen.

Durch diese **Land-Stadt-Wanderung** wachsen die Städte schnell. Dies gilt vor allem für die Hauptstadt Jakarta, die mit etwa neun Millionen Einwohnern zu den größten Metropolen der Welt gehört. Die Region Jabotabek, die aus **Ja**karta, **Bo**gor, **Ta**ngeray und **Bek**asi, den drei die Hauptstadt umgebenden Städten, gebildet wurde, ist mit geschätzten 20 Millionen Einwohnern einer der größten globalen Verdichtungsräume. Die Hoffnungen der Zuwanderer werden allerdings oft enttäuscht. Statt sozialer Aufstieg und Reichtum ist die Realität meist ein Leben in den Slums mit Arbeitslosigkeit, mangelnder sozialer Absicherung, schlechten hygienischen Verhältnissen, lückenhafter Ver- und Entsorgung (Wasser, Strom, Abfall) sowie hohen Umweltbelastungen.

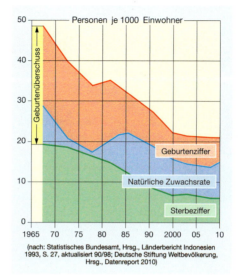

M 3 Bevölkerungsentwicklung

M 4 Modell der Land-Stadt-Wanderung

1. Untersuchen Sie die naturräumlichen Bedingungen Indonesiens (**M 1**, **M 2**, Atlas):
   – Beschreiben und erklären Sie die geotektonische Lage im Rahmen der Plattentektonik.
   – Beschreiben Sie das Klima und begründen Sie regionale Unterschiede.
   – Beschreiben Sie die Verteilung der Böden und beurteilen Sie diese im Hinblick auf agrarische Nutzungsmöglichkeiten.
2. Setzen Sie die Bevölkerungsverteilung in Beziehung zur naturräumlichen Ausstattung (**M 1**, **M 2**, Atlas).
3. Kennzeichnen Sie die Bevölkerungsentwicklung (**M 3**) und ordnen Sie Indonesien in das Modell des demographischen Wandels ein (vgl. S. 378 f.).
4. Nennen Sie Gründe, die zur Land-Stadt-Wanderung auf Java führen, und erörtern Sie die Auswirkungen der Binnenmigration auf die ländlichen Gebiete sowie auf die Städte (**M 3**, **M 4**).

Gelenkte Binnenwanderung

Die ungleiche Bevölkerungsverteilung auf den Inseln legte einen Ausgleich durch **Umsiedlungen** nahe. Die Idee wurde das erste Mal 1814 vom englischen Generalgouverneur Thomas Raffles in seinem Buch „The History of Java" geäußert. In der Zeit der niederländischen Kolonialherrschaft begann man 1905 mit Umsiedlungsaktionen von den zentralen Inseln vorwiegend nach Sumatra. Nach der Unabhängigkeit 1949 nahm die Republik Indonesien diese Idee wieder auf.

Von 1969 bis 1998 wurden im Rahmen des **Transmigrasi-Projektes** 1,6 Millionen Familien, das sind etwa zehn Millionen Menschen, von Java, Madura und Bali auf die dünn besiedelten Außeninseln umgesiedelt. Ziele waren die Entlastung der übervölkerten zentralen Inseln und die Verbesserung der Versorgung der Bevölkerung mit Nahrungsmitteln durch das Erschließen neuer landwirtschaftlicher Flächen.

Jede Umsiedlerfamilie erhielt ein Haus und zwei bis vier Hektar Land, das z. T. selbst gerodet werden musste. Der Staat unterstützte die Siedler im ersten Jahr durch Lebensmittel, Saatgut, Schädlingsbekämpfungs- und Düngemittel sowie landwirtschaftliche Geräte. Zu diesen vom Staat geförderten Siedlern kamen sogenannte „spontane Transmigrationsfamilien", die vom Staat nur ein Stück Land erhielten, aber keinerlei weitere Unterstützung. Eine dritte Gruppe bilden sogenannte „autonome Pioniersiedler", die außerhalb staatlicher Kontrolle vor allem nach Sumatra zogen.

Die tatsächliche Zahl der Umsiedler liegt daher deutlich über den offiziellen Angaben.

Zu einem Siedlungsgebiet gehören in der Regel 2000 Familien, unterteilt in Verwaltungseinheiten von je 500 Familien. Ganze Dörfer wurden in abgelegenen Gebieten errichtet, meist ohne Infrastrukturanbindung zur Vermarktung der Produkte. Die Böden erwiesen sich häufig als minderwertig und ungeeignet für die auf den fruchtbaren Vulkanböden Javas erprobten Arbeitstechniken der Siedler. Die Brandrodungen bewirkten schwere Erosionsschäden. So kam es zu Missernten. Inzwischen ist es allerdings einigen Regionen gelungen, standortgerechte Anbauformen zu entwickeln. So werden als Erosionsschutz zusätzlich Obstbäume, Bananen, Kokospalmen sowie andere Baum- und Strauchkulturen angebaut. Straßen verbinden mittlerweile die Dörfer mit den Regionalzentren und der Küste. Die Siedler in diesen Regionen erzielen heute zumeist ihr Auskommen.

In den 1990er-Jahren ging die Regierung zunehmend dazu über, die Transmigranten in Holzeinschlagsgebieten anzusiedeln oder sie neu errichteten Plantagen anzugliedern, in denen Ölpalmen oder andere Cash crops angebaut werden. Erneut wurde Regenwald gerodet. Die immer wieder auftretenden verheerenden Waldbrände auf Sumatra und Kalimantan sind auch ein Resultat dieser Brandrodungen.

Zu den ökologischen Problemen kamen soziale. Die einheimische Bevölkerung wurde in der Regel ohne Entschädigung von ihrem Land vertrieben. Der Raubbau an den Regenwäldern entzog den einheimischen Brandrodungsfeldbauern und den als Sammlern und Jägern lebenden Naturvölkern die Lebensgrundlage. Aufgrund dieser

M5 Staatlich gelenkte Umsiedlung: Transmigrasi

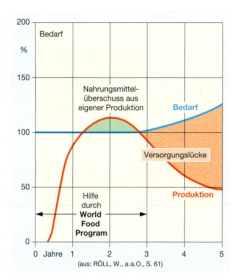

M 6 Bedarf und Produktion von Nahrungsmitteln

M 7 Siedlung auf Kalimantan

Schwierigkeiten verließen viele Transmigranten die ländlichen Siedlungen und wanderten in die regionalen Zentren ab oder kehrten in ihre Heimat zurück. Obwohl erkennbar wurde, dass das Transmigrasi-Projekt keinen entscheidenden Beitrag zum Abbau der Übervölkerung auf den zentralen Inseln und zur Sicherung der Nahrungsmittelproduktion leistete, wurde es fortgeführt. Zurzeit wird es nach Angaben des indonesischen „Department of Manpower and Transmigration" auf niedrigem Niveau fortgesetzt. Die Zielsetzungen haben sich geändert. Betont werden jetzt die Notwendigkeit einer regionalen Entwicklung der peripheren Räume, ihre Einbindung in den nationalen Wirtschaftskreislauf sowie die Sicherung der Staatsgrenzen. Unter dem Schlagwort „nation building" soll durch die Umsiedlungen eine indonesische Nation entstehen, in der die ethnischen Minderheiten integriert werden. Seit der Unabhängigkeit der ehemaligen Provinz Ost-Timor im Jahr 2002 (heute: Timor-Leste) hat dieses Ziel Priorität. Kritiker sprechen diesbezüglich von einer „Javanisierung" im Vielvölkerstaat. Der teilweise bewaffnete Widerstand der Urbevölkerung in den Zielgebieten flammt vor allem bei den Dajak auf Kalimantan und den Papua in den Provinzen West-Papua sowie Papua Barat auf Neuguinea immer wieder auf.

5. Erarbeiten Sie in Kleingruppen Ziele und Maßnahmen sowie vorliegende Ergebnisse des Transmigrasi-Projektes (**M 5** bis **M 8**).
6. Beurteilen Sie abschließend das Umsiedlungsprojekt unter ökonomischen, ökologischen, sozialen und politischen Gesichtspunkten.

Der westliche Teil von Neuguinea wurde 1963 von Indonesien annektiert. Die Urbevölkerung besteht aus Papuastämmen. Das Gebiet ist reich an Gold, Kupfer, Öl und Holz. Dort leben zirka vier Millionen Einwohner. Mehr als ein Drittel der Bevölkerung besteht aus Migranten und deren Nachkommen. Bleibt der Zuzug konstant, wird dieser Bevölkerungsteil schon bald die Mehrheit bilden. Regierungs-, Verwaltungs- und Militärposten werden nahezu vollständig mit Javanern besetzt. Restaurants, Banken, Hotels, Handel sind zu fast 100 Prozent in der Hand von Migranten. 70 000 indonesische Soldaten sind auf der Insel stationiert. Aus der Sicht vieler Papua regiert Indonesien wie eine Kolonialmacht. Indonesien wiederum fürchtet die Unabhängigkeit Papuas, da es dann den Zugriff auf die reichen Ressourcen verlieren würde und die nationale Einheit des Vielvölkerstaates gefährdet wäre.

Zum 50. Jahrestag der Annektion von Westpapua am 1.5.2013 kündigte die indonesische Regierung ein Konzept mit mehr Selbstverwaltung an. Die Auswirkungen sind bisher begrenzt. Es kam wieder zu Kämpfen zwischen indonesischen Sicherheitskräften und den Separatisten, die sich zur „Organisani Papua Merdeka" (OPM: Organisation für ein freies Papua) zusammengeschlossen haben. Nichtregierungsorganisationen sowie Papua-Politiker berichten weiterhin von Menschenrechtsverletzungen.

(zusammengestellt nach: Ministry of Manpower and Transmigration. Indonesia; Free West Papua Compaign / Free West Papua Kampagne Deutschland (http://www.freewestpapua.de); Amnesty International, Jahresbericht Report 2013: Indonesien. Gesellschaft für bedrohte Völker (www.gfbv.at / aktuell))

M 8 Zur Situation in Papua

2. Migration im 21. Jahrhundert

M1 Migration früher und heute;
oben: Deutsche Auswanderer auf einem Dampfer im Hamburger Hafen mit dem Ziel USA (19. Jh.).
unten: Flüchtlingsboot im Mittelmeer. Über 15 000 illegale Einwanderer landeten 2010 auf dem Seeweg in Griechenland, Spanien und Italien.

Ursachen von Wanderungsbewegungen

Die Forschung unterscheidet bei gesellschaftlich bedingten Wanderungsfaktoren zwischen Push- oder Druckfaktoren, die im Abwanderungsland wirksam sind, und Pull- oder Sogfaktoren, die vom Aufnahmeland ausgehen, und spricht von „Wanderungssystemen", weil sich Druck- und Sogfaktoren in der Praxis ergänzen und analytisch nicht immer auseinander gehalten werden können.

Politische Wanderungsfaktoren

Politische Druckfaktoren können sehr unterschiedliche Formen annehmen – von der systematischen Verfolgung missliebiger Eliten bis zur allgemeinen Unterdrückung der Bevölkerung und flächendeckenden Menschenrechtsverletzungen, von lokalen militärischen Auseinandersetzungen zwischen Machthabern und Opposition bis zur totalen gesellschaftlichen Anomie. Wann solche politischen Faktoren zu Fluchtbewegungen führen, lässt sich nicht in allgemeiner Form prognostizieren.

Zu den Druckfaktoren müssen in jedem Fall Sogfaktoren kommen, damit Fluchtabsichten realisiert werden, vor allem die begründete Hoffnung und die praktische Möglichkeit, entweder in friedlicheren Landesteilen oder in einem anderen Land Schutz und Sicherheit vor Verfolgung finden zu können.

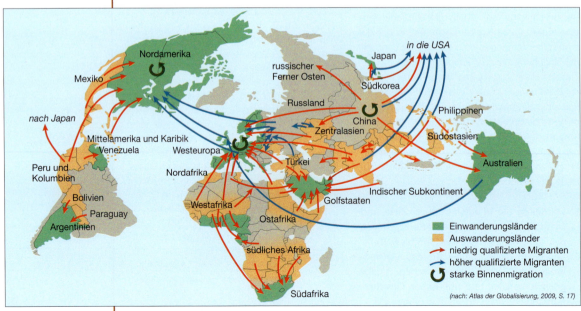

M2 Internationale Arbeitsmigration

(nach: Atlas der Globalisierung, 2009, S. 17)

Ökonomische Wanderungsfaktoren

Ökonomische Gründe sind ebenfalls eine wichtige Wanderungsursache. In makroökonomischer Hinsicht werden Wanderungsbewegungen – zumindest im Kontext der westeuropäischen Aufnahmegesellschaften – durch kurzfristige konjunkturelle Bedingungen, mittelfristige Änderungen der Produktionsorganisation und grundlegende strukturelle Gegebenheiten der Volkswirtschaften beeinflusst, wozu in erster Linie die sozialen Ungleichheiten zwischen den verschiedenen Weltregionen gehören. Diese **makroökonomischen Wanderungsfaktoren** werden aber nur unter zwei Bedingungen wirksam: Zum einen müssen sie auf eine entsprechende individuelle Disposition des Migranten treffen. Zum anderen müssen die Herkunftsstaaten die Auswanderung zulassen und die Zielländer die Möglichkeit der Einreise und des Aufenthalts bieten. Der wichtigste Sogfaktor ist, dass der Migrant begründete Hoffnung hat, eine Beschäftigung zu finden.

Gesellschaftliche Wanderungsfaktoren

Eng mit diesen politischen Faktoren verbunden sind zum einen ethnische Gegensätze, oft zwischen Mehrheiten und Minderheiten, zum anderen religiöse Konflikte. Auf der anderen Seite wirkt als Sogkraft die **Attraktivität von modernen liberalen Gesellschaften**, in denen die bürgerlichen Freiheiten eingehalten werden, was noch verstärkt wird, wenn zwischen den Zuwanderern und der Aufnahmegesellschaft nur eine geringe kulturelle Distanz besteht. Wanderungen fallen grundsätzlich leichter, wenn Informationen über den Wanderungsweg und über die Situation im Aufnahmeland vorliegen, und wenn personelle oder infrastrukturelle Anknüpfungspunkte, also beispielsweise ethnische Netzwerke, vorhanden sind.

Demographische Wanderungsfaktoren

Die Bevölkerungsentwicklung ist kein eigenständiger wanderungsauslösender Faktor, sie beeinflusst als langfristige Rahmenbedingung aber interne und grenzüberschreitende Wanderungsbewegungen.

Entscheidende Größen sind die **Geschwindigkeit und die regionale Verteilung des Bevölkerungswachstums**. Die vom UN-Bevölkerungsfonds prognostizierte Zunahme der Weltbevölkerung von derzeit sieben auf über acht Milliarden bis 2025 und auf 9,5 Milliarden Menschen bis 2050 (mittlere Variante der Prognose) wird zu 95 Prozent in ökonomisch weniger entwickelten Ländern stattfinden, und zwar vor allem in Asien. Dieser schnelle Bevölkerungszuwachs wird in diesen Ländern interne Wanderungsbewegungen forcieren, in erster Linie die Landflucht. Demographische Entwicklungen in den Aufnahmeländern können dann als Sogfaktoren wirksam werden, wenn ein langfristiger Bevölkerungsrückgang vorliegt, der zu einem Mangel an Arbeitskräften führt.

Ökologische Wanderungsfaktoren

Ökologische Katastrophen können durchaus ein eigenständiger auslösender Faktor für Wanderungsbewegungen sein. Beispiele dafür sind zahlreich.

Der Umfang der durch Umwelteinflüsse ausgelösten Wanderungen lässt sich nicht genau angeben. Die vorliegenden Schätzungen reichen von 50 Millionen im engen Sinn bis zu einer Milliarde Menschen, die im weitesten Sinn durch Umwelteinflüsse vertrieben worden sind. Sicher ist aber, dass einige Weltgebiete zukünftig in noch weitaus stärkerer Weise von natürlichen und anthropogenen, also menschlich mit verursachten, Umweltkatastrophen betroffen sein werden. Beispiele hierfür sind Bangladesch, wo immer stärkere Überschwemmungen drohen, das südliche Afrika, wo derzeit nach Angaben des UN-Weltentwicklungsprogrammes über 100 Millionen Menschen akut durch Desertifikation und Dürrekatastrophen bedroht sind, und die ehemalige Sowjetunion, in der nicht nur die unzureichend gesicherte zivile und militärische Nutzung von Nuklearanlagen schwerste ökologische Schäden angerichtet hat.

M 3 Kongolesische Bürgerkriegsflüchtlinge in Uganda (2013)

---

1. Ordnen Sie die fotografisch dargestellten Wanderungen ein, was Motive und Umstände des Wanderungsvorgangs betrifft. Nennen Sie Unterschiede und Gemeinsamkeiten (Text, **M 1**, **M 3**).
2. Erläutern Sie die globale Arbeitsmigration (**M 2**).
3. Recherchieren Sie eigenständig ein aktuelles Fallbeispiel und präsentieren Sie Ihr Ergebnis.

Webcode: GO645787-409

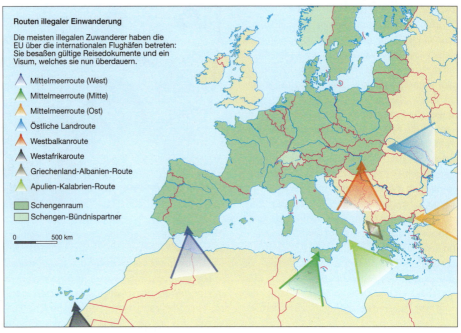

M4 Hauptmigrationsrouten in die EU

Das Beispiel Europäische Union

Im Jahr 2012 lebten etwa 215 Millionen Menschen in Staaten, in denen sie nicht geboren waren (1990: 150 Mio.). In den ökonomisch entwickelten Staaten hat sich der Anteil der Migranten an der Gesamtbevölkerung von 6,2 Prozent im Jahr 1990 auf 10,7 Prozent im Jahr 2011 erhöht (Wert der Staaten mit mittlerem Einkommen: < 2 %). Prognosen sagen voraus, dass die Nettozuwanderung in diesen Ländern bis 2050 bei durchschnittlich 2,4 Millionen Menschen pro Jahr liegen wird. Die Europäische Union gehört zu den weltweit begehrtesten Zielgebieten, und der Zuwanderungsdruck auf die meisten Mitgliedstaaten der Europäischen Union ist hoch. Besonders die Staaten an den Außengrenzen der EU sehen sich nicht in der Lage, diesen allein zu kontrollieren. Zwar ist die Zahl der Asylsuchenden zwischenzeitlich zurückgegangen, aber durch den Nachzug von Familienangehörigen und neue Konflikte wie den Bürgerkrieg in Syrien (2013) entstehen ständig neue Herausforderungen.

Unerwünschte Zuwanderung

Auch bei der illegalen Migration müssen alle EU-Staaten gemeinsam agieren und Leitlinien ihrer Politik aushandeln. Die Zusammenarbeit der Mitgliedstaaten an den Außengrenzen der EU wird von der Agentur FRONTEX koordiniert und geleitet. Zudem existieren sog. „Rückführungsabkommen" mit mehreren Staaten außerhalb der EU, die das Abschieben illegaler Flüchtlinge erleichtern. In den letzten Jahren ist die in den Augen vieler **zu restriktive Flüchtlingspolitik** Thema von Kontroversen geworden.

Die europäische Integration selbst ermöglicht es, ohne Binnengrenzen zwischen den Mitgliedstaaten zu wandern (Freizügigkeit): Migrationswillige können nun ohne einzelstaatliche Kontrolle Grenzen überschreiten. In jüngster Zeit haben sich z. B. im Umfeld der EU-internen Arbeitsmigration räumliche Muster herausgebildet, die konfliktbeladen sind (sog. Armutswanderung).

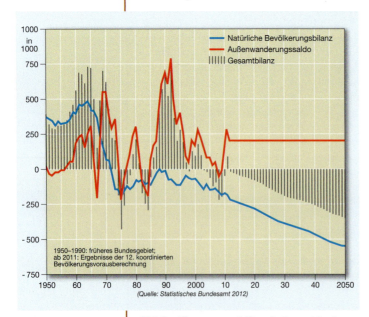

M5 Bevölkerungsentwicklung in Deutschland

Erwünschte Zuwanderung

Laut Eurostat wird im Jahr 2050 voraussichtlich ein Drittel der heute 502 Millionen Bürgerinnen und Bürger der Europäischen Union über 65 Jahre alt sein. Bei einem **Altersquotient** von dann 50,1 ist für die meisten europäischen Staaten ein Mangel an erwerbsfähiger Bevölkerung vorhersehbar. Einige Mitgliedstaaten wie Deutschland, Italien und Ungarn sehen sich schon heute mit einem Rückgang an Menschen in erwerbsfähigem Alter konfrontiert. Die **Ersatzzuwanderung** Qualifizierter ist somit ausdrücklich erwünscht und soll durch die Einführung der sog. „Blue Card" der EU gefördert werden.

M 7 Flüchtlinge auf Lampedusa (2014)

[...] Der graue Ford Transit nimmt drei Männer mit. Etwa 25 weitere stehen im Schneematsch des Mittelstreifens, die Gesichter möglichst unbewegt. Sie warten auf Arbeit, hier zwischen Café Europa und dem Nordmarkt – hier in Dortmunds ehemaligem Arbeiterviertel, wo heute viele ohne Arbeit sind. „Der Arbeiterstrich" heißt die Straßeninsel hier. Es gibt ihn, seit Rumänien und Bulgarien 2007 der EU beigetreten sind und immer mehr der neuen EU-Bürger ihr Glück hier versuchen.

Sie sind nicht etwa zum Studieren gekommen oder weil sie deutsche Facharbeitermängel füllen könnten. Es sind Menschen, die in ihrer Heimat wenig Chancen haben. Viele sind aus Stolipinowo, bekannt als „Roma-Ghetto", einer Plattenbausiedlung im bulgarischen Plowdiw, in der 60 000 Roma leben. Einer Volksgruppe, die – stellte die EU-Kommission unlängst fest – in Bulgarien und in Rumänien rassistischer Gewalt ausgesetzt ist und kaum Zugang zu Bildung und Arbeitsmarkt hat.

Wie Enis und Aliena, die anders heißen, aber lieber unerkannt bleiben. Vor zwei Jahren sind sie aus Stolipinowo gekommen. Fast 1 000 Euro hat es sie gekostet, dass Enis einen Gewerbeschein als Metallsammler und einen Kindergeldantrag bekommen hat. Das Geld ging an den Mann, der die Reise organisiert hat und über den sie lieber schweigen. Inzwischen ist es fast abbezahlt. Dafür stellt sich auch Enis auf den Mittelstreifen und Aliena sammelt Pfandflaschen. „Wir wissen, dass die Leute hier schlecht von uns denken", sagt Enis, der inzwischen Deutsch spricht. Ihre Tochter soll es besser haben, sagt er. Die Siebenjährige geht in Dortmund zu Schule und „lernt viel. In Bulgarien wären wir verhungert". [...]

„Armutswanderung" nennt das der Deutsche Städtetag. Die Städtevertretung fordert jetzt Hilfe von Bund und EU. Diese hätten beim EU-Beitritt nur den Außenhandel im Blick gehabt, so ein Positionspapier. Dass die sozialen Bedingungen für eine EU-Mitgliedschaft gar nicht erfüllt seien, sei ignoriert worden. Jetzt müssen die Kommunen die auswandernden Armen integrieren. Und: Ab Januar 2014 gilt uneingeschränkte Arbeitnehmerfreizügigkeit für Rumänen und Bulgaren. [...]

Für vier Stunden in der Spülküche eines Restaurants hat Enis vergangene Woche fünf Euro bekommen. „Normal", findet Enis diesen Lohn. Die Fahrer im grauen Transit haben nach Bauarbeitern gefragt – viel gezahlt wird wohl nie. [...]

http://www.epd.de/fachdienst/fachdienst-sozial/schwerpunktartikel/die-unerw%C3%BCnschten
(Artikel vom 5.4.2013)

M 8 Zuwanderung nach Deutschland aus Rumänien und Bulgarien

M 6 Die Unerwünschten

4. Beschreiben Sie die Zuwanderung in die EU (Text, **M 4**).
5. Erklären Sie die Bedeutung von Zuwanderung nach Deutschland vor dem Hintergrund der demographischen Entwicklung (**M 5**).
6. Erläutern Sie die Herausforderungen, die sich durch unerwünschte Zuwanderung für die EU ergeben (Text, **M 4**, **M 6**).
7. Charakterisieren Sie die durch die Arbeitnehmerfreizügigkeit in der EU hervorgerufenen Entwicklungen auf dem Niedriglohnsektor und damit verbundene Auswirkungen in betroffenen Städten (**M 6**, **M 8**).
8. Bewerten Sie die Perspektiven einer nachhaltigen Migrationspolitik, welche die Interessen der Quell- und Zielländer angemessen berücksichtigt (**M 1** bis **M 8**).

3. Entwicklungstheorien und -strategien

Die **staatliche Entwicklungshilfe** (ODA: Official Development Assistance) wird von Geberländern finanziert. International anerkanntes Ziel ist es, 0,7 Prozent des BNE für die Entwicklungszusammenarbeit zur Verfügung zu stellen.
Die Rangliste der Nehmerländer kann von Jahr zu Jahr variieren, je nach akutem oder langfristigem Bedarf.

Leitbilder der Entwicklung im Wandel

Seit der Mitte des vorigen Jahrhunderts haben Wissenschaftler und Politiker immer wieder versucht, allgemeingültige Erklärungsansätze und Theorien für Unterentwicklung zu finden und daraus Handlungsstrategien für die Zusammenarbeit abzuleiten.

Nachholende Entwicklung: Die Modernisierungsstrategie (1950er- und 1960er-Jahre)

Vertreter dieser Theorie sehen die Ursachen für mangelnde Entwicklung im Lande selbst. Diese können auch durch natürliche Faktoren gegeben sein. So ist es für ein Land von Nachteil, wenn das Klima die Landwirtschaft benachteiligt (z. B. Dürren in den Sahelländern). Auch ein fehlender Zugang zum Meer und fehlende Rohstoffe sind entwicklungshemmende Faktoren.

Eine wesentliche Ursache für Unterentwicklung sehen Vertreter der **Modernisierungstheorie** in der „Rückständigkeit" von Gesellschaft und Wirtschaft. Länder der Dritten Welt litten vor allem unter einem wenig entwickelten sekundären Sektor, Industrieproduktion erfolgte – wenn überhaupt – mit veralteten Maschinen und Methoden. Hinzu kam, dass die Menschen eine unzureichende Schul- und Berufsausbildung hatten. Die Arbeitsproduktivität der Menschen wurde zusätzlich durch Mangel- oder Unterernährung sowie durch häufige Krankheiten beeinträchtigt. Auf diese Weise konnten keine Gewinne erwirtschaftet werden, die für die Modernisierung der Produktion notwendig gewesen wären. Ebenso fehlte das Kapital, um eine verarbeitende Industrie aufzubauen, die die vorhandenen Rohstoffe zu exportfähigen Endprodukten hätte verarbeiten können. Auch die Landwirtschaft war wenig produktiv. Mit veralteten Methoden, ohne Maschinen, mit schlechtem Saatgut sowie ohne leistungsfähige Dünger und Pflanzenschutzmittel wurde meist nur für den Eigenbedarf oder lokale Märkte produziert. Ohne Verkaufserlöse war kein Kapital für eine Verbesserung der landwirtschaftlichen Produktion vorhanden.

TOP 15-Geberländer 2011 (in Mrd. US-Dollar)	
USA	30,262
Deutschland	13,329
Großbritannien	13,039
Frankreich	12,198
Japan	10,039
Niederlande	5,969
Kanada	5,084
Schweden	5,005
Australien	4,200
Norwegen	4,196
Italien	4,067
Spanien	3,921
Dänemark	2,757
Belgien	2,612
Schweiz	2,596

TOP 15-Nehmerländer 2011 (in Mrd. US-Dollar)	
Afghanistan	3,9
Demokratische Republik Kongo	3,0
Indien	2,3
Indonesien	1,8
Pakistan	1,8
Vietnam	1,6
China	1,6
Ethiopia	1,3
Irak	1,3
Haiti	1,2
Tansania	1,2
Westjordanland und Gazastreifen	1,1
Mozambique	1,1
Kenya	1,0
Bangladesch	0,8

M 1 TOP 15 Geber- und Nehmerländer im Vergleich

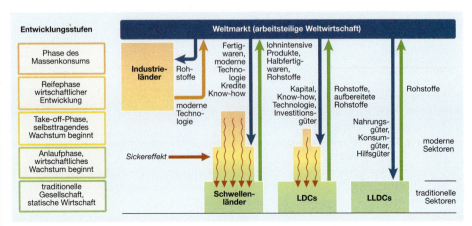

M 2 Modernisierungstheorie und Entwicklungsstufen (nach Rostow)

Die Dependenztheorie (1970er- und 1980er-Jahre)

Ein anderer Ansatz, die **Dependenztheorie**, resultierte aus den Erfahrungen, die Wissenschaftler in Lateinamerika in den 1970er- und 1980er-Jahren gewonnen hatten. Danach wird Unterentwicklung geschichtlich als eine **Folge kolonialer Ausbeutung** und gegenwärtig als Ergebnis der **Abhängigkeiten von transnationalen Konzernen** erklärt. Unterentwicklung und Entwicklung sind also nicht wie bei der Modernisierungstheorie Phasen, die nacheinander, sondern gleichzeitig ablaufen und einander bedingen: Ohne die Ausbeutung der Entwicklungsländer als Rohstofflieferanten sind die Industrieländer nicht existenzfähig. Folglich werden die Ursachen der Armut nicht im Entwicklungsland selbst gesucht, sondern in den externen wirtschaftlichen und politischen Abhängigkeiten:
– politische Bevormundung,
– Weltmarktabhängigkeit (Terms of Trade),
– Gewinntransfer der transnationalen Konzerne ins Ausland,

die zur Zerstörung der heimischen Produktionsweise und nationalen Kultur sowie zu ökologischen Krisen führen.

1. Vergleichen Sie Geber- und Nehmerländer (**M 1**).
2. Erklären Sie, wie Modernisierungstheoretiker Armut überwinden wollen und welche Konsequenzen sich für sie aus den neuen Möglichkeiten und Abhängigkeiten der Globalisierung ergäben (Text, **M 2**).
3. Recherchieren Sie im Internet Mutterländer und Kolonien aus dem Zeitalter des Kolonialismus.
4. Charakterisieren Sie den Wandel in den Leitbildern der 1970er- und 1980er-Jahre (**M 3** bis **M 5**, Text).

[...] Im Zentrum des neuen Leitbildes stand die Aufgabe, der wachsenden Masse der Armen Zugang zu den lebenswichtigen Gütern und Dienstleistungen zu verschaffen. Dazu zählten:
– **materielle Grundbedürfnisse**: Nahrung, Kleidung, Wohnung, Gesundheitsversorgung, Trinkwasserversorgung und Abwasserentsorgung, also notwendige Voraussetzungen für das Überleben.
– **immaterielle Grundbedürfnisse**: Bildung, Unabhängigkeit, Rechtssicherheit, Selbstbestimmung der eigenen Lebensverhältnisse, Mitbeteiligung an gesellschaftlichen Entscheidungsprozessen als notwendige Voraussetzungen für ein menschenwürdiges Leben. [...]

Hilfe von außen war nur dann entwicklungspolitisch vertretbar, wenn sie sich auf die Verbesserung der Rahmenbedingungen für Entwicklung und auf die Mobilisierung von Selbsthilfe beschränkte und Eigenanstrengungen verstärkte („Hilfe zur Selbsthilfe"). [...]

Mit dem Konzept der Grundbedürfnisbefriedigung wurde die Modernisierungsstrategie der 1950er und 60er Jahre vom Kopf auf die Füße gestellt: Wirtschaftliches Wachstum gilt nicht mehr als Voraussetzung für die Befriedigung der menschlichen Grundbedürfnisse, vielmehr ist Letzteres die Voraussetzung für wirtschaftliches Wachstum. [...]

(Quelle: www.omnia-verlag.de/weltimwandel/php/start.php?id=3915&bc=-3915)

M 4 Entwicklungsleitbild seit Mitte der 1970er-Jahre: „Befriedigung der Grundbedürfnisse"

M 5 Bildung als Schlüssel für Entwicklung: Unterricht am Fuße des Chimborazo (Ecuador) in 4500 Metern Höhe

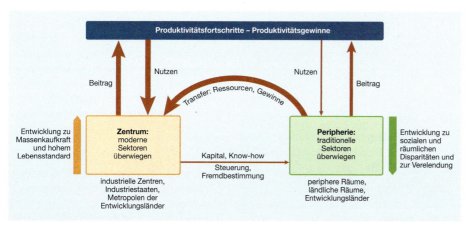

M 3 Dependenztheorie

Die nachhaltige Entwicklung (seit den 1990er-Jahren)

Das Ende der Ost-West-Konfrontation zu Beginn der 1990er-Jahre ermöglichte es, die Entwicklungspolitik nicht mehr unter machtpolitischen und ideologischen Gesichtspunkten zu sehen, sondern unter dem Aspekt der **nachhaltigen Entwicklung**: *Dauerhafte Entwicklung ist Entwicklung, die die Bedürfnisse der Gegenwart befriedigt, ohne zu riskieren, dass zukünftige Generationen ihre eigenen Bedürfnisse nicht befriedigen können.* „Entwicklung" wird nicht mit Wirtschaftswachstum gleichgesetzt, sondern bedeutet die Sicherung menschenwürdiger Lebensgrundlagen unter gleichzeitiger Respektierung des ökologischen Gleichgewichts, der sozialen Gerechtigkeit und des wirtschaftlichen Wohlstands.

Daraus resultiert, dass der auf Ressourcenverschwendung und Umweltbelastung basierende Reichtum des Nordens kein wünschenswertes Entwicklungsziel für den Süden sein kann. Angesichts der weltweiten Auswirkungen schwerwiegender Eingriffe in den Naturhaushalt der Erde (z. B. durch die Abholzung des tropischen Regenwaldes oder die CO_2-Emissionen des Nordens) kann nachhaltige Entwicklung nur global ausgerichtet sein. Zudem zeigen die Erfahrungen mit den monolinearen Strategien, dass nur ein integrierter Ansatz zu Erfolgen führen kann. Alle Menschen dieser Erde, von der Regierungsebene bis zur lokalen Ebene, sind – als Akteure und Betroffene – zugleich aufgefordert, ökologisch und sozial verantwortlich zu handeln. Dabei können die Entwicklungsstrategien infolge der unterschiedlichen kulturellen, wirtschaftlichen und technischen Voraussetzungen auf der Nord- und Südhalbkugel verschieden sein. Allerdings verlangt der Meinungsbildungsprozess, der von einer breiten Bürgerbeteiligung getragen sein sollte, demokratisch legitimierte Regeln, damit größtmögliche Akzeptanz erreicht wird.

Verflechtungsansatz, wirtschaftlicher Dualismus, fragmentierende Entwicklung

Kritiker der oben genannten Theorien stellen einen bedeutenden Realitätsverlust fest: Nicht starre ideologische Denkmuster mit monolinearen Erklärungsansätzen erklären Unterentwicklung, sondern interne und externe Rahmenbedingungen, d. h. kapitalistische und traditionelle Produktionsformen, entscheiden auf lokaler und regionaler Ebene über den Erfolg der Entwicklung. Der verschärfte Wettbewerb im Zeitalter der Globalisierung führt zu einer völligen Neuverteilung von Wohlstand und Armut – sowohl auf der Süd- als auch auf der Nordhalbkugel. Abhängig vom Grad der Weltmarktintegration entstehen räumlich und zeitlich nebeneinander Orte des Reichtums und solche der Massenarbeitslosigkeit (**Verflechtungsansatz**).

Die **Dualismustheorie** begründet Unterentwicklung mit dem räumlichen Nebeneinander von nicht miteinander verbundenen Wirtschaftssektoren wie der rückständigen traditionellen Subsistenzwirtschaft (Food-Crops-Produktion) und der fortschrittlichen weltmarktorientierten Plantagenwirtschaft (Cash-Crops-Produktion). Der Dualismus ist auch im städtischen Raum belegbar, wo neben dem formalen weltmarktorientierten Sektor (Industrie, Finanzdienstleister) ein Großteil der Bevölkerung im informellen Sektor seinen Lebensunterhalt mit Gelegenheitsarbeiten verdient. Im städtischen Raum wird diese zu Ungleichheit führende **fragmentierende Entwicklung** erfahrbar in einem engen Nebeneinander von prosperierenden Stadtteilen (moderne Geschäftsviertel, Gated Communities) sowie von Slums und aufgegebenen historischen Altstadtkernen.

M 6 Energiegewinnung – aber wie?

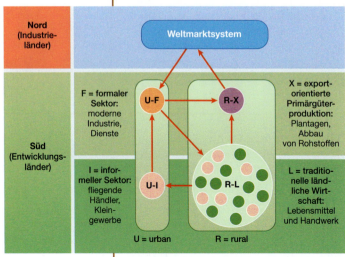

M 7 Modell des wirtschaftlichen Dualismus nach Fu Chen Lo/Salih/Douglass 1981

Die Strategie der Entwicklungspole und -achsen

Die Theorie der Entwicklungspole und -achsen entstammt dem Bereich der sog. **Polarisationstheorien**. Die grundlegende Annahme hierbei ist, dass sich an vereinzelten erfolgreichen Standorten **Multiplikatoreffekte** einstellen, sodass sich ökonomisches Wachstum auch räumlich ausbreiten kann (**Ausbreitungseffekte/spread effects**). Myrdal (1957) hat in seinem **Modell der Kumulativen Verursachung** dargestellt, wie die Entwicklung in einem Bereich (z. B. das Ansiedeln von Zuliefererindustrie) weitere positive Folgen in anderen Bereichen haben kann (z. B. den Zuzug qualifizierter Arbeitskräfte oder eine größere Nachfrage in Bezug auf lokale Waren und Dienstleistungen). Allerdings können Wachstumseffekte sich auch negativ auf benachteiligte Regionen auswirken, die dann weiter geschwächt werden (**Entzugseffekte** oder **backwash effects**).

Das Beispiel Nambia

Ungeachtet seiner langen, u. a. deutschen, Kolonialgeschichte ist es Namibia gelungen, eine wirtschaftliche Positiventwicklung herbeizuführen. Mit einem BIP/Kopf von US-$ 7500/Jahr gehört das Land inzwischen zu den „Upper Middle Income Countries" und liegt weltweit an 131. Stelle, nur knapp hinter China (US-$ 8500, Rang 121), deutlich vor Nachbarländern wie Sambia (US-$ 1600, Rang 198), aber auch klar hinter Südafrika (US-$ 11 100, Rang 105).

Neben dem internationalen Tourismus kristallisierten sich drei **Entwicklungspole** heraus: Die Region um die Hauptstadt Windhoek, das sog. „Uran-Dreieck" an der Küste, und das „Otavi-Dreieck", das einen landwirtschaftlichen Gunstraum darstellt. Ein Grund für die nach wie vor hohen Einkommensunterschiede ist, dass der Großteil des BIP (z. B. im Bergbau) mit hohem Kapitalaufwand, aber nur relativ geringem Personaleinsatz erwirtschaftet wird. Ein Großteil der Bevölkerung Namibias lebt jedoch noch immer in den Gebieten der ehemaligen Homelands im Norden Namibias von relativ unproduktiver Subsistenzlandwirtschaft, die nur sehr geringe Einkommen erwirtschaftet. Die an der Küste beginnende Ausweitung des Uranabbaus wird zu einem zeitlich begrenzten Wirtschaftsboom führen, aber dieser wird nach spätestens 20 bis 30 Jahren beendet sein. Für den Aufbau von klassischen Industrien mit hoher Wertschöpfung (z. B. Elektronik, Maschinenbau, Chemie/Pharmazie etc.) fehlt dem Land die „kritische Masse" an Erfahrung, Knowhow, Fachkräften, Forschungskapazitäten, aber auch an Kapital.

Der Schwerpunkt der deutschen Technischen Zusammenarbeit mit Namibia liegt derzeit auf den drei Bereichen „Management natürlicher Ressourcen" (inkl. Landreform), Transport sowie Wirtschaftsförderung. Darüber hinaus werden verschiedene Vorhaben im Bereich Grundbildung und Gesundheit (HIV/AIDS) gefördert.

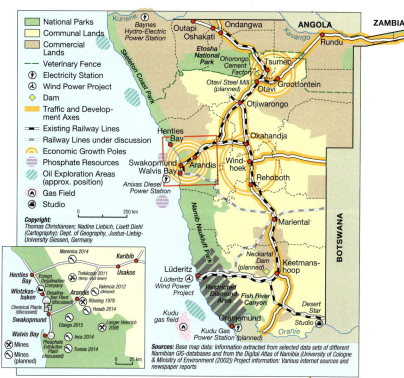

M 8 Entwicklungspole in Namibia

---

5. Fassen Sie die Entwicklungen zusammen, die letztendlich zum Leitbild der nachhaltigen Entwicklung geführt haben (**M 1** bis **M 6**, Text).
6. Erläutern Sie den wirtschaftlichen Dualismus und den Verflechtungsansatz (**M 7**, Text).
7. Charakterisieren Sie die räumliche Struktur der namibischen Wirtschaft vor dem Hintergrund der Theorie der Wachstumspole (**M 8**, Text).
8. Beurteilen Sie die Zukunftsaussichten der namibischen Wirtschaft (**M 8**, Text, Internet).

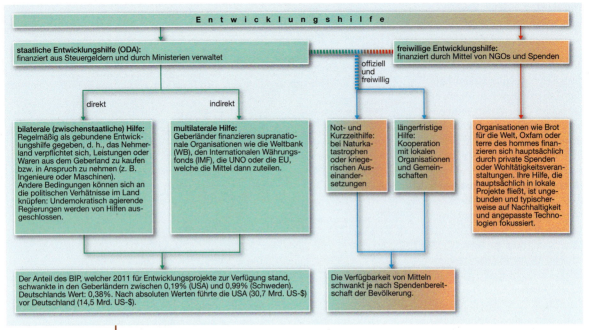

M 9 Struktur internationaler Entwicklungshilfe

Von der Entwicklunghilfe zur Entwicklungszusammenarbeit

Entwicklungszusammenarbeit war bis Ende des 20. Jahrhunderts als von außen kommende **Entwicklungshilfe** konzipiert. Planung, finanzielle Mittel, Projektarbeit und Kontrolle der Ergebnisse wurden den Entwicklungsländern weitgehend durch die Indutrieländer vorgegeben. Das profunde Wissen und die Fähigkeiten der einheimischen Bevölkerung wurden oft nicht hinreichend einbezogen. Eine Nehmerqualität entwickelte sich.

Zu Beginn des 21. Jahrhunderts hat sich die Entwicklungspolitik verändert. **Entwicklungszusammenarbeit** bedeutet nunmehr partnerschaftliche Gleichberechtigung von Geber- und Empfängerländern. Leitprinzipien sind dabei, dass die Entwicklung angepasst sowie nachhaltig sein soll und als **Hilfe zur Selbsthilfe** ausgerichtet ist. Doch auch mit den modifizierten Leitbildern besteht zwischen den Staaten keineswegs Einigung darüber, welches die wirksamste Form der Hilfe oder Zusammenarbeit ist. Manche Forscher aus Industrie- wie auch Entwicklungsländern stellen sogar pauschal den generellen Nutzen von externer Hilfe in Frage.

M 10 Zielkonflikte zwischen den Entwicklungsdimensionen

Der deutsche Weg der Entwicklungszusammenarbeit ...

Das Bundesministerium für wirtschaftliche Zusammenarbeit und Entwicklung (BMZ) hat 2011 neue Leitbilder für seine Arbeit verabschiedet.

Mehr Bildung	Mehr Demokratie	Mehr Wirtschaft
Bildung schafft Zugang zum Arbeitsmarkt und zu Einkommen und fördert demokratische Strukturen.	Deutschland fördert und fordert eine gute Regierungsführung (good governance) in seinen Partnerländern und setzt sich für benachteiligte Bevölkerungsgruppen ein.	Die Förderung einer stabilen Wirtschaft und die Durchsetzung fairer Regeln im internationalen Handel sind effektive Mittel zur Bekämpfung von Armut und nützen zudem der deutschen Wirtschaft durch die Schaffung von Handelsmöglichkeiten.
Mehr Wirksamkeit	**Mehr Engagement**	**Mehr Sichtbarkeit**
Neben unabhängigen Wirkungsanalysen zur Erhöhung der Effektivität bündelt das BMZ seine Maßnahmen auf weniger Kooperationsländer als zuvor.	Neben einer stärkeren privatwirtschaftlichen Einbindung ist das Engagement von Bürgern, Unternehmen und Verbänden ausdrücklich erwünscht.	Das BMZ startet eine Informationsoffensive und delegiert weniger Projekte vor Ort an fremde Träger.

M 11 „Chancen schaffen, Zukunft entwickeln": Das entwicklungspolitische Konzept Deutschlands

... und der chinesische

Im Zuge seiner schrittweisen politischen Öffnung bei gleichzeitig rasantem Wirtschaftswachstum ist China mittlerweile zum größten Investor und Entwicklungspartner in Afrika aufgestiegen. Dabei unterscheidet sich die chinesische Hilfe markant von der deutschen.

1. Gleichwertigkeit der Partner und gegenseitiger Nutzen bilden das Fundament jeder Hilfe.
2. China respektiert die politische Hoheitlichkeit seiner Partner. Es knüpft nie Bedingungen oder das erzwungene Gewähren von Vergünstigungen an Hilfe.
3. China unterstützt die vom Nehmer zu tragende finanzielle Last durch zinsfreie oder zinsneutrale Darlehen oder ggf. durch Zahlungsaufschub.
4. Das Ziel Chinas Hilfe ist es, die Nehmerländer unabhängig zu machen.
5. China stellt für seine Projekte qualitativ hochwertige Ausrüstung und Materialien zu Weltmarktpreisen zur Verfügung.
6. China unterstützt den Aufbau von technischem Know-how durch Vermittlung der vor Ort angewandten Techniken.
(eigene Übersetzung nach: http://www.theguardian.com/global-development/interactive/2013/apr/29/china-commits-billions-aid-africa-interactive)

M 12 Leitlinien chinesischer Entwicklungshilfe (Auswahl)

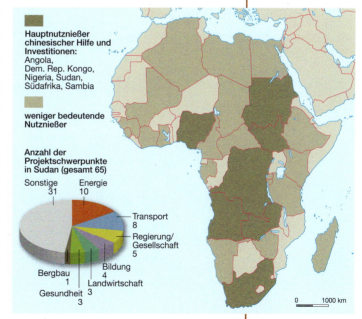

M 13 Chinesische Projektschwerpunkte in Sudan bzw. Afrika

9. Erläutern Sie die Strukturen, Ziele und Herausforderungen internationaler Zusammenarbeit (M 9, M 10).
10. Vergleichen Sie das deutsche mit dem chinesischen Konzept für Entwicklungszusammenarbeit (M 11, M 12).
11. Nehmen Sie – ggf. nach weiterer Recherche – Stellung zu der Frage: „China in Afrika – helfende Hand oder gieriger Griff nach Ressourcen?" (M 12, M 13, Internet).

4. Globale ökologische Probleme

Der ökologische Fußabdruck

Seit Mitte des 20. Jahrhunderts führt der erhöhte Konsum von Ressourcen zur Schädigung zahlreicher Ökosysteme der Erde. Eine zunehmende Anzahl von Menschen verbraucht mehr Ressourcen, als die Regenerationsfähigkeit der natürlichen Ökosysteme (**Biokapazität**) verkraftet.
Dieser Verbrauch kann durch den **ökologischen Fußabdruck** gemessen werden. Dieser misst die Ressourcen, die für die Produktion, den Verbrauch und die Aufnahme von Abfall einer Person nötig sind (vgl. M 3).
Hierzu werden die biologisch produktiven Land- und Wasserflächen addiert, die erforderlich sind, um notwendige Ressourcen (Nahrungsmittel, Materialien und Energie) zu gewinnen. Bei der Berechnung werden ebenso die dazu nötigen Infrastrukturflächen und Flächen für den Verbrauch sowie für die Aufnahme der Abfallprodukte berücksichtigt. Die Messgröße hierbei heißt **globaler Hektar (gha)** je Einwohner.
Durch den ökologischen Fußabdruck lassen sich Eingriffe des Menschen in die Biosphäre im Hinblick darauf bewerten, inwieweit sie nachhaltig sind.
Insgesamt gelten rund 21 Prozent der Erdoberfläche und etwa fünf Prozent der Meeresfläche als biologisch produktiv. Überschreitet der ökologische Fußabdruck die Biokapazität, so ist die Regeneration der natürlichen Ressourcen gefährdet. Die Biokapazität der Erde ist abhängig von der Bevölkerungszahl, dem durchschnittlichen Pro-Kopf-Ressourcenverbrauch und der Ressourcenintensität entsprechender Technologien. Nach den Berechnungen des Global Footprint Networks, dem Urheber dieser Berechnungen, war bereits in den 1970er-Jahren die entsprechende Maximalbeanspruchung der Biosphäre durch den Menschen überschritten.
Seit 1966 hat sich die Größe des ökologischen Fußabdrucks verdoppelt. Gegenwärtig werden pro Person durchschnittlich 2,7 globaler Hektar verbraucht, obwohl nur 1,8 globaler Hektar zur Verfügung stehen; regional ist die Flächeninanspruchnahme jedoch sehr unterschiedlich verteilt. Damit verbraucht die Menschheit 1,5-mal so viel natürliche Ressourcen, wie sich jährlich erneuern. Ein solches **ökologisches Defizit** schädigt auf Dauer das globale Gesamtökosystem.

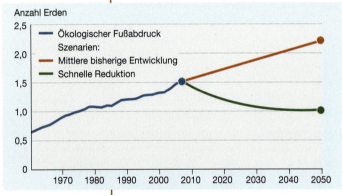

M 1 Entwicklung des ökologischen Fußabdrucks

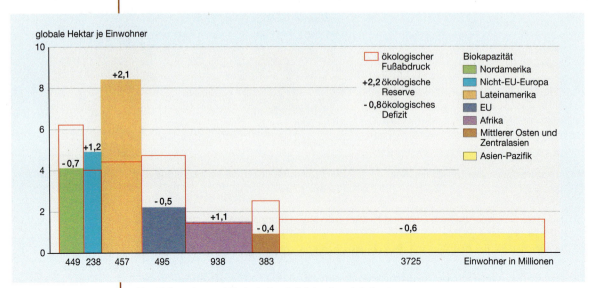

M 2 Biokapazität und ökologischer Fußabdruck nach Erdregionen

Der ökologische Fußabdruck eines Deutschen beträgt ca. 4,2 gha. Würde man diesen Flächenverbrauch auf alle Menschen der Welt übertragen, dann bräuchten wir mehr als zwei Erden! [...] Das bedeutet, dass wir unseren ökologischen Fußabdruck unbedingt verkleinern müssen!
In den ökologischen Fußabdruck einer Person fließen die Ernährungsgewohnheiten, die Mobilität, die Art und Weise wie sie wohnt und ihr persönlicher Konsum ein. Dabei verursacht die Ernährung gut ein Drittel des persönlichen Fußabdrucks. Die Produktion von Lebensmitteln, insbesondere die Fleischproduktion, benötigt große Flächen. [...]
Für das Wohnen benötigt der Deutsche rund ein Viertel des Fußabdrucks. Dabei fällt insbesondere der hohe Verbrauch an Energie für Heizung und Elektrizität ins Gewicht. Aber auch die Rohstoffe für Wohnhäuser und der direkte Flächenverbrauch durch Bebauung und öffentliche Infrastruktur werden in den Fußabdruck mit eingerechnet. Die Mobilität mit dem Auto, dem Bus, der Bahn oder dem Flugzeug ist für mehr als ein Fünftel des ökologischen Fußabdrucks verantwortlich. [...]
Der Konsum, also der Verbrauch an Gütern und Dienstleistungen, macht mehr als ein Sechstel [...] aus. Der hohe Papierverbrauch fällt dabei mit rund einem Drittel dieses Anteils besonders ins Gewicht.

M 3 Der durchschnittliche ökologische Fußabdruck eines Deutschen

Der ökologische Rucksack

Der **ökologische Rucksack** bietet einen weiteren Vergleichsmaßstab, mit dem abgeschätzt werden kann, welche ökologischen Belastungen die Bereitstellung bestimmter Güter und Dienstleistungen verursacht. Im Fokus der Analyse steht hier der Materialeinsatz während des gesamten Lebenszyklus, der bei Herstellung, Verbrauch und Entsorgung von Produkten und Dienstleistungen anfällt – inklusive der vom Menschen gelenkten Stoffströme. Dies bezeichnet man auch als **Ökobilanz**. Vergleichbare Ansätze finden sich beim Konzept zum virtuellen Wasser.
Dabei ist es den meisten Verbrauchern nicht bewusst, wie groß der jeweilige ökologische Rucksack einzelner Produkte ist. So macht dieser für den Kunststoff den Faktor fünf aus. Dies bedeutet, dass für ein Kilogramm Kunststoff insgesamt etwa fünf Kilogramm Ressourcen benötigt werden. Bei Papier beträgt der Faktor 15, bei einer Jeans etwa 53, für Aluminium rund 85, für Kupfer 500 und für Gold über 550 000.
Diese Berechnung lässt sich nicht nur auf einzelne Produkte und Dienstleistungen, sondern auf ganze Wirtschaftsräume anwenden. Europa z. B. importiert Rohstoffe, Halbfertigwaren und Fertigwaren aus aller Welt und nutzt so die natürlichen Ressourcen in anderen Regionen. Die bei der Produktion anfallenden Energie- und Materialmengen verbleiben, soweit sie nicht Bestandteile des Produkts sind, in den Exportländern. Europa ist somit ein Kontinent, der in großem Stil Umweltbelastungen auf andere Weltregionen abwälzt. Bei einer **globalen Bilanzierung** von Im- und Exporten stellt sich insgesamt ein deutliches Ungleichgewicht zwischen den Industrieländern und den ärmeren Entwicklungsländern heraus.
Insgesamt gilt: Je geringer der Materialeinsatz und der Transportweg ist, desto weniger **Umweltschäden** entstehen. Der ökologische Rucksack liefert somit ein nützliches Kriterium für ein **nachhaltiges Ressourcenmanagement**. Als Zielperspektive ergibt sich aus dem Konzept des ökologischen Rucksacks die Erhöhung der Ressourcenproduktivität.

Bauteil	Material für die Herstellung, inkl. Energiegewinnung (in kg)	Gewicht des Bauteils (in kg)
Gehäuse	19,2	1,22
Leiterplatten, bestückt	286,6	0,41
Display	48,0	0,33
Prozessor, Arbeitsspeicher	29,7	0,01
Sonstiges	45,5	0,78
Verpackung	5,9	1,30
Gesamt	434,9	4,05

ökologischer Rucksack
434,9 kg – 4,05 kg = 430,85 kg

M 4 Der ökologische Rucksack eines Notebooks

1. Erläutern Sie das Konzept des ökologischen Fußabdrucks (**M 1** bis **M 3**).
2. Stellen Sie das Konzept des ökologischen Rucksacks vor (**M 4**).
3. Bestimmen Sie mithilfe des Webcodes Ihren persönlichen Fußabdruck. Stellen Sie dar, wie Sie Ihren persönlichen Fußabdruck reduzieren könnten.

Webcode:
GO645787-419

Globaler Wandel

Um das Ausmaß zunehmender, nicht nachhaltiger globaler Prozesse zu beschreiben, hat der Wissenschaftliche Beirat der Bundesregierung (WBGU) die wichtigsten **Kernprobleme des Globalen Wandels** herausgearbeitet. Dabei wurden zehn Kernprobleme mit höchster globaler Relevanz festgestellt, die sich zudem gegenseitig beeinflussen. Aufgrund der komplexen Vernetzung und gegenseitigen Abhängigkeit dieser Prozesse stellt der **Globale Wandel** ein komplexes System dynamischer Entwicklungen aus Wechselwirkungen zwischen Mensch und Umwelt dar. Dabei ist der Mensch zugleich Verursacher und Betroffener.

Es gibt zehn Kernprobleme; diese finden sich in den Syndromen wieder, wobei Syndrome aufgrund der Komplexität mehreren Kernproblemen zugeordnet werden.

Der Syndromansatz

Zur Entwicklung von nachhaltigen Handlungsmöglichkeiten zur Vermeidung bzw. Minderung der globalen Kernprobleme hat der WBGU den **Syndromansatz** erarbeitet. Beim Syndromansatz werden mögliche Ursachen (Diagnose), Möglichkeiten der Früherkennung (Prognose), mögliche Auswirkungen (Bewertungen) sowie deren kausale Vernetzungen interdisziplinär erforscht. Dabei geht der Syndromansatz von der These aus, dass sich die komplexen globalen Umwelt- und Entwicklungsprobleme auf eine überschaubare Anzahl von typischen Mustern zurückführen lassen. Diese allgemeingültigen, global relevanten Konstellationen werden als **Syndrome des Globalen Wandels** bezeichnet. Die Namen der Syndrome werden von typischen Regionen, in denen diese aufgetreten sind, von typischen Ereignissen oder einem typischen Schlagwort abgeleitet.

Die Syndrome wurden in drei Gruppen unterteilt. Jedes dieser 16 Syndrome weist wiederum eine Anzahl typischer Symptome auf. Diese 80 verschiedenen Symptome werden in neun Sphären

1. der anthropogen verstärkte Treibhauseffekt (Klimawandel)
2. der anthropogen verursachte Biodiversitätsverlust
3. die anthropogen verursachte Bodendegradierung
4. die anthropogen verursachte Verknappung und Verschmutzung von Süßwasser
5. die umweltbedingte Gefährdung der Weltgesundheit
6. die umweltbedingte Gefährdung der Welternährung
7. das Bevölkerungswachstum und die ungleiche Bevölkerungsverteilung
8. die anthropogen verursachten Naturkatastrophen
9. die Übernutzung und Verschmutzung der Weltmeere
10. die globalen Entwicklungsdisparitäten

M 5 Zehn Kernprobleme des Globalen Wandels

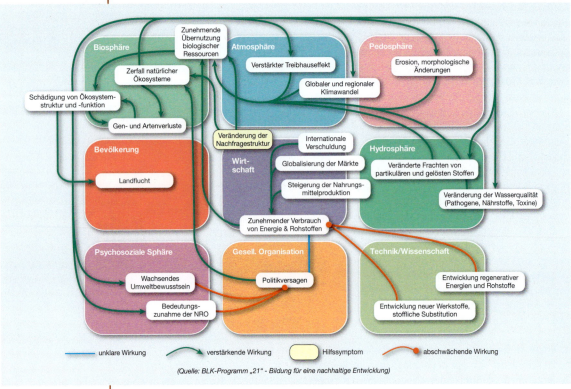

M 6 Vereinfachtes Beziehungsgeflecht des Raubbau-Syndrom

aufgeteilt. Sie enthalten nicht nur negative Trends, wie Klimawandel oder Biodiversitätsverlust, sondern auch positive Trends wie wachsendes Umweltbewusstsein oder Emanzipation der Frau. Bei der Darstellung eines Syndroms stehen die hierfür typischen Symptome in Wechselwirkungen miteinander. Dabei können diese sich zwischen zwei Symptomen gegenseitig verstärken, abschwächen oder undefiniert sein.

Ein solches Syndrom stellt z. B. das **Raubbau-Syndrom** dar. Dieses „Krankheitsbild" weist auf einen nicht nachhaltigen Prozess hin und findet sich in verschieden Regionen der Erde wieder. Beim Raubbau-Syndrom handelt es sich um ein typisches Muster, das sich bei der Übernutzung eines Ökosystems ergibt. Von diesem Syndrom sind vor allem Waldökosysteme und marine Ökosysteme betroffen. Ohne Rücksicht auf die natürliche Regenerationsfähigkeit entstehen schwerwiegende Folgen für den jeweiligen Naturhaushalt. Symptome sind der Verlust von Biodiversität, Bodenerosion und Landflucht.

Syndrom \ Kernproblem	Klimawandel	Verlust an Biodiversität	Bodendegradierung	Süßwasserverknappung	Gefährdung der Weltgesundheit	Gefährdung der Welternährung	Bevölkerungsentwicklung	Anthropogene Naturkatastrophen	Übernutzung und Verschmutzung der Weltmeere	Globale Entwicklungsdisparitäten
Sahel-Syndrom		•	•	•		•	•	•		•
Raubbau-Syndrom	•	•	•	•				•	•	•
Landflucht-Syndrom		•	•			•	•			•
Dust-Bowl-Syndrom		•	•	•		•				
Katanga-Syndrom		•	•	•						
Massentourismus-Syndrom		•	•	•				•		
Verbrannte-Erde-Syndrom	•	•	•				•		•	
Aralsee-Syndrom	•	•	•	•	•	•				•
Grüne-Revolution-Syndrom		•	•	•		•	•			•
Kleine-Tiger-Syndrom	•	•	•	•	•		•			•
Favela-Syndrom	•	•			•		•			
Suburbia-Syndrom	•	•	•	•						
Havarie-Syndrom			•	•	•					
Hoher-Schornstein-Syndrom	•	•	•		•					
Müllkippen-Syndrom			•	•						
Altlasten-Syndrom		•	•		•				•	

(Quelle: WBGU. Welt im Wandel – Herausforderungen für die deutsche Wissenschaft. Springer Verlag, Berlin 1996, S. 131.)

M 7 Zuordnung der Kernprobleme zu den Syndromen des Globalen Wandels nach WBGU

4. Erläutern Sie die Grundidee und die Vorgehensweise des Syndromansatzes (**M 5** bis **M 7**).
5. Erklären Sie die Kernprobleme des Globalen Wandels an Beispielen, die Sie aus dem Unterricht kennen, z. B. die anthropogen verursachte Bodendegradierung (**M 5** bis **M 7**).
6. Erklären Sie das Beziehungsgeflecht des Raubbau-Syndroms (**M 6**).

Raumentwicklung und Raumordnung in Europa
1. Europa und die europäische Integration

M 1 Vielfalt in Europa: Die Europäische Union hat 28 Mitgliedsstaaten.

M 3 Ein Ergebnis des europäischen Integrationsprozesses: offene Grenzen

Europaflagge: blauer Hintergrund mit zwölf Sternen als Symbol der Vollkommenheit

Zwischen den Staaten Europas hat sich nach dem Zweiten Weltkrieg zunehmend eine immer enger werdende wirtschaftliche und gesellschaftliche Zusammenarbeit entwickelt. Wirtschaftliche Verdichtungsräume wurden zu Zentren der räumlichen Entwicklung. Andere Gebiete blieben in ihrer wirtschaftlichen Entwicklung jedoch zurück. Sie bilden die Peripherie. Die Verwirklichung des **europäischen Binnenmarktes** im Rahmen der Europäischen Union und die Einführung einer **gemeinsamen Währung**, dem **Euro**, sind Meilensteine dieser Entwicklung. Sie stellen auch eine Reaktion auf die fortschreitende Globalisierung dar.

Die Zahl der Mitgliedsländer der Europäischen Union ist auf der Basis gemeinsamer Wurzeln und Ziele von anfangs sechs auf inzwischen 28 angewachsen. Damit umfasst sie fast eine halbe Milliarde Menschen. Bei aller Verschiedenheit der Staaten bestehen dennoch Gemeinsamkeiten bezüglich Geschichte, Kultur, Zivilisation, Lebensgewohnheiten und Werten, die Europa als Kulturerdteil eine Identität verleihen.

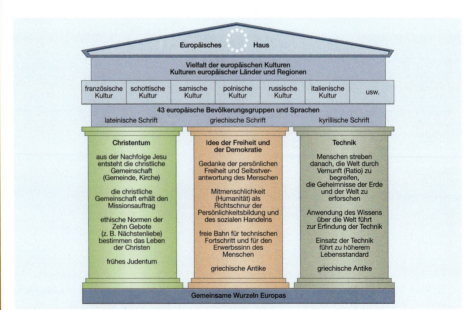

M 2 Die kulturellen Wurzeln Europas

Raumentwicklung und Raumordnung in Europa

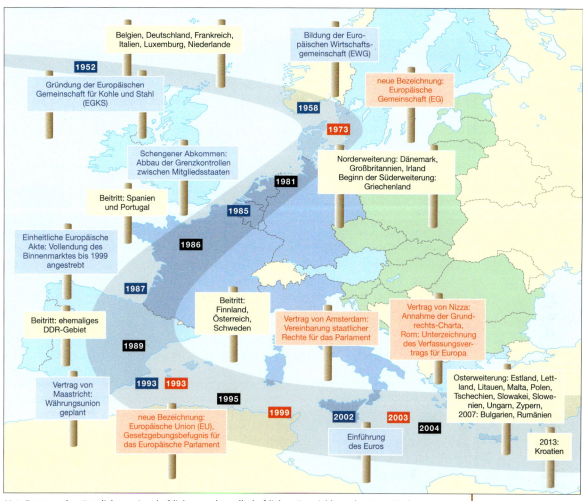

M 4 Etappen der räumlichen, wirtschaftlichen und gesellschaftlichen Entwicklung der Europäischen Union (1950 bis 2013)

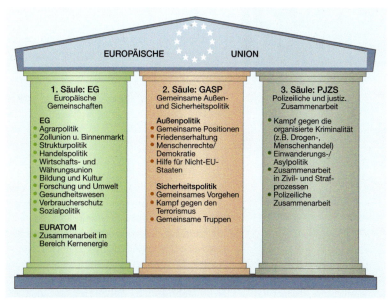

M 5 Die drei Säulen der Europäischen Union

1. Notieren Sie, was Sie spontan mit dem Begriff „Europa" verbinden und erörtern Sie die Ergebnisse im Kurs.
2. Erläutern Sie, welche Werte die Grundlage für eine europäische Identität bilden (M 2).
3. Beschreiben Sie die Entwicklung der europäischen Integration (M 1 bis M 5).
4. Erarbeiten Sie arbeitsteilig in Gruppen an selbst gewählten Beispielen den Einfluss der Europäischen Union auf die Raumentwicklung in Europa.
5. Bereiten Sie sich als Teilnehmerin/ Teilnehmer auf die Frage: „*Wächst Europa wirklich zusammen?*" vor. Vertreten Sie Ihre Position in einer Debatte, die Sie kursintern, kursübergreifend oder auch im geeigneten Zusammenhang außerschulisch führen.

Die Wachstumsphase

Im 19. Jahrhundert vollzogen die heutigen altindustriellen Regionen mit einer bisher unbekannten Wachstumsdynamik den Strukturwandel von der Agrar- zur Industrielandschaft. Die von England ausgehende **Industrielle Revolution** verwandelte ländliche Regionen in boomende (Schwer-) Industrieregionen mit Monostruktur und überformte gewachsene Städte. Der Wohlstand beruhte auf der starken Nachfrage nach innovativen Industrieprodukten und deren Rohstoffen (Textilien, Eisenbahn-, Baustahl-, Rüstungsprodukte, Steinkohle und Erze). Aus Dörfern wurden „Industriedörfer", die meist zu polyzentrischen Verdichtungsräumen mit überdurchschnittlicher Einwohner- und Industriedichte verschmolzen.

Neben dem großflächigen Landschaftsverbrauch entstand eine typische Gemengelage von Industrieanlagen, Verkehrswegen und Siedlungen, die heutigen städtebaulichen Ansprüchen nicht mehr standhält. Da in dieser Phase das Umweltbewusstsein sehr gering ausgeprägt war, entstanden die heutigen Abfall- und Entsorgungsprobleme bei kontaminierten Böden. Rauchende Schlote auf kolorierten Postkarten standen für satte Gewinne und Vollbeschäftigung!

Phase der Stagnation und der Schrumpfung

In der Mitte des 20. Jahrhunderts verlieren diese Regionen an Attraktivität und laufen Gefahr, dass sich ein Negativimage (z. B. „Kohlenpott" für Ruhrgebiet) mit allen Nachteilen im Bewusstsein der Öffentlichkeit dauerhaft festsetzt und Arbeitsplätze verloren gehen.

Die Gründe für den Niedergang der Regionen sind vielfältiger Art. Der Standortvorteil einer eisenschaffenden Industrie „auf der Kohle" verwandelte sich in einen Nachteil, da die westeuropäische Kohle aufgrund der schwierigen geologischen Bedingungen teurer als Importkohle ist. Hinzu treten externe Ursachen. Durch die weltwirtschaftliche Arbeitsteilung können gemäß der **Produktlebenszyklushypothese** Massenartikel (Textilien, Massenstahl) in Schwellenländern preiswerter hergestellt werden. Aber auch nach der Theorie der „Langen Wellen" ist der Schrumpfungsprozess erklärbar: Die in **Altindustrieregionen** vorherrschenden rohstofforientierten Industrieprodukte wurden durch moderne höherwertige wie Erdöl, Erdgas, Kunststoffe aus aufsteigenden Regionen ersetzt (Substitution). Die EU und nationale Regierungen versuchen, durch Subventionen und Infrastrukturmaßnahmen einen Strukturwandel einzuleiten – mit den Zielen Diversifizierung, Modernisierung und Tertiärisierung.

Einleitung des Strukturwandels am Beispiel Lille

Die Region **Nord-Pas de Calais** war Zentrum der französischen Textilindustrie und einer „auf der Kohle" entstandenen Montanindustrie. Der wirtschaftsstrukturelle Wandel in der zweiten Hälfte des 20. Jahrhunderts ließ die Region zu einem Krisengebiet werden. Die letzte Kohlezeche wurde 1990 geschlossen. In der Textil- und Montanindustrie gingen über 200 000 Arbeitsplätze verloren. Besonders betroffen von der Krise war das Regionalzentrum Lille. Die Arbeitslosenquote lag in den 1990er-Jahren bei 16 Prozent und war damit eine der höchsten in Frankreich. Die Bevölkerung wanderte ab, die historische Innenstadt verfiel.

Strukturpläne und staatliche Fördermittel leiteten eine **Diversifizierung** der Wirtschaftsstruktur ein. Ein modernes Dienstleistungszentrum, Euraville, wurde im Osten des Zentrums errichtet. Neue Arbeitsplätze entstanden im Internet-Versandhandel, im Nahrungsmittelsektor, bei

1871	891 000
1905	2 915 000
1925	4 231 000
1946	3 869 496
1961	5 674 223
1970	5 658 381
1980	5 396 144
1990	5 396 208
2000	5 359 228
2011	5 135 136
2020	ca. 5 000 000

Quelle: RVR-Datenbank, 2013

M 6 Bevölkerungsentwicklung im Ruhrgebiet

M 7 Verfall der Arbeiterreihenhäuser in New Castle

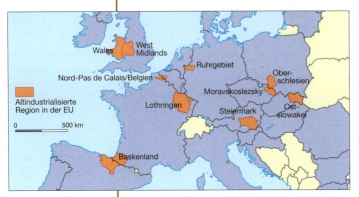

M 8 Ausgewählte altindustrialisierte Regionen der EU mit erheblichen Problemen beim Strukturwandel

Logistikunternehmen sowie im Wissenschafts- und Schulbereich. An vier Universitäten und 18 Fachhochschulen gab es 2013/2014 über 100 000 Studenten. Die Stadt entwickelte sich zudem zu einem Versorgungszentrum im medizinisch-technischen Bereich für weite Teile Nordfrankreichs und des Südens von Belgien. Die Altstadt wurde saniert. Sie ist heute ein beliebter Wohn-, Tourismus- und Einkaufsbereich und entwickelt sich zu einem Kultur- und Finanzzentrum. Diese Umgestaltung war mit verantwortlich dafür, dass Lille **Kulturhauptstadt Europas 2004** wurde.

Eine wichtige Voraussetzung für die Entwicklung waren die günstige geographische Lage der Stadt und der Ausbau der Infrastruktur. Lille ist Knotenpunkt großer europäischer Fernstraßen, von Kanälen und Eisenbahnlinien, die in West-Ost-Richtung Großbritannien, Belgien und Deutschland sowie in Nord-Süd-Richtung den Kernraum von Frankreich mit Belgien und den Niederlanden verbinden. Wichtige Impulse erhielt die Stadt durch die Eröffnung des Eurotunnels unter dem Ärmelkanal und die Anbindung an das europäische Hochgeschwindigkeitsnetz: TGV (Train de Grande Vitesse) 1993, Eurostar 1994 und ICE 2014. Paris ist in einer Stunde, Brüssel in 30 Minuten, London und Amsterdam in weniger als zwei Stunden, Frankfurt demnächst in drei Stunden zu erreichen. Das Stadtmarketing sieht Lille daher als *carrefour de l'Europe*.

Diversifizierung und **Tertiärisierung** der Wirtschaft sind auf einem guten Weg. Im Jahr 2013 arbeiteten neun Prozent der Beschäftigten in der Industrie, 34 Prozent im Handel und 57 Prozent im sonstigen Dienstleistungsbereich. In Lille lebten wieder zirka 240 000 Einwohner, in der Agglomeration, zu der auch die Städte Roubaix und Tourcoin gehören, zirka 1,2 Millionen. Die Region ist der viertgrößte französische Verdichtungsraum nach Paris, Marseille und Lyon.

Trotz dieser Erfolge: Die Krise ist nicht überwunden. Nicht alle der durch die Deindustrialisierung verloren gegangenen Arbeitsplätze konnten ersetzt werden. Auch 2013 lag die Arbeitslosenquote noch bei 13,5 Prozent und damit über dem französischen Durchschnitt (11 %).

M 9 Im Bahnhof Lille-Flandres

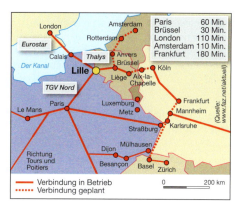

M 10 Bahnstrecken Nord

Jahr	Anzahl der Schacht-anlagen
1945	109
1953	89
1963	45
1987	4
1990	0

M 10

Steinkohlenbergbau im Nord-Pas de Calais

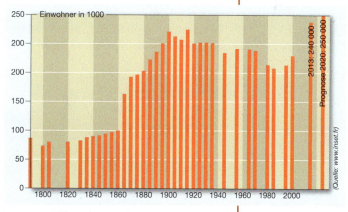

M 11 Entwicklung der Einwohnerzahl von Lille

6. Lokalisieren Sie drei europäische Altindustrieregionen und beschreiben Sie ihre Wirtschaftsstruktur (**M 8**, Atlas, Internet).
7. Listen Sie arbeitsteilig die wichtigsten Merkmale einer Altindustrieregion nach Wachstums- und Schrumpfungsphasen auf (**M 6** bis **M 11**).
8. Erklären Sie den Niedergang von Altindustrieregionen mithilfe der „Langen Wellen" (S. 253) und der Produktlebenszyklushypothese (S. 266) u. a. am Beispiel von Lille (**M 11**).
9. Erläutern Sie den eingeleiteten Strukturwandel in der Region Nord-Pas de Calais und in der Stadt Lille und beurteilen Sie die vorliegenden Ergebnisse (**M 9** bis **M 11**, Internet).
10. Vergleichen Sie die Entwicklung in Nord-Pas de Calais mit einer anderen europäischen Altindustrieregion (**M 8**, Atlas, Internet).

Beispiele für Kooperationen und Verbundsysteme

Grenzräume sind **strukturschwache Regionen**. Sie liegen peripher im Nationalstaat und wurden daher von der nationalen Politik häufig vernachlässigt. Grenzen erschweren wirtschaftliche, soziale und kulturelle Beziehungen. Hier setzt die europäische Strukturpolitik an.

Das EU-Programm *Europäische Territoriale Zusammenarbeit* (ETZ) hilft dabei, wirtschaftliche, soziale und räumliche Disparitäten abzubauen, um den Zusammenhalt in der EU zu stärken, so auch die **INTERREG-Programme**. Partner dieser grenzübergreifenden Zusammenarbeit sind Kommunen, Regionen und Länder sowie Unternehmen und Organisationen. Grenzregionen benachbarter EU-Staaten können teilnehmen. Für diese Zusammenarbeit wurden transnationale Kooperationsräume festgelegt. Deutschland ist an vier davon beteiligt: Nordwest- und Mitteleuropa, Nordsee-, Ostsee- und Alpenraum.

Strukturförderung im Alpenraum: Das Programm *Alpine Space*

Der Alpenraum ist die größte Berglandschaft Europas. Zirka 70 Millionen Menschen leben hier. Auf diesen Raum wirken zunehmend Nutzungsansprüche ein, die zu einer Überlastung des Ökosystems und zu einer Zerstörung der alpinen Natur und Kultur führen. Massentourismus – über 120 Millionen Besucher pro Jahr –, Zunahme des Verkehrs über die Alpen oder Verfall der Berglandwirtschaft sind nur einige der Probleme. Das

Für das Programm *INTERREG* IV B Alpine Space* 2007–2013 bestanden drei Hauptziele: die Steigerung der Wettbewerbsfähigkeit und Attraktivität des Alpenraums, die Verbesserung des räumlichen Zugangs und der Vernetzungsqualität der Verkehrssysteme sowie der Schutz der Umwelt und die Risikoprävention. Über 600 Projektpartner aus den sieben Anrainerstaaten arbeiteten an unterschiedlichen Maßnahmen zusammen, zum Beispiel an Projekten zur Erhaltung der traditionellen alpinen Architektur, zur Verbesserung der Mobilität, zur Speicherung von erneuerbaren Energien oder zur Förderung des Aufbaus eines nachhaltigen, hochwertigen Gesundheitstourismus.

Für die **EU-Strukturperiode 2014–2020** gelten drei Oberziele, die durch elf thematische Ziele konkretisiert werden. Hierzu zählen:

- Intelligentes Wachstum: Verbesserungen in Bildung und Forschung, technologische Innovationen, Ausbau der digitalen Gesellschaft;
- Nachhaltiges Wachstum: Stärkung der Wettbewerbsfähigkeit durch emissionsarme Wirtschaft, umweltfreundliche Energie, Nachhaltigkeit im Verkehr;
- Integratives Wachstum: mehr und bessere Arbeitsplätze, allgemeine und berufliche Bildung, Modernisierung der Arbeits- und Sozialsysteme, Verbesserung der institutionellen Kapazitäten und der öffentlichen Verwaltung.

(Quellen: Bundesministerium für Verkehr, Bau und Stadtentwicklung, Hg., INTERREG, Alpenraum. Vgl. www.alpinespace.org/, www.interreg.de)

* Gemeinschaftsinitiative der EU für Grenzregionen. Förderung von grenzübergreifenden Maßnahmen der Zusammenarbeit zur Verbesserung der Integration und für eine nachhaltige, ausgewogene Entwicklung. Finanzrahmen 2014–2020: 8,948 Mrd. Euro

Visitenkarte des Programms
Transnationales Programm zur Raumentwicklung in den Alpen sowie in angrenzenden Gebieten

Beteiligte Staaten:
Deutschland, Frankreich, Italien, Slowenien, Österreich sowie Liechtenstein und die Schweiz

Förderung
- INTERREG III B (2000–2006) Gesamtvolumen 118 Mio. €
- INTERREG IV B (2007–2013) Gesamtvolumen 130 Mio. €, davon ca. 75 % aus dem Strukturfonds der EU
- INTERREG V B 2014–2020 Gesamtvolumen ähnlich wie INTERREG IV B

Priority Axes (2014–2020):
- Innovative Alpine Space
- Sustainable Alpine Space
- Resourceful Alpine Space

M 13 Transnationale Zusammenarbeit im Alpenraum

M 12 Staaten und Regionen, die am Programm Alpine Space teilnehmen

stellt auch eine Gefährdung für die Lebensgrundlage der Menschen in den Alpen dar.
2002 wurde deshalb die Alpenkonvention zum Schutz dieses sensiblen Naturraumes beschlossen. Auch das Programm „Alpine Space", gefördert durch INTERREG, trägt zu einer nachhaltigen Entwicklung in den Alpen bei.

Grenzregionen verbinden: die Euroregionen

Euroregionen (Euregios) sind europäische Grenzregionen an den Binnen- oder auch Außengrenzen der EU, freiwillige regionale Zusammenschlüsse über die Staatsgrenzen hinweg. Eine Euroregio steht
- für einen geographisch bestimmten *Raum*, bestehend aus zwei oder auch mehreren Staaten;
- für eine grenzüberschreitende *Organisation*, gebildet von Städten, Gemeinden, Landkreisen, Regionen und anderen regionalen Akteuren wie Verbände oder Vereine;
- für die *Idee* von Völkerverständigung, Toleranz, Aussöhnung in einem Europa ohne Grenzen.

Die älteste Europaregion ist die EUREGIO Gronau – Enschede (1958). Heute gibt es an den deutschen Grenzen 28 Europaregionen, in Europa über 160. Ihr Ziel ist es, die Grenzen, auch in den Köpfen, abzubauen und ein „Europa der Bürger" zu schaffen. Konkrete Aufgaben sind vor allem Planung, Umsetzung und Begleitung von Projekten zur Förderung der Integration und einer positiven Standortentwicklung. Folgende Maßnahmen werden gefördert:
- Zusammenarbeit in kultureller und gesellschaftlicher Hinsicht, z. B. durch Schüler- und Jugendaustausch, grenzübergreifende Sport- oder Musikveranstaltungen, Studientage, Gemeindepartnerschaften, Ausbau von Hochschulkooperationen;
- gemeinsamer Aufbau und Nutzung von Infrastrukturen, z. B. beim ÖPNV, im Katastrophenschutz, im Gesundheitswesen (Krankenhäuser, Blutspendendienst); Planung und Ausbau von Wasser- und Abwassersystemen, Ausweisen touristischer Routen;
- Entwicklung von Industrie und Handwerk, z. B. durch Förderung von grenzüberschreitenden Gründer- und Innovationszentren sowie von Gewerbegebieten;
- Beratung von Bürgern und Unternehmen bei Fragen, die mit der Grenze und der EU zusammenhängen, z. B. bei EU-Förderungen wie den INTERREG-Programmen, Beratung der Grenzpendler in Steuer-, Versicherungs- oder Rentenfragen;
- Schutz von Umwelt und Natur, z. B. durch grenzüberschreitende Naturschutzgebiete.

M 14 Euroregionen an den Grenzen Deutschlands

10. Erarbeiten Sie eine Projektskizze für das Programm Alpine Space, die Sie vor der Europäischen Kommission in Brüssel vorstellen könnten. Beantworten Sie dabei folgende Fragen:
    - Welche Ziele verfolgt das Programm?
    - Welche Regionen und Länder arbeiten im Programm zusammen (**M 12**, **M 13**, Atlas, Recherche im Internet)?
11. Nennen und lokalisieren Sie grenzüberschreitende Regionen an den Grenzen Deutschlands. In welchen Europaregionen arbeiten drei oder mehr Länder zusammen (**M 13**, Atlas)?
12. Gestalten Sie in arbeitsteiligen Gruppen je ein Poster in Steckbriefform für eine Euroregion an deutschen Grenzen. Setzen Sie folgende Schwerpunkte: geographische Lage, Größe, Geschichte, Ziele und Aufgaben, Organisationsstruktur, aktuelle Projekte (**M 14**, Atlas, Internet).
13. Erläutern Sie, warum es neben dem Zusammenschluss der Staaten der EU auch noch regionale Zusammenschlüsse gibt.

2. Regionale Strukturförderung zur Überwindung von regionalen Disparitäten

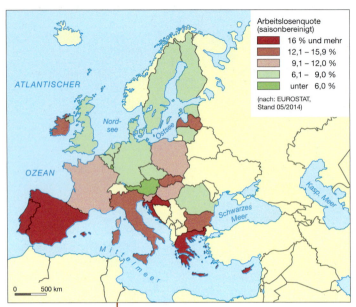

M 1 Arbeitslosenquote in der EU 2013

Regionale Disparitäten in der EU

Die EU ist gekennzeichnet durch große Unterschiede zwischen wirtschaftlich prosperierenden Räumen, wie die Region um Mailand in Norditalien, der Südosten Großbritanniens oder auch die Region Rhein-Ruhr, und vorwiegend ländlich geprägten Räumen mit schlechter Infrastruktur und schwacher Wirtschaftsleistung, wie der Nordwesten Spaniens oder weite Teile Bulgariens und Rumäniens.

Die **Wachstumsregionen** der EU zeichnen sich durch ein überdurchschnittlich hohes Wirtschafts- (Bruttoinlandsprodukt) und Beschäftigtenwachstum aus. Daraus ergibt sich auch eine geringe Arbeitslosenquote. Im Gegensatz zu den **altindustrialisierten Regionen** orientieren sie sich mit ihren Industrie- und Dienstleistungsprodukten stark an den Bedingungen des Weltmarkts. Sie verfügen über hoch qualifizierte Arbeitskräfte und über eine entsprechend global vernetzte Infrastruktur in Bereichen der Aus- und Fortbildung, Kommunikation sowie **Forschung und Entwicklung (FuE)**. Die Kapazität im Bereich der FuE-Innovationen zeigt sich auch in der Zahl der angemeldeten Patente. Ihr bevorzugter Standort sind **Agglomerationsräume** wie München, Stuttgart, die Ile-de-France oder die Region Glasgow/Edinburgh.

Typische Merkmale von Wachstumsregionen sind:
– Einbindung in internationale Kommunikations- und Infrastrukturnetze,
– ein breites Angebot unternehmensbezogener Dienstleistungen,
– Fühlungsvorteile innerhalb der Hightech-Branche sowie zu Forschungseinrichtungen und Universitäten,
– gute weiche Standortfaktoren wie attraktiver Wohn- und Freizeitwert.

Mit diesen Gunstfaktoren sind die Wachstumsregionen attraktiv für ausländische Direktinvestitionen, die wie in einer „Aufwärtsspirale" Attraktivität und Wachstum weiter steigern können.

Demgegenüber stehen **wirtschaftlich schwache Regionen**, die in ihrer ökonomischen, infrastrukturellen und sozialen Position rückständig sind. Jahrelange **EU-Regionalförderung** hat es trotz aller Anstrengungen bis heute nicht geschafft, diese Disparitäten zu überwinden. Besonders

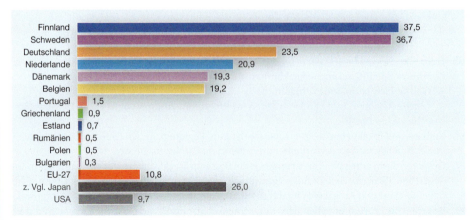

M 2 Höchste und geringste Hightech-Patentanmeldungen in der EU 2008 (pro Mio. Einw.)

Raumentwicklung und Raumordnung in Europa

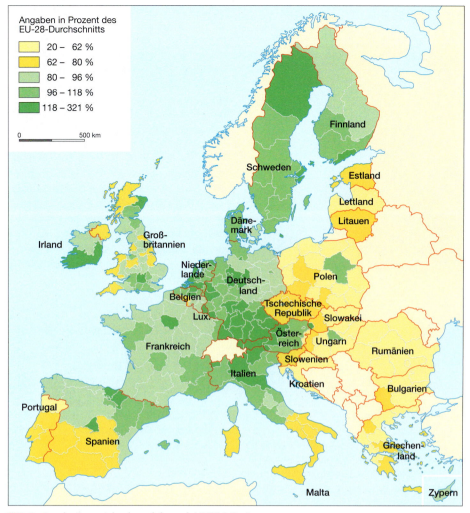

M 3 Regionales Bruttoinlandsprodukt nach NUTS-2-Regionen

Angaben in Prozent des EU-28-Durchschnitts
- 20 – 62 %
- 62 – 80 %
- 80 – 96 %
- 96 – 118 %
- 118 – 321 %

NUTS (Nomenclature des unités territoriales statistiques) ist eine statistische Systematik für räumliche Bezugseinheiten in der EU.

Es werden vier Ebenen unterschieden, wobei es auf den Ebenen NUTS 1 bis NUTS 3 länderspezifische Unterschiede gibt.
NUTS 0: Nationalstaaten
In Deutschland wird weiter untergliedert:
NUTS 1: 16 Bundesländer
NUTS 2: 39 Regionen (z. B. Regierungsbezirke)
NUTS 3: 429 Bezirke (z. B. Landkreise)

betroffen sind die neuen EU-Mitgliedsstaaten wie Bulgarien oder Rumänien, aber auch innerhalb der „reichen" EU-Mitglieder gibt es Regionen wie Cornwall in Großbritannien oder auch Kampanien in Italien, die deutlich hinter den EU-Standards zurückliegen. Allerdings sind auch die wirtschaftlich schwachen Regionen für ausländische Investitionen, die zu einem Aufschwung führen könnten, interessant geworden. Niedriges Lohnniveau, ausreichend meist handwerklich/technisch qualifizierte Arbeitskräfte und Steuervorteile locken produktionsorientierte und mittelfristig auch absatzorientierte Direktinvestitionen an. Lohnintensive Direktinvestitionen erfolgen überwiegend in wirtschaftlich rückständigen Regionen, in denen Produkte mit geringer Wertschöpfung in großer Stückzahl erzeugt werden. Hingegen sind Investitionen in teuren Wachstumsregionen nur dann rentabel, wenn in der Einführungs- und Wachstumsphase neuer Produkte überdurchschnittlich hohe Preise (Monopolpreis) auf dem Weltmarkt erzielt werden können. Ein positives Beispiel für ausländische Direktinvestitionen in einer strukturschwachen Region ist die Slowakische Republik, wo sich z. B. Automobilkonzerne wie Kia Motors, PSA Peugeot/Citroën und Volkswagen niedergelassen haben.

1. Arbeiten Sie in Gruppen und analysieren Sie die Situation von zwei rückständige Regionen sowie zwei Wachstumsregionen Ihrer Wahl (**M 1** bis **M 3**, Wirtschaftskarten im Atlas). Stellen Sie Ihre Ergebnisse in geeigneter Form dar.
2. Diskutieren Sie die Frage, inwieweit die EU-Strukturpolitik zur Verringerung der Disparitäten beitragen konnte (**M 1** bis **M 3**). Recherchieren Sie dazu auch im Internet.

Webcode:
GO645787-429

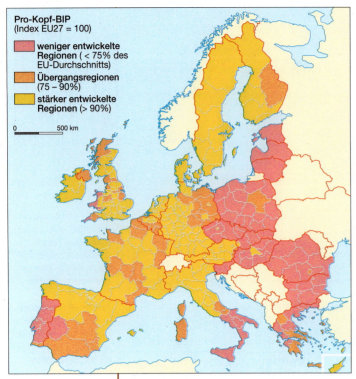

M 4 Drei Kategorien von EU-Regionen

Strukturförderung

Schon die Vordenker der europäischen Integration wollten ein Europa schaffen, in dem überall für die Bewohner gleich gute Lebensbedingungen herrschen. In der Präambel zum EWG-Vertrag von 1958 wird ausdrücklich betont, dass die **regionalen Unterschiede** abgebaut werden sollen. Dieses Ziel bleibt bis heute eine der größten Herausforderungen für die EU-Politik. Das BNE pro Kopf beläuft sich im Nordosten Rumäniens auf etwa 5 800 Euro (2013), während es in London knapp 80 000 Euro beträgt. Bemerkenswert ist, dass die Unterschiede zwischen den EU-Staaten insgesamt nicht so groß sind wie die zwischen den Regionen innerhalb eines einzelnen EU-Staates.

Für die Ermittlung und Darstellung der regionalen Disparitäten werden vornehmlich ökonomische Fakten berücksichtigt. Dazu gehören das BNE pro Einwohner und die Arbeitslosenquote. Diese Daten geben allerdings nicht die Lebensqualität in einer Region wieder. Die Zufriedenheit der Bevölkerung mit ihrer Situation hängt u. a. auch von Umwelteinflüssen, der Erreichbarkeit von Ärzten oder kulturellen Einrichtungen, den Einkaufsmöglichkeiten oder der Arbeitsplatzsituation ab. Zwar werden die Bürger dazu im Auftrag der EU regelmäßig befragt, aber für die Strukturförderung bleiben diese Ergebnisse meist unbeachtet.

Nach den Bestimmungen der EU-Verträge ist zunächst einmal jedes Land selbst für den Ausgleich der Disparitäten zwischen seinen Regionen zuständig. Hierfür stellt die EU finanzielle Mittel zur Verfügung. Die Finanzierung geschieht über Fonds, die von der EU eingerichtet wurden. Der wichtigste ist der **Europäische Fond für Regionale Entwicklung (EFRE)**, der Strukturbeihilfen gibt. Der **Europäische Sozialfond (ESF)** stellt Mittel zur Bekämpfung der Arbeitslosigkeit und der Armut zur Verfügung, der **Kohäsionsfond** hilft rückständigen Mitgliedern bei der Integration in die EU, und der **Europäische Globalisierungs-Fond (EGF)** unterstützt Beschäftigte, die aufgrund der Globalisierung arbeitslos geworden sind.

Diese und weitere Fonds müssen sich an den fünf europäischen Kernzielen für das Jahr 2020 orientieren. Sie sind im **Rahmenplan „Strategie Europa 2020"** formuliert worden:

Ziel 1: Beschäftigung
75 % der 20- bis 64-Jährigen sollen eine Beschäftigung haben.

Ziel 2: Forschung und Entwicklung
3 % des BIP sollen für FuE ausgegeben werden.

Ziel 3: Klimawandel und nachhaltige Energiewirtschaft
– Verringerung der Treibhausgasemissionen um 20 % gegenüber 1990,
– Erhöhung des Anteils erneuerbarer Energien auf 20 %,
– Steigerung der Energieeffizienz um 20 %.

Ziel 4: Bildung
– Verringerung der Quote vorzeitiger Schulabgänger auf unter 10 %,
– Steigerung des Anteils der 30- bis 40-Jährigen mit abgeschlossener Hochschulbildung auf mindestens 40 %.

Ziel 5: Bekämpfung von Armut und sozialer Ausgrenzung
Die Zahl der von Armut und sozialer Ausgrenzung betroffenen oder bedrohten Menschen soll um mindestens 20 Millionen gesenkt werden.

Da in Europa die ökonomisch starken Regionen meistens zugleich auch städtisch geprägte Räume sind, während die schwachen Regionen in der Regel ländliche oder periphere Räume darstellen, hat die EU in der Regionalpolitik bislang ihr Hauptaugenmerk auf die Förderung dieser strukturschwachen Räume gelegt. Auch heute noch gibt es beträchtliche Unterschiede innerhalb der einzelnen EU-Staaten. Die **neue Regionalpolitik ab 2014** weist zwei neue Aspekte bei den Förderungsmaßnahmen auf: Zum einen trägt die EU

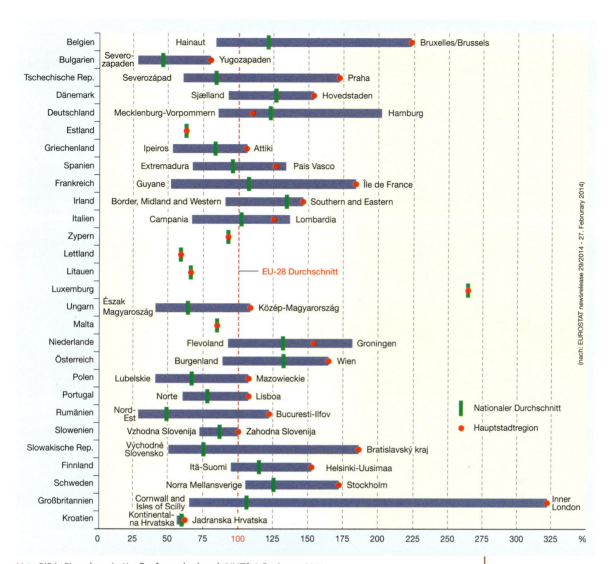

M 5 BIP je Einwohner in Kaufkraftstandard nach NUTS-2-Regionen 2011

den Ergebnissen der Klimaforschung Rechnung. Daher soll z. B. bei der Förderung von Industrie- und Gewerbebetrieben die Höhe der Fördermittel von der Energieeffizienz der Betriebe abhängig gemacht werden.

Zum anderen wird sich die EU stärker ihrer Rolle im Rahmen der Globalisierung bewusst. Wenn die EU gegenüber Wirtschaftszentren wie New York oder Singapur konkurrenzfähig bleiben will, dann müssen die Akivräume in Europa gestärkt werden. Aus diesem Grunde geht es ab 2014 noch intensiver darum, die wirtschaftsstarken Regionen so zu unterstützen, dass sie ihre Wirtschaftskraft ausbauen und weiterhin als Zugpferde der EU fungieren können. Die negativen Folgen der Globalisierung, z. B. Betriebsverlagerungen in Billiglohnländer, will die EU mithilfe des EGF abmildern.

Tipp für Referat oder Facharbeit:
Merkmale und Voraussetzungen einer Wachstumsregion in Europa

3. Lokalisieren Sie die wirtschaftsschwachen und die wirtschaftsstarken Regionen innerhalb der EU und begründen Sie für einige Regionen Ihrer Wahl deren wirtschaftliche Position (M 5, Wirtschaftskarten im Atlas).
4. Erläutern Sie die regionalen Unterschiede zwischen den Staaten der EU und innerhalb der einzelnen Staaten (M 4, M 5).
5. Erläutern Sie den Rahmenplan „Strategie Europa 2020" der EU und diskutieren Sie, welche Ziele mit den Fördermaßnahmen wahrscheinlich schwierig zu erreichen sein werden (M 2, M 4).

Webcode:
GO645787-431

Europäische Raumentwicklungsmodelle

Die Staaten und die Regionen der EU weisen einen teilweise sehr unterschiedlichen Entwicklungsstand auf.

Die Verteilung von **Zentren** und **Peripherien**, von **Aktiv- und Passivräumen** in Europa lässt sich wegen der Vielfalt der Strukturmerkmale nur schwer in Karten darstellen. Deshalb haben Wissenschaftler und Forschungsinstitute versucht, vereinfachte Modelle zu entwickeln, die den Sachverhalt übersichtlich darstellen können. Eine derartige Bestandsaufnahme ist die Voraussetzung für eine EU-weite Raumplanung, deren Ziel es sein muss, die Entwicklungsunterschiede innerhalb der EU auszugleichen.

Der Franzose Roger Brunet hat 1989 ein **Raumordnungsmodell** für Europa entwickelt, das 16 Strukturmerkmale berücksichtigt. In seinem Modell fällt ein wachstumsstarkes und verstädtertes Gebiet auf, das sich bogenförmig von Birmingham über Brüssel und Frankfurt bis nach Oberitalien erstreckt. Da es in der Karte blau eingefärbt war, wurde es als **Blaue Banane** bezeichnet.

In dieser Kernzone leben etwa 40 Prozent der EU-Einwohner. Sie gilt als die wachstumsstärkste Region der EU und zieht Unternehmen und Bevölkerung an. Die Städte in der „Blauen Banane" sind stark miteinander vernetzt, was einen leichten Austausch an Gütern, Informationen und Finanzen sichert. Ihre Wirtschaftskraft erstreckt sich nicht nur auf die Kernzone, sondern strahlt weit nach außen bis hin zu globalen Beziehungen. Für die EU-Raumplaner wurde deutlich, dass die Gefahr besteht, dass dieser übermächtige Kernraum zu einem Monozentrum wird, das aufgrund seiner Anziehungskraft Ressourcen und qualifizierte Arbeitskräfte aus den übrigen Regionen der EU abzieht. Diese werden, je weiter sie vom Kernraum entfernt liegen, zur Peripherie und geraten in jeder Beziehung ins Hintertreffen. Anfang 1989 waren allerdings weder die Öffnung Osteuropas noch die Erweiterung der EU auf heute 28 Staaten absehbar. Deshalb musste das Modell der „Blauen Banane" ergänzt werden.

Nach der Erweiterung der EU auf nunmehr 28 Mitgliedsstaaten ergaben sich neue Konsequenzen für die Maßnahmen zur Raumentwicklung. Gab es schon in der EU der 1990er-Jahre

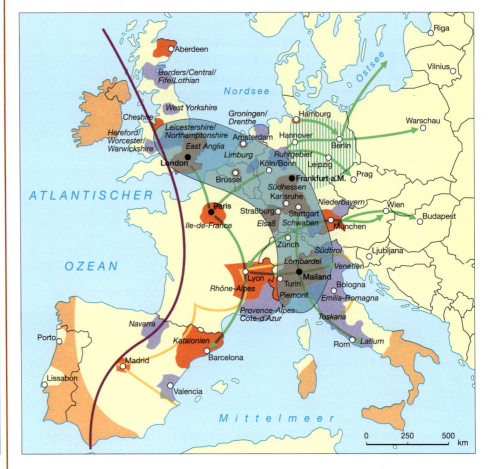

M6 Raumordnungsmodell der 1990er-Jahre

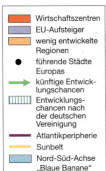

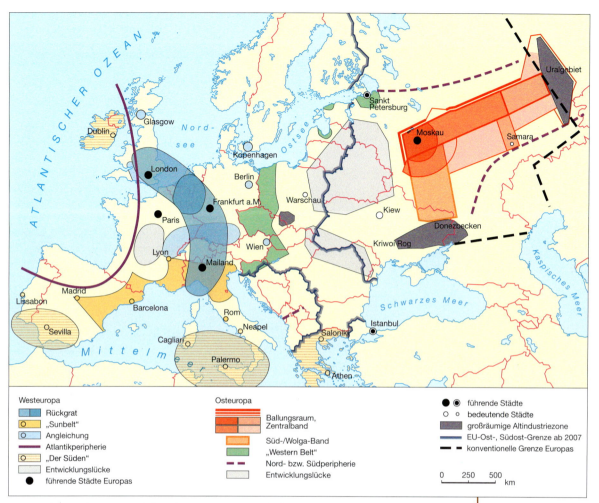

M 7 Erweiterung des Raummodells nach Osten – „Der Wirtschaftsraum Europa"

große Unterschiede zwischen den einzelnen Regionen, so wurden die Disparitäten durch den niedrigen Entwicklungsstand von Ländern wie Rumänien noch verschärft. Um dieser neuen Situation Rechnung zu tragen, haben die EU-Raumplaner ab 2002 neue Modelle entwickelt, um eine neue aussagekräftige Basis für weitere Raumordnungsmaßnahmen zu erhalten. Diese Planungsmodelle weisen teilweise schon weit in die Zukunft.

Das oberste Ziel aller EU-Planungsmaßnahmen ist es, für alle EU-Bürger annähernd gleich gute Lebensbedingungen zu schaffen. Dazu müssen zunächst regionale Ungleichgewichte erkannt und analysiert werden; erst dann können entsprechende Maßnahmen eingeleitet werden. Die von der EU betriebene **Raumordnungspolitik** soll demzufolge eine Verbesserung der Entwicklungsbedingungen in benachteiligten Regionen bewirken und die sozialen und wirtschaftlichen Unterschiede verringern bzw. beseitigen helfen.

M 8 Traubenmodell
Nach Öffnung Ostmittel- und Osteuropas sehen viele Wissenschaftler das Europa der Zukunft als Vernetzung von wirtschaftlich starken Metropolen, die das Bild einer Weintraube ergeben.

6. Bilden Sie vier Gruppen zu den Raumtypen „Blaue Banane", „Wirtschaftszentren", „EU-Aufsteiger" und „wenig entwickelte Regionen" (M 6) und stellen sie deren Merkmale hinsichtlich der Einwohnerzahl/-dichte, der Verkehrslage und -infrastruktur sowie der wirtschaftlichen Aktivitäten (Wirtschaftskarten im Atlas) methodisch geeignet dar. Ergänzen Sie Ihre Arbeitsergebnisse durch gezielte Internetrecherche zu den einzelnen Regionen.
7. Erläutern und vergleichen Sie die drei Raumordnungsmodelle (M 6 bis M 8).
8. Beurteilen Sie abschließend die Aussagekraft derartiger Modelle.

Ordnen / Anwenden / Üben

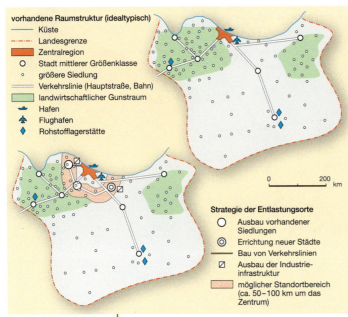

M 1 Idealtypische Raumstruktur eines Entwicklungslandes und Strategie der Entlastungsorte

Strategie	Standorte	Instrumente
Entlastungsorte	Städte im Bereich von 50–80 km um das Zentrum	Ausbau von Infrastruktur und Siedlungen; Anreize für Privatwirtschaft
Wachstumszentren	begrenzte Zahl großer Zentren in der Peripherie	staatliche Pilotbetriebe oder Förderung privater Großindustrie, Ausbau von Infrastruktur und Siedlungen
Entwicklungsachsen	Zentren in der Peripherie und sie verbindende Wege	Anreize in den Zentren, Ausbau der Verkehrs- und Kommunikationsverbindungen
Mittelzentren	größere Zahl mittelgroßer Siedlungen in der Peripherie	Anreize für Privatwirtschaft, Beratung, Ausbildung

M 2 Raumpolitische Strategien

Wirtschaftliche Entwicklung

Einige Merkmale sind besonders für weniger entwickelte Volkswirtschaften charakteristisch. Dies ist zum einen die **Subsistenzwirtschaft,** die nur der Selbstversorgung der Familien dient. Zum anderen ist es der **informelle Sektor,** eine Form der Schattenwirtschaft, die weder Steuer- noch Sozialabgaben kennt. Gelegentlich wird der tertiäre Sektor in einen weiteren **quartären Sektor** unterteilt, zu dem Dienstleistungen in den Bereichen Erziehung, Lehre und Forschung sowie Entscheidungstätigkeiten im öffentlichen und privaten Bereich gezählt werden. 1960 begründete Walt Whitman Rostow die Theorie, dass eine Volkswirtschaft im Idealfall eine fünfstufige Entwicklung durchläuft. Der höchste Stand der Entwicklung ist erreicht, wenn auch der Anteil der Beschäftigten im tertiären Sektor den höchsten Stand erreicht hat.

In vielen Entwicklungsländern stehen den wenigen ökonomisch starken Zentren wirtschaftlich schwache periphere Gebiete gegenüber. Dieses Gefälle ist ein Grund für die wirtschaftliche und auch sonstige Unterentwicklung und ein Hemmnis für eine gleichmäßige gesamtstaatliche Entwicklung. Deshalb wird mit unterschiedlichen Strategien versucht, den Druck vom alles überragenden Zentrum zu nehmen und neue Standorte in der Nähe zu errichten oder auszubauen.

Räumliche Disparitäten

Nicht nur global, sondern auch innerhalb Europas besteht ein deutlicher Kontrast zwischen einem bedeutungsmäßigen Zentralraum und Peripherien, zwischen Aktiv- und Passivräumen, z. B. in der Bevölkerungsdichte, in der Infrastrukturausstattung oder in der Wirtschaftsstruktur. Der Abbau

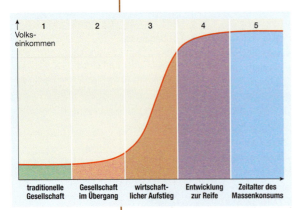

M 3 Stadien der wirtschaftlichen Entwicklung nach Rostow

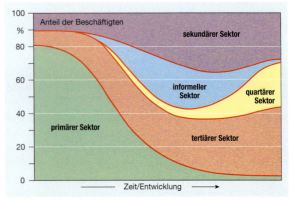

M 4 Sektoraler Wandel in Entwicklungsländern

dieser **regionalen Disparitäten** steht im Mittelpunkt der Regional- und Raumentwicklung. Zwar soll der Kernraum Europas gestärkt werden, aber es soll auch die Entwicklung von Regionen mit Wachstumsproblemen gefördert werden.

Internationale Migration

Neben politischen Gründen sind es vor allem **wirtschaftliche Disparitäten**, die seit Mitte des 20. Jahrhunderts zu immer umfangreicheren Migrationsbewegungen geführt haben. Die Zahl der Migranten ist seit Jahrzehnten mit rund zwei Prozent relativ konstant. Parallel zur **Migration** Hochqualifizierter im Rahmen der Globalisierung, vorwiegend zwischen Nordamerika, Europa und Ostasien, verläuft die meist **illegale Wanderung** von wenig qualifizierten Menschen. Diese Migranten setzen hohe Geldbeträge und persönliche Risiken ein, um den schlechten ökonomischen Verhältnissen in der Herkunftsregion zu entgehen.

1. Erstellen Sie auf der Grundlage von **M 1** Kartenskizzen zu den drei weiteren in **M 2** dargestellten raumpolitischen Strategien.
2. Erläutern Sie die Stadien der wirtschaftlichen Entwicklung im Zusammenhang mit der Entwicklung der Beschäftigtenanteile in den Wirtschaftssektoren (**M 3, M 4**).
3. Erfassen Sie in einer Tabelle europäische Beispiele für folgende Raumtypen: Regionen im Kernraum, Räume an der Peripherie mit großen bzw. mit wenig Entwicklungschancen, Entwicklungskorridore und Städtenetze (**M 6**).
4. Lokalisieren und analysieren Sie Quell- und Zielgebiete der weltweiten Migration (**M 5, M 7**).

M 6 Potenzielle europäische Integrationszonen (Szenarium)

Ökonomisch induzierte Migration	
Push-Faktoren:	Arbeitslosigkeit, Unterbeschäftigung, geringes Lohnniveau, schlechte Lebensbedingungen
Pull-Faktoren:	Arbeitskräftemangel, Anwerbekampagnen, hohes Lohnniveau, bessere Lebensbedingungen

Nicht-ökonomisch induzierte Migration	
Push-Faktoren:	ökologische und Hungerkatastrophen, Verfolgung/Vertreibung aus politischen und/oder religiösen Gründen, Kriege
Pull-Faktoren:	Familienzusammenführung, Eheschließungen

M 7 Migrationsbestimmende Faktoren

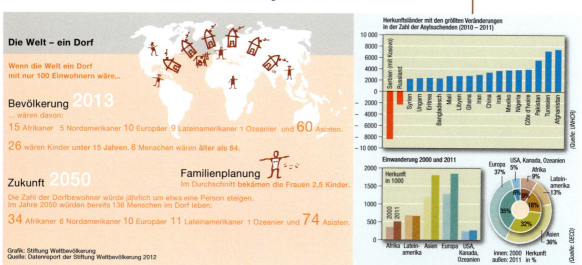

M 5 Internationale Migration

Prüfen Sie Ihren Zuwachs an Sach-, Methoden- und Urteilskompetenzen

S Sachkompetenz; M Methodenkompetenz; U Urteilskompetenz

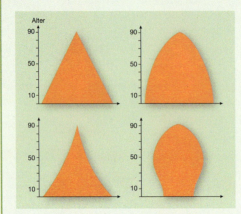

M1 Typische Alterspyramiden der Bevölkerung

S Definieren Sie folgende Fachbegriffe:

- Demographischer Wandel
- Dependenztheorie
- Disparitäten, sozioökonomische
- Euroregion
- HDI
- LDC, LLDC
- Modernisierungstheorie
- Syndrom-Ansatz
- System der zentralen Orte
- Terms of Trade
- Wirtschaftlicher Dualismus
- Zentrum-Peripherie-Modell

Aufgaben zu M1

M Beschreiben Sie die Alterspyramiden.
U Ordnen Sie diese begründet Ländergruppen unterschiedlicher Entwicklung zu.

Aufgaben zu M2

M Tragen Sie die in der Tabelle aufgeführten Staaten in das Dreiecksdiagramm ein.
U Ordnen Sie diese Staaten unter Entwicklungsgesichtspunkten begründet einzelnen Ländergruppen zu.

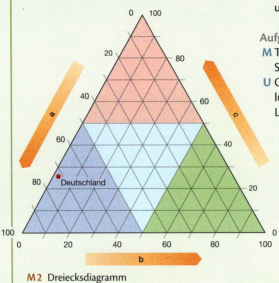

M2 Dreiecksdiagramm

Beschäftigte nach Wirtschaftssektoren (in %)			
	I	II	III
Thailand	39	21	41
Panama	17	19	64
Slowenien	8	30	62
Bhutan	60	9	31

Angaben für 2011 bzw. 2012

Phase 1	Phase 2	Phase 3	Phase 4	Phase 5
Gleichgewicht	frühes Wachstum	spätes Wachstum	spätes Gleichgewicht	Schrumpfung

M3 Modell des demographischen Übergangs

	Stadtbevölkerung 2012 (in %)	Bev.-Entw. 1990–2011 (in %)	weiterführ. Schulen 2006-12 m/w (in %)	Energieverbr. /E 2010/11 (in ÖE)	BNE / E. 2012 (in PPP-$)
A	22	2,7	52/48	474	1.720
B	70	1,5	77/71	1.441	16.730
C	67	1,7	96/98	796	8.310
D	74	0,2	98/97	4054	40.170
E	54	1,3	68/67	851	4.530
F	89	1,3	97/97	5.643	36.910

M4 Staaten unterschiedlichsten Entwicklungsstandes

Aufgaben zu M 3
- **M** Tragen Sie den Kurvenverlauf und die Phasen der Bevölkerungsentwicklung ein.
- **U** Ordnen Sie die Pyramiden in M 1 zu.
- **U** Erörtern Sie soziale und gesellschaftliche Probleme des jeweiligen Altersaufbaus.

Aufgaben zu M 4
- **U** Nehmen Sie eine begründete Zuordnung der Staaten A – F zu Ländergruppen vor.
- **S/U** Zeigen Sie für zwei unterschiedlich entwickelte Staaten den sachlogischen Zusammenhang der sie charakterisierenden Zustände auf.

Aufgaben zu M 5
- **S/M** Entwerfen Sie eine Mindmap zu Push- und Pull-Faktoren der Land-Stadt-Wanderung in Entwicklungsländern.
- **S** Beschreiben Sie die weltweite Verstädterung seit 1975.
- **U** Ordnen Sie beide Prozesse in den Kontext weltweiter Migrationsbewegungen.
- **S** Nennen Sie Quell- und Zielgebiete der aktuellen globalen Migration und begründen Sie.

Aufgaben zu M 6
- **S/M** Skizzieren Sie die weiteren Phasen der idealtypischen Verkehrsentwicklung.
- **S/U** Beschreiben und begründen Sie, wie es zu dieser idealtypischen Entwicklung gekommen ist.

Aufgaben zu M 7
- **S** Kennzeichnen Sie die Aussagen dieses Raummodells.
- **S** Erläutern Sie die Unterschiede zum Raumentwicklungsmodell der 1990er-Jahre („Blaue Banane").
- **U** Erörtern Sie den Nutzen von Raumordnungsmodellen für die Raumplanung.

Aufgaben ohne Materialbezug
- **U** Bewerten Sie die Aussagekraft des BNE/BIP als Schlüsselindikator der Entwicklung.
- **S** Erläutern Sie, was man unter „Hilfe zur Selbsthilfe" versteht, und führen Sie hierfür Beispiele an.
- **S** Stellen Sie die Zieldimensionen der deutschen Entwicklungshilfe dar.
- **U** „Der Entwicklungsbegriff ist Ausfluss eurozentrischen Denkens". Nehmen Sie Stellung zu dieser Aussage.
- **S/M** Stellen Sie Kernaussagen der folgenden Theorien tabellarisch zusammen: Dependenztheorie, Dualismustheorie, Modernisierungstheorie, Naturdeterminismus.

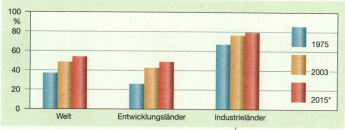

M 5 Städtische Bevölkerung im Laufe der Zeit
* Prognose (nach: UNDP)

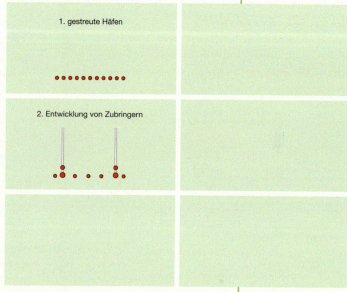

M 6 Idealtypische Abfolge der Verkehrsentwicklung (nach Taaffe)

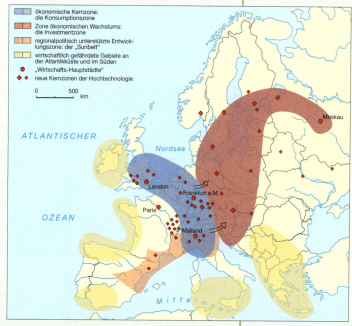

M 7 Raumentwicklungsmodell zu Beginn des 21. Jahrhunderts

Webcode: GO645787-437

Zentralabitur 2012
Geographie, Leistungskurs

Name: _____

Abiturprüfung 2012
Geographie, Leistungskurs

Aufgabenstellung:

Thema: Raumentwicklung in Europa – Die Öresund-Verbindung als grenzübergreifender Wachstumsmotor?

Teilaufgaben:

1. Lokalisieren Sie die Öresund-Region und kennzeichnen Sie deren verkehrsinfrastrukturelle Ausstattung sowie sozioökonomische Struktur Anfang der 1990er-Jahre. (25 Punkte)

2. Erläutern Sie die Entwicklungsprozesse, die sich seit der Fertigstellung der Öresund-Verbindung vollzogen haben. (27 Punkte)

3. Erörtern Sie Chancen und Probleme der Öresund-Verbindung in regionaler Hinsicht und im Kontext europäischer Raumentwicklung. (28 Punkte)

Materialgrundlage:

- M 1: Atlaskarten nach Wahl
- M 2: Wirtschaft Öresund-Region 1991
- M 3: Beschäftigungsstruktur Öresund-Region 1993/2007
- M 4: Demographische Entwicklung in der Öresund-Region
- M 5: Daten und Fakten zur Öresund-Verbindung
- M 6: Verkehrsentwicklung Öresund-Verbindung
- M 7: Immobilienpreise und interregionale Umzüge in der Öresund-Region
- M 8: Entwicklungsszenarien Öresund-Verbindung
- M 9: Entwicklung Güterverkehr im westlichen Ostseeraum
- M 10: Konzept europäischer Raumentwicklung

Zugelassene Hilfsmittel:

- der an der Schule in der Qualifikationsphase überwiegend verwendete Atlas, in einer für alle Prüflinge gleichen Auflage
- Wörterbuch zur deutschen Rechtschreibung
- Taschenrechner

M 1: Atlaskarten nach Wahl

M 2: Wirtschaft Öresund-Region 1991

Quelle, verändert nach:
Weltatlas – Große Ausgabe, Berlin, Ausgabe 1995, S. 96 Karte 3

M 3: Beschäftigungsstruktur Öresund-Region 1993/2007

Wirtschafts-sektor (Anteile in%)	Region Kopen-hagen 1993	Region Kopen-hagen 2007	Region Seeland 1993	Region Seeland 2007	Region Schonen 1993	Region Schonen 2007
Primärer Sektor	1,0	0,7	6,3	3,8	3,2	2,1
Sekundärer Sektor	17,9	14,8	23,2	21,9	25,7	22,6
Tertiärer Sektor	81,1	84,5	70,5	74,3	71,1	75,3
Anzahl Beschäf-tigte insgesamt	830.371	938.511	315.771	345.065	448.323	535.585

Quelle: http://www.tendensoresund.org/de/wirtschaftsstruktur (Zugriff 15.09.2011)

M 4: Demographische Entwicklung in der Öresund-Region

Gesamtregion

Jahr	Bevölkerung
1999	3.503.576
2004	3.583.302
2009	3.698.199
2014	3.796.000
2019	3.884.000
2024	3.971.000
2029	4.052.000

Teilregionen

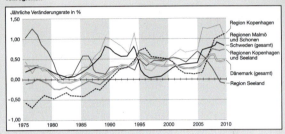

Quellen (nach):
http://www.tendensoresund.org/de/bevolkerung/bevolkerungsprognose (Zugriff 15.9.2011)
http://www.tendensoresund.org/de/bevolkerung (Zugriff 15.09.2011);
http://www.kk.dk/sitecore/content/Subsites/CityOfCopenhagen/SubsiteFrontpage/ContactsAndFacts/Statistics/Population/PopulationoriginCityDistricts.aspx (Zugriff 11.10.2011)

M 5: Daten und Fakten zur Öresund-Verbindung

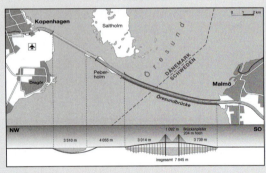

- 1991: Abkommen zwischen Dänemark und Schweden über den Bau der Öresund-Verbindung
- Fertigstellung: 1. Juli 2000 (Bauzeit: 4,5 Jahre)
- Baukosten: ca. 3 Mrd. Euro, gefördert mit 50 Millionen Euro aus Mitteln des Europäischen Strukturfonds für regionale Entwicklung
- 5.000 Beschäftigte während der Bauphase
- Streckenlänge: ca. 16 km
- Konstruktionstyp: Schrägseilbrücke mit Zufahrtstunnel ohne Standspur
- Streckenführung: kombinierte vierspurige Autobahnbrücke mit zweispuriger Bahntrasse, ausgelegt für 4.000 Kfz stündlich

Quellen verändert nach:
ØRESUNDSBRO KONSORTIET 2010 (Hrsg.): 10 Jahre. Die Øresundbrücke und ihre Region, S. 7 unter http://de.oresundsbron.com/page/26 (Zugriff 15.09.2011);
http://de.oresundsbron.com/page/2867 (Zugriff 15.09.2011)

Diese Seiten der Abiturprüfung in Originalgröße und die Lösungen der Aufgaben finden Sie im
Webcode: GO645787-438

M 6: Verkehrsentwicklung Öresund-Verbindung

Jahresaufkommen

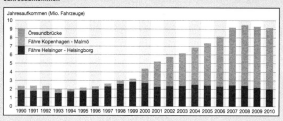

Quelle: http://www.tendensoresund.org/de/neu/der-verkehr-ueber-den-oeresund (Zugriff 15.09.2011)

Tagesaufkommen

Kategorie	2001	2005	2007	2008	2009	2001–2009
Pkw	7.290	12.328	16.831	17.767	17.986	147 %
Motorräder	67	82	106	96	93	39 %
Lieferwagen und Wohnwagen	204	300	465	441	449	120 %
Lkw	421	737	927	932	817	94 %
Busse	103	155	153	131	117	14 %
Verkehr insgesamt	**8.085**	**13.602**	**18.482**	**19.367**	**19.462**	**141 %**
Personenpassagen						
Auto	21.900	32.000	40.600	41.000	41.300	89 %
Bahn	13.500	18.100	26.600	29.400	30.400	125 %
Total	**35.400**	**50.100**	**67.200**	**70.400**	**71.700**	**103 %**

Quelle:
http://data.oresundsbron.com/image/broen%20og%20regionen/Graf_05_Migration_DE.png (Zugriff 15.09.2011)

Nutzungszweck

Quelle (verändert):
ØRESUNDSBRO KONSORTIET 2010 (Hrsg.): 10 Jahre. Die Øresundsbrücke und ihre Region, S. 8 unter http://de.oresundsbron.com/page/486 (Zugriff 15.09.2011)

M 7: Immobilienpreise und interregionale Umzüge in der Öresund-Region

Eigentumswohnungen: Durchschnittlicher Quadratmeterpreis in Dänischen Kronen (DKK)

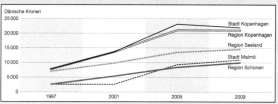

Interregionale Umzüge

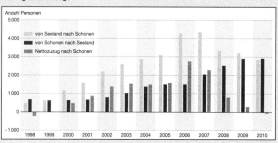

Quellen:
http://www.tendensoresund.org/de/immobilienpreise/immobilienpreise-und-spekulationsblase (Zugriff 15.09.2011);
http://data.oresundsbron.com/image/broen%20og%20regionen/treienDE.png (Zugriff 15.09.2011)

M 8: Entwicklungsszenarien Öresund-Verbindung

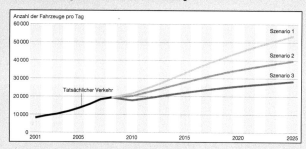

Quelle (verändert):
http://data.oresundsbron.com/image/broen%20og%20regionen/Graf_08_ForventetTrafik_DE.png (Zugriff 15.09.2011)

M 9: Entwicklung Güterverkehr im westlichen Ostseeraum*
(in Mio. t/Jahr)

Fracht mit	2002	2015**
Lkw	23,0	31,6
Güterzug	5,6	12,3
Kombination Lkw-Zug	1,0	2,0
Gesamt	29,6	45,9

* Der westliche Ostseeraum umfasst Deutschland, Dänemark und Südschweden
** Prognose

Quelle:
Vieregg-Rössler GmbH: Gutachterliche Stellungnahme zu den aktuellen Verkehrsprognosen und Kostenkalkulationen der geplanten Festen Fehmarnbelt-Querung. Aktualisierte Fassung. München 2009 unter http://www.fehmarnbelt.riechey.de/uploads/media/Bericht120309.pdf (Zugriff 15.09.2011)

M 10: Konzept europäischer Raumentwicklung

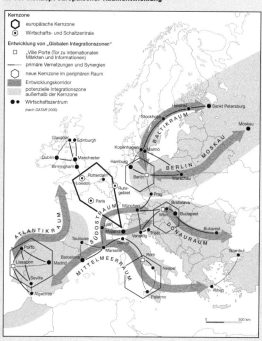

Quelle, verändert nach:
Mensch und Raum Geographie Oberstufe, Berlin 2010, S. 410

Die Bedeutung des tertiären Sektors für Wirtschafts- und Beschäftigungsstrukturen

Deutschland ist zwar weiterhin ein hoch industrialisiertes Land, wir leben aber in einer sogenannten Dienstleistungsgesellschaft. Friseur, Reinigung, Taxi, Gastronomie, Sicherheitsdienste, Versicherungen, Wirtschaftsberatung, wissenschaftliche Forschung u. a.: die Herstellung von Waren bildet nicht mehr den Schwerpunkt unserer wirtschaftlichen Tätigkeit.

Erweiterung der geographischen Kompetenzen

Inhalte
- Vielfalt des tertiären Sektors
- Ursachen und Folgen des Tertiärisierungsprozesses
- Herausbildung von Global Cities zu höchstrangigen Dienstleistungszentren
- Strukturen von Dienstleistungsclustern
- Naturräumliche und infrastrukturelle Ausstattung von Tourismusregionen
- Gründe, Erscheinungsformen sowie Folgen der globalen Tourismusentwicklung u. a. im Hinblick auf Nachhaltigkeitsaspekte

Medien und Methoden
- Thematische Karten, Fotos, Luftbilder, Karikaturen, Modelle, Theorien
- Vergleich der Wirtschaftsstruktur unterschiedlicher Länder
- Fallstudien zu touristischen Zielräumen
- Modellkritik

Bewertungen
- Infrastrukturausstattung und ihre Bedeutung für den tertiären Wirtschaftssektor
- Raumstrukturelle Entwicklungen als Folge eines in Hoch- und Niedriglohnbereich geteilten Dienstleistungssektors
- Positive und negative Effekte einer touristisch geprägten Raumentwicklung
- Aussagekraft von modellhaften Darstellungen der Tourismusentwicklung

Aktionen und Handlungserwartungen
- Arbeitsteilige Vorbereitung und Durchführung einer Ausstellung: *„Welche Wirtschaftsstruktur bestimmt eigentlich unsere Stadt? 1975 – 1990 – 2015 – 2030"*
- Planung eines Aktionstages „Sanfter Tourismus"
- Reflexion des eigenen Urlaubsverhaltens

Foto: Containerhafen Hamburg

Ausblick: Die Bedeutung des tertiären Sektors für Wirtschafts- und Beschäftigungsstrukturen

Der tertiäre Sektor ist neben der Landwirtschaft und der Industrie der dritte große ökonomische Bereich jeder Volkswirtschaft. Er umfasst neben einfachen Dienstleistungsberufen wie Friseur oder Reinigungskraft, für die keine Hochschulbildung notwendig ist, auch Berufe mit gehobenen Tätigkeiten, für die ein akademischer Abschluss Voraussetzung ist: Arzt, Rechtsanwalt oder Unternehmensberater zählen hierzu. Der Versuch einiger Wissenschaftler, einen vierten Wirtschaftssektor als quartären Sektor abzugrenzen, hat sich bisher nur teilweise durchsetzen können. Dienstleistungen erlangen in den hoch entwickelten Staaten eine immer größere Bedeutung; sowohl der Anteil an Beschäftigten als auch der Beitrag zum BNE steigen stetig an.

M2 Tourismuseinnahmen

Trug 1970 die Industrie in Deutschland noch 53 % zum BIP bei und waren damals 8,6 Mio. im sekundären Sektor beschäftigt, so war es 2012 der tertiäre Sektor, dessen Anteil fast 70 % des BIP ausmachte und der ca. 75 % der Beschäftigten aufwies, während die Industrie nur noch knapp 30 % zum BIP beisteuerte bei einem Beschäftigtenanteil von 25 %.

Dieser **Tertiärisierungsprozess** machte sich bis in die 1990er-Jahre überwiegend auf lokalen und nationalen Märkten bemerkbar. Im Rahmen der Globalisierung kommt es inzwischen zu einem immer stärkeren internationalen Dienstleistungstransfer, besonders bei wissensorientierten und unternehmensorientierten Dienstleistungen in der Informations- und Kommunikationsbranche.

Unternehmen, die international tätig sind, benötigen Spezialisten für ausländisches Steuerrecht, Marktanalysen oder Logistik.

Dienstleistungen müssen ihren Standort am Ort der Nachfrage wählen; sie befinden sich deshalb öfter in einwohnerstarken Groß- und Millionenstädten, Metropolregionen und Global Cities, weniger im schwächer besiedelten Raum.

Diese peripheren Räume weisen nur dann einen hohen Anteil am tertiären Sektor auf, wenn es sich um attraktive touristische Regionen handelt. Der Tourismus hat seit den 1980er-Jahren weltweit an Bedeutung stark zugenommen, vor allem der internationale. Voraussetzungen hierfür waren die technische Weiterentwicklung der Verkehrsmittel und eine Zunahme der Kaufkraft in den hoch entwickelten Staaten.

M1 Logistikzentrum in Unna

Fachbegriffe aus der Sekundarstufe I

Die Zusammenstellung enthält einige grundlegende Fachbegriffe, die Sie aus früheren Jahrgangsstufen kennen sollten und die Sie in diesem Kapitel benötigen.

Deviseneinnahme: Einnahmen eines Staates in ausländischer Währung

Dienstleistung: Tätigkeit, die eng mit den Begriffen bedienen, beraten, vermitteln, organisieren verbunden ist: dazu gehören Handel, Verkehr, private und öffentliche Verwaltung; man unterscheidet Dienstleistungen ohne Erwerbscharakter (staatliche Verwaltung, Schulen, Krankenhäuser, Wohlfahrtsorganisationen) von Dienstleistungen mit Erwerbscharakter (Banken, Handel, Gastronomie, die Tätigkeit von Rechtsanwälten, Ärzten, Friseuren, Reinigungen usw.)

Erwerbsstruktur: Anteil der Erwerbspersonen in den einzelnen Wirtschaftssektoren; die Erwerbsstruktur verändert sich in den Entwicklungsländern vom primären zum sekundären Wirtschaftssektor, in den Industrieländern vom sekundären zum tertiären

Fremdenverkehr (Tourismus): Begriff für alle Erscheinungen, die mit der Reise von Personen an einen Ort zusammenhängen, der weder Wohnnoch Arbeitsort ist

Informeller Sektor: Wirtschaftliche Tätigkeiten, die nicht staatlich registriert und kontrolliert sind (Schattenwirtschaft)

Infrastruktur: für die wirtschaftliche Entwicklung eines Gebietes und das Zusammenleben der Menschen notwendige Einrichtungen z. B. Verkehrswege, Schulen, Krankenhäuser

Logistik: Alle Material- und Informationsprozesse, die der Raumüberwindung und Zeitüberbrückung sowie deren Steuerung und Regelung dienen; von der Absatzplanung bis zum Vertrieb wird ein Material- und Informationsfluss gesteuert, der unter Kostengesichtspunkten eine termin-, mengen- und qualitätsgerechte Auslieferung sicherstellt

Massentourismus: Reiseverkehr von sehr vielen Menschen an bestimmte Reiseziele, Ballung von Erholungseinrichtungen an einem Ort

Nationalpark: Großräumige Naturlandschaft oder naturnahe Kulturlandschaft, die wegen ihrer besonderen Eigenart und Einmaligkeit auf der Erde erhalten werden soll und deshalb unter Schutz gestellt wurde

Naturpark

Peripherie: Gering entwickelte Gebiete in Randlage mit unzureichenden Angeboten an Arbeitsplätzen, Bildungs- und Ausbildungsmöglichkeiten

Sanfter Tourismus: Tourismus, der mit der gesamten natürlichen Umwelt wie Flora und Fauna sowie den natürlichen Ressourcen Boden, Wasser und Luft in Einklang zu bringen ist; außerdem soll er die gesellschaftliche Ordnung in der Zielregion und deren eigenständige Entwicklung nicht beeinflussen

Tertiärisierung: Räumlich-funktionaler Wandel im Zentrum großer Städte durch Cityentwicklung; Zunahme von Arbeitsplätzen im Dienstleistungssektor

Wirtschaftssektor: Aufgliederung der wirtschaftlichen Tätigkeit des Menschen in drei bzw. vier Sektoren

Angebote zur individuellen Bearbeitung in Einzelarbeit, im Tandem oder in Gruppen

Von der Industrie zur Dienstleistungsgesellschaft (S. 442–449)
- Untersuchen Sie arbeitsteilig in Tandems mithilfe von Informationen u. a. aus dem Internet, mit welcher Geschwindigkeit der Tertiärisierungsprozess in Staaten unterschiedlicher Kontinente seit 1950 stattgefunden hat.
- Präsentieren Sie Ihr Ergebnis mithilfe geeigneter Grafiken.

alternativ
- Erarbeiten Sie mithilfe eigener Quellenrecherche ein Thesenpapier zum Thema „Ist Warenproduktion für ein hoch entwickeltes Land überhaupt noch notwendig?"
- Vertreten Sie Ihren Standpunkt im Rahmen einer Podiumsdiskussion.

Wirtschaftsfaktor Tourismus (S. 454–471)
- Entwickeln Sie in Kleingruppen Strukturdiagramme zum Thema: „Mögliche Auswirkungen des Massentourismus in Entwicklungsländern".
- Entwerfen Sie auf der Grundlage Ihres Strukturdiagramms Argumentationsbeiträge zu der Fragestellung: „Tourismus in Entwicklungsländern – Sackgasse oder Entwicklungschance?"

Von der Industrie- zur Dienstleistungsgesellschaft
1. Zunahme der weltweiten Tertiärisierungsprozesse

M1 Bankenviertel in Frankfurt

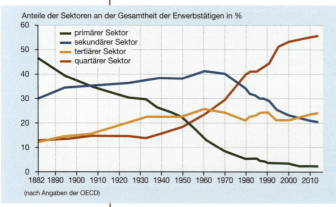

M2 Das Vier-Sektoren-Modell

1. nach der Qualität
– tertiärer Sektor: klassische, eher arbeitsintensive Dienstleistungen (z. B. Handel, Verkehr, Gastronomie, persönliche Dienste, Reparatur)
– quartärer Sektor: moderne, eher humankapitalintensive Dienstleistungen (z. B. Versicherungen, Banken, Forschung, Bildung, Beratung, Regierungs-/Verwaltungstätigkeit, Rechtswesen, Gesundheitswesen)

2. nach den Fristen
– kurzfristig: häufig nachgefragte Dienste wie Einzelhandel, Gastronomie, Kino
– mittelfristig: in gewissen Abständen nachgefragte Dienste wie Facharzt, Reparatur, Bekleidungseinzelhandel
– langfristig: seltener nachgefragte Dienste wie Lebensversicherungen, Hypothekenbanken, Möbeleinzelhandel

3. nach funktionalen Merkmalen
– distributive: verteilende und vermittelnde Funktionen, z. B. Großhandel, Verkehr, Transport
– konsumentenorientierte: Versorgung von Endverbrauchern, z. B. Einzelhandel, Gastronomie, Fremdenverkehr, Friseur
– unternehmensorientierte Dienste: Dienstleistungen für Unternehmen, z. B. Forschung/Entwicklung, Beratung, Wartung, Werbung
– soziale/öffentliche: Versorgung von Personen durch öffentliche und private Einrichtungen, z. B. Bildungs-, Gesundheits-, Verwaltungs-, Sozialdienste

Aus: Kulke, Elmar: Wirtschaftsgeographie, Paderborn 2009, S. 142

M3 Gliederungssysteme von Dienstleistungen

Die Bedeutung des tertiären Sektors

Nach Fourastié (S. 246) kennzeichnet der **tertiäre Sektor** die hoch entwickelten Länder, in denen der Großteil der Beschäftigten einem Dienstleistungsbereich zugeordnet werden kann.

Fourastié begründete den sektoralen Strukturwandel mit dem wissenschaftlich-technischen Fortschritt, der die Volkswirtschaften von der Agrar- über die Industrie- zur Dienstleistungs- bzw. Informationsgesellschaft entwickelt. In der **Dienstleistungsgesellschaft** soll nur geringer technischer Fortschritt möglich sein, da der Mensch z. B. im Gesundheitswesen oder bei der Bildungsvermittlung nur schwer ersetzbar ist. Die Dienstleistungsgesellschaft soll daher kaum Arbeitslosigkeit kennen.

Das aus den 1930er-Jahren stammende Sektoren-Modell bedarf hinsichtlich des tertiären Sektors einer Aktualisierung:

– Nach dem Drei-Sektoren-Modell haben Länder mit einem niedrigen Pro-Kopf-Einkommen (Entwicklungsländer) einen wenig ausgebildeten tertiären Sektor. Dies stimmt nur bedingt; denn insbesondere autoritär geführte Entwicklungsländer weisen einen überdurchschnittlichen Verwaltungsapparat auf (Geheimpolizei, Militär). Nicht Effizienz, sondern Stammes-, Religions- oder Parteizugehörigkeit und Vetternwirtschaft zeichnen diesen aufgeblähten Sektor aus. Auch in Entwicklungsländern, in denen der internationale Tourismus einen wesentlichen Bestandteil zum BIP beiträgt, ist der tertiäre Sektor erfahrungsgemäß deutlich größer als der primäre.

– Nach Fourastié wird der tertiäre Sektor die freigesetzten Arbeitskräfte aufnehmen, da dieser Sektor nicht rationalisierbar ist. Dies trifft bei stark kundenorientierten Dienstleistungen wie bei Pflegediensten, im Bildungssektor, Einzelhandel und in der Kreativwirtschaft (Kunst, Verlagswesen, Architektur, Design) nur bedingt zu. Auch sind die wirtschaftsbezogenen Dienstleistungen quantitativ gewachsen, die von der **Lean Production** der Großunternehmen (Verschlankung) profitieren: ausgelagerte Reinigungs- und Sicherheitskräfte, Catering, Transport/Logistik. Andererseits hat die Digitalisierung der Arbeitsprozesse in den Branchen Handel, Banken, Versicherungen, Medien und öffentlicher Verwaltung, deren Arbeitsplätze einst als sicher galten, zu einem kräftigen Arbeitsplatzabbau geführt („digitale Revolution"). Ebenfalls nicht voraussehbar war die weitere Ausdifferenzierung des tertiären Sektors zum **quartären Sektor**, in dem die Informations- und Telekommunikationstechnologie (IKT) eine Schlüsselrolle übernommen hat. Sie globalisiert die Aktionsräume von Finanzdienstleistern, Transnationalen Konzernen, internationalen Forschungs- und Entwicklungseinrichtungen (FuE) sowie Logistik- und Tourismusunternehmen. Der tertiäre Sektor erweist sich somit als ein sehr heterogener Sektor, da er die Reinigungskraft oder den Leiharbeiter als Niedriglohnempfänger ebenso einschließt wie z. B. Lehrer, Ärzte oder Manager. Die (Aus-)Bildung spielt in diesem Sektor bzgl. der Verdienstchancen eine wichtige Rolle.

Standorte im Dienstleistungssektor

Beim primären Sektor, z. B. der Landwirtschaft, ist der **Produktionsfaktor Boden** ausschlaggebend, beim sekundären Sektor steht der Produktionsfaktor **Kapital** und im tertiären Sektor die **Arbeit** als Produktionsfaktor im Mittelpunkt. Bezogen auf die Standortverteilung der drei Sektoren bildet der tertiäre Sektor eine Ausnahme. Während die Landwirtschaft und Industrie wegen ihrer transportfähigen Produkte nicht am Standort der Nachfrage präsent sein müssen, können Dienstleistungen nur am Nachfragestandort getätigt werden. Dabei ist die Quantität und Qualität der Dienstleistungsangebote von der Siedlungsdichte abhängig (z. B. Einzelhandel, medizinische Versorgung).

Angaben in %	I. Sektor 1990	I. Sektor 2010	II. Sektor 1990	II. Sektor 2010	III. Sektor 1990	III. Sektor 2010
Frankreich	4	2	27	19	70	79
USA	2	1	28	20	70	79
Großbritannien	2	1	35	21	63	78
Deutschland	1	1	37	28	61	71
Japan	3	1	40	28	58	71
Brasilien	8	5	39	28	53	67
Polen	8	4	50	31	42	65
Türkei	18	10	26	27	55	63
Mexiko	8	4	28	35	64	61
Russland	17	4	48	35	35	61
Kenia	30	25	19	19	51	56
Indien	29	18	27	27	44	55
Malaysia	15	10	42	41	43	49
Ägypten	19	14	29	38	52	48
Tansania	46	28	18	25	36	47
VR China	27	10	42	47	31	43
Indonesien	19	15	39	47	41	38
Kongo, Dem. Rep.	31	46	29	23	40	31

*Reihenfolge nach III. Sektor 2010 (Quelle: The World Bank, Databank 2012)

M 5 Anteile der Wirtschaftssektoren am BIP nach ausgewählten Staaten*

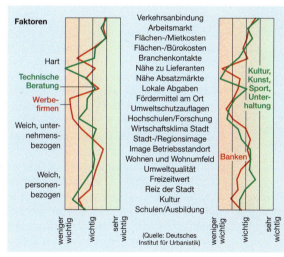

M 4 Profile der Standortfaktoren von Dienstleistern

Angaben in %	Anteil der Erwerbstätigen 1990	Anteil der Erwerbstätigen 2010	Anteil am BIP 1990	Anteil am BIP 2010
USA	70,9	81,2	70	78,8
Großbritannien	65,5	78,9	63	77,7
Australien	69,0	75,5	66	77,9
Frankreich	67,3	74,5	70	79,2
Spanien	54,7	72,6	61	71,2
Niederlande	69,1	71,6	66	74,2
Schweiz	63,6	70,9	64	71,8
Deutschland	57,9	70,0	61	71,2
Rep. Korea	46,7	69,9	49	58,5
Österreich	55,2	69,7	64	69,4
Griechenland	48,3	67,7	65	78,9
Italien	58,8	67,5	64	72,9
Mexiko	49,6	60,6	64	61,4
Polen	36,0	56,9	42	64,8
Türkei	32,2	50,1	55	63,4

(The World Bank, World Development Report 2013, S. 352 f. und Databank 2013)

M 6 Dienstleistungssektor: Anteil der Erwerbstätigen und am BIP nach ausgewählten Staaten

1. Beschreiben Sie das Sektorenmodell und überprüfen Sie es hinsichtlich des Dienstleistungssektors auf seine heutige Gültigkeit (M 2, M 5, M 6).
2. Geben Sie eine Standortempfehlung ab für eine Werbefirma und eine Bankzentrale (M 1, M 4).
3. Zeigen Sie auf, welche Standortvorteile Frankfurt aus Sicht der Finanzwirtschaft aufweist (M 1, M 4).

Webcode:
GO645787-445

2. Deutschland – eine reine Dienstleistungsgesellschaft?

Unter den entwickelten Volkswirtschaften der Erde ist der tertiäre Sektor im Vergleich zu den beiden anderen Sektoren der am stärksten wachsende. Dies trifft für die Erwerbstätigkeit wie auch für das Bruttoinlandsprodukt zu. Eine Voraussetzung ist, dass enorme Produktivitätsfortschritte im primären und sekundären Sektor eine steigende Zahl von Arbeitskräften freigesetzt haben. Außerdem kommt bei steigendem Lebensstandard eine verstärkte Nachfrage nach höherwertigen Dienstleistungen dazu, wenn in privaten Haushalten bei den Industriegütern (z. B. Fernseher, Auto) eine Marktsättigung eingetreten ist.

Industriestaaten wie Großbritannien, Frankreich und die USA haben konsequent den Weg der **Tertiärisierung ihrer Volkswirtschaften** beschritten und dabei den sekundären Sektor im Rahmen der Liberalisierung weitgehend in Schwellenländer ausgelagert. In England galt es lange als „uncool", wenn ein junger Mann seiner Freundin offenbarte, er arbeite in der Industrie und nicht im Finanzsektor. Die viel belächelte „Old German Economy" ist diesem Trend nur zögerlich gefolgt. Aber spätestens seit der Finanz- und Bankenkrise 2008/2009 hat sich bei den westlichen Industrienationen die Erkenntnis durchgesetzt, dass eine industriefreie (postmoderne) Dienstleistungsgesellschaft wirtschaftlich nicht tragfähig und nicht krisenfrei ist. Seitdem propagieren die westlichen Staatsführer nach dem Vorbild der deutschen Industriepolitik eine Kehrtwende: Durch staatliche Fördermaßnahmen sollen die verlorengegangenen Marktanteile für das verarbeitende Gewerbe zurückerobert werden.

Das Erfolgsrezept für die Wachstumsraten der deutschen Industrie liegt in der Kombination von Produktion und Dienstleistung, bei einem umfassenden Service sowie hohem Forschungs- und Entwicklungsaufwand. Der industrielle Kern der deutschen Wirtschaft (Fahrzeug-, Maschinen- und Anlagenbau, die Elektrotechnik und die chemische Industrie) erweist sich als sehr innovativ, produktiv und servicefreundlich. Nur so können hohe Preise für Waren „Made in Germany" auf dem Weltmarkt durchgesetzt werden. Wurden früher Maschinen und Anlagen „nur" verkauft, gegebenenfalls noch produktnahe Dienstleistungen wie Ersatzteillieferung angeboten, so offerieren die Hersteller heutzutage umfangreiche Serviceleistungen, die dem Kunden einen störungsfreien Betrieb weltweit garantieren. Dieses Geschäftsmodell hat selbst in der Krise 2008/2009, als der Absatz einbrach, noch eine Rendite ermöglicht. Es ist konjunkturunabhängig und bindet zudem den Kunden langfristig an den Produzenten. Bei diesem Geschäftsmodell verschwimmen die Grenzen zwischen Produktion und Dienstleistung.

M 1 Wirtschaftsstruktur Deutschlands 1991–2013

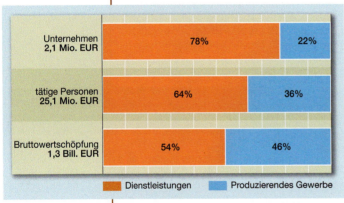

M 2 Unternehmen, tätige Personen und Bruttowertschöpfung in Unternehmen 2010 in Deutschland

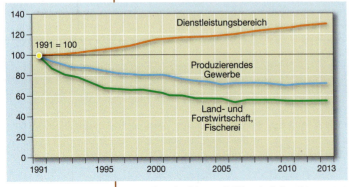

M 3 Erwerbstätige nach Wirtschaftsbereichen

Von der Industrie- zur Dienstleistungsgesellschaft

M 4 Ausgaben für Forschung und Entwicklung 2012

M 6 Verarbeitendes Gewerbe

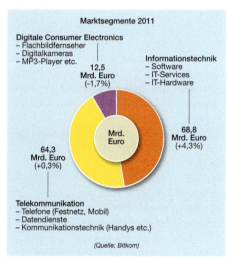

M 5 Industriestandort Deutschland: IT-Marktsegmente (Die Werte in der Klammer beziehen sich das Vorjahr)

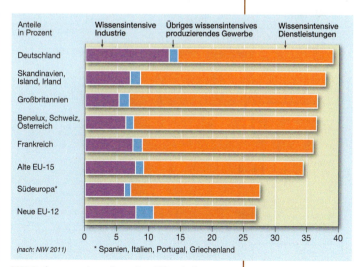

M 7 Bedeutung wissensintensiver Wirtschaftszweige in Europa

1. Beschreiben Sie die Wirtschaftsstruktur Deutschlands unter besonderer Berücksichtigung der Dienstleistungen (M 1 bis M 3, M 5).
2. Erläutern Sie das Geschäftsmodell der deutschen Industrie im Vergleich mit anderen Ländern (M 4, M 6, M 7).

Webcode: GO645787-447

3. Clusterbildung in Deutschland

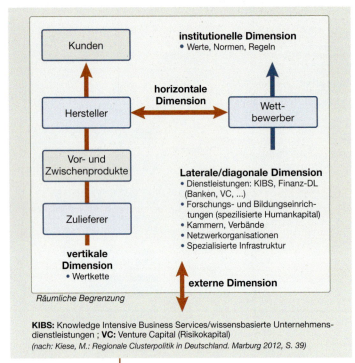

M1 Cluster als Wertschöpfungssystem

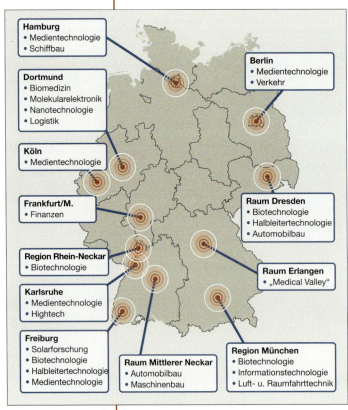

M2 Cluster in Deutschland

Was ist ein Cluster?

Ein Cluster zeichnet sich durch die räumliche Ballung von Produzenten, Zulieferern, Forschungseinrichtungen (z. B. Hochschulen), Dienstleistern (z. B. Banken, Designern, Ingenieuren) und damit verbundenen Institutionen (z. B. Wirtschaftsförderung, Handelskammern) aus, die über gemeinsame Austauschbeziehungen entlang einer Wertschöpfungskette von der Entwicklung über die Herstellung bis zur Vermarktung eines Produktes gebildet werden. Die Akteure des Clusters stehen dabei über Liefer- oder Wettbewerbsbeziehungen oder gemeinsame Interessen in Beziehung. Diese Beziehungen verlaufen nicht nur vertikal entlang einer Wertschöpfungskette (vertikale Dimension), sondern auch horizontal, wenn es um den Austausch von Wissen und Dienstleistungen zwischen Unternehmen und Universitäten, Forschungseinrichtungen und Behörden geht. Neben den wissensbasierten Dienstleistungen (KIBS) spielt das Risiko- oder Wagniskapital eine bedeutende Rolle, um eine innovative Idee marktfähig zu machen. Da Wissenschaftler aufgrund ihres langen Studiums meist nicht über das nötige Startkapital zur Gründung einer Firma verfügen, sind sie auf Geldgeber angewiesen, die nicht so sehr auf beleihbare Sicherheiten achten, sondern die Ertragschancen des jungen Unternehmens (**Start-up-Unternehmen**) vor Augen haben.

Cluster definieren sich durch ihre Dichte und ihren Vernetzungsgrad und sind nicht durch Verwaltungsgrenzen festgelegt. Agierten die Clusterteilnehmer vor der Globalisierung an einem Standort oder in einer Region autark, so verfügen sie nach der globalen Aufspaltung der Wertschöpfungsketten ihrer Produkte über entsprechende weltweit organisierte Netzwerke und Kompetenzzentren (externe Dimension).

Stärken stärken

Die Clusterstrategie zielt auf die Stärkung einer regionalen Kompetenz im globalisierten Wettbewerb, wobei mindestens eine ansässige Branche in der Weltliga spielen sollte (Führungsbranche). Danach sollte eine branchenspezifische Infrastruktur aufgebaut werden. Empfehlenswerte Standorte sind Großstädte und Metropolregionen. Nach der Clusterstrategie sind die staatlichen Fördermittel neu ausgerichtet worden: Statt Mittel nach dem Gießkannenprinzip zu verteilen, werden nun konzentriert regionale Wachstumskerne gefördert.

M 3
Campus Martinsried-Großhadern

Verschärfung regionaler Disparitäten?

Kritiker wenden ein, dass die Clusterpolitik durch die Vergabe von milliardenschweren Fördergeldern an bereits erfolgreiche Branchen und Institutionen die weniger wachstumsstarken, aber beschäftigungsintensiven Wirtschaftszweige vernachlässige. Dadurch verschärften sich die regionalen Disparitäten und die Gesellschaft werde polarisiert. Die Kluft zwischen Regionen und Städten mit Wachstumspotenzial und solchen mit Strukturdefiziten wachse immer mehr.

Die europäische Metropolregion München beherbergt den führenden Biotechnologie-Standort in Deutschland.
- knapp 350 LifeScience-Unternehmen, davon 129 kleine und mittlere Betriebe
- 2 Elite-Universitäten: Ludwig-Maximilians-Universität und Technische Universität München
- Helmholtz-Zentrum München – Deutsches Forschungszentrum für Umwelt und Gesundheit
- 3 biologisch-medizinische Max-Planck-Institute: Biochemie, Neurobiologie und Psychiatrie
- 2 Universitätskliniken und 60 weitere Krankenhäuser
- Hochschule Weihenstephan-Triesdorf
- Hochschule München
- 2 Innovations- und Gründungszentren spezialisiert auf Biotechnologie

Südwesten
Martinsried/Großhadern
- Klinikum der Universität München
- Max-Planck-Institut für Biochemie
- Max-Planck-Institut für Neurobiologie
- Ludwig-Maximilians-Universität
- Gene Center
- IZB Martinsried
- Daiichi Synkyo Europe
- MorphoSys
- Evotec/Kinaxo
- Bavarian Nordic
- Fresenius Biotech
- MediGene
- Proteros
- 4SC
- BioM
usw.

Zentrum
- Klinikum rechts der Isar der Techn. Universität München
- Max-Planck-Institut für Psychiatrie
- Bristol Mayers Squibb
- Glaxo Smith Kline
- Amgen
- Micromet
- Trion Pharma
- Wilex
usw.

Norden
Garching
- Techn. Universität München
- GE Healthcare
Neuherberg
- Helmholtz-Zentrum München
- IZB Freising
- Pieris
usw.

Osten
Haar
- Merck Sharp Dohme
Ebersberg
- Eurofins MWG Operon
usw.

Süden
Penzberg
- Roche Diagnostics
Holzkirchen
- Sandoz Pharmaceuticals
usw.

Schwerpunkt Medizin

Der Standort profitiert besonders von einer engen Vernetzung zwischen akademischer Forschung und Biotech-Industrie. Die Mehrzahl der mittelständischen Biotechnologie-Unternehmen sind Ausgründungen der wissenschaftlichen Einrichtungen. Die Region ist dynamisch: In den letzten 5 Jahren gab es rund 40 Firmenneugründungen. Die Region ist fokussiert: Die Schwerpunkte der Arbeitsfelder der Unternehmen liegen in der „roten Biotechnologie" – also im pharmazeutisch-medizinischen Bereich. Münchens Profil wird durch das Spitzencluster-Programm „m^4–Personalisierte Medizin und zielgerichtete Therapien" noch weiter geschärft.

(Quelle: http://www.m4.de/der-cluster/standort.html, Zugriff: 11.01.2013)

M 4
Biotech Cluster München: Biotechnologie-Standort

1. Beschreiben Sie die Merkmale eines Clusters am Beispiel des Biotechnologie-Standortes München (M 1, M 3, M 4).
2. Erläutern Sie die mit der Clusterbildung verbundene Wirtschaftsstrategie (M 2).
3. Gibt es Argumente, die gegen eine verstärkte Clusterbildung sprechen?

4. Von der Dienstleistungs- zur Informationsgesellschaft

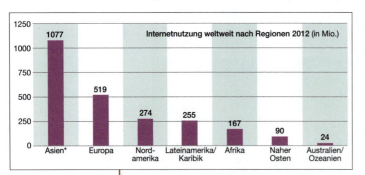

M1 Internetnutzer nach Regionen weltweit 2012

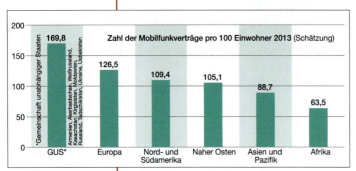

M2 Mobilfunkverträge nach Regionen

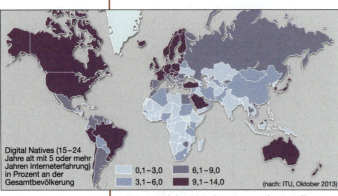

M3 Anteil der Digital Natives an der Bevölkerung

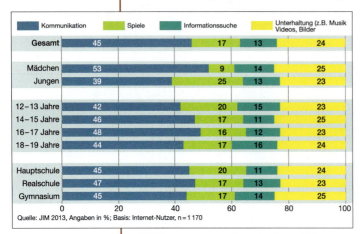

M4 Internetnutzung deutscher Jugendlicher

Die **Informations- und Kommunikationstechnologie** (IKT) boomt weltweit seit den 1990er-Jahren. Der Mobilfunk und das Internet verzeichnen sehr starke Wachstumsraten: Kommerzielle Netzwerke wie Ebay, Amazon und Google machen Umsätze in zweistelliger Milliardenhöhe. Facebook, das weltgrößte soziale Online-Netzwerk (Gründung 2004) zählte 2013 bereits mehr als 800 Mio. Nutzer. Der ICT Development Index der Internationalen Fernmeldeunion (ITU) liefert für 2012 beeindruckende Zahlen: 6,8 Mrd. Mobilfunkverträge, 2,7 Mrd. Menschen online (= 40 % der Weltbevölkerung), und 750 Mio. Haushalte mit Internetzugang. Weltweit wurden im Jahr 2012 134 Mrd. E-Mails pro Tag verschickt – zwölf Jahre zuvor waren es erst 10 Mrd. Seit 2008 stieg die Zahl der Internetnutzer weltweit von 14,7 % auf 30 %. Bis 2019 prognostiziert die ITU mehr als eine Verdopplung.

Die Gründe für diese Erfolgsgeschichte liegen in der erfolgreichen Durchdringung sämtlicher Lebensbereiche, des geschäftlichen (E-Commerce), des privaten (E-Mails) sowie des gesellschaftlichen und politischen. Immer neue Produkte wie Cloud-Computing, Smartphones, Tablet-Computer, mobiles Internet und Breitbandnetze, durch die die Übertragungsrate ständig vergrößert wird, verändern unser Leben. Ohne die IT wäre z. B. die Mobilisierung der Massenproteste in Nordafrika nicht möglich gewesen, die zum Sturz der dortigen Machthaber geführt hat.

Obwohl die Entwicklungsländer aufgeholt haben, verlief die insgesamt rasante Entwicklung der IKT sehr unterschiedlich – es entstanden sog. „digitale Gräben". Hierbei spielten folgende Gründe eine entscheidende Rolle:

– Der Ausbau der IT-Infrastruktur ist sehr teuer, hier insbesondere der der festen Breitbandnetze, von deren Verwirklichung Entwicklungsländer vor allem im ländlichen Raum noch weit entfernt sind.

– Die niedrige Kaufkraft hindert viele Bevölkerungsschichten am Erwerb der Hardware und an der Internetnutzung. Internetcafés ermöglichen diesen Bevölkerungsschichten nur einen begrenzten Internetzugang.

– Der niedrigere Bildungsgrad: Die Nutzung des Internets setzt Lesen und Schreiben, Medienkompetenz und Sprachkenntnisse (Englisch) voraus.

Die IKT als schnellste wachsende Wirtschaftsbranche ermöglicht den Zugang zu Informationen und Bildung, erhöht die Mobilität von Personen und Waren und schafft insgesamt mehr Komfort und Wohlstand.

1. Korea (Rep.)
2. Schweden
3. Island
4. Dänemark
5. Finnland
6. Norwegen
7. Niederlande
8. Großbritannien
9. Luxemburg
10. Hongkong, China
…
19. Deutschland
…
150 – 157: Guinea-Bissau, Äthiopien, Eritrea, Burkina Faso, Tschad, Zentralafrikanische Republik und Niger

(nach: ITU, Okt. 2013)

M 5 IT-Entwicklungsranking der Länder

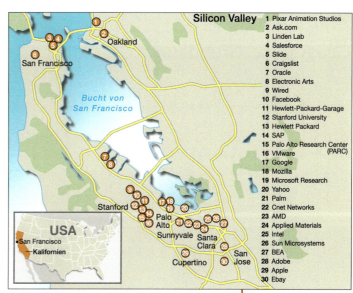

M 7 Silicon Valley. Die wichtigsten Hightech-Unternehmen

Mit dem Wachstum dieser Branche steigt allerdings auch das Gefahrenpotenzial, das durch Missbrauch von ihr ausgehen kann. Die Bandbreite reicht vom Mobbing, von der Verbreitung von Gewalt, Hass, Kinderpornographie, Cyberkriminalität (Datendiebstahl, Zerstörung anderer Computersysteme), Suchtgefahr durch Online-Spiele bis zur flächendeckenden Spionage und elektronischen Kriegsführung mit Drohnen. Bedenklich erscheinen auch die Konzentration und damit die alleinige Verfügungsgewalt der IT-Unternehmen über die IKT und ihre Netze.

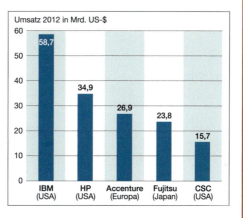

M 8 IT-Dienstleister

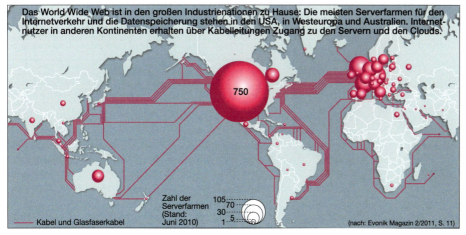

M 6 Die Knotenpunkte der digitalen Welt

1. Beschreiben Sie die Entwicklung der IKT und ihre räumliche Ausbreitung (**M 1** bis **M 3**, **M 5**).
2. Beurteilen Sie die räumliche Konzentration der IT-Konzerne (**M 5** bis **M 8**).
3. Erläutern Sie den Begriff „Informationsgesellschaft" und zeigen Sie Bezüge zu Ihrem eigenen Lebensumfeld auf.

Webcode:
GO645787-451

Zentralabitur 2012
Geographie, Grundkurs

Name: _____

Abiturprüfung 2012
Geographie, Grundkurs

Aufgabenstellung:

Thema: Die Hightech-Branche als Entwicklungsmotor? –
Das Beispiel der Region Cambridge, Großbritannien

Teilaufgaben:

1. Lokalisieren Sie Cambridge und beschreiben Sie
   die gegenwärtige sozioökonomische Struktur der Region. (20 Punkte)

2. Erläutern Sie die Entwicklung und räumliche Verteilung
   der Hightech-Branche in der Region Cambridge. (32 Punkte)

3. Erörtern Sie Chancen und Probleme des Wirtschaftsstandortes
   Region Cambridge. (28 Punkte)

Materialgrundlage:

- **M 1:** Atlaskarten nach Wahl
- **M 2:** Region Cambridge – sozioökonomische Daten
- **M 3:** Cambridge City – Wissenschaft und Wirtschaft
- **M 4:** Technologiefelder in der Region Cambridge
- **M 5:** Cambridge City – Hightech-Branche
- **M 6:** Region Cambridge – Betriebs- und Beschäftigtenzahlen in der Hightech-Branche
- **M 7:** Verkehrsaufkommen
- **M 8:** Entwicklung der Immobilienpreise

Zugelassene Hilfsmittel:

- der an der Schule in der Qualifikationsphase überwiegend verwendete Atlas,
  in einer für alle Prüflinge gleichen Auflage
- Wörterbuch zur deutschen Rechtschreibung
- Taschenrechner

M 1: Atlaskarten nach Wahl

M 2: Region Cambridge – sozioökonomische Daten

	Region Cambridge			Großbritannien
	Insgesamt	Cambridge City	Übrige Distrikte	
Bevölkerung (2009)	607 000	121 100		60 003 100
Bevölkerungsprognose (für 2016)	676 600	139 000		64 975 400
Anteil der Bevölkerung mit hochschulähnlichem Abschluss (2010)	36,2 %	60,5 %	South Cambridgeshire: 38,5 % East Cambridgeshire: 30,8 % Fenland: 15,7 % Huntingdonshire: 32,2 %	31,3 %
Sozialhilfeempfänger (2010)	9,0 %	7,7 %	South Cambridgeshire: 6,8 % East Cambridgeshire: 8,1 % Fenland: 15,7 % Huntingdonshire: 9,1 %	14,5 %
Bruttowochenlohn für Vollzeitbeschäftigte (2010)	£ 547,8	£ 556,5	South Cambridgeshire: £ 593,0 East Cambridgeshire: £ 523,5 Fenland: £ 440,6 Huntingdonshire: £ 563,2	£ 500,4
Beschäftigungsstruktur (2008)				
Produktion	12,0 %	4,2 %		10,2 %
Baugewerbe	4,2 %	1,7 %		4,8 %
Dienstleistungen	83,0 %			83,5 %
davon:				
Distribution, Hotels, Gaststätten	21,6 %			23,4 %
Transport, Kommunikation	4,0 %			5,8 %
Finanzen, IT	22,8 %			22,0 %
öffentliche Verwaltung, Bildung, Gesundheit	30,7 %			27,0 %
andere Dienstleistungen	3,9 %			5,3 %

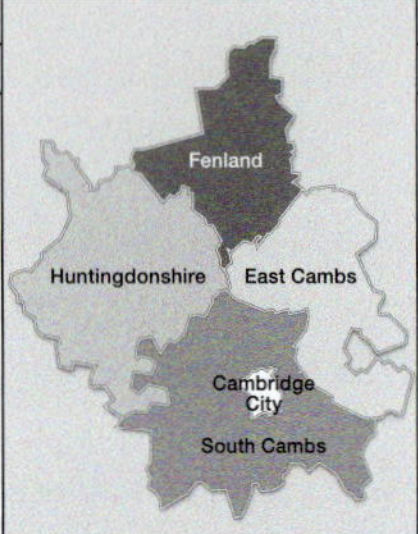

Anmerkungen:
Cambridge City ist die Distriktbezeichnung für die Stadt Cambridge
Cambs = Cambridgeshire

Quellen:
http://www.nomisweb.co.uk (Labour Market Profile, Cambridge und Cambridgeshire) (Zugriff 29.06.2011);
http://www.cambridgeshire.gov.uk (CambridgeReport09_partI.pdf) (Zugriff 29.06.2011);
https://www.nomisweb.co.uk/reports/lmp/la/1967128579/report.aspx (Zugriff 19.04.2011);
http://www.neighbourhood.statistics.gov.uk/ (Zugriff 29.06.2011);
http://www.cambridgeshire.gov.uk (Zugriff 22.07.2010)

M 3: Cambridge City – Wissenschaft und Wirtschaft

Universität	– eine der ältesten Universitäten Europas – 31 *Colleges* (= Institute) mit 6 Schwerpunkten: Geisteswissenschaften, Biowissenschaften, Klinische Medizin, Sozialwissenschaften, Naturwissenschaften, Technologie – ca. 10.000 Beschäftigte, ca. 20.000 Studierende – *Trinity College*: das reichste *College*; seine Ländereien umfassen den Besitz des *Cambridge Science Park*.
Wissenschaftsparks und Inkubatoren[1]	– u. A. *Cambridge Science Park, St John's Innovation Centre, Babraham Research Campus, Granta Park, IQ Cambridge* – oft auf Flächen, die seit Jahrhunderten im Besitz der Universität sind – Angebot an Büro- und Laborräumen sowie diversen Einrichtungen insbesondere für *Start-ups*[2], *Spin-offs*[3] und multinationale Tochtergesellschaften
1960	– Zwei junge Cambridge-Absolventen gründen die Firma *Cambridge Consultants* (Technologietransfer), „um das Wissen der Cambridge Universität der Britischen Industrie zur Verfügung zu stellen".
1970	– Gründung des Cambridge Science Park durch das *Trinity College* – bis zum Ende des Jahrzehnts Ansiedlung von 25 Firmen hauptsächlich für Telekommunikation und Lasertechnik
1980er Jahre	– Errichtung von *Starter Units*[4] und des *St John's Innovation Centre* – Entstehung von *Spin-outs*[5] der angesiedelten Firmen – erste Kooperationen verschiedener Firmen des *Cambridge Science Park*
1990er Jahre	– neue Niederlassungen, weiterhin eine Mischung aus *Spin-outs* sowie britischen Tochtergesellschaften multinationaler Unternehmen – seit 1996 verstärkt aktive Unterstützung zur Kommerzialisierung der Forschungsergebnisse – *Cambridge Science Park* mit 64 Firmen und ca. 4.000 Arbeitsplätzen (1999) hauptsächlich im Bereich von Telekommunikation und Biowissenschaften
seit 2000	– Gemeinschaftsunternehmen zwischen *Trinity College* und *Trinity Hall* (Besitzer eines Grundstücks von ca. 90.000 m² Industriebrache) – Seit 2001 hat die Universität geistiges Eigentumsrecht über Forschungsinhalte, die im Rahmen von Projekten entstanden, die durch die Universität finanziert wurden.
2010	– Cambridge ist eine der 5 wettbewerbsfähigsten Städte Großbritanniens.

[1] Inkubatoren: Einrichtungen bzw. Institutionen, welche Existenzgründer im Rahmen der Unternehmensgründung unterstützen
[2] *Start-ups*: junge, wissensbasierte Firmen im Anfangsstadium
[3] *Spin-off*: ein Unternehmen, das unmittelbar aus der Hochschulforschung und -entwicklung hervorgeht
[4] *Starter Units*: flexible Büroräume für *Start-ups* (siehe auch Inkubator)
[5] *Spin-out*: Firmenausgründung: eine Art *Spin-off*, wobei sich ein Teil einer Firma „abspaltet" und ein eigenständiger Betrieb wird

Quellen:
Info Universität http://www.cam.ac.uk/univ/ (Zugriff 15.09.2011);
http://www.cambridgesciencepark.co.uk/about/history/ (Zugriff 15.09.2011);
http://www.kooperation-international.de/countries/themes/international/clusterlist/cluster-cambridge/ (Zugriff 11.04.2010)

M 4: Technologiefelder in der Region Cambridge

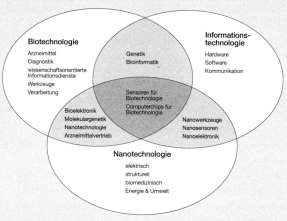

Quelle:
http://www.kooperation-international.de/countries/wirtschaft-maerkte/international/clusterlist/clustercambridge (Zugriff 08.06.2011)

M 6: Region Cambridge – Betriebs- und Beschäftigtenzahlen in der Hightech-Branche

Insgesamt

	1991	1995	1999	2002	2004	2006	2008
Beschäftigte	30.934	36.423	42.527	46.224	44.525	44.374	48.099
Betriebe	1.083	1.225	1.426	1.539	1.540	1.420	1.379

Nach Distrikten

Anteil der Beschäftigten (in % der Gesamtbeschäftigten in der Region Cambridge)							
Distrikt/Jahr	**1991**	**1995**	**1999**	**2002**	**2004**	**2006**	**2008**
Cambridge City	41,8	39,2	38,4	35,8	36,2	37,2	34,5
East Cambridgeshire	3,3	3,8	3,6	3,8	3,6	3,3	3,5
Fenland	1,7	1,5	1,6	1,6	1,7	1,8	1,7
Huntingdonshire	16,4	16,9	16,0	17,4	17,4	17,3	18,4
South Cambridgeshire	36,8	38,6	40,4	41,4	41,1	40,4	41,9

Quelle:
http://www.cambridgeshire.gov.uk/NR/rdonlyres/B7DD1792-2659-4494-9C29-F45A188B1190/0/CambridgeclusterreportFINAL210311.pdf (veröffentlicht im März 2011) (Zugriff 08.06.2011)

M 7: Verkehrsaufkommen

Eine Studie von 2008 zeigt:
- Kosten durch Verkehrsstaus für die regionale Wirtschaft bereits über £ 1 Mrd. pro Jahr.
- Bei ausbleibenden Gegenmaßnahmen Steigerung der Kosten bis 2021 auf über £ 2 Mrd.

Pendlerprognose (2021):
- South Cambridgeshire und Cambridge City sind zwei der – bezogen auf die Bevölkerung – am schnellsten wachsenden Distrikte.
- Bis 2021 prognostiziert man knapp 20.000 weitere Pendler in die Distrikte South Cambridgeshire, Cambridge City und Huntingdonshire.

Quellen:
http://www.centreforcities.org/808.html (Zugriff 12.12.2011);
http://www.eeda.org.uk/files/Final_Report_Exec_Sum_4.pdf (Zugriff 12.12.2011);
http://media.ft.com/cms/441f91c2-36e5-11df-bc0f-00144feabdc0.pdf (Zugriff 12.12.2011)

M 5: Cambridge City – Hightech-Branche

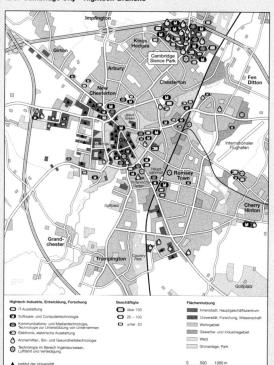

Quelle: Neuentwicklung nach verschiedenen Quellen

M 8: Entwicklung der Immobilienpreise

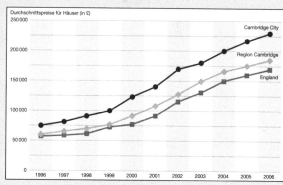

Quelle (verändert):
http://www.cambridgeshirehorizons.co.uk/documents/shma/ch_27_identifying_housing_need_2009.pdf (Zugriff 01.12.2011)

Diese Seiten der Abiturprüfung in Originalgröße und die Lösungen der Aufgaben finden Sie im
Webcode: GO645787-453

Wirtschaftsfaktor Tourismus
1. Tourismusdestination Deutschland

2010 gaben deutsche Touristen jenseits der Grenzen 32,4 Mrd. € mehr aus als Touristen aus dem Ausland in Deutschland (negative **Reiseverkehrsbilanz**). Trotzdem ist Deutschland ein wichtiges Reiseland: 30,5 Mio. ausländische Besucher bedeuteten in der Beliebtheitsskala in Europa Platz 4, weltweit Platz 7 (2012). Auch die Deutschen selbst machen bevorzugt Urlaub im eigenen Land (37,1 % aller deutschen Reisenden; 2012). Unter den Deutschen lag der Anteil der Über-14-Jährigen, die mindestens eine Reise von fünf Tagen und mehr unternommen haben (**Reiseintensität**), 2011 bei 76,2 %.

So besitzt der deutsche **Incoming-Tourismus** dank der ausländischen Touristen und der Vorliebe der Deutschen für das eigene Land gesamtwirtschaftlich einen hohen Stellenwert – mit 2,9 Mio. Arbeitsplätzen und einem Beitrag zur Bruttowertschöpfung von 4,4 % (2012), einschließlich induzierter Effekte sogar 9,7 % (2010). Die deutschen Urlaubsregionen – Küsten und Seengebiete, Mittel- und Hochgebirgsregionen sowie Städte: historische Städte, Musicalstädte, Messestädte, Kunst- und Kulturstädte – konkurrieren stark um Gäste. Hinsichtlich der **Übernachtungsintensität**, d. h. der Relation der Touristen- zur Bevölkerungszahl, nimmt Mecklenburg-Vorpommern in Deutschland die führende Stellung ein (16,8 Übernachtungen/Einw.). Absolut gesehen steht Bayern mit 20,6 % aller Übernachtungen 2011 an der Spitze.

Auf Internet-Urlaubsportalen scheint vielfach allein der Preis für die Wahl des Reiseziels wichtig. Dabei hat die touristische Marktforschung als entscheidende Reisemotive andere Gründe ermittelt (M2). Auch bei der Entscheidung für einen konkreten Urlaubsort steht der Preis nicht an erster Stelle. Wichtiger sind die touristischen Angebote im Zielgebiet, Urlaubsart und Wetter. Alleinstellungsmerkmale einer Region (*USP: unique selling propositions*) sind weitere wesentliche Werbeargumente.

Generelle Bewertungsmaßstäbe für die touristische Qualität einer Region gibt es insgesamt wohl nur in sehr eingeschränktem Maße: Viel zu sehr gehen subjektive Kriterien und gruppenspezifische Bedürfnisse der Reisenden in die Wahl des Urlaubszieles ein. Dennoch lassen sich Elemente benennen, die die Möglichkeit erhöhen, dass sich eine Destination zu einem touristischen Zentrum für eine bestimmte Gruppe entwickelt, wie Ruhe suchende ältere Reisende, Wanderer, Familien mit Kindern oder Kulturtouristen. Auf die Erwartungen der bereits vorhandenen und die Bedürfnisse neu zu erschließender Zielgruppen richten Tourismusregionen ihre Angebote aus, die also deutlich **nachfrageorientiert** sind.

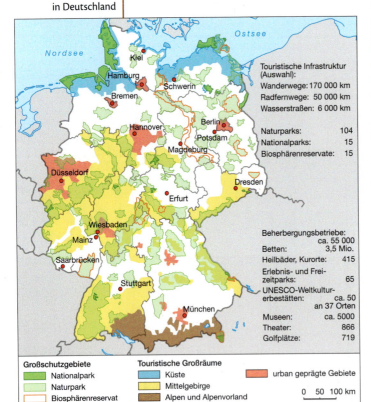

M1 Touristische Großräume und Reisegebiete in Deutschland

Rang	Motiv	Anteil in %	Rang	Motiv	Anteil in %
1	entspannen, keinen Stress haben	62	6	Zeit füreinander haben	47
2	neue Kraft sammeln, auftanken	60	7	gesundes Klima genießen	44
3	Abstand zum Alltag gewinnen	59	8	Spaß, Freude, Vergnügen haben	43
4	frei sein, Zeit haben	57	9	Natur und Landschaft erleben	40
5	Sonne, Wärme, schönes Wetter genießen	51	10	sich verwöhnen lassen, sich etwas gönnen, genießen	33

M2 Die zehn wichtigsten Urlaubsmotive der Deutschen (nach: Economag 2/2010)

Klima	Temperatur, Sonnenscheindauer, Regenhäufigkeit, Schnee- und Windsicherheit; Reizklima
Landschafts-form	Küste: Strand (Sand/Kies/Lava ..., flach/steil, Sauberkeit) und Wasser (Qualität, Temperatur, Wellengang ...) Gebirge: Relief(energie) / Höhenlage; Mittelgebirge, Hochgebirge Vielfalt (Ineinander von Wiesen, Wäldern, Äckern, Seen ...) und Besonderheiten (Salzsee, Gletscher, Vulkan, Dünen ...)
Tier- und Pflanzenwelt	Vielfalt Exotik
Tourismus-bezogene Infrastruktur	Hotellerie: Art, Anzahl, Niveau, Preis-Leistungsverhältnis der Unterkünfte u. a. Gastronomie: Restaurants, Bars, Cafés u. a. Unterhaltungs- und Bildungsangebot: Diskothek, Erlebnispark, Musical-Theater, Outlet-Center, Museen, Baudenkmäler u. a. Kur- und Heilbetriebe, Thermalquellen Sportangebote: Spaßbäder, Kletterparks, Reitschulen, Sommerski u. a. tourismusbezogene Dienstleistungen: Tauchschulen, Souvenirläden, Führungen, Bootsfahrten u. a.
Sonstiges	Verkehrserschließung und -anbindung (z. B. Nähe zu einem Flughafen, Direktflug-verbindungen u. a.) Prestige und Image der Destination, allgemeines Preisniveau Sicherheit (Kleinkriminalität: Betrug und Diebstahl; Überfälle; Entführungen)

M 3 Kriterien des touristischen Potenzials einer Region

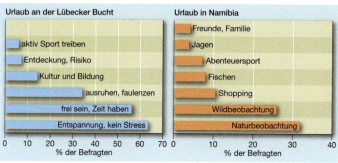

M 4 Gruppenspezifische Motive für die Wahl eines Reiseziels: Urlauber an der Lübecker Bucht und in Namibia

M 6 Touristische Servicekette

M 5 Zielgruppenanalyse und Nachfrageorientierung am Beispiel der Fehmarnbeltregion

1. Kennzeichnen Sie raumbezogene Potenziale des deutschen Fremdenverkehrs (Text, M 1, M6).
2. Erarbeiten Sie wesentliche Kennzeichen einer Ihnen bekannten deutschen Tourismusdestination; überprüfen Sie diese auf Alleinstellungsmerkmale (M3, M 6, Atlas).
3. Erläutern Sie an Beispielen aus Deutschland wesentliche Standortfaktoren touristischer Einrichtungen wie Freizeit- und Erlebnisparks, Outlet-Center und Heilbäder (Atlas).
4. Schließen Sie aus den gruppenspezifischen Bedürfnissen von Reisenden an die Ostsee und nach Namibia auf die jeweilige Touristenstruktur (M 2, M 4, M 5).

2. Tourismus weltweit

Ausgelöst durch das zunehmend wichtige und daher wachsende Erholungsbedürfnis der Menschen hat der Tourismus seit etwa 1950 weltweit deutlich zugenommen. Dazu beigetragen haben
- gestiegene Durchschnittseinkommen der Arbeitnehmer,
- eine höhere Zahl gesetzlich vorgeschriebener Urlaubstage,
- technische Innovationen, z. B. bei den Verkehrsmitteln (Anteil von Flugreisen 1970 unter 10 %, aktuell 52 %),
- organisatorische Neuerungen wie computergestützte Buchungssysteme oder Pauschalreisen,
- durchlässigere Grenzen.

aus größer, z. B. hinsichtlich des Anteils der Tourismuswirtschaft am BNE oder den wirtschaftlichen Einnahmen der Länder sowie des Anteils der im Tourismus Beschäftigten. Hier erreichen Länder wie die Seychellen, Barbados, die Bahamas oder die Kapverden Werte weit jenseits der 50, z. T. nahe 90 %. Die Zahl der jährlichen Touristenankünfte übersteigt hier die Zahl der Einwohner deutlich, auf den Bahamas oder in der Dominikanischen Republik um das Drei- bis Fünffache. 2012 übernachteten auf den Malediven 958 000 Touristen in den 108 **Resorts** – geschlossenen Hotelanlagen mit einem über den reinen Beherbergungsbetrieb hinausgehenden Angebot –, bei nur 329 000 Einwohnern.

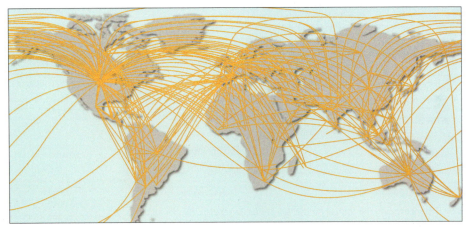

M1 Der weltweite Reiseverkehr

Nahezu alle Länder profitieren ökonomisch vom Tourismus, wenn auch in deutlich unterschiedlichem Maße: Fünf europäische Länder finden sich unter den zehn Staaten mit den weltweit meisten Touristenankünften. Von denen gehören sieben auch zu den Ländern mit den höchsten absoluten Einnahmen durch den Fremdenverkehr. Allerdings ist die relative Bedeutung des Tourismus in den kleinen Inselökonomien weit-

Die **Deviseneinnahmen** durch den Tourismus kommen nicht nur dem Staat zugute und dienen dem Ausbau der Tourismus bezogenen (Flughäfen, Straßen, digitale Netze) und sonstigen Infrastruktur (öffentlicher Nahverkehr, Energieversorgung, Entsorgung). Sie schaffen darüber hinaus Arbeitsplätze, pro Hotelbett 1,5 – 2,5, gerade für Frauen und in peripheren Regionen. Sie führen zu einem privaten Einkommenszuwachs

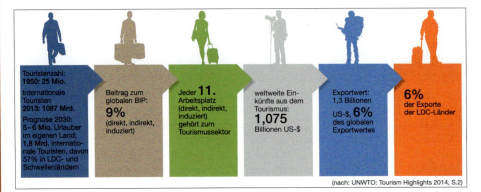

M2 Kennzahlen des internationalen Tourismus 2012

Großregionen	Internationale Touristenankünfte			Einnahmen aus dem internationalen Tourismus		
	(in Mio.)	Anteil an globalen Ankünften (in %)	durchschn. Wachstumsrate 2005–2012 (in %)	(in Mrd. US-$)	Marktanteil (in %)	je Tourist (in US-$)
Welt	1035	100	3,6	1075	100	1040
entwickelte Länder	551	53,2	2,6	689	64,1	1250
LDC-/Schwellenländer	484	46,8	4,8	386	35,9	800
Europa	534,2	51,6	2,5	457,8	42,6	860
Nordeuropa	64,9	6,3	1,0	72,4	6,7	1120
Westeuropa	166,6	16,1	2,3	157,0	14,6	940
Mittel- und Osteuropa	111,6	10,8	3,1	57,0	5,3	510
Süd- und Südosteuropa	191,2	18,5	2,9	171,4	15,9	900
EU-27	400,2	38,7	1,7	367,7	34,2	920
Asien / Pazifik	233,6	22,6	6,2	323,9	30,1	1390
Nord- und Ostasien	122,8	11,9	5,2	166,8	15,5	1360
Südostasien	84,6	8,2	8,3	91,7	8,5	1080
Australien/Ozeanien	12,1	1,2	1,4	41,2	3,8	3390
Südasien	14,1	1,4	8,2	24,2	2,2	1710
Mittlerer Osten	52,0	5,0	5,2	47,0	4,4	900
Afrika	52,4	5,1	6,0	33,6	3,1	640
Nordafrika	18,5	1,8	4,2	9,4	0,9	510
subsaharisches Afrika	33,8	3,3	7,1	24,2	2,3	720
Amerika	163,1	15,8	2,9	212,6	19,8	1300
USA, Kanada, Mexiko	106,7	10,3	2,5	165,4	14,5	1470
Karibik	20,9	2,0	1,5	24,5	2,3	1170
kontinentales Mittelamerika (ohne Mexiko)	8,9	0,9	5,0	8,0	0,7	900
Südamerika	26,7	2,6	5,5	23,7	2,2	890

(nach: UNWTO: Tourism Highlights 2013)

M3 Internationale Touristenankünfte und Einnahmen aus dem Tourismus 2012

Zahl der Touristenankünfte (in Mio.)				Höhe der absoluten Einnahmen durch den Tourismus (in Mrd. US-$)		
Rank		2012	2013	Rank	2012	2013
1	Frankreich	83,0	85,3	1 USA	126,2	139,6
2	USA	66,7	69,8	2 Spanien	56,3	60,4
3	Spanien	57,5	60,7	3 Frankreich	53,6	56,1
4	China	57,7	55,7	4 China	50,0	51,7
5	Italien	46,4	47,7	5 Macao (China)	43,7	51,6
6	Türkei	35,7	37,8	6 Italien	41,2	43,9
7	Deutschland	30,4	31,5	7 Thailand	33,8	42,1
8	Vereinigtes Königreich	29,3	31,2	8 Deutschland	38,1	41,2
9	Russland	25,7	28,4	9 Vereinigtes Königreich	36,2	40,6
10	Thailand	22,4	26,5	10 Hongkong (China)	33,1	38,9

(nach: UNWTO: Tourism Highlights 2014, S. 6)

M 4 Die Top-Ten-Staaten des internationalen Tourismus

und erhöhter Kaufkraft (**Trickle-down-Effekte**), auch bei Zulieferern wie Handwerkern, Dienstleistern oder bäuerlichen Lieferanten.

Aus diesen Gründen unterstützen viele Staaten den Auf- und Ausbau des Fremdenverkehrs und übersehen – nicht selten bewusst – nachteilige wirtschaftliche Entwicklungen, z. B. den Abfluss von Gewinnen durch den notwendigen Import touristischer Investitions- und Konsumgüter sowie an nicht ortsansässige Hotelketten, Fluglinien und Reiseveranstalter. Einheimische und Ausländer werden gerade im Tourismussektor vielfach ungleich entlohnt, weil den Einheimischen nur saisonale, einfache oder gar entwürdigende Arbeitsplätze, vielfach ohne Arbeitsvertrag (**Schattenwirtschaft**), angeboten werden. Nicht selten folgt dem Aufstieg einer Region zur **Tourismusdestination** ein allgemeiner Preisanstieg, der auch die Bodenpreise betrifft. Stillstand in den touristisch nicht erschlossenen Landesteilen und Modernisierungsschübe in den Zentren bedingen regional unterschiedliche Arbeitsplatzangebote, ungleiche Einkommen und Lebensbedingungen, fördern also sozialräumliche Disparitäten zwischen Gewinnern und Verlierern der Entwicklung und können interregionale Wanderungen auslösen.

Nicht nur in ökonomischer, sondern auch in sozialer und ökologischer Hinsicht stehen sich positive und negative Folgen zunehmenden Fremdenverkehrs gegenüber: So schädigen Touristen durch ihre Anwesenheit sensible Ökosysteme und verbrauchen Ressourcen; Einrichtungen für den Fremdenverkehr beeinträchtigen das Land-

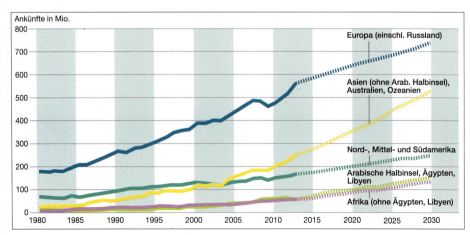

M 5 Internationale Touristenankünfte nach Regionen

schaftsbild. Auf der anderen Seite entstehen Natur- oder Nationalparks vielfach als Folge touristischen Interesses und werden durch Eintrittsgelder unterhalten. Das gilt auch für das kulturelle Erbe. Der so im Idealfall erreichten Stärkung der Identität in den Zielländern des Tourismus können negative Auswirkungen wie Bettelei, Prostitution und eine Verstärkung von Vorurteilen auf beiden Seiten gegenüberstehen. Besonders deutlich werden diese negativen Seiten des Fremdenverkehrs beim **Massentourismus**.

Mit einer weiteren erheblichen Steigerung des Tourismus wird generell auch in den nächsten Jahren gerechnet, entsprechend der allgemeinen Wohlstandsentwicklung und den demographischen Tendenzen in den wichtigen Herkunftsländern. „Der Tourismus kann für die Wirtschaft mehr als die meisten Branchen tun. Er ist eine der größten Exportindustrien und ein unabdingbarer, zunehmend wichtiger Teil der Entwicklungsagenda" – so der stellvertretende Generalsekretär der Tourismusorganisation der Vereinten Nationen (**UNWTO**, Sitz in Madrid) Lipman. In der Tat: Selbst der weltweite Rückgang der Touristenzahlen im globalen Krisenjahr 2009 auf 880 Mio. Reisende (d.h. 40 Mio. oder 4,2% weniger als im Rekordjahr 2008) war bereits im folgenden Jahr ausgeglichen. Störungen durch Naturkatastrophen, Terroranschläge und Bürgerkriege, Streiks, Epidemien und selbst explodierende Ölpreise beeinflussen die Entwicklung meist nur kurz und nur lokal.

Ereignis	Jahr	Auswirkungen auf den Tourismus
Ölkrise – westliches Europa	1973	Die Zahl von 2,8 Mio. Mallorca-Touristen im Jahr 1973 wird erst wieder 1977 erreicht.
SARS-Epidemie in SO-Asien – Beispiel: Singapur	2003	Rückgang der Touristenzahlen um über 60% sowie des Gewinns touristischer Unternehmen um rd. 50%; Einbruch des BIP um nahezu 2%
Bürgerkrieg – Sri Lanka	1983–2009	Nach durchschnittlich etwa 400 000 Touristen jährlich während des Bürgerkriegs sind es 2010 fast 650 000; Prognose des Tourismusministers für 2016: 2,5 Mio. Urlauber
Entführungen und islamistische Terrorakte – Mali	seit etwa 2010	in den 2000er-Jahren regional bis zu 80% des lokalen BIP durch den Tourismus: 2011 noch 200 000 Touristen, 2012 nur 10 000
Ausbruch des Vulkans Eyjafjallajökull – Island	2010	100 000 Flüge werden gestrichen, 10 Mio. Passagiere sind betroffen; Ausfälle bei den Fluggesellschaften von bis zu 2,5 Mrd. €
Erdbeben – Neuseeland	2010/2011	Die Touristenzahlen des Landes sinken für zwölf Monate um rd. 8%.
Proteste und Revolutionen in der Arabischen Welt – Ägypten	2011	Die Zahl der deutschen Besucher sinkt von rd. 1,4 Mio. (2010) auf 965 000. 2013 gelten für einige Landesteile weiterhin Reisewarnungen des Auswärtigen Amtes
Tsunami und Atomkatastrophe – Fukushima	März 2011	Im Juni 2011 erreicht die Zahl der Japan-Reisenden nur rd. ein Drittel der Zahl des entsprechenden Vorjahresmonats. 2011 liegt die Zahl insgesamt 4,1% unter der des Vorjahres.

(nach verschiedenen Quellen zusammengestellt)

M6 Auswirkungen von Natur- und Sozialkatastrophen auf den Tourismus

1. Beschreiben Sie die Entwicklung des Reiseverkehrs seit 1980 und seine aktuelle Bedeutung; erläutern Sie die prognostizierte Entwicklung (**M2, M5**, Text).
2. Kennzeichnen Sie wesentliche Herkunfts- und Zielgebiete des internationalen Tourismus (**M1, M3, M4**). Begründen Sie die Dominanz einzelner Herkunfts- und Zielgebiete.
3. Stellen Sie ökonomische Vor- und Nachteile des Fremdenverkehrs gegenüber (Text, **M3**).
4. Ergänzen Sie **M6** um aktuelle Beispiele für regionale Beeinträchtigungen des Reiseverkehrs; ermitteln Sie Auswirkungen dieser Beeinträchtigungen.

3. Touristische Nachhaltigkeitskonzepte

Die Tourismuskritiker Jost Krippendorf und Fred Baumgartner und der Zukunftsforscher Robert Jungk hatten bereits in den 1970er-Jahren vor den Folgen des „harten" Tourismus gewarnt. Dieser zerschlage in den Urlaubsgebieten althergebrachte Strukturen und schade der Natur. Auf Seiten der Reisenden verhindere der organisierte Export des heimischen Lebensstils zunehmend das ursprüngliche Ziel des Reisens, die Begegnung mit dem Fremden. Krippendorf, Baumgartner und Jungk forderten **„sanftes Reisen"**, das trotz intensiver Naturerlebnisse so wenig wie möglich auf die Natur einwirke (**Umweltverträglichkeit**) und die Kultur sowie die sozialen Strukturen der bereisten Region nicht beeinträchtige (**Sozialverträglichkeit**), sie vielmehr durch eine optimale Wertschöpfung sozioökonomisch voranbringe.

Seither sind von den Verfechtern dieser Reisekultur einzelne Aspekte des Konzepts als besonders wichtig betont, Ergänzungen im Detail vorgenommen und entsprechend neue Begriffe für diese und verwandte Formen einer ganzheitlichen Reisekultur geprägt worden: *Reisen mit Einsicht, Ökotourismus, Naturtourismus, nachhaltiges Reisen, umweltfreundlicher Tourismus, community based tourism, angepasster Tourismus ...*

Um es Touristen zu erleichtern, die Nachhaltigkeit einer Reise einzuschätzen, und um Anbietern Anreize zur Verbesserung ihrer Angebote zu geben, wurden seit den 1980er-Jahren Zertifizierungsprogramme entwickelt. Diese definieren Standards, überprüfen sie und vergeben Gütesiegel. 2008 einigte man sich auf weltweite Mindeststandards für **nachhaltigen Tourismus** und veröffentlichte 37 Kriterien, die einzuhalten sind (*Global Sustainable Tourism Criteria*).

Gütesiegel können einen konkreten touristischen Bereich betreffen (*Blaue Flagge* für Wasserqualität und Umweltmanagement an Häfen, Stränden und Seen; *Grüner Schlüssel* für Hotels und Zeltplätze; *TourCert* für Reiseveranstalter) oder sektorübergreifend eine Region oder ein Land (*Stattreisen Hannover, Calidad Galapagos; Naturens Bästa, Schweden; FENATA, Namibia*).

Aussagekräftiger und transparenter als anbieterorientierte Gütesiegel ist der Reisestern, in den der Verbraucher die Schlüsselbausteine „seiner" Reise (Anreise, Übernachtung, Aktivitäten vor Ort) sowie deren sozioökonomische Folgen eintragen und die Reise auf dieser Grundlage bewerten kann.

Die Abkehr vom Massentourismus und das Konzept des sanften Reisens bieten Chancen, fordern aber auch von Regionen, sich spezieller auf die

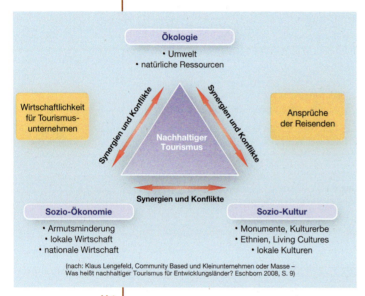

M1 Dreieck der Nachhaltigkeit

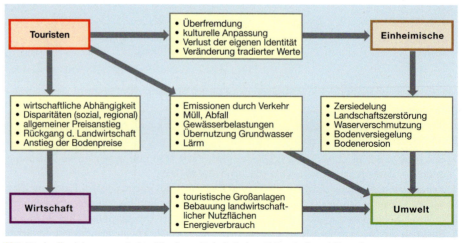

M2 Wechselbeziehungen zwischen Touristen, Einheimischen, Wirtschaft und Umwelt

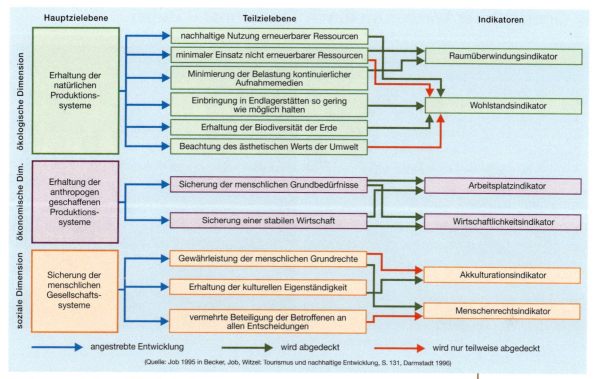

M 3 Bewertung der Nachhaltigkeit im Tourismus

Bedürfnisses der Besucher einzustellen, Investitionen zu tätigen und Kommunikationskonzepte aufzulegen oder zu überarbeiten. Qualitätsbewusste Reisende sind bereit, mehr auszugeben, allerdings verlangen sie auch mehr. So ist ein nachhaltiger, auf Qualität und Erhalt von Werten bedachter Fremdenverkehr ohne eine Neuausrichtung der Strukturen in den Zielgebieten kaum möglich.

Kritiker des sanften Tourismus betonen, dass die Verteuerung der Reiseangebote zu einer Bevorzugung kaufkräftiger, elitärer Schichten und einer „Re-Feudalisierung" des Reisens führe. Überdies sei aus gesundheitlichen oder Altersgründen sanftes Reisen mit Radtouren, Wanderungen und Bahnanreise für viele Urlauber keine Alternative. Zwar erklärte die UN 2002 zum Jahr des sanften Reisens, doch liegt dessen Anteil am globalen Fremdenverkehr aktuell – je nach konkreter Definition des Begriffs – nur zwischen 2 und 20 %.

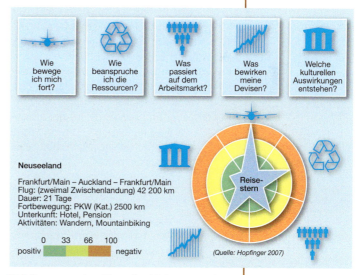

M 4 Bewertung einer Neuseeland-Reise mittels Reisestern

1. Erarbeiten Sie mit Bezug auf das Dreieck der Nachhaltigkeit eine Übersicht zu Chancen und Risiken des Fremdenverkehrs in ökologischer, ökonomischer und sozialer Hinsicht (M 1 bis M 3).
2. Grenzen Sie die im Text genannten Formen alternativen Reisens begrifflich gegeneinander ab (Internetrecherche).
3. Bewerten Sie mithilfe des Reisesterns das Angebot eines Reiseveranstalters für eine Rundreise in einem Land der Dritten Welt/Ihre letzte Urlaubsreise/die geplante Stufenfahrt (M 4).
4. Bewerten Sie die Erfolgsaussichten nachhaltiger Tourismuskonzepte.

4. Grenzenloses Wachstum durch Tourismus? – Dubai

M 1 Dubai, Sheikh Zayed Road – 1990 und 2007

Das Übermorgenland

Perlen, Datteln, Ziegenfelle und Fisch exportiert das britische Protektorat Dubai um 1920. Nur 1500 Menschen, meist Beduinen, leben in dem 3900 km² großen Scheichtum außerhalb der Hauptstadt mit den Fischerhütten, Moscheen, Karawansereien und einigen Handelsstützpunkten, allesamt keine Meisterwerke arabischer Baukunst. Vor den küstennahen Salzpfannen liegen Korallenbänke und Lagunen – bis heute Paradiese für Zugvögel –, im Hinterland von Dünen überragte Schotterebenen. Jenseits der Grenze zum Nachbarn Sharjah erheben sich die Spitzen des Hajar-Gebirges, in dessen feuchterem Vorland bescheidene Oasenlandwirtschaft möglich ist. Durch die wüstenhaften Landschaften streifen – heute ausgestorben – Leopard, Hyäne, Wolf, Steinbock, Gazelle und Antilope.

Als Dubai 1971 seine Unabhängigkeit und eine Föderation mit sechs Nachbaremiraten proklamierte, zählte die Hauptstadt 58 000 Einwohner. Zuvor war küstennah Öl gefunden worden. 4,3 Mio. t wurden 1972 gefördert (geschätzte Vorräte: 265 Mio. t). Der Hafen am Dubai Creek, einziger Naturhafen am östlichen Persischen Golf, ließ das Emirat dank der Petrodollars zu einem Zentrum für den Handel mit Südasien heranwachsen und zum drittgrößten Importeur für Gold. Die „Ölkrisen" spülten Milliarden in die Kassen, nach 1970 auch der Export weiterverarbeiteten Erdgases.

Rasch setzte eine industrielle Entwicklung ein: 1979 wurde die staatliche Dubai Aluminium Company gegründet, heute einer der größten Produzenten der Welt. Typischer sind jedoch Betriebe der Klein- und Leichtindustrie mit vielfältigen Produkten und Technologien. 1985 wurde die Jebel Ali Freihandelszone JAFZA eingerichtet – mit 19 Firmen und ein paar Kränen. Hier fallen 50 Jahre lang nahezu keine Zölle und keine Einkommens- und Körperschaftssteuern an (Ausnahme: Banken, Ölindustrie). 1995 entfiel in Dubai bereits auf je 1000 Einwohner ein Unternehmen, und aktuell sind allein in JAFZA über 6 550 Firmen ansässig, mehr als 250 aus Deutschland. So ist Dubai zur Drehscheibe für die arabische Welt, Indien sowie Nord- und Ostafrika geworden, auch dank ausgezeichneter Infrastruktur. Die Swiss IMD Business School ernannte Dubai 2008 zur effizientesten Stadt der Welt. Jebel Alis Containerhafen, größter künstlich angelegter Hafen der Welt und einer von drei Häfen Dubais, soll weiter ausgebaut werden. Der 2010 eröffnete World Central Airport soll nach seinem Endausbau 2020 weltgrößter Hub werden, für dreimal so viel Fracht wie Hongkong und mehr als eineinhalbmal so viele Passagiere wie Atlanta, die zur Zeit größten Flughäfen – Voraussetzung für weiteres Wachstum der staatlichen Airline Emirates.

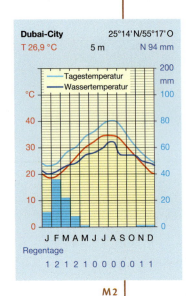

M 2 Klimadiagramm Dubai-City

2000 eröffnete das Burj Al-Arab als erstes „Sieben-Sterne-Hotel", 2008 Palm Jumeirah, die erste der Inselaufschüttungen aus Meersand; mit dem Burj Chalifa (828 m) entstand 2010 das höchste Gebäude der Welt. Dubailand (mit Vergnügungspark, Water World, Regenwald und Saurierpark, 200 km²) wird der größte Freizeitpark, 2018 soll die Mall of Arabia als weltgrößtes Einkaufszentrum (180 ha) eröffnet werden. Daneben wirken Mall of the Emirates (2006: 22,3 ha; u.a. mit Skipiste) und Dubai Mall (2008: 52 ha; u.a. mit Eisbahn, 22 Kinos und 10 000 m³-Aquarium) bescheiden. Palm Jebel Ali, Palm Deira, „The World" – 300 Inseln in Form der Kontinente, nur per Jacht oder Hubschrauber zu erreichen („Deutschland", rd. 7 ha, 24 Mio. €) – und „The Universe" (Sonne, Mond und Sterne) verdeutlichen die Gigantomanie ebenso wie „The Waterfront", die halbmondförmige Umfassung der Palm Jebel Ali, die durch den 75 km langen Arabian Canal ergänzt werden wird. „Kleinere" Attraktionen wie eine aus 40 000 t kanadischem Eis gefertigte Bar, ein Surfspot auf entsalztem Meerwasser, ein Sportzentrum mit drei Stadien, der größte Fahrstuhl, das größte Riesenrad und das weltweit erste Unterwasser-Hotel sind da kaum der Rede wert.

Bis 2020 soll das Metronetz von heute 75 auf 200 km, die Küstenlinie des Stadtstaates von 70 auf 850 km gewachsen sein; er wird dann die meisten Gebäude mit mehr als 100 Stockwerken weltweit haben.

(nach verschiedenen aktuellen Reiseführern und den Internetauftritten des Emirats zusammengestellt)

Seit den 1990er-Jahren wurden etwa 20 neue spezialisierte Freihandelszonen eingerichtet, weitere sind im Bau oder geplant (u.a. Dubai Logistics und Aid City). Jüngstes Standbein ist der Tourismus. Waren es 1988 erst 590 000 Besucher, so ist Dubai heute die Tourismusdestination im Mittleren Osten und lockt mehr Reisende als Indien oder Brasilien.

M 3 Nichts als Superlative!

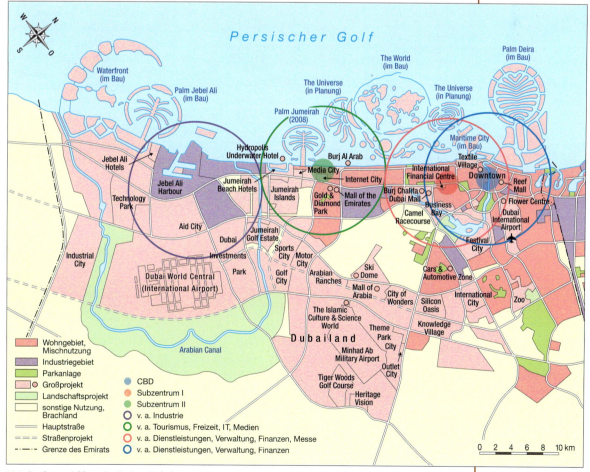

M 4 Stadtentwicklung im Emirat Dubai

1. Kennzeichnen und bewerten Sie die naturräumlichen Grundlagen und kulturellen Angebote des Reiseziels Dubai (Atlas, **M 1** bis **M 3**).
2. Erläutern Sie die räumliche Differenzierung von Dubai-City im Zusammenhang mit der wirtschaftlichen, v.a. touristischen Entwicklung des Emirats (**M 1**, **M 3**, **M 4**).

Webcode:
GO645787-463

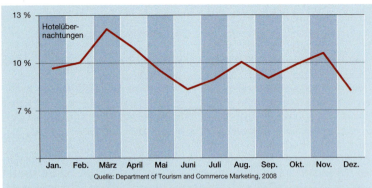

Im Frühjahr neben Sport-Events (Tennis, Pferderennen, Golf) das Dubai Shopping Festival (Unterhaltungsprogramm; preisreduziertes Warenangebot), Juni/Aug. die Dubai Summer Surprises (familienorientiertes Unterhaltungsprogramm) sowie v. a. April und Sept./Okt. Messen (mit über 70 Messen im Jahr eine der wichtigsten Messestädte der Erde der Welt) – jeweils mit 150 000 (Tennis) bis zu über 3 Mio. (Dubai Shopping Festival) Besuchern
Quelle: Peter van de Bunt: Tourismusmetropole Dubai [...]. Diss. Bochum 2003. S. 96

M 5 Saisonverlauf der Hotelübernachtungen

	2000		2007		2012	
	gesamt	davon männl. (in %)	gesamt	davon männl. (in %)	gesamt	davon männl. (in %)
unter 15	152 290	52,7	182 293	53,5	240 089	54,3
15–39	515 348	73,3	1 029 939	79,0	1 429 799	78,7
40–59	183 952	79,9	300 069	80,5	413 092	80,5
über 60	10 797	65,5	17 492	66,0	22 895	65,3
gesamt*	862 387	70,9	1 529 793	76,1	2 105 875	76,1
Geburtenrate	19,0 ‰		14,1 ‰		13,5 ‰	
Zuwachsrate	17,3 ‰		12,7 ‰		13,0 ‰	
Ausländeranteil	82–95 % (divergierende Angaben)					

* davon deutlich über 90 % in Dubai-City, Quelle: Statistisches Amt Dubai, Ausländeranteil: NRO

M 6 Entwicklung und Struktur der Bevölkerung in Dubai

Luxus für Millionen?

2007 lag die Auslastung der Hotels in Dubai bei hochprofitablen 85 Prozent – bei einer Verdreifachung des durchschnittlichen Übernachtungspreises seit 1998 auf 150 €. Scheich Ahmed al-Maktum, Mitglied der Herrscherfamilie, Chef von *Emirates* und mit seinem Neffen Mohammed (dem Regenten des Emirats) Motor des wirtschaftlichen Umbaus, betonte in einem Interview, Dubai sei eben kein Ziel für Billigurlauber, sondern eines der exklusivsten *„Einkaufsparadiese der Erde"*. Die Weltoffenheit und die Toleranz Dubais *„zahlt[en] sich aus"*.

Dann, Ende 2008, titelten europäische Zeitungen, die über Dubai berichteten, plötzlich: „Aus die Sause" – „Flucht aus dem Wirtschaftswunderland" – „Dubais letzte Party". Die weltweite Wirtschaftskrise erreichte auch den Stadtstaat am Persischen Golf. Eine platzende Immobilienblase bedingte Überkapazitäten gerade im Luxussegment, bröckelnde Preise und Hotelneubauten, an denen nicht mehr weitergearbeitet wurde. Innerhalb eines Jahres, von 2008 auf 2009, sanken die Touristenzahlen von 6,27 Millionen auf 6,11 Millionen (–2,7 Prozent), die Auslastung der Hotels von 81,5 auf 69,8 Prozent (–14,4 Prozent), der durchschnittliche Zimmerpreis von 174 auf 130 € (–23,6 Prozent).

Einreise, Anschaffungen und zunächst auch Arbeitsplatzwechsel sind Migranten nur mit Bürgen möglich. Binnen 30 Tagen nach einer (nahezu jederzeit möglichen) Entlassung muss der Arbeitslose ausreisen. Gewerkschaften und Streiks sind verboten. 75–200 € verdienen Ungelernte bei einer Schicht von 12 Stunden und einem freien Tag pro Woche. Viele zahlen jahrelang nur durch Visum, Überfahrt und Gesundheitszeugnis entstandene Schulden zurück. Fachkräfte erhalten bis zu 400 €, was bei hohen Lebenshaltungskosten und einer Inflation von über 10 Prozent erst ausreicht, Geld nach Hause zu überweisen. 2007 wurden nach offiziellen Angaben 10 Mio. € Löhne nicht ausbezahlt und gegen mehrere Tausend Firmen 50 Mio. € Bußgeld für Arbeitsrechtsverstöße ausgesprochen.
Asiatische Migranten leben in Camps am Stadtrand, in unklimatisierten, z. T. fensterlosen Räumen; mit Etagenbetten, deren Zahl nicht immer ausreicht; mit Bad und Küche für je 25 Personen. Heimflüge sind nur im Mehrjahresabstand möglich.
Westlichen Gastarbeitern – sie verdienen deutlich mehr – ist eine Familienzusammenführung erlaubt. Damit sie wirtschaftlich nicht dominieren, legen Behörden und Banken einen Mindestanteil Einheimischer fest („Emiratisierungspolitik"). Diesen einzuhalten, ist wegen des Ausbildungsstandes vieler Emiratis und fehlender Notwendigkeit, angesichts ihres Wohlstands einer Arbeit nachzugehen, oft schwierig.

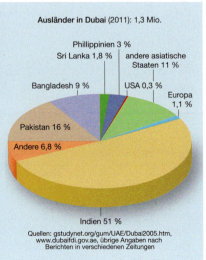

M 7 Ausländische Arbeitnehmer in Dubai

Wirtschaftsfaktor Tourismus 465

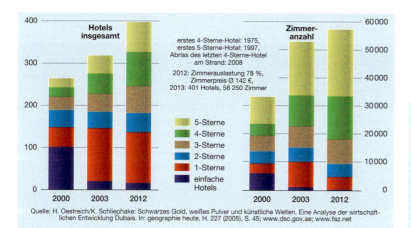

M 8 Entwicklung des Hotelangebots

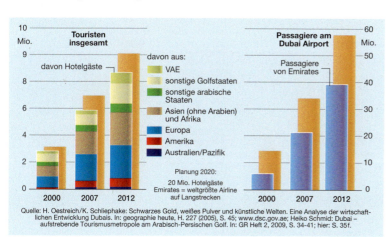

M 9 Entwicklung des Tourismus

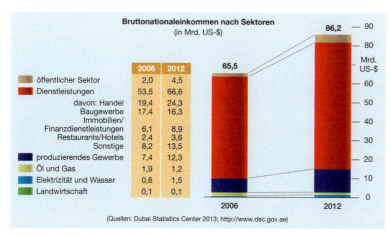

M 10 Entwicklung der Wirtschaftsstruktur

M 11

Beschäftigtenzahlen nach Wirtschaftssektoren (2011)

M 12
Burdj Al-Arab

3. Kennzeichnen Sie den Tourismus in Dubai (M 5, M 7 bis M 9, M 11).
4. Zeigen Sie die wirtschaftlichen, demographischen und sozialen Folgen der touristischen Erschließung des Emirats auf (M 6, M 7, M 10).
5. Informieren Sie sich über die Kosten eines Dubai-Urlaubs (Flug mit *Emirates*, Aufenthalt im Burdj Al-Arab bzw. anderen Hotels, Nebenkosten). Bewerten Sie aus Ihrer Sicht das Preis-Leistungs-Verhältnis.

Grenzen touristischen Wachstums

Prinzipiell gelten im Bereich des Tourismus dieselben Regeln wie im Bereich der Warenproduktion. Hier wie dort ändert sich durch Konkurrenten, einen Bedürfniswandel beim Konsumenten und sinkende Attraktivität des Produkts die Wettbewerbsfähigkeit im Sinne eines Lebenszyklus.

Auf dieser allgemeinen Einsicht basiert das 1980 von Butler entwickelte **Destinationslebenszyklusmodell**: Die touristische Entwicklung einer Zielregion verlaufe phasenhaft, ihr Niedergang sei unausweichlich, sobald die Kommerzialisierung eine gewisse Grenze überschreite.

Butlers Modell reduziert und abstrahiert, z. B. hinsichtlich der Mitbewerberaktivitäten, und verzichtet auf eine Quantifizierung der Indikatoren und die Abgrenzung der Phasen. Es ist zum Stammvater aller Konzepte geworden, die die Entwicklung einer Touristenregion beschreiben. Ist Butlers Modell auch anwendbar auf die Entwicklung Dubais zum touristischen Zentrum und auf die dort 2008/2009 im Zuge einer weltwirtschaftlichen Krise aufgetretenen Probleme („Stagnation")? Entspricht der aktuell erkennbare Aufschwung der „Erneuerungsphase"?

	Erkundung	Erschließung	Entwicklung	Konsolidierung	Stagnation	Erneuerung	Verfall
Besucher (Zahl der Touristen)	ausschließlich Individualtouristen		einsetzender Massentourismus	leicht ansteigende Touristenzahl bei sinkende Zuwachsraten	sinkendes Gästeniveau, viele Stamm- und Tagesgäste, kaum Erstreisende	neue / spezielle Gästegruppen	fallend
Erreichbarkeit	schwierig	in der Entwicklung	gut	sehr gut	einfach	Modernisierung des Verkehrssystems	einfach/eingeschränkt
Attraktionen	unentwickelt, keine Kommerzialisierung	einsetzende Kommerzialisierung	Ausbau, starke Kommerzialisierung des Angebots, erste künstliche Attraktionen		Dominanz künstlicher Attraktionen, starke Ähnlichkeit von Wohn- und Ferienort	Nutzung bisher unberücksichtigten Potenzials/ Spezialisierung/ neue Erholungsformen	künstlich
ökonomischer Nutzen	minimal	ansteigend		maximal, viele Arbeitsplätze	fallend: Arbeitsplatzabbau	fallend oder leicht ansteigend	fallend
ökologische Belastung	minimal	ansteigend	zunehmend	hoch: Bodenverknappung, Wasser- und Luftverschmutzung, Lärm		sinkend	hoch
Werbung	Mund-zu-Mund-Propaganda	begrenzt, Marketingaktivitäten im Aufbau	hoch, Etablierung der Region auf dem Tourismusmarkt	massiv bei zunehmend unstimmigem Preis-Leistungs-Verhältnis		auf spezielle Zielgruppen ausgerichtet	nachlassend
Sonstiges		Herausbildung einer Saison, sich abzeichnende Quellgebiete der Touristen	Überlastung in Saisonspitzen, Kontrollverlagerung auf die internationale Ebene	völlige Verdrängung der einheimischen Bevölkerung aus dem Tourismusgewerbe	Umwandlung von Hotels in Apartments und Zweitwohnsitze		

M 13 Destinationslebenszyklusmodell nach R. W. Butler (1980)

Reisende sollten zurückhaltend auftreten: keine vulgären Worte oder Gesten; kein Spucken; kein öffentliches Zur-Schau-Stellen von Zuneigung (Händchenhalten, Küssen); keine laute Musik; Kleidung: weder schulterfreie Tops noch kurze Röcke oder Hotpants bei Frauen; Hemd oder T-Shirt für Männer zu jeder Zeit; (dezente) Badekleidung nur am Strand; Rauchen nur in ausgewiesenen Bereichen, Alkohol nur in einigen Hotels und erst ab 21 Jahren.

Vorsicht beim Mitführen von Medikamenten, da die Einfuhr von einigen gängigen Präparaten verboten ist. Auf den Besitz auch geringster Drogenmengen stehen langjährige Haftstrafen. Selbst der Konsum weicher Drogen in der Vergangenheit wird durch Bluttests festgestellt und hart bestraft, ebenso nichtehelicher Geschlechtsverkehr und Homosexualität.

Während des Fastenmonats ist mit Einschränkungen im Alltag (tagsüber Schließung von Restaurants außerhalb der Hotels, reduzierte Arbeitszeiten bei Behörden) und mit erhöhter Sensibilität in Fragen der islamischen Tradition zu rechnen: kein Essen, Trinken, Rauchen, Kaugummikauen in der Öffentlichkeit, auch nicht in Fahrzeugen.

(nach verschiedenen Quellen)

M 14 Der Code of Conduct des Executive Council of Dubai

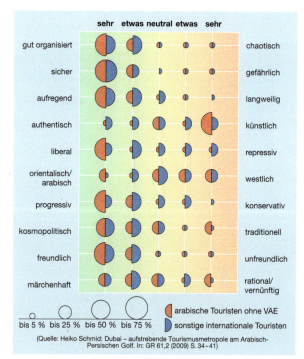

M 15 Bewertung Dubais durch ausländische Touristen

Dubai hat die Krise besser als erwartet hinter sich gelassen – trotz 113 Mrd. US-$ Schulden, einem Leerstand von einem Drittel der Büro- und einem Viertel der Wohnflächen. Einkaufszentren sind gut gefüllt, das Messegeschäft boomt. Für 2020 hat sich Dubai um die EXPO beworben. Die Vormachtstellung als Handelszentrum für eine Region, die von Ostafrika bis Zentralasien reicht, wird weiter ausgebaut. Immer mehr ostasiatische Firmen entdecken die Logistikvorteile Dubais. Der Zuzug von koreanischen und chinesischen Unternehmen, verbunden mit einem guten Tourismusgeschäft, gibt auch dem Immobiliensektor neue Zuversicht: Bauruinen werden reanimiert, und es gibt gleich mehrere neue Projekte für drei- und vierstellige Mio.-Beträge: Taj Arabia, eine Nachbildung des Taj Mahal, viermal größer als das indische Original, ein Wolkenkratzer mit neun Swimmingpools und ein 1,6 km langer Kanal, der sich um Bürogebäude schlängelt, gehören zu diesen Projekten. Alle Investitionspläne zusammen belaufen sich auf mehrere 100 Mrd. US-$. Belastbar sind diese Zahlen aber nicht, weil Dubai auch Vorhaben einrechnet, an die kaum jemand mehr glaubt. Immerhin: Das durch halbfertige Bauten lädierte Stadtbild von Dubai wird langsam ansehnlicher. Baugruben werden zugeschüttet, Bauruinen wiederbelebt, verzögerte Infrastrukturarbeiten nehmen wieder Fahrt auf.

(nach verschiedenen Quellen)

M 17 Ein Ende der Krise?

Wasserverbrauch (Liter / Tag / Einw.)*	über 550 (Deutschland: 122), davon etwa 25 % in Privathaushalten, das Übrige größtenteils durch den Tourismus
Meerwasserentsalzungsanlagen: Anzahl Leistung (Mio. m³/Tag / 2002 = 100)	rd. 70 (Rang 2 nach Saudi-Arabien) 1,78/280
Stromverbrauch (kWh / Einw. / Jahr)	16 680 (Deutschland: 7 310)
Leistung der erdgasbetriebenen E-Werke (2004 = 100)	252
jährliche Zunahme des Wasserbedarfs	etwa 12 – 15 %
CO_2-Ausstoß je Einw. (t/Jahr)	31 (nach Katar und Trinidad zusammen mit Kuwait weltweit Platz 3)
Landschaftsverbrauch (ha/Einw.)	über 12 (rd. 500 % über dem weltweiten Durchschnitt)
Abfall: fester Müll (Mio. t/Jahr) Schmutzwasser	9,2 (Deutschland: 36,8) Fäkalien: Sammlung in Sickergruben, Lkw-Transport zu Kläranlagen
Konsequenzen ... beibehalten, nur die Angaben „(2008–2010) 14 Mrd. US-$" und „bei Aufnahme von Gesprächen mit dem Iran über Gaslieferungen" weglassen	

* rd. 75 % aus Meerwasser, 12 % aus aufbereitetem Abwasser, ferner aus Grundwasser (Absenkung um 1 m/Jahr); allein für Dubais acht Golfplätze (weitere in Planung) täglich bis zu 10 000 m³ Wasser; Dubai Fountain, größter Springbrunnen der Welt, konstant über 1000 m³

Luxushotels und Shopping-Malls – inzwischen überall in der Golfregion. Abu Dhabi, Oman, Katar und Kuwait (hier Touristenzentren auf „echten" Inseln) übertrumpfen sich dank Öl- und Gas-Milliarden mit Superlativen. Künstliche Inseln: auch in Katar, hier mit kilometerlangem klimatisiertem Radweg, und Abu Dhabi – hier ferner Giga-Kunstausstellungen und die zweitgrößte Moschee der Welt. Oman kann mit dem Erhalt des historischen Erbes und den schönsten Landschaften auftrumpfen.

(nach aktuellen Zeitungsmeldungen und Reisemagazinen)

M 18 Dubai – unverwechselbar?

M 16 Dubais ökologischer Fingerabdruck 2012 (nach verschiedenen Quellen, v. a. des WWF)

6. Wenden Sie Butlers Destinationslebenszyklusmodell auf die Entwicklung des Tourismus in Dubai an. Erörtern Sie, ob die Entwicklungen seit 2008 erklärbar sind (M 9, M 10, M 13, M 17).
7. Entwickeln Sie begründet Szenarien für die weitere Entwicklung des Fremdenverkehrs in Dubai. Berücksichtigen Sie dabei die Einschätzung Dubais durch Touristen und die Verhaltensvorschriften des Executive Council für Touristen (M 13 bis M 18).
8. Informieren Sie sich über den Fortgang der Arbeiten an Dubais künstlichen Inseln und weiteren Großprojekten (Google Earth, Tageszeitung, Internet).

5. Abbau regionaler Disparitäten durch staatliche Tourismusförderung? – Philippinen

Der Tourist Master Plan des Jahres 1993

1970 gehörten die Philippinen mit Japan, Taiwan und Südkorea zu den führenden Ökonomien Asiens. Der 1850 km lange gebirgige Inselbogen liegt ganz im tropisch-feuchten Klimagebiet. Von den 7100 Inseln sind nur 860 bewohnt, nicht einmal 600 sind mehr als 2,5 km² groß. 1975 lebten auf Luzon (ein Drittel der Fläche) fast 50 % der damals 45 Mio. Filipinos, auf Mindanao, der zweitgrößten Insel (31 %), ein weiteres Fünftel. Eine Bevölkerungszunahme von über 3 % (eine der höchsten Wachstumsraten der Erde), die hieraus resultierende Arbeitslosigkeit, der in Kolonialzeiten von den Spaniern auf dem Lande eingeführte Großgrundbesitz sowie einseitige, auf die Förderung der Hauptstadt ausgerichtete Familienmachtpolitik des Präsidenten Marcos (1965 – 1986) ließen die Ökonomie stagnieren und führten dazu, dass Manila eine zunehmende Anziehungskraft für Migranten gewann: 1980 ballten sich hier 12 % der Bevölkerung der Philippinen auf 0,2 % der Landesfläche. Hier befanden sich neun von zehn Großunternehmen des Landes, 85 % der direkten Steuern wurden hier entrichtet, 33 % des BNE erwirtschaftet, im Hafen vier Fünftel der Importe umgeschlagen.

Die philippinische Verfassung verlangt jedoch, „soziale und ökonomische Ungleichheiten zu vermindern und Ungleichgewichte zu beseitigen, indem der Wohlstand gleich-

M2 Einkommensverteilung 1980

M1 Philippinen: Wirtschaft um 1970

mäßig im Interesse des Allgemeinwohls verteilt" werde (Verfassung a. d. J. 1987; Art. XIII, 1).

In einem Archipelstaat und gerade auf den Philippinen kann dem Tourismus eine größere Bedeutung für die Entwicklung peripherer Räume zukommen als dem sekundären Sektor. Neue Tourismuszentren gelten als **Wachstumspole**, von denen **Spread-Effekte** für vor- und nachgelagerte Branchen (Bau- und Landwirtschaft, Handwerk) ausgehen und in denen Erwerbsmöglichkeiten im formellen und informellen Bereich geschaffen werden. Diese Einsicht spiegelten die **Tourist Master Plans** der Jahre 1993 und 2011 wider.

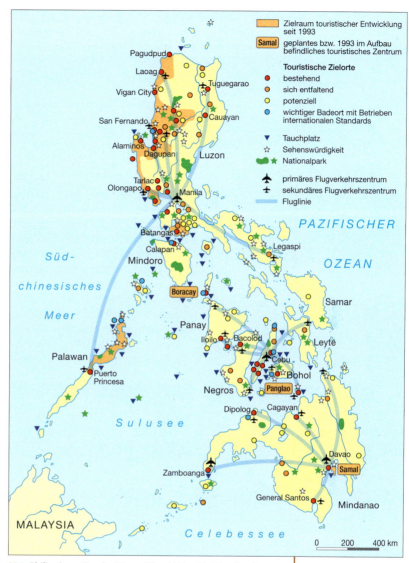

M 4 Philippinen: Tourist Master Plan 1993 – 2010 (ergänzt)

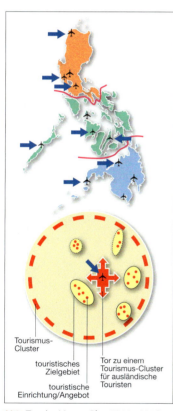

Ausweisung von 20 Tourismus-Clustern, je 7 im nördlichen und südlichen und 6 im zentralen Bereich, jeweils mit „Toren für ausländische Touristen" und weiteren internationalen Flughäfen und mit insgesamt 78 touristischen Zielgebieten mit je unterschiedlichen touristischen Angeboten und Einrichtungen.

M 3 Tourist Master Plan 2011 – 2016

1. Kennzeichnen Sie die Verteilung des regionalen BNE 1980 im Zusammenhang mit der damaligen wirtschaftlichen Situation auf den Philippinen (**M 1, M 2**).
2. Erläutern Sie die Aussage, dass in einem Archipelstaat generell dem Tourismus eine bedeutende Rolle bei der Förderung peripherer Regionen zukommen kann.
Vergleichen Sie dazu die Ansprüche industrieller Standorte mit denen touristischer Destinationen. Konkretisieren Sie Ihre Ergebnisse im Hinblick auf das touristische Potenzial der Philippinen (**M 4**, Prospektmaterial, Reiseführer, Atlas).
3. Stellen Sie die grundlegende Strategie der beiden Entwicklungspläne sowie Neuerungen im Plan von 2011 gegenüber dem Plan von 1993 dar (**M 3, M 4**).

Eine Erfolgsgeschichte?

Der Düsseldorfer Geograph Karl Vorlaufer versucht, die Entfaltung des Tourismus in Entwicklungsländern modellhaft zu erfassen. Dabei betrachtet er die sich abschwächende Rolle der Hauptstadt und die Ausbildung eines Netzes neuer Zentren – in auffälliger Parallele zur Strategie der philippinischen Förderpolitik.

Sind, wie geplant, periphere Landesteile gezielt wirtschaftlich erschlossen worden? In Manila leben heute 13 %, in der Region rd. 40 % der Filipinos. Cebu, zweitgrößter Ballungsraum, hat nur 13 % der Einwohner der Hauptstadt. Die Metropolisierung hält also an, obwohl inzwischen etwa die Hälfte der Bevölkerung Metro Manilas in Marginalsiedlungen lebt. Offiziell sind hier eben „nur" 10 % der Familien arm, in den ländlichen Regionen 29 % (Davao) oder mehr (Bicol 34 %, Visaya 37 %, Teile Mindanaos 47 %). Das Pro-Kopf-Einkommen ist mehr als zweieinhalbmal so hoch wie in Mindanao. Rd. 40 % des Exportwertes werden in Manila erwirtschaftet und gut 30 % des BNE. Metro Manila: Das bedeutet 40 % der Hotelbetten des Landes, 43 % aller Betriebe (> 20 Beschäftigte) und 46 % aller Beschäftigten, rd. zwei Drittel der Kfz und Telefone, ein Drittel der Krankenhausbetten und Studienplätze, rd. die Hälfte der Freihandelszonen. Manilas Flughafen wird von deutlich über 30 internationalen Fluggesellschaften angeflogen und ist Heimatflughafen von rd. zehn Inland-Airlines. 31,9 Mio. hier abgefertigten Passagieren stehen 6,8, 1,4 und 1,3 Mio. Passagiere sowie 12, 3 und 9 internationale, ausschließlich asiatische Airlines auf den nächstgrößeren Flughäfen Cebu, Kalibo und Clark gegenüber. Dank der Nähe zu Cebu und Kalibo Airport sind Boracay, Bohol und Cebu selbst wichtige Touristenzentren mit über 70 % aller Hotelbetten der Zentralphilippinen geworden. Vor allem auf der

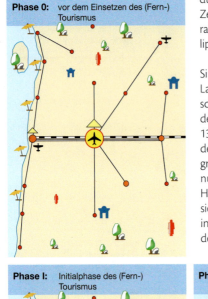

M 5 Modell der Entfaltung des internationalen Tourismus in einem Entwicklungsland nach Vorlaufer (1996)

12 km² großen „Trauminsel" Boracay sind über die rd. 300 vorhandenen Hotels hinaus weitere im Bau. Nahezu 800 000 Besucher zählt die Insel jährlich. Der Tourismussektor bietet (die einzigen) Arbeitsplätze; ihre Zahl hat sich seit 1991 verdreifacht.

Schwierig ist das Verhältnis von Landwirtschaft und Tourismus: Nahe Manila wurden 10 000 Landarbeiter vertrieben, weil eine Hotelanlage errichtet wurde. Nur noch 4 Prozent der Korallenriffe sind intakt, als Folge von Bodenerosion, der Einleitung giftiger Bergbauabfälle, Dynamitfischerei – und neuerdings Tauchbasen. Und der Fremdenverkehr wirft weitere Schatten: Über drei Fünftel aller Reisenden sind männlich. Die Zahl der Prostituierten soll auf den Philippinen bei 500 000 liegen; hiervon ist jede Fünfte unter 16 Jahre alt (Kinderprostitution 4. Stelle weltweit). Gerade philippinische Kinder gelten im Zeitalter von AIDS als „sicher" (HIV-Rate > 0,1 Prozent, Thailand: 1,3 Prozent der Bevölkerung).

	1993		2006		2011	
	absolut in 1000	in % aller Touristen*	absolut in 1000	in % aller Touristen*	absolut in 1000	in % aller Touristen*
Metro Manila	1544		k. A**		2296	
Cordillera	38	8,4	77	4,4	1169	6,0
Ilocos Norte	32	7,1	53	3,0	478	2,5
Cagayan Valley	13	2,9	24	1,4	709	3,7
Central Luzon	20	4,5	155	9,0	594	3,1
Southern Tagalog	28	6,3	435	25,1	4534	23,4
Bicol	8	1,8	31	1,8	3122	16,1
Western Visayas	40	8,9	267	15,4	1935	10,0
Central Visayas	224	50,1	542	31,3	2367	12,2
Eastern Visayas	10	2,2	13	0,8	142	0,7
Western Mindanao	10	2,1	14	0,8	695	3,6
Northern Mindanao	14	3,2	46	2,7	1463	7,6
Southern Mindanao	10	2,2	69	4,0		
Central Mindanao	1	0,2	5	0,3	2141	11,1
insgesamt*	448	100	1731	100	19349	100

*) ohne Metro Manila   **) nach Schätzungen bis zu 3 Millionen
(nach: http://www.visitmyphilippines.com)

M 7 Ankünfte von Gästen nach Regionen

M 6 Einkommensverteilung 2011

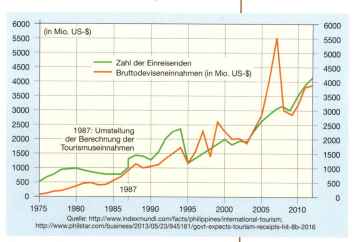

M 8 Entwicklung des Tourismus

4. Erläutern Sie Vorlaufers Modell (M 5).
5. Ordnen Sie die touristische Entwicklung auf den Philippinen im Jahr 1993 einer Phase des Modells zu (M 4, M 5, M 7, M 8).
6. Überprüfen Sie, ob die durch politische Steuerung geförderte touristische Erschließung des Landes modellhaft verläuft (M 5 bis M 8).
7. Erörtern Sie, inwiefern die raumzeitliche Entfaltung des Fremdenverkehrs zum Abbau regionaler Disparitäten beitragen konnte (M 2, M 6).
8. Ermitteln Sie das touristische Potenzial ausgewählter Fremdenverkehrsregionen (Internetrecherche, Auswertung von Reiseführern) und ordnen Sie sie in Vorlaufers Modell ein (Vorschläge: Boracay, Camiguin, Banaue und Ifugao, Samal, Vigan).

Ordnen/Anwenden/Üben

Dienstleistungen erlangen in den hoch entwickelten Ländern immer größere Beschäftigtenanteile und man spricht dort schon von **Dienstleistungsgesellschaften**. Bis in die 1990er-Jahre konzentrierten sich Dienstleistungen vor allem auf lokale und nationale Märkte. Gegenwärtig kommt es als ein Element der Globalisierung zu immer stärkerem internationalen Dienstleistungstransfer.

Die in Landwirtschaft und Industrie hergestellten materiellen Güter lassen sich auch über weite Entfernungen transportieren; entsprechend können sich Produzenten und Nachfrager an unterschiedlichen Standorten befinden.

Dienstleistungen sind dagegen immateriell, nicht lagerfähig und transportierbar; Anbieter und Nachfrager müssen deshalb meist zur Erstellung der Dienstleistung direkt zusammenkommen (z. B. bei Haarschnitt, Unterricht, Beratung, Transport).

Diese Merkmale besitzen Einfluss auf Standortverteilungen; so zeigen Dienstleistungsbetriebe eine flächenhafte Verteilung (z. B. Einzelhandel) und nur hochrangige Einrichtungen konzentrieren sich in Großstädten (z. B. Universitäten, Banken, Unternehmensberater).

Nur solche Dienste, die speicherbar sind (z. B. Musik und Software auf CDs) oder per Telekommunikation erstellbar (z. B. Beratung durch ein Callcenter), können wie Waren international gehandelt werden.

Aufgrund der Eigenschaften von Dienstleistungen entspricht der Wert des internationalen Dienstleistungstransfers nur etwa einem Viertel des Warenhandels. Um sich internationale Märkte zu erschließen, gründen Dienstleistungsunternehmen stattdessen Niederlassungen im Ausland; deshalb entfällt heute bereits die Hälfte aller Direktinvestitionen auf den Dienstleistungsbereich.

M 1 Anteil der Erwerbstätigen in wissensintensiven Branchen in europäischen Metropolen (Auswahl)

Bis vor wenigen Jahren waren nationale Märkte stark vom internationalen Dienstleistungstransfer abgegrenzt. Erst seit der GATS-Vereinbarung (General Agreement on Trade in Services) der WTO erfolgte eine Liberalisierung (Rücknahme von Regelungen). Sie erleichtert vier unterschiedliche Formen (Modes) der Erbringung von Dienstleistungen im Ausland.

Mode 1 betrifft die klassische Form des Exports (z. B. Verkauf von Musik, Filmen) und Mode 3 die Gründung von Niederlassungen im Ausland. Bei Mode 4 können Mitarbeiter ihre Dienste im Ausland erbringen (z. B. internationale Consulting-Tätigkeit). Diese Form ist umstritten, da sie unerwünschte Möglichkeiten der Arbeitsmigration eröffnet. Mode 2 beschreibt eine in der Vergangenheit schon praktizierte Variante, bei der die Nachfrager zu den Dienstleistungsangeboten reisen (z. B. Tourismus, medizinische Versorgung).

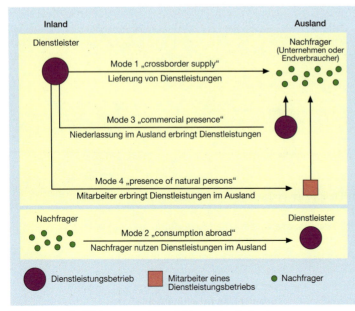

M 2 Formen der Erbringung von Dienstleistungen im Ausland

Touristische Aktivitäten werden nach Motiv, Dauer und Entfernung unterschieden. Neben Freizeit-, Erholungs- und Urlaubsreisen zählen hierzu auch Besuche bei Freunden und Verwandten, Pilgerreisen, Geschäftsreisen. Die Dauer hängt wesentlich davon ab, was für ein Grund vorliegt und welche Entfernungen dabei zurückgelegt werden müssen. Bei den Entfernungen wird in nationalen und internationalen Tourismus unterschieden.

Das Flugzeug hat die Aktionsreichweite der Urlauber ausgedehnt und zu einem deutlichen Bedeutungszuwachs außereuropäischer Zielgebiete geführt. Allerdings geht damit auch eine Steigerung der ökologischen Belastung einher: Obwohl nur ca. jede achte Urlaubsreise in außereuropäische Zielgebiete führt, beanspruchen Fernreisen die Hälfte der für Urlaubsreisen insgesamt aufgewendeten Energie.

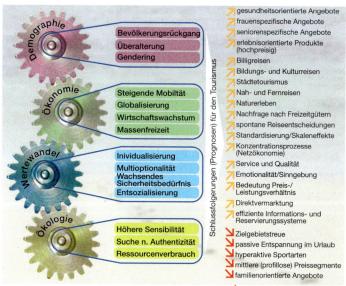

M 3 Steuerungsfaktoren des Tourismus

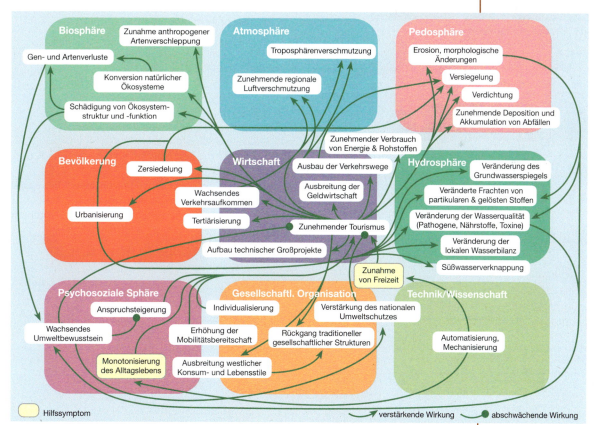

M 4 Massentourismus-Syndrom

1. Beschreiben Sie die Bedeutung wissensintensiver Branchen in Metropolen (M 1).
2. Kennzeichnen Sie die Rahmenbedingungen und Formen der Erbringung von Dienstleistungen auf internationaler Ebene (M 2).
3. Erläutern Sie Verflechtungen des Tourismus an einem selbst gewählten Reiseziel, das Sie bereits besucht haben (M 4).
4. Erörtern Sie künftige Entwicklungen der Reisemotive, des Reiseverhaltens und der touristischen Raumstruktur (M 3).

Prüfen Sie Ihren Zuwachs an Sach-, Methoden- und Urteilskompetenzen

S Sachkompetenz; **M** Methodenkompetenz; **U** Urteilskompetenz

M1 Verschiedene Formen von Urlaub

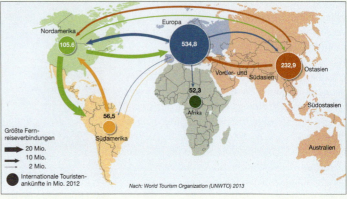

M3 Tourismus weltweit

S Definieren Sie folgende Fachbegriffe:

- Butler-Modell
- Devisenabfluss
- Dienstleistungs-Cluster
- digitaler Graben
- Global Cities
- postindustrielle Gesellschaft
- Tertiärisierungsprozess
- Theorie der langen Wellen
- unternehmensorientierte Dienstleistungen
- Vorlaufer-Modell

Aufgaben zu M 1

S Kennzeichnen Sie die unterschiedlichen Formen des Tourismus.

S Stellen Sie in einer Tabelle die Eigenschaften von „hartem" und „sanftem" Tourismus gegenüber.

U „Sanfter" Tourismus bedeutet automatisch „nachhaltiger" Tourismus. Nehmen Sie hierzu kritisch Stellung.

U Massentourismus – zu (Un-)Recht verteufelt? Beziehen Sie kritisch Stellung.

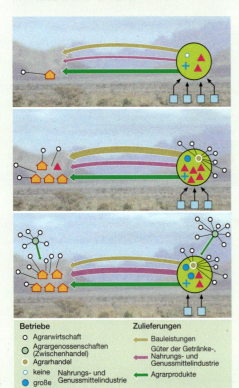

M2 Modell der raumzeitlichen Entfaltung des Beherbergungsgewerbes eines ressourcenarmen Inselstaates am Beispiel der Verflechtungen mit der Bau- und Agrarwirtschaft sowie der Getränke-, Nahrungs- und Genussmittelindustrie (Entwurf: K. Vorlaufer)

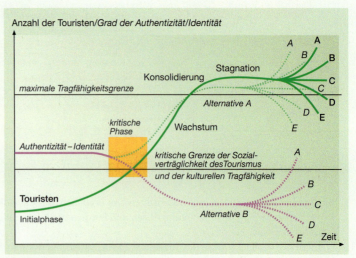

M4 Modell der Entwicklungsphasen des Fremdenverkehrs in ihren möglichen Zusammenhängen mit der Veränderung kultureller Authentizität und Identität (Entwurf: K. Vorlaufer)

Prüfen Sie Ihren Zuwachs an Sach-, Methoden- und Urteilskompetenzen

Aufgaben zu M 2
- S Erläutern Sie das Modell.
- U Vergleichen Sie es mit dem Modell Vorläufers von der raumzeitlichen Entwicklung des Tourismus in einem Entwicklungsland (S. 470).
- U Tourismus im Spannungsfeld zwischen Trickle-down-Effekten und Problemen der Schattenwirtschaft – nehmen Sie kritisch hierzu Stellung.

Aufgaben zu M 3
- S Beschreiben Sie die globalen Tourismusströme.
- U Begründen Sie die Unterschiede.

Aufgaben zu M 4
- S Erläutern Sie das Modell.
- U Vergleichen Sie es mit den Aussagen des Butler-Modells (S. 466).

Aufgaben zu M 5
- S/M Ergänzen Sie die fehlenden Elemente des Schemas.
- S/U Erläutern Sie die aufgezeigten Beziehungen.

Aufgaben zu M 6
- M Veranschaulichen Sie den „digitalen Graben", indem Sie skizzenartig die fehlenden Flächensignaturen ergänzen.
- S Erläutern Sie die Gründe, die zum globalen digitalen Ungleichgewicht geführt haben.
- U Zeigen Sie mögliche Folgen dieser Disparität auf.

Aufgaben zu M 7
- S Vervollständigen Sie die Abbildung, indem Sie Unterbegriffe einfügen.
- M Entwerfen Sie skizzenhaft 3–4 Kreisdiagramme, die die allmähliche Entwicklung Deutschlands zu einer Dienstleistungsgesellschaft verdeutlichen.
- U Stellen Sie argumentativ dar, inwieweit hohe oder niedrige Anteile von FuE-Beschäftigten ein Indikator für den Tertiärisierungsgrad einer Gesellschaft sind.

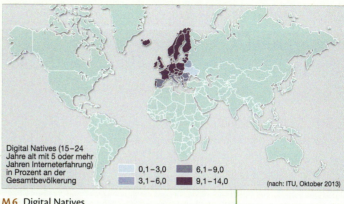

M 6 Digital Natives

M 7 Gliederungssyteme von Dienstleistungen

Webcode: GO645787-475

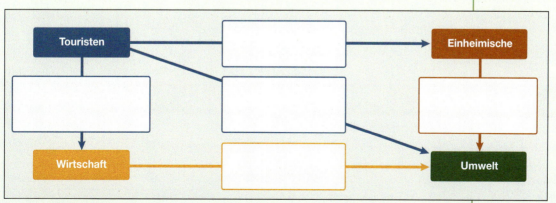

M 5 Wechselbeziehungen im Tourismus

476 Zentralabiturklausur

Zentralabitur 2013
Geographie, Grundkurs

Name: _____

Abiturprüfung 2013
Geographie, Grundkurs

Aufgabenstellung:

Thema: Tourismus als Baustein einer zukunftsfähigen Entwicklung peripherer Räume? – Das Beispiel Grönland

Teilaufgaben:

1. Lokalisieren Sie Grönland und kennzeichnen Sie Gunst- und Ungunstfaktoren für eine touristische Nutzung der Insel. (24 Punkte)
2. Erläutern Sie Entwicklung, Struktur und wirtschaftliche Bedeutung des Tourismus in Grönland. (28 Punkte)
3. Erörtern Sie die Perspektiven des Grönlandtourismus. (28 Punkte)

Materialgrundlage:

- **M 1:** Atlaskarten nach Wahl
- **M 2:** Steckbrief Grönland
- **M 3:** Klima Grönland
- **M 4:** Touristische Aktivitäten auf Grönland (Auswahl)
- **M 5:** Tasiilaq – ein typischer Touristenort auf Grönland
- **M 6:** Daten zum Grönland-Tourismus
- **M 7:** Eckdaten der grönländischen Wirtschaft
- **M 8:** Bodenbedeckung und Eisschmelze in Grönland

Zugelassene Hilfsmittel:

- der an der Schule in der Qualifikationsphase überwiegend verwendete Atlas, in einer für alle Prüflinge gleichen Auflage
- Wörterbuch zur deutschen Rechtschreibung
- Taschenrechner

Diese Seiten der Abiturprüfung in Originalgröße und die Lösungen der Aufgaben finden Sie im
Webcode: GO645787-476

M 1: Atlaskarten nach Wahl

M 2: Steckbrief Grönland

- Landfläche: 2,17 Mio. km², davon 2011 eisfrei: 0,41 Mio. km²
- Pflanzenwelt: überwiegend Gebirgs- und Tundren-Vegetation; Vegetation sehr trittempfindlich; Boden im Sommer tiefgründig auftauend
- Tierwelt: fischreiche Meere, in denen zudem Robben, Walrosse und Wale leben; ebenso fischreiche Binnengewässer (u. a. Forellen); an Land u. a. Eisbären, Polarfüchse, Polarwölfe, Rentiere, Moschusochsen, Lemminge und über 50 Vogelarten
- Nationalpark Grönland: im Nordosten der Insel gelegen; Größe 0,97 Mio. km²
- Ilulissat-Fjord mit dem Sermeq-Kujalleq-Gletscher seit 2004 UNESCO-Weltnaturerbe
- Einwohnerzahl: 56.676 (Januar 2003); 56.749 (Januar 2012), davon 16.181 in Nuuk
- Migrationssaldo: 2003 bis 2011 in allen Jahren negativ; Höchstwert: –566 Personen (2007)
- Ethnische Gruppen: Inuit 88 %, Dänen und andere 12 % (2010)
- Historische Entwicklung:
  1721–1953/1979 Grönland dänische Kolonie/Provinz
  1979–2009 Selbstverwaltung und innere Autonomie
  ab 21.06.2009 weitgehende Eigenständigkeit; nur Außen- und Verteidigungspolitik bleiben in dänischer Verantwortung
- Abwasserklärung: Abwasser wird über beheizbare Leitungen ungeklärt ins Meer geleitet
- Müllentsorgung: Müll wird in der Regel in Deponien endgelagert, seltener verbrannt; Schrott und Sondermüll wird zur Entsorgung nach Dänemark verschifft
- Dauer von Abbauprozessen in Grönland: organisches Material (z. B. Biomüll) weniger als 5–10 % pro Jahr; Dauer der Zersetzung von in Wasser eingeleitetem Erdöl: mehrere Jahre (in wärmeren Regionen dauert dies mehrere Monate)

Quellen:
Lindner, Paul: Exklusive Einsamkeit. In: Praxis Geographie 41 (2011) H. 10, S. 50;
Statistics Greenland: Greenland in Figures 2012;
http://www.stat.gl/dialog/main.asp?lang=en&version=2012&link=GF&subthemecode=ol&colcode=o (Zugriff 23.06.2012)

M 3: Klima Grönland

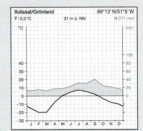

Dauer des Polartages

Nördliche Breite	Tage ohne Sonnenuntergang (= Polartag)
66,5°	1
70°	65
80°	145

Quellen:
Müller, Manfred J.: Handbuch ausgewählter Klimastationen der Erde. Trier 1996, S. 378 und 380;
http://www.greenlandica.de/Winter/polarlicht.html;
http://dbbm.fwu.de/fwu-clb/presto-image/beihefte/46/024/4602499.pdf (Zugriff jeweils 02.06.2012)

M 4: Touristische Aktivitäten auf Grönland (Auswahl)

Quellen (verändert):
Basiskarte: http://www.nationsonline.org/oneworld/map/greenland_map2.htm (Zugriff 12.07.2012);
Touristische Aktivitäten – Barth, Sabine: Grönland. Ostfildern: DuMont Reiseverlag 2012;
Diebold, Alfred: Nordmeerkreuzfahrten und Hurtigruten. Berlin: Trescher Verlag 2011, S. 221–285;
Lindner, Paul: Exklusive Einsamkeit. In: Praxis Geographie 41 (2011) H. 10, S. 48

M 5: Tasiilaq – ein typischer Touristenort auf Grönland

Ortschaft Tasiilaq mit Pensionen und Ferienwohnungen
Foto: imago stock&people Nr. 55968584 (Aufnahme vom 14.05.2009)

Eines von zwei Hotels in Tasiilaq
Foto: picture-alliance/dpa-Zentralbild Nr. 33350589 (Aufnahme vom 17.07.2012)

Kreuzfahrtschiff im Hafen von Tasiilaq
Foto: laif-Philippe Roy/hemis.fr Nr. 01561565 (Aufnahme vom 19.08.2008)

M 6: Daten zum Grönland-Tourismus

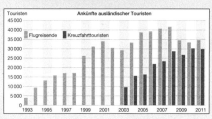
Ankünfte ausländischer Touristen (Flugreisende, Kreuzfahrttouristen)
Anmerkung: Vor 2003 keine Angaben zu Kreuzfahrttouristen verfügbar

Merkmal		Anteile (in %)
Herkunft der Grönland-Touristen (2011)	Dänemark	59,6
	Deutschland	6,1
	USA	4,7
	Sonstige Staaten	29,6
Zeitliche Verteilung der Ankünfte ausländischer Touristen auf Grönland (2011)	Januar–März	14,4
	April–Juni	28,3
	Juli–September	47,1
	Oktober–Dezember	10,2
Verteilung der Grönland-Touristen nach Unterkunftsarten (2007)	Privatunterkünfte	36
	Hotels I Seemannsheime	26
	Zelt/Hütte	12
	Sonstiges*	26
Altersstruktur der Grönland-Touristen (2008)	unter 20 Jahre	4
	20–39 Jahre	28
	40–59 Jahre	42
	60 Jahre und älter	26
Aufenthaltsdauer	im Durchschnitt 15 Tage (im Sommer länger, im Winter kürzer)	

* Jugendherbergen; Hochschulen, die ihre Zimmer im Sommer an Touristen vermieten; Schiffe usw.

Kosten (Beispiele 2012)
– „Höhepunkte Grönlands" per Postschiff oder Flug – 13 Tage – ab 4.859 €
– Kreuzfahrt ab Travemünde (inkl. Island) – 20 Tage – 4.995 bis 16.930 €

Quellen:
Seghom, Tima: Analyse der touristischen Marketingplanung der Destination Grönland. München: Grin Verlag 2007, S. 56;
http://www.fs.fed.us/m/pubs/rmrs_p026/rmrs_p026_043_053.pdf (Zugriff 02.06.2012);
http://www.stat.gl/publ/en/TR/2010/content/Tourism.htm;
http://www.slideshare.net/Timothy212/market-analysis-of-tourism-20062007 (Zugriff jeweils 12.07.2012)

M 7: Eckdaten der grönländischen Wirtschaft

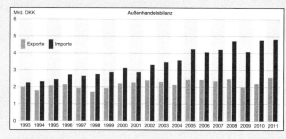
Außenhandelsbilanz (Mrd. DKK), Exporte und Importe 1993–2011

Anmerkungen:
DKK = Dänische Krone (Währung in Grönland; 1 DKK = 0,135 € [März 2012])
Der Anteil von Fisch und sonstigen Meeresteren am Export liegt seit 1993 stets über 90 %, z. B. 2011: 92,5 %.
Importe beinhalten auch Nahrungs- und Genussmittel, Pflegeprodukte usw. für Touristen.

Beschäftigungsstruktur 2010

Landwirtschaft, Jagd, Fischfang	Bergbau, Industrie und Bausektor	Handel, Hotels und Restaurants	Verkehr (inkl. Touristentransport)	Sonstige Dienstleistungen (inklusive öffentlicher Dienst)
4,9 %	13,3 %	20,8 %	8,5 %	52,5 %

Anmerkung:
Gesamtbeschäftigtenzahl 2010: 28.386

Verfügbares Bruttoinlandsprodukt Grönlands

Landwirtschaft, Jagd, Fischfang	Bergbau, Industrie und Bausektor	Handel, Hotels und Restaurants	Verkehr (inkl. Touristentransport)	Sonstige Dienstleistungen (inklusive öffentlicher Dienst)	Zuschüsse Dänemarks
7 %	13 %	9 %	10 %	38 %	23 %

* Erwirtschaftetes BIP (1,53 Mrd. €) + Zuschüsse Dänemarks (0,47 Mrd. €) = verfügbares BIP (2 Mrd. €)

Quellen:
http://bank.stat.gl;
http://unstats.un.org/unsd/snaama/resCountry.asp;
Statistics greenland: greenland in Figures 2012,
http://www.stat.gl/dialog/main.asp?lang=en&version=2012&link=GF&subthemecode=o1&colcode=o (Zugriff jeweils 10.09.2012);
Lindemann, Rolf: Kalaallit Nunaat – „Das Land der Grönländer". In: Praxis Geographie 41 (2011) H. 12, S. 9

M 8: Bodenbedeckung und Eisschmelze in Grönland

Quellen, verändert nach:
Basiskarte: http://www.nationsonline.org/oneworld/map/greenland_map2.htm (Zugriff 12.07.2012);
Diercke Regionalatlas Polargebiete und Weltmeere. Braunschweig: Bildungshaus Schulbuch Verlag 2012, S. 4;
Lindner, Paul: Exklusive Einsamkeit In: Praxis Geographie 41 (2011) H. 10, S. 48

Geo-Bausteine

Altai-Gebirge (Russland)

In den vergangenen Schuljahren haben Sie neben aktuellsten Kenntnissen umfangreiches geographisches Grundlagenwissen erarbeitet und erlernt.
Auf den folgenden Seiten stehen Ihnen die Geo-Bausteine als Zusatzangebot zur Verfügung. Mithilfe der Geo-Bausteine können Sie sich über bestimmte Sachverhalte schnell informieren bzw. Ihr Grundlagenwissen selbstständig auffrischen.
Es handelt sich dabei um kein Lexikon, sondern um eine Auswahl von geographischem Grundlagenwissen, welches als Basis einzelner Kapitel in diesem Buch notwendig ist. Dabei werden in den Kapiteln Verweise auf die entsprechenden Geo-Bausteine gegeben.

Entstehung der Erde

Unsere **Sonne** ist ein Stern der 2. Generation. Sie und ihre Planeten entstanden aus den Resten einer Supernova, die vor ca. 4,7 Mrd. Jahren explodierte.

Die Tatsache, dass sich die Sonne und ihre Planeten alle in einer Ebene befinden, alle Planeten nahezu auf Kreisbahnen in gleicher Richtung um die Sonne laufen und (mit Ausnahme von Venus und Uranus) in derselben Richtung um ihre Drehachsen entgegen dem Uhrzeigersinn rotieren, deutet darauf hin, dass sich das gesamte Sonnensystem aus einer rotierenden scheibenförmigen Gas- und Staubwolke entwickelt hat. 99,87 Prozent der Gesamtmasse des Sonnensystems wurden im Verlauf der Verdichtung dieses Urnebels in der Sonne konzentriert. Aus dem Rest bildeten sich nach und nach die Planeten.

Die **Erde** ist nach heutiger Vorstellung dadurch entstanden, dass sich aus dem solaren Restnebel zunächst kleinere Körper bildeten, die miteinander kollidierten und so allmählich zum Planet Erde heranwuchsen, einem zunächst kalten, unsortierten Konglomerat aus Silikaten, Eisen- und Magnesiumoxid sowie geringen Anteilen anderer Elemente. Durch die Energiefreisetzung bei den Kollisionen, durch Meteoriteneinschläge und durch Wärmeabgabe bei radioaktiven Zerfallsprozessen begann die Erde schließlich, von innen her aufzuschmelzen, wodurch sich ihre Bestandteile entmischten. Die schwersten Komponenten (Eisen, Nickel) sanken ins Zentrum und bildeten den schweren Erdkern. Das spezifisch leichtere Material blieb als Schlackenschicht (v. a. Silikate) an der Oberfläche und erkaltete langsam.

Diese anfangs noch dünne Schicht wurde häufig von Vulkanen durchbrochen, deren Gase die erste, noch lebensfeindliche Atmosphäre bildeten (v. a. mit CO_2, N_2, H_2S, Wasserdampf). Infolge der starken UV-Strahlung der Sonne wurde ein Großteil des Wasserdampfes in Wasserstoff und Sauerstoff gespalten. Ein Teil des Sauerstoffs stieg auf und bildete die Ozonschicht, die die UV-Strahlung verminderte; der Restsauerstoff ließ vorübergehend die ganze Oberfläche des Planeten rosten. Durch weitere Abkühlung der Atmosphäre kondensierte der Wasserdampf, und sintflutartige Regenfälle bildeten die Urmeere. Dort entstanden aus anorganischen Vorstufen die ersten organischen Moleküle und bald darauf die ersten Lebewesen, die ihren Energiebedarf noch aus den organischen Molekülen der „Ursuppe" deckten. Als dieser Vorrat weitgehend aufgebraucht war, bewältigte das noch junge Leben die drohende Energiekrise durch die „Erfindung" der Photosynthese. Bei diesem Vorgang entsteht als Abfallprodukt Sauerstoff, der sich zunehmend in der Atmosphäre anreicherte.

Rotierender Gas- und Staubnebel aus Resten einer Sternexplosion

Abflachung, Konzentration, Zündung des nuklearen Feuers in der Sonne

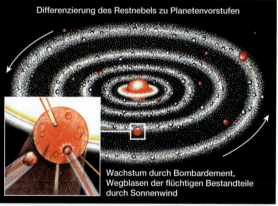
Differenzierung des Restnebels zu Planetenvorstufen
Wachstum durch Bombardement, Wegblasen der flüchtigen Bestandteile durch Sonnenwind

Aufschmelzung und Entmischung des Erdinneren, Abkühlung der Erdoberfläche, Bildung der 1. Atmosphäre

Abkühlung und Bildung der 2. Atmosphäre durch teilweise Auswaschung von CO_2 und Anreicherung von O_2, Entstehung der Ozeane

M 1 Entstehung der Erde

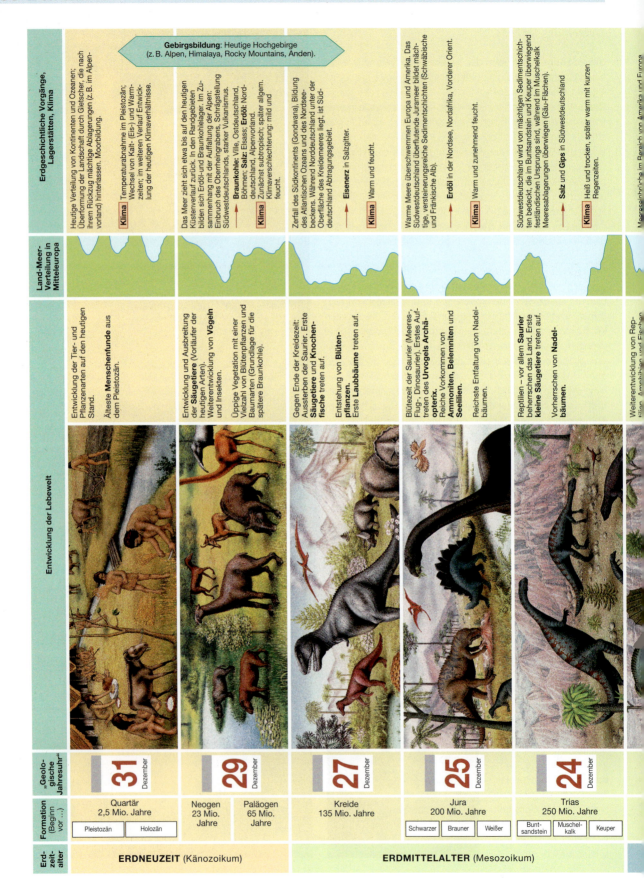

Geo-Bausteine

Gebirgsbildung: Europäische Mittelgebirge (z. B. Schwarzwald, Vogesen, Rheinische Mittelgebirge, Odenwald), Appalachen, Ural.

Gebirgsbildung: Skandinavien, Britische Inseln, Appalachen.

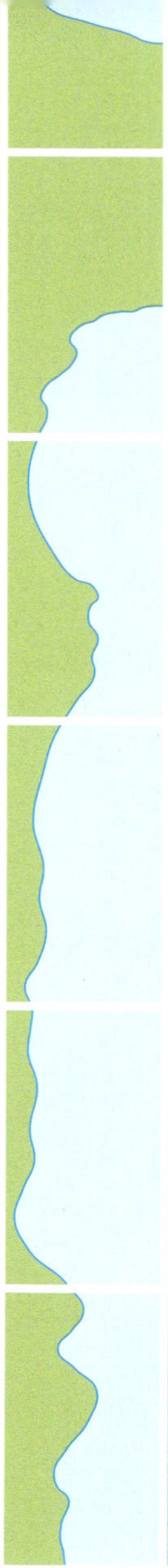

Perm (Spalte links, abgeschnitten)
→ **Salz** in Norddeutschland. Zwischen Nord- und Südkontinent bildet sich das Tethysmeer. Starker Vulkanismus im Schwarzwald.

Klima: Heiß und trocken

...bäumen.

Karbon — 360 Mio. Jahre — 20. Dezember
Die Gebirgsbildung bewirkt weltweit einen Rückzug des Meeres. In Mulden und Randtiefen bilden sich Kohlelager.
→ **Steinkohle** im Ruhrgebiet, Raum Aachen, Saarland, Belgien, England, Donezbecken, USA, Nordchina.
Das Grundgebirge im Schwarzwald und im Odenwald entsteht.

Klima: Sehr warm und feucht; in Mitteleuropa z. T. tropisch.

Auftreten von **Reptilien** und ersten **geflügelten Insekten**. Blütezeit der Lurche u. a. Amphibien. Im Meer haben sich **Fische** als vorherrschende Tiere durchgesetzt. Ausgedehnte Wälder mit **Sporenpflanzen (Bärlappgewächse, Schuppenbaum)** bilden die Grundlage für die spätere Steinkohle.

Devon — 410 Mio. Jahre — 18. Dezember

Klima: Wärmer als im Silur, feucht.

Pflanzen **(Farne, Schachtelhalme)** und **erste Landtiere** „erobern" das Festland.
Entwicklung von **ersten Insekten** sowie Übergangsformen zwischen Fischen und Lurchen.

Silur — 440 Mio. Jahre — 17. Dezember

Durch Gebirgsbildung entleeren sich die Binnenmeere und die Ozeane. Zurück bleiben Salzlager und organische Meeresablagerungen.
→ **Salz, Erdöl** in den USA

Klima: Wärmer als im Ordovizium, feucht.

Blütezeit der wirbellosen Meerestiere.
Entwicklung der **ältesten Wirbeltiere** (Panzerfisch).
Algen, **Pilze, Flechten** begrünen langsam die Erde.

Ordovizium — 490 Mio. Jahre — 15. Dezember

Klima: Warm und feucht.

Weiteres Vorherrschen von Algen.
Starke Zunahme der Artenzahl wirbelloser Meerestiere (Korallen, Schnecken, Quallen).

Kambrium — 540 Mio. Jahre — 13. Dezember

Mehr oder weniger zusammenhängende Landmassen im Bereich des Nordkontinents (Laurasia) und des Südkontinents (Gondwana).

Klima: Zunächst kühl, später wärmer und trocken.

Schnelle Entwicklung und Verbreitung **wirbelloser Meerestiere** (z. B. Trilobiten).
Algen im Urozean.

ERDALTERTUM (Paläozoikum)

Klimaklassifikationen

Im Gegensatz zum **Wetter**, das den momentanen physikalischen Zustand der Atmosphäre beschreibt, beziehen sich Aussagen über das **Klima** auf statistische Grundlagen des mittleren Wettergeschehens, die über einen Zeitraum von mindestens 30 Jahren gesammelt worden sind. Die wichtigsten **Klimaelemente** sind die Lufttemperatur (Angaben meist als Durchschnittstemperaturen der einzelnen Monate bzw. des gesamten Jahres) und die Niederschläge (Angabe der mittleren Monatssummen sowie des Jahresmittels). Gebiete, in denen ein ähnliches Klima herrscht, werden als **Klimazonen** ausgewiesen. **Klimaklassifikationen** unternehmen den Versuch, die gesamte Erde in eine überschaubare Zahl und in sinnvoll voneinander abgrenzbare Klimazonen einzuteilen. Dabei unterscheidet man genetische und effektive Klimaklassifikationen. Genetische Klassifikationen verwenden als Gliederungskriterien die Ursachen der klimatischen Merkmale, also vorwiegend die Drucksysteme und Windgürtel. Außerdem werden auch die

A-Klimate: tropische Klimate
Die Durchschnittstemperaturen aller Monate liegen über 18 °C.

B-Klimate: trockene Klimate
Da Trockenheit von der Effektivität der Niederschläge abhängig ist, werden jahreszeitliche Verteilung der Regenfälle und Temperatur nach einem Schlüssel differenziert:
(r) Jahresniederschlag in cm,
(t) Jahresmitteltemperatur in °C.

Winterregengebiete: r = 2 t
Gebiete mit ganzjährig gleichmäßiger Niederschlagsverteilung: r = 2 (t + 7)
Sommerregengebiete: r = 2 (t + 14)
Trockengebiete: r < 2 (t + 7) bzw. 2 (t + 14)
Für Wüstenklimate werden diese Werte halbiert:
r = t, r = t + 7 bzw. r = t + 14.

C-Klimate: warmgemäßigte Klimate
Die Niederschläge liegen ganzjährig über der Trockengrenze, die Durchschnittstemperaturen des kältesten Monats zwischen 18 °C und –3 °C, die des wärmsten Monats über 10 °C.

D-Klimate: Schneeklimate
Diese Klimate kommen nur auf der Nordhalbkugel vor. Die Durchschnittstemperatur des kältesten Monats liegt unter –3 °C, die des wärmsten Monats aber über 10 °C.

E-Klimate: Eisklimate
Die Durchschnittstemperaturen des wärmsten Monats liegen unter 10 °C.

Ein zweiter Buchstabe differenziert nach Feuchtebedingungen, ein dritter Buchstabe nach thermischen Gesichtspunkten.

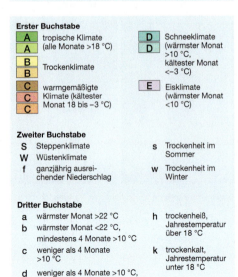

Erster Buchstabe
- A / A tropische Klimate (alle Monate >18 °C)
- B / B Trockenklimate
- C / C / C warmgemäßigte Klimate (kältester Monat 18 bis –3 °C)
- D / D Schneeklimate (wärmster Monat >10 °C, kältester Monat <–3 °C)
- E Eisklimate (wärmster Monat <10 °C)

Zweiter Buchstabe
- S Steppenklimate
- W Wüstenklimate
- f ganzjährig ausreichender Niederschlag
- s Trockenheit im Sommer
- w Trockenheit im Winter

Dritter Buchstabe
- a wärmster Monat >22 °C
- b wärmster Monat <22 °C, mindestens 4 Monate >10 °C
- c weniger als 4 Monate >10 °C
- d weniger als 4 Monate >10 °C, kältester Monat <–38 °C
- h trockenheiß, Jahrestemperatur über 18 °C
- k trockenkalt, Jahrestemperatur unter 18 °C

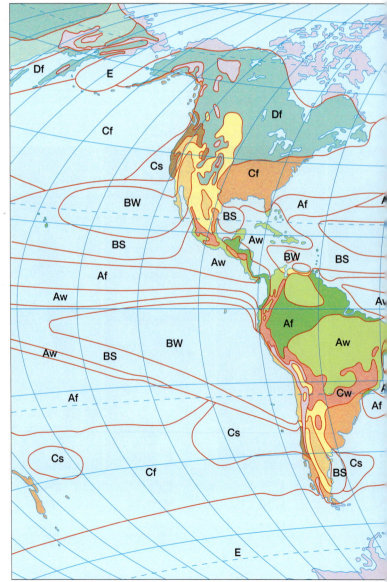

M 1 Effektive Klimaklassifikation nach Köppen / Geiger (vereinfacht, ohne 3. Buchstaben)

Land-Meer-Verteilung sowie das Relief (z. B. der Einfluss von Hochgebirgen) berücksichtigt. Effektive Klimaklassifikationen orientieren sich an den Auswirkungen des Klimas, z. B. auf die Böden, die Vegetation, die landwirtschaftliche Nutzbarkeit und das menschliche Wohlbefinden. Zur Abgrenzung der verschiedenen Klimazonen werden dabei bestimmte Grenz- und Schwellenwerte der Klimaelemente verwendet, vor allem in Bezug auf Temperaturen und Niederschläge.

Die weltweit bekannteste Klimaklassifikation geht auf den Klimatologen Wladimir Köppen (1846 – 1940) zurück. Sie wurde mehrfach überarbeitet und unter Mitarbeit anderer Autoren verbessert. Am häufigsten verwendet wird die Version von Köppen und Geiger, die in den 1930er-Jahren entwickelt wurde. Diese Klimaklassifikation berücksichtigt insbesondere die Wirkungen des Klimas auf die Vegetation. Es werden fünf große Klimazonen unterschieden, die mit den Großbuchstaben A bis E bezeichnet werden. Durch Kombination mit zwei weiteren Buchstaben entstehen Klimaformeln, die charakteristische Aussagen über die Temperatur- und Niederschlagsverhältnisse in den verschiedenen Zonen erlauben. Der zweite Buchstabe bezeichnet den sogenannten „Klimatyp" der jeweiligen Klimazone, der dritte den „Klimauntertyp". Zur allgemeinen Orientierung werden auf Karten oft nur die Klimatypen unter Berücksichtigung des ersten und zweiten Buchstabens eingetragen.

Jede Klimaklassifikation hat ihre Vorzüge und Schwächen. Der Vorteil des Schemas von Köppen und Geiger liegt in seiner Übersichtlichkeit und einer guten Deckung mit den Landschaftszonen der Erde.

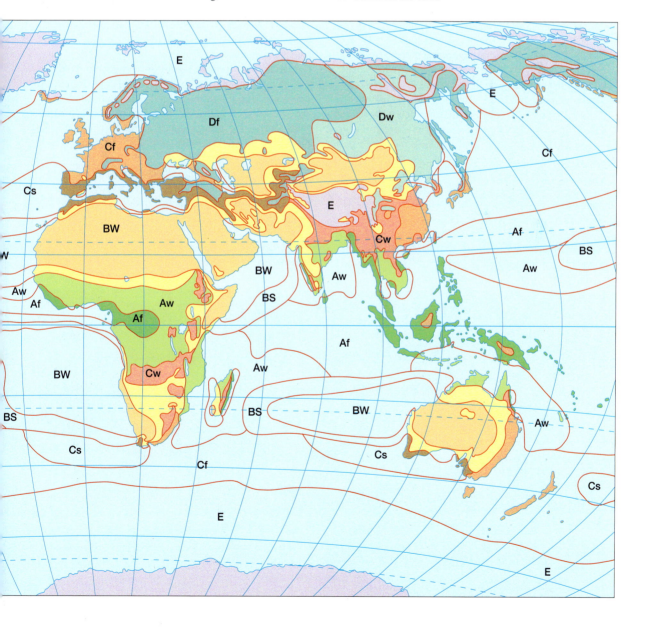

Bodenbildung

Physikalische Verwitterung

Der Boden hat sich durch Jahrmillionen dauernde Einwirkung von Luft, Licht, Wasser, Kälte und Hitze aus unbelebtem Gestein gebildet. Die entstandenen Verwitterungsprodukte lieferten den Lebensraum für pflanzliche und tierische Organismen, die ihrerseits den Boden weiter verändern. Die Vorgänge der Umformung vollziehen sich ständig und verändern das temporäre Erscheinungsbild sowie die Eigenschaften des Bodens. Verwitterungsvorgänge, die lediglich zu einer Gesteinszerkleinerung führen, beruhen auf mechanischen Prozessen:

– Beim Erwärmen bzw. Abkühlen im Tagesverlauf entstehen wegen der Temperaturunterschiede zwischen dem Inneren und dem Äußeren eines Gesteins Dehnungsspannungen. Sie sprengen allmählich das Gestein.
– Wasser, das in feine Risse und Spalten des Gesteins eingedrungen ist, dehnt sich beim Gefrieren aus und sprengt das Gestein.
– Fließendes Wasser bewegt kantige Steine und schleift sie dabei ab.
– In Spalten eingedrungene Pflanzenwurzeln spalten beim Wachsen das Gestein.
– Wind poliert mithilfe weggewehter Sandteilchen die Felsen.

Die durch physikalische Kräfte zerkleinerten Gesteinsmaterialien werden „Primärminerale" genannt. Die häufigsten sind Quarz, Feldspat und Glimmer, die Bestandteile des Granits.

Chemische Verwitterung

Primärmineralien können sich über chemischen Prozesse weiter verändern. Die Folge davon sind Produkte mit einer unterschiedlichen chemischen Zusammensetzung und Struktur (= **Sekundärmineralien**). Die Intensität der chemischen Verwitterung nimmt mit steigender Temperatur, Durchfeuchtung und Wasserstoffionenkonzentration, aber auch dem Zerteilungsgrad der Minerale und Gesteine zu. Die daraus entstehenden Sekundärmineralien bilden sich hauptsächlich auf folgenden Wegen:

– **Lösungsverwitterung:** In Gestein eingedrungenes Wasser löst einzelne Bestandteile heraus, z. B. Kieselsäure und Mineralsalze. Auch Kalkstein wird durch saures Regenwasser allmählich aufgelöst. Dies wird u.a. durch die Aufnahme von geringen Mengen Kohlenstoffdioxid (CO_2) aus der Luft bewirkt. Kohlenstoffdioxid und Wasser bilden zusammen Kohlensäure (H_2CO_3).
– **Hydrolyse:** Die Kristallstruktur der Primärmineralien wird unter Einwirkung von Wasser und Wärme zersetzt. Die chemischen Agenzien sind hierbei die Wasserstoff- (H^+) und Hydroxidionen (OH^-) des Wassers. Die neu entstandenen Produkte reagieren wiederum mit anderen Verwitterungsprodukten weiter. Auf diesem Wege entstehen z. B. Tonminerale und Eisenoxide.
– **Oxidationsverwitterung:** Bei diesem Vorgang werden die in den Primärmineralien enthaltenen Eisenionen freigesetzt und durch Luftsauerstoff oxidiert. Je nach Bodenbedingungen (Luft- und Wassergehalt, Temperatur) entstehen dabei Minerale, die den Boden von orangefarben bis blutrot färben.
– **Biochemische Verwitterung:** Diese Verwitterungsform wird durch Säuren verursacht, die aus Stoffwechselausscheidungen von Bakterien, Pilzen und Algen stammen. Auch Pflanzenwurzeln sind in der Lage, Säuren auszuscheiden, um die in den Gesteinsmineralien gebundenen Nährstoffe herauszulösen.

Durch die Verwitterung werden viele chemische Verbindungen frei und relativ leicht löslich.

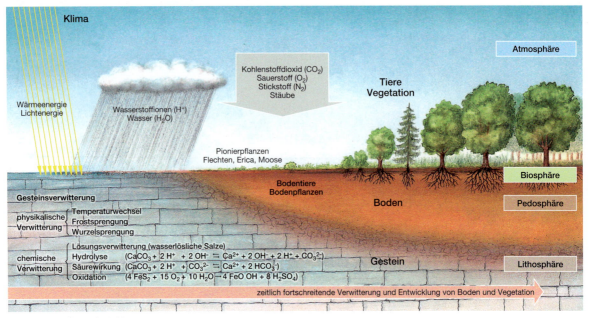

M1 Schema der Bodenbildung

Tonminerale

Tonminerale besitzen einen schichtförmigen Aufbau. Dabei wechseln in bestimmter Weise Schichten von Aluminium-Sauerstoff-Molekülen mit Schichten von Silizium-Sauerstoff-Molekülen ab und bilden zusammen ein Schichtpaket. Ein einzelnes Mineralteilchen besteht aus einem Stapel solcher Schichtpakete, ähnlich einem Blätterteig. Je nach Ausgangsgestein und Klimabedingungen entstehen verschiedene Tonminerale, die sich in Struktur und Abfolge der Schichtpakete unterscheiden. In humid-tropischen Klimaten bilden sich die Tonminerale Kaolinit oder Gibbsit. Sie bestehen aus einer Abfolge von Schichtpaketen, die jeweils nur zwei Schichten miteinander kombinieren (= **Zweischicht-Tonmineral**). In den semihumiden Klimaten der Steppen bilden sich bevorzugt die **Dreischicht-Tonminerale** wie Illit, Montmorillonit und Chlorit. Beide Typen von Tonmineralien besitzen unterschiedliches Wasseraufnahmevermögen und unterschiedliche Speicherfähigkeit für **Kationen** (= positiv geladene Atome/Atomgruppen). Während die Zweischichtminerale nur wenig Wasser aufnehmen und nur an den Teilchenrändern Kationen binden können, besitzen die Dreischichtminerale hohes Quellvermögen und können zusätzlich erhebliche Mengen Kationen zwischen den Schichten binden. Da die im Tonmineral gebundenen Kationen (K^+, Na^+, Ca^{2+}, Mg^{2+}) teilweise wasserlöslich sind, können sie mit Kationen des Bodenwassers in ein Lösungsgleichgewicht treten. Dabei werden Ionen des Tonminerals mit Ionen des Bodenwassers ausgetauscht (= **Kationenaustausch**). Der Kationenaustausch ist für die Pflanzenernährung von großer Bedeutung, da die im Tonmineral gebundenen Kationen Nährstoffe für die Pflanzen darstellen. Wenn die Pflanzen Nährstoffbedarf haben, scheiden sie über die Wurzeln Wasserstoffionen (H^+-Ionen) an das Bodenwasser ab. Die H^+-Ionen besetzen dann einige Plätze der Kationen im Tonmineral und setzen diese in die Bodenlösung frei. Als freie Ionen in der Bodenlösung können sie von den Wurzeln aufgenommen werden.

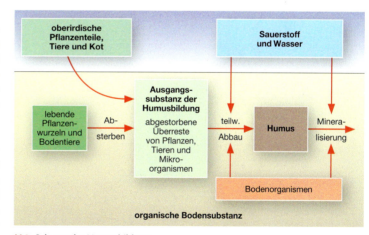

M 2 Tonminerale

Organische Bodenbestandteile

Die Ausscheidungen der Tiere bilden zusammen mit den übrigen abgestorbenen Resten von Pflanzen und Tieren das Ausgangsmaterial der organischen Bodensubstanz. Dieses Material wird durch die Tätigkeit der lebenden Organismen ständig weiter verändert und schließlich zu Mineralsalzen verarbeitet.

Im Boden lebt eine hohe Zahl und große Vielfalt von Organismen. Dazu gehören größere Bodentiere wie Regenwürmer, Insektenlarven, Vielfüßer, und kleinere, mit bloßem Auge nicht sichtbare Bodenorganismen wie Bakterien, Pilze, Algen und Einzeller. Die meisten dieser Organismen ernähren sich vom abgestorbenen organischen Material: Wurzeln, Blätter, Stängel und Kot. Ihre Ausscheidungen enthalten Kohlenstoffdioxid und andere Mineralsalze, die von den Pflanzen als Nährstoffe aufgenommen werden.

Ein wichtiges Zwischenglied in der Kette der Umwandlungen der organischen Substanz ist der **Humus**. Er bildet sich aus Zwischenprodukten des biologischen Abbaus, jedoch nur dann, wenn bei mäßiger Wärme und Feuchtigkeit ein langsamer Abbau der organischen Materie durch die Bodenorganismen ermöglicht wird. Solche Klimabedingungen liegen z. B. in den gemäßigten Breiten vor. Sind die Bedingungen für die Stoffwechselaktivität der Bodenorganismen jedoch so günstig wie in den immerfeuchten Tropen, dann werden die organischen Materialien sehr schnell zu Mineralsalzen abgebaut. In den tropischen Regenwäldern bildet sich daher nur eine dünne Humusschicht. Besonders nährstoffreiche Bestandteile des Humus sind die **Huminstoffe**. Sie enthalten viel Stickstoff und bilden zusammen mit Tonmineralien stabile Aggregate mit hoher Ionenaustauschfähigkeit. Sie stellen damit neben den Tonmineralien die wichtigsten Nährstoffspeicher des Bodens dar.

M 3 Schema der Humusbildung

Bodenarten

Je nach Grad der Verwitterung ist das Muttergestein im Boden in mehr oder weniger große Teilchen zerfallen. Einzelkörner mit einem Durchmesser > 2 mm werden zum Bodenskelett gerechnet, kleinere zur **Feinerde**. Die Feinerde wird in drei durch Korngrößenbereiche unterschiedene Gruppen gegliedert: **Sand**, **Schluff** und **Ton**. Ton (Durchmesser < 0,002 mm) ist sehr feinkörnig. Schluff (0,002 – 0,05 mm) ist etwas grobkörniger. Sand (0,05 – 2,0 mm) ist am grobkörnigsten. Die Einteilung der Böden nach dem Gewicht der Kornfraktionen Sand, Schluff und Ton ergibt die Bodenart (s. M 3). Sie bestimmt im Wesentlichen die Eigenschaften des Bodens im Hinblick auf Nährstoffgehalt, Bearbeitbarkeit und Wasserbindevermögen.

Porenvolumen, Wasser- und Lufthaushalt, Wärmehaushalt

Für die Bodenlebewesen und die Pflanzenwurzeln ist der Luft-, Wasser- und Wärmehaushalt eines Bodens von grundlegender Bedeutung. Für einen raschen Gas-, Wasser- und Wärmeaustausch sorgen die zwischen den Bodenbestandteilen liegenden Hohlräume (Poren).

Ein Boden nimmt das Regenwasser wie ein Schwamm auf und entlässt den nicht aufnehmbaren Rest in tiefere Bodenschichten. Man bezeichnet diejenige Menge Wasser, die nach einem starken Regen in zwei Tagen in der oberen Bodenschicht noch gespeichert ist, als **Feldkapazität** des Bodens. Sie ist ein wichtiges Merkmal der Bodenqualität, denn sie gibt Auskunft darüber, wie lange ein Boden in Trockenperioden für Pflanzenwurzeln Wasser zur Verfügung stellen kann.

Die Feldkapazität hängt von der Zahl und Größe der Poren ab. Die Porengröße ist bestimmt durch die Bodenart, denn die Kornvolumina der Bodenteilchen bestimmen auch die Größe der dazwischenliegenden Hohlräume. Je höher der Anteil an groben Poren ist, desto schneller wird das Niederschlagswasser in das tiefere Erdreich abgeleitet. Mittelporen und Feinporen halten das Wasser fest (**Kapillareffekt**). In den Feinporen wird Wasser so stark gebunden, dass es von saugenden Pflanzenwurzeln nicht mehr aufgenommen werden kann.

Die Poren regeln auch den Lufthaushalt eines Bodens. Pflanzenwurzeln und Bodenorganismen benötigen für die Atmung eine ständige Sauerstoffzufuhr. Ist der Luftaustausch z. B. durch Verdichtung der Bodenoberfläche oder Verschlämmung nach starkem Regen unterbrochen, so nehmen die Wurzeln und Bodenorganismen Schaden.

Der **Wärmehaushalt** eines Bodens regelt das Wachstum der Pflanzen und die Stoffwechselaktivität der Bodenorganismen. Er ist abhängig von der Sonneneinstrahlung, der Hangneigung, der Meereshöhe, der Bodenfarbe und der Vegetation. Wärme kann dem Boden auch durch Tau (**Kondensationswärme**) oder durch einen warmen Regen zugeführt werden. Für die **Wärmespeicherung** ist hauptsächlich der Wassergehalt eines Bodens maßgebend. Ein wasserhaltiger Boden unterliegt wegen der hohen Wärmekapazität des Wassers nicht solchen Temperaturschwankungen wie ein trockener Boden.

Bodenreaktion

Unter „Bodenreaktion" versteht man die saure, neutrale oder basische Reaktion des Bodens. Die entsprechende Messgröße dafür ist der pH-Wert. Von ihm hängen viele Bodeneigenschaften ab. Er beeinflusst u. a. die Lebensbedingungen der Bodenorganismen und die Verfügbarkeit von Mineralsalzen.

Optimal für das Bodenleben und das Pflanzenwachstum ist die neutrale Bodenreaktion (pH-Wert 7). In den gemäßigten Breiten liegt der pH-Wert meist etwas darunter (5,0 – 6,5), also im schwach sauren Bereich. Ursache hierfür ist die verstärkte Auswaschung von basisch wirkenden Kationen (Ca^{2+}, Mg^{2+}, Na^+, K^+) durch sauren Regen. In der Landwirtschaft wird daher in regelmäßigen Abständen zur Anhebung des pH-Wertes Kalk auf den Boden aufgebracht.

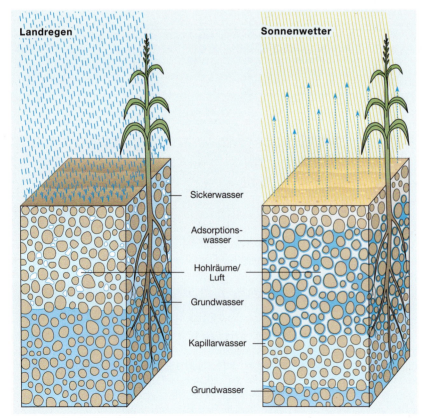

M 1 Wasserhaushalt im Boden

Geo-Bausteine

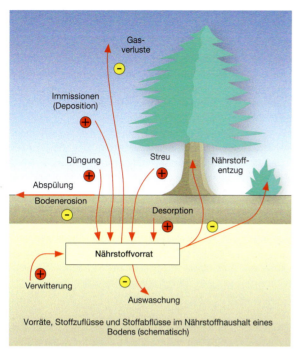

M2 Nährstoffhaushalt

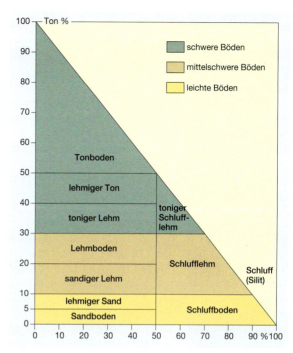

M3 Körnungsdiagramm

Nährstoffhaushalt des Bodens

Pflanzen benötigen zum Aufbau ihrer organischen Substanz (Kohlenhydrate, Fette und Eiweiße) zahlreiche Nährstoffe aus dem Boden. Die vier wichtigsten Nährstoffe enthalten die Elemente Stickstoff (N), Phosphor (P), Kalium (K) und Magnesium (Mg). Außerdem werden in geringem Ausmaß noch **Spurenelemente** beansprucht, u. a. Mangan (Mn), Zink (Zn) und Kupfer (Cu).

Den Nährstoffhaushalt eines Bodens bestimmen das verwitterbare Gestein, die Sekundärmineralien, die oberirdische Biomasse und der Humus. Alle in diesen Substanzen gebundenen Nährstoffe zählen zum **Nährstoffvorrat**. Pflanzenverfügbar ist jedoch nur der Anteil von ihnen, der in Ionenform im Bodenwasser gelöst bzw. an feste Bodenteilchen locker gebunden (= adsorbiert) ist. Die Prozesse der Nachlieferung und der Rückführung werden von den Bodenorganismen und Pflanzenwurzeln geregelt (s. M2). Stickstoff und Schwefel kommen durch Deposition aus der Atmosphäre in den Boden.

Bodenhorizont

An einem Bodenaushub, z. B. einer Baugrube oder einem Wegeinschnitt, erkennt man, dass ein Boden waagerecht verlaufende Lagen aufweist, die sogenannten „Bodenhorizonte". Diese Lagen sind im Laufe der Bodenbildung entstanden und spiegeln die Entwicklungsgeschichte eines Bodens wider.

Die zuunterst liegende Schicht ist der Gesteinshorizont (C-Horizont); er ist durch das weitgehend unveränderte Ausgangsgestein geprägt. Darüber liegt der mineralische Unterbodenhorizont (B-Horizont); er ist gekennzeichnet durch die zunehmende Verwitterung des Gesteins. Durch die dabei freigesetzten Eisenoxide erhält der Boden seine typisch rötlich-braune Farbe, weshalb dieser Horizont auch als **Verbraunungshorizont** bezeichnet wird. Obenauf liegt der mineralische Oberbodenhorizont, auch **Mutterboden** oder **Krume** genannt (A-Horizont). Er ist stark belebt und durchwurzelt sowie durch Humus deutlich dunkler gefärbt als die unteren Horizonte.

Zwischen den Horizonten finden Verlagerungsvorgänge statt, die von der Bewegungsrichtung des Bodenwassers abhängig sind. Sie können abwärts, aufwärts oder seitlich gerichtet sein. Mit dem Sickerwasser werden Huminstoffe, Ton, Kalk und Metalloxide bewegt und meist nach unten verlagert.

Bodentyp

Die Bodenhorizonte können in unterschiedlicher Ausprägung, Kombination und Abfolge auftreten und ergeben so das Profil des jeweiligen Bodens. Böden mit gleichem Profil spiegeln einen gleichen Entwicklungsstand wider und werden daher zu einem Bodentyp zusammengefasst. In Abhängigkeit vom Ausgangsgestein, von Relief und Klima, den Lebewesen in und auf dem Boden sowie der Zeitdauer der Einwirkung bodenbildender Faktoren liegt an jedem Standort ein bestimmter Bodentyp vor.

Böden der Erde

Ferrallit (Roterde, Latosol)

Der Ferrallit ist der vorherrschende Bodentyp der feuchten Tropen, d. h. der Feuchtsavannen und immerfeuchten Tropen. Der Name stammt vom lateinischen Begriff „ferrum" (Eisen) ab und enthält „al" (Aluminium) sowie „lit" (griech.: lithos = Gestein).

Der Bodentyp entwickelt sich unter warm-humiden Klimaverhältnissen durch intensive, tiefgründige, chemische Verwitterung (Hydrolyse). Dabei wird der ursprüngliche Mineralbestand vollständig umgewandelt und die freigewordenen Alkali- und Erdalkali-Ionen sowie Kieselsäure werden mit dem Sickerwasser abtransportiert (Desilifizierung). Die gelbe bis rote Färbung des Verwitterungshorizontes (B) ist charakteristisch für diesen Bodentyp und begründet sich durch die Anreicherung von Eisen- und Aluminiumoxiden (rot – Hämatit, gelbbraun – Goethit). Die Tonfraktion besteht fast vollständig aus dem Zweischicht-Tonmineral Kaolinit und den Sesquioxiden (Al_2O_3, Fe_2O_3).

Der meist schmale Humushorizont weist nur relativ geringe Gehalte an organischer Substanz auf, weil die Mineralisierungsgeschwindigkeit außerordentlich hoch ist. Darunter lagert häufig ein rötlichgelb bis gelbrot gefärbter Fahlerdehorizont. Aufgrund der ungünstigen Bodeneigenschaften (geringe Kationenaustauschkapazität, schlechte Wasserdurchlässigkeit, geringe Luftkapazität, saurer pH-Wert, ungebundene Al-Ionen) gilt der Ferralit oft als ungünstiger Ackerstandort mit geringen bis mäßigen Ertragspotenzialen.

Schwarzerde (Tschernosem)

Die Schwarzerde ist ein Boden mit A/C-Profil. Sie entsteht vorrangig im Bereich der kontinentalen Steppen aus Lockergesteinen mergeliger Zusammensetzung (Sedimentgestein aus Ton und Kalk), in Europa vorwiegend aus Löss. Die in Deutschland vorkommenden, häufig degradierten Schwarzerden sind Relikte einer früheren Klimaepoche (Boreal).

Wichtig für ihre Bildung ist semihumides Klima in Verbindung mit den sich daraus ergebenden Vegetationszyklen. Im Frühjahr, Sommer und Herbst produziert die Steppenvegetation aus Gräsern und Kräutern eine große Menge stickstoffreicher Biomasse. Die organische Substanz wird jedoch nur teilweise mineralisiert, weil dieser Vorgang im trockenen, heißen Sommer und im kalten, niederschlagsarmen Winter verlangsamt abläuft und teilweise aussetzt. Die reiche Bodenfauna wandelt die Biomasse in Humus um und wühlende Bodentiere (Hamster, Regenwurm) mischen sie tief ein. Aufgrund der starken Humusakkumulation können mächtige Humushorizonte über dem anstehenden Lockergestein entstehen.

Die Schwarzerden sind bedingt durch den hohen Humus- und Nährstoffgehalt sowie infolge ihrer guten physikalischen und chemischen Eigenschaften sehr fruchtbare Böden. Sie gelten als ausgezeichnete Ackerstandorte.

Braunerde

Die Braunerde ist ein typischer Boden der mittleren Breiten. Sie kommt in Deutschland gehäuft in den Mittelgebirgslagen und auf den pleistozänen bzw. holozänen Sanden des Norddeutschen Tieflandes vor. Der Bodentyp entwickelt sich auf den unterschiedlichsten Substraten. Demzufolge können die Ausgangssubstrate und die daraus entstehenden Böden nährstoffarm oder nährstoffreich sein. Die Horizontabfolge beginnt in Oberflächennähe mit einem humosen A-Horizont, der in den darunter liegenden, je nach Ausgangsgestein rot, braun oder gelb gefärbten B-Horizont übergeht. Der C-Horizont beginnt in einer Tiefe von 25 bis 150 cm.

Die Braunerde entsteht im gemäßigt humiden Klimabereich aufgrund von Silikatverwitterung, die Verbraunungen und Verlehmungen in den tieferen, nicht humosen Teilen des Bodens hervorruft. Die Hydrolyse der Primärsilikate führt zur Anreicherung von Eisenoxiden und -hydroxiden sowie sekundären Tonmineralen, vermehrt Dreischicht-Tonminerale (Illit, Chlorit). Demzufolge ist der B-Horizont meist lehmiger als das darunter anstehende mineralische Ausgangssubstrat.

Braunerden weisen abhängig vom Gestein unterschiedliche Bodenfruchtbarkeiten auf. Sie können über Basalt oder Geschiebelehm hochwertige, nährstoff- und humusreiche sowie gut durchlüftete und durchfeuchtete Ackerstandorte darstellen. Andererseits entwickeln sie sich über Sand häufig zu sauren, nährstoffarmen Böden mit ungünstigem Wasserhaushalt und sind nur durch Maßnahmen zur Verbesserung der Bodeneigenschaften (Melioration) landwirtschaftlich nutzbar.

Parabraunerde

Der Name Parabraunerde kennzeichnet die ökologische Verwandtschaft dieses Typs mit den basenreichen Braunerden. Sie gehört zu den typischen Böden der gemäßigten Klimazone humider Ausprägung. Der Bodentyp entwickelt sich aus karbonathaltigem Silikatlockergestein. In den gemäßigt humiden Breiten sind häufig Braunerden die Ausgangsböden, aus denen sich eine Parabraunerde entwickelt. Nach der Entkalkung und Verbraunung im Oberboden setzt eine Tonverlagerung aus dem Oberboden in den Unterboden ein. Als Folge entwickeln sich ein tonverarmter Oberboden (A-Horizont) und ein tonangereicherter Unterboden (B-Horizont). Dieser Prozess wird als „Lessivierung" (frz.: lessiver = waschen) bezeichnet Die Merkmalsausbildung wird durch pH-Werte zwischen 6,5 und 5 begünstigt.

Der A-Horizontbereich kann bis zu 60 cm mächtig sein. Er umfasst den humosen, gering mächtigen Ah- und den humusarmen, fahlbraunen Al-Horizont. In dem darunter folgenden tiefbraunen B-Horizont, der im Mitteleuropa zwischen 40 und 400 cm mächtig sein kann, fand im Laufe der Bodenentwicklung eine Tonanreicherung statt. Die Tonpartikel lagerten sich hierbei an Aggregatoberflächen und Bioporenwandungen ab. Durch die Tonverlagerung in die tieferen Bereiche des Bodens kann es zur Verstopfung und Verkleinerung der Poren kommen. Der zeitweilige Luftmangel bedingt eine geringere Durchwurzelung dieser von Staunässe betroffenen Bodenbereiche. Meist ist die Parabraunerde aber gut durchwurzelbar und belüftet; sie wird in vielen Räumen ackerbaulich genutzt.

Podsol

Der Name Podsol stammt aus dem Russischen und bedeutet „Asche-Boden". Podsole entstehen durch den Bodenbildungsprozess der Podsolierung, vorwiegend unter kalt- bis gemäßigt-humiden Klimabedingungen. Als Podsolierung bezeichnet man die Verlagerung von Eisen und Aluminium in Verbindung mit organischen Stoffen im Bodenprofil. Neben den klimatischen Bedingungen spielen auch das Ausgangsgestein (meist an Ca und Mg verarmt, gutes Sickervermögen) und die Vegetation (Pflanzenarten, die wenig Nährstoffe benötigen und nährstoffarme Vegetationsrückstände hinterlassen) eine wichtige Rolle. In Verbindung mit diesen Voraussetzungen verarmt der Boden an Nährstoffen und versauert. Die Bodentiere und Mikroorganismen zersetzen die Streu nur noch unvollständig; es bilden sich organische Komplexbildner und Reduktoren, die die Metallionen Fe und Al aus den Silikaten lösen. Mit dem Sickerwasser werden die Metalle in den Unterboden verlagert. Deshalb ist der verarmte Oberboden aschgrau und der Unterboden braunschwarz bis rotbraun. Die in den Alluvialhorizont eingewaschenen Al- und Fe-Verbindungen können im Unterboden stark verfestigen; sie bilden einen Ortstein.

Podsole sind meist schlechte Ackerstandorte, die jedoch vielerorts durch Aufkalkung, Düngung mit Mineralstoffen und Zufuhr organischer Substanzen aufgewertet werden.

Rendzina

Die Rendzina ist ein gesteinsabhängiger, meist flachgründiger Boden mit A/C-Profil. Der Name ist aus dem Polnischen abgeleitet und beschreibt das Rauschen der Steine am Streichblech des Pfluges. Der Bodentyp entwickelt sich über Carbonat- (75 % $CaCO_3$) oder Gipsgesteinen durch physikalische und chemische Verwitterung (Lösungsverwitterung). Das nach dem Auswaschen zurückbleibende Solumsubstrat besteht vorwiegend aus Aluminiumsilikaten, Quarz- bzw. Kieselrückständen und Oxiden. Zusätzlich lagern sich organische Materialien ab, die verstärkt im Auflagehumushorizont einer Mullrendzina Ton-Humus-Komplexe bilden.

Im A-Horizont der Rendzina entwickelt sich aufgrund des gesteinsabhängigen, hohen pH-Wertes und der hohen Ca^{2+}-Sättigung ein reges Bodenleben. Der Oberboden ist u. a. durch den günstigen Luft- und Wasserhaushalt und eine hohe Austauschkapazität meist stark durchwurzelt.

Rendzinen bilden sich in Mitteleuropa vorrangig im Bereich von Kalk und Gips unterlagerten Mittelgebirgen und in den Alpen. Sie werden häufig als Weide- und Forstflächen genutzt. In Räumen mit mächtigeren A-Horizonten ist auch Ackerbau möglich.

Pflanzen und ihre natürliche Umwelt

Die Verbreitung der Pflanzen auf der Erde ist das Ergebnis einer langen Entwicklung. Im ursprünglichen, sehr einheitlichen Lebensraum Wasser lebten die Pflanzen, gestützt durch den Auftrieb, inmitten von Nährstoffen. Landpflanzen gibt es seit ca. 400 Millionen Jahren. Für das Überleben auf dem Land sind zahlreiche Anpassungen notwendig.

Besondere Bedeutung kommt dem **Klima** zu, da die Verteilung von Licht, Wärme und Wasser die primären Wachstumsbedingungen bestimmt (Wachstumsfaktoren). Die **Höhenstufen** des Reliefs sowie die **Böden** haben differenzierende Bedeutung. Zwischen den Faktoren **Klima – Boden – Vegetation** bestehen enge Wechselbeziehungen (Ökodreieck).
Das Klima prägt den Boden- und Vegetationstyp. Die Wechselbeziehungen zwischen Boden und Vegetation sind so eng, dass man fast von einer Einheit sprechen kann. Im Bereich der bodennahen Luftschichten beeinflussen Boden und Vegetation auch das Mikroklima.
Leben ist immer an die Existenz bestimmter Strukturen, im einfachsten Fall Zellen, gebunden, für deren Aufbau und Aufrechterhaltung Energie notwendig ist. Einige wenige Bakterienarten können Energie aus der Oxidation anorganischer Stoffe gewinnen. Alle anderen Organismen sind letztlich auf die Sonne als Energiequelle angewiesen. Dabei können nur die grünen Pflanzen mithilfe ihres Chlorophylls Sonnenenergie aufnehmen und zum Aufbau energiereicher organischer Moleküle aus Kohlenstoffdioxid und Wasser verwenden. Pflanzen sind somit „Lichtfallen" und „Energieumwandler", die bei der Photosynthese Kohlenhydrate herstellen. Diese sind der „Treibstoff" für alle anderen Lebensvorgänge. Einen Teil davon nutzt die Pflanze selbst als Energiequelle für ihren eigenen Stoffwechsel, der Rest wird zusammen mit Mineralstoffen und Wasser aus dem Boden zum Aufbau der pflanzlichen Organe verwendet.

Pflanzen sind **Produzenten** von Biomasse. Tiere und Menschen sind als **Konsumenten** auf die pflanzliche Biomasse als Energiequelle und Baumaterial für ihr Wachstum angewiesen. Zur Energiegewinnung im Prozess der Atmung benötigen sie zudem Sauerstoff, der bei der Photosynthese als Nebenprodukt entsteht. Man unterscheidet Konsumenten 1. Ordnung, reine Pflanzenfresser (z. B. Kaninchen), und Konsumenten 2. und höherer Ordnung, reine Fleischfresser (z. B. Raubtiere).
Die Reihe Produzent – Konsument 1. Ordnung – Konsument 2. Ordnung stellt eine **Nahrungskette** dar, in der Stoffe und Energie weitergegeben werden. Abgestorbenes organisches Material wird zersetzt durch **Destruenten.** Man unterscheidet dabei Saprovore (Abfallfresser) und Reduzenten (Abbauer). Saprovore sind Würmer, Insektenlarven, Milben und andere Kleintiere, die sich von Pflanzenresten und Tierleichen ernähren. Reduzenten sind Bakterien, Pilze und andere Mikroorganismen. Sie ernähren sich entweder von den durch die Saprovoren ausgeschiedenen Resten oder direkt vom Bestandsabfall und bauen diese zu Kohlenstoffdioxid, Wasser und mineralischen Stoffen ab. So werden dem Kreislauf Nährstoffe, vor allem Stickstoff und Phosphor, wieder zur Verfügung gestellt. Die Schnelligkeit der Umsetzungsprozesse ist vor allem abhängig von den klimatischen Bedingungen. Wasser und Wärme beschleunigen sie.

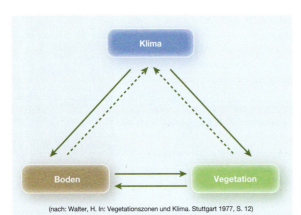

(nach: Walter, H. In: Vegetationszonen und Klima. Stuttgart 1977, S. 12)

M 1 Ökodreieck

Wachstumsfaktor Wasser
In humiden Klimaten steht Wasser ganzjährig zur Verfügung, ist also kein begrenzender Wachstumsfaktor. Dagegen bestimmt in wechselfeuchten Klimaten das unterschiedliche Wasserangebot im Wechsel von Regen- und Trockenzeiten das Wachstum. In Klimaten mit hygrischen Jahreszeiten ergeben sich also niederschlagsbedingte Wachstumsphasen. In ariden Klimaten der Wüsten ermöglichen sporadische oder episodische Regenfälle, mitunter im Abstand von mehreren Jahren, einen kurzfristigen üppigen Pflanzenteppich.
Niederschläge fallen nirgendwo auf der Welt gleichmäßig. Sie variieren in der Verteilung und Menge innerhalb der einzelnen Monate eines Jahres, und auch die Jahresmengen schwanken von Jahr zu Jahr. Diese Niederschlagsvariabilität ist besonders in wechselfeuchten und trockenen Klimaten ein wichtiger Faktor, der das Wachstum entscheidend beeinflusst und begrenzt.

Wachstumsfaktor Wärme
Wachstumsvorgänge benötigen für ihren Ablauf eine bestimmte Umgebungswärme, die durch direkte Einstrahlung oder durch zugeführte warme Luft bereitgestellt wird. In thermischen Jahreszeitenklimaten ergibt sich so eine temperaturbedingte Vegetationszeit. Diese ist durch die Breiten- und Höhenlage sowie die kontinentale oder maritime Lage bestimmt.

Wachstumsfaktor Nährstoffe
Pflanzen benötigen zum Wachstum außer Kohlenstoff nur wenige Nährelemente. Als Hauptnährelement dienen Stickstoff, Phosphor, Kalium und Calcium sowie Magnesium und Schwefel. Zusätzlich brauchen Pflanzen einige unentbehrliche Nährstoffe in kleinsten Mengen (Spurenelemente) wie Kupfer, Eisen, Mangan, Zink, Bor, Molybdän, Chlor und einige andere.

M 2 Wachstumsfaktoren

Geo-Bausteine

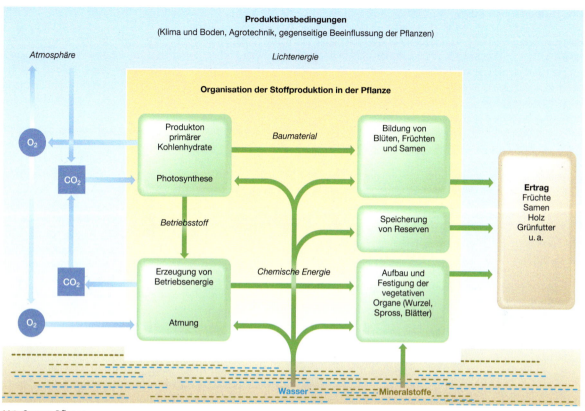

M 3 System Pflanze

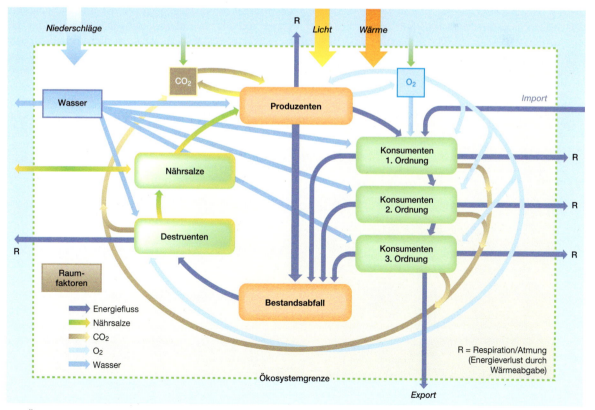

M 4 Ökosystem mit Energiefluss und ausgewählten Stoffströmen

Die Thünen'schen Ringe

Der mecklenburgische Gutsbesitzer und Ökonom Johann Heinrich Thünen (1783–1850) veröffentlichte 1826 in seinem Buch „Der isolierte Staat in Beziehung auf Landwirtschaft und Nationalökonomie" eine der ersten Standorttheorien in der Wirtschaftsgeographie. Die Thünen'schen Ringe beschreiben modellhaft die jeweils ertragreichste agrarische Bodennutzung und damit die räumliche Anordnung landwirtschaftlicher Betriebe um einen im Mittelpunkt liegenden urbanen Absatzmarkt.

Unter Beachtung der stark vereinfachten Annahmen führt das idealtypische Thünen'sche Modell zu einer räumlich regelhaften Landnutzungstheorie, bei dem die Transportkosten für ein Agrarprodukt zwischen dem Produktionsstandort und dem Marktort den Gewinn stark beeinflussen. Bei der Gewinnermittlung berücksichtigte Thünen neben dem Distanzfaktor noch das Gewicht, das Volumen und die Verderblichkeit der Agrarprodukte. Güter mit hohem Verderblichkeitsrisiko wie Obst und Gemüse erzielen ihren höchsten Gewinn in unmittelbarer Marktnähe; Getreide kann in den äußeren Nutzungsringen noch gewinnbringend angebaut werden. Um hier eine höhere Wertschöpfung zu erzielen, empfiehlt Thünen eine Veredelung der Produkte, die zur Verringerung der Transportkosten führt. Nach Thünen nimmt die landwirtschaftliche Intensität von innen nach außen ab. Dabei kommt es zu einer räumlichen Differenzierung der Agrarprodukte. Die Thünen'sche Landnutzungsabfolge ist in der Landwirtschaft um 1800 bewiesen. Die mangelhafte Verkehrsinfrastruktur und die unzureichenden Verkehrsmittel (Pferdefuhrwerke) waren die Ursache für die hohen Transportkosten und die damit verbundenen Risiken.

Die Bedeutung der Thünen'schen Landnutzungstheorie heute

Moderne Verkehrsmittel und globale Logistiksysteme haben die Transportkosten stark reduziert und garantieren einen schnellen und sicheren Transport von Nahrungsmitteln ohne nennenswerte Qualitätsverluste zu marktgerechten Preisen. Wo günstige Produktionsbedingungen (Klima, Böden, niedrige Lohnkosten) herrschen, ermöglichen die geringen Transportkosten auch Intensivkulturen in peripheren Räumen (Blumen aus Kenia, Tomaten aus Andalusien, Wein aus Kalifornien). Die Produkte sind trotz der weiten Entfernungen zu den Konsummärkten mit den dortigen Regionalprodukten konkurrenzfähig. Steigen allerdings die Transportkosten wegen erhöhter Energie- und Umweltkosten, könnte es zu einer Rückbesinnung auf die Thünen'schen Regionalökonomie kommen. Diese ist auch heute noch nachweisbar in unmittelbarer Nähe zu urbanen Agglomerationsräumen. So versorgt das Alte Land an der Elbe seit 1600 den Hamburger Markt mit Obst; der Niederrhein und das Münsterland beliefern die Region an Rhein und Ruhr mit frischem Gemüse und die Agroindustrie im südlichen Niedersachsen hat sich auf die Veredelung von Tierprodukten spezialisiert.

Auch in Entwicklungsländern, wo bei mangelhafter Verkehrs-

- Der Staat ist isoliert und von der übrigen Welt abgeschnitten, d.h. es gibt keinen Außenhandel mit Agrarprodukten.
- Im Zentrum des kreisförmigen Staates befindet sich der einzige urbane Marktort, wohin die Landwirte ihre Agrarprodukte bringen (Direktvermarktung) und woher sie ihre Industriegüter beziehen.
- Das städtische Umland ist eine homogene Ebene, die keine natur-, kultur- oder wirtschaftsräumlichen Differenzierung aufweist (gleiche Bodenfruchtbarkeit, die Verkehrsverbindungen zum Marktort sind alle gleich gut). Die Produktions- und Transportkosten sind somit überall gleich.
- Die Landwirte wirtschaften streng nach dem Prinzip der Gewinnmaximierung, d.h. sie allein bestimmen die Anbauprodukte nach dem Verhältnis von Aufwand, Kosten und Ertrag.

M 1 Voraussetzungen bei den Thünen'schen Ringen

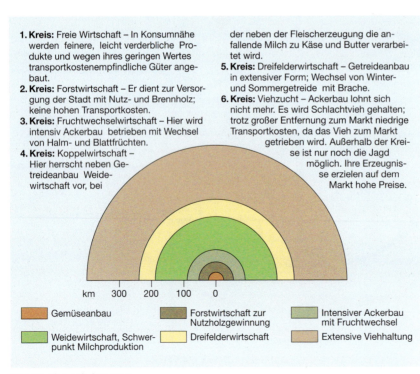

M 2 Die Thünen'schen Ringe

Geo-Bausteine

Zone	Prozentanteil am Staatsgebiet	relative Entfernung vom städtischen zentralen Markt	Landnutzung	Wichtigste vermarktete Produkte	Produktionssystem
0	< 0,1	< 0,1 km	Stadt, Industriegebiet	Industrieprodukte	Zentrale Stadt als Handelszentrum des Staates; in der Nähe Eisen- und Kohlegewinnung
1	1	0,1 – 0,6 km	Intensive Landbewirtschaftung	Milch, Gemüse	Intensive Milchwirtschaft und Gemüseanbau; hoher Düngereinsatz, keine Bracheperioden
2	3	0,6 – 3,5 km	Wald	Feuerholz	Forstwirtschaft auf dem Prinzip der anhaltenden Erträge
3a	3	3,6 – 4,6 km		Roggen, Kartoffeln	Wechselanbau mit 6-jähr. Rotation: Roggen (2 Jahre), Kartoffeln (1 Jahr), Klee (1), Gerste (1), Lupine (1); keine Brache; Stallfütterung des Viehs im Winter
3b	30	4,7 – 34 km	Extensiv-Kulturen (Anbau)	Roggen, tierische Erzeugnisse	Wechselanbau in 7-jähr. Rotation: Grünfutter-/Heugewinnung mit Schwerpunkt Milch- und Weidewirtschaft (3), Roggen (1), Gerste (1), Hafer (1), Brache (1)
3c	25	34 – 44 km		Roggen, tierische Erzeugnisse	Dreifelderwirtschaft: Roggen o. ä. (1), Weidewirtschaft (1), Brache (1)
4	38	45 – 100 km	Extensive Viehhaltung	tierische Erzeugnisse (Futtermittel)	Überwiegend extensive Viehzucht; etwas Roggenanbau für den Eigenbedarf
5	–	über 100 km	Ödland	Keine	Keine

(aus: Haggett, P.: Geographie, eine moderne Synthese. Stuttgart 1991, S. 527)

M 3 Regelhafte Landnutzungszonen nach Thünen

infrastruktur die Transportkosten sehr hoch sind, ist das Thünen'schen Landnutzungsmuster dokumentierbar. Dort spielt die Direktvermarktung im Gegensatz zu den Industrieländern bei der Versorgung ländlicher Kleinstädte noch eine bedeutende Rolle.

Das untere Schaubild zeigt die Fortschreibung der Thünen'schen Ringe unter Ergänzung weiterer Einflussfaktoren. Unberücksichtigt bleibt die Einflussnahme durch die Politik (z. B. EU-Agrarpolitik), die zu neuen Nutzungsmustern führt.

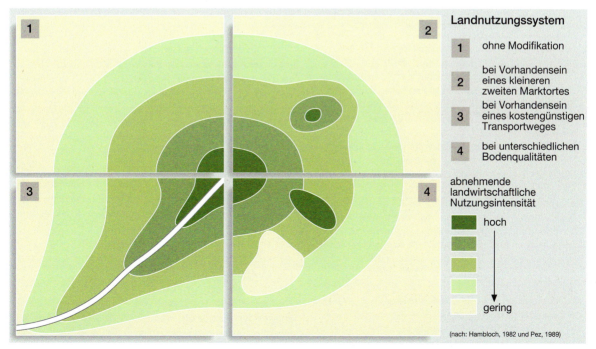

M 4 Veränderungen von Landnutzungssystemen

Wirtschaftsordnungen im Vergleich

Das Modell der zentralen Wirtschaftsplanung

Mit dem Zusammenbruch des sozialistischen Gesellschaftssystems in Osteuropa zu Beginn der 1990er-Jahre hat das Modell einer zentralen Wirtschaftsplanung mit Ausnahme weniger Staaten an Bedeutung verloren. Die Marktwirtschaft ging aus diesem seit 70 Jahren dauernden Konkurrenzkampf als Siegerin hervor. Doch wiederkehrende Weltwirtschaftskrisen lassen deutliche Zweifel aufkommen, ob das Gewinn- und Eigennutzstreben der Menschen die erhoffte Wohlstandsmehrung für alle und nicht nur für wenige bringen kann.

Warum brauchen wir überhaupt eine Wirtschaftsordnung?

Aus der Knappheit der Güter auf der Erde resultiert die Notwendigkeit des Wirtschaftens, d. h. ein sparsamer Einsatz von Ressourcen. Um andererseits die Vielzahl menschlicher Bedürfnisse optimal befriedigen zu können, müssen in einer modernen Volkswirtschaft, die durch einen hohen Grad an Arbeitsteilung gekennzeichnet ist, Wirtschaftsordnungen entwickelt werden. Diese organisieren und lenken die Produktionsfaktoren (Arbeit, Wissen, Kapital und Naturschätze) und die Verteilung der Güter an die Konsumenten im Sinne des Wirtschaftens (Lenkungsproblem der Volkswirtschaften).

Wirtschaftsordnungen sind aber stets nur Teile der vorherrschenden Gesellschaftssysteme, die die politischen Leitziele vorgeben. Die kapitalistischen und sozialistischen bzw. kommunistischen Gesellschaftssysteme sind hier als schärfste Konkurrenten zu nennen. Zwar streben beide das gleiche Ziel an – nämlich den größtmöglichen Wohlstand für alle –, jede für sich hat aber eine eigene Wirtschaftsordnung entwickelt, nämlich die **Marktwirtschaft** und die **Zentralverwaltungswirtschaft** (Planwirtschaft). Beide Wirtschaftsordnungen können in ihrer Idealform nur modellhaft erklärt werden, in der Realität kommen sie stets als Mischform vor, z. B. die soziale Marktwirtschaft der Bundesrepublik Deutschland. Den schnellen Zugang zu den unterschiedlich gesellschaftspolitisch begründeten Wirtschaftsordnungen ermöglichen folgende Fragen:

1. Wer besitzt die Verfügungsgewalt über die Produktionsfaktoren? Welche Eigentumsformen herrschen vor: Privat- oder Kollektiveigentum an den Produktionsfaktoren?
2. Wer bestimmt die Produktionsziele und den Verbrauch der Produkte: Markt oder Plan?
3. Welche Ordnungsfunktion kommt dem Staat bzw. dem Markt zu: Kommandowirtschaft oder freie Marktwirtschaft?

Das Modell der Marktwirtschaft

Mit dem Modell der zentralen Wirtschaftsplanung konkurriert das Modell der Marktwirtschaft: „Gib mir, was ich brauche, und Du sollst haben, was Du brauchst." Mit diesen Worten begründet Adam Smith (1723 – 1790) den **Wirtschaftsliberalismus** oder die **liberale** bzw. **freie Marktwirtschaft,** deren Motor der individuelle Eigennutz ist. Der Mensch als vernünftiges Wesen kennt seine Bedürfnisse am besten und wird sie zu seinem Vorteil optimal befriedigen können. Vordergründig steht das Selbstinteresse des oder der wirtschaftlich Handelnden; daraus folgt, dass das Gleichgewicht auf den Märkten, durch Angebot und Nachfrage, ohne staatliche Regulierung herstellbar ist.

Aus der Smith'schen Lehre einen menschenverachtenden Kapitalismus abzuleiten, dessen Ziel eine rücksichtslose Gewinnmaximierung auf Kosten der Allgemeinheit ist, würde dem Vater der Nationalökonomie nicht gerecht; denn, so argumentiert Adam Smith, über die Befriedigung der individuellen Bedürfnisse entsteht automatisch auch ein Nutzen für die Volkswirtschaft. Außerdem ist das Gewinnstreben eingeschränkt durch die Forderungen nach Gerechtigkeit, Wohltätigkeit, Besonnenheit und Anstand. Diese Rahmenbedingung wirtschaftlichen Handelns schränkt den Egoismus des Individuums ebenso ein wie die Machtansprüche von Megafirmen, über Kartelle den Weltmarkt zu beherrschen. Hier ist der Staat gefragt, dessen eigentliche Aufgabe es sein muss, Wettbewerb zu ermöglichen.

Der absolute und komparative Kostenvorteil

Adam Smith begründete den Handel zwischen Überschuss- und Mangelregionen auf der Basis des absoluten Kostenvorteils. Dieser Handel setzt die internationale Arbeitsteilung in Gang. Die unterschiedliche geographische Ausstattung der Staaten ist entscheidend für die Kostenunterschiede dieser Handels- und Dienstleistungsgüter. Hierzu zählen das Klima, die Verfügbarkeit von Rohstoffen oder natürlichen Verkehrswegen, die verschie-

---

- Zentrale Planung, Lenkung und Kontrolle des gesamten Wirtschaftsgeschehens einschließlich aller anderen gesellschaftlichen Bereiche wie Soziales, Kultur, Wissenschaft und Bildung. Die Wirtschaftsteilnehmer sind in ihren Dispositionen beschränkt.
- Das Privateigentum an Produktionsmitteln ist weitgehend aufgehoben (Staatseigentum, Kollektiveigentum). Das Gleiche gilt für das Bank- und Versicherungswesen. Die Geld- und Kreditversorgung erfolgt zentral durch den Staat.
- Die Produkte werden administrativ zentral verteilt. Der Außenhandel ist durch staatliche Organisationen zentral gelenkt.
- Die Preise für Güter und Dienstleistungen, für Arbeit (Löhne) und Kapital (Zinsen) werden zentral festgelegt (staatliche Preispolitik).
- Ziel allen wirtschaftlichen Handelns ist die Planerfüllung.
- Politik und Wirtschaft sind eng verknüpft. Die Entscheidungsträger beider Bereiche sind zum Teil identisch. Ausgangspunkt des Ordnungstyps ist der Marxismus / Leninismus.

Im Gegensatz zum Marktmodell ist hier die zentrale Lenkung des gesamten Wirtschaftsgeschehens ordnungsbestimmend. Das so genannte „Subordinationsprinzip" ist dabei ein wesentliches Charakteristikum. Eine übergeordnete Institution ist alleiniger Planungsträger. Diese Planungsinstitution entscheidet, welche Güter in einem bestimmten Planungszeitraum zur Verfügung stehen sollen. Sie bestimmt, wer diese Güter mit welchen Mitteln produziert und wie die produzierten Güter innerhalb der Gesellschaft verteilt werden sollen.

(nach: Informationen zur politischen Bildung H.180, 1986, S. 4)

M1 Merkmale der zentralen Wirtschaftsplanung

1. Der absolute Kostenvorteil (A. Smith)

a) vor der internationalen Arbeitsteilung

	Kosten zur Herstellung von 1 t		
	Weizen	Stahl	Gesamtkosten
Frankreich	100	200	300
Deutschland	140	160	300

b) nach der internationalen Arbeitsteilung:

	Kosten zur Herstellung von 2 t		
	Weizen	Stahl	Gesamtkosten
Frankreich	200	–	200
Deutschland	–	320	320

2. Der komparative Kostenvorteil (D. Ricardo)

a) vor der internationalen Arbeitsteilung

	Kosten zur Herstellung von je 1		
	Computer	Maschine	Gesamtkosten
Korea	10 000,–	12 000,–	22 000,–
Deutschland	16 000,–	13 000,–	29 000,–

b) nach der internationalen Arbeitsteilung

	Kosten zur Herstellung von je 2		
	Computern	Maschinen	Gesamtkosten
Korea	20 000,–	–	20 000,–
Deutschland	–	26 000,–	26 000,–

Gesamtkostenersparnis für beide Länder: 5 000,–
Kostenersparnis für Korea: 2 000,–
Kostenersparnis für Deutschland: 3 000,–

M 2 Kostenvorteil durch Handel nach Smith und Ricardo

den hohen Produktionskosten, abhängig von Lohn- und Transportkosten, sowie Steuern oder der Grad der Industrialisierung und Tertiärisierung.
Das Beispiel vom absoluten Kostenvorteil zeigt, dass Frankreich seinen Weizen im Vergleich zu Deutschland absolut billiger erzeugt (100 zu 140 Geld- oder Rechnungseinheiten). Bei Stahl geht der Kostenvergleich zugunsten von Deutschland aus. Smith empfiehlt nun den beiden Volkswirtschaften, sich auf die Produkte zu spezialisieren, bei denen sie einen absoluten Kostenvorteil haben und diejenigen Güter zu importieren, die sie absolut teurer herstellen müssen.

Sein Nachfolger David Ricardo (1772 –1823) hat das Gesetz des absoluten Kostenvorteils ergänzt um das Gesetz des komparativen Kostenvorteils. Er weist nach, dass ein Land mit absoluten Kostennachteilen bei beiden Produkten auch dann noch vorteilhaft am Handel teilnehmen kann, wenn sich beide Länder auf die Güter spezialisieren, bei denen sie einen komparativen, d. h. relativen Kostenvorteil haben:
Für Korea stellt sich rechnerisch die Relation Computer zu Maschine = 0,83 und Maschine zu Computer = 1,2 dar.
Für Deutschland: Computer zu Maschine = 1,23 und Maschine zu Computer = 0,81.

Der Vergleich der inländischen Kostenvorteile zeigt, dass Korea bei einem Computer (0,83) und Deutschland bei einer Maschine (0,81) einen komparativen Kostenvorteil hat. Obwohl Korea einen absoluten Kostenvorteil für beide Produkte besitzt, profitiert es von einem Handel mit Deutschland, da die inländische Kostenrelation bei der Produktion von Maschine zu Computern beim Maschinenbau ungünstiger ist als diejenige in Deutschland.
Verzichten beide Staaten auf die Herstellung des jeweils teureren Produktes, erzielen beide (allerdings unterschiedliche) Gewinne aus der internationalen Arbeitsteilung.

Systemvergleich Marktwirtschaft – Planwirtschaft

Smith und Ricardo begründen mit dem absoluten und komparativen Kostenvorteil eines Landes den günstigsten Produktionsstandort für eine Ware. Daraus resultiert sinnvollerweise eine weltweite Arbeitsteilung, deren sichtbarer Ausdruck der Warenstrom von einem Überschuss- zum Mangelgebiet ist. Insgesamt soll dieses System des Freihandels den Wohlstand der am Handel Beteiligten steigern.

Die Feststellungen von Smith und Ricardo treffen besonders beim Handel zwischen Industrie- und Schwellenländern zu. Seit dem Zweiten Weltkrieg profitieren die westlichen Industrieländer und seit den 1980er-Jahren auch die Schwellenländer von einer starken Expansion des Welthandels. Allerdings ist der freie Handel im Rahmen der Globalisierung nicht unumstritten. Die Schere zwischen Arm und Reich klafft in den Industrie- als auch in Entwicklungsländern immer weiter auseinander. Hier hat der Markt als Steuerungsinstrument versagt.

Modell der Sozialen Marktwirtschaft in der Bundesrepublik Deutschland

Anlässlich der katastrophalen Auswirkungen der Weltwirtschaftskrise (1929 – 1931) entwickelten liberale Nationalökonomen der Freiburger Schule in den frühen 1930er-Jahren die Soziale Marktwirtschaft aus der Erkenntnis heraus, dass die ungezügelte freie Marktwirtschaft versagt habe. Die Reformliberalen sahen im Staat den einzigen noch vertrauenswürdigen Garanten, den hemmungslosen Wirtschaftsliberalismus durch einen ordnungspolitischen Rahmen, z. B. durch Sozialgesetzgebung, zu bändigen (Primat der Politik über die Wirtschaft). Dieses ausschließlich deutsche Modell versucht, als „dritten Weg" einerseits freies Wirtschaften (Schutz des Privateigentums, freie Unternehmerinitiative, Preisbildung am Markt, d. h. Verbot von Kartellen) zu ermöglichen und andererseits durch ein Netz von sozialen Sicherungsleistungen eine gerechte Einkommens- und Vermögensbildung zu erzielen: So viel Wettbewerb wie möglich und so viel Planung / Intervention des Staates wie nötig. Dieses Modell ist kein starres Modell, sondern muss ständig an zeitgemäßen Anforderungen wie Globalisierung oder einer Finanz- und Wirtschaftskrise angepasst werden.

Seit der Gründung der Bundesrepublik Deutschland 1949 ist die Soziale Marktwirtschaft ein wichtiger Grundpfeiler der Demokratie und ein bedeutender Standortfaktor, der sie soziale und wirtschaftliche Stabilität garantiert.

	Liberale Marktwirtschaft (Idealform)	**Soziale Marktwirtschaft (Mischform)**	**Zentralverwaltungswirtschaft oder Plan- oder Kommandowirtschaft (Idealform)**
Verfügungsgewalt über die Produktionsfaktoren (Kapital, Wissen, Arbeit, Umweltgüter wie Boden, Wasser Luft)	in der Hand von privaten Wirtschaftssubjekten (Haushalte, Gesellschaften, Genossenschaften)	vorrangig in der Hand von privaten Wirtschaftssubjekten, aber auch in staatlicher oder öffentlicher Hand, wenn ein öffentliches Interesse daran besteht, z. B. Post, Verkehr, Verteidigung	in der Hand des Staates oder im Eigentum eines vom Staat kontrollierten Kollektivs (Verstaatlichung bzw. Kollektivierung der Produktionsmittel)
Rolle des Staates	Der Staat hat bestenfalls eine Überwachungsfunktion: Er hat für Ruhe und Ordnung, für die öffentliche Verwaltung und für die Rechtsordnung zu sorgen. Der Sozialdemokrat Ferdinand Lassalle (1825–1864) sprach ironisch vom „Nachtwächterstaat".	Der Staat spielt eine aktive Rolle bei der Sicherung der Wettbewerbsordnung (Kartellgesetz), bei der Abstimmung von Finanz- und Geldpolitik (Stabilitätsgesetz), bei der sozialen Sicherung menschenwürdiger Arbeits- und Lebensverhältnisse (Arbeitsgesetzgebung, Tarifpolitik, soziales Netz, Verbraucher- und Umweltschutz). **Motto:** So viel Staat wie nötig, so viel Markt wie möglich	Die staatliche Planungsbehörde – ermittelt zentral private und öffentliche Bedürfnisse, – erstellt zentral einen Plan, wonach die Quantität und Qualität sämtlicher Güter und Dienstleistungen zeitgerecht und flächendeckend erstellt und verteilt werden, – kontrolliert die Einhaltung des Plansolls (Allmacht des Plans)
Produktionsziele und Verbrauch der Produkte	Was und wie viel produziert wird, entscheiden die Unternehmen (Produktionsfreiheit); was und wie viel konsumiert wird, obliegt dem Konsumenten (Konsumfreiheit): dezentrale Planung und Lenkung	Produzent und Konsument entscheiden grundsätzlich über Produktionsziele und Verbrauch. Der Gesetzgeber kann zum Wohle der Allgemeinheit die Produktions- und Konsumfreiheit einschränken.	Im Rahmen der Planwirtschaft stark eingeschränkte Produktions- und Konsumwahl, Berufs- und Arbeitsplatzwahl und keine Freizügigkeit; Zuteilungssystem mit dem Ziel der Planerfüllung;
Preisbildung, Wettbewerb	Preisbildung durch Angebot und Nachfrage, Wettbewerbsfreiheit	Preise als Ergebnis des Wettbewerbs; Wettbewerbsfreiheit im Rahmen der sozialen Marktwirtschaft	Der Staat legt Preise, Löhne und Zinsen fest: staatliche Preispolitik, keine Wettbewerbsfreiheit
Handel	freier Binnen- und Außenhandel	Der freie Außenhandel kann bei nicht wettbewerbsfähigen Wirtschaftsbereichen wie Landwirtschaft oder Kohlenbergbau eingeschränkt werden (Protektionismus).	staatlich gelenkter Handel, abgeschottete Wirtschafts- und Währungsräume, Protektionismus und Devisenzwangswirtschaft
Verträge	Vertragsfreiheit für Kauf-, Miet-, Pachtverträge usw.	Vertragsfreiheit für Kauf-, Miet-, Pachtverträge usw., sofern sie nicht den sozialen und ökologischen Normen widersprechen	keine Vertragsfreiheit
Staaten (eine Zuordnung der Wirtschaftsordnungen als Idealform ist nicht möglich, da sie nur als Mischformen vorkommen)	Die liberale Marktwirtschaft kann heute keinem Staat mehr zugeordnet werden. Bei den OECD-Staaten lagen die Sozialausgaben in Prozent des Bruttoinlandsproduktes im Durchschnitt bei 22 % im Jahr 2011 (Schweden 27,6 %, Deutschland 26,2 %, Niederlande 23,7 %, Japan 22,4 % (2009), USA 19,8 % und Mexiko 8,1 %).		ehemalige Sowjetunion mit Ostblockstaaten, die seit der 1990er-Jahre als Transformationsländer mit unterschiedlichem Erfolg eine soziale Marktwirtschaft anstreben VR China unter Mao Tsetung (1949–1976), danach Experiment einer „sozialistischen Marktwirtschaft"; Kuba, Vietnam, Nordkorea

M 3 Vergleich der wichtigsten Wirtschaftsordnungen

Modelle der Stadtentwicklung

Jede Stadt hat zwar in physiognomischer wie auch funktionaler Anordnung ihr eigenes Profil, doch lassen sich bei näherer Betrachtung gewisse Regelmäßigkeiten und Übereinstimmungen feststellen. **Stadtmodelle** sind theoretische Ansätze, mit denen diese Regelhaftigkeiten verdeutlicht werden sollen. Dabei spielen neben der Darstellung von räumlichen Prozessen auch wirtschaftliche und soziokulturelle Aspekte eine Rolle.

Zu den Modellen, die die räumliche Organisation der Wirtschaft im städtischen Raum regelhaft aufzeigen, gehören Transportkosten-, Flächennutzungs- und Bodenpreisdarstellungen. So kann z. B. ein städtisches Kern-Rand-Gefälle bei den Grundstückskosten in einfacher Form nachgewiesen und veranschaulicht werden. Die Verteilung der Bevölkerung im Verhältnis zur Entfernung zur Stadtmitte lässt sich mit einem **Bevölkerungsdichtemodell** grafisch darstellen und in Form einer Exponentialfunktion auch rechnerisch nachweisen.

E. W. Burgess entwickelte auf der Grundlage kartographisch erfasster sozialräumlicher Strukturen in Chicago die Theorie des **konzentrischen Wachstums** von Städten. Demnach bildet sich in zentraler Lage das Hauptgeschäftszentrum, an das sich nach außen ringförmige Zonen anschließen. Da eine Stadt immer von innen nach außen expandiert, greifen Nutzungen und Bevölkerungsgruppen in einem Verdrängungsprozess immer in die nächstfolgende Zone über. So wandern z. B. in einem zentrumsnahen Viertel wohnende Hausbesitzer mit sinkenden Bodenpreisen in die Vororte ab, wobei Investitionen am Baubestand nun nicht mehr getätigt werden. Dieser preiswerte Wohnraum wird daraufhin von einkommensschwachen Zuwanderern genutzt, sodass es zur **Ghetto-Bildung** kommt.

Das **Sektoren-Modell** von H. Hoyt basiert auf der Untersuchung von Mietpreisstrukturen in amerikanischen Städten. Die Gliederung in homogene Sektoren gibt außerdem die Bedeutung der radial verlaufenden Verkehrslinien wieder. Schließlich entwickelten C. D. Harris und E. L. Ullman ein Modell, das von mehreren Kernen ausgeht und mit dem verdeutlicht werden soll, dass mit der Größe einer Stadt auch die Zahl und die Spezialisierung der Kerne wachsen.

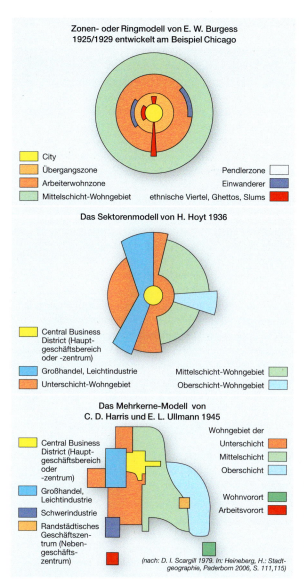

M 1 Stadtmodelle

	Wachstumsprozesse	Wachstumsdeterminanten	Wachstumsrichtung	räumliches Gliederungsprinzip	Wachstumsergebnisse
Burgess	Expansion, Invasion und Sukzession von der City ausgehend; Dominanz der City	Standortverlagerung der ökonomisch dominanten gewerblichen Nutzungen	zentralperipher in alle Richtungen	konzentrische Zonen	Differenzierung der Nutzungen, Segregation, Subzentrenbildung in alten Kernen
Hoyt	Filtereffekt bei der Wohnstandortverlagerung	Wohnstandortverlagerung statushoher Wohngebiete	zentralperipher und sektoral entlang bestehender Verkehrswege in Richtung auf die statushohen Wohngebiete	sektorale Gliederung	Umnutzung der Sektoren, speziell in Zentrumsnähe
Harris/Ullmann		zentralörtliche Funktionen		mehrkernige Gliederung	Differenzierung / Spezialisierung der Nutzungen, Funktionalisierung der einzelnen Kerne

M 2 Wesentliche Aussagen der Stadtmodelle

Die Europäische Union

Europa wächst zusammen

Das Ende des Zweiten Weltkrieges hatte in Europa zerstörte Länder, verfeindete Völker und eine desolate Wirtschaft hinterlassen. Politisch waren zwei Blöcke entstanden, die durch den „Eisernen Vorhang", eine von der Ostsee bis zur Adria verlaufende Grenze, voneinander getrennt waren.

Unter der Führung der damaligen Sowjetunion formierte sich der **Ostblock** und gründete 1949 den **RGW** (Rat für gegenseitige Wirtschaftshilfe), der eine enge Zusammenarbeit der ost- und ostmitteleuropäischen Staaten förderte. Auch in den westlichen Staaten gab es Überlegungen zur wirtschaftlichen und politischen Zusammenarbeit. Bereits 1946 rief der englische Premierminister Winston Churchill zur europäischen Zusammenarbeit auf, in der die Partnerschaft Deutschlands mit Frankreich eine fundamentale Rolle spielen sollte. 1950 stellte der französische Außenminister Robert Schuman einen Plan vor, die Kohle- und Stahlproduktion dieser beiden Länder zusammenzulegen. Weiter gehende Anstrengungen mündeten in der **EGKS** (Europäische Gemeinschaft für Kohle und Stahl, **Montanunion**), der außer Deutschland und Frankreich auch Italien und die Benelux-Staaten angehörten. Die 1957 gegründete **EWG** (Europäische Wirtschaftsgemeinschaft) entwickelte sich somit aus rein wirtschaftlichen Interessen. Einige der Staaten, die nicht zur EWG gehörten, bildeten daraufhin die **EFTA** (European Free Trade Association), um ihre Handelsinteressen zu schützen.

Zu Beginn des 21. Jh. hat sich Europa neu strukturiert. Die **Europäische Union**, der 2013 28 Staaten angehörten, wächst zu einer auf drei Säulen ruhenden politischen Union zusammen.

M 1 Die drei Säulen der Europäische Union – die „Vier Freiheiten" im EU-Binnenmarkt

Folgende Verträge bilden das Fundament der EU:
- der Vertrag über die Gründung der Europäischen Gemeinschaft für Kohle und Stahl (EGKS), der am 23.7.1952 in Kraft trat und am 23.7.2002 auslief;
- der Vertrag zur Gründung der Europäischen Wirtschaftsgemeinschaft (EWG), der am 1.1.1958 in Kraft trat; er wird häufig „Vertrag von Rom" genannt;
- der Vertrag zur Gründung der Europäischen Atomgemeinschaft (Euratom), der zusammen mit dem EWG-Vertrag in Rom unterzeichnet wurde; Euratom- und EWG-Vertrag werden zusammen oft als „Römische Verträge" bezeichnet;
- der Vertrag über die Europäische Union (EU), der am 1.11.1993 in Kraft trat (Vertrag von Maastricht);
- der Vertrag von Lissabon (ursprünglich EU-Verfassungs- bzw. EU-Grundlagenvertrag genannt), der am 1.12.2009 in Kraft trat, reformiert die EU- und EG-Verträge; die Aufgabenbereiche und Funktionsweise der EU werden unter Berücksichtigung der politischen, wirtschaftlichen und sozialen Entwicklungen neu geregelt.

(nach: Website der EU unter: ec.europa.eu)

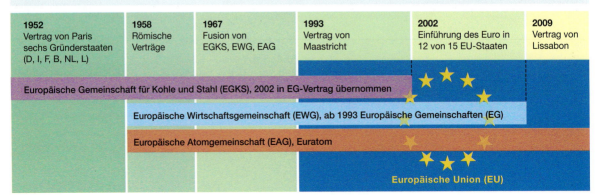

M 2 Der Integrationsprozess von der Montanunion zur Europäischen Union

Geo-Bausteine

Europaflagge: blauer Hintergrund mit 12 Sternen als Symbol der Vollkommenheit

Europahymne: „Ode an die Freude" (aus Beethovens Neunter Symphonie)

Europatag: 9. Mai; Vorschlag von 1950, die Kohle- und Stahlindustrie in Frankreich und Deutschland einer gemeinsamen Behörde zu unterstellen, Grundstein für die heutige EU

Europäische Währung: Euro, nicht in allen EU-Ländern eingeführt

M 3 Symbole Europas

M 4 Die Organe der Europäische Union

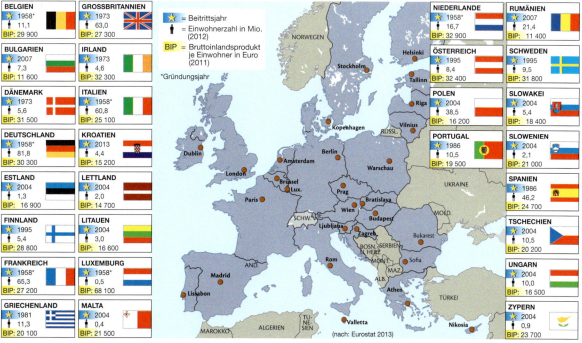

M 5 Die Europäische Union

Regionalfonds der Europäischen Union

Um Disparitäten innerhalb der Europäischen Union abzubauen und Wachstum sowie Beschäftigung zu fördern, werden aus dem Etat der EU finanzielle Mittel bereitgestellt. Damit werden Investitionen in Infrastrukturen getätigt sowie der produktive Sektor wie auch die Humanressourcen gefördert. Über die Schaffung von Arbeitsplätzen soll die wirtschaftliche Entwicklung kurz- und langfristig gesichert werden.

Im Zeitraum 2014–2020 werden aus den drei **Strukturfonds** Zuschüsse zu langfristigen Entwicklungsprogrammen geleistet. Die Förderung durch die Strukturfonds erfolgt nach der Zielvorgabe „Investieren in Wachstum und Beschäftigung". Dabei werden Fördermittel aus den Fonds EFRE und ESF in den Raumkategorien weniger (48,5 % der Mittel) bzw. stärker (15,8 % der Mittel) entwickelte Regionen sowie den Übergangsregionen (11,7 % der Mittel) bereitgestellt. Zusätzlich wird die „Europäische territoriale Zusammenarbeit" (3,4 % der Mittel) gefördert, auch die Regionen in äußerster Randlage sowie die nördlichen Regionen werden gesondert unterstützt (< 0,1 % der Mittel). Dem Kohäsionsfonds fließen 20,5 % der Mittel zu.

Jede europäische Region kann Fördermittel aus verschiedenen Fonds erhalten. Es wird aber zwischen weniger entwickelten Regionen (Pro-Kopf-BNE < 75 % des EU-Durchschnitts), Übergangsregionen (75 %–90 %) und stärker entwickelten Regionen (> 90 %) unterschieden, um für eine Konzentration der Fondsmittel entsprechend dem BNE zu sorgen.

- Der **Europäische Fonds für regionale Entwicklung** (EFRE) soll durch Beseitigung von Ungleichheiten den wirtschaftlichen, sozialen und territorialen Zusammenhalt stärken und gibt regionale Strukturbeihilfen, z. B. durch Unternehmensförderung und Verbesserung des Zugangs zu Kommunikationstechnologien, aber auch im Rahmen nachhaltiger Stadtentwicklung.
- Der **Europäische Sozialfonds** (ESF) unterstützt vorrangig Maßnahmen zur Verbesserung der Beschäftigungsmöglichkeiten, fördert bessere Bildung und verbessert die Lage armutsgefährdeter Menschen, finanziert also Maßnahmen insbesondere im sozialen Bereich.
- Der **Kohäsionsfonds** kann von allen Mitgliedsstaaten mit einem Pro-Kopf-BNE von weniger als 90 % des EU-Durchschnitts in Anspruch genommen werden. Mit ihm werden Projekte in den Bereichen Umwelt und transeuropäische Verkehrsnetze finanziert.

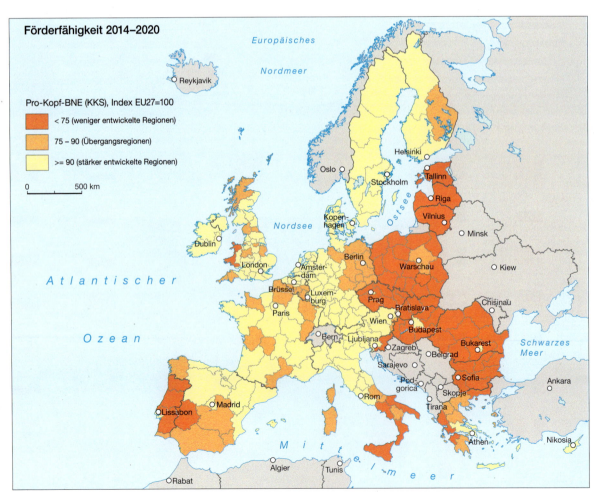

M1 EU-Strukturförderung 2014–2020

Ziele der Raumordnung

Deutschland gehört im Jahr 2013 mit 229 Einwohnern je Quadratkilometer zu den am dichtesten besiedelten Regionen in Europa. Allerdings schwankt die Bevölkerungsdichte innerhalb Deutschlands erheblich. Verdichteten Räumen stehen Regionen mit einer geringen Bevölkerungsdichte gegenüber. Zudem haben sich größere, zusammenhängende Räume mit einer ähnlichen Struktur durch das Aneinanderwachsen von Zentren herausgebildet.

Aufgabe der Raumordnung ist es, den Gesamtraum Deutschlands und seine Teilräume zu entwickeln, zu ordnen und zu sichern. Nach dem Raumordnungsgesetz umfasst diese Aufgabe folgende Aspekte:
- die Schaffung ausgeglichener sozialer, infrastruktureller, wirtschaftlicher, ökologischer und kultureller Verhältnisse unter Berücksichtigung der Nachhaltigkeit,
- die Sicherung der prägenden Vielfalt der Teilräume,
- die grundlegende Versorgung mit Infrastrukturen und Dienstleistungen sowie Bündelung der sozialen Infrastruktur in Zentralen Orten,
- die Sicherung bzw. in strukturschwachen Räumen Verbesserung von Standortvoraussetzungen für wirtschaftliche Entwicklungen,
- der Erhalt und die Entwicklung von Kulturlandschaften,
- der Schutz und die Entwicklung der natürlichen Lebensgrundlagen,
- die Berücksichtigung räumlicher Erfordernisse der Verteidigung und des Zivilschutzes,
- die Schaffung räumlicher Voraussetzungen für den Zusammenhalt der Europäischen Union sowie die Zusammenarbeit auf europäischer Ebene.

Ein weiterer Grundsatz ist das so genannte Gegenstromprinzip: Die Entwicklung, Ordnung und Sicherung der Teilräume soll sich in die Gegebenheiten und Erfordernisse des Gesamtraums einfügen; die Entwicklung, Ordnung und Sicherung des Gesamtraums soll die Gegebenheiten und Erfordernisse seiner Teilräume berücksichtigen. Dies bedeutet z. B., dass eine Gemeinde bei ihrer Planung darauf angewiesen ist, die Vorgaben des übergeordneten Regionalplans zu beachten. Andererseits sind bei der Aufstellung des Regionalplans die Entwicklungsmöglichkeiten der Gemeinde zu berücksichtigen.

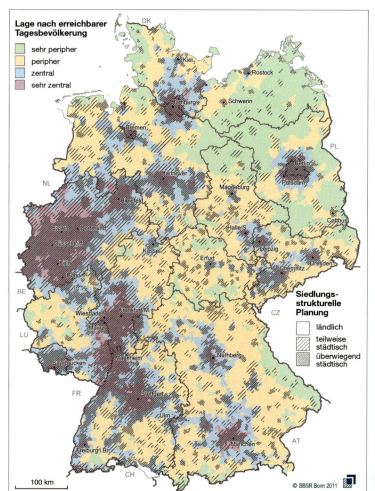

Heutzutage ballen sich auf 20 % der Fläche Deutschlands mehr als zwei Drittel der Bevölkerung und mehr als drei Viertel aller Beschäftigten. Die überwiegend städtische siedlungsstrukturelle Prägung nimmt damit eine besondere Stellung im Raumgefüge Deutschlands ein. Hohe Siedlungsdichten und starke Mobilität führen zu besonderen Problemen bei diesem Raumtyp.

Im Gegensatz hierzu befinden sich dünn besiedelte Gebiete in größerer Entfernung zu diesen Zentren. Der ländliche Raum ist über das gesamte Bundesgebiet verteilt und nimmt rund 60 % der Fläche Deutschlands ein. Hier leben rund 18 % der Bevölkerung und arbeiten nur ca. 11 % der Beschäftigten.

Eine dritte Raumkategorie bilden schließlich die Regionen teilweiser städtischer Prägung. Sie bilden den Zwischenraum zwischen den überwiegend städtischen und den ländlichen Regionen. Ihr Anteil an der Fläche beträgt fast 20 %, allerdings leben hier nur rund 15 % der Bevölkerung Deutschlands, und auch die der Anteil der Beschäftigten erreicht mit rund 13 % einen relativ geringen Anteil.

Insgesamt lebt und arbeitet in den sehr zentral gelegenen Gemeinden Deutschlands rund die Hälfte der Bevölkerung auf nur 11 % der Fläche. Das andere Extrem bilden die sehr peripher gelegenen Gemeinden, die mit Anteilen von 4 % an der Bevölkerung und 3 % an der Beschäftigtenzahl ca. 20 % der Fläche ausmachen.

M1 Raumtypen 2010

Geo-Bausteine

Leitbilder der Raumentwicklung

Die fortschreitende europäische Integration sowie gesellschaftliche und räumliche Entwicklungen machen ständige Anpassungen eines **raumordnungspolitischen Orientierungsrahmens** notwendig. Er zeigt anhand von drei Leitbildern Perspektiven und Strategien für die räumliche Entwicklung auf.

Legende für das Leitbild 1: Wachstum und Innovation

Legende für das Leitbild 2: Daseinsvorsorge sichern

Legende für das Leitbild 3: Ressourcen bewahren

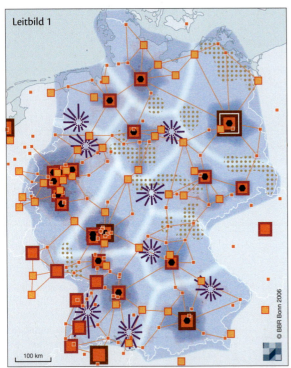

Leitbild 1

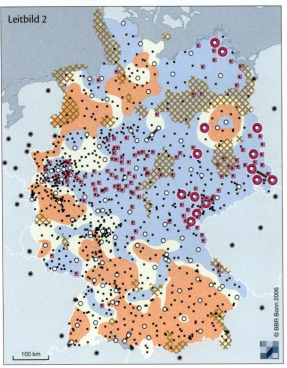

Leitbild 2

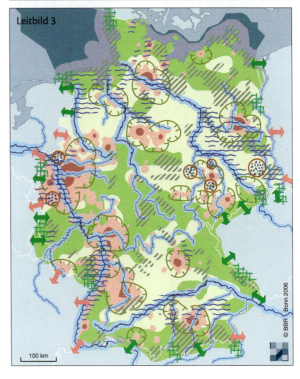

Leitbild 3

Geographische Arbeitsmethoden

Schüler präsentieren Ergebnisse

Da Allgemeinbildung neben Wissenserwerb auch Kompetenzerwerb umfasst, haben Sie in den vergangenen Jahren neben geographischem Grundlagenwissen zahlreiche Arbeitsmethoden (z. B. Informationsrecherche, Referate halten) kennen gelernt. Arbeitsmethoden sollen Sie u. a. befähigen, selbstständig Informationen zu erschließen, zu bewerten und zu präsentieren.

Eine umfangreiche Methodenkompetenz stellt nicht nur eine zentrale Grundlage für Ihr Abitur, sondern für Ihr zukünftiges Studium bzw. Ihren Beruf dar. Da einige Arbeitsmethoden neben dem wiederholten Training komplexe Anforderungen beinhalten, wird Ihnen auf den folgenden Seiten ein Zusatzangebot mit praktischen Hilfen zu ausgewählten Methoden angeboten. Die praktischen Hinweise zu wichtigen geographischen Methoden sollen Ihnen helfen, Ihr Methodentraining selbstständig zu optimieren, um eine möglichst hohe Methodenkompetenz zu erreichen. Dabei reichen die konkreten Hinweise von der Karteninterpretation bis zur Vorbereitung der Abiturklausur.

Auswertung von Materialien

Bei der Entwicklung und Verinnerlichung einer vielfältigen Methodenkompetenz, die eines der Hauptziele der Oberstufe darstellt, sollten Sie nicht vor einer leichten Schematisierung zurückschrecken. Diese auf wichtige Schritte reduzierten Erarbeitungshinweise sollen Ihnen bei der strukturierten Auswertung von Arbeitsmaterialien helfen.

Bei der erfolgreichen Auswertung von Arbeitsmaterialien wie Texten, Diagrammen, Tabellen und Karten erscheint die Abfolge nachstehender Arbeitsschritte sinnvoll: *Überprüfung der formalen Aspekte, Beschreibung und Begriffsklärung, Interpretation sowie Bewertung und Kritik.* Dabei gilt grundsätzlich, dass Sie erst fundierte Aussagen entwickeln können, wenn Sie die Aufgabenstellung vollständig verstanden und das *Material genau erfasst* haben (z. B. Überschrift, Signaturen, Begriffe oder Zahlenwerte). Somit ist die exakte Erarbeitung der formalen Aspekte und der Beschreibung genauso wichtig wie die Interpretation und Bewertung.

Behalten Sie die Aufgabenstellung während der gesamten Auswertung stets im Auge und berücksichtigen Sie zugleich das aktuelle Unterrichtsthema. Belegen Sie Ihre Aussagen immer durch Daten bzw. Indizien aus dem Material (Materialbezug). Verwenden Sie erdkundliche Fachtermini, um umständliche, meist ungenaue Umschreibungen zu vermeiden.

Checkliste zur Auswertung von Materialien

Überprüfung der formalen Aspekte
- Um welche **Materialart** handelt es sich (z. B. wissenschaftlicher Text, Diagramm, thematische Karte)?
- Wie lauten das **Thema**, die **Überschrift** und der **Untertitel**?
- Wer ist der **Verfasser** (Perspektive, ggf. Hinweis auf subjektive Sichtweise)?
- Aus welcher **Quelle** stammt das Material (Seriosität) und wann ist es erschienen?

Beschreibung und Begriffsklärung
- Klären Sie **unbekannte Begriffe** sowie Abkürzungen (Internet, Lexikon, Wörterbuch).
- Welche **Verständnisschwierigkeiten** treten auf, wie können Sie diese überwinden?
- Formulieren Sie die **Hauptaussagen** des Materials (Stimmen diese mit der Überschrift überein?) und belegen Sie diese durch genaue **Materialangaben** (z. B. Zeilenangabe).
- Welche **Besonderheiten** und **Auffälligkeiten** sind zu nennen?

Interpretation
- **Aussagen des Materials** werden mithilfe des Vorwissens und / oder zusätzlichen Materials in den **Gesamtzusammenhang** bzw. die Aufgabenstellung **eingeordnet** und erklärt. Dabei werden stets konkrete Verweise auf die jeweilige Materialstelle (z. B. Zeilenangabe) gegeben.
- Welche möglichen Ursachen bzw. Folgen lassen sich aus den beschriebenen Aspekten ableiten?
- Versuchen Sie die Einzelaspekte grafisch darzustellen (vgl. Strukturdiagramm), um ihre Vernetzung untereinander zu klären.
- Welche neuen Erkenntnisse sind zu gewinnen?
- Sind die Aussagen durch weiteres Material überprüfbar?

Bewertung und Kritik
- Ist das Material logisch und widerspruchsfrei?
- Wird **sachlich informiert** oder versucht, den Leser zu beeinflussen?
- Wo liegen die **Aussagegrenzen** des Materials, sodass Sie nur begründete Vermutungen formulieren können?

Zusätzliche Hinweise für die Auswertung von Texten

Einerseits ergänzen Texte geographische Arbeitsmittel (Karten, Diagramme, Tabellen etc.), andererseits können diese als Quellentexte auch geographische Arbeitsmittel ersetzen.

Vor der Auswertung steht das aufmerksame Lesen des Textes unter der Berücksichtigung der Aufgaben- bzw. Themenstellung. Hierbei bietet es sich an, zentrale Aspekte sowie unbekannte Begriffe zu markieren (Textmarker).

Im Folgenden werden zusätzlich zur Checkliste einige Hinweise zur Auswertung von Quellen- und Informationstexten angeboten.

Die *Gliederung in Sinnabschnitte* zur Erfassung von Teilaussagen sowie von Sachinformationen erscheint hilfreich. Hierbei kann sowohl die vorgegebene Gliederung als auch die Formulierung der jeweiligen Leitgedanken zu einem Abschnitt (Exzerpt) hilfreich sein; Kernaussagen sollten, um eine möglichst unverfälschte Wiedergabe zu gewährleisten, zitiert werden ([„…"] [Mat. x, Zeile y]). Überlegen Sie, in welchem Kontext (zeitlichen, räumlichen, ökonomischen, gesellschaftlichen, politischen) die Textaussage steht. Bedenken Sie auch, welche Absicht der Verfasser verfolgt und wer seine Adressaten sind bzw. waren.

Erstellen und Auswertung von Diagrammen

Hinweise zur Auswertung von Statistiken und Diagrammen. Daten in Form von Zahlen treten in der Regel in tabellarischer (= statistische Tabellen) oder grafischer Form (= Diagramme) zur Erfassung und Vermittlung quantitativer Sachverhalte auf. Während eine Statistik exakt ablesbare Zahlenwerte enthält, steht bei einem Diagramm die Anschaulichkeit im Vordergrund (geringere Aussagegenauigkeit). Während die Tabellenüberschrift einen inhaltlichen Überblick gibt, werden die Einzeldaten durch die Kopf- und Randleiste weiter inhaltlich untergliedert. Zusammen stellen sie die zum Verständnis der Tabelle notwendigen Informationen zur Verfügung. Folgende Aspekte sollten neben der Checkliste (vgl. Seite 179) bei einer Auswertung Berücksichtigung finden.

Überprüfung weiterer formaler Aspekte
- Zahlenarten (absolute, relative Zahlen), Prozentangaben oder Beziehungszahlen (z. B. t/ha) und/oder Indexzahlen (= hierbei wird ein Bezugswert gleich 100 gesetzt)
- Zahlenwerte (gerundet, geschätzt oder vorläufig; „k. A." = Daten sind nicht verfügbar)
- Bezugsraum
- Maßeinheiten der Achsen (Zeitsprünge bzw. Verzerrungen)
- Eindeutigkeit verwendeter Begriffe und Art der Gruppenbildung (z. B. MOEL-Länder)
- Minimal- und Maximalwerte benennen
- Häufigkeitsverteilungen nennen
- zeitliche Entwicklungen beschreiben (gleichmäßig oder sprunghaft?), Verlaufsphasen aufgrund unterschiedlicher Veränderungen abgrenzen (Zunahme, Abnahme, Stagnation?)
- ggf. Zahlenwerte berechnen / weiterverarbeiten
- Daten untereinander vergleichen und Zusammenhänge aufzeigen; mögliche Tendenzen bzw. Arbeitshypothesen formulieren und durch Materialangaben belegen.

Bewertung und Kritik
- Ist die gewählte grafische Darstellung geeignet?
- Sind bei relativen Zahlenangaben die Grund- bzw. Bezugswerte angegeben?
- Sind die gewonnenen Aussagen aufgrund des Zeitraumes, der Zeitpunkte, des Bezugsraumes oder der Aufarbeitung mit zusätzlichem Material vergleichbar?

Daten zur Landwirtschaft ausgewählter MOE-Länder[1] (2012)

Staaten	%-Anteil am BIP	%-Anteil an Beschäftigten	%-Anteil der LNF an Landfl.	Getreide in 1000 t
Estland	3,5	4,2	22	771
Polen	3,5	12,2	49	25 775
Slowenien	2,5	6,9	23	611
Tschech. Rep.	2,3	3,0	55	7 973
Ungarn	3,5	4,8	59	13 682
MOEL[2] (10)	3,9	8,4	43	85 007

[1] Mittel- und Osteuropäische Länder, [2] Bulgarien, Estland, Lettland, Litauen, Polen, Rumänien, Slowakei, Slowenien, Tschechien und Ungarn
(nach: Statistisches Jahrbuch 2013, Wiesbaden 2013, S. 646/650/664)

M 1 Tabelle

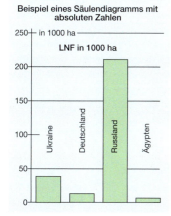
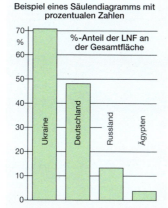

M 2 Säulendiagramme

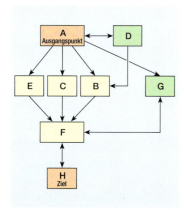

M 3 Strukturdiagramm

Erstellung eines Strukturdiagramms. Strukturdiagramme bzw. Wirkungsgefüge dienen dazu, zentrale Aspekte eines Sachverhaltes oder eines Problemkomplexes in ihrer Verflechtung untereinander anschaulich darzustellen. Zunächst klären Sie den „Ausgangspunkt" und das „Ziel" Ihres Wirkungsgefüges. Werten Sie danach das Informationsmaterial aufmerksam aus, markieren Sie zentrale Aspekte und fassen Sie diese durch übergeordnete Begriffe zusammen. Diese Begriffsfelder werden schließlich in einer logische Beziehung zueinander angeordnet.
Dabei verdeutlichen die Pfeile die Qualität der Vernetzung zwischen Ursachen, Folgen und Ergebnissen („A — B" bedeutet: A steht in Wechselbeziehung zu B, „A → B" bedeutet: Aus A folgt B; „A ↔ B" bedeutet: Sowohl A kann aus B als auch B aus A folgen). Durch unterschiedliche Pfeilstärken sowie durch kurze Erläuterungen an den Pfeilen können die wichtigsten Verbindungen gekennzeichnet werden.
Zur Anschaulichkeit eignen sich in den Kästen leicht verständliche Symbole, wie „↑" (für viel, zahlreich, zunehmend) und „↓" (für abnehmend, wenig, schwach).
In einem Fazit können Sie prägnant die Kernaussage Ihres Wirkungsgefüges formulieren.

Auswertung von Klimadiagrammen

Da Klimadiagramme die wichtigsten Hilfsmittel zur Veranschaulichung des Klimas an einem Ort sind, wird die Auswertung dieses Diagrammtyps gesondert vorgestellt. *Hydrothermische Klimadiagramme* stellen die Temperatur und den Niederschlag (in mm bzw. Liter pro Quadratmeter) dar. Trägt man im Klimadiagramm Temperatur und Niederschlag im Verhältnis 1:2 ab (20 °C entsprechen 40 mm Niederschlag), so werden durch die Flächen zwischen Niederschlags- und Temperaturkurve aride (trockene) und humide (feuchte) Zeiten dargestellt. Damit man die Größen von Klimadiagrammen richtig auswerten kann, sollte das Klimadiagramm des Nahraumes immer zum Vergleich herangezogen werden.

Das *Thermoisoplethendiagramm* stellt den Temperaturverlauf in Abhängigkeit von Tages- und Jahreszeit dar. Somit können Sie exakte Temperaturwerte sowohl im tages- als auch im jahreszeitlichen Verlauf ablesen. Bereiche gleicher Temperatur sind durch Linien, sogenannte *Isothermen*, miteinander verbunden. Verlaufen die Isothermen eher parallel zur Monatsachse, so handelt es sich um ein „thermisches Tageszeitenklima" (z. B. tropische Klimate). Verlaufen dagegen die Isothermen eher parallel zur Ordinate, so spricht man von einem ausgeprägten „thermischen Jahreszeitenklima" (z. B. Oxford). Aufgrund der differenzierteren Darstellung des Verlaufs der Tagestemperatur können genauere Aussagen beispielsweise über Frostrisiken während der Nacht gemacht werden. Hinzu kommen die Linien des Sonnenaufgangs bzw. -untergangs.

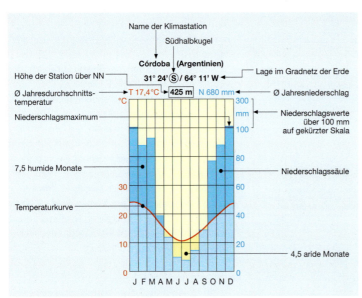

M 1 Klimadiagramm mit Erläuterungen von Cordoba (Argentinien)

Überprüfung formaler Aspekte
Ort, Lage im Gradnetz der Erde (Nord- oder Südhalbkugel, Tropen, Subtropen, gemäßigte Breiten oder Arktis), Höhenlage der Station, Jahresdurchschnittstemperatur, Jahresniederschlagssumme (Vergleich zu bekannten Klimastationen).

Beschreibung
Maximal- und Minimalwerte der Temperaturkurve (ozeanisches oder kontinentales Klima), Niederschlagswerte über 100 mm im Monat werden gestaucht dargestellt (Maßeinheit wird verfünffacht), Temperaturdifferenzen (Jahres- oder Tageszeitenklima), Anzahl und quantitative Ausprägung von Regenzeiten (humide oder aride Jahreszeiten), Anzahl der Tage über 5 °C (= Vegetationsperiode), Charakterisierung der Jahreszeiten.

Interpretation
Charakterisierung des Klimas, Bestimmung der Klima- und Vegetationszone, mögliche Folgen zur Thematik (z. B. zur Landwirtschaft in diesem Gebiet). Dabei ist immer zu bedenken, dass die im Klimadiagramm verwendeten Zahlen aufgrund ihrer mehrfachen Mittelung keinen direkten Bezug zur Realität haben. Denn was sagt die Augusttemperatur von 19 °C eines Ortes eigentlich genau aus?

Zudem ist neben den oben benannten Aspekten zu berücksichtigen, dass man häufig keine Informationen zu klimatischen Risikofaktoren wie Nachtfröste oder Schwankungen des monatlichen bzw. jährlichen Niederschlagswertes (Niederschlagsvariabilität) erfährt. Niederschlagsvariabilitäten können zu Dürren und bei entsprechend geringer Vegetationsdecke zu hoher Bodenerosion bei Starkregen führen.

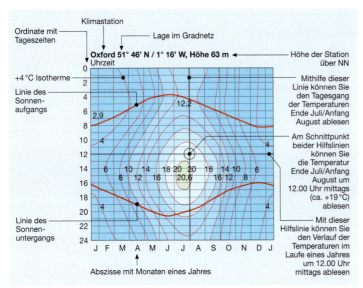

M 2 Thermoisoplethendiagramm von Oxford mit Erläuterungen

Auswerten von Karten

Eine **physische Karte** stellt sichtbare Erscheinungen der Erdoberfläche – vermessen und lagerichtig – im Grundriss dar. Sie wird z. T. durch Schrift und Signaturen ergänzt, die in der Legende erläutert werden. Die physische Karte ist ein verkleinertes, generalisiertes Abbild der Erdoberfläche bzw. ein Ausschnitt davon. Durch Isohypsen (Höhenlinien) oder farbige Höhenschichten wird die kugelförmige, dreidimensionale Erdoberfläche in einer Karte zweidimensional dargestellt. Diese Verebnung ist ohne Verzerrung nicht möglich. Somit kann eine Karte entweder flächentreu (Schulatlaskarten) oder winkeltreu (Navigationskarten) sein.

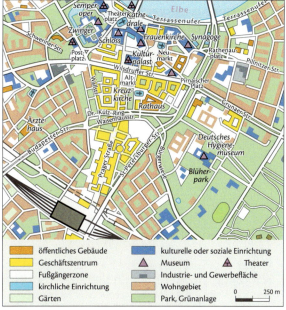

M 1 Kartenausschnitt Innenstadt von Dresden

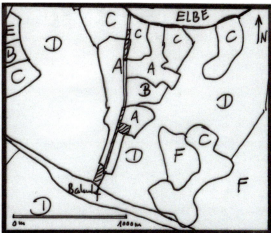

M 2 Kartenskizze zur funktionalen Gliederung

Thematische Karten stellen dagegen raumbezogene Themen unterschiedlicher Art dar, ohne als Abbildung der Erdoberfläche verstanden werden zu müssen. Man unterscheidet thematische Karten vor allem nach ihrem Inhalt bzw. Thema (z. B. Stadt-, Wirtschafts- oder Klimakarte).

Überprüfung der formalen Aspekte. Was wird untersucht bzw. dargestellt (Thema bzw. Überschrift, Quelle, Erscheinungsjahr, Legende klären)? Wo liegt der Raum? Wie groß ist er (Maßstab, Grundorientierung, räumliche Einordnung)?

Beschreibung. Was gibt es wie oft an welchen Stellen (wichtige Signaturen und Häufigkeitsverteilung)? Setzen Sie Einzelelemente kausal und funktional miteinander in Beziehung. Zur Gliederung einer Karte in Teilräume bietet sich häufig eine Skizze an, in der vergleichbare Areale zu Flächen zusammengefasst werden. Eine solche Skizze bietet nicht nur einen ersten Überblick, sondern erleichtert auch die weitere Beschreibung der Karte. Verwenden Sie das Fachvokabular. Verzichten Sie auf wenig präzise Formulierungen (z. B.: „viel, relativ häufig") und vermeiden Sie Übertreibungen (z. B.: „... eine absolut extreme Zersiedlung").

Interpretation. Was sagt die Karte aus? Kennzeichnen Sie ihre Vermutungen („Die Siedlung könnte aufgrund ... entwickelt haben."). Bei komplexeren Karten ist es sinnvoll zunächst einzelne Aspekte bzw. Geofaktoren zu untersuchen und erste Teilaussagen zu formulieren. Dabei sind Aussagen immer anhand von Indizien in der Karte zu belegen. Erst danach können Sie die Teilaussagen zu einer Gesamtaussage verknüpfen. Begründen und erklären Sie ihre Aussagen mit geographischen, politischen und historischen Strukturen und Entwicklungen, ggf. durch zusätzliches Material und/oder Vorwissen. Sollte eine genaue Aufgabenstellung fehlen, erscheint die Frage sinnvoll: Warum hat der Raum sich so entwickelt (Ursachen hinterfragen)?
Wie ist der Raum in Hinsicht auf die Aufgabenstellung zu bewerten (z. B. durch Vergleiche mit bekannten Raumbeispielen, positive und negative Folgen sind wichtig)?

Kritik und Bewertung. Wo liegen die Grenzen der Kartenaussagen (Kartenkritik, welche Zusatzinformationen fehlen)? Ist die Karte übersichtlich und zugleich inhaltsreich? Weist die Karte Informationslücken auf? Führen die Verzerrungen der Karte (z. B. flächenbezogen) zu fehlerhaften Auswertungen?

Kartenskizze. Um räumliche Verteilungen von Einzelaspekten zu erfassen und besser beschreiben zu können, kann man eine Kartenskizze anfertigen. Entweder legen Sie ein Transparentpapier über die Kartenvorlage oder skizzieren „frei Hand". Dabei kommt es nicht auf eine detaillierte Wiedergabe der Vorlage an, sondern auf die Darstellung von der Verteilung und Konzentrationen von Gleichartigem. Kartenskizzen eignen sich aufgrund ihrer starken Vereinfachung auch dazu, sich Umrisse von Staaten oder Kontinenten bzw. räumliche Anordnungen besser einprägen zu können.

Informationsrecherche im Internet

Mithilfe des Internets können Sie in relativ kurzer Zeit aus einer unüberschaubaren Vielfalt weltweiter Informationen aktuelle Daten und weitere Informationen zu den verschiedensten Problemstellungen des Geographieunterrichts recherchieren und für die Bearbeitung Ihrer Themenstellung verwenden.

Möglichkeiten der Internetrecherche

Suchmaschinen sind im Prinzip nichts anderes als Computer, die auf Datenbanken zurückgreifen, in denen Millionen von Webseiten mit Adressen und kurzen Inhaltsangaben gespeichert sind. Suchen Sie z. B. nach dem Begriff „Treibhauseffekt", so werden die entsprechende Einträge aufgelistet. Wenn Sie nach konkreteren Informationen suchen, können Sie durch Suchoperatoren die Trefferliste weiter eingrenzen. Bei nahezu allen Suchenmaschinen können Sie Ihre Suchbegriffe durch Suchoperatoren, wie AND, OR oder NOT ergänzen, um die Qualität der Trefferliste zu verbessern. Bei einer Suche nach „Treibhauseffekt AND El-Niño" werden nur die Webseiten aufgelistet, in denen beide Suchbegriffe vorkommen.

Neben der Verwendung von Suchoperatoren können Sie auch auf **Spezialsuchmaschinen** zurückgreifen. Diese Suchmaschinen werden in der Regel thematisch aufbereitet und liefern Ihnen daher hochwertige Suchergebnisse, wie wissenschaftliche Veröffentlichungen von Hochschulen und Forschungseinrichtungen. Einige dieser Suchmaschinen ermöglichen die zusätzliche Suche in Büchern und Zeitungsartikeln. **Metasuchmaschinen** verknüpfen die Ergebnisse verschiedener Suchmaschinen. **Semantische Suchmaschinen** akzeptieren Fragestellungen als Eingabe und zeigen aufbereitete Ergebnisse an. Diese stehen derzeit nur in englischer Sprache zur Verfügung. Suchen Sie beispielsweise nach genauen Informationen zum afrikanischen Wald, reicht die Frage: „How much of Africa is covered by forests?".

Umfangreiche Daten und Entwicklungsreihen, z. B. über die Bevölkerungsentwicklung eines Landes, können Sie in statistischen Datenbanken finden. In **Online-Communities** können Sie sich mit anderen Benutzern über Ihr Thema austauschen. Beachten Sie jedoch, dass Sie die erhaltenen Informationen überprüfen müssen, bevor Sie diese verwenden.

Tipps zur Internetrecherche

Man unterscheidet zwischen der quellenbasierten und der freien Internetrecherche. Bei der quellenbasierten Internetrecherche bekommen Sie Adressen von Ihrer Lehrperson vorgegeben, achten Sie darauf, diese vollständig ins Adressfeld einzugeben. Bevor Sie eine freie Recherche im Internet starten, sollten Sie sich im Vorhinein genau überlegen, wie und auch wo Sie am schnellsten an die gewünschten Informationen gelangen können. Zunächst sollten Sie im Vorfeld Suchbegriffe zusammenstellen, mit denen Sie Informationen vermutlich finden können. Eine Möglichkeit ist es, sich in der Online-Enzyklopädie Wikipedia einen ersten Überblick über Ihr Thema zu verschaffen. Einige der Artikel besitzen jedoch nicht die gewünschte Informationstiefe oder Verlässlichkeit für eine Nutzung als Quelle selbst, gestatten aber den Einstig in die Recherche.

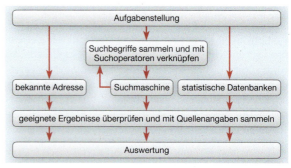

M 1 Checkliste

Verlassen Sie sich nicht nur auf eine Informationsquelle, sondern nutzen Sie verschiedene Suchmaschinen und Websites. Besuchen Sie dazu verschiedene Webseiten aus Ihrer Trefferliste und vergleichen Sie die Ergebnisse. Hilfreich sind weiterführende Links und Literaturangaben, die in Ihren Treffern enthalten sind. Übernehmen Sie keine fremden Informationen, ohne die jeweilige Quelle zu nennen. Drucken Sie Texte und Schaubilder auf Papier oder in eine PDF-Datei mit Angabe der vollständigen Quellenangaben. Auf diese Weise können Sie sich ein kleines Archiv anlegen, später darauf zurückgreifen oder recherchierte Ergebnisse mit den Lehrern oder den Mitschülern austauschen.

Beurteilung der verwendeten Internetquellen

Generell sollten Informationen aus dem Internet auf Zuverlässigkeit geprüft werden. Hierzu müssen Sie sich Fragen stellen:
– Wie glaubwürdig ist das Informationsangebot?
– Werden Literaturangaben genannt, welche die Aussagen belegen?
– Handelt es sich um den offiziellen Internetauftritt eines Unternehmens?
– Handelt es sich um ein Werbeangebot oder Fachartikel?
– Wie aktuell ist die Informationen? Sind die Daten veraltet?

Zur Einschätzung der Seriosität einer Quelle hilft es auch oft, die Internetadresse, den Autor oder Teile des Texts erneut in die Suchmaschine einzugeben. Auch hilft ein Blick ins Impressum oder die Kontaktmöglichkeiten, um mehr zu erfahren. Besonders zuverlässig sind Daten von von staatlichen oder öffentlichen Institutionen, wie Statistikämtern.

Suchmaschinen	http//www.google.de http//www.bing.de http//www.yahoo.de
Spezialsuchmaschinen: - für Bücher/Zeitungsartikel - Metasuchmaschinen - semantische Suchmaschinen	http://books.google.de http://scholar.google.de http://www.forschungsportal.net http://www.metager.de http://www.metacrawler.de http://www.wolframalpha.com
Online-Communities	http://www.gutefrage.net http://de.answers.yahoo.com
Statistische Datenbanken	http://www.destatis.de/ http://ec.europa.eu/eurostat http://faostat.fao.org/

M 2 Internetrecherche (Auswahl)

Interpretieren von Modellen

Arbeiten mit Modellen

Die meisten realen Sachverhalte und Zusammenhänge stellen komplexe Systeme dar. Modelle helfen dabei, diese komplexen Zusammenhänge zu verstehen, da sie sich als beschränktes Abbild der Wirklichkeit auf das Wesentliche bzw. auf Einzelaspekte konzentrieren. Entsprechend der komplexen Wirklichkeit gibt es zahlreiche Modellarten, die je nach Zielsetzung gewählt werden. Dies kann in Form eines dreidimensionalen Modells (z. B. Modell einer Stadt, Globus) oder eines graphischen Modells (z. B. Karte, Strukturskizze) geschehen.

Ausgewählte Darstellungsformen

Ein Flussdiagramm stellt eine oder mehrere monokausale Ursache-Wirkungs-Ketten dar. Dabei werden die Einzelaspekte durch Pfeile verknüpft. Ein Kreislauf zeigt Wechselbeziehungen, bei denen es nicht auf eine hierarchische Ordnung ankommt. Teilweise sind mehrere Kreisläufe miteinander verbunden oder überlappen sich. Beim Strukturdiagramm (Wirkungsgefüge) werden die Einzelaspekte durch weitere Verknüpfungen untereinander verbunden, sodass multikausale Verkettungen entstehen. Ziel aller Ursache-Wirkungs-Diagramme ist es, die Logik und innere Struktur ausgewählter Einzelaspekte eines Systems darzustellen. Demgegenüber veranschaulicht die Darstellung in Sektoren die Gleichrangigkeit in einem System.

Auswerten von Modellen

Da Modelle ein beschränktes Abbild der Wirklichkeit sind, werden nur ausgewählte Aspekte und deren Wechselwirkung dargestellt. Diese Codierung setzt voraus, dass Sie mithilfe zur Verfügung stehender Zusatzinformationen (Vorwissen, Titel, Legende, Kontext etc.) das Modell analysieren, um es verstehen und erklären zu können. Dabei helfen eine genaue Beschreibung und Begriffsklärung sowie Leseproben.

Checkliste für die Interpretation

1. **Erfassen des Modells**
   ☐ Machen Sie sich mit der Art des Modells vertraut.
   ☐ Ermitteln Sie die beabsichtigte Aussage des Modells.

2. **Analysieren der Inhalte**
   ☐ Beschreiben Sie das Gliederungsschema.
   ☐ Erläutern Sie die Darstellungsart.
   ☐ Untersuchen Sie die einzelnen Systemelemente mit ihren Funktionen und Relationen.
   ☐ Zeigen Sie den Zusammenhang der Einzelsysteme im Gesamtsystem auf.

3. **Bewerten des Modells**
   ☐ Beurteilen Sie die Aussagekraft. Überprüfen Sie, inwieweit komplexe Zusammenhänge durch Zerlegung in vernetzte Einzelprobleme erfasst sind.
   ☐ Vergleichen Sie das Modell mit ähnlichen Systemen.

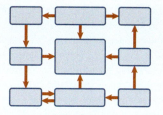

Strukturdiagramm/Wirkungsgefüge/Flussdiagramm

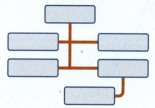

Organigramm

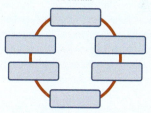

Kreislauf

Konglomerat

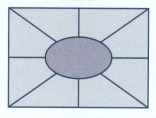

Sektoren

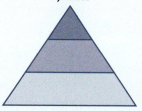

Pyramide

M 3 Darstellungsformen von Modellen

Praktische Hinweise für Referate

Referate erfordern anspruchsvolle Leistungen von Ihnen für die Gruppe, da Sie den Mitschülern in der Regel einen unbekannten Sachverhalt verständlich und interessant präsentieren sollen. Dies setzt voraus, dass Sie den dargestellten Sachverhalt vollständig verstanden haben und das Referat möglichst frei mit geeignetem Anschauungsmaterial (z. B. Tafelskizzen, Overheadfolien, Präsentationssoftware, s. S. 185) vortragen können. Um den Mitschülern das Zuhören und Verstehen zu erleichtern, sollten Sie jedem Mitschüler vor dem Referat ein Thesenpapier zur Verfügung stellen.

Vorarbeit. Zunächst sollten Sie die *Themenstellung* genau durchlesen und alle unbekannten Begriffe mit der bereitgestellten Literatur sowie allgemeinen Hilfsmitteln (Lexika, Textabschnitte im Schulbuch etc.) klären. Wird ein *Bezugsraum* genannt, so sollten Sie diesen in seinen wichtigsten geographischen Merkmalen kurz berücksichtigen. Die Entscheidung, was für das Referat wichtig ist, ergibt sich erfahrungsgemäß erst nach einer gewissen Einarbeitungszeit in das Thema. Sie sollten sich sofort angewöhnen, beim Kopieren von Literatur die jeweilige Quellenangabe zu vermerken. Neben Bibliotheken eignet sich auch das Internet für eine Recherche (vgl. S. 183). Bei der nochmaligen Lektüre der ausgewählten Literatur können Sie eine *Gliederung* (Inhaltspunkte des Referates chronologisch geordnet) erstellen.
Geeignete Abbildungen (z. B. Karten, Tafelskizzen, Modelle) können bei Erklärungen sehr hilfreich sein und bieten für den Zuhörer zugleich eine Abwechslung. Komplizierte oder unleserliche Abbildungen schrecken dagegen ab. Nun folgt die *inhaltliche Füllung* der erstellten Gliederung. Achten Sie dabei darauf, dass das Referat in den gesetzten Zeitrahmen passt.
Wenn Sie ein Gespräch mit dem Lehrer suchen, sollten Sie bereits einen Überblick über die gesamte Inhaltsstruktur des Themas haben und ihre Gliederung begründen können.

Ausarbeitung. Nun können Sie das Referat schriftlich ausformulieren, wobei Sie die klare Gliederung sowie den Spannungsbogen berücksichtigen sollten. Zu Anfang sollten neben dem Thema die wichtigsten Begriffe erläutert werden. *Begriffsdefinitionen* gehören auf das Thesenpapier. Im Hauptteil sollten Sie die Informationen und Argumente so gestalten, dass diese sachlogisch und überzeugend zum Ziel führen. Hierbei können allgemeine Sachverhalte anhand von konkreten Beispielen erläutert werden. Zum Schluss erfolgt eine *kurze Zusammenfassung* der Ergebnisse bzw. ein *Ausblick*. Zu jedem Referat gehört ein *Thesenpapier* (vgl. Abbildung). Ein inhaltlich noch so glänzendes Referat taugt unter Umständen nichts, wenn der Zuhörerkreis nicht angemessen miteinbezogen wird.

Durchführung. Verteilt man das Thesenpapier erst unmittelbar vor dem Vortrag, sollte den Mitschülern ausreichend Zeit zum Lesen und zum Klären von Verständnisfragen gegeben werden. Für das Halten eines Referats gilt grundsätzlich, dass zu Beginn das Thema benannt und kurz erläutert wird. Folgende Verfahren können je nach persönlicher Vorliebe angewandt werden.

1. **Karteikarten-Methode (Stichpunkte):** Hierbei werden die wichtigsten Stichpunkte des Referats übersichtlich auf Karteikarten notiert. Die Anzahl der Karteikarten sollte nicht zu groß sein (max. 15). Voraussetzung bei dieser Vorgehensweise ist, dass man den gesamten Stoff des Referats und seine Abfolge im Kopf hat und frei sprechend vortragen kann. Zitate oder Zahlenangaben können selbstverständlich verlesen werden. Auf keinen Fall aber darf auswendig Gelerntes schnell heruntergesprochen oder gar das gesamte Referat abgelesen werden.
2. **Folien-Methode (Overheadprojektor, Beamer):** Hierbei wird die ausführliche Gliederung auf Folie übertragen und projiziert. Ansonsten geht man wie bei der Karteikarten-Methode vor. Allgemein gilt bei Referaten, dass gesprochener Text und verwendete Abbildungen aufeinander abgestimmt sein müssen. Sie sollten darauf achten, dass jede eingebrachte Abbildung (Folie etc.) ausführlich kommentiert wird. Die hierfür notwendige Zeit wird häufig unterschätzt. Eine Generalprobe wirkt da Wunder.

Da für die Zuhörer der Inhalt neu ist und jeder Satz nur einmal gesprochen wird, erscheint es sinnvoll, nach größeren Abschnitten, spätestens aber am Ende des Referates, die Möglichkeit für Verständnisfragen einzuräumen.

Aus einem Referat lernen

Zum Abschluss eines Referates sollten Sie sich mit Ihren Mitschülern (vgl. „Referat auf dem Prüfstand") mögliche Verbesserungsvorschläge in Bezug auf verbale und visuelle Darstellung und zum Thesenpapier überlegen.

Referat auf dem Prüfstand

– War das Thesenpapier verständlich und logisch gegliedert?
– Stellte das Thesenpapier eine informative „Hilfestellung" dar?
– Wurde das Thema bzw. die Problemstellung klar?
– Konnte man dem Vortrag akustisch und inhaltlich folgen?
– Konnte man dem Redefluss gut folgen (zu schnell / zu langsam)?
– Wurden Sachverhalte bzw. Fachbegriffe verständlich erklärt?
– War ein logischer Aufbau erkennbar und nachvollziehbar?
– Weiß man nun mehr über das Thema?
– Motivierte der Vortrag zum Zuhören?

Kopf des Thesenpapiers: Kurs, Lehrer(in), Referent(in), Datum und Thema des Referates, z. B.:

GK Geographie   Werl, den 28. 01. 2014
Referenten: Sylvia P. und Ulrich P.   Lehrer: Herr K.

Thema: Der Wasserkreislauf
Gliederung mit den wichtigsten Definitionen und Abbildungen (mit Quellenangaben), z. B.:

1. Definitionen: – Wasserkreislauf: … (vgl. Q1)
                    – Niederschlag: … (vgl. Q2)
2. Wasserkreislauf
   (Allgemein, Verdunstung, Wolkenbildung)
3. Auswirkungen von Niederschlägen

Quellenangabe, z. B.:
Q1: Jätzold, R. u.a.: Physische Geographie, 12. Auflage, München 1990

M1: Wasserkreislauf

M 1 Thesenpapier zum Referat

Nutzung einer Präsentationssoftware

Eine Präsentation mit einer Präsentationssoftware wie PowerPoint ist mit dem Einsatz von Folien vergleichbar. Es gibt allerdings beim Einsatz einer Präsentationssoftware erheblich mehr Möglichkeiten bezüglich der Farben, der Animationen und der Abbildungen.

Ziel soll es sein, die Vorteile dieser Präsentationsweise so zu nutzen, dass die Zuhörer die Inhalte des Vortrages besser verstehen und Detailinformationen auf sich einwirken lassen, vielleicht auch in Stichworten mit protokollieren können.

Vorbereitung

1. Sie benötigen unbedingt ein Konzept, bevor Sie die Folien gestalten. Auch bei der Präsentation soll die Gliederung in Einleitung, Hauptteil und Fazit anteilsmäßig richtig gewichtet sein.
2. Reduzieren Sie die Anzahl der Folien auf ein Minimum, damit mehr Zeit für jede Folie bleibt. Jede Folie sollte mindestens eine Minute gezeigt werden.
3. Folien sollten maximal 12 Zeilen und mindestens 20 Punkt große Schriftarten enthalten. Benutzen Sie lieber zwei halbvolle Folien als eine überladene Folie.
4. Verwenden Sie ein einheitliches Layout. Schriftart, Schriftgröße, farbliche Gestaltung usw. sollten auf allen Folien übereinstimmen.
5. Verwenden Sie auf Folien keine ausformulierten Sätze. Sie sollen die Schlüsselbegriffe ausformulieren und präsentieren, die Zuhörer sollen vorrangig zuhören, nicht ablesen.
6. Die erste Folie mit dem Thema soll den Inhalt des Referates aussagekräftig präsentieren und dabei das Interesse der Zuhörer wecken. Dazu eignen sich Fotos und Animationen.
7. Auf allen weiteren Folien können in der Kopfzeile das Thema sowie ein Storyboard und in der Fußzeile Ihr Name und die Seite bzw. Nummer der Folie stehen.

Durchführung

1. Kontrollieren Sie im Vorfeld, ob alle technischen Geräte richtig funktionieren.
2. Klären Sie auch ab, ob Sie selbst mit Maus bzw. Fernbedienung oder ein Mitschüler auf ein vereinbartes Zeichen den Computer bzw. den Laptop bedienen.
3. Arbeiten Sie mit einem Laptop, sind für Sie alle Folien der Präsentation sichtbar. Falls nicht, können Sie die Folien als Karteikarten ausdrucken. So behalten Sie die Struktur des Vortrages im Überblick.
4. Halten Sie während der Präsentation den Blickkontakt zu den Zuhörern. Unterstützen Sie Ihre Präsentation durch sinnvolle Artikulation, Gestik und Bewegung.
5. Alle Regeln für ein Referat gelten auch hier. Dazu zählt auch ein Thesenpapier, welches Sie leicht erstellen können, indem Sie die zentralen Folien verkleinert ausdrucken.

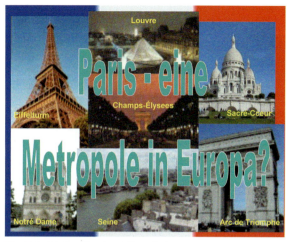

M1 Beispiel einer Einstiegsfolie zu Paris

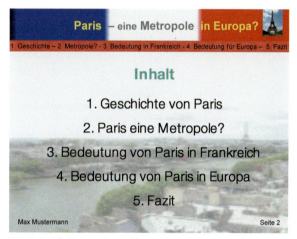

M2 Beispiel einer zweiten Folie

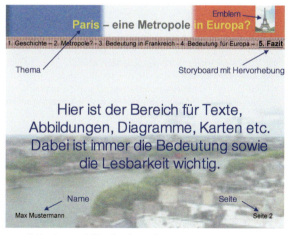

M3 Orientierungshilfen für den Zuhörer

Hinweise für die Bearbeitung von Klausuren

Da Erdkunde in der Sekundarstufe I ein sog. mündliches Fach ist, werden Sie Ihre erste Klausur in der Einführungsphase schreiben. Pro Halbjahr sind 1–2 Klausuren vorgesehen, falls Sie Geographie schriftlich wählen. Sie sollten dies in jedem Fall tun, damit Sie Erfahrungen im Hinblick auf Ihre spätere Wahl der Abiturfächer sammeln können. Eine Klausur in der Einführungsphase dauert 1–2 Unterrichtsstunden; dies legt die Fachkonferenz Ihrer Schule fest. In der Qualifikationsphase schreiben Sie pro Halbjahr zwei Klausuren; der zeitliche Umfang steigt von der Q 1 zur Q 2 von zwei auf drei Unterrichtsstunden an; die sog. Abitur-Vorklausuren entsprechen den Abiturbedingungen (s. Abschnitt „Ergänzende Hinweise für die schriftliche Abiturprüfung").

Tipp: Nehmen Sie sich genau diese Zeiten, wenn Sie die Beispielklausuren in diesem Buch bearbeiten. Hierdurch entwickeln Sie nach und nach ein gutes Gespür für Zeitbedarf, Zeiteinteilung und ökonomisch richtige Bewältigung der Teil- und Gesamtaufgaben.

Thema, Aufgabenstellung und Materialteil

Die Themenstellung einer jeden Klausur muss dem Halbjahresthema entsprechen. Wenn also z. B. im zweiten Halbjahr der Einführungsphase das Thema lautet „Ressourcen und deren Nutzung", so werden Sie kein Thema aus dem Bereich Landwirtschaft bearbeiten müssen. Der Raum, aus dem das jeweilige Beispiel gewählt wird, ist dabei grundsätzlich vom Lehrer frei wählbar.

Die Aufgabenstellung im Fach Geographie enthält 2–3 Arbeitsanweisungen, die zusammenhängen und sich auf das vorangestellte Thema beziehen. Sie sind nach dem Prinzip vom Leichten/Einfachen zum Schwierigen/Komplexen aneinandergereiht. Sie müssen diese in eben dieser Reihenfolge bearbeiten, da Zwischenergebnisse zur ersten und zweiten Aufgabe z. B. für die Bearbeitung der dritten benötigt werden. Die angegebenen Punktwerte für die Teilaufgaben verdeutlichen deren Stellenwert und Bewertungsanteil im Rahmen der Gesamtklausur.

Eine ganz entscheidende Rolle hierbei spielen die sog. Operatoren (siehe rechte Spalte und Übersicht Seite 515). Deren Bedeutung müssen Sie unbedingt kennen, wollen Sie die gestellte Aufgabe exakt bearbeiten.

Das eindeutige Erkennungsmerkmal einer Geographie-Klausur ist ein mehr oder weniger umfangreicher Materialteil, in dem in jedem Fall auch Karten vorkommen. Zum einen die im Atlas als Hintergrundinformation, zum anderen sog. thematische Karten zu dem von Ihrer Lehrerin/Ihrem Lehrer gewählten Schwerpunktthema. Daneben können Graphiken, Fotos/Luftbilder, Schemata, Modelle und Quellentexte angeboten werden – dies wechselt von Klausur zu Klausur.

Tipp: Die zahlreichen und unterschiedlichsten Materialien und Arbeitsanweisungen in diesem Buch sowie die Vertiefungsseiten „Geographische Arbeitsmethoden" (Seiten 503–511) liefern Ihnen hierfür umfangreiche Hilfestellungen und Übungsmöglichkeiten. Vergewissern Sie sich, dass Sie über die Methodenkompetenzen verfügen, die die Bearbeitung unterschiedlicher Materialien erfordern, indem Sie konsequent die Buchseiten am Ende eines jeden Hauptkapitels „Prüfen Sie Ihren Zuwachs an Sach-, Methoden- und Urteilskompetenz" bearbeiten.

Voraussetzung für eine gelungene Klausurbearbeitung sind das strikte Befolgen der Arbeitsanweisungen und eine möglichst intensive Auswertung der einzelnen Materialien. Hierbei ist es wichtig, diese nicht der Nummerierung folgend und nur ein einziges Mal „abzuarbeiten", sondern im Rahmen der selbst gewählten Strukturierung Materialaussagen zu integrieren, zu kombinieren, aufeinander zu beziehen, sie im Rahmen von Beschreibungen, Erläuterungen und Bewertungen durchaus jeweils mehrfach zu benutzen.

Anforderungsbereiche und Operatoren

Jede Grundkursklausur der Einführungsphase und alle Grund- und Leistungskursklausuren der Qualifikationsphase müssen inhaltliche (I) und methodische (M) Anforderungen aller Schwierigkeitsstufen enthalten, damit jede Schülerin und jeder Schüler je nach Leistungsvermögen jede Note erzielen kann.

Anforderungsbereich AFB I (Reproduktion):
- I: Wiedergabe von Sachverhalten im gelernten Zusammenhang
- M: Beschreibung und Darstellung mit erlernten Arbeits- und Verfahrenstechniken in einem begrenzten Gebiet und einem wiederholenden Zusammenhang

AFB II (Reorganisation und Transfer):
- I: selbstständiges Auswählen, Anordnen, Verarbeiten und Darstellen bekannter Sachverhalte unter vorgegebenen Gesichtspunkten
- M: selbstständiges Übertragen des Gelernten auf vergleichbare neue Situationen und Sachverhalte

AFB III (Reflexion und Problemlösung):
- I: planmäßiges Verarbeiten komplexer Sachverhalte mit dem Ziel, zu eigenständigen Lösungen, Gestaltungen oder Deutungen, Folgerungen, Begründungen und Wertungen zu gelangen
- M: selbstständige Auswahl oder Anpassung von gelernten Methoden oder Lösungsverfahren

Operatoren

Die in jeder Arbeitsanweisung enthaltenen Verben, die Operatoren, sind – Verkehrsschildern im Straßenverkehr entsprechend – eindeutige Richtungsmarken für Ihre Bearbeitung; sie berücksichtigen alle drei Anforderungsbereiche. Folgen Sie ihnen ohne Ausnahme, ansonsten riskieren Sie Bewertungsnachteile wegen Nichtbeachtung der Aufgabenstellung.

Tipp: Im Unterricht stecken diese Anforderungsbereiche und Operatoren-Definitionen hinter den Impulsen und Fragestellungen Ihrer Kurslehrerin/Ihres Kurslehrers. Allerdings verbieten die allgemeinen Kommunikations- und Gesprächsregeln, dass jede Arbeitsaufforderung mit einem der Operatoren beginnt.

Manches wird in Form eines Fragesatzes formuliert, wodurch der Operator ans Satzende gelangt („Wer kann das mal kurz *beschreiben*?"). Oder der Operator „versteckt" sich hinter substantivischen Formulierungen (z. B.: Welche *Erklärung* haben Sie hierfür?" „Welche *Zuordnung* können wir hier vornehmen?").

Manchmal werden auch Synonyme benutzt, um das Unterrichtsgeschehen nicht zu monoton werden zu lassen („Was halten Sie von dieser Behauptung?" = Wie bewerten Sie diese …? oder „Wer traut sich zu, dieses Einzelergebnis auf unser Modell zu *übertragen*?" = … anzuwenden? u. a.).

Hören Sie also im Unterricht genau hin, welche Anforderung mit welcher Frage/welchem Impuls im Sinne der Operatoren gemeint ist – entsprechend zielgenau können Sie antworten, entsprechend „passend"/wertvoll ist Ihr mündlicher Beitrag.

Bearbeitung der schriftlichen Aufgabenstellung

Beginnen Sie nicht zu schnell mit der Reinschrift – zunächst einmal benötigen Sie einen Überblick über die Zielrichtung, die vorgegebenen Arbeitsschritte und die Informationen des Materialteils. Dies macht es notwendig, dass Sie sich diesen Schritt für Schritt erschließen, hierbei Markierungen vornehmen, Stichworte an den Rand schreiben und Gliederungsüberlegungen anstellen. Bevor Sie anfangen zu schreiben müssen Sie auch eine ggf. geforderte Beurteilung der Themenfrage für sich festgelegt haben, auf die hin letztlich der geplante Argumentationsaufbau zugeschnitten werden muss.

Beachtung der Themenstellung

Beachten Sie genau die Themenstellung: Hierin verbirgt sich immer die Zielrichtung der geforderten Bearbeitung.
- Um welchen Beispielraum handelt es sich?
- Wird er ggf. zu einem Großraum in Beziehung gesetzt?
- Aus welchem Teilgebiet der Geographie stammt das Thema (Landwirtschaft, Industrie, Ökologie, Stadt/Siedlung, Tourismus, Raumplanung o. a.)?
- Ist eine Zustandsuntersuchung zu einem bestimmten Zeitpunkt/ Jahr gemeint oder die Entwicklung innerhalb eines bestimmten Zeitraumes?

Sie sollten Ihre Ausführung mit einer kurzen räumlichen Einordnung beginnen. In der Regel enthält die erste Teilaufgabe zunächst auch eine solche Aufforderung (*„Ordnen Sie den Raum x aufgabenbezogen räumlich ein ..."*). Damit hat sich das oft vorhandene Problem des Einstiegs in die Klausur eigentlich schon erledigt (Atlas benutzen!). Hier zeigen Sie zudem Ihr topographisches Verständnis, hier grenzen Sie den Raumbezug auch für Sie selber ein.

Beachtung der Arbeitsanweisungen

Hinter der Reihenfolge der 2–3 Arbeitsanweisungen verbirgt sich immer eine sachlogische gedankliche Ordnung.
- Markieren Sie jeden einzelnen Operator, wiederholen Sie still für sich, welche Bearbeitungsrichtung er verlangt.
- Halten Sie die Bearbeitungsrichtung jeder Teilaufgabe ein.
- Halten Sie die Reihenfolge der Teilaufgaben unbedingt ein!

Sichtung des Materials

Betrachten Sie das Material nicht staunend und ehrfurchtsvoll – arbeiten Sie mit und in ihm! Der Materialteil liefert Ihnen Argumente und Belege für Ihre Ausführung!
- Machen Sie sich in dem Materialteil Notizen.
- Schreiben Sie Kern- und Fachbegriffe an den Rand.
- Formulieren Sie Stichworte für die Gliederung.
- Markieren Sie wichtige Stellen und Zahlenwerte.
- Nummerieren Sie Ihre Markierungen und Notizen, damit Sie hiermit Ihre Ausführung gliedern und gestalten können.
- Gehen Sie zunächst bei der Sichtung das Material von M 1 – M x durch, damit Sie nichts vergessen. Aber lösen Sie sich von dieser „sturen" Reihenfolge beim Schreiben!

Von Ihnen wird erwartet, dass Sie sich selbstständig im Material bewegen, nach dem von Ihnen gewählten Aufbau.
- Ziehen Sie wichtige Materialien bei mehr als nur einer Aufgabenstellung hinzu.
- Untergliedern Sie Ihre geplante Ausführung.
- Merken Sie solche Gliederungspunkte vor, die für sog. Zwischentitel („Spitzmarken") in Frage kommen.

Anfertigen einer Gliederung

Eine solche Gliederung Ihrer Ausführung voranzustellen ist sinnvoll – schließlich wollen Sie dem Leser vorankündigen, was ihn zu erwarten hat, und schließlich finden Sie in jedem Sachbuch und jeder wissenschaftlichen Abhandlung vorne ja auch ein Inhaltsverzeichnis.

Tipp: Formulieren Sie die Gliederungspunkte zwar durchaus stichpunktartig, aber nicht aussagearm.
Also nicht: 1. Einleitung – die Lage. Sondern z. B.: 1. Einleitung: Die Lage Tschechiens innerhalb der EU (dann wird das Thema ja wohl nicht von Tschechiens Beziehungen zu irgendeinem Entwicklungsland handeln, sondern vielmehr ...).

Gestaltung der Einleitung

Formulieren Sie eine aufgabenbezogene räumliche Einordnung des Untersuchungsraumes und greifen Sie die Themenstellung mit eigenen Worten auf.

Aufbau des Hauptteils

Tipp 1: Integrieren Sie die Formulierung der Teilaufgaben in Ihren Fließtext, setzen Sie „Spitzmarken", z. B. einzelne Kernbegriffe, nach einem Absatz als Zwischenüberschrift auf die nächste Zeile. Durchlaufende Endlosspalten „verdaut" man nämlich nicht so gut, auch das Auge benötigt mal eine Unterbrechung. Danach kann man – zusammen mit Ihnen – gedanklich neu ansetzen..

Tipp 2: Bauen Sie Absätze durchaus öfter ein: Sie verdeutlichen, dass Sie sich selber Ihres Strukturierungsansatzes bewusst sind.

Tipp 3: Lesen Sie in regelmäßigen Abständen die Themenstellung nach – um sich zu vergewissern, dass Sie auf der richtigen Spur sind. Ihre Aufgabe besteht darin, mithilfe der Materialien und Ihres Hintergrundwissens die Teilaufgaben zu bearbeiten. Nutzen Sie den Informationsgehalt des Materialteils mithilfe Ihrer Markierungen und Stichworte so intensiv wie möglich.
- Beachten Sie, aus welcher Zeit die jeweilige Quelle stammt.
- Berücksichtigen Sie auch, von wem sie stammt – dies kann wichtig sein für eine geforderte Bewertung. Schließlich ist eine politisch oder anders begründete „Aussage" entsprechend gedanklich einzuordnen.
- Stellen Sie Querverbindungen zwischen den einzelnen Materialien her: Ein solches Materialpaket ist wie ein Mosaik zu verstehen, dessen einzelne Bausteine thematisch zueinander passen und ein Gesamtbild ergeben.
- Machen Sie deutlich, dass Sie sich die jeweilige Aussage nicht selber ausgedacht haben, sondern dass sie sich aus dem Material ergibt: belegen und zitieren Sie deshalb!

Tipp: Materialhinweise sind keine Satzglieder, schon gar keine Subjekte. Sie sind einfache Anhänge in Klammern und gehören grundsätzlich an das Ende eines Satzes oder Abschnittes. Also nicht: *„M 3 zeigt uns, dass die Bevölkerung ..."* sondern: *„Im Zeitraum von 1990 bis 2004 ist die Bevölkerung um 30 % gestiegen (M 3)".*

Tipp: Fügen Sie solche Belege immer dann ein, wenn Sie einen neuen Sachverhalt vorstellen oder ein neues Argument vortragen – der Klammerzusatz beweist Ihr methodisch richtiges Vorgehen und stellt für Sie selber eine Rückversicherung dar, dass Ihre Aussage anhand von M ... richtig/ möglich ist.

Formulierung eines Schlusses

Lassen Sie, um im Bild des Hausbaus und Maurers zu sprechen, mit dem letzten Satz zu Teilaufgabe 3 nicht die Kelle fallen: Zwar ist das gedankliche Gebäude vom Grundsatz her fertig und die Argumentation „dicht" – aber zu einer vollständigen Ausführung gehört nun einmal ein Abschluss wie zu einem Haus der äußere Verputz.

Tipp: Jede der Teilaufgaben hat einen eigenen Arbeitsschwerpunkt – und alle haben etwas mit dem Thema in der Aufgabenstellung zu tun. Dieses Thema ist quasi das Dach, das alle Gebäudeteile überdeckt. Formulieren Sie deshalb Ihren Schluss mit Bezug zur Themenformulierung – hierbei werden Sie automatisch die wesentlichen Teilergebnisse extraktartig zu einem Fazit zusammenfassen, ohne hierbei bereits Gesagtes in der Formulierung zu wiederholen („wie gesagt" gehört grundsätzlich nicht in eine Ausführung!).

Sprachliche Richtigkeit

Anforderungen an die Darstellungsleistung

Für Ihre gesamte Ausführung gilt: Neben dem inhaltlich-sachlich richtigen Ertrag kommt der sprachlichen Richtigkeit eine große Bedeutung zu. Bezüglich der sog. sprachlichen Richtigkeit sind in Klausuren laut APO-GOSt im Falle schwerer Verstöße bis zu zwei Notenpunkte bei der Schlussbewertung abzuziehen – hierbei spielen folgende Dinge eine Rolle:

- Verwendung einer präzisen und differenzierten Sprache: „Missbrauchen" Sie Hilfsverben nicht als Vollverben; benutzen Sie Synonyme statt Wiederholungen; variieren Sie Satzbaukonstruktionen.
- Verwendung von Fachbegriffen: In der Geographie hat jedes Kind einen Namen; in jedem Geographiebuch gibt es ein Begriffs- oder Sachregister: „City" heißt „City" und nicht „Stadt", denn „Stadt" meint etwas viel Größeres.
- Syntaktisch richtige Schreibweise: Schreiben Sie in vollständigen Sätzen; achten Sie auf die richtige Wortstellung; reihen Sie nicht Hauptsatz an Hauptsatz, sondern verwenden Sie Nebensatz-Konstruktionen.
- Stilistisch richtiges Schreiben: Unterlassen Sie umgangssprachliche Formulierungen, verwenden Sie Hoch- und Fachsprache.
- Wissenschaftspropädeutische Richtigkeit: Stellen Sie Ihre Zitierkompetenz durch Materialhinweise unter Beweis.
- Strukturieren Sie sachgerecht (s. o.!).

Formale Anforderungen

In Ihrer Ausführung müssen Sie auch die Anforderungen an die äußere Form und die formalsprachliche Richtigkeit berücksichtigen: Deutliche Verstöße hiergegen führen zu Bewertungsverlusten (s. o.).

Tipp 1 – Äußeres
- Berücksichtigen Sie die Deckblatt-Vorgabe Ihrer Schule.
- Beachten Sie die Layout-Vorgabe.
- Vergessen Sie nicht Seitenzahlen – nummerieren Sie erst am Schluss.
- Nummerieren Sie Nachträge als Fußnoten durch und setzen Sie diese an den Schluss, quetschen Sie sie nicht in den Text.
- Schreiben Sie nicht über den Rand.
- Respektieren Sie Kopf- und Fußzeile.
- Streichen Sie nicht durch.

Tipp 2 – Rechtschreibung und Zeichensetzung
- Planen Sie ca. 15 Minuten Zeit am Schluss ein für einen Korrekturgang.
- Im Klausurraum liegen Rechtschreibduden aus: Sie sollten sich nicht zu schade sein, nachzusehen, wenn Sie unsicher sind.
- Schreiben Sie Zahlen von null bis zwölf aus.
- Prüfen Sie, ob Sie alle Aussagen durch Materialhinweise belegt haben.
- Kennzeichnen Sie ungesicherte Aussagen, Vermutungen und Hypothesen sprachlich als solche, grenzen Sie diese gegen gesicherte Aussagen ab (z. B: *„Es ist zu vermuten …", „Es könnte sein, dass …"* oder *„Für eine gesicherte Aussage fehlen folgende Informationen …"*).

Training

In schriftlichen Hausaufgaben können Sie schrittweise mit Themen, Operatoren und Materialien üben – geben Sie von Zeit zu Zeit eine solche Hausaufgabe Ihrer Kurslehrerin/Ihrem Kurslehrer zur Durchsicht mit der Bitte um ein Feedback.

Nutzen Sie die im Buch abgedruckten Klausuren als Trainingsfeld, sobald Sie das jeweilige Halbjahresthema behandelt haben:
- Lesen Sie vor der Bearbeitung nicht den Lösungsteil.
- Halten Sie sich an den zeitlichen Rahmen.
- Simulieren Sie die Prüfungssituation.
- Schreiben Sie die Klausur am Stück und nicht „stückweise".

Durch die in der Einführungs- und Qualifikationsphase geschriebenen Klausuren verfügen Sie über konkrete Trainingseinheiten und Vorerfahrungen: Lesen Sie Rand- und Schlusskommentare intensiv, dort erhalten Sie nützliche Hinweise auf Stärken und Schwächen.

Ergänzende Hinweise für die schriftliche Abiturprüfung

Grundlage aller zentralen Abituraufgaben Geographie sind die Richtlinien und Lehrpläne für die Sekundarstufe II – Gymnasien/Gesamtschule in Nordrhein-Westfalen 1999 (Abiturjahrgänge bis 2016) bzw. der Kernlehrplan Geographie Sek. II 2013 (ab Abiturjahrgang 2017). Jährliche Vorgaben für die schriftliche Abiturprüfung konkretisieren die Anforderungen für den jeweiligen Abiturjahrgang www.standardsicherung.schulministerium.nrw.de/abitur/abitur-gymnasiale-oberstufe/

Dauer

Die Dauer der Abiturarbeit beträgt im Grundkurs 3 Zeitstunden + 30 Minuten für die Auswahl = 210 Min., im Leistungskurs 4 1/4 Zeitstunden + 30 Minuten = 285 Min.

Tipp: Nehmen Sie sich genau diese Zeiten, wenn Sie die Beispielklausuren bearbeiten: Hierdurch entwickeln Sie ein richtiges Gespür für Zeitbedarf, Zeiteinteilung und ökonomisch richtige Bewältigung der Teil- und Gesamtaufgaben.

Auswahl der Aufgabenstellung

Im Fach Geographie haben Sie die Wahl zwischen drei Aufgaben.

Tipp: Entscheiden Sie nicht zu schnell „aus dem Bauch". Schauen Sie sich außer dem Thema auch die Arbeitsanweisungen mit den Operatoren an, ferner Art und Umfang des Materialteils. Denken Sie an die Qualifikationsphase: Mit welchem ähnlichen Thema habe ich welche Erfahrungen gesammelt? Welches Thema kam in meinem Training intensiv vor? Entscheiden Sie erst dann, welches Thema Sie wählen.

Themenschwerpunkt

In der Themenformulierung wird ein eindeutiger Hinweis gegeben, welchen Raum Sie unter welchem Gesichtspunkt/welchen Gesichtspunkten behandeln sollen.

Tipp: Stellen Sie fest, welche Art Frage-/Themenstellung hier vorliegt: eine wirtschaftliche, verkehrsgeographische, sozioökonomische, ökologische, raumplanerische o. a., und berücksichtigen Sie dies bei Ihrer Bearbeitung.

Bewertung

Im Fach Geographie beträgt im Grund- wie im Leistungskurs die erreichbare Gesamtpunktsumme 100; hiervon werden 20 Punkte für die Darstellungsleistung vergeben. Deutliche Verstöße gegen die sprachliche Richtigkeit führen zum Abzug von bis zu zwei Notenpunkten. Wenn Sie bedenken, wie viel Mühe Sie sich bezüglich des Inhaltes und der Methode geben – ein nachträgliches Abwerten von Note 2 auf 3+ oder 3 auf 4+ oder … wäre mehr als ärgerlich.

Arbeitsanweisungen verstehen – die Operatoren

	Operatoren, die vorrangig Leistungen im Anforderungsbereich I (Reproduktion) verlangen	
nennen	Informationen / Sachverhalte ohne Kommentierung wiedergeben	Nennen Sie andere Indikatoren als die im Text genannten, die eine globalisierte Welt kennzeichnen.
beschreiben	Materialaussagen / Sachverhalte mit eigenen Worten geordnet und fachsprachlich angemessen wiedergeben	Beschreiben Sie die Verbreitung der Vegetationszonen.
darstellen	aus dem Unterricht bekannte oder aus dem Material entnehmbare Informationen und Sachzusammenhänge geordnet (grafisch, verbal) verdeutlichen	Stellen Sie die Charakteristika des Monsunklimas dar.
lokalisieren	Einordnen von Fall-/ Raumbeispielen in bekannte topographische Orientierungsraster	Lokalisieren Sie die Großräume mit einem besonders hohen Gefährdungspotenzial durch tropische Zyklone.
	Operatoren, die vorrangig Leistungen im Anforderungsbereich II (Reorganisation und Transfer) verlangen	
ein-/ zuordnen	einem Raum / Sachverhalt auf der Basis festgestellter Merkmale eine bestimmte Position in einem Ordnungsraster zuweisen	Ordnen Sie zeitlich und räumlich die Vulkangebiete Deutschlands ein.
kennzeichnen	einen Raum / Sachverhalt auf der Basis bestimmter Kriterien begründet charakterisieren	Kennzeichnen Sie die Wirkungszusammenhänge zwischen Aerosolkonzentration, Albedo und Lufttemperatur.
analysieren	komplexe Materialien / Sachverhalte in ihren Einzelaspekten erfassen – mit dem Ziel, Entwicklungen / Zusammenhänge zwischen ihnen aufzuzeigen	Analysieren Sie den Wasserverbrauch auf der Erde.
erläutern	Sachzusammenhänge mithilfe ergänzender Informationen verdeutlichen	Erläutern Sie die unterschiedlichen Einflüsse auf die Wasserqualität.
erklären	Begründungszusammenhänge, Voraussetzungen und Folgen bestimmter Strukturen und Prozesse darlegen	Erklären Sie das globale Verteilungsmuster der Steinkohlenförderung und ihres Verbrauchs.
vergleichen	Gemeinsamkeiten und Unterschiede zwischen (vergleichbaren) Strukturen / Prozessen erfassen und kriterienbezogen verdeutlichen	Vergleichen Sie die Größe des Rheinischen Braunkohlenreviers mit der der anderen Braunkohlenreviere Deutschlands.
	Operatoren, die vorrangig Leistungen im Anforderungsbereich III (Reflexion und Problemlösung) verlangen	
erörtern	einen Sachverhalt unter Abwägen verschiedener Pro- und Kontra-Argumente klären und abschließend eine schlüssige Meinung entwickeln	Erörtern Sie, inwieweit die Bedrohung durch Naturkatastrophen mit Raumnutzungskonflikten zusammenhängt.
(kritisch) Stellung nehmen	unter Abwägung unterschiedlicher Argumente zu einer begründeten Einschätzung eines Sachverhalts / einer Behauptung gelangen	Nehmen Sie Stellung zu kontrovers veröffentlichten Meinungen zum Klimawandel.
überprüfen	(Hypo-) Thesen / Argumentationen / Darstellungsweisen auf ihre Angemessenheit / Stichhaltigkeit / Effizienz hin untersuchen	Überprüfen Sie das Argument, dass die Energiewende ohne die Kohlekraftwerke gelingen kann.
beurteilen / bewerten	auf der Basis von Fachkenntnissen / Materialinformationen / eigenen Schlussfolgerungen unter Offenlegung / Reflexion der angewandten Wertmaßstäbe zu einer sachlich fundierten, qualifizierenden Einschätzung gelangen / eine begründete, differenzierte eigene Meinung entwickeln	Beurteilen Sie die Auswirkungen auf den Lebensraum des Menschen. Bewerten Sie die Veränderungen in der Wasserverfügbarkeit von 2005 bis 2050.

Lokalisieren, beschreiben, darstellen und *vergleichen* sind Operatoren, die je nach Komplexität des zu bearbeitenden Materials / der Zielrichtung der Teilaufgabe auch auf Leistungen im nächst höheren Anforderungsbereich zielen können.

Tipps für die mündliche Abiturprüfung

Mündliche Abiturprüfungen gibt es in Nordrhein-Westfalen in jedem Fall im gewählten 4. Abiturfach.

Daneben sind weitere mündliche Prüfungen im 1.–3. Fach denkbar, wenn die in den Abiturklausuren erzielten Noten um 4 oder mehr Punkte von der Vornote abweichen oder ein Prüfling sich für eine freiwillige mündliche Prüfung meldet, z. B. um seinen Abiturdurchschnitt zu verbessern.

Anforderungen und Ablauf all dieser mündlichen Abiturprüfungen sind vollkommen identisch; deshalb können sie hier einheitlich als „mündliche Abiturprüfung" behandelt werden.

Für mündliche Prüfungen im 1.–3. Fach gilt die Einschränkung, dass sie nicht dem Stoffgebiet der Abiturklausur entsprechen dürfen.

Der erste Prüfungsteil – vorbereitendes Training

Es wird von jedem Prüfling gefordert, dass er einen mindestens 10-minütigen zusammenhängenden, gegliederten Vortrag hält. Erfahrungsgemäß gibt es für solch lange Vorträge kaum echte Übungsmöglichkeiten im Unterricht – Referate unterliegen anderen Anforderungen, sind oft frei gewählt, zum Teil als Gruppenarbeit angelegt, über einen längeren Zeitraum vorbereitet und meist PowerPoint-gestützt vorgetragen.

Im Unterricht gibt es nicht für jeden Kursteilnehmer Gelegenheit, eine solche mündliche Abiturprüfung zu simulieren.

Deshalb ist es notwendig, sich selbst solche Trainingseinheiten zu verschaffen: Die Aufgabenstellungen in diesem Buch bieten hierfür gute Gelegenheiten – wählen Sie hierfür solche Aufgaben, die sich auf mehr als nur ein Material beziehen. Arrangieren Sie zu zweit oder zu dritt im Kreise Ihres Geographiekurses am Nachmittag solche Simulationen schon vom Beginn der Qualifikationsphase an – nehmen Sie die Zeitvorgabe ernst, betrachten Sie die anderen als Prüfungskommission, geben Sie als Zuhörer anschließend ein klares Feedback bezogen auf Verständlichkeit, Fachsprache, Zusammenhänge, Vollständigkeit der Materialauswahl, Beachtung der Aufgabenstellung und Richtigkeit der Aussage.

30 Minuten Vorbereitungszeit

- Halten Sie diese Zeit unbedingt ein – hierbei ist wichtig, dass Sie sofort konzentriert mit der Bearbeitung beginnen.
- Beachten Sie die Themenstellung: Hierin verbirgt sich immer die Zielrichtung der geforderten Bearbeitung.
- Beachten Sie die Operatoren (vgl. nächstes Kapitel!): Halten Sie die durch sie gestellten Anforderungen unbedingt ein, benutzen Sie mehrteilige Aufgabenstellungen als Gliederungshilfe.
- Die Aufgabenstellung im Fach Geographie beginnt in der Regel mit einer räumlichen Einordnung. Hier zeigen Sie Ihr topographisches Verständnis, hier grenzen Sie den Raum auch für Sie selbst ein, hiermit erhalten Sie automatisch eine Hilfestellung für den immer schwierigen „ersten Satz".
- Machen Sie sich in dem Ihnen vorgelegten Materialteil Notizen: Schreiben Sie Fachbegriffe an den Rand, ferner Stichwörter für den Vortrag; markieren Sie im Material wichtige Stellen und Zahlenwerte, die Sie im Vortrag verwenden wollen.
- Nummerieren Sie Ihre Markierungen, damit Sie anhand dieser Reihenfolge Ihren Vortrag gestalten können.
- Wenn der Atlas als Material zur Verfügung gestellt wird, sollten Sie ihn unbedingt für Ihren Vortrag mit hinzuziehen. Mithilfe des Atlas können Sie die räumliche Einordnung zu Beginn vornehmen. Im Schlussteil eines Atlas finden Sie zudem Weltübersichtskarten, die bei einigen Themen einen großräumigen Vergleich, eine globale Einordnung o. a. ermöglichen.
- Wichtige Materialien müssen Sie u. U. bei mehr als nur einer Aufgabenstellung hinzuziehen: Denken Sie nie „einmal behandelt = abgehakt".
- Viele Themenformulierungen beinhalten bereits regelrechte Problem- oder Fragestellungen; bei anderen erfordert die letzte Teilaufgabe eine Lösung/Bewertung/Beantwortung. Gestalten Sie deshalb den Schluss Ihrer Ausführung mit einem klaren Fazit, in dem Sie eine deutlich formulierte Antwort geben.

Im Prüfungsraum

Sie haben sich im Vorbereitungsraum gut eingearbeitet – spiegeln Sie ein solches inneres Gefühl, indem Sie nicht verkrampft, nicht ängstlich wirken, sondern soweit möglich äußerlich gelassen. Begrüßen Sie die Anwesenden – auch solche äußeren Eindrücke beeinflussen letztlich für alle Beteiligten die Atmosphäre.

Webcode:
GO645787-516

Geographische Arbeitsmethoden

Der eigene Vortrag: 10 – 15 Minuten

- Sie dürfen Ihren Vortrag nicht ablesen – abgesehen davon reicht die Zeit von 30 Minuten Vorbereitung gar nicht aus, um für 10 Minuten Vortrag ein vollständiges Redekonzept vorzubereiten.
- Ihre nummerierten Gliederungspunkte/Stichwörter, Ihre Markierungen im Materialteil und Ihre Notizen bezüglich weiterer Atlaskarten sind vielmehr Ihr Leitfaden, anhand dessen Sie Ihren Vortrag gestalten.
- Legen Sie eine Armbanduhr neben Ihr Konzept, schreiben Sie, bevor Sie zu sprechen anfangen, den konkreten Zeitraum für Ihren Vortrag auf Ihr Konzept – so haben Sie klare zeitliche Anhaltspunkte.
- Nennung der Aufgabenstellung – Einleitung – Bearbeitung der Teilaufgaben – Schlussteil; so lautet die Grobstruktur für Ihren Vortrag.
- Benutzen Sie die von Ihnen ausgewerteten Materialien bei Ihrem Vortrag, d. h., nennen Sie jeweils das Material, aus dem Sie die jeweiligen Erkenntnisse gewonnen haben (z.B.: „Die Probleme des kernstädtischen Verkehrs werden besonders deutlich, wenn man anhand von M x das Straßennetz innerhalb der ehemaligen Stadtmauer betrachtet: Hier erkennt kennt man ..." usw.). Damit lenken Sie den Blick und die Gedanken aller Anwesenden so auf den Sachverhalt, wie Sie es wünschen.
- Manchmal bietet es sich an, eine kurze Skizze zu dem Gesagten an die Tafel zu zeichnen: Dies sollte nur wenige Sekunden dauern, es hilft jedoch beim Verständnis, unterstützen Sie doch hierdurch das Gesagte durch einen visuellen Eindruck (z.B. zwei Kurvenverläufe als Ergebnis einer vorgegebenen Tabelle). Und Sie stellen Ihre methodischen Darstellungskompetenzen unter Beweis.
- Wie jedes andere Fach hat auch Geographie eine eigene Fachsprache, eigene Fachbegriffe: Beweisen Sie, dass Sie Ihre „Vokabeln" gelernt haben. In jedem Lehrbuch gibt es ein Register, häufig mit Worterklärungen.
- Beachten Sie die Wahl Ihrer Sprachebene. Die Adressaten Ihres Vortrages sind Geographie-Fachlehrerinnen und -Fachlehrer, allesamt Fachleute!
  – Sprechen Sie klar und deutlich. Vermeiden Sie Endlossätze, an deren Beginn Sie sich beim Sprechen selbst nicht mehr erinnern. Verbinden Sie Ihre Gedanken durch Konjunktionen und Subjunktionen: Sie sollen schließlich unter Beweis stellen, dass Sie in der Lage sind, kausale Zusammenhänge, Wechselbeziehungen, Abhängigkeiten, Folgen, Folgerungen, Widersprüche, zeitliches Nacheinander usw. im Rahmen Ihres Vortrages zu verdeutlichen.
  „Und ... und ... und ..." sind hierfür ungeeignete Satzanfänge; dies gilt gleichermaßen für die schriftliche Abiturarbeit.
- Halten Sie Blickkontakt zu Ihrem Prüfer; ein gelegentlicher Blick auch zu den anderen Kommissionsmitgliedern zeugt von souveränem Umgang mit der Situation und den Kommunikationsregeln.
- Üben Sie dieses Procedere mehrfach während der Qualifikationsphase – einen Teil dieser Verfahrensweisen können Sie ebenso bei Einzel- oder Gruppenvorträgen anwenden.

Der zweite Prüfungsteil: 10 – 15 Minuten Gespräch

Für die Vorbereitung des zweiten Prüfungsteils gilt dasselbe wie für den ersten: Übung macht den Meister. Zum einen bekommen Sie durch die Diskussions- und Gesprächsphasen im Unterricht ständig Übungsgelegenheiten; zum anderen sollten Sie auch diesen zweiten Teil in ähnlicher Form unter Beachtung von Zeitrahmen und Kommunikationsregeln üben wie den ersten Teil (s. o.!).

- Spätestens im zweiten Teil der Prüfung muss laut gesetzlichen Vorgaben das Thema aus einem anderen Kurshalbjahr der Qualifikationsphase gewählt werden – entsprechend unabhängig vom ersten Teil wird er vom Prüfer gestaltet.
- Hierbei gilt: Je eigenständiger, je umfassender Sie als Prüfling mit den Fragen und Impulsen umgehen, desto weniger Veranlassung und Notwendigkeit sieht Ihr Prüfer, immer neue Fragen an Sie zu richten.
- Erfassen Sie die Intention über den Operator eines Aufgabenimpulses oder über den Kernbegriff der gestellten Frage.
- Antworten Sie zunächst so konkret wie möglich, benutzen Sie auch hierbei Fachbegriffe. Führen Sie sinnvolle Beispiele oder Vergleiche aus dem Unterricht an, zeigen Sie Ihr Hintergrund- und Allgemeinwissen. Aber schweifen Sie nicht ab, bleiben Sie beim Thema.
- In der Regel gestalten die Prüfer ein solches Gespräch nach dem Prinzip „Vom Einfachen zum Schwierigen, vom Einzelfallbeispiel zum Allgemeinen/Modellhaften". Wenn Sie der Meinung sind, eine solche Verallgemeinerung, einen solchen Hinweis auf eine Ihnen passend erscheinende Theorie oder ein aus dem Unterricht bekanntes Modell selbst anbringen zu können: tun Sie es. Dieses gedankliche selbstständige Ausweiten in zulässige und sinnvolle Gesamtzusammenhänge wird besonders hoch bewertet als eigenständige gedankliche Leistung – schließlich müssen Sie dann nicht wie der berühmte Bär bei der Bärennummer am (Frage-)Ring durch die ganze Prüfung gezogen werden …!
- Falls Sie durch Fragen während Ihrer Ausführungen unterbrochen werden: Lassen Sie sich nicht irritieren. Entweder möchte man Ihnen wieder zurück auf den Haupt(frage)weg helfen oder den Themenschwerpunkt wechseln, weil sich die Kommission bei ihrer Vorbereitung noch auf einige andere anzusprechende Aspekte geeinigt hatte und die Zeit allmählich knapp wird: Werten Sie dies in jedem Fall als für Sie günstig und hilfreich!
- Sollten Sie mit einer einzelnen Frage wirklich einmal nichts anfangen können: Statt Zeit zu verlieren mit falschen oder unpassenden Ausführungen, bitten Sie an einer solchen Stelle zunächst einmal um eine kurze ergänzende Erläuterung.
- Lassen Sie sich bloß nicht von irgendwelchen mimischen oder gestischen Eindrücken der Kommissionsmitglieder irritieren: Jeder ist eigentlich bemüht, einen möglichst neutralen Eindruck zu machen, aber bei bis zu neun Prüfungen am Tag gelingt dies auch nicht immer – auch Ihre Prüfer sind ja Menschen.
- Das Ende der Prüfung wird Ihnen vom Prüfer signalisiert. Geben Sie sämtliche Unterlagen und Aufzeichnungen dem Protokollanten und verlassen Sie – sich verabschiedend – den Prüfungsraum mit der Gewissheit, diese Prüfungssituation gemeistert zu haben.

Register mit Begriffserklärungen

A

Ablation 65
absolute Feuchte 17
absolutistische Stadt 291
Advektion 17
Aerosol 61
Agenda 21 318, 352
(Agenda = Tagesordnung) Ein weltweites Umwelt-Aktionsprogramm für das 21. Jahrhundert. Es wurde 1992 von 178 Staaten auf der UN-Konferenz für Umwelt und Entwicklung (UNCED) in Rio de Janeiro beschlossen. Zentrales Thema der Agenda 21 ist die Erarbeitung von Strategien für eine umweltgerechte und → nachhaltige Entwicklung der einzelnen Staaten.
Agglomerationsraum 428
Agglomerationsvorteil 248
Agrarkolonisation 178
Agrar-Industrie-Komplex (AIK) 210
agrarische Dürre 80
agrarische Revolution 230
agronomische Trockengrenze 28, 167
→ Trockengrenze
Agrobusiness 167, 187, 203
Produktion von Agrarprodukten durch agrarindustrielle Unternehmen. Agrarindustrielle Unternehmen betreiben eine kapitalintensive Produktion in großen Betrieben mit hoher Produktionskapazität. Die Betriebe, die zum Unternehmen gehören, sind vertikal integriert. Das bedeutet, dass eine landwirtschaftliche Betriebskette aufgebaut ist, die z. B. von der Kükenaufzucht über die Futtermittelfabrik und die Hähnchenmästerei bis zum Schlachthof, der das küchenfertig verpackte Hähnchen ausliefert, reicht. Das Management ist oft von der eigentlichen Produktion losgelöst.
Die zweite Art der agrarindustriellen Unternehmen wird als Corporate Farm bezeichnet. Hierbei ist das Unternehmen primär außerhalb der Landwirtschaft tätig, die Agrarproduktion ist somit nur ein Teil der Unternehmenstätigkeit. Solche Unternehmen können Verluste in der Landwirtschaft durch Gewinne in anderen Branchen ausgleichen und sind weniger krisenanfällig.
Agrobusiness-Cluster 212
agro-industrielles Unternehmen 175
Aktivraum 356, 375, 432
Albedo 61
alpidisch 40
Alpine Space 426
Alterspyramide 379
Altindustrieregion 424, 428

Anökumene 38
Antarktika 39
antarktische Konvergenz 39
Antarktisvertrag 39
anthropogener Treibhauseffekt 60
Antipassat 20
Antizyklone 25
Aphel 14
Aquakultur 220
äquatoriale Tiefdruckfurche 20
Aquifer 226
arides Klima 65
Aridität 229
Armut 386
asiatische Stadt 334
Asthenosphäre 46
Die Asthenosphäre liegt innerhalb des geologischen Schalenmodells (Kern/Erdmantel/Erdkruste) im oberen Mantelbereich, unmittelbar unterhalb der Lithosphäre. Sie beginnt in einer Tiefe von 100 km und reicht bis 400 km tief in die Erde. Es ist die Zone mit geringerer Materialfestigkeit. Sie liegt mit der Lithosphäre im ständigen Massenaustausch, vor allem an den mittelozeanischen Rücken, wo Material der Asthenosphäre aufsteigt, abkühlt und zur Lithosphäre erstarrt. Der umgekehrte Vorgang spielt sich in der Subduktionszone ab. Die Lithosphäre stellt den Bereich im oberen Mantelbereich dar, mit festem Gestein.
Atmosphäre 16
Aufrissgestaltung 299
Auftriebsgewässer 218
Ausbreitungseffekt 415
Ausgangsgestein 78
ausländische Direktinvestition (ADI) 272, 402
Auspendler 359
ausuferndes Stadtland 322
autogerechte Stadt 322
Automatisierung 247
Automobilindustrie 262
Avenue 322

B

Banlieue 358
Barriadas 328
Basalt 56
Basar 330
Beleuchtungszone 14, 82
Betriebsform 167
Betriebsstruktur 171
Bevölkerungsdichtemodell 497

Bevölkerungsexplosion 376
Starke Zunahme der Bevölkerung in einem Gebiet, insbesondere Bezeichnung für das exponentielle Wachstum in vielen → Entwicklungsländern.
Bevölkerungswachstumsrate 376
Bewässerungsfeldbau 29, 182
Intensive Form der Landwirtschaft, bei der den Pflanzen in niederschlagsarmen Gebieten oder in niederschlagsarmen Zeiten Wasser zugeführt wird. Folgende Methoden sind verbreitet: Beregnung (verbunden mit hohen Verdunstungsverlusten), Furchen- oder Flächenbewässerung (Zuleitung von Wasser durch Furchen, Gräben, Rinnen oder über die gesamte Fläche) sowie Tröpfchenbewässerung (direkte Bewässerung der Wurzeln durch Schläuche). Bewässerung muss meist mit Entwässerungsmaßnahmen kombiniert werden, die für eine Ableitung von Überschusswasser sorgen. Fehler in der Bewässerung können zur Bodenzerstörung in Form von Bodenversalzung oder → Bodenerosion führen.
Bewässerung, -swirtschaft 167, 197
Bims 56
Binnenwanderung 178
Binnenwüste 30
Biomasse 135
Blaue Banane 432
Blaue Revolution 219
Blizzard 72
Als Blizzard bezeichnet man einen Eis- und Schneesturm in Nordamerika. Blizzards treten bei Kaltlufteinbrüchen (Nor-thers) auf und können in einigen Fällen sogar die Golfküste der USA erreichen.
Boden 170, 484
Bodenart 11, 486
Bodenbildung 484
Bodendegradation 79, 194
Bodenerosion 79
Bodenzerstörung (soil erosion); meist durch fehlerhafte Bewirtschaftung entstandene Abtragung von Boden durch Wasser oder Wind. Zerstörung der Vegetationsdecke durch Abholzung, Überweidung sowie Absenken des Grundwasserspiegels; gibt den Boden der Windausblasung (Deflation) und der flächen- und linienhaften Abspülung durch Niederschlagswasser preis. Auch die Bodenversalzung ist eine Form der Bodenzerstörung.
Bodenfruchtbarkeit 170
Bodenhorizont 487
Bodenmanagement 79
Bodenprofil 78

Register mit Begriffserklärungen

Bodenreaktion 486
Bodenreform 210
Bodenrentenmodell 295
Bodentyp 487
Bodenversalzung 228
Anreicherung von Salz im Boden und an der Bodenoberfläche. Neben natürlicher Versalzung, die in ariden und semiariden Klimaten vorkommt, sind große Flächen heute infolge unsachgerechter Bewässerung versalzt. Die Anreicherung erfolgt bei hoher potenzieller Verdunstung durch kapillaren Aufstieg von Grundwasser oder infolge der Verdunstung großer Wassermengen an der Erdoberfläche. Sobald das Wasser verdunstet ist, fallen die gelösten Salze aus und bilden Salzausblühungen und Salzkrusten. In hochgradig versalzten Böden können Pflanzen nicht mehr gedeihen. In Bewässerungsgebieten kann Versalzung vermieden werden, indem überschüssiges Wasser abgeleitet wird.
Borough 322
borealer Nadelwald 35
Brachefläche 302, 306
Brandrodung, -swirtschaft 176, 182
Bodenbewirtschaftung in Form des → Wanderfeldbaus, die in tropischen und subtropischen Waldgebieten verbreitet ist. Es handelt sich um Landwechselwirtschaft mit extensiver Nutzung. Nach wenigen Jahren des Anbaus wird das Feld aufgegeben und es beginnt ein neuer Brandrodungsvorgang. Auf den aufgelassenen Kulturflächen entwickelt sich Sekundärwald.
Braunerde 488
BRICS-Staaten 247, 383
Bruttoinlandsprodukt (BIP) 245, 272
Bruttonationaleinkommen (BNE) 245
Butlers Modell 466

C

Carbon Capture and Storage (CCS) 99
cash crop 167, 182, 191
Central Business District (CBD) 322
Bezeichnung für den zentralen Geschäfts- und Verwaltungsbereich einer Stadt, auch als City oder Downtown bezeichnet.
Charta von Athen 293
chemische Degradation 79
chinesische Stadt 337
City 289
Cluster 225, 270, 448
Ein Cluster zeichnet sich durch die räumliche Ballung von Produzenten, Zulieferern, Forschungseinrichtungen (z. B. Hochschulen), Dienstleistern (z. B. Design- und Ingenieurbüros) und verbundenen Institutionen (z. B. Handelskammern) aus, die über gemeinsame Austauschbeziehungen entlang einer Wertschöpfungskette (z. B. Automobilproduktion) gebildet werden. Die Mitglieder des Clusters stehen dabei über Liefer- oder Wettbewerbsbeziehungen oder gemeinsame Interessen miteinander in Beziehung.
Commercial strip 325
contract farming 213
Corbusier, Le 293
corporate identity 260
Coriolis, -Ablenkung, -Effekt 18

D

Deckgebirge 117
Gesteinsschicht über dem älteren, meist gefalteten Untergrund des Grundgebirges. Diese jüngeren Schichten sind weniger deformiert. Sie wurden in der geologischen Zeitspanne zwischen Oberkarbon (315 – 280 Mio. Jahre vor heute) und Tertiär (70 – 2 Mio. Jahre vor heute) zumeist als Sedimente abgelagert.
Degradation 32, 78
Deindustrialisierung 247, 252
demographische Transformation 378
demographischer Übergang 378
demographischer Wandel 378
Modellvorstellung zur Veränderung der generativen Verhaltensweisen einer menschlichen Population von der agrarischen Bevölkerungsentwicklung mit hohen Geburten- und Sterbeziffern zu industriegesellschaftlichem Verhalten mit geringen Geburten- und Sterbeziffern. Die eigentliche Übergangsphase (geringe Sterbeziffern bei hohen Geburtsziffern) wird als → Bevölkerungsexplosion bezeichnet.
Dependenztheorie 413
Desertifikation 32, 194
Durch den Menschen bedingter Vorgang der Verwüstung (Wüstenbildung) bei Übernutzung von Ökosystemen in ariden und semiariden Gebieten. Dabei werden Vegetation und in der Folge auch Böden zerstört und der Wasserhaushalt verändert.
DesktopGIS 157, 160
Destinationslebenszyklusmodell 466
Destruenten 490
Desurbanisierung 295, 368
Deviseneinnahme 443, 456
Dezentralisierung 359
Dezentralisierungsmaßnahme 335
Dienstleistung, distributive, gesellschaftsbezogene, haushaltsbezogene, wirtschaftsbezogene 443
Dienstleistungsgesellschaft 444
Differenzierung 299

Direktinvestition 268, 272, 402
Disparität, regionale 375
Diversifizierung 424
Maßnahme zur Verbesserung der Produktionspalette, um die bei Monostruktur auftretenden Probleme zu beseitigen. In der Landwirtschaft beseitigt die Diversifizierung die ökonomischen und ökologischen Nachteile extremer Spezialisierung (Monokulturen).
Diskontinuität 46
Domestizierung 230
Dorfentwicklung 352
Dorferneuerung 353
Dornsavanne 28
Dreieck der Nachhaltigkeit 318
Dreischicht-Tonmineral 485
Drei-Schluchten-Damm 69
Dreizellenmodell 19
Dritte Welt 382
Allgemeine Bezeichnung für → Entwicklungsländer. Der Begriff entstammt der Einteilung in Erste (westliche → Industrieländer), Zweite (sozialistische Planwirtschaften) und Dritte (südliche) Welt. Oft werden auch eine Vierte (arme Entwicklungsländer ohne Rohstoff- und Energiereserven) und eine Fünfte Welt (die Ärmsten der Armen) ausgegliedert.
Dualismustheorie 414
Dürre, -katastrophe 80

E

Ecofarming 184
Edge City 325
Räumliche Konzentration von Einzelhandel (Shopping Center), Bürofunktionen, Dienstleistungsbetrieben und sonstigen wirtschaftlichen Aktivitäten im suburbanen Raum nordamerikanischer Großstädte. Diese an Kreuzungspunkten von Highways gelegenen neuen Zentren erlangen inzwischen größere Wirtschafts- und Versorgungsfunktionen als die ehemaligen Stadtzentren.
Eine Welt 382
El-Niño 75, 176
Bezeichnung für das Auftreten ungewöhnlicher, nicht zyklischer, veränderter Strömungen im hydrographisch-meteorologischen System des äquatorialen Pazifiks.
Emission 128, 142, 279
endogene Kräfte 11
Energierohstoff 91
Energiewende 279
Entlastungsstadt 335
Entwicklungsschwerpunkt am Stadtrand mit Wohnungen, Arbeitsstätten sowie Versorgungseinrichtungen.
Entwicklungshilfe 416

Entwicklungsland 382
  Land der → Dritten Welt (auch LDC) mit hohem Bevölkerungswachstum, unzureichender Nahrungsmittelversorgung, Analphabetismus, Polarisierung traditioneller und moderner Wirtschaftsstrukturen, niedrigem Pro-Kopfeinkommen, Kapitalmangel usw. Eine international verbindliche Liste der Entwicklungsländer gibt es nicht.
Entwicklungspol 415
Entwicklungsschwerpunkt und -achsen-Konzept 357
  Strategie zur Entwicklung peripherer Regionen durch den Ausbau von Verkehrsachsen und daran gelegener Zentren.
Entwicklungstheorie 412
episodisch 30
Epizentrum 51
Erdbeben 50
  Erschütterungen der Erdoberfläche durch ruckartige Bewegungen im Untergrund. Sie entstehen durch Verschiebungen von Platten (Plattentektonik), bei Vulkanausbrüchen oder durch den Einsturz großer unterirdischer Hohlräume.
Erdbebenstärke 51
Erdkern 46
Erdkruste 46
  Die äußere feste Hülle der Erde. Sie ist Teil der Lithosphäre. Die Dicke der Erdkruste variiert unter den Ozeanen zwischen 5 bis 15 Kilometern und erreicht unter den Kontinenten bis zu 70 Kilometern.
Erdmantel 46
Erdzeitalter 11, 480
erneuerbare Energie 128
Erosion 11, 79
Erwerbsstruktur 443
Euregion 427
europäischer Binnenmarkt 422
Europäische Gemeinschaft für Kohle und Stahl (EGKS) 498
  Älteste der Europäischen Gemeinschaften; trat am 23. Juli 1952 in Kraft; begründete eine Zollunion für Montangüter und umfasst Vorschriften über Preise, Wettbewerbs- und Handelspolitik mit Kohle und Stahl. Die EGKS wird durch eine Umlage finanziert, die erste europäische Steuer.
Europäische Union (EU) 423, 498
Europäischer Fond für regionale Entwicklung (EFRE) 500
Europäische Konferenz für nachhaltige Städte und Gemeinden 318
Europäischer Sozialfond (EFS) 500
  1958 durch den EWG-Vertrag geschaffen: Instrument der Beschäftigungspolitik mit arbeitsmarktpolitischer Zielsetzung.
European Free Trade Association (EFTA) 498

Eutrophierung 219
Evaporation 17
  Verdunstung des auf Land- und Pflanzenoberfläche nach Niederschlägen, Schneeschmelze oder Überschwemmungen vorübergehend gespeicherten Wassers sowie des im Boden aus dem Grundwasser aufsteigenden Wassers.
exogene Kräfte 11

F

fairer Handel 234
Familienbetrieb 258
Family-Farm 201
Favela 328
Feedlot 205
Ferrallit 488
Ferrel-Zelle 19
Fertigungstiefe 263
Festlandsockel 42
Feldkapazität 486
feuchtadiabatische Abkühlung 17
Feuchte, absolute, relative 17
Feuchtsavanne 28
Flächensanierung 337
Flüchtlingspolitik 410
fossile Energieträger 94
fossile Rohstoffe 92
Fracking 104
fragmentierende Entwicklung 414
  Modell, welches die Aufgliederung der Wirtschaft von → Entwicklungsländern in unverbunden arbeitende Teilbereiche beschreibt. Die Fragmentierung nimmt im Verlauf der Globalisierung zu und wird als wesentliches Hemmnis der Entwicklung angesehen.
Fragmentierung 348
Freihandel 245
Freihandelszone 273, 277
Fremdenverkehr 443
Frontalzone 19
  Außertropischer Atmosphärenbereich zwischen der subtropischen Warmluft und der subpolaren Kaltluft, in dem eine starke Luftdruckabnahme polwärts herrscht.
Frostschuttwüste 38
Fruchtbarkeitsrate 377
Fühlungsvorteil 248
  Ein weicher Standortfaktor. Gesamtheit aller positiver Effekte, die sich z. B. für Unternehmen aus der räumlichen Nähe zu Regierungsstellen, Behörden, Wirtschaftsverbänden, Banken und anderen Unternehmen ergeben. Vor allem in Hauptstädten und Metropolen sind Fühlungsvorteile gegeben
funktionale Differenzierung 301
funktionale Stadt 293
Funktionalismus-Prinzip 295

G

Gartenstadt, -konzept 293
Gated Community 325
Geburtenbilanz 376
gemäßigte Breite 14, 34
Gentrification 323
Gentrifizierung 302
Geodaten 156
Geodateninfrastruktur 157
Geofaktor 316
Geographisches Informationssystem, Geoinformationssystem (GIS) 53, 156
geographische Lage 290
Geothermie 132
Geowebdienste 156
Geozone 10
Ghetto-Bildung 497
Ghetto 323
  Wohnviertel ethnischer oder sozialer Minderheiten, die sich freiwillig oder gezwungen von der übrigen Bevölkerung absondern und häufig diskriminiert werden.
Global City 322, 338, 340
Global Dimming 61
globale Erwärmung 62
globale Fragmentierung 276
globale Wasserhaushaltsgleichung 65
Global Player 268
globaler Wandel 420
Globalisierung 258, 272
Google Earth 162
Grabenbruch 47
  Ein lang gestreckter Graben, auch Tal, welcher durch tektonische Dehnungsprozesse innerhalb der Erdkruste zu einem Bruch der Kruste führt. Durch die Dehnung der Erdkruste entstehen Verwerfungen, an denen der Bereich des Grabens abgesenkt wird.
Großstaudamm 192
Gründerzeit 292
Grundwasser 68, 121

H

Hadley-Zelle 19
  Entspricht dem tropischen Passatkreislauf mit aufsteigender Luft innerhalb der → ITC, polwärts strömender Höhenluft, Absinken dieser Luft in der subtropischen Hochdruckzelle und Zurückströmen zur ITC.
HafenCity 306
Halbwüste 30
Handelsbilanzdefizit 375
Handelsstadt 346
Hartlaub, -gewächs 31, 33
Hartlaubwald 33
Hilfe zur Selbsthilfe 416

Hoch   18
Hochdruckzone, subtropische   20
Hochgebirge   40
Hochwasser   76
Höhenstufe   40
Höhenwind   20
horizontale Nutzungsmischung   306
Hot Spot, Hot-Spot-Vulkanismus   48, 55
Human Developed Index (HDI)   385
Human Developed Report (HDR)   385
humides Klima   65
Hunger   386
Hüttensiedlung   328
Hurrikan   72
   Als Hurricane (deutsch Hurrikan) bezeichnet man einen tropischen Wirbelsturm, der über dem Golf von Mexiko entsteht. Er hat mindestens eine Windgeschwindigkeit von Orkanstärke, also Windstärke 12. Hurricanes ziehen in einer gebogenen (parabelförmigen) Bahn über die Karibische See und können schwere Schäden an den Küsten anrichten.
hygrische Jahreszeit   15
Hypozentrum   51

I

immerfeuchte Tropen   21
immergrüner tropischer Regenwald   26
Industrial Farming   167
industrialisierte Landwirtschaft   212, 231
Industrial Park   325
Industriebrache   252
Industriepark   265
industrielle Revolution   250, 424
Industriestaat, -land   292
   Begriff, der benutzt wurde, um die reichen entwickelten Länder den → Entwicklungsländern gegenüberzustellen. Industrieländer zeichnen sich durch ein hohes Pro-Kopf-Einkommen und ein hohes Bruttonationaleinkommen aus, das im Wesentlichen nicht vom primären, sondern von sekundären Sektor erzeugt wurde. Heute ist in diesen Ländern der tertiäre Sektor meist bedeutender als der sekundäre (Wirtschaftssektoren).
Industriestadt   346
Informations- und Kommunikationstechnologie (IKT)   450
informeller Sektor   329, 443
Infrastruktur   174, 354, 443
Inlandeis   37
Innertropische Konvergenzzone (ITC)   21
   Schmale Zone tiefen Luftdrucks, in der Nordost-Passat und Südost-Passat zusammenströmen, das heißt konvergieren. Die ITC folgen dem Zenitstand der Sonne.
Innovation   170
Integration, vertikale bzw. horizontale   209
Integrierter Landbau   231
Internationalisierung   258
INTERREG-Programme   426
Inversion, -sschicht   16, 327
   Die Temperatur nimmt entgegen dem Normalfall in einer Luftmasse nach oben zu. Die Temperaturumkehr wirkt als Sperrschicht und verhindert den vertikalen Luftaustausch.
Isobare   18
ITC   21
   Innertropische Konvergenzzone

J

Jahreszeit   14
   Einteilung der Jahre in Abschnitte mit wiederkehrenden Klimamerkmalen. In den gemäßigten Zonen: Sommer und Winter mit den Übergängen Frühling und Herbst, in den Polargebieten: Polartag und Polarnacht, in den wechselfeuchten Tropen: Trockenzeit und Regenzeit. Die feuchten Tropen haben keine Jahreszeiten.
Jahreszeit, hygrische   15
Jahreszeit, thermische   15
Jahreszeitenklima   506
japanische Stadt   337
Jetstream   19
Jointventure   94, 108, 273, 401
   Gemeinschaftsunternehmen, das meist zwischen einem Unternehmen aus einem Industrieland und solchen aus Entwicklungsländern oder den ehemaligen Ostblockländern vereinbart wird. Das westliche Unternehmen bringt in der Regel sein Know-how, die technische Ausrüstung und meist auch einige qualifizierte Mitarbeiter ein. Das Partnerunternehmen stellt das Grundstück, die Betriebsgebäude und die Arbeitskräfte. Das westliche Industrie-unternehmen profitiert u. a. durch die Erweiterung seines Absatzmarktes, das Partnerunternehmen erwirbt neue technische Kenntnisse und kann meist die Zahl seiner Mitarbeiter sowie seinen Umsatz vergrößern.
Just-in-time-Transport/Produktion   245, 263

K

Kasbah   330
kaledonisch   40
Kaltfront   25

kaltgemäßigtes Klima   35
Kältegrenze   11, 170
Kältewüste   38
Känozoikum   480
Kapillareffekt   486
Karst   33
Kationen, -austausch   485
Kaufkraftparität (KKP)   384
Kaufkraftstandards (KKS) (Purchasing Power Price, PPP)   384
Klima   482
Klimaänderung   58
Klimaklassifikation   482
Klimaschwankung   58
klimatische Anbaugrenze   170
klimatische Dürre   80
Klimawandel   58
Klimazone   11, 15, 482
Know-how-Transfer   260
Kohäsionsfond   500
Kohlehydrierung   99
Kollektivierungsphase   210
Kollektor   130
Kolonialmacht   389
kompakte Stadt   293, 318
Kondensation   17
Kondensationswärme   486
Kondratjew-Zyklen   253
Kontinentalklima   34
Kontinentalverschiebung   47
   Plattentektonik
Konvektion   17
konzentrisches Wachstum   497
Kostenvorteil   494
Krume   487
Kulturlandschaft   12
Küstenwüste   30

L

Lagerstätte   93
land grabbing   171, 187, 215
ländliche Siedlung   350
Landlocked Developing Countries (LLDC)   383
   Länder ohne Zugang zum Meer
Landnutzungstheorie   492
Landschaftsgürtel   15
Land-Stadt-Wanderung   328, 345, 405
   Verlegung des Wohnsitzes von einem Dorf oder einer Kleinstadt in eine Mittel- oder Großstadt. Meist ist damit ein Berufswechsel verbunden. In → Entwicklungs- und Schwellenländern führt der Bevölkerungsstrom in die Städte zu großen Problemen.
Landwirtschaftliche Produktionsgenossenschaft (LPG)   210
Laubabwurf   31

Laufkraftwerk   134
Kraftwerk, das die Strömung eines Flusses oder Kanals zum Erzeugen von Strom nutzt. Das Wasser wird mithilfe einer Wehranlage aufgestaut. Der durch die Stauung entstehende Höhenunterschied wird bei der Stromerzeugung genutzt.
Lava   48
Layer   156
Lean-Management   263
Lean Produktion   275, 444
Leitbilder der Raumentwicklung   502
Leitbild in der Stadtplanung   297
Leitbild der nachhaltigen Stadt   318
Leitbild in der Stadtentwicklung   315
Liberalisierung   245
Lithosphäre   46
Logistik   256, 443
Logport Logistic Center   256
Lokale Agenda 21   279, 320
Lösungsverwitterung   484
Luftdruck, -gradient   18

M

Maar   55
Magma   48
Mall   325
Manganknolle   43
Mangelernährung   386
Marginalsiedlung   328, 345
Hüttensiedlungen am Rand großer Städte v. a. in → Entwicklungsländern oder in ungünstigen Lagen (z. B. Steilhänge) innerhalb der Städte. Die Einwohner gehören in der Regel zu den sozial schwächeren Bevölkerungsgruppen.
maritimes Klima   34
Marktwirtschaft   264, 494
Massentourismus   443, 459
Masterplan   307
Mechanisierung   231
Medienhafen   304
Meeresverschmutzung   222
Meeresströmung   42
Megastadt   344
Mercalli-Skala   51
Mesozoikum   480
Metropolisierung   326, 344
Mietskaserne   292
Migration   375
Millenniumsziel   216, 387
Mittagshöhe   14
mittelalterliche Stadt   290
Mittelmeerklima   31
Mittelozeanischer Rücken   42, 47
mittelständisch   258
Modell der kumulativen Verursachung   415

Modernisierungstheorie   412
Monokultur   187, 201
Monsun, -zirkulation, -klima   22
Montanunion   498
Moschee   330
Multinationaler Konzern/ Unternehmen   174, 245, 268, 273
Multiplikatoreffekt   415
Mutterboden   487
Mykorrhiza, -Pilz   26

N

nachhaltige Entwicklung (sustainable development)   414
Die „nachhaltige Entwicklung" will die Entwicklungsmöglichkeiten der heutigen Generation gewährleisten, ohne die Chancen künftiger Generationen einzuschränken. Dieses Ziel ist nur im Rahmen einer global nachhaltigen Entwicklung zu erreichen, d. h., dass auch in den Industrieländern Reformen und Strukturanpassungen notwendig sind.
nachhaltige Landwirtschaft   231
nachhaltige Stadtentwicklung   318
Nachhaltigkeit   260, 278, 318
Nachtbevölkerung   335
Bevölkerungszahl eines Gebietes, die sich aus der Wohnbevölkerung minus auspendelnde Erwerbstätige plus einpendelnde Beschäftigte zusammensetzt. Sie ist werktags in Stadtzentren und Industriebereichen kleiner, in Wohngebieten größer als die Tagbevölkerung.
nachwachsender Rohstoff   128, 212
Pflanzlicher Rohstoff, der außerhalb der Produktion von Nahrungsmitteln der industriellen Weiterverarbeitung dient. Dabei wird zwischen einer stofflichen und einer energetischen Nutzung unterschieden.
Nahrungskette   490
Nährstoffhaushalt   487
Nährstoffvorrat   487
Nationalpark   443
Naturgefahr   44
naturgeographische Zone   14
Naturkatastrophe   44
Extremes Naturereignis, das nicht nur zu großen Schäden im Naturhaushalt, sondern vor allem an vom Menschen geschaffenen Einrichtungen im Kulturlandschaftsraum sowie zu zahlreichen Todesopfern, Verletzten und Obdachlosen führt.
natürlicher Treibhauseffekt   60
Naturlandschaft   12
Naturpotenzial   404
Neben- / Vollerwerbsbetrieb   167
Neighborhood (Stadtviertel)   323

Netzwerk   340
Neulandflächen   336
Landwirtschaftlichen Nutzflächen die durch Neulandgewinnung entstanden sind, z. B. durch Eindeichung, durch Rodung in Waldgebieten oder durch „Unter-den-Pflug-nehmen" in Steppengebieten.
Newly Industrialising Countries (NIC)   383
New Town   295, 335
Nomadismus   29, 190
Nordost-Monsun   22
Nordost-Passat   21

O

Oberboden   78
Office Park   325
Offshore   43, 91
Offshoring   263
Okklusion   25
Teil des meteorologischen Frontensystems eines Tiefdruckgebietes. Eine Kaltfront überlagert eine Warmfront, da sich Kaltfronten schneller bewegen als Warmfronten.
Ökodreieck   490
ökologischer Fußabdruck   418
ökologische Landwirtschaft/Landbau   167, 232
ökologischer Rucksack   419
ökologischer Tipping Point   179
ökologischer Umbau   195
Ökosystem   491
Natürliche ökologische Einheit von Lebensgemeinschaften von Pflanzen und Tieren sowie nichtbiologischen Umweltfaktoren wie Klima, Wind und Boden. Die Stoffkreisläufe sind im Ökosystem ausgeglichen, sodass sich ein ökologisches Gleichgewicht einstellt.
Ökosystem Stadt   316
Ökumene   38
Ölsande   101
OPEC   93, 383
organischer Bodenbestandteil   485
orientalische Stadt   332
Ostblock   498
Oxidationsverwitterung   484
ozeanisches Klima   11, 506
Ozonschicht   16, 61

P

Packeis   37, 39
Paläozoikum   480
Palmer Drought Severity Index (PDSI)   80
Parabraunerde   489
Passat   21

Passatinversion 20
Passatzirkulation 20
Passivraum 356, 432
peak oil 100
Perihel 14
peripheres Gebiet/Raum 357
Peripherie 443
Permafrost 37
Photovoltaik 91, 131
physikalische Degradation 78
physikalische Verwitterung 484
planetarische Zirkulation 19
Plantage 174, 186
Planwirtschaft 264, 495
Plattentektonik 11, 47
Plaza 326
Podsol 489
polare Zone 37
Polarfront 24
Polargebiet 14
Polarisationstheorie 415
Polar-Jetstream 24
Polarnacht 14, 37
Polartag 14, 37
Polarzelle 19
Porenvolumen 486
Post-2015 Development Agenda 387
precision farming 170
Preußische Hauptstadt Berlin 346
Primärenergie 92
primärer Sektor 246
Primärrohstoff 92
Primate City 344
Prinzip der nachhaltigen Entwicklung 278
Prinzip der Nachhaltigkeit 278
Produktionsfaktor 445
Produktivität 266
Produktlebenszyklustheorie 249, 424
Protektionismus 245, 375
Pull-Faktoren 328, 345
   Pull-Faktoren eines Gebietes, z. B. bessere Ausbildungs- und Arbeitsmöglichkeiten, bessere Lebensbedingungen, wirken anziehend auf Zuwanderer.
punkt-axiales Raumordnungskonzept 357
Purchasing Power Parity (PPP) 384
Push-Faktoren 328, 345
   Push-Faktoren sind negative Merkmale eines Gebietes, z. B. Arbeitslosigkeit, schlechte Infrastruktur, die seine Einwohner zur Abwanderung veranlassen können.

Q

quartärer Sektor 445
Quartier 330

R

Radburn-System 295
Rasterdaten 156
Rationalisierung 247
Rat für gegenseitige Wirtschaftshilfe (RGW) 498
   Die Wirtschaftsorganisation von 10 kommunistischen Ostblockstaaten unter der Führung der UdSSR wurde 1949 als Reaktion auf den amerikanischen Marshall-Plan für Westeuropa gegründet. Obwohl die RGW-Staaten ca. 10 % der Bevölkerung und 19 % der Erdoberfläche besaßen, lag ihr Anteil am Welthandel nur bei 9 % (1986). Mit dem Zusammenbruch des kommunistischen Systems in Osteuropa und der UdSSR wurde auch der RGW 1991 aufgelöst.
Raubbausyndrom 421
Raumentwicklung 502
räumliches Leitbild 315
Raumordnung 501
   Die koordinierende räumliche Ordnung in einem Staatsgebiet. Auf der Basis der naturräumlichen Gegebenheiten das Leitbild für die Ausstattung mit Wirtschaftseinrichtungen, Wohnstätten, Verkehrseinrichtungen usw. Alle Maßnahmen zur Verwirklichung einer Raumordnungskonzeption werden als Raumordnungspolitik bezeichnet. Grundlage ist das Raumordnungsgesetz.
Raumordnungskonzept 357
Raumordnungsmodell 432
Raumordnungsplan 359
raumordnungspolitische Orientierungsrahmen 502
Raumtyp 501
Realerbteilung 405
Recycling 92
regenerative Energie 91
   Jede Energiequelle, die nach menschlichen Zeitmaßstäben sich ständig erneuert. Dazu zählen die Einstrahlung der Sonne, Wind- und Wasserkraft, Erdwärme, Gezeitenkraft.
Regenzeitfeldbau 29
regionale Disparität 356, 391
Regionalisierung 375
Reichweite von Rohstoffen 91
Reindustrialisierung 252
Rekultivierung 115, 122
relative Feuchte 17
Rendzina 489
Rentabilität 266
Reserve 93
Residenzstadt 346
Ressource 93
Reurbanisierung 302
rezenter Klimawandel 62
Richter-Skala 51
Rift 47
Risikogebiet 48
Rohstoffarten 92
rohstofforientiert 248

S

Sackgasse 331
Saffir-Simpson-Skala 72
Salinität 42
Sanfter Tourismus 443, 460
Savanne 28
Satellitenstadt 295
schachbrettartiger Grundriss 326
   Grundriss nordamerikanischer Städte mit einander rechtwinklig kreuzenden Straßen und rechteckigen Baublöcken. Die Straßen werden durchgehend numeriert und als → „Avenues" (auf Manhatten in New York die NS-Straßen) oder als → „Streets" (die OW-Straßen) bezeichnet
Schachbrettmuster 322
Schalenbau des Erdkörpers 46
Schattenwirtschaft 458
Schelfeis 39
Schiefergas 104
Schlüsselindustrie 262
Schneegrenze 40
Schwarzerde 488
Schwellenland 375, 383, 395
Seebeben 52
Segregation 348
   Prozess und Zustand der räumlichen Trennung und Abgrenzung von sozialen Gruppen gegeneinander, vor allem innerhalb von Siedlungen. Die Segregation betrifft Gruppen, die sich aufgrund von Sprache, Rasse, Religion und sozialem Status von der übrigen Bevölkerung unterscheiden.
sektorale Konzentration 208, 213
sektoraler Strukturwandel 246, 280
Sektoren-Modell 497
Sekundärenergie 92
sekundärer Sektor 246
Sekundärrohstoff 92
Sekundärmineral 484
Shifting Cultivation 167, 182
Shopping Center 325
siedlungsstruktureller Regionstyp 354
Small Islands Developing States (SIDS) 383
Solarenergie 130
Solarkonstante 59
   Gibt den Sonnenstrahlungsbetrag an, der bei mittlerem Sonnenabstand auf den Oberrand der Erdatmosphäre je m² senkrecht auftrifft (1368 +/− 2 W/m²).

Solarkraftwerk 130
Solarthermie 130
Sonderwirtschaftszone 270, 273, 401
soziale Stadt 318
soziale Marktwirtschaft 401
sozialräumliche Differenzierung 300
Speicherkraftwerk 134
Spin-off-Betrieb 249
Spurenelement 487
Stadt des Industriezeitalters 292
Städteband 344
Stadtentwicklung 290, 346
Stadtklima 317
Stadt-Land-Kontinuum 350
Stadtlandschaft 325
Stadtmodell 497
Stadtökologie 316
Stadtumbau 310
städtische Handlungsräume 311
städtisches Leitbild 313
Standort-Theorie 248
Standortfaktor 267
Standortwahl 266
start-up-Unternehmen 448
statische Reichweite 93
Gibt die Zeitspanne in Jahren an, bis die bekannten weltweiten Rohstoffreserven bei konstanter Entwicklung erschöpft sind.
stationäre Weidewirtschaft 29
Steigungsregen 17
Steppe 36
strategische Rohstoffe 92
Stratopause 16
Stratosphäre 16
Strukturfond 500
Strukturförderung 430
Strukturwandel 245, 250, 424
Subduktion 47
subpolare Zone 37
Subsistenzwirtschaft 182
Wirtschaftsform, die alles oder nahezu alles, was man zum Leben braucht, selbst erzeugt, sammelt oder jagt. Sie dient überwiegend der Versorgung der Familie, der Großfamilie oder der Gruppe, steht damit im Gegensatz zur Marktwirtschaft, die überwiegend für den Verkauf produziert
Subtropen 30, 31
Suburbanisierung 295, 302, 337
Führt durch Stadt-Umlandwanderung von Bevölkerung und Wirtschaftsbetrieben zu einem Wachstum größerer Städte über die Stadtgrenzen hinaus in den suburbanen Raum. Aufgrund gleichzeitiger Entleerungstendenzen der Innenstadt wächst trotz flächenhafter Ausbreitung die Gesamtzahl der Einwohner und Arbeitsstätten nur geringfügig.

Suburbanisierungsprozess 350
Suburbia 325
Südost-Passat 21
Südwest-Monsun 22
Suitcase-Farmer 203
Sukkulenz 31
Suq 330
sustainable development 278
Syndromansatz 420
Syndrome des globalen Wandels 420
System der Zentrale Orte 357
Szenario 381

T

Tagebau 91, 117
Tageszeitenklima 11, 21
Klima, bei dem die Temperaturschwankungen während eines Tages größer als im Verlauf eines Jahres sind.
Taiga 35
Take-off-countries 383
Taupunkttemperatur 17
Technologie- und Gründerzentrum 252
Technologiepark 252
Temperaturzone 15
Temperaturgradient, adiabatischer 17
Terms of Trade (ToT) 375
tertiärer Sektor 246, 444
Tertiärisierung 295, 425, 443, 446
thermische Jahreszeit 15
Thermoisoplethendiagramm 21
Thermokline 219
Thünen'schen Ringe 492
Tief 18
Tiefdruckfurche, äquatoriale 20
Tiefseerinne 42
Tiefseetafel 42
Tierzucht 170
Tonmineral 485
topographische Lage 290
Tornado 72
Als Tornado bezeichnet man einen außertropischen, wandernden Wirbelsturm, der über dem Festland der USA entsteht. In seinem Zentrum (Auge) herrscht ein sehr hoher Unterdruck. Bei seinem Zug über das Land hinterlässt ein Tornado schwere Zerstörungen.
Tourismus 456
Trabantenstadt 295
Tragfähigkeit (der Erde) 216, 380, 404
Transition Zone 325
Transformation, -sprozesse 211, 245, 264
Transmigrasi-Projekt 406
Transnationaler Konzern 273
Transversalverwerfung 47

Treibhauseffekt 60
Der natürliche durchschnittliche globale Erwärmungseffekt auf etwa 15 °C resultiert daraus, dass die kurzwellige Sonnenstrahlung die Atmosphäre fast ungehindert bis zur Erdoberfläche durchdringen kann, die von der Erdoberfläche abgegebene langwellige Wärmestrahlung aber von Spurengasen in der Atmosphäre (Treibhausgase), vor allem Wasserdampf und Kohlenstoffdioxid, teilweise an die Erdoberfläche zurückgeworfen wird (Gegenstrahlung).
Treibhausgas 61, 91
Trickle-down-Effekt 458
trimodale Struktur 256
Trinkwassermangel 70
Trockengrenze, agronomische 28, 170
Als Trockengrenze des Anbaus (agronomische Trockengrenze) gilt der Grenzraum, bis zu dem Anbau ohne künstliche Bewässerung, also Regenfeldbau, betrieben werden kann. Nahe der Trockengrenze ist der Regenfeldbau mit einem hohen Risiko behaftet, da die Niederschlagshöhe in diesen Gebieten meist hohen jährlichen Schwankungen unterworfen ist.
Trockenfeldbau 184
Trockensavanne 28
Trockenzeit 15, 21
Tropen 14
Tröpfchenbewässerung 197
tropischer Regenwald 26
tropischer Zyklon 72
→ Zyklon, tropischer
Troposphäre 16
Unterste Schicht der Atmosphäre; reicht vom Erdboden bis zur Tropopause; an den Polen etwa 6 bis 8 km, am Äquator 18 Kilometer mächtig.
Tropopause 16
Tsunami 52
Extrem hohe Wellen (5 bis >10 Meter hoch), die durch Vulkanausbrüche und Beben am Meeresboden ausgelöst werden. Beim Auftreffen auf das Festland führen sie zu schweren Zerstörungen. Tsunamis treten vor allem im pazifischen Raum auf.
Tundra 38

U

Überdüngung 228
Überflutungsfeldbau 184
Überschwemmung 76
Überweidung 32
ubiquitäre Materialien 248
Umsatzschwelle 357
Umsiedlung 124, 406
Umweltverträglichkeitsprüfung 120
unipolare Konzentration 334
Unterboden 78

Register mit Begriffserklärungen 525

Unterernährung 386
urbaner Raum 306
Urban Mining 93

V

Variabilität der Niederschläge 188
variskisch 40
Vegetationsperiode 11
Vegetationsprofil 40
Vegetationszone 11, 15
Verbraunungshorizont 487
Verbundsystem 209
Verdichtungsraum 354
Abgrenzung eines Raumes mit einer Mindesteinwohnerzahl von 30 000 Einw., einer Mindestfläche von 300 km² sowie einer hohen Einwohner- und Arbeitsplatzdichte.
Verdunstung 17
Verkarstung 33
Verkehrsstandortorientierung 256
Versalzung 31, 170, 228
Verstädterung 344
Merkmale der Verstädterung: Anteil der Stadtbevölkerung an der Gesamtbevölkerung (Verstädterungsgrad), die Bevölkerungszunahme der Städte (Verstädterungsrate) und die Zunahme der Zahl großer Städte (Vergroßstädterung).
Verstädterungsgrad 344
Ausmaß der → Verstädterung, die den Wachstumsprozess städtischer Siedlungen darstellt.
vertikale Konzentration 210
vertikale Nutzungsmischung 306
Verwestlichung 332
Villensiedlung 292
Ville Nouvelle 295, 360
Virtuelle Fabrik 270
virtuelle Globen 162
Voll-/ Nebenerwerbsbetrieb 167
Vorranggebiet 357
Vulkanismus 48
Vorgänge und Erscheinungen, die mit dem Empordringen von Magma bis an die Erdoberfläche zusammenhängen.
Vulnerabilität 80
Meint das Verwundbarkeitskonzept, eine Erweiterung der herkömmlichen Armuts-Ansätze. Mit Armut allein lassen sich die Benachteiligungen und gesellschaftlichen Krisen in den Entwicklungsländern nicht ausreichend beschreiben. Armut ist nur eine von vielen Ursachen und Ausdrucksformen gesellschaftlicher Benachteiligung.

W

Wachstumsfaktor 490
Wachstumspol 391, 469
Wachstumsrate, natürliche 377
Wald-Feld-Wechsel, -wirtschaft 182, 186
Wanderfeldbau (shifting cultivation) 182
Form der Landnutzung in den Tropen, bei der Felder nur einen Zeitraum intensiv genutzt und anschließend wieder aufgegeben werden (Landwechselwirtschaft); oft als Brandrodungswirtschaft.
Wanderungsbilanz 376
Wanderungsfaktor 408
Warmfront 25
Wärmehaushalt 486
warmgemäßigtes Klima 35
Wassererosion 79
Wasserhaushalt 65
In Zahlen wird der Wasserkreislauf für die gesamte Erde oder für Teilgebiete ermittelt. Seine Größen sind Niederschlag, Abfluss und Verdunstung.
Wasserhaushalt im Boden 486
Wasserhaushaltsgleichung 65
Beschreibt die Beziehung zwischen den Komponenten des Wasserkreislaufs. Die auf ein abgegrenztes Gebiet und einen bestimmten Zeitraum bezogene Formel lautet: Niederschlag = Verdunstung + Abfluss + (Rücklage – Aufbruch) oder abgekürzt $N = V + A + (R - B)$.
Wasserkonflikt 70
Wasserkraftwerk 134
Wasserkreislauf 64
Wassermangel 70
Waterfront Development 306, 336
WebGIS 156, 158
wechselfeuchte Tropen 21
Weidewirtschaft, stationäre 29
Weltmeer 42
Weltstadt 346
Weltwirtschaftsordnung 375
Wendekreiswüste 30
Werkskolonie 292
Wertschöpfungskette 267
Westwindzone, -drift 24
Wetter 482
Wind 18
Windenergie 128
Winderosion 79
Windpark 128
winterfeuchte Subtropen 31
Winterregengebiet 31
Wirbelsturm 72
Wirtschaftsbündnis 272
Wirtschaftsliberalismus 396, 494
Wirtschaftsordnung 494
Wirtschaftssektor 245, 443
Wüste 30

Z

zentrale Dienste 357
zentrale Güter 357
Zentrale Orte 357
Zentrale-Orte-Konzept 357
Zentralismus 334
Eine aus der Zeit des Absolutismus in Europa stammende Form der Staatsorganisation, bei der alle Befugnisse, meist in der Hauptstadt, konzentriert sind und Entscheidungen zentral getroffen werden.
Zentralität 354
Städte im Mittelpunkt eines Raumes haben einen Bedeutungsüberschuss gegenüber ihrem Umland. Hier werden Leistungen und Güter für einen weiteren Einzugsbereich angeboten. Man unterscheidet in Ober-, Mittel-, Unter- und Kleinzentren.
Zentrum-Peripherie 391, 432
Zenitalregen 21
Zenitalstand 14, 21
Zentralverwaltungswirtschaft 494
Zersiedelung 285, 337
Zulieferer 262
Zweischicht-Tonmineral 485
Zyklone 25
Großer Luftwirbel mit vertikaler Achse, aufsteigender Luft und tiefem Luftdruck im Zentrum, der durch die Ausbildung einer Warm- und Kaltfront wesentlich die Wettergestaltung in seinem Einzugsgebiet bestimmt.
Zyklon, tropischer 72
Riesiger tropischer Wirbelsturm (Mehrzahl: Zyklone) im Indischen Ozean und in Australien. Die Bezeichnung Zyklon ist nicht zu verwechseln mit der → Zyklone (Mehrzahl: Zyklonen), einem wandernden Tiefdruckgebiet in gemäßigten Zonen.

Alle Registereinträge der Reihe Mensch und Raum von Klasse 5 bis zur Oberstufe können Sie über folgenden Webcode herunterladen:
Webcode GO645787-525

Strukturdaten ausgewählter Staaten

Land	Einwohner in Mio. 2013	Fläche in 1000 km² 2013	Bevölkerung je km² 2011	Städtische Bevölkerung in % 2010	Lebens-erwartung bei Geburt (in Jahren) 2010	Jährliches Bevölke-rungswachs-tum in % 1990 – 2010	Zugang zu sauberem Trinkwasser in % der Bevölkerung 2010	Einschulu weiterfü Schuler in % 2005 – 20 m/w
Ägypten	85	1 001	85	43	73	1,8	99	34/13
Australien	23	7 692	3	89	82	1,3	100	97/97
Belgien	11	33	366	97	80	0,4	100	99/99
Bolivien	11	1 099	10	67	66	2,0	88	94/95
Brasilien	196	8 547	23	87	73	1,3	98	95/93
Chile	17	756	23	89	79	1,3	96	81/84
China VR	1357	9 572	142	45	73	0,8	91	k. A.
Dänemark	6	43	130	87	79	0,4	100	95/97
Deutschland	81	357	226	74	80	0,2	100	98/97
Ecuador	16	256	56	67	75	1,7	94	96/98
Finnland	5	338	16	64	80	0,4	100	97/98
Frankreich	64	343	116	78	81	0,5	100	98/99
Ghana	26	239	109	52	64	2,5	86	51/47
Griechenland	11	132	84	61	80	0,6	100	91/90
Großbritannien	64	243	264	90	80	0,4	100	95/97
Indien	1276	3 287	388	30	65	1,7	92	k. A.
Indonesien	249	1 913	130	54	69	1,3	82	68/67
Irland	4	70	65	62	80	1,2	100	97/100
Island	0,3	103	3	92	81	1,1	100	87/89
Italien	60	301	199	68	82	0,3	100	9/93
Japan	127	378	337	67	83	0,2	100	99/99
Kanada	35	9 984	4	81	81	1,0	100	k. A.
Kasachstan	17	2 724	6	59	68	−0,2	95	90/98
Kenia	44	583	76	22	56	2,7	59	52/48
Luxemburg	0,5	3	210	82	80	1,4	100	84/86
Mali	16	1 240	12	33	51	2,9	64	36/25
Mexiko	118	1 953	60	78	77	1,5	96	69/72
Niederlande	17	41	404	83	81	0,5	100	87/88
Nigeria	174	924	189	50	51	2,4	100	29/22
Norwegen	5	324	13	78	81	0,7	100	95/95
Österreich	9	84	101	37	80	0,5	100	k. A.
Philippinen	96	300	321	66	68	2,1	92	56/67
Polen	39	313	123	61	76	0,0	96	90/92
Portugal	10	92	114	61	79	0,4	99	78/86
Russ. Föderation	144	17 075	8	73	69	−0,2	97	k. A.
Schweden	10	450	21	85	81	0,5	100	96/96
Schweiz	8	41	196	74	82	0,7	100	85/82
Sierra Leone	6	72	87	38	47	1,9	55	30/20
Singapur	5	1	7971	100	82	2,6	100	k. A.
Spanien	47	505	92	77	82	0,8	100	93/96
Südafrika	53	1 219	43	62	52	1,5	91	k. A.
Südkorea	50	99	505	82	81	0,9	98	96/95
Tansania	49	945	52	26	57	2,8	53	k. A.
Thailand	66	513	129	34	74	1,0	96	70/78
Tschechische Rep.	11	79	133	74	77	0,1	100	83/84
Türkei	76	779	97	70	74	1,5	100	77/71
Ver. Arab. Emirate	9	78	112	78	77	7,1	100	80/82
Vereinigte Staaten	316	9 809	33	82	78	1,0	99	89/90

Zusammengestellt nach: Statistisches Jahrbuch 2013 für Deutschland, Wiesbaden 2013; The International Bank for Reconstruction and Development/The Worl Bank (Hrsg.): World Development Report 2014, Washington 2013; World Health Organization (WHO): World Health Statistics 2013; Datenreport 2013 der Stif-tung Weltbevölkerung, Hannover 2013; Der neue Fischer Weltalmanach 2014, Frankfurt am Main 2013

Strukturdaten ausgewählter Staaten

Anteil am BIP			Energieverbrauch (pro Kopf in kg Öleinheiten) 2009–2010	Kohlenstoffdioxid-emissionen (pro Kopf in Tonnen) 2008	Auslandsverschuldung in % des BNE* 2010	BNE pro Einwohner (in US-$) 2011	BNE pro Einwohner (in PPP-$**) 2011	HDI***-Rang 2011	Land
Landwirtschaft in % 2011	Industrie in % 2011	Dienstleistung in % 2011							
14	37	49	903	2,7	22	2 600	6 160	113	Ägypten
2	20	78	5 643	18,6	0	46 200	36 910	2	Australien
1	22	77	5 213	9,8	0	46 160	39 300	18	Belgien
12	34	54	638	1,3	28	2 030	4 920	108	Bolivien
6	27	67	1 243	2,1	17	10 720	11 500	84	Brasilien
3	39	58	1 826	4,4	46	12 280	16 160	44	Chile
10	47	43	1 695	5,3	9	4 930	8 430	101	China VR
1	22	77	3 548	8,4	0	60 390	42 330	16	Dänemark
1	30	69	4 054	9,6	0	43 980	40 170	9	Deutschland
7	38	55	796	1,9	23	4 140	8 310	83	Ecuador
3	29	68	6 639	10,6	0	48 420	37 999	22	Finnland
2	19	79	2 387	8,7	0	42 420	35 860	29	Frankreich
28	21	51	388	0,4	27	1 410	1 820	135	Ghana
3	18	79	4 072	5,9	0	25 030	26 040	20	Griechenland
1	22	77	3 282	8,5	0	37 780	36 970	28	Großbritannien
17	26	57	560	1,5	17	1 410	3 620	134	Indien
17	45	38	851	1,7	26	2 940	4 530	124	Indonesien
1	32	67	16 844	7,0	0	38 580	33 130	14	Irland
7	25	68	3 338	9,9	0	35 020	31 460	7	Island
2	25	73	2 814	7,4	0	35 330	32 350	24	Italien
1	24	75	3 883	9,5	0	45 180	35 510	12	Japan
2	27	71	7 482	16,3	0	45 560	39 830	6	Kanada
5	44	51	4 091	15,1	94	8 220	11 310	68	Kasachstan
23	19	58	474	0,3	27	820	1 720	143	Kenia
0	13	87	8 294	21,5	0	78 130	63 540	25	Luxemburg
39	23	38	k. A.	0,1	26	610	1 050	175	Mali
4	34	62	1 497	4,3	20	9 240	15 120	537	Mexiko
2	24	74	5 015	10,6	0	49 730	43 770	3	Niederlande
35	34	31	701	0,6	4	1 200	2 300	156	Nigeria
2	41	57	6 327	10,5	0	88 890	58 090	1	Norwegen
2	30	68	3 941	8,1	0	48 300	41 970	19	Österreich
13	30	57	424	0,9	36	2 210	4 160	112	Philippinen
4	32	64	2 664	8,3	0	12 480	20 450	39	Polen
2	23	75	2 211	5,3	0	21 250	24 530	41	Portugal
4	37	59	4 561	12,0	27	10 400	20 050	66	Russ. Föderation
2	27	71	5 415	5,3	0	53 230	42 350	10	Schweden
1	27	72	3 361	5,3	0	76 380	50 900	11	Schweiz
44	18	38	k. A.	0,2	41	340	850	180	Sierra Leone
0	27	73	3 704	6,7	0	42 930	59 790	26	Singapur
3	27	71	2 781	7,2	0	30 990	31 900	23	Spanien
3	31	66	2 921	8,9	13	6 960	10 790	123	Südafrika
3	39	58	5 044	10,5	0	20 870	30 290	15	Südkorea
27	27	46	451	0,2	38	540	1 510	152	Tansania
13	34	53	1 504	4,2	23	4 420	8 390	103	Thailand
2	37	61	4 024	11,2	0	18 520	24 190	27	Tschechische Rep.
9	27	64	1 441	4,0	40	10 410	16 730	92	Türkei
1	59	40	8 588	25,0	0	40 760	48 220	30	Ver. Arab. Emirate
1	22	77	7 225	18,0	0	48 450	48 890	4	Vereinigte Staaten

BNE = Bruttonationaleinkommen
PPP-$ = Purchasing Power Parity (Kaufkraftparität)
* HDI = Human Development Index (Index menschlicher Entwicklung)

Webcode:
GO645787-527

Quellen-/Bildverzeichnis

A1PIX - YOUR PHOTO TODAY: 324 M8, 383 M4 (2)

actionpress: 173 (3 Fotos), 244 M2

Alamy Images: 4, 88/89

akg-images: 161 M2 (m.), 330 M1 (m), 408 M1 (o.)

BEUMER Group, Beckum: 258 M2 (6 Fotos), 258 M4, 260 M8

Bildarchiv der Kunst und Architektur in Deutschland/Möbius: 304 M18

Bildarchiv Boden-Landwirtschaft-Umwelt, Creglingen: 488 (o.) K. Stahr

Bundesanstalt für Geowissenschaften u. Rohstoffe, Hannover: 488 (m.), 488 (u.), 489 (o.), 489 (m.), 489 (u.)

Corbis GmbH: 22 M3, 38 M3, 50 M6 (2), 69 M4 (2), 70 M1; 72 M3, 79 M4, 85 M5 (3) STRINGER/Malaysia/Reuters, 101 M4, 107 M3, 164/165, 166 M2, 176 M6, 179 M4, 202 M5, 205 M13, 214 M5 (r.), 227 M5, 228 M6, 265 M5, 267 M4, 306 M2, 324 M9, 328 M8, 339 M5, 342 M11, 345 M6, 358 M1, 360 M5, 383 M4 (5), 409 M3, 462 M1 (r.)

Ioan Cozacu, Erfurt: 102 M6

DEBRIV, Köln: 115 M1

Deutsches GeoForschungsZentrum (GFZ), Potsdam: 50 M8

Deutscher Wetterdienst, Offenbach: 24 M18

© doppel.design, Düsseldorf: 304 M20; 305 (Logo)

ESA: 5 (o.) J. Huart, 154 (o.) J. Huart, 154 (u.) J. Huart, 155 (o.) J. Huart, 155 (u.) P. Sebirot

F1 online: 3, 8/9, 12 M3, 33, 49 M4, 79 M3, 90 M2, 113 M2 (o.r.), 120 M1, 150 Randspalte (3+4), 168 M1 (m.), 182 M1, 190 M6, 329 M10, 330 M1 (li.), 335 M5, 383 M4 (4), 407 M7, 442 M1

© FLC/VG Bild-Kunst, Bonn: 293 M10

Fördergesellschaft IZB, Planegg: 449 M16

Fotolia: 52 li. o., 113 M2 (u. m.), 503

Gemeinde Ascha: 352 M4, 353 M6 (3 Fotos)

Geobasisdaten der Kommunen und des Landes NRW ©Geobasis NRW 2014, Köln: 116 M3

Glow Images: 372/373

HafenCity Hamburg: 284 M1 (Illustration: Michael Korol, HafenCity Hamburg GmbH), 308 M5 (HafenCity Hamburg/Projekte. Einblick in die aktuellen Entwicklungen), 309 M8

Horst Haitzinger, München: 135 M2

Heimer, Dresden: 36 M6

Wolfgang Horsch: 100 M1

IgelDesign, Hannover: 113 M2 (m. m.), 275 M12, 419 M4

Imago Sportfoto: 113 M2 (o. li.), 113 M2 (o. m.), 168 M1 (li.), 175 M3, 184 M4, 192 M10, 226 M1, 232 M7, 336 M8, 414 M6 (u.), 422 M3, 474 M1 (m.), 477 M5 (o.)

Ingenieursbüro Flocksmühle: 134 M19

Interfoto: 40 M1, 80 M5, 246 M1 (2 Fotos), 251 M2, 294 M14, 304 M20, 336 M6, 354 M2 (r.)

John Klossner, South Berwick, Maine, USA: 235 M16

Rainer Koch, Dortmund: 313 M12 (2 Fotos), 314 M17 (2 Fotos)

Hans-Peter Konopka, Recklinghausen: 32 M5, 86 M1, 86 M2, 86 M3,

Frank V. Kühnen, Soest: 298 M1, 303 M15, 303 M16, (o.), 303 M16 (u.), 363 M3, 442 M2

Laif: 98 M13, 109 M9, 110 M12, 110 M14, 113 M2 (m. r.), 113 M2 (u. li.), 113 M2 (u.r.), 114, 128 M1, 172 M1, 175 M1, 180 M7, 254 M13, 262 M1, 330 M3, 394 M4, 477 M5 (u.)

Landesmedienzentrum Rheinland-Pfalz, Koblenz: 57 M9

H. Lange, Bad Lausick: 238 M2 (b)

Liebmann, IRS – Leibniz-Institut für Regionalentwicklung und Strukturplanung, Erkner: 314 M15

Look: 65 M5, 150 Randspalte (2), 321 M3, 322 M4, 324 M10, 440/441

Mauritius images: U1 (Titelbild), 10 M2, 27 M3 (3), 50 M6 (1), 107 M4, 109 M10, 150 Randspalte (1), 206 M1, 222 M12, 244/245, 326 M1, 331 M1 (r.), 337 M10,

347 M4, 371 M9, 383 M4 (3), 383 M4 (6), 402 M5, 462 M1 (li.), 465 M12

© Tony Millionaire: 380 M10

Wolfgang Mittag, Borken: 414 M6

Burkhard Mohr: 67 M12

NASA: 69 M4 (1)

Jürgen Neumann, Grevenbroich: 228 M7

G. Niemz, Frankfurt: 238 M2 (c)

Okapia: 27 M3 (1), 85 M2

picture alliance: 27 M3 (2), 52 M12, 54 M1, 74 M6, 76 M11, 85 M5(1), 85 M5(2) AFP, 85 M5(4) ZB/Matthias Hiekel, 90 M1, 105 M6, 105 M7, 109 M11, 113 M2 (m. li.), 125 M18 (u. li.), 134 M20, 140 M8, 143 M7, 161 M2 (li.), 198 M4, 225 M4, 234 M13 (o.), 252 M6, 264 M2, 288/289, 317 M4, 319 M3 (Hintergrundbild), 334 M1, 369 M5, 374 M2, 383 M4 (1), 386 M9, 402 M4, 408 M1 (u.), 411 M7, 425 M9, 474 M1 (o.), 474 M1 (u.), 477 M5 (m.)

RWE Power AG, Essen: 122 M14 (o.), 122 M14 (u.), 125 M18 (o.)

Shutterstock: 12 M1, 145 (u.), 187 M2, 195 M18, 251 M5, 398 M1, 478, 479 M1 (u. li.)

Hans-Ragnar Steininger, Berlin: 368 M1 (4 Fotos)

Süddeutsche Zeitung DIZ: 48 M1, 52 M11, 53 M16, 154 (m.), 354 M2 (li.)

Taubert, Springe: 29 M7, 194 M13

TransFair - Verein zur Förderung des Fairen Handels mit der „Dritten Welt" e.V., Köln: 234 M13 (o.), 234 M13 (u.)

ullstein bild: 292 M9

Vario Image: 113 M2 (r. klein), 168 M1 (r.), 196 M2, 214 M5 (li.), 257 M6, 338 M1, 364/365 (Hintergrundbild),

Verlagsarchiv: 238 M2 (e)

Weiß, Bahlingen: 193 M12

Wiese, Köln: 238 M2 (a)

H. W. Windhorst, Vechta: 238 M2 (d)

Jupp Wolter: 150 M1, 382 M1

Engelbert Wührl, Bochum: 220 M6, 221 M9, 221 M10, 250 M1, 254 M11, 254 M12, 273 M6, 413 M5, 424 M7, 444 M1